北京大學中國語言學研究中心

現代漢語共同語歷史研究

（18JJD740001，2018年教育部人文社會科學重點研究基地重大項目）

早期北京話珍稀文獻集成
主編 劉雲

清代滿漢合璧文獻萃編
漢文主編 劉雲 陳曉
滿文主編 王碩 [日]竹越孝

卷一

庸言知旨

[清]宜興 編著
王磊 滿文校注
劉雲 漢文校注

国家出版基金项目
NATIONAL PUBLICATION FOUNDATION

北京大學出版社
PEKING UNIVERSITY PRESS

圖書在版編目 (CIP) 數據

庸言知旨：全二册 / (清) 宜興編著；王磊，劉雲校注. —北京：北京大學出版社，2018. 9

(早期北京話珍本典籍校釋與研究)

ISBN 978-7-301-29849-7

Ⅰ. ①庸… Ⅱ. ①宜… ②王… ③劉… Ⅲ. ①北京話－史料 Ⅳ. ① H172.1

中國版本圖書館 CIP 數據核字（2018）第 201094 號

書　　名	庸言知旨（全二册） YONGYAN ZHIZHI
著作責任者	[清] 宜興　編著　王磊　滿文校注　劉雲　漢文校注
責任編輯	崔蕊
標準書號	ISBN 978-7-301-29849-7
出版發行	北京大學出版社
地　　址	北京市海淀區成府路 205 號　100871
網　　址	http://www.pup.cn　　新浪微博：@ 北京大學出版社
電子信箱	zpup@pup.cn
電　　話	郵購部 010-62752015　發行部 010-62750672　編輯部 010-62754144
印 刷 者	北京虎彩文化傳播有限公司
經 銷 者	新華書店
	720 毫米 ×1020 毫米　16 開本　58.75 印張　760 千字 2018 年 9 月第 1 版　2018 年 9 月第 1 次印刷
定　　價	246.00 元（全二册）

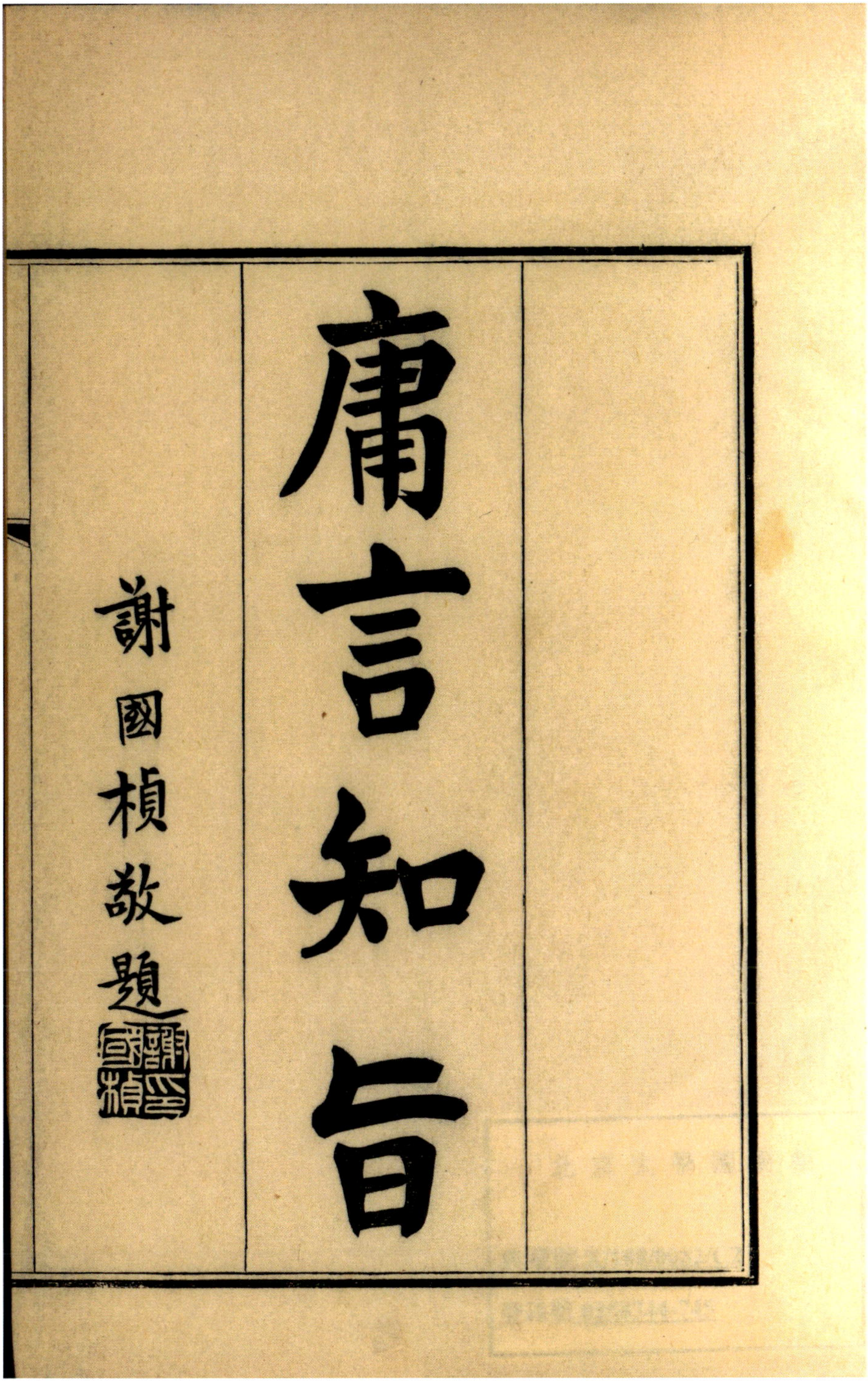

《庸言知旨》書影（來源：北京大學圖書館古籍部）

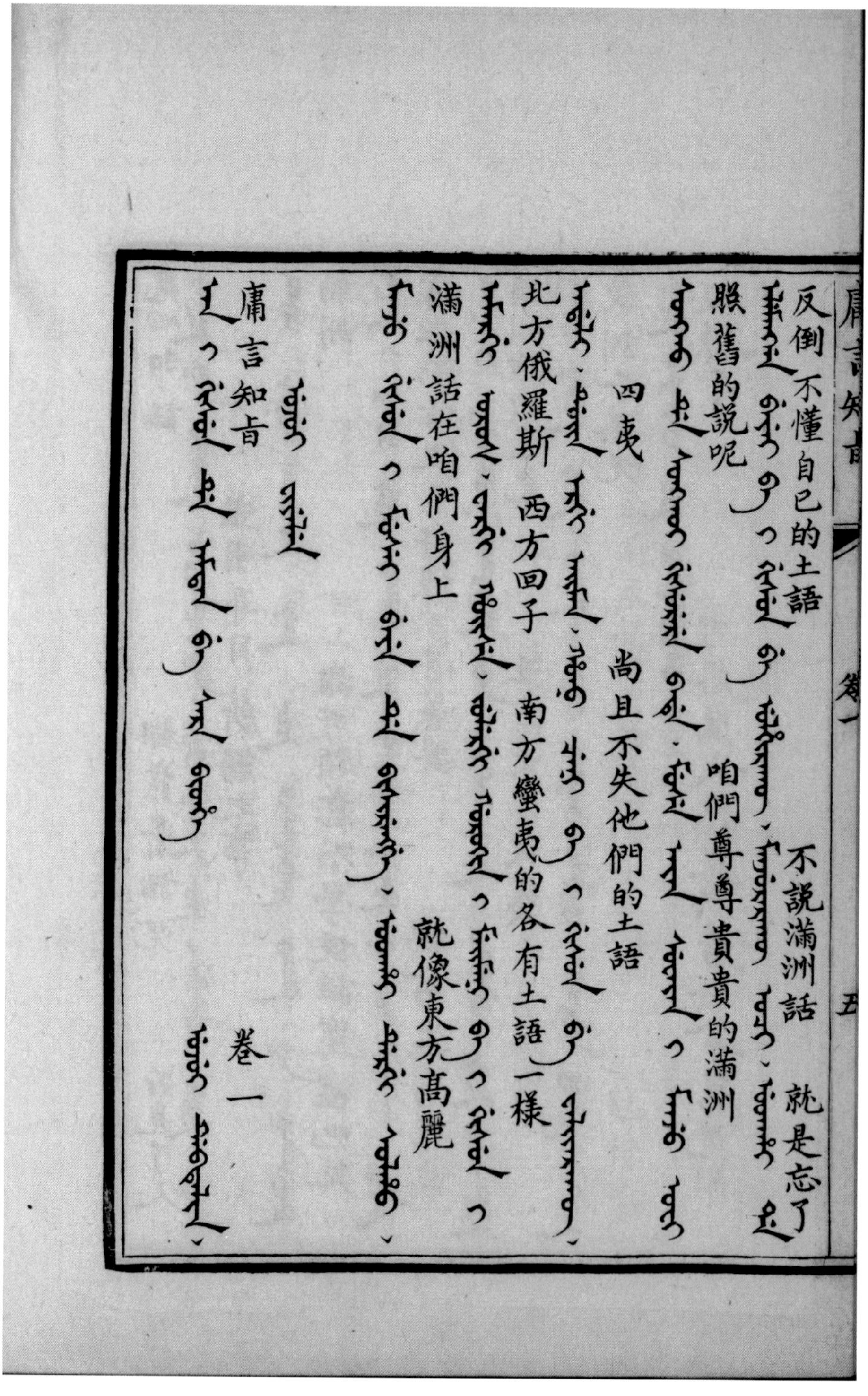

反倒不懂自已的土語 不說滿洲話 就是忘了

照舊的說呢 咱們尊尊貴貴的滿洲

四夷 尚且不失他們的土語

北方俄羅斯 西方回子 南方蠻夷的各有土語一樣

滿洲話在咱們身上 就像東方高麗

《庸言知旨》書影（來源：北京大學圖書館古籍部）

總序

語言是文化的重要組成部分，也是文化的載體。語言中有歷史。

多元一體的中華文化，體現在我國豐富的民族文化和地域文化及其語言和方言之中。

北京是遼金元明清五代國都（遼時爲陪都），千餘年來，逐漸成爲中華民族所公認的政治中心。北方多個少數民族文化與漢文化在這裏碰撞、融合，產生出以漢文化爲主體的、帶有民族文化風味的特色文化。

現今的北京話是我國漢語方言和地域文化中極具特色的一支，它與遼金元明四代的北京話是否有直接繼承關係還不是十分清楚。但可以肯定的是，它與清代以來旗人語言文化與漢人語言文化的彼此交融有直接關係。再往前追溯，旗人與漢人語言文化的接觸與交融在入關前已經十分深刻。本叢書收集整理的這些語料直接反映了清代以來北京話、京味文化的發展變化。

早期北京話有獨特的歷史傳承和文化底蘊，於中華文化、歷史有特別的意義。

一者，這一時期的北京歷經滿漢雙語共存、雙語互協而新生出的漢語方言——北京話，它最終成爲我國民族共同語（普通話）的基礎方言。這一過程是中華多元一體文化自然形成的諸過程之一，對於了解形成中華文化多元一體關係的具體進程有重要的價值。

二者，清代以來，北京曾歷經數次重要的社會變動：清王朝的逐漸孱弱、八國聯軍的入侵、帝制覆滅和民國建立及其伴隨的滿漢關係變化、各路軍閥的來來往往、日本侵略者的占領，等等。在這些不同的社會環境下，北京人的構成有無重要變化？北京話和京味文化是否有變化？進一步地，地域方言和文化與自身的傳承性或發展性有着什麼樣的關係？與社會變遷有着什麼樣的關係？清代以至民國時期早期北京話的語料爲研究語言文化自身傳承性與社會的關係提供了很好的素材。

了解歷史纔能更好地把握未來。新中國成立後，北京不僅是全國的政治中心，而且是全國的文化和科研中心，新的北京話和京味文化或正在形成。什麽是老北京京味文化的精華？如何傳承這些精華？爲把握新的地域文化形成的規律，爲傳承地域文化的精華，必須對過去的地域文化的特色及其形成過程進行細致的研究和理性的分析。而近幾十年來，各種新的傳媒形式不斷涌現，外來西方文化和國内其他地域文化的衝擊越來越强烈，北京地區人口流動日趨頻繁，老北京人逐漸分散，老北京話已幾近消失。清代以來各個重要歷史時期早期北京話語料的保護整理和研究迫在眉睫。

“早期北京話珍本典籍校釋與研究（暨早期北京話文獻數位化工程）”是北京大學中國語言學研究中心研究成果，由“早期北京話珍稀文獻集成”“早期北京話數據庫”和“早期北京話研究書系”三部分組成。“集成”收録從清中葉到民國末年反映早期北京話面貌的珍稀文獻并對内容加以整理，“數據庫”爲研究者分析語料提供便利，“研究書系”是在上述文獻和數據庫基礎上對早期北京話的集中研究，反映了當前相關研究的最新進展。

本叢書可以爲語言學、歷史學、社會學、民俗學、文化學等多方面的研究提供素材。

願本叢書的出版爲中華優秀文化的傳承做出貢獻！

王洪君　郭鋭　劉雲

二〇一六年十月

“早期北京話珍稀文獻集成”序

清民两代是北京話走向成熟的關鍵階段。從漢語史的角度看，這是一個承前啓後的重要時期，而成熟後的北京話又開始爲當代漢民族共同語——普通話源源不斷地提供着養分。蔣紹愚先生對此有着深刻的認識：“特别是清初到19世紀末這一段的漢語，雖然按分期來説是屬於現代漢語而不屬於近代漢語，但這一段的語言（語法，尤其是詞彙）和‘五四’以後的語言（通常所説的‘現代漢語’就是指‘五四’以後的語言）還有若干不同，研究這一段語言對於研究近代漢語是如何發展到‘五四’以後的語言是很有價值的。”（《近代漢語研究概要》，北京大學出版社，2005年）然而國内的早期北京話研究并不盡如人意，在重視程度和材料發掘力度上都要落後於日本同行。自1876年至1945年間，日本漢語教學的目的語轉向當時的北京話，因此留下了大批的北京話教材，這爲其早期北京話研究提供了材料支撑。作爲日本北京話研究的奠基者，太田辰夫先生非常重視新語料的發掘，很早就利用了《小額》《北京》等京味兒小説材料。這種治學理念得到了很好的傳承，之後，日本陸續影印出版了《中國語學資料叢刊》《中國語教本類集成》《清民語料》等資料匯編，給研究帶來了便利。

新材料的發掘是學術研究的源頭活水。陳寅恪《〈敦煌劫餘録〉序》有云：“一時代之學術，必有其新材料與新問題。取用此材料，以研求問題，則爲此時代學術之新潮流。”我們的研究要想取得突破，必須打破材料桎梏。在具體思路上，一方面要拓展視野，關注“異族之故書”，深度利用好朝鮮、日本、泰西諸國作者所主導編纂的早期北京話教本；另一方面，更要利用本土優勢，在“吾國之舊籍”中深入挖掘，官話正音教本、滿漢合璧教本、京味兒小説、曲藝劇本等新類型語料大有文章可做。在明確了思路之後，我們從2004年開始了前期的準備工作，在北京大學中國語言學研究中心的大力支持下，早期北京話的挖掘整理工作於2007年正式啓動。本次推出的“早期北京話珍稀文獻集成”是階段性成果之一，總體設計上“取異族之故書與吾國之舊籍互相補正”，共分“日本北京話教科書匯編”“朝鮮日據時期漢語會話書匯編”“西人北京話教科書匯編”“清代滿漢合璧文獻萃編”“清代官話正音文獻”“十全福”“清末民初京味兒小説書系”“清末民初京味兒時評書系”八個系列，臚列如下：

“日本北京話教科書匯編”於日本早期北京話會話書、綜合教科書、改編讀物和風俗紀聞讀物中精選出《燕京婦語》《四聲聯珠》《華語跬步》《官話指南》《改訂官話指南》《亞細亞言語集》《京華事略》《北京紀聞》《北京風土編》《北京風俗問答》《北京事情》《伊蘇普喻言》《搜奇新編》《今古奇觀》等二十餘部作品。這些教材是日本早期北京話教學活動的縮影，也是研究早期北京方言、民俗、史地問題的寶貴資料。本系列的編纂得到了日本學界的大力幫助。冰野善寬、内田慶市、太田齋、鱒澤彰夫諸先生在書影拍攝方面給予了諸多幫助。書中日語例言、日語小引的翻譯得到了竹越孝先生的悉心指導，在此深表謝忱。

“朝鮮日據時期漢語會話書匯編”由韓國著名漢學家朴在淵教授和金雅瑛博士校注，收入《改正增補漢語獨學》《修正獨習漢語指南》《高等官話華語精選》《官話華語教范》《速修漢語自通》《速修漢語大成》《無先生速修中國語自通》《官話標準：短期速修中國語自通》《中語大全》《“内鮮滿”最速成中國語自通》等十餘部日據時期（1910年至1945年）朝鮮教材。這批教材既是對《老乞大》《朴通事》的傳承，又深受日本早期北京話教學活動的影響。在中韓語言史、文化史研究中，日據時期是近現代過渡的重要時期，這些資料具有多方面的研究價值。

“西人北京話教科書匯編”收録了《語言自邇集》《官話類編》等十餘部西人編纂教材。這些西方作者多受過語言學訓練，他們用印歐語的眼光考量漢語，解釋漢語語法現象，設計記音符號系統，對早期北京話語音、詞彙、語法面貌的描寫要比本土文獻更爲精準。感謝郭鋭老師提供了《官話類編》《北京話語音讀本》和《漢語口語初級讀本》的底本，《尋津録》、《語言自邇集》（第一版、第二版）、《漢英北京官話詞彙》、《華語入門》等底本由北京大學圖書館特藏部提供，謹致謝忱。《華英文義津逮》《言語聲片》爲筆者從海外購回，其中最爲珍貴的是老舍先生在倫敦東方學院執教期間，與英國學者共同編寫的教材——《言語聲片》。教材共分兩卷：第一卷爲英文卷，用英語講授漢語，用音標標注課文的讀音；第二卷爲漢字卷。《言語聲片》采用先用英語導入，再學習漢字的教學方法講授漢語口語，是世界上第一部有聲漢語教材。書中漢字均由老舍先生親筆書寫，全書由老舍先生録音，共十六張唱片，京韵十足，殊爲珍貴。

上述三類“異族之故書”經江藍生、張衛東、汪維輝、張美蘭、李無未、王順洪、張西平、魯健驥、王澧華諸先生介紹，已經進入學界視野，對北京話研究和對外漢語教學史研究産生了很大的推動作用。我們希望將更多的域外經典北京話教本引入進來，考慮到日本卷和朝鮮卷中很多抄本字迹潦草，難以辨認，而刻本、印本中也存在着大量的異體字和俗字，重排點校注釋的出版形式更利於研究者利用，這也是前文“深度利用”的含義所在。

對“吾國之舊籍”挖掘整理的成果，則體現在下面五個系列中：

“清代滿漢合璧文獻萃編”收入《清文啓蒙》《清話問答四十條》《清文指要》《續編兼漢清文指要》《庸言知旨》《滿漢成語對待》《清文接字》《重刻清文虚字指南編》等十餘部經典滿漢合璧文獻。入關以後，在漢語這一强勢語言的影響下，熟習滿語的滿人越來越少，故雍正以降，出現了一批用當時的北京話注釋翻譯的滿語會話書和語法書。這批教科書的目的本是教授旗人學習滿語，却無意中成爲了早期北京話的珍貴記録。“清代滿漢合璧文獻萃編”首次對這批文獻進行了大規模整理，不僅對北京話溯源和滿漢語言接觸研究具有重要意義，也將爲滿語研究和滿語教學創造極大便利。由於底本多爲善本古籍，研究者不易見到，在北京大學圖書館古籍部和日本神户市外國語大學竹越孝教授的大力協助下，“萃編”將以重排點校加影印的形式出版。

“清代官話正音文獻”收入《正音撮要》（高静亭著）和《正音咀華》（莎彝尊著）兩種代表著作。雍正六年（1728），雍正諭令福建、廣東兩省推行官話，福建爲此還專門設立了正音書館。這一“正音”運動的直接影響就是以《正音撮要》和《正音咀華》爲代表的一批官話正音教材的問世。這些書的作者或爲旗人，或寓居京城多年，書中保留着大量北京話詞彙和口語材料，具有極高的研究價值。沈國威先生和侯興泉先生對底本搜集助力良多，特此致謝。

《十全福》是北京大學圖書館藏《程硯秋玉霜簃戲曲珍本》之一種，爲同治元年陳金雀抄本。陳曉博士發現該傳奇雖爲崑腔戲，念白却多爲京話，較爲罕見。

以上三個系列均爲古籍，且不乏善本，研究者不容易接觸到，因此我們提供了影印全文。

總體來説，由於言文不一，清代的本土北京話語料數量較少。而到了清末民初，風氣漸開，情況有了很大變化。彭翼仲、文實權、蔡友梅等一批北京愛國知識分子通過開辦白話報來“開啓民智”“改良社會”。著名愛國報人彭翼仲在《京話日報》的發刊詞中這樣寫道：“本報爲輸進文明、改良風俗，以開通社會多數人之智識爲宗旨。故通幅概用京話，以淺顯之筆，達樸實之理，紀緊要之事，務令雅俗共賞，婦稚咸宜。”在當時北京白話報刊的諸多欄目中，最受市民歡迎的當屬京味兒小説連載和《益世餘譚》之類的評論欄目，語言極爲地道。

“清末民初京味兒小説書系”首次對以蔡友梅、冷佛、徐劍膽、儒丐、勳鋭爲代表的晚清民國京味兒作家群及作品進行系統挖掘和整理，從千餘部京味兒小説中萃取代表作家的代表作品，并加以點校注釋。該作家群活躍於清末民初，以報紙爲陣地，以小説爲工具，開展了一場轟轟烈烈的底層啓蒙運動，爲新文化運動的興起打下了一定的群衆基礎，他們的作品對老舍等京味兒小説大家的創作産生了積極影響。本系列的問世亦將爲文學史和思想史研究提供議題。于潤琦、方梅、陳清茹、雷曉彤諸先生爲本系列提供了部分底本或館藏綫索，首都圖書館歷史文獻閲覽室、天津圖書館、國家圖書館提供了極大便利，謹致謝意！

“清末民初京味兒時評書系”則收入《益世餘譚》和《益世餘墨》，均係著名京味兒小説家蔡友梅在民初報章上發表的專欄時評，由日本岐阜聖德學園大學劉一之教授、矢野賀子教授校注。

這一時期存世的報載北京話語料口語化程度高，且總量龐大，但發掘和整理却殊爲不易，稱得上“珍稀”二字。一方面，由於報載小説等欄目的流行，外地作者也加入了京味兒小説創作行列，五花八門的筆名背後還需考證作者是否爲京籍，以蔡友梅爲例，其真名爲蔡松齡，查明的筆名還有損、損公、退化、亦我、梅蒐、老梅、今睿等。另一方面，這些作者的作品多爲急就章，文字錯訛很多，并且鮮有單行本存世，老報紙殘損老化的情況日益嚴重，整理的難度可想而知。

上述八個系列在某種程度上填補了相關領域的空白。由於各個系列在内容、體例、出版年代和出版形式上都存在較大的差異，我們在整理時借鑒《朝鮮時代漢語教科書叢刊續編》《〈清文指要〉匯校與語言研究》等語言類古籍的整理體例，結合各個系列自身特點和讀者需求，靈活制定體例。“清末民初京味兒小説書系”和“清末民初京味兒時評書系”年代較近，讀者群體更爲廣泛，經過多方調研和反復討論，我們决定在整理時使用簡體横排的形式，儘可能同時滿足專業研究者和普通讀者的需求。“清代滿漢合璧文獻萃編”“清代官話正音文獻”等系列整理時則采用繁體。“早期北京話珍稀文獻集成”總計六十餘册，總字數近千萬字，稱得上是工程浩大，由於我們能力有限，體例和校注中難免會有疏漏，加之受客觀條件所限，一些擬定的重要書目本次無法收入，還望讀者多多諒解。

“早期北京話珍稀文獻集成”可以説是中日韓三國學者通力合作的結晶，得到了方方面面的幫助，我們還要感謝陸儉明、馬真、蔣紹愚、江藍生、崔希亮、方梅、張美蘭、陳前瑞、趙日新、陳躍紅、徐大軍、張世方、李明、鄧如冰、王强、陳保新諸先生的大力支持，感謝北京大學圖書館的協助以及蕭群書記的熱心協調。“集成”的編纂隊伍以青年學者爲主，經驗不足，兩位叢書總主編傾注了大量心血。王洪君老師不僅在經費和資料上提供保障，還積極扶掖新進，“我們搭臺，你們年輕人唱戲”的話語令人倍感温暖和鼓舞。郭鋭老師在經費和人員上也予以了大力支持，不僅對體例制定、底本選定等具體工作進行了細緻指導，還無私地將自己發現的新材料和新課題與大家分享，令人欽佩。“集成”能够順利出版還要特别感謝國家出版基金規劃管理辦公室的支持以及北京大學出版社王明舟社長、張鳳珠副總編的精心策劃，感謝漢語編輯部杜若明、鄧曉霞、張弘泓、宋立文等老師所付出的辛勞。需要感謝的師友還有很多，在此一并致以誠摯的謝意。

“上窮碧落下黃泉，動手動脚找東西。”我們不奢望引領“時代學術之新潮流”，惟願能給研究者帶來一些便利，免去一些奔波之苦，這也是我們向所有關心幫助過“早期北京話珍稀文獻集成”的人士致以的最誠摯的謝意。

劉　雲

二〇一五年六月二十三日

於對外經貿大學求索樓

二〇一六年四月十九日

改定於潤澤公館

整理説明

一　體例説明[1]

“清代滿漢合璧文獻萃編”（以下簡稱“萃編”）一共收入《清文啓蒙》《清話問答四十條》《一百條》《清語易言》《清文指要》《續編兼漢清文指要》《庸言知旨》《滿漢成語對待》《清文接字》《字法舉一歌》《重刻清文虚字指南編》等十一種清代滿漢合璧教本，大致分爲三類：（一）綜合性教本：如《清文啓蒙》和《清語易言》，既有會話内容，也涉及語音、詞彙、語法；（二）會話類教本：包括《清話問答四十條》《一百條》《清文指要》《續編兼漢清文指要》《庸言知旨》和《滿漢成語對待》六種；（三）虚詞和語法類教本：包括《清文接字》《字法舉一歌》和《重刻清文虚字指南編》三種。“萃編”首次對清代滿漢合璧教本進行系統整理，爲研究清代北京話、滿語以及滿漢語言接觸提供了材料上的便利。

“萃編”各書均由六部分組成：（一）書影；（二）導讀；（三）重排本；（四）轉寫本；（五）漢文詞彙索引；（六）影印本。《庸言知旨》因篇幅原因分爲二册，書影、導讀、轉寫本、漢文詞彙索引爲一册，重排本、影印本爲一册。各部分體例介紹如下：

（一）書影

各書文前均附彩色書影若干張。

（二）導讀

導讀部分對本書的作者、内容特點、版本和研究價值加以介紹。

（三）重排本

重排本爲竪排，版式大致仿照底本，滿文部分字體采用太清文鑒體，居

1　本部分由劉雲執筆。

左列，對應的漢文采用宋體繁體，居右列。滿文和漢文均經過校對整理。

（四）轉寫本

轉寫本爲横排，這部分是校勘整理工作的重點，以會話類教本《清話問答四十條》中的第一句爲例：

1-1[A]　age simbe tuwa-qi,

阿哥 你.**賓** 看-**條**

阿哥看你，（1a2）

底本中這一句以滿左漢右的形式呈現，占兩列，在轉寫本增加爲三行。第一行采用太清轉寫方案對底本中的滿文進行轉寫（詳見第二部分“太清轉寫方案説明”），更利於母語爲漢語的學習者和研究者使用。第三行對底本中的漢文部分進行整理，繁體字、簡化字照録，異體字、俗字等疑難字改爲相应的繁體正字，個別難以辨識的疑難字則照録原文。根據不同版本對滿文和漢文部分所做的校勘工作在脚注中予以説明。爲了方便不熟悉滿語的研究者使用，我們增列了第二行，對第一行滿文轉寫進行逐詞對譯，其中黑體字（如上例中的“**賓**”和“**條**”）是我們針對一些虚詞或語法標記專門設計的一套漢語術語（第三部分“語法標注方案”中有詳細介紹）。

此外爲了方便讀者檢索詞彙和查找底本，我們給會話類教本中的每一句都加注了索引號（如1-1[A]）和底本號（1a2），“1-1[A]”中第一個“1”代表第一節，第二個“1”代表第一句，上標的A和B代表對話人A和B，所以“1-1[A]”的完整意義就是“第一節的第一句，是A説的”。索引部分“阿哥、看、你”所對應的索引號衹有“1-1”，讀者很容易找到這些詞在轉寫本中的位置。

而在句尾底本號“1a2”中，“1”代表底本葉心所記葉數爲“一”的書葉（古籍一個書葉大致對應於現代出版物中一頁紙張的正反兩面），“a”代表該葉的上半葉，“b”代表該葉的下半葉，“2”代表該半葉“第二大列”（多數情況下一個大列由一列滿文和一列對應的漢文構成。個別情況下滿漢文會混爲一大列，但此時大列之間的界限也會比較分明）。“1a2”的完整意義指在“底本第一葉上半葉的第二大列”能够找到這句話對應的滿漢原文。由於底本中的一些語句較長（尤其是滿文部分，通常比漢文長），經常會出現跨大列甚至跨葉的情况，例如：

1-3 sure banji-ha-bi,
聰明 生長-**完**-**現**
生的伶俐，（1a2-3）

1-7 bengsen taqi-re be hono ai se-re,
本事 學習-**未** **賓** 尚且 什麽 説-**未**
學本事還算不得什麽，（1a5-b1）

“1a2-3”表示在“底本第一葉上半葉的第二大列和第三大列”能找到該句對應的滿漢原文，“1a5-b1”則表示該句的滿漢原文位於“底本第一葉上半葉的第五大列和底本第一葉下半葉的第一大列”。通過上述底本號，讀者可以迅速定位相應的底本原文。

而《清文接字》等虚詞和語法類教本中的講解部分則無須逐詞對照和逐句索引，涉及的知識點、語法點酌情劃分爲若干小節，節號用“[1]……”表示。

（五）漢文詞彙索引

“萃編”索引爲選詞索引，重點選擇當時的口語詞以及一些特殊的虚詞、語法標記作爲詞目，并列齊詞目所在的原文語句的索引號。需要注意的是，虚詞和語法類教本中因較少出現口語詞彙，未出索引。綜合性教本中的語法講解部分也作同樣處理。爲了方便讀者查閲，漢文詞彙索引作爲附録，附於轉寫本後。

（六）影印本

滿漢合璧教本存世數量有限，館藏分散，且相當一部分已被列入善本，研究者鮮有機會一窺全貌。承蒙北京大學圖書館古籍部和日本大阪大學圖書館大力支持，“萃編”得以集齊相關底本，可爲研究者提供第一手材料。其中《一百條》《清語易言》的底本由日本大阪大學圖書館提供，竹越孝先生和陳曉博士其間出力甚夥；其餘九種底本皆爲北京大學圖書館藏本，感謝古籍部李雲、丁世良、常雯嵐等老師的大力協助。各書整理者在校勘整理過程中，還親赴國家圖書館、中央民族大學圖書館、日本國會圖書館、早稻田大學圖書館、天理圖書館、大阪大學圖書館、哈佛大學圖書館等處，查閲并參校了數量可觀的不同版本。另外，承北京外國語大學王繼紅教授惠示相關版本，特此致謝。

二　太清轉寫方案説明[1]

滿文自1599年創製以來，已有四百餘年歷史。清初，來華傳教士出於學習、研究和印刷的方便，創製了最早針對滿文的拉丁字母轉寫方案——俄國有基里爾字母轉寫方案，日、韓亦有用本民族字母轉寫滿文的方案，本文不做討論——目前，無論是國際還是國内，針對滿文都有多套拉丁字母轉寫方案，尚未達成統一。

本次整理包括《重刻清文虚字指南編》《清文啓蒙》等在内的十一種古籍，爲方便更多的科研工作者利用本“萃編”的語料，特增加滿文拉丁轉寫并附全文語法標注。據不完全統計，目前常見的滿文拉丁轉寫方案有八種。因此，在本“萃編”編寫中就涉及使用何種拉丁轉寫方案的問題。

本次整理工作，經過慎重考慮，采用由馬旭東先生設計的太清轉寫系統。做出這種決定的理由如下：

（一）本“萃編”讀者中絶大部分是以漢語爲母語或極其熟悉漢語文的人士，他們對漢語拼音相對敏感和熟悉，而太清轉寫系統與漢語拼音的高度一致性爲他們使用本“萃編”提供了便利。其他轉寫系統都或多或少地受到印歐語文的影響，出現了用如“dz”“ts”等與中文拼音存在明顯差異的雙字母轉寫單輔音的情况，讓漢語母語者感到困惑。

（二）太清轉寫方案除“ng”外，没有使用雙字母表示音位，且没有使用26個字母之外的拉丁擴展字母，是一種經濟的方案。太清轉寫方案放弃了“š”“ū”“ž”“ü”“ö”“ô”“ů”等對絶大多數讀者來説陌生的擴展拉丁字母，加入了爲大部分轉寫方案放弃的“q”“v”等基本拉丁字母。

（三）太清轉寫方案相較其他方案，對編寫書籍整理中使用的工具軟件更友好。其他的轉寫系統因爲不同程度地引入中國人不熟悉的“š”“ū”“ž”“ü”“ö”“ô”“ů”等擴展拉丁字母，使得不同的人在輸入這些字母時可能會用到看起來相同、但實際上編碼不同的字母，導致後期的詞彙索引、字母頻度等統計工作難以使用各種統計小工具。而太清轉寫系統嚴格使用26個字母和撇號來轉寫滿文，避免了這些問題，節省了大量的

1　本部分由馬旭東、王碩執筆。

人力和不必要的失誤。

（四）目前太清轉寫方案被十餘萬滿語文使用者當作“亞文字”“拉丁化滿文”“新新滿文”在各種場合中使用。在非學術領域，太清轉寫系統是絶對的强勢方案。基於抽樣調查的保守估計，目前在中國有超過十萬人使用該方案以服務語言生活。在學術領域，太清轉寫系統正被越來越多的機構和學者接受，比如：荷蘭萊頓大學漢學院正在進行的有史以來規模最大的歐盟滿學古籍數字化工程就采用了該系統，韓國慶熙大學，我國清華大學、中國人民大學、中央民族大學等高校的青年學者們也逐漸轉向於此。

基於以上四點理由，我們審慎地選擇了太清轉寫系統。

下面我們將用表格方式對比太清轉寫系統和其他系統，以方便廣大的讀者使用本“萃編”。以下表格轉引自馬旭東《滿文拉丁字母轉寫研究》（未刊稿），本文僅做適當調整。

1. 元音字母：

滿文	ᠠ	ᡝ	ᡳ	ᡟ	ᠣ	ᡠ	ᡡ
國際音標	/ɑ/	/ə/	/i/	/ɿ/	/ɔ/	/u/	/ʊ/
太清	a	e	i, (y')*	y'	o	u	v
穆麟德	a	e	i, y	y, 無	o	u	ū
BablePad	a	e	i	y	o	u	uu
新滿漢	a	e	i, y	y	o	u	uu
五體	a	e	i, y	y	o	u	ů
語彙集	a	e	i, y	y	o	u	û
Harlez	a	e	i		o	u	ô
Adam	a	e	i		o	u	ȯ
其他		ä, ö		ï	ô	ou	oe, ō

*衹有在輔音ᡮ、ᡯ後的ᡳ纔轉寫爲y’。

2. 輔音字母：

滿文	ᠪ	ᡦ	ᠮ	ᡶ ᡶ	ᡩ ᡩ (ᡩ)*	ᡨ ᡨ	ᠨ	ᠯ
國際音標	/p/	/pʰ/	/m/	/f/	/t/	/tʰ/	/n/	/l/
太清	b	p	m	f	d	t	n/n'**	l
穆麟德	b	p	m	f	d	t	n	l
BablePad	b	p	m	f	d	t	n	l
新滿漢	b	p	m	f	d	t	n	l
五體	b	p	m	f	d	t	n	l
語彙集	b	p	m	f	d	t	n	l
Harlez	b	p	m	f	d	t	n	l
Adam	b	p	m	f	d	t	n	l
其他	p	p'			t	t'		

*輔音字母d在母音字母v前没有點兒，故而ᡩᡡ轉寫爲dv，而非tv。

**在單詞尾的輔音字母ᠨ轉寫爲n'。

滿文	ᡤ ᡤ	ᡴ ᡴ	ᡥ ᡥ	ᠩ	ᡬ	ᡴ	ᡭ
國際音標	/k, q/	/kʰ, qʰ/	/x, χ/	/ɴ, ŋ/	/k/	/kʰ/	/x/
太清	g	k	h	ng	g'	k'	h'
穆麟德	g	k	h	ng	gʽ	kʽ	hʽ
BablePad	g	k	h	ng	gh	kh	hh
新滿漢	g	k	h	ng	gg	kk	hh
五體	g	k	h	ng	ǵ	kʽ	h́
語彙集	g	k	h	ng	g'	k'	h'
Harlez	g	k	h	ng	g'	k'	h'
Adam	g	k	h	ng	g'	k'	h'
其他	k,γ	k', q	x, gh	ń, ñ, ṅ	ġ	ḱ	h̊, xx, x'

滿文	ᠵ	ᠴ	ᡧ	ᡰ	ᡯ	ᡮ	ᠰ	ᡵ	ᠶ	ᠸ
國際音標	/tʃ/	/tʃʰ/	/ʃ/	/ɻ/	/ts/	/tsʰ/	/s/	/r/	/j/	/w/
太清	j	q	x	r’	z	c	s	r	y	w
穆麟德	j	c	š	ž	dz	tsʽ	s	r	y	w
BablePad	j	c	x	z	dz	ts	s	r	y	w
新滿漢	zh	ch	sh	rr	z	c	s	r	y	w
五體	j	c	š	ž	dz	tsʽ	s	r	y	w
語彙集	j	c	s̀	z̀	z	zh	s	r	y	w
Harlez	j	c	s’	z’	dz	ts	s	r	y	w
Adam	j	c	x	ż	z	z’	s	r	y	w
其他	ǰ, ch	č, chʽ	j, ǰ	zh	tz	c̀,		rr, r’	j	v

3. 知、蚩、詩、日、資、雌、思音節：

滿文	ᠵᡟ	ᠴᡟ	ᡧᡳ	ᡰᡳ	ᡯᡳ	ᡮᡟ	ᠰᡟ
國際音標	/tʂʅ/	/tʂʰʅ/	/ʂʅ/	/ʐʅ/	/tsɿ/	/tsʰɿ/	/sɿ/
太清	jy’	qy’	xi	r’i	zi	cy’	sy’
穆麟德	jy	cʽy	ši	ži	dzi	ts	sy
BablePad	zhi	chi	xi	zi	dzi	tsy	sy
新滿漢	zhy	chy	shi	rri	zy	cy	sy
五體	ǰi	c’i	ši	ži	dzy	tsʽy	sy
語彙集	ǰi	ći	s̀i	z̀i	zy	c̀y	sy
Harlez	j’h	c’h	s’i	z’i	dz	ts	ss
Adam	j’i	c’i	xi	żi	-	-	ş
其他	d’i, ʒi, ǰi, jhi	çi, či		zhi	ze, tzi	tsï, zhy	sï

三　語法標注方案

1. 複——複數

在滿語中，指人的名詞可以通過接綴附加成分-sa、-se、-si、-so、-ta、-te、-ri構成其複數形式。如：

sakda-sa
老人-**複**
老人們

axa-ta
嫂子-**複**
嫂子們

在職務名詞後分寫的sa、在人名後分寫的se可以表達“……等人”之意。如：

oboi baturu sa
鰲拜 巴圖魯 **複**
鰲拜巴圖魯等

batu se
巴圖 **複**
巴圖等人

2. 屬——屬格格助詞

滿語的屬格格助詞爲-i或ni，用於標記人或事物的領屬關係等。如：

bou-i kouli
家-**屬** 規矩
家規

daiming ni qouha
大明 **屬** 士兵
大明的士兵

3. 工——工具格格助詞

滿語的工具格格助詞爲-i或ni，用於標記完成動作、行爲所借助的工具或手段。如：

tondo -i ejen be uile-mbi
忠 **工** 君主 **賓** 侍奉-**現**
以忠事君

qiyanliyang ni uda-mbi
錢糧 **工** 買-**現**
用錢糧買

另外，形容詞可以和工具格格助詞一起構成副詞來修飾動詞。如：

nuhan -i gama-mbi
從容 **工** 安排-**現**
從容地安排

4. 賓——賓格格助詞

滿語的賓格格助詞爲be，用於標記賓語，即動作、行爲所指向的受事。如：

bithe hvla-ra be sa-qi, ai gisure-re ba-bi,
書 讀-**未** **賓** 知道-**條** 什麼 説話-**未** 處-**有**
知道該念書，有什麼説處呢？

賓格格助詞be也可用於標記所經之處。如：

musei qouha nimanggi alin be gemu dule-ke.
咱們.**屬** 軍隊 雪 山 **賓** 都 經過-**完**
我兵皆已越過雪山。

5. 位——位格格助詞

滿語的位格格助詞爲de，用於標記動作發生的地點、時間、原因，以及人或事物所處的地點、時間和狀態等。如：

mujilen de eje-mbi
心 **位** 記住-**現**
心裏頭記

位格格助詞de也可用於標記動作、行爲進行的手段、方式。如：

emu gisun de waqihiya-me mute-ra-kv.

一 話語 **位** 完結-**并** 能够-**未**-**否**

不是一言能盡的。

某些由de構成的詞或詞組具有連詞、副詞等功能，如aikabade“若”，ede“因此”，emde“一同”，jakade“……之故；……之時”，ohode“若”等，可以不對其進行拆分標注，僅標注詞義。如：

bi gene-ra-kv ohode, tere mimbe jabqa-ra-kv-n?

我 去-**未**-**否** 倘若 他 我.**賓** 埋怨-**未**-**否**-**疑**

我若不去的時候，他不埋怨我麽?

6. 與——與格格助詞

滿語的與格格助詞爲de，用於標記動作、行爲的方向、目的和對象等。如：

niyalma de tusa ara-mbi

人 **與** 利益 做-**現**

與人方便

sy' pai leu se-re ba-de gene-mbi.

四 牌 樓 叫-**未** 地方-**與** 去-**現**

往四牌樓去。

7. 從——從格格助詞

滿語的從格格助詞爲qi，用於標記動作、行爲的起點、來源、原因等。另外，在事物之間進行比較時，從格格助詞qi用於標記比較的起點。如：

abka qi wasi-mbi

天 **從** 降下-**現**

自天而降

i sinqi antaka. minqi fulu.

他 你.**從** 怎麽樣 我.**從** 强

他比你如何？比我强。

8. 經——經格格助詞

滿語的經格格助詞爲deri，用於標記動作、行爲經過、通過之處。如：

edun sangga deri dosi-mbi

風 孔 **經** 進入-**現**

風由孔入

gisun angga deri tuqi-mbi

話 嘴巴 **經** 出來-**現**

話從口出

9. 完——完整體

滿語中動詞的完整體附加成分爲-HA（-ha/-he/-ho, -ka/-ke/-ko），表示做完了某動作或行爲。如：

erdemu ili-bu-ha manggi gebu mutebu-mbi.

德才 立-**使**-**完** 之後 名字 能成-**現**

德建而後名立。

aga hafu-ka

雨 濕透-**完**

雨下透了

在句中，動詞的完整體形式具有形容詞或名詞詞性。如：

ama eme -i taqibu-ha gisun be, gelhun akv jurqe-ra-kv.

父親 母親 **屬** 教導-**完** 話語 **賓** 怕 **否** 悖逆-**未**-**否**

父母教的話，不敢違背。

此句中taqibuha爲動詞taqibumbi“教導”的完整體形式，做形容詞修飾gisun，taqibuha gisun即“教導的話”。

sini gosi-ha be ali-ha.

你.**屬** 憐愛-**完** **賓** 接受-**完**

領了你的情。

此句中gosiha爲動詞gosimbi“憐愛”的完整體形式，在句中具有名詞詞性，做謂語動詞aliha的賓語，aliha是動詞alimbi“接受”的完整體形式。

10. 未——未完整體

滿語中動詞的未完整體附加成分一般爲-rA（-ra/-re/-ro），表示動作發生，没結束，或者將要發生。也可用於表達常識、公理等。如：

bi amala qouha fide-fi da-me gene-re.
我 然後 軍隊 調兵-**順** 救援-**并** 去-**未**
吾隨後便調兵接應也。

niyalma o-qi emu beye -i duin gargan be uherile-re.
人 成爲-**條** 一 身體 **屬** 四 肢 **賓** 統共-**未**
人以一身統四肢。

與完整體相似的是，動詞的未完整體形式在句中也具有形容詞或名詞詞性。如：

taqi-re urse
學習-**未** 者
學習者

taqire爲動詞taqimbi"學習"的未完整體形式，在此句中作形容詞修飾名詞urse"者"。

faihaqa-ra be baibu-ra-kv.
急躁-**未** **賓** 需要-**未**-**否**
不必着急。

faihaqara爲動詞faihaqambi"急躁"的未完整體形式，在此句中faihaqara是謂語動詞baiburakv"不必"的賓語。

11. 現——現在將來時

滿語中動詞的現在將來時附加成分爲-mbi，源自動詞bi"存在；有"，表示動作、行爲發生在説話的當前時刻或未來。也可用來泛指客觀事實、普遍真理等等。如：

age si bou-de aina-mbi? bithe hvla-mbi.
阿哥 你 家-**位** 做什麼-**現** 書 讀-**現**
阿哥你在家做什麼？讀書。

mini guqu qimari ji-mbi.
我.**屬** 朋友 明天 來-**現**
我的朋友明天來。
xun dergi qi mukde-mbi.
太陽 東方 **從** 升起-**現**
太陽從東方升起。

12. 過——過去時

滿語中動詞的過去時附加成分一般爲bihe或-mbihe，表示動作、行爲發生在説話的時刻之前。如：

dade gvwa ba-de te-mbihe.
原先 別的 **處-位** 居住-**過**
原先在别處住。
niyaman guqu de yandu-fi bai-ha bihe.
親戚 朋友 **與** 委托-**順** 找尋-**完 過**
曾經煩親友們尋訪。

13. 否——否定式

滿語中動詞的否定附加成分爲-kv，表示不做某動作，或某動作没發生。如：

taqi-ra-kv oqi beye-be waliya-bu-mbi-kai.
學習-**未-否** 若是 自己-**賓** 丟弃-**使-現**-啊
不學則自弃也。
tuqi-bu-me gisure-he-kv
出去-**使-并** 説話-**完-否**
没説出來

形容詞、副詞等詞彙的否定式需要在後面接akv。akv在某些情況下也能表達實義，意思是“没有”。如：

uba-qi goro akv.
這裏-**從** 遠 **否**
離此處不遠。

taqin fonjin -i doro gvwa-de akv.

學 問 **屬** 道理 其他-**位** **否**

學問之道無他。

14. 疑——疑問語氣

滿語中表達疑問的附加成分爲-u和-n。如：

tere niyalma be taka-mbi-u?

那 人 **賓** 認識-**現**-**疑**

認得那個人麽？

baitala-qi ojo-ra-kv-n?

使用-**條** 可以-**未**-**否**-**疑**

不可用麽？

除此之外，還有表達疑問或反問的語氣詞，如na、ne、no、nu、ya等。

15. 祈——祈使式

滿語的祈使式分爲命令語氣和請願語氣。

1）動詞的詞幹可以表達命令語氣，即説話人直接命令聽話人做某事。如：

bithe be ure-me hvla.

書 **賓** 熟-**并** 讀.**祈**

將書熟熟的念。

2）附加成分-kini表達説話人對他人的欲使、指令、祝願等語氣。-kini後面連用sembi時，sembi引導説話人欲使、指令的内容，sembi在句中會有相應的形態變化。如：

bithe hvla-ra niyalma gvnin werexe-kini!

書 讀-**未** 人 心 留心-**祈**

讀書之人留心！

ejen -i jalafun enteheme akdun o-kini.

君主 **屬** 壽命 永遠 堅固 成爲-**祈**

願汗壽域永固。

si imbe ureshvn -i hvla-kini se.

你 他.**賓** 熟練 **工** 讀-**祈** 說.**助**.**祈**

你叫他念得熟熟地。

上句使用了兩次祈使式，-kini表達說話人欲使他人“熟讀”，se爲sembi祈使式，表達說話人對聽話人的命令語氣。

3）附加成分-ki表達說話人對聽話人的祈請語氣，請聽話人做某事。還可以表達說話人自己想要做某事。-ki後面連用sembi時，sembi引導祈請的内容，sembi在句中會有相應的形態變化。

說話人請聽話人做某事，如：

nahan -i dele te-ki.

炕 **屬** 上 坐-**祈**

在炕上坐。

說話人自己想要做某事。如：

gurun -i mohon akv kesi be hukxe-me karula-me faxxa-ki.

國家 **屬** 盡頭 **否** 恩 **賓** 感激-**并** 報答-**并** 奮勉-**祈**

感戴國家無窮的恩澤，願奮力報效。

bithe be tuwa-ki se-qi hafu buleku be tuwa.

書 **賓** 看-**祈** 說.**助**-**條** 通 鑒 **賓** 看.**祈**

要看書看《通鑒》。

此句中seqi引導了經由說話人之口說出、聽話人想要做的事情bithe be tuwaki“想要看書”，seqi爲助動詞sembi的條件副動詞形式。tuwa爲動詞tuwambi“看”的動詞詞幹形式，表達了說話人的命令語氣。

4）附加成分-rAu（-rau/-reu/-rou）表達說話人對聽話人的請求。-rAu可拆分爲未完整體附加成分-rA和疑問式附加成分-u，這種不確定性的疑問語氣使得-rAu所表達的祈請比-ki更显尊敬，用於對長輩、上級等提出請求。如：

kesi isibu-me xolo xangna-rau.

恩 施予-**并** 空閑 賞賜-**祈**

懇恩賞假。

此句爲説話人請求上級領導恩賜假期。

5）附加成分-qina表達説話人對聽話人的建議、祈請，態度比較隨意，不可對尊長、不熟悉的人使用，可對下級、平輩、熟人、好友使用。如：

yo-ki se-qi, uthai yo-qina!

走-**祈** 説.**助-條** 就 走-**祈**

要走，就走罷！

此句中yoki“要走”爲説話人認爲聽話人想要做的事情，由seqi引導，yoqina“走吧”表達祈使語氣，態度隨意，不够客氣。

16. 虛——虛擬語氣

附加成分-rahv和ayou用於表達“恐怕”“擔心”的意思，後面可連用助動詞sembi，根據語法需要，sembi在句中會有相應的形態變化。如：

inde ala-rahv se-me teni uttu taqi-bu-me hendu-he.

他.**與** 告訴-**虛** **助-并** 纔 這樣 學-**使-并** 説-**完**

恐怕告訴他纔這樣囑咐。

gungge gebu mutebu-ra-kv ayou se-mbi.

功 名 使成-**未-否** **虛** **助**-現

恐怕功名不成。

bi hono sitabu-ha ayou se-mbihe.

我 還 耽誤-**完** **虛** **助**-過

我還恐怕耽誤了。

17. 使——使動態

滿語中，動詞的使動態附加成分一般爲-bu，用於表達致使者讓某人做某事，通常受使者後面用賓格格助詞be標記。如：

ekxe-me niyalma be takvra-fi tuwa-na-bu-mbi.

急忙-**并** 人 **賓** 差遣-**順** 看-去-**使-現**

忙使人去看。

此句中，niyalma“人”是takvra-“差遣”這一動作的受使者，又是tuwana-“去看”這一動作的致使者，作爲間接賓語，用賓格格助詞be

標記。

coucou lu giyang ni ba-i taixeu hafan ju guwang be wan qeng
曹操 廬 江 **屬** 處-**屬** 太守 官員 朱 光 **賓** 宛 城

be tuwakiya-bu-mbi.
賓 看守-**使**-**現**

曹操命廬江太守朱光鎮守宛城。

此句中，太守朱光在曹操的促使下鎮守宛城，朱光既是曹操命令的受使者，也是tuwakiya-“看守”這一行爲的施事，用賓格格助詞be標記。此外，宛城是“看守”這一動作的受事，作爲直接賓語，也用be標記。

18. 被——被動態

滿語中，動詞的被動態附加成分爲-bu。如：

weri de basu-bu-mbi.
他人 **與** 恥笑-**被**-**現**

被人恥笑。

此句中，動詞basu-“恥笑”的施事爲weri“他人”，由與格格助詞de標記，受事主语（即恥笑對象）没有出現。

19. 并——并列副動詞

動詞的并列副動詞構形成分爲-me。

1）并列副動詞和後面的動詞構成并列結構，充當謂語，表示動作、行爲并列或同時發生。如：

giyan be songkolo-me fafun be tuwakiya-mbi.
理 **賓** 遵循-**并** 法令 **賓** 防守-**現**

循禮奉公。

根據動詞的詞義，副動詞形式有時可以看作相應的副詞，充當狀語修飾後面的謂語動詞。如：

ginggule-me eje-fi kiqe-ki.
恭謹-**并** 記住-**順** 勤奮-**祈**

謹記着奮勉。

此句中，副動詞gingguleme“恭謹地”修飾eje-“記住”，即“謹記”。

2）某些由-me構成的詞或詞組具有連詞、副詞等功能，如bime“和；而且”，bimbime“而且”，seme“因爲；雖然；無論”，aname“依次”，等等，可以不再拆分語法成分，僅標注整體的詞義。如：

gosin jurgan bime tondo nomhon.

仁　義　而且　忠　厚

仁義而且忠厚。

3）-me可以構成動詞的進行體，表達動作正在進行中，如現在時進行體V-me bi，過去時進行體V-me bihe。語法標注仍然寫作并列副動詞。如：

jing hergen ara-me bi.

正　字　寫-并　現

正寫着字。

4）動詞的并列副動詞與助動詞mutembi和bahanambi構成固定搭配。V-me mutembi即“能够做某事”，V-me bahanambi即“學會做某事”。如：

emu gisun de waqihiya-me mute-ra-kv.

一　話語　位　完盡-并　能够-未-否

不是一言能盡的。

age si manjura-me bahana-mbi-u.

阿哥　你　説滿語-并　學會-現-疑

阿哥你會説滿洲話嗎？

20. 順——順序副動詞

動詞的順序副動詞構形成分爲-fi。

1）順序副動詞與其後動詞共同作謂語，表示動作行爲按時間順序、邏輯順序等依次發生，做完某事再做某事。如：

dosi-fi fonji-na.

進-順　問-去.祈

進去問去。

2）順序副動詞可用於引導原因。如：

yabun tuwakiyan sain ofi, niyalma teni kundule-me tuwa-mbi.

行爲 品行 好 因爲 人 纔 尊敬-**并** 對待-**現**

因爲品行好，人纔敬重。

此句中，ofi爲ombi“成爲”的順序副動詞形式，在句中引導原因從句。

ere udu inenggi baita bifi.

這 幾 日子 事情 因有

這幾日因爲有事。

此句中，bifi爲bimbi“存在”的順序副動詞形式。

3）-fi可以構成動詞的完成體，如現在時完成體V-fi bi，表達動作、行爲已經發生，狀態延續到現在。如：

tuwa-qi, duka yaksi-fi bi.

看-**條** 大門 關閉-**順** **現**

duka nei-qi se-me hvla-qi, umai jabu-re niyalma akv.

大門 開-**條** 助-**并** 呼喚-**條** 全然 回答-**未** 人 否

一瞧，關着門呢。叫開門呢，没有答應的人。

此句中，yaksifi bi説明門關上這個動作已經發生，這個狀態延續到叙述者叫開門的當下。

21. 條——條件副動詞

動詞的條件副動詞構形成分爲-qi。

1）條件副動詞所表達的動作行爲是其後動作行爲發生的條件或前提假設，可表達“如果”“則”之意。如：

kiqe-me taqi-qi xangga-qi o-mbi.

勤奮-**并** 學-**條** 做成-**條** 可以-**現**

勤學則可成。

2）某些由-qi構成的詞或詞組具有連詞、副詞等功能，如oqi“若是”，biqi“若有”，seqi“若説”，akvqi“不然，否則”，eiqi“或者”，等等，僅標注詞義。如：

taqi-ra-kv oqi beye-be waliya-bu-mbi-kai.
學習-**未**-**否** 若是 自己-**賓** 抛弃-**使**-**現**-啊
不學則自弃也。

3）動詞的條件副動詞與助動詞ombi和aqambi構成固定搭配。V-qi ombi即“可以做某事”，V-qi aqambi即“應該做某事”。如：

tere bou te-qi ojo-ra-kv.
那 房子 居住-**條** 可以-**未**-**否**
那房子住不得。

taqi-re urse beye haqihiya-qi aqa-mbi.
學習-**未** 人們 自己 勸勉-**條** 應該-**現**
學者須自勉焉。

22. 持——持續副動詞

動詞的持續副動詞構形成分爲-hAi（-hai/-hei/-hoi）。

1）動詞的持續副動詞形式表示這個動作、行爲持續不停，一直進行或重複。如：

yabu-hai teye-ra-kv.
行-**持** 休息-**未**-**否**
只管走不歇着。

inenggi-dari tanta-hai fasi-me buqe-re de isibu-ha.
日子-每 打-**持** 上吊-**并** 死-**未** **與** 以致於-**完**
每日裏打過來打過去以致吊死了。

2）-hAi可以構成動詞的持續體，如現在時持續體V-hAi bi，表示動作、行爲持續不停，一直進行或重複。如

gemu mimbe tuwa-hai bi-kai.
全都 我.**賓** 看-**持** **現**-啊
全都看着我。

sini ji-he nashvn sain bi-qibe, minde o-qi asuru baha-fi
你.**屬** 來-**完** 時機 好 存在-**讓** 我.**位** 成爲-**條** 十分 得以-**順**

gvnin akvmbu-ha-kv, soroqo-hoi bi.
心意　盡心-**完-否**　羞愧-**持**　**現**

你來的機會固然好，在我却没有得十分盡心，尚在抱愧。

23. 至——直至副動詞

動詞的直至副動詞的構形成分爲-tAlA（-tala/-tele/-tolo），表示動作行爲進行到某時、某程度爲止。如：

goro goida-tala tuta-bu-ha.
遠　久-**至**　留下-**使-完**

久遠貽留。

fuzi hendu-me, inenggi-dari ebi-tele je-me, mujilen be
孔夫子 説道-**并**　日子-每　吃飽-**至** 吃-**并**　心思　**賓**

baitala-ra ba akv oqi, mangga kai se-he-bi.
使用-**未**　**處 否**　若是 困難　啊　説.**助-完-現**

子曰：飽食終日，無所用心，難矣哉！

24. 極——極盡副動詞

動詞的極盡副動詞的構形成分爲-tAi（-tai/-tei/-toi）。極盡副動詞往往用於修飾其後的動作、行爲，表示動作、行爲以某種極致的程度或方式進行。如：

nure omi-re de wa-tai amuran.
黄酒 喝-**未**　**與** 殺-**極**　愛好

極好飲酒。

此句中，watai amuran意爲"愛得要死"，watai表示程度極深。

ahvta -i giyangga gisun be singge-tei eje-mbi.
兄長.**複 屬** 理義的　話語　**賓** 浸透-**極**　記住-**現**

兄長們的理學言論發狠的記着。

singgetei ejembi意爲"牢牢地、深入地記住"，singgetei在此句中形容被理學言論完全浸透的狀態。

25. 延——延伸副動詞

動詞的延伸副動詞的構形成分爲-mpi或-pi，表示動作、行爲逐漸完成，達到極限程度。如：

monggon sa-mpi hargaxa-mbi, mujilen je-mpi yabu-mbi.
脖子 伸-**延** 仰望-**現** 心思 忍耐-**延** 行-**現**
引領而望，忍心而行。

tumen gurun uhe-i hvwaliya-pi, eiten gungge gemu badara-ka.
萬 國 統一-**工** 和好-**延** 所有 功勞 都 滋蔓-**完**
萬邦協和，庶績咸熙。

26. 前——未完成副動詞

動詞的未完成副動詞的構形成分爲-nggAlA（-nggala/-nggele/-nggolo），表示動作行爲發生、進行之前。如：

gisun waji-nggala, uthai gene-he.
話 完-**前** 就 去-**完**
話未完，便去了。

baita tuqi-nji-nggele, nene-me jaila-ha.
事情 出-來-**前** 先-**并** 躲避-**完**
事未發，先躲了。

27. 伴——伴隨副動詞

動詞的伴隨副動詞構形成分爲-rAlame（-ralame/-relame/-rolame），表示動作、行爲進行的同時伴隨别的動作。如：

hvla-ralame ara-mbi.
讀-**伴** 寫-**現**
隨念隨寫。

gisure-relame inje-mbi.
説-**伴** 笑-**現**。
且説且笑。

28. 弱——弱程度副動詞

動詞的弱程度副動詞構形成分爲-shvn/-shun/-meliyan，表示動作程度的減弱，即“略微”。如：

sarta-shvn
遲誤-**弱**
稍遲誤些

enggele-shun
探身-**弱**
稍前探些

29. 讓——讓步副動詞

動詞的讓步副動詞構形成分爲-qibe，表示雖然、即使或無論等。如：

umesi urgunje-qibe, damu sandalabu-ha-ngge ele goro o-ho-bi.
很 喜悦-**讓** 衹是 相隔-**完**-**名** 更加 遥遠 成爲-**完**-**現**
雖然狠喜歡，但只是相隔的，越發遠了。

30. 名——名物化

滿語的動詞、形容詞等可以通過ningge或-ngge轉變爲相應的名詞或名詞短語。通過名物化生成的名詞或名詞短語往往在句中充當話題。如：

ehe gisun tuqi-bu-ra-kv-ngge, uthai sain niyalma inu.
壞 話語 出-**使**-**未**-**否**-**名** 就 好 人 是
不説不好語，便是好人。

i sinde fonji-ha-ngge ai baita
他 你.**與** 問-**完**-**名** 什麽 事
他問你的是什麽事。

tumen jaka qi umesi wesihun ningge be niyalma se-mbi.
萬 事物 **從** 最 貴 **名** **賓** 人 叫做-**現**
比萬物最貴的是人。

31. 助——助動詞

滿語中的助動詞可分爲實義助動詞和表達語法功能的助動詞。

1）實義助動詞有mutembi、bahanambi、ombi、aqambi、tuwambi等，可以和其他動詞構成如下結構：V-me mutembi“能够做某事”，V-me bahanambi“學會做某事”，V-qi ombi“可以做某事”，V-qi aqambi“應該做某事”，V-me tuwambi“試試看做某事”。

對這一類助動詞不做語法標注，衹標注其實義。如：

age si gvni-me tuwa.
阿哥 你 想-**并** 看.**祈**
阿哥你想。

其中gvnime tuwa意爲“想想看”或“試想”。

2）bimbi、ombi、sembi三個動詞不僅具有實義，還可以當作助動詞使用。

如前所述，bimbi、ombi、sembi與其他語法功能附加成分可以構成連詞、副詞，如bime“并且”，biqi“若有”，oqi“若是”，ofi“因爲”，seqi“若説”，seme“雖然；無論”等。

bimbi、ombi、sembi在句中往往既有實義又兼具助動功能。又如oqi、seqi、sehengge、seme、sere、sehengge在句中也可用於標記話題。標注時可將助動詞詞幹和其後構形附加成分拆開，分别標注其語義和語法功能。如：

niyalma se-me jalan de banji-fi, uju-i uju de taqi-re-ngge oyonggo.
人 説.**助-并** 世界 **位** 生存-**順** 第一-**屬** 第一 **位** 學習-**未-名** 重要
人啊，生在世上，最最要緊的就是學習了。

此句中seme爲sembi的并列副動詞形式，提示了話題，又使niyalma seme具備副詞詞性修飾後面的謂語動詞banji-。

i emgeri sa-fi goida-ha, si kemuni ala-ra-kv o-fi aina-mbi.
他 已經 知道-**順** 久-**完** 你 仍 告訴-**未-否** 成爲.**助-順** 幹什麽-**現**
他知道已久，你還不告訴他幹什麽？

此句中ofi爲ombi的順序副動詞形式，由於alarakv無法直接附加-fi，所以需要助動詞ombi幫助其變爲合適的副動詞形式，然後纔能與後面的動詞

ainambi構成合乎語法的句子。

3）sembi作爲助動詞主要用於以下三種情況。

首先，sembi用於引導摹擬詞。如：

ser se-re ba-be olhoxo-ra-kv-qi ojo-ra-kv.
細微貌 助-未 處-賓 謹慎-未-否-條 可以-未-否

不可不慎其微。

seule-me gvni-re nergin-de lok se-me merki-me baha.
尋思-并 思考-未 頃刻-位 忽然貌 助-并 回憶-并 獲得.完

尋思之下，驀然想起。

其次，sembi用於引導説話的内容。如：

fuzi -i hendu-he, yadahvn bime sebjengge se-re gisun de
孔夫子 屬 説道-完 貧窮 而 快樂 説.助-未 話語 位

mute-ra-kv dere.
能够-未-否 吧

孔夫子説的，“貧而樂”的話，固是不能。

再次，sembi用於祈使句和虛擬語氣句，用法見祈使式和虛擬語氣。

32. 序——序數詞

基數詞變序數詞需要在基數詞之後附加-qi。如：

emu-qi
一-序

第一

33. 分——分配數詞

在基數詞之後附加-te構成分配數詞，表示“每幾；各幾”。如：

niyalma tome emu-te mahala.
人 每 一-分 帽子

每人各一個帽子。

補充說明：

1. 爲了避免語法功能成分的語法標注和實詞成分的語義標注相混淆，語法功能術語均縮寫爲一個字，使用黑體。如：

age simbe soli-na-ha de ainu jide-ra-kv.

阿哥 你.**賓** 邀請-去-**完** **位** 爲何 來-**未**-**否**

阿哥請你去，怎麽不來？

此句中，solinaha中soli-爲實義動詞詞幹，標注“邀請”，-na爲實詞性構詞成分，標注“去”，-ha爲完整體構形成分，標注“**完**”。

2. 同一個成分既有實詞詞義又有語法功能，或者一個成分有多個語法功能時，對同一個成分的多個標注之間用“.”隔開。如：

si imbe ureshvn -i hvla-kini se.

你 他.**賓** 熟練 **工** 讀-**祈** 説.**助**.**祈**

你叫他念得熟熟地。

人稱代詞的格附加成分統一不拆分，如上句中imbe標注爲“他.**賓**”。

3. 排除式第一人稱複數be標注爲“我們”，説明其所指對象不包括交談中的聽話人。包括式第一人稱複數muse標注爲“咱們”，説明其所指對象包括聽話人在内。

4. 本方案引用的例句部分取自本“萃編”，其餘例句通過日本東北大學栗林均先生建立的蒙古語諸語與滿語資料檢索系統（http://hkuri.cneas.tohoku.ac.jp/）檢索獲得。

以上説明，意在爲本“萃編”的滿文點校整理提供一套統一的標注指導方案。諸位點校者對滿語語法的分析思路各有側重點，在遵循標注方案的大原則下，對部分語法成分和某些單詞的標注、切分不免存在靈活處理的現象。例如seqi，從語義角度分析，可以將其當作一個固定成分，標注爲“若説”；從語法角度，可以拆分爲se-qi，當作動詞sembi的條件副動詞形式。又如jembi的未完整體形式存在特殊變化jetere，有兩種拆分方式：可以從現時層面分析，認爲jetere的詞幹是je-，而-tere是不規則變化的未完整體附加成分；也可以從語言演變的歷時變化角度分析，認爲詞幹是jete-，是jembi這個動詞的早期形式被保留在未完整體形式中。標注的方式原則上統一、細節上參差多態，不僅有利於表現某一語言成分在實際語句中的特徵，也便於讀者從多方面理解滿語這一黏着語的語法特色。

語法標注簡表*

簡稱	編號	名稱	示例	簡稱	編號	名稱	示例
伴	27	伴隨副動詞	-rAlame	弱	28	弱程度副動詞	-shvn, -shun, -meliyen
被	18	被動態	-bu	使	17	使動態	-bu
賓	4	賓格格助詞	be	屬	2	屬格格助詞	-i, ni
并	19	并列副動詞	-me	順	20	順序副動詞	-fi
持	22	持續副動詞	-hAi	條	21	條件副動詞	-qi
從	7	從格格助詞	qi	完	9	完整體	-HA
分	33	分配數詞	-te	未	10	未完整體	-rA
否	13	否定式	-kv, akv	位	5	位格格助詞	de
複	1	複數	-sa, -ta 等	現	11	現在將來時	-mbi
工	3	工具格格助詞	-i, ni	虚	16	虚擬語氣	ayou, -rahv
過	12	過去時	bihe, -mbihe	序	32	序數詞	-qi
極	24	極盡副動詞	-tAi	延	25	延伸副動詞	-mpi, -pi
經	8	經格格助詞	dcri	疑	14	疑問語氣	-u, -n 等
名	30	名物化	-ngge, ningge	與	6	與格格助詞	de
祈	15	祈使式	-ki, -kini, -qina, -rAu 等	至	23	直至副動詞	-tAlA
前	26	未完成副動詞	-nggAlA	助	31	助動詞	sembi, ombi, bimbi 等
讓	29	讓步副動詞	-qibe				

*爲了方便讀者查閱，語法標注簡稱按音序排列，編號與正文中序號保持一致。

“萃編”滿文部分的整理是摸着石頭過河，上述語法標注系統是中日兩國參與滿文校注的作者們集體討論的結晶，由陸晨執筆匯總。方案雖充分吸收了前人時賢的研究成果，畢竟屬於開創之舉，難免存在不盡如人意之處，我們衷心希望得到廣大讀者的幫助和指正，以切磋共進。

本“萃編”的編校工作由北京大學出版社宋思佳老師精心統籌，杜若明、張弘泓、歐慧英三位老師在體例制定和底本搜集上給予了很多幫助，崔蕊、路冬月、唐娟華、王禾雨、王鐵軍等責編老師也付出了大量心血，在此深表謝忱。

編者

二〇一八年六月

目　録

導讀

劉雲

零 引言

《庸言知旨》成書於嘉慶七年（1802），是清代最重要的滿漢合璧會話書之一，作者宜興爲清宗室重臣，“宗室宜興，字桂圃，八分公、西安將軍普照孫，恒仁子。歷官刑部侍郎、倉場侍郎、江蘇巡撫、左都御史，嘉慶十四年卒”。[1]在序言中，宜興介紹了《庸言知旨》的成書過程：“庚申，予任巴里坤，政務多暇，撿舊篋中，童時之所咨詢於耆老，與夫承乏東省，采諸故鄉人之口頰者，片楮之積若干，計此而任其凋零散佚，恐貽鷄肋之惜，爰加考酌，什摭其二三，分次條縷，凡三百餘則編爲一帙。”書中數量極爲可觀的話條均以滿漢對照的形式呈現，題材包羅萬象，涉及京旗生活的方方面面，是研究當時的旗人社會和語言面貌的重要資料。目前針對《庸言知旨》的系統研究較少，僅見《滿漢合璧〈庸言知旨〉研究》（宋冰，2014）[2]一文對《庸言知旨》的版本、作者、内容特點和俗語進行了系統梳理和深入考察。在此基礎上，本文擬對宜興的家世、生卒年、履歷做進一步挖掘和梳理，并對《庸言知旨》的北京話特徵進行考察。

一 宜興之家世

宜興爲清太祖努爾哈赤六世孫，英親王阿濟格五世孫，是名副其實的

1 盛昱、楊鍾羲輯録《八旗文經》卷五八，《中華文史叢書》之九，華文書局股份有限公司，1969年，第1865頁。

2 宋冰《滿漢合璧〈庸言知旨〉研究》，黑龍江大學碩士論文，2014年。

“天潢貴胄”。阿濟格（1605—1651）是努爾哈赤第十二子，多爾衮之同母兄長，少年從征，軍功卓越。後金天命七年（1622），阿濟格躋身執掌國政的八和碩貝勒之列，崇德元年（1636）封武英郡王，順治元年（1644）封和碩英親王，授定遠大將軍，順治五年授平西將軍。多爾衮死後，阿濟格“召其子郡王勞親以兵脅多爾衮所屬使附己”[1]，意欲攝政，被鄭親王濟爾哈朗等逮捕圈禁，革去王爵，順治八年十月十六日賜死，年四十七歲。阿濟格育有十一子，勞親亦被賜死，其餘諸子皆被逐出宗室，黜爲庶人。

順治十八年，阿濟格次子傅勒赫（1628—1660），以無罪得復宗籍，康熙元年（1662）二月追封鎮國公。傅勒赫第三子綽克都（1651—1711）即爲宜興曾祖，生於順治八年辛卯三月初七，康熙四年十二月封輔國公，五十年辛卯七月二十七日卒，年六十一歲。“綽克都，事聖祖。從董額討王輔臣，守漢中，攻秦州，師無功。授盛京將軍，又以不稱職，奪爵。上録阿濟格功，以其子普照仍襲輔國公。”[2]

普照（1691—1724）爲綽克都第八子，宜興之祖父，生於康熙三十年辛未十月初七，康熙三十七年十二月襲奉恩輔國公，工詩，曾任議政大臣。[3]康熙五十二年十二月緣事革退公爵。雍正元年（1723）三月，因軍前效力且兄女爲年羹堯妻，特封奉恩輔國公。同年五月署西安將軍，七月授宗人府右宗人，卒於雍正二年甲辰九月十三日，年三十四歲。雍正三年，年羹堯身陷囹圄，普照家族也受到波及，世襲爵位被追奪。

普照子恒仁（1713—1747），字育萬，又字月山，爲宜興之父，康熙五十二年癸巳九月二十四日生。恒仁仰慕著名宗室詩人文昭之爲人，亦做廢爵讀書之舉，“杜門絶賓客，終身不妄交一人，文藝外更無他嗜”[4]，工詩，先後就教於沈廷芳和沈德潛，有《月山詩集》和《月山詩話》傳世，惜乎英年早逝，卒於乾隆十二年（1747）丁卯五月十一日，年僅

1　趙爾巽等撰《清史稿》卷二一七，中華書局，1976年，第9018頁。

2　趙爾巽等撰《清史稿》卷二一七，中華書局，1976年，第9018頁。

3　其子恒仁在《月山詩話》中提及，其父任議政大臣時時常獲得“御書之賜”。

4　宜興《〈月山詩集〉跋》，《八旗文經》卷二二，《中華文史叢書》之九，華文書局股份有限公司，1969年，第798頁。

三十五歲。沈廷芳爲之作墓志銘，贊其“學博而思精”，詩作“清微樸老，克具古人風格，足傳於後無疑也”。[1]

恒仁育有三子，長子肇禮爲嫡妻納喇氏所生，十一歲時早夭，次子宜孫和第三子宜興均爲妾陳氏所生。宜孫（1740—1777）字貽謀，號東軒，生於乾隆五年庚申九月廿八日，卒於乾隆四十二年丁酉六月二十三日，乾隆三十四年授宗學副管，與曹雪芹有交游。宜興育有四子，僅有次子明緒成年，係正室韓佳氏所生。明緒（1775—1836），生於乾隆四十年五月廿一日，嘉慶元年恩詔授六品官，嘉慶十四年，賞四品侍衛，卒於道光十六年（1836）六月初九。

二 宜興之生卒年

關於宜興的生卒年有1747—1809和1744—1808兩種不同意見。前者出自《愛新覺羅家族全書》，依據疑爲《愛新覺羅宗譜》。後者出自宋冰（2014），生年根據宜興《〈月山詩集〉跋》（書於乾隆五十一年）中自述“宜興四十有二”推出，卒年依據《清代職官年表》相關記録。筆者認爲，宜興卒於嘉慶十四年（1809）不應存有争議，各文獻中的記載并無衝突[2]——“嘉慶十四年卒”（《八旗文經》）、“十四年卒”（《國朝耆獻類徵初編》）、“十四年正月卒”（《滿漢大臣列傳》）、“嘉慶十四年己巳正月二十三日午時卒”（《愛新覺羅宗譜》）。而宜興的生年信息，目力所及，僅現於《愛新覺羅宗譜》中——“乾隆十二年丁卯三月二十九日辰時生”，即1747年。《愛新覺羅宗譜》雖是研究愛新覺羅家族的重要資料，也存在個别内容與史傳不符的情況，未可遽信，仍應多方考據驗證。而《〈月山詩集〉跋》提供了新的證據，文中宜興自述“生四十二日而孤”，只是在“彌月時曾抱見父一面”，由此可知宜興出生後僅一個多月其父恒仁即離世。恒仁卒於乾隆十二年丁卯五月十一日，距三月二十九日恰好是四十二天，與《愛新覺羅宗譜》記載的生年吻合。綜上

1 沈廷芳《月山詩集・墓志銘》，《月山詩集》，《叢書集成初編》，商務印書館，1939年，第58頁。

2 《清代職官年表》記載宜興也是卒於嘉慶十四年（1809）正月廿三，而非1808年。

所述，宜興的生卒年信息可完善爲：生於乾隆十二年丁卯三月二十九日（1747年5月8日）辰時，卒於嘉慶十四年己巳正月二十三日（1809年3月8日）。

三　宜興之履歷

《滿漢大臣列傳》《愛新覺羅宗譜》和《國朝耆獻類徵初編》對宜興的仕宦履歷均有詳細記録，結合《清實録》《清代官員履歷檔案全編》中的相關資料，我們在宋冰（2014）的基礎上，將宜興的職表履歷整理匯總如下：

表1　宜興仕宦履歷表

任職時間	職銜
乾隆三十二年[1]正月	由宗人府效力筆帖式補七品筆帖式
乾隆三十六年[2]	授宗人府主事
乾隆四十二年五月	遷宗人府副理事官
同年五月	同月升宗人府理事官
乾隆四十三年	兼宗室佐領
乾隆四十八年二月[3]	授太僕寺少卿
同年四月	擢内閣學士兼禮部侍郎
同年四月	兼鑲紅旗滿洲副都統
同年五月	以原銜充經筵講官
同年七月	授盛京禮部侍郎
同年九月	管理盛京宗室覺羅學事務
同年十月	兼署盛京兵部侍郎
同年十二月	命管六邊事務
乾隆五十二年[4]二月	調盛京户部侍郎，兼管奉天府尹事務

1 《愛新覺羅宗譜》作“三十三年”。

2 《愛新覺羅宗譜》作“三十三年”。

3 《愛新覺羅宗譜》作“三月”。

4 宋冰（2014）作“五十四年”。

續表

任職時間	職銜
乾隆五十七年九月	調盛京刑部侍郎
乾隆五十九年十一月	授刑部右侍郎入京供職
乾隆六十年正月	兼鑲紅旗[1]漢軍副都統
同年正月	調鑲白旗滿洲副都統
同年四月	遷倉場侍郎
嘉慶四年[2]正月	署山東巡撫
嘉慶四年二月	授江蘇巡撫，七月卸任
嘉慶四年九月	賞授二等侍衛，前往巴里坤任領隊大臣
嘉慶七年二月	遷科布多參贊大臣
嘉慶七年	授正藍旗滿洲副都統
嘉慶八年九月	調盛京副都統
嘉慶十二年七月	擢都察院左都御史
同年十月	署刑部尚書
嘉慶十三年四月	充宗室翻譯會試考官
同年五月	授步軍統領
同年七月	因查抄李如枚家産未能迅速辦理，降二級留用，兼署工部尚書。不久以失察宗室喜慶與民人鬥毆降四級留任，後又緣事降兩級留用。

此外，據“中研院”歷史語言研究所内閣大庫檔案記載，嘉慶年間宜興還擔任過盛京將軍（署）、内務府大臣、正藍旗滿洲都統（署）、正藍旗滿洲都統等職位。

四 《庸言知旨》的北京話特徵

太田辰夫先生在《論清代北京話》（1950）[3]一文中提出用12個特徵

1 《愛新覺羅宗譜》和《清實録》中作“鑲紅旗”，《滿漢大臣列傳》作“正紅旗”。

2 宋冰（2014）作“三年”。

3 參見太田辰夫《論清代北京話》，1950年，陳曉譯注、遠藤光曉校，《語言學論叢》第四十八輯，商務印書館，2014年，第353—368頁。

詞作爲北京話材料的判斷標準，出現9個以上的材料即可認爲是北京話。我們對《庸言知旨》中出現的特徵詞及用例數進行了統計，請看：

表2　《庸言知旨》中的北京話特徵詞及用例數

特徵詞	數量	例句
兒[1]	24	這兒鑽那兒入。 来不来的這兒那兒的預備發忙。
噜（咱）們	57	咱們守着老家兒口角的恩澤。 咱們的身子是父母給的呀。
您	0	
倆（仨）	0	
别（禁止）/（推測）	32/1	千萬别入到叔父的坟塋裹。 可别高興驕縱以爲自是能幹自專了。 别是抱怨我不准你們往快活地方兒玩兒去。
得	2	得使唤這幾個不能不采的人。 必得鋸開推鉋瞧啊！
多咱	5	不知多咱纔得到来呢。 多咱必定有個粉碎的時候。
給（介詞）	9	從那們赶着胡里搗的給馬摺上鞍子。 給那姓某的木匠送去。
的慌	1	我肚裹就餓的响起来了，闻着那個肉菜的香味兒，好不馋的慌。
是的/似的	18/14	不要信口兒数白文的是的。 至今動彈腰裹針多的是的酸疼。 就像凉水澆了似的。
來着	27	你見我湊牲口來着麼? 不用説這是由着他任意兒吃随便跑来着罷咧。
罷咱	10	看老家兒們手裹過的人罷咱。 看他顫顫多索的樣子罷咱。

1　《庸言知旨》中出現大量“這兒”“那兒”用例，但未見“今兒”“明兒”用例。

如上表所示，《庸言知旨》中只有兩個特徵詞“您”和“倆（仨）”未出現，這并不能説明什麼問題，在太田先生所考察的年代早於《庸言知旨》的北京話材料中〔如《滿漢成語對待》（1702）、程乙本《紅樓夢》（1792）〕，這兩個特徵詞也未出現，可能是産生時間或進入書面語的時間較晚所致。而其餘10個特徵詞的出現充分證明了《庸言知旨》在早期北京話研究中的重要價值。由於言文脱節，早期北京話語料尤其是清代北京話語料極爲罕見，以《庸言知旨》《清文指要》爲代表的滿漢合璧會話書數量頗爲可觀，書中漢文部分記録了當時受到滿語影響的北京話或北方話，不僅對研究清代北京話來源以及詞彙語法面貌具有重要意義，也爲滿漢語言接觸研究提供了重要素材。

據宋冰（2014）調查，《庸言知旨》存世版本有嘉慶二十四年（1819）刻本和光緒十七年（1891）抄本兩種。前者收入二百四十則材料，篇幅上雖少於後者，但刊刻時間更早，版本價值更大。因此，我們在校注時以北京大學圖書館所藏的嘉慶二十四年刻本爲底本，參校中央民族大學圖書館所藏光緒十七年抄本（注釋中簡稱“辛卯本”）。

轉寫本

0 an -i gisun de amtan be sa-ra bithe -i xutuqin
習俗 屬 語言 位 意味 賓 知道-未 書 屬 序
庸言知旨序 (1a1)

0-1 gurun -i gisun se-re-ngge,
國家 屬 語言 説-未-名
國語者，(1a2)

0-2 muse-i ba -i gisun,
咱們-屬 地方 屬 語言
吾輩方言，(1a2)

0-3 abka qi salgabu-ha mudan kai.
天 從 天賜-完 音 啊
本天籟也。(1a2)

0-4 muse-i nene-he jalan be kimqi-qi,
咱們-屬 先-完 輩分 賓 考察-條
溯我先輩，(1a3)

0-5 ajigan fon-de teni dudu dada o-me mute-me,
小 時候-位 纔 嘟嘟 噠噠 成爲-并 能-并
幼甫能言，(1a3)

0-6 tere-i taqi-re-ngge,
他-屬 學-未-名
即習 (1a4)

0-7 uthai gurun -i gisun,
就 國家 屬 語言
國語，(1a5)

0-8 angga de ere waka o-qi gisure-me mute-ra-kv,

口 位 這 不是 助-條 説話-并 能-未-否

口非是無以言，(1a5)

0-9 xan de ere waka o-qi donji-me mute-ra-kv,

耳 位 這 不是 助-條 聽-并 能-未-否

耳非是無以聽，(1a6)

0-10 nikan gisun bi-sire be oron sa-r-kv o-fi,

漢人 語言 有-未 賓 全然 知道-未-否 助-順

不復知有華言，(1a6)

0-11 tuttu angga qi tuqi-ke-ngge,

所以 口 從 出-完-名

故矢諸口也，(1a7)

0-12 ini qisui[1] ureshvn emu o-mbi,

自然 熟練 一 成爲-完

自然精純，(1a7)

0-13 heni haqihiya-ra taqi-bu-re be baibu-ra-kv bihe.

很少 督促-未 學-使-未 賓 需要-未-否 過

不須乎督課也。(1b1)

0-14 amala fukjin doro nei-fi,

後來 創始 事業 開始-順

洎夫(1b1)

0-15 heqen de dosi-ka qi,

城 位 進-完 從

---

1 ini qisui：固定搭配，意爲“自然”。

定鼎入都，(1b2)

0-16 juwe tanggv aniya hami-ka,

二 百 年 將近-**完**

垂二百年，(1b2)

0-17 heqen -i dorgi te-he urse -i haqingga

城 **屬** 裏面 住-**完** 人們 **屬** 各式各樣的

nikan gisun -i fumere-me qurgi-ndu-re jakade,

漢人 語言 **工** 攙拌-**并** 喧嘩-齊-**未** 由於

居是邦者雜以夷夏方言，(1b3)

0-18 gemu nikara-me taqi-ha.

全都 説漢語-**并** 學-**完**

多習漢俗。(1b4)

0-19 ajigan de manju gisun be fonji-qi,

幼兒 **與** 滿洲 語言 **賓** 問-**條**

幼而叩清語，(1b4)

0-20 beliye-ke-saka[1],

癡呆的-**弱**-**語**

懵如也，(1b5)

0-21 mutu-fi taqi-re de,

成長-**順** 學-**未** **位**

長而習焉，(1b5)

---

1 beliyekesaka：這個詞的結構爲beliyen-ken-saka，以n結尾的詞後面接綴時，n常常脱落。saka的詞義，據《御製增訂清文鑒》卷一八，表示接上文口氣。可以接在形容詞、副詞後面，如hoqikonsaka“好漂亮的，好端端的”，baibisaka“白白地”，所以在這裏姑且標爲語氣詞，簡寫成“語”，以下同。

0-22 uthai manju bithe de teile akda-ha-bi.
就 滿洲 書 位 祇 依靠-完-現
惟清書之是賴。(1b5)

0-23 damu fonji-re jabu-re ba -i gisun be taqi-kini se-mbi-me,
但是 問-未 答-未 情況 屬 語言 賓 學-祈 助-現-并
夫欲從事於方言問對，(1b6)

0-24 nikan gisun de aqabu-me ubaliyambu-ha
漢人 語言 與 附和-并 翻譯-完
manju bithe -i taqibu-qi,
滿洲 書 工 教-條
而授以附會漢語之清書，(1b6-7)

0-25 uthai qu gurun -i niyalma de qi gurun -i leule-me gisuren be
就 楚 國 屬 人 與 齊 國 屬 談論-并 言語 賓
hvla-bu-me,
讀-使-并
不猶課楚人以齊論，(1b7-2a1)

0-26 qi gurun -i gisun be bahana-kini se-re adali be dahame,
齊 國 屬 語言 賓 會-祈 助-未 像 賓 因此
而欲其齊語，(2a1-2)

0-27 yala yala mangga waka-u.
豈 豈 難的 不是-疑
得毋戛戛其難乎？(2a2)

0-28 ede gisun -i meyen be eje-me niyele-me,
因此 語言 屬 條 賓 記憶-并 朗讀-并
然則非話條之占畢、(2a3)

0-29 angga xan be girkv-fi urebu-me gama-ra-kv o-qi,
口 耳 **賓** 專心-**順** 温習-**并** 實行-**未**-**否** **助**-**條**
口耳之專攻，(2a3-4)

0-30 amtan jorin ulhi-ra-kv tokto-ho be sa-qi o-mbi-kai.
意味 要旨 領悟-**未**-**否** 確定-**完** **賓** 知道-**條** 可以-**現**-**啊**
罔知其旨趣也審矣。(2a4-5)

0-31 xanyan boniu aniya,
庚 申 年
庚申，(2a5)

0-32 bi bar kul -i tuxan de bi-fi,
我 巴里坤 **屬** 職務 **位** 有-**順**
予任巴里坤，(2a5)

0-33 baita alban komso o-fi,
事情 公務 少 成爲-**順**
政務多暇，(2a5-6)

0-34 fe asara-ha bithe be baiqa-me tuwa-qi,
舊的 收藏-**完** 書 **賓** 調查-**并** 看-**條**
撿舊簏中，(2a6)

0-35 mini juse -i fon-de sakda-sa ungga-ta de daqila-me fonji-ha,
我.**屬** 孩子.**複** **屬** 時-**位** 老人-**複** 長者-**複** **與** 詢問-**并** 問-**完**
童時之所咨詢於耆老，(2a6-7)

0-36 jai dergi golo-i tuxan de,
和 東 省-**屬** 職務 **與**
與夫承乏東省，(2a7)

0-37 da susu -i niyalma-i angga senqehe qi fujurula-me gai-ha,

原 籍 屬 人-屬 口 下巴 從 訪查-**并** 要-**完**

采諸故鄉人之口頰者，(2b1)

0-38 buyara-me afa-ha kejine ikta-ka-bi,

零散-**并** 執事-**完** 許多 積累-**完**-**現**

片楮之積若干，(2b1-2)

0-39 ere-be aika garu turu samsi-bu-re waliya-bu-re o-qi,

這-**賓** 倘若 一起努力去做 拆散-**使**-**未** 丟失-**使**-**未** 成爲-**條**

計此而任其凋零散佚，(2b2)

0-40 qoko -i ebqi se-he nasaqun de isina-rahv se-me,

雞 **屬** 肋 説-**完** 悔歎 **位** 導致-**虛** 助-**并**

恐貽鷄肋之惜，(2b3)

0-41 tereqi kimqi-me yargiyala-me,

因此 考察-**并** 核實-**并**

爰加考酌，(2b3-4)

0-42 juwan ubu -i dorgi juwe ilan ubu be aqamja-me xoxo-fi,

十 份 **屬** 裏 二 三 份 **賓** 集合-**并** 彙總-**順**

什摭其二三，(2b4)

0-43 fiyelen meyen faksala-me ara-fi,

章節 節 分開-**并** 做-**順**

分次條縷，(2b5)

0-44 uheri ilan tanggv funqe-re meyen,

總共 三 百 餘-**未** 節

emu yohi o-bu-me banjibu-ha-bi.

一 部 成爲-**使**-**并** 編成-**完**-**現**

凡三百餘則編爲一帙。(2b5-6)

0-45 geli gvni-qi, ne bi-sire manju gisun -i meyen -i dorgi,

又 思考-**條** 現在 有-**未** 滿洲 語言 **屬** 節 **屬** 裏

惟是當世話條，(2b6)

0-46 saikan be gai-ha seme waji-ra-kv bi-kai.

美麗 **賓** 受收-**完** 縱然 完結-**未**-**否** 有-啊

美不勝收。(2b7)

0-47 mentuhun albatu be bodo-ra-kv,

愚笨的 粗鄙的 **賓** 估量-**未**-**否**

不揣固陋，(2b7)

0-48 geli ere bithe ara-ha-ngge,

仍 這 書 做-**完**-**名**

復爲此者，(3a1)

0-49 gelhun akv weihede be niquhe-i dolo barabu-re-ngge waka,

豈敢 **否** 磚瓦渣 **賓** 珍珠-**屬** 裏 摻和-**未**-**名** 不是

非敢標瓦礫於珠林，(3a1)

0-50 ineku unqehen -i sira-bu-re, jibqa ada-ra balama[1],

原本的 尾巴 **屬** 接續-**使**-**未** 皮襖 縫-**未** 罷了

祇以續尾成裘，(3a2)

0-51 ememu majige niyeqequn bi-sire ai boljon[2] se-re turgun.

有些 小的 裨益 有-**未** 有何定準 説-**未** 原因

不無小補。(3a3)

1 balama：原意爲“狂，狂妄，狂人”。但此處，似乎與dabala“罷了，（不過）……而已”意思相近，且都用在形動詞前，所以這裏姑且譯爲“罷了”。

2 boljon：原意爲“水波”。ai boljon爲固定搭配，意爲“有何定準”，下同。

0-52 ere-i dorgi sula gisun buyasi hergen,
這-**屬** 裏 零散的 語言 微小的 字
就中片言剩語，(3a3-4)

0-53 manggai angga xan de xufa-me gai-ha, ujan xala bi-qibe,
無非 口 耳 **位** 攢集-**并** 收取-**完** 零星的東西 有-**讓**
無非口耳所得之緒餘，(3a4)

0-54 hono susu gaxan -i sula-ha urgen tutabu-ha amtan,
尚且 老家 鄉 **屬** 留下-**完** 口音 遺留-**完** 意味
而於梓里之故旨遺音，(3a5)

0-55 ser se-me bakta-ka gese ofi,
細小的 **助-并** 容納-**完** 類似 因爲
庶幾芥納之似焉，(3a6)

0-56 tuttu an -i gisun de amtan be sa-ra bithe
因此 習俗 **屬** 語言 **位** 意味 **賓** 知道-**未** 書
se-me gebule-he.
説-**并** 命名-**完**
因以“庸言知旨”名之。(3a6)

0-57 jai manjura-ra kouli de tokto-ho,
再 説滿語-**未** 規則 **位** 規定-**完**
至若清語成章，(3a7)

0-58 gisun -i songkoi gisure-re-ngge bi,
語言 **屬** 依照 説話-**未-名** 有
有遵原句而言者，(3a7-b1)

0-59 mudan be hala-me gisure-re-ngge inu bi,
音 **賓** 更改-**并** 説話-**未-名** 也 有

亦有變音而言者，(3b1)

0-60 hergen nonggi-fi gisure-re-ngge bi,

字 增加-順 説話-未-名 有

有益字而言者，(3b2)

0-61 hergen ekiye-mbu-fi gisure-re-ngge inu bi.

字 縮減-使-順 説話-未-名 也 有

復有汰字而言者。(3b3)

0-62 urunakv uttu songkolo-me manjura-me gene-qi,

必定 如此 遵照-并 説滿語-并 去-條

必循是以往，(3b3)

0-63 teni fe urgen be ufara-ra-kv,

纔 舊 口音 賓 丢失-未-否

而後旨不失其朔，(3b3)

0-64 mudan ongton akv[1],

音 無知無識的 否

音不涉於俚，(3b4)

0-65 tomorhon o-qi o-mbi.

妥帖的 成爲-條 可以-現

而協矩矣。(3b4)

0-66 uttu ofi, gisun de kemun baha-kini,

因此 語言 位 準則 獲得-祈

故詞也蕲合於規，(3b4-5)

1 ongton akv：固定搭配，意爲“有見識，見過世面的”。

0-67 mudan de getuken lali o-kini se-me,
音 位 清楚的 利落 成爲-祈 助-并
音也欲明且捷，(3b5)

0-68 manjura-ra fe urgen -i bithe,
説滿語-未 舊的 口音 屬 書
emu debtelin be kamqibu-me dosimbu-ha-bi.
一 卷 賓 兼-并 收進-完-現
以《清語元音》一卷附而綴之。(3b5-6)

0-69 baha-qi den genggiyen agu-sa,
請-條 高 明 先生-複
幸高明諸子，(3b7)

0-70 fusihvn -i dabaxakv albatu be baktambu-fi,
鄙人 屬 僭越的 粗鄙的 賓 包容-順
諒鄙人之僭陋，(3b7)

0-71 aqana-ha-kv akvmbu-ha-kv taxara-ha ba-be,
合宜-完-否 竭盡-完-否 出錯-完 地方-賓
即其舛謬不周者，(4a1)

0-72 tuwanqihiya-me dasa-rau.
糾正-并 修理-祈
釐正之焉。(4a1)

0-73 xahvrun halhvn be emgeri xurde-me hetu-fi,
寒 熱 賓 已經 輪回-并 度過-順
越寒暑，(4a2)

0-74 isamja-me ara-me xangga-ha be dahame,
輯録-并 寫-并 完成-完 賓 既然

輯成告蔵，(4a2)

0-75 udu suse gisun ara-fi,

幾 簡陋的 語言 寫-**順**

用草数言，(4a2-3)

0-76 uju de sinda-ha.

頭 **位** 放置-**完**

弁於首云。(4a3)

0-77 saiqungga fengxen -i sahaliyan indahvn aniya

嘉 福分 **屬** 黑 狗 年

niyengniyeri dulimba-i biya-de uksun gui pu ihing xutuqin ara-ha

春 中間-**屬** 月-**位** 宗室 桂 圃 宜興 序 做-**完**

嘉慶歲次壬戌仲春宗室桂圃宜興序(4b1)

0-78 saiqungga fengxen -i sohon gvlmahvn aniya

嘉 福分 **屬** 黄 兔 年

juwari uju-i biya-de jvn pu jaqingga -i folo-me tokto-bu-ha

夏 頭-**屬** 月-**位** 芸 圃 查清阿 **屬** 刊-**并** 確定-**使**-**完**

嘉慶歲次己卯初夏芸圃查清阿刊訂(4b2)

an -i gisun de amtan be sara bithe

庸言知旨

uju-i debtelin

卷一

uju-i fiyelen

第一章

【第 1 條】

1-1 manju gisun -i muse-i beye de bi-sire-ngge,
滿洲 語言 **屬** 咱們-**屬** 自己 **位** 有-**未**-**名**
滿洲話在咱們身上，(5a2)

1-2 uthai dergi solho,
就 東方 朝鮮
就像東方高麗、(5a2)

1-3 amargi oros,
北方 俄羅斯
北方俄羅斯、(5a3)

1-4 wargi hoise,
西方 回子
西方回子、(5a3)

1-5 julergi gorokin -i meimeni ba -i gisun -i adali.
南方 蠻夷 **屬** 各式各樣的 地方 **屬** 語言 **屬** 像
南方蠻夷的各有土語一樣。(5a3)

1-6 duin ergi aiman hono qeni ba -i gisun be waliya-ra-kv,
四 方 部族 尚且 他們.**屬** 地方 **屬** 語言 **賓** 丢失-**未**-**否**

四夷尚且不失他們的土語，(5a4)

1-7 songko de songkoi gisure-re bade,

綫索 位 根據 説-未 尚且

照舊的説呢，(5a5)

1-8 muse ayan suwayan -i manju ofi,

咱們 貴重的 黄色 屬 滿洲 因爲

咱們尊尊貴貴的滿洲，(5a5)

1-9 elemangga beye-i ba -i gisun be ulhi-ra-kv.

反倒 自己-屬 地方 屬 語言 賓 理解-未-否

反倒不懂自己的土語。(5a6)

1-10 manjura-ra-kv o-qi,

説滿語-未-否 助-條

不説滿洲話，(5a6)

1-11 uthai da sekiyen be onggo-ho kai,

就 根 源 賓 忘記-完 啊

就是忘了根源了，(5a6-b1)

1-12 adarame dere filtahvn jilehun -i

怎麽能 臉 赤裸的 臉皮厚的 工

可怎麽大憨皮腆着臉，(5b1)

1-13 fe doro be juse omosi de taqihiya-mbi-ni.

舊的 道理 賓 孩子.複 孫子.複 與 教訓-現-呢

拿舊規矩教訓子孫呢？(5b1-2)

【第2條】

2-1 manju gisun se-re baita,

滿洲 語言 説-未 事情

滿洲話的事兒，(5b3)

2-2 umai bithe-i erdemu qouha-i muten waka.

并 書-屬 才能 武藝-屬 能力 不是

并非文才武藝。(5b3)

2-3 oilori tuwa-qi,

表面上 看-條

據浮面看之，(5b4)

2-4 oyombu-re ba akv gese,

顯得要緊-未 地方 否 像

好像不甚緊要，(5b4)

2-5 tuttu seme wesihun jalan -i manju se-me banji-fi,

然而 興盛的 世代 屬 滿洲 叫作-并 生活-順

然而生爲盛世滿洲，(5b4-5)

2-6 we qihanggai gisun be taqi-ra-kv hele o-ki se-mbi.

誰 甘願地 語言 賓 學-未-否 啞巴 成爲-祈 助-現

誰可願意不學説話作啞吧呢？(5b5)

2-7 yasa xan de bakqila-bu-ha baita be getukele-re,

眼睛 耳朵 位 接觸-被-完 事情 賓 搞清楚-未

宣明耳目所觸之事，(5b6)

2-8 mujilen be tuwa-ra temgetule-re-ngge,

心 賓 看-未 印證-未-名

見心印證，(5b7)

2-9 gemu gisun de akda-ha-bi.

全都 語言 **位** 依靠-**完**-**現**

都靠着話呢。(5b7)

2-10 niyalma be aqa-ha-de,

人 **賓** 會見-**完**-**位**

若見了人,(5b7)

2-11 gisure-me bahana-ra-kv,

説話-**并** 會-**未**-否

不會説話,(6a1)

2-12 damu angga gahv fiha o-qi,

衹 口 張目結舌狀 成爲-**條**

竟只張口結舌的,(6a1)

2-13 geli giyan de banjina-ra-kv.

又 理 **位** 成-**未**-否

又於理上下不去。(6a1-2)

2-14 gvwa muse de daljakv,

别人 咱們 **與** 無關

别人於[1]咱們無干、(6a2)

2-15 haji akv kai.

親近 **否** 啊

無親啊。(6a2)

2-16 tere-i temgetu akv gisun, albatu hergen be taqi-re anggala,

他-**屬** 憑據 **否** 語言 粗陋的 字 **賓** 學習-**未** 與其

1 於:辛卯本作“與”。

與其學他那宗無稽之言村陋之字，(6a3)

2-17 nene-he jalan -i tutabu-ha gisun,

先-**完** 世代 **屬** 遺留-**完** 語言

先人遺留之話，(6a3-4)

2-18 umai erse de isi-ra-kv,

并 這些 **位** 及-**未**-**否**

并非不及這些人，(6a4)

2-19 doronggo akv se-re ba akv.

莊重 **否** 說-**未** 地方 **否**

不尊重啊！(6a4)

2-20 muse sakda-sa-i angga-i ergi kesi simen be tuwakiya-ra,

咱們 老人-**複**-**屬** 口-**屬** 旁邊 恩 澤 **賓** 守-**未**

咱們守着老家兒口角的恩澤，(6a5)

2-21 mafari alhvda-ra baita be kiqe-me yabu-re o-qi,

祖宗.**複** 效法-**未** 事情 **賓** 勤勉-**并** 從事-**未** 成爲-**條**

勉行法祖之事，(6a5-6)

2-22 inu fulehe be kiqe-re emu doro dabala,

亦 本源 **賓** 勤勉-**未** 一 道理 罷了

也是個務本的道理罷咧，(6a6)

2-23 geli ai wajimbi-u.

又 什麽 丢掉-**疑**

廢了甚麽嗎？(6a7)

2-24 elemangga gvtubu-mbi-u.

反倒 玷污-**現**-**疑**

反倒玷辱了甚麽嗎？(6a7)

2-25 kimqi-qi ende-reu.

詳查-**條** 明白-**祈**

只細想就明白了。(6a7)

【第3條】

3-1 muse-i manju,

咱們-**屬** 滿洲

咱們滿洲，(6b1)

3-2 da-de gemu golmin xanyan alin -i xun dekde-re amargi ergi

原本-**位** 全都 長 白 山 **屬** 太陽 上升-**未** 北方 邊

xurdeme ba-de banji-mbihe,

周圍的 地方-**位** 生活-**過**

起初都在長白山東北一帶[1]居住，(6b1)

3-3 teisu teisu aiman falga bi-fi,

各個 部落 鄉黨 有-**順**

各有部落鄉黨，(6b2)

3-4 mukvn hala meimeni enqu,

族 姓 各自 不同的

族姓各異，(6b2-3)

3-5 te biqibe, muse-i gurun -i hala,

現今 咱們-**屬** 國家 **屬** 姓

即如咱們國朝之姓，(6b3-4)

---

1 東北一帶：辛卯本作“一帶東北”。

3-6 aisin gioro se-mbi,

愛新 覺羅 叫作-**現**

乃愛新覺羅，(6b4)

3-7 ememungge jou hala se-me tukiye-he-ngge,

有的人 趙 姓 叫作-**并** 奉爲-**完**-**名**

或有稱爲姓趙的，(6b4)

3-8 tere ulhiqun akv bigan -i niyalma-i

那 悟性 **否** 野外 **屬** 人-**屬**

那是無知野人，(6b5)

3-9 fe-me banjibu-ha-ngge.

胡説-**并** 編纂-**完**-**名**

胡撰撰的。(6b5)

3-10 duibule-qi,

比較-**條**

比起來，(6b5)

3-11 uthai gvwalgiya halangga be

就 瓜爾佳 姓氏 **賓**

就像稱呼瓜爾嘉[1]氏，(6b5-6)

3-12 guwan hala,

關 姓

姓關，(6b6)

3-13 niuhuru halangga be

鈕祜禄 姓氏 **賓**

---

1 嘉：辛卯本作“佳”。

鈕祜[1]禄氏，(6b6)

3-14 lang hala se-me tukiye-re adali,

郎 姓 叫作-**并** 奉爲-**未** 一樣

姓郎的一樣，(6b6)

3-15 ele fiyokoro-ho-bi.

尤其 胡謅-**完-現**

尤其支離了。(6b7)

3-16 uksun gioro se-re-ngge

宗室 覺羅 説-**未-完**

至於宗室覺羅是 (6b7)

3-17 gurun -i fukjin fon-de, uksun mukvn ilga-me toktobu-re de,

國 **屬** 起初 時候-**位** 宗室 族 區别-**并** 確定-**未** **位**

國初分定宗族時，(7a1)

3-18 taizu dergi hvwangdi -i fisen,

太祖 高 皇帝 **屬** 帝系

以太祖高皇帝一脉，(7a1-2)

3-19 jai

和

與 (7a2)

3-20 taizu han -i ahvn deu -i gargan be

太祖 皇帝 **屬** 兄 弟 **屬** 支 **賓**

太祖皇帝兄弟支派，(7a3)

1 祜：底本作"枯"，據辛卯本改。

3-21 uksun.
宗室
定爲宗室。(7a3)

3-22 taizu han -i amji eshen -i ene-se be
太祖 皇帝 **屬** 伯父 叔父 **屬** 後裔-**複** **賓**
太祖皇帝伯叔後裔，(7a4)

3-23 gioro se-me faksala-me tokto-bu-ha-bi.
覺羅 叫作-**并** 分開-**并** 確定-**使**-**完**-**現**
分爲覺羅。(7a4)

3-24 tereqi geren manju-sa-i hala aiman -i gebu be
由此 所有的 滿洲-**複**-**屬** 姓 部落 **屬** 名字 **賓**
其餘所有滿洲的姓氏部落名號，(7a5)

3-25 manju gisun -i buleku bithe-i dorgi manju se-re gisun -i
滿洲 語言 **屬** 鑒 書-**屬** 裏 滿洲 叫作-**未** 句子 **屬**
fejergi su-he hergen de,
下面 注解-**完** 字 **位**
於《清文鑒》中滿洲句下注內，(7a5-6)

3-26 muwaxame gemu ara-ha-bi.
粗略地 全都 寫-**完**-**現**
俱約略載之呢。(7a6)

3-27 geli han -i ara-ra manju-sa-i sekiyen eyen -i kimqin -i jergi
又 汗 **屬** 寫-**未** 滿洲-**複**-**屬** 源 流 **屬** 考論 **屬** 等等
又有《御製滿洲源流考》等類(7a7-b1)

3-28 ududu haqin bithe bi.《八旗通志》《氏族通譜》等
幾個 種類 書 有

好 幾 種 書。(7b1)

3-29 kimqi-me baiqa-me ginggule-me hargaxa-qi,
考察-并 查看-并 畢恭畢敬-并 拜見-條

只 請 細 細 校 查 恭 誦，(7b2)

3-30 ende-ra-kv anan -i ulhi-qi o-mbi-kai,
隱瞞-未-否 次序 工 曉得-條 可以-現-啊

自 然 可 以 挨 次 曉 得，(7b2-3)

3-31 ongtori irgen -i albatu gisun be akda-qi o-jora-kv,
粗野的 百姓 屬 粗鄙的 語言 賓 相信-條 可以-未-否

不 可 信 那 蠢 民 的 村 話，(7b3)

3-32 fusihvn eye-rahv.
低下的 變下流-虛

子[1]細 下 流 了 啊。(7b4)

【 第 4 條 】

4-1 nomun de juwe hergen -i gebu-i emteli ningge be
經書 位 兩 字 屬 名字-屬 單獨的 名 賓

dalda-ra-kv見《禮記》 se-he-bi,
避諱-未-否 説-完-現

經 上 説 二 名 不 偏 諱，(7b5)

4-2 muse gebu ara-ra de,
咱們 名字 寫-未 位

咱們 起 名 子，(7b6)

1 子：辛卯本作“仔”。

4-3 ama-i gebu-i uju-i hergen be baitala-qi o-jora-kv-ngge,
父親-屬 名字-屬 頭-屬 字 賓 使用-條 可以-未-否-名
不許用父親名上頭一字，(7b6)

4-4 tere emu hergen be dalda-ra jalin waka,
那 一 字 賓 避諱-未 爲 不是
非是爲諱那一個字，(7b6-7)

4-5 nene-he aniyag’ozung han -i hese-i
先-完 年 高宗 皇帝 屬 旨意-工
當年奉有高宗皇帝諭旨，(7b7-8a1)

4-6 ama jui -i gebu-i uju-i hergen be jursule-bu-me ara-qi,
父親 兒子 屬 名字-屬 頭-屬 字 賓 重複-使-并 寫-條
父子的名字若并用頭一個字，(8a1)

4-7 ahvn deu -i adali o-mbi seme,
兄 弟 屬 像 成爲-現 因爲
好像兄弟一樣，(8a2)

4-8 tere-qi ama jui -i uju holbo-me hergen baitala-ra be
那-從 父親 兒子 屬 頭 相連-并 字 使用-未 賓
fafula-ha-bi.
禁止-完-現
打那們禁止了父子同用頭一字了。(8a2-3)

【第5條】

5-1 a e -i giyan de,
陽 陰 屬 理 位
陰陽的理，(8a4)

5-2 niyalma tasha erin-de banji-mbi,

人 虎 時候-**位** 誕生-**現**

人生于寅，(8a4)

5-3 ede yaya niyalma gemu tasha erin-de ili-qi aqa-mbi.

因此 凡 人 全部 虎 時候-**位** 起來-**條** 應該-**現**

凡人都該[1]寅時起來。(8a4-5)

5-4 tuttu ofi,

因此

所以，(8a5)

5-5 muse-i ejen tuweri juwari be bodo-ra-kv,

咱們-**屬** 主 冬天 夏天 **賓** 考慮-**未-否**

咱們聖[2]上不論冬夏，(8a5-6)

5-6 inenggi-dari urunakv tasha erin-de ili-mbi,

日-每 一定 虎 時候-**位** 起來-**現**

每日必定寅時起來，(8a6)

5-7 majige te-fi,

稍稍 坐-**順**

略坐一會兒，(8a7)

5-8 amsula-fi,

用膳-**順**

用了膳，(8b1)

---

1 該：辛卯本作“該當”。

2 聖：辛卯本作“皇”。

5-9 muduri erin -i uju-i kemu de
龍 時候 屬 頭-屬 刻 位
赶辰初 (8b1)

5-10 uthai baita iqihiya-mbi.
就 事情 料理-現
就辦事。(8b1)

5-11 amba-sa be hvla-me dosimbu-fi, hese wasimbu-mbi,
大臣-複 賓 叫-并 召見-順 旨意 頒布-現
召見大人們下旨意，(8b2-3)

5-12 inenggi-dari emu songko,
日-每 一 照樣
天天一樣，(8b3)

5-13 majige hala-ra gvwaliya-ra haqin akv.
一點 更改-未 改變-未 事項 否
没一點兒改變[1]。(8b3)

5-14 ere teni abka-i yabun gulu[2]見《易經》se-he-ngge inu,
這 纔 天-屬 德行 正直的 叫作-完-名 是也
這纔叫[3]作天行健，(8b4)

5-15 yala enduringge han se-qi o-mbi.
果然 神聖的 皇帝 叫作-條 可以-現
真々稱得起聖君也。(8b4-5)

1 没一點兒改變：辛卯本作“没一点改悔”。
2 abkai yabun gulu：“天行健”，原文出自《御製翻譯易經》卷一。
3 叫：辛卯本作“教”。

【第6條】

6-1 niyalma gasha gurgu gemu axxa-ra jaka se-mbi,

人 鳥 走獸 全都 動-未 東西 叫作-現

人與鳥獸都叫作動物，(8b6)

6-2 abka qi meimeni banin salgabu-fi adali banji-ha-bi.

天 從 各自 性格 天賦-順 一樣 誕生-完-現

天各賦性一樣生成。(8b6)

6-3 tuttu qoko -i tuktan hvla-ra-ngge,

所以 雞 屬 起初 叫-未-名

所以鷄初打鳴兒[1]，(9a1)

6-4 urunakv tasha erin-de.

一定 虎 時間-位

必是寅時。(9a2)

6-5 turgun adarame se-qi,

原因 什麼 叫-條

什麼緣故呢？(9a2)

6-6 tere weihun jaka -i axxa-me deribu-re erin ofi kai.

那 活的 東西 屬 動-并 開始-未 時間 因爲 啊

那是生靈起動的時候啊！(9a2)

6-7 ere-be tuwa-ha-de,

這-賓 看-完-位

這們看起來，(9a3)

1 兒：辛卯本無“兒”字。

6-8 yaya niyalma gemu qoko hvla-me ili-fi,
凡人 全都 雞 叫-**并** 起來-**順**
凡人都該鷄鳴而起，(9a3-4)

6-9 sithv-me sithv-me sain be taqi-ra-kv-qi o-mbi-u.
專心-**并** 專心-**并** 好 **賓** 學習-**未**-**否**-**條** 可以-**現**-**疑**
孳孳不[1]學善了啊？(9a4)

【第7條】

7-1 tondo se-re-ngge,
忠誠 説-**未**-**名**
忠啊，(9a5)

7-2 meimeni teisu de mujilen be emu o-bu-mbi se-re,
各自 本分 **位** 心 **賓** 一 成爲-**使**-**現** 説-**未**
説的是各等分位上一其心也，(9a5)

7-3 umai daqun jeyengge de funtu-me senggile-me afa-ra,
并 鋒利的 有刃的 **位** 衝鋒-**并** 出血-**并** 戰鬥-**未**
beye-be waliyatai o-bu-fi,
生命-**賓** 舍弃 成爲-**使**-**順**
并非單説衝鋒、血戰、拼命，(9a6)

7-4 dain de gaibu-re be teile tondo be akvmbu-ha se-re-ngge waka.
軍旅 **位** 陣亡-**未** **賓** 僅僅 忠誠 **賓** 竭盡-**完** 説-**未**-**名** 不是
没於疆場叫作盡忠啊。(9b1)

---

1 不：辛卯本無“不”字。

7-5 te bi-qi,

現在 有-條

譬如，(9b2)

7-6 muse-i alban gemu gurun -i dasan -i emu fiyentehe,

咱們-**屬** 差使 全都 國家 **屬** 政治 **屬** 一 股

咱們的差使都是國政一股兒，(9b2)

7-7 ede jabxaki be bodo-ra-kv,

這.**位** 便宜 **賓** 算計-**未-否**

這上頭不圖便宜，(9b3)

7-8 dergi hafa-sa be eitere-ra-kv,

上面 官員-**複** **賓** 欺哄-**未-否**

不欺上司，(9b3)

7-9 mujile be teng se-me jafa-fi,

心 **賓** 堅定狀 **助-并** 拿-**順**

把心拿個結實，(9b3-4)

7-10 baita be unenggile-me iqihiya-fi,

事情 **賓** 盡忠-**并** 辦理-**順**

認真辦事，(9b4)

7-11 amaga inenggi -i durun alhvdan注詳《補彙》o-bu-qi o-joro-ngge.

將來 日子 **屬** 樣式 準則 成爲-**使-條** 可以-**未-名**

可爲日後榜樣。（9b4)

7-12 uthai muse-i teisu de tondo be akvmbu-ha kai.

就是 咱們-**屬** 本分 **位** 忠誠 **賓** 竭盡-**完** 啊

就是咱們本分上盡忠了啊。(9b5)

【第8條】

8-1 niyalma-i sain jaka jiramin gvnin be ali-ha manggi,

人-屬 好的 東西 濃厚的 心意 賓 接受-完 之後

受了人的好東西厚情，(9b6)

8-2 karu de karu ubu de ubu seme,

報答 位 報答 份 位 份 因爲

尚且想着一盒來一盒去的，(9b6-10a1)

8-3 urunakv karula-ra be kiqe-re bade,

必定 報答-未 賓 謀求-未 尚且

必圖報答，(10a1)

8-4 ama eniye -i ajigen qi ulebu-me tebeliye-me,

父親 母親 屬 幼小 從 餵養-并 抱-并

何况父母自小喂着抱着，(10a1-2)

8-5 bagiya-me kaka-me,

把屎-并 （小孩）拉屎-并

把着拉青屎，(10a2)

8-6 gosi-me hvwaxabu-re de jobo-me suila-ha gosihon gvnin be ai hendu-re.

寵愛-并 撫養-未 位 勞累-并 辛苦-完 苦的 心意 賓 什麼 説-未

疼愛養育之劬勞苦心呢？(10a2-3)

8-7 tere dade,

那 而且

而况且(10a3)

8-8 muse-i beye ama eniye -i bu-he-ngge kai.

咱們-屬 身體 父親 母親 屬 給-完-名 啊

咱們的身子是父母給的呀[1]！(10a3-4)

8-9 yaya baili, ere-qi jiramin ujen ningge geli bi-u.

凡 恩情 這-從 深厚的 重的 名 還 有-疑

凡一切恩情還有厚重於這個的嗎？(10a4-5)

8-10 ere-be gvni-ha-de,

這-賓 思考-完-位

想起這個來，(10a5)

8-11 ai haqin -i baili jafa-ki se-he seme,

什麼 事項 屬 恩情 報答-祈 助-完 無論

不拘怎樣[2]要報恩，(10a5)

8-12 tumen de emgeri teherebu-me mute-mbi-u.

萬 位 一次 相等-并 能-現-疑

能稱得萬分之一麽？(10a6)

【第9條】

9-1 hiyouxun se-re gisun,

孝順 叫作-未 話

孝順的話，(10a7)

9-2 jui o-ho niyalma -i gvnin akvmbu-re de-bi.

孩子 成爲-完 人 屬 心意 竭盡-未 位-有

---

1 呀：辛卯本作“啊”。

2 樣：辛卯本作“的”。

在乎人子的盡心。(10a7)

9-3 umai enqehen hvsun de akv.

并 能力 力量 位 否

并不在乎家當力量。(10b1)

9-4 udu muwa buda ulebu-me muke omi-bu-me uile-qibe,

雖然 粗的 飯 餵養-并 水 喝-使-并 侍奉-讓

雖疏食飲水的奉養，(10b1)

9-5 niyaman -i serebu-re onggolo toso-me gvnin akvmbu-me mute-qi,

雙親 屬 顯露-未 之前 預備-并 心意 竭盡-并 能-條

能體貼父母未發心以前盡心，(10b2)

9-6 uthai hiyouxungga se-mbi.

就 孝順 叫作-現

就是孝順了啊！(10b3)

9-7 tere gaji se-he-be tuwa-me aqabu-re-ngge,

那 拿來 說-完-賓 看-并 迎合-未-名

那宗到了要纔應付的，(10b3)

9-8 eitereme elgiyen tumin -i karula-me alibu-ha seme,

縱然 充裕的 豐厚的 工 報答-并 呈獻-完 雖然

憑其怎樣豐富呈獻，(10b4)

9-9 nanda-bu-ha-ngge dabala,

乞討-使-完-名 罷了

乃張口要了後纔給了罷咧[1]，(10b4-5)

---

1 咧：底本作“例”，據辛卯本改。

9-10 ai dabu-fi gisure-re ba-bi.

什麽 算入-**順** 議論-**未** 地方-有

何足論呢?(10b5)

【第10條】

10-1 girutu se-re hergen,

羞耻 叫作-**未** 字

羞耻的字,(10b6)

10-2 niyalma de holbobu-ha-ngge umesi ujen.

人 **與** 牽涉-**完**-**名** 非常 重大的

與人關係的狠重。(10b6)

10-3 te bi-qi,

現在 有-**條**

譬如,(10b6)

10-4 beye-de gvnin akv -i endebuku bi-fi,

自己-**位** 心思 **否** **屬** 過錯 有-**順**

本身有無心的過失,(10b7)

10-5 emgeri qimari andande sere-fi,

一次 翌日 忽然 覺察-**順**

一旦覺了,(10b7)

10-6 giru-qi,

害羞-**條**

若害羞,(11a1)

10-7 urunakv ilihai gaihari hala-mbi.

就 立刻 猛然 改正-**現**

必定立刻猛然改了。(11a1)

10-8 aika gvwa niyalma-i yabun bengsen de isi-ra-kv ba bi-fi,

倘若 别的 人-**屬** 行爲 本事 **位** 及-**未-否** 地方 有-**順**

若有不及别人的品行本事之處，(11a1-2)

10-9 giru-me sa-qi,

害羞-**并** 知道-**條**

若覺羞，(11a2)

10-10 urunakv mujilen sithv-fi hvsun -i ebsihe kiyangdula-me kiqe-mbi,

就 心 專心-**順** 力氣 **屬** 盡 要强-**并** 用功-**現**

必然專心盡力要强着用工，(11a2-3)

10-11 ere ini qisui banjina-ra buyenin giyan.

這 自然 生成-**未** 情 理

這是自然情理。(11a3)

10-12 uttu ofi,

所以

所以，(11a4)

10-13 damu giru-re be sa-qi tetendere,

但 害羞-**未** **賓** 知道-**條** 既然

但知害羞[1]。(11a4)

10-14 hala-ra kiqe-re de hvsutule-re-kv-ngge jai akv.

改正-**未** 勤勉-**未** **位** 奮力-**未-否-名** 再 **否**

於改正勤勉上再没有個不奮力的。(11a5)

1 但知害羞：辛卯本作“但知羞愧”。

10-15 niyalma -i beye-be tuwanqihiya-ra duka se-re-ngge,

人 **屬** 身體-**賓** 修-**未** 大門 説-**未**-**名**

爲人修身門户，(11a5)

10-16 ere-be kai.

這-也 呀

是這個呀。(11a6)

【第11條】

11-1 yaya emu jergi wesi-ke,

凡 一 品級 上升-**完**

凡陞一等、(11a7)

11-2 emu tangkan ibe-he-ngge,

一 台階 前進-**完**-**名**

進一步的人，(11a7)

11-3 gemu beye-i jobo-me kiqe-he faxxan.

全都 自己-**屬** 勞累-**并** 勤勉-**完** 辛勞

都是自己勤苦的巴結。(11a7-b1)

11-4 baha manggi,

獲得.**完** 之後

得了之後，(11b1)

11-5 alban de ele fafurxa-me kiqe-me,

差使 **位** 更 努力-**并** 勤勉-**并**

差使上更要勤勉，(11b1)

11-6 baita de ele unenggile-me,

事情 **位** 更加 恭敬-**并**

事情上更當認真、(11b2)

11-7 gvnin akvmbu-me faxxa-qi aqa-mbi.
心思 竭盡-并 勤勞-條 應該-現
竭盡心力。(11b2)

11-8 aika huwekiye-fi kangtarxa-me arbuxa-ra,
倘若 興奮-順 高傲-并 舉動-未
倘若高了興狂大，(11b2-3)

11-9 eiqi weri -i huwekiyen de dosi-fi,
或是 人家 屬 興趣 位 進入-順
urkin be daha-me[1] sargaxa-ra o-qi,
趨向 賓 跟隨-并 游逛-未 成爲-條
或隨着人家一溜神衹[2]的游蕩起來，(11b3)

11-10 tere uthai fengxen ete-ra-kv,
那 就 福分 承受得住-未-否
那就是受福不壓支，(11b4)

11-11 jaka buya jalu-re ja se-re-ngge ai dabala.
物件 小 充滿-未 容易的 説-未-名 什麽 罷了
器小易盈罷咧。(11b5)

【第12條】

12-1 alban ka-ra niyalma de,
差使 當差-未 人 位
當差的人，(11b6)

1 urkin be dahame：固定搭配，意爲“隨大流”，是urkin be dahambi的并列副動詞形式。
2 衹：辛卯本作“衹”。

12-2 ilan oyonggo bi.

三 重要 有

有三要：(11b6)

12-3 uju de dere,

第一 位 臉

第一是顔面，(11b6)

12-4 yaya dukse-re giru-re baita be targa-qi aqa-mbi.

凡 羞紅-未 害羞-未 事情 賓 戒-條 應該-現

凡羞耻的事兒當戒止；(11b6-7)

12-5 jai de muten,

第二 位 本事

第二是本事，(11b7)

12-6 tuxan -i dorgi baita be

職任 屬 裏 事情 賓

把任内的事，(11b7-12a1)

12-7 gvnin girkv-fi taqi-qi aqa-mbi.

心思 專心-順 學習-條 應該-現

當專心習學；(12a1)

12-8 ila-qi de kiqebe,

三-序 位 勤勉的

第三是勤勉，(12a1)

12-9 jabxan be hepere-re,

便宜 賓 摟-未

不可摟便益、(12a2)

12-10 jobo-ro be silta-ra o-qi o-jora-kv,
辛苦-未 賓 推脱-未 成爲-條 可以-未-否
推辛[1]苦，(12a2)

12-11 unenggi hvsun -i faxxa-qi aqa-mbi.
確實 力氣 工 勤勞-條 應該-現
須得實力巴結。(12a2-3)

12-12 dere be aika neneme waji-qi,
臉 賓 倘若 先 丟盡-條
若先把臉没[2]了，(12a3)

12-13 giquke manggi,
羞耻的 一味地
羞搭搭的，(12a3-4)

12-14 adarame gurun de tuwa-bu-mbi.
怎樣 衆人 位 看見-被-現
怎樣對衆人呢？(12a4)

12-15 uthai yamun -i dorgi guqu hafa-sa-i emgi,
就 衙門 屬 裏 朋友 官吏-複-屬 一起
就是衙門裏[3]與同寅，(12a4)

12-16 oforo yasa emu ba-de fumere-re de,
鼻子 眼睛 一 地方-位 混在一起-未 位
鼻子眼睛在一塊兒混着，(12a5)

---

1 辛：辛卯本作“幸”。
2 没：辛卯本作“丢”。
3 裏：辛卯本無“裏”字。

12-17 inu gaitai dere soroqo-mbi-kai.

亦 間或 臉 羞紅-**現**-啊

也一會兒一會兒的[1]臉上發熱呀[2]。（12a5-6)

【第13條】

13-1 sakda-sa muse be juse-i hvwaxabu-me uji-re de,

老人-**複** 咱們 **賓** 孩子.**複**-**屬** 撫養-**并** 餵養-**未** **位**

老家們從小兒撫養咱們的時候，(12a7)

13-2 antaka ouri simen be waqihiya-ha.

何等的 精力 精神 **賓** 盡-**完**

何等的費盡精神。(12a7-b1)

13-3 nime-re yangxara-ra de,

生病-**未** 嘮叨-**未** **位**

病痛時，(12b1)

13-4 antaka niyaman -i senggi be olho-bu-ha.

何等的 心臟 **屬** 血 **賓** 耗盡-**使**-**完**

何等的耗干心血。(12b1)

13-5 tere fon-de,

那 時間-**位**

那個時候，(12b2)

13-6 aika ergen haji,

難道 生命 熱愛

難道還有心要惜命，(12b2)

---

1 的：辛卯本無“的”字。

2 呀：辛卯本作“啊”。

13-7 mujilen hvsun be haira-me funqebu-me asara-ki se-he
心 力氣 賓 愛惜-并 儉省-并 保存-祈 助-完

gvnin majige bihe-u.
心思 略微 過-疑

省着心力息養身子來着麽？(12b2-3)

13-8 akv-kai.
否-啊

并没有啊！(12b3)

13-9 muse udu hiyouxula-ra doro be hon ulhi-ra-kv bi-qibe,
咱們 雖然 孝順-未 道理 賓 很甚 明白-未-否 助-讓

咱們雖不大懂的[1]孝道，(12b3-4)

13-10 touda-me karula-ra hing se-re gvnin be
償還-并 報答-未 誠心實意地 助-未 心意 賓

mute-re-i teile akvmbu-ra-kv o-qi,
能-未-屬 唯獨 竭盡全力-未-否 助-條

報答的誠心若不竭力盡到了，(12b4-5)

13-11 dolo tebqi-mbi-u.
心裏 忍-現-疑

心裏忍得麽？(12b5-6)

13-12 abka inu ainahai o-joro.
天 也 未必 可以-未

老天也未必肯依。(12b6)

---

1 的：辛卯本作“得”。

【第14條】

14-1 yaha dambagu, oforo dambagu,

炭火 烟 鼻 烟

nure niyaniyun -i jergi jaka be

黄酒 檳榔 **屬** 等等 東西 **賓**

漢烟、鼻烟、酒、檳榔等物，(12b7)

14-2 muse-i juse de ume taqibu-re.

咱們-**屬** 孩子.**複** **與** 勿 教-**未**

别教咱們的孩子們學。(13a1)

14-3 dambagu goqi-ka,

烟 吸-**完**

吃烟，(13a1)

14-4 nure omi-ha seme,

黄酒 喝-**完** 因爲

喝酒，(13a1)

14-5 omingga jeme-ngge de dangna-qi o-jora-kv bime,

飲料 吃-**名** **與** 代替-**條** 可以-**未**-**否** 而且

當不得飲食。(13a2)

14-6 haqin haqin de gemu koro baha-ra ba-bi.

一件 一件 **位** 全都 危害 得到-**未** 地方-有

而且樣々都有傷處。(13a2)

14-7 dekdeni gisun,

流行的 話

常言説：(13a3)

14-8 ajigan qi hvwaxabu-ha de abka-i banin -i adali,
小時候 從 培養-完 位 天-屬 本性 屬 像
“少成若天性，(13a3)

14-9 taqi-me ilimbaha de, ini qisui o-ho adali se-he-bi.
習慣-并 習慣.完 位 自然 成爲-完 像 説-完-現
習慣成自然。”(13a4)

14-10 te taqi-me dubi-fi,
現在 學習-并 習慣-順
如今學慣了，(13a5)

14-11 mutu-ha manggi,
長成-完 之後
赶長大了，(13a5)

14-12 teni targa hala se-qi,
纔 戒除.祈 改正.祈 説-條
纔教他板着改着，(13a5)

14-13 mangga kai.
困難的 啊
可難了啊。(13a5)

14-14 tere anggala, unenggi imbe juse niyalma,
况且 誠然 他.賓 孩子.複 人
况且要説他是個孩子家，(13a6)

14-15 baita akv de toukabu-re efi-re ton o-kini se-qi,
事情 否 與 解悶-未 玩-未 節日 成爲-祈 助-條
没點事兒當個消遣玩藝兒呢[1]。(13a6-7)

1 呢：辛卯本無“呢”字。

14-16 ere xolo de,
這 空閑 **位**
趁這個空兒上，(13a7)

14-17 ainu inde fusu-re eri-re jabu-re aqabu-re ibe-re bedere-re
爲什麽 他.**與** 噴灑-**未** 打掃-**未** 對答-**未** 附和-**未** 進前-**未** 退回-**未**
juse-i doro be taqibu-ra-kv ni.
孩子.**複-屬** 道理 **賓** 教-**未-否** 呢
爲甚麽不教他學灑掃、應對、進退、孩子的道理呢？(13a7-b1)

14-18 amba-kan juse ohode,
大-**弱** 孩子.**複** 如果
大些的孩子們，(13b2)

14-19 hiyouxun deuqin tondo akdun -i baita be
孝順 悌 忠 信 **屬** 事情 **賓**
把孝弟忠信的事情，(13b2)

14-20 inenggi-dari erde qi yamjitala,
日-每 早晨 **從** 直到傍晚
終日從早到晚，(13b3)

14-21 yabu-me ele-ra-kv kai.
行事-**并** 足够-**未-否** 啊
行之不足啊！(13b3)

14-22 te qi juse-i doro -i ildun deri hvwaxabu-me gama-qi,
現在 **從** 孩子.**複-屬** 道理 **屬** 順便 **經** 培養-**并** 處理-**條**
打這會兒把作孩子的道理稍帶着調[1]教着去，(13b3-4)

1 調：辛卯本無“調”字。

14-23 ere jergi tulgiyen demun be yarhvda-me taqibu-re qi ai dalji[1].
此 等 外面的 營生 賓 引導-并 教-未 從 什麽 强如
强如教導他這一類的外務呢。(13b4-5)

jai fiyelen

第二章

【第15條】

15-1 bithe hvla-ra be niyele-mbi se-mbi.
書 讀-未 賓 誦讀-現 叫作-現
讀書叫[2]作念。(14a1)

15-2 niyele-mbi se-re-ngge,
誦讀-現 説-未-名
念者，(14a1)

15-3 gvninja-ra be.
思索-未 也
思念也。(14a1)

15-4 bithe-i dorgi emu hergen emu gisun be
書-屬 裏 一 字 一 語言 賓
書上的字字句句，(14a1-2)

15-5 urunakv gvninja-me ureshvn de isibu-me hvla,
一定 思索-并 熟練地 位 達到-并 讀.祈
必要思[3]想着往熟了念，(14a2)

---

1 qi...ai dalji：固定搭配，意爲“比……强”“强如……”。

2 叫：辛卯本作“教”。

3 思：辛卯本無“思”字。

15-6 ume angga -i iqi hergen tolo-ro gese o-bu-re.
勿 口 屬 順着 字 點數-未 像 成爲-使-未
不要[1]信口兒数白文的是的。(14a3)

【第16條】

16-1 aika yasa gvwa jaka be xa-me,
倘若 眼睛 别的 東西 賓 瞧-并
若是眼[2]瞧着别的東西，(14a4)

16-2 gvnin enqu baita be gvni-me,
心思 别的 事情 賓 思想-并
心想着别的事情，(14a4)

16-3 damu angga de ainame ainame hvla-ra,
衹是 口 位 隨隨便便 讀-未
就只嘴裏隨便的念，(14a4-5)

16-4 hvluri malari dulemxe-qi,
馬馬虎虎地 敷衍塞責-條
糊里馬兒的混過去，(14a5)

16-5 ja de xejile-me mute-ra-kv se-re anggala[3],
容易 位 背誦-并 能-未-否 説-未 不但
不但輕易背不上來，(14a5-6)

16-6 bithe-i gvnin be ulhi-me mute-re aibi.
書-屬 意思 賓 理解-并 能-未 何有

---

1 要：辛卯本作“可”。
2 眼：辛卯本作“眼睛”。
3 sere anggala：固定搭配，意爲“不但……而且……”。

可怎麼能懂文意呢？(14a6)

【第17條】

17-1[A] sini gala de ai-be jafaxa-me bi.

你.屬 手 位 什麼-賓 常拿在手裏-并 現

你手裏拿着甚麼呢?(14b1)

17-2[B] umai be jafa-ha ba akv.

并 賓 拿-完 地方 否

并没有拿着甚麼。(14b1)

17-3[A] tuttu o-qi,

那樣 成爲-條

那們的，(14b1)

17-4 si adarame uju gida-fi emdubei gala be tuwa-me,

你 爲何 頭 低-順 衹管 手 賓 看-并

你爲甚麼儘只[1]低着頭看手，(14b2)

17-5 angga -i dolo ulu wala emu hergen seme inu ilga-bu-ra-kv ni.

口 屬 裏面 嘰嘰呱呱 一 字 連 也 分辨-使-未-否 呢

嘴裏呱呱嚨嚨的一字也不清楚呢?(14b2-3)

【第18條】

18-1 bithe-de

書-位

書上 (14b4)

---

1 只：辛卯本作“着”。

18-2 urunakv gisun lakqan be getukele-me,
一定 語言 停頓 **賓** 搞清楚-**并**
把句讀要清楚，(14b4)

18-3 hergen hengkilebu-me, fuhaxa-me sibki-me,
字 死摳-**并** 推敲-**并** 研究-**并**
要扣着字兒翻覆着細想，(14b4)

18-4 beye dursule-me hvsutule-me yabu-re o-qi,
身體 模仿-**并** 用力-**并** 行事-**未** 成爲-**條**
身體力行，(14b5)

18-5 teni bithe-i gvnin jorin be xa-ra,
纔 書-**屬** 意思 要旨 **賓** 看-**未**
纔知道書裏的[1]意趣，(14b5)

18-6 beye mujilen de tusa baha-qi o-mbi.
身體 心 **與** 益處 獲得-**條** 可以-**現**
於身心得益。(14b6)

18-7 aika hvsun qinggiyan,
倘若 力氣 淺
若是工夫淺，(14b6)

18-8 gvnin jai jequhuri,
心意 再 不穩
再心浮，(14b6)

18-9 getuken dulin buksuri dulin -i gama-qi,
清楚的 一半 含糊的 一半 **工** 處理-**條**

1 的：辛卯本無“的”字。

半明半混的幹着去，(14b7)

18-10 manggai bithe hvla-ra gebu gai-re dabala,

不過 書 讀-未 名字 取-未 罷了

不過沽個念書的名兒罷咧，(14b7-15a1)

18-11 ai baita.

什麽 事情

中什麽用呢？(15a1)

【第19條】

19-1 inenggi-dari simbe fulu udunggeri hvla hvla se-me,

天-每 你.賓 多的 數次 讀.祈 讀.祈 説-并

每日叫[1]你多念幾遍幾遍，(15a2)

19-2 yala angga juxe-tele xorgi-ha,

誠然 嘴 變酸-至 催促-完

實在的把嘴都催酸了，(15a2)

19-3 si minde donji-qi,

你 我.與 聽-條

你要聽我的話，(15a3)

19-4 ai bai-re.

什麽 要求-未

赶只好了。

19-5 urui silemide-me minde fiukon -i fiu[2]注詳《補彙》se-mbi.

往往 顢頇-并 我.與 胡謅 屬 屁 説-現

---

1 叫：辛卯本作“教”。

2 fiukon i fiu：“皆言人不采不信之詞；佯憨兒模式的；如耳旁風。”（《清文補彙》卷八）

總是顚頇着望我打洋兒。(15a3)

19-6 enenggi teile naranggi ureshvn -i xejile-me mute-he-kv de,

今天 僅僅 到底 熟練 工 背誦-并 能-完-否 位

今日到底没背熟,(15a4)

19-7 girubu-re be ali-ha,

羞愧-未 賓 受到-完

討了没臉了,(15a4)

19-8 ai yokto.

什麽 趣味

甚麽趣兒呢[1]?(15a4-5)

19-9 te kemuni haqihiya-me sithv-fi urebu-me hvla-ra-kv o-so,

現在 尚且 抓緊-并 專心-順 練習-并 讀-未-否 成爲-祈

這會兒還不加緊用心熟熟的念,(15a5)

19-10 elemangga pile-he bithe be

反倒 批示-完 書 賓

udu jurgan ibka-me meite-reu se-he-ngge,

幾 行 縮短-并 删减-祈 説-完-名

反倒[2]叫[3]把號的書减去幾盪[4],(15a5-6)

19-11 jaqi qihai fiyokoro-ho-bi.

太 隨意 胡言亂語-完-現

太也由心吊兒胡説咧。(15a6)

1 呢:辛卯本無“呢”字。

2 倒:辛卯本作“到”。

3 叫:辛卯本作“教”。

4 盪:《現代漢語詞典》將“盪”處理爲“蕩”的異體字,底本中“盪”共出現10次,對應的本字有“趟”“蹚”“淌”“燙”,個别用例難以判斷本字,穩妥起見,“盪”字一律照録。

19-12 endebuku be hala-ra de ume sengguwende-re se-he-be
過錯 賓 改正-未 位 勿 憚-未 説-完-賓
"過則勿憚改"的話，(15a7)

19-13 hada-hai eje,
打定（主意）-持 記住.祈
着實記着，(15a7)

19-14 fede.
努力
用工罷！(15a7)

【第20條】

20-1 uttu bubu baba xejile-he be
這樣 結結巴巴地 背誦-完 賓
這們結結吧吧的背，(15b1)

20-2 si uthai ton ara-ha se-mbi-u.
你 就 數目 認爲-完 説-現-疑
你就算了麽？(15b1)

20-3 bi jaka giyala-me giyala-me sinde jombu-ra-kv bihe bi-qi,
我 間隔 隔開-并 隔開-并 你.與 提示-否-完 過 助-條
不是我剛纔隔二片三的提着你，(15b1-2)

20-4 si kemuni xuwe waqihiya-me xejile-me mute-ra-kv bihe.
你 仍然 一直 完成-并 背誦-并 能-未-否 過
你還直背不完來着。(15b2-3)

20-5 aibi,
什麽地方

那兒呢？(15b3)

20-6 unde.

尚未

早着哩[1]。(15b3)

20-7 ere bithe be si gama,

這 書 **賓** 你 拿去.**祈**

你把這個書拿了去，(15b3)

20-8 urunakv angga -i iqi eyebu-me urebu-he de,

一定 口 **屬** 順 流-**并** 練習-**完** **位**

必要順嘴兒滾熟了，(15b3-4)

20-9 si jai gaju.

你 再 拿來.**祈**

你再拿來。(15b4)

【第21條】

21-1 sini kiqen -i haqin be

你.**屬** 課程 **屬** 事項 **賓**

把你工課，(15b5)

21-2 gvnin de singge-he manggi,

心思 **位** 吸收-**完** 之後

吃到肚兒裹，(15b5)

21-3 sini jingkini bengsen,

你.**屬** 真正的 本事

1 哩：辛卯本作“裹”。

是你的[1]正經本事，(15b5)

21-4 umai mini funde kiqe-re-ngge waka.

并 我.**屬** 替代 用功-**未**-**名** 不是

并非替我用工啊。(15b5-6)

21-5 sini ere dere fuhun, angga xokxohon -i arbun be tuwa-qi,

你.**屬** 這 臉 怒氣衝衝 口 撅着嘴 **屬** 樣子 **賓** 看-**條**

看你這個撅嘴膀腮的樣子，(15b6)

21-6 aiqi bi suwembe qihanggai ba-de sinda-fi efi-bu-he-kv,

也許 我 你們.**賓** 愉快的 地方-**位** 放縱-**順** 玩-**使**-**完**-**否**

别是抱怨我不准你們往快活地方兒玩兒去，(15b7)

21-7 guye forgoxo-ro xolo bu-he-kv,

脚後跟 轉動-**未** 空閑 給-**完**-**否**

不給倒脚的空兒，(15b7-16a1)

21-8 ergele-he seme minde gasa-mbi-dere.

强迫-**完** 因爲 我.**與** 抱怨-**現**-**吧**

拘板了罷？(16a1)

【第22條】

22-1 sinde dere de taqibu-ha teile akv,

你.**與** 臉 **位** 教-**完** 衹 **否**

不但當面教導了你，(16a2)

1 的：辛卯本無“的”字。

22-2 yala juwan juwan -i mudan xan tataxa-me hendu-he-bi,

實在 十 十 屬 次 耳朵 拉扯-并 說-完-現

實在是諄諄的拉着耳朵說了，(16a2)

22-3 si uttu gisun obu-ra-kv,

你 這樣的 語言 當作-未-否

你要這們不當話，(16a3)

22-4 qihai gama-qi,

任意 處置-條

任意兒的幹，(16a3)

22-5 farhvn -i memere-fi hala-ra-kv gebu unu-mbi se-re anggala,

昏昧的 工 固執-順 改正-未-否 名字 背負-現 說-未 不但

不但背個執迷不改的名聲，(16a3-4)

22-6 si giru-ha se-me bodo.

你 羞耻-完 說-并 考慮.祈

你提防着找没臉罷。(16a4)

【第23條】

23-1 qananggi ini bithe be xejile-bu-qi,

日前 他.屬 書 賓 背誦-使-條

前者[1]背背他的書看，(16a5)

23-2 tang se-me majige deng se-re toukan akv.

滔滔不絕 助-并 一點兒 詞窮不能對答狀 助-未 遲滯 否

邉熟一點蹬兒也没有。(16a5)

1 者：辛卯本作“日”。

23-3 angga juwa-me eye-re gese tangsi-mbi,
口 張嘴-**并** 流-**未** 像 對答如流-**現**
冲口而[1]出滚熟，(16a6)

23-4 geli qende-me,
又 試驗-**并**
又試着，(16a6)

23-5 ya ba-be fonji-qi,
哪裏 地方-**賓** 問-**條**
提他那里，(16a6)

23-6 i ya ba-be karu giyangna-mbi,
他 哪 地方-**賓** 回答 講解-**現**
他回講到那里，(16a7)

23-7 udu muwaxa-qibe,
雖然 粗作-**讓**
雖是粗糙兒的，(16a7)

23-8 bithe-i gvnin -i amba muru be xuwe tuqi-bu-me mute-mbi,
書-**屬** 意義 **屬** 大概的 模樣 **賓** 直接地 出-**使**-**并** 能-**現**
那文義之大意直道[2]及的出來，(16a7-b1)

23-9 yala serebu-me nonggibu-ha-bi.
果然 顯露-**并** 長進-**完**-**現**
真露大長了。(16b1)

---

1 而：底本作“兒”，據辛卯本改。

2 道：辛卯本作“到”。

【第24條】

24-1 ubaliyambu-re kouli, ureshvn ningge be baitala-mbi,
翻譯-**未** 規則 熟練的 **名** **賓** 使用-**現**
翻譯的規矩用熟，(16b2)

24-2 eshun ningge be baitala-ra-kv,
生疏的 **名** **賓** 使用-**未**-**否**
不用生，(16b2)

24-3 damu tomorhon boljonggo be wesihun o-bu-ha-bi.
唯獨 清楚的 合乎常理的 **賓** 可貴的 成爲-**使**-**完**-**現**
只以稳準爲上。(16b3)

24-4 ememu sebken sabu-re hergen be baitala-ra de amura-ngge bi,
某些 稀少的 看見-**未** 字 **賓** 使用-**未** **與** 喜歡-**名** 有
有一宗好用冷字的人，(16b3)

24-5 i damu gvwa niyalma be ferguwe-kini se-me bodo-ho gojime,
他 祇 其他 人 **賓** 驚奇-**祈** **助**-**并** 考慮-**完** 祇是
他只打量着要警人，(16b4)

24-6 ulhi-re niyalma de basu-bu-re be gvni-ha-kv-bi.
知曉-**未** 人 **位** 笑話-**被**-**未** **賓** 想-**完**-**否**-**現**
却不想被[1]懂得的人笑話了。(16b5)

【第25條】

25-1 muse damu unenggi gvnin be akvmbu-me,
咱們 祇 真誠的 心思 **賓** 竭力-**并**

1 被：辛卯本作“彼”。

咱們但盡實心，(16b6)

25-2 sa-ha teile taqibu-qi waji-ha.

知道-完 僅僅 教-條 完成-完

盡[1]其能所教導就是了。(16b6)

25-3 aika ton ara-me yabu-qi,

倘若 數 充數-并 行事-條

要是塞責的幹去，(16b6-7)

25-4 niyalma be hvwaxabu-me mute-ra-kv bime,

人 賓 培養-并 能-未-否 而且

不但不能成就人，(16b7)

25-5 xabi sa-be nememe sarta-bu-re be dahame,

徒弟 複-賓 反而 耽誤-使-未 賓 因此

反把徒弟們遭遢了，(16b7-17a1)

25-6 butu-i erdemu kokira-rahv.

陰間-屬 德 損害-虛

只怕傷陰德啊。(17a1)

【第26條】

26-1 taqi-me bahana-ra niyalma,

學-并 會-未 人

會學的人，(17a2)

26-2 sefu be jobo-bu-ra-kv bime,

師傅 賓 累-使-未-否 而且

1 盡：底本作“儘”，據辛卯本改。

不累師傅，(17a2)

26-3 nonggibu-re iqi ubu-i hvdun.

長進-未 順着 倍-屬 迅速的

而且加倍的長進。(17a2)

26-4 ere-be baita dulin oqibe, gungge ubu-i fulu se-he-ngge inu.

這-賓 事情 半 雖然 功 倍-屬 多的 説-完-名 是

這就是事半而功倍。(17a3)

26-5 tere taqi-re de bulqakv-ngge o-qi,

那 學習-未 位 躲懶的-名 成爲-條

那個學的上頭肯躲滑的人，(17a4)

26-6 damu sefu -i xorgi-re be tuwa-mbi.

不過是 師傅 屬 催促-未 賓 看-現

全瞧師傅的催逼。(17a4)

26-7 udu bithe hvla-qibe,

雖然 書 讀-讓

雖然念書，(17a5)

26-8 gvnin sithv-ra-kv,

心思 專心-未-否

不專心，(17a5)

26-9 ede taqi-ha kiqen -i haqin,

因此 學-完 課程 屬 事項

所以學的工課，(17a5)

26-10 juwan ubu-de emu juwe ubu inu baha-ra-kv bime,

十 分-位 一 二 分 也 獲得-未-否 而且

十分中連一二分也不能得。(17a5-6)

26-11 sefu xabi -i juwe ergi,
師傅 徒弟 屬 二 邊
而且師徒两下裏，(17a6)

26-12 hono gasa-ra ba akv obu-me mute-ra-kv.
尚且 抱怨-未 地方 否 認爲-并 能-未-否
還不能無抱怨。(17a7)

26-13 ere untuhun gebu bi-sire,
這 空虛的 名字 有-未
這不是有虛名，(17a7)

26-14 gojime yargiyan tusa akv-ngge waka-u.
而 真正的 益處 没有-名 不是-疑
而無實效麽？(17a7-b1)

【第27條】

27-1 mini yasa,
我.屬 眼睛
我的眼睛，(17b2)

27-2 ere uquri baibi wenje-meliyan -i heyene-me,
這 時候 祇是 發熱-弱 工 生眼眵-并
這一程[1]子只是熱都々的長眵模糊，(17b2)

27-3 jaka tuwa-ra de buru bara.
東西 看-未 位 模模糊糊的
看東西影々綽[2]々的。(17b2-3)

---

1 程：底本作“逞”，據辛卯本改。

2 綽：底本作“倬”。

27-4 deu haji,

弟弟 親的

好兄弟，(17b3)

27-5 ere bithe be si mini funde sarkiyan sarkiya-qi o-joro-u.

這 書 **賓** 你 我.**屬** 代替 抄録 抄-**條** 可以-**未**-**疑**

這個書你可替我抄一抄。(17b3)

【第28條】

28-1 je,

嗻

哦，(17b3)

28-2 ere be deu bi sarkiya-me sarkiya-mbi,

這 **賓** 兄弟 我 抄-**并** 抄-**現**

這個我抄呢是抄啊，(17b4)

28-3 damu mini hergen jaqi ehe,

衹是 我.**屬** 字 太 壞的

只是我的字太診頭，(17b4)

28-4 qimaha mimbe susede-he se-me ume wakaxa-ra.

明日 我.**賓** 潦草-**完** 説-**并** 勿 怪罪-**未**

明日可别嗔道我潦草了。(17b4-5)

28-5 ai geli.

什麽 又

那兒的話呢？(17b5)

28-6 si se-re-ngge narhvn getuken dabana-ha niyalma,

你 説-**未**-**名** 精明的 明白的 過頭-**完** 人

你是個[1]精明過頭兒的人，(17b5)

28-7 umai tere hvluri malari gesengge de duibule-qi o-jora-kv.

并 那 馬馬虎虎地 相似的 **位** 比較-**條** 可以-**未**-**否**

那里比得那些邋忽粗糊的人[2]。（17b6)

28-8 sini hergen be niyalma bai-ha se-me baha-ra-kv bade,

你.**屬** 字 **賓** 人 求-**完** 説-**并** 得到-**未**-**否** 尚且

你的字人求之還不得呢，(17b6-7)

28-9 sain akv juken se-he-ngge,

好的 **否** 劣的 説-**完**-**名**

這不好診頭的話，(17b7)

28-10 aika fiyanara-me goqishvda-ha-ngge waka-u.

莫非 弄虛作假-**并** 謙虛-**完**-**名** 不是-**疑**

可不是作假謙遜麼？(18a1)

【第29條】

29-1 sini hvla-ha bithe meyen banjina-ra-kv o-ho.

你.**屬** 讀-**完** 書 段 造成-**未**-**否** **助**-**完**

你念的書不成段[3]了。(18a2)

29-2 si tuwa,

你 看.**祈**

你瞧，(18a2)

---

1 個：辛卯本無“個”字。

2 粗糊的人：辛卯本作“粗糙人呢”。

3 段：底本作“叚”，據辛卯本改。

29-3 ere jursu qik sinda-ha ba,

這 雙 七克[1] 放置-**完** 地方

這個點双七克的地方，(18a2-3)

29-4 emu meyen -i wajima kai.

一 段 **屬** 末尾 啊

是一段的末了呢[2]。（18a3)

29-5 sikse uthai ere emu jurgan emu hontoho be

昨天 就 這 一 行 一 半個 **賓**

waqihiya-bu-qi aqa-mbihe,

完成-**使**-**條** 應該-**過**

昨日就當把這一行半念完，(18a3)

29-6 enenggi enqu emu meyen pile-qi teni inu.

今日 另外 一 節 批寫-**條** 纔 是

今日另號一節纔是。(18a4)

29-7 jai ere dorgi ere juwe hergen be

再者 這 裏 這 兩個 字 **賓**

再者這裏頭把這两個字，(18a5)

29-8 si kvwara-ha se-me,

你 劃圈-**完** 說-**并**

你説[3]圈了不念他，(18a5)

---

1 七克：qik，是滿語的標點符號。滿語的標點符號衹有兩個，即單七克(gargata qik)“，”和雙七克(jursu qik)“»”。一般來説，單七克相當於漢語中的逗號和頓號，雙七克相當於漢語中的句號。

2 呢：辛卯本作“呀”。

3 説：辛卯本作“説是”。

29-9 hvla-ra-kv waliya-ha waka-u.

讀-未-否 完成-完 不是-疑

丢開了不是嗎？(18a6)

29-10 damu dalba-de kemuni aitubu-me torgi-ha be

但是 旁邊-位 仍然 圈活-并 在字旁邊圈-完 賓

但則旁邊復圈活了，(18a6)

29-11 si barkiya-ha-kv-bi.

你 理會-完-否-現

你没理會了啊？(18a7)

【第30條】

30-1 muse-i manju gisun,

咱們-屬 滿洲 語言

咱們的滿洲話，(18b1)

30-2 nikan bithe de adali akv,

漢人 書 與 相同的 否

與漢書不同，(18b1)

30-3 gulhun hergen be teile sa-qi,

整個的 字 賓 僅僅 知道-條

要廣知道整字，(18b1)

30-4 beye tere emu gisun -i gvnin be

自己 那 一 話 屬 意思 賓

su-me tuqi-bu-me mute-ra-kv,

解釋-并 出-使-并 能-未-否

那一句話的意思自己解説不出來，(18b2)

30-5 urunakv faksala-ha hergen baitala-ha turgun be
一定 分析-**完** 字 使用-**完** 緣由 **賓**
getukele-me ulhi-he manggi,
察明-**并** 理解-**完** 之後
必把用破字的情節明白知道了。(18b2-3)

30-6 teni gisure-me mute-mbi.
纔 説話-**并** 能-**現**
然後纔能説。(18b3-4)

30-7 geli tere ba ba -i untuhun hergen be
又 那 處處 **屬** 虛的 字 **賓**
又要把處々的虛字意[1]，(18b4)

30-8 gvnin girkv-fi sibke-re-ngge,
心意 專心-**順** 研究-**未**-**名**
專心細想，(18b4)

30-9 ele oyonggo.
更加 重要的
更要緊。(18b5)

【第31條】

31-1 manju gisun -i hvsun bi-sire hergen de,
滿洲 語言 **屬** 力量 有-**未** 字 **位**
清文的有力字上，(18b6)

---

1 意：辛卯本作"意思"。

31-2 emu bu se-re hergen nonggi-qi,
一 bu 叫作-未 字 增添-條
上添一bu字，(18b6)

31-3 hvsun akv o-mbi.
力量 否 助-現
就成無力。(18b7)

31-4 hvsun akv -i hergen de emu bu se-re hergen sinda-qi,
力量 否 屬 字 位 一 bu 叫作-未 字 放置-條
無力字上用一bu字，(18b7)

31-5 hvsun bi-sire de o-mbi.
力量 有-未 位 成爲-現
就成有力。(19a1)

31-6 ere-be getuken tomorhon o-bu-me ilga-qi aqa-mbi.
這-賓 清晰的 清楚的 成爲-使-并 分辨-條 應該-現
把這個要分別清楚稳當。(19a1)

31-7 geli de be -i qi -i jergi hergen,
又 de be -i qi 屬 等 字
又de、be、-i、qi等字，(19a2)

31-8 umesi oyonggo,
非常 重要
狠要緊，(19a2)

31-9 bime largin.
而且 繁多的
而且多。(19a2)

31-10 aikabade hafira-bu-fi urunakv baitala-qi aqa-ra ba-de ohode,
倘若 逼迫-**被**-**順** 一定 使用-**條** 應該-**未** 地方-**位** 如果
若是必不得已當用，(19a3)

31-11 kimqi-me yargiyala-fi jai baitala.
詳察-**并** 核實-**順** 再 使用.**祈**
細々的斟酌了再用。(19a3-4)

31-12 aika baitala-qi o-joro o-jora-kv juwe siden-deri ba o-qi,
倘若 使用-**條** 可以-**未** 可以-**未**-**否** 二 間-**經** 地方 成爲-**條**
若在可用不可用之間，(19a4)

31-13 ainame malhvxa-kini,
索性 省略-**祈**
且就省了他，(19a4-5)

31-14 baitala-ha de largin o-mbi.
使用-**完** **位** 繁雜的 成爲-**現**
用上累墜。(19a5)

【第32條】

32-1 geli ha he ho be
又 哈 喝 和 **賓**
又哈喝和，(19a6)

32-2 dule-he hergen se-mbi.
經過-**完** 字 叫作-**現**
叫作已然字。(19a6)

32-3 ra re ro be
喇 呼 囉 **賓**

喇 呼 囉，(19a6)

32-4 isinji-re unde hergen se-mbi.

及-**未** 尚未 字 叫作-**現**

叫 作 未 然 字。(19a6-7)

32-5 gisun -i dolo aqabu-me baitala-ra-ngge,

語言 **屬** 裏面 搭配-**并** 使用-**未**-**名**

話 里 頭 要 是 配 搭 的，(19a7)

32-6 getuken tengkiquke akv o-qi,

清晰的 貼切的 **否** **助**-**條**

不 清 楚 貼 切，(19a7)

32-7 donji-re niyalma be xa-me tuwa-me bektere-bu-me,

聽-**未** 人 **賓** 瞧-**并** 看-**并** 發怔-**使**-**并**

就 叫[1] 聽 的 人 白 瞪 着 眼 發 楞，(19b1)

32-8 baita-i turgun be ulhi-bu-ra-kv.

事情-**屬** 情由 **賓** 懂得-**使**-**未**-**否**

事 的 情 節 不 能 懂。(19b1-2)

32-9 jai a ka la ya -i jergi hergen,

再 阿 喀 拉 雅 **屬** 等 字

再 者 阿 喀 拉 雅 等 字，(19b2)

32-10 a -i mudan,

陽 **屬** 音

爲 陽 音，(19b2)

---

1 叫：辛卯本作“教”。

32-11 ere-be kaharakqa[1]. 注詳《補彙》
這-賓 陽性詞
叫作陽配陽。(19b2-3)

32-12 e ke le ye -i jergi hergen,
額 克 勒 業 屬 等 字
額克勒業等字，(19b3)

32-13 e -i mudan,
陰 屬 音
爲陰音，(19b3)

32-14 ere-be keherekqe注詳《補彙》 se-mbi.
這-賓 陰性詞 叫作-現
叫作陰配陰。（19b3-4)

32-15 i qi o ko -i jergi hergen,
依 齊 鄂 科 屬 等 字
伊齊鄂科等字，(19b4)

32-16 siden -i mudan se-mbi.
中間 屬 音 叫作-現
叫作中音。(19b4)

32-17 ere-be a de a,
這-賓 陽 位 陽
這該陽對陽、(19b5)

32-18 e de e -i mudan de,
陰 位 陰 屬 音 與

---

1 kaharakqa："清語各分陰陽音之詞。"（《清文補彙》卷二）；kaharakqa爲陽性詞，下文32-14中的keherekqe爲陰性詞。

陰對陰，(19b5)

32-19 aqabu-me baitala-qi aqa-mbi.
搭配-并 使用-條 應該-現
配着音用。(19b5)

32-20 aika majige jurqe-qi,
倘若 稍微 違背-條
若略顛倒，(19b6)

32-21 manju gisun -i kouli ufara-bu-mbi.
滿洲 語言 屬 規則 失去-使-現
便失了滿文的規矩了。(19b6)

32-22 ere jergi ilgabu-re kouli be
這 類 辨別-未 規則 賓
這一類分别的[1]規矩，(19b6-7)

32-23 hvdun ulhi-re be kiqe-qi aqa-mbi.
迅速的 理解-未 賓 用功-條 應該-現
快々用心悟去[2]。(19b7)

【第33條】

33-1 manjura-ki se-qi, lali de isibu-re be gvni,
説滿語-祈 助-條 利落 位 達到-未 賓 考慮.祈
欲説滿洲話總要簡便，(20a1)

33-2 ume tathvnja-ra.
勿 猶豫-未

1 的：辛卯本無“的”字。
2 快々用心悟去：辛卯本作“快々的用心悟去”。

別游疑。(20a1)

33-3 dere de ume manggaxa-ra,

臉 位 勿 害臊-未

臉上別發臊，(20a2)

33-4 fonji-ha be tuwa-me,

問-完 賓 看-并

問那個，(20a2)

33-5 kafur se-me uthai jabu.

利落地 助-并 就 回答.祈

簡簡[1]絶絶的答應。(20a2-3)

33-6 mudan de fe urgen be alhvda,

音 位 老的 口音 賓 效法.祈

語音要學老口角，(20a3)

33-7 turgun baktambu-re goiquka be kiqe,

情由 包含-未 貼切的 賓 力求.祈

包裹的神情必要貼切，(20a3)

33-8 uttu emu julehen -i[2] faqihiyaxa-me goida-ha de,

這樣 一個勁地 工 勤勉-并 久-完 位

要這樣一撲心兒的勉力久了，(20a4)

33-9 ini qisui keleng kalang ni nikede-mbi,

自然 結結巴巴 工 將就-現

自然囫圇半片的儂得過兒，(20a4-5)

---

1 簡簡：辛卯本作“剪剪”。

2 emu julehen i：固定搭配，意爲“一味、一個勁地、一門心思”。

33-10 dere toko-me weihukele-bu-re jalin ai joboxo-ra ba-bi.
臉 刺-**并** 輕視-**被**-**未** 因爲 什麽 憂愁-**未** 地方-有
何愁受人當面薄斥的? (20a5)

【第34條】

34-1 tere uju-i qoko ambula taqi-ha xungkeri niyalma,
他 頭等-**屬** 雞 非常 學習-**完** 文雅的 人
他是個頭等頭博學的雅人, (20a6)

34-2 manjura-me se-me manjura-mbi,
説滿語-**并** 説-**并** 説滿語-**現**
滿是滿, (20a6)

34-3 nikara-me se-me nikara-mbi,
説漢語-**并** 説-**并** 説漢語-**現**
漢是漢, (20b1)

34-4 muse gvwa ba-de sabu-fi,
咱們 別的 地方-**位** 看見-**順**
咱們別處見了 (20b1)

34-5 ulhi-ra-kv gisun be eje-me gai-fi,
理解-**未**-**否** 話 **賓** 記録-**并** 收下-**順**
不懂得的[1]話記了來, (20b1-2)

34-6 inde daqila-qi,
他.**與** 詢問-**條**
只問他, (20b2)

1 的: 辛卯本無“的”字。

34-7 ulhi-ra-kv-ngge akv.

理解-**未**-**否**-**名** **否**

没有不知道的。(20b2)

34-8 anan -i fere heqe-me sinde giyangna-me taqibu-mbi.

順序 **工** 底部 徹底-**并** 你.**與** 講解-**并** 教-**現**

挨着次兒轍底的講着教給你。(20b2-3)

34-9 tuttu bime,

那樣地 而且

饒那麽[1]着，(20b3)

34-10 kemuni tere fiyelen -i bithe be

還 那 章 **屬** 書 **賓**

還把那章書，(20b3)

34-11 baiqa-me tuqi-bu-fi,

查對-**并** 出-**使**-**順**

查出來，(20b4)

34-12 tere-i sekiyen turgun be sinde neile-me ulhi-bu-mbi.

那-**屬** 原委 情由 **賓** 你.**與** 啓示-**并** 明白-**使**-**現**

把那個出處原委開導于你。(20b4-5)

34-13 tere-be yala niyalma be taqibu-me banda-ra-kv-ngge se-qi o-mbi.

他-**賓** 果然 人 **賓** 教-**并** 倦怠-**未**-**否**-**名** 叫作-**條** 可以-**現**

那個實在稱得起個“誨人不倦”的啊。(20b5)

---

1 麽：辛卯本作“們”。

【第35條】

35-1 imbe haha-i erdemu be kiqe-bu-re jalin,

他.賓 男人-屬 德行 賓 用功-使-未 爲

爲教他學漢子[1]的本式，(20b6)

35-2 bi juwan Juwan -i mudan xan uli-me taqibu-ha.

我 十 十 屬 次 耳朵 揪-并 教-完

我再三再四的揪着耳朵教導過。(20b6-21a1)

35-3 dere de ei inu je se-me ali-me gai-ha bi-qibe,

臉 位 哎 是 嗻 説-并 應允-完 接受-完 現-讓

當面他雖是啊者啊的應承了，(21a1)

35-4 enggiqi o-ho manggi,

背地裏 成爲-完 之後

背地裏，(21a2)

35-5 sini gisun be emu ergi-de dayabu-fi her har se-ra-kv.

你.屬 語言 賓 一 邊-位 擱-順 毫不理睬狀 助-未-否

把你的話擱在一邊子不在意。(21a2)

35-6 sirame aqa-fi manjura-me fonji-qi,

後來 見面-順 説滿語-并 問-條

後來會着了拿滿洲話問[2]，(21a3)

35-7 i nikan gisun -i ere tere se-me tanggi-me gisure-mbi,

他 漢人 語言 工 這 那 助-并 搭訕-并 説話-現

他拿[3]漢話這們那們的搭赸[4]，(21a3-4)

1 子：底本作“字”，據辛卯本改。

2 问：辛卯本作“问呢”。

3 拿：辛卯本作“那”。

4 搭赸：辛卯本作“答應訕”。

35-8 geli emu uquri giyala-fi,

又 一 時候 間隔-順

再隔一程子，(21a4)

35-9 ini gabta-ra niyamniya-ra be tuwa-qi,

他.屬 射-未 射馬步箭-未 賓 看-條

看看他的馬步箭，(21a4-5)

35-10 beri de qeqerxe-me,

弓 位 手發顫-并

弓上呢抽筋也[1]是的。(21a5)

35-11 morin de momorxo-me,

馬 位 緊張慌亂-并

馬上呢干扎把，(21a5-6)

35-12 fe hvman da an[2],

舊的 本領 原本 常規

仍是照舊的嘴巴骨，(21a6)

35-13 majige kiqe-he-de, ai waji-mbi-u.

稍微 努力-完-位 什麼 花費-現-疑

些須用點兒功費着甚麼[3]嗎？(21a6)

35-14 beye heni hvsutule-me kiqe-ra-kv,

自己 絲毫 用力-并 努力-未-否

自己不肯努力用一點兒工夫，(21a7)

1 也：辛卯本無“也”字。

2 da an：固定搭配，意爲“照舊”。

3 麽：辛卯本無“麽”字。

35-15 muse-i gisun be xan de ba-ha-ngge,
咱們-屬 話 賓 耳朵 位 得到-完-名
把咱們的話這個耳朵裏聽，(21a7-b1)

35-16 gvnin de waliya-bu-re bade,
心思 位 丢弃-使-未 尚且
那個耳朵裏冒了，(21b1)

35-17 bi se-he se-me aina-ra.
我 説-完 説-并 怎麽辦-未
叫我可怎麽樣呢？(21b1)

【第36條】

36-1 xun biya-i dulende-re-ngge,
太陽 月亮-屬 超過-未-名
日月過去的，(21b2)

36-2 talkiyan -i elden hirha-i tuwa-i adali.
電 屬 光 火石-屬 火-屬 像
如電光石火一樣呢[1]。(21b2)

36-3 erin be ume ufara-bu-re.
時間 賓 勿 丢失-使-未
把光陰别失錯了。(21b2-3)

36-4 si te ama eniye-i fiyanji daniyan de,
你 現在 父親 母親-屬 保障 掩護 位
你如今在父母的運裏[2]，(21b3)

1 呢：辛卯本無“呢”字。
2 運裏：辛卯本作“運兒裏”。

36-5 baisin -i beye o-fi,

閑暇的 **工** 自己 成爲-**順**

自己白閑着，(21b3-4)

36-6 gvnin sithv-fi haha-i erdemu kiqe-me taqi-ra-kv.

心思 專心-**順** 男人-**屬** 德行 努力-**并** 學習-**未**-**否**

不專心勤學漢子的本事。(21b4)

36-7 qimaha boigon jafa-ra baita be ali-ha de,

明日 家業 拿-**未** 事情 **賓** 承受-**完** **位**

日後當起家來，(21b4-5)

36-8 taqi-ki se-he se-me,

學習-**祈** **助**-**完** 説-**并**

就説要學，(21b5)

36-9 alban de hiyahala-bu-me,

公務 **位** 纏住-**被**-**并**

官差覊絆，(21b5-6)

36-10 qisui de gaisila-bu-me,

私人 **位** 牽累-**被**-**并**

私事牽連的，(21b6)

36-11 asuru jabdu-re xolo baha-ra-kv kai.

很 得空兒-**未** 空閑 得到-**未**-**否** 啊

不大得閑空兒了啊[1]。(21b6)

36-12 emu oyonggo ba-de isina-fi,

一 重要的 地方-**位** 到達-**順**

---

1 啊：辛卯本無“啊”字。

到個[1]正經地方，(21b7)

36-13 gvwa de lakqa-fi serebu-me isi-ra-kv ohode,
别人 位 超出-順 顯露-并 達到-未-否 如果

比人家顯鼻子顯眼的不濟的時候，(21b7)

36-14 niyalma de lasihida-bu-re,
人 位 摔掇-被-未

只好受人的摔，(22a1)

36-15 falanggv alibu-re dabala,
手掌 呈遞-未 罷了

遞手本罷咧，(22a1)

36-16 haha-i ubu sisa-bu-ra-kv-n.
男人-屬 份兒 丢失-使-未-否-疑

可[2]不丢漢子的[3]味兒嗎？(22a1-2)

36-17 te qi hvsutule fede,
現在 從 盡力.祈 努力.祈

從這會兒努力上緊用功罷。(22a2)

36-18 kiqen isina-ha de ini qisui mute-bu-mbi,
功夫 到達-完 位 自然 成功-使-現，

功到自然成，(22a2)

36-19 niyalma qi tuqi-ra-kv jalin ai joboxo-ro ba-bi.
人 從 出-未-否 爲 什麽 憂愁-未 地方-有

何愁比人不高出頭的[4]呢？(22a3)

---

1 個：辛卯本無“個”字。
2 可：辛卯本無“可”字。
3 的：辛卯本無“的”字。
4 的：辛卯本作“第”。

【第37條】

37-1 gvnin baha-kv,
心思 得到.**完-否**
没得心，(22a4)

37-2 neibu-re unde,
開朗-**未** 尚未
心信[1]没開的，(22a4)

37-3 teni taqi-re juse niyalma,
纔 學習-**未** 孩子.**複** 人
纔學的孩子，(22a4)

37-4 jabdu-kini,
得空兒-**祈**
從容着他，(22a4)

37-5 haqihiya-ha de,
催促-**完** **位**
催急了，(22a5)

37-6 ara-ha-ngge hafu ijishvn akv o-mbi.
做-**完-名** 通的 順利的 **否** 成爲-**現**
作的就不通順了。(22a5)

37-7 jai monggon sa-mpi dere yasa fuhun,
再 脖子 伸長-**延** 臉 眼睛 怒容
再要扯着脖子紅着臉，(22a5-6)

1 信：辛卯本作“惟”。

37-8 i tak se-me fosokiya-me xorgi-qi,

他 啪 助-并 急躁-并 催促-條

嚇兒呼兒的着急催逼他，(22a6)

37-9 ele bekte bakta o-fi,

更加 慌手忙脚的 成爲-順

更慌手忙脚的了，(22a6-7)

37-10 esi gvnin waliya-bu-qi,

自然 心思 丢失-使-條

自然不得主意。(22a7)

37-11 bithe-i taqin -i baita,

書-屬 學問 屬 事情

學問之事，(22a7)

37-12 emgeri de mute-bu-re-ngge waka,

一次 位 成功-使-未-名 不是

不是一舉[1]而成的。(22b1)

37-13 muse damu doro de ibede-me yarhvda-me gama-qi,

咱們 衹 道理 位 逐漸前進-并 引導-并 領去-條

咱們只據個道理一步步的教導着去，(22b1-2)

37-14 ini qisui wesihun hafu-na-me hvwaxa-mbi.

自然 往上 通達-去-并 長進-現

自然向上通達長進。(22b2)

---

1 一舉：辛卯本作"舉一"。

ilaqi fiyelen

第三章

【第38條】

38-1 aigan -i dulimba be tomortai goi-bu-qi,

箭靶子 **屬** 中間 **賓** 正着 射中-**使**-**條**

正着了把子的中間，(23a1)

38-2 teni dabu-qi o-mbi.

纔 算作-**條** 可以-**現**

纔算得。(23a1)

38-3 ere gese fijire-me fejilen goi-ha be

這 像 挨擦地面平射-**并** 下面 命中-**完** **賓**

這樣地出溜[1]着在下頭的，(23a1-2)

38-4 si aika dabu-qi,

你 倘若 算作-**條**

你若算上，(23a2)

38-5 tere qa-fi jorin goi-ha-ngge be

那 箭没射着-**順** 準頭 命中-**完**-**名** **賓**

那個二跰子着了準頭的，(23a2)

38-6 aika qolgoro-ko mangga se-me kundule-qi aqa-mbi-u.

難道 出類拔萃-**完** 强勁的 説-**并** 尊敬-**條** 應該-**現**-**疑**

難道當作頭等頭的好箭敬麽？(23a3)

---

1 出溜：辛卯本作“出溜兒”。

【第39條】

39-1 muse neneme getukele-me boljo-fi jai gabta-ki.
咱們 先 澄清-并 約定-順 再 射箭-祈
咱們先說明白了再射。(23a4)

39-2 hisha-ha-ngge be hendu-re ba akv,
輕輕擦過-完-名 賓 説-未 地方 否
蹭了的不必説了，(23a4)

39-3 daribu-me goi-fi,
擦邊-并 命中-順
要拐着了，(23a5)

39-4 tungken tuhe-ra-kv o-qi,
箭靶子 掉落-未-否 助-條
鵠子不掉，(23a5)

39-5 dabu-ra-kv.
算作-未-否
不算。(23a5)

39-6 jai ila-qi ursu -i siden goi-fi,
再 三-序 層 屬 間 命中-順
或着了二三層的縫，(23a5-6)

39-7 jai ursu dahanduhai tuhe-ke-ngge be
第二 層 隨即 掉落-完-名 賓
二層子隨後下來的。(23a6)

39-8 an -i jai ursu goi-ha de o-bu-mbi,
照舊 工 第二 層 命中-完 位 成爲-使-現
仍舊算着了二層，(23a6-b1)

39-9 fangna-me bungna-qi o-jora-kv.

抵賴-**并** 單-**條** 可以-**未**-**否**

不准抵賴。(23b1)

【第40條】

40-1 kouli de,

規則 **位**

規矩，(23b2)

40-2 agvra-i qikten be angga-i hoxo deri dere de nike-bu-qi aqa-mbi.

武器-**屬** 箭杆 **賓** 嘴-**屬** 角 經 臉 **位** 依靠-**使**-**條** 應該-**現**

箭笴子該順着嘴呀兒[1]靠臉。(23b2)

40-3 si oforo songgiha -i teisu sinda-ha-ngge,

你 鼻子 鼻尖 **屬** 對着 放置-**完**-**名**

你放到[2]鼻尖上，(23b3)

40-4 taxara-ha-bi.

出錯-**完**-**現**

是錯了。(23b3)

40-5 fusihvn guri-bu,

往下 挪動-**使**.**祈**

往下落，(23b3-4)

40-6 uli be tunggen de nikebu,

弓弦 **賓** 胸 **位** 靠住.**祈**

把弓弦靠胸脯子，(23b4)

---

1 兒：辛卯本無“兒”字。

2 到：辛卯本作“在”。

40-7 kaqilan -i dube deri,

靶箭 屬 尖 經

順着箭頭兒，(23b4)

40-8 yasa hada-hai jorin be qinqila-me jabdu-fi,

眼睛 注視-持 準頭 賓 仔細觀察-并 妥當-順

眼睛瞧明白了準頭，(23b4-5)

40-9 jai uksala.

再 撤手.祈

再撤。(23b5)

40-10 ebxe-he de taxara-bu-mbi se-he-be

急忙-完 位 犯錯-使-現 說-完-賓

"忙中有錯"的話，(23b5)

40-11 si aika donji-ha-kv-n.

你 難道 聽-完-否-疑

你難道没聽見過麼?(23b6)

40-12 ebxe-qi nujan axxa-ra be dahame,

忙-條 拳頭 動-未 賓 因此

要忙拳頭必動，(23b6)

40-13 si te aini jorin be jori-bu-mbi-ni.

你 現在 什麽.工 準頭 賓 瞄準-使-現-呢

你可拿什麽指準頭呢?(23b6-7)

【第41條】

41-1 ili-re de, meimeni beye-de teisule-bu-me ili,

站立-未 位 各自的 身體-與 相合-使-并 站立.祈

站脚該當合着各自的身段站，(24a1)

41-2 bethe-i siden onqo o-qi o-jora-kv,

脚-屬 間 寬 成爲-條 可以-未-否

脚邁的寬了使不得，(24a1-2)

41-3 hanqi o-qi inu o-jora-kv.

近 成爲-條 亦 可以-未-否

窄了也使不得。(24a2)

41-4 sini ili-ha-ngge, jaqi mila o-ho,

你.屬 站立-完-名 太 大開 成爲-完

你站的太撇了，(24a2)

41-5 bethe-i dube be majige dosi bargiya.

脚-屬 尖 賓 略微 向内 收攏.祈

把脚尖往裏略收收。(24a3)

41-6 gabta-ra durun de,

射-未 樣子 位

射箭的樣子，(24a3)

41-7 qomboli goqi-mbi se-mbi-kai,

軟肋 收縮-現 說-現-啊

有個撤軟肋的話，(24a3-4)

41-8 sini meiren be amasi, suksaha be julesi o-bu-ha-ngge,

你.屬 肩膀 賓 往後 大腿 賓 往前 成爲-使-完-名

你把個膀子往後胯骨往前着，(24a4)

41-9 inu fudara-ka-bi,

也 倒着-完-現

也是倒着了，(24a4-5)

41-10 ere ba-be fita eje-fi,
這 事情-賓 牢固地 記住-順
把這個切記着，(24a5)

41-11 hvsutule-me hala.
勉勵-并 改正.祈
盡力着改[1]。（24a5)

【第42條】

42-1 yaya de fulu be temxe-me kiyangdula-me yabu-qi aqa-mbi,
凡（事）位 强 賓 争-并 争强-并 行事-條 應該-現
諸凡當争强好勝，(24a6)

42-2 qouha-i baita de uhuken -i arbuxa-ra-kv se-he-bi-kai.
軍事-屬 事情 位 柔弱的 工 舉動-未-否 説-完-現-啊
武不善作呀。(24a6)

42-3 beri tata-ki se-mbihe-de,
弓 拉-祈 助-過-位
要拉弓，(24a7)

42-4 meiren meiren de, urunakv hergen bila-fi,
肩膀 肩膀 位 一定 字 限定-順
一膀子一膀子的[2]必限定字兒，(24a7-b1)

42-5 hvsun -i ebsihe qingka-me tokta-bu-fi,
力氣 屬 盡力 拉滿-并 穩定-使-順
盡力的定個足，(24b1)

1 着改：辛卯本作“改着”。
2 的：辛卯本無“的”字。

42-6 jai sinda,

再 放下.祈

再放下，(24b1)

42-7 heni ume ainame ainame tuwa-ra.

些須 勿 隨隨便便 對待-未

些須一點也別隨便兒了。(24b2)

42-8 te jing qiksika etuhun erin kai,

現在 正好 年壯的 力强的 時候 啊

如今正是年力精壯的時候，(24b2)

42-9 teng tang se-me見《對待》julesi fafurxa-ra-kv o-qi,

膂力相等狀 助-并 向前 發奮努力-未-否 助-條

若不勇勇往往的前奔，(24b3)

42-10 haha-i ubu sibiya[1] waliya-bu-rahv.

男人-屬 份 簽 丢失-使-虚

子[2]細丢了漢子家[3]身分。(24b3)

【第 43 條】

43-1 i kob se-me dui-qi ursu goi-ha se-he-ngge,

他 正好打中 助-并 四-序 層 命中-完 説-完-名

他説正着了四層，(24b4)

43-2 ini huwekiye-he mudan.

他.屬 興奮-完 口氣

---

1 ubu sibiya：固定搭配，意爲“身份，體統”。

2 子：辛卯本作“仔”。

3 漢子家：辛卯本作“漢家子的”。

是他得意的話。(24b4)

43-3 juwe yasa habta habta nakv,

二 眼睛 眨眼.祈 眨眼.祈 既……又

兩眼扎把扎把的，(24b4-5)

43-4 tere tungken -i ursu be

那 箭靶子 屬 層 賓

那個鵠[1]子的[2]層兒，(24b5)

43-5 i maka getuken -i ilga-me mute-mbihe-u akv-n.

他 不知 清楚的 工 分辨-并 能-過-疑 否-疑

還不知他分的明白呀不呢？(24b5-6)

43-6 i inu xakala-me dosi-nji-fi qoqara-ki se-mbi.

他 又 插進-并 進來-來-順 胡攪-祈 助-現

他也又進來混攪。(24b6)

【第44條】

44-1 si se-re-ngge,

你 說-未-名

你呢，(24b7)

44-2 juwe da -i unggu[3],

二 根 屬 頭

是個二打頭，(24b7)

---

1 鵠：辛卯本作“鼓”。

2 的：辛卯本無“的”字。

3 unggu：頭家，即在賭博或游戲中先出的一方，見《御製增訂清文鑒》卷一九。

44-3 tuqine goi-qi
靶的紅心 命中-條
着了羊眼兒，(24b7)

44-4 ninggun da sibiya gai-qi aqa-mbi.
六 根 籌 抓-條 應該-現
該抓六根籌。(24b7)

44-5 te buksuri nadan da gai-ha-ngge,
現在 含糊地 七 根 抓-完-名
這會兒含[1]混着抓了七根，(25a1)

44-6 kerule-qi aqa-mbi.
罰-條 應該-現
該罰。(25a1)

44-7 ton -i labdu be tuwa-me,
數目 屬 多 賓 看-并
看那注多的，(25a1-2)

44-8 dahali sonjosi[2] be an -i fulhv -i dolo makta.
二家 貢生 賓 常規 工 口袋 屬 裹面 放-祈
把榜眼入筒罷。(25a2)

【第45條】

45-1 muse-i niyalma tome ejele-he ton,
咱們-屬 人 各 占據-完 數目

1 含：辛卯本無"含"字。

2 dahali sonjosi：榜眼，即在科舉考試殿試中取得第二名的名次。這裏指第二個玩家，居於第二位的。

咱們人各占的地兒，(25a3)

45-2 juwe-te tanggv orin em-te fali.

二-分 百 二十 一-分 個

是二百二十一個。(25a3)

45-3 uheri ilan marin gabta-ha,

總共 三 回 射箭-完

共射了三回，(25a3-4)

45-4 ete-he gaibu-ha jiha be

贏-完 輸-完 錢 賓

把輸贏的錢，(25a4)

45-5 getukele-me bodo-ho manggi,

搞清楚-并 計算-完 之後

算明白了，(25a4)

45-6 sini kerule-bu-he jiha be

你.屬 罰取-使-完 錢 賓

你罰的錢，(25a5)

45-7 ere-qi tulgiyen enqu tuqi-bu.

這-從 除此以外 其他 出來-使.祈

餘外拿出來。(25a5)

45-8 tere gejungge deji de barabu-fi,

那 抽頭 位 攙-順

把那個頭兒錢攙在一塊兒[1]，(25a5-6)

---

1 兒：辛卯本無“兒”字。

45-9 yoro tunggiye-re tungken lakiya-ra juse de
箭頭 撿取-未 箭靶子 懸挂-未 孩子.複 與
neigenje-me dende-me xangna-ki.
均勻-并 分成份兒-并 賞賜-祈
均均勻勻的分賞打箭挂鵠[1]子的小子[2]們罷。(25a6)

【第46條】

46-1 enenggi majige edun su akv,
今天 一點兒 風 絲 否
今日一點風絲兒没有，(25a7)

46-2 abka gilha ten.
天 晴朗的 極
天氣晴明的狠。(25a7)

46-3 bou-i dolo gur se-me noro-me bi-qi,
家-屬 裏面 悶頭不吭氣狀 助-并 逗留-并 現-條
在家裏㨕着頭兒憋着，(25a7-b1)

46-4 amtan akv.
趣味 否
没意思。(25b1)

46-5 muse ai baita iqihiya-ra.
咱們 什麽 事情 辦理-未
咱們幹個甚麽事呢？(25b1)

---

1 鵠：辛卯本作“鼓”。
2 小子：辛卯本作“小孩子”。

46-6 tungken gabta-rau,

箭鵠子 射-祈

射鵠[1]子罷，(25b1)

46-7 aigan gabta-rau.

箭靶子 射-祈

射把子罷，(25b2)

46-8 ere sain abka be

這 好的 天 賓

這個好天氣，(25b2)

46-9 ume dulemxe-re.

勿 辜負-未

別辜負了。(25b2)

【第47條】

47-1 muse yordo-ki,

咱們 射骲頭[2]箭-祈

咱們射骲頭罷，(25b3)

47-2 tere sibiya gai-re-ngge,

那 籌 抓-未-名

那個抓籌，(25b3)

47-3 inu niyalma be huwekiyen yende-bu-ra-kv.

也 人 賓 興致 激發-使-未-否

也教人不高興。(25b3)

1 鵠：辛卯本作“鼓”。

2 骲頭：用骨或木製的箭頭。

47-4 muse ursu be amqa-me melje-ki,

咱們 層 賓 趕-并 賭賽-祈

咱們赶層兒頑頑罷，(25b4)

47-5 inu ume jiha mekte-re gese alhvda-ra,

也 勿 錢 賭錢-未 相似 效法-未

也别學賭錢的似的，(25b4)

47-6 buya.

低下的

小器。(25b5)

47-7 amba tungken goi-qi,

大的 箭鵠子 命中-條

着了大鵠子，(25b5)

47-8 beye-i teisu obu-re-qi tulgiyen.

自己-屬 本錢 當作-未-從 除此以外

算保本兒。(25b5)

47-9 jai ursu qi dosi,

第二 層 從 向裏

其餘二層以裏，(25b5-6)

47-10 ursu tome juwe-te jiha obu-ki.

層 每 二-分 錢 當作-祈

每層作爲两個錢。(25b6)

47-11 ete-he gaibu-ha be

贏-完 輸-完 賓

輸贏賬，(25b6)

47-12 muse ne je getukele-me waqihiya-ki,

咱們 立刻 弄清楚-**并** 完成-**祈**

咱們現打現的清賬，(25b6-7)

47-13 amqa-me dahi-bu-re ba akv.

撈本-**并** 重複-**使**-**未** 地方 **否**

不許再赶。(25b7)

【第48條】

48-1 sini tere funggala,

你.**屬** 那 翎子

你的那枝翎子，(26a1)

48-2 mini fergetun be

我.**屬** 扳指 **賓**

我的搬指，(26a1)

48-3 emu ba-de koikaxa-fi,

一 地方-**位** 攪混-**順**

搀在一塊兒，(26a1)

48-4 muse gabta-me melje-ki.

咱們 射-**并** 賭賽-**祈**

咱們射着賭一賭。(26a1-2)

48-5 si kemuni tehere-ra-kv se-qi,

你 仍然 相等-**未**-**否** 説-**條**

你若説還敵不過來，(26a2)

48-6 belhe-bu-he nemehen eri,

預備-**使**-**完** 添頭[1] 這不是麼

這不是添頭兒[2]，(26a2)

48-7 ere fusheku tebuku,

這 扇子 套

把這扇套、(26a2-3)

48-8 xokv amdun be inu dabu-ki.

刨子 鰾 **賓** 也 算入-**祈**

刮膘[3]也算上。(26a3)

48-9 muse ne de ne je de je uthai bolgomi-me getukele,

咱們 當場 就 乾净-**并** 查明.**祈**

咱們現錢擺直注就清賬啊，(26a3-4)

48-10 we -i ferhe[4] hatan mayan sain be qende-me tuwa-ki.

誰 **屬** 大拇指 厲害 彩頭 好 **賓** 試驗-**并** 看-**祈**

試看試看[5]誰的大拇指頭利害彩頭兒好罷。(26a4-5)

【第49條】

49-1 niyamniya-ra de,

射馬箭-**未** 位

射馬箭，(26a6)

---

1 添頭：交換物價值不相等時，添加的東西。

2 兒：辛卯本無“兒”字。

3 刮膘：原文即xokv amdun，指用各類魚的魚肚、魚鰾熬煮分成片後，刮平製成的東西。

4 ferhe：底本作ferge，是ferhe（大拇指）之誤。

5 試看試看：辛卯本作“試看”。

49-2 morin be bukdaxa-me,

馬 賓 壓馬-并

把馬拿着，(26a6)

49-3 jurgan -i teisu gaji-fi

行 屬 對着 領來-順

對準了盪子，(26a6)

49-4 fekum-bu-me dule-fi,

躍馬-使-并 通過-順

等他撂過了竄兒，(26a6-7)

49-5 jai julhv bu.

再 繮繩 出.祈

再撂扯手。(26a7)

49-6 kitir se-me feksi-he-de,

馬快跑狀 助-并 跑-完-位

俟伸開了腰，(26a7)

49-7 gala wen tebu-qibe,

手 弓扣 搭上-讓

手在這兒搭扣子，(26a7)

49-8 mahala[1] be yasa-i faha guri-bu-ra-kv tuwa.

帽子 賓 眼睛-屬 眼珠 移動-使-未-否 看.祈

把帽子可不錯眼珠兒的看着。(26b1)

49-9 hanqi o-ho manggi,

近 成爲-完 之後

---

1 mahala：原意爲帽子，這裏指目標、箭靶。

臨 近 了，(26b1)

49-10 jai xusihala-fi beri dara-fi,

再 鞭打-**順** 弓 拉弓-**順**

再 加 鞭 子 開 弓，(26b1-2)

49-11 mahala fete-me niyamniya[1].

帽子 刨底-**并** 射馬箭.**祈**

對 着 帽 底 子 射。(26b2)

49-12 beri ara-ha-ngge erde o-qi,

弓 開-**完**-**名** 早 成爲-**條**

若 是 開 弓 早 了，(26b2)

49-13 gala axxa-mbi,

手 摇晃-**現**

手 發 晃[2]，(26b3)

49-14 fakjin baha-ra-kv.

憑借 得到-**未**-**否**

不 得 勁 兒。(26b3)

【第 50 條】

50-1 morin sonjo-mbi,

馬 挑選-**現**

挑 馬 呢，(26b4)

---

1 feteme niyamniya：固定搭配，指練習騎射時朝靶子底下射，兜底射，是feteme niyamniyambi的祈願式形式。

2 晃：辛卯本作“滉”。

50-2 urui ududu julhv untuhun feksi-he manggi,

總是 幾個 繮繩 空的 奔跑-完 之後

務必要空跑幾轡頭，(26b4)

50-3 teni beri yoro jafa-mbi.

纔 弓 骲頭 拿-現

然後纔[1]拿弓骲頭。(26b4-5)

50-4 tuttu bime,

而且

而且，(26b5)

50-5 kemuni momorxo-me jabdu-ra-kv,

還 慌張-并 來得及-未-否

還慌手忙脚的不能安頓，(26b5)

50-6 mudan-dari dosi-ra-kv o-qi,

次-每 射中-未-否 助-條

盪盪不是裏了，(26b6)

50-7 urunakv milara-mbi.

必定 跑開-現

必是張了。(26b6)

【第51條】

51-1 niyalma daqi qelmeri yebken banji-ha-bi,

人 平素 窈窕的 俊秀的 生得-完-現

人原本生來的藐窕俏皮，(26b7)

---

1 纔：辛卯本無“纔”字。

51-2 qananggi hafan ilgan-ra ba-de,

前日 官員 挑選-**未** 地方-**位**

前日在挑官[1]地方，(26b7)

51-3 lak se-me uqara-ha.

恰好 **助-并** 遇見-**完**

恰恰兒遇[2]着。(27a1)

51-4 yala fulingga,

確實 有福相的

真是帶來的凑巧，(27a1)

51-5 ini tere emu burulu morin,

他.**屬** 那 一 紅沙色的 馬

他的那一匹紅紗[3]馬，(27a1)

51-6 niulhu-mbu-me sinda-ha de fusur se-me neqin,

放開馬跑-**使-并** 放-**完** **位** 跑得平穩狀 **助-并** 平穩的

放開跑了個飛快而穩，(27a2)

51-7 takiya qi fusihvn,

膝蓋骨 **從** 往下

膝盖以下，(27a2)

51-8 uthai miqu-re gese,

就 爬-**未** 像

就像[4]爬也似的，(27a3)

---

1 挑官：辛卯本作“挑官的”。

2 遇：辛卯本作“的”。

3 紗：辛卯本作“沙”。

4 像：辛卯本作“向”。

51-9 tondo bime turgen,

直的 而且 迅速的

壁直而且疾溜，(27a3)

51-10 ini tere gala-i jabdu-ha-ngga,

他.屬 那 手-屬 來得及-完-名

他那手的便當，(27a3)

51-11 sargiya -i ergi morin be dahabu-re sulfangga arbun,

胯襠 屬 邊 馬 賓 馴服-未 從容的 樣子

襠[1]裏拿馬的自然的樣範兒，(27a4)

51-12 yargiyan -i geren qi temgetu[2]. 注詳《補彙》

確實 工 衆人 從 出色

實在的出衆。(27a4)

51-13 enteke arbuxa-ra yebqungge niyamniya-ra mangga be

這樣的 動作-未 俊秀的 射馬箭-未 善於 賓

這樣動作俏式的好馬箭，(27a5)

51-14 sabu-ha-ngge enenggi teni.

看見-完-名 今天 纔

今日纔見。(27a6)

【第 52 條】

52-1 aba yabu-re de,

圍獵 進行-未 位

圍走着，(27a7)

---

1 襠：底本作“膪”。

2 temgetu：出色之意，見《清文補彙》卷五。

52-2 teksin oyonggo,

整齊的 重要的

齊截要緊，(27a7)

52-3 ume julesi nukqi-re waina-ra de isi-bu-re.

勿 往前 移動-未 歪斜-未 位 至-使-未

別教他裹出外進的。(27a7)

52-4 aika udu niyalma emu ba-de jibsibu-qi,

倘若 幾個 人 一 地方-位 擁擠-條

要是幾個人擠在一塊兒，(27b1)

52-5 amala urunakv lakqa-mbi,

後面 一定 斷-現

後頭必断，(27b1)

52-6 gurgu uthai ere funtuhu qi turibu-re be dahame,

牲口 就 這個 缺口 從 脱逃-未 賓 因此

牲口就打這個空子裹出去，(27b2)

52-7 suweni jalan -i weilen kai.

你們.屬 甲喇[1] 屬 過失 啊

是你們甲喇的不是呀。(27b2-3)

52-8 harangga meyen -i janggin,

所屬的 隊伍 屬 章京[2]

該隊的章京，(27b3)

---

1 甲喇：隊伍之意。爲清代八旗組織名稱，五牛録編爲一甲喇，五甲喇編爲一旗。

2 章京：漢語“將軍”一詞的音譯。《清文總彙》卷一〇云：“乃文武有責任職掌之有司官。”

52-9 tuwaxata-me jorixa-me,

照看-并 指揮-并

照看着指撥着，(27b3)

52-10 aba -i urse be

圍獵 屬 衆人 賓

教圍上的人，(27b3-4)

52-11 jalan si be tuwa-me,

隊伍 空隙 賓 看-并

看着當兒，(27b4)

52-12 neigen teksin -i aname yabu-bu.

均匀的 整齊的 工 依次地 走-使.祈

匀匀的[1]齊齊兒的挨着走。(27b4)

【第53條】

53-1 aba sara-fi aname yabu-re de,

圍獵 撒開-順 依次地 走-未 位

撒開圍挨着走着，(27b5)

53-2 jebele ergi xuwa -i dorgi-qi,

右翼 邊 山後密林 屬 裏面-從

從右邊密林裏，(27b5)

53-3 emu uhvlja tuqi-fi,

一 盤羊 出-順

出來[2]一個大頭羊。(27b5-6)

---

1 的：辛卯本無“的”字。

2 出來：辛卯本作“出來了”。

53-4 ebsi ji-he.

往這 來-完

往這們來了。(27b6)

53-5 bi okdo-me gene-ki se-qi,

我 迎着-并 去-祈 助-條

我想迎着去，(27b6)

53-6 uksa julergi ergi-de emu amba yohoron heture-he-bi,

不料 前面 邊-位 一 大 山溝 阻攔-完-現

可可兒[1]前面[2]一個大溝橫攔[3]着，(27b6-7)

53-7 tere-i xumin miqihiyan be bi inu bodo-me jabdu-ra-kv,

它-屬 深 淺 賓 我 也 考慮-并 來得及-未-否

那深淺我也顧不來，(27b7-28a1)

53-8 morin be emgeri xusihala-fi,

馬 賓 一次 鞭打-順

把馬打了一鞭子，(28a1)

53-9 uthai yohoron -i dolo wasi-ka.

就 山溝 屬 裏面 往下走-完

就下了溝裏。(28a1-2)

53-10 omila-me qasi jugvn bai-me,

騎馬趟水-并 往那邊 路 找-并

盪着水往那們找道兒，(28a2)

---

1 可可兒：辛卯本作“可可兒的”。

2 前面：辛卯本作“面前”。

3 攔：底本作“欄”，據文義改。

53-11 emu eneshun ba-be sabu-fi,
一 緩的 地方-賓 看見-順
見了一點熳坡，(28a2-3)

53-12 morin be dabki-me tafa-ha bi-qi,
馬 賓 策馬-并 登-完 助-條
把馬一拍上去，(28a3)

53-13 lo la uqara-ha,
恰好 相遇-完
正正的遇着了，(28a3)

53-14 teni niru tata-me bi-sire-de,
纔 箭矢 拉-并 現-未-位
纔拔箭，(28a3-4)

53-15 uhvlja uju mari-fi uthai julesi uka-ki se-mbi,
盤羊 頭 調轉-順 就 向前 逃跑-祈 助-現
那大頭羊回頭就向前跑，(28a4)

53-16 bi hungkere-me haqihiya-hai amqa-na-fi emgeri gabta-qi,
我 拼命-并 加緊-持 趕-去-順 一下 射-條
我催開了赶上[1]一箭，(28a5)

53-17 hairaka ba baha-kv,
好可惜 地方 得到.完-否
可惜没得正經地方兒，(28a5)

53-18 kargama de sekseri hada-ha.
後胯 位 箭釘住 釘進-完
釘着後胯上了。(28a6)

1 赶上：辛卯本作“赶上了”。

53-19 i umaina-ha-kv,

他 奈何-**完-否**

他并没有怎麼樣，(28a6)

53-20 tuwa-qi dashvwan ergi meifehe qi,

看-**條** 左翼 邊 山坡 **從**

眼[1]瞧着左邊山坡上，(28a6-7)

53-21 hvri -i ama ebsi baime ji-dere jakade,

瑚哩 **屬** 父親 往這 朝向 來-**未** 時候

瑚哩阿瑪往這們來了，(28a7)

53-22 bi kaiqa-me hv age arqa,

我 呼喊-**并** 瑚 阿哥 攔住.**祈**

我喊叫着瑚阿哥攔[2]着[3]，(28a7-b1)

53-23 hvdun nerebu se-he manggi,

快 再射.**祈** 說-**完** 之後

再給他一箭。(28b1)

53-24 i jing dali-me arqa-me ji-me,

他 正在 擋-**并** 攔-**并** 來-**并**

他正抄着截着岔兒來着呢，(28b1)

53-25 barkiya-ha-kv de,

察覺-**完-否** **位**

没理會。(28b1-2)

---

1 眼：辛卯本作“照眼”。

2 攔：底本作“欄”，據文義改。

3 着：辛卯本作“住”。

53-26 imbe hisha-me emu niyalma ibe-fi,

他.賓 緊貼-并 一 人 前進-順

擦着他旁邊搶過一個人來，(28b2)

53-27 kvwang se-me ishun emgeri miyouqala-ha.

哐地一聲 助-并 迎着 一下 開槍-完

迎面“噔”的打了一槍。(28b2-3)

53-28 uihe -i gili de goi-ha turgun-de,

角 屬 犄角根 位 打中-完 原因-位

因着了犄角根，(28b3)

53-29 tere uhvlja beye forgoxo-fi kelfixe-me,

那 盤羊 身體 轉動-順 搖晃-并

那大頭羊轉身晃搖晃搖着，(28b3-4)

53-30 xuwe jebele uturi -i teisu milara-me gene-he.

直直地 右翼 圍兩頭 屬 對面 躲開-并 走-完

直往右邊頭纛那們閃開去了。(28b4)

53-31 jabxan de mergen -i ama mangkan be dabame ji-fi sabu-fi,

幸運 位 莫爾根 屬 父親 丘陵 賓 順着 來-順 看-順

幸而莫爾根阿瑪過了崗兒瞧見了，(28b5)

53-32 exe-me amqa-na-fi emgeri gabta-fi,

斜-并 追-去-順 一次 射-順

斜赶上去一箭，(28b5-6)

53-33 ogo-i ba goi-fi,

咯吱窩-屬 地方 射中-順

着了膈肢窩，(28b6)

53-34 kub se-me tuhe-ke bi-qibe,

咕咚 助-并 倒下-完 助-讓

咕咚的下子倒了。(28b6)

53-35 tere kemuni tamali-me ili-ki se-re-de,

他 還 掙扎-并 起來-祈 助-未-位

雖那麽着他還扎掙[1]着要起來,(28b6-7)

53-36 emu durbe taihan[2] feksi-me gene-fi,

一 四眼台漢狗 奔跑-并 去-順

一個四眼台漢狗[3]跑去,(28b7)

53-37 monggon -i da be emgeri sai-fi,

脖子 屬 地方 賓 一下 咬-順

脖子上一口,(28b7-29a1)

53-38 uju lasihi-me fuhali sinda-ra-kv o-joro jakade,

頭 摇擺-并 竟然 放-未-否 成爲-未 時候

頭布摔着竟不放的上頭,(29a1)

53-39 tere uhvlja arkan fatha axxa axxa-ra enqehen funqe-he-bi.

那 盤羊 剛剛 蹄子 動彈-未 能力 剩餘-完-現

那個大頭羊可自剛剛兒的剩了個蹄子動啊[4]動啊[5]的分兒了。(29a2)

---

1 掙:辛卯本作“争”。

2 durbe taihan:眼睛上有兩塊黄白毛的狗。

3 四眼台漢狗:辛卯本作“台汗四眼狗”。

4 啊:辛卯本作“阿”。

5 啊:辛卯本作“阿”。

【第54條】

54-1 si miyouqala-ra be taqi-ki se-qi tetendere,
你 開槍-未 賓 學-祈 助-條 既然
你既要學打槍，(29a3)

54-2 balai ume gala-i iqi so-me miyouqala-ra.
胡亂 勿 手-屬 順着 亂射-并 開槍-未
別信手兒亂放。(29a3)

54-3 si jakan tokto-fi qinqila-me jabdu-re unde de,
你 剛纔 定準-順 仔細查看-并 妥當-未 尚未 位
你剛纔必是没狠[1]看準，(29a4)

54-4 uthai hengkileku miyouqan見《鑒注》
就 扳機 鳥槍
yata-ra-kv goholo-ro jakade,
打火-未-否 鈎上-未 時候
就鈎了擊子，(29a4-5)

54-5 tuttu untuhun fushu-bu-he.
因此 空的 開火-使-完
所以白放了。(29a5)

【第55條】

55-1 si mini gurgu geule-he be sabu-ha-u,
你 我.屬 野獸 捕捉-完 賓 看見-完-疑
你見我凑牲口來着麽，(29a6)

1 狠：辛卯本作“恨”。

55-2 bi atanggi miyouqan tukiye-he-ni.

我 何時 鳥槍 抬起-**完**-呢

我多咱舉槍來呢？(29a6)

55-3 bethe julesi okso-ro inu akv kai.

脚 向前 邁步-**未** 也 **否** 啊

脚也没有邁一步啊。(29a7)

55-4 te majige ishun edun bi-fi,

現在 一些 對着 風 有-**順**

這會兒[1]有些頂風，(29a7)

55-5 bi beye forgoxo-ro de,

我 身體 旋轉-**未** **位**

我身子一轉，(29b1)

55-6 edun de tuwa-i fithen tuhe-ke turgun-de,

風 **位** 火-**屬** 火星 落下-**完** 緣由-**位**

教風刮吊了個火星兒，(29b1)

55-7 turibu-he.

失火-**完**

走了火了。(29b1-2)

【第56條】

56-1 bi sinde ala-ra,

我 你.**與** 告訴-**未**

我告訴你，(29b3)

---

1 兒：辛卯本無"兒"字。

56-2 edun bi-sire inenggi yabu-re de,

風 有-未 日子 走-未 位

風天走着的時候，(29b3)

56-3 gala-i xan -i okto be dali-me yabu.

手-工 火門 屬 火藥 賓 遮蓋-并 走.祈

拿手把烘藥握着走。(29b3-4)

56-4 akvqi

不然

不然，(29b4)

56-5 xan be fusihvn foro-bu-me jafa,

火門 賓 向下 轉-使-并 拿.祈

把火門銃下拿着。(29b4)

56-6 uttu o-qi,

這樣 成爲-條

要是這們着，(29b5)

56-7 siberhen -i fithen tuhe-ke seme, inu hvwanggiya-ra-kv.

撚子 屬 火星 落下-完 即使 也 妨礙-未-否

就讓火繩掉個火星兒也無妨。(29b5)

56-8 uthai miyouqala-ra de,

就是 開槍-未 位

就是放槍的時候，(29b5-6)

56-9 inu giyan -i edun -i iqi be tuwa-fi,

也 理 工 風 屬 順着 賓 看-順

也該看是那們的風，(29b6)

56-10 xan -i sen be edun de qashvla-me jafa-me sinda-qi aqa-mbi.
火門 屬 眼兒 賓 風 位 背着-并 拿-并 放-條 應該-現
把火門背着風拿着放啊。(29b6-7)

【第57條】

57-1 ere emu pou,
這 一 炮
這一炮，(30a1)

57-2 na be hisha-me gene-he-ngge,
地 賓 緊挨着-并 去-完-名
擦着地去的，(30a1)

57-3 julergi qirku mou fangkala o-ho bime,
前面的 枕頭 木 低的 成爲-完 而且
是前頭的枕木低了，(30a1)

57-4 pou geli sosoro-ko turgun.
炮 又 退-完 緣故
而且炮又往後坐了的緣故。(30a2)

57-5 te qirku mou be sibiyala-me mukde-mbu,
現在 枕頭 木 賓 打進楔子-并 起來-使.祈
這會兒把枕木加上楔子起一起，(30a2-3)

57-6 amargi sujahan mou be
後面 支杆 木 賓
把後頭的頂木，(30a3)

57-7 akdula-me hada-me tokto-bu.
牢固-并 釘-并 固定-使.祈

結結實實釘住了。(30a3)

57-8 jai senji umai mengdele-he-kv be dahame,
再 槍斗[1] 并 牢固-**完**-**否** **賓** 因爲
再者斗既是[2]活的，(30a3-4)

57-9 si neneme du -i ba-de,
你 先 胯骨 **屬** 地方-**位**
你先在炮尾面上，(30a4)

57-10 tob se-me emu kemun niru-fi,
端正 **助**-**并** 一 記號 畫-**順**
正正的畫一個記號，(30a4-5)

57-11 senji be kemun de qin -i sinda-fi,
槍斗 **賓** 記號 **位** 端正 **工** 放置-**順**
把斗端端的放在記號上，(30a5)

57-12 jai senji -i sen qi,
再 槍斗 **屬** 眼兒 **從**
再從斗眼裏，(30a5-6)

57-13 usiha deri jorin be qinqila-qi,
星 **經** 準頭 **賓** 仔細觀察-**條**
順着星瞧準，(30a6)

57-14 toyon baha-me tokto-ho dabala,
準頭 得到-**并** 確定-**完** 罷了
得定了準頭罷咧，(30a6)

---

1 槍斗：瞄準器的孔眼。

2 是：辛卯本作“是個”。

57-15 goi-ra-kv jalin aiseme jobo-mbi.

命中-**未-否** 爲 何必 愁-**現**

何愁不着呢? (30a7)

【第58條】

58-1 tere bethe bukda-fi miyouqala-ha emu miyouqan sain,

他 脚 彎曲-**順** 開槍-**完** 一 鳥槍 好

他跪着打的一槍好, (30b1)

58-2 kob se-me dulimba-i mulfiyen《借用》 de goi-ha.

正好 **助-并** 中間-**屬** 圓心 **位** 命中-**完**

正正的着了中間的圓[1]光兒。(30b1-2)

58-3 jakan ere emu miyouqan,

剛纔 這 一 鳥槍

剛纔這一槍, (30b2)

58-4 aigan goi-bu-ha jilgan donji-ha-kv se-re anggala,

箭靶子 命中-**使-完** 聲音 聽見-**完-否** 説-**未** 不但

不但没聽見着了牌的聲兒[2], (30b2-3)

58-5 aigan -i ebergi na -i oilo

箭靶子 **屬** 這邊 地 **屬** 表面

bulgari 《對待》見 emu guksen buraki dekde-he,

忽然 一 陣陣 塵土 泛起-**完**

牌這邊地下還忽兒的下子起了一股兒土[3]呢, (30b3-4)

1 圓：底本作“园”，據辛卯本改。

2 兒：辛卯本無“兒”字。

3 一股兒土：辛卯本作“一股土兒”。

58-6 fangkala o-ho,

低的 成爲-完

是低了，(30b4)

58-7 yaya miyouqala-ra-ngge, ere beye dedu-fi,

凡是 打槍-未-名 這 身體 卧-順

凡打槍比這身子爬着，(30b4-5)

58-8 miyouqan de sujahan suja-fi miyouqala-ra qi,

鳥槍 位 支杆 支撑-順 射擊-未 從

槍叉子支着放槍，(30b5)

58-9 toyon baha-ra ja ningge geli bi-u.

準頭 得到-未 容易 名 還 有-疑

易得準頭[1]還有麽？(30b6)

58-10 elemangga fangkala fushu-bu-he-ngge,

反而 低的 開火-使-完-名

反到打低了，(30b6)

58-11 jaqi oihorila-ha-bi.

太 疏忽-完-現

太疏忽了。(30b7)

【第59條】

59-1 bi loho baitala-me,

我 刀 使用-并

我使刀，(31a1)

---

1 準頭：辛卯本作“準頭的”。

59-2 i gida jafa-me,

他 槍 拿-并

他拿槍，(31a1)

59-3 ishunde durun ara-fi,

彼此 架勢 做-順

大家拉開式子，(31a1)

59-4 tuwaxa-me bi-sire-de,

觀望-并 現-未-位

端詳着呢。(31a1-2)

59-5 i gida be sunggelje-bu-me,

他 槍 賓 顫動-使-并

他把槍一顫，(31a2)

59-6 mini dere be baime uthai gidala-me ji-he.

我.屬 臉 賓 朝向 就 刺-并 來-完

朝着我的臉就是一槍。(31a2)

59-7 bi loho -i dube -i emgeri jailabu,

我 刀 屬 尖端 工 一下 撥開.祈

我拿刀尖一撥，(31a3)

59-8 iqixa-me feku-me dosi-qi,

順勢-并 跳躍-并 進-條

就式兒一個健步。(31a3)

59-9 i amasi goqi nakv,

他 往後 後退.祈 之後

他往後一退，(31a4)

59-10 gala-i iqi mini ebqi -i baru,

手-屬 順着 我.屬 肋 屬 朝着

順手向我的肋下，(31a4)

59-11 geli emgeri gidala-me dosi-nji-ha.

又 一下 刺-并 進-來-完

又是一槍。(31a4-5)

59-12 bi loho lasihi-me ini gida be emgeri saqi-re jakade,

我 刀 揮舞-并 他.屬 槍 賓 一下 砍-未 之後

我拿刀把他的槍一掃，(31a5)

59-13 gida-i dube emu meyen mokso gene-he.

槍-屬 尖端 一 節 截斷 去-完

那槍尖就去了一節子。(31a6)

59-14 tere ildun de,

那 機會 位

就着那個式兒，(31a6)

59-15 bi teni amqa-me dosi-ki se-re-de,

我 纔 追-并 進-祈 助-未-位

我纔要赶進去，(31a6-7)

59-16 ai hvdun,

如此地 快

好快，(31a7)

59-17 i emu okson goqi-fi, beye foro nakv,

他 一 步子 撤回-順 身體 轉身.祈 之後

他退了一步一扭身，(31a7-b1)

59-18 uthai mini uju be baime fusihvn tanta-me ji-he.

就 我.屬 頭 賓 朝向 向下 打-并 來-完

就朝着我盖頂的打下来。(31b1)

59-19 tede bi loho -i jeyen -i exe-me suja,

那.位 我 刀 屬 刃 工 斜-并 抵擋.祈

那上頭我拿刀刃子一斜搪，(31b2)

59-20 gida -i dahashvn emgeri ana-me saqi-ha de,

槍 屬 順着 一下 推-并 砍-完 位

順着槍杆子只一推，(31b2-3)

59-21 damu ara se-me donji-fi,

衹 啊呀 說-并 聽見-順

只聽得"嗳喲"的一聲，(31b3)

59-22 i uthai amasi feku-me tuqi-ke.

他 就 向後 跳躍-并 出去-完

他就跳出去了。(31b3)

59-23 aina-ha se-me,

怎麽樣-完 說-并

說是怎麽樣了？(31b4)

59-24 ibe-fi tuwa-qi,

向前-順 看-條

上前去看，(31b4)

59-25 moqo simhun[1] xuru -i ba[2] suwaliya-me,

笨拙的 指头 乍 屬 地方 連着-并

1 moqo simhun：固定搭配，意爲"食指"。

2 xuru i ba：固定搭配，意爲"虎口"。或寫作xuru ba。

二拇指頭連虎口，(31b4)

59-26 hetu faitabu-fi,

横的 拉口子-順

拉了道横口子，(31b5)

59-27 senggi tab tab tuhe-me bi.

血 滴答滴答地 落下-并 現

滴搭[1]血着呢。(31b5)

duiqi fiyelen

第四章

【第60條】

60-1 jurgan giyan be gai-me yabu-qi,

義 理 賓 按着-并 行事-條

若按着道理行，(32a1)

60-2 beye-i teisu ofi,

自己-屬 本分 因爲

是自己的本分，(32a1)

60-3 temxe-re-ngge akv,

競争-未-名 否

没人争競，(32a1)

60-4 haha hojo halba onqo se-he-kv-n.

漢子 俊美的 肩胛骨 寬大的 説-完-否-疑

福人豈無福相[2]？(32a2)

1 搭：辛卯本作“搭着”。

2 福人豈無福相：辛卯本作“真金不怕火煉”。

60-5 jabxan de beye sonjo-bu-fi tukiye-bu-he-de,

幸運 位 身體 選擇-被-順 抬舉-被-完-位

僥幸一身顯達了，(32a2)

60-6 abka be ali-ra mederi be akvna-ra gungge faxxan ili-bu-mbi,

天 賓 承-未 海 賓 遍及-未 功 功業 建立-使-現

可立擎天駕海的功業，(32a3)

60-7 uthai baha-fi wesi-ra-kv yende-ra-kv o-kini,

就 得到-順 高升-未-否 興旺-未-否 助-祈

就是不得高升[1]興旺，(32a3-4)

60-8 beye bi-sire de niyalma mahala tuhe-me kundule-me tuwa-mbi[2].

身體 有-未 位 人 帽子 掉落-并 敬重-并 看-現

身在有人仰望恭敬，(32a4)

60-9 beye waji-ha manggi,

身體 去世-完 之後

身不在後，(32a5)

60-10 niyalma jongko dari nasa-me kidu-me gvni-mbi,

人 提及.完 每 歎息-并 思念-并 想念-現

人家提[3]起来是追嘆想念的，(32a5-6)

60-11 juse inu taka jalan[4] wasi-me banji-re de isina-ra-kv.

孩子.複 也 暫且 輩 衰落-并 生活-未 位 到達-未-否

子嗣也且不至一輩不及一輩的落啊。(32a6)

1 高升：辛卯本作"升遷"。

2 mahala tuheme kunduleme tuwambi：意即抬起頭看，帽子都掉了，表示仰望。

3 提：底本作"題"，據辛卯本改。

4 jalan：底本中的jakan爲jalan之誤。

【第61條】

61-1 haha se-re-ngge, hada-ha mujin de bi,
漢子 說-未-名 打定主意-完 志向 位 有
漢子家在乎立志，(32b1)

61-2 akv ekiyehun de ai koro.
没有 匱乏 位 什麼 傷心
窮難有甚[1]麼虧心？(32b1)

61-3 doro giyan be ufara-ra-kv,
道 理 賓 失掉-未-否
若是不失道理，(32b1-2)

61-4 mafa ama be gvtubu-me girubu-ra-kv o-qi,
祖父 父親 賓 玷辱-并 羞辱-未-否 助-條
不玷辱祖父，(32b2)

61-5 yaya ba-de isina-qibe,
任何 地方-位 到達-讓
不拘到那裏，(32b2-3)

61-6 derengge etenggi,
體面的 强盛的
體面硬氣，(32b3)

61-7 sukdun inu gaibuxa-ra-kv.
氣息 也 畏怯-未-否
氣概也不虧。(32b3)

1 甚：辛卯本作“什”。

61-8 aika niyalma-i ogo -i fejile silgi-me dosi-fi,

倘若 人-**屬** 胳肢窩 **屬** 底下 鑽進縫隙-**并** 進-**順**

要扎在人家翅膀兒低下，(32b3-4)

61-9 eye-me sekiye-me sukdun bukda-bu-me banji-qi,

流-**并** 瀝-**并** 氣 屈服-**使**-**并** 生活-**條**

低三下四的折着氣概活着，(32b4)

61-10 uthai sisa-me iru-ha fusi kai.

就 灑-**并** 沉淪-**完** 賤人 啊

就成了作不堪的種類[1]了啊[2]，(32b4-5)

61-11 meimeni sike de inu sengsere-me buqe-mbi.

各自的 尿 **位** 也 嗆-**并** 死-**現**

各自撒泡[3]尿也沁煞。(32b5)

【第62條】

62-1 ini hafan efule-he jalin,

他.**屬** 官 革職-**完** 因爲

因他的官壞了，(32b6)

62-2 bi aqa-na-fi tuwa-qi,

我 見-去-**順** 看-**條**

我瞧去見他，(32b6)

62-3 qira fur se-me eyerje-me gisure-re inje-re-ngge an -i.

臉色 臉色滋潤狀 **助**-**并** 白净-**并** 説話-**未** 笑-**未**-**名** 常規 工

---

1 種類：辛卯本作“東西”。

2 啊：辛卯本無“啊”字。

3 泡：辛卯本作“抛”。

臉面精彩滋潤談笑自若的。(32b6-7)

62-4 tohorom-bu-me fonji-qi,

安慰-使-并 問-條

安慰着問一問[1]，(32b7)

62-5 i hafan te-re niyalma,

他 官員 擔任-未 人

他説坐官的人，(32b7)

62-6 damu ne -i teisu be tuwakiya-me,

但 現在 屬 本分 賓 看守-并

但只守着現在的分兒[2]，(32b7-33a1)

62-7 giyan be teng se-me jafa-me,

理 賓 堅實地 助-并 拿-并

把理[3]拿的住住的，(33a1)

62-8 unenggile-me yabu-qi waji-ha.

竭誠-并 行事-條 完事-完

認真[4]行去就完了，(33a1-2)

62-9 abala-ra mergen alin fambu-re mangga se-he-kv-n,

打獵-未 高手 山 迷路-未 善於 説-完-否-疑

不是有個慣騎馬慣跌跤的話嗎？(33a2)

62-10 ede aibi.

這.位 什麼

1 問一問：辛卯本作“問一問他”。

2 兒：辛卯本無“兒”字。

3 理：辛卯本作“裏”。

4 認真：辛卯本作“認真的”。

這有什麼呢？(33a2)

62-11 aika tuxan ufara-ra de jobo-qi,

倘若 職位 失去-**未** **與** 憂慮-**條**

若[1]揣個患失的心，(33a2-3)

62-12 urunakv aisi tusa -i ujen weihuken be demniye-me bodo-ro be dahame,

必定 利益 好處 **屬** 重 輕 **賓** 掂量-**并** 計算-**未** **賓** 因此

必要掂掇打算利益的輕重，(33a3)

62-13 haha-i ubu sbiya sisa-mbi se-mbi.

漢子-**屬** 身份 丢失 -**現** 説-**現**

丢漢子的身分。(33a4)

62-14 ere udu gisun de,

這 幾 話 **位**

這幾句話上，(33a4-5)

62-15 yala kunduleqυke.

確實 可敬佩的

實在可敬。(33a5)

62-16 jiduji amba baita be dulembu-he,

到底 大的 事情 **賓** 經歷-**完**

到底是經過大事，(33a5)

62-17 xulu-bu-ha sakda.

磨難-**使**-**完** 老人

受過折磨的老人家。(33a5-6)

1 若：辛卯本無“若”字。

62-18 ere uthai aga de usihi-bu-he niyalma silenggi de gele-ra-kv
這 就 雨 位 淋濕-被-完 人 露水 與 害怕-未-否
se-he-ngge kai.
説-完-名 啊
這就像“觀於海者難爲水”的話了啊。(33a6)

62-19 ede ini mujin funiyagan -i wesihun be sa-qi o-mbi.
這.位 他.屬 志氣 度量 屬 高 賓 知道-條 可以-現
這上頭可見他的志氣度量高了啊。(33a7)

【第63條】

63-1 i mini o-ho sira-ha ahvn bi-qibe,
他 我.屬 成爲-完 繼承-完 哥哥 有-讓
他雖是我的重山哥哥,(33b1)

63-2 mimbe umesile-me deutele-me gosi-mbi se-re anggala,
我.賓 確實-并 友愛-并 疼愛-現 説-未 不但
不但待我實在的友愛,(33b1)

63-3 mimbe huhuri qi tebeliye-me jaja-me,
我.賓 孩提時代 從 抱-并 背-并
把我從小兒抱着背着,(33b2)

63-4 tuwaxata-hai hvwaxabu-hai ji-he.
照看-持 撫養-持 來-完
直照看撫養到如今。(33b2)

63-5 jakan nime-he qi,
近來 生病-完 從
新近病的,(33b3)

63-6 wasi-kai beye-i gubqi gekdehun o-ho bime,

變瘦-**持** 身體-**屬** 全都 皮包骨的 成爲-**完** 而且

渾身皮包骨了，(33b3)

63-7 ere udu inenggi geli neme-bu-fi,

這 幾 天 又 增加-**使**-**順**

這幾日又加了，(33b3-4)

63-8 kvr kar ergen hebtexe-me,

喉嚨被堵住狀 氣息 上氣不接下氣-**并**

喉喽喉喽的喘的不得命。(33b4)

63-9 teike teike gvwaliyaxa-mbi,

一會兒會兒地 昏迷-**現**

一會兒會兒[1]的發昏，(33b4-5)

63-10 uthai yamji qimari ton o-ho.

就 晚上 清晨 數 成爲-**完**

就是早晚的数兒了。(33b5)

63-11 bi tule bi-qi,

我 外面 有-**條**

我在外頭，(33b5)

63-12 baibi gvnin murhu farhvn,

平白無故地 心意 恍惚 糊塗

總覺心神恍惚，(33b5-6)

63-13 eiqibe o-jora-kv[2] gvlgirakv.

到底 可以-**未**-**否** 放不下心的

---

1 一會兒會兒：辛卯本作“一會兒一會兒”。

2 eiqibe ojorakv：固定搭配，意爲“不禁，不由自主地”。

不禁不由的丢不開。(33b6)

63-14 baji waji-re onggolo,

不一會兒 死亡-未 之前

趁着這會兒没死，(33b6)

63-15 bi bou-de udu inenggi erxe-me bi-ki.

我 家-位 幾 天 照料-并 現-祈

我在家裏扶侍幾日。(33b7)

【第64條】

64-1 sini ere deuqile-re kundule-re jiramin gvnin,

你.屬 這 行弟道-未 尊敬-未 深厚的 心意

你的這番盡弟道恭敬的[1]厚意，(34a1)

64-2 yargiyan -i saixaquka.

實在 工 可嘉的

實在可嘉。(34a1)

64-3 si qingkai gvnin sinda-fi bou-de bisu,

你 祇管 心意 放-順 家-位 有.祈

你只管放心在家裏有着，(34a1-2)

64-4 eiten alban de,

一切 公務 與

一切差使，(34a2)

64-5 bi funde dangna-ra.

我 代替 接替-未

1 弟道恭敬的：辛卯本作“弟道的恭敬”。

我替你當。(34a2-3)

64-6 damu sini joboxo-ro hirinja-ra-ngge, dabana-ha gese,

但是 你.**屬** 憂愁-**未** 憂戚-**未**-**名** 過分-**完** 好像

但你憂戚的似乎過甚了，(34a3)

64-7 ai oqibe,

什麼 即使

不拘怎樣[1]，(34a3)

64-8 emu oho[2] de banji-ha enqu hala-i akvn, 見《檀弓》

一 胳肢窩 **位** 出生-**完** 其他 男人-**屬** 哥哥

無非同母異父的哥哥。(34a3-4)

64-9 si baili de karula-ra gvnin be

你 恩情 **與** 報答-**未** 心意 **賓**

儘力兒盡，(34a4)

64-10 mute-re-i teile[3] akvmbu-ki se-qi,

能-**未**-**屬** 唯獨 盡力做-**祈** 助-**條**

你欲報恩的心，(34a4-5)

64-11 gemu o-mbi,

全都 可以-**現**

都使得。(34a5)

64-12 eqike -i kvwaran -i dolo ainaha seme ume dosim-bu-re.

叔父 **屬** 墳地 **屬** 裏面 斷然 勿 進入-**使**-**完**

千萬別入到叔父的坟塋裏。(34a5-6)

1 樣：辛卯本作“麼”。

2 oho：可以用來比喻血緣，如oho siraha ahvn/deu重山哥哥/弟弟。

3 muterei teile：固定搭配，意爲“盡力，竭力”。

【第65條】

65-1 sakda niyalma gala lasihi-me hendu-me,

老的 人 手 摇-并 説-并

老人家摇着手兒[1]説：(34a7)

65-2 age takasu.

阿哥 等候.祈

“阿哥且住。(34a7)

65-3 si donji,

你 聽.祈

你聽着，(34a7)

65-4 si mimbe waliya-ra-kv xada-me ji-he-ngge,

你 我.賓 嫌弃-未-否 疲乏-并 來-完-名

你不弃嫌我乏乏的来了，(34a7-b1)

65-5 bi yala alimbaharakv urgunje-me banihala-me gvni-mbi.

我 實在 不勝 高興-并 感謝-并 思想-現

我實在不勝的喜歡感謝。(34b1)

65-6 sini dorolo-ro be bi fang se-me te-me ali-me gai-qi,

你.屬 行禮-未 賓 我 穩穩當當地 助-并 坐-并 承受-并 接受-條

要是我死坐着受你的行禮，(34b2)

65-7 dolo doso-ra-kv.

心裏 受得住-未-否

心裏過意不去。(34b2-3)

1 兒：辛卯本無“兒”字。

65-8 jai-de o-qi,

再-位 成爲-**條**

再者，(34b3)

65-9 bi majige fulu axxa-qi,

我 稍微 多的 動-**條**

我若略多動動，(34b3)

65-10 uthai fu fa se-me faihaqa-mbi,

就 呼哧呼哧地 **助-并** 喘-**現**

就呼啊呼啊的[1]發喘，(34b3-4)

65-11 niyaman fekqe-mbi.

心臟 跳動-**現**

心跳。(34b4)

65-12 enenggi eldembu-me enggele-nji-he niyalma labdu,

今天 照亮-**并** 光臨-來-**完** 人 多

今日光臨的人多，(34b4)

65-13 bi aika aname karuxa-me arbuxa-qi[2],

我 倘若 挨個地 報-**并** 舉動-**條**

我要挨次的周旋[3]起来，(34b5)

65-14 ebere-ke beye ainahai hami-re.

衰弱-**完** 身體 怎麼能够 受得住-**未**

這衰敗的身子那兒吃得住呢？(34b5)

---

1 的：辛卯本無“的”字。

2 karuxame arbuxaqi：固定搭配，意爲“周旋，應酬”，是karuxame arbuxambi的條件副動詞形式。

3 我要挨次的周旋：辛卯本作“我要是次第周旋”。

65-15 age a, 見《詩・王風》ginggule-he se-me gisun daha-ra de isi-ra-kv,

阿哥 啊 恭敬-完 說-并 話 遵守-未 位 及-未-否

阿哥啊，恭敬不如從命，(34b6)

65-16 mini gisun be gai-ki.

我.屬 話 賓 接受-祈

聽我的話罷。”(34b6-7)

【第66條】

66-1 si imbe tulgiyen be buye-re[1] ba-bi se-mbi-u,

你 他.賓 外面的 賓 愛-未 地方-有 說-現-疑

你說他有外務[2]嗎？(35a1)

66-2 waka kai.

不是 啊

不是啊，(35a1)

66-3 ini ama eniye se de o-ho,

他.屬 父親 母親 歲數 位 成爲-完

他的父母有了年紀了，(35a1-2)

66-4 eiten je-tere etu-re niyanqa-ra obo-ro baita be

一切 吃-未 穿-未 漿洗-未 洗滌-未 事情 賓

一切吃喝漿洗的事兒，(35a2)

66-5 gemu niyalma de nike-bu-ra-kv.

全都 人 位 依賴-使-未-否

都不靠人。(35a2)

---

1 tulgiyen be buyere：固定搭配，意为“外遇”，即“外務”。

2 務：辛卯本作“物”。

66-6 xuntuhuni ere-be niyeqete-re,

終日 這-賓 修補-未

整日家粘補這個，(35a3)

66-7 tere-be dasata-ra,

那-賓 收拾-未

收拾那個的。(35a3)

66-8 ini boigoji be gai-fi faqihiya-hai banji-mbi.

他.屬 家内 賓 帶領-順 奔忙-持 生活-現

帶着他當家兒的[1]張羅料理。(35a3-4)

66-9 haqin haqin de,

一件 一件 位

樣樣[2]上，(35a4)

66-10 ini sakda niyalma-i muru be tuwa-me,

他.屬 年老的 人-屬 樣子 賓 看-并

看他老人家的光景兒，(35a4)

66-11 gemu gvnin serebu-re onggolo,

全都 心意 顯露-未 之前

都在意思之前，(35a5)

66-12 toso-me belhe-mbi,

事先預備-并 準備-現

迎合預備，(35a5)

66-13 ini gese-ngge be yargiyan -i mujin be uji-he se-qi o-mbi,

他.屬 像-名 賓 確實 工 志氣 賓 養-完 叫作-條 可以-現

1 的：辛卯本無“的”字。

2 樣樣：辛卯本作“樣樣兒”。

像他那樣的可說得[1]起個養志啊，(35a5-6)

66-14 tuttu ofi, i qisui baitai jalin duka tuqi-re ba jai akv.

因此 他 私的 事情 因爲 大門 出-未 地方 再 否

所以他爲私事再不出門。(35a6)

66-15 muse-i kangsiri fori-bu-re,

咱們-屬 鼻梁 打-被-未

咱們碰釘子，(35a7)

66-16 imbe manggaxa-bu-re be

他.賓 有難色-使-未 賓

教他爲難，(35a7)

66-17 gemu naka-ki.

全都 停止-祈

都拉倒罷。(35b1)

【第67條】

67-1 tere oron be daisela-mbi-u,

那 空缺 賓 署理[2]-現-疑

署那個缺麽[3]，(35b2)

67-2 absi sain,

如此地 好

狠[4]好，(35b2)

---

1 得：辛卯本作“的”。

2 署理：官員奉命或奉委督率屬員辦理某事，或監督某衙門和官員處理事件，稱爲署理。

3 麽：辛卯本無“麽”字。

4 狠：底本作“狼”，據辛卯本改。

67-3　gvni-qi, goida-ra-kv urunakv jingkini o-me wesi-mbi,
思想-**條**　久-**未-否**　必定　真實的　成爲-**并**　晋升-**現**
想來不久必定實授，(35b2)

67-4　yala urgun se-qina.
果然　高興　稱得上-**祈**
可喜啊[1]！(35b3)

67-5　damu hafan amba-kan o-ho,
衹是　官　大-更　成爲-**完**
但只官大了

67-6　ume takda-fi hiyangtarxa-me beye-be mangga,
勿　得意忘形-**順**　驕傲-**并**　自己-**賓**　能幹的
ara-me uru gai-me sali-fi yabu-re.
做事-**并**　正確　接受-**并**　專斷-**順**　行事-**未**
可别高興驕縱以爲自是能幹自專了。(35b3-4)

67-7　yabun de goqishvn hvwaliyasun wesihun,
行爲　**位**　謙遜　和順　崇高
爲人以謙和爲貴，(35b4-5)

67-8　baita de tondo hebengge dele.
事情　**位**　正直的　有商量的　高貴
辦[2]事公道有商量爲上啊。(35b5)

1　啊：辛卯本作“呀”。
2　辦：辛卯本作“辨”。

【第68條】

68-1 dorolon largin o-qi faquhvn o-mbi, 見《說命》
禮節 繁多 成爲-**條** 混亂 成爲-**現**
禮煩則亂，(35b6)

68-2 geli jalan -i an -i gisun de,
又 世間 **屬** 平常 **屬** 語言 **位**
再世俗說的，(35b6)

68-3 gvli-ka de dorolon be memere-ra-kv se-he-kai.
熟悉-**完** **位** 禮節 **賓** 拘泥-**未**-**否** 說-**完**-啊
孰不講禮啊。(35b7)

68-4 deu mini emu modo gisun be donji-qi o-joro-u.
弟 我.**屬** 一 笨的 話 **賓** 聽-**條** 可以-**未**-**疑**
老弟請聽我一句笨話罷，(35b7)

68-5 efu dele te-kini,
姑爺 上 坐-**祈**
姑爺請上坐，(36a1)

68-6 deu haji ergi-de guqu ara-me te,
弟 親的 旁邊-**位** 朋友 做-**并** 坐.**祈**
好兄弟在這邊陪着[1]坐罷。(36a1)

68-7 boigoji wesihun beye jou,
主人 尊貴 自己 罷了
主人請尊便，(36a2)

1 着：辛卯本無“着”字。

68-8 majige erge-nu.

稍微 歇息-互.祈

略歇歇罷。(36a2)

68-9 bi uba-de te-ki,

我 這裏-位 坐-祈

我坐在這里，(36a2)

68-10 uba-i udu ahvn deu be

這裏-屬 幾 兄 弟 賓

這一席的弟兄們，(36a2-3)

68-11 bi tuwaxata-ra.

我 照看-未

我照看。(36a3)

【第69條】

69-1 si imbe amba haha se-mbi-u.

你 他.賓 大的 漢子 說-現-疑

你打量他是個大漢子嗎[1]？(36a4)

69-2 waka kai.

不是 啊

不是啊。(36a4)

69-3 i banjitai giratungga.

他 天生的 骨骼粗壯

他[2]生來的骨膀子大。(36a4)

---

1 嗎：辛卯本無“嗎”字。

2 他：辛卯本作“他是”。

69-4 xan de hono suihun etu-he be si sabu-ha-kv-n.
耳朵 位 還 墜子 穿戴-完 賓 你 看見-完-否-疑
你没見[1]耳朵上還帶着[2]個墜子嗎？(36a4-5)

69-5 geli gosiquka-ngge.
又 可愛的-名
還有可愛處，(36a5)

69-6 sakdaki ini teile,
老氣 他.屬 唯獨
少年老道瞧不起，(36a5-6)

69-7 jugvn de ungga-ta 見《小雅》 be uqara-ha de,
路 位 長輩-複 賓 相遇-完 位
他在街上遇見尊長們，(36a6)

69-8 beye foro bethe be kamni nakv,
身體 轉.祈 脚 賓 并攏.祈 之後
身子一轉把脚一并，(36a6)

69-9 sini baru tondokon -i ili-mbi.
你.屬 朝着 筆直的 工 站立-現
朝着你直溜溜的站着，(36a7)

69-10 fonji-ra-kv o-qi, fulu gisure-re inu akv,
問-未-否 助-條 多餘的 説-未 也 否
不問，一句多話兒也没有，(36a7)

69-11 yala emu qiktan giyan be ulhi-re jui se-qi o-mbi.
實在 一 倫常 理 賓 懂得-未 孩子 叫作-條 可以-現

---

1 見：辛卯本作“見他”。

2 着：辛卯本無“着”字。

實在稱的[1]起[2]個人公道理的孩子。(36b1)

【第70條】

70-1 ede udu majige aisi bi-qibe,

這.位 幾 一些 利息 有-讓

這上頭雖有些利息，(36b2)

70-2 jiduji teisu giyan waka,

到底 本分 道理 不是

到底不是分内非理，(36b2)

70-3 fujurakv.

不成體統

不長進。(36b2)

70-4 haha niyalma,

漢子 人

漢子家，(36b2-3)

70-5 beye-i erdemu bengsen de faxxa-me baha-ngge,

自己-屬 德行 本事 位 勤勉努力-并 得到.完-名

自己的[3]本事上挣着得的，(36b3)

70-6 etenggi.

强硬的

硬氣。(36b3)

1 的：辛卯本作“得”。

2 起：辛卯本作“起是”。

3 的：辛卯本無“的”字。

70-7 talu de[1] ere jabxan turibu-fi,

偶然 **位** 這 幸運 失掉-**順**

倘或這個便益脱落了，(36b3-4)

70-8 aqa-bu-ra-kv ohode,

相合-**使**-**未**-**否** 如果

湊搭不上来的時候，(36b4)

70-9 weri de feshe-he-u,

别人 **位** 勞累-**完**-**疑**

被人家打趣説該呀，可暈了，(36b4)

70-10 naranggi faksida-mbi se-hei farfa-bu-ha-bi-u se-me, yekerxe-bu-mbi,

到底 弄巧-**現** 説-**持** 眩暈-**使**-**完**-**現**-**疑** 説-**并** 打趣-**被**-**現**

到底將巧弄拙咧，(36b4-5)

70-11 ai dere -i abka xun be tuwa-mbi.

什麽 臉 **工** 天 太陽 **賓** 看-**現**

可怎麽抬頭舒臉的過呢？(36b5)

【第71條】

71-1 dangkan -i fe ujin salgangga mujilen bi,

世僕[2] **屬** 老的 家生子[3] 善良的 心 有

傳代的老家生子兒有良心，(36b6)

71-2 karaba,

生性好庇護的

---

1 talu de：固定搭配，意爲“間或，倘若，萬一”，有時也可合寫爲talude。

2 世僕：清代滿洲貴族的世襲奴僕。

3 家生子：家奴生的孩子。

向熱，(36b6)

71-3 dorgi tulergi -i baita be

裏面 外面 **屬** 事情 **賓**

裏裏外外的事，(36b6)

71-4 ini emhun ali-fi xabura-mbi.

他.**屬** 獨自一人 支撑-**順** 張羅-**現**

全靠他一個人張羅。(36b7)

71-5 kvtu fata tuqi-re dosi-re,

急急忙忙地 出來-**未** 進去-**未**

忙忙碌碌出去進來，(36b7)

71-6 joto-hoi banji-mbi,

閑不住-**持** 生活-**現**

搗綆似的，(36b7)

71-7 hendu-re gisun, xada-ra-kv aina-ha.

説-**未** 話 疲倦-**未**-**否** 怎麽-**完**

他常説："何曾不乏？(37a1)

71-8 damu uba tuba -i akvna-ra-kv haqin be sabu-fi,

衹是 這裏 那裏 **屬** 周到-**未**-**否** 事項 **賓** 看見-**順**

只是見了這裏那裏的不周不備的事，(37a1)

71-9 bi gala isina-ra-kv o-qi,

我 手 到達-**未**-**否** **助**-**條**

我要不去着着手，(37a2)

71-10 dolo baibi o-jora-kv.

心裏 平白無故的 可以-**未**-**否**

心裏只是由不的。(37a2)

71-11 jai gala bija-qi ulhi -i dolo se-he-kai,

再者 手 折-條 袖子 屬 裏面 說-完-啊

再者胳膊折在袖兒裏啊[1]，(37a2-3)

71-12 mini sonqoho jafa-ha ejen -i bou-i eden nantuhvn

我.屬 辮子 拿-完 主人 屬 家-屬 缺乏的 髒的

ba-be antaha de tuwa-bu-re anggala,

地方-賓 客人 位 看-被-未 與其

與其教客看出我的掐腦門子主兒家的破爛昂贜来，(37a3)

71-13 majige teksin bolgo o-bu-me dasata-qi,

略微的 整齊的 乾净的 成爲-使-并 整理-條

略往整齊干净裏收拾收拾，(37a4)

71-14 geli ai waji-mbi se-mbi.

又 什麼 花費-現 說-現

又費了什麽呢？”(37a4)

71-15 enteke sain bou-i niyalma bi-fi,

這樣的 好的 家-屬 人 有-順

有這樣好家裏人，(37a5)

71-16 bou-i dolo yende-ra-kv dekji-ra-kv o-joro aibi.

家-屬 裏面 興旺-未-否 興盛-未-否 助-未 豈能

豈有家道不興旺的呢？(37a5)

1 啊：辛卯本作“呀”。

【第72條】

72-1 i fiyen dambu-ha-kv,

他 脂粉 添加-**完**-**否**

他没有擦粉，(37a6)

72-2 faitan dahabu-ha-kv bime,

眉毛 帶領-**完**-**否** 而且

没有描眉，(37a6)

72-3 uju de inu ilha sisi-ha-kv.

頭 **位** 也 花 插-**完**-**否**

而且頭上也没有戴花。(37a6)

72-4 tuttu suhun biyahvn -i miyami-ha be bi sabu-fi,

所以 淺黄色 蒼白 **工** 打扮-**完** **賓** 我 看-**順**

我見那宗光眉寡臉的樣子，(37a7)

72-5 dorgi-deri emgeri sesula-fi,

裏面-**經** 一陣 驚異-**順**

心裏一詫異，(37a7)

72-6 ai turgun-de bi-he-ni.

什麽 緣故-**位** 有-**完**-呢

有什麽緣故呢？(37b1)

72-7 se-me tathvnja-me fonji-qi,

説-**并** 猶豫-**并** 問-**條**

忐忑着問問。(37b1)

72-8 i enenggi mini taiye -i bedere-he inenggi,

我 今天 我.**屬** 太爺 **屬** 回去-**完** 日子

他説："今日是我們太爺去世的日子，(37b1-2)

72-9 aniya-dari targa ineggi[1] seme,

年-每 忌日 因爲

每年因是忌日，(37b2)

72-10 bou-i gubqi-ngge gemu fiyen fiyan iru-ra-kv,

家-屬 全部-名 全都 脂粉 塗-未-否

一家[2]都不擦胭粉，(37b2)

72-11 miyamixa-ra-kv,

打扮-未-否

不打扮，(37b3)

72-12 gulu etuku etu-mbi se-re jakade,

素的 衣服 穿衣-現 説-未 之後

穿素服。”這句上頭，(37b3)

72-13 mini dolo teni dangdaka sindara-ka-bi[3].

我.屬 心裏 纔 舒坦 放-完-現

我心裏纔放開了。(37b3)

【第73條】

73-1 juwe sakda fulehun gosi-ngga gaji-me ji-he-bi,

二 老人 恩惠 恩賜-名 拿來-并 來-完-現

二位老人家帶来的慈惠，(37b4)

73-2 muse bethe bukda-fi elhe bai-ha manggi,

咱們 脚 彎曲-順 平安 祈求-完 之後

1 targa ineggi：固定搭配，意爲“忌日”。targa據《清文彙書》卷六解爲“忌門不許人進來門上吊的草把子”，或者“跳神時小孩子衣服上背上釘有棱角的小補”。

2 一家：辛卯本作“一家子”。

3 sindarakabi：底本和辛卯本均作sindarakabi，疑爲sindakabi，這裏保留底本寫法。

咱們打簽兒請了安。(37b4)

73-3 sini gala be qeqerxe-me jafaxa-me,

你.屬 手 賓 緊握-并 拉-并

把你的手拉着攢着，(37b5)

73-4 tere-i alimbaharakv keb kab kvwalar se-re haji de,

那-屬 不勝 親熱相愛狀 親親熱熱地 助-未 親熱 位

那宗了不得[1]的親親熱熱的親香，(37b5)

73-5 niyalma gemu ali-me mute-ra-kv.

人 全都 承受-并 能-未-否

人都當不得。(37b6)

73-6 si aika yo-ki se-qi,

你 倘若 走-祈 助-條

你若是要走，(37b6)

73-7 neqi-he,

惹-完

可惹下咧，(37b6)

73-8 utala aqa-ha-kv,

許多 相見-完-否

好一程子没見面，(37b7)

73-9 sebken jiu nakv, uthai yo-ki se-re-ngge,

難得 來.祈 之後 就 走-祈 助-未-名

剛好纔来就要走，(37b7)

1 了不得：辛卯本作“了不的”。

73-10 golo-mbi-u, hata-mbi-u seme,

厭惡-**現-疑** 嫌弃-**現-疑** 因爲

是剌[1]嫌那個嗎[2]厭惡嗎[3]？(37b7)

73-11 uxa-me tata-me sini baru dere efule-mbi.

拉-**并** 扯-**并** 你.**屬** 朝着 臉 翻-**現**

拉着扯着往[4]你放下臉来的怪，(38a1)

73-12 ai bi-qi ,

什麽 有-**條**

有什麽，(38a1)

73-13 ai-be tukiye-fi ulebu-mbi.

什麽-**賓** 抬舉-**順** 款待-**現**

拿[5]什麽来待人。(38a1)

73-14 uttu ofi,

因此

這上頭，(38a2)

73-15 niyalma gemu sakda niyalma-i jakade

人 全都 老年的 人-**屬** 爲了

hanqi o-ki se-me ildu-ka-bi.

近的 成爲-**祈** **助-并** 相熟識-**完-現**

人都愛望老人家親近綀呼。(38a2)

---

1 剌：底本作“剌”，據辛卯本改。

2 嗎：辛卯本作“麽”。

3 嗎：底本作“嫣”，據辛卯本改。

4 往：辛卯本作“望”。

5 拿：辛卯本作“拿上”。

【第74條】

74-1 jiduji sakda-sa be amqa-bu-ha niyalma,
到底 老人-複 賓 趕-使-完 人
到底是赶上了老家兒們的人，(38a3)

74-2 dembei doronggo bime sebsihiyan,
很 莊重的 而且 親熱的
狠端重而且親熱。(38a3)

74-3 tere-i kundu xehun tala -i gese gehun ala -i adali.
他-屬 恭敬 明亮的 曠野 屬 相似 明朗的 山崗 屬 像
他那尊敬直是明堂打鼓的，(38a3-4)

74-4 sabu-ha manggi,
看見-完 之後
一見了，(38a4)

74-5 aimaka abka qi ebu-nji-he hibsu matan -i adali
好像是 天 從 下-來-完 蜂蜜 麻糖 屬 像
kata fata se-mbi.
親熱的 助-現
到像是從天上吊下来的香甜親熱。(38a4-5)

74-6 amba jalan be se-he-de,
大的 輩分 賓 稱呼-完-位
待長輩，(38a5)

74-7 gungnequke ginggun -i qikirxa-me,
恭敬的 恭謹的 工 靦腆小心-并
恭敬加小心，(38a6)

74-8 ini ajige jalan -i doro be hing se-me akvmbu-re-ngge,
他.屬 小的 輩分 屬 道理 賓 誠摯地 助-并 盡力-未-名
竭盡他做小輩兒的道理，(38a6)

74-9 yala weqe-re qi enqu akv.
果真 祭神-未 從 別的 否
真不亞如天神。(38a7)

【第75條】

75-1 giljangga jiramin,
能寬恕的 敦厚的
有恕道純厚[1]，(38b1)

75-2 sengge niyalma-i muru bi.
長者 人-屬 樣子 有
像一個有年紀的樣兒。(38b1)

75-3 qananggi bi tere jaka be
前日 我 那個 東西 賓
onggolo inenggi bene-bu-re se-he bihe,
之前 日子 送-使-未 說-完 過
前日我原說把那個東西頭一天送去来着，(38b1-2)

75-4 baita de hiyahala-bu-fi,
事情 位 牽扯-被-順
事情絆住了，(38b2)

---

1 厚：底本作“原”，據辛卯本改。

75-5 onggo nakv sinda-ha.

忘.**祈** 之後 放-**完**

一下子就忘了。(38b2)

75-6 sirame aqa-ha de,

後來 相見-**完** **位**

後来見了，(38b2-3)

75-7 ine mene mimbe dangsi-re wakaxa-ra,

乾脆 我.**賓** 數落-**未** 責備-**未**

倒是數唠責備我，(38b3)

75-8 tede bi hono doso-mbi urgunje-mbi.

那.**位** 我 尚且 忍耐-**現** 高興-**現**

那上頭我還好受喜歡。(38b3-4)

75-9 i damu xakxari xakxari inje-me,

他 祇是 嗤嗤地 笑-**并**

他就只密嘻密嘻的笑着，(38b4)

75-10 umai-se-ra-kv.

并-説-**未**-**否**

任什麼不説。(38b4)

75-11 tenteke ler se-me dulemxe-me baktambu-re de,

那樣 泰然自若地 **助**-**并** 寬恕-**并** 包容-**未** **位**

那宗担待含容上，(38b4-5)

75-12 mini dolo yala waka wakai o-ho,

我.**屬** 心裏 實在是 胡亂地 成爲-**完**

我心裏實在難受了，(38b5)

75-13 hungkere-me daha-ra hukxe-re gvnin,

傾注-并 接受-未 感激-未 心意

傾服感情的心，(38b5-6)

75-14 te-bi-qi niyaman de hada-hai,

現在-有-條 心臟 位 釘-持

到如今刻骨不忘，(38b6)

75-15 dolo te-bu-hei jalu bi.

心裏 居住-使-持 滿 有

滿心裏盡量子有。(38b6)

【第76條】

76-1 juse de karaba,

孩子.複 位 性好護庇的

孩子們上護[1]犢子，(38b7)

76-2 o xo se-mbi,

疼愛的樣子 助-現

疼的些呼，(38b7)

76-3 dusihi buhi de gese adali bixuxa-me tangsula-mbi,

前襟 膝 位 像 似的 頻頻撫摸-并 寵愛-現

摟着抱着一班樣的摸索嬌養，(38b7)

76-4 ala xala gosi-re ba akv.

偏愛孩子 疼愛孩子-未 地方 否

再没有偏一個向一個的疼。(39a1)

---

1 護：辛卯本作“獲”。

76-5 damu wesihun se de o-ho,
衹是 高 年齡 位 成爲-完
只是年紀高了，(39a1)

76-6 feliye-re de urui ta-me afa-mbi.
走動-未 位 常常 磕絆-并 跌跤-現
行動常打磕拌。(39a1-2)

76-7 teike gisure-he gisun be teike onggo-mbi.
一會兒 説話-完 話 賓 一會兒 忘-現
一會兒[1]説的話一會兒就[2]忘。(39a2)

76-8 serebu-me ebere-ke meitere-ke-bi.
顯露-并 衰弱-完 截短-完-現
大露着衰敗了短神思。(39a2-3)

76-9 kemuni sakda-sa be buda-i hvsun se-he-kai,
常常 老人-複 賓 飯-屬 力氣 説-完-啊
常説老家兒們是飯食的力量，(39a3)

76-10 dabatala suila-bu-qi,
太過 勞累-使-條
過於劳苦，(39a3)

76-11 ainahai hami-re.
怎麽 忍受-未
還受得麽？(39a4)

76-12 ereqi juse be jenduken -i jaila-bu-me gama,
從此 孩子.複 賓 悄悄的 工 躲開-使-并 領去.祈

1 兒：辛卯本無“兒”字。
2 就：辛卯本無“就”字。

從此把孩子們悄悄的教躲避着去，(39a4)

76-13 ume tobgiya hvsi-me singgiya-bu-me yangxa-bu-re[1],

勿 膝蓋 纏-并 酸麻-使-并 嘮叨-使-未

別[2]在眼[3]前纏磨[4]聒噪，(39a4)

76-14 sakda niyalma be xolo xolo de[5]

老的 人 **賓** 空閑 空閑 **位**

教老人家閑空兒，(39a5)

76-15 mujilen erge-kini,

心 休息-**祈**

把心閑一閑，(39a5)

76-16 beye-be elehun -i uji-kini.

身體-**賓** 安然的 **工** 養-**祈**

把身子安然養一養罷。(39a5-6)

【第77條】

77-1 jekdun jalangga ba-be hala-ra-kv-ngge,

堅貞的 有節操的 地方-**賓** 改變-**未**-**否**-**名**

貞節不肯改門户，(39a7)

77-2 wesihun baita bi-qibe,

高尚的 事情 有-**讓**

1 yangxabure：《增訂清文鑒》《五體清文鑒》《滿蒙文鑒》均作yangxarambi，這裏保留底本寫法。

2 別：底本作“到”，據辛卯本改。

3 眼：辛卯本作“跟”。

4 磨：底本作“麼”，據辛卯本改。

5 xolo xolo de：固定搭配，意爲“趁閑暇”。

是個高貴事，(39a7)

77-3 meimeni teisu be tuwa-qi aqa-mbi.

各自的 本分 **賓** 看-**條** 應該-**現**

然而當看各自的境界。(39a7-b1)

77-4 te bi-qi,

現在 有-**條**

譬[1]如，(39b1)

77-5 beye-de banji-ha jui bi-fi,

自己-**位** 生-**完** 兒子 有-**順**

若是[2]親生的兒子，(39b1)

77-6 umudu ajigan be je-mpi tebqi-fi waliya-ra-kv-ngge o-qi, o-mbi.

孤苦伶仃的 幼兒 **賓** 忍心-**延** 忍心-**順** 抛弃-**未**-**否**-**名** 成爲-**條** 可以-**現**

不忍撇弃了孤獨還可以。(39b1-2)

77-7 te jing asihan se sain erin,

現在 正在 年紀小的 歲數 好的 時候

如今正在青春少年，(39b2)

77-8 uthai boihon buktan -i guqu o-ki se-mbi-u.

就 土 堆 **屬** 夥伴 成爲-**祈** **助**-**現**-**疑**

就要做坟山的伴兒嗎？(39b3)

77-9 on goro.

路程 遠的

日子比樹葉兒長啊！(39b3)

---

1 譬：底本作“璧”，據辛卯本改。

2 是：辛卯本作“有”。

77-10 ere-qi gengge gangga -i emhun simeli,

這-從 孤苦伶仃 工 孤零零 清苦的

從此伶仃孤苦，(39b3-4)

77-11 aka-ra ure-re gosihon koro,

傷心-未 悲傷-未 傷感的 傷心

傷心煩惱，(39b4)

77-12 dube da[1] akv,

終結 根 否

没[2]了期呀[3]。(39b4)

77-13 taka buqe-ra-kv ergen bi-qi,

姑且 死-未-否 氣息 有-條

要是有命且不死，(39b4-5)

77-14 ai haqin -i baita.

什麽 種類 屬 事情

什麽事兒(39b5)

77-15 sini xan be tokoxo-me,

你.屬 耳朵 賓 戳-并

不炒你的耳朵，(39b5)

77-16 mujilen be axxa-bu-me liyeliye-bu-ra-kv.

心 賓 動-使-并 混亂-使-未-否

動你的心混亂来呢。(39b5-6)

---

1 dube da：固定搭配，意爲“結果，出頭之日”。

2 没：辛卯本作“無”。

3 呀：辛卯本作“咧”。

77-17 ere emu erin -i mangga gvnin de,

這 一 時候 屬 堅硬的 心思 位

這不是仗着一時的硬心腸，(39b6)

77-18 beye-i dubentele tuhembu-re be

自己-屬 終身 終結-未 賓

sali-fi tokto-bu-qi o-joro baita waka kai.

做主-順 確定-使-并 應該-未 事情 不是 啊

就可定得終身結局的事情啊。(39b6-7)

【第78條】

78-1 mengseku sinda-fi uqe yaksi-fi,

門簾 放-順 門 關閉-順

放着簾子閉着門，(40a1)

78-2 ini emhun dolo aina-me bi seme,

他.屬 獨自 裏面 做什麽-并 現 因爲

他一個在屋裏做[1]甚[2]麽呢？(40a1)

78-3 xan waliya-fi donji-qi, 見《禮・孔子閑居》

耳朵 側着-順 聽-條

側着耳朵听去，(40a1-2)

78-4 qib se-me heni jilgan wei akv.

静悄悄的 助-并 一點 聲音 微 否

静悄悄的[3]一點[4]聲氣兒也没有。(40a2)

---

1 做：辛卯本作“作”。

2 甚：辛卯本作“什”。

3 静悄悄的：辛卯本作“静悄悄的上”。

4 一點：辛卯本作“一點兒”。

78-5 jendu weihuken -i okso-me fa -i qikin -i jaka-de nikene-fi,
悄悄地 輕輕的 **工** 邁步-**并** 窗户 **屬** 邊 **屬** 跟前-**位** 靠近-**順**
躡手躡脚的[1]走到窗户根前，(40a2-3)

78-6 fa -i jaka deri guwele-me[2] tuwa-qi,
窗户 **屬** 縫隙 **經** 窺探-**并** 看-**條**
從窗户縫裏偷着一看，(40a3)

78-7 yasa niqu-fi,
眼睛 閉-**順**
閉着個[3]眼，(40a3)

78-8 angga axxan axxan jenduken -i bodomi-me,
嘴 動 動 悄悄的 **工** 自言自語-**并**
嘴動啊動啊的悄没聲兒[4]嘟[5]噥着，(40a3-4)

78-9 tob se-me mosela-me te-fi bi.
端正地 **助**-**并** 盤腿-**并** 坐-**順** **現**
盤着腿脚[6]的打坐呢。(40a4)

【第79條】

79-1 sakda taitai se wesihun o-ho bi-qibe,
老的 太太 歲數 高 成爲-**完** **助**-**讓**
老太太年紀雖高了，(40a5)

---

1 的：辛卯本無“的”字。

2 guweleme：《增訂清文鑒》《五體清文鑒》《滿蒙文鑒》均作guweleqembi，這裏保留底本寫法。

3 個：辛卯本無“個”字。

4 悄没聲兒：辛卯本作“悄没聲兒的”。

5 嘟：辛卯本無“嘟”字。

6 盤着腿脚：辛卯本作“盤着腿收脚”。

79-2 yasa genggiyen xan galbi.
眼睛 明亮的 耳朵 聽覺靈敏的
耳聪目明。(40a5)

79-3 juse-i gala-i weilen be
孩子.**複-屬** 手-**屬** 工作 **賓**
孩子們的針黹，(40a5-6)

79-4 kemuni gaji-fi funde udu ulme siji-mbi,
經常 拿來-**順** 代替 幾 針 密縫-**現**
時常接過来替緝幾針，(40a6)

79-5 sese tabu-mbi.
金綫 扯-**現**
緆点金綫。(40a6)

79-6 hendu-re gisun,
説-**未** 話
常説的是：(40a6)

79-7 damu mini yasa be jobo-bu-rahv se-re dabala,
衹是 我.**屬** 眼睛 **賓** 勞累-**使-虛** **助-未** 罷了
“只不過怕累了我的眼睛罷咧，(40a7)

79-8 suweni wangna-ra xeule-re weilen be
你們.**屬** 刺綉-**未** 綉-**未** 工作 **賓**
你們的那扎綉活計，(40a7)

79-9 bi hono heu se-me weile-qi o-mbi se-mbi.
我 尚 很不錯 **助-并** 工作-**條** 可以-**現** 説-**現**
我還頗做的[1]来呢。”(40b1)

1 的：辛卯本作“得”。

79-10 tere mendere-ke,

那 顛三倒四-**完**

每逢見那宗[1]老顛倒的，(40b1)

79-11 bomborno-ho-ngge be sabu-ha dari

頭來回搖晃-**完**-**名** **賓** 看見-**完** 每

uthai xakxari xakxari basu-mbi.

就 呲牙咧嘴地 呲牙咧嘴地 訕笑-**現**

搖頭点惱的人就呲着牙[2]兒笑話。(40b1-2)

79-12 damu sakda kalqun be tuwa-qina,

祇是 老人 精力 **賓** 看-**祈**

只看他老的老精神罷，(40b2)

79-13 tetele asiha-ta qi gvnin kiyangdu.

迄今 少年-**複** **從** 心意 好强的

直到這會[3]比少年們的心還好勝。(40b3)

【第80條】

80-1 hehe lalin bime mutengge,

女人 爽利的 而且 能幹的

女人爽利而且有本事，(40b4)

80-2 niyanqa-me se-me niyanqa-me,

漿洗衣服-**并** 說-**并** 漿洗衣服-**并**

漿是漿，(40b4)

1 宗：辛卯本無“宗”字。

2 牙：辛卯本作“呀”。

3 這會：辛卯本作“這會兒”。

80-3 obo-me se-me obo-mbi.

洗-**并** 説-**并** 洗-**現**

洗是洗，(40b4)

80-4 hasaha be waliya nakv eriku be gai-mbi,

剪子 **賓** 丢弃.**祈** 之後 掃帚 **賓** 取-**現**

丢下耙[1]兒就拾[2]掃帚，(40b4-5)

80-5 inenggi dobori akv hvmbur se-me hvsun bu-mbime,

白天 夜晚 **否** 大汗淋漓地 **助-并** 力氣 出-**現.而且**

没黑家没白日的死搭搭的出力。(40b5)

80-6 geli ambalinggv,

又 大方的

又大方，(40b6)

80-7 heni goqi tata[3] muru akv,

一點兒 舉止輕佻的 樣子 **否**

一点輕佻樣兒没有，(40b6)

80-8 jiduji fe de goqimbu-ha niyalma.

到底 老的 **位** 習染-**完** 人

到底是赶上老排場的人。(40b6-7)

80-9 ede gvwa sargan juse[4],

這.**位** 别的 妻子 孩子.**複**

别的女孩兒們，(40b7)

---

1 耙：底本缺字，辛卯本作“爬”字，酌情改爲“耙”。

2 拾：辛卯本作“拾起”。

3 goqi tata：固定搭配，形容輕浮的人不安定的樣子。

4 sargan juse：固定搭配，意爲“女兒”，爲sargan jui的複數形式。

80-10 imbe alhvda-ra-kv o-so,

他.賓 效仿-未-否 助-祈

饒不學他，(40b7)

80-11 ememu erin-de,

有的 時候-位

一會一會兒的[1]，(40b7-41a1)

80-12 ini tere gala bethe jabdu-ra-kv faqihiyaxa-ra arbun be

他.屬 那 手 脚 來得及-未-否 着急-未 模樣 賓

sabu-ha de,

看見-完 位

見他那宗手忙脚亂的樣子，(41a1)

80-13 elemangga uju aqa-fi qu qa se-me qurgi-ndu-mbi.

反倒 頭 相會-順 嘰嘰喳喳地 助-并 喧嘩-齊-現

反到交頭接耳的嚼查他。(41a2)

【第81條】

81-1 haha eldengge,

男人 有光彩的

漢子[2]魁偉，(41a3)

81-2 banitai fujurungga ambalinggv,

天生 莊重的 雄偉的

生来的軒昂大方，(41a3)

1 兒：辛卯本無“兒”字。

2 漢子：辛卯本作“漢子家”。

81-3 jayan -i ergi daqun.

牙關 屬 邊 敏捷的

口齒有鋒芒。(41a3)

81-4 gisun oyoki,

語言 比較重要的

説話着要，(41a4)

81-5 ememu baita be tubixe-qi ende-ra-kv baha-mbi.

有的 事情 賓 揣度-條 錯-未-否 得到-現

一會兒猜度個事情一猜一個着[1]。(41a4)

81-6 onggolo xan de bai qas se-me donji-ha.

先前 耳朵 位 衹是 隱隱約約地 助-并 聽見-完

從前耳朵裏媽裏媽郎的听見[2]。(41a4-5)

81-7 te aqa-fi tuwa-qi,

現在 相見-順 看-條

如今見了一瞧，(41a5)

81-8 algin untuhuri ula-ha-kv mujangga.

名聲 不切實地 流傳-完-否 的確

果然名不虛傳。(41a5)

81-9 baha-fi hanqi ohode,

得到-順 近的 如果

要是得親近他，(41a6)

81-10 dolo halukan,

心裏 温暖的

---

1 着：辛卯本作“準”。

2 听見：辛卯本作“听見來着”。

人放心，(41a6)

81-11 beye-de tusangga,

身體-位 有益的

于身上有益，(41a6)

81-12 tede niyalma esi ada-fi hajila-ra gvnin hing se-qi.

那.位 人 自然 貼近-順 親近-未 心 實心實意地 助-條

那上頭人自然要起親近他的心。(41a7)

sunjaqi fiyelen

第五章

【第82條】

82-1 muse boljo-ho baita bi-fi,

咱們 約定-完 事情 有-順

因爲咱們有約下的事，(42a2)

82-2 morin be erdeken -i toho-me jabdu-fi belhe-ki se-me,

馬 賓 早一點的 工 套-并 妥當-順 準備-祈 說-并

我說把馬早些備便當預備着。(42a2)

82-3 bi qimari ili-fi,

我 清晨 起來-順

我一早起来。(42a3)

82-4 uthai morin be hisha-fi xo-fi,

就 馬 賓 擦-順 刮-順

就把馬刷鉋了，(42a3)

82-5 eite be multule-fi,

籠頭 賓 褪下-順

褪下籠頭来，(42a4)

82-6 hadala etu-bu-he.

轡頭 戴上-**使**-**完**

帶上了嚼子。(42a4)

82-7 sirame enggemu makta-fi,

後來 鞍子 放置-**順**

後来備上了[1]鞍子，(42a4)

82-8 emgeri olon tabu-qi,

一下 馬肚帶 鉤住-**條**

一勒肚帶。(42a4-5)

82-9 yaya baita urui uttu, aqun de qaqun,

諸 事情 常常 這樣 這邊有事，那邊也有事

諸事必是這們偏偏[2]遇着，偏偏兒 (42a5)

82-10 gorgi -i ilenggu bija-ha,

肚帶扣環 **屬** 舌頭 折-**完**

叅子的舌頭又折了，(42a5-6)

82-11 tede juse be haqihiya-me dasatabu-me unggi-he-bi.

那.**位** 孩子.**複** **賓** 催促-**并** 收拾-**并** 差遣-**完**-**現**

那上頭教小子緊赶着收拾去了。(42a6)

82-12 si bajikan aliya,

你 稍微 等.**祈**

你略等等[3]，(42b1)

---

1 了：辛卯本無“了”字。

2 偏偏：辛卯本作“偏偏兒”。

3 等等：辛卯本作“等一等”。

82-13 bi tuqi-fi tuwa-ki,

我 出去-**順** 看-**祈**

我出去看看，(42b1)

82-14 jabdu-ha manggi,

妥當-**完** 之後

便當了，(42b1)

82-15 uthai emgi sasa yoki.

就 一同 一齊 走.**祈**

就大家一同走[1]。(42b1-2)

【第83條】

83-1 tajira-rahv se-me,

淘氣-**虛** 助-**并**

恐怕淘[2]氣，(42b3)

83-2 majige targabu-me hendu-he bi-qi,

稍微 告誡-**并** 講-**完** 助-**條**

戒飭着略説一説兒，(42b3)

83-3 jui uthai miyasirila-me,

孩子 就 撇嘴欲哭-**并**

孩子就撇咧着嘴，(42b3-4)

83-4 yasa-i muke gelerje-me o-ho,

眼睛-**屬** 水 （眼泪）汪汪-**并** 成爲-**完**

眼泪汪汪的了，(42b4)

---

1 就大家一同走：辛卯本作“大家就一塊兒走”。

2 淘：底本作“啕”，據文義改。

83-5 umai manggalame taqihiya-ha esukiye-he ba akv.

并 狠狠地 教訓-**完** 責駡-**完** 地方 **否**

并没有重話兒教導吆喝。(42b4-5)

83-6 ini uttu nemeyen girutu be

他.**屬** 這樣 柔順的 靦腆的 **賓**

他竟這們腼腆臉皮兒薄[1]，(42b5)

83-7 we ainambaha-fi sa-ra.

誰 怎麽能够-**順** 知道-**未**

誰那兒得[2]知道呢？(42b5-6)

83-8 tere-i hir se-me korso-ro arbun,

他-**屬** 憂愁不展的樣子 **助-并** 悔恨-**未** 樣子

他[3]那種憂戚委屈的樣兒，(42b6)

83-9 jilakan manggi[4] niyalma be absi doso-bu-ra-kv,

怪可憐的 人 **賓** 怎樣 容忍-**使-未-否**

可憐不待見兒的好教人難受，(42b6-7)

83-10 butan halan akv,

表示哀歎狀 **否**

有一搭没搭兒的[5]，(42b7)

83-11 ere absi.

這 怎樣

這是怎麽説呢？(42b7)

---

1 薄：辛卯本作“簿”。

2 得：辛卯本無“得”字。

3 他：辛卯本作“他的”。

4 jilakan manggi：固定搭配，意爲“怪可憐的”。

5 的：辛卯本無“的”字。

【第 84 條】

84-1 si ai uttu beye-i fiyo de beye urhv-re mangga.

你 什麼 這樣 自己-**屬** 簸箕 **位** 自己 驚跳-**未** 善於

你怎麼這們太自驚自怪的? (43a1)

84-2 sikse donji-qi muse-i hebexe-he songkoi yabu-bu-ha se-mbi,

昨天 聽見-**條** 咱們-**屬** 商議-**完** 按照 行事-**使-完** 説-**現**

昨日聽見説照咱們商量下的[1]行了, (43a1-2)

84-3 si emdubei dolo tatabu-me gvnin sinda-ra-kv be dahame,

你 屢次 心裏 挂念-**并** 心思 放-**未-否** **賓** 既然

你既是[2]儘着挂念着不放心, (43a2-3)

84-4 bi jai emu mari haqihiya-me gene-re.

我 再 一 回 催促-**并** 走-**未**

我再催一回去。(43a3)

84-5 urunakv mute-bu-fi,

一定 成功-**使-順**

必弄成了, (43a4)

84-6 sinde gisun bedere-bu-ki,

你.**與** 話 回復-**使-祈**

回覆你就是咧, (43a4)

84-7 gele-hei juken golo-hoi guwelke, sinde inu jou.

畏懼-**持** 恰好 害怕-**持** 小心.**祈** 你.**與** 也 罷了

也省[3]你擔驚害怕的。(43a4-5)

1 的: 辛卯本無"的"字。

2 是: 辛卯本無"是"字。

3 省: 辛卯本作"省得"。

84-8 mini beye isina-tala,

我.屬 自己 到達-至

赶我到[1]那里，(43a6)

84-9 kesi akv niyalma kekuhe feye se-qina,

恩德 否 人 斑鳩 巢穴 叫作-祈

冤家路兒窄，(43a6)

84-10 bira-i golo de emu tuhan bi-qibe,

河-屬 河床 位 一 獨木橋 有-讓

河中間雖有個獨木橋，(43a6-7)

84-11 torhome gemu muke bilte-fi,

周圍 全都 水 溢-順

周圍水都漲[2]了。(43a7)

84-12 juwe ujan -i juleri amala sinda-ha tahan,

兩個 端 屬 前 後 放-完 脚踏石

兩頭兒前後放的踩脚石[3]，(43a7-b1)

84-13 amba dulin buribu-ha-bi.

大 一半 淹没-完-現

大半教水漫了。(43b1)

84-14 tengte-me yabu-qi ojo-ra-kv ofi,

踩-并 走-條 可以-未-否 因爲

因踩着走[4]不得，(43b2)

---

1 到：辛卯本作“到了”。

2 漲：辛卯本作“張”。

3 石：辛卯本作“石塊”。

4 走：辛卯本作“過”。

84-15 etuku fosomi-fi,

衣服 掖-順

遂掖起衣裳，(43b2)

84-16 gvlha fomoqi su-fi ,

靴子 襪子 脱-順

脱了靴[1]襪子，(43b2)

84-17 fakvri bethe be hete-fi,

褲子 脚 賓 挽-順

把褲腿[2]子捲起来，(43b3)

84-18 emu meyen tuhaxa-me,

一 節 走獨木橋-并

走了一節獨木橋，(43b3)

84-19 juwe meyen olo-me,

二 節 涉水-并

盪了兩節[3]哨，(43b3)

84-20 arkan teni ebergi dalin de akvnji-ha.

剛剛 纔 這邊 岸邊 位 來此岸-完

剛剛的纔到了[4]這岸上了。(43b4)

【第85條】

85-1 goro-kon tuwa-qi,

遠-弱 看-條

1 靴：辛卯本作“靴子”。

2 腿：辛卯本無“腿”字。

3 兩節：辛卯本作“兩節兒”。

4 了：辛卯本無“了”字。

遠遠的一看，(43b5)

85-2 niyalma bolbono-me murakv uku-he-bi.

人 集中-并 格外地 環繞-完-現

擠擠叉叉圍着一大普拉子人。(43b5)

85-3 hanqi isina-qi, amba karan qa-fi,

近 到達-條 大 臺子 搭起-順

赶到跟前原来搭的大臺，(43b5-6)

85-4 dolo bung bung kung qang se-me fulgiye-me dv-me,

裏面 咚咚鏘鏘地 助-并 吹奏-并 敲打-并

裏面[1]嗡汪咚噔[2]的吹打着，(43b6)

85-5 niyalma alha bulha etu-hei,

人 花花緑緑 穿-持

人穿着花紅柳绿的[3]，(43b7)

85-6 etu-hei maimada-me goimara-me absi kumungge.

穿-持 大摇大擺-并 賣弄風騷-并 多麼的 熱鬧

扭扭捏捏[4]好熱鬧啊。(43b7)

85-7 damu geren -i kaiqa-ra qurgi-re yangxan de,

衹是 全部 屬 喊叫-未 喧嚷-未 聒噪 位

但是衆人吵[5]嚷的聒耳的上頭，(43b7-44a1)

85-8 ai be juqule-he be donji-me mute-ra-kv,

什麽 賓 唱戲-完 賓 聽見-并 能-未-否

---

1 面：辛卯本作“頭”。

2 噔：辛卯本作“鏜”。

3 的：辛卯本無“的”字。

4 扭扭捏捏：辛卯本作“扭扭捏捏的”。

5 吵：辛卯本作“嘲”。

听不出唱的是甚[1]麽，(44a1)

85-9 majige goida-me bi-qi,

略微 久-并 有-條

略遲一會兒，(44a2)

85-10 niyalma-i toko-me sisi-me fihe-me uku-nji-re de,

人-屬 刺-并 插-并 填滿-并 聚集-來-未 位

那人見空兒插空兒的擠上来。(44a2)

85-11 mini morin golo-bu-hai gvbada-ra-kv o-qi,

我.屬 馬 驚嚇-被-持 挣跳-未-否 助-條

不是我的馬發毛亂鬧，(44a3)

85-12 tokto-fi fiyokoqo-me niyalma be feshele-re de isina-mbi.

一定-順 尥蹶子-并 人 賓 踢-未 位 導致-現

定要撂蹶子踢了人。(44a3-4)

85-13 jobolon ta-rahv se-me,

憂愁 絆住-虛 助-并

恐其招亂子，(44a4)

85-14 xolo be tuwa tuwa,

空閑 賓 看 看

瞅空子，(44a5)

85-15 morin be mari-bu amasi ji-he[2].

馬 賓 轉回-使 後 來-完

1 甚：辛卯本作“什”。

2 tuwa tuwa mari-bu ji-he：這一句式比較特殊。“看”“轉回”“來”三個動作有先後關係，并且都發生在過去，但衹有最後一個動詞jihe是完成體，所以前三個動詞tuwa、tuwa、maribu以詞幹形式出現，有可能和最後一個動詞共享一個完成體標記。同樣情況見142-11句。

帶轉馬就回来了。(44a5)

【第86條】

86-1 inde etuku akv aina-ha.

他.**與** 衣服 **否** 怎麼-**完**

他怎麽没衣裳呢? (44a6)

86-2 i gemu kolor kuxun se-me,

他 都 又寬又大 累贅 **助-并**

他説都曠蕩不舒服，(44a6)

86-3 bargiya-fi etu-ra-kv,

收藏-**順** 穿衣-**未-否**

收起来不穿，(44a6-7)

86-4 beye-de kiyab se-me kaki dakdahvn de watai amuran,

身體-**位** 合身 **助-并** 衣服狹窄 短得往上吊的 **與** 非常 喜歡

極好可身緊恰短短的，(44a7)

86-5 talu de majige delfiyen weile-fi etu-bu-he-de,

偶然 **位** 略微 衣帽寬大的 製作-**順** 穿-**使-完-位**

萬一[1]略作寬大些給他穿上，(44b1)

86-6 fanqa-ha,

生氣-**完**

翻咧，(44b1)

86-7 jong jong se-me,

咕噥 **助-條**

---

1 萬一：辛卯本作“倘或”。

咕咕噥噥[1]，(44b1)

86-8 qira elheken angga qukqure nakv,

氣色 嗔怒 嘴 噘嘴.祈 之後

嗔[2]着[3]臉噘着[4]嘴，(44b2)

86-9 bodonggiya-me waji-ra-kv.

自言自語-并 完結-未-否

都囔個不了[5]。(44b2)

【第87條】

87-1 juse deu-te kai,

兒子.複 弟弟-複 啊

子弟們[6]，(44b3)

87-2 siren tata-bu-ra-kv[7],

聯繫 牽扯-使-未-否

豈有不關切，(44b3)

87-3 hvwaxabu-me taqihiya-ra-kv aina-ha.

培養-并 教導-未-否 怎麽能-完

不調教的呢？(44b3)

87-4 muse damu taqihiya-ra giyan -i

咱們 衹是 教導-未 道理 工

---

1 咕咕噥噥：辛卯本無“咕咕噥噥”四字。

2 嗔：辛卯本作“沉”。

3 着：辛卯本作“個”。

4 噘着：辛卯本作“噘着個”。

5 都囔個不了：辛卯本作“都囔個不了呀”。

6 子弟們：辛卯本作“子弟們啊”。

7 siren taturakv：固定搭配，意爲“牽扯上關係”，是siren tatabumbi的否定式形式。

（即 giyan ningge be jafa-fi） jorixa-me taqibu-me,

道理 名 賓 持-順 指教-并 教-并

咱們只拿所當教的指教，(44b4)

87-5 muse-i mujilen teisu be akvmbu-qi waji-ha.

咱們-屬 心 職分 賓 盡力-條 完成-完

盡咱們的心與職分就完咧。(44b4-5)

87-6 tuwanqihiya-bu-fi hala-mbi-u,

端正-使-順 改正-現-疑

至於改正了哦，(44b5)

87-7 eiqi abka be ubaxa-me, na be xungku-bu-me daixa-mbi-u,

或者 天 賓 翻-并 地 賓 塌-使-并 胡鬧-現-疑

或着翻天覆地[1]鬧哦，(44b5-6)

87-8 ini hesebun be tuwa-ki.

他.屬 命運 賓 看-祈

看他的命罷。(44b6-7)

【第88條】

88-1 ula -i jaka-de isina-fi tuwa-qi,

江 屬 跟前-位 到達-順 看-條

到了江跟[2]前一看[3]，(45a1)

88-2 bajargi dalin buru bara, aibide bi.

那邊 河岸 朦朦朧朧的 在哪裏 有

1 翻天覆地：辛卯本作“翻天覆地的”。

2 跟：辛卯本作“根”。

3 看：辛卯本作“瞧”。

那邊的岸影影綽綽的在那[1]兒呢。(45a1)

88-3 muke hvwai se-me xehun deserepi,

水 浩渺的 **助-并** 遼闊的 浩浩蕩蕩的

只見那水白茫茫一片汪洋，(45a2)

88-4 jibsibu-me dekde-he qolkon,

重叠-**并** 浮起-**完** 波浪

叠起来浪[2]，(45a2)

88-5 menggun mangkan noho gese,

銀 山岡 盡是 像

銀岡似的[3]，(45a2)

88-6 yonggar se-me lakqa-ra-kv.

潺潺的 **助-并** 斷-**未**-**否**

滔滔不斷。(45a3)

88-7 tere ula -i dalgan de bi-sire jahvdai -i

那 江 **屬** 塊 **位** 有-**未** 船 **屬**

那[4]江面上的船，(45a3)

88-8 urhuxe-me yabu-re,

傾斜-**并** 走-**未**

歪着走，(45a4)

88-9 kotoli -i haiharxa-me,

篷 **屬** 偏着-**并**

---

1 那：辛卯本作“那塊”。

2 叠起来浪：辛卯本作“叠起来的波浪”。

3 銀岡似的：辛卯本作“銀崗也是的”。

4 那：辛卯本作“那個”。

篷往一邊倒着，(45a4)

88-10 elei elei muke de nikene-he tuksiquke arbun be sabu-fi,

險些 水 **位** 靠近-**完** 險惡的 樣子 **賓** 看見-**順**

幾幾乎挨着水[1]險的樣兒，(45a5)

88-11 ula dou-re gvnin,

江 渡過-**未** 心

渡江的心，(45a5-6)

88-12 uthai xahvrun muke bura-ha adali,

江 寒冷的 水 澆-**完** 像

就像[2]凉水澆了似[3]的，(45a6)

88-13 hiri o-ho-bi.

死死地 成爲-**完**-**現**

灰到地兒了。(45a6)

【第89條】

89-1 ini yasa debse-re[4] nakv,

他.**屬** 眼睛 眨巴-**未** 既……又

看[5]他的眼睛錫不搭的，(45a7)

89-2 qira fulahvkan -i muru be tuwa-qi,

氣色 淺紅色 **屬** 樣子 **賓** 看-**條**

---

1 水：辛卯本作“水的”。

2 像：底本作“相”，據辛卯本改。

3 似：辛卯本作“是”。

4 debsere：底本和辛卯本均作debsere，詞義不明，疑似debsitembi，“振翅，扇”之意。保留底本寫法。

5 看：辛卯本作“瞧”。

颜色兒紅噗噗兒的[1]，(45a7)

89-3 jemengge -i tuwa ikta-ka-bi,

食物 屬 火 積累-完-現

有了食火了，(45b1)

89-4 ere uquri jing mama erxe-mbi,

這 時候 恰好 天花 出痘-現

這一程子正是[2]出花[3]呢，(45b1)

89-5 gelequke kai.

可怕的 呀

可怕呀。(45b1)

89-6 tuttu bime, dere xan gemu hari-bu-ha-bi,

而且 臉 耳朵 全都 凍-被-完-現

而且臉、耳朵都凍了，(45b2)

89-7 ede, ini qihai je-tere,

而且 他.屬 任意的 吃-未

balai xodo-ro be ende-ra-kv sa-qi o-mbi.

胡亂地 閑逛-未 賓 知道-未-否 知道-條 可以-現

不用説這是由着他任意兒[4]吃随便[5]跑来着罷咧。(45b2-3)

89-8 ete-me targa-bu,

强制-并 戒-使.祈

着實的板着，(45b3)

---

1 紅噗噗兒的：辛卯本作“紅噗噗兒的樣兒”。

2 是：辛卯本無“是”字。

3 花：辛卯本作“花兒”。

4 兒：辛卯本無“兒”字。

5 随便：辛卯本作“随便兒”。

89-9 jebkele,

防備.祈

加緊防着，(45b3)

89-10 talu de karun sabu-ha se-he-de.

偶然 位 瘂 看見-完 説-完-位

萬一[1]要[2]見了苗兒呢？(45b4)

【第90條】

90-1 simbe uthai mergen o-bu-me waji-ha.

你.賓 就 有能力的 成爲-使-并 罷了-完

把你就算了個能哥兒了。(45b5)

90-2 sinqi tulgiyen,

你.從 除了

除了你，(45b5)

90-3 ini bou -i baita be uthai

他.屬 家 屬 事情 賓 就

iqihiya-me jabdu-ra-kv o-ho se mbi,

辦理-并 妥當-未-否 助-完 説-現

他家的事情[3]就辦不成了，(45b5-6)

90-4 waka-u.

不是-疑

不是嗎？(45b6)

---

1 萬一：辛卯本作“倘或”。

2 要：辛卯本作“要是”。

3 情：辛卯本無“情”字。

90-5 niyaman bodo-qi,

親戚 計算-**條**

就論親，(45b6)

90-6 manggai si bi daribu-ha sadun.

無非 你 我 沾親帶故-**完** 親家

不過是四門斗兒的[1]親家。(45b7)

90-7 ere gese abixaha dabixaha niyaman,

這 相同的 不相干的 親戚

這樣[2]拉拉扯扯的親戚，(45b7)

90-8 we ya de udu bou akv,

任何人 **位** 幾 家 **否**

誰沒[3]幾家子，(46a1)

90-9 uttu teisu qi tulgiyen -i baita de latuna-ra anggala,

這樣 職分 **從** 除了 **屬** 事情 **位** 去干預-**未** 與其

與其這們務外多事，(46a1)

90-10 beye-i alban de,

自己-**屬** 公務 **位**

把自己的差使，(46a2)

90-11 fulu majige faxxa-qi,

多 稍微 盡力-**條**

多把拮[4]些，(46a2)

---

1 不過是四門斗兒的：辛卯本作“不過是四門斗了”。

2 這樣：辛卯本作“這一類”。

3 沒：辛卯本作“沒有”。

4 把拮：辛卯本作“巴結”。

90-12 koro se-mbi-u.

傷害 説-**現**-**疑**

委屈了麽？(46a2)

【第91條】

91-1 mumuri o-ho,

没了牙的 成爲-**完**

没了牙了，(46a3)

91-2 nunggala-ha buju-ha lalanji yali be

炖-**完** 煮-**完** 爛熟的 肉 **賓**

炖的煮的爛肉，(46a3)

91-3 majige je-qi, je-ke dabala.

一些 吃-**條** 吃-**完** 罷了

要吃吃些[1]罷咧。(46a3-4)

91-4 muqesi -i ara-ha fuifu-ha bouha be

厨師 **屬** 做-**完** 熬-**完** 菜 **賓**

厨子做的熬的菜，(46a4)

91-5 angga de majige gama-qi o-jora-kv,

嘴 **位** 一些 帶去-**條** 可以-**未**-**否**

嘴裏一点吃不得，(46a4)

91-6 turi miyehu langgv be wahai buye-mbi.

豆腐 倭瓜 **賓** 很 喜愛-**現**

狠愛的是[2]豆腐倭瓜，(46a5)

---

1 些：辛卯本作“些兒”。

2 是：辛卯本無“是”字。

91-7 buda de o-qi,

飯 位 成爲-條

飯上，(46a5)

91-8 geli buju-me dabana-ha-ngge be

全都 煮-并 過分-完-名 賓

又說是煮過了的，(46a6)

91-9 angga de nilukan akv dalhvn se-mbi,

嘴 位 順滑 否 粘的 說-現

不順口發粘，(46a6)

91-10 saimengge be sela-mbi.

有嚼勁的 賓 喜悦-現

愛那有嚼頭兒的。(46a7)

【第92條】

92-1 niyalma goida-fi ili-qi,

人 久-順 起來-條

人若起晚了，(46b1)

92-2 sukdun -i bolgo burubu-me gene-me,

氣 屬 清 消失-并 走-并

清氣消着去，(46b1)

92-3 gvnin -i hvlhi lampa deribu-me ji-mbi-me,

心思 屬 糊塗 混亂 開始-并 來-現-并

心裏混沌起[1]来，(46b1-2)

---

1 起：辛卯本作“起着”。

92-4 geli haqingga duranggi omi-ngga jemengge be
又 各樣的 渾濁的 喝-名 食物 賓
dosim-bu-ha manggi,
進-使-完 之後
而且又吃下些各樣渾濁飲食，(46b2)

92-5 dorgi -i farhvn siran siran -i neme-bu-re be dahame,
心裏 屬 糊塗 陸續地 工 增加-使-未 賓 因此
內裏的糊塗陸續長起来。(46b3)

92-6 jingkini amba baita iqihiya-ra de,
正經的 大的 事情 辦理-未 位
赶辦正經大事，(46b4)

92-7 tob se-re giyan be lak se-me baha-me mute-re aibi.
正 助-未 理 賓 恰當地 助-并 得到-并 能-未 豈能
怎麼能彀恰恰[1]的得正理呢？(46b4-5)

【第93條】

93-1 ere xose -i efi-re de amuran tajira-ra be tuwa-qi o-jora-kv,
這 小子 屬 玩耍-未 與 喜歡 淘氣-未 賓 看-條 可以-未-否
看不得這小子好玩兒淘氣，(46b6)

93-2 hvwaxa-mbi hvwaxa-ra-kv seme,
有成就-現 有成就-未-否 無論
有出息没出息，(46b7)

---

1 恰恰：辛卯本作“恰恰兒”。

93-3 ini mafa ama be gvni-kini.

他.屬 祖父 父親 賓 思索-祈

只看[1]他的祖父罷。(46b7)

93-4 tere anggala, kangna-qi eihen ja, bungna-qi aha ja,

那 而且 騎上去-條 驢 容易 欺負-條 奴才 容易

况且是靴子裏磨襪子啊，(46b7-47a1)

93-5 gvnan gvbada-qi gvsu -i dolo se-he-kai,

三歲牛 跳-條 大粗繩 屬 裏面 說-完-啊

筋斗打不出佛爺的[2]手心兒[3]去，(47a1-2)

93-6 ereqi hvwaxabu-me taqibu-me gama-me,

從此 養育-并 教-并 處治-并

從此調教着，(47a2)

93-7 tumen de emu qimari andande gerila-fi,

萬 位 一 朝 瞬間 醒悟-順

倘若[4]一朝醒了腔，(47a2-3)

93-8 uju mari-ha-de,

頭 調轉-完-位

回了頭的時候，(47a3)

93-9 ai oqibe[5],

不拘

憑怎麽樣，(47a3)

---

1 只看：辛卯本作“只想着”。

2 的：辛卯本無“的”字。

3 兒：辛卯本無“兒”字。

4 倘若：辛卯本作“儻或”。

5 ai oqibe：固定搭配。

93-10 furna bolgosu ujin,

兩代奴僕 三代奴僕 家生子

是兩三輩[1]的家生子兒，(47a3-4)

93-11 bai muke qi buda-i muke yebe,

生的 水 從 飯-屬 水 好些

人不親水土親，(47a4)

93-12 jiduji beye-i haji ejen aha kai.

到底 自己-屬 親的 主人 奴僕 啊

到底是自家親爺兒們。(47a4-5)

【第94條】

94-1 gene-fi goida-ha,

去-順 久-完

去的久了，(47a6)

94-2 amasi mari-qi aqa-me o-ho se-me gvni-me,

往回 返回-條 應該-并 成爲-完 説-并 心想-并

想着該回来了，(47a6)

94-3 inenggi-dari ji-qina se-qi,

天-每 來-祈 説-條

每日盼着来罷[2]。(47a6-7)

94-4 aibide,

在哪裏

那兒呢？(47a7)

1 輩：辛卯本作“輩子”。

2 罷：辛卯本作“着”。

94-5 aliya-qi aba,
等-條 在哪裹
等啊没影兒，(47a7)

94-6 niyalma monggon sa-mpi hargaxa-me ere-hei,
人 脖子 伸-延 望-并 盼望-持
人直着脖兒盼望，(47a7)

94-7 yasa gemu juli-re isi-ka,
眼睛 都 冒出來-未 將近-完
盼的眼都穿了，(47b1)

94-8 maka atanggi teni baha-fi isinji-re bi-he-ni se-me,
不知 何時 纔 得到-順 到來-未 有-完-呢 說-并
不知多咱纔得到来[1]呢。(47b1)

94-9 jing ere-me leule-qe-me bi-sire de,
正在 盼望-并 聊天-齊-并 現-未 位
正盼望念[2]着，(47b2)

94-10 jakan emu jugvn de unggi-he jasigan be ali-me gai-ha,
剛纔 一 路 位 寄去-完 信 賓 接受-并 接受-完
剛纔接得一封[3]路上給的信[4]，(47b2-3)

94-11 te arkan simhun gida-me[5]注詳《補彙》 inenggi tolo-qi o-ho.
現在 剛剛 指頭 壓-并 日子 計數-條 可以-完

---

1 到来：辛卯本作“来到”。

2 念：辛卯本作“念道”。

3 一封：辛卯本無“一封”二字。

4 给的信：辛卯本作“给的一封信”。

5 simhun gidame：“simhun gidame tolombi見《舊清語》simhun。”（《清文補彙》卷四）在《舊清語詞典》中有如下解釋：“ere simhun gidame serengge, uthai simhun fatame sere gisun inu.“這simhun gidame，也就是‘掐指’的意思。”

如今剛剛兒的可以掐[1]着指頭兒[2]算日子了。(47b3-4)

【第95條】

95-1 teni majige sula-fi, sek se-me gete-he bi-qi,

剛纔 略微 一睡即醒-**順** 猛然 **助-并** 醒來-**完** **助-條**

纔略朦朧了一會兒猛然[3]醒来，(47b5)

95-2 fa -i tule hvwasa hisa[4] se-mbi,

窗户 **屬** 外面 嘎吱嘎吱 **助-現**

窗户外希溜唰[5]的，(47b5)

95-3 bi aiqi edun dere,

我 想是 風 罷了

我説想是風罷，(47b6)

95-4 taka amu gai-ki se-qi,

姑且 打盹兒 要-**祈** **助-條**

且打盹[6]兒，(47b6)

95-5 gaitai geli hvwasara se-re jakade,

突然 又 嘩啦啦地 **助-未** 時候

忽然又嘩喇的一下子，(47b6-7)

95-6 bi faijuma se-fi,

我 不妙 説-**順**

---

1 掐：底本作“搯”，據辛卯本改。

2 兒：辛卯本無“兒”字。

3 然：辛卯本無“然”字。

4 hvwasa hisa：固定搭配，據《御製增訂清文鑒》卷一四，意爲“踏落葉聲”。

5 希溜唰：辛卯本作“唰拉希溜”。

6 盹：辛卯本作“顿”。

我說“不好啊”，(47b7)

95-7 niyalma hvla-me ili-bu-fi tuwa-bu-qi,

人 喊-**并** 起來-**使**-**順** 看-**使**-**條**

叫起人来瞧瞧，(47b7)

95-8 dule niyahan orho -i dele monjirxa-me dedu-re bihe-ni.

原來 狗崽子 草 **屬** 上面 搓弄-**并** 卧-**未** 過-呢

原来是小狗子在草上揉蹭[1]着睡呢。(48a1)

95-9 tede elhe amu waliya-fi,

那.**位** 安穩的 打盹 丢下-**順**

那上頭走了睏，(48a2)

95-10 kurbuxe-hei gerembu-he.

翻來覆去-**持** 到天亮-**完**

翻騰了個天亮。(48a2)

【第96條】

96-1 sargan juse,

妻 孩子.**複**

女孩兒家，(48a3)

96-2 damu ujen fisin,

衹是 莊重 厚重

只是穩重，(48a3)

96-3 uru-i haran akv,

正確-**屬** 緣由 **否**

1 蹭：底本作“增”，據辛卯本改。

不管怎麼着(48a3)

96-4 damu gaihasu wesihun saixaquka,

祇是 善於聽話 尊貴的 可嘉獎的

一味的聽説尊貴可愛,(48a3-4)

96-5 fiyen fiyan lumba-ra de ai gana-ha[1].

脂粉 塗抹-**未** **位** 什麽 去取-**完**

與鼓搭脂[2]粉何干?(48a4)

96-6 ai haqin -i[3] miyamixa-qibe,

什麽 種類 **工** 修飾-**讓**

憑你怎麽打扮,(48a4-5)

96-7 da banin qi tuqi-re aibi,

本來的 天性 **從** 出-**未** 未必

總不出長就的生相,(48a5)

96-8 sakda-sa-i gala de banji-ha niyalma be tuwa-qina,

老人-**複-屬** 手 **位** 生養-**完** 人 **賓** 看-**祈**

看老家兒們手裏過的人罷咱,(48a5-6)

96-9 gemu gulu nomhon dorgi neqin.

全都 淳樸的 敦厚的 内心 平和

都老實渾厚心裏平静。(48a6)

96-10 bolgo, ginqihiyan be sonjo-me ibede-re,

清净 秀美 **賓** 選擇-**并** 漸進-**未**

那愛趋鮮亮,(48a6-7)

---

1 ai ganaha:固定搭配,意爲“這是怎麽説的,有何關係”。

2 脂:辛卯本作“胭脂”。

3 ai haqin i:固定搭配,意爲“怎樣地,何等地”。

96-11 oilorgi yangse be buye-me alhvda-ra haqin,

表面 樣式 賓 喜愛-并 效法-未 事項

好學浮華的氣象[1]，(48a7)

96-12 heni akv banji-re doro gala-i weilen de o-qi,

一點 否 生活-未 道理 手-屬 工作 位 成爲-條

一点没有過日子的道理，(48b1)

96-13 emke qi emken mangga.

一個 從 一個 强

與針凿上一個强似一個。(48b1)

【第97條】

97-1 baita yabu-ki se-qi,

事情 做-祈 助-條

要幹事，(48b2)

97-2 beye-i fakjin be neneme bodo-qi aqa-mbi,

自己-屬 主見 賓 先 算計-條 應該-現

先打算自己的主腔骨兒[2]，(48b2)

97-3 julge-i niyalma-i hedu-he gisun,

古時-屬 人-屬 説-完 話

baita deribu-re de deribun be bodo-mbi[3] 見《易經》 se-he-bi.

事情 開始-未 位 開頭 賓 計算-現 説-完-現

1 氣象：辛卯本中作"風氣"。

2 兒：辛卯本無"兒"字。

3 baita deribure de deribun be bodombi：原文出自《御製翻譯易經》卷一。原文作ambasa saisa ereni baita be deribure de deribun be bodombi"君子以作事謀始"。

古人説的:“作事謀始。”(48b2-3)

97-4 baita-i onggolo doigomxo-me seule-me akvna-fi,

事情-屬 事先 預先準備-并 思索-并 詳盡-順

事前打算籌畫到了,(48b4)

97-5 baita -i amargi be toso-qi,

事情 屬 後面 賓 防備-條

預備事後,(48b4)

97-6 tusangga bihe.

有好處的 過

好来着。(48b5)

97-7 te niyalma-i baru mangga beri qa-ha kai,

現在 人們-屬 朝着 硬的 弓 搭起-完 啊

如今向人對撐住了,(48b5)

97-8 aliya-me nasa-qibe,

後悔-并 懊悔-讓

總嘆息後悔,(48b6)

97-9 ai baita.

什麽 事情

中什麽用?(48b6)

97-10 emu mangga gvnin jafa-fi,

一 强壯的 心思 拿-順

拿定個硬心腸兒[1],(48b6)

1 兒:辛卯本無“兒”字。

97-11 suja-me fakjila-me bakqila-ra dabala.
撐住-**并** 頂住-**并** 作對-**未** 罷了
搶到底撐到底做對兒罷咧。(49a1)

97-12 bakqin qa-ra ohode,
對手 搭起弓-**未** 如果
見了硬對兒，(49a1)

97-13 uthai kvli-fi niyalma de anabu-qi,
就 嚇呆-**順** 人 **位** 推讓-**條**
就影了讓給人，(49a1-2)

97-14 ja de ja, mangga de mangga se-he balama.
軟弱的 **位** 軟弱的 强硬的 **位** 强硬的 說-**完** 罷了
可是說的軟的欺硬的怕的[1]似的。(49a2)

97-15 giquke manggi,
可羞的 一味地
羞搭搭的，(49a3)

97-16 adarame abka xun be tuwa-mbi.
怎麼樣 天 太陽 **賓** 看-**現**
可[2]怎麼抬頭舒臉的活着呢？(49a3)

【第98條】

98-1 ere jaka geren -i ubu,
這 東西 大家 **屬** 份額
這[3]東西是衆人的分兒，(49a4)

1 的：辛卯本無“的”字。
2 可：辛卯本無“可”字。
3 這：辛卯本作“這個”。

98-2 si bi neigenje-qina,

你 我 均匀-祈

大家均匀着些罷咱，(49a4)

98-3 tere utala haqin be

那 許多 物件 賓

把那些[1] (49a4)

98-4 si emgeri baha-ra-i teile注詳《補彙》 gama-ha-bi,

你 已經 獲得-未-屬 僅僅 拿去-完-現

你已經儘量兒[2]拿了去了，(49a4-5)

98-5 inu masila-me baha dabala.

也 儘量得到-并 得到.完 罷了

也算得了個足罷咧。(49a5)

98-6 simhun sehei siheri ebqi be jafa-qi o-jora-kv[3],

指頭 祇顧 軟肋 賓 拿-條 可以-未-否

別得一步進一步兒的，(49a6)

98-7 imata si jabxa-mbi-u.

唯獨 你 占便宜-現-疑

一味的竟[4]你便益了嗎？(49a6)

98-8 ere hvhvba o-qi,

這 不開叉的袍子 成爲-條

1 那些：辛卯本作“那些個”。

2 儘量兒：辛卯本作“儘量兒的”。

3 simhun sehei siheri ebqi be jafaqi：滿語俗語，相當於漢語的“得寸進尺”，是simhun sehei siheri ebqi be jafambi的條件副動詞形式。

4 竟：辛卯本作“竟只”。

這[1]一果圓的[2]袍子，(49a7)

98-9 daqi mini jaka bihe,

起初 我.屬 東西 過

起根是我的東西来着，(49a7)

98-10 umai jaka be koikaxa-fi sonjo-me hvlaxa-ra-ngge waka.

并 東西 賓 攪渾-順 挑選-并 交换-未-名 不是

并非是[3]攪混[4]着挑換下的。(49a7-b1)

98-11 bi joldo-me tokto-ho.

我 贖回-并 决定-完

我是要[5]回去定咧，(49b1)

98-12 si inu hepere-me gama-ki se-qi,

你 也 占有-并 拿去-祈 助-條

你也要摟把了去，(49b1)

98-13 ainaha seme o-jora-kv.

無論如何 可以-未-否

那可斷乎[6]不能。(49b2)

【第99條】

99-1 muse-i dolo,

咱們-屬 裏面

---

1 這：辛卯本作“這個”。
2 的：辛卯本無“的”字。
3 是：辛卯本無“是”字。
4 混：辛卯本作“合”。
5 要：辛卯本作“要了”。
6 乎：辛卯本無“乎”字。

咱們裏頭，(49b3)

99-2 ai hvwanggiya-ra.

什麼 妨礙-未

何碍呢？(49b3)

99-3 dekdeni gisun,

流行的 話

俗話[1]說的：(49b3)

99-4 fu -i qala jendu donji-re de guwele-ke,

墻 屬 那邊 悄悄地 聽-未 位 窺伺-完

“隔墻須有耳，(49b3)

99-5 fa -i tule niyalma bi-sire ai boljon se-he-bi.

窗 屬 外面 人 有-未 有何定準 説-完-現

窗外豈無人。”(49b4)

99-6 age -i gisun jaqi badara-ka,

阿哥 屬 話 太 擴大-完

阿哥的話太張了，(49b5)

99-7 talu de firge-fi,

偶然 位 洩露-順

萬一透了風，(49b5)

99-8 weri de xam-bu-ha de seye-bu-mbi-kai.

别人 位 瞧見-被-完 位 恨-被-現-啊

被人聽見[2]了懷恨那[3]。(49b5-6)

---

1 話：辛卯本作“語”。

2 見：辛卯本作“着”。

3 那：辛卯本作“你呀”。

99-9 tondokon -i inenggi hetu-ra-kv o-so,
端端正正的 工 日子 度日-未-否 助-祈
放着好好的日子不過，(49b6)

99-10 turgun akv beye de jobolon be bai-qi,
緣由 否 自己 位 禍患 賓 找-條
無故的自己招亂子，(49b7)

99-11 ai tusa.
什麽 益處
有什麽益處？(49b7)

【第100條】

100-1 niyalma hafixangga,
人 喜歡奉承的
爲人好戴高帽兒，(50a1)

100-2 inde feten aqa-ha uquri,
他.與 緣分 相合-完 之時
合他有緣的那一程子，(50a1)

100-3 yaya baita oqibe,
所有 事情 無論
不拘什麽事，(50a1-2)

100-4 hiyang se-me janquhvn -i ali-me gai-mbi,
大聲地 助-并 情願 工 應承-并 取-現
响响快快的[1]直應承呢，(50a2)

1 的：辛卯本無“的”字。

100-5 simbe majige mujilen niyaman jobo-bu-ra-kv.

你.**賓** 稍微 心 内心 憂心-**使**-**未**-**否**

一点[1]不教你糟心。(50a2)

100-6 aika gvnin karqabu-ha,

倘若 心思 發生矛盾-**完**

若是心不對樁，(50a3)

100-7 iqakv aina-ha de,

不順心的 怎麼様-**完** **位**

不如意的時候，(50a3)

100-8 dere mahvla-ra[2] mangga,

臉 塗抹-**未** 易於

太臉酸，(50a4)

100-9 ilihai dere efule-me[3] fanqa-mbi.

立刻 臉 破壞-**并** 發怒-**現**

立刻就翻[4]。(50a4)

100-10 ini qashvn murikv banin be

他.**屬** 反面 倔强 本性 **賓**

他的那左繆癖氣，(50a4-5)

100-11 niyalma sa-ra jakade,

人們 知道-**未** 因爲

人知道了的上頭，(50a5)

---

1 一点：辛卯本作“一点兒”。

2 dere mahvlara：固定搭配，意爲“讓人尷尬”，是dere mahvlambi的形動詞形式。

3 dere efuleme：固定搭配，意爲“翻臉”，是dere efulembi的并列副動詞形式。

4 翻：辛卯本作“翻臉”。

100-12 baita bi-qi,

事情 有-條

有了事，(50a5)

100-13 damu iqixa-me bixuxa-me,

衹是 迎合-并 撫摸-并

只[1]順着搨薩着[2]。(50a5-6)

100-14 neneme inde gisun ulebu-mbi.

先 他.與 話 喂養-現

拿[3]話[4]餂[5]他。(50a6)

ningguqi fiyelen

第六章

【第101條】

101-1 gerendere ging fori-ha bi-qibe,

將近天亮. 未更 敲鑼-完 助-讓

雖交了亮鐘[6]，(51a1)

101-2 abka ulde-re unde,

天 亮-未 尚未

天還没[7]亮呢，(51a1)

1 只：辛卯本作“只是”。

2 着：辛卯本無“着”字。

3 拿：辛卯本作“先拿”。

4 話：辛卯本作“話兒”。

5 餂：辛卯本作“餂着”。

6 亮鐘：辛卯本作“亮鐘了”。

7 没：辛卯本作“不見”。

101-3 jing ele mila jirga-me erge-qi o-joro erin,
正好 從容的 享受-**并** 歇息-**條** 可以-**未** 時候
正可儘量兒受用舒服的時候，(51a1-2)

101-4 heni baita akv de,
一點 事情 **否** **位**
一点事兒没有。(51a2)

101-5 majige goida-me dedu-qi,
稍微 久-**并** 躺-**條**
略多睡會兒[1]，(51a2-3)

101-6 iqangga akv-n.
舒服的 **否**-**疑**
不舒服麽？(51a3)

101-7 uttu erde baibi-saka ili-ki se-re-ngge,
這樣的 早晨 白白的-**語** 起來-**祈** **助**-**未**-**名**
這們早平白的要起来，(51a3)

101-8 mute-ra-kv ba-de sui bai-re-ngge waka-u.
能-**未**-**否** 地方-**位** 罪 找-**未**-**名** 不是-**疑**
可不是没影兒自己[2]找罪嗎？(51a4)

【第102條】

102-1 weri -i jombu-ha be majige gai-ha bi-qi,
别人 **屬** 提醒-**完** **賓** 稍微 聽取-**完** **助**-**條**
若把别人提白的聽一点兒，(51a5)

---

1 睡會兒：辛卯本作"睡一會兒"。

2 自己：辛卯本作"的"。

102-2 inu ede tuhene-ra-kv bihe.

也 這.**位** 跌落-**未-否** **過**

也不至於[1]跌在這個分兒[2]。(51a5-6)

102-3 te naranggi hvbin de dosi-fi,

現在 到底 圈套 **位** 進入-**順**

如今到底上了套兒[3]。(51a6)

102-4 jobolon ta-ha kai,

困苦 絆住-**完** 啊

受了罪了，(51a6)

102-5 hojo.

稱心

該啊[4]！(51a6)

102-6 hvturi waji-fi, usiha tuhe-ke-bi.

福分 完-**順** 星星 掉落-**完-現**

福分盡了、吊[5]了、造化了，(51b1)

102-7 tuwa-qina,

看-**祈**

看罷咱，(51b1)

102-8 buqe-ra-kv o-qi,

死-**未-否** **助-條**

要不死，(51b1)

1 於：辛卯本無“於”字。
2 分兒：辛卯本作“分兒來着”。
3 套兒：辛卯本作“圈套”。
4 該啊：辛卯本作“該呀”。
5 吊：辛卯本作“掉”。

102-9 sukv inu emu jergi kobqi-mbi.

皮 也 一 層 脱落-現

也脱層皮。(51b2)

【第103條】

103-1 tuttu o-qi,

那樣的 成爲-條

若是那們着,(51b3)

103-2 qili-re turgun-de je-tere be waliya-mbi se-he-ngge kai.

噎住-未 緣故-位 吃-未 賓 放弃-現 説-完-名 啊

可謂因噎廢食了。(51b3)

103-3 neneme turgun be dokolo-me taqibu manggi[1], 注詳《補彙》

先 緣故 賓 抄近路-并 教.祈 之後

先把事[2]情節明明白白的抄總兒教導了,(51b4)

103-4 jai ere baita oyonggo, bi ili-hai aliya-me bi se-me ala.

在 這 事情 重要 我 站着-持 等待-并 現 説-并 告訴.祈

再告訴這[3]事要緊我立等着呢。(51b4-5)

103-5 uttu afabu-ha manggi,

這樣 交付-完 之後

這們交付了,(51b5)

103-6 i udu lali hvdun waqihiya-me mute-ra-kv bi-qibe,

他 雖然 麻利的 迅速的 完結-并 能-未-否 助-讓

1 dokolome taqibu manggi:"dokolome taqihiyambi捷徑之意;擇其簡要以教之如指明。"(《清文補彙》卷五)

2 事:辛卯本無"事"字。

3 這:辛卯本作"這個"。

他雖不能麻利快結，(51b5-6)

103-7 eiqibe touka-bu-re de isina-ra-kv o-mbi.

到底 耽誤-使-未 位 至於-未-否 助-現

到底不至於誤。(51b6)

【第104條】

104-1 fequhun,

（行爲）醜的

亂張[1] (52a1)

104-2 tondokon ekisaka bi-sira-kv,

端正 默默地 有-未-否

總不安安静静坐[2]着，(52a1)

104-3 beye-i hanqi bibu-qi, hono yebe.

身體-屬 旁邊 留-條 還 稍好

若[3]不離左右還好些。(52a1)

104-4 majige alja-bu-qi tetendere,

稍微 離開-使-條 既然

若離開一會[4]，(52a2)

104-5 dokdo dakda moniuqila-me,

跳來跳去狀 學猴的樣子-并

跳跳蹿蹿的活猴兒，(52a2)

1 張：辛卯本作“賬”。

2 坐：辛卯本作“有”。

3 若：辛卯本無此字。

4 若離開一會：辛卯本作“要略離開一會兒”。

104-6 uba-de qob tuba-de jumbali.

這裏-**位** 突出狀 那裏-**位** 直直地

這兒[1]鑽那兒入。(52a2-3)

104-7 ere-be nungne-ra-kv o-qi,

這-**賓** 招惹-**未-否** **助-條**

若不招這個，(52a3)

104-8 tere-be neqi-mbi.

那-**賓** 作弄-**現**

就惹那個。(52a3)

104-9 ememu fon-de, bejile-me injeku ara-me,

有些 時候-**位** 説暗語-**并** 笑話 做-**并**

一會[2]家打皮科鬪笑兒，(52a3-4)

104-10 yobo makta-ha de,

玩笑 放置-**完** **位**

鬪起跟兒來，(52a4)

104-11 simbe inje-bu-hei duha muri-bu-mbi,

你.**賓** 笑-**使-持** 腸子 擰-**使-現**

教你笑的肚腸子疼，(52a4)

104-12 fuhali halai fudasi.

極 乖張

太是乖張。(52a5)

104-13 ai fayangga bihe-ni.

什麼 靈魂 **過**-呢

---

1 兒：底本缺“兒”，據辛卯本補。

2 一會：辛卯本作“一會兒”。

什麼托[1]生的呢？(52a5)

104-14 hairakan niyalma-i sukv, ede nere-bu-fi,

可惜 人-屬 皮 這.位 披-被-順

可惜了的人皮教他披了，(52a5-6)

104-15 inu niyalma se-mbi.

也 人 叫作-現

也算是個人。(52a6)

【第105條】

105-1 tere sebjen baita de dosi-ka,

他 快樂的 事情 位 進-完

他近了樂事兒了，(52a7)

105-2 jing qiksin niyalma bime,

正是 壯年的 人 然而

正是少[2]年人鬧的，(52a7)

105-3 qira biyabiyahvn,

氣色 煞白

顔色煞白，(52a7-b1)

105-4 femen gemu xalibu-ha-bi,

嘴唇 全都 臉變白色-完-現

嘴唇都没[3]血色[4]，(52b1)

---

1 托：辛卯本作“拖”。

2 少：辛卯本作“壯”。

3 没：辛卯本作“没点”。

4 血色：辛卯本作“血色了”。

105-5 ai-de daba-fi simen goqi-mbu-ha ni.

什麽-**位** 超過-**順** 養分 抽出-**使**-**完** 呢

從[1]什麽上受了傷没個火力兒[2]呢。(52b1)

105-6 ama eniye -i jui banji-ha-ngge,

父親 母親 **屬** 孩子 生-**完**-**名**

父母生了兒子，(52b2)

105-7 qohome enen sirabu-re jalin kai,

原以 後裔 接續-**未** 爲了 啊

原爲繼續後嗣啊，(52b2)

105-8 jui o-ho niyalma,

孩子 成爲-**完** 人

爲兒子的人，(52b3)

105-9 ama eme be elde-mbu-me mute-ra-kv,

父親 母親 **賓** 增輝-**使**-**并** 能-**未**-**否**

不能光耀父母，(52b3)

105-10 jou dere.

罷了.**祈** 吧

罷咱的。(52b3)

105-11 aika jukten be lakqa-ra de isibu-qi,

倘若 香火 **賓** 中斷-**未** **位** 導致-**條**

若弄到斷了香烟，(52b3-4)

105-12 si teherebu-me bodo,

你 掂對-**并** 估量.**祈**

1 從：辛卯本作“打”。

2 兒：辛卯本作“了”。

你白斅斅[1]的，(52b4)

105-13 buqe-he seme,

死-完 縱使

就死，(52b4)

105-14 ai weile tuhebu-qi aqa-mbi.

什麽 罪 擬罪-條 應該-現

該得個什麽[2]罪兒[3]。(52b5)

【第106條】

106-1 gvnin sofin mujilen taji,

心思 不穩重的 心 頑皮的

心野猴性，(52b6)

106-2 majige hono sula bi-sira-kv.

一點 尚且 空閑的 有-未-没

一會兒閑不住，(52b6)

106-3 fejilen tule-fi qeqike tabu-ra-kv o-qi,

套子 下網-順 麻雀 套上-未-否 助-條

不是[4]下套子套雀兒，(52b6-7)

106-4 uthai geji sinda-fi,

就 夾子 放-順

就下夾子，(52b7)

---

1 斅斅：辛卯本作“敁斅敁斅”。

2 什麽：辛卯本作“什麽樣的”。

3 兒：辛卯本無“兒”字。

4 不是：辛卯本作“不”。

106-5 giyahvn qeqike[1] buta-mbi.

鷹 麻雀 捕捉-**現**

打鷹不刺兒。(52b7)

106-6 gaitai emke horin -i dolo dangda-ka xeke-he,

忽然 一個 籠子 **屬** 裏面 直挺挺-**完** 挺直-**完**

忽然一個籠子裏直挺挺的倒了，(53a1)

106-7 baji tere emke obukv qi lakdahvn -i fasi-me tuhe-ke.

不一會兒 那 一個 鷹架子 **從** 懸挂的 **工** 吊-**并** 倒-**完**

一會兒那一個吊挂在架子下頭了。(53a1-2)

106-8 tede bi karu de karu,

那.**位** 我 回報 **位** 回報

那上頭我説有個“善有善報，(53a2-3)

106-9 furu de furu se-he gisun bi-kai,

凶惡 **位** 凶惡 説-**完** 話 有-啊

惡有惡報”的話呀，(53a3)

106-10 uttu abka -i jaka be doksira-me efule-me見《武成》 gene-qi,

這樣 天 **屬** 東西 **賓** 行暴行 **并** 毀壞-**并** 去-**條**

這們[2]暴殄天物[3]，(53a3)

106-11 sain karulan akv ayou se-me,

好的 報應 **否** **虚** 助-**并**

只怕没有好報應，(53a4)

---

1 giyahvn qeqike：鷹不刺，鳥名。《大清全書》裏記載爲雀鷹子，虎白蠟。

2 這們：辛卯本作“這們樣”。

3 暴殄天物：辛卯本作“暴殄天物去”。

106-12 mujakv targabu-me jombu-ha.

實在 告誡-并 提醒-完

着實的戒勸[1]。(53a5)

106-13 i simbe donji-qi,

他 你.賓 聽-條

他若[2]肯聽，(53a5)

106-14 ya-ba.

何-地方

那兒呢？(53a5)

【第107條】

107-1 i giyahvn qeqike be

他 鷹 麻雀 賓

他把鷹不刺兒，(53a6)

107-2 simhun de ali-fi,

手指 位 架起來-順

架在指頭上，(53a6)

107-3 hahvrakv be fata-me jafa-me,

項圈 賓 掐-并 拿-并

手揑着脖索兒，(53a6-7)

107-4 gala be emgeri tukiye nakv,

手 賓 一次 舉起.祈 之後

把手一聳，(53a7)

---

1 戒勸：辛卯本作“戒勸來着”。

2 若：辛卯本作“要”。

107-5 giyahvn qeqike mou-i gargan de dona-ha.

鷹 麻雀 樹-屬 枝 位 栖息-完

鷹不剌落在樹枝兒[1]上了。(53a7-b1)

107-6 tere qeqike -i deberen sabu-fi,

那 麻雀 屬 雛鳥 看見-順

那小雀兒見了，(53b1)

107-7 ini eme be be buta-fi ji-he aise seme,

它.屬 母親 鳥食 賓 捕獲-順 來-完 想必是 因爲

當是他[2]娘打着食来了，(53b1-2)

107-8 giyar gir debdere-je-me halana-ha be

嘰嘰喳喳 扇動翅膀-頻頻-并 靠近-完 賓

嘰兒喳兒的[3]搧[4]翅兒就過去。(53b2)

107-9 giyahvn qeqike emgeri sai-fi,

鷹 麻雀 一下 咬住-順

鷹不剌兒一嘴咬住，(53b2-3)

107-10 oxoho -i xoforo nakv,

爪子 工 抓.祈 之後

拿爪子抓着，(53b3)

107-11 par par sasari gvla-me tuhenji-he.

撲棱撲棱 一齊 滾下-并 從上掉下來-完

琶拉琶拉[5]一齊滾下来了。(53b3-4)

1 兒：辛卯本無“兒”字。

2 他：辛卯本作“他的”。

3 的：辛卯本無“的”字。

4 搧：辛卯本作“搧着”。

5 琶拉琶拉：辛卯本作“琶拉琶拉的”。

107-12 i inje-re qira-i,

他 笑-未 氣色-工

他笑密嘻兒的，(53b4)

107-13 tere qeqike -i asha be jafa-fi,

那 麻雀 屬 翅膀 賓 拿-順

把那雀兒的翅膀[1]拿起来，(53b4)

107-14 kvwar se-me garmi-fi,

哧啦一聲 助-并 撕碎-順

咵叉的拉[2]了兩半[3]。（53b4-5)

107-15 uthai giyahvn qeqike de ulebu-mbi.

就 鷹 麻雀 與 喂-現

就喂了[4]鷹不剌兒。(53b5)

107-16 bi ibe-fi tuwa-qi,

我 前進-順 看-條

我上前[5]一瞧，(53b5)

107-17 absi kiriba,

如此的 殘忍

好狠啊，(53b6)

107-18 tere qeqike -i niyaman,

那 麻雀 屬 心臟

1 膀：底本作“髈”，據辛卯本改。

2 拉：辛卯本作“扯”。

3 兩半：辛卯本作“兩半兒”。

4 了：辛卯本無“了”字。

5 上前：辛卯本作“上前去”。

那雀兒[1]的心，(53b6)

107-19 tuk tuk se-me naka-ra unde bime,

突突地 **助-并** 停止-**未** 尚未 而且

突突[2]的跳着不[3]止，(53b6-7)

107-20 yali hono sersen sarsan gvwaxxa-me bi,

肉 尚且 形容微微顫動的樣子 （肌肉）跳動-**并** **現**

連肉還禿酥禿酥的跳[4]呢，(53b7)

107-21 tede bi yala tar se-me mujilen doso-ra-kv o-ho.

那.**位** 我 果然 心驚肉跳的樣子 **助-并** 心 忍耐-**未-否** **助-完**

那上頭我[5]心内[6]咚的一下子受不得了。(54a1)

107-22 ere gese kiriba mujilen -i giyan be efule-me,

這 像 殘忍的 心 **工** 理 **賓** 毀壞-**并**

行這樣忍心害理，(54a1-2)

107-23 ergengge be wa-ra weihun ningge be

生靈 **賓** 殺-**未** 活的 **名** **賓**

joqibu-re baita be yabu-ha-ngge,

謀害-**未** 事情 **賓** 行事-**完-名**

殺生害命的事，(54a2)

107-24 qohome sui mai ara-ra-ngge waka-u.

正是 罪孽 做-**未-名** 不是-**疑**

---

1 兒：辛卯本無“兒”字。

2 突突：辛卯本作“突啊突啊”。

3 不：辛卯本作“未”。

4 跳：辛卯本作“跳着”。

5 我：辛卯本作“我實在”。

6 内：辛卯本作“裹”。

竟不是作[1]孽嗎[2]？(54a3)

【第108條】

108-1 ini uju qukv,

他.屬 頭 俯

見他低着頭，(54a4)

108-2 qung qung qasi gene-re be sabu-fi,

低頭直行的樣子 往那邊 去-未 賓 看見-順

一直的只管往那們去，(54a4)

108-3 ili se-qi,

站.祈 說-條

教他站住呢，(54a4-5)

108-4 i bi jabdu-ra-kv,

他 我 來得及-未-否

他說："我不得暇[3]兒[4]，(54a5)

108-5 muse jai gisure-ki se-fi,

咱們 再 說話-祈 助-順

咱們再説。"(54a5)

108-6 ekxeme saksime tere hvtung ni dolo dosi-ka,

慌慌忙忙 那 胡同 屬 裏 進入-完

慌慌忙忙的進了那個胡同裏[5]，(54a5-6)

1 作：辛卯本作"造"。

2 嗎：辛卯本作"呢"。

3 暇：辛卯本作"閑"。

4 兒：辛卯本無"兒"字。

5 裏：辛卯本無"裏"字。

108-7 goida-ha-kv niyalma-i ge ga se-re jilgan be donji-fi,

久-完-否 人-屬 吵吵鬧鬧的 助-未 聲音 賓 聽-順

不多一會兒聽見人吵嚷的聲兒，(54a6)

108-8 gene-fi tuwa-qi,

去-順 看-條

去瞧時，(54b1)

108-9 ini haha jui be qiyali-me,

他.屬 兒子 賓 揪-并

揪着他兒子的[1]頭髮，(54b1)

108-10 uxarala-me fexxe-mbi.

拉-并 連連踢-現

拖拉着拿脚踢呢。(54b1-2)

108-11 fonji-qi, dule ini jui,

問-條 原來 他.屬 孩子

問時原来他兒子，(54b2)

108-12 laihvtu -i emgi aqa-fi,

無賴 屬 一起 會面-順

與[2]泥腿會在一處[3]，(54b2)

108-13 sesuku makta-ra be

骰子 投擲-未 賓

擲骰子来着[4]，(54b2)

---

1 的：辛卯本無“的”字。

2 與：辛卯本作“與幾個”。

3 處：辛卯本作“塊”。

4 着：辛卯本無“着”字。

108-14 inde nambu-ha kai.

他.**位** 遇見-**完** 啊

被他遇着了。(54b3)

【第109條】

109-1 haha se-me banji-fi,

男人 說-**并** 生-**順**

生成個漢子人家，(54b4)

109-2 urunakv teisu baita de afa-na-mbi.

一定 本分 事情 **位** 執掌-去-**現**

必該各幹其事。(54b4)

109-3 uttu inenggi xun de,

這樣 白天 太陽 **位**

這個精搭白日裏，(54b5)

109-4 fiyoto-me amga-me inenggi wa-me banji-qi,

放屁-**并** 睡覺-**并** 白天 殺-**并** 生活-**條**

死睡消磨日月，(54b5)

109-5 abka ainahai fatha sidara-bu-fi erge-bu-mbi.

天 未必 蹄子 舒展-**使**-**順** 休息-**使**-**現**

老天也[1]未必教高枕無憂的樂呀。(54b5-6)

109-6 uthai qaliyan de ertu-fi,

就 錢糧 **位** 依仗-**順**

就說是仗着有錢粮，(54b6)

---

1 也：辛卯本無“也”字。

109-7 omiholo-ro de isina-ra-kv se-qi,
挨餓-未 位 至-未-否 説-條
不至於挨餓，(54b7)

109-8 inu giyan -i humsun -i teile[1] hvsun bu-me faxxa-qi aqa-mbi.
也 道理 工 竭盡全力 屬 僅僅 力氣 出-并 勤勉-條 應該-現
也該[2]儘量兒的巴結出力。(54b7)

109-9 akv-qi,
否-條
不然，(55a1)

109-10 enteke yokqin bakqin akv[3] hvman de ejen -i kesi ertun be
這樣的 容貌好 對手 否 本事 位 主人 屬 恩典 倚仗 賓
這一落[4]抽筋巴怪的嘴巴骨連[5]主子的恩典，(55a1-2)

109-11 inu ainahai tuwakiya-me mute-re.
也 未必 守-并 能-未
也未必保得住。(55a2)

【第110條】

110-1 xun darhvwala-me mukde-ke manggi,
太陽 伸出杆子-并 上升-完 之後
日頭一杆子老高的，(55a3)

---

1 humsun-i teile：固定搭配。
2 該：辛卯本作“該當”。
3 yokqin bakqin akv：固定搭配，意爲“醜陋的”。底本缺akv，據辛卯本補。
4 一落：辛卯本作“一落兒”。
5 嘴巴骨連：辛卯本作“嘴巴骨連靠墻兒”。

110-2 teni ili-mbi.

纔 起來-現

纔起来，(55a3)

110-3 uju iji-re,

頭 梳-未

頭也不梳，(55a3)

110-4 dere obo-ro inu akv,

臉 洗-未 也 否

臉也不洗，(55a3)

110-5 emu goqikv sai-fi,

一 烟袋 叼-順

刁上個烟袋，(55a4)

110-6 uthai bakqin adaki bou-de xodo-no-me,

就 對面 臨近的 家-位 串門-去-并

就往街房[1]家串門子，(55a4)

110-7 kejine bokson be mana-bu-mbi.

許久 門檻 賓 磨損-使-現

把門檻子磨明了多少。(55a5)

110-8 amasi mari-tala,

往回 返回-至

赶回来，(55a5)

110-9 dambagu aifini mukiye-he,

烟 早已 熄滅-完

---

1 房：辛卯本作“坊”。

烟早已滅了，(55a5-6)

110-10 fulenggi gemu tuhe-he bime,

灰 都 落-**完** 而且

灰都落了，(55a6)

110-11 kemuni pos pos goqi-mbi. 見《對待》

還 噗噗地 抽-**現**

還噴兒噴兒的抽搭。(55a6)

110-12 tere emu haqin -i wa de,

那 一 事項 **屬** 氣味 **位**

那一宗氣味，(55a6-7)

110-13 yala niyalma sengsere-bu-me buqe-mbi.

所有 人 嗆-**被-并** 死-**現**

真要嗆死個人。(55a7)

110-14 jalan -i dorgi eimequke-ngge,

世界 **屬** 裏面 討厭的-**名**

世上的厭惡行子，(55a7-b1)

110-15 ere-i qala jai akv se-qina.

這-**屬** 除了 再 **否** 説-**祈**

除了他再也[1]没有了。(55b1)

【第111條】

111-1 niyalma de emu doro yangse de bi.

人 **位** 一 道 姿態 **位** 有

1 再也：辛卯本作“也再”。

人有個禮貌兒[1]。（55b2）

111-2 ainame ainame[2] arbuxa-qi tuwa-ra de ehe.

隨便 舉動-條 看-未 位 惡劣的

若隨便行去不好看。(55b2)

111-3 sini ere mahala be haidara-me hukxe-me,

你.屬 這 帽子 賓 歪-并 頂-并

你這們歪蒯着個帽子，(55b3)

111-4 adasun be ilafi-me,

前襟 賓（衣襟）上捲-并

裂拉着個前襟子，(55b3)

111-5 tohon tabu-ha-kv-ngge,

扣子 扣住-完-否-名

不扣鈕子，(55b4)

111-6 ai demun.

什麽 怪樣

是什麽樣兒？(55b4)

111-7 sabu be guyele-fi見《對待》 etu-qi,

鞋 賓 曳踵-順 穿-條

鞋提上穿着[3]，(55b4)

111-8 bethe-i iqi lali bime malhvxa-mbi.

脚-屬 隨着 輕快的 而且 節省-現

隨脚利便而且省。(55b5)

1 兒：辛卯本無"兒"字。

2 ainame ainame：固定搭配。據《御製增訂清文鑒》卷一七，意爲"苟且"。

3 鞋提上穿着：辛卯本作"把鞋提上穿着"。

111-9 uttu sisi-hai gama-qi,

這樣 塞-**持** 處理-**條**

若這們靸拉了去，(55b5)

111-10 piyat piyat yangxan niyalma hami-ra-kv se-re anggala,

鞋在地上拖拉的聲音 吵鬧的 人 能够忍耐-**未**-**否** 説-**未** 不但

不但瓜搭瓜搭的[1]腥影的人受不得，(55b5-6)

111-11 inenggi-dari sabu -i guye feku-bu-me ijura-bu-hai,

天-每 鞋 **屬** 跟 跳-**使**-**并** 蹭-**使**-**持**

鞋後根終日家踩踏着揉挫，(55b6-7)

111-12 goida-ra-kv mana-ra dabala,

久-**未**-**否** 磨壞-**未** 罷了

不久就[2]爛了罷咧，(55b7)

111-13 ai funqe-mbi.

什麽 剩下-**現**

剩什麽呢？(55b7)

【第112條】

112-1 sinde giyanakv ferguwequke oyonggo ai alban bi,

你.**位** 可能有的 奇特的 重要的 什麽 公務 有

你可能有什麽奇特要緊的差使，(56a1)

112-2 uttu ergen akv ekxe-re-ngge.

這樣的 命 否 忙-**未**-**名**

這們奔的是什麽命？(56a1-2)

---

1 瓜搭瓜搭的：辛卯本作“瓜答答瓜答答”。

2 就：辛卯本無“就”字。

112-3 foihori taqin,

輕率的 作風

學輕浮事，(56a2)

112-4 ai uttu sinde ja.

如此 這樣的 你.**與** 容易

你怎麽這個[1]快？(56a2)

112-5 manju fujuri ye kai,

滿洲 世襲的 爺 啊

滿洲世家的爺呀[2]，(56a2-3)

112-6 duwali qi tuqi-re feniyen qi qolgoro-ro be sinde inu jou.

同類 **從** 出來-**未** 一群 **從** 出衆-**未** **賓** 你.**與** 也 算了罷

也不要[3]出類拔萃。(56a3)

112-7 damu gvnin be bargiyata-fi,

衹是 心思 **賓** 收斂-**順**

只把心收攬着，(56a4)

112-8 taqi-qi aqa-ra kiqen -i haqin be mutebu-qi,

學-**條** 應該-**未** 功課 **屬** 事項 **賓** 完成-**條**

把當學的工課弄得来，(56a4-5)

112-9 jai ai bai-re.

還 什麽 需要-**未**

還向[4]你要什麽？(56a5)

---

1 個：辛卯本作“們”。

2 呀：辛卯本作“啊”。

3 不要：辛卯本作“不要你”。

4 向：辛卯本作“望”字。

112-10 ereqi yabu-re arbuxa-ra de,
從此 行動-未 舉動-未 位
從此行動[1]，(56a5)

112-11 elhe nuhan tob tab o-so.
安穩的 從容的 端正的 成爲-祈
斯文穩重着罷。(56a6)

【第113條】

113-1 giyanakv udu okson yabu-ha seme,
能有的 幾 步 走-完 雖然
能走了幾步路，(56a7)

113-2 bilha qi xanggiyan tuqi-me,
嗓子 從 烟 出去-并
嗓子裏冒烟，(56a7)

113-3 he fa se-me faha-bu-fi,
呼哧呼哧地 助-現 扔-使-順
一口赶不上一口的喘[2]，(56b1)

113-4 sukdun wesihun fusihvn irabu-ra-kv o-ho,
氣息 上 下 接續-未-否 助-完
上氣不接下氣兒[3]，(56b1)

113-5 katunja-ra gvnin akv aina-ha,
掙扎-未 心思 否 怎麽-完

1 行動：辛卯本作“行動時”。
2 一口赶不上一口的喘：辛卯本此句作“一口迭不得一口兒干喘”。
3 上氣不接下氣兒：辛卯本作“上氣不接下氣了”。

扎挣的心[1]怎麽没有？(56b2)

113-6 dara de nimenggi akv o-ho,

腰 位 脂肪 否 助-完

腰裹没勁兒[2]，(56b2)

113-7 enqehen hvsun moho-ho.

能耐 力量 枯竭-完

能耐力量盡了。(56b3)

113-8 ai,

哎

嗳，(56b3)

113-9 suwende angga gai-bu-ha,

你們.位 嘴 要-使-完

望你們强不得嘴了，(56b3)

113-10 oyo-fi baitakv o-ho-bi.

蹺縮-順 無用的 成爲-完-現

抽抽的無用了。(56b3-4)

113-11 se de, goqi-mbu-ha se-he-be qende-he-ngge,

年紀 位 牽制-被-完 說-完-賓 估量-完-名

年歲赶的話，(56b4)

113-12 enenggi tuktan.

今天 初次

今日頭次[3]嘗着。(56b4)

1 心：辛卯本作“心腸”。

2 没勁兒：辛卯本作“没有勁兒了”。

3 頭次：辛卯本作“頭一遭兒”。

【第114條】

114-1 guqule-re doro,

交朋友-**未** 道理

交朋友的道理，(56b5)

114-2 uhe dakv haji halhvn wesihun,

和睦 親近 親熱 尊貴

不分彼此的[1]親熱爲貴，(56b5)

114-3 qi akv ta se-me feliye-me sabu-ha manggi,

間隙 **否** 頻繁的 **助-并** 走動-**并** 看見-**完** 之後

没遍数的常来往，(56b5-6)

114-4 keb gala jafaxa-me hajila-qi,

親熱地 手 拉-**并** 相親相愛-**條**

一見了熱熱呼呼的拉着手[2]親香，(56b6)

114-5 teni sa-ha tuwa-ha doro,

纔 知道-**完** 看-**完** 道理

纔算是[3]知己之道呢[4]，(56b6-7)

114-6 urui gemu uju lasihi-me esi-ke se-re-be

總是 都 頭 搖-**并** 够-**完** 説-**未-賓**

必定都摇着頭兒不惹[5]，(56b7)

114-7 we de buye-mbi.

誰 **位** 喜歡-**現**

---

1 的：辛卯本無“的”字。

2 拉着手：辛卯本作“拉着手兒”。

3 是：辛卯本作“得”。

4 呢：辛卯本無“呢”字。

5 惹：辛卯本作“理”。

誰可願意呢？(56b7-57a1)

114-8 bi banitai mengde modo o-joro jakade,

我 生來的 不能開的窗 呆笨的 成爲-**未** 因爲

我因爲生来的死板拙笨，(57a1)

114-9 kemuni waka sabu-bu-rahv[1] se-me olho-me,

常常 錯誤 看見-**被-虛** **助-并** 畏懼-**并**

恐怕得罪[2]人，(57a1)

114-10 kundule-re gvnin be yala mute-re ebsihe waqihiya-ha,

尊敬-**未** 心意 **賓** 全都 能-**未** 盡 完結-**完**

把恭敬的心[3]實然[4]都費盡了，(57a2)

114-11 ai-de feten aqa-ra-kv ubiyabu-ha be sa-r-kv,

什麼-**位** 品行 相合-**未-否** 討人嫌-**完** **賓** 知道-**未-否**

不知[5]爲什麼不投緣討他嫌，(57a2-3)

114-12 ju-qe-he[6] usha-ha balama.

咬緊牙關-常常-**完** 惱怒-**完** 罷了

總象[7]惱了似的[8]。(57a3)

114-13 sabu-ha dari,

看見-**完** 每

---

1 sabuburahv：底本爲sabubure ahv，據辛卯本改。

2 得罪：辛卯本作“得罪了”。

3 恭敬的心：辛卯本作“恭敬底的心”。

4 然：辛卯本作“在”。

5 不知：辛卯本作“不知道”。

6 juqehe：底本作sekqehe，詞義不明，據辛卯本改juqehe。

7 象：底本作“相”，據辛卯本改。

8 惱了似的：辛卯本作“惱了的是的”。

每逢[1]見了，(57a3-4)

114-14 baibi amda musihi akv[2] mini jakade ek se-mbi.

祇是 愛理不理 我.屬 原因 厭煩 **助-現**

只是待理不理[3]的不待見我。(57a4)

【第 115 條】

115-1 tere be emgeri jong-ko de,

他 **賓** 一下 提起-**完** **位**

一提起他来，(57a5)

115-2 si ainu dokdorila-ha[4],

你 爲何 嚇了一跳-**完**

你爲什[5]麼嚇一多縮，(57a5)

115-3 ise-he-ngge sabu-qi o-jora-kv,

畏懼-**完**-**名** 看見-**條** 可以-**未**-**否**

慒的看不得[6]，(57a5)

115-4 tede ai giyanakv tuttu gele-qi aqa-mbi.

那.**位** 什麼 能有的 那樣的 害怕-**條** 應該-**現**

能有什麼該那們[7]怕他[8]？(57a6)

---

1 逢：辛卯本作“遭”。

2 amda musihi akv：固定搭配。

3 待理不理：辛卯本作“待理兒不待理兒”。

4 dokdorilaha：底本作dokdoridaha，據辛卯本改。

5 什：辛卯本作“甚”。

6 看不得：辛卯本作“看不得咧”。

7 們：辛卯本作“麼”。

8 他：辛卯本作“他的”。

115-5 yakqa hutu geli waka,

夜叉 鬼 又 不是

又不是夜叉惡鬼，(57a6-7)

115-6 tere majige muke axu-fi, simbe weihun nungge-rahv[1],

他 一點兒 水 含-順 你.賓 活的 咽-虛

怕他含点水兒[2]把你活咽了，(57a7)

115-7 aina-rahv se-mbi-u.

做什麼-虛 助-現-疑

是怎樣的麽？(57a7)

115-8 ergen bi-qi sukdun bi se-he-bi.

生命 有-條 氣息 有 説-完-現

土還有個土性兒呢[3]，(57b1)

115-9 huwekiyen de gvnin ili-fi,

興致 位 心思 起來-順

稱[4]着勢兒立起個[5]志向来，(57b1)

115-10 isele-me tuwa.

抗拒-并 看.祈

還個綳子看，(57b2)

115-11 haha niyalma majige fahvn jili bi-qi,

男人 人 略微 膽量 怒氣 有-條

漢子家略有個胆氣，(57b2)

---

1 nunggerahv：底本作nunggirahv，據《御製增訂清文鑒》改。

2 兒：辛卯本無“兒”字。

3 呢：辛卯本無“呢”字。

4 稱：辛卯本作“襯”。

5 個：辛卯本無“個”字。

115-12 inu karu de yebe.

也 回報 **位** 稍好的

也争口氣呀。(57b2)

115-13 enteke oyombu-ra-kv ba-de,

這樣的 要緊-**未**-**否** 地方-**位**

這[1]有要没緊的地方，(57b3)

115-14 hono uttu dargiya fekqe-me umuhun tuhe-fi,

尚且 這樣的 脖子的動脉 跳動-**并** 脚面 跌倒-**順**

尚且這們脖子筋跳麻[2]爪[3]兒，(57b3)

115-15 qiqi goqi o-ho kai,

畏首畏尾 成爲-**完** 啊

縮頭縮腦[4]的，(57b4)

115-16 unenggi ba-de bi-he bi-qi aina-ra.

真的 地方-**位** 有-**完** 助-**條** 怎麼辦-**未**

要到個四角台[5]上可怎麼樣呢？(57b4)

【第116條】

116-1 yasa fu-me ili-fi,

眼睛 揉-**并** 起來-**順**

揉揉眼扒起来，(57b5)

---

1 這：辛卯本作“這樣”。

2 麻：辛卯本作“麻了”。

3 爪：辛卯本作“瓜”。

4 腦：底本作“惱”，據辛卯本改。

5 台：辛卯本作“台兒”。

116-2 angga gakahvn -i dadara-fi,

嘴 張着嘴的 **工** 龇牙咧嘴-**順**

張着口兒，(57b5)

116-3 xa-me tuwa-me buda aliya-mbi,

望-**并** 看-**并** 飯 等-**現**

等飯吃[1]，(57b5)

116-4 inenggi xun de fayangga hemhi-re adali,

白天 太陽 **位** 魂 摸索着走-**未** 像

白日裏游魂也似的。(57b6)

116-5 ini qisui hergi-me,

任其 游蕩-**并**

自己個游搭，(57b6)

116-6 yamji uju qirku de makta-me,

晚上 頭 枕頭 **位** 放置-**并**

到了[2]晚上頭往枕頭上一撂，(57b7)

116-7 uthai dangda-ka,

就 伸直躺下-**完**

就挺尸咧，(57b7)

116-8 yaya da-ra ba akv.

任何 干預-**未** 地方 **否**

任事兒也[3]不管。(57b7-58a1)

1 等飯吃：辛卯本作“眼巴巴的等飯吃”。

2 了：辛卯本無“了”字。

3 也：辛卯本無“也”字。

116-9 niyalma-i saligan be tuwakiya-ra qi tulgiyen,

人-**屬** 主意 **賓** 看守-**未** **從** 除了

除了看着人家行事外，(58a1)

116-10 heni tani muten inu akv,

一點兒 圭[1] 能力 也 **否**

一点[2]本事也没有，(58a2)

116-11 boigon tede ai teisu,

家産 他.**與** 什麽 相稱

家私他那[3]配得起，(58a2)

116-12 abka urunakv tere-be dabda-mbi.

天 就 他-**賓** 屢受福祉-**現**

老天偏肯照顧他。(58a2-3)

jai debtelin

卷二

nadaqi fiyelen

第七章

【第117條】

117-1 hafan o-ho niyalma,

官員 成爲-**完** 人

爲官的人，（1a1）

1 圭：容量單位，相當於十萬分之一升。heni tani爲固定搭配，意爲“一點點，一星半點”。

2 一点：辛卯本作“一点兒”。

3 那：辛卯本作“那里”。

117-2 tuxan be akvmbu-fi,

職務 賓 盡心-順

該把盡職（1a1）

117-3 gurun de hvsun bu-re be,

國家 與 力量 給-未 賓

與國家出力，（1a1）

117-4 gvnin de tebu-qi aqa-mbi,

心意 位 放置-條 應該-現

放在心上，（1a2）

117-5 umai buta-ra sain baha-ra fulu be kiqe-kini se-re-nggi waka.

并 賺錢-未 好的 獲得-未 多 賓 努力-祈 助-未-名 不是

并不是教你打算會摟錢得的多呀。（1a2-3）

117-6 aika amba hvda o-bu-fi,

倘若 大的 買賣 成爲-使-順

若是當作大買賣，（1a3）

117-7 gala golmin,

手 長

把手長、（1a3-4）

117-8 songko amba[1] be

踪迹 大的 賓

鑽幹大，（1a4）

117-9 jing bengsen ara-fi,

正當的 本事 做-順

---

1 songko amba：又作songko fulu，固定搭配，意爲“善於鑽營，鬼心眼多”。

當作本事，（1a4）

117-10 qihai mihada-me aidahaxa-qi,

任意地 撒潑-并 橫行霸道-條

任意橫行霸道了[1]去，（1a4-5）

117-11 mujangga-saka beye-i ergen be jafa-fi,

果然-語 自己-屬 生命 賓 拿-順

當真的[2]要拿着命，（1a5）

117-12 niyalma-i baru elje-ki se-re-ngge dabala.

人-屬 朝着 賭氣-祈 助-未-名 罷了

向[3]人賭憋兒罷咧。（1a5-6）

117-13 jobolon be si udu goida-mbi se-mbi.

禍患 賓 你 幾 遠-現 説-現

你看禍患能有多遠呢[4]？（1a6）

【第118條】

118-1 tere manggai fulun faita-ra weile,

那 無非 俸祿 罰-未 罪

那不過是個罰俸的不是，（1b1）

118-2 xoxo-fi wesimbu-re de dosimbu-re baita,

彙總-順 上奏-未 位 加進去-未 事情

入彙題[5]的事情，（1b1）

---

1 了：辛卯本作“着”。

2 當真的：辛卯本作“當真的是”。

3 向：辛卯本作“合”。

4 呢：辛卯本無“呢”字。

5 彙題：清代文書制度。據《清代六部成語詞典》，凡内容、性質相同，無需一事一奏的事務，可以彙集在一起，定期題奏，謂之彙題。

118-3 heni gelequke ba akv.

一點 可怕的 地方 **否**

没一点可怕處，（1b2）

118-4 ai onggolo emdubei uba tuba se-me toso-me faqihiyaxa-qi,

什麽 先前的 屢屢 這裏 那裏 説-**并** 預備-**并** 焦急-**條**

来不来的[1]這兒[2]那兒[3]的預備發忙，（1b2-3）

118-5 ai dube unde,

什麽 終結 尚未

什麽了當那兒呢？（1b3）

118-6 atanggi nuka-ra bethe be te tukiye-mbi,

何時 扎刺-**未** 脚 **賓** 現在 抬起-**現**

離着老早的這會兒先發毛，（1b3-4）

118-7 erin-de isina-kini dere.

時候-**位** 到達-**祈** 罷了

等到[4]根前罷咱。（1b4）

118-8 haha ere-u,

漢子 這-**疑**

這們個漢子麽，（1b4）

118-9 ere-qi jai ta-ra afa-ra manggaxaquka baita

這-**從** 再 絆住-**未** 跌-**未** 爲難的 事情

teisulebu-he se-he-de,

遇到-**完** 説-**完**-**位**

1 来不来的：辛卯本作“来不来的儘着”。

2 兒：辛卯本作“裹”。

3 兒：辛卯本作“裹”。

4 到：底本作“道”，據辛卯本改。

比這個要再有些磕拌[1]爲[2]難的事，（1b4-5）

118-10 adarame elehun -i gama-me heu hiu se-mbi.

如何 自若 工 處理-并 綽綽有餘地 助-現

可怎麽能自然安安頓頓的料理呢？（1b5-6）

【第119條】

119-1 si tere-be yabu-re baita ba-de ginqihiyan se-mbi waka-u.

你 他-賓 行事-未 事情 地方-位 華麗 説-現 不是-疑

你説他不是在當差[3]的地方鮮明麽？（1b7）

119-2 bi tuttu gvni-ra-kv.

我 那樣 思想-未-否

我不那們想。（1b7）

119-3 si aniya goida-ha bime faxxan bi,

你 年 久-完 而且 功績 有

你年久而且有巴結，（2a1）

119-4 amba-sa buleku kai,

大人-複 鏡子 啊

大人是明鏡兒啊，（2a1）

119-5 teike teike baita ai boljon,

一會兒 一會兒 事情 有何定準

一會[4]一會兒的事有甚[5]麽定準？（2a1-2）

---

1 拌：辛卯本作“伴”。

2 爲：辛卯本作“着”。

3 差：辛卯本作“差使”。

4 一會：辛卯本作“一會兒”。

5 甚：辛卯本作“什”。

119-6 jingse hala-mbi se-me belhe,

頂戴 換-現 説-并 準備.祈

預備着換頂子罷。（2a2）

119-7 ume amban -i manabu-re[1],

勿 大 工 敗落-未

别闊大方模[2]兒，（2a2）

119-8 talu-de sonjo-bu-fi,

偶然-位 揀選-被-順

倘若挑選上，（2a3）

119-9 beye-be tuwa-bu-re inenggi hahi o-qi,

自己-賓 看-使-未 日子 緊急的 成爲-條

引見的[3]日子緊了，（2a3）

119-10 etuku mahala be teksile-re jalin,

衣服 帽子 賓 整理-未 爲了

爲整理衣帽，（2a3-4）

119-11 faqihiyaxa-hai hebtexe-bu-rahv.

焦急-持 上氣不接下氣-使-虚

看仔細張羅個喘兒[4]。（2a4）

【第120條】

120-1 yasa nei-me, abka ulde-ke,

眼睛 睁開-并 天 亮-完

---

1 amban i manabure：固定搭配，意爲“糊塗而馬虎”，是amban i manabumbi的形動詞形式。

2 模：辛卯本作“摸”。

3 的：辛卯本無“的”字。

4 張羅個喘兒：辛卯本作“張羅個喘兒罷”。

纔一睜[1]眼天發亮了，（2a5）

120-2 tuktan uden -i alban kai,

初次 宿驛 **屬** 差事 啊

頭分尖營的差使啊[2]，（2a5）

120-3 sandalabu-ha-ngge hon goro akv bi-qibe,

相隔-**完**-**名** 很 遠的 **否** 有-**讓**

雖相隔的不狠遠，（2a5-6）

120-4 giu turibu-rahv[3] se-me,

狍子 失掉-**虛** **助**-**并**

别旗杆底下誤了操。（2a6）

120-5 haqihiya-me xose be hvla-me ili-bu-fi tuwa-bu-qi,

趕緊-**并** 小子 **賓** 叫-**并** 站立-**使**-**順** 看-**使**-**條**

赶着教[4]小子来一看，（2a6-7）

120-6 qira muru ilga-bu-me,

氣色 模様 分辨-**被**-**并**

説是分别出人的模樣，（2a7-b1）

120-7 alin jakara-ha[5] se-mbi,

山 裂縫-**完** 説-**現**

濛濛亮了，（2a7-b1）

---

1 睁：辛卯本作“挣”。

2 啊：辛卯本無“啊”字。

3 giu turiburahv：意爲“恐怕誤了操”，是giu turibumbi的虚拟式形式。giu turibumbi，字面意思爲“狍子遺失了”，滿語俗語“旗杆下誤了操”之意。

4 教：辛卯本作“教起”。

5 alin jakaraha：原意是山裂縫了，此處意思就是天朦朦亮了。

120-8 tere-qi ainame morin de enggemu makta-fi,

那-從 敷衍地 馬 位 馬鞍 放置-順

從那們赶着胡里搗[1]的給馬撂上鞍子[2]，（2b1）

120-9 kutule-me tuqi-fi yalu-fi,

牽-并 出-順 騎-順

牽出来騎上，（2b1-2）

120-10 xuwak se-me emgeri xusihala,

唰地 助-并 一下 鞭打.祈

唰的一鞭子，（2b2）

120-11 unqehen axxabu-me,

尾巴 扇動-并

野鶏溜子，（2b2）

120-12 xor se-me xodo-me,

馬走得略快的樣子 助-并 顛走-并

遏[3]顛着，（2b3）

120-13 uthai neneme yo-ha,

就 先 走-完

就先走了，（2b3）

120-14 lete lata be youni fisa-i amala waliya-ha-bi.

累累贅贅 賓 全都 脊背-屬 後面 抛-完-現

累累墜墜的都撂在後頭了。（2b3）

---

1 搗：辛卯本作“嗎兒”。

2 撂上鞍子：辛卯本作“搭上個鞍子”。

3 遏：本字不明，“趟”“蕩”均有可能，穩妥起見，“遏”字照録。

【第121條】

121-1 on be oyombu-ki se-me,

道路 **賓** 加緊趕-**祈** **助-并**

想着赶道兒，（2b4）

121-2 imbe guile-me gene-qi,

他.**賓** 會合-**并** 去-**條**

會[1]他去呢，（2b4）

121-3 i elemangga mimbe aqiha ete-ra-kv, ekxe-re mangga se-mbi.

他 反倒 我.**賓** 承應 承受住-**未-否** 急急忙忙-**未** 易於 説-**現**

他倒説不担局毛草。（2b4-5）

121-4 ini teni matan tata-ra balama,

他.**屬** 纔 麻糖 拉-**未** 罷了

看[2]他[3]那做[4]糖的是的，（2b5）

121-5 liyar se-me dalhvn be tuwa-qi,

黏黏糊糊的 **助-并** 粘 **賓** 看-**條**

拉扯不斷的粘抓，（2b6）

121-6 fuhali nimenggi de tuhe-ke derhuwe -i adali.

竟然 油 **位** 跌落-**完** 蒼蠅 **屬** 像

竟像[5]雷震[6]的鴨子是的。（2b6）

---

1 會：底本後多一“倒”字，據辛卯本刪。

2 看：辛卯本作“瞧”。

3 他：辛卯本作“他的”。

4 做：辛卯本作“作”。

5 像：辛卯本作“象”。

6 雷震：辛卯本作“雷震了”。

121-7 jai imbe aliya-qi,
再 他.賓 等-條
再要等他，（3a1）

121-8 bultahvn alban funtuhule-re be dahame,
暴露的 差事 空缺-未 賓 既然
明露出空了差使[1]，（3a1）

121-9 juwe ergi youni efule-me kokirabu-re de isina-ra-kv semeu.
兩 變 全都 敗壞-并 損害-未 位 至於-未-否 麼
可不弄到兩敗俱傷了麼?（3a2）

【第122條】

122-1 hafan hali,
官員
官宦，（3a3）

122-2 teisungge tehere-re-ngge o-qi, hvturi derengge,
相配的 相稱-未-名 成爲-條 有福的 體面的
是配得起的有福體面，（3a3）

122-3 ini tere ambaki kangsanggi,
他.屬 那個 裝大模大樣的 狂妄
瞧他那一宗大道狂妄，（3a3-4）

122-4 yaya we-be dan dabu-ra-kv durun be tuwa-qi,
所有的 誰-賓 看不上眼-未-否 樣子 賓 看-條
憑他是誰看[2]不上眼的樣子，（3a4）

1 明露出空了差使：辛卯本作"明露出空了差使咧"。
2 看：辛卯本作"瞧"。

122-5 tere kangtarxa-ra ekterxe-re mudan ai se-me[1],

那 高傲-**未** 驕横-**未** 口氣 什麽 説-**并**

他那一宗狂妄豪横[2]樣式子[3]，（3a5）

122-6 hon wa akv,

太 味道 **否**

忒没味兒[4]，（3a5）

122-7 ini qala jai niyalma akv,

他.**屬** 除了 再 别人 **否**

好像除了他再没人，（3a5-6）

122-8 hoton -i dolo aimaka imbe bakta-ra-kv o-ho gese.

城市 **屬** 裏頭 好像 他.**賓** 容納-**未-否** **助-完** 像

城裏頭容[5]不下他的似[6]的。（3a6）

122-9 baba-de niyalma be niyeniyerxe-bu-mbi,

到處-**位** 人 **賓** 牙磣-**使-現**

到處裏教人牙塵，（3a7）

122-10 ainqi fengxen ete-ra-kv o-ho dere,

想必是 福分 經得住-**未-否** **助-完** 罷了

想是福分擎受不住了啊，（3a7-b1）

122-11 aina-mbi.

做什麽呢-**現**

---

1 ai seme：何足説之，何足挂齒。

2 狂妄豪横：辛卯本作“狂妄豪横的”。

3 子：辛卯本無“子”字。

4 他那一宗狂妄豪横樣式子，忒没味兒：辛卯本該句在“城裏頭容不下他的似的”之後。

5 容：辛卯本作“裝”。

6 似：辛卯本作“是”。

作什[1]麽呢?（3b1）

122-12 jalan de sanggv o-joro be,

世界 位 稱心的事 成爲-未 賓

世界上稱人願的事兒,（3b1）

122-13 ainu beye wen tebu-mbi.

怎麽 自己 箭扣 放置-現

怎麽自己加緊標子呢?（3b2）

【第123條】

123-1 ai uttu donji-ha de dokdori, sa-ha de saksari,

怎麽 這樣 聽-完 位 猛然站起的 知道-完 位 仰面朝天地倒

怎麽[2]這們聽風兒[3]就是雨兒,（3b3）

123-2 tondo-ko-saka xu fiyelen,

正直的-弱-語 文章 篇章

好好的把文章、（3b3-4）

123-3 irgebun bodon be

詩 策 賓

詩策,（3b4）

123-4 emu julehen -i kiqe-me,

一 一味 工 用功-并

一拿步兒的用工[4],（3b4）

1 什：辛卯本作“甚”。

2 怎麽：辛卯本作“他怎麽”。

3 兒：辛卯本無“兒”字。

4 工：辛卯本作“功”。

123-5 golotome simne-re de,

各鄉 考試-未 位

赶鄉試[1]，（3b4）

123-6 emu tukiyesi simne-me dosi-qi,

一 舉人 考試-并 進入-條

中個舉人[2]，（3b5）

123-7 udu sali-mbi.

多少 值-現

值多少。（3b5）

123-8 te weri -i emu alban baha be sabu-fi,

現在 别人 屬 一 差事 得到.完 賓 看見-順

如今見[3]人家得個差使，（3b6）

123-9 geli sengserxe-fi,

又 眼紅-順

又眼兒熱，（3b6）

123-10 bithe waliya-fi qouha de dosi-ki se-re-ngge,

書 放弃-順 軍隊 位 進入-祈 助-未-名

要弃文就武，（3b6-7）

123-11 jaqi gvnin derishun o-ho bai.

太 心思 不穩定的 成爲-完 吧

心太没定準了罷。（3b7）

---

1 赶鄉試：辛卯本作“赶鄉試的時候”。

2 中個舉人：辛卯本作“考中個舉人”。

3 見：辛卯本作“見了”。

123-12 aika ere durun -i ebsi qasi bai-hai balai faqihiyaxa-me gene-qi,

倘若 這 樣子 **屬** 往這 往那 找-**持** 肆意地 焦急-**并** 去-**條**

若像[1]這樣[2]這兒那兒的亂撲張去[3]，（4a1）

123-13 urunakv gemu sarta-bu-re de o-mbi-kai.

必 全都 耽誤-**使**-**未** **位** 成爲-**現**-啊

是必都要兩耽誤了。（4a2）

【第124條】

124-1 ere-qi goi-ha idu de,

這-**從** 輪到（值班）-**完** 值班 **位**

從此輪着的班兒，（4a3）

124-2 teisu teisu beye dosi-qi,

各自 各自 自己 進去-**條**

各自各自本身上去，（4a3）

124-3 idu de-bu-ki,

值班 算到次數裏-**使**-**祈**

算他一班兒[4]，（4a3-4）

124-4 uju-i idu qi,

頭-**屬** 值班 **從**

從頭一班兒[5]，（4a4）

---

1 像：辛卯本作“象”。

2 這樣：辛卯本作“這宗樣兒”。

3 去：辛卯本作“着”。

4 兒：辛卯本無“兒”字。

5 兒：辛卯本無“兒”字。

124-5 xurde-me akvna-fi dahv-me deribu-ki.

輪流-并 遍及-順 重複-并 開始-祈

周而復始。（4a4）

124-6 jingkini baita bi-qi,

正好 事情 有-條

若有正經事，（4a5）

124-7 ula-me yandu-fi si-me dosi-kini.

傳遞-并 委托-順 補替-并 進入-祈

轉煩了人来貼班兒[1]。（4a5）

124-8 aika xuwe funtuhule-fi touka-qi,

倘若 一直 空缺-順 耽誤-條

若是直空下誤了，（4a5-6）

124-9 gida-me jafa-fi amqa-me toudabu-me kerule-ki.

壓-并 拿-順 追究-并 償還-并 處罰-祈

硬壓着罰他赶着還。（4a6）

124-10 uttu ohode,

這様 如果

若如此[2]，（4a6-7）

124-11 uthai muse-i kadala-ra niyalma baiqa-nji-ha seme,

就 咱們-屬 管理-未 人 調查-來-完 即使

就是咱們的[3]管主查来，（4a7）

---

1 兒：辛卯本無“兒”字。

2 若如此：辛卯本此句作“這們着了”。

3 的：辛卯本無“的”字。

124-12 muse inu mujilen niyaman xoforo-bu-ra-kv o-mbi,

咱們 也 心 心臟 掐-被-未-否 助-現

咱們也不揪心，（4a7-b1）

124-13 inu waka ba-be,

正確 錯誤 地方-賓

是與不是，（4b1）

124-14 ahv-ta tokto-bu-reu.

兄長-複 確定-使-祈

求兄長們定奪。（4b1）

【第125條】

125-1 baita largin bime,

事情 繁多 而且

事繁，（4b2）

125-2 gemu mini dulembu-he-kv haqin,

全都 我.屬 經歷-完-否 事項

而且都是我没經過的事，（4b2）

125-3 bi fuhali hvsi-bu-fi abs yabsi o-joro be sa-r-kv o-ho-bi.

我 全然 纏住-被-順 何等地 成爲-未 賓 知道-未-否 助-完-現

直纏擾的我擺布不開了。（4b2-3）

125-4 we te mini funde ere lahin ta-fi farfa-bu-ha ba-be,

誰 現在 我.屬 代替 這個 麻煩 纏住-順 攪亂-使-完 地方-賓

誰可把我[1]這累暈了的情[2]節，（4b3-4）

---

1 把我：辛卯本作“替我把”。

2 情：辛卯本作“事”。

125-5 louye -i baru hafumbu-re ni.

老爺 屬 向 傳達-未 呢

向老爺通知呢?（4b4-5）

125-6 minde yargiyan -i ere-be mutebu-re erdemu akv,

我.位 確實 工 這-賓 完成-未 纔能 否

我實在没有幹這個的本事。（4b5）

125-7 damu waka be unu-me gai-re teile o-qi,

衹是 錯誤 賓 背負-并 帶-未 僅僅 成爲-條

就只光背不是,（4b6）

125-8 ai oyombu-mbi.

什麽 要緊-現

甚麽要緊?（4b6）

125-9 talu-de baita be sarta-bu-ha se-he-de,

偶然-位 事情 賓 耽誤-被-完 説-完-位

萬一要把事誤了,（4b7）

125-10 ainahai ali-me mute-re.

怎麽能够 承擔-并 能-未

如何担的[1]起呢?（4b7）

【第126條】

126-1 gaqilan見《月令》 we-de akv,

窘迫的事 誰-位 否

着窄的事兒[2]誰没有,（5a1）

1 的：辛卯本作“得”。

2 兒：辛卯本無“兒”字。

126-2 ini adali uba-de xukixa-me,

他.屬 像 這裏-位 亂撞-并

像他[1]這裏撞一頭，（5a1）

126-3 tuba-de qunggvxa-me,

那裏-位 頂撞-并

那裏硼[2]一下子，（5a1）

126-4 hafirabu-me oitobu-hai,

窘迫-并 致於貧困-持

被窮困的，（5a2）

126-5 inenggi herde-me mute-ra-kv-ngge,

日子 四處奔求-并 能-未-否-名

連日子混不上来的，（5a2）

126-6 asuru tongga.

太 稀少

太是希[3]少。（5a2-3）

126-7 jabxan de ere emu ubu baha-ra jakade,

幸運 位 這 一 份額 得到-未 因爲

幸而得了這一步，（5a3）

126-8 arkan dara saniya-fi,

剛剛 腰 伸直-順

剛剛的直了腰，（5a3-4）

---

1 像他：辛卯本作“象他樣的”。

2 硼：辛卯本作“绷”。

3 希：辛卯本作“稀”。

126-9 banji-re iqi gai-ha-bi.

活-**未** 順着 接受-**完-現**

喘過氣而来了。（5a4）

【第127條】

127-1 tere yadahvn amqa-bu-ha,

他 窮困的 逼迫-**被-完**

他被窮逼的，（5a5）

127-2 tuwa-hai janggali-bu-me moho-ro de isina-mbi se-qibe,

看-**持** 困窘-**使-并** 窮困-**未** **位** 致於-**現** 説-**讓**

雖看着就要困[1]倒了，（5a5）

127-3 i an -i etuku mahala teksi-ke-saka

他 日常 **屬** 衣服 帽子 整齊的-**弱-語**

toukan akv alban de yabu-mbi,

延誤 **否** 差事 **位** 從事-**現**

然而他的衣帽還照常整整齊齊的不拉[2]遢兒的當差使，（5a6-7）

127-4 niyaman guqu de feliye-mbi.

親戚 朋友 **位** 走動-**現**

走親朋，（5a7）

127-5 ere uthai qoko site-ra-kv balama,

這 就是 鷄 撒尿-**未-否** 罷了

---

1 困：辛卯本作“窮”。

2 拉：辛卯本作“邋”。

這就是說“鷄不撒尿[1]，（5a7-b1）

127-6 ini qisui gene-re ba-bi se-he-ngge kai.

自然 去-**未** 地方-有 説-**完**-**名** 啊

自有便處[2]”啊。（5b1）

127-7 tere-i enggiqi tonggoli-me teudenje-re suilaqun be

他-**屬** 背地裏 翻跟頭-**并** 挪移-**未** 辛苦 **賓**

他背[3]地裏摘東墻補西墻的苦累處，

127-8 muse ainambaha-fi sa-ra.

咱們 怎麽能够-**順** 知道-**未**

咱們如何[4]得知道呢？（5b2-3）

【第128條】

128-1 goromi-me yabu-re de, beye jobo-ho kai,

長遠-**并** 行走-**未** **位** 身體 勞累-**完** 啊

遠行身子辛[5]苦了啊，（5b4）

128-2 ne sebi-hei,

現在 歇乏-**持**

如今歇過乏来了麽？（5b4）

128-3 kemuni qelebu-mbi-u akv-n.

還 休息後更加疲乏-**現**-**疑** 否-**疑**

---

1 鷄不撒尿：辛卯本作“鷄不尸撒尿”。

2 自有便處：辛卯本作“自有便處呢”。

3 背：底本作“被”，據辛卯本改。

4 如何：辛卯本作“那兒”。

5 辛：辛卯本作“幸”。

還倒乏呀[1]不呢[2]？（5b4-5）

128-4 tuba-de ai sabugan sabu-ha,

那裏-**位** 什麽 世面 看見-**完**

那里見的什[3]麽[4]時面，（5b5）

128-5 iqe donjin bi-u.

新的 聽聞 有-**疑**

有新聞麽？（5b5）

128-6 qe muse -i uba-be aika se-me fonji-ha-u.

他們 咱們 **屬** 這裏-**賓** 什麽 説-**并** 問-**完**-**疑**

他們問咱們這里什[5]麽来着[6]麽？（5b6）

【第129條】

129-1 age -i kesi de, tuba-de isina-fi,

阿哥 **屬** 恩典 **位** 那裏-**位** 到達-**順**

托[7]阿哥的恩典到了那里，（5b7）

129-2 majige faquhvn gisun akv,

一點 混亂的 話 **否**

没一点磨牙，（5b7）

129-3 umai yangxara-ha ba akv,

并 囉嗦-**完** 地方 **否**

---

1 呀：辛卯本作“啊”。

2 呢：辛卯本作“啊”。

3 什：辛卯本作“甚”。

4 麽：底本作“磨”，據辛卯本改。

5 什：辛卯本作“甚”。

6 着：辛卯本無“着”字。

7 托：辛卯本作“拖”。

并没囉嗦，（6a1）

129-4 baita ijishvn -i lali waji-ha.

事情 順利 工 爽快 完成-完

事情順順當當麻利完了。（6a1）

129-5 deu de inu heni nime-re eke-re[1] haqin akv,

兄弟 位 也 一點兒 疼痛-未 痛-未 事項 否

兄弟也没[2]什麽病痛，（6a2）

129-6 ere fonji [3]注詳《補彙》 uthai julgen sain se-qi o-mbi.

這 次 就 運氣 好的 説-條 可以-現

這一遢就算一路平安罷。（6a2-3）

【第130條】

130-1 qe mimbe gisun -i mudan ongton,

他們 我.賓 話 屬 語調 没見過世面的

他們説我的話侉，（6a4）

130-2 arbuxa-ra-ngge albatu,

動作-未-名 粗俗

行動兒慊，（6a4）

130-3 gvla emu ongtori o-ho,

原來的 一 愚魯的人 成爲-完

1 辛卯本此處注“老話”。

2 没：辛卯本作“没有”。

3 ere fonj：“fonji與ere fonji見《舊清語》ere。”（《清文補彙》卷八）在《舊清語詞典》ere fonji條下有如下記載：ere fonji sere gisun, uthai ere mudan sere gisun. fe gisun de, ere mudan gisun be ere fonji seme inu gisurembi. 意即“ere fonji這句話，就是ere mudan。在老話中，ere mudan 也叫作ere fonji”。既然mudan是“次、趟”的意思，fonji應爲mudan較老的形式。

活托兒一個慊貨兒，（6a4-5）

130-4 ai wei se-me kejine yekerxe-me gisure-he,

嘟嘟囔囔狀 **助-并** 好久 打趣-**并** 說話-**完**

這們咧那們咧打趣[1]個了不得，（6a5）

130-5 ere niyalma be fusihvxa-me tuwa-ha-ngge waka-u,

這 人 **賓** 作踐-**并** 看-**完**-**名** 不是-**疑**

這不是作賤人麽[2]？（6a6）

130-6 absi fanqaquka.

多麽 可氣的

好可氣[3]。（6a6）

【第131條】

131-1 bi age si daqi muse emu ba-de bi-he-ngge waka-u,

我 阿哥 你 從前 咱們 一 地方-**位** 有-**完**-**名** 不是-**疑**

我說阿哥從前咱們不是在一處来麽，（6a7）

131-2 alja-fi giyanakv udu goida-ha seme,

分離-**順** 能有的 幾 久-**完** 雖然

離了能有幾天，（6a7-b1）

131-3 inu alhvda-me uttu bardanggila-me,

也 效仿-**并** 這樣的 驕傲自大-**并**

也學的這們排腔兒，（6b1）

---

1 打趣：辛卯本作“打趣了”。

2 作賤人麽：辛卯本作“作賤人呢麽”。

3 好可氣：辛卯本作“好可氣啊”。

131-4 balamada-me seshun tuwa-bu-mbi se-me,

狂妄-并 討人厭的 看-被-現 説-并

狂妄討厭了。（6b2）

131-5 ehe qira sisa-fi, 見《對待》

惡劣的 臉色 灑-順

撩下臉来，（6b2）

131-6 yaksitai ka-me inde udu gisun ishun makta-ha.

斷然 堵-并 他.與 幾 話 朝着 扔-完

噎脖子的堵了他幾句。（6b2-3）

【第132條】

132-1 si ainu hendu-he-kv,

你 爲什麽 説-完-否

你爲什[1]麽不説，（6b4）

132-2 meni tuba-i siden -i ba-de gemu manjura-mbi,

我們.屬 那裏-屬 範圍 屬 地方-位 全都 説滿語-現

我們那裏公所都説滿洲話，（6b4）

132-3 qisui ba-de alban -i gisun gisure-mbi.

私下 地方-位 官方 屬 語言 説-現

私下都説官話，（6b5）

132-4 suwende ofi alban -i gisun -i ala-qi,

你們.與 因爲 官方 屬 語言 工 告訴-條

因是望你們要以官話告訴，（6b5-6）

---

1 什：辛卯本作“甚”。

132-5 suwe donji-re de taqin akv ayou se-me,
你們 聽-未 位 習慣 否 虛 助-并
恐怕你們聽不慣，（6b6）

132-6 ba-i nikan gisun gisure-he-bi se-he bi-qina.[1]
地方-屬 漢人 語言 説-完-現 説-完 現-祈
才説土漢話[2]。（6b7）

【第133條】

133-1 xurde-me goi-ha idu de,
輪流-并 正對上-完 值班 位
輪着的班兒，（7a1）

133-2 kouli be daha-me dosi,
條例 賓 根據-并 進入.祈
照例的該，（7a1）

133-3 gaksi -i dorgi -i baita turgun bi-fi,
夥伴 屬 裏面 屬 事情 原因 有-順
夥伴内有了事故，（7a1-2）

133-4 nurhv-me si-re giyan be tuwa-me dangna-me yabu.
連續-并 代替-未 道理 賓 看-并 接替-并 行動.祈
該連班該補[3]班的就替當。（7a2-3）

133-5 damu sibqa-ra be buye-re,
衹是 歇班-未 賓 喜歡-未

---

1 辛卯本此處注“見上論語”。

2 才説土漢話：辛卯本作“纔説土漢話了”。

3 補：辛卯本作“補的”。

但只愿意歇班，（7a3）

133-6 idu feku-re be kiqe-re,

值班 跳-未 賓 圖謀-未

打算脱班，（7a3）

133-7 akv-qi, ton ara-me ji-fi,

否-條 數 做-并 來-順

不然混局兒到来，（7a4）

133-8 suqungga ging fori-fi,

起初的 更 打-順

起了更，（7a4）

133-9 giyari-re kedere-re niyalma dule-me,

巡查-未 巡邏-未 人 過-并

巡查[1]的人一過去[2]，（7a4-5）

133-10 uthai hvlha-me jaila-ra o-qi,

就 偷-并 躲避-未 成爲-條

就偷着溜了，（7a5）

133-11 tere uthai alban de,

那 就是 公職 位

那就是差使上，（7a5-6）

133-12 beye tondo be akvmbu-ha-kv-ngge kai.

自己 忠誠 賓 盡到-完-否-名 啊

自己没有盡忠了啊！（7a6）

---

1 查：辛卯本作“察”。

2 過去：辛卯本作“過去了”。

【第134條】

134-1 muse emke emken -i yaru-me yabu-mbihe,

咱們 一個 一個 工 一個跟一個-并 走-過

咱們一個跟着[1]一個的走来着，（7a7）

134-2 tere hvqin -i jaka-de isina-fi,

那 井 屬 跟前-位 到達-順

到了那[2]井根前，（7a7）

134-3 morin be mele-re,

馬 賓 飲牲口-未

飲了飲馬，（7b1）

134-4 sejen -i temun de imenggile-re見《小雅》 de,

車 屬 軸 位 膏油-未 位

膏了膏車，（7b1）

134-5 majige toukanja-ha siden-de,

一些 耽誤-完 間隙-位

略[3]耽誤了一會的工夫，（7b2）

134-6 suwe uthai goro tuqi-ke,

你們 就 遠的 出去-完

你們就走出好遠的去了。（7b2）

134-7 bi sibxa amari-ha-bi,

我 落 落後-完-現

1 跟着：辛卯本無“着”字。

2 那：辛卯本作“那個”。

3 略：辛卯本無“略”字。

我拉[1]下老[2]遠的了，（7b3）

134-8 umai jiramin nimanggi de hvfubu-re,

并 厚的 雪 **位** 淤阻-**未**

并没有厚雪屯了車，（7b3）

134-9 xumin yun de farada-ra,

深的 車轍 **位** 車抛錨-**未**

深轍加了軲輪，（7b3-4）

134-10 sejen ungke-bu-re lahin heni akv.

車 翻倒-**使**-**未** 麻煩 一點兒 **否**

翻了車的一点累墜無有[3]。（7b4）

134-11 neqike-saka jugvn de,

略平坦的-**語** 道路 **位**

坦平的大道[4]，（7b4-5）

134-12 geli giyanakv ai jobo-ho seme,

有 能有的 什麼 勞累-**完** 因爲

可又有什麼勞[5]了呢？（7b5）

134-13 uthai lebdere-me deribu-he ni.

就 發呆-**并** 開始-**完** 呢

就放起乏来咧。（7b5-6）

134-14 fuhali lata alaxan waji-ha,

完全 慢慢的 駑笨的人 罷了-**完**

---

1 拉：辛卯本作“邋”。

2 老：辛卯本作“好”。

3 累墜無有：辛卯本無“無有”二字。

4 坦平的大道：辛卯本作“平坦大道”。

5 勞：辛卯本作“勞苦”。

諺頭不堪到底兒[1]，（7b6）

134-15 ai buqe-he yali geli bi-kini.

什麼 死-**完** 肉 亦 有.**祈**

什麼死肉也有呢。（7b6-7）

【第135條】

135-1 tere hiyanqi,

那 綫槍

那個綫槍，（8a1）

135-2 sini gala de aqa-qi tetendere,

你.**屬** 手 **與** 相合-**條** 既然

既然合你的手，（8a1）

135-3 si uthai bibu-kini.

你 就 留下-**祈**

你就留下。（8a1）

135-4 ere emu gala garsa yasa daqun -i baita,

這 一 手 敏捷 眼睛 鋭利 **屬** 事情

這是手疾眼快的事，（8a2）

135-5 bi te yasa deri-ke,

我 現在 眼睛 眼花-**完**

我如今眼花了，（8a2-3）

135-6 gala bethe inu nene-he lali -i gese akv o-ho.

手 脚 也 先-**完** 麻利 **屬** 像 **否** **助-完**

---

1 到底兒：辛卯本作“到底兒咧”。

手脚也不像[1]先麻利了。（8a3）

135-7 deu haji,

兄弟 親愛的

好兄弟，（8a4）

135-8 ume mara-ra,

勿 推辭-**未**

別推辭，（8a4）

135-9 emu hiyanqi de ai-bi,

一 綫槍 **位** 什麽-**有**

一杆槍有什[2]麽，（8a4）

135-10 muse-i gese tuku doko ilgabu-ra-kv,

咱們-**屬** 像 面兒 裏子 相分別-**未**-**否**

sain ahvn deu be aise-he,

好的 兄 弟 **賓** 有什麽好説的-**完**

別説咱們這樣不分彼此的好弟兄，（8a4-5）

135-11 uthai guqu hafan -i doro de,

就是 朋友 職務 **屬** 裏面 **位**

就是同寅的[3]裏頭，（8a6）

135-12 inu giyan ningge waka semeu.

也 道理 **名** 不是 麽

也不當麽？（8a6）

---

1 像：辛卯本作“象”。
2 什：辛卯本作“甚”。
3 的：辛卯本無“的”字。

135-13 okto-i xumgan kvwaqa nisihai,

火藥-屬 火藥葫蘆 烘藥葫蘆 一起

連大藥葫芦烘藥葫芦一分，（8a7）

135-14 emu yohi be umesile-me sinde singgetei bu-he.

一 套 賓 確實-并 你.與 永遠歸爲己有 給-完

打頓兒[1]給到[2]了你了。（8b1）

【第136條】

136-1 dasa-ha jugvn -i dalba-de ili-fi tuwa-qi,

修整-完 路 屬 邊-位 站立-順 看-條

站在御路旁邊一看，（8b2）

136-2 xuwak sik se-me xusihaxa-me dabki-re-ngge bi,

刷刷地 助-并 鞭打-并 拍打-未-名 有

有刷刷[3]加着鞭子拍馬的，（8b2-3）

136-3 sokso sokso bethe hafixa-me ekte-re-ngge inu bi,

咕顛咕顛地 腿 拍-并 用腿磕鞍韂-未-名 也 有

也有咕顛咕顛兒拿着[4]腿嗑[5]鞊催馬的，（8b3-4）

136-4 tere-qi gengge gengge aqi-ha te-me kutule-fi yabu-re-ngge,

這-從 搭憨 搭憨 馱-完 坐-并 牽-順 走-未-名

其餘搭憨搭憨着駱駝[6]馱子走的，（8b4）

---

1 兒：辛卯本作“子”。

2 到：辛卯本作“倒”。

3 刷刷：辛卯本作“唰唰的”。

4 着：辛卯本無“着”字。

5 嗑：辛卯本作“嗑着”。

6 搭憨搭憨着駱駝：辛卯本作“搭憨搭憨牽着駱駝”。

136-5 le la se-me uthai jugvn -i unduri dari-ha.
成群結隊地 **助-并** 就 道路 **屬** 途中 路過-**完**
一縷一行的就撒[1]沿道兒了。（8b5）

136-6 niyalma morin sor sar se-me,
人 馬 紛紛攘攘的樣子 **助-并**
人馬亂[2]穰穰的，（8b6）

136-7 aika baran sabu-mbi-u,
各式各樣的 影兒 看見-**現-疑**
那[3]摸的着影兒，（8b6）

136-8 yargiyan -i simengge wenjehun.
確實 **工** 熱鬧的 興旺的
實在的[4]熱鬧。（8b6-7）

136-9 damu fuk fak se-me,
祇是 呼呼地 **助-并**
只因呼呼的，（8b7）

136-10 etuku hvrgi-me febu-re de hami-ra-kv ofi,
衣服 繞着-**并** 頂風-**未** **位** 能忍受-**未-否** 因爲
裹衣裳風兜着吃不住，（8b7）

136-11 bi teni waliya-fi amasi mari-ha.
我 纔 丢下-**順** 往回 返回-**完**
我纔丢開回来了。（9a1）

---

1 撒：辛卯本作“撒在”。
2 亂：辛卯本作“亂亂”。
3 那：辛卯本作“那里”。
4 的：辛卯本無“的”字。

【第137條】

137-1 aibi-qi we-i ura-i fejile tunggiye-me tomso-ha yoro gisun,

哪兒-**從** 誰-**屬** 屁股-**屬** 下面 拾起-**并** 撿起-**完** 謠言 語言

打那兒誰屁股底下揀来拾来[1]的謠言，（9a2）

137-2 si ume akda-ra.

你 勿 相信-**未**

你别信。（9a3）

137-3 aba saha bigara-me yabu-re-ngge,

打圍 圍獵 野游-**并** 走-**未**-**名**

打圍、行營兒[2]（9a3）

137-4 morin -i deleri jobo-ro alban,

馬 **屬** （馬背）上 辛苦-**未** 公務

是馬上的辛[3]苦差使，（9a3-4）

137-5 kemuni anafula-me unggi-re de duibule-qi o-jora-kv.

還 戍守-**并** 差遣-**未** **位** 比較-**從** 可以-**未**-**否**

還比不得戍防[4]去。（9a4）

137-6 tere udu karun,

那 雖然 哨所

那雖有坐[5]卡，（9a5）

137-7 buksin tebu-re,

伏兵 駐扎-**未**

1 揀来拾来：辛卯本作“拾來揀來”。

2 兒：辛卯本作“子”。

3 辛：辛卯本作“幸”。

4 防：辛卯本作“守”。

5 坐：底本作“作”，據辛卯本改。

設伏[1]、（9a5）

137-8 kaiqi aqa-ra baita bi-qibe,

會哨 相會-未 事情 有-讓

會哨等事，（9a5）

137-9 gemu seremxe-me tuwakiya-ra tuxan.

全都 防備-并 防守-未 職責

無非是防守之責。（9a6）

137-10 uthai sakda gakda ningge[2] be

就 年老的 孤獨的 名 賓

就把年老殘疾的，（9a6-7）

137-11 emu udu suwaliya-me tomila-qi,

一 幾 摻和-并 分派-條

攙着派上幾個，（9a7）

137-12 hono bi-sire baita.

還 有-未 事情

還是有的事。（9a7）

137-13 ere mudan -i aba de,

這 次 屬 圍獵 位

這一回打圍，（9b1）

137-14 muse asiha-ta tuqibu-me tokto-ho.

咱們 少年-複 派出去-并 一定-完

咱們把[3]小夥子們[4]算出派定了罷。（9b1-2）

---

1 伏：底本作“付”，據辛卯本改。

2 gakda ningge：底本爲gakdan，據辛卯本改。

3 把：辛卯本無“把”字。

4 們：辛卯本無“們”字。

jakvqi fiyelen

第八章

【第138條】

138-1 suweni juwe nofi taka-ha qi,

你們.屬 二 位 認識-完 從

你們二位自認得以来，（10a1）

138-2 heni umai gvnin karqabu-ha mudan akv,

一點兒 并 心思 發生矛盾-完 情況 否

并没一点不對樁的遭数，（10a1）

138-3 yargiyan -i fithe-me aqa-mbime,

確實 工 彈奏-并 相合-現.而且

實在的[1]是莫[2]逆。（10a2）

138-4 geli duka uqe ishunde teherxe-mbi,

又 大門 小門 彼此 相等-現

而且又門當户對，（10a2）

138-5 gvniqi gemu golo-me hata-ra gvnin,

想來 全都 厭惡-并 嫌弃-未 心思

想来都没有憎惡的心腸，（10a3）

138-6 ilga-me sonjo-ro mujilen akv.

辨別-并 挑選-未 心 否

挑揀的意思。（10a4）

138-7 salgabu-ha sain holbon be

天賜-完 好的 婚姻 賓

---

1 的：辛卯本無“的”字。

2 莫：底本作“漠”，據辛卯本改。

有緣的好婚姻，（10a4）

138-8 ja -i baha-me mute-re-ngge waka,

容易 工 得到-并 能-未-名 不是

不是容易得的，（10a4）

138-9 juwede-me ilada-me tathvnja-ra be suwende inu jou,

有二心-并 三心二意-并 猶豫-未 賓 你們.與 也 罷了

你們也不用三心二意[1]游疑，（10a5）

138-10 kengse uthai tokto-bu-qi,

果斷 就 確定-使-條

剪剪絶絶的就定了，（10a6）

138-11 mini dere de inu fiyan gai-mbi.

我.屬 臉 位 也 顏色 顯出-現

於[2]我臉上也有[3]光彩。（10a6-b1）

【第139條】

139-1 mini eniye-i gisun,

我.屬 母親-屬 話

我母親説，（10b2）

139-2 yasa-i juleri sini axa biya jalu-ra isi-ka,

眼睛-屬 前面 你.屬 嫂子 月 滿-未 到-完

眼前是[4]你嫂子的[5]滿月到[6]了，（10b2）

---

1 三心二意：辛卯本作“三心二意的”。

2 於：底本作“與”，據辛卯本改。

3 有：辛卯本無“有”字。

4 是：辛卯本無“是”字。

5 的：辛卯本無“的”字。

6 到：辛卯本作“到來”。

139-3 sadun niyaman -i ji-dere-ngge labdu,

親家 親戚 **屬** 來-**未**-**名** 多的

親戚来的多，（10b3）

139-4 ere-be belhe-re tere-be dagila-ra de,

這-**賓** 準備-**未** 那-**賓** 置辦-**未** **位**

預備這個打点那個。（10b3）

139-5 ya gemu gala waka,

哪 全都 手 不是

那上頭不得工夫到，（10b4）

139-6 si majige xolo jalgiyanja-fi,

你 略微 空閑 勻出-**順**

你略騰個空兒，（10b4）

139-7 bou-i baita be xabura-me iqihiya se-me,

家-**屬** 事情 **賓** 張羅-**并** 料理.**祈** 說-**并**

把家裏的事兒辦辦[1]，（10b5）

139-8 mimbe takvra-me ji-he,

我.**賓** 差遣-**并** 來-**完**

打發我来[2]，（10b5）

139-9 bai-re-ngge minde udu inenggi xolo bu-reu.

請求-**未**-**名** 我.**與** 幾 天 空閑 給-**祈**

求給我幾天[3]假。（10b6）

1 把家裏的事兒辦辦：辛卯本作"把家裏的事兒張羅着辦辦"。

2 来：辛卯本作"来了"。

3 幾天：辛卯本作"幾天的"。

【第140條】

140-1 urun be enenggi dorolo-bu-re-ngge giyan,

兒媳婦 賓 今天 行禮-使-未-名 理

教媳婦今日行禮呢是理當的，（10b7）

140-2 damu minde emu gisun bi-fi, donji-bu-ki se-mbi,

衹是 我.位 一 話 有-順 聽-使-祈 助-現

但我有一句話要奉聞，（10b7）

140-3 mimbe toko-me sisi-me ji-fi,

我.賓 扎-并 插進-并 來-順

可别怪我胡湊在裹頭，（11a1）

140-4 balai angga senqehe tukiyeqe-he se-me ume wakaxa-ra.

肆意 嘴 下巴 抬起-完 說-并 勿 怪罪-未

多嘴多舌的[1]。（11a2）

140-5 uba-de ungga niyaman labdu,

這裹-位 長輩 親戚 多的

在這裹[2]的長親多，（11a2-3）

140-6 emke emken de aname dorolo-bu-qi,

一個 一個 與 依次 行禮-使-條

要教一一的挨次兒行禮，（11a3）

140-7 erin goida-ra-de,

時間 久-未-位

時候大，（11a3）

1 多嘴多舌的：辛卯本作“多嘴多舌的呀”。

2 裹：辛卯本作“塊”。

140-8 wesihun niyaman -i budala-ra be elemangga touka-bu-mbi,

尊貴的 親戚 屬 吃飯-未 賓 反而 耽誤-使-現

反倒[1]耽[2]誤了長親們用飯，（11a4）

140-9 xada-me meni bou-de enggele-fi,

疲勞-并 我們.屬 家-位 光臨-順

乏乏的到我們家裏来，（11a4-5）

140-10 jibgexe-me omiholo-ro de isi-bu-qi,

行動遲緩-并 挨餓-未 位 導致-使-條

耽延着教挨了餓，（11a5）

140-11 inu ginggule-re doro waka ayou.

也 恭敬-未 道理 不是 虛

也怕不是恭敬的道理。（11a5-6）

140-12 mentuhun gvnin de,

愚蠢的 心思 位

依我的[3]愚見，（11a6）

140-13 ne ildun de dorolo-bu-re anggala,

現在 便利 位 行禮-使-未 與其

與其這會兒順便行禮，（11a6-7）

140-14 qimaha meimeni bou-de ibe-fi,

明天 分頭 家-位 前往-順

莫若[4]明日到各子各子家裏，（11a7）

1 倒：辛卯本作“到”。

2 耽：辛卯本無“耽”字。

3 的：辛卯本無“的”字。

4 莫若：辛卯本作“莫如”。

140-15 qohome hing se-me hengkilene-re

特地 實心實意地 助-并 去扣頭-未

ginggun akvna-ra de isi-ra-kv.

恭敬 周到-未 位 達到-未-否

特特的專誠去嗑頭盡禮的周到。（11a7-b1）

140-16 te jui be geren wesihun niyaman de ginggule-me,

現在 孩子 賓 衆 尊貴的 親戚 與 恭敬-并

這會兒可以教孩子給衆貴親友[1]，（11b1-2）

140-17 em-te hvntahan enqe-kini .

一-分 酒盅 分成份兒敬上-祈

各安一個鍾兒罷。（11b2）

140-18 wesihun foro-me uheri ilanggeri hengkile-bu-fi ,

上 面對-并 總共 三次 扣頭-使-順

向上共嗑三個頭，（11b3）

140-19 dabu-ki.

算入數内-祈

算了罷。（11b3）

【第141條】

141-1 gege si se-re-ngge,

姐姐 你 説-未-名

姐姐你呢，（11b4）

---

1 友：辛卯本無“友”字。

141-2 sini bou-de o xo se-me banji-ha

你.屬 家-位 形容溺愛的樣子 助-并 生活-完

hoxo-i sargan jui[1] bihe,

和碩[2]-屬 妻子 孩子 過

在你們家裹是嬌生慣養的個閨女，（11b4）

141-3 te uba-de iqe ji-fi,

現在 這裏-位 新 來-順

如今新到這裹，（11b5）

141-4 dere de ete-ra-kv,

臉 位 經受得住-未-否

臉上下不来，（11b5）

141-5 giru-meliyan -i arbuxa-ra-ngge,

害羞-弱 工 舉動-未-名

羞羞慚慚的樣子，（11b6）

141-6 udu urun o-ho niyalma-i qikirxa-me olhoxo-ro gvnin bi-qibe,

雖然 兒媳婦 成爲-完 人-屬 靦腆-并 小心-未 心思 有-讓

雖是作媳婦的腼[3]腆小心，（11b6）

141-7 jiduji murin tarin[4] -i gese,

到底 别扭的樣子 屬 像

到底覺扭扭别别的，（11b7）

---

1 hoxoi sargan jui：固定搭配，意爲“未出閣的女子，閨女”。

2 和碩：滿文爲hoxo，意爲“角”“方”。清代爵位、封號等前面冠以“和碩”，有統轄、管理一方的含義。

3 腼：辛卯本作“面”。

4 murin tarin：固定搭配。

141-8 muse-i manju halangga bou-de,

咱們-屬 滿洲 姓氏 家-位

於[1]咱們滿洲家，（11b7-12a1）

141-9 tuwa-ra de ambalinggv akv.

看-未 位 大方 否

看着不大方[2]。（12a1）

【第142條】

142-1 ini urgun -i jalin,

他.屬 喜慶 屬 爲了

爲他的喜事上，（12a2）

142-2 doro de gene-he-kai,

道理 位 去-完-啊

行情去咧，（12a2）

142-3 inde kata fata[3] keb se-re muru, majige akv,

他.位 親近 親熱 助-未 樣子 一點兒 否

他没[4]一点親香熱呼的[5]樣兒，（12a2-3）

142-4 bime tere durun -i amda musihi,

而且 那 樣子 屬 無意搭訕

elenggi duyen de niyalma be

怠慢 寡情 位 人 賓

1 於：底本作“與”，據辛卯本改。

2 看着不大方：辛卯本作“瞧不得大方”。

3 kata fata：固定搭配。

4 没：辛卯本作“没有”。

5 的：辛卯本無“的”字。

而且那一宗没意思搭撒的冷淡神情兒[1]，（12a3-4）

142-5 te-me tokto-bu-ra-kv.

坐-**并** 穩定-**使-未-否**

教人坐不住。（12a4）

142-6 fulu goida-me bi-qi,

多餘的 久-**并** 有-**條**

略多遲一會[2]，（12a5）

142-7 aimaka bilha -i jalin naraxa-ha gese,

好像是 嗓子 **屬** 爲了 留戀-**完** 像

倒像[3]爲嘴頭子貪戀着是的，（12a5）

142-8 hendu-he balama[4],

説-**完** 罷了

可是[5]説的，（12a5-6）

142-9 we yala omihon de kemki-me kengke-he-bi-u.

誰 豈是 餓的 **位** 趕着咬-**并** 餓極-**完-現-疑**

真是誰餓掉了[6]牙了嗎？（12a6）

142-10 tuttu bi xolo be

所以 我 空閑 **賓**

所以我瞅了個空[7]，（12a6-7）

---

1 兒：辛卯本無“兒”字。

2 一會：辛卯本作“一會兒”。

3 像：辛卯本作“象”。

4 henduhe balama：固定搭配，意爲“常言道”。

5 是：辛卯本作“似”。

6 了：辛卯本無“了”字。

7 空：辛卯本作“空子”。

142-11 tuwa tuwa jaila tuqi-ke.

看 看 躲 出來-完

一溜就出来了。（12a7）

【第143條】

143-1 minde kesiri masiri emu udu hvlhi gisun bi,

我.位 粗俗的 一 幾 愚蠢 話 有

我七零八落的有幾句糊塗話，（12b1）

143-2 age ume sini huwekiyen be ka-ha se-re.

阿哥 勿 你.屬 興致 賓 攔住-完 說-未

阿哥别説攔了你的高興。（12b1-2）

143-3 si utala se unu-fi,

你 這麼多 年紀 背負-順

你這們一把的[1]年紀，（12b2）

143-4 juse deu-te far se-me uku-he-bi,

孩子.複 弟弟-複 衆多 助-并 環繞-完-現

子弟一大鋪拉，（12b3）

143-5 ere axa be si dosi-mbu-ha manggi,

這 嫂子 賓 你 進-使-完 之後

娶了這個嫂子来，（12b3）

143-6 geren juse be imbe absi tuwa se-mbi.

衆 孩子.複 賓 他.賓 怎麼 看.祈 說-現

你教衆孩子們怎麼[2]看待他呢？（12b4）

1 的：辛卯本無“的”字。

2 怎麼：辛卯本作“怎樣”。

143-7 juwe de gemu mangga ba-bi ayou.

兩 **位** 全都 難的 地方-有 **虛**

只怕兩下裹都爲難[1]。（12b4-5）

【第 144 條】

144-1 akv,

否

不是哦，（12b6）

144-2 mini ba-be si aika sa-r-kv ni-u.

我.**屬** 地方-**賓** 你 難道 知道-**未**-**否** 呢-**疑**

我的光景難道你不知道麼?（12b6）

144-3 minde umai haha jui akv.

我.**位** 并 兒子 **否**

我并没[2]小子，（12b6）

144-4 hiyouxun akv-ngge ilan bi,

孝順 没有-**名** 三 有

不孝有三，（12b7）

144-5 enen akv-ngge amba se-he-bi.

後代 没有-**名** 大 説-**完**-**現**

無後爲大。（12b7）

144-6 mafa ama -i jukten sira-bu-ra-kv ohode,

祖父 父親 **屬** 祭祀 繼承-**使**-**未**-**否** 如果

1 爲難：辛卯本作“爲難罷”。

2 没：辛卯本作“没有”。

若是[1]祖父[2]香烟斷了，（13a1）

144-7 mini beye buqe-he seme funqetele weilen bi-kai,

我.**屬** 身體 死-**完** 縱使 有餘的 罪 有-啊

我死有餘罪啊，（13a1-2）

144-8 ai dere -i fayangga be aqa-mbi.

什麼 臉 **工** 靈魂 **賓** 相見-**現**

什麼臉見祖先呢[3]？（13a2）

【第145條】

145-1 age -i gisun umesi uru,

阿哥 **屬** 話 非常 正確

阿哥的話狠是，（13a3）

145-2 ere qiktan giyan de labdu holbobu-ha-bi.

這 倫常 道理 **位** 很 有關-**完-現**

這個大[4]關係[5]着倫理，（13a3）

145-3 unenggi juse enen -i jalin se-qi,

果然 孩子.**複** 後嗣 **屬** 爲了 說-**條**

果說爲子嗣，（13a4）

145-4 age-de kejine jalahi jui bi-kai,

阿哥-**位** 許多的 叔伯的 孩子 有-啊

---

1 是：辛卯本無“是”字。

2 祖父：辛卯本作“祖父的”。

3 呢：辛卯本作“啊”。

4 大：辛卯本無“大”字。

5 係：辛卯本無“係”字。

阿哥有許多的[1]侄兒，（13a4-5）

145-5 yaya emke sonjo-me gaji-fi hvwaxabu-me, uji-qi,

無論 一個 挑選-**并** 領來-**順** 撫養-**并** 養育-**條**

不拘挑了誰来撫養着，（13a5）

145-6 ya sira-bu-re enen waka ni.

哪個 繼承-**使-未** 子嗣 不是 呢

那[2]不是子嗣呢？（13a6）

【第146條】

146-1 inu,

是的

是呀[3]，（13b1）

146-2 jalahi jui uthai jui -i adali,

叔伯的 孩子 就 孩子 **屬** 像

猶子比兒，（13b1）

146-3 tuttu se-qibe,

雖然 説-**讓**

雖是那們説，（13b1）

146-4 jiduji beye-de banji-ha jui qi majige giyalabun bi,

到底 自己-**位** 生-**完** 孩子 **從** 略微 間隔 有

到底比親生的兒子略差些[4]，（13b2）

1 的：辛卯本無“的”字。
2 那：辛卯本作“那個”。
3 呀：辛卯本作“啊”。
4 些：辛卯本作“些兒”。

146-5 sukdun uhe mujilen haji -i iqi duibule-qi o-jora-kv kai.
氣息 一致的 心 親近的 屬 由着 比較-條 可以-未-否 啊
把[1]那同氣連心的分兒比不得啊。（13b3）

【第 147 條】

147-1 aika gvnin hada-qi,
倘若 心思 打定（主意）-條
若存這們[2]個主意，（13b4）

147-2 ele gelequke akv semeu.
更 可怕的 否 麼
豈不越發可怕麼?（13b4）

147-3 wesihun se emgeri wasimeliyan jugvn yabu-re erin o-ho,
高的 歲數 已經 每況愈下的 道路 走-未 時候 成爲-完
高壽已是下脚路的時候了，（13b5）

147-4 dekdeni gisun, jui sehei ama waji-mbi se-he-be donji-ha-kv-n,
流行的 話 孩子 衹管 父親 死亡-現 説-完-賓 聽見-完-否-疑
没聽見麼，常言[3]爲子喪身啊，（13b6）

147-5 muse utala banjiha sain ahvn deu ofi,
咱們 這麼 親的 好 兄 弟 因爲
咱們是[4]旧相契好弟兄，（13b7）

147-6 uttu felehude-me jombu-re-ngge,
這樣 冒昧-并 提醒-未-名

1 把：辛卯本作“他”。
2 們：辛卯本無“們”字。
3 常言：辛卯本作“常言説的”。
4 是：辛卯本無“是”字。

這們冒撞提白，（13b7）

147-7 mini teisu,

我.屬 本分

是我的本分，（14a1）

147-8 gaija-ra-kv-ngge,

領受-未-否-名

聽與不聽，（14a1）

147-9 age -i bulekuxe-re de bi-kai,

阿哥 屬 明鑒-未 位 有-啊

在阿哥的明[1]鑒，（14a1-2）

147-10 damu baha-qi xumila-me bodo-rou.

祇是 請-條 深入-并 思考-祈

只求望[2]深裏打算罷。（14a2）

【第148條】

148-1 tere age qananggi ini jui de urgun dosimbu-re inenggi,

那 阿哥 前日 他.屬 孩子 位 喜事 娶-未 日子

那[3]阿哥前日娶兒媳婦[4]那日，（14a3）

148-2 jing mini idu de teisulebu-he turgun-de,

正在 我.屬 值班 位 正逢-完 緣故-位

正遇着我該班的上頭，（14a4）

---

1 明：底本無“明”字，據辛卯本補。

2 望：辛卯本作“往”。

3 那：辛卯本作“那個”。

4 娶兒媳婦：辛卯本作“给他兒娶媳婦”。

148-3 baha-fi urgun ara-me gene-he-kv,

得到-順 喜 做-并 去-完-否

没得賀喜去，（14a4）

148-4 te idu qi hoko-ho kai,

現在 值班 從 離開-完 啊

如今下了班了，（14a5）

148-5 jai mukiye-me goida-fi urgun -i doro-i tuwana-ra-kv o-qi,

再 冷-并 久-順 喜事 屬 禮節-工 去問候-未-否 助-條

再要冷下了不去到那兒[1]道喜去，（14a5-6）

148-6 weri gvni-bu-mbi.

别人 思索-使-現

教人家思想[2]。（14a6）

148-7 bi emu mari yo-ki,

我 一 趟 去-祈

我望[3]那兒[4]去一盪，（14a7）

148-8 tuba-de dartai gene-fi, uthai amasi ji-mbi.

那裏-位 片刻 去-順 就 往回 來-現

暫去就回来。（14a7）

148-9 suwe neneme gabta-ki,

你們 先 射箭-祈

你們先射着，（14b1）

---

1 去到那兒：辛卯本無“去到那兒”四字。

2 思想：辛卯本作“思量”。

3 望：辛卯本作“往”。

4 那兒：辛卯本作“那里”。

148-10 taka mimbe ume dabu-re.

暫且 我.賓 勿 算入在內-**未**

且別算我。（14b1）

【第149條】

149-1 tere-i bou-de bi umai gasa-bu-ha doro-i aqa-na-ha-kv,

他-**屬** 家-**位** 我 并 吊唁-**使**-**完** 禮節-**工** 會見-去-**完**-**否**

他家裏我并没道惱去，（14b2）

149-2 ila-qi inenggi fude-re doro-i inu baha-fi beye isina-ha-kv.

三-**序** 天 送行-**未** 禮節-**工** 也 得以-**順** 親自 到-**完**-**否**

送三也没得親自去，（14b2-3）

149-3 qimari giran tuqi-bu-mbi,

明天 殯 出-**使**-**現**

明日出殯呢，（14b3）

149-4 uksa geli minde emu alban bi.

不料 又 我.**位** 一 差事 有

可可[1]的我又有差使，（14b4）

149-5 baha-fi giran fude-me gene-re gene-ra-kv-ngge,

得以-**順** 殯 送-**并** 去-**未** 去-**未**-**否**-**名**

得送殯去不得[2]去，（14b4-5）

149-6 kemuni juwe siden.

還 兩 兩端之間

還在兩可。（14b5）

---

1 可可：辛卯本作“可可兒”。

2 不得：辛卯本作“不得送殯”。

149-7 eneggi aqinggiya-ra inenggi be dahame,
今天 移動-未 日子 賓 因爲
今日是[1]辭靈的日子，（14b5-6）

149-8 tetun -i juleri emgeri hisala-me dorolo-me gene-ki.
棺材 屬 前面 一次 奠-并 拜-并 去-祈
到靈前奠一奠行個禮去。（14b6）

【第150條】

150-1 fe kvwaran -i dolo eifu labdu,
舊的 墳塋 屬 裏面 墓 多的
舊坟塋[2]裏的坟多，（15a1）

150-2 sinda-ra tomon baha-ra-kv o-joro jakade,
放置-未 墓穴 得到-未-否 助-未 因爲
因不得葬的穴了，（15a1）

150-3 emu fengsi soli-fi enqu emu ba tuwa-bu-ha.
一 風水先生 邀請-順 另外 一 地方 看-使-完
請了一個風鑒另看了一處，（15a2）

150-4 hono xengsin sain se-mbi,
還 風水 好 説-現
説風水還好，（15a3）

150-5 damu tomon be kemuni hada-me toktobu-re unde,
衹是 墓穴 賓 還 打定-并 確定-未 尚未
但只還没点穴呢。（15a4）

1 是：辛卯本作“是個”。
2 塋：底本誤作“瑩”。

150-6 qimari burki-me sinda-ra-kv,

明日 下葬-**并** 放-**未**-**否**

明日不下葬[1]，（15a5）

150-7 giran tuqi-bu-he manggi taka oilo sinda-mbi.

殯 出-**使**-**完** 之後 暫時 外面 放-**現**

且浮厝着。（15a5）

【第151條】

151-1 ini tere qili-me haga-me songgo-ro,

他.**屬** 那樣的 抽泣-**并** 卡住-**并** 哭-**未**

一見他那抽抽搭搭的哭，（15a6）

151-2 niyaki silenggi hvwar se-me muji-re arbun be sabu-fi,

鼻涕 口水 唰唰地 **助**-**并** 哽咽-**未** 樣子 **賓** 看見-**順**

鼻涕一把籟水一把憋氣的[2]樣子，（15a6-7）

151-3 dolo doso-ra-kv ofi,

心裹 忍得住-**未**-**否** 因爲

心裹受不得，（15a7）

151-4 imbe torombu-me surumbu-me,

他.**賓** 勸慰-**并** 寬慰-**并**

把他解釋安慰安慰陪伴着他，（15a7-b1）

151-5 ishunde fulu majige simen ara-me[3] te-qe-he.

互相 多 一些 興趣 作伴-**并** 坐-一起-**完**

---

1 明日不下葬：辛卯本作“明日不下葬，送出靈去”。

2 的：辛卯本無“的”字。

3 simen arame：固定搭配，意爲“凑趣兒，凑熱鬧”，是simen arambi的并列副動詞形式。

彼此略多坐了會兒[1]。（15b1）

151-6 adarame gvnin isina-ha-kv de,

怎麼 心思 到達-完-否 位

怎麼留[2]神不到，（15b2）

151-7 kurume -i buten gida-bu-fi,

褂子 屬 邊 壓-被-順

褂襟子壓住了，（15b2）

151-8 gaitai ili-ra de,

突然 起來-未 位

猛一起来，（15b3）

151-9 kvwar se-me tata-ha.

東西開綻的聲音 助-并 扯開-完

呵吃的撕了，（15b3）

151-10 hairaka, ere meni bou-i unesi etuku kai,

好不可惜 這 我們.屬 家-屬 傳家寶 衣服 啊

可惜了的。這是我們家傳代的衣裳，（15b3-4）

151-11 enenggi uba-de uttu hvwaja-ha be yala bodo-ha-kv.

今天 這裏-位 這樣的 破碎-完 賓 實在 考慮-完-否

想不到[3]今日在這裏[4]破了。（15b4）

---

1 坐了會兒：辛卯本作“坐一會兒”。

2 留：底本作“流”，據辛卯本改。

3 想不到：辛卯本作“真没想到”。

4 這裏：辛卯本作“這裏這們”。

【第152條】

152-1 tuba-de isina-qi,

那裏-位 到達-條

去到那里，（15b5）

152-2 teni hoso hasa muhaliya-mbi,

纔 抖紙的聲音 堆積-現

纔希里刷拉的堆紙呢，（15b5）

152-3 yarugan fangse hono muru akv bade,

引導 幡 尚且 模樣 否 尚且

引幡還没影兒呢，（15b5-6）

152-4 elgiyen -i amqa-bu-ha.

從容的 工 趕上-使-完

從從容容的赶上了。（15b6）

152-5 giran -i sejen isi-nji-re be aliya-fi,

棺材 屬 車 到-來-未 賓 等-順

等靈車到来，（15b6-16a1）

152-6 gasa-hai dule-mbu-fi,

哀悼-持 過去-使-順

哭着送過去，（16a1）

152-7 tere giran fude-me isa-nji-ha niyalma labdu,

那 棺材 送別-并 聚集-來-完 人 多的

看那送殯聚来的人多，（16a1-2）

152-8 jai geren -i gosiholo-ho akaquka arbun be tuwa-qi,

再 衆人 屬 悲哀-完 悲傷的 形象 賓 看-條

再衆人慟哭悲切的光景，（16a2）

152-9 yala urequke usaquka.

真是 可憂愁的 悲哀的

直[1]可傷可慟。（16a3）

152-10 ere ainahai angga fodoro,

這 怎麽能够 嘴 噘.祈

這未必是吹鬍子（16a3-4）

152-11 yasa moro-ro nakv, horolo-ho qi baha-ngge ni.

眼睛 瞪大眼睛-未 既……又 要威風-完 從 得到.完-名 呢

瞪眼的施威上得了来的呀！（16a4）

【第153條】

153-1 sini ere hihvn budun -i hir se-me,

你.屬 這 癡癡呆呆 工 憂愁的樣子 助-并

你的這宗心心念念，（16a5）

153-2 gvlgirakv o-ho-ngge, dabana-ha.

心裏放不下的 成爲-完-名 過分-完

没精打采的樣子，過逾了。（16a5）

153-3 beye koro baha-rahv.

身體 傷 得-虚

看仔細身子受傷啊！（16a6）

153-4 yaya juse be

凡是 孩子.複 賓

---

1 直：辛卯本作“真”。

凡孩子們，（16a6）

153-5 we baha-qi, hvturi jalafun funqe-tele,

誰 得到-**條** 福 壽 有餘-**至**

誰不愿意福壽有餘呢[1]？（16a6-7）

153-6 dekji-me hvwaxa-kini se-ra-kv.

興旺-**并** 成長-**祈** **助-未-否**

發達成人呢？（16a7）

153-7 damu salgabun waji-re giyan o-ho-de,

衹是 緣分 盡-**未** 道理 成爲-**完-位**

只是緣法盡了，（16a7-b1）

153-8 abka faksala-mbi,

天 分開-**現**

老天折散，（16b1）

153-9 tere onggo-me jaila-bu-re arga bai-me,

那 忘記-**并** 躲避-**使-未** 方法 找-**并**

那個變着[2]方法搿開丢開罷[3]，（16b1-2）

153-10 keb se-me naka-ha-ngge,

形容物忽落下 **助-并** 停止-**完-名**

再不提起的，（16b2）

153-11 umai je-mpi tebqi-he-ngge waka,

并 忍心-**延** 容忍-**完-名** 不是

并非是心狠忍得，（16b2-3）

1 呢：辛卯本無“呢”字。

2 着：辛卯本作“之”。

3 罷：辛卯本無“罷”字。

153-12 inu tere-i hesebu-he ton de,
也 他-屬 命中注定-完 數 位
也因是他的命定之数。（16b3）

153-13 arga akv,
辦法 否
没法兒[1]，（16b3-4）

153-14 aina-ra se-re turgun kai.
怎麼辦-未 説-未 原因 啊
可怎麽様呢?（16b4）

【第154條】

154-1 niyaman akv-ha-ngge,
親戚 去世-完-名
親没了[2]，（16b5）

154-2 gosihon koro kesi akv baita,
痛苦的 傷心 幸運 否 事情
是個苦惱不幸之事，（16b5）

154-3 juse o-ho niyalma,
孩子.複 成爲-完 人
作人子的，（16b5-6）

154-4 ufuhu niyaman ure-me,
肺 心臟 悲傷-并
心肝傷壞，（16b6）

1 兒：辛卯本無“兒”字。
2 親没了：辛卯本作“老家兒没有了”。

154-5 hir se-me gosiholo-me waji-ra-kv bade.

很憂愁地 **助-并** 哀傷-**并** 完畢-**未-否** 尚且

哀慟不了呢！（16b6）

154-6 goida-me asara-fi,

久-**并** 停放（靈柩）-**順**

久停着喪，（16b7）

154-7 dolo tule qa-me huweje-fi,

裏面 外面 搭起-**并** 立遮擋物-**順**

裏裏外外的[1]搭盖着擺列着，（16b7-17a1）

154-8 inenggi-dari fulgiye-me fori-me,

天-每 吹打-**并** 敲擊-**并**

每日的[2]吹吹打打的，（17a1）

154-9 elgiyen sulfa be tuwa-bu-me mamgiya-me faya-ra-ngge,

富裕 寬裕 **賓** 看見-**使-并** 浪費-**并** 耗費-**未-名**

逞豪賣富的奢花，（17a1）

154-10 ai gvnin.

什麼 心思

什[3]麼心腸？（17a2）

【第155條】

155-1 waji-ha niyalma be

去世-**完** 人 **賓**

---

1 的：辛卯本無“的”字。

2 每日的：辛卯本作“每日家”。

3 什：辛卯本作“甚”。

没了的人，（17a3）

155-2 erdeken -i yafan de bene-fi,

早一點的 **工** 園子 **位** 送-**順**

早早的送到園裏，（17a3）

155-3 musen de,

墓穴 **位**

入了墓，（17a3）

155-4 enteheme tokto-bu-me sinda-qi oyonggo,

永遠地 安定-**使**-**并** 放-**條** 重要的

永遠安葬爲要，（17a3-4）

155-5 umai bayan be tukiyeqe-re, fiyan tuqibu-re baita waka.

并 富有 **賓** 誇耀-**未** 樣子 顯露出-**未** 事情 不是

并不是賣弄有錢誦富的事啊。（17a4-5）

155-6 te -i forgon -i giran tuqibu-re be tuwa-qi,

現在 **屬** 時代 **屬** 殯 出-**未** **賓** 看-**條**

看如今出殯的，（17a5）

155-7 oilorgi yangse untuhun miyamigan be wesihule-me,

表面 樣子 虛的 粉飾 **賓** 崇尚-**并**

好尚紛華糜麗，（17a6）

155-8 kumungge simengge jaqi dabana-ha-bi.

熱鬧的 繁榮的 太 過分-**完**-**現**

熱鬧太過逾了。（17a7）

155-9 tere tuhe-ke beye-be

那 跌倒-**完** 身體-**賓**

把那個尸首，（17a7）

155-10 amban tukiyeku de sinda-fi,

大 架子 **位** 放-**順**

放在個大槓[1]上，（17b1）

155-11 baba-de tukiye-me gama-fi,

各地-**位** 抬-**并** 拿去-**順**

抬在各處[2]里，（17b1）

155-12 emdubei demniyeqe-qi,

儘着做 顛-**條**

儘着掂搭，（17b2）

155-13 inu doso-mbi-u.

也 忍受得住-**現**-**疑**

也受得麽？（17b2）

【第156條】

156-1 isina-fi tuwa-qi,

到達-**順** 看-**條**

到去一瞧，（17b3）

156-2 teni etu-bu-me iqihiya-me waji-ha,

纔 穿戴-**使**-**并** 裝裹-**并** 完畢-**完**

纔裝裹完了，（17b3）

156-3 kemuni derqile-re unde.

還 停床-**未** 尚未

還没[3]停床呢。（17b3）

---

1 槓：底本作"摃"，據文義改。

2 各處：辛卯本作"各到處"。

3 没：辛卯本作"未"。

156-4 gubqi garu turu subkeri faita-ra, subehe bukda-ra,

全部的 一起加快做的樣子 毛邊喪服 裁剪-未 服喪繫的帶子 折疊-未

合家手忙脚亂的[1]裁孝衣叠孝帶子的，（17b4）

156-5 haha hehe tuqi-re dosi-re jodo-ro-ngge.

男人 女人 出來-未 進去-未 不時來往-未-名

男男女女出来進去搗纏是的[2]。（17b5）

156-6 buran taran tebu-re erin be we-de daqila-ra.

亂哄哄的樣子 放入-未 時候 賓 誰-與 打聽-未

亂馬交搶[3]的可在那兒打聽入殮的時候呢。（17b5-6）

【第157條】

157-1 ara fara se-me,

形容嚎啕大哭的樣子 助-并

跺脚捶胸的，（17b7）

157-2 tunggen fori-me bethe faha-me songgo-hoi,

心坎 捶打-并 脚 跺-并 哭-持

嚎啕痛哭，（17b7）

157-3 bilha kerki-me,

嗓子 抽搭-并

額子抽搭的，（18a1）

157-4 ergen sukdun gemu gingka-bu-fi,

氣息 呼吸 全都 憋住-被-順

---

1 的：辛卯本無“的”字。

2 是的：辛卯本作“也是的”。

3 搶：辛卯本作“槍”。

氣都憋住了，（18a1）

157-5 yasa-i muke putur putur se-me lakqa-ra-kv.

眼睛-**屬** 水 撲簌 **助-并** 斷-**未-否**

眼泪不住点的[1]直盪。（18a1-2）

157-6 tere-i gosiholo-ro jilgan, uktu arbun de,

他-**屬** 哀慟-**未** 聲音 哀傷的 模樣 **與**

他那宗慟哭的聲兒悲切的樣子，（18a2-3）

157-7 niyalma doso-ra-kv ofi,

人 忍耐-**未-否** 由於

教人受不得。（18a3）

157-8 tafula-qi,

勸-**條**

勸呢[2]，（18a3）

157-9 mini dorgi gingka-me jalu-ka ki be

我.**屬** 心裏 煩悶-**并** 充滿-**完** 氣 **賓**

他説我滿腔子的憂鬱，（18a3-4）

157-10 ede tuqi-bu-ra-kv o-qi,

這.**位** 出去-**使-未-否** **助-條**

不在這裏出氣，（18a4）

157-11 suwe mimbe aibi-de gene-fi fulha se-mbi.

你們 我.**賓** 哪裏-**位** 去-**順** 散發.**祈** 説-**現**

你們教我那兒[3]去出呢？（18a4-5）

---

1 的：辛卯本無"的"字。

2 呢：辛卯本作"你"。

3 那兒：辛卯本作"那里"。

【第158條】

158-1 hvwa -i dulimba-de duka-i ishun,

院子 屬 中間-位 院門-屬 迎着

在當院子迎着門，（18a6）

158-2 uthai etuku hemile-fi narhvn edun tuwa-mbi[1].

就 衣服 摟-順 秘密的 風 看-現

就摟起衣裳来撒尿，（18a6）

158-3 sabu-fi sini ere aina-ra demun se-qi,

看見-順 你.屬 這 做什麼-未 怪様 說-條

看見了說你這是什麼様子？（18a7）

158-4 yerte-fi, dere dukse nakv,

惶恐-順 臉 羞紅.祈 之後

羞了臉一紅，（18b1）

158-5 fudara-me si mimbe ergele-mbi-u se-mbi.

反倒-并 你 我.賓 脅迫-現-疑 說-現

反倒[2]說你押派着我麼？（18b1）

【第159條】

159-1 geren -i emu songko-i leule-qe-re be tuwa-qi,

衆人 屬 一 踪迹-工 議論-齊-未 賓 看-未

看衆人一口同音的議論，（18b2）

159-2 muru bi-fi dere.

様子 有-順 罷了

1 narhvn edun tuwambi：“撒尿”的委婉説法。

2 倒：底本作“到”，據辛卯本改。

大概[1]有模兒罷。（18b2-3）

159-3 akv o-qi,

否 助-條

不然，（18b3）

159-4 we ya[2] xada-ra ba akv de xada-me,

誰 誰 疲勞-未 地方 否 位 疲勞-并

誰[3]好模大樣兒[4]的，（18b3）

159-5 baibi simbe qanggi uttu tuttu se-mbi.

平白無故地 你.賓 唯獨 這樣的 那樣的 説-現

偏把你説長道短的，（18b3-4）

159-6 niyalma be sa-r-kv o-kini se-qi,

人 賓 知道-未-否 助-祈 助-條

若要人不知，（18b4）

159-7 beye-i yabu-ra-kv de isi-re-ngge akv.

自己-屬 行事-未-否 位 至-未-名 否

除非己莫爲。（18b5）

159-8 sini fangna-me faksala-ra be inu baibu-ra-kv,

你.屬 抵賴-并 分辨-未 賓 也 需要-未-否

也不用你教正[5]分辨，（18b5-6）

159-9 bi-qi hala,

有-條 改正.祈

---

1 概：底本作“盖”，據辛卯本改。

2 we ya：固定搭配，意爲“别人”。

3 誰：辛卯本作“那個”。

4 兒：辛卯本無“兒”字。

5 教正：辛卯本作“較争”。

有則改之，（18b6）

159-10 akv se-qi, hvsutule-me haqihiya.

否 說-條 盡力-并 加緊.祈

無則加勉。（18b6）

【第160條】

160-1 banitai lafihiyan bime,

秉性 笨拙 而且

秉性囊包，（19a1）

160-2 hergi-me yabu-me sula, banji-me taqi-ha.

游蕩-并 走-并 空閑的 生活-并 習慣-完

而且游手好閑的慣了，（19a1）

160-3 ebi-tele je-fi,

吃飽-至 吃-順

吃的飽飽兒[1]的，（19a2）

160-4 baibi bou-i dolo nahan mangga-u ura mangga-u se-me,

白白地 家-屬 裏面 炕 硬-疑 屁股 硬-疑 說-并

noro-me bi-qi,

逗留-并 有-條

平白的在屋子[2]裏把着壓炕頭子，（19a2）

160-5 doro waka.

道理 不是

不是道理。（19a3）

1 兒：辛卯本無"兒"字。

2 子：辛卯本無"子"字。

160-6 si tuqi-fi,

你 出去-順

你出去，（19a3）

160-7 tere akvna-ra-kv aqana-ra-kv ba-be

那 周到-未-否 符合-未-否 地方-賓

把那不周不備的事兒，（19a3-4）

160-8 tuwanqihiya-me dasata-me,

撥正-并 收拾-并

整整[1]，（19a4）

160-9 majige gala bethe axxa-qi,

一些 手 脚 活動-條

手脚活動活動，（19a4）

160-10 jeke jeku inu singge-mbi se-me,

吃-完 飯食 也 消化-現 説-并

吃下去的東西[2]也消化。（19a5）

160-11 lalanji xan uli-me ala-ha.

再三再四地 耳朵 揪-并 告訴-完

再三再四的揪着耳朵告訴[3]，（19a5-6）

160-12 i donji-qi,

他 聽-條

他要肯聽，（19a6）

---

1 整整：辛卯本作“整理整理”。

2 東西：辛卯本作“飲食”。

3 告訴：辛卯本作“告訴了”。

160-13 tumen de akv baita.

萬 位 否 事情

萬分也是没有的事。（19a6）

【第161條】

161-1 fisiku,

慢性子的

人寘赦，（19b1）

161-2 niya-ha yali de sube ta-ha adali,

腐爛的-**完** 肉 **位** 筋 挂住-**完** 像

粘抓累墜[1]，（19b1）

161-3 fixur se-me,

磨磨蹭蹭的樣子 **助-并**

摸摸索索的，（19b1）

161-4 ja de waqihiya-fi sinde bu-ra-kv.

容易 **位** 完成-**順** 你.**與** 給-**未-否**

輕容易不給你弄完了[2]。（19b2）

161-5 tuttu bime ejesu geli juken,

而且 記性 亦 不好

而且忘心太[3]大，（19b2）

1 粘抓累墜：這句滿文可直譯爲“慢性子的人，就像爛肉裏絆着筋似的”。形容慢性子的人做事拖沓。

2 輕容易不給你弄完了：辛卯本作“不容易弄完了給你”。

3 太：辛卯本作“又”。

161-6 jaqi ohode[1], baita be emu ergi-de makta-fi,

太 如果 事情 賓 一 邊-位 拋開-順

動不動兒[2]把事撩在一邊子，（19b3）

161-7 xuwe hiri onggo-mbi,

直接地 全然 忘記-現

直忘了[3]，（19b3-4）

161-8 inde ume afabu-re,

他.與 勿 交托-未

別教[4]給他，（19b4）

161-9 sarta-bu-rahv.

耽誤-使-虛

看耽誤了[5]。（19b4）

uyuqi fiyelen

第九章

【第 162 條】

162-1 jui mama erxe-he de,

孩子 天花 出疹子-完 位

孩子當差時，（20a1）

162-2 siren tatabu-ra-kv aina-ha,

絲 牽扯-未-否 怎麽能-完

---

1 jaqi ohode：固定搭配“動不動”。

2 兒：辛卯本作“的”。

3 忘了：辛卯本作“忘死呢”。

4 教：辛卯本作“交”。

5 了：辛卯本無“了”字。

豈有不關切的？（20a1）

162-3 we baha-qi sain -i dule-kini,

誰 請-條 好 工 痊愈-祈

誰不盼快些好，（20a1-2）

162-4 heni handa weri-ra-kv o-kini se-ra-kv.

一點兒 痘毒 留下-未-否 助-祈 助-未-否

一点痘[1]毒不坐呢？（20a2）

162-5 damu tere-i ijishvn,

祇是 他-屬 順的

但當看他是順症、（20a3）

162-6 tuksiquke,

險惡的，

險症、（20a3）

162-7 fudasihvn arbun be tuwa-qi aqa-mbi.

逆的 狀況 賓 看-條 應該-現

逆症。（20a3）

162-8 tuksiquke fudasihvn arbu-ngge be

險惡的 逆的 形象-名 賓

那險症逆症，（20a4）

162-9 heu se-me oktosila-me o-mbi.

完全可以 助-并 醫治-并 可以-現

儘可用藥醫治。（20a5）

---

1 痘：底本作“豆”，據辛卯本改。

162-10 aika tere kouli songkoi,

倘若 那 例 按照

若是那們照例兒的，（20a5）

162-11 ilan inenggi tuqi-re,

三 天 出-**未**

三日出，（20a6）

162-12 ilan inenggi mutu-re,

三 天 長-**未**

三日長，（20a6）

162-13 ilan inenggi ayala-ra,

三 天 灌漿[1]-**未**

三日灌漿，（20a6）

162-14 ilan inenggi mari-me xuhuri siha-ra-ngge,

三 天 結疤-**并** 痂 脱落-**未-名**

三日回着落痂兒，（20b1）

162-15 tere ijishvn ningge.

那 順的 **名**

那是順症，（20b1-2）

162-16 okto omi-bu-re be baibu-ra-kv bime,

藥 喝-**使-未** **賓** 需要-**未-否** 而且

不用給藥吃。（20b2）

162-17 je-tere-ngge be,

吃-**未-名** **賓**

1 灌漿：即痘花化膿。

而且吃的，（20b2）

162-18 i ai gaji se-qi,

他 什麽 拿來.祈 説-條

他要什麽，（20b3）

162-19 ai ulebu.

什麽 給吃.祈

給他什麽吃。（20b3）

162-20 aika muri-me dasa-bu-qi,

倘若 扭-并 治療-使-條

若[1]要扭着治，（20b3）

162-21 elemangga yongkiya-bu-re endebu-re-ngge,

反倒 保全-使-未 出差錯-未-名

反倒保全失閃，（20b3-4）

162-22 juwe siden de o-mbi.

二 之間 位 成爲-現

兩拿着咧。（20b4）

【第163條】

163-1 ini yasa qukvlu bi-qibe,

他.屬 眼睛 近視 有-讓

他的眼睛雖近視，（20b5）

163-2 emu gabtan[2] ba -i jaka be

一 射 地方 屬 東西 賓

---

1 若：辛卯本作“若是”。

2 gabtan：指箭從射出到落地的距離。

一箭遠的東西，（20b5）

163-3 kemuni sabu-mbi,

還 看見-現

還看得見，（20b5）

163-4 qananggi tere buhv-i dele emu mursa lakiya-fi,

前天 他 鹿-屬 上頭 一 蘿蔔 挂-順

前日那[1]鹿高頭挂了個蘿菔，（20b6）

163-5 aigan -i jorin be tuwa-bu-ha-de,

箭靶子 屬 準頭 賓 看-使-完-位

教[2]他看把子[3]準頭，（20b7）

163-6 i hono buhv-i darama -i ninggu-de

他 還 鹿-屬 腰 屬 上面-位

emu xun niru-ha-bi se-he bihe.

一 太陽 畫-完-現 説-完 過

他還説鹿的腰上畫着個[4]日頭呢。（20b7-21a1）

【第164條】

164-1 tere ahvn dorgi-de gaibuxa-mbi,

那 哥哥 裏面-與 懼-現

那個阿哥懼内，（21a2）

164-2 si siden -i ba-de tuwa-qi,

你 官方 屬 地方-位 看-條

---

1 那：辛卯本作“那個”。

2 教：辛卯本作“叫”。

3 把子：辛卯本作“把子的”。

4 個：辛卯本無“個”字。

你在官場中看，（21a2）

164-3 hou hiu se-mbi waka-u.

豪邁的樣子 **助-現** 不是-**疑**

可不是個剛帮硬正的麼？（21a3）

164-4 dergi hafan -i jaka-de,

上 官員 **屬** 跟前-**位**

在上司跟前，（21a3）

164-5 ele giyan be memere-me,

更 理 **賓** 固執-**并**

更拿得住理，（21a3）

164-6 ubu sisa-bu-ra-kv.

份兒 丢失-**使**-**未**-**否**

不丢身分。（21a4）

164-7 damu bou-de mari-me,

祇是 家-**位** 回-**并**

只一到家，（21a4）

164-8 waliyaha,

完了

完咧[1]，（21a4）

164-9 horon gai-bu-ha-u aina-ha,

威勢 攻克-**被**-**完**-**疑** 怎麼-**完**

是降伏住了哦是怎的，（21a4-5）

1 完咧：辛卯本作“了咧”。

164-10 axa -i jaka-de,

嫂子 屬 跟前-位

在嫂子跟前，（21a5）

164-11 emu gisun seme,

一 話 連

一句話，（21a5）

164-12 inu gelhun akv fulu gisure-ra-kv.

也 敢 否 多的 説-未-否

也不敢多説。（21a6）

【第165條】

165-1 duka de isina-fi,

大門 位 到達-順，

到了門上，（21a7）

165-2 donji-qi, bou-i dolo emu hehe,

聽-條 屋子-屬 裏面 一 女人

只聽得屋裏一個女人，（21a7）

165-3 jing hiyang se-me kaiqa-me dangsi-mbi,

正在 大呼小叫地 助-條 叫喊-并 數落-現

正大嚷小叫的排宣[1]呢，（21a7-b1）

165-4 emu haha-i jilgan we-i inu akv.

一 男人-屬 聲音 誰-屬 也 否

一個男人的聲兒[2]也没有。（21b1）

---

1 排宣：辛卯本作“棑楦”。

2 聲兒：辛卯本作“聲氣”。

165-5 tede bi emgeri hak se-fi,

那.位 我 一下 咳痰的聲音 助-順

那上頭我咳嗽了一聲，（21b2）

165-6 dosi-me uqe -i bokson -i jaka-de isina-qi,

進入-并 門 屬 門檻 屬 跟前-位 到達-條

進去走到門檻子跟前，（21b2-3）

165-7 agu be ishun tunggala-ha.

老兄 賓 對着 撞見-完

望那哥[1]磞[2]了個對面，（21b3）

165-8 mini baru si donji,

我.屬 朝着 你 聽.祈

望我説你聽，（21b3-4）

165-9 tere baibi-saka uttu jilida-ra sure-re de amuran,

她 平白無故地-語 這樣 動怒-未 喊叫-未 與 喜歡

他好模大樣兒[3]這們使性子叫喊，（21b4）

165-10 imbe ume herse-re,

她.賓 勿 理睬-未

别理他，（21b5）

165-11 muse uba-de te-ki se-he.

咱們 這裏-位 坐-祈 助-完

咱們在這邊坐。（21b5）

1 那哥：辛卯本作“那個哥哥”。

2 磞：辛卯本作“碰”。

3 好模大樣兒：辛卯本作“好模大樣兒的”。

165-12 age bai gvni-me tuwa,

阿哥 稍微 思考-**并** 看.**祈**

阿哥白想想，（21b5-6）

165-13 ere meihe uju jafa-bu-ha-bi waka-u.

這 蛇 頭 抓-**被**-**完**-**現** 不是-**疑**

這[1]不是拿住訛頭兒[2]了嗎？（21b6）

【第166條】

166-1 bi qendekuxe-me,

我 試探-**并**

我試探着，（21b7）

166-2 teni ajabu-me jono-me,

纔 發起-**并** 提起-**并**

纔一提頭兒，（21b7）

166-3 ara,

哎呀

噯喲，（21b7）

166-4 absi dere mahvla-ra mangga,

如此的 臉 塗抹-**未** 易於

好臉酸呀，（21b7）

166-5 gar se-me emgeri sure-fi,

大喊狀 **助**-**并** 一下 喊叫-**順**

喳拉的叫喊了一聲，（22a1）

---

1 這：辛卯本作“這可”。

2 兒：辛卯本無“兒”字。

166-6 soksori ili-ha.

忽然 站起-**完**

忽然站起来了。（22a1）

166-7 tede bi inje-re qira -i iqixa-me,

那.**位** 我 笑-**未** 臉色 **工** 隨聲附和-**并**

那上頭[1]我賠着笑臉兒搊薩着，（22a1-2）

166-8 nesuken gisun ulebu-me,

和氣的 話 喂-**并**

拿好話餂着，（22a2）

166-9 aqabu-me,

奉承-**并**

對弄[2]着，（22a2）

166-10 naqihiya-hai,

勸慰-**持**

暖服了個難，（22a3）

166-11 arkan tohoro-ko,

勉强 平緩-**完**

剛剛兒的平服了，（22a3）

166-12 tere-qi bi agu be bai-me tuwa-qi,

那-**從** 我 老哥 **賓** 找-**并** 看-**條**

那們着我找這阿哥[3]時，（22a3）

---

1 那上頭：辛卯本作“那頭上”。

2 對弄：辛卯本作“兑弄”。

3 阿哥：辛卯本作“哥哥”。

166-13 absi serequngge,

如此 有眼色的

好懂眼兒，（22a4）

166-14 aifini nanggin -i fejile jaila-na-ha-bi.

早已 廊檐 **屬** 底下 躲避-去-**完**-**現**

早已躲在[1]廊檐底下去了。（22a4）

【第167條】

167-1 haha be sali-re hehe dule bi-ni.

男人 **賓** 執掌-**未** 女人 竟然 有-呢

竟有主得男人的女人呢！（22a5）

167-2 tere hehe qa mangga[2] aburi,

那 女人 筋 硬的 狠毒

那個潑婦狠毒，（22a5）

167-3 qeni louye de emu sula hehe bi,

他們.**屬** 老爺 **位** 一 閑散的 女人 有

他們老爺有一個使妾，（22a6）

167-4 i inenggi-dari majige dere bu-ra-kv,

她 天-每 一點兒 臉 給-**未**-**否**

他每日不給一点臉兒，（22a6-7）

167-5 dangsi-re dulin,

責罵-**未** 半

---

1 在：辛卯本作“到”。

2 qa mangga：固定搭配，意爲“難纏，難對付”。

一半[1]数嘮，（22a7）

167-6 tou-re dulin -i bukdaxa-me adunggiya-mbi.

謾罵-未 半 工 欺侮-并 作踐-現

一半罵的揉挫。（22a7）

167-7 hono ere teile akv,

還 這 僅僅 否

還不止此，（22b1）

167-8 louye emgeri duka tuqi-me,

老爺 一 大門 出-并

赶老爺一出門，（22b1）

167-9 uthai xoforo-me faita-ra tanta-me baitala-me deribu-mbi.

就 抓-并 剪-未 打-并 使用-并 開始-現

就連抓代打的擺布起来。（22b2）

167-10 ede bi uttu kouli giyan akv daixa-hai,

這.位 我 這 規矩 理 否 胡鬧-持

因這上頭我説要像[2]這樣無情無理的鬧去，（22b2-3）

167-11 geli emu heturi jobolon tuqi-nji-ra-kv mujangga-u se-qi,

又 一 旁出的 禍患 出-來-未-否 果然-疑 説-條

豈有不出個横禍的呢？（22b3）

167-12 hendu-tele.

説-至

果然。（22b4）

---

1 一半：辛卯本作“一半兒”。

2 像：辛卯本作“象”。

【第168條】

168-1 onggolo gelequke,

以前 可怕的

以前可怕，（22b5）

168-2 bilha her har hergi-me her har[1]

嗓子 嗓子裹有痰狀 纏繞-并 嗓子裹有痰狀

oforo ferten axxa-ra,

鼻子 鼻翼 顫動-未

嗓子裹呼嚕呼嚕的鬧痰，鼻翅兒一動一動的，（22b5-6）

168-3 enqehen funqe-he, ergen heni ta-ha bihe.

能力 剩餘-完 氣 稍微 拖着-完 過

只剩了一[2]点游[3]氣[4]来着。（22b6）

168-4 jabxan de salgabun bi-fi,

幸運 位 緣分 有-順

幸而有緣，（22b7）

168-5 tere oktosi -i juwe jemin okto omi-re jakade,

那 醫生 屬 二 劑 藥 喝-未 之後

吃了那個醫生[5]兩服藥，（22b7）

168-6 gaihari ebsi ji-he.

突然 痊愈 來-完

忽的板過来了，（23a1）

---

1 辛卯本此處有注“見鑑注”。

2 一：辛卯本無“一”字。

3 游：底本作“攸”，據辛卯本改。

4 游氣：辛卯本作“游氣而”。

5 醫生：辛卯本作“醫生的”。

168-7 dalhvn qifenggu serebu-ra-kv o-ho,

黏的 唾沫 顯出-未-否 助-完

痰不顯了，（23a1）

168-8 hebtexe-me fodo-ro-ngge,

喘嘘-并 呼吸急促-未-名

呼嗤呼嗤的[1]，（23a2）

168-9 inu naka-ha.

也 停止-完

也止了。（23a2）

168-10 jing ulhiyen -i yebe ojorolame,

正 漸漸的 工 稍痊愈 將要好

正漸漸的往好裏来着呢，（23a2-3）

168-11 gaitai geli busubu-ha se-re.

忽然 又 復發-完 説-未

忽然又説[2]重絡了。（23a3）

168-12 tede bi tuwa-na-qi sain,

那.位 我 看-去-條 好的

那上頭我去瞧好[3]，（23a3-4）

168-13 udu makta-bu-fi ili-me mute-ra-kv,

雖然 放置-被-順 起來-并 能-未-否

雖是倒着不能起来，（23a4）

---

1 呼嗤呼嗤的：辛卯本作“呼嗤呼嗤的喘”。

2 説：辛卯本作“説是”。

3 那上頭我去瞧好：辛卯本作“那上頭我看去時好”。

168-14 axxa-ra de majige ergen de bi-qibe,
動彈-**未** **位** 略微 氣息 **位** 有-**讓**
動彈着有些氣促，（23a4）

168-15 hono gvwa haqin nonggi-bu-ha-kv.
尚且 别的 事項 增加-**使**-**完**-**否**
還没添别的緣故。（23a5）

168-16 tere muru emgeri sela-me huwekiye-fi,
那 模樣 一次 舒暢-**并** 興奮-**順**
那個樣兒是因一爽快高興，（23a6）

168-17 olhoxo-ha-kv de,
謹慎-**完**-**否** **位**
没謹慎的上頭，（23a6）

168-18 majige xahvrun goi-ha dere.
略微 冷的 中-**完** 罷了
略着了点凉罷[1]。（23a7）

【第169條】

169-1 neneme dara golo-ho manggi,
從前 腰 閃（腰）-**完** 之後
從前閃了腰後[2]，（23b1）

169-2 ainqi gai tuqi-ke dere se-qi,
想是 邪氣 出-**完** 罷了 説-**條**
只道可除了灾了，（23b1）

---

1 罷：辛卯本作“兒”。
2 後：辛卯本作“之後”。

169-3 geli idara-me deribu-he,

又 岔氣疼-并 開始-完

又岔氣疼起来了，（23b2）

169-4 fuhali nimeku de darubu-ha-bi.

竟然 病 位 經常犯病-完-現

竟成了病包兒咧。（23b2）

169-5 tuttu bime, asuru singgesu[1] akv.

而且 太 消化的 否

而且不大克化，（23b2-3）

169-6 ere uquri dolo baibi qik qak se-me aquhvn akv,

這 時候 心裹 衹不過是 戚戚然 助-并 和睦 否

這一程子心裹只是戚戚叉叉的不舒服，（23b3-4）

169-7 doboniu korkong korkong jalanda-ra-kv fuqihiya-mbi,

整夜 咳咳 咳咳 間斷-未-否 咳嗽-現

整夜[2]的柯兒柯兒的不斷簹的咳嗽，（23b4-5）

169-8 yargiyan -i yada-ra haha yada-ra aniya se-qina.

果真 工 窮-未 男人 窮-未 年 説-祈

真是窮漢遇着閏月年咧。（23b5）

【第170條】

170-1 teni mudan baha bi-qibe,

雖然 發汗 獲得.完 助-讓

---

1 singgesu：該詞是由動詞singgembi派生而來的形容詞。

2 整夜：辛卯本作“整夜家”。

雖纔得了汗[1]，（23b6）

170-2 nimeku asuru jakarabu-me naka-bu-re unde,

病 很 （病）减輕-**并** 停止-**使**-**未** 尚未

病還没大減退呢，（23b6）

170-3 an -i sumusu ulebu, uyan danggi o-kini.

常規 **工** 米湯 喂養.**祈** 稀的 就那麽一些 成爲-**祈**

仍旧[2]拿米湯并一個跟[3]一個的稀粥給他吃。（24a1）

170-4 ini gvnin de ainambaha-qi,

他.**屬** 心思 **位** 恨不能-**條**

要由着他的[4]性兒他恨不能把抓口按，（24a1-2）

170-5 qafur qifur, qingka-me sisi-qi,

形容食物滑溜狀 塞滿-**并** 塞-**條**

撑心柱[5]肋的搂[6]，（24a2）

170-6 teni kek se-qina.

纔 稱心合意地 **助**-**祈**

纔可心眼兒呢。（24a2-3）

170-7 ali-ha niyalma dolo farfa-bu-ha,

承受-**完** 人 裏面 混淆-**使**-**完**

然而當局者迷，（24a3）

1 汗：底本作“漢”，據辛卯本改。
2 仍旧：辛卯本作“照常的”。
3 跟：辛卯本無“跟”字。
4 的：辛卯本無“的”字。
5 柱：辛卯本作“助”。
6 搂：底本作“楼”，據辛卯本改。

170-8 qingkai ini qihai angga de gamabu-qi o-jora-kv se-re anggala,
一味地 他.屬 任憑 嘴 位 拿去-條 可以-未-否 說-未 不但
不但一味的由着他望嘴裏搂使不得，（24a3-4）

170-9 bulukan bunquhvn ningge seme,
温和的 温温的 名 連
連温和兀秃的，（24a4-5）

170-10 inu endebu-mbi.
也 出差錯-現
也不把穩。（24a5）

170-11 yaya omi-re je-tere de,
凡是 喝-未 吃-未 位
凡飲食上，（24a5）

170-12 anan -i goqi-me tata-me gama-me,
順序 工 抽出-并 勒-并 處治-并
一切的抽着勒着，（24a6）

170-13 ete-me targa-bu-qi, jabxa-mbi,
經得住-并 戒-使-條 得益-現
板着忌較的到便益，（24a6-7）

170-14 talu de busubu-fi,
偶然 位 復發-順
倘或重絡了，（24a7）

170-15 oktosila-me dasa-ra arga baha-ra-kv ohode,
治療-并 醫治-未 方法 得到-未-否 如果
不得醫治法兒的時候，（24a7）

170-16 geren gemu ufuhu niyaman ure-me,

衆人 全都 肺 心臟 熟-**并**

衆人五臟都熟了[1]，（24b1）

170-17 tuwa tuqi-mbi-kai.

火 出-**現**-啊

打心裹冒火呢呀。（24b1）

【第171條】

171-1 suwe mimbe suweni adali,

你們 我.**賓** 你們.**屬** 像

你們教我像你們一樣的，（24b2）

171-2 bethe dubeheri ili-me tulesi tuwa se-mbi-u.

脚 尖端 站-**并** 往外 看.**祈** 説-**現**-**疑**

欠着脚兒[2]往外瞧嗎？（24b2）

171-3 fuhali mimbe ondo-mbi se-qina,

彷佛 我.**賓** 戲弄-**現** 説-**祈**

可是活頑我咧。（24b3）

171-4 mimbe kemuni orin aniya-i onggolo,

我.**賓** 還 二十 年-**屬** 之前

還只當我像二十年前的，（24b3-4）

171-5 tere gese teng tang se-re etuhun mangga se-mbi-u.

那 一樣 膂力相等貌 **助**-**未** 强壯的 厲害 説-**現**-**疑**

那樣結實强壯呢麽？（24b4）

---

1 衆人五臟都熟了：辛卯本作“衆人人都要五臟熟了”。

2 兒：辛卯本無“兒”字。

171-6 lakqa-fi enqu o-ho.

超絕-**順** 不同 成爲-**完**

迥乎不同了。（24b5）

171-7 te sube giranggi tong se-me,

現在 筋 骨頭 很硬的樣子 **助-并**

如今筋骨挺硬，（24b5）

171-8 gala bethe axxa-ra de,

手 脚 活動-**未** **位**

手脚動作，（24b6）

171-9 fuhali ini qisui lali o-me mute-ra-kv.

全然 自然 麻利 成爲-**并** 能-**未**-**否**

直不能[1]自然麻利了。（24b6）

171-10 qananggi waka-u.

前日 不是-**疑**

前日不是嗎？（24b7）

171-11 bi terkin tafa-ra de,

我 台階 登-**未** **位**

我上臺階，（24b7）

171-12 majige jequhuri fehu-re jakade,

稍微 不穩 踩-**未** 時候

略没踩穩，（24b7）

171-13 heiheri haihari ududu okson sosoro-fi,

搖擺的樣子 幾個 步子 倒退-**順**

一溜歪斜的倒退出好幾步，（25a1）

---

1 能：辛卯本作“能够”。

171-14 kub se-me sarbatala makta-bu-ha.

重物落地狀 **助-并** 不動彈 抛擲-**被-完**

咕咚的仰巴叉拉撂[1]那里了。（25a2）

171-15 tetele tuya-bu-ha saiha -i ba kemuni nime-me,

至今 崴-**使-完** 踝子骨 **屬** 地方 常常 疼痛-**并**

到如今搓的這踝子骨還常疼，（25a2）

171-16 hvsun baha-ra-kv.

力氣 得到-**未-否**

不得勁兒。（25a3）

171-17 ede jugvn yabu-qi tuhe-re de guwelke se-he gisun be

這.**位** 路 走-**條** 跌倒-**未** **與** 小心.**祈** 說-**完** 話 **賓**

這上頭走道兒防跌的話，（25a3）

171-18 enenggi bi teni akda-ha.

今天 我 纔 相信-**完**

今日我纔信[2]。（25a4）

【第172條】

172-1 maidari fuqihi be duka-i fejile,

彌勒 佛 **賓** 大門-**屬** 底下

彌勒佛塑在山門底下，（25a5）

172-2 tulesi foro-bu-me vren ara-fi dobo-ho-bi,

向外 朝向-**使-并** 佛像 修建-**順** 供奉-**完-現**

向外供着，（25a5）

1 撂：辛卯本作“撂在”。

2 信：辛卯本作“信了”。

172-3 amba kiyangkiyan -i boubai deyen -i dolo dulimba-de,

大 强健 **屬** 寶貝 宮殿 **屬** 裏面 中間-**位**

ineku ji-he fuqihi,

本來的 來-**完** 佛

大雄寶殿中間供的是如来佛，（25a6）

172-4 hashv iqi ergi-de manjusiri fusa,

左 右 邊-**位** 文殊師利 菩薩

兩邊供的是文殊菩薩，（25a7）

172-5 samandabidara fusa dobo-ho-bi,

普賢 菩薩 供奉-**完**-**現**

普賢菩薩，（25b1）

172-6 amargi de geli jilan -i bulekuxe-re fusa-i佛號見《清字經》

後面 **位** 又 慈 **屬** 洞悉-**未** 菩薩-**屬**

deyen bi.

宮殿 有

後頭又有觀音殿。（25b1）

172-7 ere udu ba-de uthai aname dorolo-ho seme,

這 幾 地方-**位** 就 挨個 禮拜-**完** 縱使

就在這幾處挨次行行禮，（25b2-3）

172-8 ai giyanakv jobo-ho-bi.

什麼 可能有的 勞苦-**完**-**現**

能有什麼勞苦了呢？（25b3）

172-9 tetele dara qaksi-me gala bethe singgiya-me naka-ra unde,

至今 腰 酸疼-**并** 手 脚 麻木-**并** 停止-**未** 尚未

到這會兒腰酸腿疼還未止呢。（25b3-4）

172-10 tunggen ungkemeliyan yabu-re ili-ra o-qi,

胸脯 略向前傾着的 走-**未** 站立-**未** 成爲-**條**

走着站着把胸脯子向前灣着些，（25b4-5）

172-11 hono nikede-mbi.

還 將就-**現**

還將就得。（25b5）

172-12 majige sijihvn saniya-ki se-qi,

略微 直直的 伸長-**祈** **助**-**條**

要略直一直腰，（25b5）

172-13 dara -i giranggi jalan uthai nime-mbi,

腰 **屬** 骨頭 關節 就 疼痛-**現**

腰節骨就疼，（25b6）

172-14 waliyaha,

完了

完咧，（25b6）

172-15 ai onggolo uthai uttu ebere-ke-bi ni.

什麽 先前 就 這麽 衰敗-**完**-**現** 呢

来不来的就這們衰敗了呢。（25b6-7）

【第173條】

173-1 banitai oyombu-ra-kv,

本性 顯得重要-**未**-**否**

生性不着調，（26a1）

173-2 beye-i uru waka be

自己-**屬** 是 非 **賓**

自己妥當不妥當，（26a1）

173-3 tuwakiya-me mute-mbihe-u akv-n,

保護-并 能-過-疑 否-疑

不知[1]保的[2]住保不住，（26a1）

173-4 fulu alban ka-me weri -i funde balai faksala-ra de,

多的 公事 當差-并 他人 屬 代替 肆意地 分散-未 位

多事替人家混批的，（26a2）

173-5 ai gana-ha[3].

什麼 拿去-完

是甚麼呢？（26a2）

173-6 emgeri lolo se-me gisun sinda-ha se-he-de,

一下 説話没完没了的様子 助-并 話 放-完 説-完-位

一開[4]了話包兒，（26a3）

173-7 niyalma ufuhu fahvn ure-me,

人 肺 膽 熟-并

教[5]人五臟都[6]熟了，（26a3-4）

173-8 dolo waji-mbi.

心裏 毁掉-現

心裏難受。（26a4）

---

1 知：辛卯本作“仔”。

2 的：辛卯本作“得”。

3 ai ganaha：固定短語，意爲“這是怎麽説的呢”。

4 開：辛卯本作“打開”。

5 教：辛卯本作“叫”。

6 都：辛卯本無“都”字。

173-9 ere-i ama oihori niyalma bihe-u,

這-**屬** 父親 何等的 人 **過-疑**

他[1]父親是何[2]樣的漢子来着，（26a4-5）

173-10 yala haha se-me banji-fi,

真格的 漢子 説-**并** 生活-**順**

實[3]是個豪杰。（26a5）

173-11 mujakv gebu gai-ha,

實在 名字 顯出-**完**

揚了名了，（26a5）

173-12 ai, fengxen ubu be fayangga gemu gama-ha,

哎 福祉 份額 **賓** 靈魂 全都 帶去-**完**

可嘆福分都是他先人帶了去了，（26a6）

173-13 yala jalan jalan wasi-ka se-qina.

果真 世代 世代 衰落-**完** 説-**祈**

一輩不及一輩了。（26a6-7）

【第 174 條】

174-1 meni baita be

我們.**屬** 事情 **賓**

我們的事，（26b1）

174-2 ere uquri,

這 時候

1 他：辛卯本作“他的”。
2 何：辛卯本作“何等”。
3 實：辛卯本作“實在”。

這一程子，（26b1）

174-3 inenggi-dari femen kata-bu-me gisure-qibe,

天-每 嘴唇 變乾-**使-并** 説-**讓**

天天雖説的嘴都干了，（26b1）

174-4 dengjan -i iqingga bi,

燈 **屬** 在行的 有

也有向燈的，（26b2）

174-5 tuwa-i iqingga inu bi-fi,

火-**屬** 在行的 也 有-**順**

也有向火的，（26b2）

174-6 gisun faquhvn de,

話 混亂 **位**

話亂道的上頭，（26b3）

174-7 baita nenggerebu-fi bihe.

事情 耽擱-**順** **過**

事情支[1]擱着来着。（26b3）

174-8 sikse niyalma -i buyenin baita-i giyan be

昨天 人 **屬** 感情 事情-**屬** 理 **賓**

昨日拿着人情事理，（26b3-4）

174-9 jafa-fi gisure-hei,

拿-**順** 説話-**持**

説了個難，（26b4）

1 支：辛卯本作“岐”。

174-10 arkan muri-me fakjila-ra be naka-fi,

好不容易 執繆-**并** 相持-**未** **賓** 停止-**順**

剛剛的擰秤執繆的勁兒消了，（26b4）

174-11 angga alja-ra muru tuqi-ke.

口 應允-**未** 模様 出-**完**

有個應口的模兒了。（26b5）

174-12 jing tokto-ho akv bi-sire-ngge,

正 確定-**完** **否** 有-**未**-**名**

正待定不定之際，（26b5-6）

174-13 tere-i gaitai dosi-nji-fi,

他-**屬** 猛然 進-來-**順**

他猛然進来了。（26b6）

174-14 ere tere ai we-i se-me,

這 那 什麽 誰-**屬** 説-**并**

這個咧那個咧，（26b6）

174-15 emu jergi kvthv-re jakade,

一 陣 攪和-**未** 之後

一陣混攪的上頭，（26b7）

174-16 kvbuli-ka,

變化-**完**

變了，（26b7）

174-17 geli uju lasihi-me deribu-he.

又 頭 摇動-**并** 開始-**完**

又摇起頭来了。（26b7）

【第175條】

175-1 i ergi-de qargi-de umai daljakv,
他 旁-**位** 上邊-**位** 并 無關的
缸兒裏没[1]他扠[2]裏没[3]他，（27a1）

175-2 ai ton bi seme,
什麼 數 有 縱使
算個什麼牌兒名？（27a1）

175-3 dalukan -i ji-fi, fulu baita da-ki se-mbi.
糾纏不休的 **工** 來-**順** 多的 事情 干涉-**祈** **助-現**
巴巴的[4]来要多管事，（27a2）

175-4 unenggi tondo be jafa-me faksala-me mute-qi,
果然 公正 **賓** 拿-**并** 分析-**并** 能-**條**
果然能公公道道的分晰的開，（27a2-3）

175-5 ai hendu-re.
什麼 説-**未**
可説什[5]麼呢？（27a3）

175-6 i manggi (即 emhun teile imata) emhule-me hepere-ki,
他 一味地 單獨 僅僅 唯獨 獨占-**并** 摟-**祈**
heqe-me gama-ki注詳《補彙》 se-mbi,
不留剩-**并** 拿去-**祈** **助-現**

---

1 没：辛卯本作“没有”。
2 扠：辛卯本作“扠兒”。
3 没：辛卯本作“没有”。
4 巴巴的：辛卯本作“巴巴兒”。
5 什：辛卯本作“甚”。

他一味的要一把兒摟[1]着全打算[2]了[3]去，（27a3-4）

175-7 ai gamji geli bi-kini.

如此的 貪婪 又 有-祈

那兒有這們貪的呢？（27a4）

175-8 labdu memere-qi,

多的 貪戀-條

lalanji niyanggv-me mute-ra-kv se-he-be, inu da-ra ba akv,

爛 咀嚼-并 能-未-否 説-完-賓 也 關涉-未 地方 否

也不顧個貪多嚼不爛，（27a5）

175-9 damu menggun jiha se-he-de buqe-mbi.

祇是 銀子 錢 説-完-位 死-現

只到了銀錢就是命啊[4]！（27a6）

【第176條】

176-1 fejergi de fafungga,

下屬 與 威嚴的

待下人王法大，（27b1）

176-2 inenggi-dari kokoli-me multule-fi kv qa se-hei banji-mbi,

天-每 扒掉-并 褪-順 打架的聲音 助-持 生活-現

每日裏剥衣裳褪褲子乒乓的打叉，（27b1）

176-3 aika ohode monggon -i jili jalu,

動不動 脖子 屬 怒氣 滿的

1 摟：底本作“楼”，據辛卯本改。

2 算：辛卯本作“掃”。

3 了：辛卯本作“了了”。

4 啊：辛卯本無“啊”字。

動不動的[1]一脖梗子氣，（27b2）

176-4 fotor fosok se-mbi,

大怒的樣子 野獸突然跳起的聲音 **助-現**

一陣利害似一陣，（27b2-3）

176-5 emgeri nukqi-ke de ilibu-qi o-jora-kv,

一陣 發怒-**完** **位** 阻攔-**條** 可以-**未**-**否**

一發作了攔不得，（27b3）

176-6 si ele tafula-qi ele qilqin mada-mbi.

你 越 勸告-**條** 越 疙瘩 腫脹-**現**

你越勸越發作。（27b3-4）

176-7 ai,

哎，

噯，（27b4）

176-8 usa-ka jou. 見《論語》

灰心-**完** 罷了

罷了啊[2]。（27b4）

176-9 qingkai uttu oshodo-me daixa-qi,

恣意 這樣 暴虐-**并** 胡鬧-**條**

若這們觸心兒暴虐胡鬧了去，（27b5）

176-10 ainahai amargi be hafirhvn o-bu-re-ngge waka ni.

未必 後面 **賓** 窘迫的 成爲-**使**-**未**-**名** 不是 呢

未必不是給後頭個没道兒罷？（27b5-6）

---

1 的：辛卯本無“的”字。

2 啊：辛卯本作“呀”。

【第177條】

177-1 meni tere niyamangga niyalma beu,

我們.屬 那 有親戚關係的 人 嗎

我們[1]那個親戚麽，（27b7）

177-2 te an qi alja-ha,

如今 常規 從 離開-完

如今改了常了，（27b7）

177-3 damu gebu bi-sire gojime, yargiyan ba akv o-ho-bi.

衹是 名字 有-未 衹是 真實的 地方 否 助-完-現

只是有名無實了。（27b7-28a1）

177-4 emu inenggi bi giranggi yali -i hanqi niyaman

一 天 我 骨 肉 屬 相近的 親戚

se-me gvni-me tuwa-na-qi,

說-并 思想-并 看-去-條

一日我想着是骨肉至親去[2]瞧他去呢，（28a1-2）

177-5 abka, aimaka,

天 嗚呼

怪事，（28a3）

177-6 ini-ngge be edele-fi,

他.屬-名 賓 虧欠-順

好像少欠他什麽，（28a3）

177-7 touda-ha-kv gese,

償還-完-否 像

---

1 我們：辛卯本作“我們的”。

2 去：辛卯本無“去”字。

没還他[1]是的，（28a3）

177-8 si bi uju unqehen akv gisun makta-me,

你 我 頭 尾 否 話 抛-并

一個個的[2]着頭不着尾的撩話兒，（28a3-4）

177-9 niyalma be baxa-ra adali.

人 賓 趕走-未 像

活是捻人的一樣。（28a4）

177-10 amqa-me gvni-qi, mini eyvn bi-sire fon-de,

追-并 想-條 我.屬 姐姐 有-未 時候-位

回想我姐姐在的時候，（28a5）

177-11 bou-de dosi-ka manggi,

家-位 進-完 之後

一進他家[3]，（28a5-6）

177-12 sakda ajigan gemu antaka kata fata, keb kab bihe.

老人 年輕人 全都 何等的 親熱的 親熱相愛狀 過

老老少少[4]都[5]何等様親熱来着[6]。（28a6）

177-13 dule niyalma bi-qi buyenin an -i se-he-ngge,

原來 人 有-條 感情 平常 工 説-完-名

原来人在人情在的話，（28a7）

1 他：辛卯本作“的”。

2 一個個的：辛卯本作“一個一個”。

3 一進他家：辛卯本作“一進他家去”。

4 老老少少：辛卯本作“老老小小”。

5 都：辛卯本作“都是”。

6 親熱来着：辛卯本作“一盆火兒是的親熱来着”。

177-14 ere-be hendu-he-ni.

這-**賓** 說-**完**-呢

是說這個呢呀！（28b1）

177-15 tede mini gene-he halukan gvnin,

那.**位** 我.**屬** 去-**完** 温暖的 心思

那上頭我去的熱樸樸的心，（28b1）

177-16 usa-kai[1] yala juhe -i gese xahvrun o-ho bade,

寒心-**持** 果然 冰 **屬** 像 冷的 成爲-**完** 尚且

寒了個冷冰冰的，（28b2）

177-17 ai adarame yabu-me feliye-mbi.

表示不滿 怎麼能 走-**并** 走動-**現**

再還有個什[2]麽来往頭兒呢？（28b2-3）

【第178條】

178-1 dergi beye letehun ura sibsihvn,

上面 身體 寬大 臀部 下細

長了個上乍下窄，（28b4）

178-2 yokqin bakqin akv,

容貌 對立面 **否**

不得人意兒，（28b4）

178-3 tumpana-me banji-fi,

長得胖頭大臉的-**并** 長-**順**

胖頭大臉的，（28b5）

---

1 usakai：底本作uskafi，據辛卯本改。

2 什：辛卯本作“甚”。

178-4 geli ba-de nukqi-bu-me qobaxa-me, emu qisui akv[1].

又 地方-位 發怒-使-并 撥弄是非-并 一 隨意 否

又搭着[2]到各[3]處筒聳混鏟不安分。（28b5）

178-5 te-qi gaihari,

坐-條 形容突然跳起

坐也不安，（28b6）

178-6 dedu-qi gonggori,

躺-條 不安寧

睡也不稳，（28b6）

178-7 teni uba-de kvwak qak se-me gvwaqihiyaxa-me bihe-ngge,

剛纔 這裏-位 棍棒相擊聲 助-并 閑不住-并 過-名

剛纔在這塊兒[4]乒乓的不時閑兒来着，（28b6-7）

178-8 gaitai geli qargi-de,

忽然 又 那邊-位

忽又[5]在那邊兒，（28b7）

178-9 akxun mada-me pou faha-me deribu-he,

嗓子 腫脹-并 炮 投擲-并 開始-完

粗喉嚨大嗓子的嘮大話，（28b7-29a1）

178-10 yala ai fayangga bihe-ni.

實在 什麼 靈魂 過-呢

實在可是什[6]麽脱生的呢？（29a1）

---

1 emu qisui akv：固定搭配，表“不安分”。

2 搭着：辛卯本作“打着個”。

3 各：辛卯本無“各”字。

4 這塊兒：辛卯本作“這塊兒上”。

5 又：底本作“有”，據辛卯本改。

6 什：辛卯本作“甚”。

【第179條】

179-1 sikse dalhvn qifenggu wesihun jolho-me,
昨天 黏的 唾沫 往上 涌-**并**
昨日痰往上一涌，（29a2）

179-2 bilha hahvra-bu-fi,
嗓子 卡住-**被-順**
掐住脖子，（29a2）

179-3 gala gemu xahvra-ka.
手 都 變冷-**完**
胳膊都涼了。（29a2-3）

179-4 tede bou-i gubqi firfin fiyarfin -i,
那.**位** 家-**屬** 全都 痛哭流涕 **工**
那上頭合家都眼泪一把，（29a3）

179-5 niyaki silenggi fisihi-me,
鼻涕 口水 甩-**并**
鼻涕一把[1]，（29a3）

179-6 fir se-re-ngge見《小雅》 ya,
痛哭的樣子 **助-未-名** 哪個
慟的也[2]不知是那個，（29a4）

179-7 hir se-re-ngge we,
悲傷的樣子 **助-未-名** 誰
徹的也[3]不知是誰，（29a4）

1 一把：辛卯本作“的”。
2 也：辛卯本無“也”字。
3 也：辛卯本無“也”字。

179-8 buran taran gemu ilga-me mute-ra-kv o-ho.

亂亂哄哄的様子 全都 分辨-并 能-未-否 助-完

亂亂哄哄的都分不出来了。（29a5）

179-9 banjishvn niyalma o-fi,

活過來的 人 成爲-順

合該不死的人，（29a5）

179-10 abka gosi-me gaitai hak se-fi,

天 憐憫-并 突然 咳痰的聲音 助-順

pos se-me tuqi-ke turgun-de,

呼出氣的様子 助-并 出-完 緣故-位

老天可憐猛然“喀”的一下子吐出口痰来，（29a6）

179-11 arkan aitu-fi gesu-he-bi.

剛剛 蘇醒-順 復蘇-完-現

剛剛兒[1]蘇醒過来了。（29a7）

179-12 enenggi fonji-qi,

今天 問-條

今日問時，（29a7）

179-13 kemuni beye fer far se-me,

還 身體 軟弱無力狀 助-并

還説是[2]身子稀軟没[3]勁兒，（29a7-b1）

179-14 bethe terten tartan -i fakjin akv se-mbi.

腿 顫顫巍巍的 工 主心骨 否 説-現

1 剛剛兒：辛卯本作“剛剛兒的”。

2 是：辛卯本無“是”字。

3 没：辛卯本作“無”。

腿子顫偎偎的没[1]主腔兒。（29b1）

【第180條】

180-1 majige yebe o-ho bi-qibe,

略微 稍痊愈 成爲-**完** **助-讓**

雖略好了些，（29b2）

180-2 kemuni getuken o-joro unde.

還 利索 成爲-**未** 尚未

還没得好伶俐。（29b2）

180-3 uju hvi hai se-me baibi liyeliyehun,

頭 頭暈目眩狀 **助-并** 平白無故地 糊塗的

腦袋昏頭昏腦的只是暈倒倒的，（29b2-3）

180-4 dolo sukdun ningkabu-fi,

心裏 氣息 氣結脹滿-**順**

心裏氣不舒，（29b3）

180-5 wesihun tele-bu-me jalu-re de ali-me mute-ra-kv,

往上 撑開-**被-并** 滿-**未** **位** 承受-**并** 能-**未-否**

撑心柱肋的發脹[2]受不得，（29b3-4）

180-6 beye wai se-me hesihete-me,

身體 虚弱無力狀 **助-并** 踉蹌-**并**

身子稀軟踉踉蹌蹌的，（29b4-5）

180-7 teifun be alajabu-qi o-jora-kv,

拐棍 **賓** 離開-**條** 可以-**未-否**

---

1 没：辛卯本作“無”。

2 脹：底本作“賬”，據辛卯本改。

離不得[1]拐棍兒[2]，（29b5）

180-8　tetele axxa-ra dari dara niniyarila-me xara xara nime-mbi.

至今　動彈-**未**　每　腰　扭痛-**并**　極　極　疼痛-**現**

至今動弹腰裏針多的是的酸疼。（29b5-6）

【第181條】

181-1　buda je-qi,

飯　吃-**條**

吃飯呢，（29b7）

181-2　baibi hvwaliya-ka-kv gese,

有點兒　和諧-**完-否**　像

狠像没煮到的是的，（29b7）

181-3　fasar se-mbi.

形容米煮得生硬　**助-現**

撒扎拉的。（29b7）

181-4　yali niyaniu-qi,

肉　嚼-**條**

吃肉呢，（30a1）

181-5　pak se-me mengge,

缺油的樣子　**助-并**　（肉）發柴

木扎片似的發柴，（30a1）

181-6　majige amtan simten inu akv.

一點兒　味道　滋味　也　**否**

1　離不得：辛卯本作“離不開”。

2　兒：辛卯本無“兒”字。

一点滋味也没有。（30a1）

181-7 je-ke jeku ouri simen de gene-ra-kv,

吃-**完** 糧食 精力 精華 **位** 去-**未**-**否**

吃下的[1]東西不長精神，（30a2）

181-8 damu xada-shvn nonggi-bu-mbi,

衹是 疲倦-**弱** 增加-**使**-**現**

只覺的添乏，（30a2-3）

181-9 an -i soroqo-ro gosi-re nimeku qi doso-ra-kv,

平常 **屬** 刺疼-**未** 疼-**未** 疾病 **從** 受得住-**未**-**否**

比尋常的刺撓疼痛難受，（30a3）

181-10 tuttu bime, dere xan wenje-me,

而且 臉 耳朵 發燒-**并**

而且臉燒耳熱，（30a4）

181-11 ton akv[2] yasa-i humsun fekqe-mbi.

數 **否** 眼睛-**屬** 眼瞼 跳動-**現**

不住的眼皮子跳。（30a4-5）

181-12 ai geli,

豈有此理

豈有此理，（30a5）

181-13 ede geli emu enqu fasilan tuqi-nji-ra-kv mujangga-u.

這.**位** 也 一 别的 樹杈 出-來-**未**-**否** 果然-**疑**

這們着也有個不出别外生枝的亂兒的嗎？（30a5-6）

---

1 的：辛卯本無“的”字。

2 ton akv：固定搭配，意爲“不時地，時常地”。

juwanqi fiyelen

第十章

【第 182 條】

182-1 yaya baita nashvn be tuwa-me lashala-qi sain,
凡 事情 機會 **賓** 看-**并** 決斷-**條** 好
凡事看機会決斷了好，(31a1)

182-2 juwede-me ilada-me gvni-qi o-jora-kv,
有二心-**并** 三心二意-**并** 思想-**條** 可以-**未**-**否**
不可三心二意的，(31a1-2)

182-3 majige tathvnja-ra jibgexe-re siden-de,
略微 猶豫-**未** 徘徊-**未** 間-**位**
略一游疑打蹬兒，(31a2)

182-4 uthai kanggara-mbi.
就 錯過-**現**
就會錯過呀。(31a3)

182-5 sain uqaran be tuwa-hai ufarabu-qi,
好的 遇見 **賓** 看-**持** 錯過-**條**
眼看着把好機[1]遇失過了，(31a3)

182-6 aliya-ra-kv-n.
後悔-**未**-**完**-**疑**
不後悔麽?(31a3)

182-7 tuttu bime, haha niyalma o-fi,
而且 男人 人 成爲-**順**
而且漢子家，(31a4)

---

1 機：辛卯本作“際”。

182-8 kengse lasha akv seme,
果斷 決斷 **否** 因爲
不斬釘截鐵的，（31a4）

182-9 niyalma-i dengne-ra demniyeqe-re be ali-me gai-qi,
人-**屬** 掂量-**未** 估量-**未** **賓** 承受-**并** 接受-**條**
要是受了人的掂掇輕重，（31a4）

182-10 ai yokto.
什麽 趣味
甚麽趣兒？（31a5）

【第183條】

183-1 i o-qi,
他 成爲-**條**
他呀，（31a6）

183-2 ini beye buqe-me susa-me lakdahvn -i farxa-fi[1],
他.**屬** 自己 死-**并** 送死-**并** 夯拉的 **工** 捨命-**順**
是他自己死起擺列的打着墜箍轆[2]，（31a6）

183-3 gene-ki se-mbihe-ngge,
去-**祈** **助**-**過**-**名**
要去来着，（31a6）

183-4 we de gasa-ra.
誰 **與** 埋怨-**未**
怨誰呢？（31b1）

---

1 lakdahvn i farxafi：固定搭配，意爲“死纏着”，是lakdahvn i farxambi的順序副動詞形式。

2 墜箍轆：辛卯本作“墜箍轆兒”。

183-5 te mimbe inu tuba-de susa-me gene se-qi,

現在 我.賓 也 那裏-位 送死-并 去.祈 説-條

這會兒教我也往那兒送命去，（31b1-2）

183-6 ainame mimbe wa-kini,

寧願 我.賓 殺-祈

寧可把我殺了，（31b2）

183-7 gene-re ba akv.

去-未 地方 否

是不去的。（31b2）

183-8 te qi aika mimbe qouha-i dain de,

現在 從 倘若 我.賓 軍隊-屬 戰争 位

要是立刻教我往軍營去，（31b3）

183-9 absi gene se-qi,

怎麽 去.祈 説-條

不拘怎麽着，（31b3-4）

183-10 bi absi daha-mbi,

我 怎麽 遵從-現

我依怎麽着，（31b4）

183-11 uthai fahvn fehi be boihon de uqu-bu-ha seme,

就 肝 腦漿 賓 土 位 摻和-使-完 縱使

就是肝[1]腦塗地，（31b4）

183-12 majige faitan fehere-qi,

稍微 眉毛 皺眉-條

---

1 肝：辛卯本作“干”。

要繃繃眉，（31b5）

183-13 haha niyalma se-qi o-jora-kv.

男人 人 叫作-條 可以-未-否

算不得漢子。（31b5）

183-14 yekengge haha,

德高位尊的 男人

大丈夫家[1]，（31b6）

183-15 eiqibe fafurxa-ra faxxa-ra doro bi-kai.

到底 發奮-未 努力-未 道理 有-啊

橫竪有個跳踏巴結的道理啊。（31b6）

【第184條】

184-1 si jakan ere emu jergi xara fanqa-fi hatara-ra be

你 剛剛 這 一 陣 極 發怒-順 大發脾氣-未 賓

你剛纔這一陣急個拉扠的施威，（31b7）

184-2 i uju gida-me janquhvn -i ali-me gai-ha be dahame,

他 頭 低-并 甘心 工 承受-并 接受-完 賓 因此

他已經低着頭甘受了，（31b7-32a1）

184-3 inu qirhv-fi gunire-qi aqa-me o-ho.

也 收回-順 消氣-條 應該-并 成爲-完

也該回一步兒鬆一把兒了[2]。（32a2）

184-4 hendu-he balama,

説-完 罷了

---

1 家：辛卯本無“家”字。

2 了：辛卯本無“了”字。

常言説的：（32a2）

184-5 niyalma hafira-bu-re ten de isina-qi ubaxa-mbi,

人 逼迫-**被-未** 頂點 **位** 導致-**條** 造反-**現**

“人急了造反，（32a2）

184-6 indahvn hafira-bu-re ten de isina-qi fu daba-mbi se-he-kai.

狗 逼迫-**被-未** 頂點 **位** 導致-**條** 墻 越過-**現** 説-**完**-啊

狗急了跳墻”呢呀。（32a3）

184-7 si emdubei boxo-me gama-me,

你 屢屢 催促-**并** 處治-**并**

你儘[1]着逼迫到個（32a4）

184-8 yasa-i faha, toko-me moho-bu-hai,

眼睛-**屬** 眼珠 扎-**并** 窮盡-**被-持**

赶盡殺絶，（32a4）

184-9 hami-ra-kv ten de isibu-ha de,

能忍受-**未-否** 頂點 **位** 達到-**完** **位**

耐不得的分[2]上，（32a5）

184-10 emu isele-re oxoho ali-bu-re baita tuqi-nji-re,

一 抗拒-**未** 爪子 承受-**使-未** 事情 出-來-**未**

要出来個還崩子動嗔持的事兒，（32a5-6）

184-11 ai boljon.

有何定準

有甚麽拿手？（32a6）

---

1 儘：辛卯本作“盡”。

2 分：辛卯本作“分兒”。

184-12 sini jili jaqi hahi hatan o-ho,

你.屬 脾氣 太 急躁 暴躁 成爲-完

你的性氣太暴躁了,(32a6-7)

184-13 ainame ilduxa-me sixa-me waliya-me[1] waqihiya-qi sain,

將就 將計就計-并 灑出-并 丢弃-并 完結-條 好

將機就計見一半不見一半的完結了好,(32a7)

184-14 tusa.

益處

有益啊。(32b1)

184-15 hafira-bu-fi dedu-he tasha be dekde-bu-he-de,

圍困-被-順 躺-完 老虎 賓 坐起-使-完-位

別鬧的[2]打不成狐狸,(32b1)

184-16 boqihe tuwa-rahv.

醜 看-虛

弄一屁股騷啊。(32b1-2)

【第185條】

185-1 gebu aisi be manggi《老話》 kiqe-re niyalma,

名字 利益 賓 一味地 謀求-未 人

那一味貪圖名利的人,(32b3)

185-2 udu wesihun bethe gai-fi[3],

雖然 往上的 脚 攜帶-順

---

1 sixame waliyame:固定搭配,意爲“睁一隻眼閉一隻眼”。

2 鬧的:辛卯本作“鬧到”。

3 wesihun bethe gaifi:固定搭配,意爲“走好運”,是wesihun bethe gaimbi的順序副動詞形式。

雖像走了好運氣，（32b3-4）

185-3 ba den o-ho gese bi-qibe,

地方 高的 成爲-完 好像 有-讓

脚高了，（32b4）

185-4 yasa-i julergi -i simengge.

眼睛-屬 前面 屬 榮華

可是眼前的[1]歡啊。（32b4）

185-5 si tere-i etuhun forgon be eje-fi tuwa,

你 他-屬 興盛 時期 賓 記下-順 看.祈

你把他這個旺運記着看，（32b5）

185-6 banji-qi hasa, buqe-qi hasa se-re niyalma,

生-條 急速的 死-條 急速的 助-未 人

火燎眉毛顧眼前的人，（32b5-6）

185-7 goida-ra kouli akv.

久-未 規矩 否

豈有長久的理?（32b6）

185-8 dube-de beye joqi-re boigon garja-ra,

最後-位 身體 喪命-未 家産 失盡-未

臨了兒家破人亡，（32b6-7）

185-9 fisa jori-me jubexe-re qi guwe-re de mangga,

背 指-并 背後議論-未 從 難免-未 位 難的

難免被人指着脊梁背子[2]嚼説。（32b7-33a1）

---

1 的：辛卯本無“的”字。

2 子：辛卯本無“子”字。

185-10 tere -i ama aja -i dere de,

他 **屬** 父親 母親 **屬** 臉 **位**

可不給他父母，（33a1）

185-11 gemu iju-ha waka-u.

全都 抹黑-**完** 不是-**疑**

打嘴嗎？（33a1）

【第186條】

186-1 unenggi i sinde weri-he-ngge mujangga se-qi,

果然 他 你.**與** 留下-**完**-**名** 確實 說-**條**

若果是他給你真留下的，（33a2）

186-2 hono o-mbi.

還 可以-**現**

還可以。（33a2）

186-3 akv o-qi,

否 助-**條**

不然，（33a3）

186-4 amqa-me inde bene-ki,

趕緊-**并** 他.**與** 送-**祈**

快些給他送去，（33a3）

186-5 weri -i jaka be sabu-fi,

別人 **屬** 東西 **賓** 看見-**順**

見了人家的東西，（33a3）

186-6 yasa waji-me[1] silenggixe-me,

眼睛 完-**并** 垂涎-**并**

眼饞肚飽的，（33a3-4）

186-7 uthai jilerxe-me bibu-qi,

就 腆臉-**并** 留下-**條**

就要覥着臉留下，（33a4）

186-8 niyalma de yasa niuwanggiyan,

人 **位** 眼睛 緑

教人家説眼皮子淺，（33a4-5）

186-9 buya fujurakv se-me leule-bu-mbi.

小 下作的 説-**并** 議論-**被**-**現**

貧氣下作。（33a5）

【第187條】

187-1 ai aldungga akv,

什麼 奇怪的 **否**

什麼奇怪[2]事没有，（33a6）

187-2 jiduji dorgi be geterembu-me labdu silgiya-qi aqa-mbi.

到底 裏面 **賓** 洗净-**并** 多的 除去-**條** 應該-**現**

到底把心里洗的净净兒的纔是。（33a6）

187-3 i mini baru bolgo-ki se-mbi,

他 我.**屬** 向 較量-**祈** 助-**現**

他要望我比較比較，（33b1）

1 yasa wajime：固定搭配，意爲“眼饞”，是yasa wajimbi的并列副動詞形式。

2 奇怪：辛卯本作“奇怪的”。

187-4 hojo,

漂亮

狠好，（33b1）

187-5 bi beleni alixa-me,

我 正好 發悶-**并**

我正閑着没的幹呢。（33b1-2）

187-6 bi ji-qi jiu,

我 來-**條** 來.**祈**

要来来罷咱，（33b2）

187-7 we-i uru be we sa-ra.

誰-**屬** 正確 **賓** 誰 知道-**未**

誰知道[1]誰是呢？（33b2）

187-8 muse meke qeke tuwa-ki[2].

咱們 見高低-**祈**

咱們見個[3]高低。（33b2-3）

187-9 ne je haha-i ubu sibiya,

現在 男人-**屬** 身份

現在的漢子身分，（33b3）

187-10 nantuhvn ai gaji-ha[4],

骯髒的 什麼 帶來-**完**

---

1 道：辛卯本無“道”字。

2 meke qeke tuwak：固定搭配，意爲“见高低，比高下”，是meke qeke tuwambi的祈願式形式。

3 個：辛卯本作“的”。

4 ai gajiha：常用句型，意爲“做什麼呢”。這句話可以直譯爲：“他那骯髒齷齪的，在幹什麼呢？”

他那一潦兒的在那兒呢，（33b3-4）

187-11 eiqibe dalbaki niyalma-i tuwa-ra-ngge getuken,

到底 旁邊的 人-屬 看-未-名 清楚的

横竪旁觀者清，（33b4）

187-12 doro giyan -i faksala-me giyangna-qi,

道 理 工 分析-并 講述-條

拿道理分晰講究，（33b4-5）

187-13 imbe bukda-bu-me mute-ra-kv jalin jobo-ro ba akv.

他.賓 折-使-并 能-未-否 爲了 發愁-未 地方 否

不怕不能折伏[1]他。（33b5）

187-14 aika laihvtu be alhvda-me,

倘若 無賴 賓 效法-并

要[2]學泥腿，（33b6）

187-15 balai tek tak etuhuxe-me yabu-re o-qi,

胡亂地 吆喝吵鬧 强横-并 行事-未 成爲-條

七個八個的豪横胡鬧，（33b6）

187-16 bi banji-nji-ha qi taqin akv.

我 生-來-完 從 習慣 否

我可生来的[3]不慣[4]。（33b7）

---

1 伏：辛卯本作“服”。

2 要：辛卯本作“若”。

3 的：辛卯本無“的”字。

4 慣：辛卯本作“貫”。

【第188條】

188-1 da-de qilqin fuka akv,

原本-位 疙瘩 膿包 否

起初原是没班点，（34a1）

188-2 giyalu akv banji-re sain ahvn deu bihe.

裂紋 否 生-未 好 兄 弟 過

没裂璺的好弟兄来着。（34a1）

188-3 emu inenggi emu guqu-i sarin de,

一 天 一 朋友-屬 宴會 位

一日[1]在一個朋友的[2]筵席上，（34a2）

188-4 i teike teike etuku hala-ra jakade,

他 一會兒一會兒 衣服 換-未 因爲

他不住的换衣裳。（34a2）

188-5 bi merken deu,

我 睿智的 弟弟

我説："賢弟，（34a3）

188-6 ere hala-me juru-me[3] etu-re-ngge,

這 換-并 吐-并 穿-未-名

這們脱三换四的，（34a3-4）

188-7 gohodo-ro kobqihiyada-ra demun,

擺譜-未 打扮-未 怪樣

是闊樣法擺搭的款兒[4]，（34a4）

---

1 一日：辛卯本作"一日間"。

2 的：辛卯本無"的"字。

3 halame jurume：固定搭配，意爲"换來换去"。

4 款兒：辛卯本作"款式"。

188-8 umai fujurungga yangse waka.

并 體面的 樣子 不是

并不是體面樣子。”（34a4-5）

188-9 muse da uttu bihe-u.

咱們 原來 這樣 過-疑

咱們原是這們着来麼?（34a5）

188-10 hendu-he balama,

説-完 罷了

人常説:（34a5）

188-11 niyalma hon jalu dabana-qi bilte-mbi se-he-bi.

人 過於 滿的 過分-條 驕傲-現 説-完-現

“人不可太自滿了。”（34a6）

188-12 edena inde dere banji-ra-kv[1],

在這上面 他.與 臉 生-未-否

打這上頭説不給他留情,（34a6-7）

188-13 kangsiri fori-ha seme,

鼻梁 捶打-完 因爲

給他雷頭風了,（34a7）

188-14 fuqe-fi gasa-hai,

惱怒-順 怨恨-持

惱了抱怨着,（34a7）

188-15 aqa-ha aqa-ha niyalma de ton akv ala-mbi.

遇見-完 遇見-完 人 位 時候 否 告訴-現

1 dere banjirakv：固定搭配，意爲“留情面，看情面”，是dere banjimbi的否定式形式。

逢人至人的常常兒的告訴。（34a7-b1）

【第189條】

189-1 yaya fali-me guqule-re-ngge,

凡 結交-**并** 交朋友-**未-名**

凡結交朋友，（34b2）

189-2 qohome meiren obu-fi,

特爲 肩膀 當作-**順**

特爲的是作膀臂，（34b2）

189-3 baita sita de hvsun o-kini se-re jalin.

事情 事物 **位** 力量 成爲-**祈** **助-未** 爲了

於[1]事情上可[2]作個帮手。（34b2-3）

189-4 te largin lahin xadaquka de,

現在 繁多 繁瑣 勞神 **位**

如今活亂兒着了[3]窄，（34b3）

189-5 liyeliye-fi bere-bu-he,

迷亂-**順** 不知所措-**使-完**

迷亂的人擺布不開，（34b3-4）

189-6 jing banji-re sain guqu -i

現在 親生-**未** 好 朋友 **屬**

正是相好的[4]朋友，（34b4）

---

1 於：底本作“與”，據辛卯本改。

2 可：辛卯本無“可”字。

3 了：辛卯本無“了”字。

4 的：辛卯本無“的”字。

189-7 fere-i gvnin tuqibu-me,

根底-屬 心意 顯露出-并

拿出個兜底子[1]心來。（34b4）

189-8 oho be wahiya-me[2] aisila-qi aqa-ra erin o-ho bime,

腋窩 賓 攙扶-并 幫助-條 應該-未 時候 成爲-完 而且

該抽一把的時候，（34b4-5）

189-9 an -i uquri giyalu akv hajila-me feliye-he tere,

平常 屬 時候 裂紋 否 相愛-并 走動-完 那

素常没個裂縫兒行走親香的那一個，（34b5-6）

189-10 uju mari nakv jaila-ha-bi,

頭 回.祈 之後 躲避-完-現

一撤頭躲開了，（34b6）

189-11 bi aifini tere niyalma,

我 早就 那 人

我早就説那一[3]個人，（34b7）

189-12 sain sisa-ra jugvn[4] be gai-me yabu-ra-kv,

好 灑-未 路 賓 沿着-并 走-未-否

不走好結果的道兒[5]。（34b7）

189-13 uju unqehe be sinde nambu-re de mangga se-he-be

頭 尾 賓 你.與 拿住-未 位 難 説-完-賓

他那頭尾教你難捉摸，（35a1）

---

1 子：辛卯本作“的”。

2 wahiyame：底本作waqihiyame，疑爲wahiyame之誤，據辛卯本改。

3 一：辛卯本無“一”字。

4 sisara jugvn：固定搭配，意爲“正路”。

5 好結果的道兒：辛卯本作“有好結果的道兒”。

189-14 si fiukon -i fiu se-mbi,

你 胡謅 **屬** 屁 説-**現**

你當作耳傍風,（35a2）

189-15 te antaka.

現在 怎麼樣

這會兒如何?（35a2）

【第190條】

190-1 mou xolon -i gese,

樹木 叉子 **屬** 像

木雕的似的,（35a3）

190-2 oforo de gaha dou-ha seme sabu-ra-kv.

鼻子 **位** 烏鴉 渡-**完** 連 看見-**未**-**否**

鼻子上落個老鸛也看不見。（35a3）

190-3 gisun fonji-qi,

話 問-**條**

問他話呢,（35a4）

190-4 angga juwa-ra-kv,

嘴 張口-**未**-**否**

不張口兒,（35a4）

190-5 sini baru miusiri miusirila-ra emu niyalma bihe.

你.**屬** 朝向 抿着嘴笑 微笑-**未** 一 人 過

望着你裂嘴[1]的一個人来着。（35a4）

1 裂嘴：辛卯本作“裂嘴兒”。

190-6 te hala-fi hvwaxa-fi mujakv doro yoso ulhi-he bime,

現在 改變-**順** 有成就-**順** 頗 道理 體統 懂得-**完** 而且

如今改變了出息的頗懂道理。（35a5）

190-7 angga senqehe gemu tuqi-ke-bi,[1]

嘴 下巴 全都 出-**完**-**現**

而且嘴嗎子都有了，（35a6）

190-8 da-de we imbe uttu hvwaxa-mbi se-me

原本-**位** 誰 他.**賓** 這樣 有成就-**現** 説-**并**

tumen de gvni-ha bihe-ni.

萬 **位** 思想-**完** 過-呢

誰成望他到這們個田地来着呢[2]？（35a6-7）

【第191條】

191-1 erdemu bengsen taqi-re-ngge,

才能 本事 學習-**未**-**名**

學習技藝[3]本事，（35b1）

191-2 qohome gardaxa-fi niyalma o-kini se-re jalin,

特爲 大步地走-**順** 人 成爲-**祈** **助**-**未** 爲了

特爲的是[4]要跳踏着成個人，（35b1）

191-3 umai niyalma-i baru hvsun be

并 人-**屬** 朝向 力量 **賓**

---

1 angga senqehe tuqikebi：固定搭配，意爲“口齒伶俐”，是angga senqehe tuqimbi的現在完成時形式。

2 呢：辛卯本無“呢”字。

3 技藝：辛卯本作“藝業”。

4 是：辛卯本無“是”字。

dengne-me melje-kini se-re-ngge waka.

較量-并 争長-祈 助-未-名 不是

并不是[1]合人較勁兒比賽呀。(35b2)

191-4 we imbe kvwasada-me bardanggila-me arbuxa se-he-ni.

誰 他.賓 吹噓-并 誇耀-并 舉動.祈 説-完-呢

誰教他誇張狂妄来着呢?(35b3)

191-5 nime-bu-he-kv o-fi,

疼痛-使-完-否 助-順

他没吃着利害,(35b3-4)

191-6 tuttu dere.

那樣 罷了

那們着罷列。(35b4)

191-7 qingkai uttu beye mangga hvsun amba

一味地 這麽 身體 强健的 力氣 大

se-me geugede-me gene-qi,

説-并 張狂-并 去-條

一味的這們以着身子[2]硬朗力氣大擺搭着[3]去,(35b4-5)

191-8 akjuhiyan mou -i adali,

脆的 木頭 屬 像

像性緊的木頭似[4]的,(35b5)

191-9 atanggi bi-qibe, tokto-fi xaxun akv meije-mbi.

什麽時候 有-讓 必定-順 稀碎 否 破碎-現

1 并不是:辛卯本作“并不是为”。

2 子:辛卯本無“子”字。

3 着:辛卯本無“着”字。

4 似:辛卯本作“是”。

多咱必定有個粉碎的時候。（35b5）

191-10 gurun amba,

國家 大

世界大，（35b6）

191-11 mangga niyalma labdu kai.

厲害的 人 多的 啊

好漢子多呀！（35b6）

191-12 gubqi be gemu absi bodo-ho-bi,

大家 **賓** 全都 怎麼 算計-**完**-**現**

把大衆都看作[1]什麼了？（35b6-7）

191-13 beye-i unqehen be beye gedu-re be

自己-**屬** 尾巴 **賓** 自己 啃-**未** **賓**

自己搬磚砸脚的事，（35b7）

191-14 aiseme haqihiya-mbi.

何必 催促-**現**

可急他作什麼？（35b7）

【第192條】

192-1 nene-he niyalma-i kesi fiyanji de,

先-**完** 人-**屬** 恩典 依靠 **位**

先人的恩澤上，（36a1）

192-2 baha-fi gengge gangga ere udu niyalma takvrxa-mbi.

得到-**順** 孤零零的 這 幾 人 使喚-**現**

1 看作：辛卯本作“看成”。

得使唤這幾個不能不采的人。（36a1）

192-3 inenggi-dari mukxan xusiha -i

天-每 棍棒 鞭子 **屬**

每日棍子鞭子的[1]，（36a2）

192-4 kvwak qak se-hei banji-qi,

棍棒相打狀 **助-持** 生活-**條**

乒乓[2]的[3]過，（36a2）

192-5 doro waka.

道理 不是

不是道理。（36a3）

192-6 qende udu xan galbi donji-re doro

他們.**位** 雖然 耳朵 耳聰的 聽-**未** 道理

ferguweqe ke bengsen akv bi-qibe,

奇特的 本事 **否** 有-**讓**

他們雖没[4]撒金尿銀奇特的本事，（36a3）

192-7 niyalma akdun,

人 敦厚

人靠得，（36a4）

192-8 ai oqibe,

不拘

不拘怎麽着，（36a4）

---

1 的：辛卯本無“的”字。

2 乒乓：辛卯本作“乒叉乓叉”。

3 的：辛卯本作“着”。

4 没：辛卯本作“没有”。

192-9 sabu-re dulin waliya-ra dulin gama-ra-ngge inu.

看見-未 一半 丢掉-未 一半 處置-未-名 也

見一半不見一半的爲是。（36a4-5）

192-10 foholon taimin gala qi ai dalji se-he bi-kai.

短 撥火棍 手 從 什麽强如 説-完 現-啊

可是説的火棍兒[1]短强如手撥拉[2]，（36a5-6）

192-11 aha takvra-ra fengxen akv oqi o-ho dabala,

奴才 差遣-未 福分 否 若 成爲-完 罷了

没使奴才的命也罷了，（36a6）

192-12 emdubei uttu funiyehe be fulgiye-me fiyartun be bai-me,

衹管 這樣 毛髮 賓 吹-并 瑕疵 賓 找-并

只管這們吹毛求疵，（36a7）

192-13 olho-ho mou de xugi gai-me gama-qi,

乾枯-完 木頭 位 汁液 取-并 去取-條

鷄蛋裏尋骨頭，（36b1）

192-14 taifin -i banji-ra-kv,

太平的 工 過日子-未-否

是不要過太平日子，（36b1）

192-15 beye-be beye tokoxo-ki se-mbi-kai.

自己-賓 自己 攛掇-祈 助-現-啊

自己攛掇自己呢呀！（36b2）

---

1 兒：辛卯本無“兒”字。

2 撥拉：辛卯本作“撥拉呀”。

【第193條】

193-1 gene-qi tetendere,

去-條 既然

既是要去，（36b3）

193-2 niyalma-i isa-ha be amqa-me gene,

人-屬 聚集-完 賓 趕上-并 去.祈

赶着有人的時候去，（36b3）

193-3 hesihexe-me elhexe-me,

邊走邊瞧-并 怠慢-并

賣呆摸索，（36b3）

193-4 onggo-fi xangga-fi gene-he-de,

忘-順 成全-順 去-完-位

七十年八十代的去了，（36b4）

193-5 niyalma de balai buhiye-bu-mbi.

人 位 胡亂地 猜疑-使-現

教人家胡猜疑。（36b4）

193-6 isina-fi dala-ha niyalma be tuwa,

到達-順 爲首-完 人 賓 看.祈

到去了看打頭的人，（36b4-5）

193-7 ai se-qi uthai ai se-ki,

什麼 説-條 就 什麼 説-祈

説怎麽就怎麽着，（36b5）

193-8 fulu faquhvn fasilan gisun ume,

多餘的 亂的 分叉 話 不要

多言多語叉[1]股子話别説，（36b5-6）

193-9 tumen de endebu-he-de,

萬 位 犯錯-完-位

萬一失[2]錯一句，（36b6）

193-10 weri -i angga de hanqi o-ho jaka be

别人 屬 嘴 位 近的 成爲-完 東西 賓

人家説離嘴兒不遠的東西，（36b6-7）

193-11 si isi-bu-ra-kv sihele-he se-me,

你 蒙受-使-未-否 攔住-完 説-并

教你打[3]破頭屑兒，（36b7）

193-12 gasa-bu-re be dahame,

抱怨-被-未 賓 因此

招人抱怨，（37a1）

193-13 muse ilenggu foholon o-mbi.

咱們 舌頭 短 成爲-現

咱們就嘴短了。（37a1）

【第194條】

194-1 tere niyalma berten iqihi akv derengge,

那 人 污點 瑕疵 否 體面的

那個人一点的[4]疙星兒没有的體面，（37a2）

---

1 叉：辛卯本作“岔”。

2 失：辛卯本無“失”字。

3 打：辛卯本作“打了”。

4 的：辛卯本無“的”字。

194-2 dere haira-mbi,

臉 愛惜-**現**

顧臉，（37a2）

194-3 weri -i etu-he ginqihiyan je-tere sain be sabu-fi,

人家 **屬** 穿-**完** 華麗的 吃-**未** 好 **賓** 看見-**順**

見人家的個鮮明衣裳好食水，（37a2-3）

194-4 heni silenggixe-me bilha waji-re[1] ba akv.

一點兒 眼饞-**并** 嗓子 完結-**未** 地方 **否**

從没[2]饞羡慕過。（37a3）

194-5 kemuni suse etuku eberi amtan,

時常 簡陋的 衣服 淡的 味道

常説的是這個糙衣淡食，（37a4）

194-6 mini teisu,

我.**屬** 本分

是我的本分，（37a4）

194-7 dolo labdu dangdaka sidara-mbi,

心裏 多的 舒坦的 舒心-**現**

心裏頭舒坦慰貼，（37a5）

194-8 beye-i simaquka be uthai tuyembu-me serebu-he seme,

自己-**屬** 缺乏 **賓** 就 露出窮相-**并** 顯出-**完** 縱然

就把自己的艱難露出来，（37a5）

194-9 muse de we bu-mbi-u se-mbi.

咱們 **與** 誰 給-**現**-**疑** 説-**現**

---

1 bilha wajire：固定搭配，意爲“羡慕”，是bilha wajimbi的形動詞形式。

2 没：辛卯本作“没發”。

誰肯給咱們嗎？（37a6）

【第195條】

195-1 tere-be ini bou-i niyalma se-qi o-jora-kv,

他-也 他.屬 家-屬 人 説-條 可以-未-否

他呀竟説不得是他的家人，（37a7）

195-2 fuhali bailingga fayangga, niyalma unenggi,

全然 有恩情的 靈魂 人 實在

真是来[1]填還他来的，人誠實，（37a7-b1）

195-3 ai erin -i niyalma,

什麼 時候 屬 人

老陳[2]人呀[3]，（37b1）

195-4 nixa hvsun bu-mbi.

狠狠地 力氣 出-現

往死里[4]的出力。（37b1）

195-5 inde emu jaka be afabu-fi dasata-bu-qi,

他.與 一 東西 賓 交給-順 收拾-使-條

若交給他[5]一件東西教他拾掇，（37b2）

195-6 xuntuhuni kukekun kukekun gala teye-re inu akv,

整日 行動遲緩的樣子 手 休息-未 也 否

終日家孤涌孤涌的手歇也不歇，（37b2-3）

---

1 来：辛卯本無“来”字。
2 陳：辛卯本作“成”。
3 呀：辛卯本作“啊”。
4 里：辛卯本作“了”。
5 他：辛卯本無“他”字。

195-7 urunakv en jen -i dasata-me xangga-bu-fi,
一定 現成的 **工** 收拾-**并** 做成-**使**-**順**
必然收拾的現成的[1]，（37b3）

195-8 teni naka-qi naka-mbi.
纔 停止-**條** 停止-**現**
要撩開手纔撩開手。（37b4）

195-9 aika juse be inde nike-bu-fi,
倘若 孩子.**複** **賓** 他.**與** 依靠-**使**-**順**
要[2]是把孩子交給他，（37b4）

195-10 tuwaxata-bu-ha de,
照看-**使**-**完** **位**
教照看，（37b5）

195-11 uthai beye-i gese,
就 自己-**屬** 像
就像咱們自己一樣，（37b5）

195-12 muse-i dolo halukan o-mbi.
咱們-**屬** 心裏 温暖的 成爲-**現**
咱們放心[3]。（37b5）

【第196條】

196-1 juse be jafata-me kadala-qi,
孩子.**複** **賓** 管教-**并** 管理-**條**

---

1 的：辛卯本作“了”。
2 要：辛卯本作“若”。
3 放心：辛卯本作“放得心”。

孩子們約束着[1]，（37b6）

196-2 hvwaxa-mbi,

有成就-現

他[2]出條，（37b6）

196-3 hvi tuttu o-kini se-me,

任憑 那様 成爲-祈 助-并

要説由他去罷。（37b6）

196-4 makta-me bi-hei taqi-mbi,

不約束-并 現-持 習慣-現

撂搭着看慣了，（37b7）

196-5 damu niyanqan be bija-bu-qi o-jora-kv.

衹是 鋭氣 賓 挫折-使-條 可以-未-否

可別折[3]挫了他的鋭氣。（37b7）

196-6 aika tere bu-qi aqa-ra, targabu-qi aqa-ra ba-be ilga-ra-kv,

倘若 他 給-條 應該-未 禁止-條 應該-未 地方-賓 分辨-未-否

若不分個青紅皂白，（38a1）

196-7 ainame barabu-fi uquda-qi,

隨便 摻和-順 不停地攪和-條

隨便攙合着混攪，（38a2）

196-8 jui inu tulhun gala-ka be ulhi-me gvnin nei-bu-ra-kv.

孩子 也 陰天 放晴-完 賓 知曉-并 心思 打開-使-未-否

孩子也不能開心知好歹。（38a2）

---

1 着：辛卯本作“來着”。

2 他：辛卯本無“他”字。

3 折：辛卯本作“拆”。

196-9 we-i juse be we gosi-ra-kv.

誰-**屬** 孩子.**複** **賓** 誰 疼愛-**未**-**否**

誰的孩子誰不疼愛？（38a3）

196-10 aika tere gese qihai badara-mbu-me gama-ra-ngge o-qi,

倘若 那 像 縱 發展-**使**-**并** 處置-**未**-**名** 成爲-**條**

若像那一味的縱着他[1]去[2]，（38a3-4）

196-11 urunakv huwekiyebu-hei uju-de hamta-bu-ha de,

一定 激勵-**持** 頭-**位** 拉屎-**使**-**完** **位**

必要逞的他跐着頭拉屎[3]，（38a4-5）

196-12 teni gosi-ha se-mbi-u.

纔 疼愛-**完** 説-**現**-**疑**

才算是疼嗎？（38a5）

【第197條】

197-1 bi niyalma-i jalin yabu-ki se-qi,

我 人-**屬** 爲了 行事-**祈** **助**-**條**

我想爲人須爲徹[4]，（38a6）

197-2 umesile-me yabu-qi aqa-mbi se-me gvni-me,

實在-**并** 行事-**條** 應該-**現** 説-**并** 思想-**并**

ini baita de yala fere-i gvnin be qanggi jalgiya-fi,

他.**屬** 事情 **位** 誠然 底-**屬** 心思 **賓** 衹是 勾出-**順**

---

1 他：辛卯本無“他”字。

2 去：辛卯本作“去的”。

3 屎：底本作“尿”，據辛卯本改。

4 徹：底本作“撤”，據辛卯本改。

於他的事情上實在滔出一片兜底子的心来[1]，（38a6-7）

197-3 mute-re ebsihe mute-bu-me faqihiyaxa-ha bime,

能-未 盡 成就-使-并 發奮-完 而且

竭力的[2]往成全里巴結来着。（38a7-b1）

197-4 ai-de taqin akv inde kuxun o-fi,

什麽-位 習慣 否 他.與 不舒服 成爲-順

不咨打那上頭另一樣兒的總討他嫌，（38b1-2）

197-5 nememe minde gasa-me usha-mbi.

反倒 我.與 埋怨-并 嗔怪-現

反倒抱怨。（38b2）

197-6 qananggi uqara-ha de,

前天 相遇-完 位

前日遇着了，（38b2）

197-7 inde duile-ki se-me,

他.與 校對-祈 助-并

要與[3]他較正[4]較証[5]，（38b2-3）

197-8 gisun femen de isi-nji-fi,

話 嘴唇 位 到-來-順

話到了嘴邊上，（38b3）

197-9 dere de ete-ra-kv,

臉 位 承受得住-未-否

---

1 来：辛卯本無“来”字。

2 的：辛卯本無“的”字。

3 與：辛卯本作“往”。

4 正：辛卯本作“征”。

5 証：辛卯本作“征”。

臉上待着没法兒，（38b3）

197-10 aina-ra se-fi naka-ha.

怎麽辦-**未** 説-**順** 停止-**完**

那上頭[1]打住了。（38b3-4）

197-11 eiqibe bi umai sihele-me efule-me yabu-ha-kv o-qi,

到底 我 并 攔住-**并** 破壞-**并** 行事-**完**-**否** 助-**條**

横竪我没打破頭楔兒，（38b4）

197-12 waji-ha.

完結-**完**

就完了[2]。（38b4）

197-13 fuqe-qi fuqe hoto-qi hoto,

惱怒-**條** 惱怒.**祈** 噘嘴生氣-**條** 噘嘴生氣.**祈**

惱不惱管他呢，（38b4-5）

197-14 inenggi goida-ha de ini qisui getukele-bu-mbi.

日 久-**完** **位** 自然 查明-**使**-**現**

日久自然明白。（38b5）

【第198條】

198-1 niyalma-i wasihvn bethe gai-ha[3] be sabu-fi,

人-**屬** 往下 脚 取-**完** **賓** 看見-**順**

見了人家跐歪了脚兒的事，（38b6）

---

1 那上頭：辛卯本作“那們着”。

2 了：辛卯本作“咧”。

3 wasihvn bethe gaiha：固定搭配，意爲“走背運”，是wasihvn bethe gaimbi的形動詞形式。

198-2 uthai beye tuxa-ha adali,

就 自己 遭逢-完 像

就如同自己遭了[1]一樣，（38b6）

198-3 qibsi-me nasa-me xar se-qi aqa-mbi.

歎息-并 歎息-并 惻然 助-條 應該-現

嘆息憐憫纔是。（38b7）

198-4 uhe-i sasa ini oho be wahiya-me,

一起-工 共同 他.屬 腋窩 賓 攙扶-并

大家不抽他一把，（38b7）

198-5 emu meiren -i hvsun aisila-ra-kv bime,

一 肩膀 屬 力量 幫助-未-否 而且

不帮助一膀之力，（39a1）

198-6 nememe nerebu-me nemsele-me,

反倒 加害-并 添加-并

而且加一倍打疼腿，（39a1-2）

198-7 yabu-me gasha be sanggvxa-me,

走-并 鳥 賓 如願-并

jobolon be nekule-re gvnin hefeliye-qi,

禍患 賓 稱心-未 心思 懷有-條

懷着個[2]樂灾幸禍的心，（39a2）

198-8 gurgu -i dolo duha bi-fi kai.

畜生 屬 內心 腸子 有-順 啊

1 了：辛卯本作“着”。

2 個：辛卯本無“個”字。

就是個畜牲的腸肚子[1]啊。（39a2-3）

198-9 sini dolo tebqi-qi,

你.屬 心裏 忍受-條

就讓你心里要忍，（39a3-4）

198-10 ainame tebqi-kini.

將就 忍受-祈

忍得罷咱。（39a4）

198-11 enteke niuhon abka genggiyen xun be

這樣的 清 天 明亮的 太陽 賓

這樣清天白日[2]，（39a4）

198-12 ainahai eitere-qi o-mbi.

豈可 欺哄-條 可以-現

豈可哄得。（39a5）

【第199條】

199-1 si inde ada-fi yabu-mbi-u,

你 他.位 貼近-順 走-現-疑

你貼近着他走麽，（39a6）

199-2 guwelke koro baha se, 見《對待》

小心謹慎.祈 損害 得到.祈 說.祈

仔細着看吃虧呀，（39a6）

199-3 tere faha-fi geli fekxe-re kequ da kai.

他 摺倒-順 還 踢-未 狠毒的 頭目 啊

1 子：辛卯本作“了”。

2 清天白日：辛卯本作“清天白日的”。

他是個撩倒了還拿脚踢的[1]狠手啊。（39a6-7）

199-4 simbe baha-fi fumere-he-de,

你.賓 得到-順 混在一起-完-位

要得了你在一塊混着，（39a7）

199-5 hojo se-re dabala,

漂亮的 助-未 罷了

吃了蜜蜂兒屎罷咧[2]，（39b1）

199-6 si ainu hamu tuqi-re sike eye-re be

你 爲何 屎 出-未 尿 流-未 賓

你把捉不住喇喇尿，（39b1）

199-7 yobo ara-mbi.

玩笑 做-現

當玩[3]嗎？（39b1）

199-8 erdeken -i milara-ka de sain.

早一點的 工 躲開-完 位 好

早些撇開了好。（39b2）

【第200條】

200-1 qeni juwe nofi,

他們.屬 二 位

他們兩個人[4]，（39b3）

1 的：辛卯本作“的個”。

2 咧：底本作“列”，據辛卯本改。

3 玩：底本作“頑”，據辛卯本改。

4 人：辛卯本無“人”字。

200-2 tungken de qarki,

鼓 位 拍板

竟是銅盆對着鐵刷子[1]，（39b3）

200-3 yaya heni, anabu-ra-kv.

所有 一點 謙讓-**未**-**否**

誰也不讓誰一点兒。（39b3）

200-4 suqungga bi hono qembe

起初 我 還 他們.**賓**

hvwaliyambu-me aqabu-ki se-me gvni-ha bihe,

調解-**并** 相合-**祈** **助**-**并** 思考-**完** **過**

起初我還想着給他們調合[2]来着，（39b4）

200-5 amala tuwa-fi jou,

後來 看-**順** 罷了

後来瞧了瞧拉倒，（39b5）

200-6 kangsiri fori-bu-re balama.

鼻梁 擊打-**被**-**未** 罷了

碰釘子。（39b5）

200-7 murakv ba-de baibi beye bai-me gene-fi akxula-bu-qi,

没影兒的 地方-**位** 白白地 自己 找-**并** 去-**順** 用話噎人-**被**-**條**

没影兒的自己白找着去招人喪搭，（39b5-6）

200-8 ai baita.

什麼 事情

作什麼呢？（39b6）

---

1 子：辛卯本作“帚”。

2 合：辛卯本作“和”。

juwan emuqi fiyelen

第十一章

【第201條】

201-1 duka tuqi-ki se-me,

大門 出-祈 助-并

要出門，（40a1）

201-2 teni jai duka de isina-ra-ngge.

纔 第二 大門 位 到達-未-名

纔到二門上。（40a1）

201-3 i tulergi-qi ji-he,

他 外面-從 來-完

他從外[1]来了，（40a1-2）

201-4 haqihiya-me dosi-mbu-ha manggi,

趕緊-并 進來-使-完 之後

赶讓進来，（40a2）

201-5 umai gvwa baita akv.

并 別的 事情 否

并没[2]别的事[3]。（40a2）

201-6 yasa niqu nakv,

眼睛 閉眼.祈 之後

閉目合眼的，（40a3）

---

1 從外：辛卯本作“從外頭”。

2 没：辛卯本作“没有”。

3 事：辛卯本作“事情”。

201-7 farhvda-me gihvxa-mbi,

做事糊塗-**并** 央求-**現**

渾攪合[1]是[2]的央求，（40a3）

201-8 ali-me gai-qi, banjina-ra-kv,

承受-**并** 接受-**條** 行得通-**未**-**否**

應呢使不得，（40a3）

201-9 jaila-ki se-qi,

躲避-**祈** **助**-**條**

要躲[3]呢，（40a4）

201-10 i lakdahvn -i farxa-fi sinda-fi unggi-ra-kv,

他 下垂的 **工** 捨命-**順** 放-**順** 差遣-**未**-**否**

他死咕搭兒的纏着不放，（40a4）

201-11 gejing gejing se-hei,

嘰嘰咕咕 **助**-**持**

咕咕唧唧的，（40a4-5）

201-12 yargiyan -i niyalma be ufuhu fahvn ure-bu-me,

確實 **工** 人 **賓** 肺 肝 折磨-**使**-**并**

實在教人五臟都熟了，（40a5）

201-13 dolo waji-bu-mbi.

心裏 毀壞-**使**-**現**

打心裏受不得。（40a5）

---

1 合：底本作"河"，據辛卯本改。

2 是：辛卯本無"是"字。

3 躲：底本作"跺"，據辛卯本改。

【第202條】

202-1 longsikv,

胡說八道

胡謅，（40a6）

202-2 gojor se-me gisun lakqa-ra-kv,

嘮叨 助-并 話 間斷-未-否

嘮裏嘮叨[1]話不斷，（40a6）

202-3 unenggi niyalma-i buyenin, doro giyan -i gisun bi-qi,

果然 人-屬 情 道 理 屬 話 有-條

果然是人情道理[2]話，（40a6）

202-4 ai gasa-ra.

什麽 抱怨-未

抱怨什麽呢?（40b1）

202-5 longsi-ha,

胡言亂語-完

所謅的，（40b1）

202-6 ele gemu we ya-be i tuwaxata-me dalita-ha,

所有 全都 別人-賓 他 照顧-并 掩蓋-完

總是他[3]把誰[4]護苫了，（40b1-2）

202-7 ai baita, ini hvsun de mute-bu-he se-me,

什麽 事情 他.屬 力氣 位 成就-使-完 説-并

---

1 叨：辛卯本作“刀”。

2 道理：辛卯本作“道理的”。

3 他：辛卯本無“他”字。

4 誰：辛卯本作“他”。

什麽事情[1]虧了他？（40b2）

202-8 ergexe-me kekere-me beye-be geugede-re haqin.

吃得過多而發喘-**并** 打飽嗝-**并** 自己-**賓** 張狂-**未** 壞毛病

冲鷹賣派自己騈拉。（40b3）

202-9 ede emgeri niyalma be dolo fuye-bu-me,

這.**位** 已經 人 **賓** 心裏 心焦-**使**-**并**

這上頭已經教人[2]心裏滚油，（40b3-4）

202-10 angga qi obonggi tuqi-bu-me,

嘴 **從** 沫子 出-**使**-**并**

口裏漾沫子，（40b4）

202-11 hami-ra-kv hata-bu-re bade,

能忍受-**未**-**否** 厭惡-**使**-**未** 尚且

受作不得的憎惡了，（40b4-5）

202-12 tenteke biyor se-me usun banji-ha mudan bime,

那樣的 形容懶散狀 **助**-**并** 可厭惡的 出現-**完** 腔調 而且

那[3]們宗屄搭拉的樣子[4]，（40b5）

202-13 gaitai gaitai kemuni uyalja-me miyasihida-me tatabu-ʃi demcsile-me,

忽然 忽然 還 扭動-**并** 晃悠着走-**并** 揪扯-**順** 怪異-**并**

一時一時[5]還扭兒捏兒的[6]抽筋作怪的，（40b5-6）

---

1 情：辛卯本無“情”字。

2 人：辛卯本無“人”字。

3 那：辛卯本作“他”。

4 樣子：辛卯本作“樣式子”。

5 一時一時：辛卯本作“時乎時乎”。

6 的：辛卯本無“的”字。

202-14 goiman ara-mbi.

風流 做-現

装孄娜。（40b6）

【第203條】

203-1 angga jekxun,

口 説話刻薄

口苦，（40b7）

203-2 balai fiyente-me gisun eyebu-ra-kv o-qi,

平白無故地 造謡-并 話 流傳-未-否 助-條

若不是胡編造撒謡[1]言，（40b7）

203-3 uthai niyalma de gebu ara-mbi,

就 人 位 名字 編造-現

就給人安名兒，（40b7）

203-4 we tede jafa-fi goro jaila-ra-kv.

誰 那.位 拿-順 遠 躲開-未-否

誰不撇的遠遠的躲着。（41a1）

203-5 ume akda-ra,

勿 相信-未

别信他，（41a1）

203-6 simbe fida-mbi.

你.賓 坑害-現

坑你呀！（41a1-2）

---

1 謡：底本作“摇”，據辛卯本改。

203-7 misha-ra-ngge inu,

避開-**未**-**名** 正確的

離開他的是，（41a2）

203-8 sa-me ini jaka-de ergen bene-mbi-u,

知道-**并** 他.**屬** 旁邊-**位** 生命 送-**現**-**疑**

明知道[1]在他跟前送命去麽，（41a2）

203-9 duha sara-bu-ha de,

腸子 打開-**被**-**完** **位**

豁出腸子来，（41a2-3）

203-10 ai baha-mbi.

什麽 得到-**現**

有甚[2]麽好呢？（41a3）

203-11 si damu tuwa,

你 衹 看.**祈**

你只看，（41a3）

203-12 kimun de bata tuqi-mbi,

怨仇 **位** 仇人 出-**現**

結冤何愁無仇敵，（41a3）

203-13 atanggi bi-qibe,

什麽時候 有-**讓**

不知多咱，（41a4）

203-14 niyalma de wa-bu-re inenggi bi.

人 **位** 殺-**被**-**未** 日子 有

---

1 道：辛卯本無“道”字。

2 甚：辛卯本作“什”。

横竪有個被人殺的日子。（41a4）

203-15 ere gese niyalma,

這 像 人

這宗人，（41a4-5）

203-16 aika gushe-qi,

倘若 有出息-條

若成了幸，（41a5）

203-17 gashv-qibe, bi inu gashv-ki.

起誓-讓 我 亦 起誓-祈

教[1]我起什麽誓我就起什[2]麽誓。（41a5）

【第204條】

204-1 niyalma burgiyen buxuhvn,

人 吝嗇 吝嗇下賤的

人嗇尅，（41a6）

204-2 jiha se-he-de ergen.

錢 説-完-位 生命

錢上就是命。（41a6）

204-3 we imbe niyalmaingge be kiqe,

誰 他.賓 别人的 賓 圖謀.祈

誰教[3]他瞅人的空子，（41a6-7）

---

1 教：辛卯本作“叫”。
2 什：辛卯本作“甚”。
3 教：辛卯本作“叫”。

204-4 weringge be hiqu se-he-ni.

别人的 賓 空子 説-完-呢

算計别人来着。（41a7）

204-5 urui de i damu ga,

總是 位 他 衹是 拿來

在他一味的就只是教[1]拿来，（41a7-b1）

204-6 banjitai ma se-re gisun akv,

天生 給 説-未 話 否

生平没有個拿了去罷的話兒，（41b1）

204-7 unenggi ekiyehun suilashvn o-qi,

果然 貧乏的 窮困的 成爲-條

果然難窄[2]，（41b1）

204-8 ai-se-mbi.

什麽-説-現

説什[3]麽呢？（41b2）

204-9 niyaha bayan kai,

腐臭的 富人 啊

捫頭兒財主啊，（41b2）

204-10 ai tuttu gehenakv taqi-ha.

什麽 樣的 下賤的 學-完

怎們學的那們下作？（41b2-3）

---

1 教：辛卯本作“叫”。

2 難窄：辛卯本作“窄難”。

3 什：辛卯本作“甚”。

204-11 dere waji-ha-bi,
臉 丟盡-**完**-**現**
没臉到底了，（41b3）

204-12 tede bi yala buqe-he.
那.**位** 我 確實 死-**完**
那上頭我實在死咧。（41b3）

【第205條】

205-1 banitai ubiyaburu nungneku,
本性 討人嫌 鬧事鬼
生性厭惡禍害，（41b4）

205-2 baibi neqin de niyalma be nungne-mbi,
平白無故地 平平的 **位** 人 **賓** 招惹-**現**
平白的招人，（41b4）

205-3 ere-be sure-bu-ra-kv o-qi,
這-**賓** 叫喊-**使**-**未**-**否** **助**-**條**
不是教這一個叫喊起來，（41b5）

205-4 tere uthai habxa-nji-mbi.
那 就 告狀-**來**-**現**
就是教[1]那一個来告。（41b5）

205-5 dangsi-re dulin isebu-re dulin -i gama-qi,
責罵-**未** 一半 懲罰-**未** 一半 **工** 處治-**條**
連擦損帶打的待，（41b5-6）

---

1 教：辛卯本無“教”字。

205-6 nikede-me yebe.

承受-并 有好轉的

還儂着好些。（41b6）

205-7 majige derenggexe-me qira bu-he-de,

略微 抬舉-并 臉色 給-完-位

若略給他一[1]点好臉兒，（41b6）

205-8 huwekiye-he,

高興-完

高興了，（41b7）

205-9 gaha-i fajukv de gala sisi-mbi,[2]

烏鴉-屬 肛門 位 手 插入-現

無處不伸手，（41b7）

205-10 abka-i ari se-he seme,

天-屬 通天鬼 叫-完 就連

就讓是啕天鬼罷，（41b7-42a1）

205-11 inu gidaxa-ki se-mbi.

也 欺負-祈 助-現

也要欺伏欺伏[3]。（42a1）

【第206條】

206-1 hvbin labdu,

圈套 多

1 一：辛卯本無“一”字。

2 gaha i fajukv de gala sisimbi：可直譯爲“把手伸進烏鴉的屁股裹”，形容無處不伸手。

3 也要欺伏欺伏：辛卯本作“他也要欺伏欺伏”。

狐媚子大，（42a2）

206-2 niyalma be yasa gelerje-bu-re,

人 賓 眼睛 眼泪汪汪-**使-未**

教人含着眼泪。（42a2）

206-3 xenggin hedere-bu-fi mangga ara-mbi[1].

額頭 扒摟-**使-順** 厲害 做-**現**

縐着眉的事以爲能幹，（42a2-3）

206-4 baita akv de baita, turgun akv de turgun,

事情 **否** **位** 事情 原因 **否** **位** 原因

没縫兒下蛆的，（42a3）

206-5 niyalma de geuden tuhe-bu-mbi.

人 **位** 誘騙 中計-**使-現**

給人[2]窟窿橋兒上。（42a4）

206-6 yaya niyalma-i kesi akv ba-be donji-fi,

所有 人-**屬** 運氣 **否** 地方-**賓** 聽見-**順**

凡聽見人的不幸處，（42a4）

206-7 gemu qibsi-me nasa-mbi waka-u,

全都 歎息-**并** 悲傷-**現** 不是-**疑**

都不是嗟嘆麽，（42a5）

206-8 i tuttu akv,

他 那樣 **否**

他不是[3]那們着，（42a5）

---

1 mangga arambi：固定搭配，意爲“逞强，故作姿態”。

2 人：辛卯本作“人家”。

3 是：辛卯本無“是”字。

206-9 nememe kek se-me sanggvxa-mbi.

反而 稱心合意的樣子 **助-并** 如願-**現**

反倒如意稱[1]願。（42a6）

206-10 yarha -i boqo oilo,

豹 **屬** 顔色 表面

niyalma-i boqo dolo se-he gisun,

人-**屬** 顔色 心裏 說-**完** 話

人心難忖[2]的話，（42a6）

206-11 yala taxan akv kai.

實在 假的 **否** 啊

實在不錯呀。（42a7）

206-12 si se-re-ngge ujen nomhon niyalma,

你 說-**未-名** 莊重的 忠厚的 人

你呢是個厚道老誠人，（42a7-b1）

206-13 antaka antaka mergen niyalma,

如何 如何 聰明的 人

什麼什麼[3]精明人，（42b1）

206-14 imbe aqa-ha de,

他.**賓** 遇見-**完** **位**

見了他，（42b1）

206-15 gemu adada se-me hoto finta-me,

全都 啊呀呀 **助-并** 腦骨 刺骨地疼-**并**

---

1 稱：底本作“趁”，據辛卯本改。

2 忖：底本作“耐”，據辛卯本改。

3 什麼：辛卯本作“什麼樣兒”。

都怕蝎子是的腦漿[1]子疼，（42b1-2）

206-16 goro jaila-ra bade,

遠的 躲避-未 尚且

老遠的躲開呢。（42b2）

206-17 simbe se-he-de, nokai ja dabala,

你.賓 說-完-位 很 容易 罷了

要得了你吃了蜜蜂屎罷咧[2]，（42b2-3）

206-18 erdeken -i gerila-fi,

早一點的 工 醒悟-順

早早的省腔，（42b3）

206-19 hvdun misha-ha de sain.

快的 躲閃-完 位 好

快快的離開了好。（42b3）

【第207條】

207-1 tere sakda-me gai-qibe,

他 變老-并 取-讓

他雖是[3]老景兒[4]了，（42b4）

207-2 koimali qanggi,

狡猾 全都是

全是鬼，（42b4）

1 漿：辛卯本作“奬”。
2 罷咧：辛卯本作“了罷咧”。
3 是：辛卯本無“是”字。
4 兒：辛卯本無“兒”字。

207-3 ai se mulan baha[1] niyalma-i doro bi,

什麽 歲數 獲得.完 人-屬 道理 有

那兒像個有年紀的人？（42b4）

207-4 bilurja-me gvnin gehenakv,

假裝老實-并 心思 卑鄙的

假裝老實心里混賬，（42b5）

207-5 fuhali silkabu-ha gista se-qina.

竟然 奸滑-完 滑頭的人 叫作-祈

竟是個[2]老奸巨滑。（42b5）

207-6 ere se asihan bi-qibe,

這 歲數 年紀小 有-讓

這一[3]個雖則年輕，（42b6）

207-7 tunggen nekeliyen,

心裏 聰明

心里亮燥，（42b6）

207-8 labdu baita ulhi-mbi,

多的 事情 通曉-現

狠懂事，（42b6）

207-9 albatu -i dorgi sektu se-qi om-bi.

粗鄙的人 屬 裏面 聰慧的 叫作-條 可以-現

可以稱得起矬子里[4]的將軍。（42b7）

---

1 se mulan baha：固定搭配，意爲“上了年紀”。

2 個：辛卯本無“個”字。

3 一：辛卯本無“一”字。

4 里：辛卯本無“里”字。

207-10 ere-be tuwa-qi,

這-賓 看-條

看起這個来，（42b7）

207-11 aibi-de erdemungge niyalma tuqi-ra-kv ni.

什麼地方-位 有德才的 人 出-未-否 呢

何地無才呢？（42b7）

【第208條】

208-1 emekei,

表示受驚而害怕

了不得，（43a1）

208-2 absi gelequke.

多麼 可怕

好可怕[1]。（43a1）

208-3 i aika jenduken -i majige jaka be hvlha-fi gama-qi,

他 倘若 悄悄的 工 一些 東西 賓 偷-順 拿去-條

他若是悄悄兒[2]的偷些東西去，（43a1）

208-4 manggai ser se-re ulin kokira-bu-re dabala,

無非是 微微的樣子 助-未 錢財 損害-被-未 罷了

不過是[3]破点財兒[4]罷咧[5]，（43a2）

---

1 好可怕：辛卯本作“好可怕呀”。

2 兒：辛卯本無“兒”字。

3 是：辛卯本作“是是”。

4 兒：辛卯本無“兒”字。

5 咧：辛卯本無“咧”字。

208-5 ai oyombu-re ba-bi.

什麼 顯得要緊-**未** 地方-有

有甚麼要緊？（43a2-3）

208-6 ere waburu,

這 該死的

這[1]殺財，（43a3）

208-7 gelhun akv fa be gai-me tuhe-bu-fi,

豈敢 **否** 窗户 **賓** 取下-**并** 落下-**使**-**順**

竟敢把窗户掇下来，（43a3）

208-8 xuwe niyalma be golo-bu-me gete-bu-fi,

直直地 人 **賓** 害怕-**使**-**并** 醒-**使**-**順**

直把人嚇醒了，（43a4）

208-9 loho dargiya-hai xeri-mbi-kai.

刀 舉起-**持** 嚇唬-**現**-呢

拿着刀嚇唬呢。（43a4）

208-10 jabxan de sure-he jilgan de,

運氣 **位** 呼喊-**完** 聲音 **位**

幸而因嚷的聲兒[2]上，（43a4-5）

208-11 tulergi-qi jilgan sira-me sure-me hvla-ra niyalma ji-dere jakade,

外面-**從** 聲音 接着-**并** 呼喊-**并** 叫-**未** 人 來-**未** 之後

打外頭[3]接着聲兒喊叫進来，（43a5）

1 這：辛卯本作“這個”。

2 兒：底本作“而”，據辛卯本改。

3 打外頭：辛卯本作“打外頭有人”。

208-12 i teni ebuhu sabuhv fa deri feku-me tuqi-fi,
他 纔 急急忙忙地 窗户 經 跳躍-**并** 出-**順**
他纔急急忙忙從窗户裏跳出去，（43a6）

208-13 loho -i homhon be inu gama-me jabdu-ha-kv uka-ha-bi.
刀 **屬** 鞘 **賓** 也 拿去-**并** 來得及-**完**-**否** 逃跑-**完**-**現**
把個腰刀鞘子也没顧得拿跑了。（43b1）

208-14 ere yala kesi akv -i dorgi tumen jabxan se-qina.
這 確實 福祉 **否** **屬** 裏面 萬 幸運 説-**祈**
這真是不幸中的萬幸[1]。（43b1-2）

【第209條】

209-1 fali-me guqule-he hoki duwali,
結交-**并** 交朋友-**完** 黨 類
結交的黨類，（43b3）

209-2 dakvla aqa-ha-bi,
肚囊 見面-**完**-**現**
竟是蜜裏調油，（43b3）

209-3 qeni hoki -i femen longsi-ha gisun be
他們.**屬** 一夥 **屬** 嘴唇 胡説八道-**完** 話 **賓**
manggi akda-mbi. 見《盤庚上》
一味地 相信-**現**
往[2]死里信他那混噗[3]嗤的話。（43b3-4）

---

1 萬幸：辛卯本作“萬幸了啊”。
2 往：辛卯本作“望”。
3 噗：辛卯本作“嘆”。

209-4 qargi-qi tokoxo-ro adali,

暗地裏-**從** 挑唆-**未** 像

好像鬼催的是的，（43b4）

209-5 majige andan-de aqa-ra-kv o-qi,

稍微 片刻-**位** 見面-**未-否** **助-條**

一時[1]不見面兒[2]，（43b4-5）

209-6 dolo doso-ra-kv,

心裏 忍受-**未-否**

心里受不得，（43b5）

209-7 inenggi-dari fumere-hei banji-mbi.

天-每 混在一起-**持** 生活-**現**

終日家打膩兒。（43b5）

209-8 tese sain be yabu-re haha hing se-re hehe

那些人 好 **賓** 行事-**未** 男人 實心實意的樣子 **助-未** 女人

se-re-ngge waka,

說-**未-名** 不是

他們不是善男信女啊，（43b6）

209-9 koro baha se-me bodo,

損害 得 說-**并** 考慮.**祈**

提防着吃虧呀[3]，（43b6-7）

209-10 atanggi bi-qibe,

何時 有-**讓**

---

1 一時：辛卯本作“一會兒”。

2 兒：辛卯本無“兒”字。

3 呀：辛卯本作“啊”。

不仔多咱，（43b7）

209-11 simbe muke akv ba-de xuki-ha,

你.賓 水 否 地方-位 坑害-完

把你坑到没爺娘的地方兒[1]，（43b7）

209-12 gala monjirxa-ra teile funqe-he erin-de,

手 搓-未 衹 剩下-完 時候-位

剩了干撮手的時候，（44a1）

209-13 si teni ulhi-mbi-kai.

你 纔 領悟-現-啊

你纔醒腔呢呀。（44a1）

【第210條】

210-1 te geli isi-ka,

現在 又 到-完

可又来了，（44a2）

210-2 fe nimeku geli dekde-he-bi,

舊的 毛病 又 復發-完-現

舊毛病又發了，（44a2）

210-3 dahvn dahvn -i esi-ke jou,

反復 反復 工 够-完 罷了

再三的説彀了，是[2]分[3]了，（44a2-3）

---

1 兒：辛卯本無“兒”字。

2 是：辛卯本作“是了”。

3 分：辛卯本作“分兒”。

210-4 yaya de doro-i yangse o-so se-qi,
所有 位 道理-**屬** 樣子 成爲-**祈** 説-**條**
諸凡上人模人樣兒的罷，（44a3）

210-5 si o-jora-kv.
你 可以-**未**-**否**
你不聽。（44a3）

210-6 we simbe yasa niqu-fi,
誰 你.**賓** 眼睛 閉眼-**順**
誰教你閉目合眼，（44a4）

210-7 dele wala akv felehude se-he-ni,
上面 下面 **否** 冒犯.**祈** 説-**完**-呢
没上没下的冒犯来着。（44a4）

210-8 sini beye-be si ai obu-ha-bi.
你.**屬** 自己-**賓** 你 什麽 當作-**完**-**現**
你把你自己當作甚麽[1]？（44a4-5）

210-9 jaqi dabaxakv,
太 僭越的
太逞臉[2]了，（44a5）

210-10 ja dangkan -i[3] aha kai,
低賤的 世僕 **屬** 奴才 啊
世代的奴才，（44a5）

---

1 甚麽：辛卯本作“什麽了”。
2 逞臉：辛卯本作“逞臉兒”。
3 i：底本中没有屬格，據辛卯本補。

210-11 uju de hada-ha jingkini ejen -i jaka-de,

頭 **位** 放-**完** 正經的 主人 **屬** 旁邊-**位**

在頭[1]頂着的正經主兒跟前，（44a5-6）

210-12 qingkai uttu seshun ohode,

衹管 這様 胡鬧的 如果

若只管這們作怪了去，（44a6）

210-13 beye beye-be hvdula-ra dabala,

自己 自己-**賓** 催-**未** 罷了

那是自己催自己罷咧，（44a7）

210-14 buqe-ra-kv aibi-de gene-mbi.

死-**未-否** 什麼地方-**位** 去-**現**

不死會飛麽[2]？（44a7）

【第211條】

211-1 banitai burgiyen jibge,

本性 吝嗇的 慳吝的

生性嗇吝，（44b1）

211-2 soyo-me bukda-me uji-fi,

窩囊着-**并** 屈服-**并** 養活-**順**

窝着撅着養活的，（44b1）

211-3 keqi maqi taqi-ha, yasa niuwanggiyan,

形容吝嗇的様子 習慣-**完** 眼睛 緑

鷄零狗碎小氣慣了眼皮子淺，（44b1-2）

---

1 頭：辛卯本作“頭上”。

2 麽：辛卯本作“呢”。

211-4 ai ai-be gemu buye-me boborxo-mbi.

什麽 什麽-**賓** 全都 喜歡-**并** 捨不得-**現**

什[1]麽什[2]麽都愛的舍[3]不得。（44b2）

211-5 jabxa-bu-ha de,

得便宜-**使**-**完** **位**

若占了[4]便益[5]，（44b2）

211-6 jilerxe-me sa-r-kv balame,

恬不知恥-**并** 知道-**未**-**否** 罷了

滲着倒像不知道的是的，（44b3）

211-7 umai-se-ra-kv.

并-説-**未**-**否**

不咨一聲兒。（44b3）

211-8 ini-ngge be majige aqinggiya-me kokira-bu-ha se-he-de,

他.**屬**-**名** **賓** 一點兒 動用-**并** 損害-**使**-**完** 説-**完**-**位**

若是動着他傷着他一点兒，（44b3-4）

211-9 fanqa-ha,

發怒-**完**

就翻了，（44b4）

211-10 we ya be seme taka-ra-kv.

任何人 **賓** 連 認得-**未**-**否**

是誰他都不認得。（44b4）

---

1 什：辛卯本作“甚”。

2 什：辛卯本作“甚”。

3 舍：底本作“拾”，據辛卯本改。

4 了：辛卯本作“點”。

5 便益：辛卯本作“便益了”。

211-11 hexu haxu banin,

瑣碎的 性格

毛毛草草的一遭[1]（44b4-5）

211-12 emgeri tuttu tokto-ho,

已經 那樣 固定-完

生就骨頭長就的肉了，（44b5）

211-13 niyalma-i oforo suk se-re-de,

人-屬 鼻子 嗤之以鼻狀 助-未-位

人打鼻子眼裏笑，（44b5）

211-14 gemu sa-r-kv we-be se-mbi-kai.

全都 知道-未-否 誰-賓 説-現-啊

他[2]都裝没事人[3]是的，（44b5-6）

211-15 hvi bi-kini,

任憑 有-祈

由他去罷。（44b6）

211-16 ere-i qala ai aitubu-re arga bi-fi,

這-屬 除了 什麽 拯救-未 方法 有-順

除此再有甚麽救他的方法兒，（44b6-7）

211-17 imbe gvnin baha-bu-me geterila-bu-mbi.

他.賓 心思 得以-使-并 醒悟-使-現

教[4]他得心醒悟呢？（44b7）

---

1 一遭：辛卯本作“已經”。

2 他：辛卯本無“他”字。

3 人：辛卯本作“人兒”。

4 教：辛卯本作“叫”。

【第212條】

212-1 ini tere baita be getukele-me yargiyala-ra-kv,

他.屬 那 事情 賓 查明-并 核實-未-否

瞧他那宗事情不明明白白的斟酌，（45a1）

212-2 kalu mulu tuttu yabu-re be tuwa-qi,

馬馬虎虎 那樣 行事-未 賓 看-條

渾頭馬腦[1]的那宗行景，（45a1-2）

212-3 aimaka emu pulu pala muwa niyalma-i gese,

好像是 一 大大咧咧的 粗俗的 人-屬 像

好像個[2]哈張粗糙人是的，（45a2）

212-4 dule emu qisui ekisaka banji-re niyalma waka,

竟 一 私下 安分守己地 生活-未 人 不是

竟不是個[3]安分守己過的人。（45a3）

212-5 fejun feqiki baita, yasa nei-qi o-jora-kv,

卑鄙的 卑賤的 事情 眼睛 張開-條 可以-未-否

走鬼道兒、不堪[4]把弊不少，（45a3-4）

212-6 dekdeni hendu-he-ngge

流行的 説-完-名

俗語説的[5]（45a4）

212-7 yarha-i oilo, niyalma-i boqo dolo se-he gisun,

豹-屬 表面 人-屬 顏色 裏面 説-完 話

1 腦：辛卯本作“惱”。

2 個：辛卯本作“一個”。

3 個：辛卯本無“個”字。

4 不堪：辛卯本作“不堪的”。

5 俗語説的：辛卯本作“俗説”。

"人不可貌相" 的話，（45a4）

212-8 ede fita aqana-ha-bi.

這.位 嚴實的 符合-完-現

於他太貼切了。（45a5）

212-9 angga akxun,

嘴 刻薄

嘴刻苦，（45a5）

212-10 gisun idun bime nukaquka,

話 粗糙的 而且（話）尖鋭

話不活動戳人的心，（45a6）

212-11 geli oforo aqabu-me[1] doshon be jakanabu-re de amuran,

又 鼻子 迎合-并 寵愛 賓 離間-未 與 喜歡

又好挑托子離間厚薄，（45a6）

212-12 gvnin silhingga, sain be kuxule-me, haji be efule-mbi.

心思 嫉妒的 好 賓 憎惡-并 親近 賓 破壞-現

黑心腥影人的好處、拆人家的親熱。（45a7-b1）

212-13 qananggi tere emu baita,

前者 那 一 事情

前者那一件事，（45b1）

212-14 weri juwe ergi emgeri hvwaliya-me aqa-fi,

人家 二 邊 已經 和解-并 相合-順

人家兩下里已經打了和兒[2]，（45b1-2）

---

1 oforo aqabume：固定搭配，意爲"挑撥離間"，是oforo aqabumbi的并列副動詞形式。

2 兒：辛卯本無"兒"字。

212-15 maya-me waji-ha bime,

平息-**并** 完結-**完** 而

消滅完了的事，（45b2）

212-16 inqi fukdere-fi dasa-me debke-me deribu-he.

他.**從** 翻舊賬-**順** 修理-**并** 翻舊賬-**并** 開始-**完**

因他忿了賬從新又[1]抖搜起来了。（45b3）

【第213條】

213-1 anggalinggv,

善於花言巧語的

佞口，（45b4）

213-2 gisun de qilqin fuka akv.

話 **位** 疙瘩 膿包 **否**

話上没点疙腥兒，（45b4）

213-3 tere-i tanggi-me talgi-me gisure-re de,

那-**屬** 掩飾-**并** 哄騙-**并** 說話-**未** **位**

那宗灣子轉子哄弄的上頭，（45b4-5）

213-4 yaya we se-he seme,

所有 誰 説-**完** 無論

憑他誰也罷，（45b5）

213-5 gemu hvlimbu-mbi.

全都 被迷惑住-**現**

都迷惑的住。（45b5）

1 又：辛卯本無"又"字。

213-6 yargiyan -i tere kabsita-ra angga de,
確實 工 那 莽撞-未 嘴 位
實在他那片子嘴，（45b5-6）

213-7 buqe-he haha be gemu buja-bu-mbi.
死-完 男人 賓 全都 詐尸-使-現
把死漢子都説翻了身。（45b6）

213-8 sula uquri,
空閑的 時候
閑着的時候，（45b7）

213-9 qeni niyolodo duwali,
他們.屬 可憎的 同夥
他們厭惡点心們，（45b7）

213-10 ibagaxa-me aqa-ha se-he-de,
亂折騰-并 見面-完 説-完-位
鬼谷麻糖[1]會成伙兒。（45b7）

213-11 udu niyalma qeni ilenggu de sekte-bu-fi niyaniu-mbi.
幾 人 他們.屬 舌頭 位 墊-被-順 咀嚼-現
有幾個[2]墊他們的舌根板子、嚼蛆。（46a1）

【第214條】

214-1 giyangkv ubiyada,
滑賴的 討人嫌的
滑懶討人嫌，（46a2）

1 鬼谷麻糖：辛卯本作“鬼谷麻糖的”。
2 幾個：辛卯本作“幾個人”。

214-2 imbe gisun hese oyombu-ra-kv,
他.**賓** 語言 旨 要緊-**未**-**否**
説他“言語無味，（46a2）

214-3 arbun giru niyolodo se-he-ngge,
相貌 形象 面貌可憎的 説-**完**-**名**
面貌可憎”的話，（46a2-3）

214-4 heni muribu-ha ba akv.
一點兒 委屈-**完** 地方 **否**
一点没[1]委屈他。（46a3）

214-5 inenggi-dari funiyehe lekdere-me dere hvmara-me,
天-每 頭髮 散亂-**并** 臉 污臟-**并**
終日家蓬頭垢面，（46a3）

214-6 niyaki borina-me bortono-me,
鼻涕 鼻涕糊住-**并** （臉上）沾着污垢-**并**
鼻涕枯嗤，（46a4）

214-7 beye-i gubqi nimenggi dele nimenggi labsi-ha-bi,
身體-**屬** 全都 油脂 上面 油脂 油污-**完**-**現**
渾身油上加油的固搭着，（46a4-5）

214-8 tohon -i senqiku ududu tuhe-ke be
紐扣 **屬** 皮絆子 幾個 掉-**完** **賓**
鈕絆子吊了好幾個，（46a5）

214-9 inu hada-ra-kv,
也 釘-**未**-**否**

---

1 一点没：辛卯本作“没一點”。

也不釘，（46a5）

214-10 uthai tuttu adasun be elere-kei dasi-hai banji-mbi,

就 那樣 大襟 **賓** 袒露-**持** 掩-**持** 生活-**現**

就那們厰胸露懷掩[1]大襟，（46a6）

214-11 nantuhvn manggi, yala ishule-qi o-jora-kv.

骯髒的 一味地 實在 照面-**條** 可以-**未**-**否**

昂里昂臟的實實的對不得面兒[2]。（46a6-7）

214-12 qananggi aina-ha be sa-r-kv,

前日 怎麽-**完** **賓** 知道-**未**-**否**

前日不知是怎的咧，（46a7）

214-13 elekei ini ejen de ura-i ergi be hete-bu-he.

幾乎 他.**屬** 主人 **位** 屁股-**屬** **旁** **賓** 提起-**被**-**完**

幾乎没叫他主子抖屁股獘兒[3]捻了。（46a7-b1）

【第215條】

215-1 banin geye gaya taqi-ha,

本性 形容小氣的樣子 習慣-**完**

生性縮氣慣了，（46b2）

215-2 hukun -i dalgan qi aname gemu haira-mbi,

糞 **屬** 塊 **從** 連 都 吝惜-**現**

連糞塊都舍[4]不得，（46b2）

---

1 掩：辛卯本作“掩着”。

2 兒：辛卯本無“兒”字。

3 兒：辛卯本無“兒”字。

4 舍：底本作“拾”，據辛卯本改。

215-3 emhule-fi buqe-me isabu-me asara-mbi.
獨占-順 死-并 積蓄-并 收藏-現
一把兒的死積攢收着。（46b3）

215-4 uthai geren -i tuwa-ra,
就 衆人 屬 看-未
就是衆目所觀，（46b3）

215-5 dere ara-qi aqa-ra ba-de seme,
臉 作爲-條 應該-未 地方-位 連
應當作臉的地方也罷，（46b3-4）

215-6 emu funiyehe be inu isi-ra ba akv.
一 毛 賓 也 拔-未 地方 否
一毛兒[1]也不拔。（46b4）

215-7 se be tutala unu-ha,
年紀 賓 那麽多 擔負-完
若大的[2]年紀，（46b5）

215-8 boihon meifen deri o-ho-bi,
泥土 脖子 經 成爲-完-現
土埋了[3]脖頸子了，（46b5）

215-9 uthai muhaliya-me ikta-mbu-ha seme,
就是 堆積-并 積蓄-使-完 即便
就是堆積成山，（46b5-6）

1 兒：底本作“相”，據辛卯本改。
2 的：辛卯本無“的”字。
3 了：辛卯本作“到”。

215-10 we-de julefun o-bu-me baha be

誰-**與** 代替 成爲-**使**-**并** 得到 **賓**

替誰出力，（46b6）

215-11 aina-ki se-mbi.

做什麼-**祈** **助**-**現**

要得他何用？（46b6）

215-12 yargiyan -i niyalma-i sa-me mute-re baita waka.

確實 **工** 人-**屬** 知道-**并** 能-**未** 事情 不是

實在不是人能知道的事兒。（46b7）

【第216條】

216-1 gvla ekqin jolo,

原來的 醜八怪 醜鬼

活托的[1]個牛頭馬面，（47a1）

216-2 mersene-me kerkene-fi, mujakv goimara-me hoqikon ara-mbi,

長雀斑-**并** 生麻子-**順** 着實 賣俏-**并** 俊美 裝作-**現**

帶着個雀瘢套雲麻子[2]臉肯愛賣俏上俊，（47a1）

216-3 dede dada bai,

輕浮的樣子 無所事事的

他白抖抖搜搜那[3]個樣子，（47a2）

216-4 ini teile eigen be hoxxo-me hvbixa-ra mangga.

她.**屬** 唯獨 丈夫 **賓** 誘騙-**并** 哄騙-**未** 善於

1 的：辛卯本作“兒”。

2 雲麻子：辛卯本作“雲麻子的”。

3 那：辛卯本作“那們”。

慣會狐媚眼盗哄聳漢子。（47a2）

216-5 haha hvlimbu-re de liyeliye-fi,

男人 被迷惑住-**未** **位** 迷住-**順**

男人教他迷惑住了，（47a3）

216-6 ini oho -i funiyehe-i gese boborxo-me tuwa-mbi.

他.**屬** 胳肢窩 **屬** 毛-**屬** 像 愛不釋手-**并** 看-**現**

好像他的寶貝疙瘩子是的愛了個蹀躞。（47a3-4）

216-7 i enggiqi de o-qi,

他 暗地裏 **位** 成爲-**條**

他可在背地裏，（47a4）

216-8 hala-i haqin -i somi-me dalda-me sisi-mbi.

樣子-**屬** 種類 **屬** 隱藏-**并** 隱藏-**并** 填塞-**現**

各式各樣的掖藏着囔嗓。（47a4-5）

【第217條】

217-1 yabun fudasi.

行爲 叛逆

行事乖張。（47a6）

217-2 urunakv heni ba bu-ra-kv sali-bu-ra-kv gama-qi, kemuni o-mbi.

必定 一點 地方 給-**未**-**否** 做主-**使**-**未**-**否** 拿去-**條** 還 可以-**現**

必要一点[1]不留分兒不教他作[2]主意還使得，（47a6-7）

217-3 hanqi bihe-de,

近的 **過**-**位**

1 一点：辛卯本作“一点兒”。

2 作：辛卯本作“得”。

不離左右。（47a7）

217-4 doro yangse bi-sire gese bi-qibe,

道理 樣子 有-未 像 有-讓

雖像有人躬[1]道理的樣兒，（47a7）

217-5 majige qira bu-me,

一些 臉色 給-并

若[2]給他個臉[3]，（47a7）

217-6 sula o-bu-qi tetendere,

空閑的 成爲-使-條 既然

放鬆一把兒[4]，（47b1）

217-7 watai buyen be moho-bu-me fe-me mamgiya-me sota-mbi,

往死裏 欲望 賓 窮盡-使-并 胡謅-并 奢侈-并 亂撒（糧米）-現

往死裏極欲窮奢的撒花。（47b1）

217-8 beye-be lifa-bu-me efule-re be

自己-賓 陷入-使-并 毀壞-未 賓

自己坑陷自己，（47b2）

217-9 inu bodo-ra-kv,

也 考慮-未-否

也不顧，（47b2）

217-10 ai jui,

什麼 孩子

---

1 躬：辛卯本作“恭”。

2 若：辛卯本作“略”。

3 臉：辛卯本作“臉兒”。

4 兒：辛卯本無“兒”字。

什麼是孩子，（47b2）

217-11 qohome kimungge fayangga banjinji-ha dabala.

特地 有怨恨的 靈魂 出生-**完** 罷了

竟是冤家對頭兒罷咧。（47b3）

217-12 tuwa-qina,

看-**祈**

瞧罷[1]咱，（47b3）

217-13 lahin fasilan tuqi-ra-kv o-qi,

麻煩 杈子 出-**未-否** **助-條**

要不出個別外[2]生枝的活亂兒，

217-14 muse aika mekte-ki.

咱們 什麼 打賭-**祈**

咱們打下個賭[3]。（47b4）

【第218條】

218-1 jalahi jui tuba-de xurde-me hvsi-me momoro-mbi,

叔伯的 孩子 那裏-**位** 旋轉-**并** 纏繞-**并** 呆坐-**現**

侄兒在那里轉遭兒打磨磨兒，（47b5）

218-2 mimbe sabu-fi lakdahvn -i fasi-fi sinda-ra-kv,

我.**賓** 看見-**順** 死纏着 工 攀登-**順** 放-**未-否**

見了我打着墜轂轆兒拽着不放手，（47b5-6）

---

1 罷：底本作“不”，據辛卯本改。

2 外：底本無“外”字，據辛卯本補。

3 賭：辛卯本作“堵”。

218-3 emdubei songgo-me fa-me dakda dakda fekuqe-mbi.

再三 哭-并 枯竭-并 （因着急）跳脚 跳-現

哭哭涕涕[1]跺着脚兒跳。（47b6）

218-4 fonji-qi,

問-條

問起来，（47b7）

218-5 i isebu-re de gele-mbi se-mbi.

他 懲罰-未 與 害怕-現 説-現

他怕挨打。（47b7）

218-6 i da-qi fahvn ajigen,

他 根源-從 膽量 小

他起根[2]胆子小，（47b7）

218-7 dere hvwaja-ha-kv arda,

臉 破-完-否 没有受過苦的孩子

没有蒼過臉[3]的孩子。（48a1）

218-8 age-i emgeri ak se-he-de,

阿哥-屬 一下 吆喝 説-完-位

阿哥吆喝一聲，（48a1）

218-9 fahvn silhi meije-mbi.

肝 膽 破碎-現

肝胆碎裂。（48a2）

---

1 哭哭涕涕：辛卯本作“哭哭啼啼的”。

2 起根：辛卯本作“起根兒”。

3 蒼過臉：辛卯本作“蒼臉兒”。

218-10 ini xurge-re dargi-re be tuwa-qina,

他.屬 戰栗-未 顫抖-未 賓 看-祈

看他顫顫多索的樣子罷咱,（48a2）

218-11 jilakan,

可憐的

怪可憐的,（48a2）

218-12 ere mudan fuliya-me baktambu-fi guwebu-re-u.

這 次 饒恕-并 包容-順 赦免-未-疑

這一次包容着饒恕了他罷。（48a3）

【第219條】

219-1 tere jaqi silemin.

他 太 疲沓

他太疲呀,（48a4）

219-2 muse-i ere jergi oyombu-ra-kv muwa jaka be ai-se-mbi,

咱們-屬 這 類 顯得要緊-未-否 粗 東西 賓 什麼-説-現

且别説咱們這一類不要緊的粗拉東西,（48a4）

219-3 yamun qi weile-bu-me afabu-ha tetun be

衙門 從 營造-被-并 交付-完 器具 賓

連衙門裏交去做的傢什,（48a5）

219-4 aika dahin dahvn -i ududu mudan

倘若 反復 再三 工 幾 次

niyalma unggi-fi te-hei xorgi-bu-ra-kv,

人 差遣-順 坐-持 催促-使-未-否

若不是三番五次的打發人守着催，（48a5-6）

219-5 i hono gurehede-me anata-me lali weile-ra-kv bade.

他 還 磨蹭-并 拖延-并 麻利的 工作-未-否 尚且

他還 搗搭摸賀的推托[1]不麻利做呢。（48a7）

【第220條】

220-1 yong se-re longsikv,

癡呆愚蠢狀 助-未 愛嘮叨的

膘不剌的浄滂，（48b1）

220-2 gadar se-me,

喋喋不休的 助-并

霸住話，（48b1）

220-3 emhun qanggi ejele-fi lolo se-mbi,

獨自一人 衹有 占據-順 説話没完没了的樣子 助-現

獨自個[2]摟着嘮嘮叨叨的説，（48b1）

220-4 niyalma de angga juwa-ra ubu funqe-bu-ra-kv.

人 與 嘴 開口-未 份兒 剩下-被-未-否

不給人留点[3]開口兒[4]的分兒。（48b2）

220-5 unenggi gisun giyangga,

誠然 話 有理的

如果話有理，（48b2-3）

---

1 托：辛卯本作“拖”。

2 個：辛卯本作“個兒”。

3 点：辛卯本作“点兒”。

4 兒：辛卯本無“兒”字。

220-6 baita yargiyan o-qi,

事情 真實的 成爲-**條**

事情實在，（48b3）

220-7 aibi,

有什麽關係

有什[1]麽呢？（48b3）

220-8 i angga -i iqi,

他 嘴 **屬** 順着

他是信嘴兒，（48b3）

220-9 dere ura be tuwa-ra-kv, baha bahai elbefe-mbi-kai,

臉 屁股 **賓** 看-**未**-**否** 得到.**完** 得到.**持** 信口胡説-**現**-啊

没頭没臉的夢着什麽説什麽[2]，（48b4）

220-10 yala taqi-ha angga fiyoto-ho sangga se-qina.

果真 習慣-**完** 嘴 放屁-**完** 孔 叫作-**祈**

真是吃慣了[3]嘴兒[4]跑慣了[5]腿兒啊[6]。（48b5）

1 什：辛卯本作“甚”。

2 什麽：辛卯本作“什麽呢呀”。

3 了：辛卯本作“的”。

4 兒：辛卯本無“兒”字。

5 了：辛卯本作“的”。

6 兒啊：辛卯本無“兒啊”。

juwan juweqi fiyelen

第十二章

【第 221 條】

221-1 ere ilha kila se-mbi.

這 花 野薔薇 叫作-**現**

這個花叫作野薔薇。（49a1）

221-2 ere-i abdaha bula,

這-**屬** 葉子 刺

這個的葉兒刺，（49a1）

221-3 gemu bula ilha de adali bi-qibe,

全部 刺 花 **位** 像 有-**讓**

雖都像黄白薔薇，（49a1-2）

221-4 ilha emursu fiyentehe,

花 單層的 花瓣

這花是單瓣兒，

221-5 umai tuttu fiyentehe jibsi-me banji-ra-kv,

并 那樣 花瓣 重疊-**并** 生長-**未**-**否**

并没那[1]千層兒的，（49a2）

221-6 fulgiyan boqo-ngge,

紅 顏色-**名**

至於紅的，（49a3）

221-7 jamu ilha de ele lakqa-fi isi-ra-kv o-ho.

玫瑰花 花 **位** 更加 超越-**順** 及-**未**-**否** 助-**完**

1 那：辛卯本作“那們”。

越發不及玫瑰花兒遠了。（49a3）

221-8 tere jamu ilha jofoho jibsi-me fiyentehe, dabkvrila-me banji-mbi,

那 玫瑰花 花 尖兒 重疊-**并** 花瓣 重疊-**并** 生長-**現**

那[1]玫瑰花兒[2]包着嘴[3]重着瓣兒長着，（49a4-5）

221-9 fushu-fi jaksaka manggi,

開放-**順** 晚霞般的 一味地

及至放開了血点兒紅，（49a5）

221-10 nemeyen boqo gebkelje-mbi,

嬌嫩的 顏色 （花開）鮮艷-**現**

嬌滴滴的鮮豔，（49a5-6）

221-11 udu gubsu bila-fi, ilha-i dobokv de sisi-mbi,

幾 朵 撅-**順** 花-**屬** 瓶 **位** 插-**現**

撅幾朵插在瓶裏，（49a6）

221-12 bou-i dolo sinda-ha de,

家-**屬** 裏面 放-**完** **位**

放在屋裏，（49b1）

221-13 tere fulahvri saikan be ai-se-mbi.

那 紅彤彤的 美麗 **賓** 什麼-説-**現**

那[4]紅朴朴兒的好看不消説了。（49b1）

221-14 qib se-re erin-de,

静悄悄的 **助-未** 時候-**位**

---

1 那：辛卯本作“那個”。

2 兒：辛卯本無“兒”字。

3 嘴：辛卯本作“嘴兒”。

4 那：辛卯本作“那個”。

到了静的時候，（49b2）

221-15 wangga wa,

香 味道

香味，（49b2）

221-16 guksen guksen -i sur se-me oforo de baha-bu-mbi.

一陣 一陣 **工** 氣味撲鼻的樣子 **助-并** 鼻子 **與** 供給-**使**-**現**

好像佛手似的一陣陣[1]的噴鼻[2]子。（49b2-3）

【第222條】

222-1 si absi amtangga bai,

你 如此地 有趣味的 吧

你也好戲兒啊[3]，（49b3）

222-2 ai tuttu qihangga,

什麽 那樣 愛好

忒奈煩了，（49b3）

222-3 ere-i notho be kemuni anji-mbi-u.

這-**屬** 樹皮 **賓** 還 錛-**現**-**疑**

這個皮還錛呢麽?（49b3-4）

222-4 tetun ara-ki se-qi,

器具 製作-**祈** **助**-**條**

要做家伙，（49b5）

1 一陣陣：辛卯本作“一陣一陣”。

2 鼻：底本作“嚊”，據辛卯本改。

3 啊：辛卯本作“了啊”。

222-5 urunakv fufu-fi tuibala-mbi tuwa-qina.
必定 鋸-順 刨-現 看-祈
必得鋸開推鉋瞧啊[1]！（49b5）

222-6 ere mou de muxuhu fuksuhu qanggi,
這 木頭 位 樹瘤 樹瘤瓢 祇有
這個木頭[2]純是瘤子，（49b6）

222-7 qoli-qi folo-qi o-jora-kv teile akv[3],
雕刻-條 刻-條 可以-未-否 僅僅 否
不但雕刻不得，（49b6）

222-8 fufu-re de gemu mangga kai.
鋸-未 位 都 難 啊
連鋸都難呀！（49b7）

222-9 mini gvnin -i songkoi o-qi,
我.屬 心意 屬 根據 成爲-條
依我的主意，（50a1）

222-10 ainame hvwala kiyari-fi,
姑且 劈開.祈 劈碎-順
不拘怎麽劈把劈把，（50a1）

222-11 jun de makta-qi,
灶 位 扔-條
撩在皂火裹，（50a1-2）

1 啊：辛卯本作“哦”。
2 木頭：辛卯本作“木頭上”。
3 teile akv：固定搭配，意爲“不但”。

222-12 inu o-kini.

也 可以-祈

也罷咧。（50a2）

【第223條】

223-1 mou de haqingga banin bi,

樹 位 各樣的 本性 有

樹有各種，（50a3）

223-2 te-bi-qi uba-i jakdan mou,

今-有-條 這裏-屬 松 樹

譬如這裏的松樹，（50a3）

223-3 urui alin -i boso ergi-de banji-mbi,

往往 山 屬 背陰 邊-位 生長-現

必是在山背陰里長，（50a3-4）

223-4 antu ergi-de emu da inu banji-ra-kv.

陽坡 邊-位 一 根 也 生長-未-否

山陽面一顆也没有。（50a4）

223-5 tuttu bime, mailasun fuhali akv,

而且 柏樹 完全 否

而且直没柏樹，（50a5）

223-6 uthai jakdan inu adali akv.

就 松樹 也 一樣的 否

就是松樹也不得一樣。（50a5-6）

223-7 si tuwa, alin -i dorgi tere niuwanggiya-kan ningge,

你 看.祈 山 屬 裏面 那 緑-弱 名

你看山里那個绿英英的，（50a6）

223-8 saksin se-mbi.

杉 叫作-**現**

是杆[1]松，（50a7）

223-9 sata muwa foholon,

松針 粗 短

那松針粗而短，（50a7）

223-10 jurgan jurgan -i banji-mbi,

一條 一條 **工** 生長-**現**

一縷一縷[2]的長，（50a7）

223-11 tuweri seme sata inu siha-ra-kv.

冬天 縱使 松針 也 凋落-**未**-**否**

到冬天松針兒[3]也不落。（50b1）

【第224條】

224-1 tere sohon ningge be,

那 黄的 **名** **賓**

那個黄的，（50b2）

224-2 si fulha fodoho se-mbi-u.

你 楊樹 柳樹 説-**現**-**疑**

你只當是楊柳樹麼？（50b2）

---

1 杆：底本作“阡”，據辛卯本改。

2 一縷一縷：辛卯本作“一縷子一縷子”。

3 松針兒：辛卯本作“松枝”。

224-3 inu jakdan kai.

也 松樹 啊

也是松啊。（50b2-3）

224-4 ere emu haqin be isi se-mbi,

這 一 種類 賓 落葉松 叫作-現

這一種叫作落葉松，（50b3）

224-5 sata halfiyan,

松針 扁

針匾，（50b3）

224-6 tuweri soro-mbi, siha-mbi.

冬天 變黃-現 凋落-現

冬天黃呢落呢。（50b3-4）

224-7 niyaman fulahvkan fili,

心 淺紅色 堅實的

心子發紅磁實，（50b4）

224-8 banjitai niya-ra-kv,

天生 腐爛-未-否

生来的不朽，（50b4）

224-9 nika-sa ere-be fulgiyan jakdan se-mbi.

漢人-複 這-賓 紅 松 叫作-現

漢人把這[1]個叫作紅松。（50b4-5）

1 這：底本作“樣”，據辛卯本改。

【第225條】

225-1 meni uqe ijura-bu-hai xosin -i dube mufuyen o-fi,

我們.**屬** 門 摩擦-**使-持** 轉軸 **屬** 尖端 鈍 成爲-**順**

我們的門轉身磨[1]易了，（50b6）

225-2 kemuni gunire-mbi-me

時長 門走扇-**現-并**

daibihan -i hadai hedei gemu sula o-ho,

邊框 **屬** 榫子 榫眼 全都 鬆的 成爲-**完**

不住的走扇而且邊框[2]榫卯子都鬆了，（50b6-7）

225-3 undehen delere-ke turgun-de,

木板 合縫處開裂-**完** 緣故-**位**

板子拔了縫了，（50b7-51a1）

225-4 tere halangga mou -i faksi de,

那 姓 木頭 **屬** 匠人 **與**

給那姓某[3]的木匠送去，（51a1）

225-5 bargiyata-me dasata-kini, sibiya hada-me weile-kini se-me bene-he.

收拾-**并** 修理-**祈** 木楔子 釘-**并** 做活-**祈** 助-**并** 送去-**完**

叫他歸籠收拾夾夾楔子呢。（51a1-2）

225-6 ubiyada,

可惡的

可惡，（51a2）

---

1 磨：底本作“麽”，據辛卯本改。

2 邊框：辛卯本作“邊框的”。

3 姓某：辛卯本作“某姓”。

225-7 te sunja ninggun inenggi otolo,

今 五 六 天 迄

如今五六天了，（51a2-3）

225-8 kemuni baha-ra unde.

還 得到-**未** 尚未

還没[1]得呢。（51a3）

【第226條】

226-1 ere enderi sender durun be ume tuwa-ra,

這 殘缺不全的 樣子 **賓** 勿 看-**未**

别看這個殘缺不齊的樣子，（51a4）

226-2 da-qi oihori bokxokon giugiyan -i emu iqangga tetun bihe.

原來-**從** 很是 小巧 精緻 **工** 一 雅緻的 器皿 **過**

從前狠是個秀縷精緻順眼的器皿来着。（51a4-5）

226-3 mini beye-i bou-de akv siden-de,

我.**屬** 自己-**屬** 家-**位** 否 之間-**位**

我没在家的當兒上，（51a5-6）

226-4 qe adarame waliya-me makta-ha de,

他們 怎麼 撇下-**并** 擱置-**完** **位**

他們怎樣[2]的撂搭着[3]，（51a6）

226-5 uthai jakjahvn -i fakqa-me gakara-fi,

就 裂開的 **工** 開裂-**并** 裂開-**順**

---

1 没：辛卯本作“未”。

2 怎樣：辛卯本作“怎麽”。

3 着：辛卯本作“了”。

就弄到散的[1]，（51a6-7）

226-6 ere ten de isibu-ha-bi.

這 頂點 **位** 達到-**完**-**現**

到了這個田地了。（51a7）

226-7 age hendu,

阿哥 説.**祈**

阿哥説，（51a7-b1）

226-8 hairaka waka-u.

好可惜 不是-**疑**

不可惜麼？（51b1）

226-9 si te mimbe aina se-mbi.

你 現在 我.**賓** 怎麽做.**祈** 説-**現**

你可叫[2]我怎麽樣呢？（51b1）

【第227條】

227-1 waka o-qi ai,

不是 成爲-**條** 什麽

可不是麽，（51b2）

227-2 qananggi bi udu fali muke-i feise[3] gida-me ara-ki se-me,

前日 我 幾 個 水-**屬** 磚 壓-**并** 製作-**祈** 助-**并**

前日我要托幾個湖墼，（51b2）

---

1 散的：辛卯本作“裂開散的”。

2 叫：辛卯本作“教”。

3 mukei feise：没有燒的土坯。

227-3 emu muke-i feise-i durun weile-bu-he-de,

一 水-屬 磚-屬 模子 製作-**使**-**完**-**位**

叫做[1]一個湖墼模子，（51b3）

227-4 tede taltan tata-ra tuibala-ra be gemu baibu-ra-kv,

那.**位** 牙子 拉-**未** 刨-**未** **賓** 全都 需要-**未**-**否**

那高頭又不用起綫推鉋，（51b3-4）

227-5 giyanakv ai narhvn jaka se-mbi.

可能有的 什麼 精細的 東西 説-**現**

可算個什麼細發東西，（51b4-5）

227-6 i ali-me gaisu manggi,

他 應承-**并** 拿.**祈** 之後

他應承了去，（51b5）

227-7 juwan inenggi funqetele umai benji-he-kv.

十 天 儘量地 并 送來-**完**-**否**

十来天并没有送来。（51b5-6）

227-8 ede bi xorgi-me tuwa-na-qi,

這.**位** 我 催促-**并** 看-去-**條**

因此我催催他去。（51b6）

227-9 ara,

哎呀

好，（51b6）

227-10 fuhali gala axxa-ha ba akv,

竟然 手 動-**完** 地方 **否**

---

1 做：辛卯本作“作”。

他竟没[1]動手，（51b6-7）

227-11 xuwe hv -i da -i ergi-de makta-ha-bi.

直接 後腦勺 **屬** 根 **屬** 邊-**位** 擱置-**完**-**現**

直丢在腦杓子後頭了。（51b7）

【第228條】

228-1 loli fodoho tebu-ki se-qi,

枝條下垂的 柳樹 種-**祈** **助**-**條**

要種垂楊，（52a1）

228-2 neneme golmin foholon -i mutun be bodo-me tokto-fi,

先 長 短 **屬** 尺寸 **賓** 計算-**并** 確定-**順**

先打算定了長短[2]尺寸，（52a1）

228-3 emu urgen weile-fi,

一 尺寸 製造-**順**

做一個製子，（52a2）

228-4 aqabu-me fodoho darhvwan -i bixun xunggayan be

對比參照-**并** 柳樹 木頭杆子 **屬** 光滑的 修長的 **賓**

tuwa-me sonjo-me,

看-**并** 選擇-**并**

照着[3]揀那柳杆子光華直緖的，（52a2-3）

228-5 saqi-bu-fi gaji-ha manggi,

砍-**被**-**順** 拿來-**完** 之後

---

1 没：辛卯本作“没有”。

2 長短：辛卯本作“長短的”。

3 照着：辛卯本作“行照着”。

砍了拿来。（52a3）

228-6 jurgan jurgan -i neigen seri-ken tebu,

一行 一行 工 均匀 稀疏-弱 栽種.祈

按着行行兒[1]匀匀的散散的栽[2]，（52a3-4）

228-7 ume gerben garban ainame garbahvn -i qoki-me sisi-re,

勿 參差的樣子 隨便 枝杈稀疏的 工 插入-并 插進-未

別東一顆西一顆隨便兒稀不拉的插搭着，（52a4-5）

228-8 ere-qi mutu-fi lasarina-ha de,

這-從 生長-順 枝葉茂密下垂-完 位

從此長到一蓬傘[3]的時候，（52a5）

228-9 tuwa-ra de xalar se-me teksin bime,

看-未 位 多而整齊狀 助-并 整齊的 而且

瞧着一帶壁齊，（52a6）

228-10 sebderi inu fisin.

樹蔭 也 稠密

而且陰涼兒也濃。（52a6）

【第229條】

229-1 ere yuwan,

這 硯臺

這[4]硯台，（52b1）

---

1 行行兒：辛卯本作“行兒”。

2 栽：底本作“裁”，據辛卯本改。

3 傘：辛卯本作“傘兒”。

4 這：辛卯本作“這個”。

229-2 ya ba -i wehe o-joro be,

哪個 地方 屬 石頭 成爲-未 賓

是那裏的石頭，（52b1）

229-3 bi ilga-me mute-ra-kv bi-qibe,

我 分辨-并 能-未-否 有-讓

我雖不能辨別，（52b1）

229-4 behe sui-re de, behe latu-re ja,

墨 研-未 位 墨 粘上-未 容易

研墨却頗下墨，（52b2）

229-5 majige angga-i sukdun dambu-ha manggi,

一些 嘴-屬 氣 加上-完 之後

些須哈上点氣兒[1]，（52b2-3）

229-6 emu dobori giyala-ha seme,

一 夜 隔開-完 即使

隔一夜，（52b3）

229-7 tede da-ha sukdun -i baran hono akiya-ra-kv.

那.位 吹動-完 氣息 屬 影兒 還 乾透-未-否

那高頭着了氣的那一塊[2]還不滲。（52b3-4）

【第230條】

230-1 ere fusihen hiyotoro-ko,

這 水牌[3] 兩頭翹起-完

---

1 兒：辛卯本無“兒”字。

2 塊：辛卯本作“塊兒”。

3 水牌：抹有白粉，畫有紅綫，涂了油，在上面寫了字以後還可以擦掉的木板。

這個水牌甋了，（52b5）

230-2 jakan kumquhun ergi be fusihvn sinda-ha kai,

剛剛 拱形的 邊 賓 向下 放置-完 啊

將纔把鼓肚兒朝下放着[1]，（52b5）

230-3 esi helfixe-qi,

自然 搖晃-條

自然晃游。（52b6）

230-4 te ubaliya-fi ungkeshvn ergi be ungke-me sinda-fi,

現在 翻過來-順 彎的 邊 賓 倒扣-并 放置-順

這會翻過来把窆面[2]冲下扣着，（52b6-7）

230-5 qende-me tuwa,

試-并 看.祈

試試看，（52b7）

230-6 ini qisui uthai axxa-ra-kv,

自然 就 動-未-否

自然不動，（52b7）

230-7 tokto-mbi.

固定-現

就稳咧[3]。（52b7）

---

1 着：辛卯本作“了啊”。

2 面：辛卯本作“面兒”。

3 咧：辛卯本作“呢”。

【第231條】

231-1 ere oforo dambagu -i tebuku,

這 鼻 香烟 **屬** 壺

這個鼻烟壺兒[1]，（53a1）

231-2 ilha ai weile-he-ngge, umesi faksi.

花 什麽 製作-**完**-**名** 很 巧妙的

做的花兒什麽的狠巧。（53a1）

231-3 unggala kvwaqara-ha-ngge,

洞 掏-**完**-**名**

滔的堂，（53a2）

231-4 amba bime bolgo,

大 而且 清

大而且干净，（53a2）

231-5 angga tondo,

嘴 正

口兒端，（53a2）

231-6 fere-i weren tob,

底-**屬** 箍 端正

足兒正，（53a3）

231-7 hairan, yongkiyabu-ha-kv-ngge, marimbu wehe ningge.

可惜 完備-**完**-**否**-**名** 瑪瑙 石頭 **名**

可惜不全的[2]是個瑪瑙的。（53a3）

---

1 兒：辛卯本無“兒”字。

2 的：辛卯本作“可”。

231-8 majige dambagu olho-bu-mbi,

一些 烟 乾枯-使-現

有些個[1]乾烟，（53a4）

231-9 enteke iqangga durun,

這樣的 雅緻的 樣子

拿着這個[2]好樣兒，（53a4）

231-10 enteke mergen gala de,

這樣的 聰明的 手 位

這個[3]精手工。（53a4-5）

231-11 emu qusile ningge bihe bi-qi,

一 水晶 名 過 助-條

剛纔要是個[4]水晶的，（53a5）

231-12 yargiyan -i emu sain be yongkiya-ha tetun o-mbihe.

確實 工 一 好 賓 完美-完 器皿 成爲-過

實然[5]可就是個[6]全美的器皿了啊[7]！（53a5-6）

【第232條】

232-1 ere notho kobqi-ha gilajan,

這 樹皮 脱落-完 脱光皮的（枯樹）

---

1 個：辛卯本無“個”字。
2 個：辛卯本作“等”。
3 個：辛卯本作“樣”。
4 個：辛卯本作“一個”。
5 實然：辛卯本作“實在”。
6 個：辛卯本作“一個”。
7 了啊：辛卯本作“咧”。

這個脱了皮的光杆，（53a7）

232-2 suri-ha tuhan.

枯死-**完** 倒木

回干的到挺。（53a7）

232-3 udu baitangga jaka banjina-ra-kv,

雖然 有用的 東西 形成-**未-否**

雖不成材料，（53a7）

232-4 asuru simen akv bi-qibe,

太 汁液 **否** 有-**讓**

没什麽油性，（53b1）

232-5 olho-ho niyaman de isitala akiya-ha-bi,

乾-**完** 中心 **位** 直到 乾透-**完-現**

可是已經晒干透了，（53b1-2）

232-6 ere-i dube de fuhen majige sinda-fi fulgiye-qi,

這-**屬** 尖端 **位** 穰草 一些 放-**順** 吹-**條**

在這一頭兒着点穰草一吹，（53b2-3）

232-7 hvr se-me uthai da-mbi.

呼地 **助-并** 就 燒着-**現**

忽的就着。（53b3）

232-8 ere-be uba-de wajiya-me bi-sire anggala,

這-**賓** 這裏-**位** 抛弃-**并** **現-未** 與其

把這個與其在這里[1]丢着，（53b3-4）

1 這里：辛卯本作“這塊兒”。

232-9 bou-de uxa-me gama-fi,
家-位 拉-并 帶去-順
拉在家裏去，（53b4）

232-10 giyari-fi deijiku o-bu-me,
劈開-順 柴 成爲-使-并
劈成劈柴，（53b4）

232-11 nora-me sinda-fi,
堆積-并 放置-順
垛起来，（53b5）

232-12 ini qisui ibdene-fi niya-bu-re qi ai dalji.
自然 腐朽-順 腐爛-使-未 從 什麽 相干
不强似由他糟爛嗎？（53b5）

【第233條】

233-1 huwesi dv-ki se-qi,
小刀 捶打-祈 助-條
要打小刀子，（53b6）

233-2 sain sele sonjo-fi,
好的 鐵 挑選-順
挑了好鐵，（53b6）

233-3 g'an hafira-bu-fi,
鋼 夾-使-順
夹了鋼，（53b6）

233-4 tuwa de xere-mbu-fi,
火 位 燒紅-被-順

火裹燒的紅紅的，（53b6-54a1）

233-5 dabta-fi geli dabta.

折打-順 又 折打.祈

折了又折。（54a1）

233-6 ubaxa-me fori-hai,

翻過來-并 捶-持

反覆着鎚打的，（54a1）

233-7 heni giyalu giyapi akv,

一點兒 重皮 夾皮 否

一点重皮夾皮没有[1]，（54a1-2）

233-8 ten de isi-bu-ha manggi[2], jai durun tuqi-bu-me,

極點 位 達到-使-完 之後 再 樣子 出-使-并

再打成刀子樣兒，（54a2）

233-9 dv, kuhen tuqi-bu-re,

打.祈 刀上的小槽 出-使-未

ilha samsula-ra be gemu baibu-ra-kv,

花 鏨花-未 賓 全都 需要-未-否

起綫鏨花都不用，（54a3）

233-10 bisin o-bu-qi sain.

平面無花紋 成爲-使-條 好的

平面[3]的好。（54a3-4）

---

1 没有：辛卯本作“都没了”。

2 ten de isibuha manggi：可直譯爲“到達極點之後”，原文中并没有這句的漢語翻譯。

3 平面：辛卯本作“平面兒”。

233-11 urunakv beye tuwa-me hata-bu,
必定 自己 看-并 淬火-使.祈
必須親自瞧着蘸鋼，（54a4）

233-12 si aika faksi-i qihai weile-bu-qi,
你 倘若 工匠-屬 任憑 工作-使-條
你若是由着匠人去做，（54a4-5）

233-13 qe damu homhon -i oilorgi miyamigan yangse de,
他們 祇不過 刀鞘 屬 表面 裝飾 樣式 位
他們就[1]懂[2]得鞘子[3]裝修上，（54a5）

233-14 balai miyamixa-ra be ulhi-re dabala,
胡亂 裝飾-未 賓 知曉-未 罷了
胡作做罷咧，（54a5-6）

233-15 jeyen sendeje-ra-kv o-qi,
刀刃 崩-未-否 助-條
刃子不是磞，（54a7）

233-16 uthai ilafi-mbi.
就 捲-現
就是捲。（54a7）

【第234條】

234-1 mini emu hukxen ayan silmen,
我.屬 一 家籠 大 花鷹

---

1 就：辛卯本作“就只”。
2 懂：辛卯本作“董”。
3 鞘子：辛卯本作“鞘子的”。

我的一個籠細雄，（54b1）

234-2 debsi-re sain,

展翅-**未** 好的

飛的快，（54b1）

234-3 jafa-ra mergen,

抓-**未** 精巧的

拿的巧，（54b1）

234-4 muxu be emke de emken,

鵪鶉 **賓** 一個 **位** 一個

鵪鶉見一個是一個，（54b2）

234-5 don ba-de isibu-ra-kv,

一翅兒[1] 地方-**位** 到達-**未**-**否**

不容到一翅兒，（54b2）

234-6 lakdari oilori tabu-mbi,

正好 表面 鈎住-**現**

倒提溜懸梁子拿[2]，（54b2-3）

234-7 namburela-me turibu-re ba akv.

將要拿住-**并** 脱開-**未** 地方 **否**

從没抓住又脱漏了的遭数。（54b3）

234-8 talu-de jeku -i suku -i dolo suksure-me dosina-ha de,

偶然-**位** 莊稼 **屬** 蓬蒿 **屬** 裏面 衝下來抓東西-**并** 進到裏面-**完** **位**

偶爾打椿扎在[3]莊稼地裏去[4]，（54b3-4）

---

1 一翅兒：野鶏、鵪鶉等飛禽飛不遠，飛一陣就落地，叫作飛一翅遠。

2 倒提溜懸梁子拿：指鷹把獵物的表皮抓住。

3 在：辛卯本作“進”。

4 去：辛卯本無“去”字。

234-9 si damu honggon -i kalar se-re iqi baihana-qi,

你 祇 鈴鐺 屬 叮噹作響狀 助-未 順着 去找-條

你只順着鈴當的聲兒找了去，（54b4-5）

234-10 aifini xoforo-fi aliya-ha-bi.

早已 抓住-順 等待-完-現

早已抓住了等着呢。（54b5-6）

234-11 tuqi-ke dari gvsin dehi gala waka o-qi,

出去-完 每 三十 四十 手 不是 成爲-條

每遭出去不着三十[1]四十拳，（54b6）

234-12 bi qongki-bu-ra-kv.

我 啄食-使-未-否

我不餐他。（54b7）

【第235條】

235-1 xan qukquhun beye gekdehun -i giratu,

耳朵 招風耳 身體 皮包骨 工 骨骼大

耳朵竹簝兒是[2]的干巴巴的個大骨膀子（55a1），

235-2 tuttu bime, julkun onqo,

而且 嗓窩 寬

而且前胸子寬，（55a1-2）

235-3 takiya amba,

膝蓋骨 大

膊羅盖子大，（55a2）

1 十：辛卯本無“十”字。

2 是：辛卯本作“似”。

235-4 damu kargama majige boqihe.

祗是 後胯 略微 醜

但只屁股梁子聊醜些（55a2）。

235-5 ere tokto-fi niyanqangga dosobu-mbi,

這 一定-**順** 有耐力的 （馬）耐走-**現**

這個必頗皮練長，（55a2）

235-6 ai turgun-de,

什麽 緣故-**位**

是什麽緣故？（55a3）

235-7 uttu yali jokson qoron goqi-ka-bi[1].

這様的 肉 無膘 帳篷 緊圍-**完**-**現**

這們膘欠呢[2]吊着肷呢？（55a3）

【第236條】

236-1 ere morin jolgoqo-me qodoli,

這 馬 奪繮繩-**并** 性子烈的

這[3]馬靈泛活動，（55a4）

236-2 kiyab kib se-me ildamu,

行動靈便狀 **助**-**并** 敏捷的

行走伶便風騷嘴熟。（55a4）

236-3 hebengge bime buhi daha-mbi,

（馬）聽話的 而且 大腿内側 聽從-**現**

1 qoron goqikabi：固定搭配，意爲“勒緊牲口的肚子以備長途騎用”，是qoron goqimbi的現在完成時形式。

2 呢：辛卯本無“呢”字。

3 這：辛卯本作“這個”。

而且随人的膊髏盖子，（55a5）

236-4 yalu-ha de qihai nei-me gida-mbi.

騎-完 位 隨意地 開-并 壓-現

騎上了由着撥他壓他。（55a5）

236-5 mana-ha biya-de bou-i urse gvnin isina-ha-kv de,

已過-完 月-位 家-屬 人們 心思 到達-完-否 位

上月裏家人們不小心，（55a5-6）

236-6 mampin guleje-fi ilmere-ke,

結子 鬆開-順 脱繮-完

拴的扣兒脱落了溜了繮，（55a6-7）

236-7 biyala-me bai-hai tere ba-de arkan baha,

達到一個月-并 找-持 那 地方-位 剛剛 得到.完

整找了一個多[1]月在那個地方剛剛兒[2]得了，（55a7-b1）

236-8 haqihiya-me lasihida-me gaji-re jakade,

趕緊-并 摔打-并 來捉拿-未 時候

急急的[3]摔奪着拿来的上頭，（55b1）

236-9 yali wasi-ka.

肉 掉膘-完

膘溜了。（55b1）

236-10 oforo sukiya-me xada-ra muru majige tuyembu-he bi-qibe,

鼻子 倒控-并 疲乏-未 樣子 略微 顯露出-完 助-讓

雖則低着頭露出[4]乏樣兒，（55b1-2）

1 多：辛卯本無“多”字。

2 剛剛兒：辛卯本作“剛剛兒的”。

3 的：辛卯本無“的”字。

4 露出：辛卯本作“露出些”。

236-11 ere morin da-qi yali nonggi-bu-re ja,

這 馬 根-**從** 肉 增加-**使**-**未** 容易

這[1]馬起根[2]慣攬膘，（55b2）

236-12 manggai udu inenggi aqabu-me ulebu-he-de,

無非 幾 天 調整-**并** 喂養-**完**-**位**

不過是調養幾天，（55b3）

236-13 yali uthai aitu-mbi.

肉 就 長膘-**現**

膘就好了。（55b3）

【第237條】

237-1 ere xada-me deribu-he,

這 疲乏-**并** 開始-**完**

這個乏上来了，（55b4）

237-2 tuwa-qina,

看-**祈**

瞧罷咱，（55b4）

237-3 uju seshete-me darama xeterxe-me,

頭 抖動腦袋-**并** 腰 彎腰-**并**

腦袋布摔着腰灣着，（55b4）

237-4 emdubei hirhv-ki se-mbi.

祇管 蹭癢癢-**祈** **助**-**現**

只是要蹭癢癢。（55b5）

---

1 這：辛卯本作“這個”。

2 起根：辛卯本作“起根里”。

237-5 hvdun jojin be sudami,

快 嚼子 賓 褪(馬嚼子).祈

快把嚼子褪了,(55b5)

237-6 enggemu gaisu,

鞍子 拿.祈

摘了鞍子,(55b5)

237-7 fuhexe-me beye isihi-kini.

打滚-并 身體 抖動-祈

教他打個滚兒抖抖毛。(55b6)

237-8 orho huweki ba-de udu inenggi ilere-fi,

草 肥沃的 地方-位 幾 天 用繩拴-順

suwangkiya-bu-me erge-mbu.

啃草吃-使-并 休息-使.祈

拿到好草的地方拴上個繩子放幾天青將養將養,(55b6-7)

237-9 ume waliya-me sisa-me oihorila-ra.

勿 抛弃-并 丢失-并 忽視-未

別撂搭着不當[1]事。(55b7)

237-10 sain morin gasihiya-bu-rahv.

好的 馬 糟蹋-被-虛

好馬看仔細遭遢了。(55b7-56a1)

---

1 當:辛卯本作“擋”。

【第238條】

238-1 teni uqu tuqi-ke bi-qi,

纔 門 出-**完** **助-條**

纔一出門，（56a2）

238-2 i juleri amala dori-me sebke-me,

他 前 後 蹦跳-**并** 撲-**并**

他就前撲後跳，（56a2）

238-3 uju unqehen sihexe-me sarbaxa-mbi,

頭 尾巴 迎合-**并** 摇頭擺尾-**現**

摇頭擺尾的，（56a3）

238-4 geli giyab giyab se-me negele-me ili-fi,

又 汪汪叫的樣子 **助-并** 學站立-**并** 站立-**順**

sini dusihi be xoforxo-mbi.

你.**屬** 前襟 **賓** 亂撓-**現**

又站起来把[1]前襟子抓撓着汪兒汪兒的叫。（56a3-4）

238-5 tere-i emu haqin -i miyehude-he arbun be tuwa-qi,

他-**屬** 一 類型 **屬** 撒歡-**完** 形象 **賓** 看-**條**

看他那宗[2]跳着玩[3]的樣兒，（56a4-5）

238-6 aimaka sebken aqa-fi,

好像是 初次 相見-**順**

倒像乍見了，（56a5）

1 把：辛卯本作“把你的”。

2 那宗：辛卯本作“那一宗”。

3 玩：底本作“頑”，據辛卯本徑改。

238-7 sini baru hajila-me habqihiyada-ra adali.

你.**屬** 向 相愛-**并** 待人親熱-**未** 像

向你親香熱呼是的[1]。（56a6）

【第239條】

239-1 majige hiya silmen a,

小的 柏雄[2] 花鷹 啊

鶯兒啊，（56a7）

239-2 sini be tuhe-ke,

你.**屬** 鳥食 落下-**完**

你扣了食了，（56a7）

239-3 haihan inu waliya-ha,

鷹蔚 也 吐出-**完**

蔚也出了，（56a7）

239-4 erin jing o-ho-bi.

時候 正好 成爲-**完**-**現**

正是時候了。（56b1）

239-5 ere mari simbe ali-me tuqi-ke manggi,

這 回 你.**賓** 架（鷹）-**并** 出-**完** 之後

這一回架出你去，（56b1）

239-6 hvwangdana oqibe,

黄旦鳥 即使

黄鴡也罷，（56b2）

---

1 是的：辛卯本作“也是的”。

2 柏雄：《清文總彙》作“板雄”，雀鷹名。

239-7 bunjiha oqibe,
虎頭雀 即使
虎頭兒也罷，（56b2）

239-8 urunakv juwan udu jafa-qi,
務必 十 幾 拿-條
必要拿十幾個，（56b2）

239-9 bi teni simbe qongki-bu-mbi.
我 纔 你.賓 喂養-使-現
我纔餐你呢。（56b3）

239-10 aika sunta be delebu-me mute-ra-kv o-qi,
倘若 網兜 賓 撐起-并 能-未-否 助-條
要[1]不撐起雀兜子来，（56b3-4）

239-11 taka simbe erge-mbu-ra-kv.
暫且 你.賓 歇息-使-未-否
且不教你歇着。（56b4）

【第240條】

240-1 muse banji-re bou,
咱們 生活-未 家
咱們過日子的人家，（56b5）

240-2 niyaman guqu ta se-me feliye-mbi,
親戚 朋友 複 説-并 走動-現
親朋常来往，（56b5）

1 要：辛卯本作“若”。

240-3 ai baita emu langtana-ha yolo be duka-i fejile hvwaita-mbi.
什麼 事情 一 大頭-完 猱獅狗 賓 大門-屬 下面 拴-現
作什麼把一個大頭猱獅[1]狗拴在門底下。(56b5-6)

240-4 bi bokson -i jaka-de,
我 門檻 屬 跟前-位
我將到門檻子根前,(56b6-7)

240-5 tere indahvn uthai kur se-me kerki-mbi.
那 狗 就 形容吼叫的聲音 助-并 低聲怒吼-現
那[2]狗就嗚嚕嗚嚕的哼哼。(56b7)

240-6 teni dosi-ki se-re de,
纔 進去-祈 助-未 位
纔要進去,(57a1)

240-7 tere waburu,
那 該死的
那個殺材[3],(57a1)

240-8 emgeri kvwang se-fi,
一下 形容狗叫的聲音 助-順
"汪"的一聲,(57a1)

240-9 sebke-me ji-he.
跳起來撲-并 來-完
撲了上来。(57a2)

1 猱獅:辛卯本作"猱獅子"。
2 那:辛卯本作"那個"。
3 材:辛卯本作"纔"。

240-10 tede bi ara se-fi,

那.**位** 我 啊呀 説-**順**

那上頭我"嗳哟"了[1]一聲，（57a2）

240-11 ekxe-me beye forgoxo,

急忙-**并** 身體 轉動.**祈**

忙轉[2]身，（57a2）

240-12 bokson be feku,

門檻 **賓** 跳.**祈**

一跳門檻子，（57a3）

240-13 uthai tuqi-ke.

就 出-**完**

就出来了。（57a3）

240-14 jabxan de sele futa lakqa-ha-kv ofi,

幸運 **位** 鐵 鎖鏈 斷開-**完**-**否** 因爲

幸而鐵鎖子没斷，（57a3-4）

240-15 mimbe amqa-ha-kv,

我.**賓** 追上-**完**-**否**

没彀着我，（57a4）

240-16 tere-qi bi gele-hei yala fayangga gemu kali-ha,

那-**從** 我 害怕-**持** 實在 魂魄 全都 往上騰飛-**完**

從那們嚇的我[3]實實[4]魂都冒了，（57a4-5）

---

1 了：辛卯本作"的"。

2 轉：辛卯本作"回"。

3 嚇的我：辛卯本作"我嚇的"。

4 實實：辛卯本作"實在"。

240-17 ai,
哎
噯，（57a5）

240-18 we ya ergen de haji akv ni.
任何人 生命 **位** 熱愛 **否** 呢
誰不惜命呢！（57a5）

【第241條】

241-1 kouli de muse-i niyalma,
規章 **位** 咱們-**屬** 人
例上咱們的人，（57a6）

241-2 yaya beye-be tuwa-bu-re,
凡是 自己-**賓** 看-**使**-**未**
凡引見，（57a6-b1）

241-3 eiqi,
或者
或，（57b1）

241-4 hese-i hvla-me,
詔-**屬** 召喚-**并**
召見，（57b2）

241-5 dosi-mbu-fi wesi-mbu-re jabu-re,
進-**使**-**順** 上奏-**使**-**未** 答應-**未**
奏對，（57b2）

241-6 jai eiten siden -i ba-de,
再 一切 公共 **屬** 地方-**位**

再一切公所，（57b2）

241-7 gemu nikara-qi o-jora-kv.

全都 說漢語-**條** 可以-**未-否**

都不可説漢話。（57b3）

241-8 tuttu ofi, manju gisun se-re haqin,

因此 滿洲 語言 叫作-**未** 事項

所以滿洲話一項，（57b3）

241-9 manju-sa-i beye-de uthai farhvn de, tolon tuwa be tukiye-re,

滿洲人-**複-屬** 自己-**與** 就 黑暗 **位** 火把 火 **賓** 舉起-**未**

在滿洲人就像夜行以炬，（57b4）

241-10 bou-qi tuqi-re de, duka be yabu-re adali.

家-**從** 出-**未** **位** 大門 **賓** 走-**未** 像

出室由户似的。（57b5）

241-11 taqi-ra-kv-ngge,

學-**未-否-名**

那不肯學的，（57b5-6）

241-12 uthai manju-i fulehe be waliya-ha niyalma.

就 滿洲-**屬** 根本 **賓** 抛弃-**完** 人

就是癈弃了滿洲根本的人。（57b6）

241-13 tede sakda-sa aka-fi pei se-re,

那.**位** 老人-**複** 傷心-**順** 呸 說-**未**

那上頭不但長者傷心而唾之，（57b6-7）

241-14 geren de fisa jori-me jubexe-bu-re teile akv,

衆人 **位** 脊背 指-**并** 背後毀謗-**被-未** 唯獨 **否**

衆人指背而誹謗之，（57b7）

241-15 yargiyan -i ayan suwayan ubu sibiya gvtubu-re be dahame.

實在 工 貴重的 黃色 體統 玷污-未 賓 因此

實在玷辱貴重体統[1]。（58a1）

241-16 muse-i niyalma,

咱們-屬 人

咱們的人，（58a2）

241-17 ainu ere baita be kiqe-me yabu-ra-kv ni.

爲什麽 這 事情 賓 勤勉-并 行事-未-否 呢

爲什[2]麽不勉行此事呢？（58a2）

【第242條】

242-1 gisun hese se-re-ngge,

語言 旨 説-未-名

言語呀，（58a3）

242-2 niyalma-i hvsun,

人-屬 力氣

是人的工夫[3]，（58a3）

242-3 tere manjura-ra mergen urse de,

那 説滿語-未 精通的 人們 位

那[4]滿洲話精的人，（58a3）

242-4 umai ferguwequke arga akv.

并 奇妙的 方法 否

---

1 實在玷辱貴重体統：辛卯本作“實在有玷堂皇体統”。

2 什：辛卯本作“甚”。

3 是人的工夫：辛卯本作“是人的個工夫”。

4 那：辛卯本作“那個”。

并無[1]妙法，（58a4）

242-5 gemu yaya onggolo fe gisun -i songkoi,

全都 所有 先前的 舊的 語言 **屬** 根據

無非是老早的照着老話，（58a4）

242-6 hing se-me urebu-hei mute-bu-he-ngge.

專心致志地 **助-并** 練習-**持** 成就-**使-完-名**

專心練習出来的。（58a5）

242-7 aika inenggi-dari nonggi-bu-me erin-dari neme-bu-me,

倘若 天-每 增加-**使-并** 時-每 增益-**使-并**

若[2]不日積時累，（58a5）

242-8 faqihiyaxa-me kiqe-ra-kv o-qi,

勤勉-**并** 努力-**未-否** **助-條**

巴結着用工夫[3]，（58a6）

242-9 baita teisulebu-he-de,

事情 遇到-**完-位**

遇了事[4]，（58a6）

242-10 tokto-fi deng se-me ili-bu-re be dahame.

肯定-**順** 回答不上來的樣子 **助-并** 停止-**使-未** **賓** 因此

必要蹬住。（58a7）

242-11 ini qisui angga-i iqi eye-me banjina-ra be

自然 嘴-**屬** 順着 流-**并** 產生-**未** **賓**

---

1 無：辛卯本作“没”。

2 若：辛卯本作“若是”。

3 用工夫：辛卯本作“用工去”。

4 遇了事：辛卯本作“一遇着了事”。

hono ere-qi o-joro aibi.
還 指望-條 可以-未 豈能
怎麽還指望[1]自然順嘴流[2]呢？（58a7-b1）

242-12 gisun -i qala boubai akv,
語言 屬 除了 訣竅 否
話上頭没什麽訣竅，（58b1-2）

242-13 damu sakda urse angga-i hoxo ergi tuta-bu-ha,
衹是 年老的 人們 嘴-屬 角兒 邊 留下-使-完
只把老家兒口角遺留下的，（58b2）

242-14 turgun forgoxo-bu-me taqi-bu-re fe gisun be
原因 轉動-使-并 出-使-未 舊的 話 賓
調度教訓的老話，（58b3）

242-15 tuwakiya-me fuhaxa-me sibki-re de waji-ha-bi,
守-并 思考-并 深究-未 位 完-完-現
謹守着[3]揣摩了去就是了，（58b3-4）

242-16 taqin -i ejebun de hendu-he-ngge,
學問 屬 傳記 位 説道-完-名
《學記》上説的：（58b4）

242-17 udu sain bouha bihe seme,
雖然 好的 餚饌 過 雖然
“雖有嘉肴，（58b5）

1 指望：辛卯本作“指望得”。
2 順嘴流：辛卯本作“順口盪熱”。
3 謹守着：辛卯本作“謹守反覆”。

242-18 je-tera-kv o-qi, tere-i amtan be sa-r-kv se-he-bi.

吃-未-否 助-條 那-屬 味道 賓 知道-未-否 説-完-現

弗食不知其旨也。”（58b5-6）

242-19 qibtui gvninja,

反復地 思索.祈

詳細思索罷，（58b6）

242-20 ume oihorila-ra.

勿 忽略-未

勿忽略啊！（58b7）

漢文詞彙索引

C

F

J

M

N

P

T

X

Y

Z

北京大學中國語言學研究中心

早期北京話珍稀文獻集成
主編 劉雲

清代滿漢合璧文獻萃編
漢文主編 劉雲 陳曉
滿文主編 王碩 [日]竹越孝

卷二

庸言知旨

[清]宜興 編著
王磊 滿文校注
劉雲 漢文校注

国家出版基金项目
NATIONAL PUBLICATION FOUNDATION

北京大学出版社
PEKING UNIVERSITY PRESS

重排本

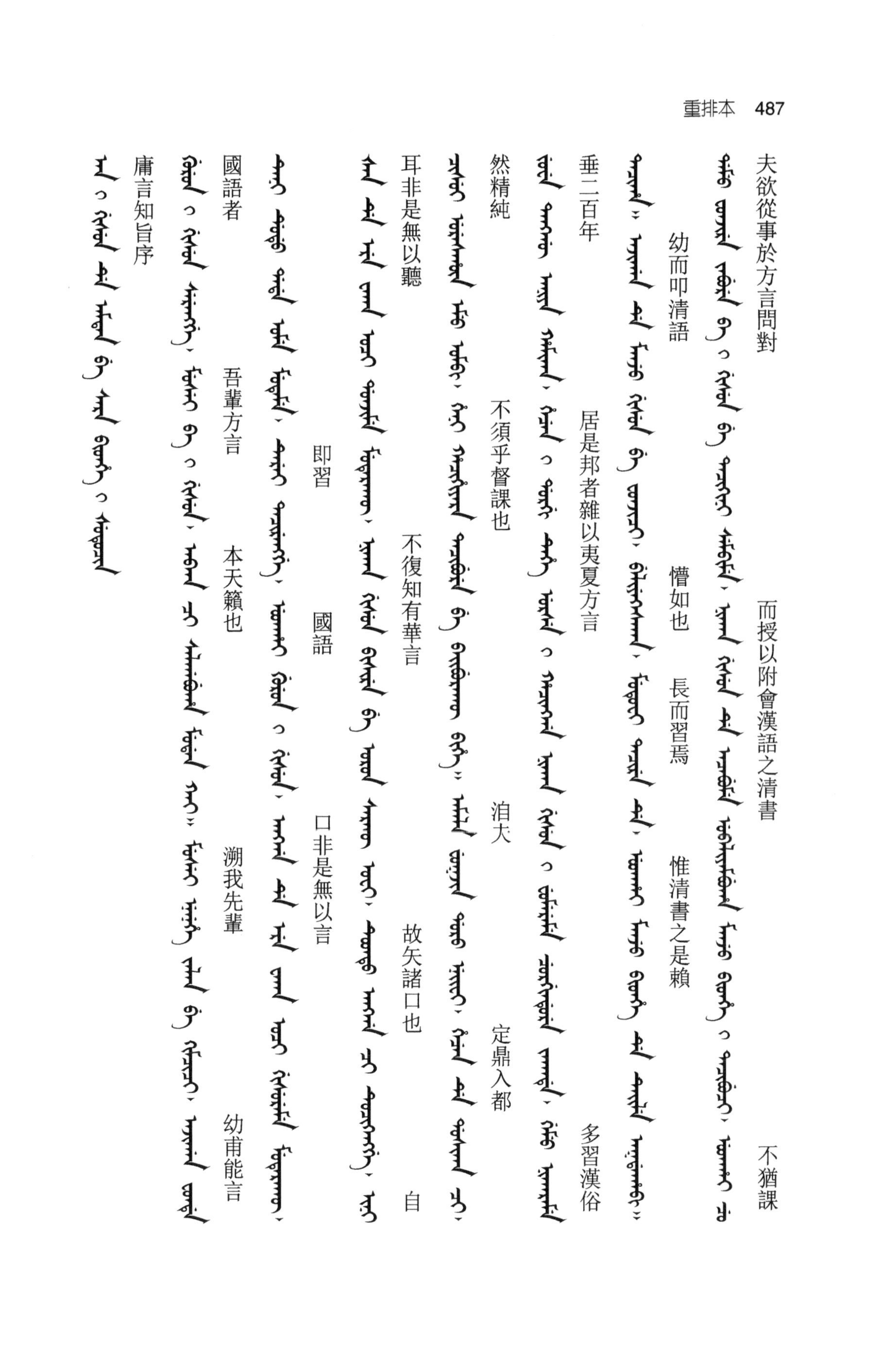

庸言知旨序

國語者 吾輩方言 本天籟也 溯我先輩 幼甫能言

即習 國語 口非是無以言

耳非是無以聽 不復知有華言 故矢諸口也 自

然精純 不須乎督課也 洎大 定鼎入都

垂二百年 居是邦者雜以夷夏方言 多習漢俗

幼而叩清語 懵如也 長而習焉 惟清書之是賴

夫欲從事於方言問對 而授以附會漢語之清書 不猶課

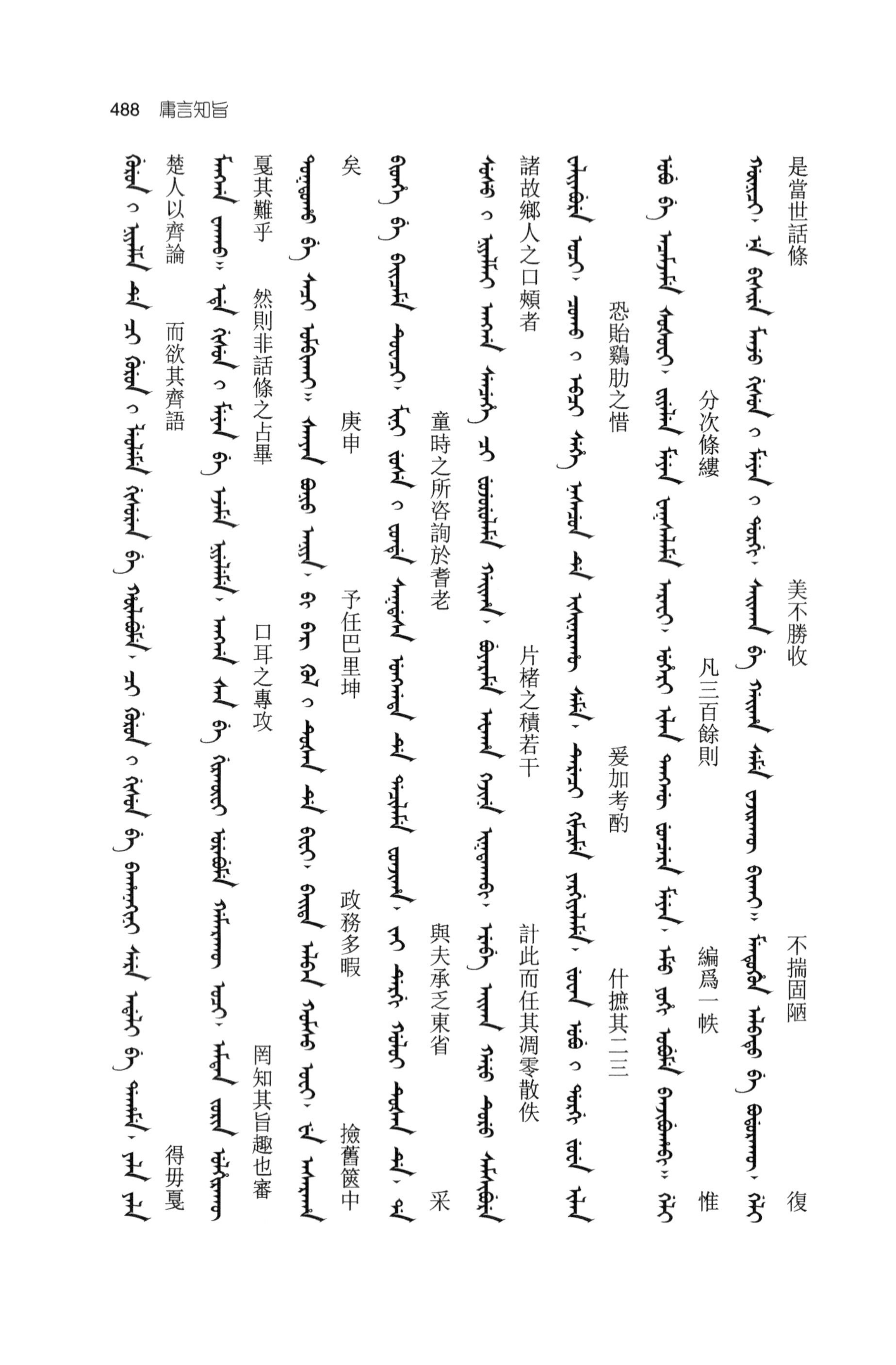

是當世話條　美不勝收　不揣固陋　復

分次條縷　凡三百餘則　編爲一帙　惟

恐貽鷄肋之惜　爰加考酌　什摭其二三

諸故鄉人之口頰者　片楮之積若干　計此而任其凋零散佚

童時之所咨詢於耆老　與夫承乏東省　采

矣　庚申　予任巴里坤　政務多暇　撿舊篋中

戛其難乎　然則非話條之占畢　口耳之專攻　罔知其旨趣也審

楚人以齊論　而欲其齊語　得毋戛

明諸子 諒鄙人之僭陋 即其舛謬不周者 釐正之焉

音也欲明且捷 以 清語元音 一卷附而綴之 幸高

而後旨不失其朔 音不涉於俚 而協矩矣 故詞也蘄合於規

音而言者 有益字而言者 復有汰字而言者 必循是以往

知旨 名之 至若清語成章有遵原句而言者 亦有變

而於梓里之故旨遺音 庶幾芥納之似焉 因以 庸言

就中片言剩語 無非口耳所得之緒餘

爲此者 非敢標瓦礫於珠林 祇以續尾成裘 不無小補

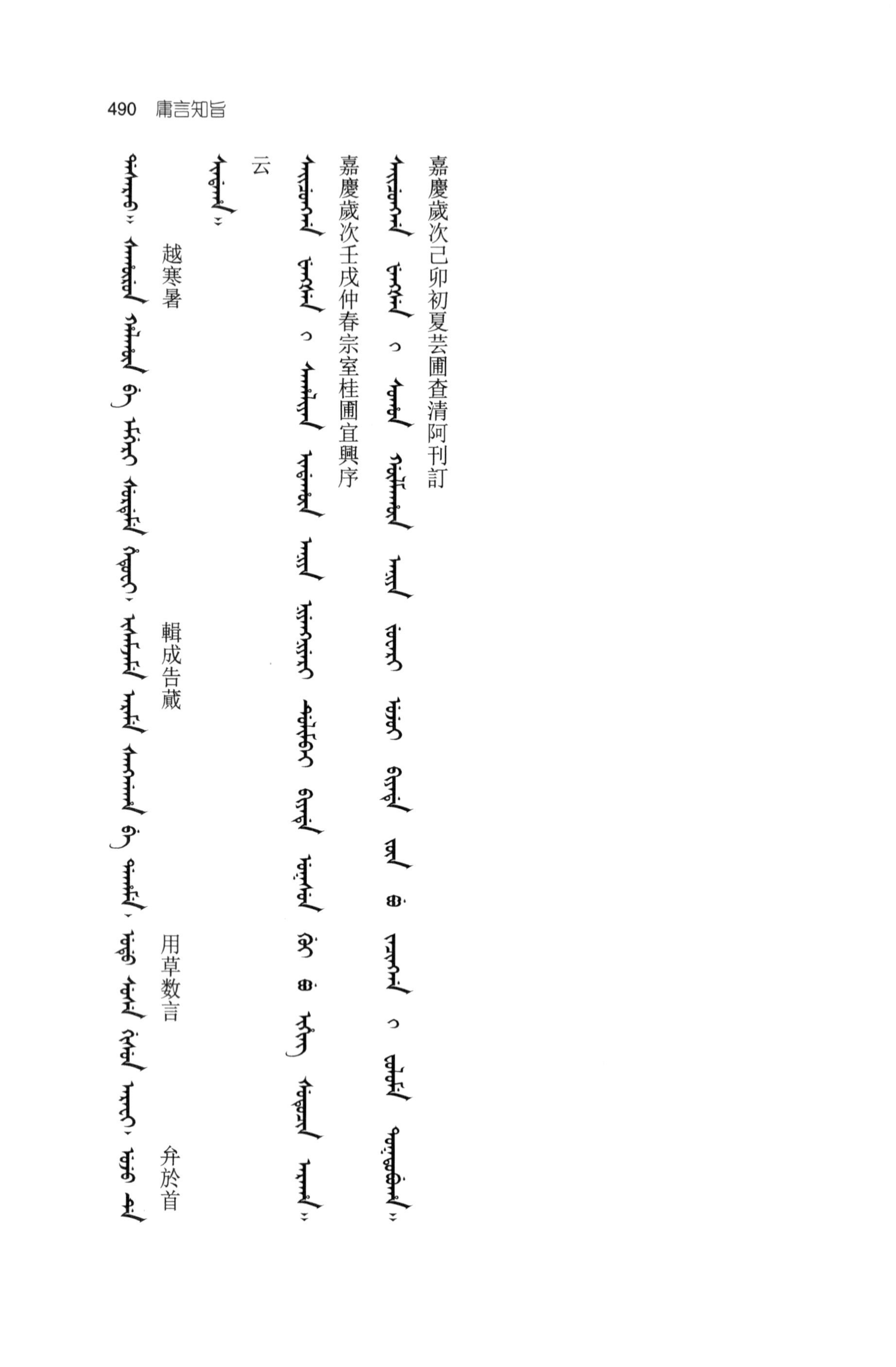

嘉慶歲次己卯初夏芸圃查清阿刊訂

嘉慶歲次壬戌仲春宗室桂圃宜興序

云

越寒暑　輯成告蕆　用草數言　弁於首

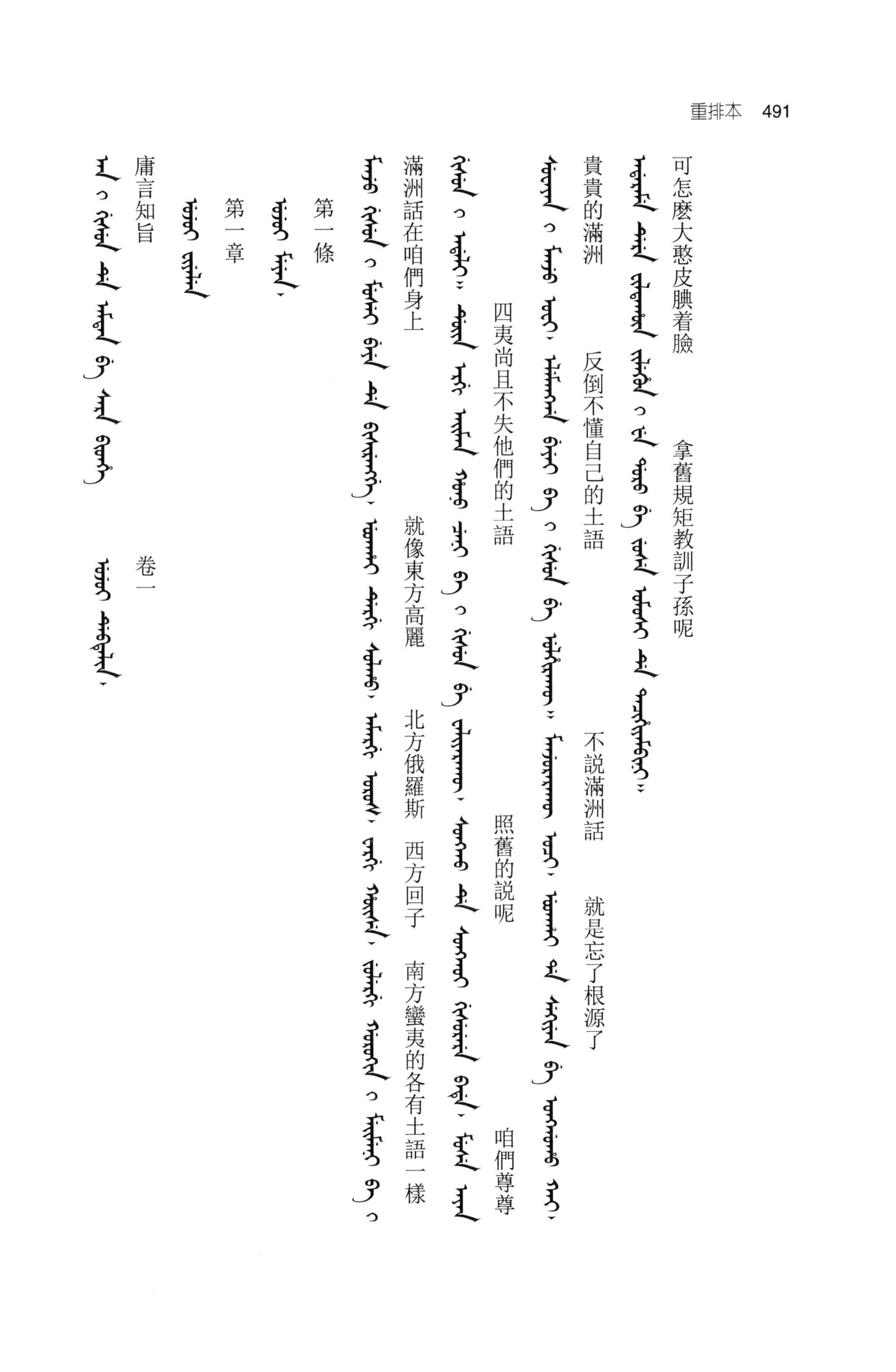

庸言知旨　卷一

第一章

第一條

滿洲話在咱們身上　就像東方高麗　北方俄羅斯　西方回子　南方蠻夷的各有土語一樣

四夷尚且不失他們的土語　照舊的說呢　咱們尊尊

貴貴的滿洲　反倒不懂自己的土語　不說滿洲話　就是忘了根源了

可怎麼大憨皮腆着臉　拿舊規矩教訓子孫呢

癡了甚麼嗎　反倒玷辱了甚麼嗎　只細想就明白了

守着老家兒口角的恩澤　勉行法祖之事　也是個務本的道理罷咧

字　先人遺留之話　并非不及這些人　不尊重啊　咱們

結舌的　又於理上下不去　別人於咱們無干　無親啊　與其學他那宗無稽之言村陋之

見心印證　都靠着話呢　若見了人　不會說話　竟只張口

盛世滿洲　誰可願意不學說話作啞吧呢　宣明耳目所觸之事

滿洲話的事兒　并非文才武藝　據浮面看之　好像不甚緊要　然而生爲

第二條

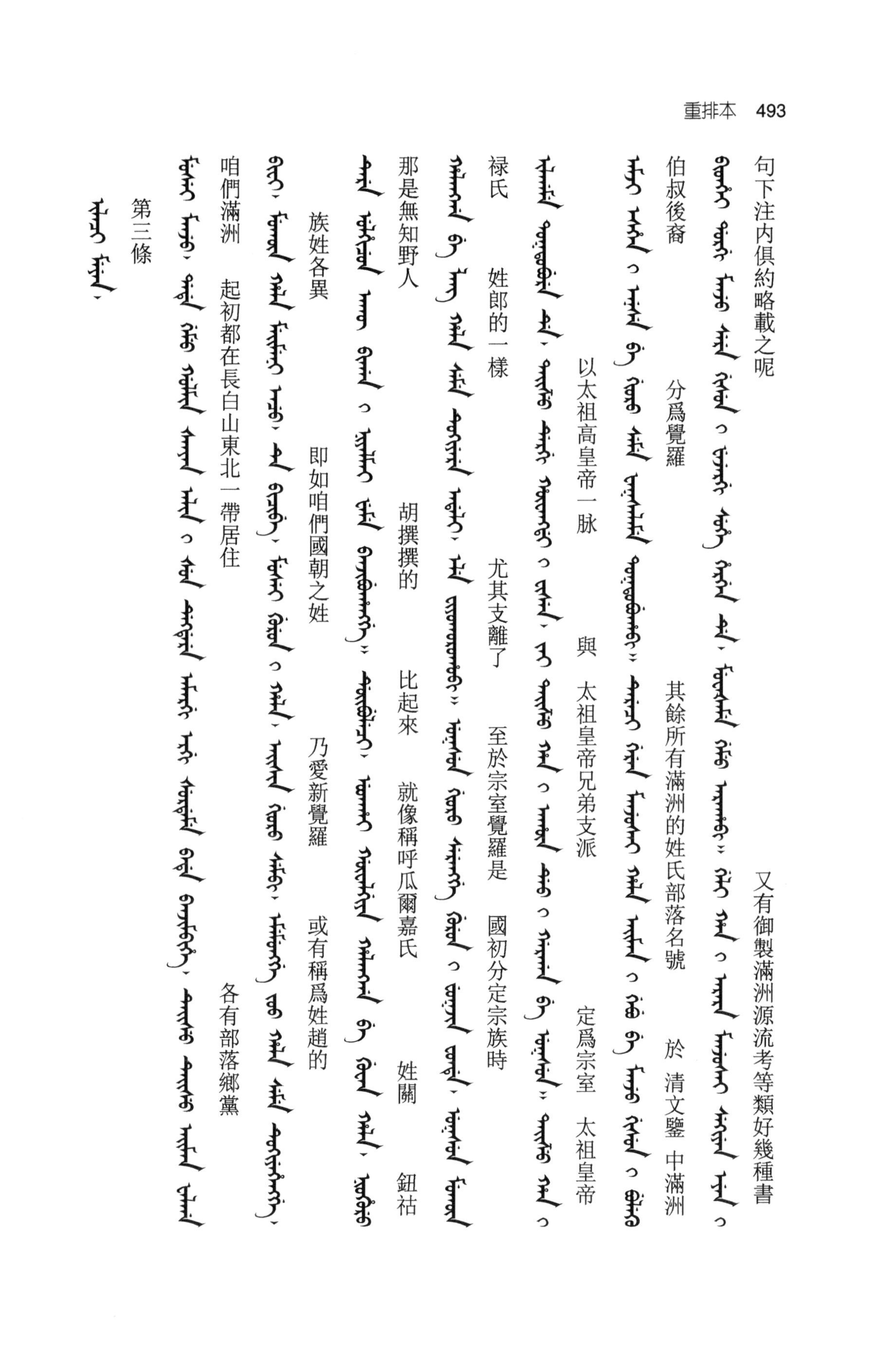

句下注內俱約略載之呢 又有御製滿洲源流考等類好幾種書

伯叔後裔 分爲覺羅 其餘所有滿洲的姓氏部落名號 於 清文鑑 中滿洲

以太祖高皇帝一脉 與 太祖皇帝兄弟支派 定爲宗室 太祖皇帝

祿氏 姓郎的一樣 尤其支離了 至於宗室覺羅是 國初分定宗族時

那是無知野人 胡撰撰的 比起來 就像稱呼瓜爾嘉氏 姓關 鈕祜

族姓各異 即如咱們國朝之姓 乃愛新覺羅 或有稱爲姓趙的

咱們滿洲 起初都在長白山東北一帶居住 各有部落鄉黨

第三條

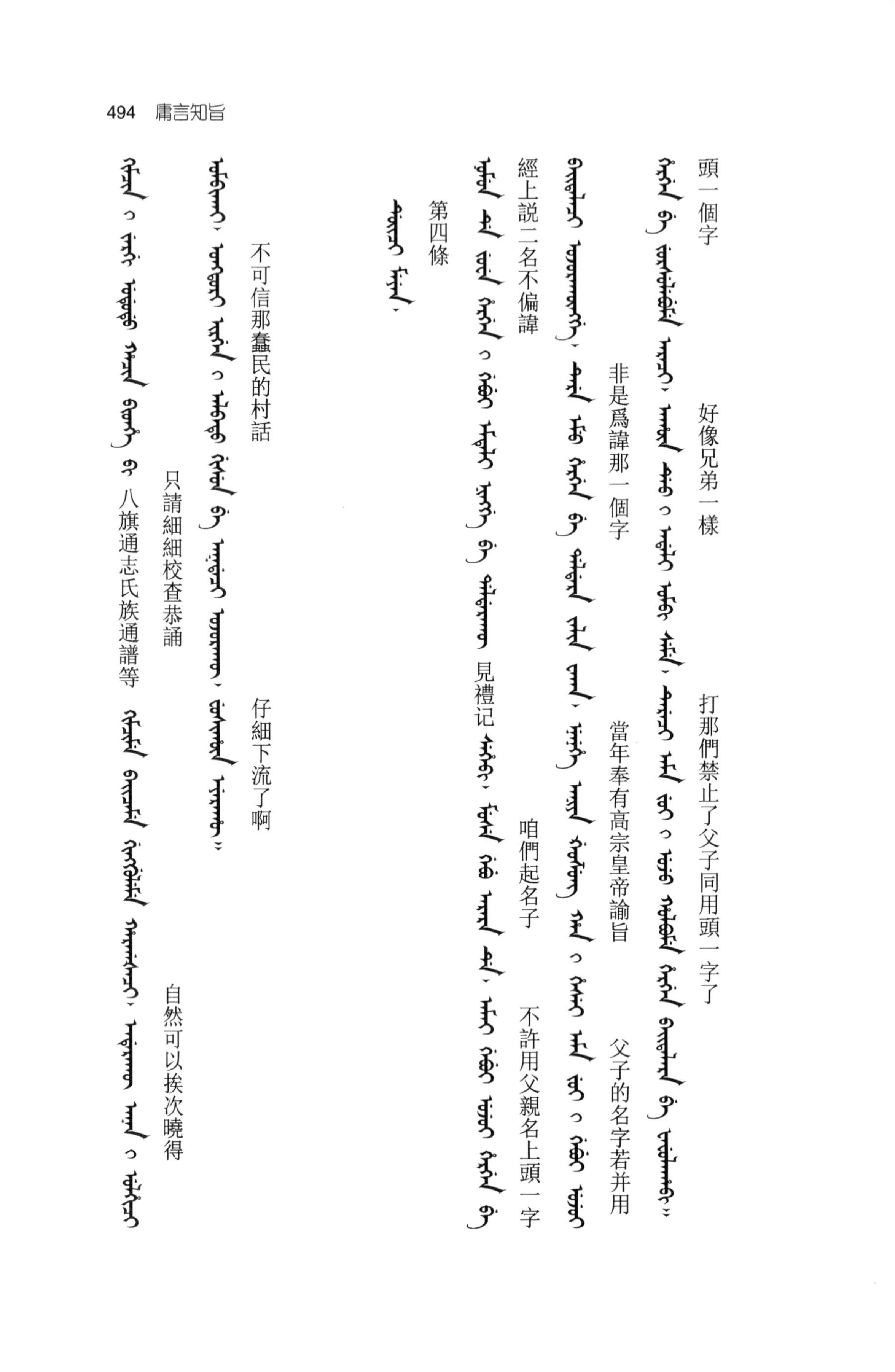

頭一個字　好像兄弟一樣　打那們禁止了父子同用頭一字了

非是爲諱那一個字　當年奉有高宗皇帝諭旨　父子的名字若并用

經上説二名不偏諱　咱們起名子　不許用父親名上頭一字

見禮记

第四條

不可信那蠢民的村話　仔細下流了啊

只請細細校查恭誦　自然可以挨次曉得

八旗通志氏族通譜等

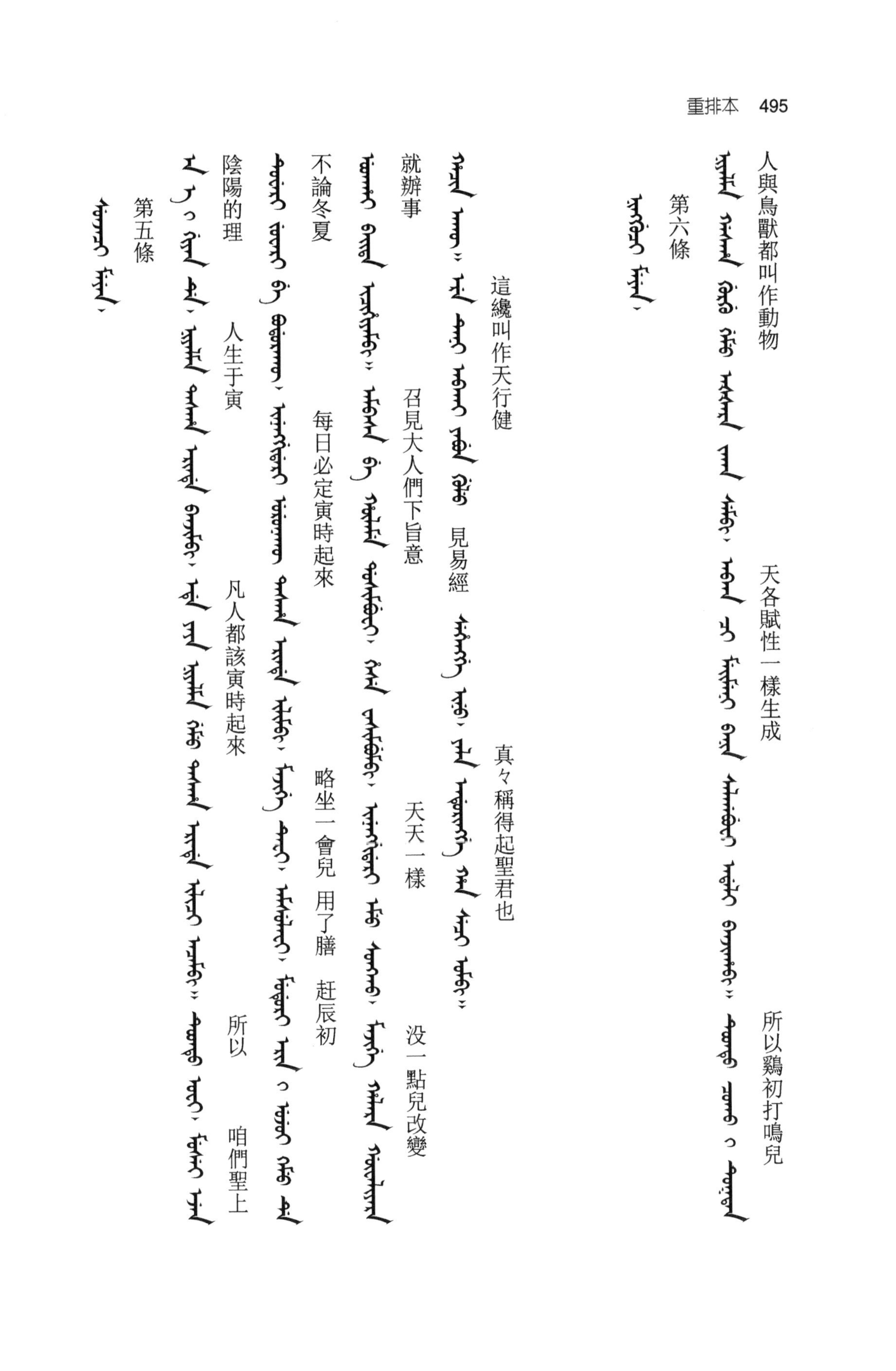

人與鳥獸都叫作動物 天各賦性一樣生成 所以鷄初打鳴兒

第六條

這纔叫作天行健 見易經 真々稱得起聖君也

就辦事 召見大人們下旨意 天天一樣 没一點兒改變

不論冬夏 每日必定寅時起來 略坐一會兒 用了膳 赶辰初

陰陽的理 人生于寅 凡人都該寅時起來 所以 咱們聖上

第五條

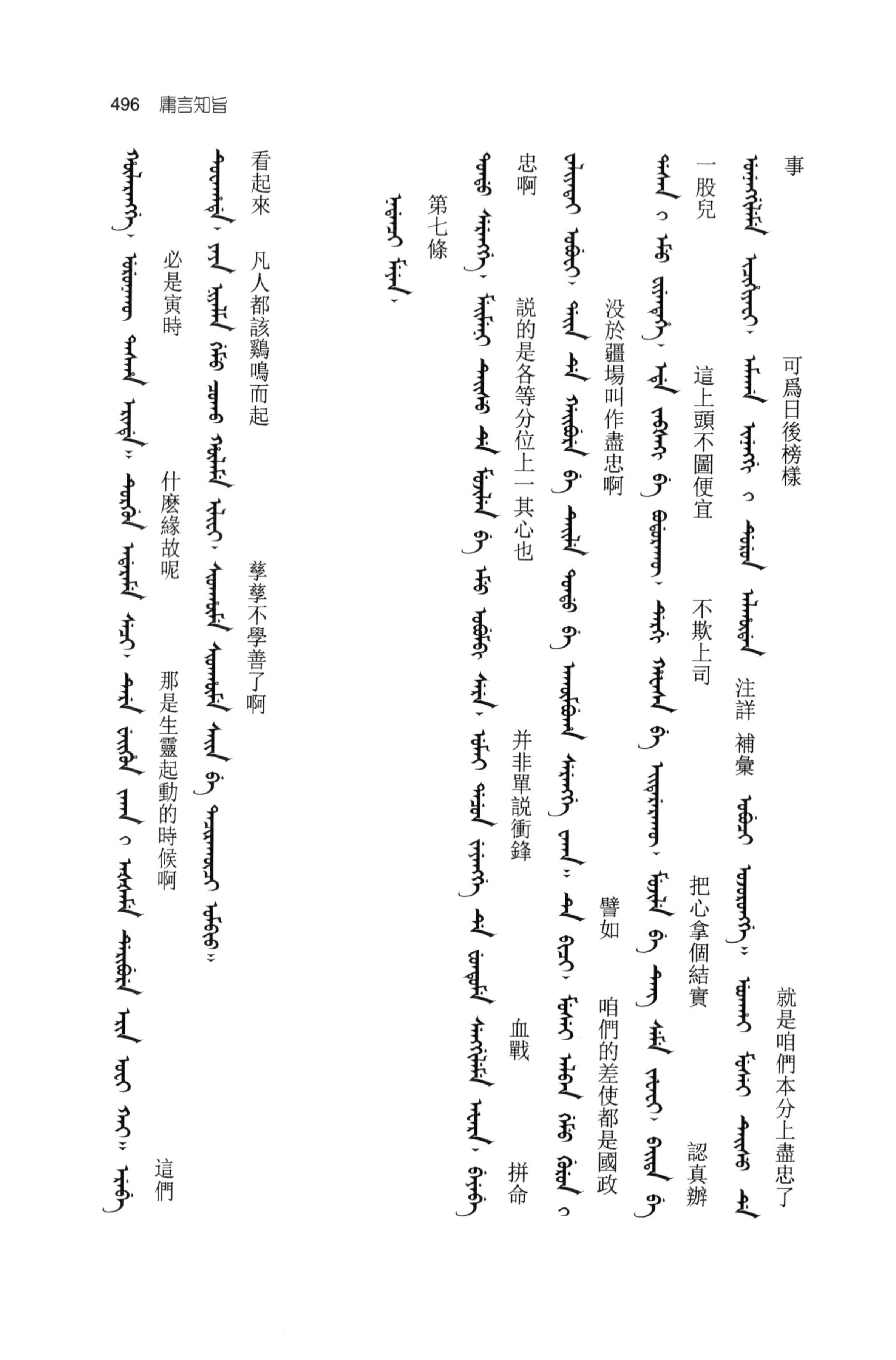

事 可爲日後榜様 注詳補彙 就是咱們本分上盡忠了

一股兒 這上頭不圖便宜 不欺上司 把心拿個結實 認真辦

沒於疆場叫作盡忠啊 譬如 咱們的差使都是國政

忠啊 說的是各等分位上一其心也 并非單說衝鋒 血戰 拼命

第七條

看起來 凡人都該鷄鳴而起 孳孳不學善了啊

必是寅時 什麼緣故呢 那是生靈起動的時候啊 這們

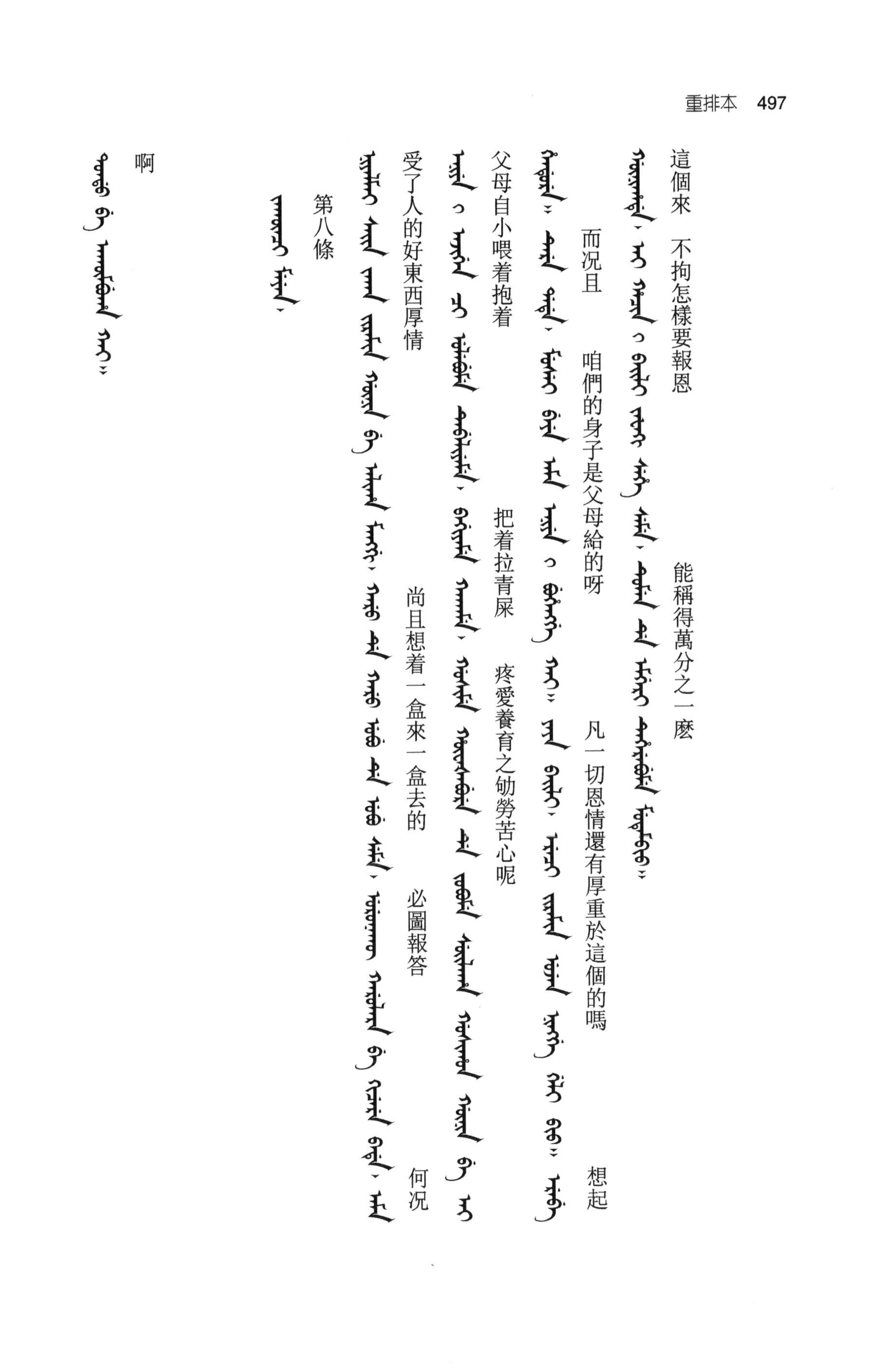

這個來　不拘怎樣要報恩　能稱得萬分之一麼

而況且　咱們的身子是父母給的呀　凡一切恩情還有厚重於這個的嗎　想起

父母自小喂着抱着　把着拉青屎　疼愛養育之劬勞苦心呢

受了人的好東西厚情　尚且想着一盒來一盒去的　必圖報答　何況

第八條

啊

第九條

孝順的話 在乎人子的盡心 并不在乎家當力量 雖疏食飲水的奉養

能體貼父母未發心以前盡心 就是孝順了啊 那宗到了

要纔應付的 憑其怎樣豐富呈獻 乃張口要了後纔給了罷咧 何足論呢

第十條

羞恥的字 與人關係的狠重 譬如 本身有無心的過失 一旦覺了

若害羞 必定立刻猛然改了 若有不及別人的品行本事之處 若覺

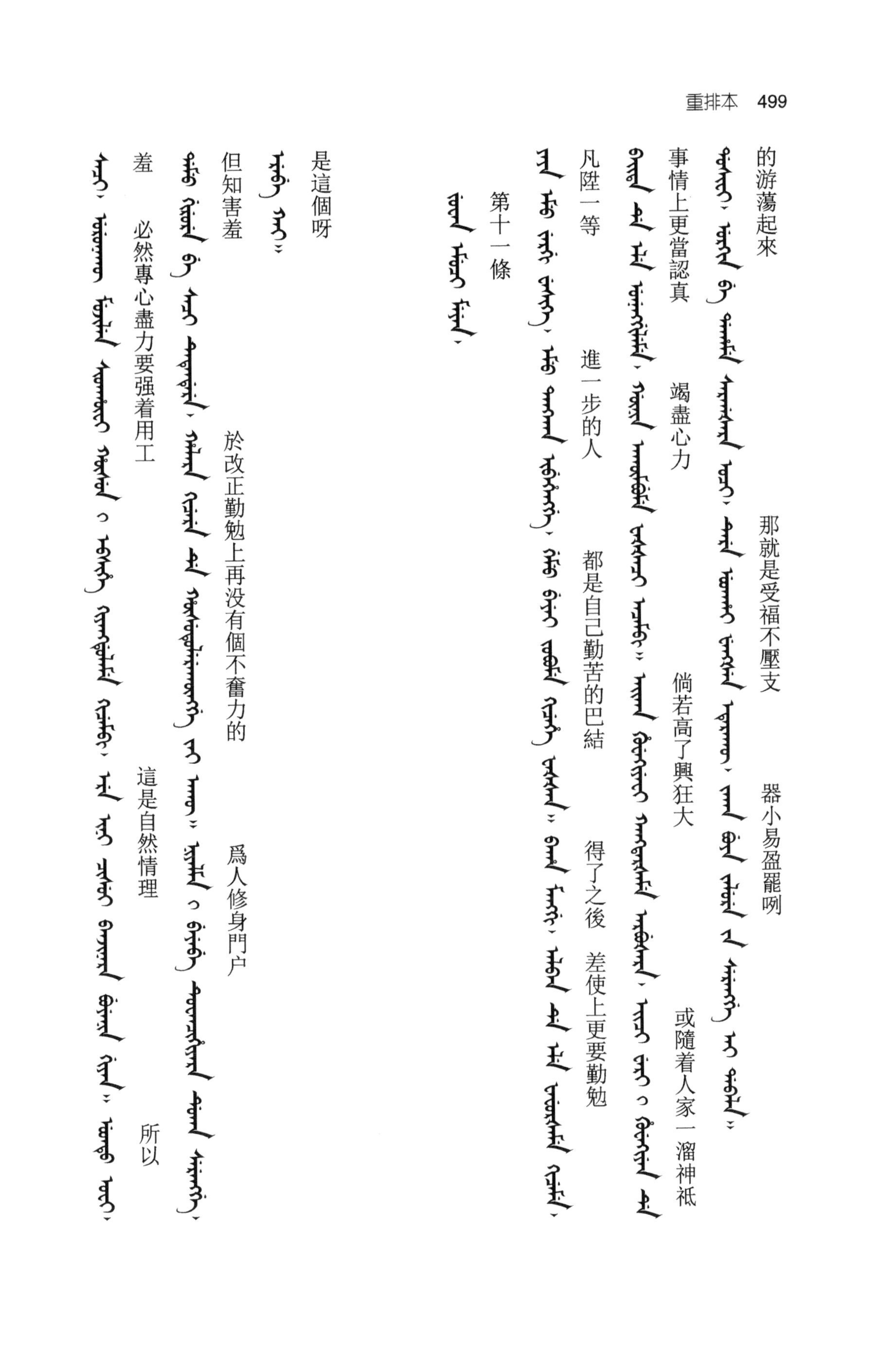

的游蕩起來 那就是受福不壓支 器小易盈罷咧

事情上更當認真 竭盡心力 倘若高了興狂大 或隨着人家一溜神祇

凡陞一等 進一步的人 都是自己勤苦的巴結 得了之後 差使上更要勤勉

第十一條

是這個呀

但知害羞 於改正勤勉上再沒有個不奮力的 爲人修身門戶

羞 必然專心盡力要强着用工 這是自然情理 所以

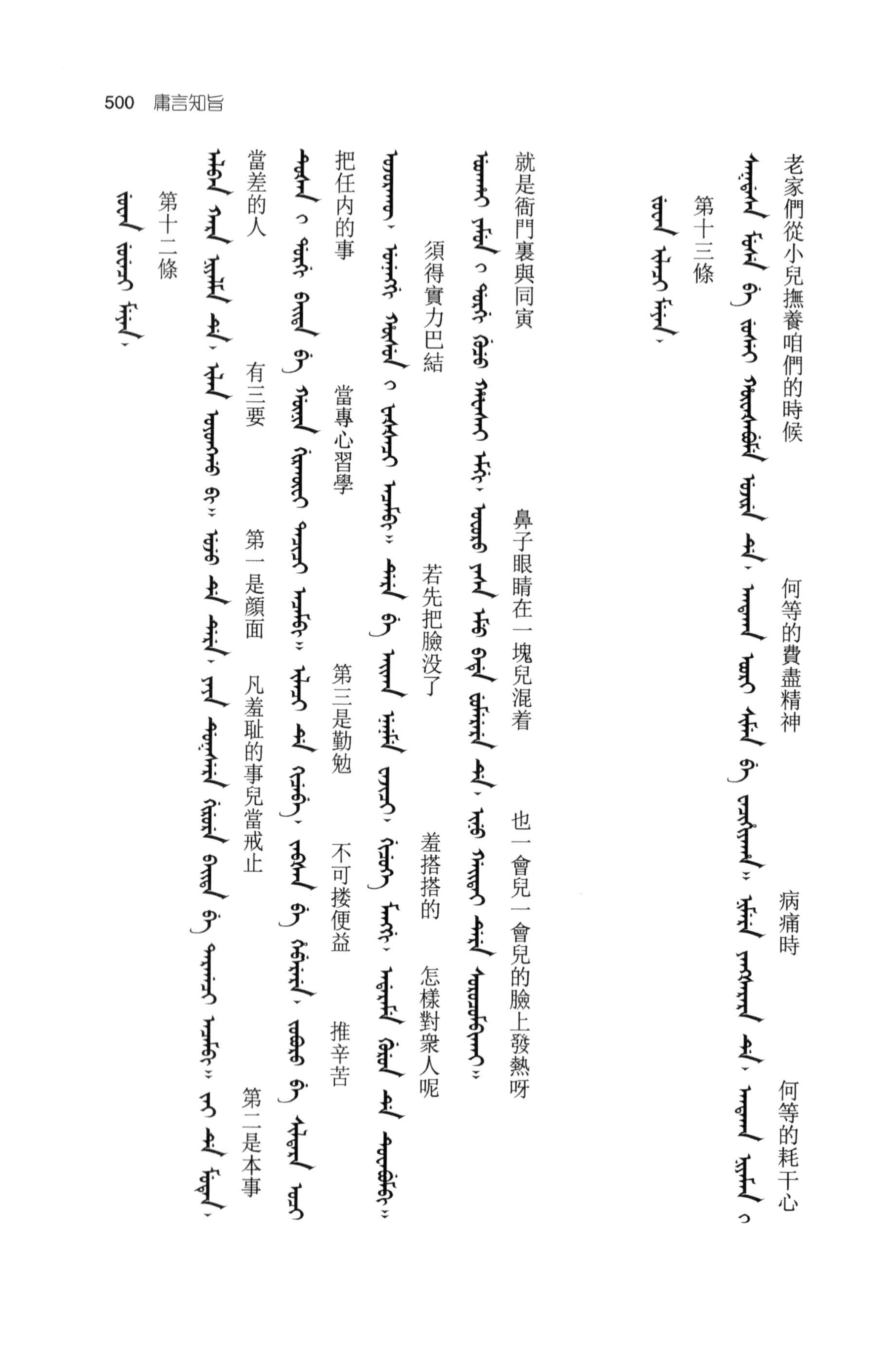

第十二條

當差的人　有三要　第一是顏面　凡羞耻的事兒當戒止　第二是本事

把任內的事　當專心習學　第三是勤勉　不可摟便益　推辛苦

須得實力巴結　若先把臉沒了　羞搭搭的　怎樣對衆人呢

就是衙門裏與同寅　鼻子眼睛在一塊兒混着　也一會兒一會兒的臉上發熱呀

第十三條

老家們從小兒撫養咱們的時候　何等的費盡精神　病痛時　何等的耗干心

性 習慣成自然 如今學慣了 赶長

當不得飲食 而且樣々都有傷處 常言說 少成若天

漢烟 鼻烟 酒 檳榔等物 別教咱們的孩子們學 吃烟 喝酒

第十四條

心裏忍得麼 老天也未必肯依

并没有啊 咱們雖不大懂的孝道 報答的誠心若不竭力盡到了

血 那個時候 難道還有心要惜命 省着心力息養身子來着麼

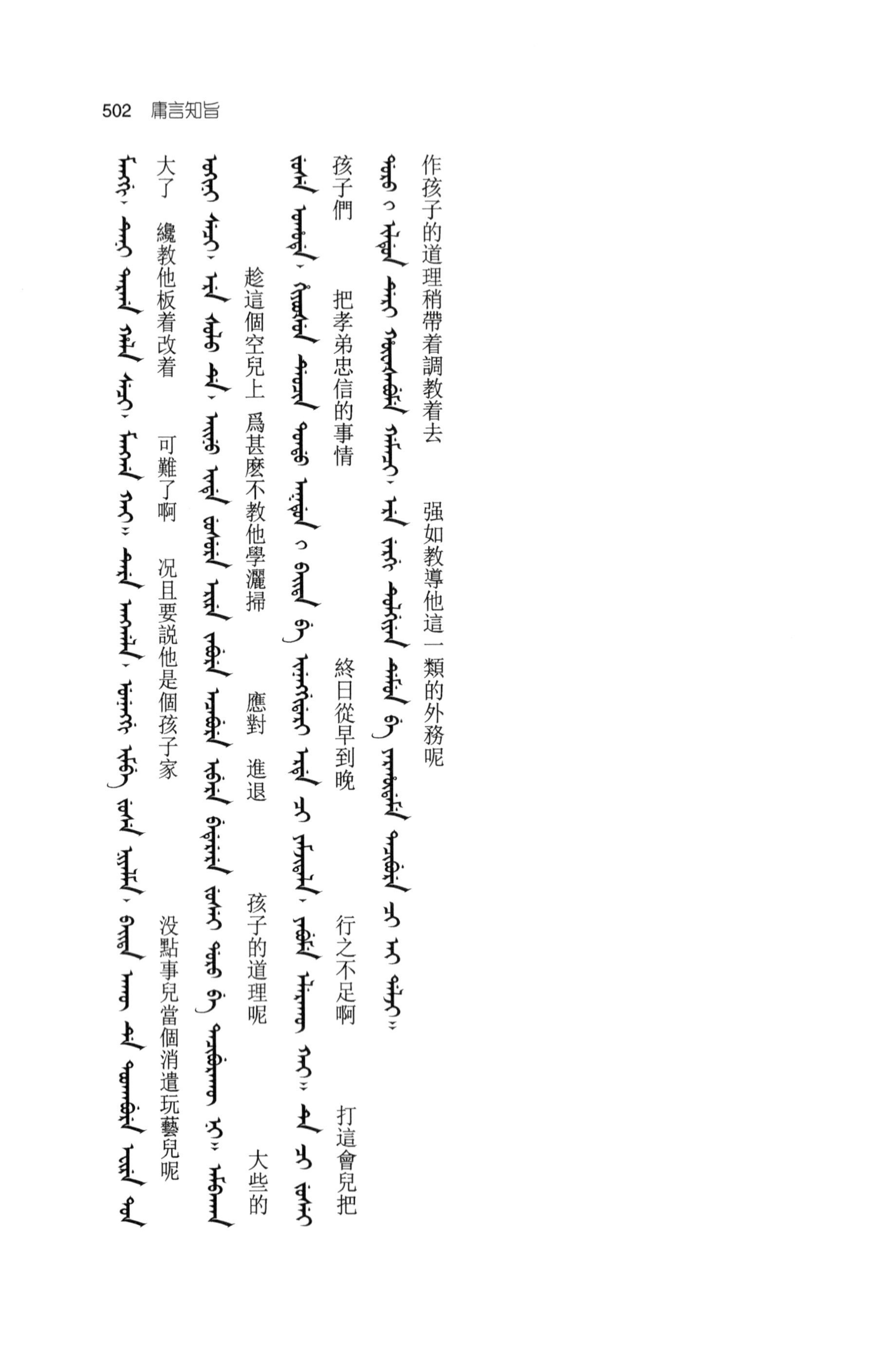

作孩子的道理稍帶着調教着去　强如教導他這一類的外務呢

孩子們　把孝弟忠信的事情　終日從早到晚　行之不足啊　打這會兒把

趁這個空兒上　爲甚麼不教他學灑掃　應對　進退　孩子的道理呢　大些的

大了　纔教他板着改着　可難了啊　況且要說他是個孩子家　没點事兒當個消遣玩藝兒呢

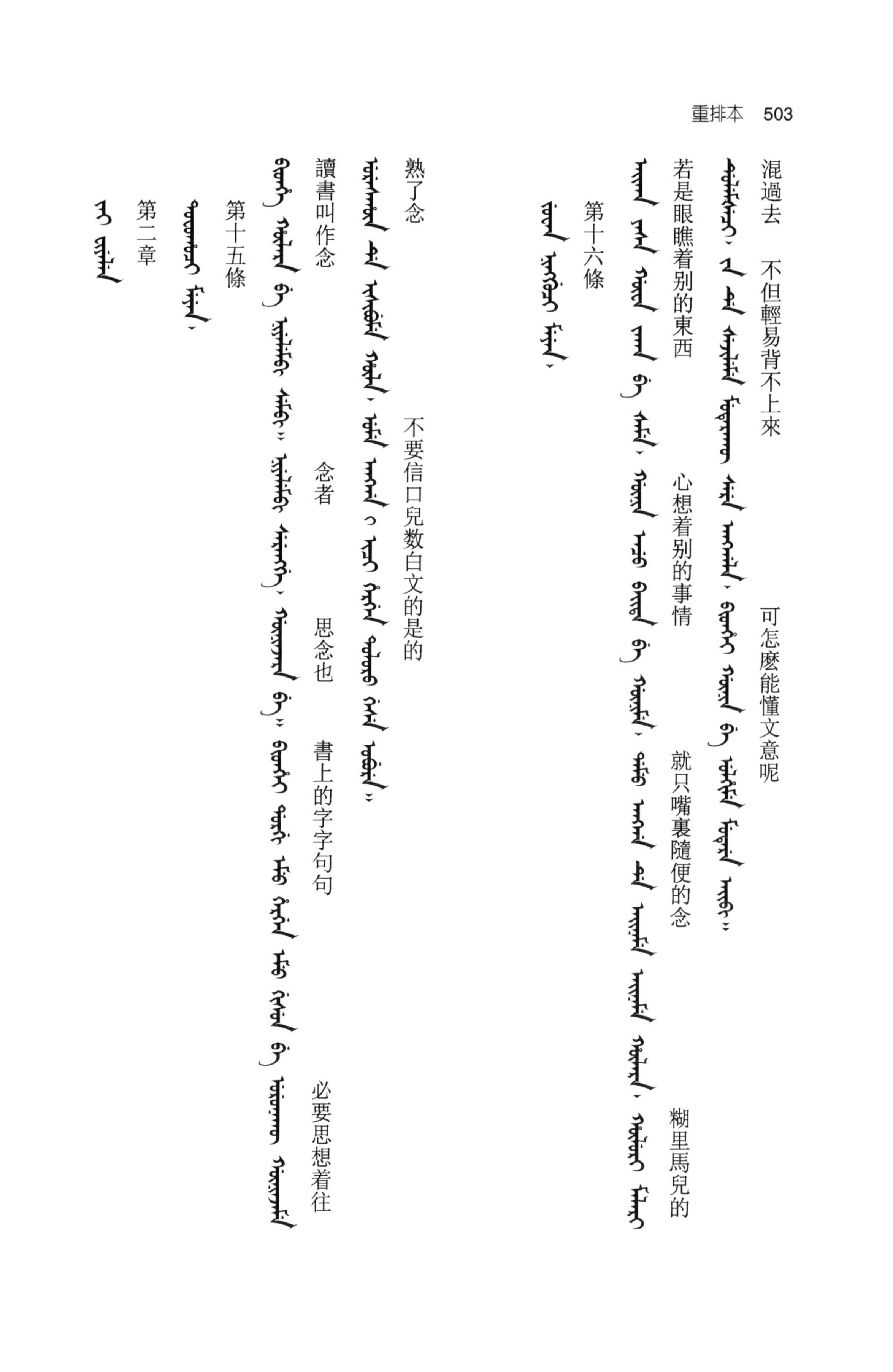

混過去　不但輕易背不上來　可怎麼能懂文意呢

若是眼瞧着别的東西　心想着别的事情　就只嘴裏隨便的念　糊里馬兒的

第十六條

熟了念　不要信口兒数白文的是的

讀書叫作念　念者　思念也　書上的字字句句　必要思想着往

第十五條

第二章

半明半混的幹着去　不過沾個念書的名兒罷咧　中什麽用呢

纔知道書裏的意趣　於身心得益　若是工夫淺　再心浮

書上　把句讀要清楚　要扣着字兒翻覆着細想　身體力行

第十八條

嘴裏呱呱嚨嚨的一字也不清楚呢

你手裏拿着甚麽呢　并没有拿着甚麽　那們的　你爲甚麽儘只低着頭看手

第十七條

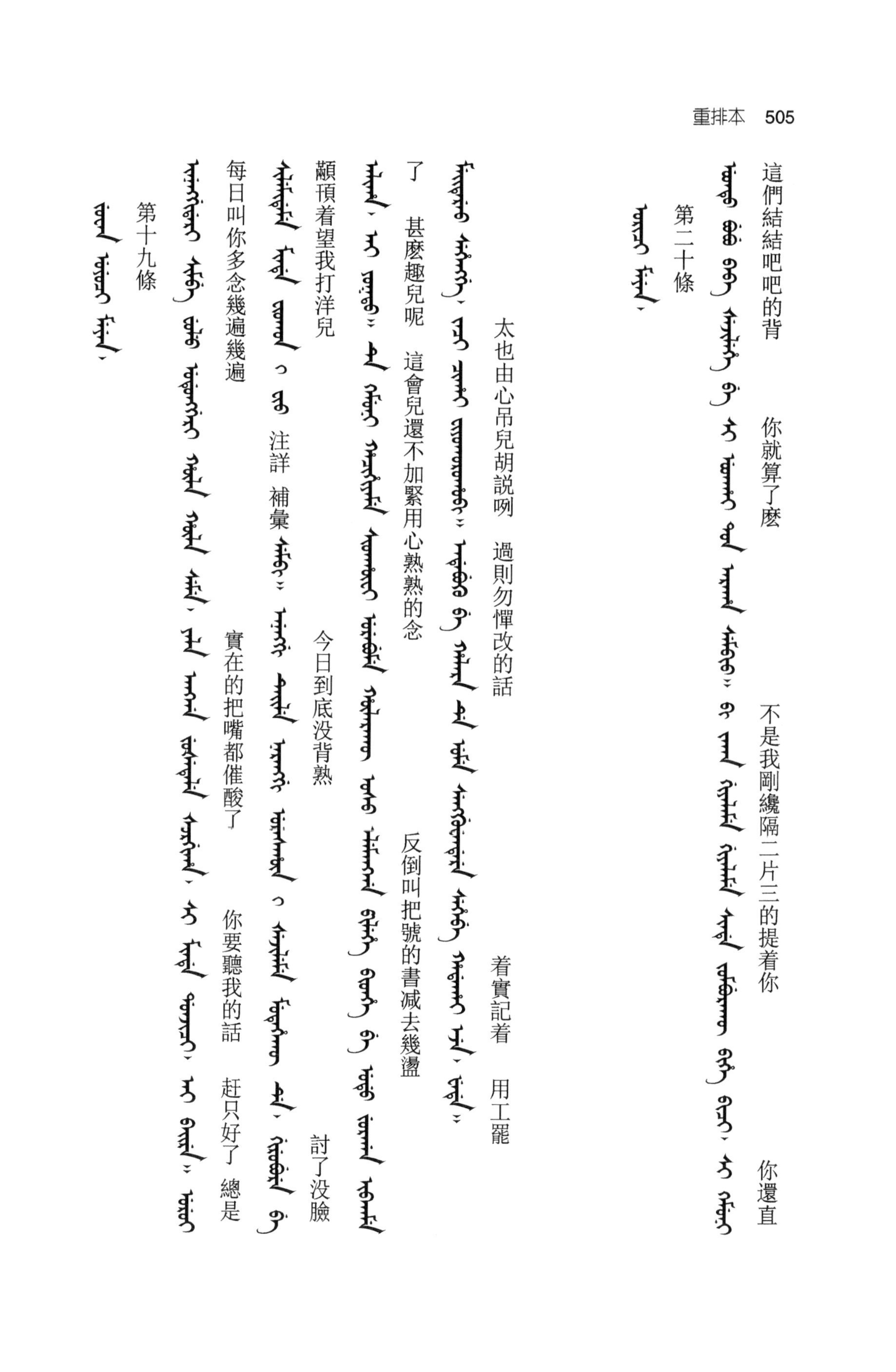

第十九條

每日叫你多念幾遍幾遍　實在的把嘴都催酸了　你要聽我的話　趕只好了　總是

顢頇着望我打洋兒　今日到底没背熟　討了没臉

注詳　補彙

了　甚麽趣兒呢　這會兒還不加緊用心熟熟的念　反倒叫把號的書減去幾遭

太也由心吊兒胡説咧　過則勿憚改的話　着實記着　用工罷

第二十條

這們結結吧吧的背　你就算了麽　不是我剛纔隔二片三的提着你　你還直

拘板了罷

嘴膀腮的樣子 別是抱怨我不准你們往快活地方兒玩兒去 不給倒脚的空兒

把你工課吃到肚兒裏 是你的正經本事 并非替我用工啊 看你這個撅

第二十一條

你再拿來

背不完來着 那兒呢 早着哩 你把這個書拿了去 必要順嘴兒滾熟了

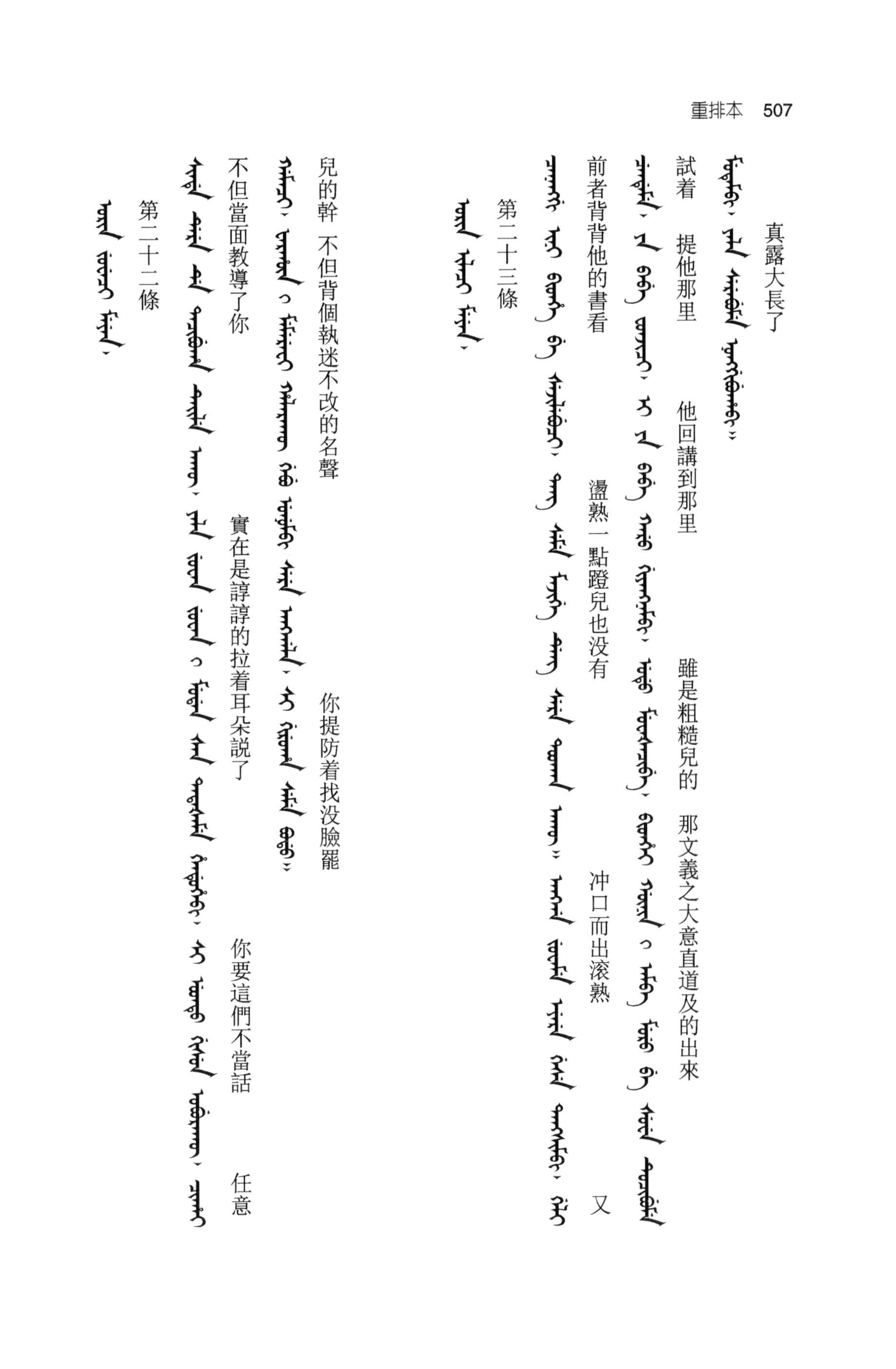

第二十二條

不但當面教導了你 實在是諄諄的拉着耳朵說了 你要這們不當話 任意

兒的幹 不但背個執迷不改的名聲 你提防着找沒臉罷

第二十三條

前者背背他的書看 溫熟一點蹬兒也沒有 冲口而出滾熟 又

試着 提他那里 他回講到那里 雖是粗糙兒的 那文義之大意直道及的出來

真露大長了

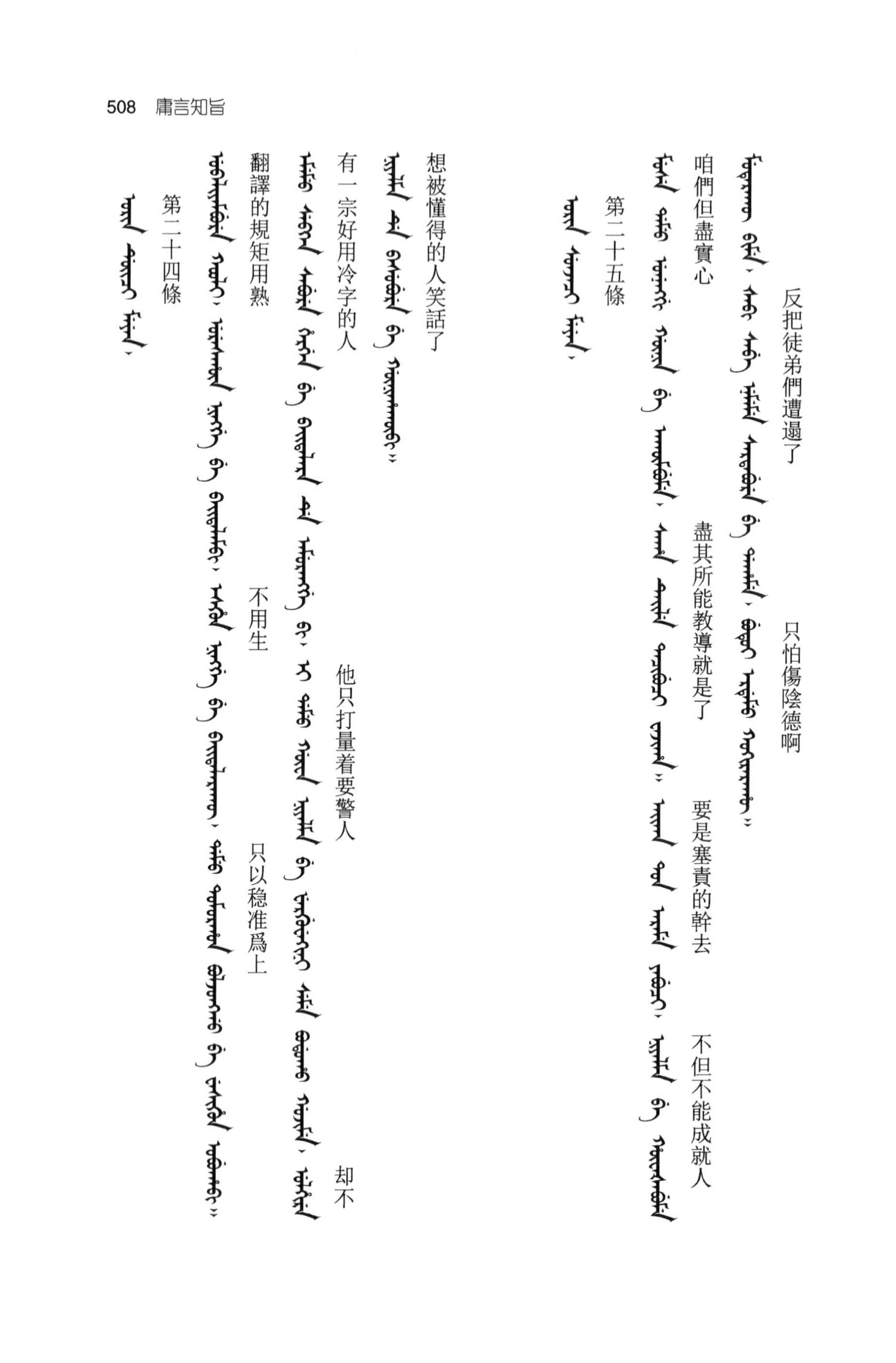

第二十四條

翻譯的規矩用熟，不用生，只以穩准爲上

有一宗好用冷字的人，他只打量着要警人，却不

想被懂得的人笑話了

第二十五條

咱們但盡實心，盡其所能教導就是了，要是塞責的幹去，不但不能成就人

反把徒弟們遭遢了，只怕傷陰德啊

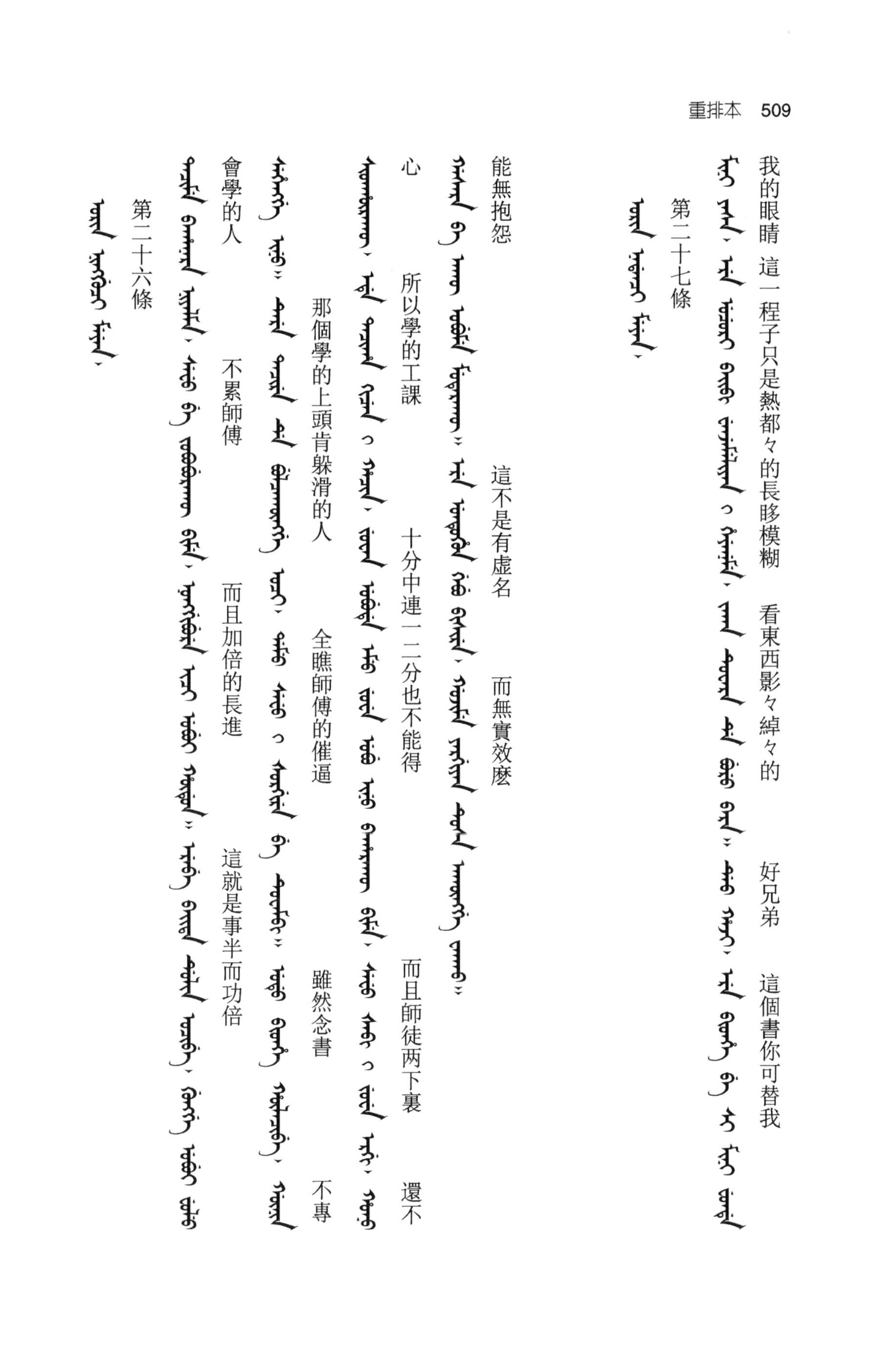

第二十六條

會學的人 不累師傅 而且加倍的長進 這就是事半而功倍

那個學的上頭肯躲滑的人 全瞧師傅的催逼 雖然念書 不專

心 所以學的工課 十分中連一二分也不能得 而且師徒兩下裏 還不

能無抱怨 這不是有虛名 而無實效麼

第二十七條

我的眼睛 這一程子只是熱都々的長眵模糊 看東西影々綽々的 好兄弟 這個書你可替我

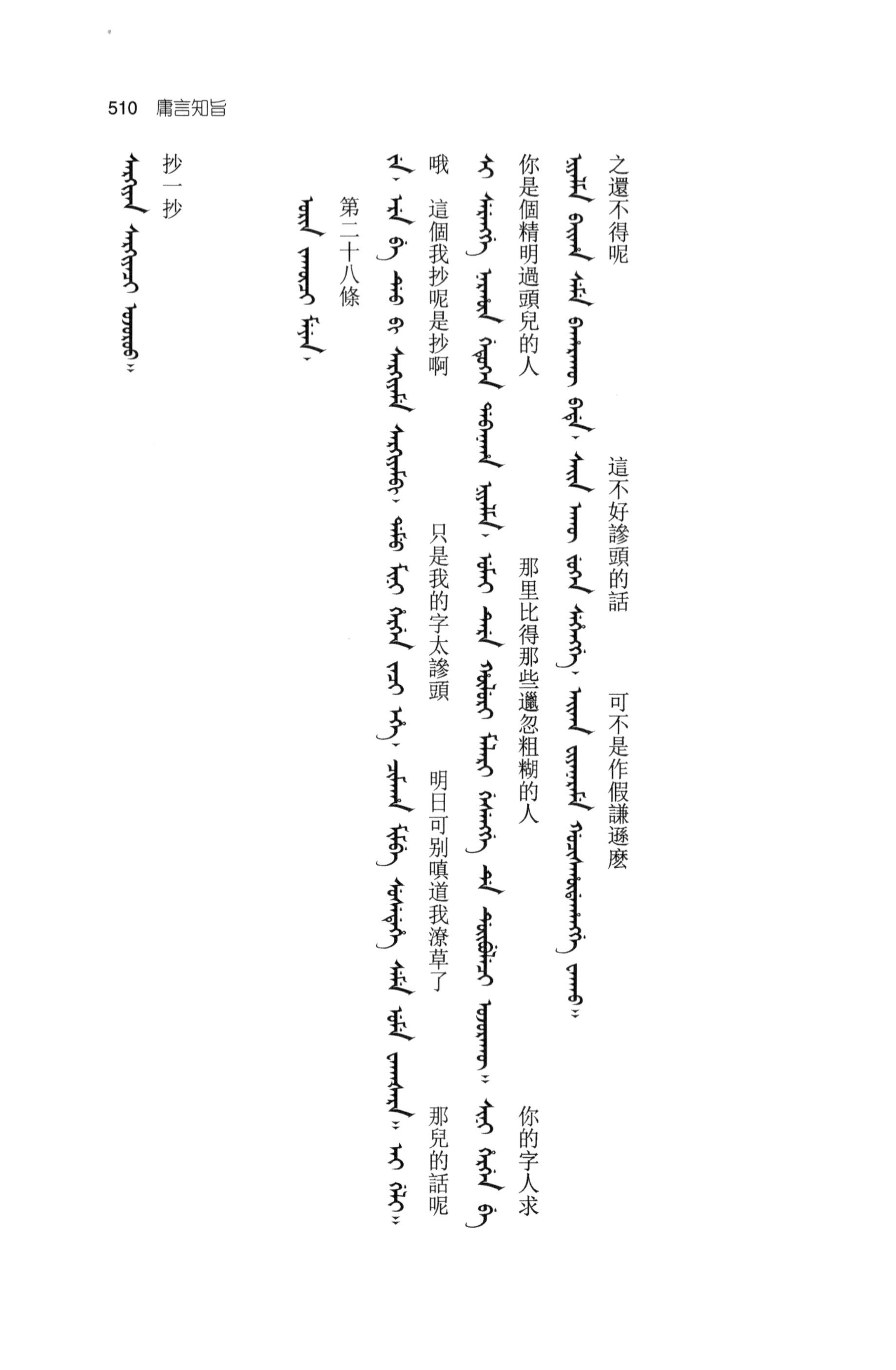

之還不得呢　這不好謬頭的話　可不是作假謙遜麼

你是個精明過頭兒的人　那里比得那些邋忽粗糊的人　你的字人求

哦　這個我抄呢是抄啊　只是我的字太謬頭　明日可別嗔道我潦草了　那兒的話呢

第二十八條

抄一抄

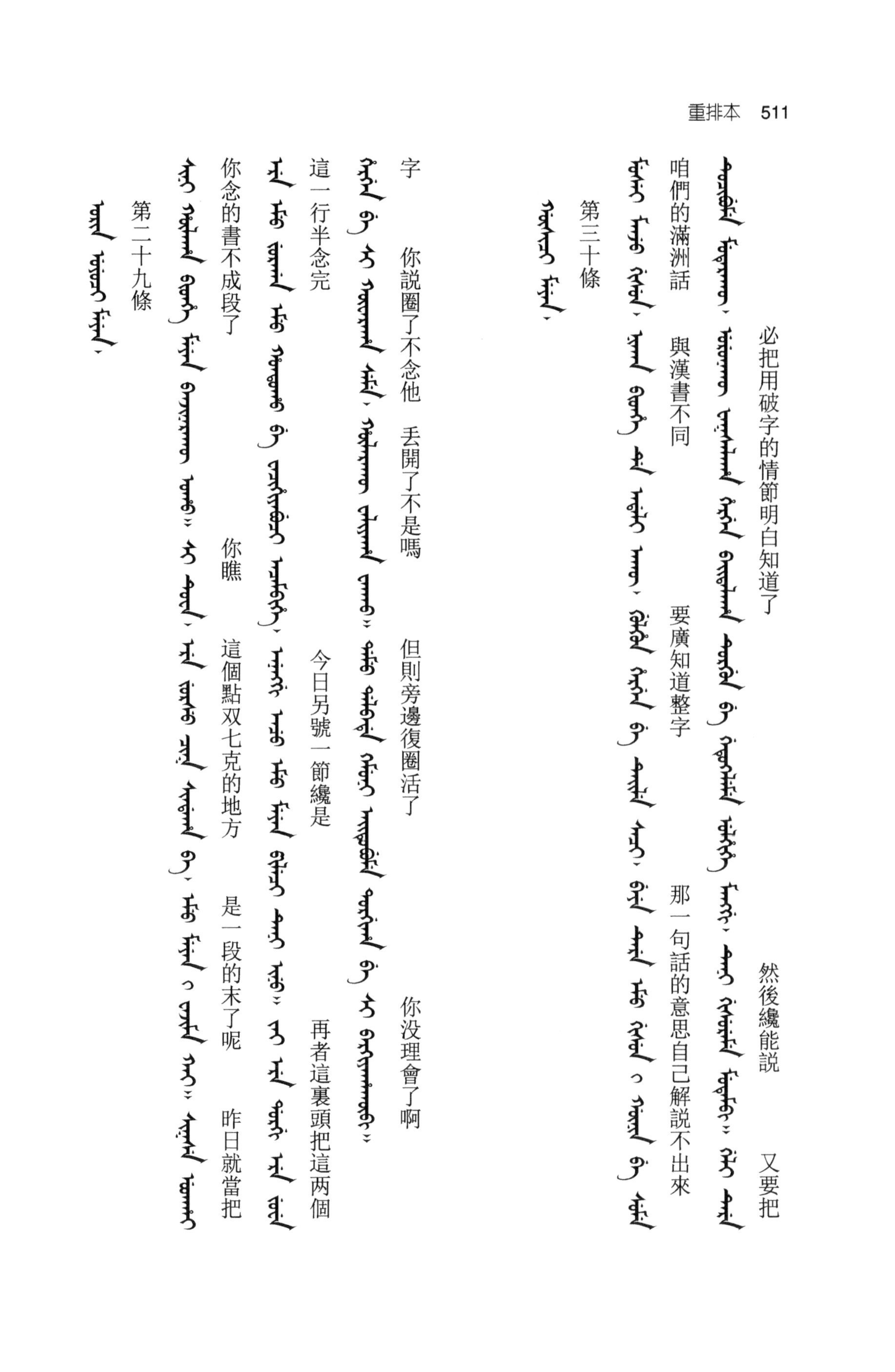

必把用破字的情節明白知道了　然後纔能說　又要把

咱們的滿洲話　與漢書不同　要廣知道整字　那一句話的意思自己解說不出來

第三十條

字　你說圈了不念他　丟開了不是嗎　但則旁邊復圈活了　你沒理會了啊

這一行半念完　今日另號一節纔是　再者這裏頭把這兩個

你念的書不成段了　你瞧　這個點双七克的地方　是一段的末了呢　昨日就當把

第二十九條

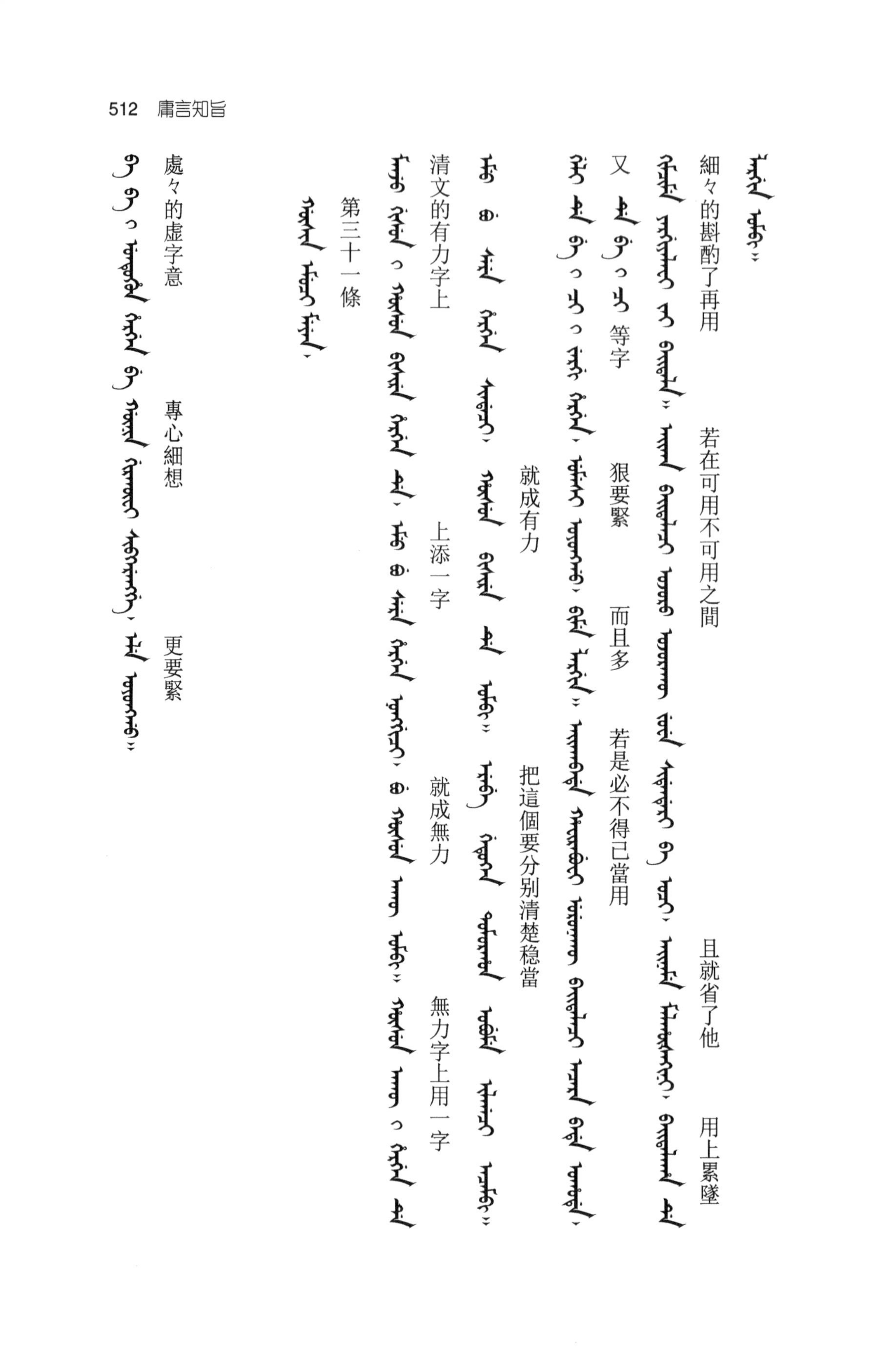

細々的斟酌了再用　若在可用不可用之間　且就省了他　用上累墜

又……等字　狠要緊　而且多　若是必不得已當用

就成有力　把這個要分別清楚稳當

清文的有力字上　上添一字　就成無力　無力字上用一字

第三十一條

處々的虛字意　專心細想　更要緊

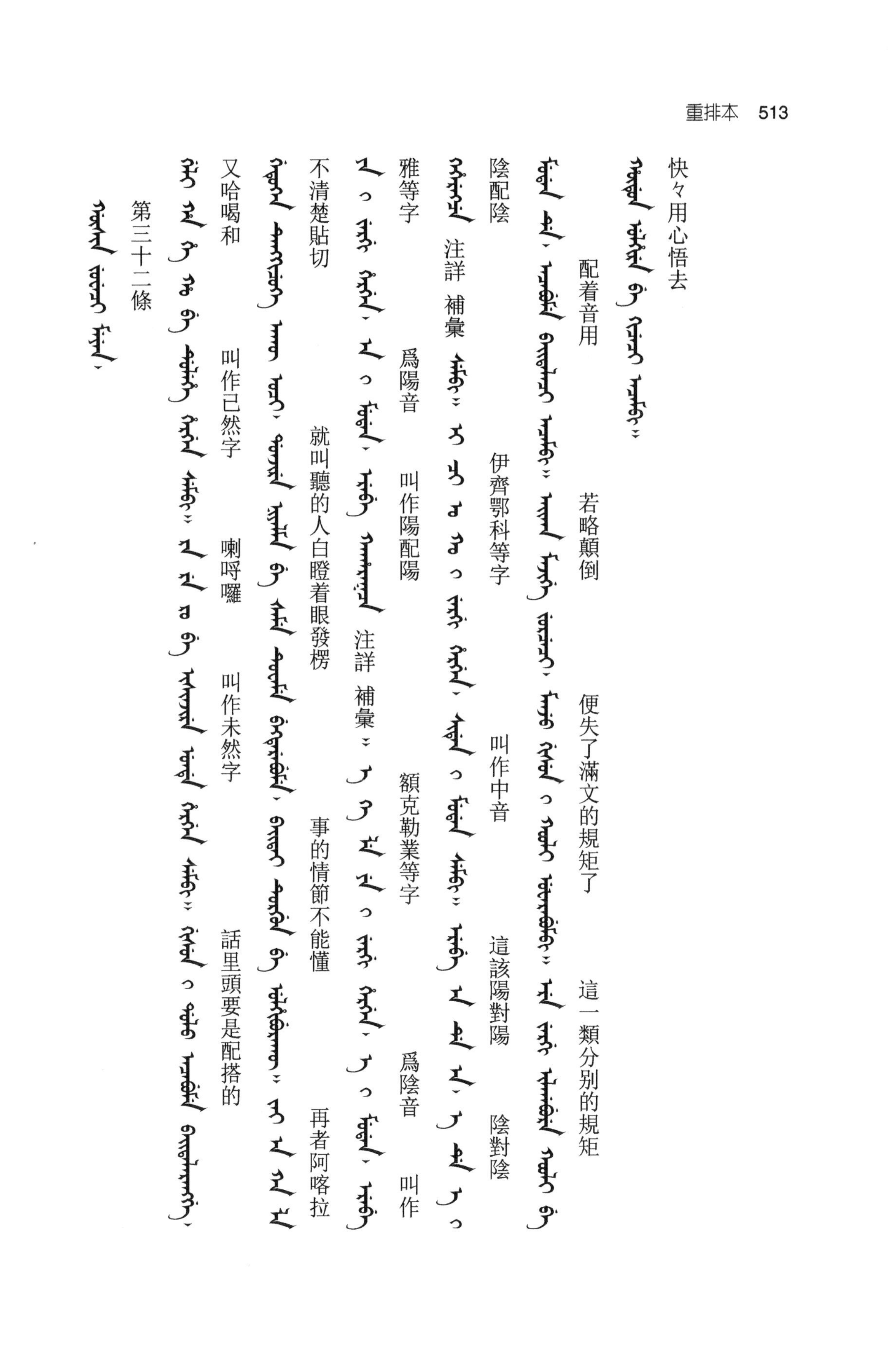

快々用心悟去

配着音用 若略顛倒 便失了滿文的規矩了 這一類分別的規矩

陰配陰 伊齊鄂科等字 叫作中音 這該陽對陽 陰對陰

注詳 補彙

雅等字 爲陽音 叫作陽配陽 額克勒業等字 爲陰音 叫作

注詳 補彙

不清楚貼切 就叫聽的人白瞪着眼發楞 事的情節不能懂 再者阿喀拉

又哈喝和 叫作已然字 喇呼囉 叫作未然字 話里頭要是配搭的

第三十二條

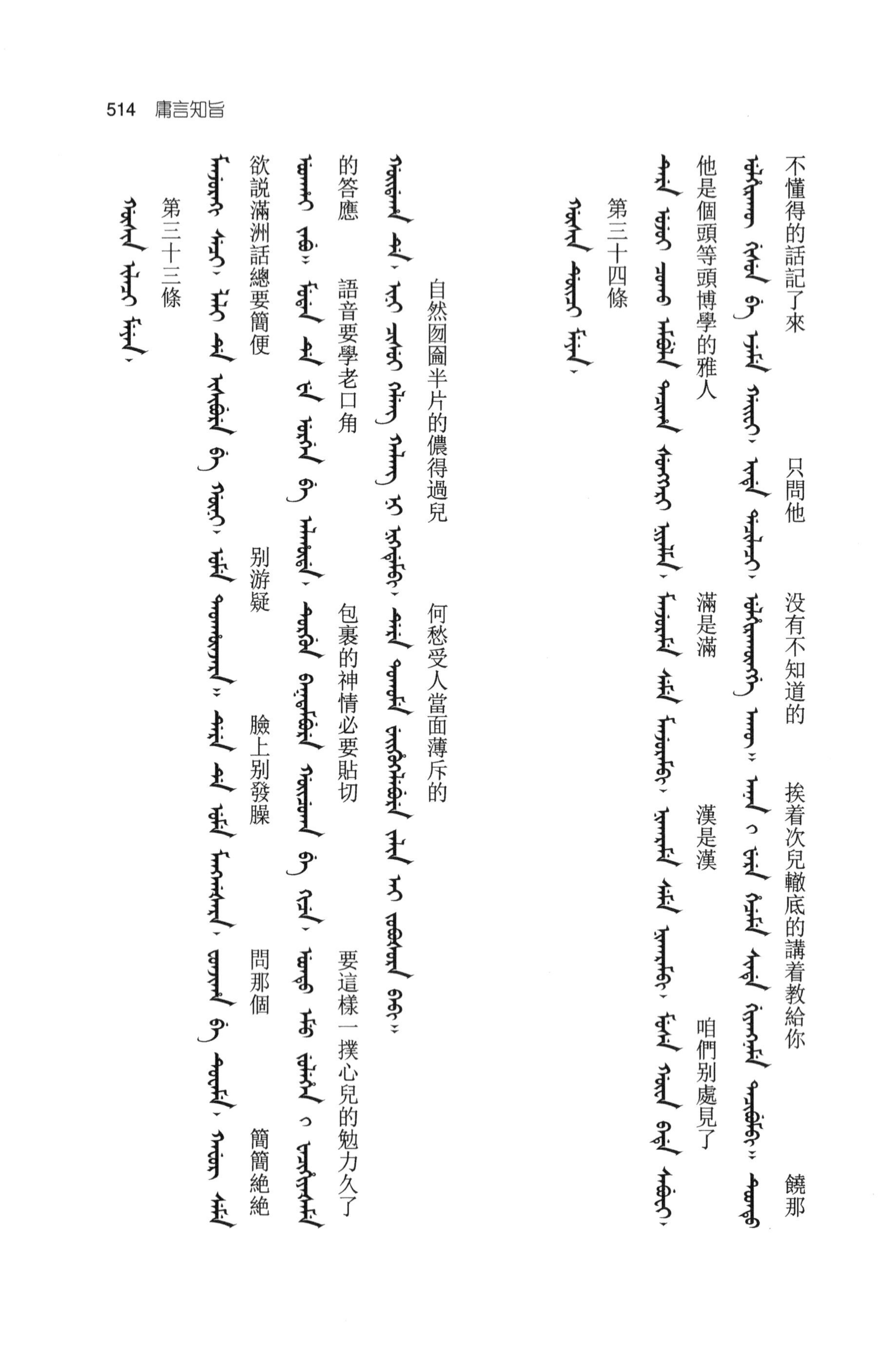

第三十三條

欲説滿洲話總要簡便　別游疑　臉上別發臊　問那個　簡簡絶絶

的答應　語音要學老口角　包裹的神情必要貼切　要這樣一撲心兒的勉力久了

自然囫圇半片的儂得過兒　何愁受人當面薄斥的

第三十四條

他是個頭等頭博學的雅人　滿是滿　漢是漢　咱們別處見了

不懂得的話記了來　只問他　没有不知道的　挨着次兒轆底的講着教給你　饒那

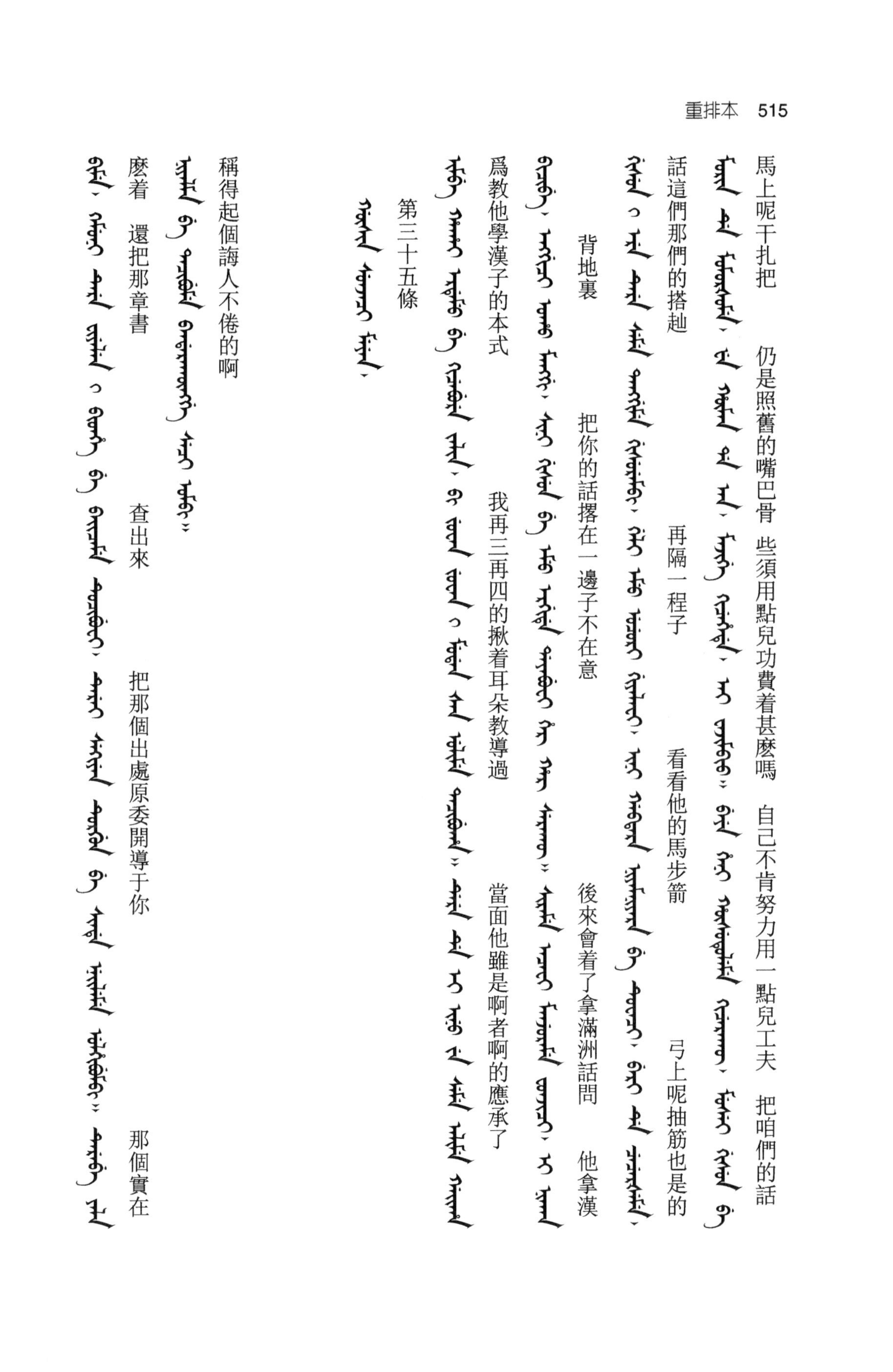

馬上呢干扎把　仍是照舊的嘴巴骨　些須用點兒功費着甚麽嗎　自己不肯努力用一點兒工夫　把咱們的話

話這們那們的搭赸　再隔一程子　看看他的馬步箭　弓上呢抽筋也是的

背地裏　把你的話擱在一邊子不在意　後來會着了拿滿洲話問　他拿漢

爲教他學漢子的本式　我再三再四的揪着耳朵教導過　當面他雖是啊者啊的應承了

第三十五條

稱得起個誨人不倦的啊

麽着　還把那章書　查出來　把那個出處原委開導于你　那個實在

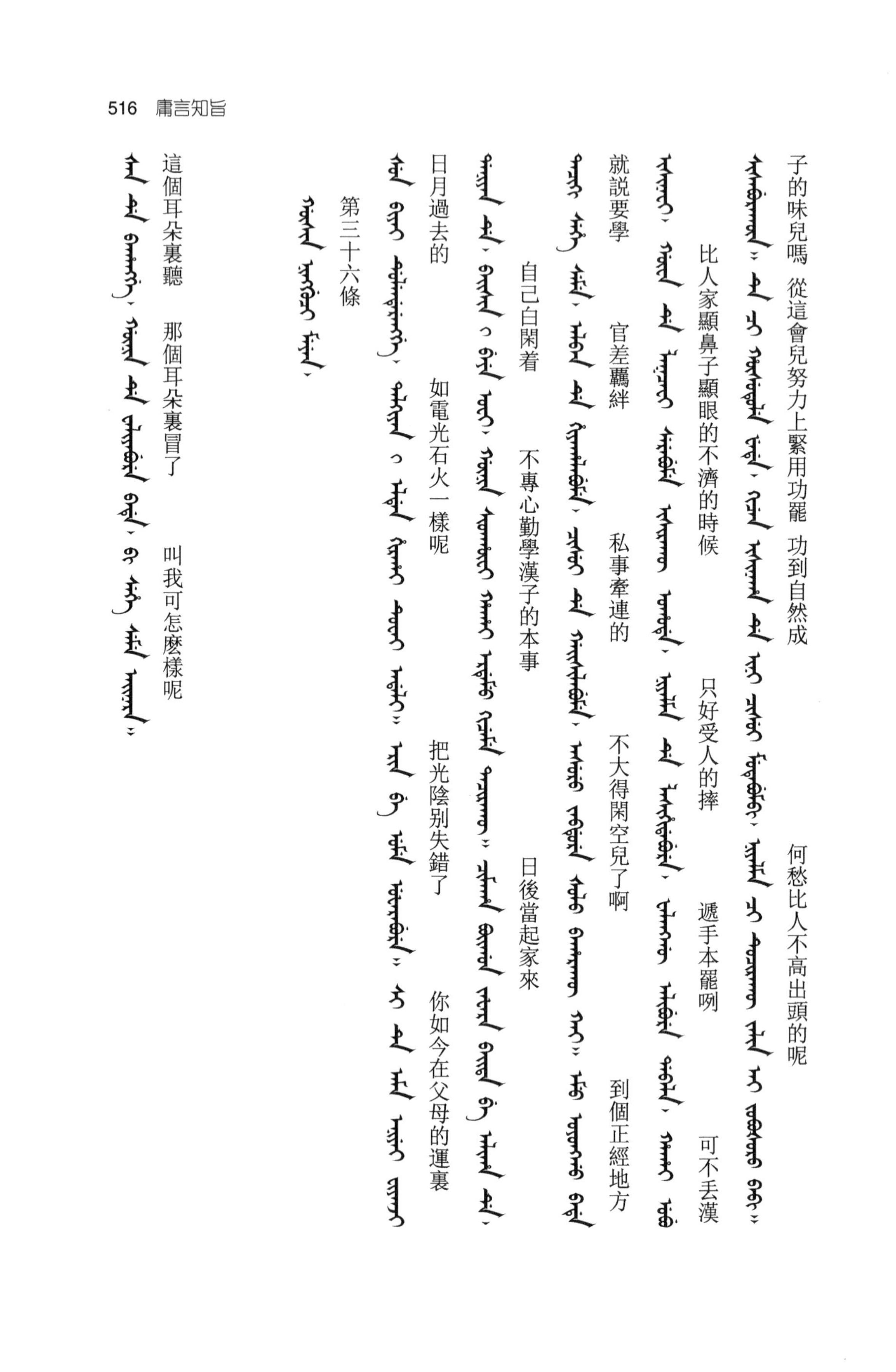

子的味兒嗎　從這會兒努力上緊用功罷　功到自然成　何愁比人不高出頭的呢

比人家顯鼻子顯眼的不濟的時候　只好受人的摔　遞手本罷咧　可不丟漢

就說要學　官差羈絆　私事牽連的　不大得閑空兒了啊　到個正經地方

自己白閑着　不專心勤學漢子的本事　日後當起家來

日月過去的　如電光石火一樣呢　把光陰別失錯了　你如今在父母的運裏

第三十六條

這個耳朵裏聽　那個耳朵裏冒了　叫我可怎麼樣呢

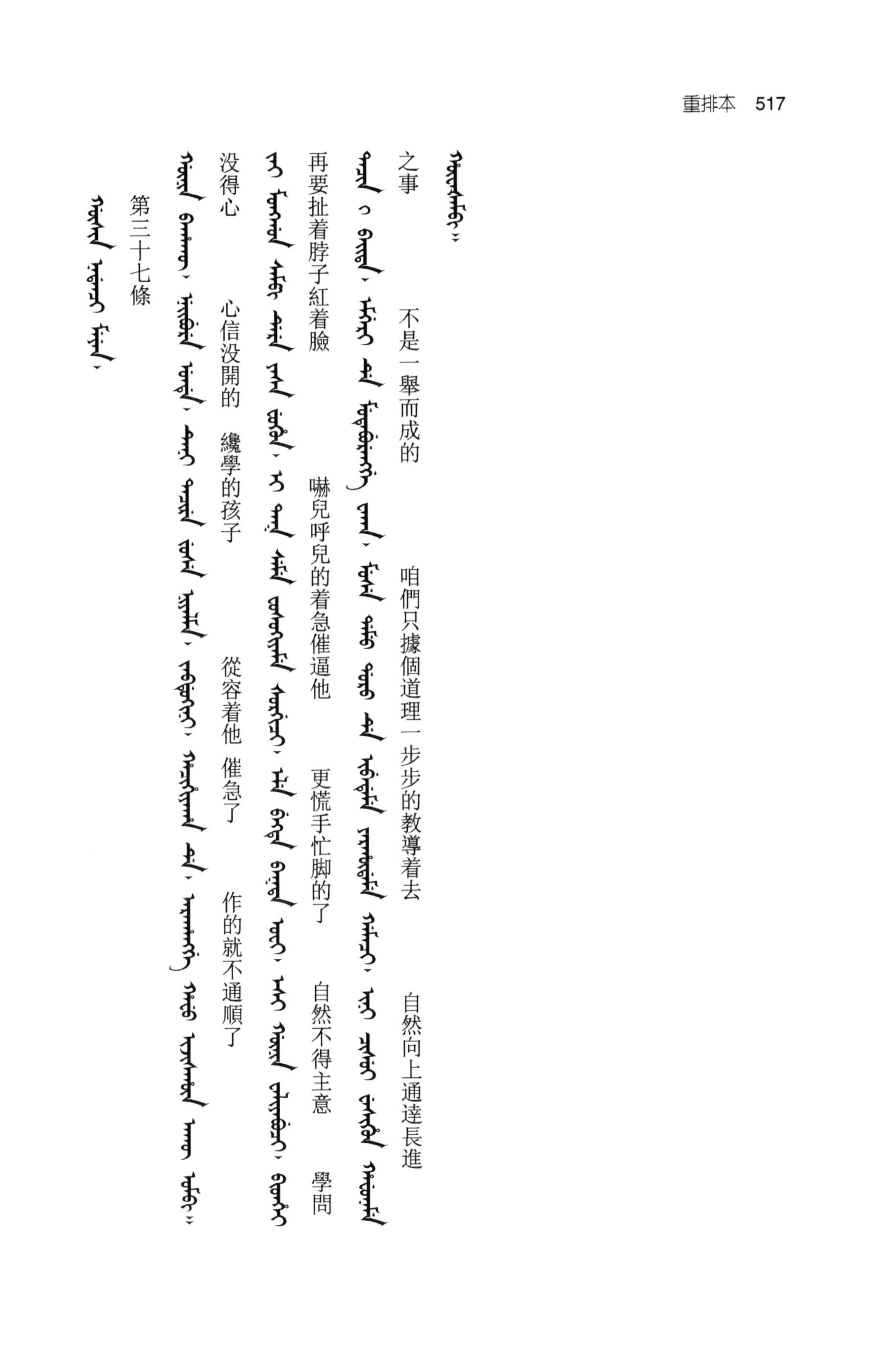

之事　不是一舉而成的　咱們只據個道理一步步的教導着去　自然向上通達長進

再要扯着脖子紅着臉　嚇兒呼兒的着急催逼他　更慌手忙脚的了　自然不得主意　學問

没得心　心信没開的　纔學的孩子　從容着他　催急了　作的就不通順了

第三十七條

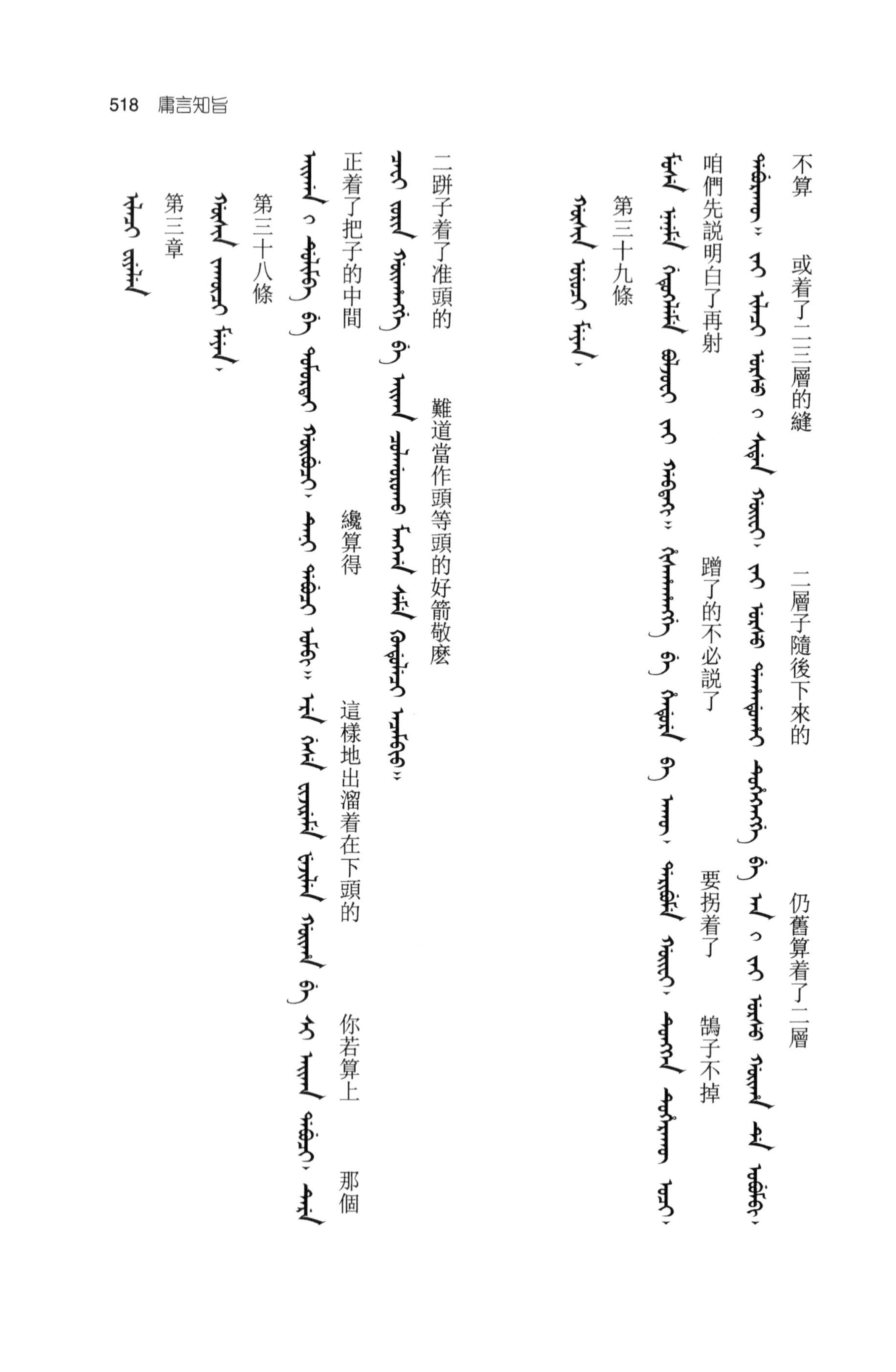

第三章

第三十八條

正着了把子的中間 纔算得 這樣地出溜着在下頭的 你若算上 那個

二跡子着了准頭的 難道當作頭等頭的好箭敬麼

第三十九條

咱們先說明白了再射 蹭了的不必說了 要拐着了 鵠子不掉

不算 或着了二三層的縫 二層子隨後下來的 仍舊算着了二層

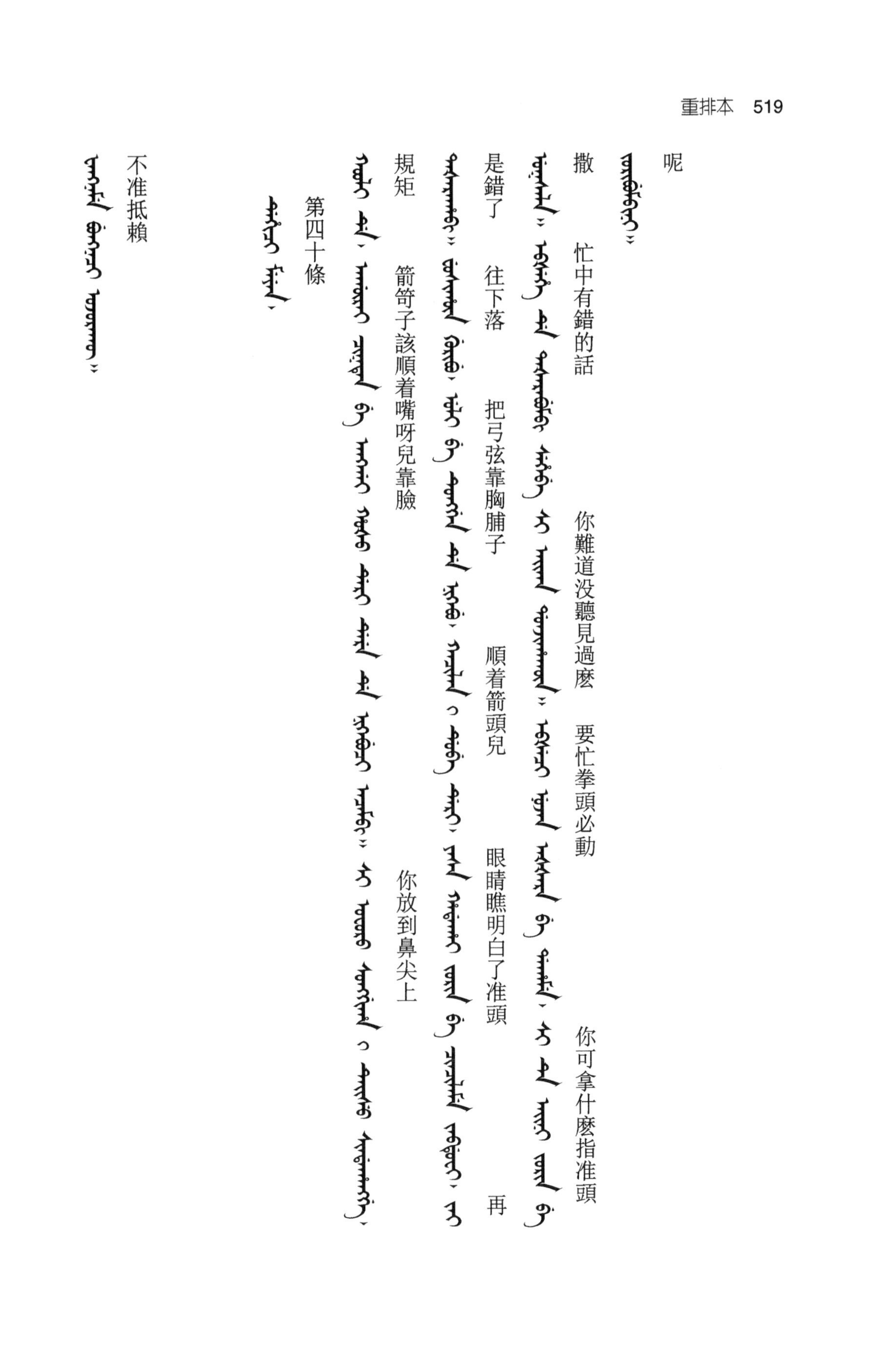

呢

撒　忙中有錯的話　你難道没聽見過麼　要忙拳頭必動　你可拿什麼指准頭

是錯了　往下落　把弓弦靠胸脯子　順着箭頭兒　眼睛瞧明白了准頭　再

規矩　箭笴子該順着嘴呀兒靠臉　你放到鼻尖上

第四十條

不准抵賴

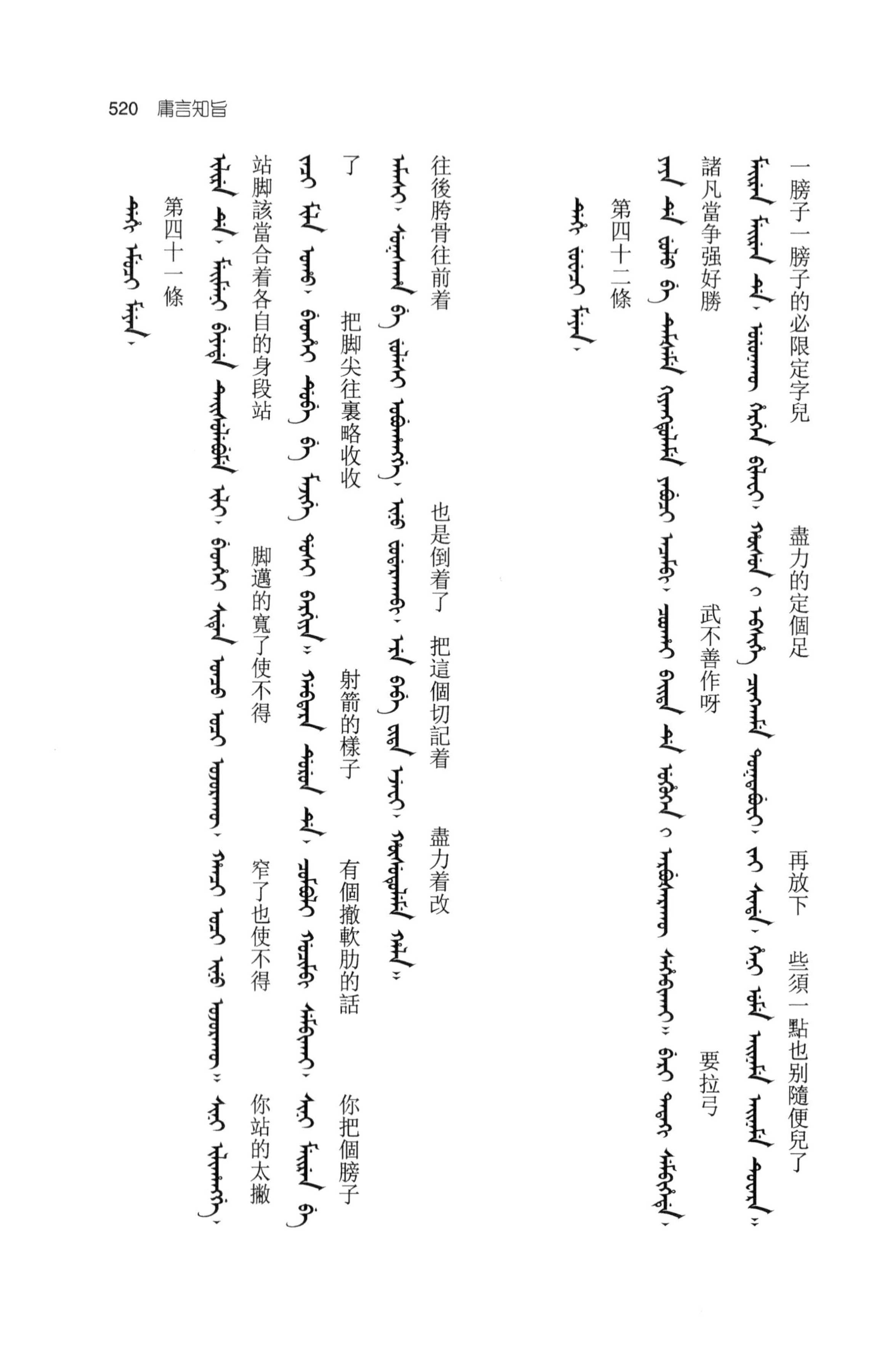

第四十一條

站脚該當合着各自的身段站 脚邁的寬了使不得 窄了也使不得 你站的太撇了 把脚尖往裏略收收 射箭的樣子 有個撇軟肋的話 你把個膀子往後胯骨往前着 也是倒着了 把這個切記着 盡力着改

第四十二條

諸凡當争强好勝 武不善作呀 要拉弓 一膀子一膀子的必限定字兒 盡力的定個足 再放下 些須一點也別隨便兒了

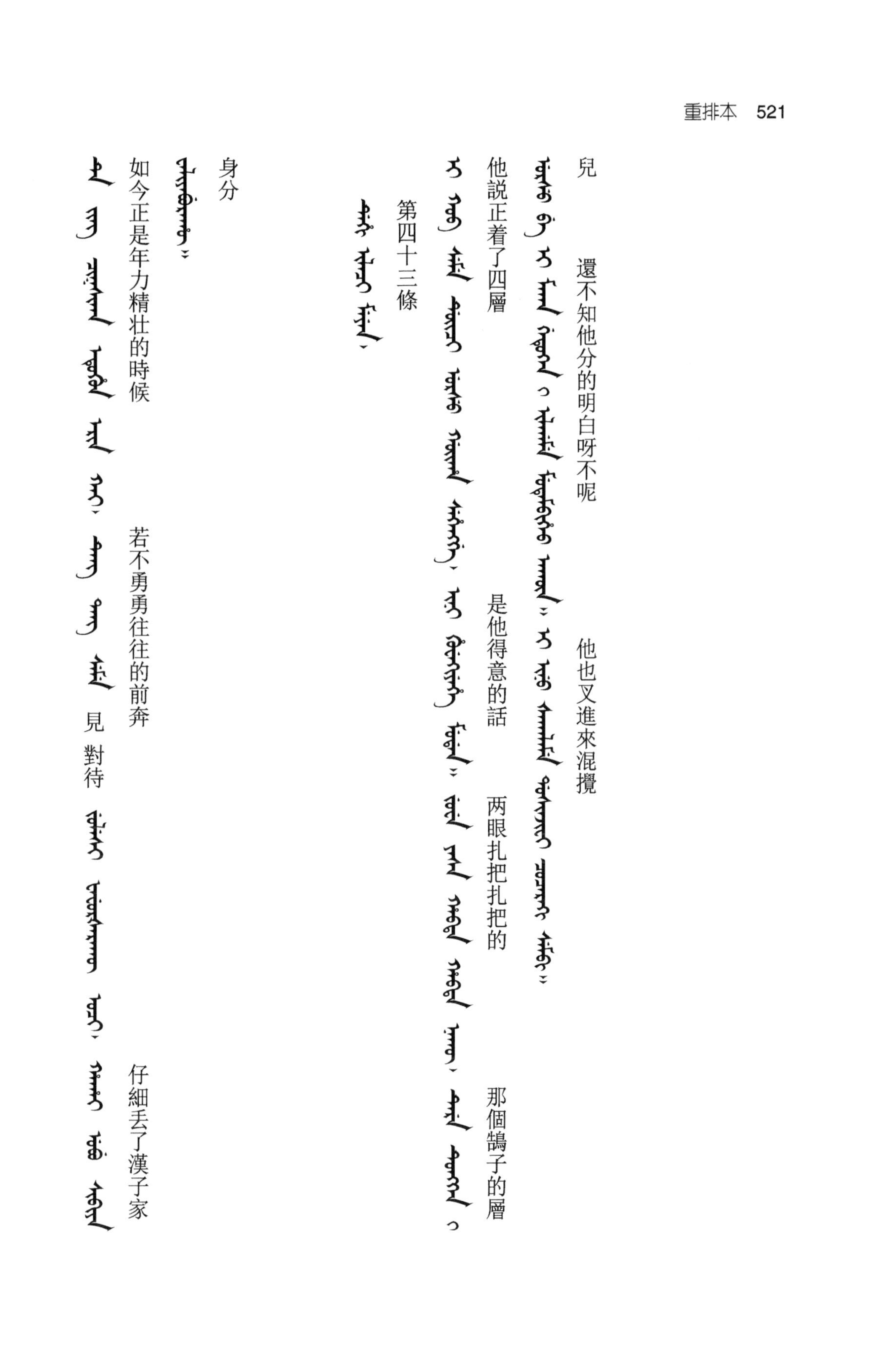

兒　還不知他分的明白呀不呢　他也又進來混攪

他説正着了四層　是他得意的話　兩眼扎把扎把的　那個鵠子的層

第四十三條

身分

如今正是年力精壯的時候　若不勇勇往往的前奔　仔細丟了漢子家

見對待

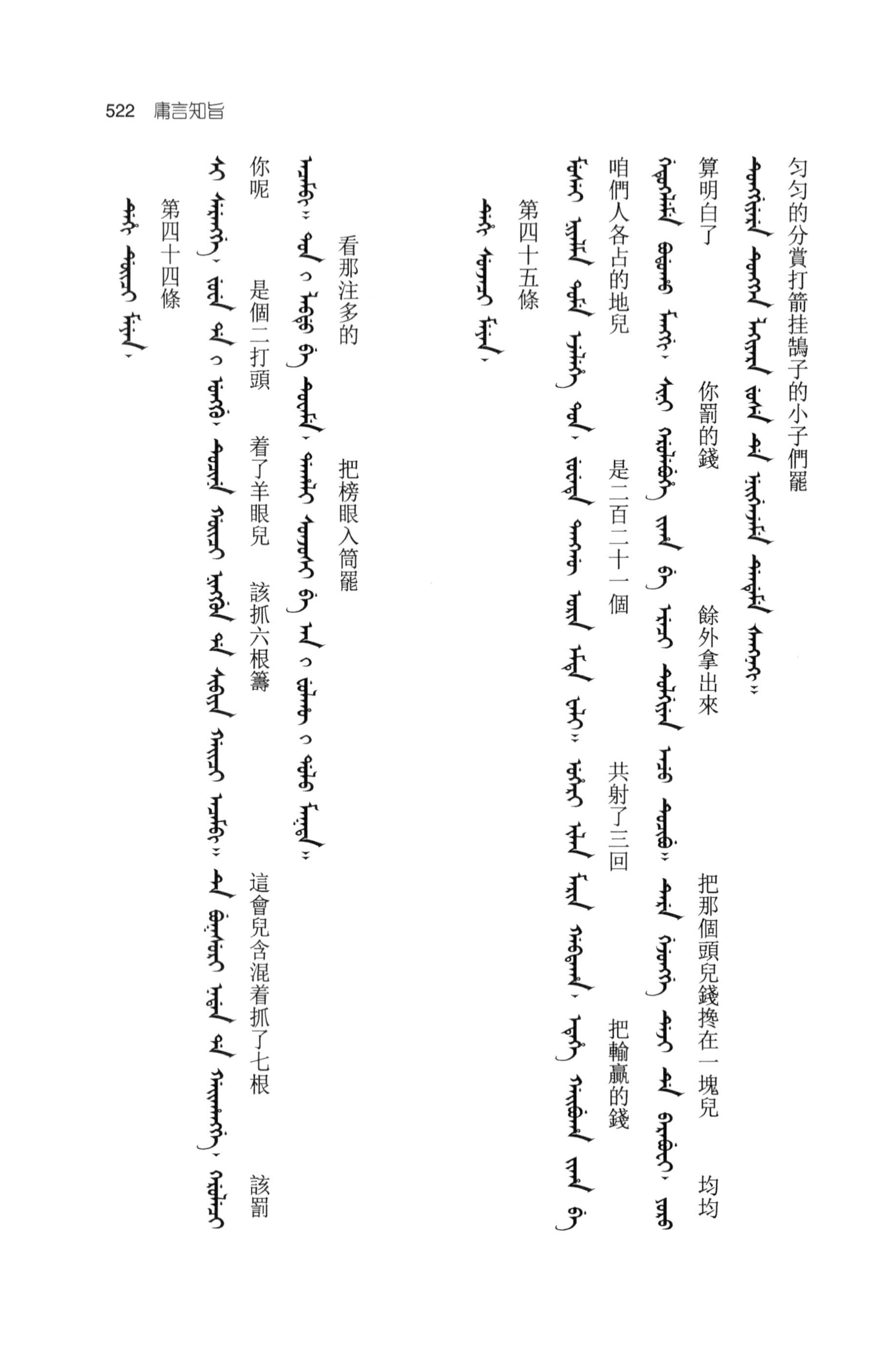

匀匀的分賞打箭挂鵠子的小子們罷

算明白了　你罰的錢　餘外拿出來　把那個頭兒錢攙在一塊兒　均均

咱們人各占的地兒　是二百二十一個　共射了三回　把輸贏的錢

第四十五條

看那注多的　把榜眼入筒罷

你呢　是個二打頭　着了羊眼兒　該抓六根籌　這會兒含混着抓了七根　該罰

第四十四條

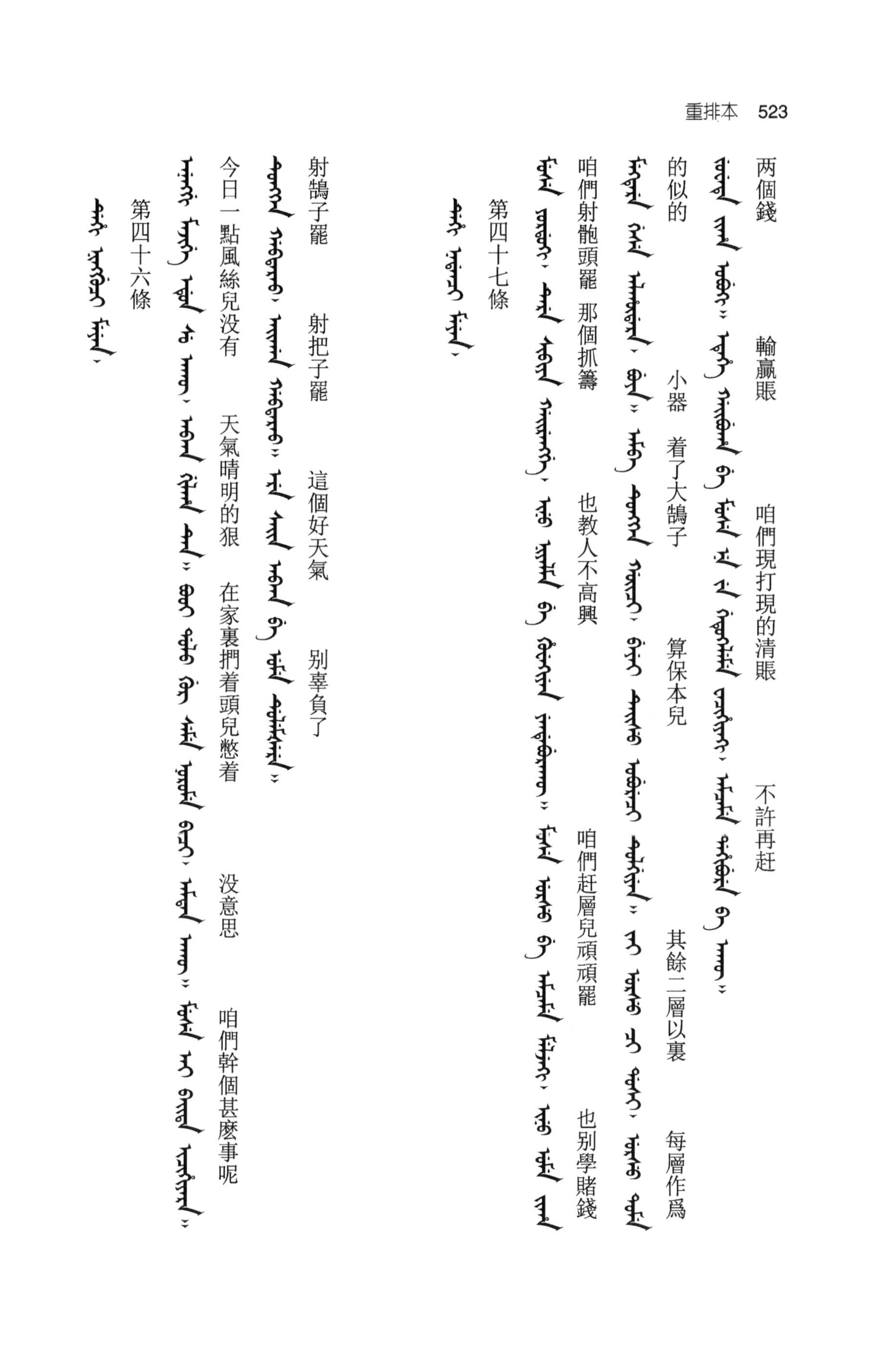

两個錢　輸贏賬　咱們現打現的清賬　不許再赶

的似的　小器　着了大鴿子　算保本兒　其餘二層以裏　每層作爲

咱們射骲頭罷　那個抓籌　也教人不高興　咱們赶層兒頑頑罷　也別學賭錢

第四十七條

射鴿子罷　射把子罷　這個好天氣　別辜負了

今日一點風絲兒没有　天氣晴明的狠　在家裏悶着頭兒憋着　没意思　咱們幹個甚麽事呢

第四十六條

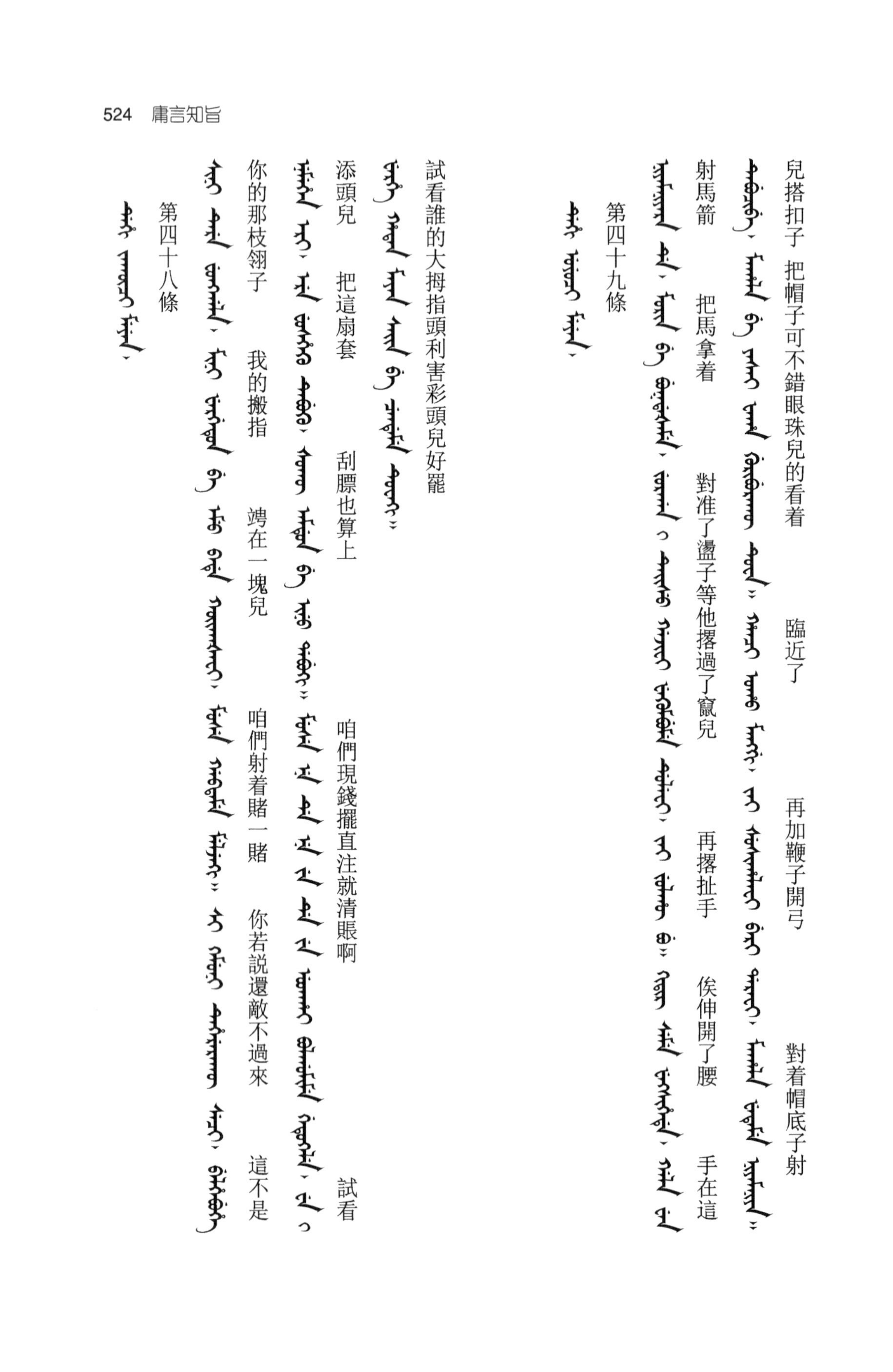

兒搭扣子 把帽子可不錯眼珠兒的看着 臨近了 再加鞭子開弓 對着帽底子射

射馬箭 把馬拿着 對准了盪子等他撂過了竄兒 再撂扯手 傒伸開了腰 手在這

第四十九條

試看誰的大拇指頭利害彩頭兒好罷

添頭兒 把這扇套 刮膘也算上 咱們現錢擺直注就清賬啊 試看

你的那枝翎子 我的搬指 鴞在一塊兒 咱們射着賭一賭 你若說還敵不過來 這不是

第四十八條

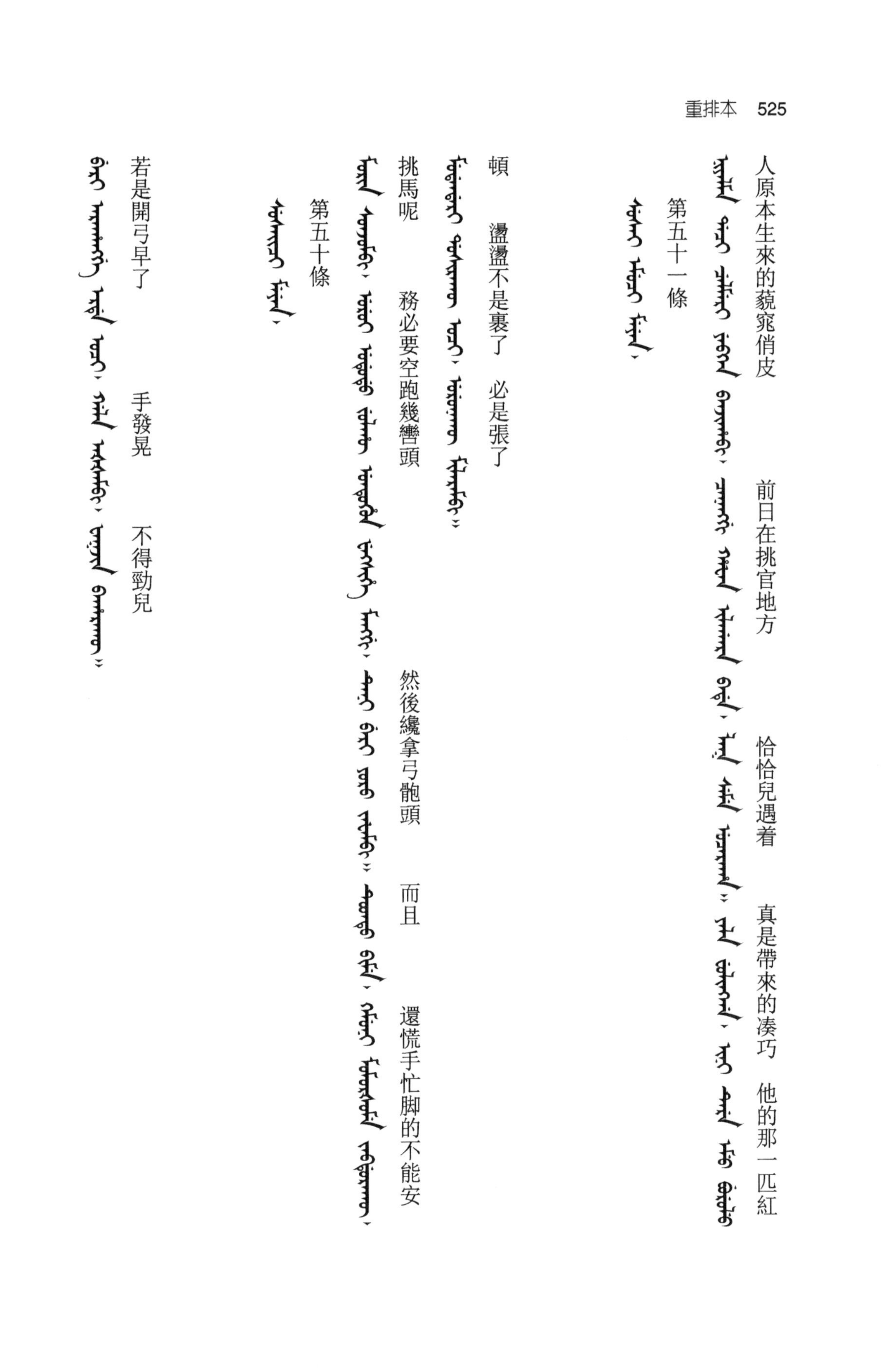

人原本生來的藐窕俏皮 前日在挑官地方 恰恰兒遇着 真是帶來的湊巧 他的那一匹紅

第五十一條

頓 盪盪不是裏了 必是張了

挑馬呢 務必要空跑幾轡頭 然後纔拿弓鞄頭 而且 還慌手忙脚的不能安

第五十條

若是開弓早了 手發晃 不得勁兒

照看着指撥着 教圍上的人 看着當兒 匀匀的齊齊兒的挨着走

必斷 牲口就打這個空子裏出去 是你們甲喇的不是呀 該隊的章京

圍走着 齊截要緊 別教他裏出外進的 要是幾個人擠在一塊兒 後頭

第五十二條

動作俏式的好馬箭 今日纔見

的便當 襠裏拿馬的自然的樣範兒 實在的出衆 這樣

紗馬 放開跑了個飛快而穩 膝盖以下 就像爬也似的 壁直而且疾溜 他那手

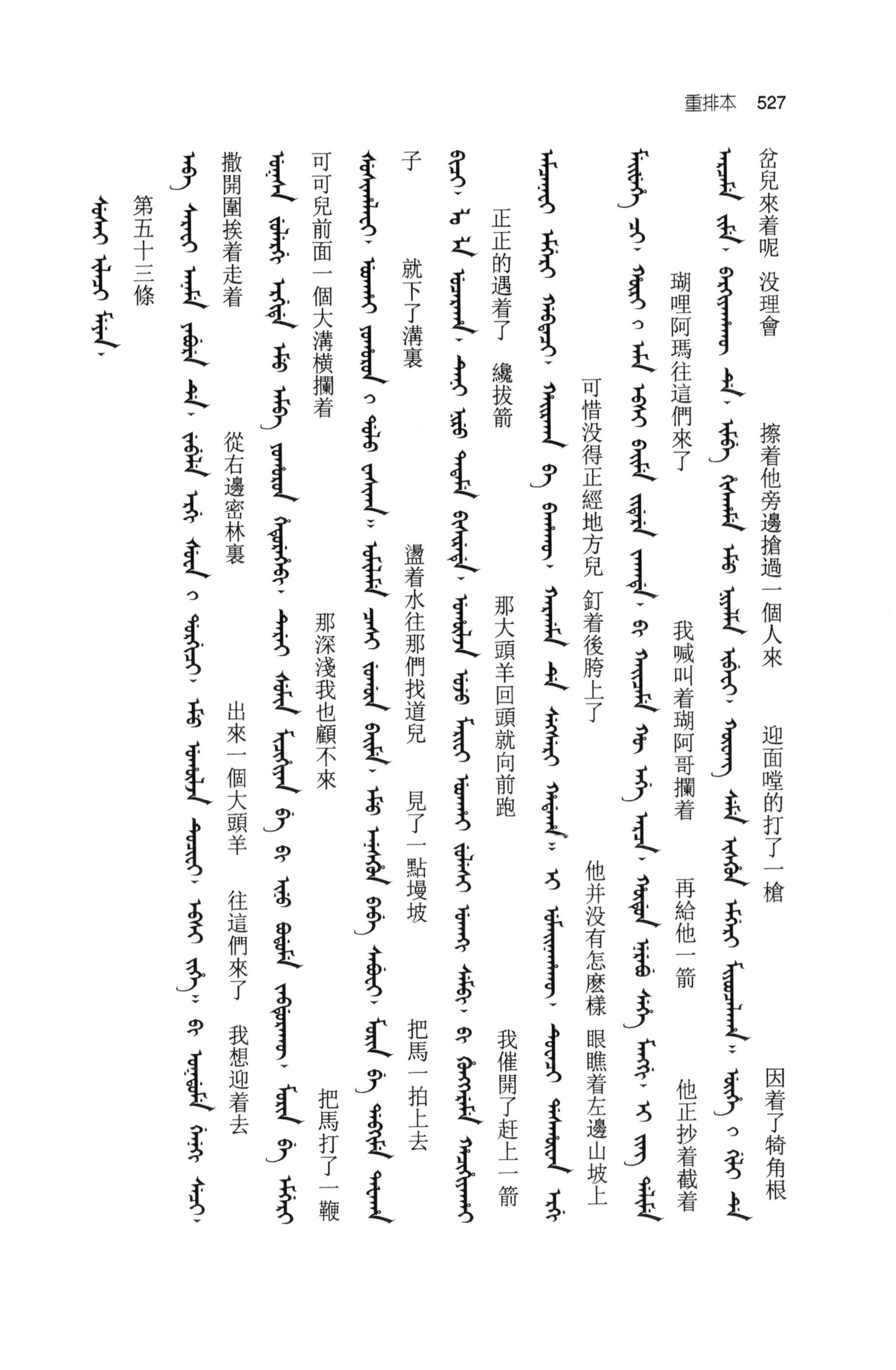

岔兒來着呢　没理會　擦着他旁邊搶過一個人來　迎面噹的打了一槍　因着了犄角根

瑚哩阿瑪往這們來了　我喊叫着瑚阿哥攔着　再給他一箭　他正抄着截着

可惜没得正經地方兒　釘着後胯上了　他并没有怎麼樣　眼瞧着左邊山坡上

正正的遇着了　纔拔箭　那大頭羊回頭就向前跑　我催開了赶上一箭

子　就下了溝裏　盪着水往那們找道兒　見了一點墁坡　把馬一拍上去

可可兒前面一個大溝横攔着　那深淺我也顧不來　把馬打了一鞭

撒開圍挨着走着　從右邊密林裏　出來一個大頭羊　往這們來了　我想迎着去

第五十三條

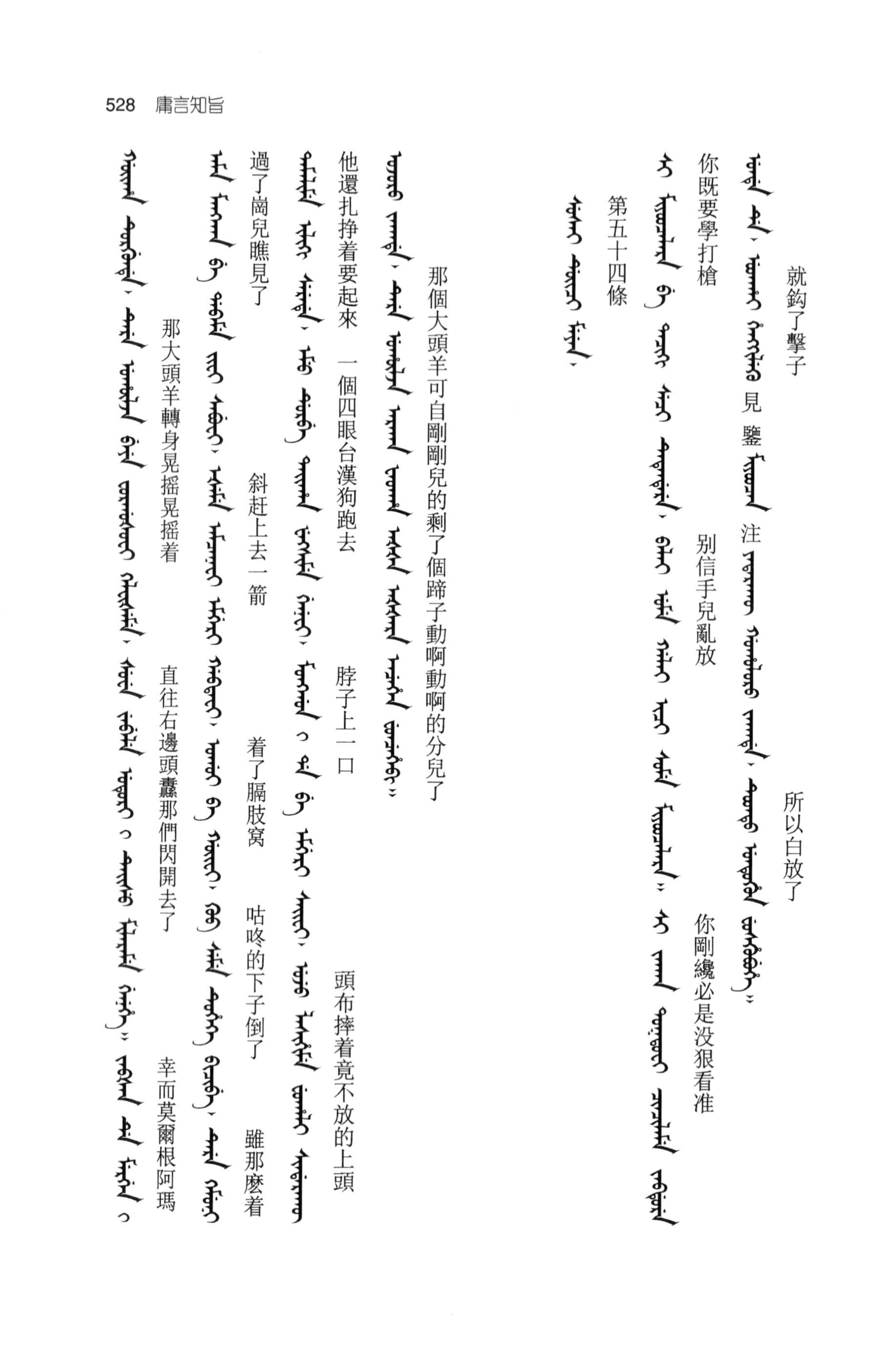

就鈎了擊子（見鑒注）所以白放了

你既要學打槍 別信手兒亂放 你剛纔必是没狠看准

第五十四條

那個大頭羊可自剛剛兒的剩了個蹄子動啊動啊的分兒了

他還扎挣着要起來 一個四眼台漢狗跑去 脖子上一口 頭布摔着竟不放的上頭

過了崗兒瞧見了 斜赶上去一箭 着了膈肢窩 咕咚的下子倒了 雖那麽着

那大頭羊轉身晃摇晃摇着 直往右邊頭纛那們閃開去了 幸而莫爾根阿瑪

把火門背着風拿着放啊

要是這們着 就讓火繩掉個火星兒 也無妨 就是放槍的時候 也該看是那們的風

我告訴你 風天走着的時候 拿手把烘藥握着走 不然 把火門銃下拿着

第五十六條

風 我身子一轉 教風刮吊了個火星兒 走了火了

你見我湊牲口來着麼 我多咱舉槍來呢 腳也沒有邁一步啊 這會兒有些頂

第五十五條

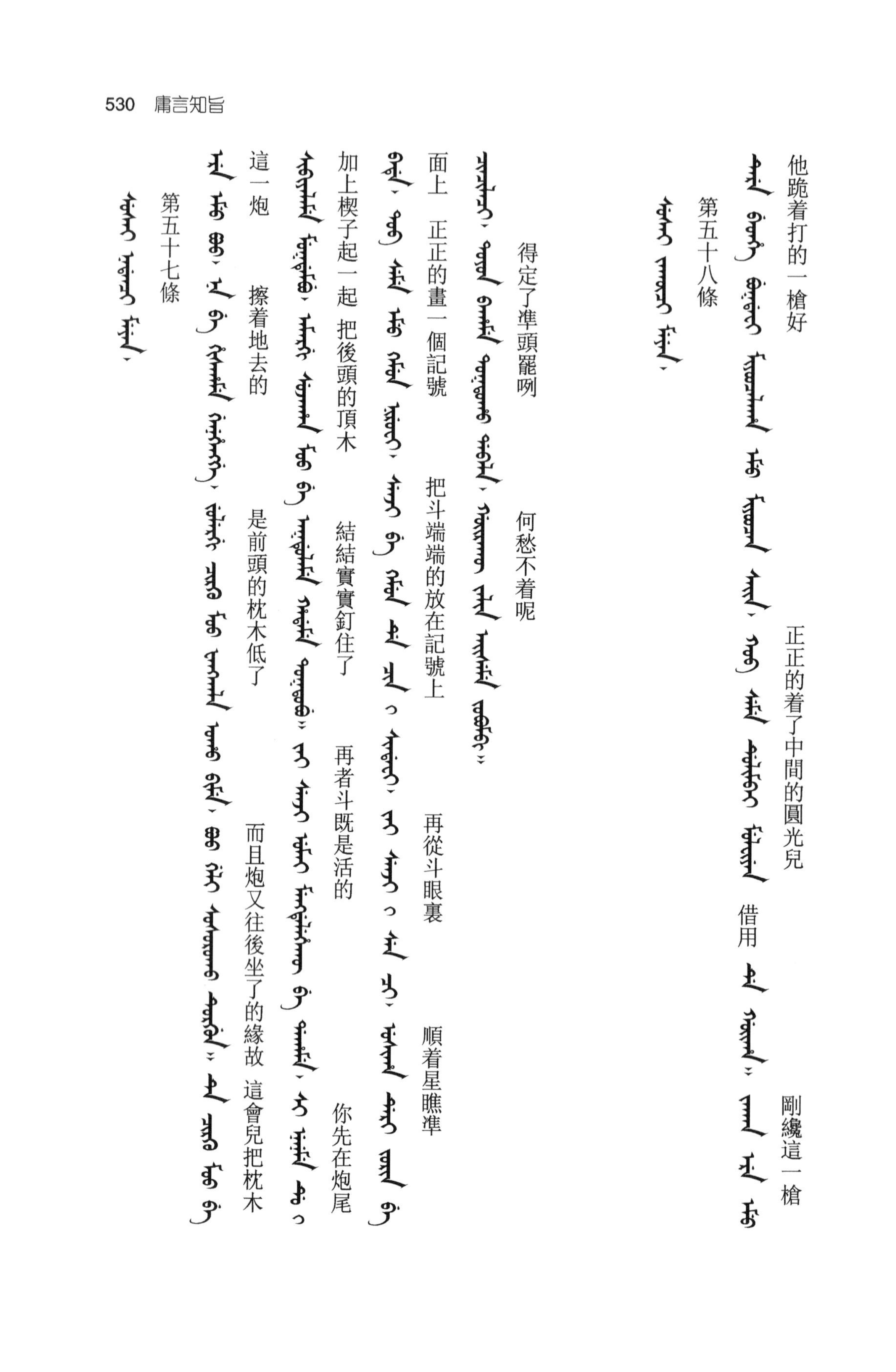

第五十七條

這一炮 擦着地去的 是前頭的枕木低了 而且炮又往後坐了的緣故 這會兒把枕木

加上楔子起一起 把後頭的頂木 結結實實釘住了 再者斗既是活的 你先在炮尾

面上 正正的畫一個記號 把斗端端的放在記號上 再從斗眼裏 順着星瞧準

得定了準頭罷咧 何愁不着呢

第五十八條

他跪着打的一槍好 正正的着了中間的圓光兒 借用 剛纔這一槍

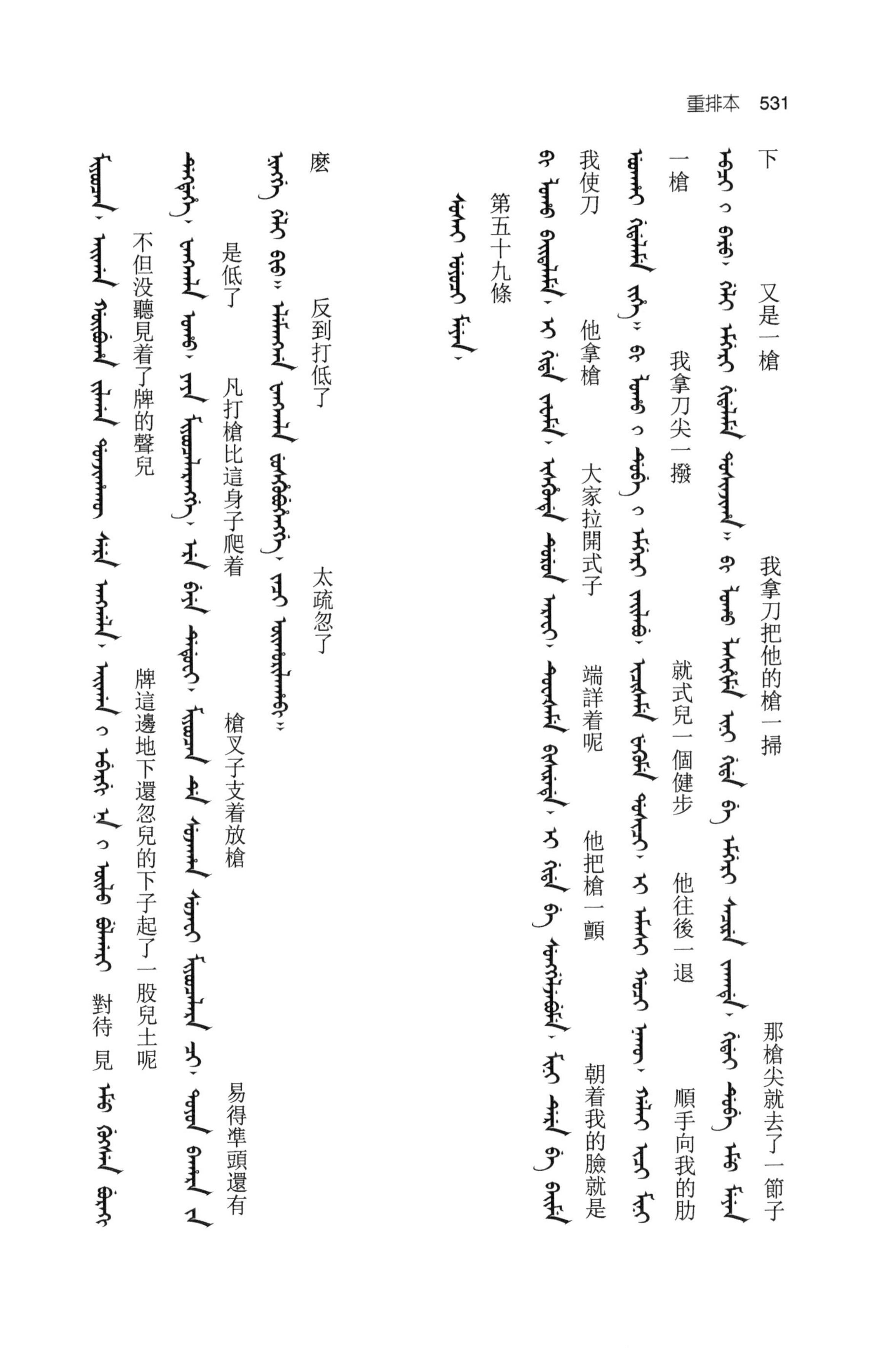

下 又是一槍 我拿刀把他的槍一掃 那槍尖就去了一節子

一槍 我拿刀尖一撥 就式兒一個健步 他往後一退 順手向我的肋

我使刀 他拿槍 大家拉開式子 端詳着呢 他把槍一顫 朝着我的臉就是

第五十九條

麼 反到打低了 太疏忽了

是低了 凡打槍比這身子爬着 槍叉子支着放槍 易得準頭還有

不但沒聽見着了牌的聲兒 牌這邊地下還忽兒的下子起了一股兒土呢

對待 見

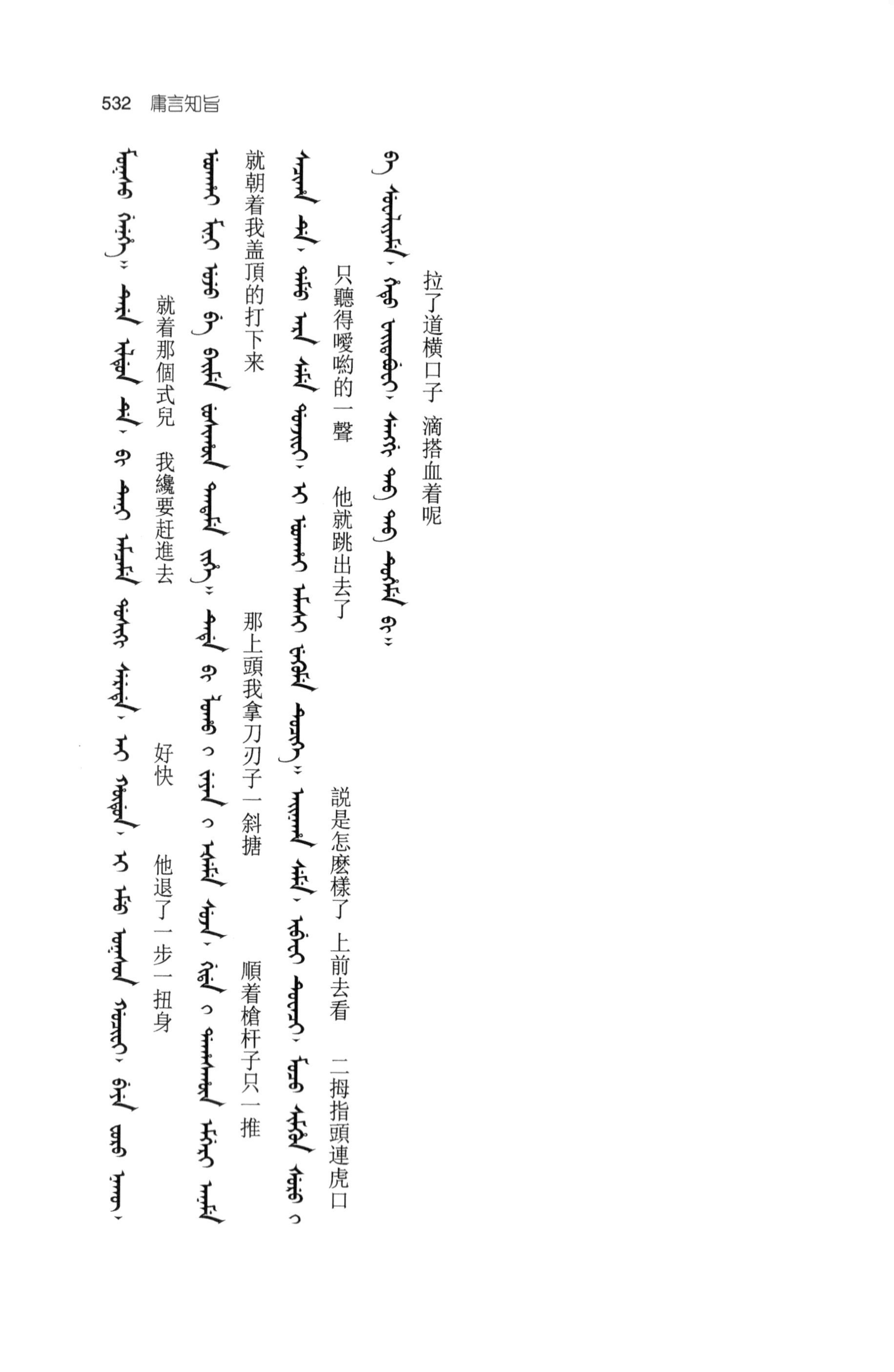

拉了道横口子 滴搭血着呢

只聽得噯喲的一聲 他就跳出去了 説是怎麽樣了 上前去看 二拇指頭連虎口

就朝着我盖頂的打下來 那上頭我拿刀刃子一斜搪 順着槍杆子只一推

就着那個式兒 我纔要赶進去 好快 他退了一步一扭身

ᠣᠮᠣᠰᡳ᠈ ᡤᡝᠯᡳ ᡳᠨᡠ ᠵᠠᠯᠠᠨ ᠴᡳ ᠵᠠᠯᠠᠨ ᡩᡝ ᡝᠪᡝᡵᡝᡵᡝ ᡩᡝ ᡳᠰᡳᠨᠠᡵᠠᡴᡡ᠉

子嗣也且不至一輩不及一輩的落啊

ᠠᡳᠨᠴᡳ᠈ ᠪᡝᠶᡝ ᠪᡳᠰᡳᡵᡝ ᡩᡝ ᠨᡳᠶᠠᠯᠮᠠ ᡥᠠᡵᡤᠠᡧᠠᠮᡝ ᡴᡠᠨᡩᡠᠯᡝᠮᠪᡳ᠉ ᠪᡝᠶᡝ ᠠᡴᡡ ᠣᡥᠣ᠈ ᠨᡳᠶᠠᠯᠮᠠ ᠵᠣᠨᠣᡥᠣ ᡩᠠᡵᡳ ᡴᡳᡩᡠᠮᡝ

身在有人仰望恭敬　身不在後　人家提起来是追嘆想念的

ᠵᠠᠪᡧᠠᠨ ᡩᡝ ᠪᡝᠶᡝ ᡨᡠᠴᡳᠪᡠᠮᡝ ᡳᠯᡝᡨᡠᠯᡝᡥᡝ᠈ ᠠᠪᡴᠠ ᠪᡝ ᠰᡠᠵᠠᡵᠠ ᠮᡝᡩᡝᡵᡳ ᠪᡝ ᡴᠣᠨᡩᠣᡵᡝ ᡤᡠᠩ ᡳᠯᡳᠪᡠᠴᡳ᠈ ᠮᡠᡴᡩᡝᠮᠪᡠᡵᡝ ᠪᠠᡥᠠᡵᠠᡴᡡ

僥幸一身顯達了　可立擎天駕海的功業　就是不得高升興旺

ᡩᠣᡵᠣ ᡤᡳᠶᠠᠨ ᠪᡝ ᡩᠠᡥᠠᠮᡝ ᠶᠠᠪᡠᠴᡳ᠈ ᡝᠮᡥᡠᡳ ᡨᡝᡳᠰᡠ᠈ ᠨᡳᠶᠠᠯᠮᠠ ᡨᡝᠮᡧᡝᡵᠠᡴᡡ᠈ ᡥᡡᡨᡠᡵᡳ ᠨᡳᠶᠠᠯᠮᠠ ᡩᡝ ᡥᡡᡨᡠᡵᡳ ᠠᡴᡡ ᠨᡳᠶᠠᠯᠮᠠ᠉

若按着道理行　是自己的本分　没人争競　福人豈無福相

ᠨᡳᠨᠵᡠᠴᡳ ᡶᡳᠶᡝᠯᡝᠨ

第六十條

ᡩᡠᡳᠴᡳ ᡶᡳᠶᡝᠯᡝᠨ

第四章

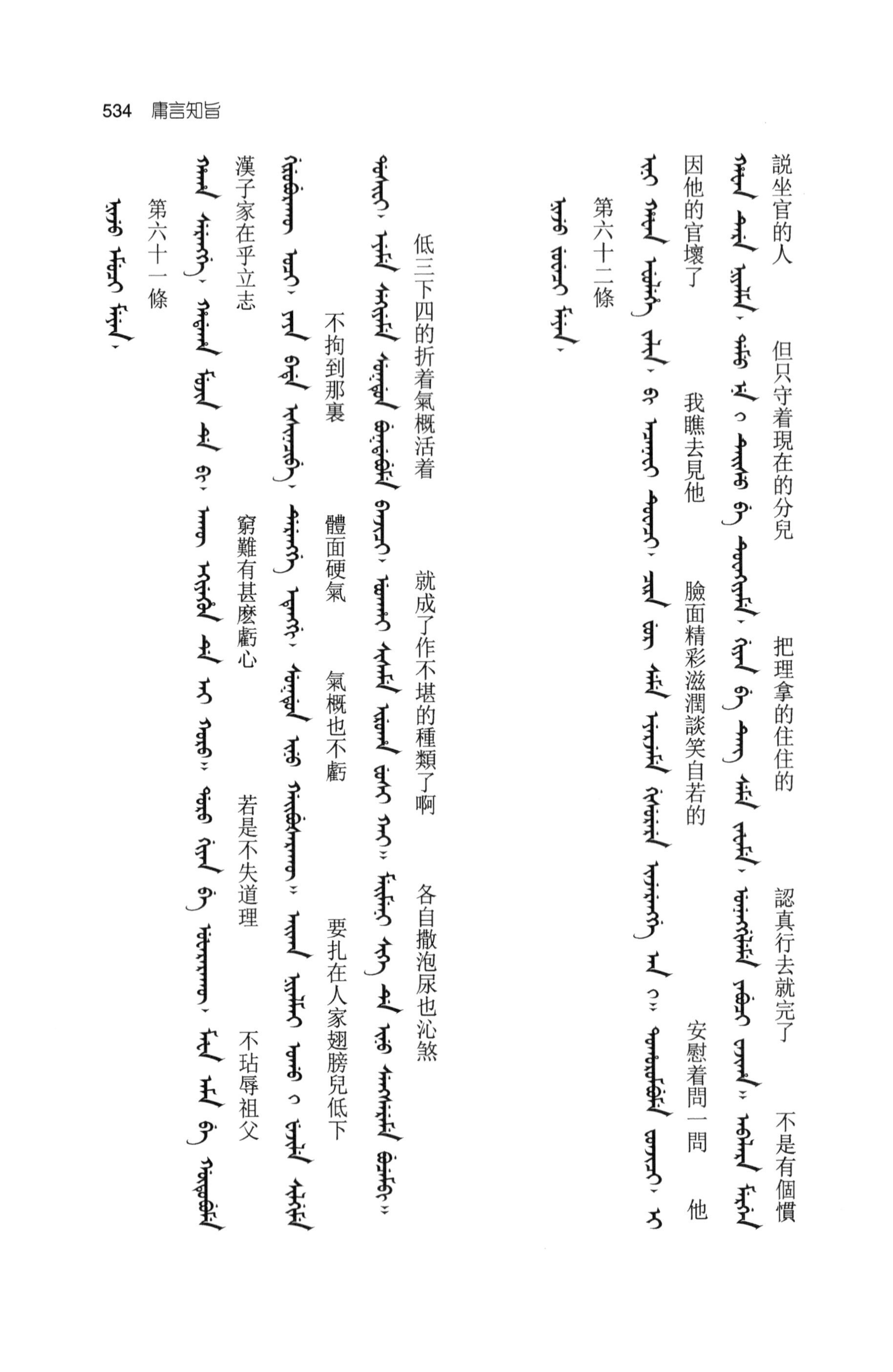

說坐官的人　但只守着現在的分兒　把理拿的住住的　認真行去就完了　不是有個慣

因他的官壞了　我瞧去見他　臉面精彩滋潤談笑自若的　安慰着問一問　他

第六十二條

低三下四的折着氣概活着　就成了作不堪的種類了啊　各自撒泡尿也沁煞

不拘到那裏　體面硬氣　氣概也不虧　要扎在人家翅膀兒低下

漢子家在乎立志　窮難有甚麽虧心　若是不失道理　不玷辱祖父

第六十一條

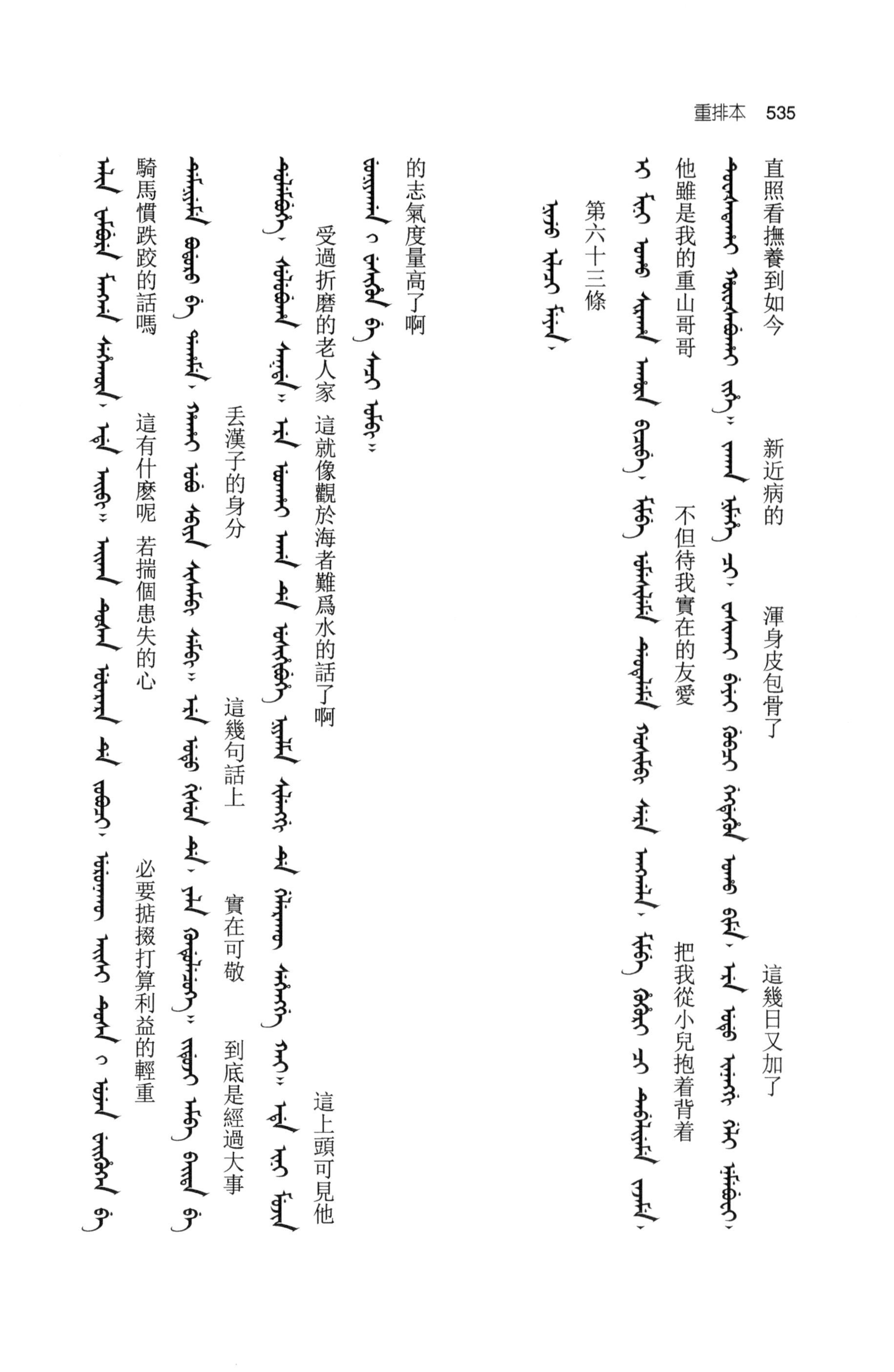

直照看撫養到如今 新近病的 渾身皮包骨了 這幾日又加了

他雖是我的重山哥哥 不但待我實在的友愛 把我從小兒抱着背着

第六十三條

的志氣度量高了啊

受過折磨的老人家 這就像觀於海者難爲水的話了啊 這上頭可見他

丟漢子的身分 這幾句話上 實在可敬 到底是經過大事

騎馬慣跌跤的話嗎 這有什麽呢 若揣個患失的心 必要掂掇打算利益的輕重

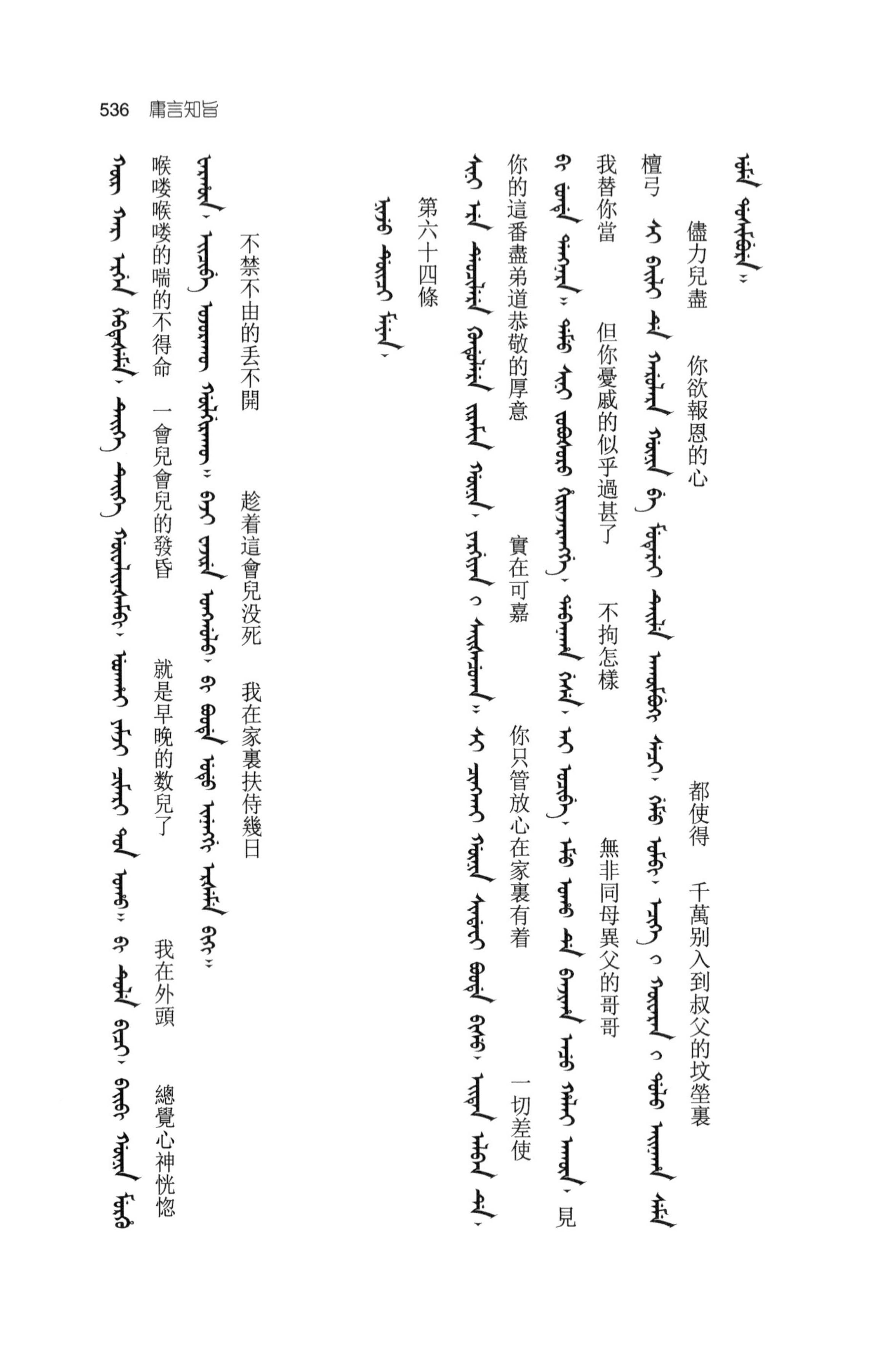

儘力兒盡　你欲報恩的心　都使得　千萬別入到叔父的坟塋裏

檀弓　見

我替你當　但你憂戚的似乎過甚了　不拘怎樣　無非同母異父的哥哥

你的這番盡弟道恭敬的厚意　實在可嘉　你只管放心在家裏有着　一切差使

第六十四條

不禁不由的丢不開　趁着這會兒没死　我在家裏扶侍幾日

喉嘍喉嘍的喘的不得命　一會兒會兒的發昏　就是早晚的数兒了　我在外頭　總覺心神恍惚

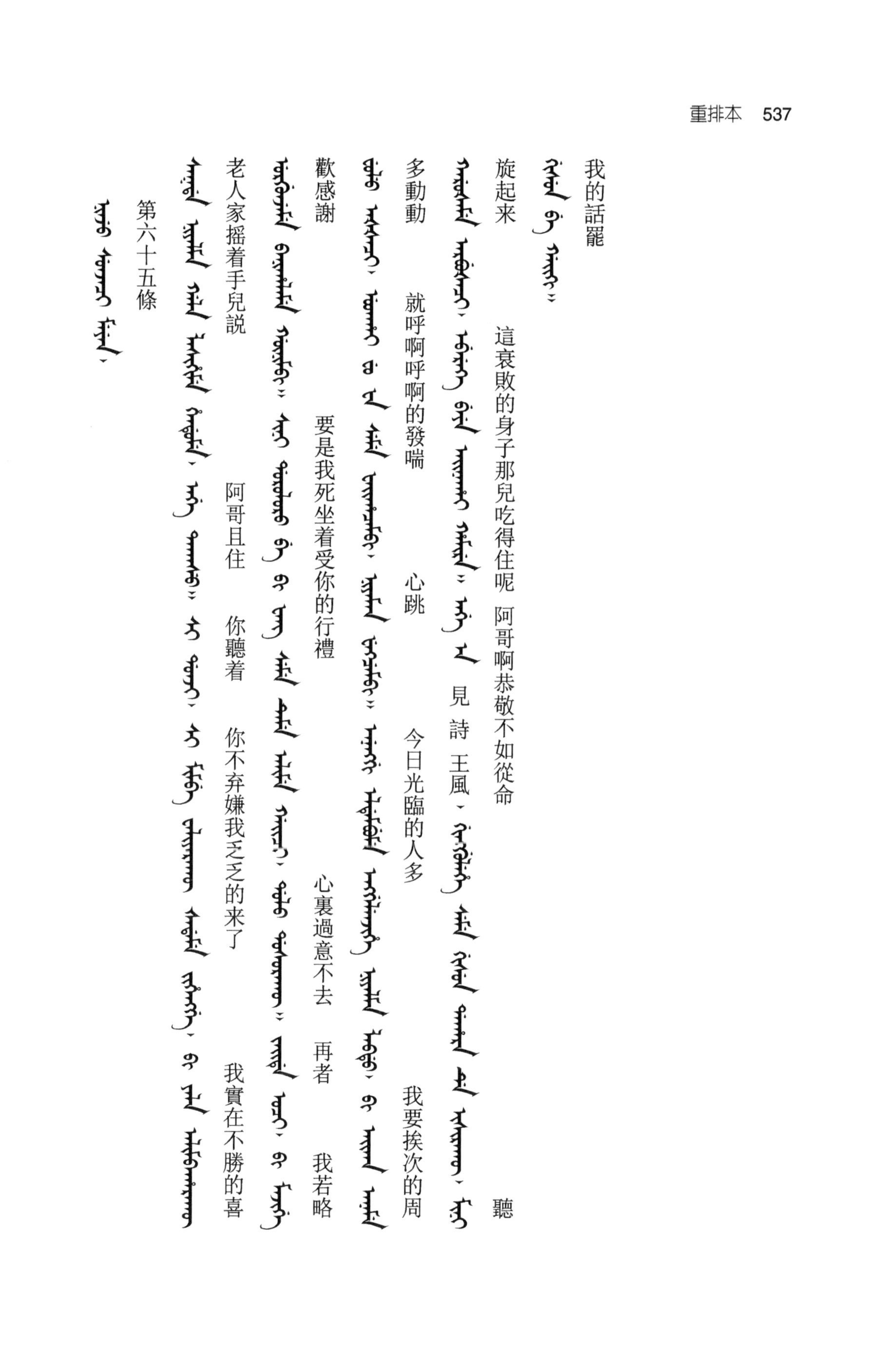

我的話罷

旋起来　這衰敗的身子那兒吃得住呢　阿哥啊恭敬不如從命　聽

見詩 王風

多動動　就呼啊呼啊的發喘　心跳　今日光臨的人多　我要挨次的周

歡感謝　要是我死坐着受你的行禮　心裏過意不去　再者　我若略

老人家摇着手兒説　阿哥且住　你聽着　你不弃嫌我乏乏的来了　我實在不勝的喜

第六十五條

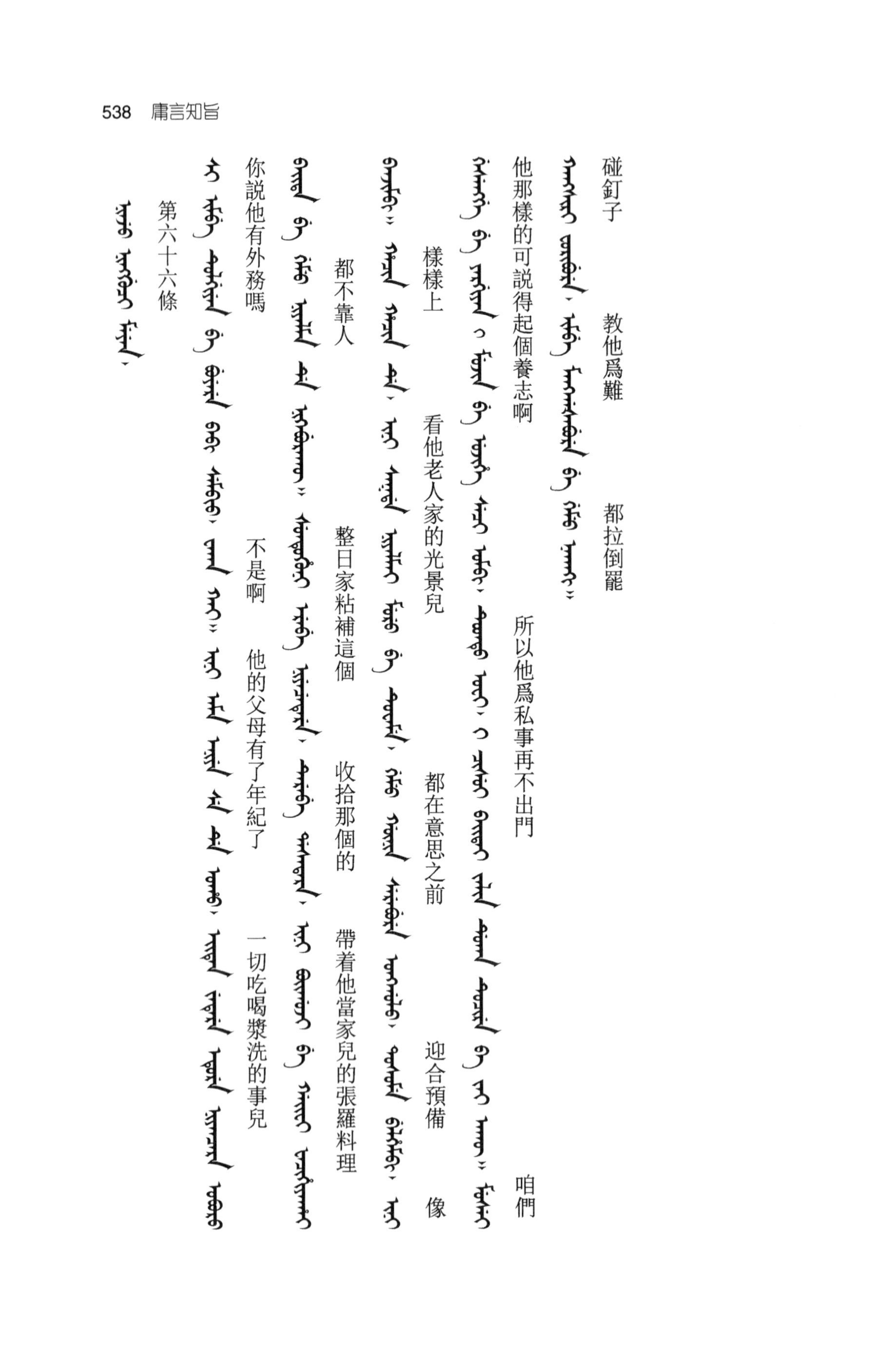

碰釘子　教他爲難　都拉倒罷

他那樣的可説得起個養志啊　所以他爲私事再不出門　咱們

樣樣上　看他老人家的光景兒　都在意思之前　迎合預備　像

都不靠人　整日家粘補這個　收拾那個的　帶着他當家兒的張羅料理

你説他有外務嗎　不是啊　他的父母有了年紀了　一切吃喝漿洗的事兒

第六十六條

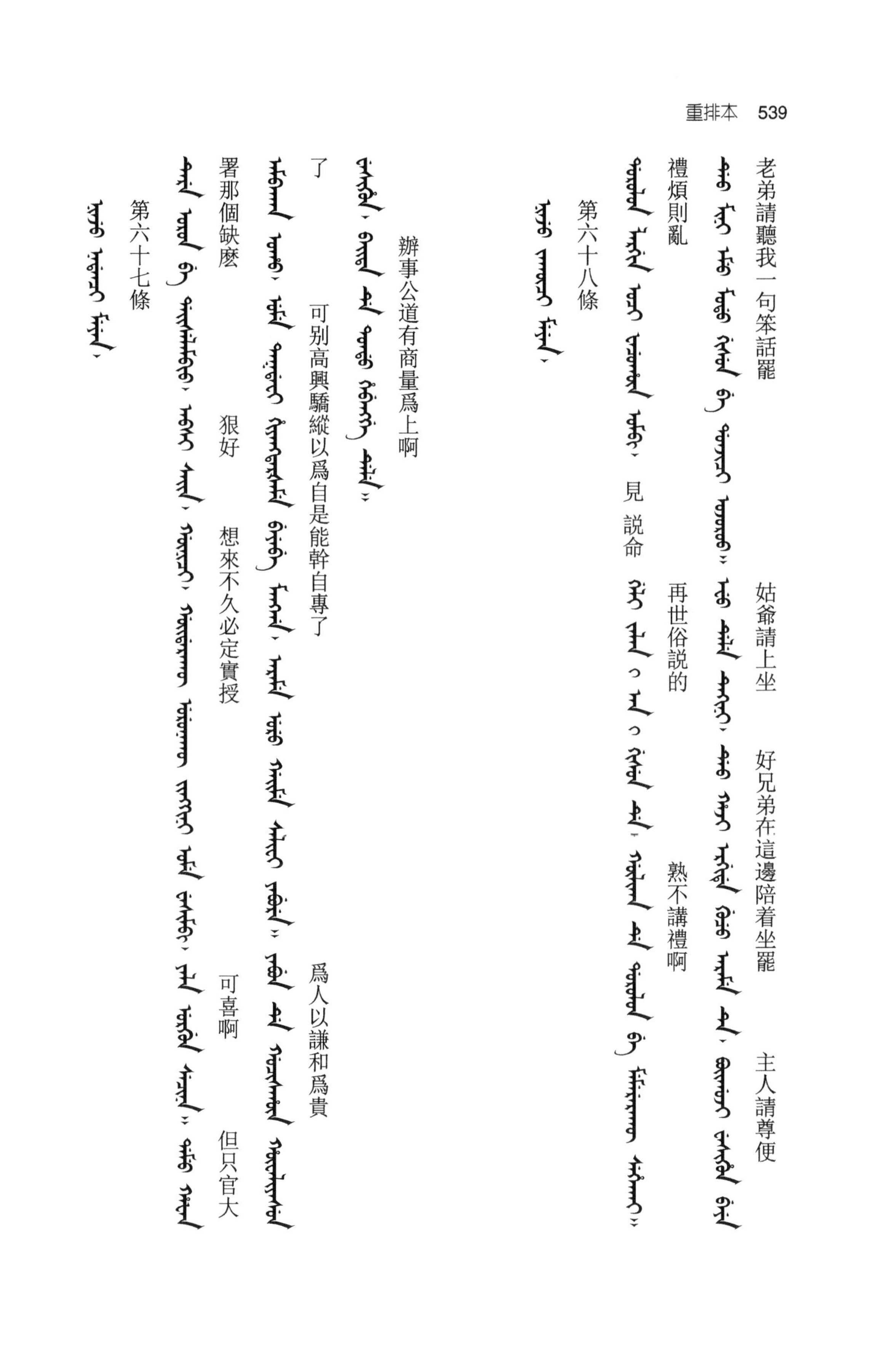

老弟請聽我一句笨話罷 姑爺請上坐 好兄弟在這邊陪着坐罷 主人請尊便

禮煩則亂 再世俗說的 熟不講禮啊

見 說命

第六十八條

辦事公道有商量爲上啊

了 可別高興驕縱以爲自是能幹自專了 爲人以謙和爲貴

署那個缺麼 狠好 想來不久必定實授 可喜啊 但只官大

第六十七條

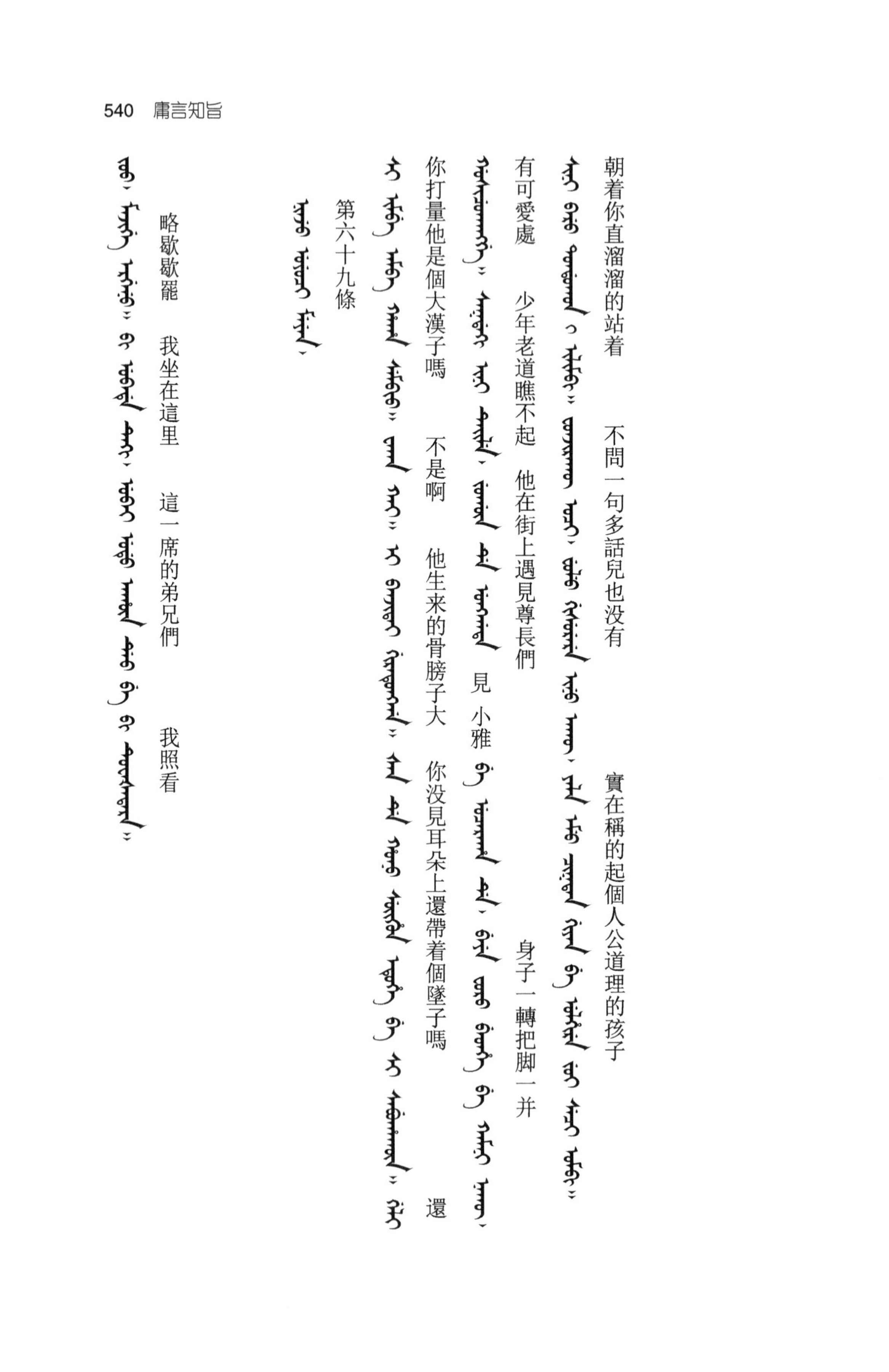

朝着你直溜溜的站着　不問一句多話兒也没有　實在稱的起個人公道理的孩子

有可愛處　少年老道瞧不起　他在街上遇見尊長們　見小雅　身子一轉把脚一并

你打量他是個大漢子嗎　不是啊　他生来的骨膀子大　你没見耳朵上還帶着個墜子嗎　還

第六十九條

略歇歇罷　我坐在這里　這一席的弟兄們　我照看

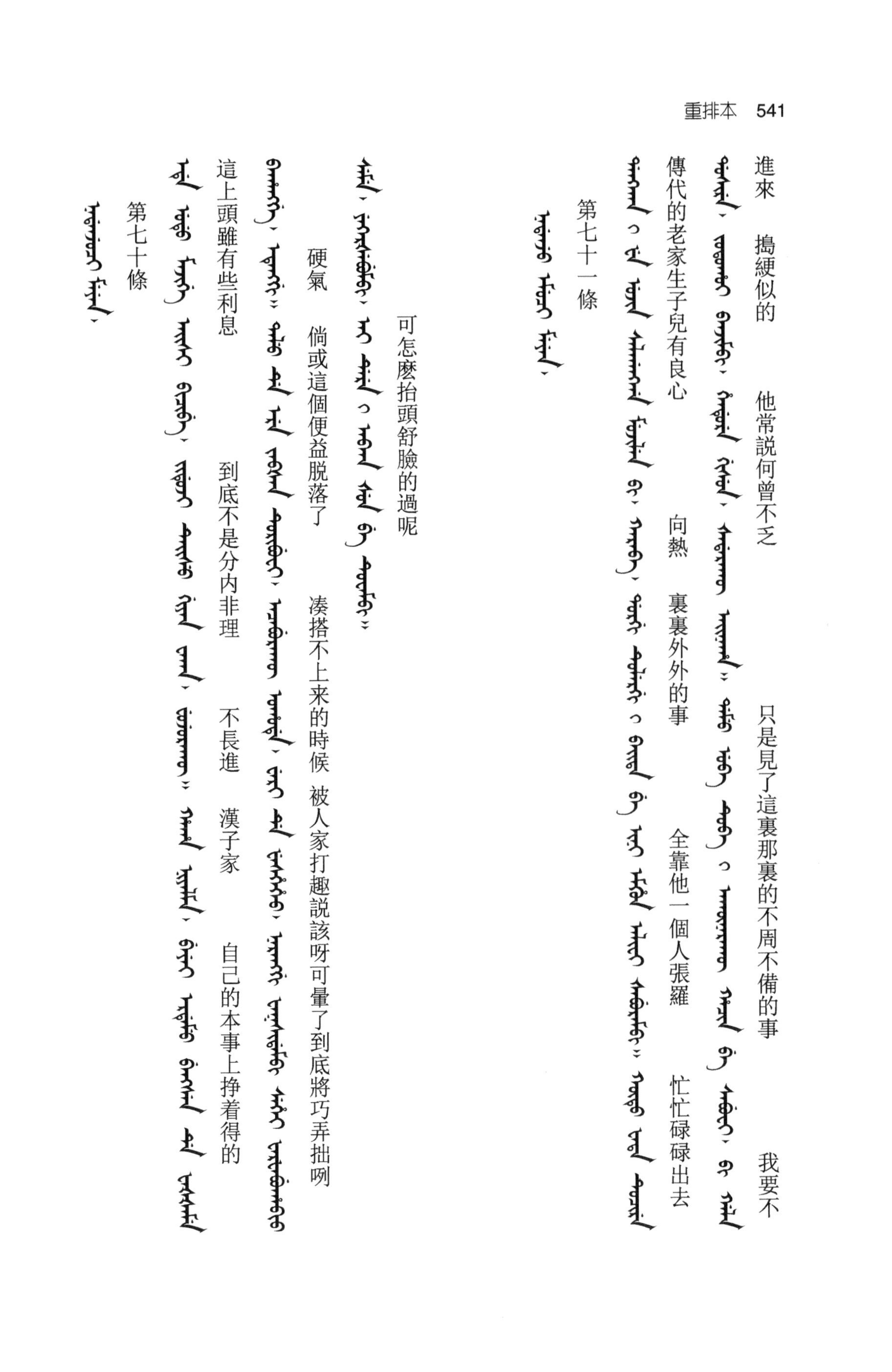

進來　搗綆似的　他常說何曾不乏　只是見了這裏那裏的不周不備的事　我要不

傳代的老家生子兒有良心　向熱　裏裏外外的事　全靠他一個人張羅　忙忙碌碌出去

第七十一條

可怎麼抬頭舒臉的過呢

硬氣　倘或這個便益脫落了　湊搭不上来的時候　被人家打趣說該呀可暈了到底將巧弄拙咧

這上頭雖有些利息　到底不是分內非理　不長進　漢子家　自己的本事上掙着得的

第七十條

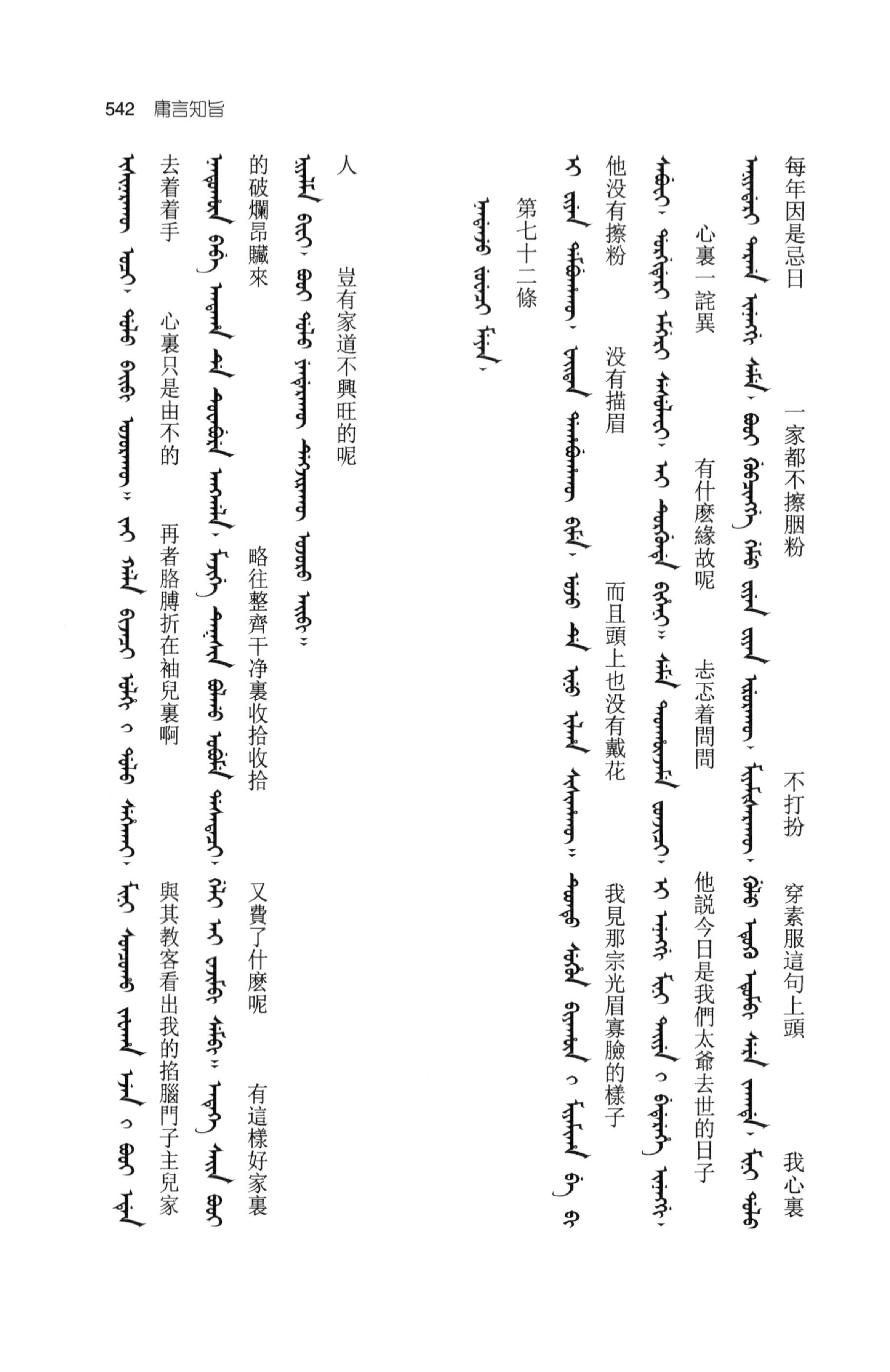

每年因是忌日　一家都不擦胭粉　不打扮　穿素服這句上頭　我心裏

心裏一詫異　有什麼緣故呢　忐忑着問問　他説今日是我們太爺去世的日子

他没有擦粉　没有描眉　而且頭上也没有戴花　我見那宗光眉寡臉的樣子

第七十二條

人　豈有家道不興旺的呢

的破爛昂臟來　略往整齊干净裏收拾收拾　又費了什麼呢　有這樣好家裏

去着着手　心裏只是由不的　再者胳膊折在袖兒裏啊　與其教客看出我的掐腦門子主兒家

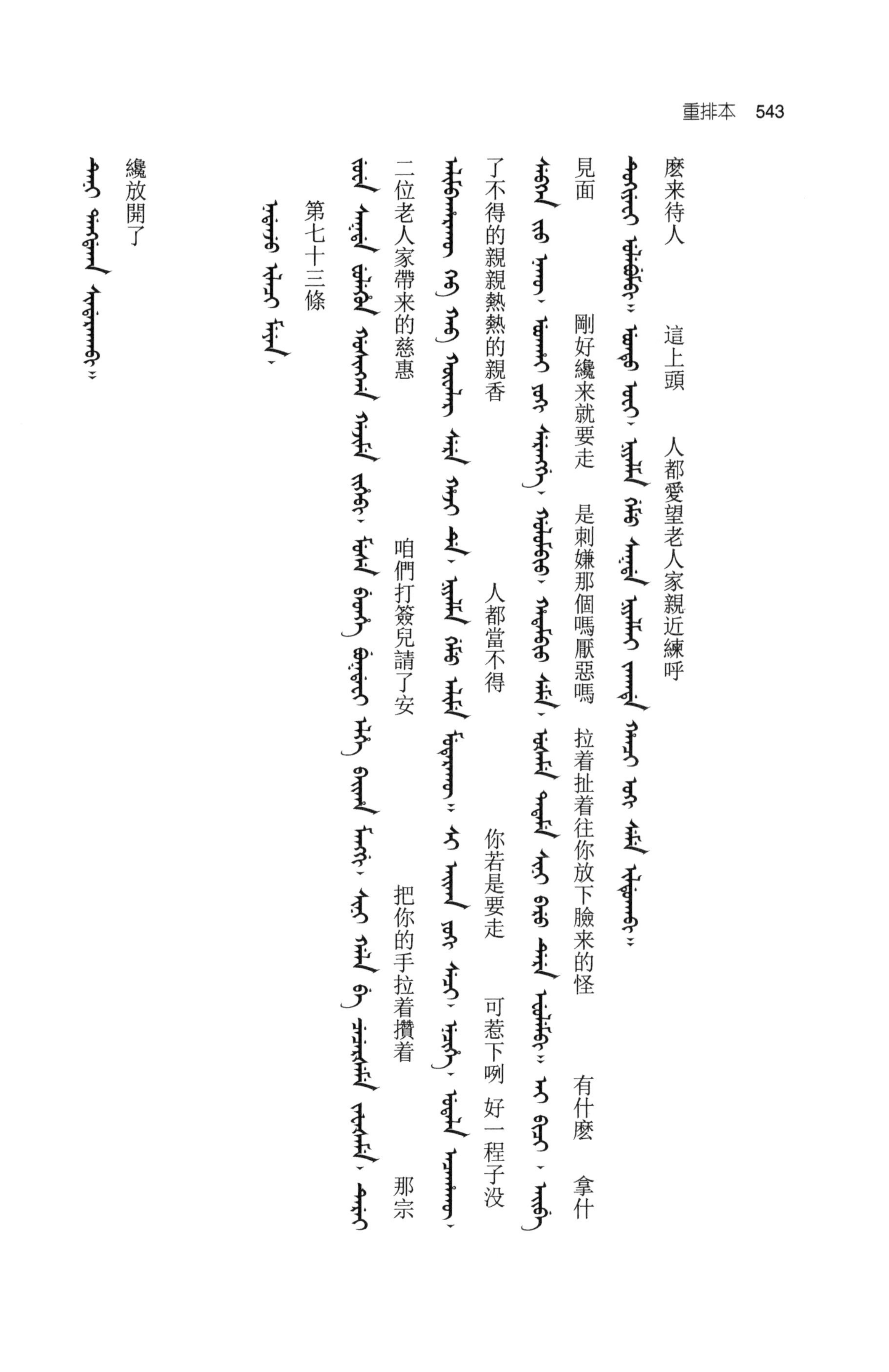

麽来待人　這上頭　人都愛望老人家親近練呼

見面　剛好纔来就要走　是刺嫌那個嗎厭惡嗎　拉着扯着往你放下臉来的怪　有什麽　拿什

了不得的親親熱熱的親香　人都當不得　你若是要走　可惹下咧 好一程子没

二位老人家帶来的慈惠　咱們打簽兒請了安　把你的手拉着攢着　那宗

第七十三條

纔放開了

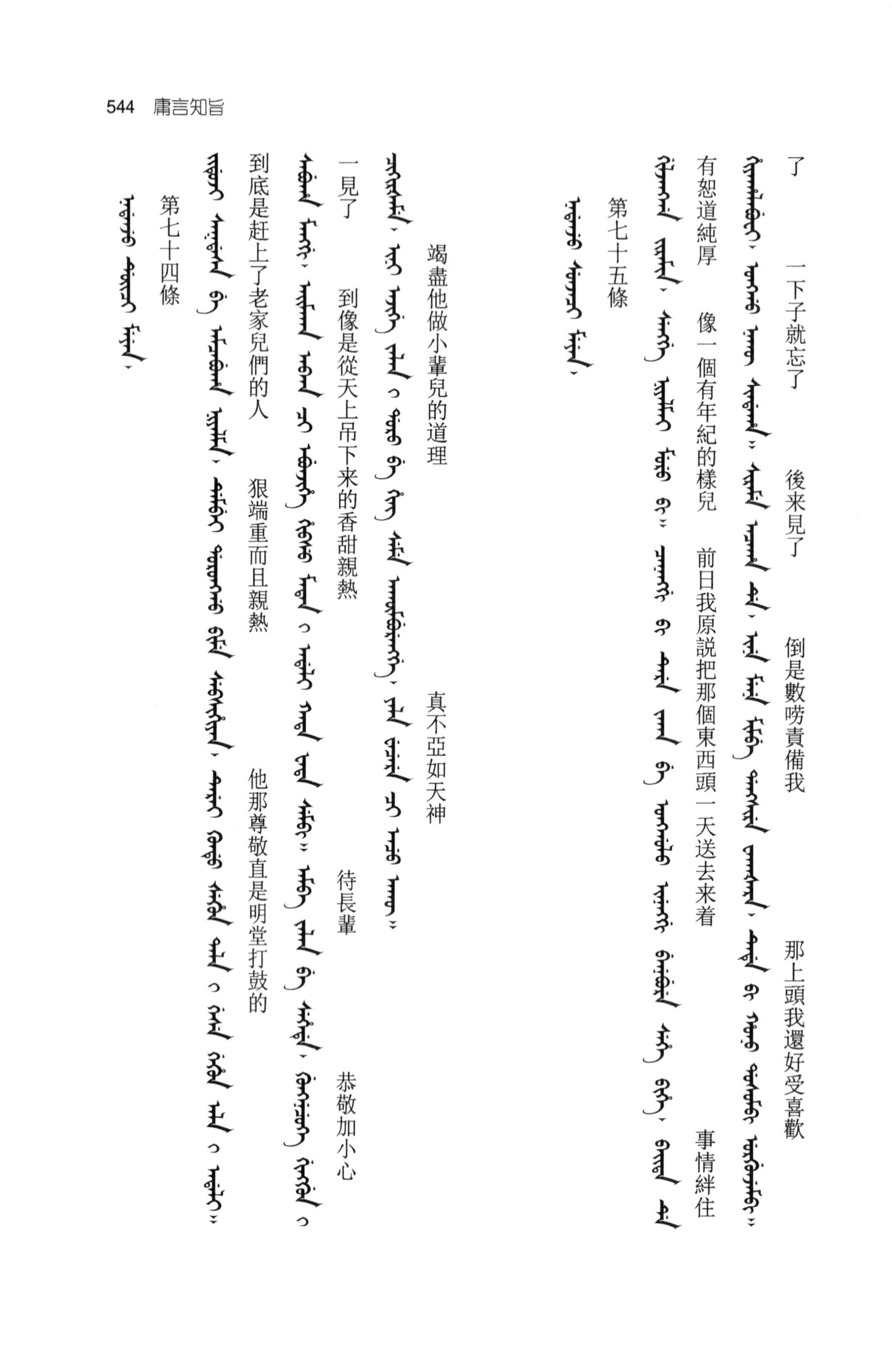

第七十四條

到底是赶上了老家兒們的人　狠端重而且親熱　他那尊敬直是明堂打鼓的

一見了　到像是從天上吊下来的香甜親熱　待長輩　恭敬加小心

竭盡他做小輩兒的道理　真不亞如天神

第七十五條

有恕道純厚　像一個有年紀的樣兒　前日我原說把那個東西頭一天送去来着　事情絆住

了　一下子就忘了　後来見了　倒是數唠責備我　那上頭我還好受喜歡

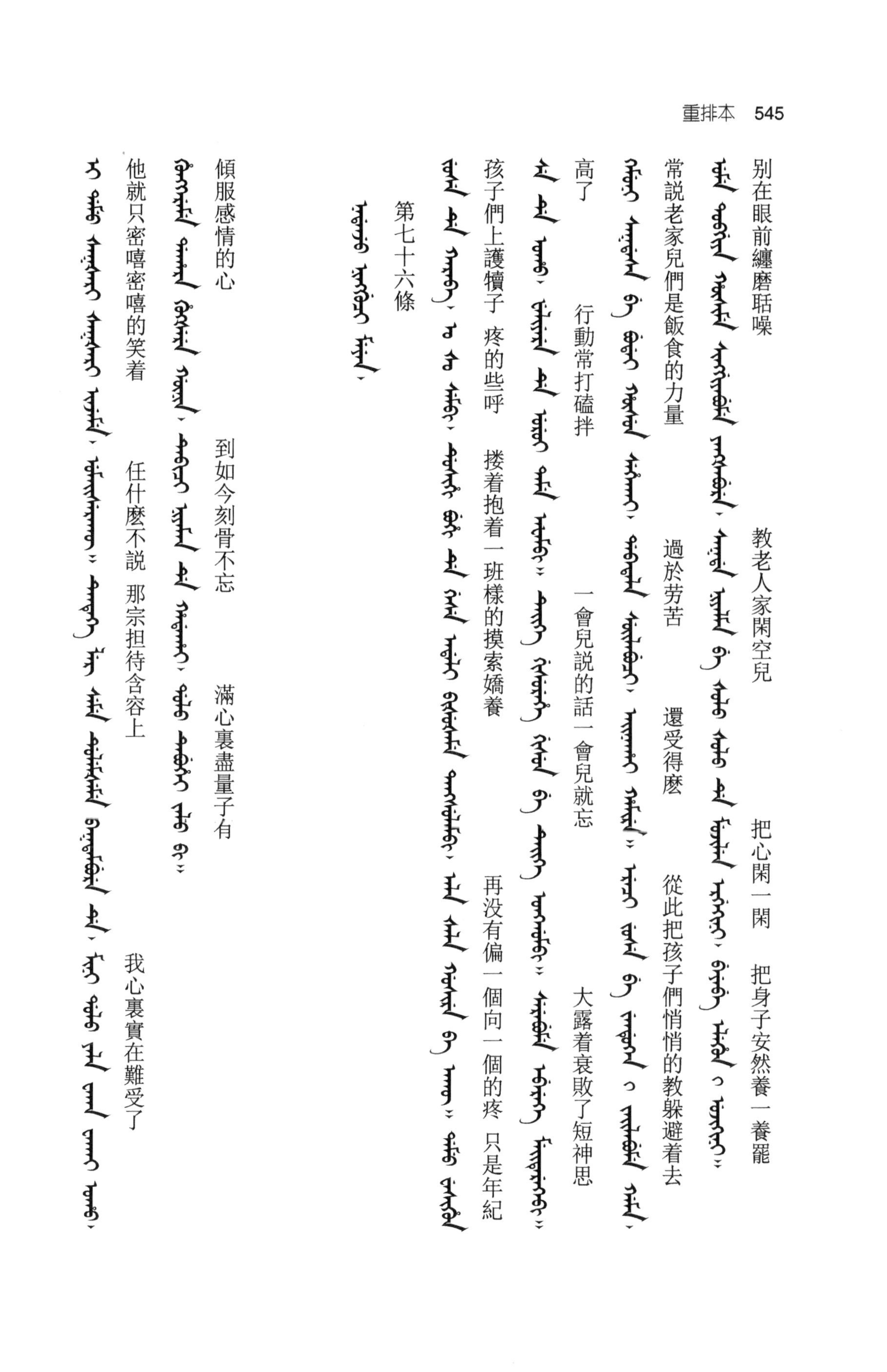

别在眼前纏磨聒噪 教老人家閑空兒 把心閑一閑 把身子安然養一養罷

常説老家兒們是飯食的力量 過於勞苦 還受得麽 從此把孩子們悄悄的教躲避着去

高了 行動常打磕拌 一會兒説的話一會兒就忘 大露着衰敗了短神思

孩子們上護犢子 疼的些呼 摟着抱着一班樣的摸索嬌養 再没有偏一個向一個的疼 只是年紀

第七十六條

ᠨᠠᡩᠠᠨᠵᡠ ᠨᡳᠩᡤᡠᠴᡳ ᠮᡝᠶᡝᠨ

傾服感情的心 到如今刻骨不忘 滿心裏盡量子有

他就只密嘻密嘻的笑着 任什麽不説 那宗担待含容上 我心裏實在難受了

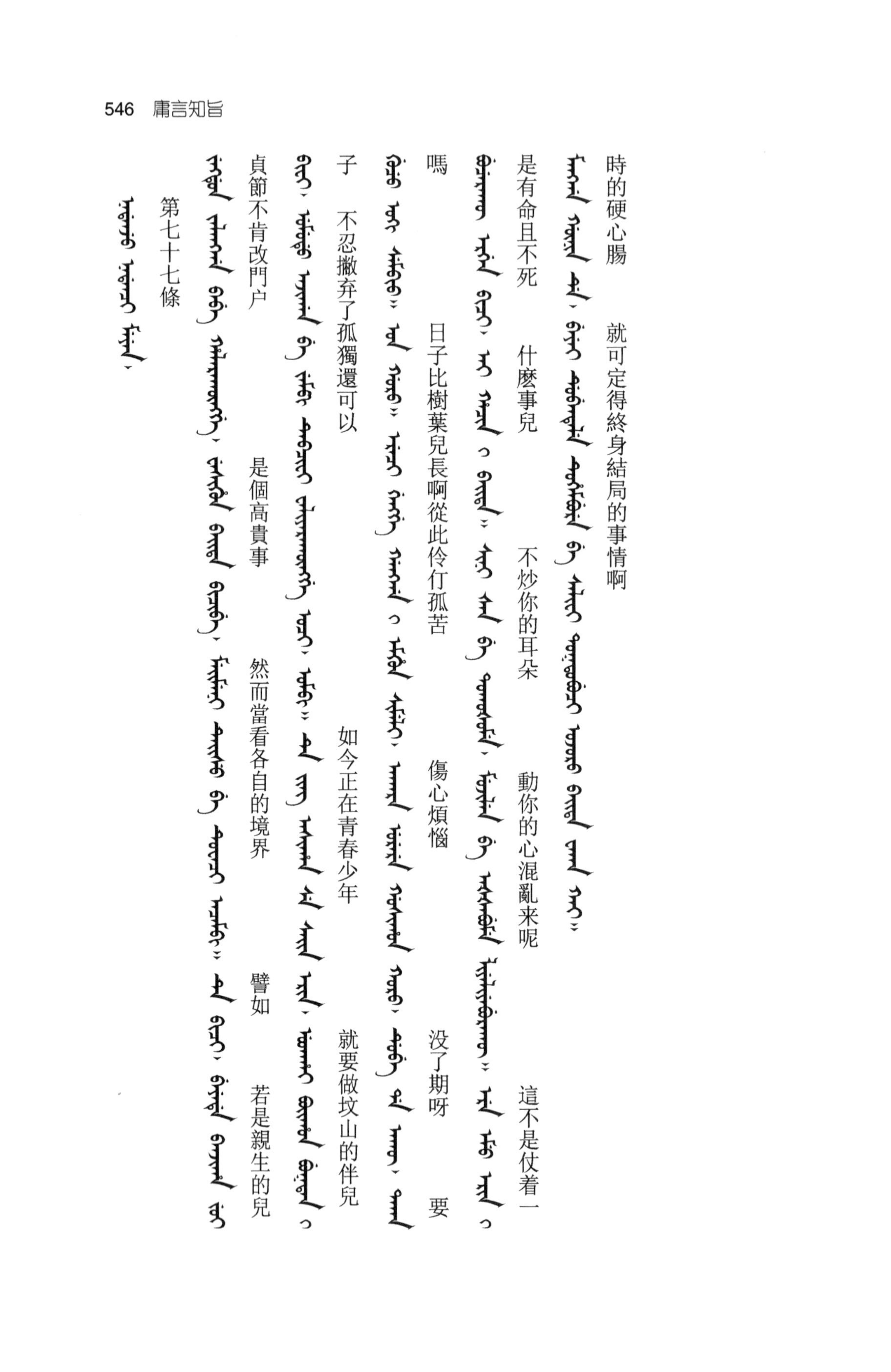

時的硬心腸　就可定得終身結局的事情啊

是有命且不死　什麼事兒　不炒你的耳朵　動你的心混亂来呢　這不是仗着一

嗎　日子比樹葉兒長啊從此伶仃孤苦　傷心煩惱　没了期呀　要

子　不忍撇弃了孤獨還可以　如今正在青春少年　就要做坟山的伴兒

貞節不肯改門户　是個高貴事　然而當看各自的境界　譬如　若是親生的兒

第七十七條

第七十八條

放着簾子閉着門 他一個在屋裏做甚麽呢 側着耳朵听去 静悄悄的一

見 禮 孔子閑居

點聲氣兒也没有 躡手躡脚的走到窗户根前 從窗户縫裏偷着一看 閉着個眼

嘴動啊動啊的悄没聲兒嘟囔着 盤着腿脚的打坐呢

第七十九條

老太太年紀雖高了 耳聡目明 孩子們的針黹 時常接過来替緝幾針

緝点金綫 常說的是 只不過怕累了我的眼睛罷咧 你們的那扎綉活計 我還頗

反到交頭接耳的嚼查他

孩兒們　饒不學他　一會一會兒的　見他那宗手忙脚亂的樣子

白日的死搭搭的出力　又大方　一点輕佻樣兒没有　到底是赶上老排場的人　别的女

女人爽利而且有本事　漿是漿　洗是洗　丢下耙兒就拾掃帚　没黑家没

第八十條

的老精神罷　直到這會比少年們的心還好勝

做的来呢　每逢見那宗老顛倒的摇頭点惱的人就呲着牙兒笑話　只看他老

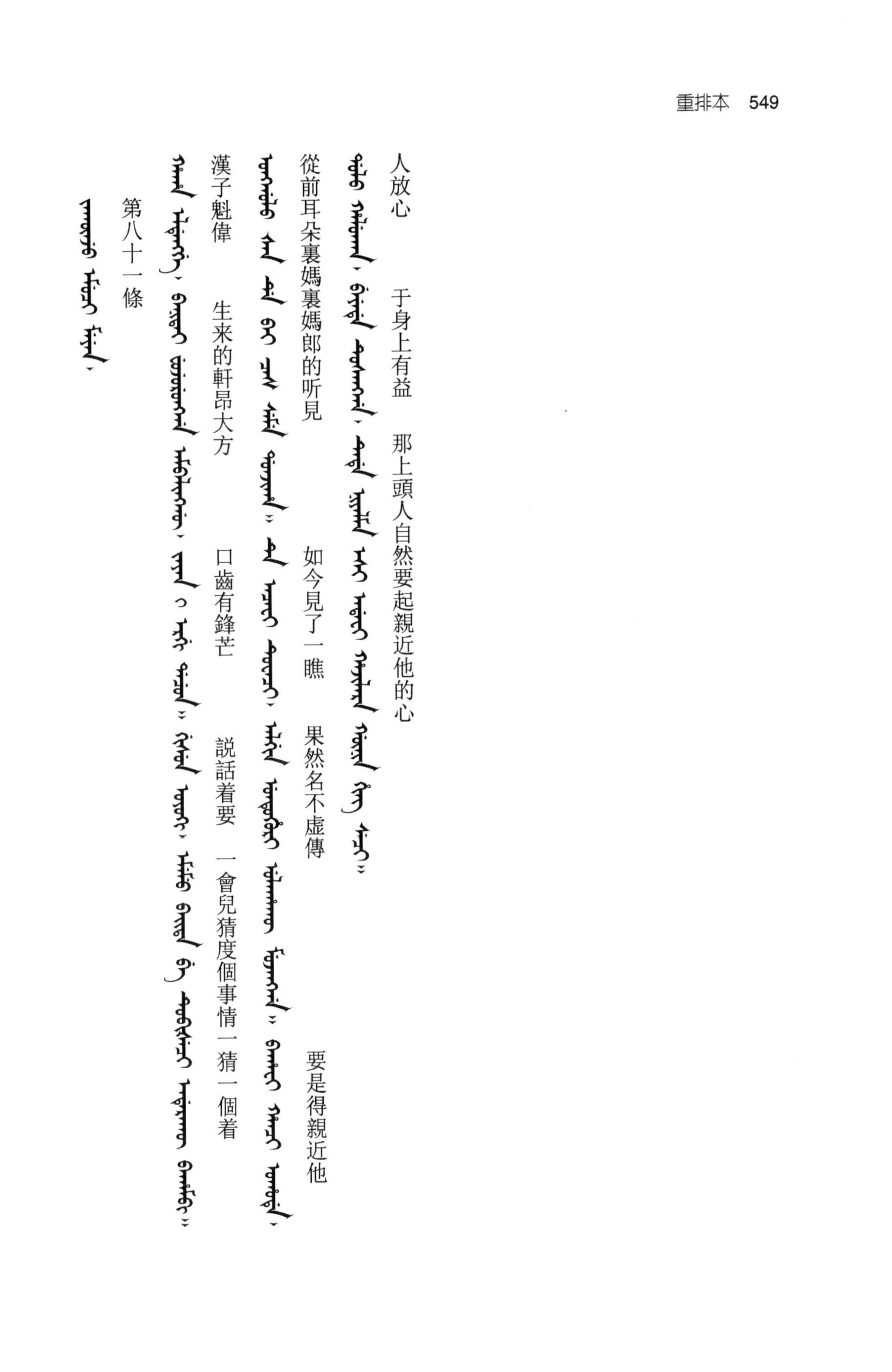

人放心　于身上有益　那上頭人自然要起親近他的心

[illegible]

從前耳朵裏媽裏媽郎的听見　如今見了一瞧　果然名不虛傳　要是得親近他

[illegible]

漢子魁偉　生來的軒昂大方　口齒有鋒芒　説話着要　一會兒猜度個事情一猜一個着

[illegible]

第八十一條

[illegible]

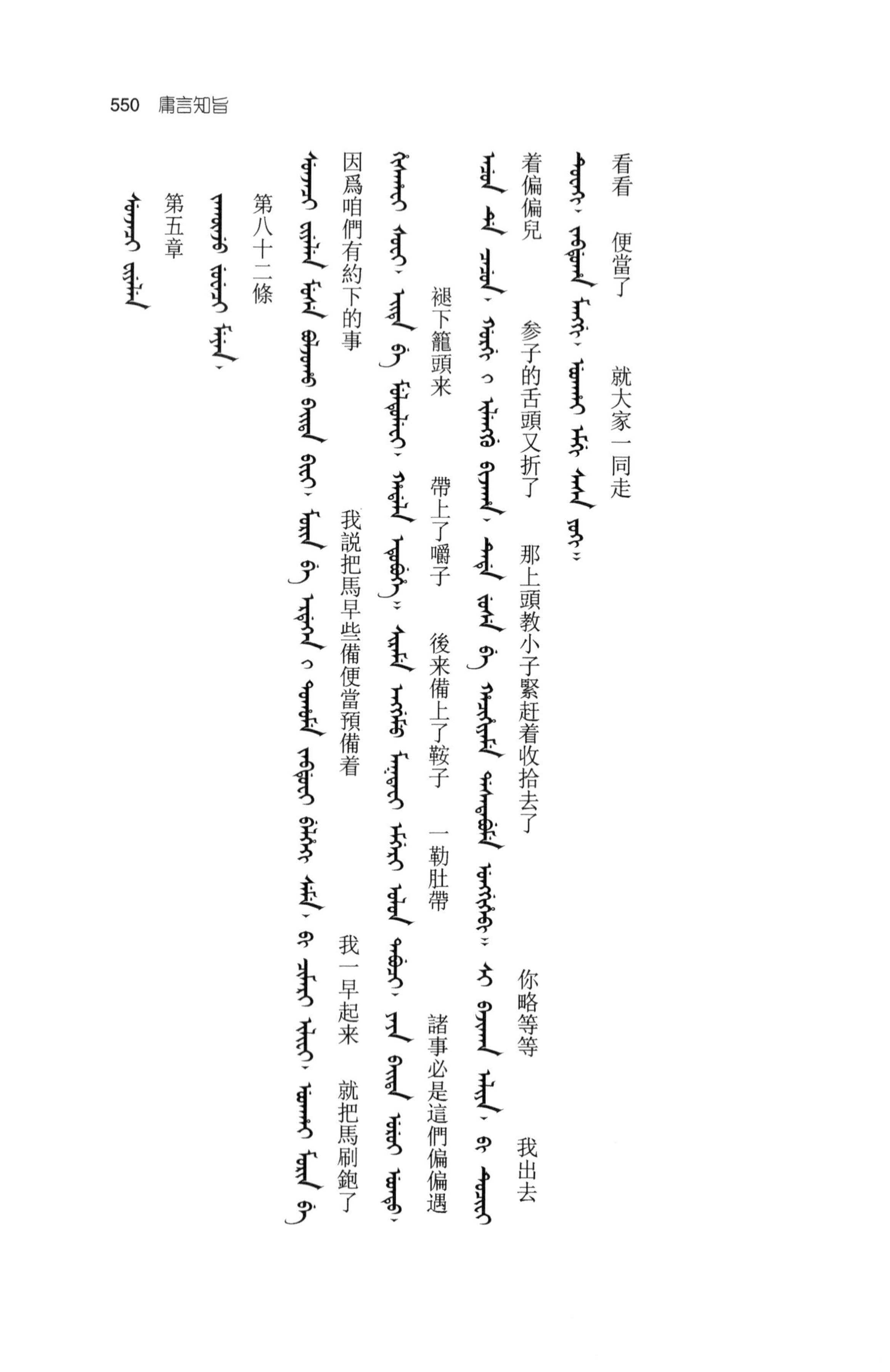

看看　便當了　就大家一同走

着偏偏兒　參子的舌頭又折了　那上頭教小子緊赶着收拾去了　你略等等　我出去

褪下籠頭来　帶上了嚼子　後来備上了鞍子　一勒肚帶　諸事必是這們偏偏遇

因爲咱們有約下的事　我說把馬早些備便當預備着　我一早起来　就把馬刷鉋了

第八十二條

第五章

第八十三條

恐怕淘氣 戒飭着略說一說兒 孩子就撇咧着嘴 眼淚汪汪的了 并沒有重話兒教導吆

喝 他竟這們腼腆臉皮兒薄 誰那兒得知道呢 他那種憂戚委屈的樣兒 可憐不待見

兒的好教人難受 有一搭沒搭兒的 這是怎麼說呢

第八十四條

你怎麼這們太自驚自怪的 昨日聽見說照咱們商量下的行了 你既是儘着挂

念着不放心 我再催一回去 必弄成了 回覆你就是咧 也省

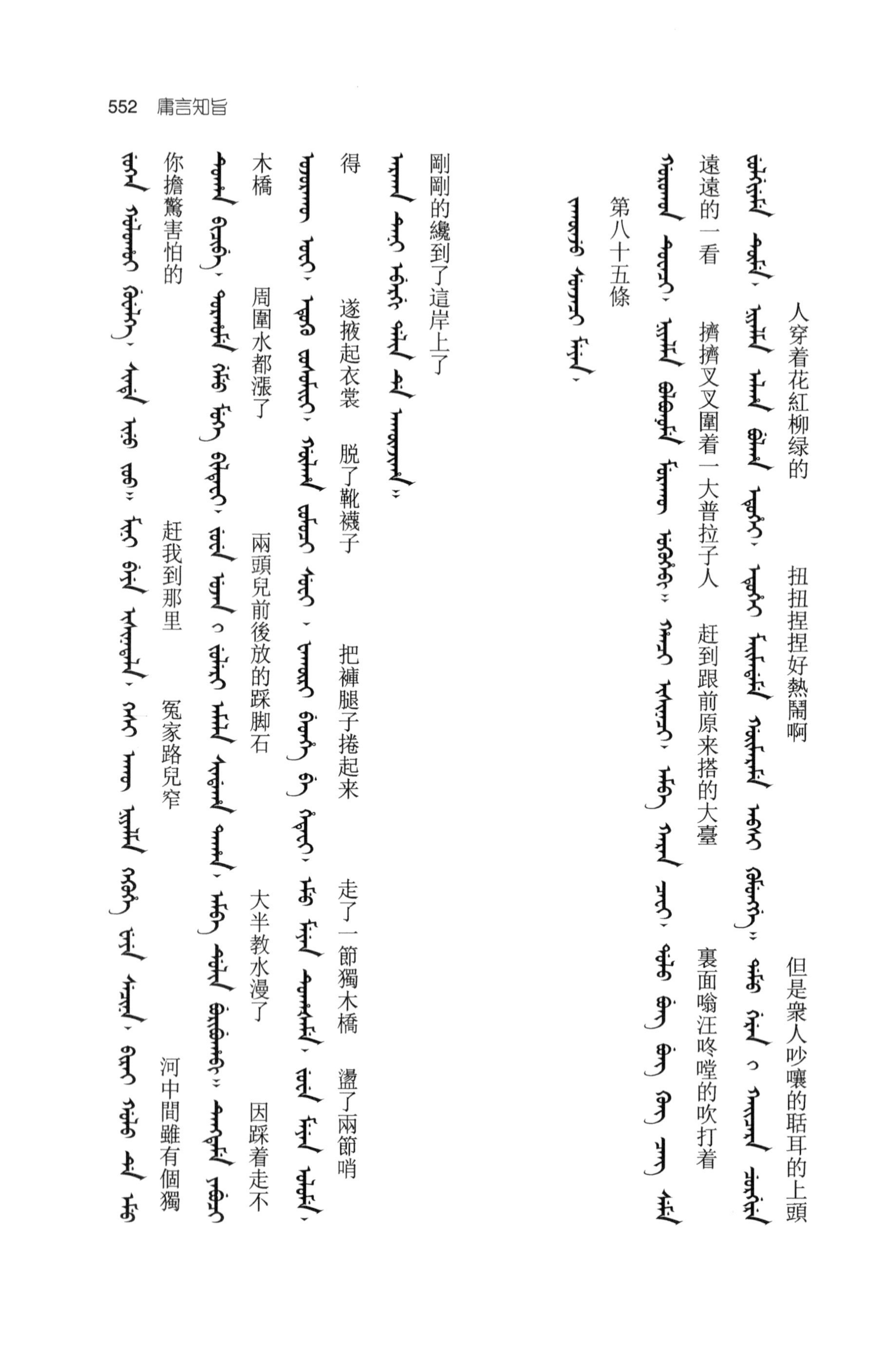

你擔驚害怕的　赶我到那里　寃家路兒窄　河中間雖有個獨
木橋　周圍水都漲了　兩頭兒前後放的踩脚石　大半教水漫了　因踩着走不
得　遂掖起衣裳　脫了靴襪子　把褲腿子捲起来　走了一節獨木橋　盪了兩節哨
剛剛的纔到了這岸上了

第八十五條

遠遠的一看　擠擠叉叉圍着一大普拉子人　赶到跟前原来搭的大臺　裏面嗡汪咚噹的吹打着
人穿着花紅柳绿的　扭扭捏捏好熱鬧啊　但是衆人吵嚷的聒耳的上頭

不了

萬一略作寬大些給他穿上 翻咧 咕咕嚷嚷 嗔着臉噘着嘴 都囔個

他怎麼没衣裳呢 他說都曠蕩不舒服 收起来不穿 極好可身緊恰短短的

第八十六條

帶轉馬就回来了

是我的馬發毛亂鬧 定要撂蹶子踢了人 恐其招亂子 瞅空子

听不出唱的是甚麼 略遲一會兒 那人見空兒插空兒的擠上来 不

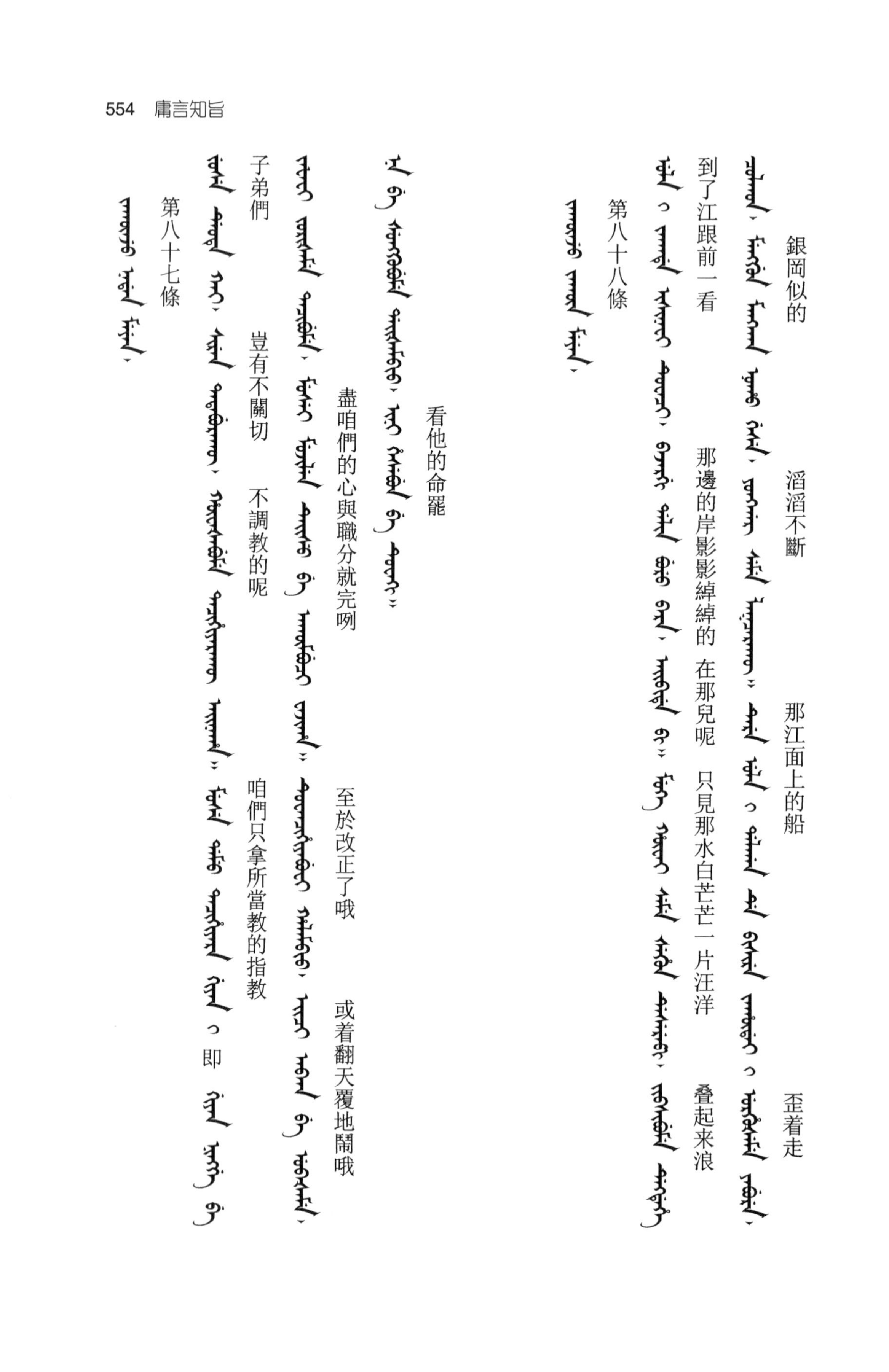

第八十七條

子弟們 豈有不關切 不調教的呢 咱們只拿所當教的指教 即

盡咱們的心與職分就完咧 至於改正了哦 或着翻天覆地鬧哦

看他的命罷

第八十八條

到了江跟前一看 那邊的岸影影綽綽的 在那兒呢 只見那水白芒芒一片汪洋 疊起來浪

銀岡似的 滔滔不斷 那江面上的船 歪着走

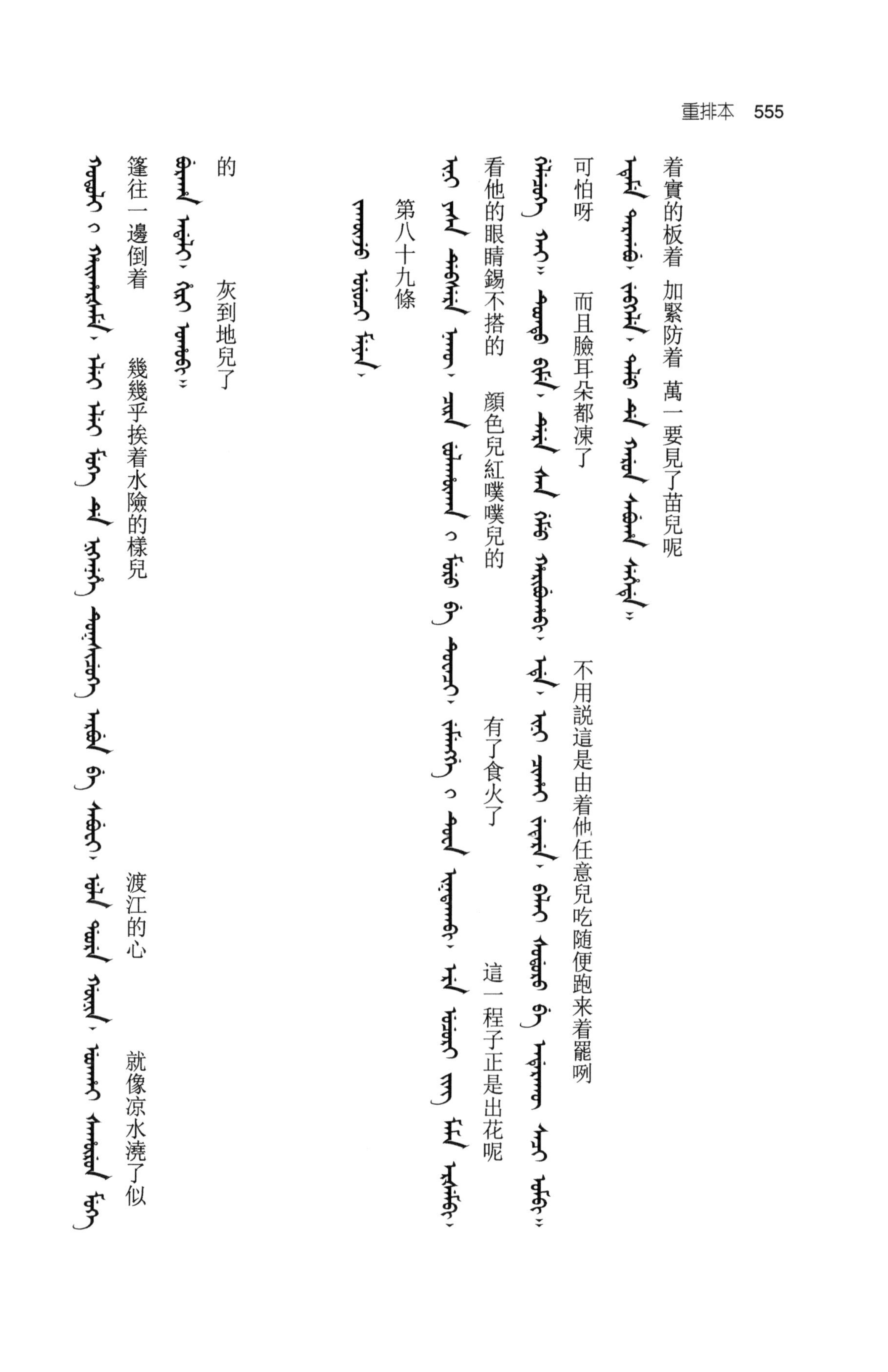

着實的板着 加緊防着 萬一要見了苗兒呢

可怕呀 而且臉耳朵都凍了 不用說這是由着他任意兒吃隨便跑来着罷咧

看他的眼睛錫不搭的 顏色兒紅噗噗兒的 有了食火了 這一程子正是出花呢

第八十九條

的 灰到地兒了

篷往一邊倒着 幾幾乎挨着水險的様兒 渡江的心 就像凉水澆了似

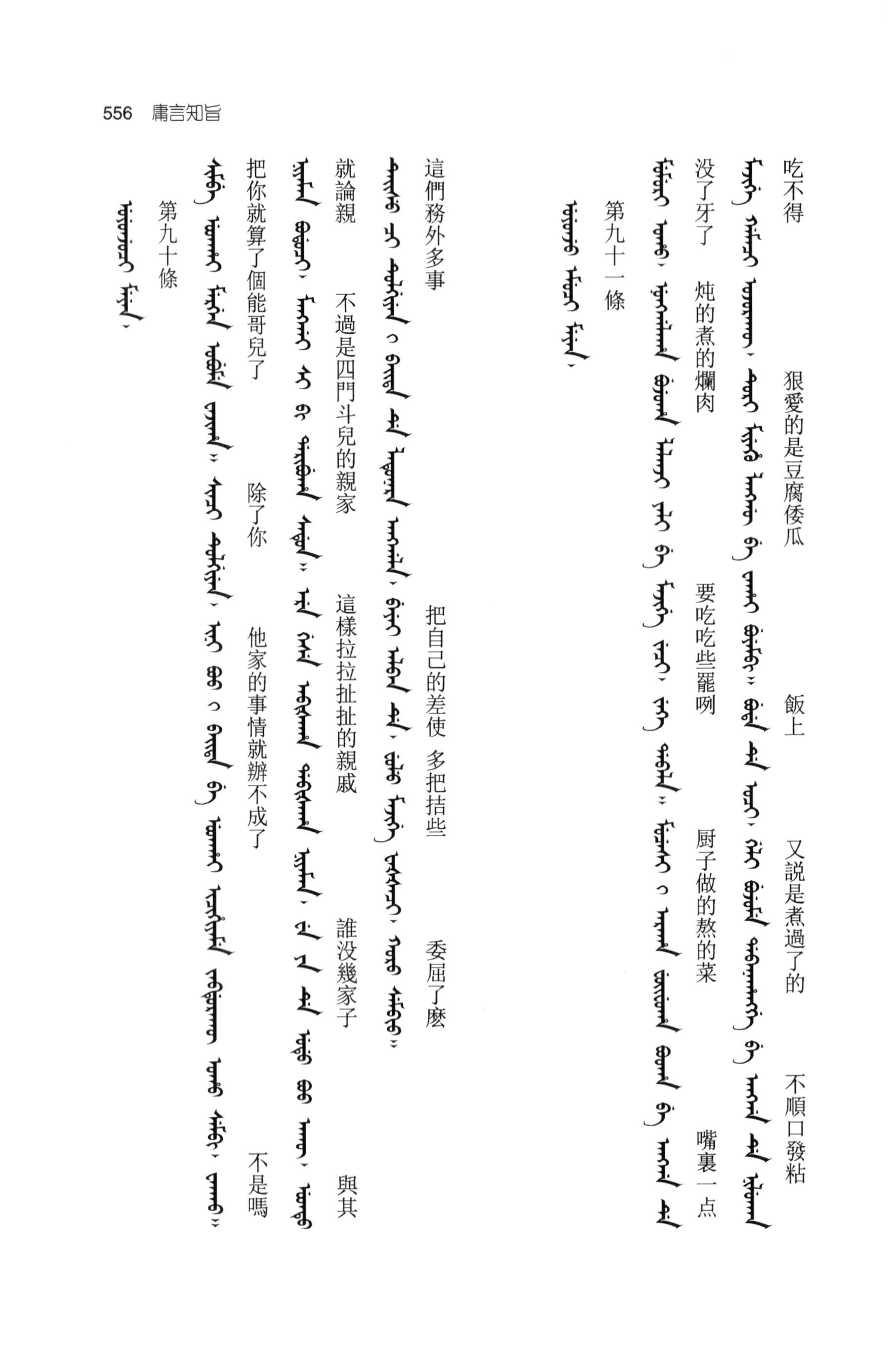

吃不得　狠愛的是豆腐倭瓜　飯上　又說是煮過了的　不順口發粘

没了牙了　炖的煮的爛肉　要吃吃些罷咧　厨子做的熬的菜　嘴裏一点

第九十一條

這們務外多事　把自己的差使　多把拮些　委屈了麽

就論親　不過是四門斗兒的親家　這樣拉拉扯扯的親戚　誰没幾家子　與其

把你就算了個能哥兒了　除了你　他家的事情就辦不成了　不是嗎

第九十條

恰恰的得正理呢

ᡨᡝᠨ ᡳ ᡨᠣᠪ ᠪᡝ ᠪᠠᡥᠠᠮᠪᡳ ᡩᡝᡵᡝ᠉

食　内裏的糊塗陸續長起来　趕辦正經大事　怎麼能彀

ᠵᡝᡨᡝᡵᡝᠩᡤᡝ ᠪᡝ ᠵᡝᠮᠪᡳ ᠰᡝᠮᡝ᠈ ᡩᠣᠯᠣ ᡥᡡᠯᡥᡳ᠈ ᠰᡳᡵᠠᠨ ᠰᡳᡵᠠᠨ ᡳ ᠪᠠᠨᠵᡳᠨᠵᡳᡶᡳ ᠪᡝ ᠠᠮᠴᠠᠮᡝ᠈ ᠣᠶᠣᠩᡤᠣ ᠪᠠᡳᡨᠠ ᠪᡝ ᡳᠴᡳᡥᡳᠶᠠᠮᡝ᠈ ᠠᡩᠠᡵᠠᠮᡝ ᠮᡠᡨᡝᠮᠪᡳ᠉

人若起晚了　清氣消着去　心裏混沌起来　而且又吃下些各樣渾濁飲

ᠨᡳᠶᠠᠯᠮᠠ ᡤᠣᡳᡩᠠᠮᡝ ᡳᠯᡳᠴᡳ᠈ ᠰᡠᡴᡩᡠᠨ ᡳ ᠪᠣᠯᡤᠣ ᡝᠪᡝᡵᡝᡴᡝ᠈ ᡩᠣᠯᠣ ᡳ ᡥᡡᠯᡥᡳ ᡨᡠᠴᡳᠵᡳᡶᡳ᠈ ᠵᠠᡴᠠ ᡩᡝ ᡥᠠᠴᡳᠨ ᡥᠠᠴᡳᠨ ᡳ ᡩᡠᡵᠠᠩᡤᡳ ᠵᡝᠮᡝ ᠣᠮᡳᠮᡝ

第九十二條

ᡠᠶᡠᠨᠵᡠ ᠵᡠᠸᡝᠴᡳ ᠮᡝᠶᡝᠨ᠈

愛那有嚼頭兒的

ᠰᡠ ᠵᡝᡨᡝᡵᡝᠩᡤᡝ᠈ ᠠᠮᡨᠠᠩᡤᠠ ᠪᡝ ᠴᡳᡥᠠᠯᠠᠮᠪᡳ᠉

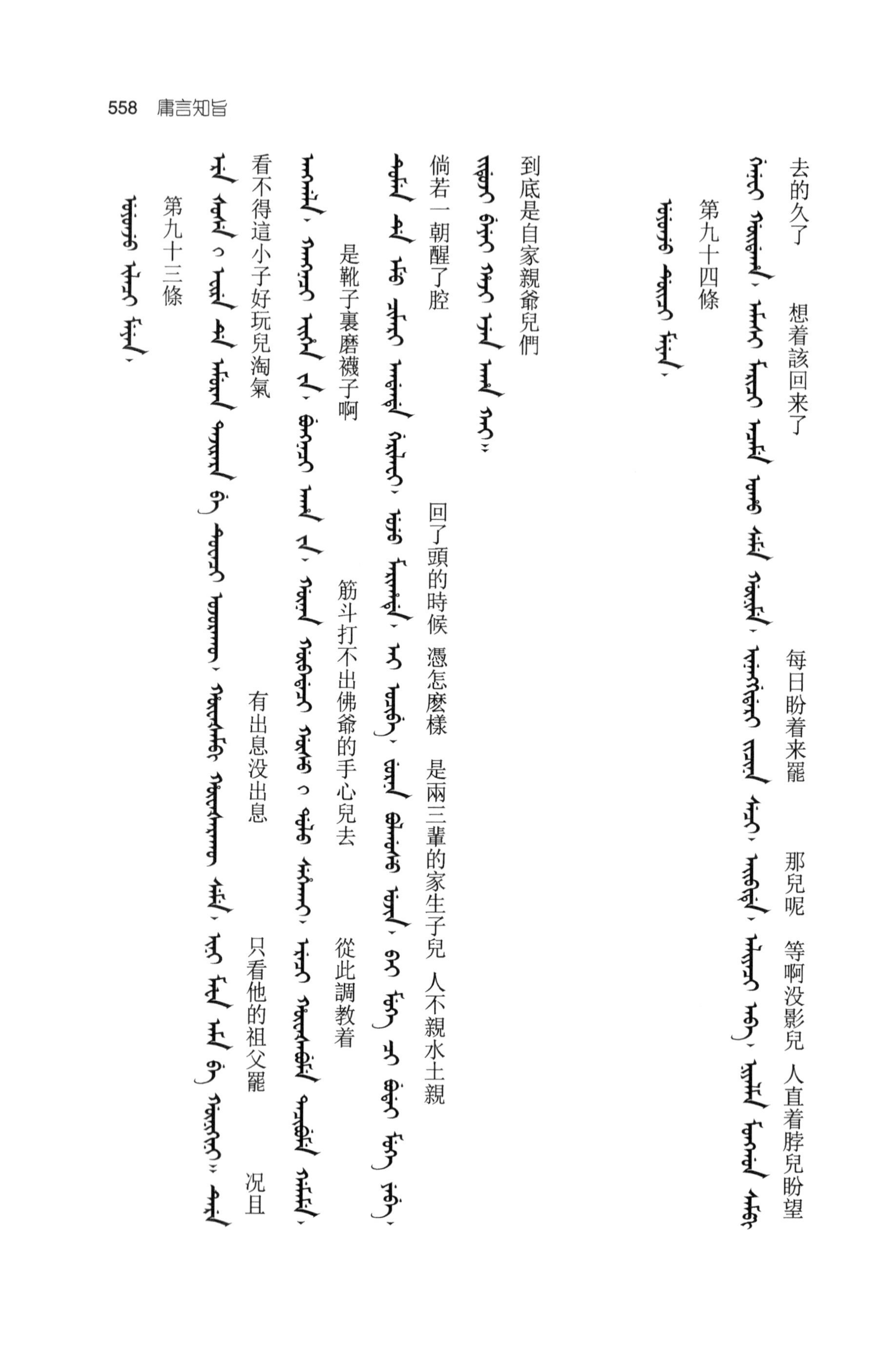

去的久了 想着該回来了 每日盼着来罷 那兒呢 等啊没影兒 人直着脖兒盼望

第九十四條

到底是自家親爺兒們

倘若一朝醒了腔 回了頭的時候 憑怎麼樣 是兩三輩的家生子兒 人不親水土親

是靴子裏磨襪子啊 筋斗打不出佛爺的手心兒去 從此調教着

看不得這小子好玩兒淘氣 有出息没出息 只看他的祖父罷 況且

第九十三條

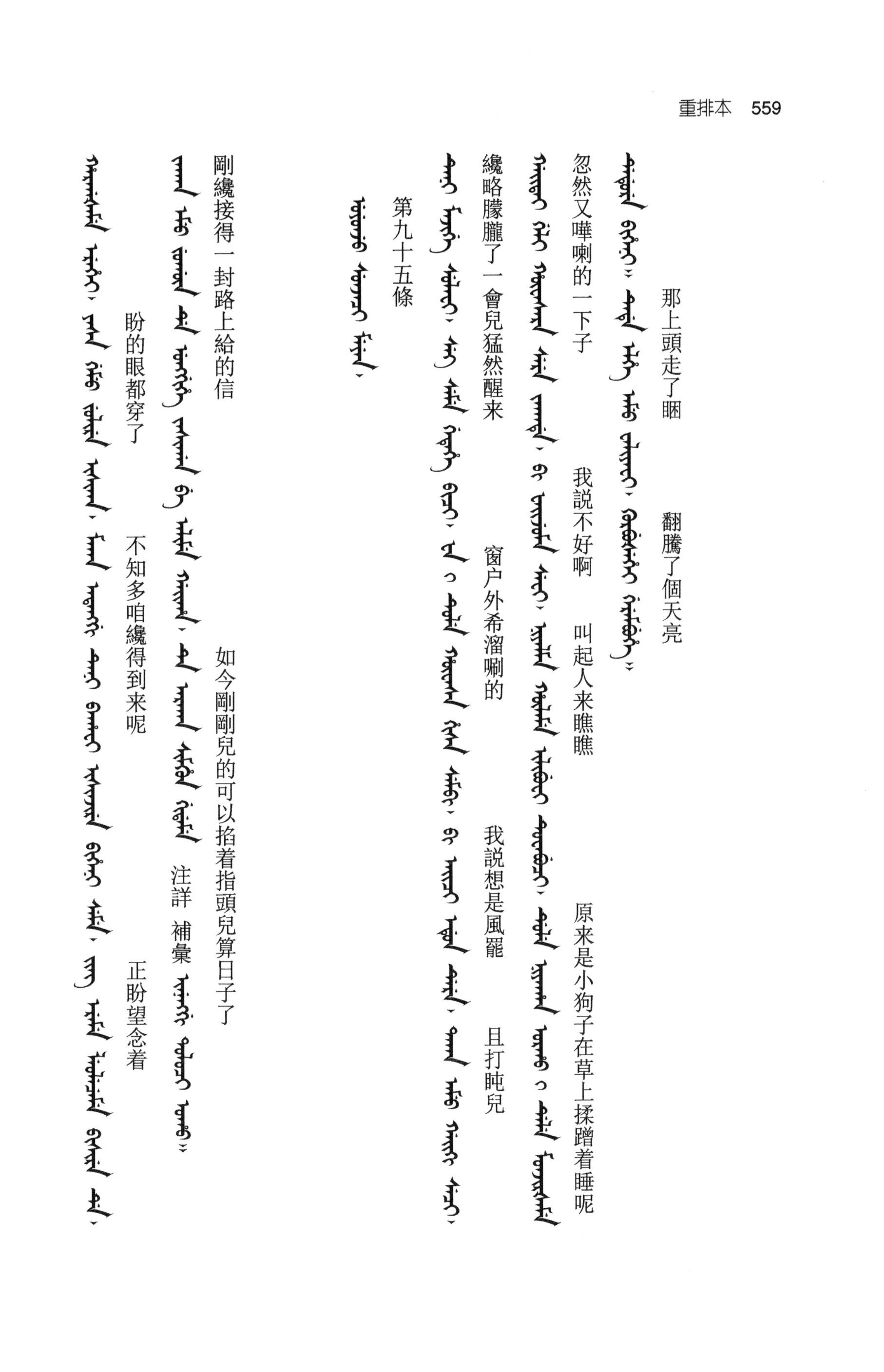

那上頭走了睏　翻騰了個天亮

忽然又嘩喇的一下子　我說不好啊　叫起人来瞧瞧　原来是小狗子在草上揉蹭着睡呢

纔略朦朧了一會兒猛然醒来　窗户外希溜唰的　我說想是風罷　且打盹兒

第九十五條

剛纔接得一封路上給的信　如今剛剛兒的可以掐着指頭兒算日子了

注詳　補彙

盼的眼都穿了　不知多咱纔得到来呢　正盼望念着

第九十六條

女孩兒家　只是穩重　不管怎麼着　一味的聽說尊貴可愛　與鼓搭脂粉何干

憑你怎麼打扮　總不出長就的生相　看老家兒們手裏過的人罷咱　都老實渾厚心裏平

靜　那愛趨鮮亮　好學浮華的氣象　一点没有過日子的道理

與針黹上　一個强似一個

第九十七條

要幹事　先打算自己的主腔骨兒　古人說的　作事謀始

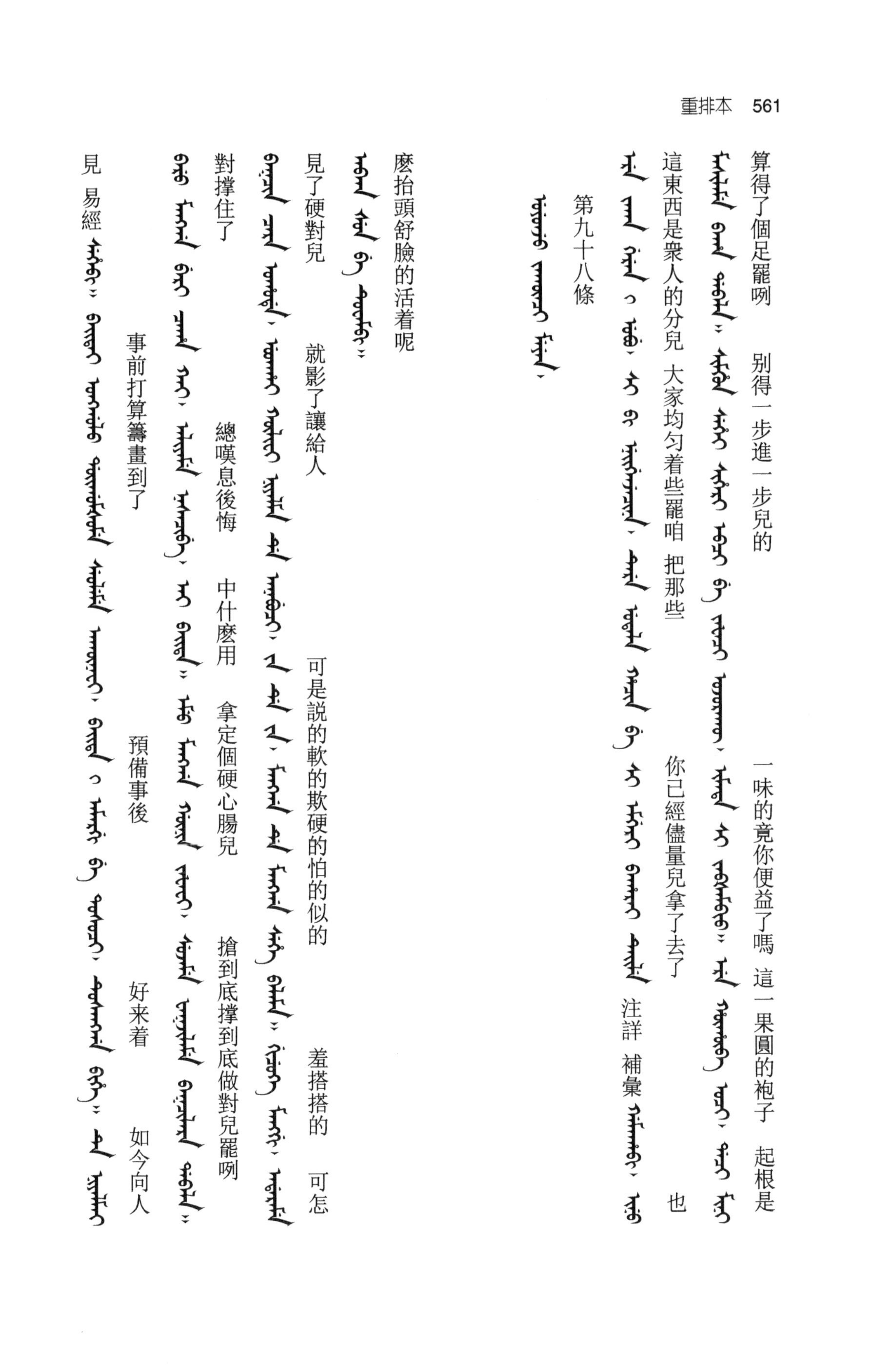

算得了個足罷咧　別得一步進一步兒的　一味的竟你便益了嗎　這一果圓的袍子　起根是

這東西是衆人的分兒　大家均勻着些罷咱　把那些　你已經儘量兒拿了去了　也

注詳　補彙

第九十八條

麼抬頭舒臉的活着呢

見了硬對兒　就影了讓給人　可是說的軟的欺硬的怕的似的　羞搭搭的　可怎

對撐住了　總嘆息後悔　中什麼用　拿定個硬心腸兒　搶到底撐到底做對兒罷咧

事前打算籌畫到了　預備事後　好來着　如今向人

見　易經

我的東西来着 并非是攪混着挑换下的 我是要回去定咧 你也要摟把了去

那可斷乎不能

第九十九條

咱們裏頭 何碍呢 俗話説的 隔墻須有耳 窗外豈無人

阿哥的話太張了 萬一透了風 被人聽見了懷恨那 放着好好的日子不過

無故的自己招亂子 有什麼益處

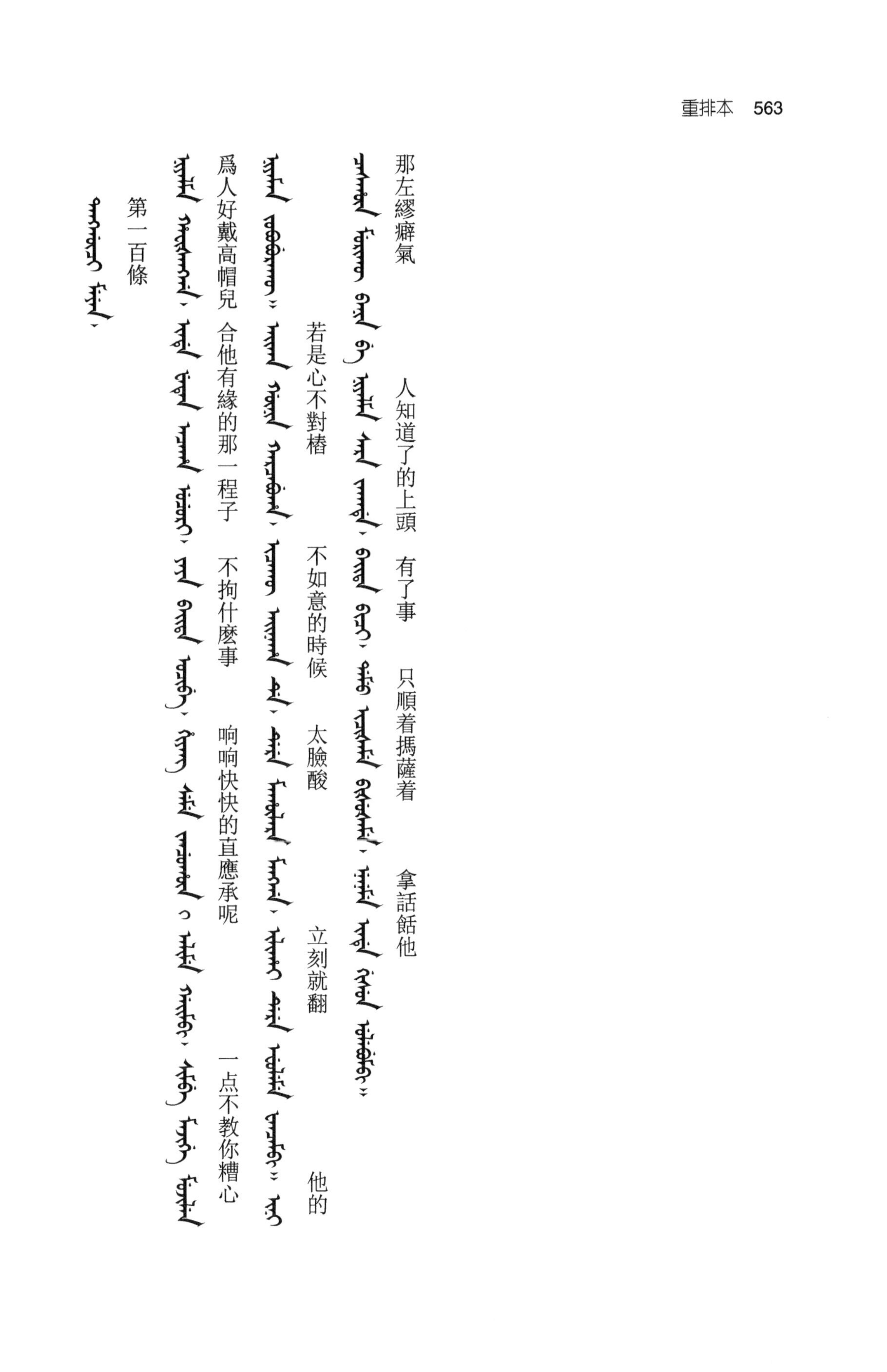

那左繆癖氣　人知道了的上頭　有了事　只順着搗薩着　拿話餂他

若是心不對樁　不如意的時候　太臉酸　立刻就翻　他的

爲人好戴高帽兒　合他有緣的那一程子　不拘什麼事　响响快快的直應承呢　一点不教你糟心

第一百條

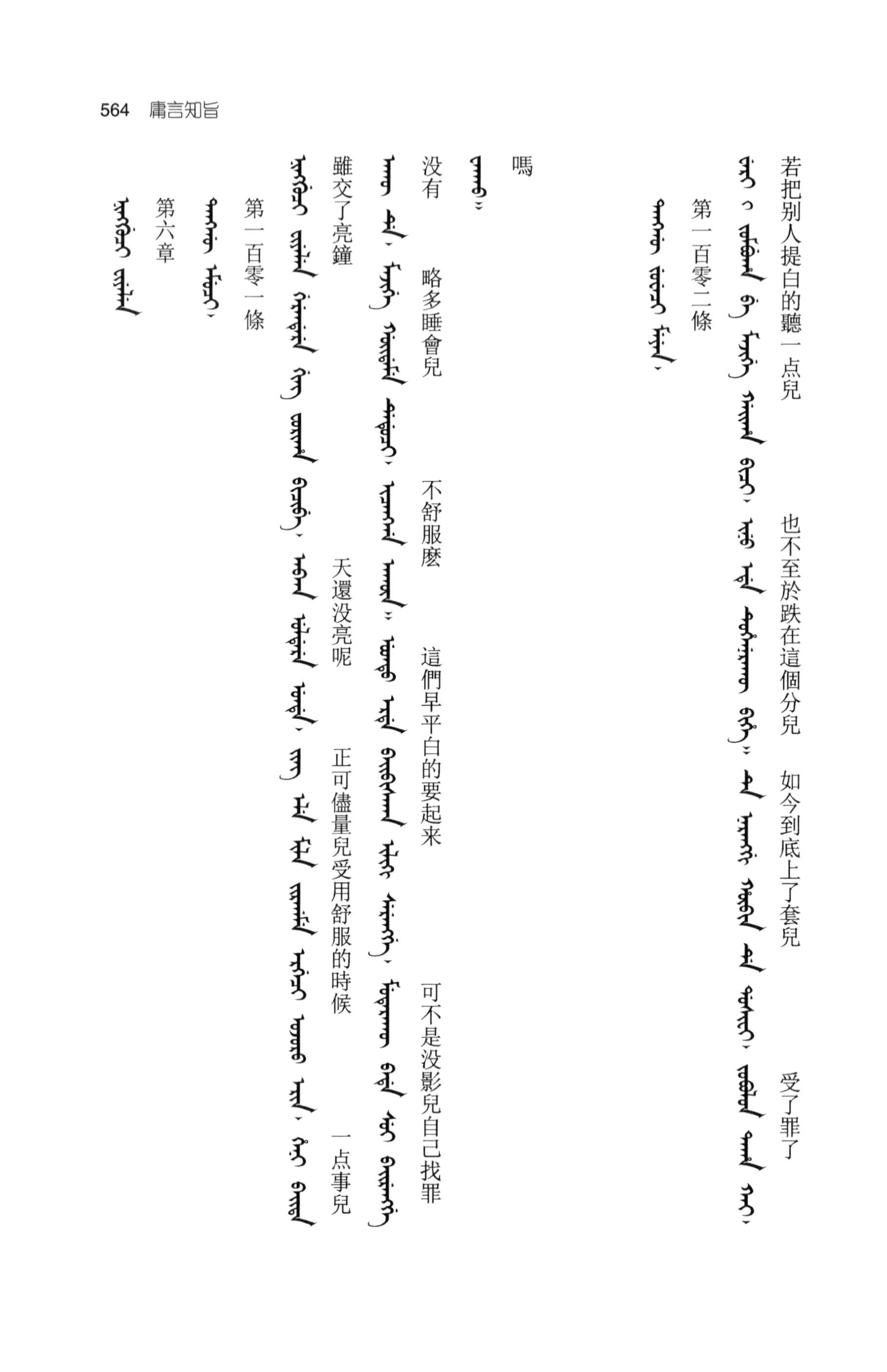

若把別人提白的聽一点兒　也不至於跌在這個分兒　如今到底上了套兒　受了罪了

第一百零二條

嗎

没有　略多睡會兒　不舒服麼　這們早平白的要起来　可不是没影兒自己找罪

雖交了亮鐘　天還没亮呢　正可儘量兒受用舒服的時候　一点事兒

第一百零一條

第六章

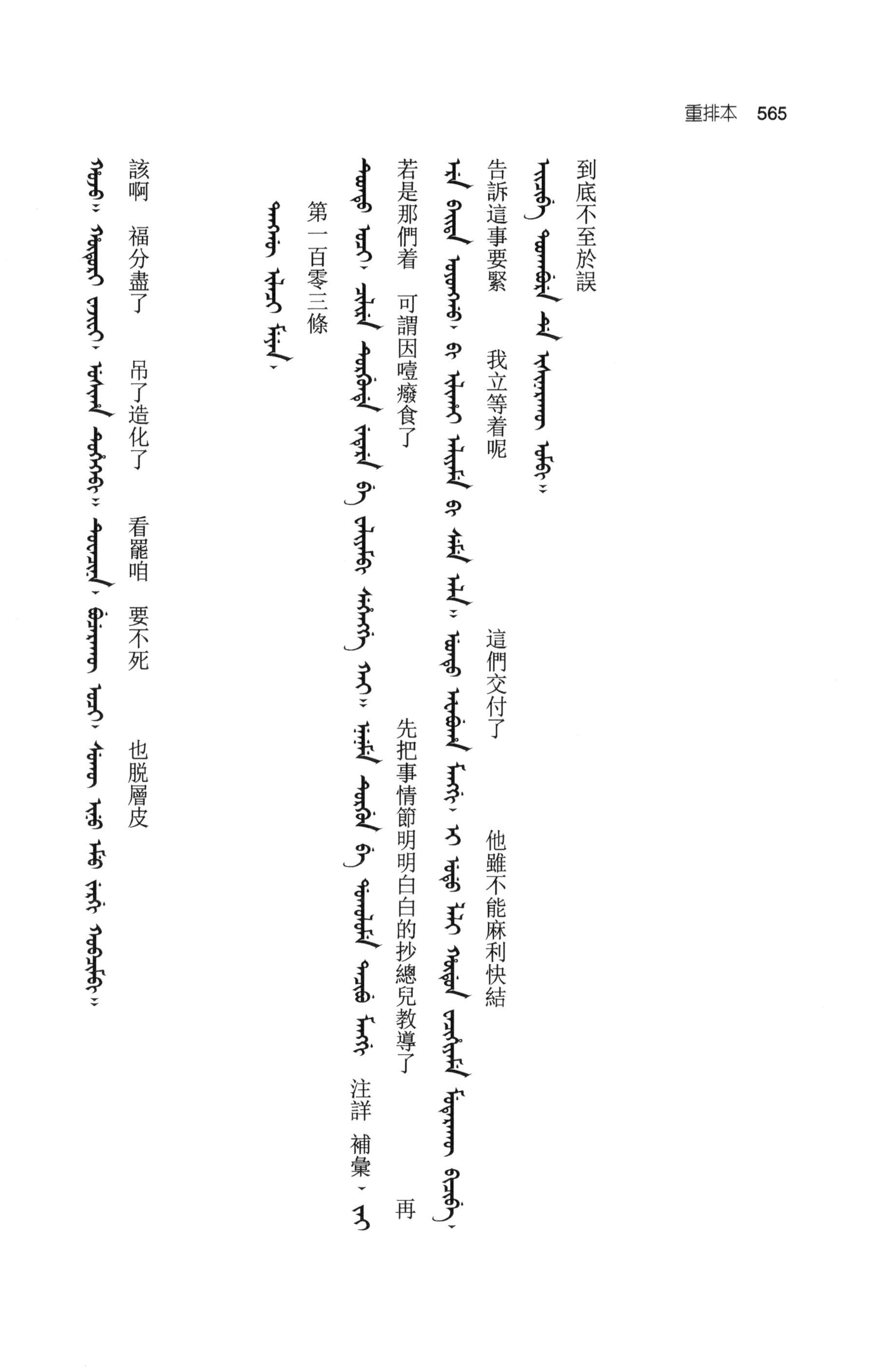

到底不至於誤

告訴這事要緊　我立等着呢　這們交付了　他雖不能麻利快結

若是那們着　可謂因噎癈食了　先把事情節明明白白的抄總兒教導了　再

注詳　補彙、

第一百零三條

該啊　福分盡了　吊了造化了　看罷咱　要不死　也脫層皮

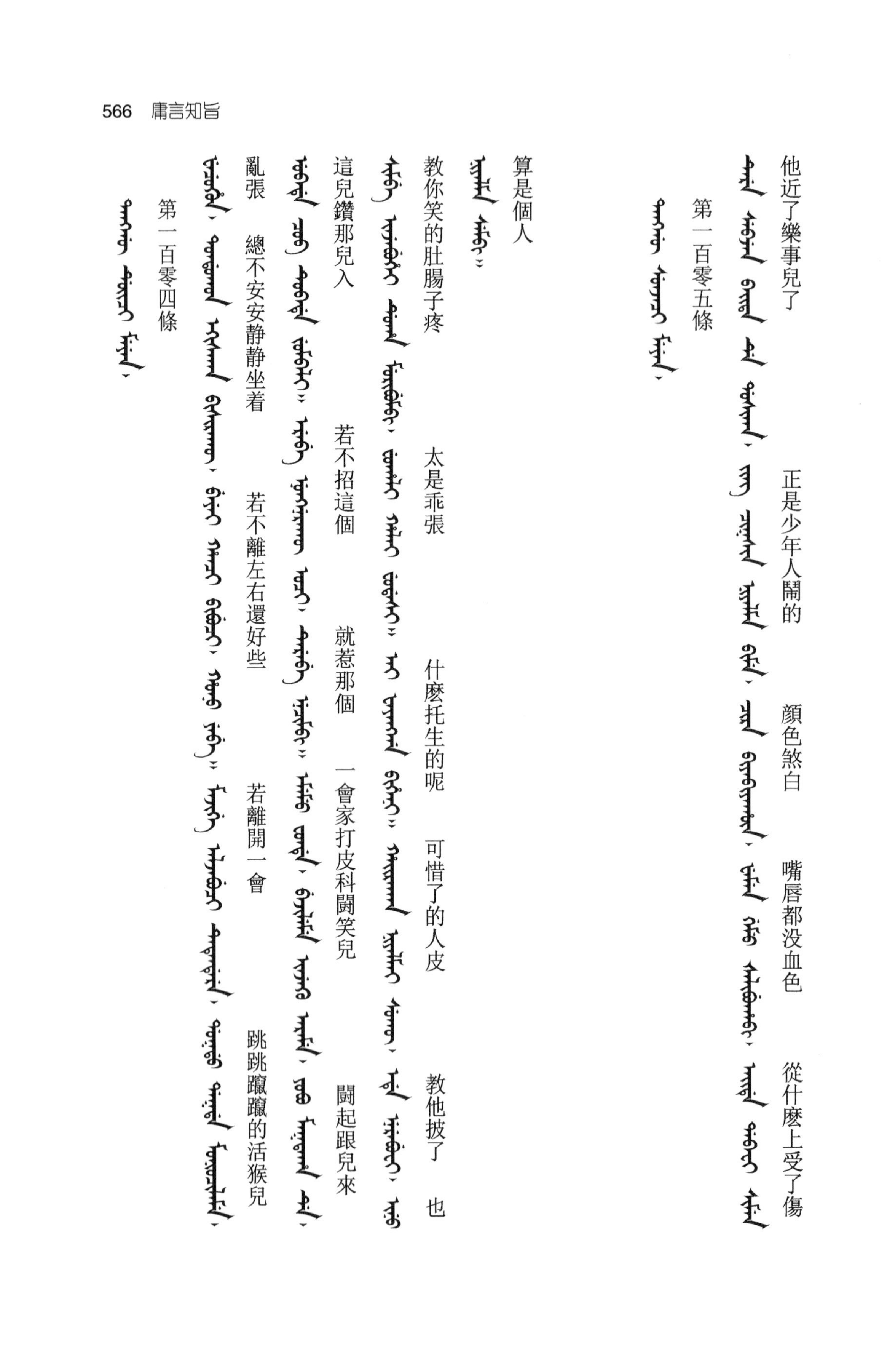

第一百零四條

亂張　總不安安靜靜坐着　若不離左右還好些　若離開一會　跳跳躥躥的活猴兒

這兒鑽那兒入　若不招這個　就惹那個　一會家打皮科鬪笑兒　鬪起跟兒來

教你笑的肚腸子疼　太是乖張　什麼托生的呢　可惜了的人皮　教他披了　也

算是個人

第一百零五條

他近了樂事兒了　正是少年人鬧的　顏色煞白　嘴唇都没血色　從什麼上受了傷

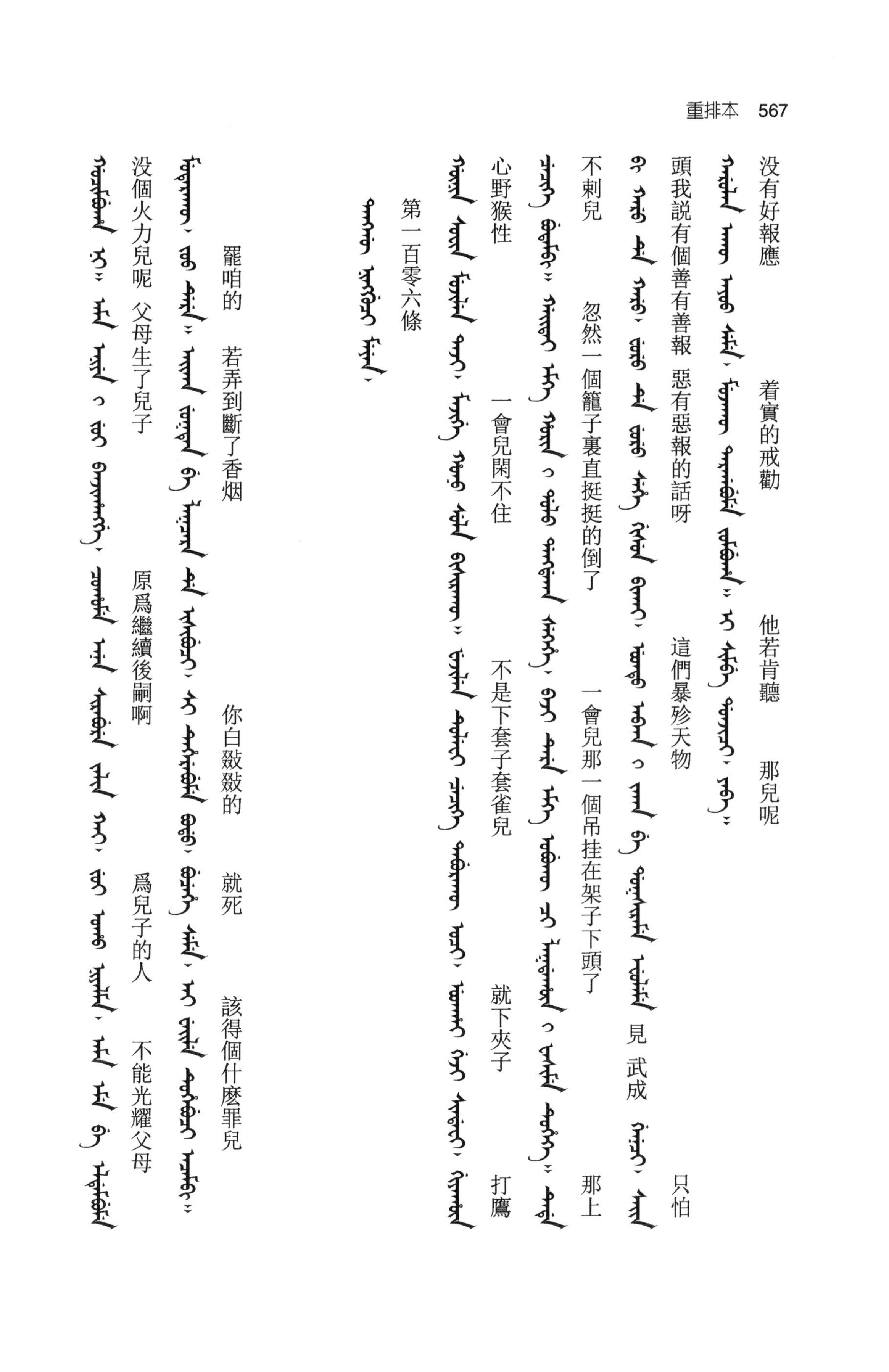

没有好報應 着實的戒勸 他若肯聽 那兒呢

頭我說有個善有善報 惡有惡報的話呀 這們暴殄天物 見 武成 只怕

不剌兒 忽然一個籠子裏直挺挺的倒了 一會兒那一個吊挂在架子下頭了 那上

心野猴性 一會兒閑不住 不是下套子套雀兒 就下夾子 打鷹

第一百零六條

罷咱的 若弄到斷了香烟 你白敪敪的 就死 該得個什麼罪兒

没個火力兒呢 父母生了兒子 原爲繼續後嗣啊 爲兒子的人 不能光耀父母

竟不是作孽嗎

心內咚的一下子受不得了 行這樣忍心害理 殺生害命的事

狠啊 那雀兒的心 突突的跳着不止 連肉還禿酥禿酥的跳呢 那上頭我

把那雀兒的翅膀拿起來 哼叉的拉了兩半 就喂了鷹不剌兒 我上前一瞧 好

就過去 鷹不剌兒一嘴咬住 拿爪子抓着 琶拉琶拉一齊滾下來了 他笑密嘻兒的

兒上了 那小雀兒見了 當是他娘打着食來了 嘰兒喳兒的搧翅兒

他把鷹不剌兒 架在指頭上 手捏着脖索兒 把手一聳 鷹不剌落在樹枝

第一百零七條

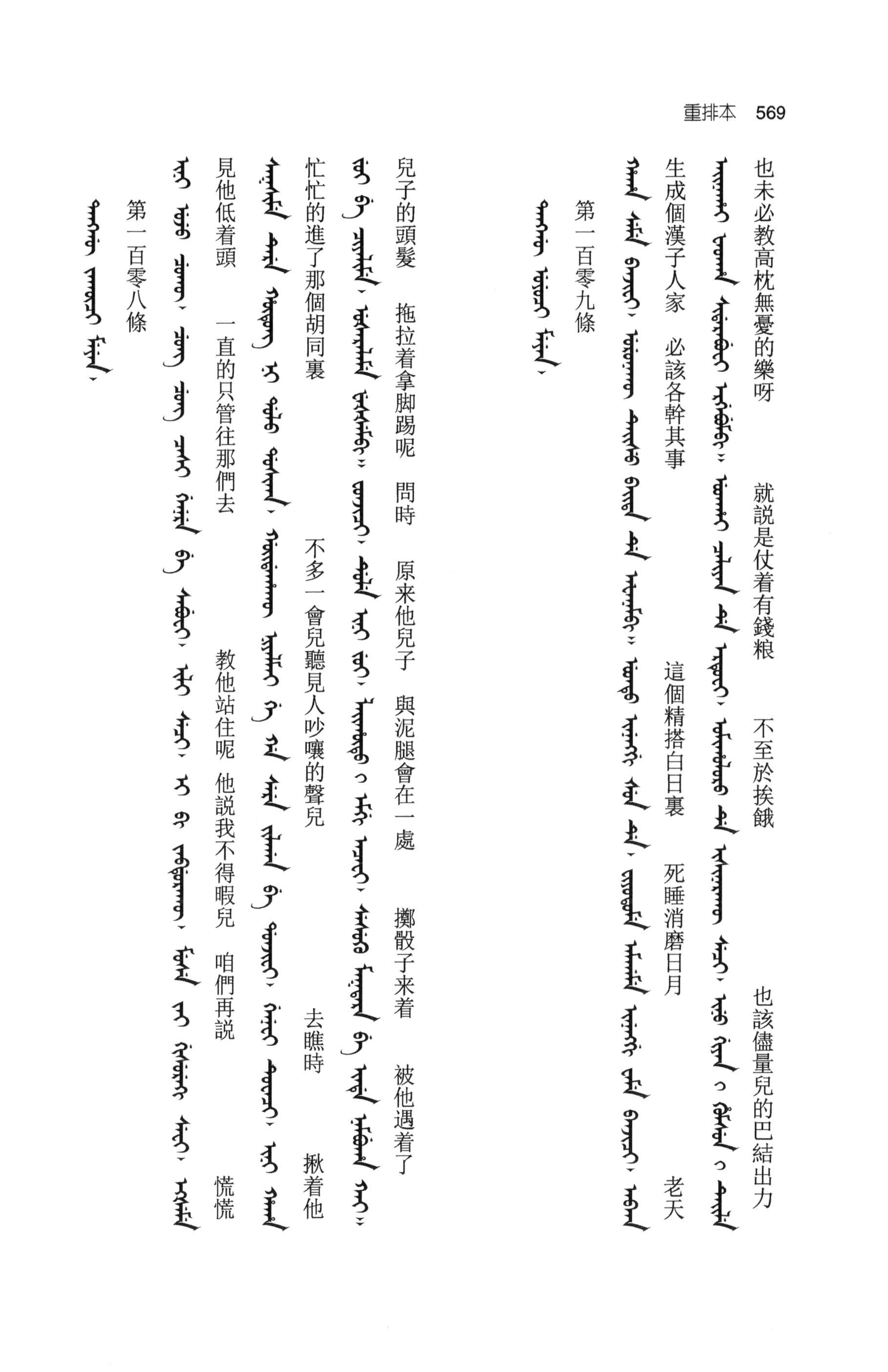

也未必教高枕無憂的樂呀　就說是仗着有錢粮　不至於挨餓　也該儘量兒的巴結出力

生成個漢子人家　必該各幹其事　這個精搭白日裏　死睡消磨日月　老天

第一百零九條

兒子的頭髮　拖拉着拿脚踢呢　問時　原来他兒子　與泥腿會在一處　擲骰子来着　被他遇着了

忙忙的進了那個胡同裏　不多一會兒聽見人吵嚷的聲兒　去瞧時　揪着他

見他低着頭　一直的只管往那們去　教他站住呢　他說我不得暇兒　咱們再說　慌慌

第一百零八條

不然　這一落抽筋巴怪的嘴巴骨連主子的恩典　也未必保得住

第一百一十條

日頭一杆子老高的　纔起来　頭也不梳　臉也不洗　刁上個烟袋　就往街房家串門

子　把門檻子磨明了多少　赶回来　烟早已滅了　灰都落了　還噴兒噴兒

見 對待

的抽搭　那一宗氣味　真要嗆死個人　世上的厭惡行子　除了他再也

没有了

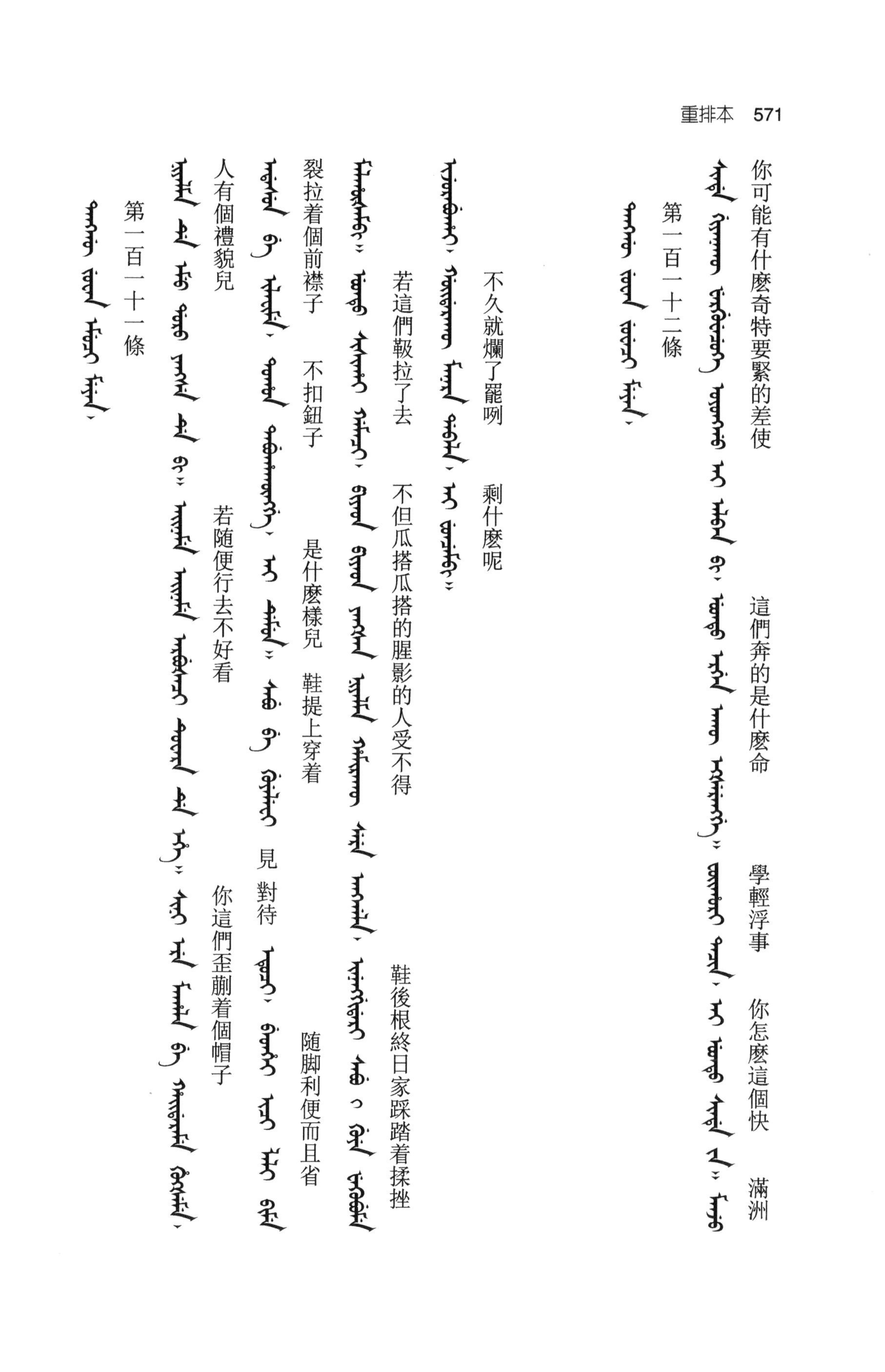

第一百一十一條

人有個禮貌兒　若隨便行去不好看　你這們歪剃着個帽子

裂拉着個前襟子　不扣鈕子　是什麼樣兒　鞋提上穿着　見對待　隨脚利便而且省

若這們靸拉了去　不但瓜搭瓜搭的腥影的人受不得　鞋後根終日家踩踏着揉挫

不久就爛了罷咧　剩什麼呢

第一百一十二條

你可能有什麼奇特要緊的差使　這們奔的是什麼命　學輕浮事　你怎麼這個快　滿洲

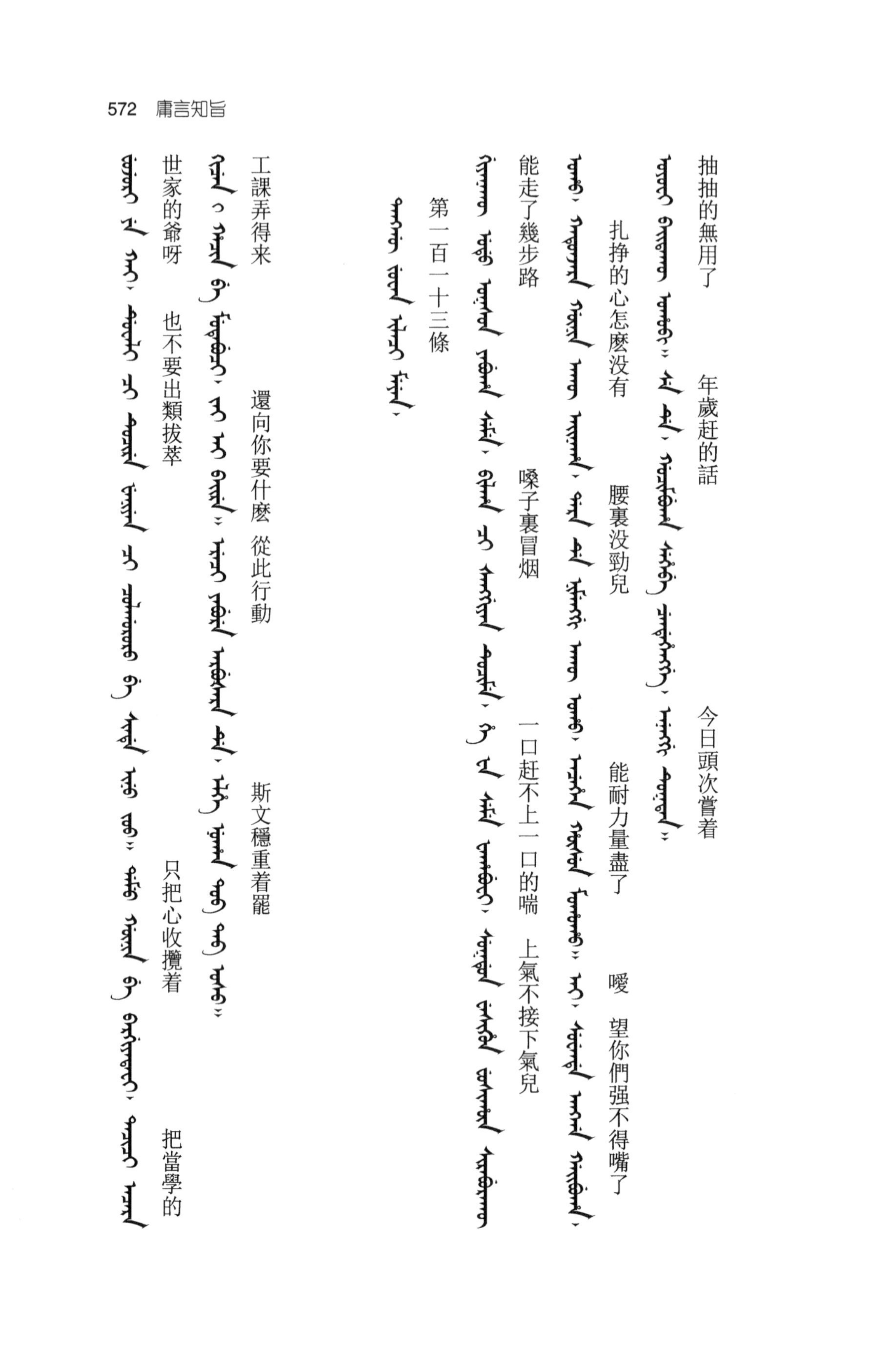

抽抽的無用了　年歲赶的話　今日頭次嘗着

扎挣的心怎麽没有　腰裏没勁兒　能耐力量盡了　嗳　望你們强不得嘴了

能走了幾步路　嗓子裏冒烟　一口赶不上一口的喘　上氣不接下氣兒

第一百一十三條

工課弄得來　還向你要什麽　從此行動　斯文穩重着罷

世家的爺呀　也不要出類拔萃　只把心收攬着　把當學的

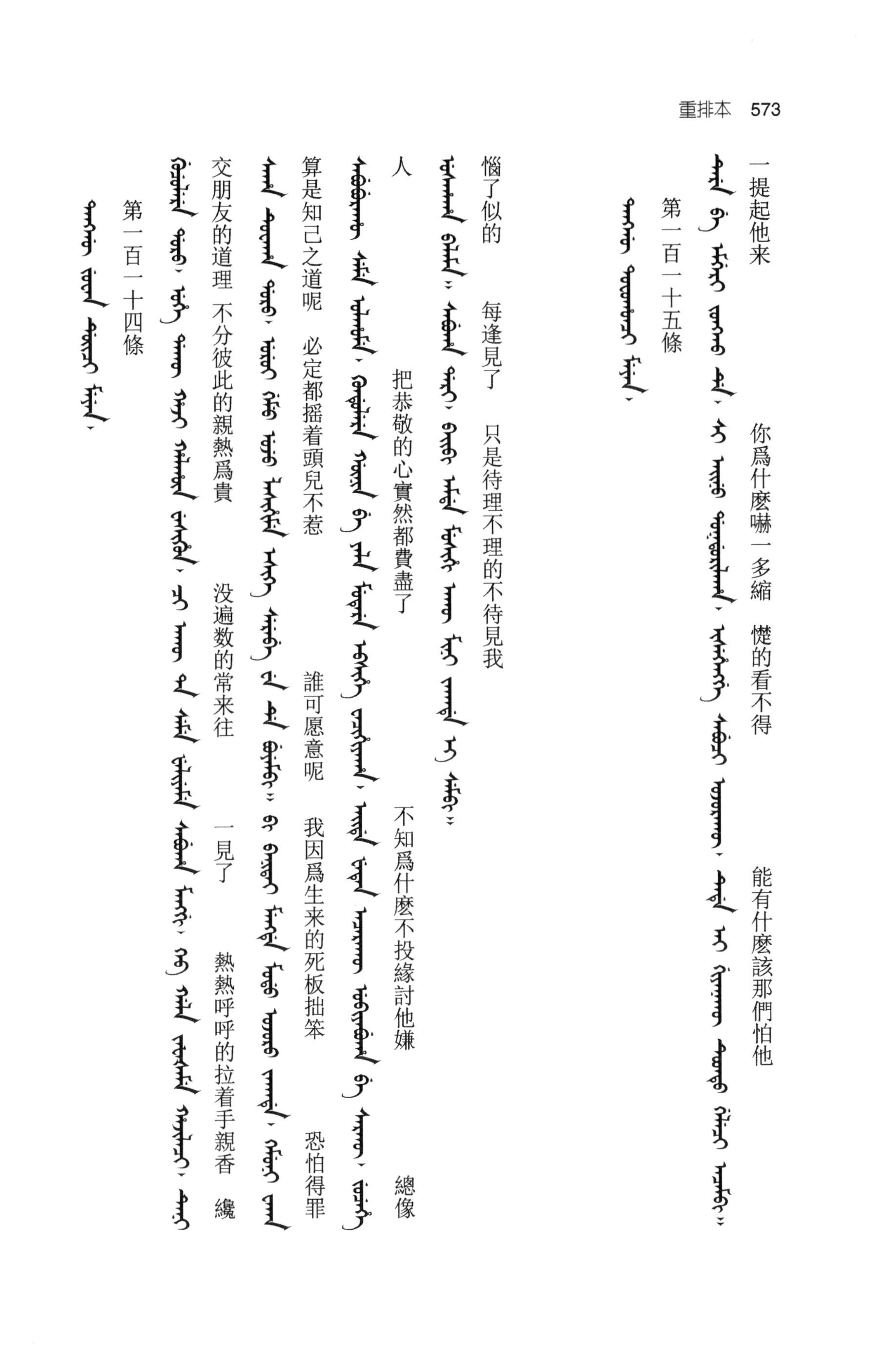

一提起他来　你爲什麼唬一多縮　㦗的看不得　能有什麼該那們怕他

第一百一十五條

惱了似的　每逢見了　只是待理不理的不待見我

人　把恭敬的心實然都費盡了　不知爲什麼不投縁討他嫌　總像

算是知己之道呢　必定都摇着頭兒不惹　誰可愿意呢　我因爲生来的死板拙笨　恐怕得罪

交朋友的道理　不分彼此的親熱爲貴　没遍数的常来往　一見了　熱熱呼呼的拉着手親香　纔

第一百一十四條

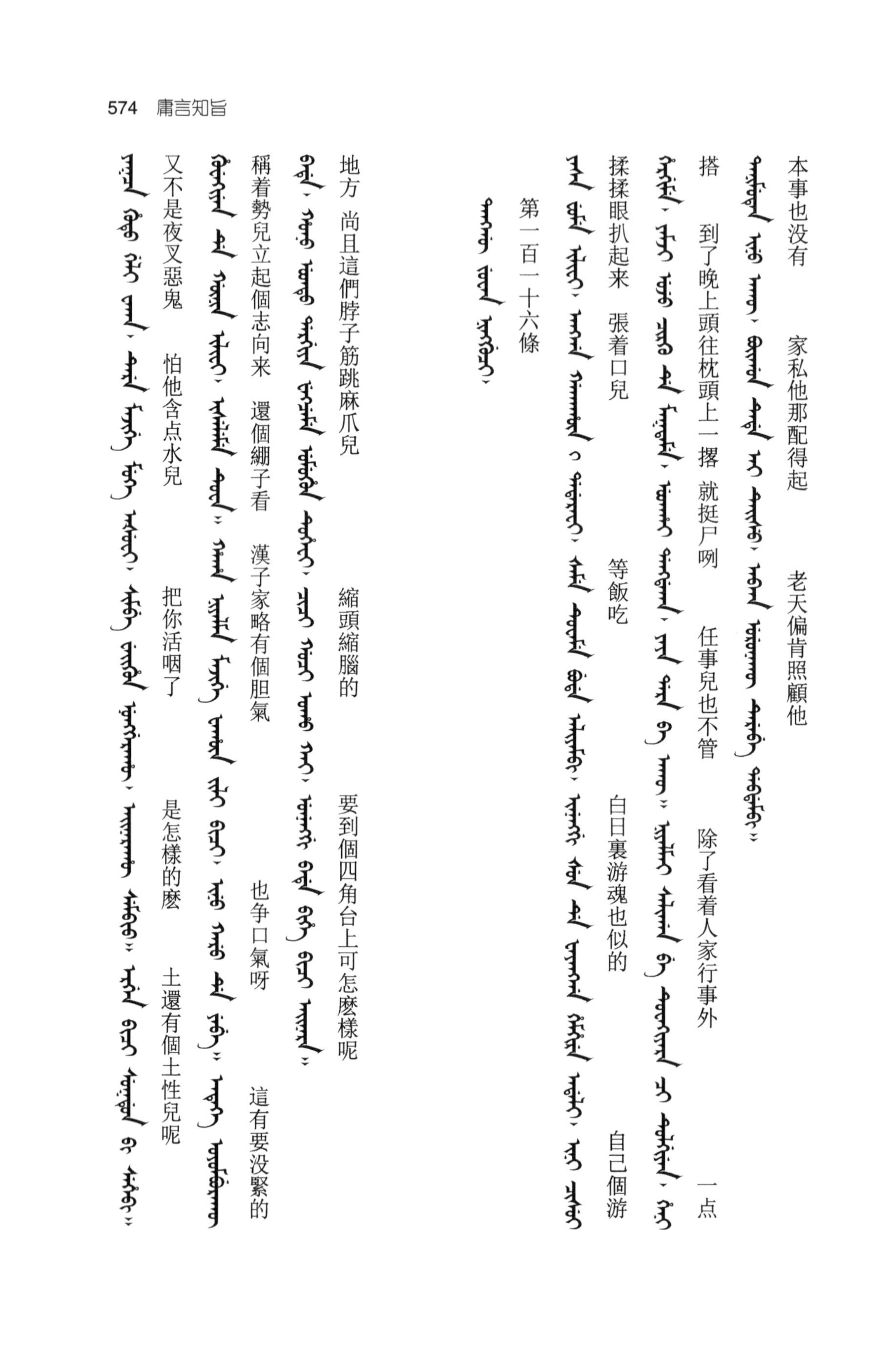

本事也没有　家私他那配得起　老天偏肯照顧他

搭　到了晚上頭往枕頭上一擱　就挺尸咧　任事兒也不管　除了看着人家行事外　一点

揉揉眼扒起来　張着口兒　等飯吃　白日裏游魂也似的　自己個游

第一百一十六條

地方　尚且這們脖子筋跳麻爪兒　縮頭縮腦的　要到個四角台上可怎麼樣呢

稱着勢兒立起個志向來　還個繃子看　漢子家略有個胆氣　也爭口氣呀　這有要没緊的

又不是夜叉惡鬼　怕他含点水兒　把你活咽了　是怎樣的麼　土還有個土性兒呢

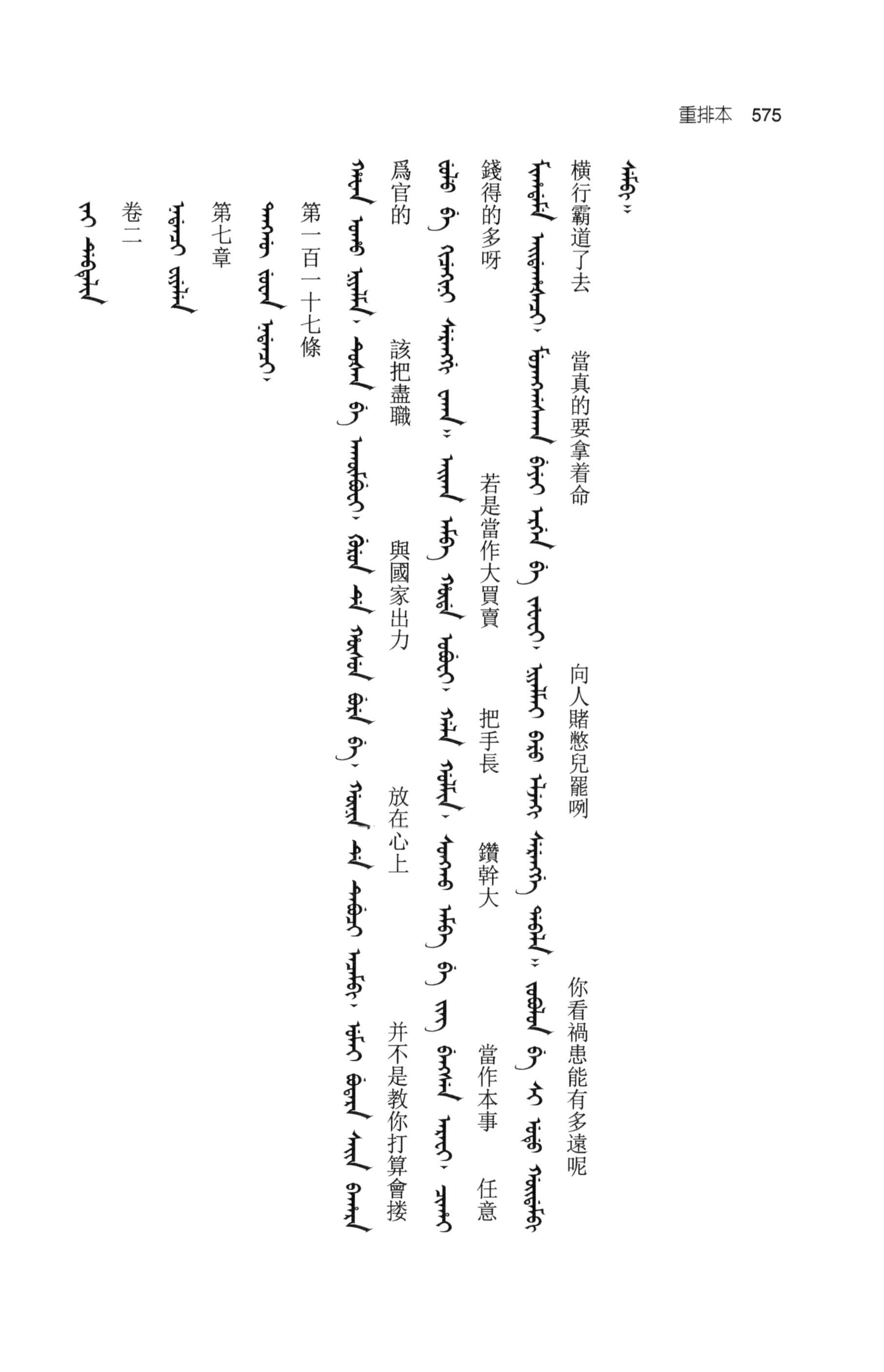

橫行霸道了去　當真的要拿着命　向人賭憋兒罷咧　你看禍患能有多遠呢

錢得的多呀　若是當作大買賣　把手長　鑽幹大　當作本事　任意

爲官的　該把盡職　與國家出力　放在心上　并不是教你打算會摟

第一百一十七條

第七章

卷二

第一百一十八條

那不過是個罰俸的不是 入彙題的事情 沒一点可怕處 來不來的這兒那兒的

預備發忙 什麼了當那兒呢 離着老早的這會兒先發毛 等到根前罷咱 這們

個漢子麼 比這個要再有些磕拌爲難的事 可怎麼能自然安安頓頓的料理呢

第一百一十九條

你說他不是在當差的地方鮮明麼 我不那們想 你年久而且有巴結 大人是明鏡

兒啊 一會一會兒的事有甚麼定準 預備着換頂子罷 別鬧大方模兒 倘若挑選上 引見的日子

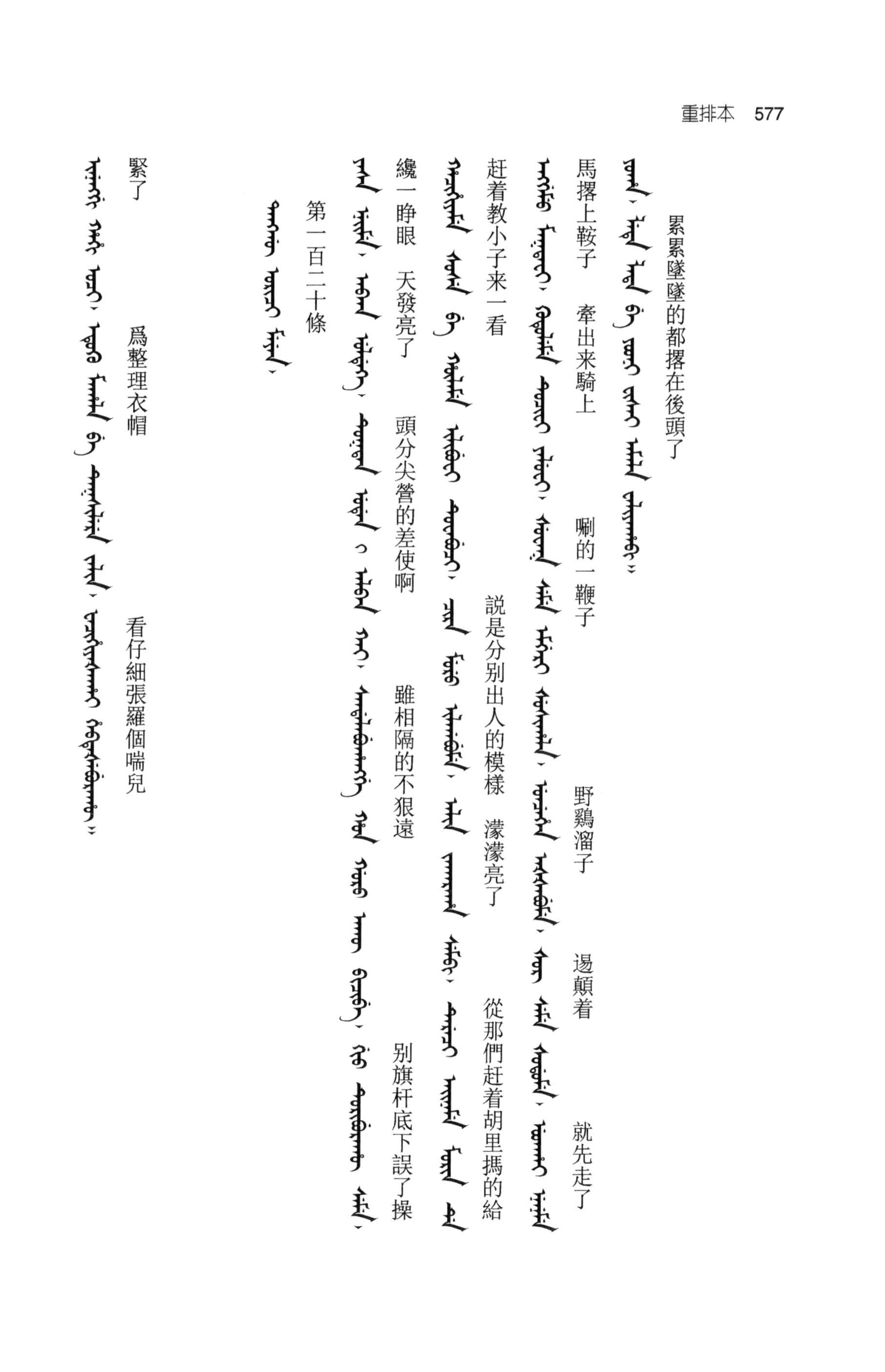

累累墜墜的都撂在後頭了

馬撂上鞍子 牽出来騎上 唰的一鞭子 野鷄溜子 逿顛着 就先走了

赶着教小子来一看 說是分别出人的模樣 濛濛亮了 從那們赶着胡里搗的給

纔一睁眼 天發亮了 頭分尖營的差使啊 雖相隔的不狠遠 別旗杆底下誤了操

第一百二十條

緊了 為整理衣帽 看仔細張羅個喘兒

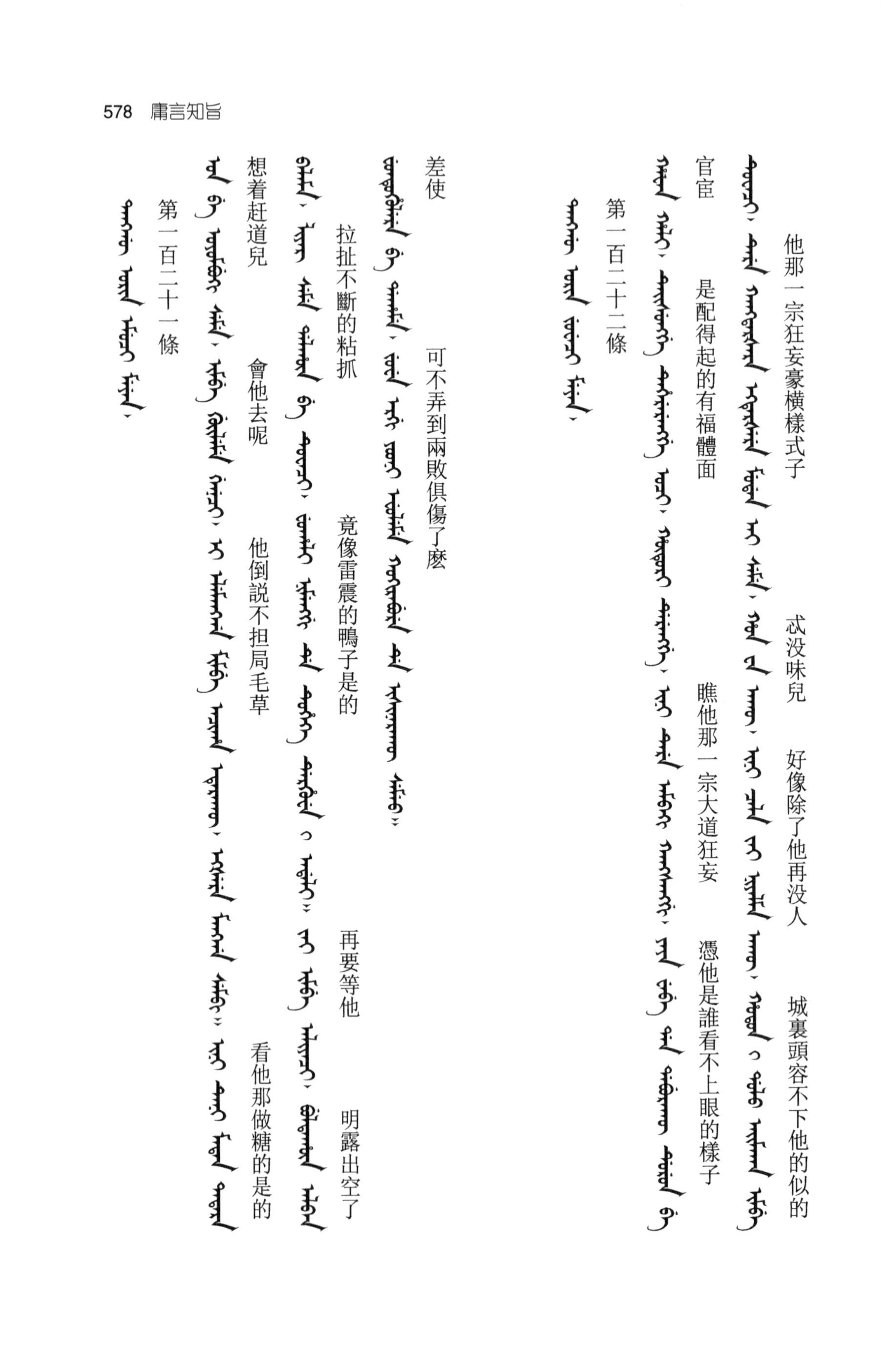

第一百二十一條

想着赶道兒 會他去呢 他倒說不担局毛草 看他那做糖的是的

拉扯不斷的粘抓 竟像雷震的鴨子是的 再要等他 明露出空了

差使 可不弄到兩敗俱傷了麽

第一百二十二條

官宦 是配得起的有福體面 瞧他那一宗大道狂妄 憑他是誰看不上眼的樣子

他那一宗狂妄豪横樣式子 忒没味兒 好像除了他再没人 城裏頭容不下他的似的

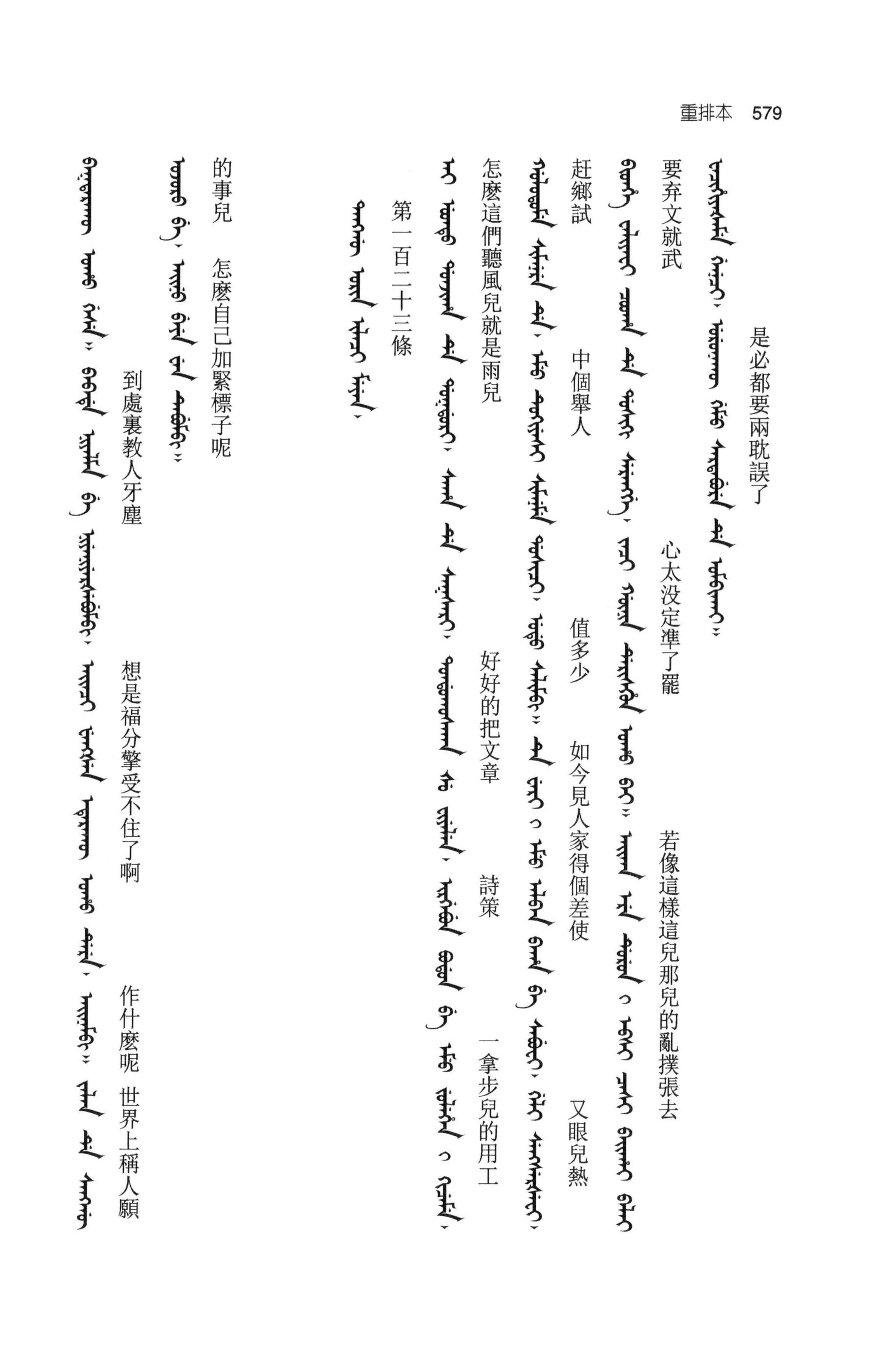

是必都要兩耽誤了

要弃文就武　心太没定準了罷　若像這樣這兒那兒的亂撲張去

赶鄉試　中個舉人　值多少　如今見人家得個差使　又眼兒熱

怎麼這們聽風兒就是雨兒　好好的把文章　詩策　一拿步兒的用工

第一百二十三條

ᡝᠮᡠ ᡨᠠᠩᡤᡡ ᠣᡵᡳᠨ ᡳᠯᠠᠴᡳ

的事兒　怎麼自己加緊標子呢

到處裏教人牙塵　想是福分擎受不住了啊　作什麼呢　世界上稱人願

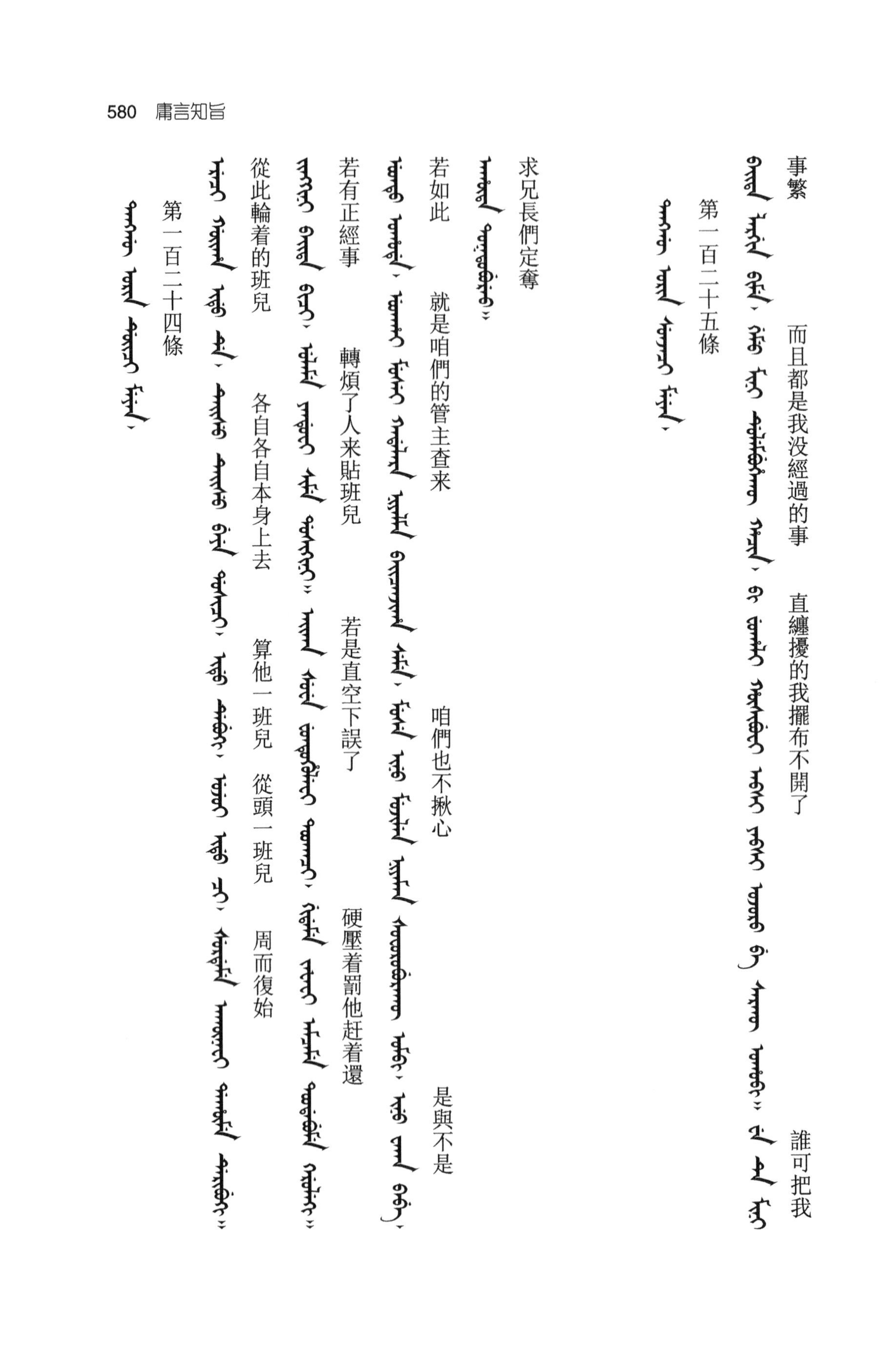

第一百二十四條

從此輪着的班兒　各自各自本身上去　算他一班兒　從頭一班兒　周而復始

若有正經事　轉煩了人來貼班兒　若是直空下誤了　硬壓着罰他赶着還

若如此　就是咱們的管主查来　咱們也不揪心　是與不是

求兄長們定奪

第一百二十五條

事繁　而且都是我没經過的事　直纏擾的我擺布不開了　誰可把我

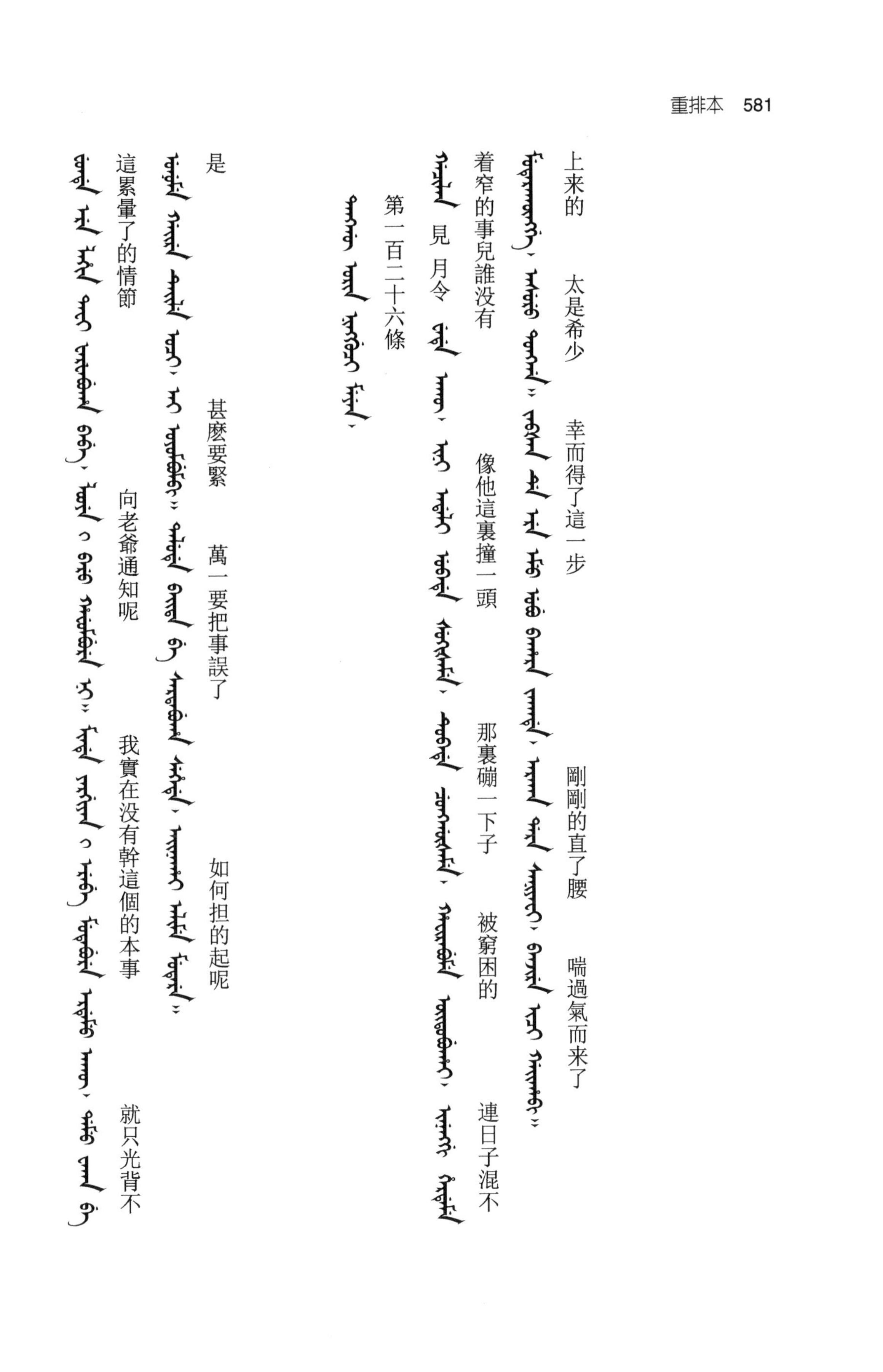

上来的 太是希少 幸而得了這一步 剛剛的直了腰 喘過氣而来了

着窄的事兒誰没有 見月令 像他這裏撞一頭 那裏碰一下子 被窮困的 連日子混不

第一百二十六條

是 甚麽要緊 萬一要把事誤了 如何担的起呢

這累暈了的情節 向老爺通知呢 我實在没有幹這個的本事 就只光背不

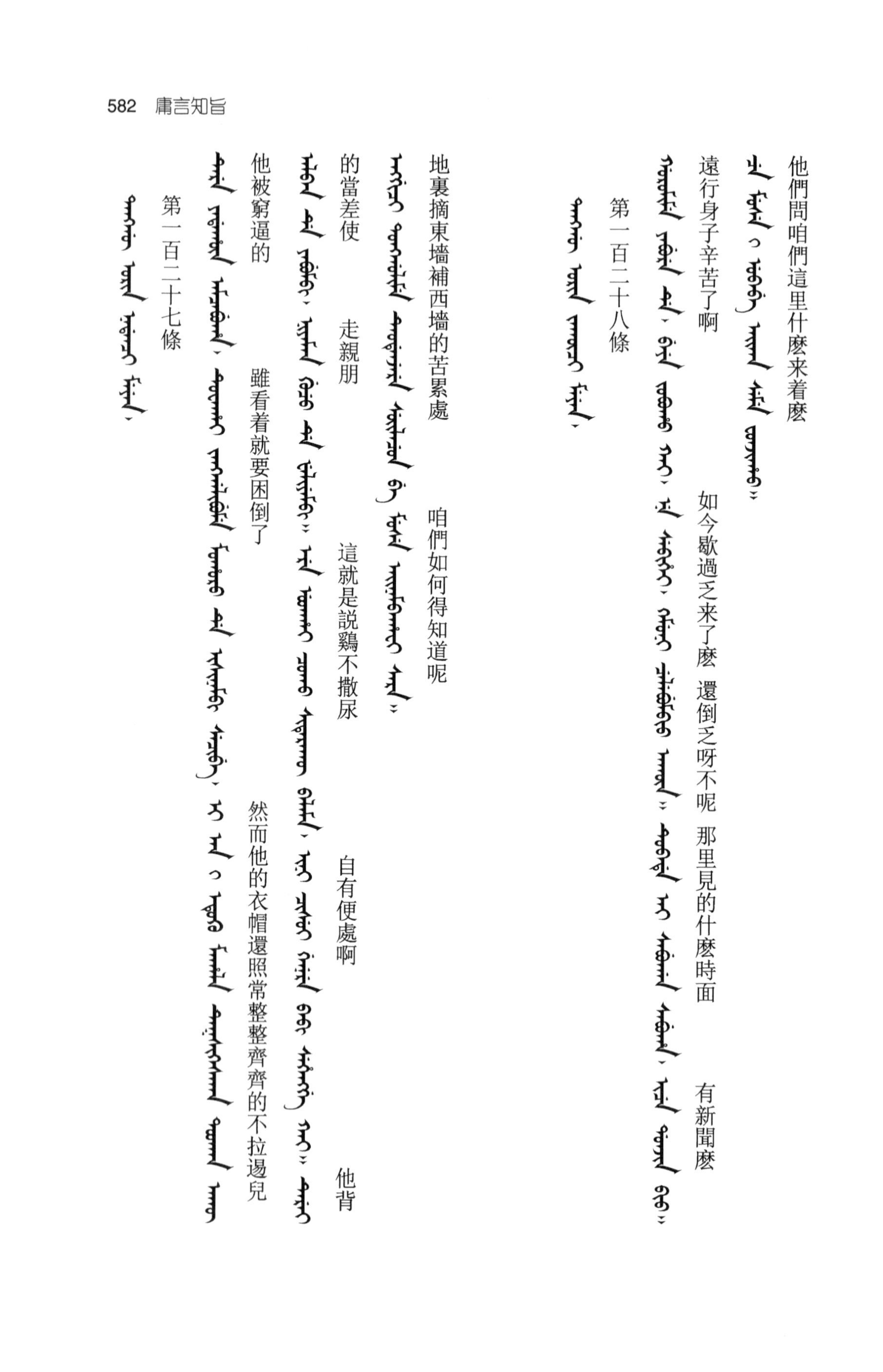

他們問咱們這里什麼来着麼

遠行身子辛苦了啊　如今歇過乏来了麼　還倒乏呀不呢　那里見的什麼時面　有新聞麼

第一百二十八條

地裏摘東墻補西墻的苦累處　咱們如何得知道呢

的當差使　走親朋　這就是説鷄不撒尿　自有便處啊　他背

他被窮逼的　雖看着就要困倒了　然而他的衣帽還照常整整齊齊的不拉遢兒

第一百二十七條

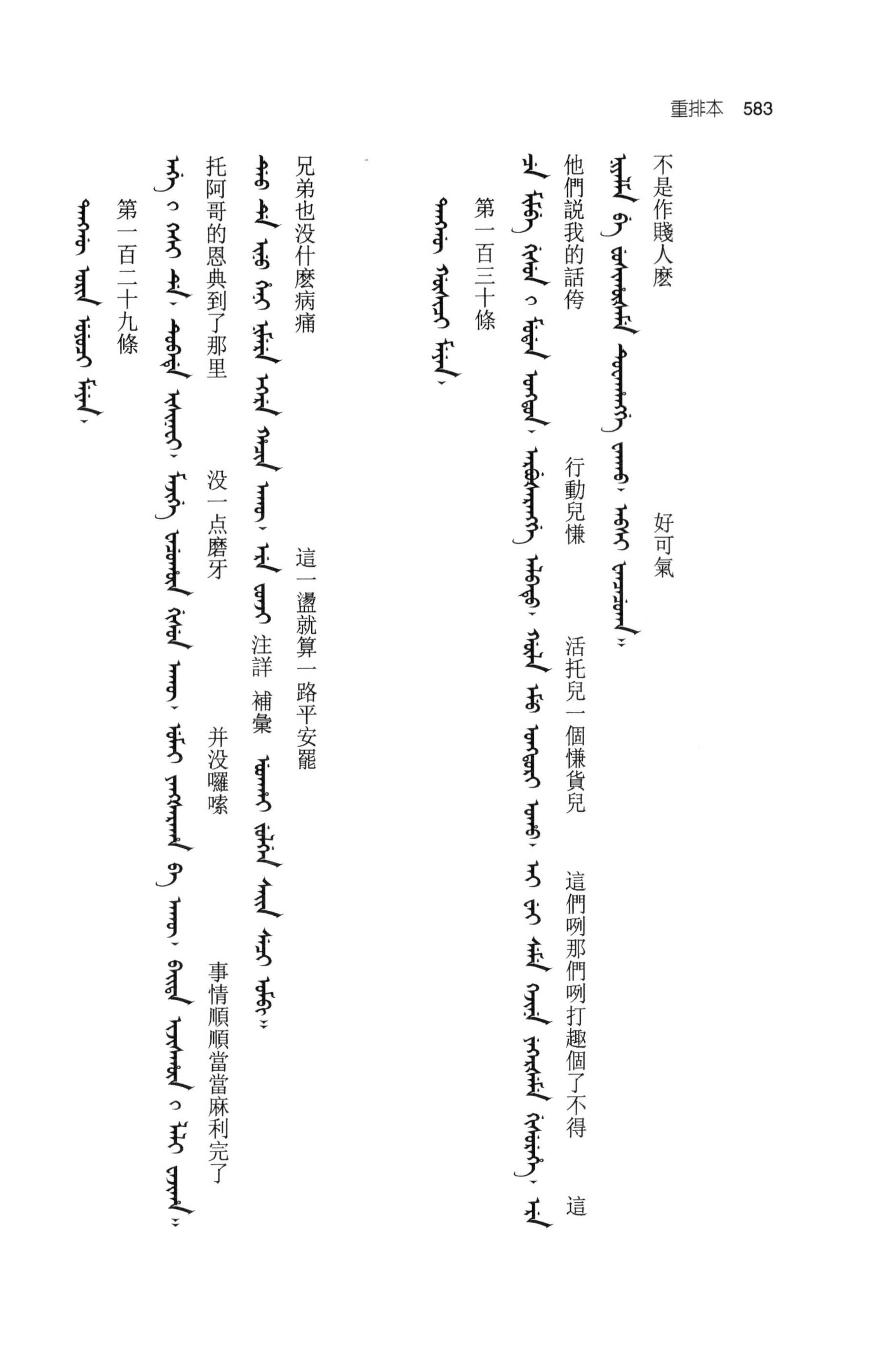

不是作賤人麼 好可氣

他們說我的話侉 行動兒慷 活托兒一個慷貨兒 這們咧那們咧打趣個了不得 這

第一百三十條

兄弟也没什麼病痛 這一盪就算一路平安罷

注詳 補彙

托阿哥的恩典到了那里 没一点磨牙 并没囉嗦 事情順順當當麻利完了

第一百二十九條

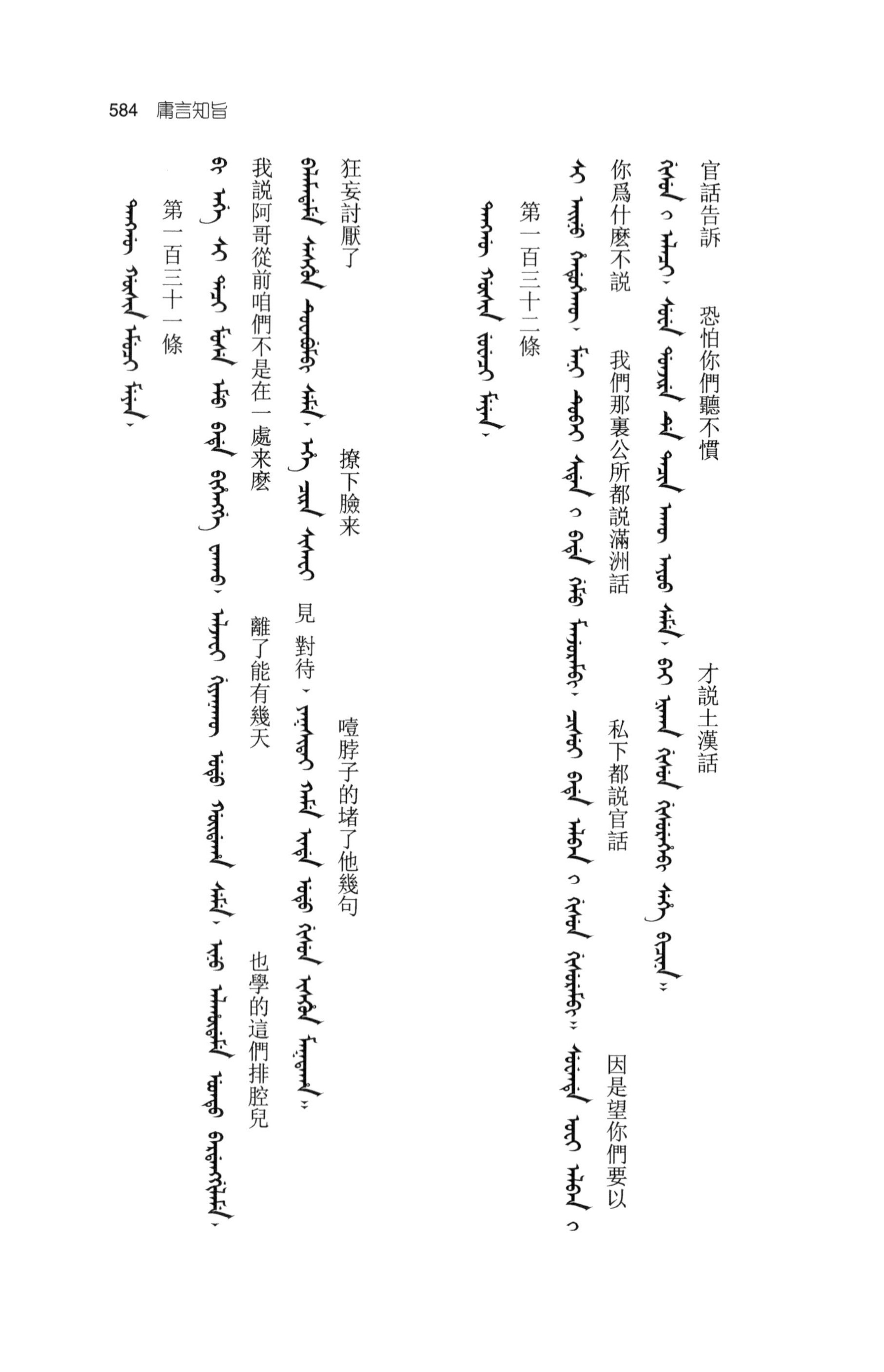

第一百三十一條

我說阿哥從前咱們不是在一處來麼 離了能有幾天 也學的這們排腔兒

狂妄討厭了 撩下臉来 見 對待 噎脖子的堵了他幾句

第一百三十二條

你爲什麼不說 我們那裏公所都說滿洲話 私下都說官話 因是望你們要以

官話告訴 恐怕你們聽不慣 才說土漢話

ᡨᠠᠩᡤᡡ ᡤᡡᠰᡳᠨ ᡳᠯᠠᠴᡳ ᡶᡳᠶᡝᠯᡝᠨ

第一百三十三條

輪着的班兒　照例的該　夥伴内有了事故　該連班該補班的就替當

但只愿意歇班　打算脱班　不然混局兒到来　起了更　巡查的人一

過去　就偷着溜了　那就是差使上　自己没有盡忠了啊

ᡨᠠᠩᡤᡡ ᡤᡡᠰᡳᠨ ᡩᡠᡳᠴᡳ ᡶᡳᠶᡝᠯᡝᠨ

第一百三十四條

咱們一個跟着一個的走来着　到了那井根前　飲了飲馬　膏了膏車　見小

雅　略耽誤了一會的工夫　你們就走出好遠的去了　我拉下老遠的了　并没有厚雪屯了車

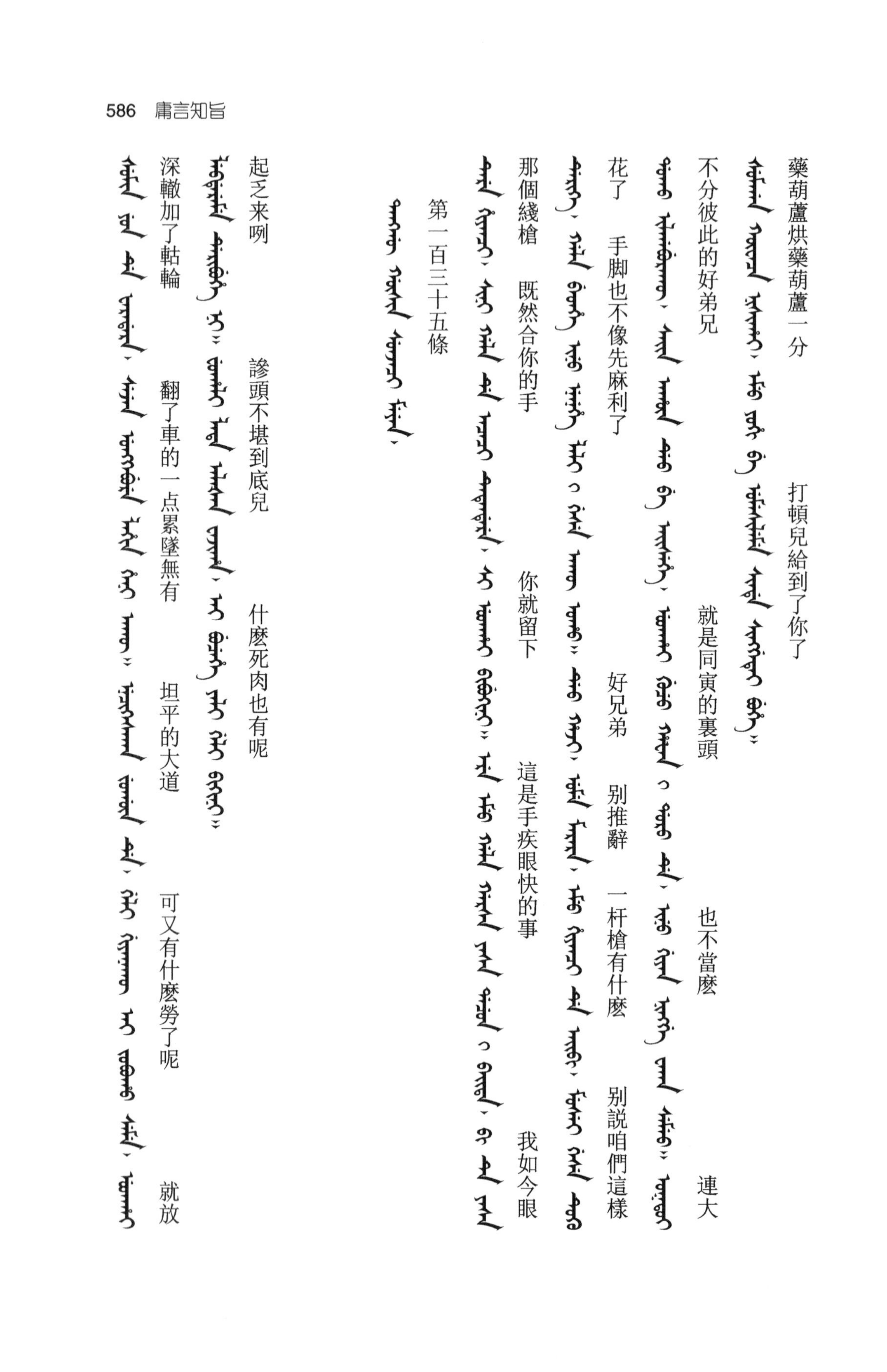

藥葫蘆烘藥葫蘆一分　打頓兒給到了你了

不分彼此的好弟兄　就是同寅的裏頭　也不當麼　連大

花了　手脚也不像先麻利了　好兄弟　別推辭　一杆槍有什麼　別說咱們這様

那個綫槍　既然合你的手　你就留下　這是手疾眼快的事　我如今眼

第一百三十五條

起之来咧　謬頭不堪到底兒　什麼死肉也有呢

深轍加了軲輪　翻了車的一点累墜無有　坦平的大道　可又有什麼勞了呢　就放

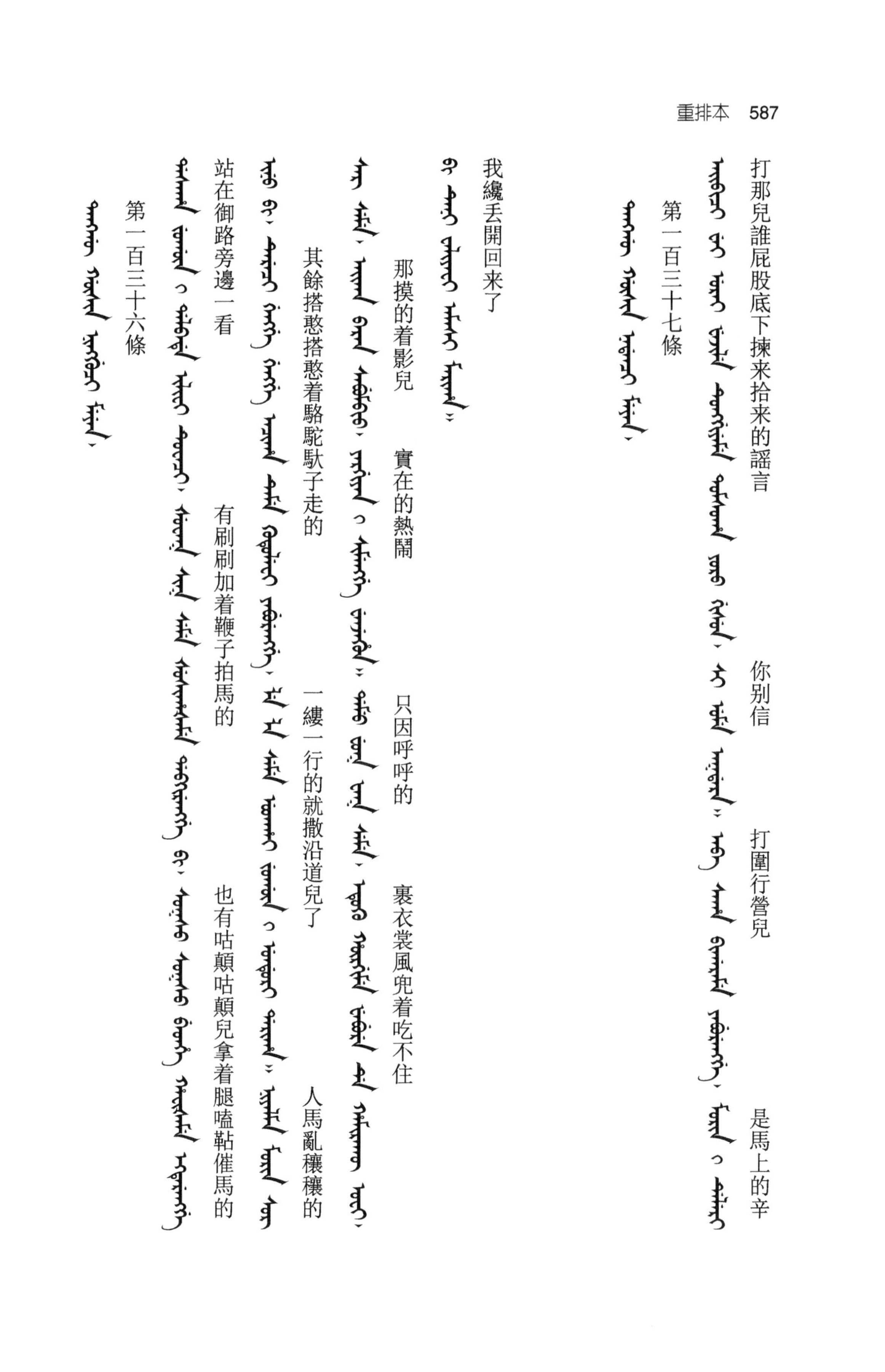

打那兒誰屁股底下揀来拾来的謡言　你別信　打圍行營兒　是馬上的辛

第一百三十七條

我纔丟開回来了

那摸的着影兒　實在的熱鬧　只因呼呼的　裏衣裳風兜着吃不住

其餘搭憨搭憨着駱駝馱子走的　一縷一行的就撒沿道兒了　人馬亂穰穰的

站在御路旁邊一看　有刷刷加着鞭子拍馬的　也有咕顛咕顛兒拿着腿嗑黏催馬的

第一百三十六條

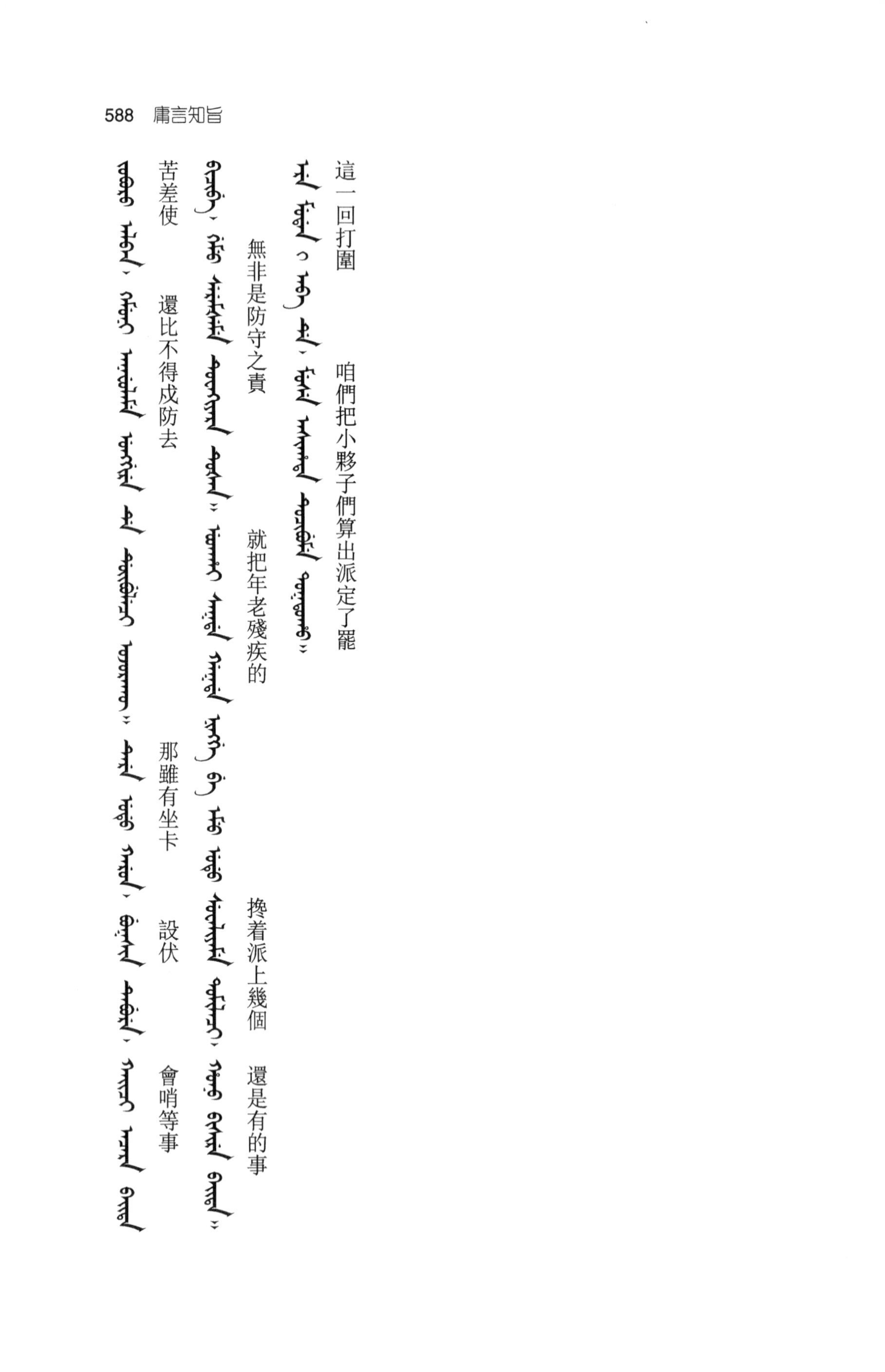

這一回打圍 咱們把小夥子們算出派定了罷

無非是防守之責 就把年老殘疾的 搀着派上幾個 還是有的事

苦差使 還比不得戍防去 那雖有坐卡 設伏 會哨等事

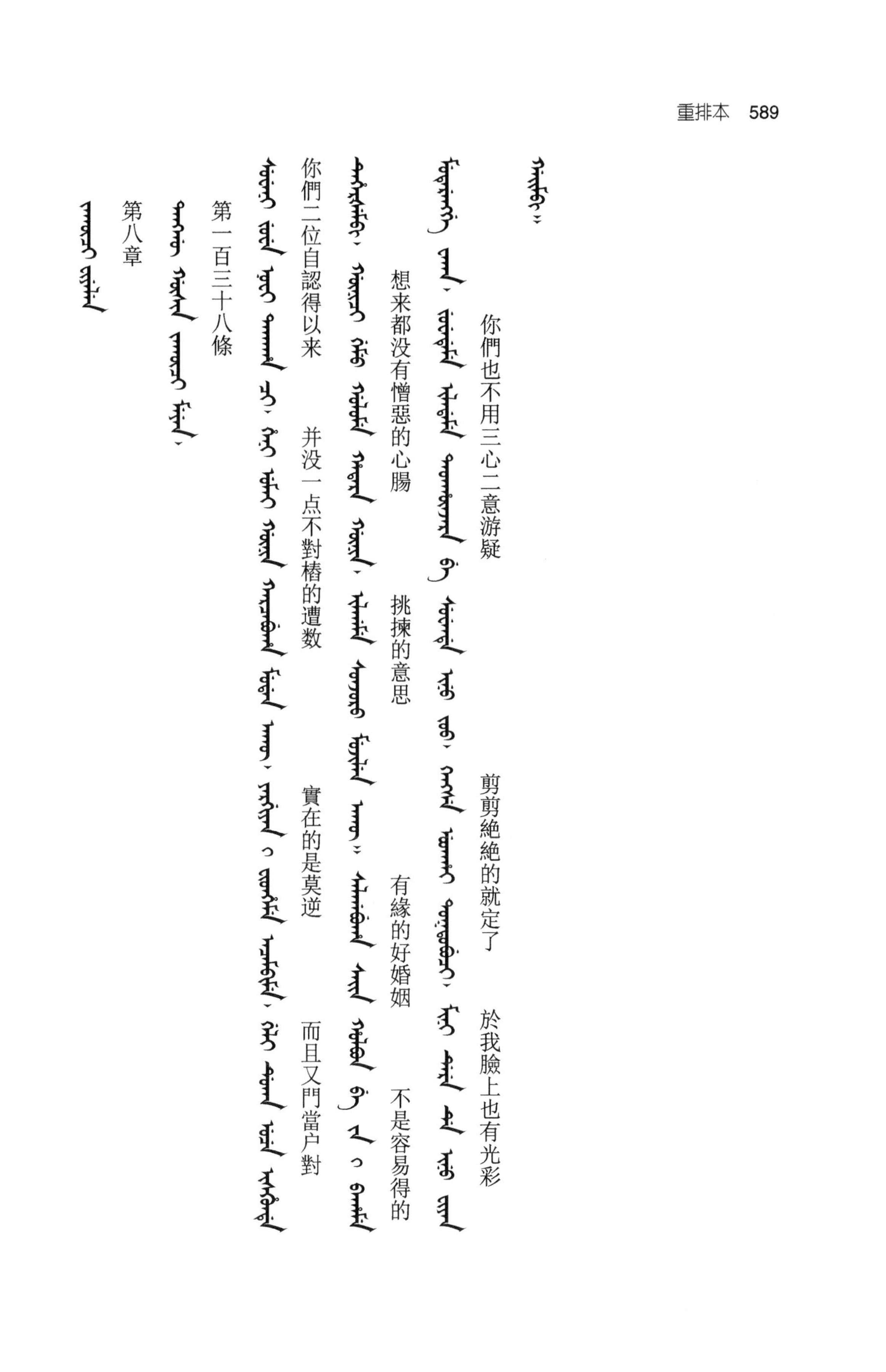

你們也不用三心二意游疑　剪剪絶絶的就定了　於我臉上也有光彩

想来都没有憎惡的心腸　挑揀的意思　有緣的好婚姻　不是容易得的

你們二位自認得以来　并没一点不對椿的遭数　實在的是莫逆　而且又門當户對

第一百三十八條

第八章

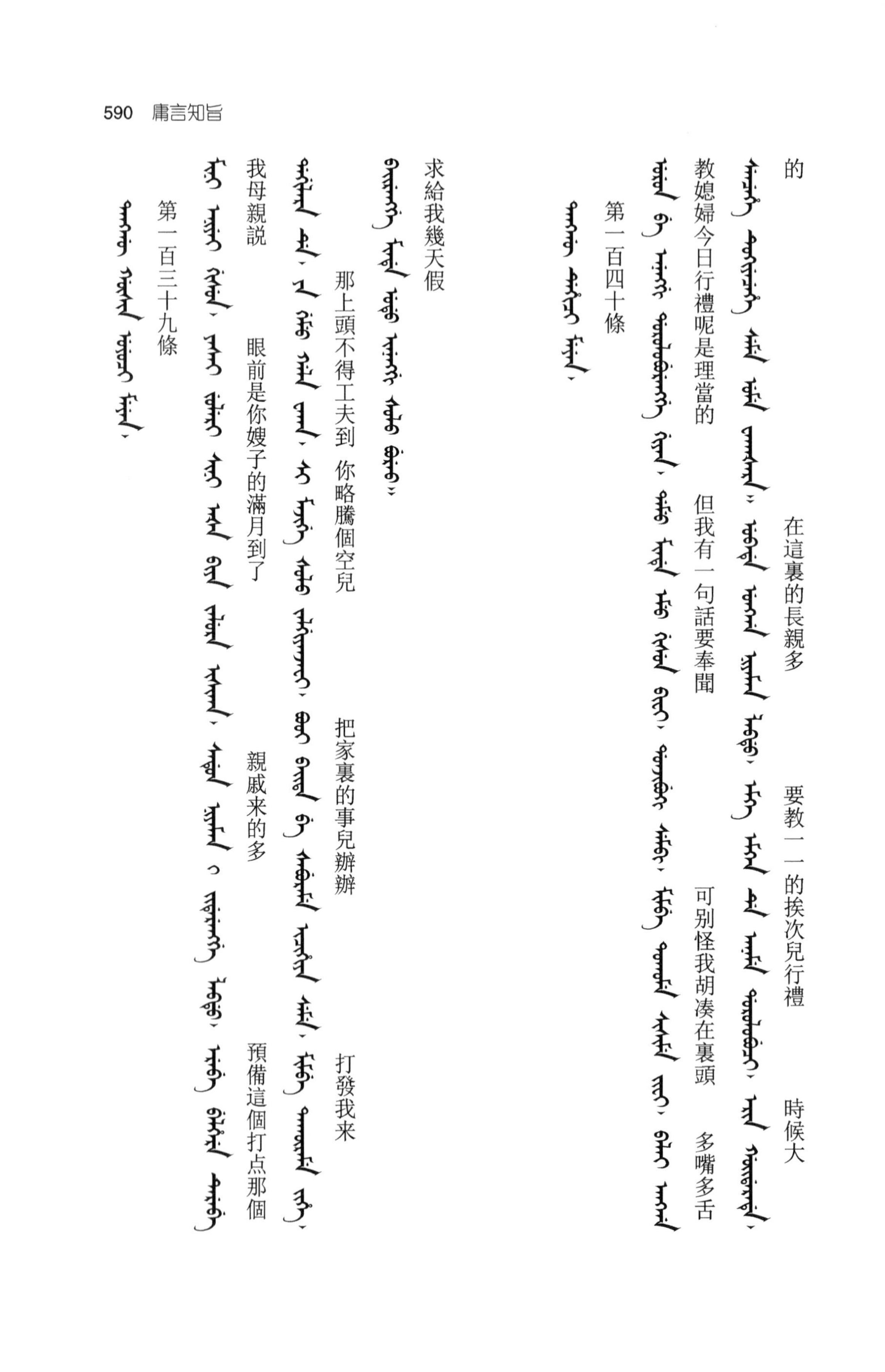

第一百三十九條

我母親說 眼前是你嫂子的滿月到了 親戚來的多 預備這個打點那個

那上頭不得工夫到 你略騰個空兒 把家裏的事兒辦辦 打發我來

求給我幾天假

第一百四十條

教媳婦今日行禮呢是理當的 但我有一句話要奉聞 可別怪我胡湊在裏頭 多嘴多舌

的 在這裏的長親多 要教一一的挨次兒行禮 時候大

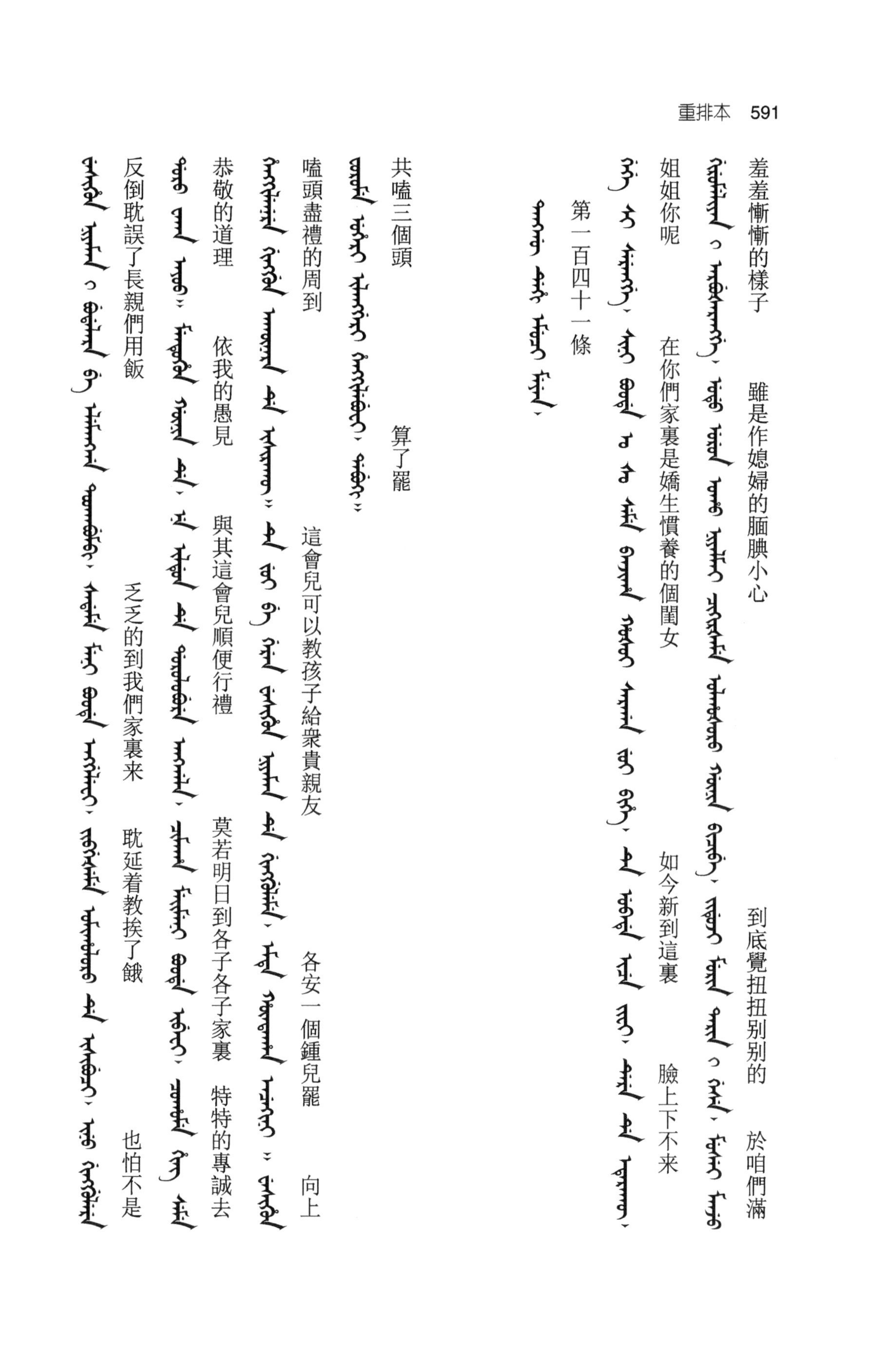

羞羞慚慚的樣子　雖是作媳婦的靦腆小心　到底覺扭扭別別的　於咱們滿

姐姐你呢　在你們家裏是嬌生慣養的個閨女　如今新到這裏　臉上下不来

第一百四十一條

共嗑三個頭　算了罷

嗑頭盡禮的周到　這會兒可以教孩子給衆貴親友　各安一個鍾兒罷　向上

恭敬的道理　依我的愚見　與其這會兒順便行禮　莫若明日到各子各子家裏　特特的專誠去

反倒耽誤了長親們用飯　乏乏的到我們家裏来　耽延着教挨了餓　也怕不是

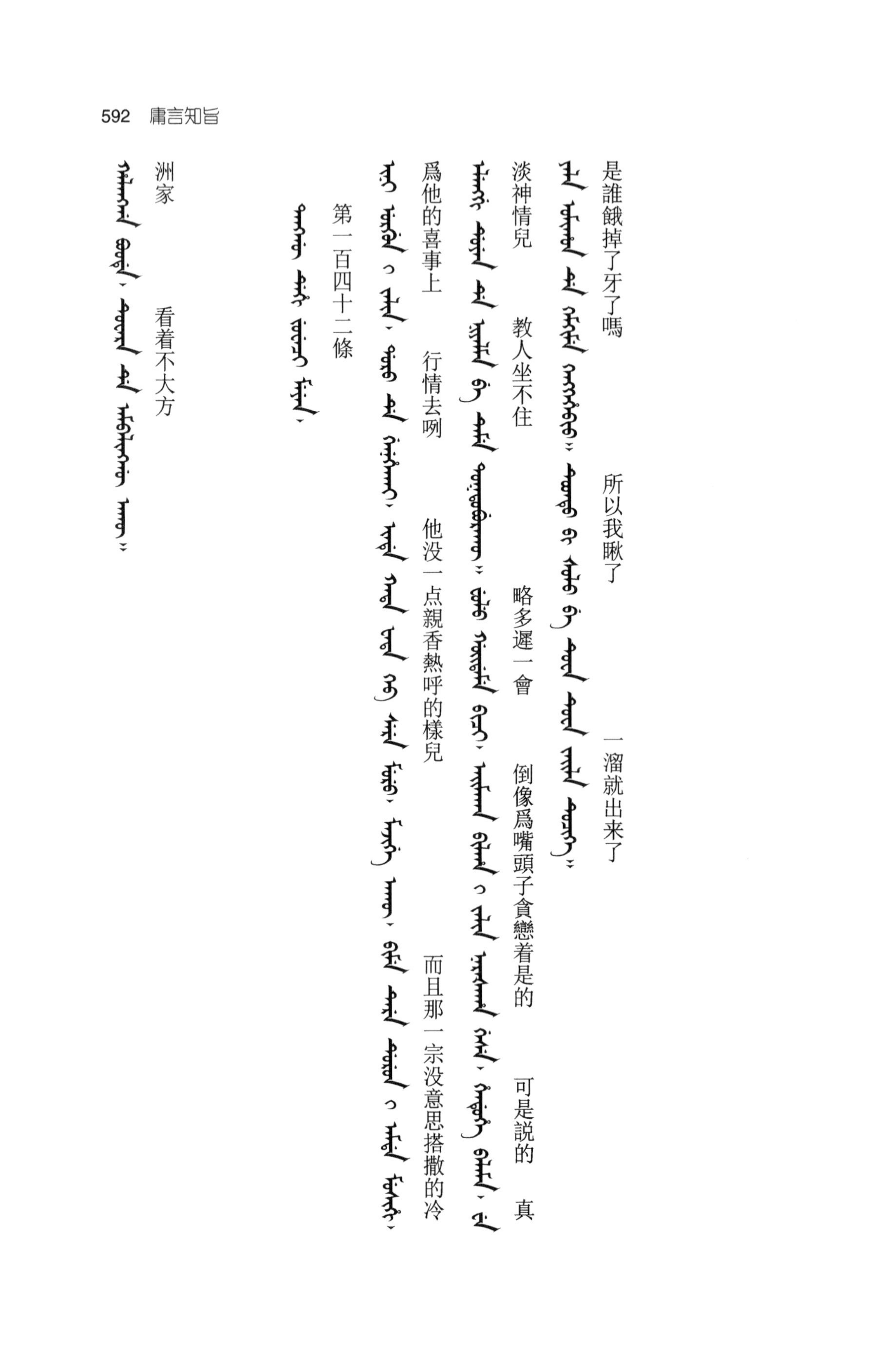

是誰餓掉了牙了嗎　所以我瞅了　一溜就出来了

淡神情兒　教人坐不住　略多遲一會　倒像爲嘴頭子貪戀着是的　可是說的　真

爲他的喜事上　行情去咧　他没一点親香熱呼的様兒　而且那一宗没意思搭撒的冷

第一百四十二條

洲家　看着不大方

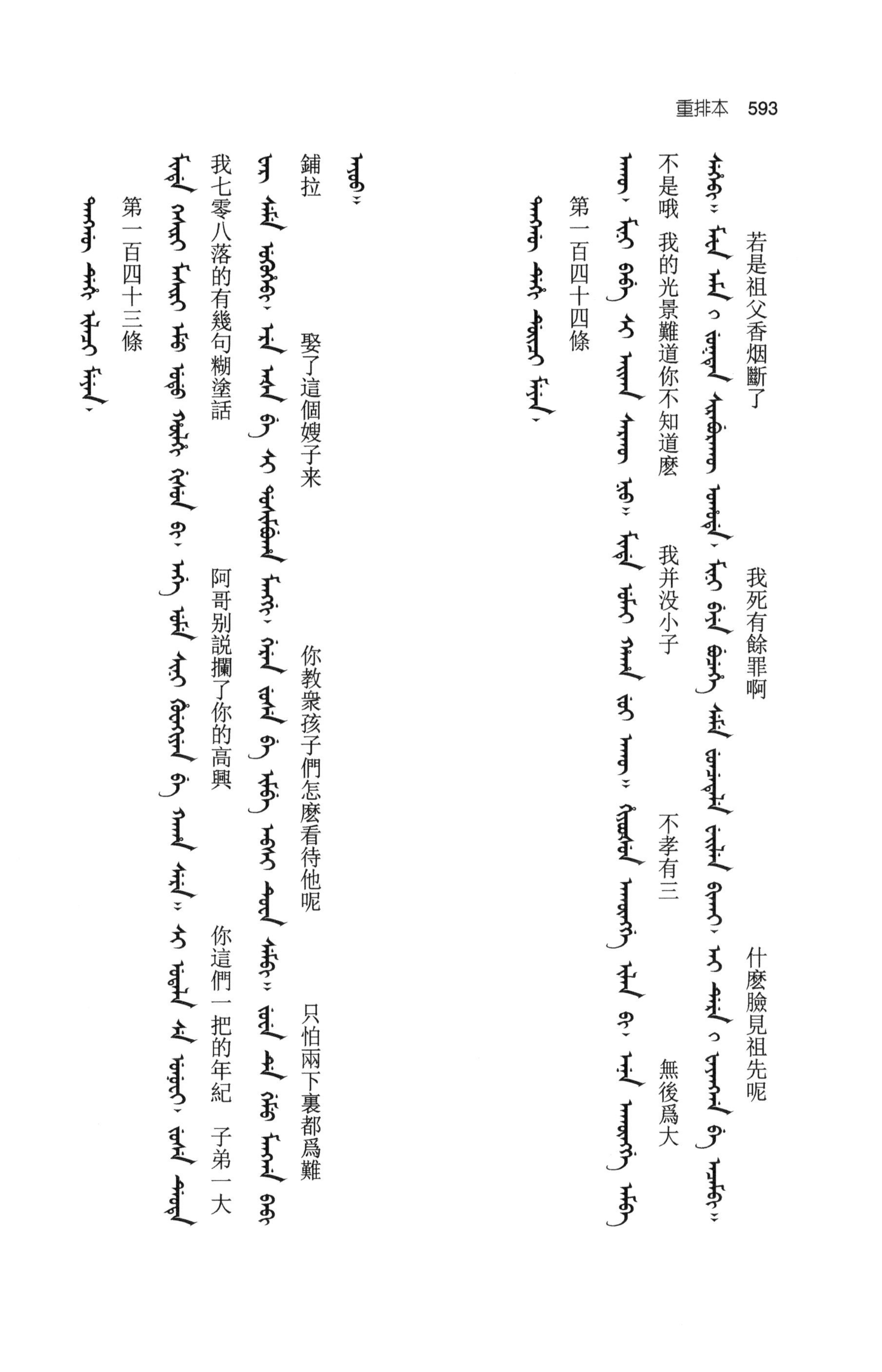

第一百四十三條

我七零八落的有幾句糊塗話 阿哥別說攔了你的高興 你這們一把的年紀 子弟一大

鋪拉 娶了這個嫂子来 你教衆孩子們怎麼看待他呢 只怕兩下裏都爲難

第一百四十四條

不是哦 我的光景難道你不知道麽 我并没小子 不孝有三 無後爲大

若是祖父香烟斷了 我死有餘罪啊 什麽臉見祖先呢

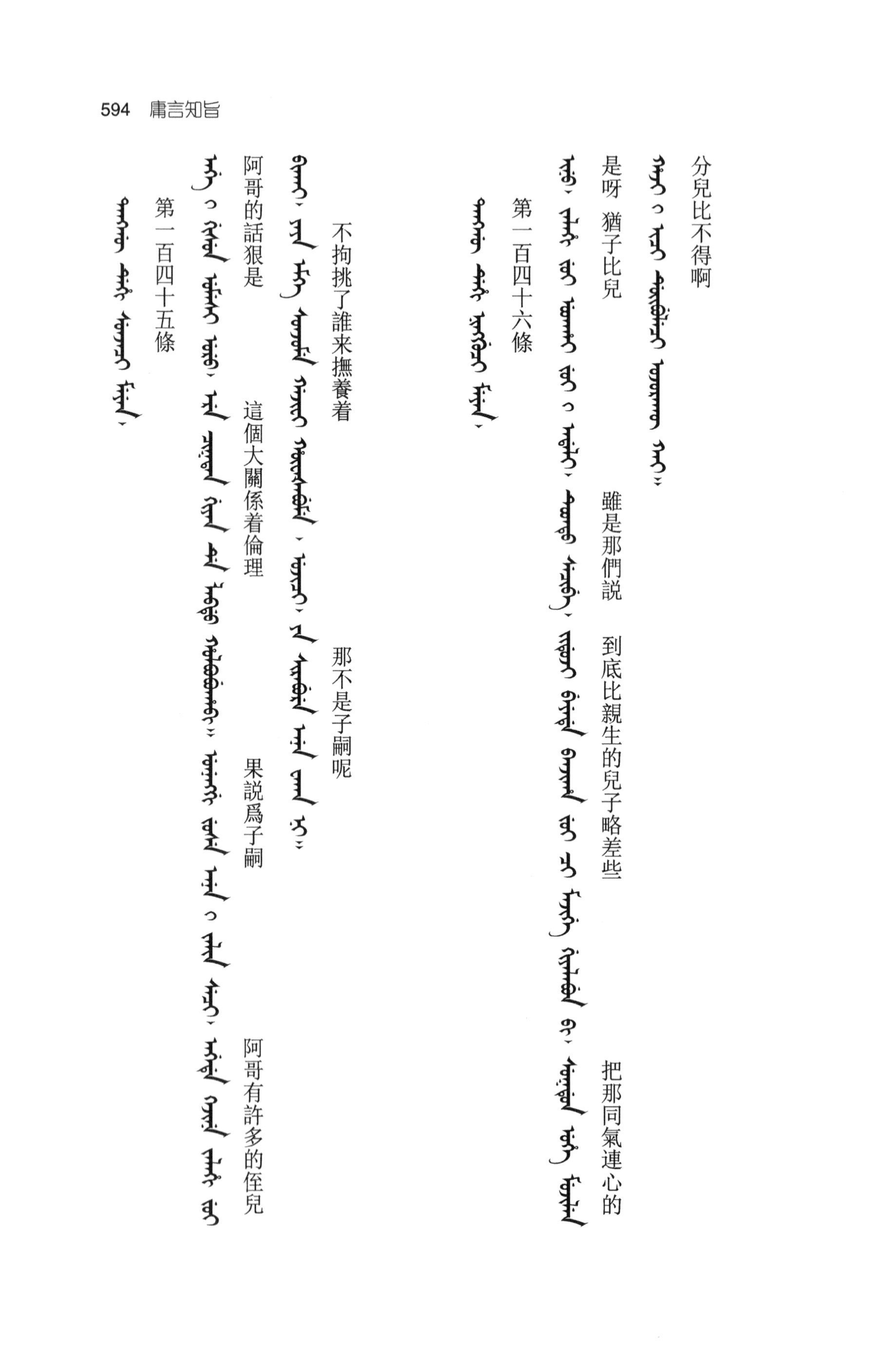

分兒比不得啊

是呀　猶子比兒　雖是那們說　到底比親生的兒子略差些　把那同氣連心的

第一百四十六條

不拘挑了誰來撫養着　那不是子嗣呢

阿哥的話狠是　這個大關係着倫理　果說爲子嗣　阿哥有許多的侄兒

第一百四十五條

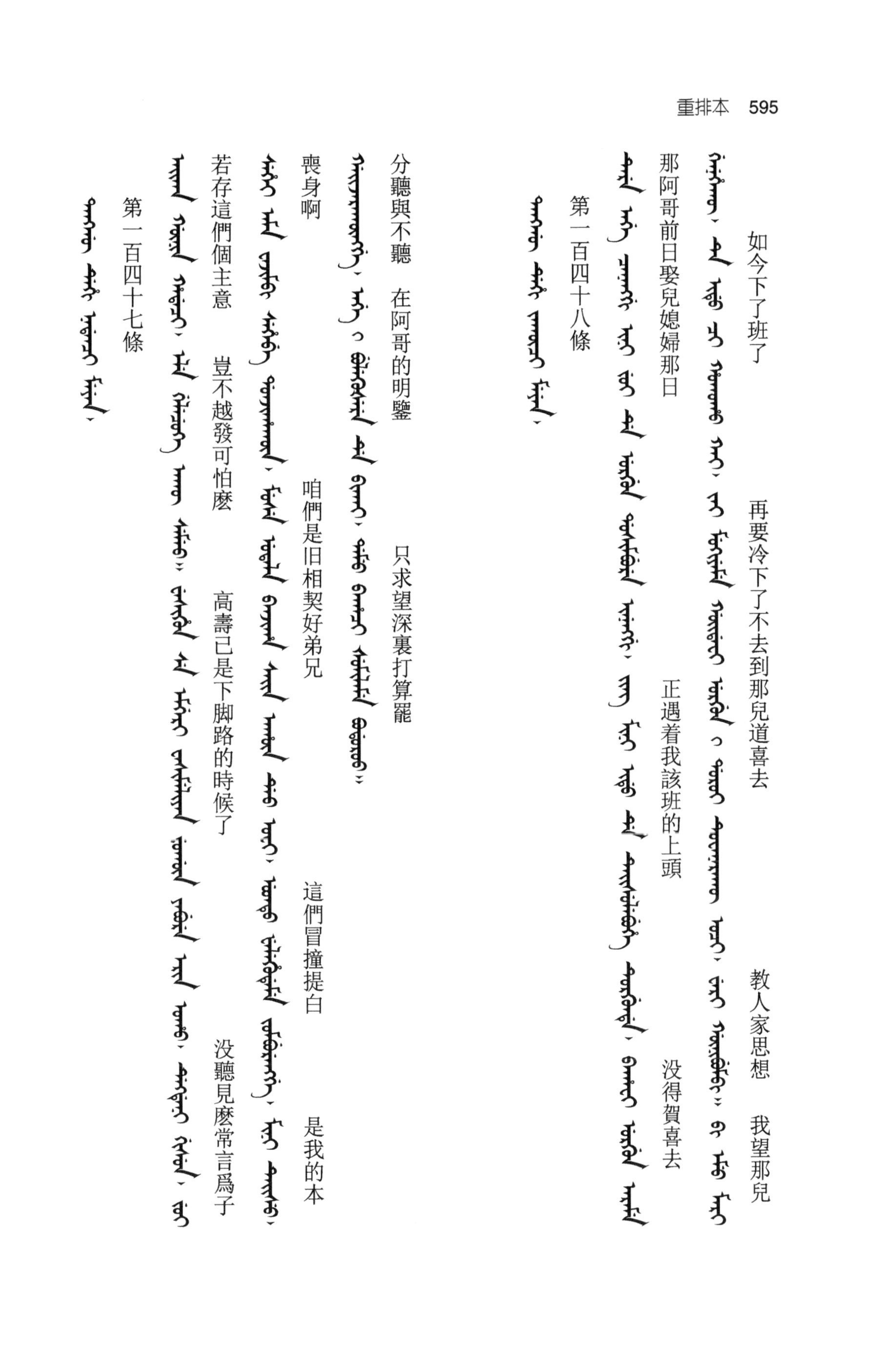

如今下了班了　再要冷下了不去到那兒道喜去　教人家思想　我望那兒

那阿哥前日娶兒媳婦那日　正遇着我該班的上頭　没得賀喜去

第一百四十八條

分聽與不聽　在阿哥的明鑒　只求望深裏打算罷

喪身啊　咱們是旧相契好弟兄　這們冒撞提白　是我的本

若存這們個主意　豈不越發可怕麽　高壽已是下脚路的時候了　没聽見麽常言爲子

第一百四十七條

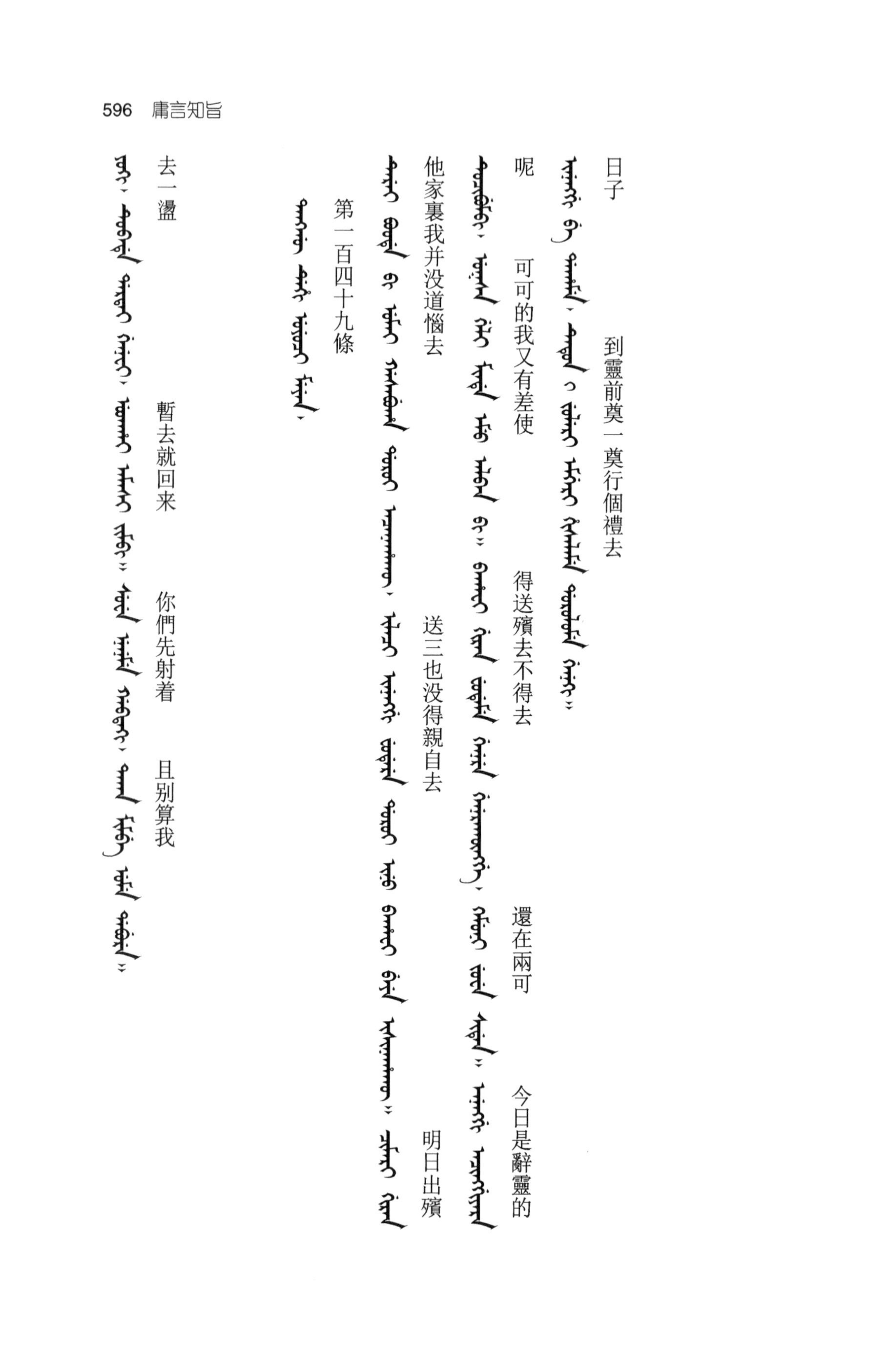

日子　到靈前奠一奠行個禮去

呢　可可的我又有差使　得送殯去不得去　還在兩可　今日是辭靈的

他家裏我并没道惱去　送三也没得親自去　明日出殯

第一百四十九條

去一盪　暫去就回来　你們先射着　且別算我

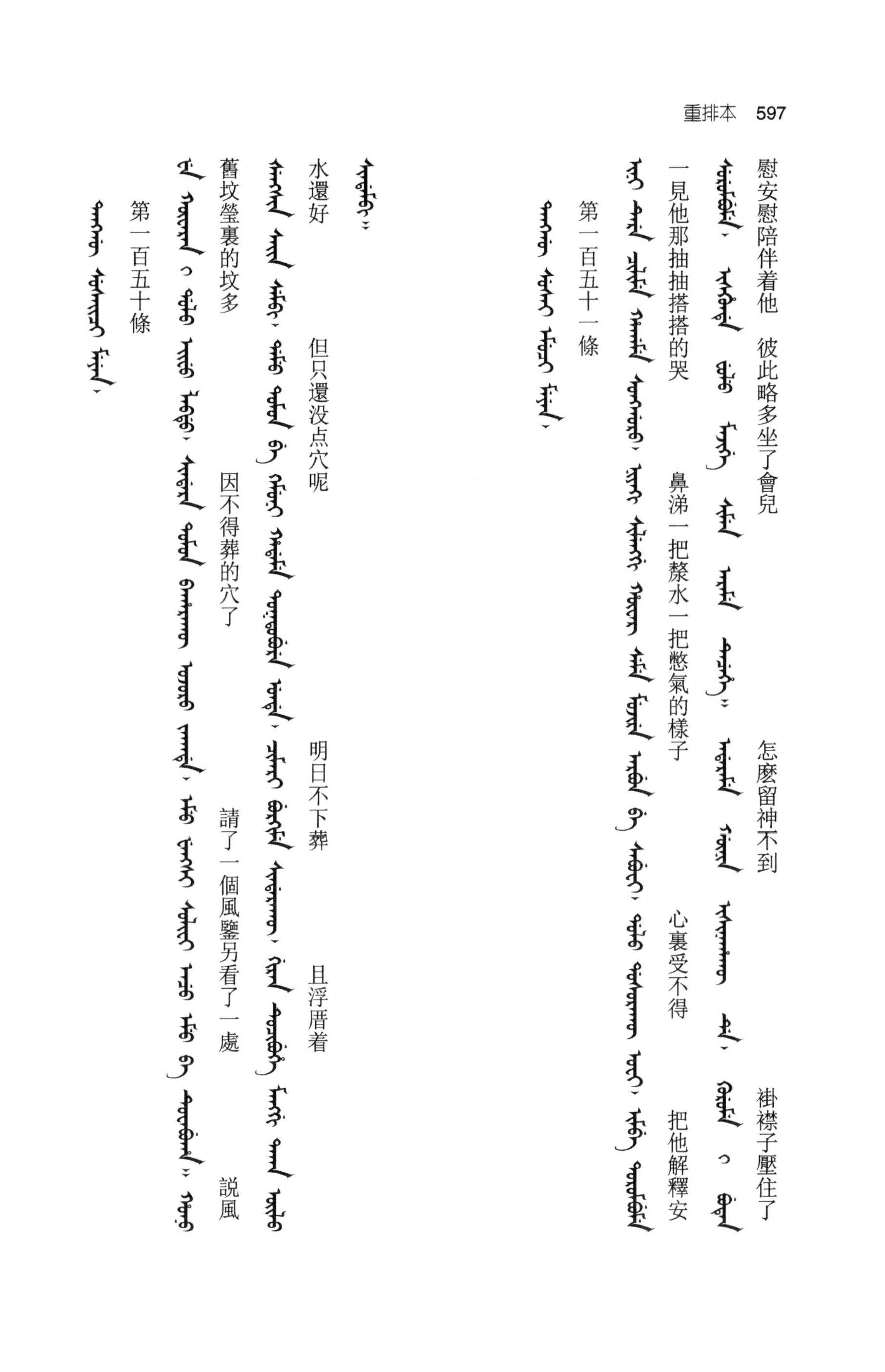

第一百五十條

舊坟瑩裏的坟多 因不得葬的穴了 請了一個風鑒另看了一處 說風

水還好 但只還没点穴呢 明日不下葬 且浮厝着

第一百五十一條

一見他那抽抽搭搭的哭 鼻涕一把桼水一把憋氣的樣子 心裏受不得 把他解釋安

慰安慰陪伴着他 彼此略多坐了會兒 怎麽留神不到 褂襟子壓住了

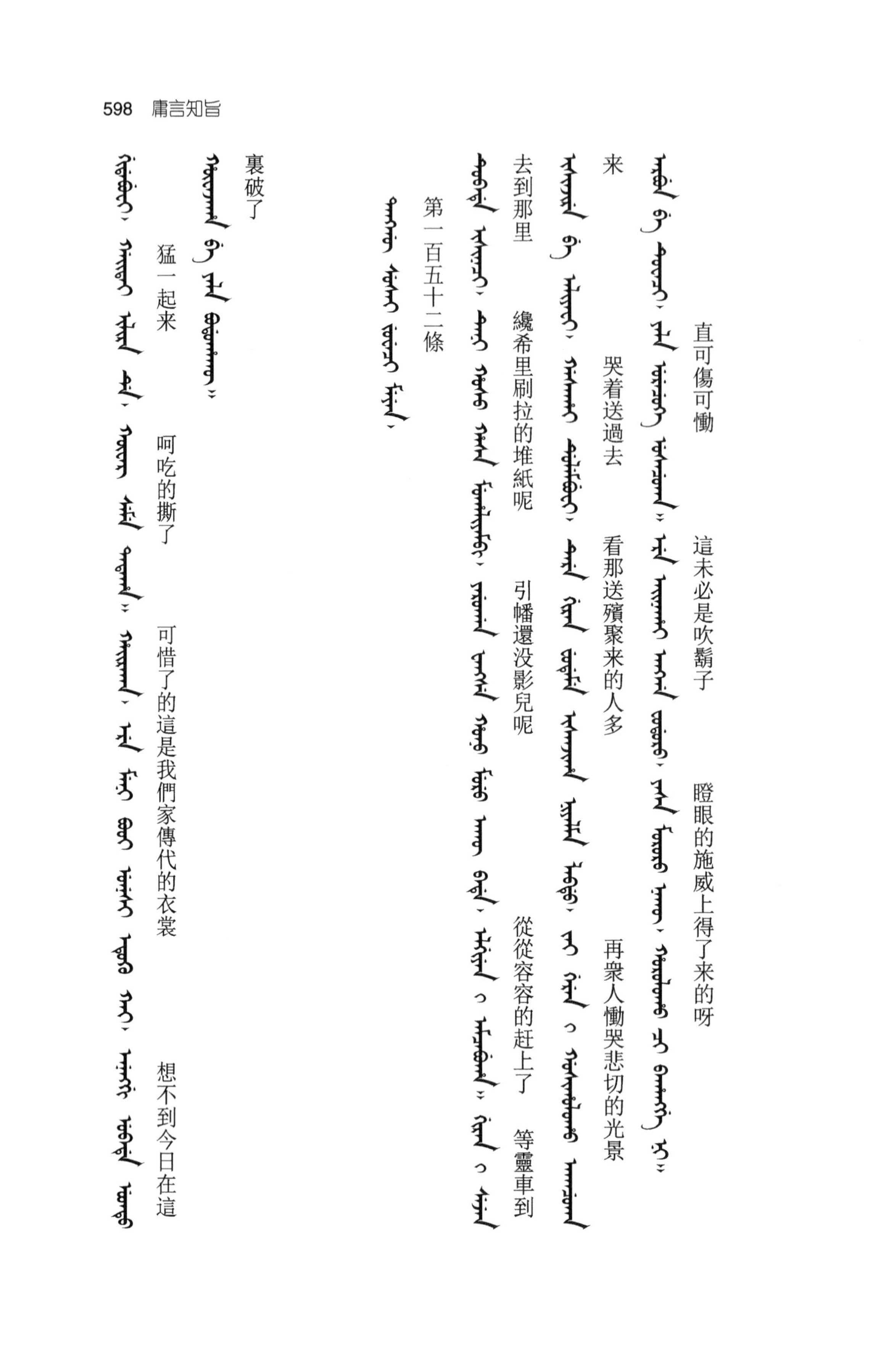

猛一起來 呵吃的撕了 可惜了的這是我們家傳代的衣裳 想不到今日在這裏破了

第一百五十二條

去到那里 纔希里刷拉的堆紙呢 引幡還没影兒呢 從從容容的赶上了 等靈車到來 哭着送過去 看那送殯聚來的人多 再衆人慟哭悲切的光景 直可傷可慟 這未必是吹鬍子瞪眼的施威上得了來的呀

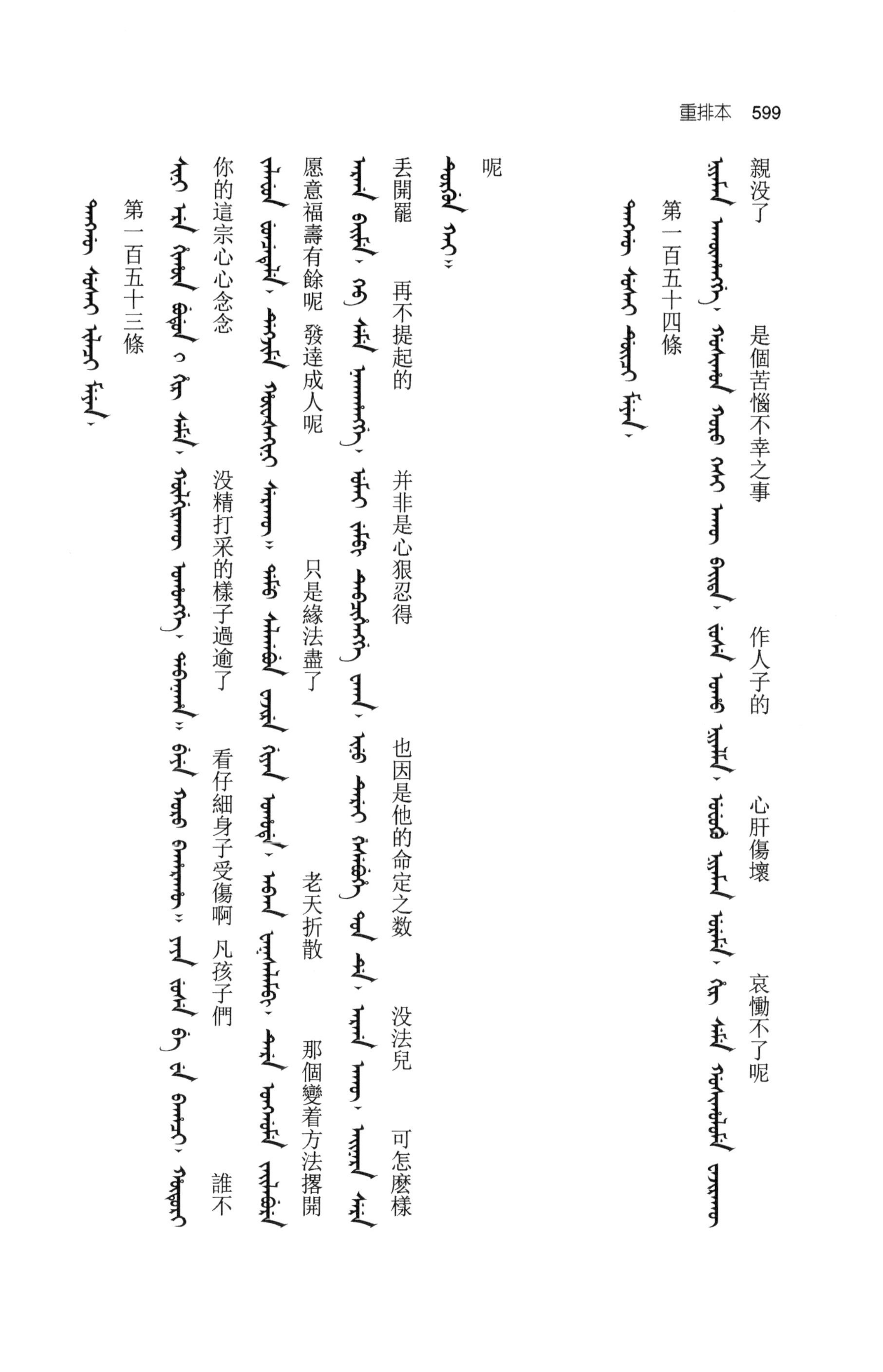

親没了　是個苦惱不幸之事　作人子的　心肝傷壞　哀慟不了呢

第一百五十四條

呢

丢開罷　再不提起的　并非是心狠忍得　也因是他的命定之数　没法兒　可怎麼樣

願意福壽有餘呢　發達成人呢　只是緣法盡了　老天折散　那個變着方法摺開

你的這宗心心念念　没精打采的樣子過逾了　看仔細身子受傷啊　凡孩子們　誰不

第一百五十三條

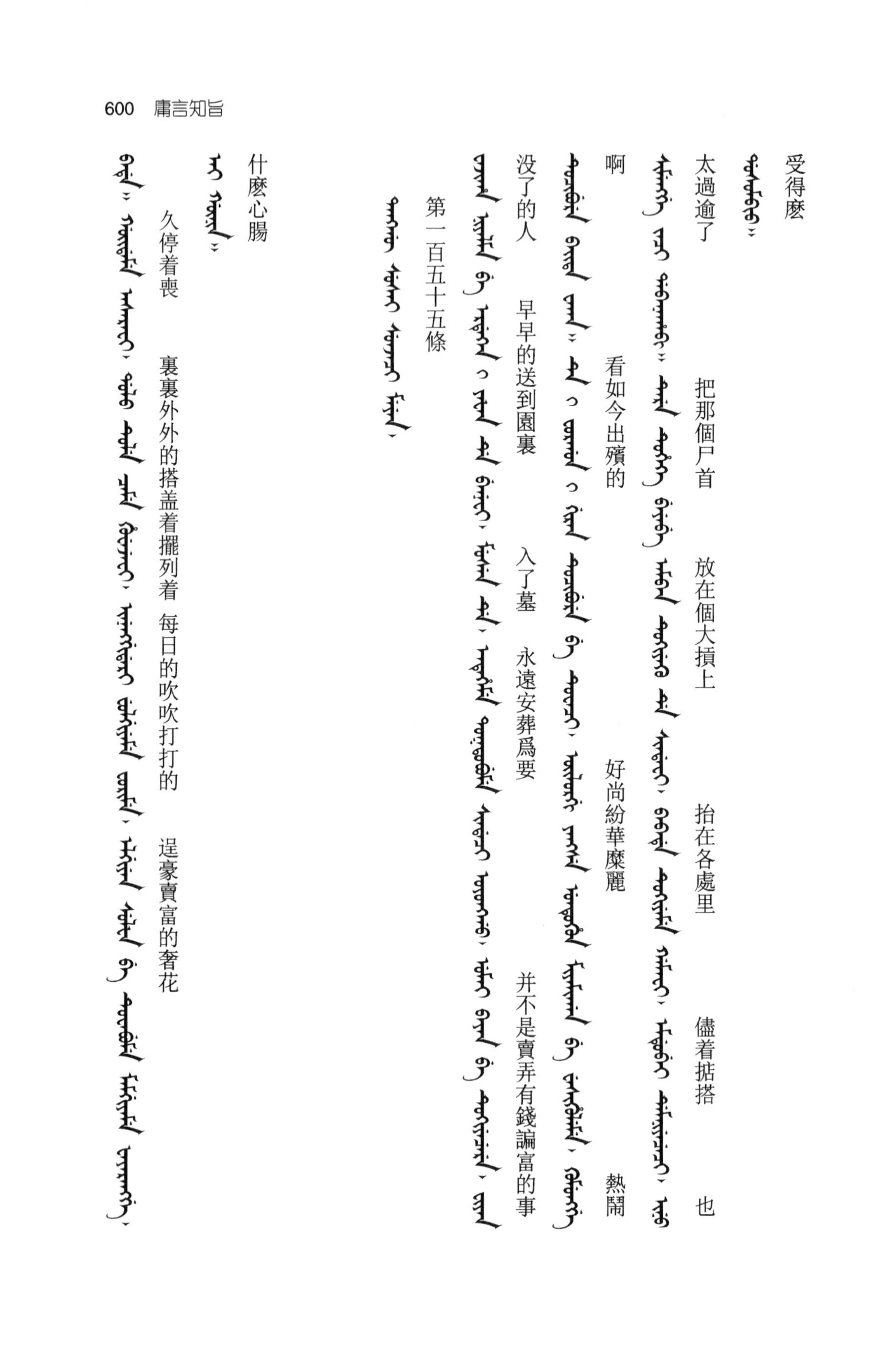

受得麼

太過逾了　把那個尸首　放在個大損上　抬在各處里　儘着掂搭　也

啊　看如今出殯的　好尚紛華糜麗　熱鬧

沒了的人　早早的送到園裏　入了墓　永遠安葬爲要　并不是賣弄有錢諞富的事

第一百五十五條

什麼心腸

久停着喪　裏裏外外的搭盖着擺列着　每日的吹吹打打的　逞豪賣富的奢花

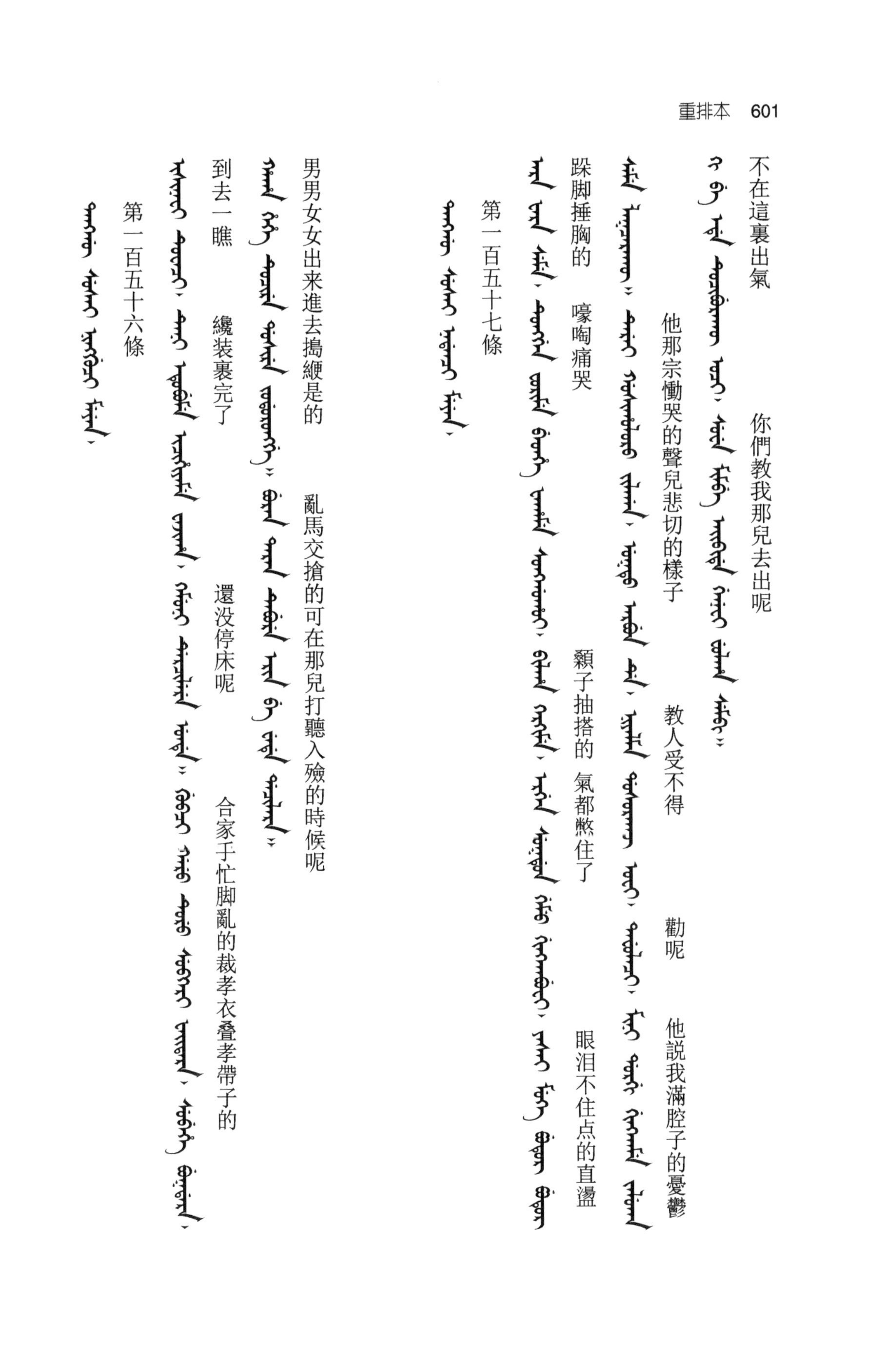

不在這裏出氣　你們教我那兒去出呢

他那宗慟哭的聲兒悲切的樣子　教人受不得　勸呢　他說我滿腔子的憂鬱

跺脚捶胸的　嚎啕痛哭　顙子抽搭的　氣都憋住了　眼泪不住点的直灑

第一百五十七條

男男女女出来進去搗緶是的　亂馬交搶的可在那兒打聽入殮的時候呢

到去一瞧　纔裝裏完了　還没停床呢　合家手忙脚亂的裁孝衣疊孝帶子的

第一百五十六條

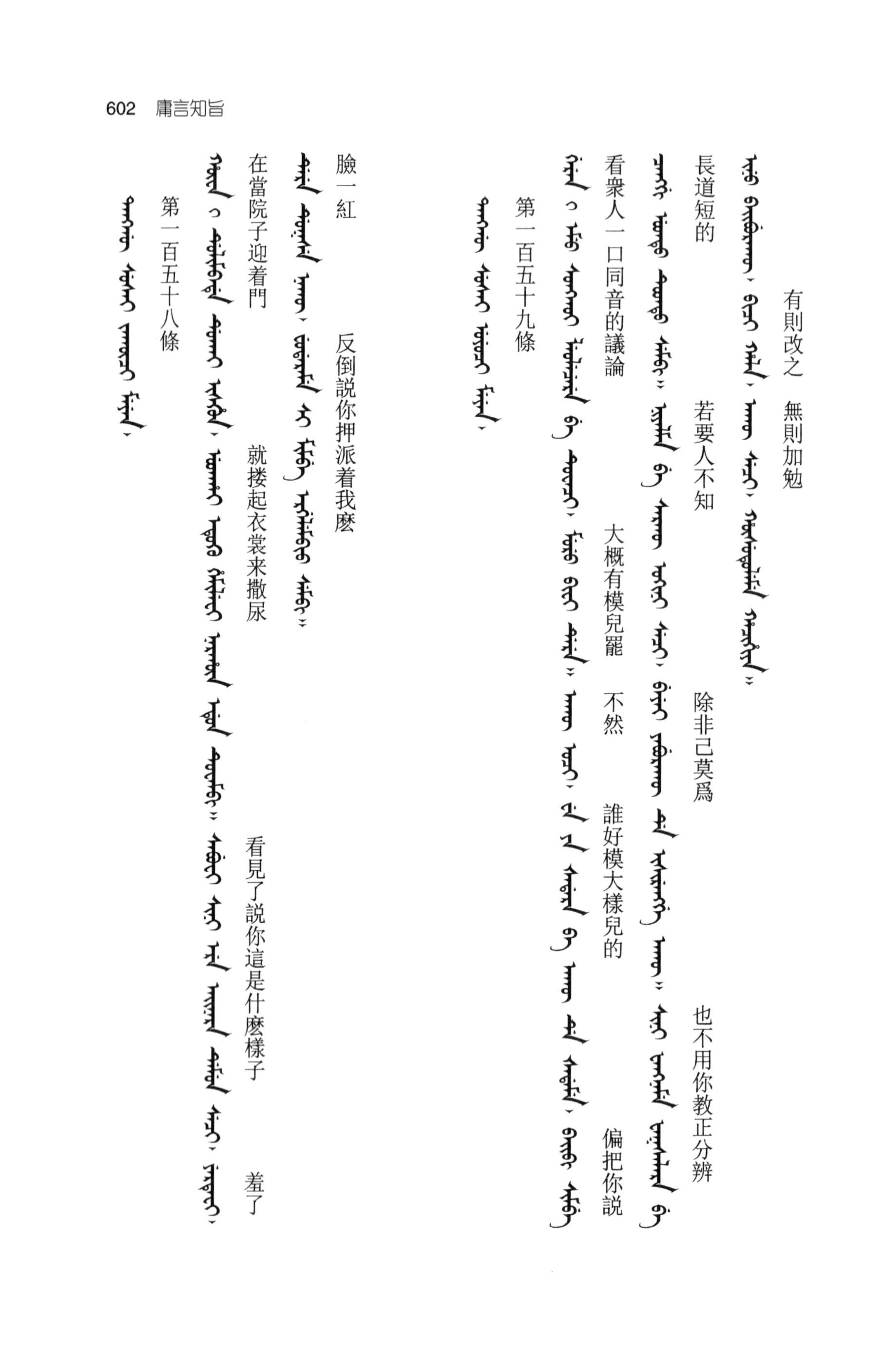

第一百五十八條

在當院子迎着門 就摟起衣裳來撒尿 看見了說你這是什麼樣子 羞了

臉一紅 反倒說你押派着我麼

第一百五十九條

看衆人一口同音的議論 大概有模兒罷 不然 誰好模大樣兒的 偏把你說

長道短的 若要人不知 除非己莫爲 也不用你教正分辨

有則改之 無則加勉

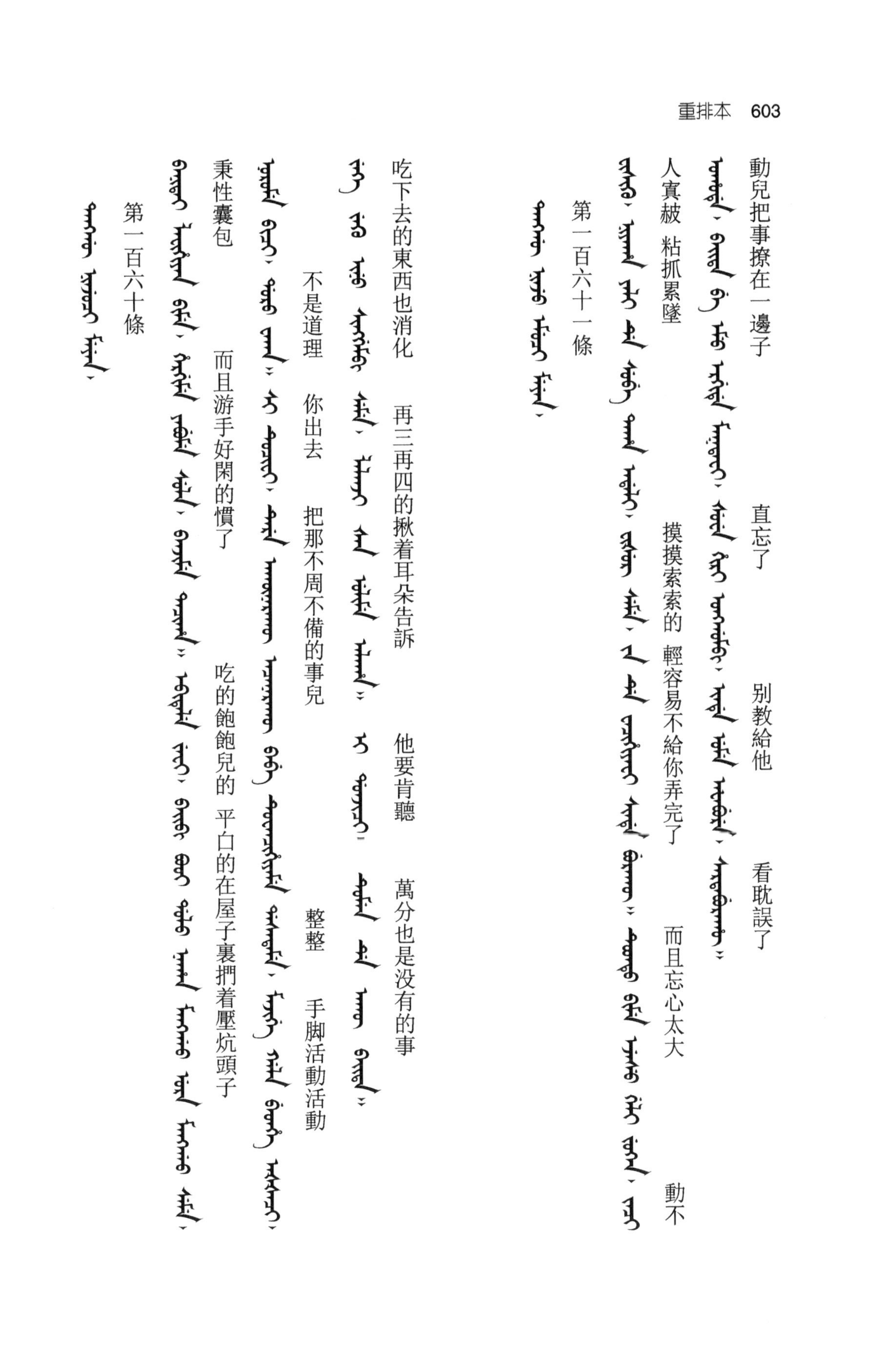

動兒把事撩在一邊子 直忘了 別教給他 看耽誤了

人賓赦 粘抓累墜 摸摸索索的 輕容易不給你弄完了 而且忘心太大 動不

第一百六十一條

吃下去的東西也消化 再三再四的揪着耳朵告訴 他要肯聽 萬分也是沒有的事

不是道理 你出去 把那不周不備的事兒 整整 手脚活動活動

秉性囊包 而且游手好閑的慣了 吃的飽飽兒的 平白的在屋子裏扔着壓炕頭子

第一百六十條

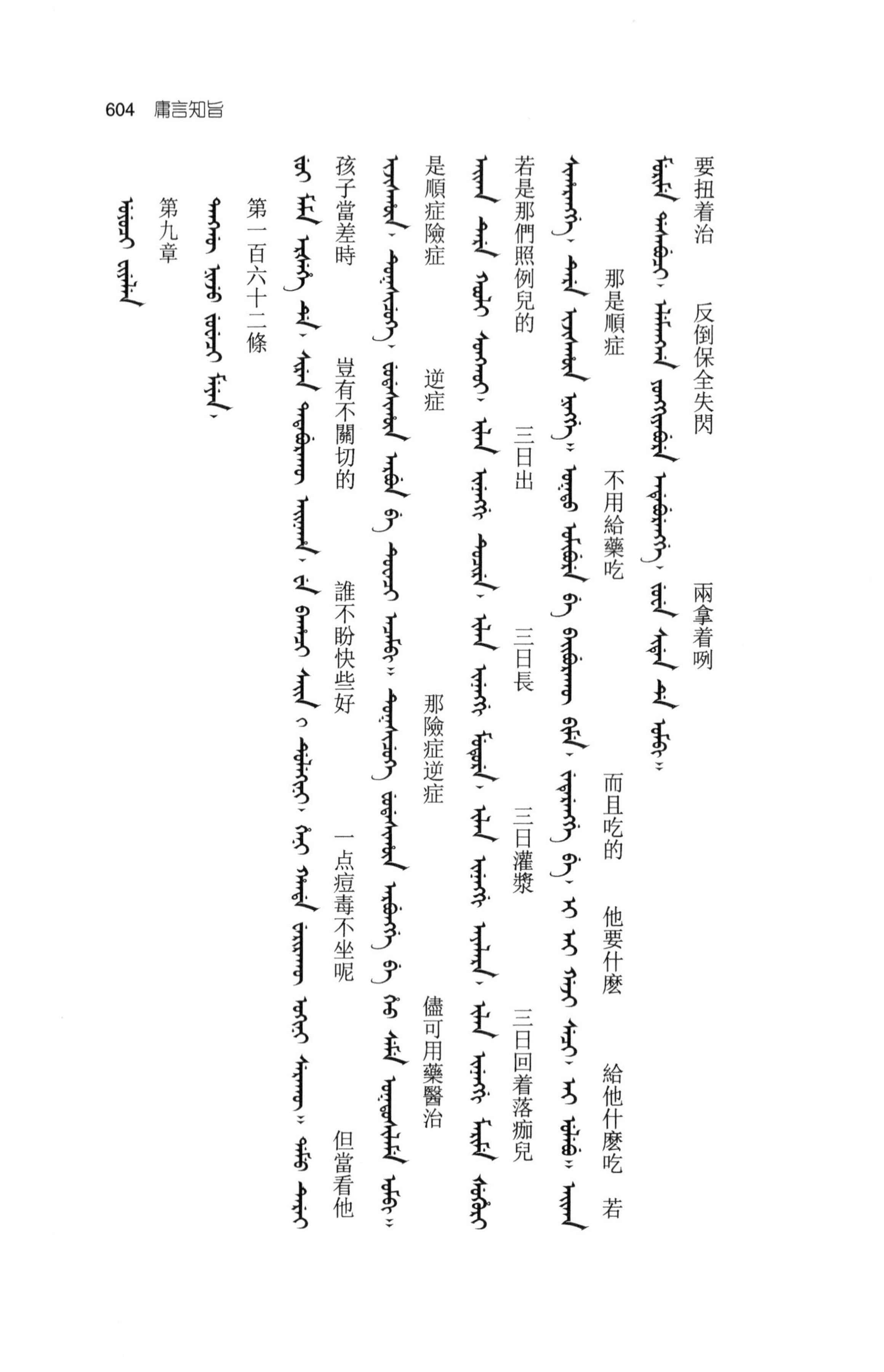

要扭着治　反倒保全失閃　兩拿着咧

那是順症　不用給藥吃　而且吃的　他要什麼　給他什麼吃　若

若是那們照例兒的　三日出　三日長　三日灌漿　三日回着落痂兒

是順症險症　逆症　那險症逆症　儘可用藥醫治

孩子當差時　豈有不關切的　誰不盼快些好　一点痘毒不坐呢　但當看他

第一百六十二條

第九章

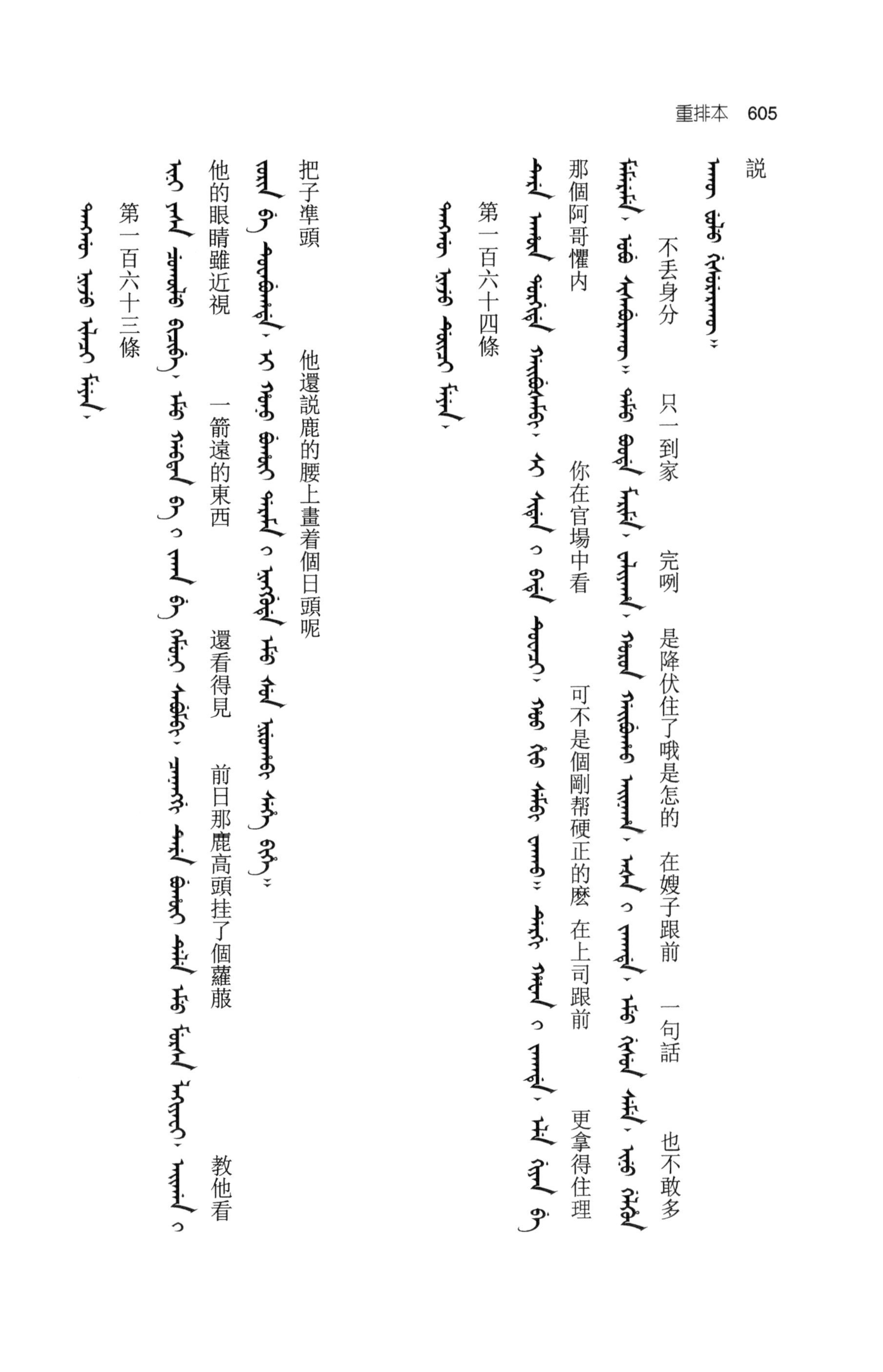

說

不丟身分　只一到家　完咧　是降伏住了哦是怎的　在嫂子跟前　一句話　也不敢多

那個阿哥懼內　你在官場中看　可不是個剛帮硬正的麼　在上司跟前　更拿得住理

第一百六十四條

把子準頭　他還說鹿的腰上畫着個日頭呢

他的眼睛雖近視　一箭遠的東西　還看得見　前日那鹿高頭挂了個蘿菔　教他看

第一百六十三條

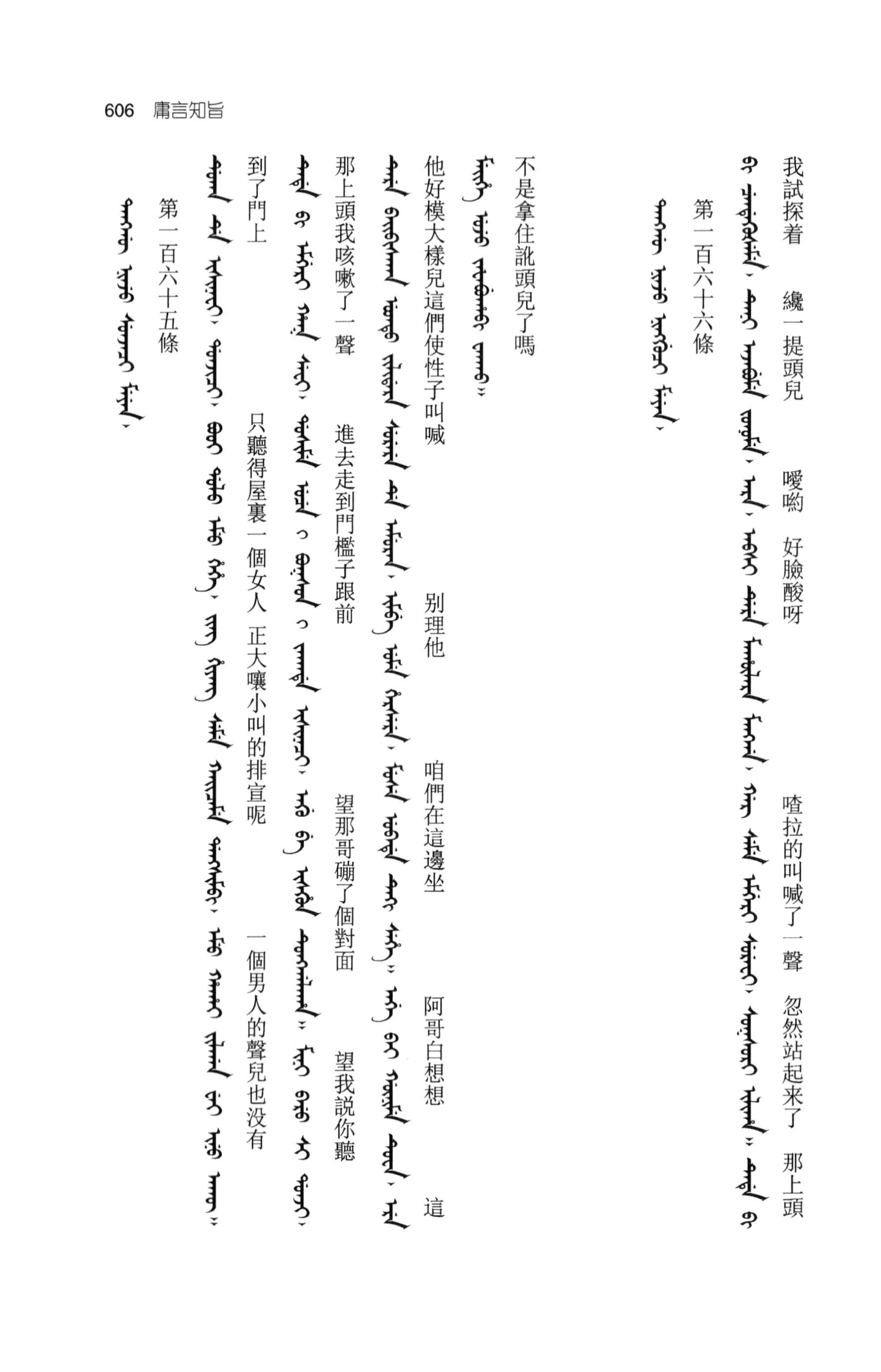

第一百六十五條

到了門上　只聽得屋裏一個女人　正大嚷小叫的排宣呢　一個男人的聲兒也没有

那上頭我咳嗽了一聲　進去走到門檻子跟前　望那哥硼了個對面　望我說你聽

他好模大樣兒這們使性子叫喊　別理他　咱們在這邊坐　阿哥白想想　這

不是拿住訛頭兒了嗎

第一百六十六條

我試探着　纔一提頭兒　噯喲　好臉酸呀　喳拉的叫喊了一聲　忽然站起來了　那上頭

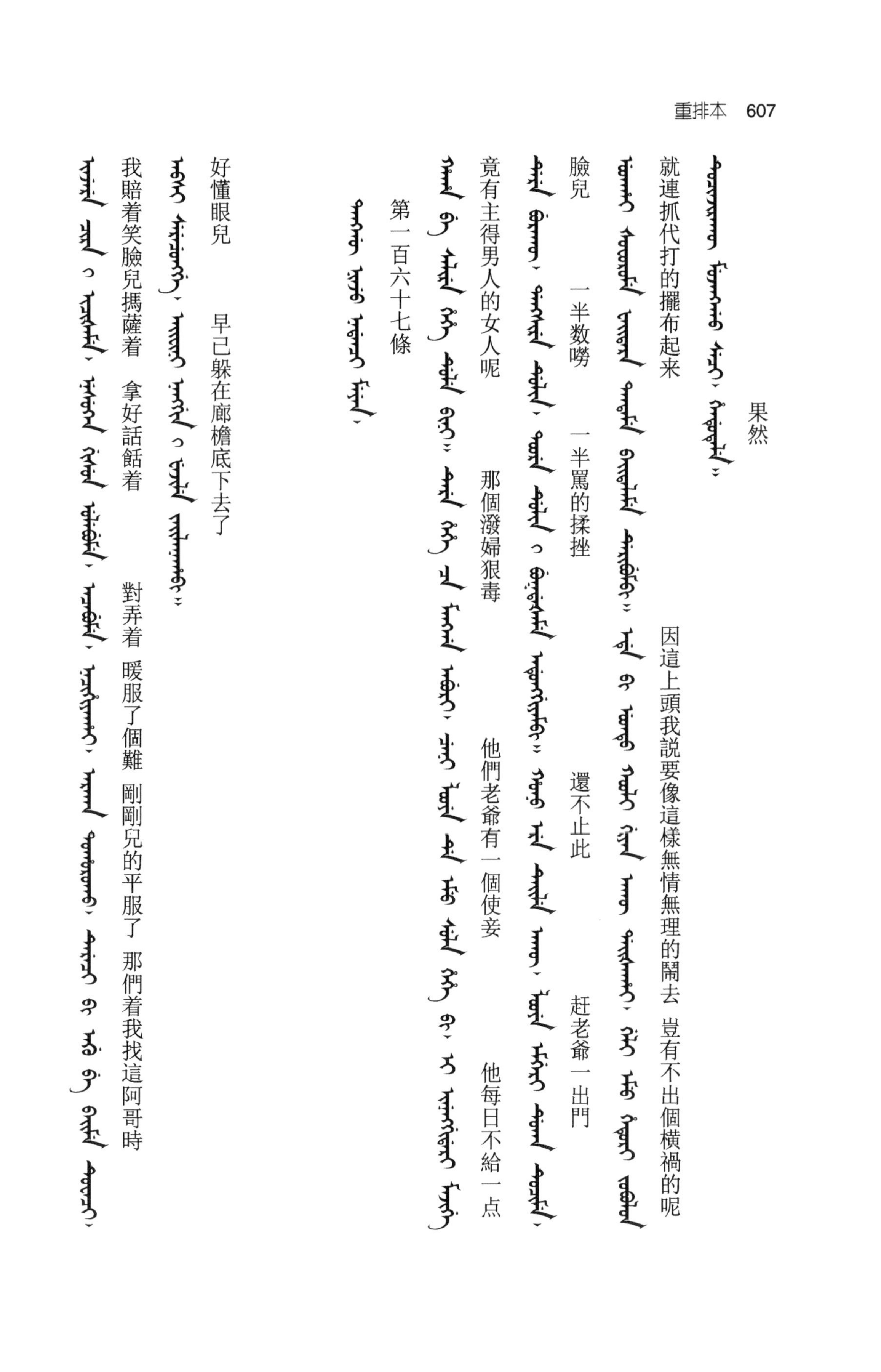

果然

就連抓代打的擺布起来　因這上頭我說要像這様無情無理的鬧去　豈有不出個横禍的呢

臉兒　一半数嘮　一半罵的揉挫　還不止此　赶老爺一出門

竟有主得男人的女人呢　那個潑婦狠毒　他們老爺有一個使妾　他每日不給一点

第一百六十七條

好懂眼兒　早已躲在廊檐底下去了

我賠着笑臉兒摀薩着　拿好話餂着　對弄着　暖服了個難　剛剛兒的平服了　那們着我找這阿哥時

ᠰᡝᠪᠵᡝᠯᡝᡵᡝ᠈ ᠣᠯᡥᠣᡧᠣᡵᠠᡴᡡ ᡩᡝ᠈ ᠮᠠᠵᡳᡤᡝ ᡧᠠᡥᡡᡵᡠᠨ ᡤᠣᡳᡥᠠ ᡩᡝᡵᡝ᠉

高興　没謹慎的上頭　略着了点涼罷

ᡩᡝᡩᡠᠴᡳ ᡳᠯᡳᠴᡳ ᠮᡠᡨᡝᡵᠠᡴᡡ᠈ ᠠᡧᡧᠠᠴᡳ ᡩᡝ ᠮᠠᠵᡳᡤᡝ ᡶᠣᡩᠣᡵᠣᡴᠣ᠈ ᡤᡡᠸᠠ ᡥᠠᠴᡳᠨ ᠨᠣᠩᡤᡳᡥᠠᡴᡡ᠉ ᡨᡝᡵᡝ ᡤᡝᠰᡝ ᡝᠮᡤᡝᡵᡳ ᠰᡝᠯᠠᡥᠠ᠉

是倒着不能起来　動彈着有些氣促　還没添别的緣故　那個樣兒是因一爽快

ᡶᠣᡩᠣᡵ ᡶᠣᡩᠣᡵ ᠰᡝᡵᡝ᠈ ᡳᠨᡠ ᠨᠠᡴᠠᡥᠠ᠉ ᠵᡳᠩ ᡠᠯᡥᡳᠶᡝᠨ ᡳ ᠶᡝᠪᡝ ᠣᠵᠣᡵᠣ ᠰᡝᠮᡝ᠈ ᡤᠠᡳᡨᠠ ᡤᡝᠯᡝ ᠪᡠᡩᡝᡵᡝ ᠣᡥᠣ᠉ ᡨᡝᡩᡝ ᠪᡳ ᡨᡠᠸᠠᠨᠠᠴᡳ᠈ ᡠᡩᡠ

呼嗤呼嗤的　也止了　正漸漸的往好裏来着呢　忽然又説重絡了　那上頭我去瞧好　雖

ᡨᡝᡵᡝ ᡩᠠᡳᡶᡠ ᡳ ᠵᡠᠸᡝ ᠵᡝᠮᡳᠨ ᠣᡴᡨᠣ ᠣᠮᡳᡥᠠ᠈ ᡤᠠᡳᡨᠠ ᠶᡝᠪᡝ ᠣᡥᠣ᠉ ᡨᠠᠩᡤᡠ ᡥᡡᠰᡠᠨ ᠰᡠᠯᡳᠴᡳ

吃了那個醫生兩服藥　忽的板過来了　痰不顯了

ᡤᡠᠸᡝᠯᡝᠴᡠᡴᡝ ᠪᡳᡥᡝ᠈ ᠪᠠᡳᠮᡝ ᡥᠣᡵ ᡥᠣᡵ ᠰᡝᡵᡝ ᡨᠠᠩᡤᡡ᠈ ᠣᠨᡤᠣᠰᡳᠮᡝ᠈ ᠠᡧᡧᠠᠮᠪᡳ᠈ ᠮᠠᠵᡳᡤᡝ ᡝᠯᡝᡥᡠᠨ ᡥᡝᠰᡳᠪᡠᡥᡝ᠉

以前可怕　嗓子裏呼嚕呼嚕的鬧痰鼻翅兒一動一動的　只剩了一点游氣来着　幸而有緣

第一百六十八條

ᠰᡠᠮᡝ ᡥᠠᡳᠰᡳ ᡠᡵᡝᠮᠪᡳ

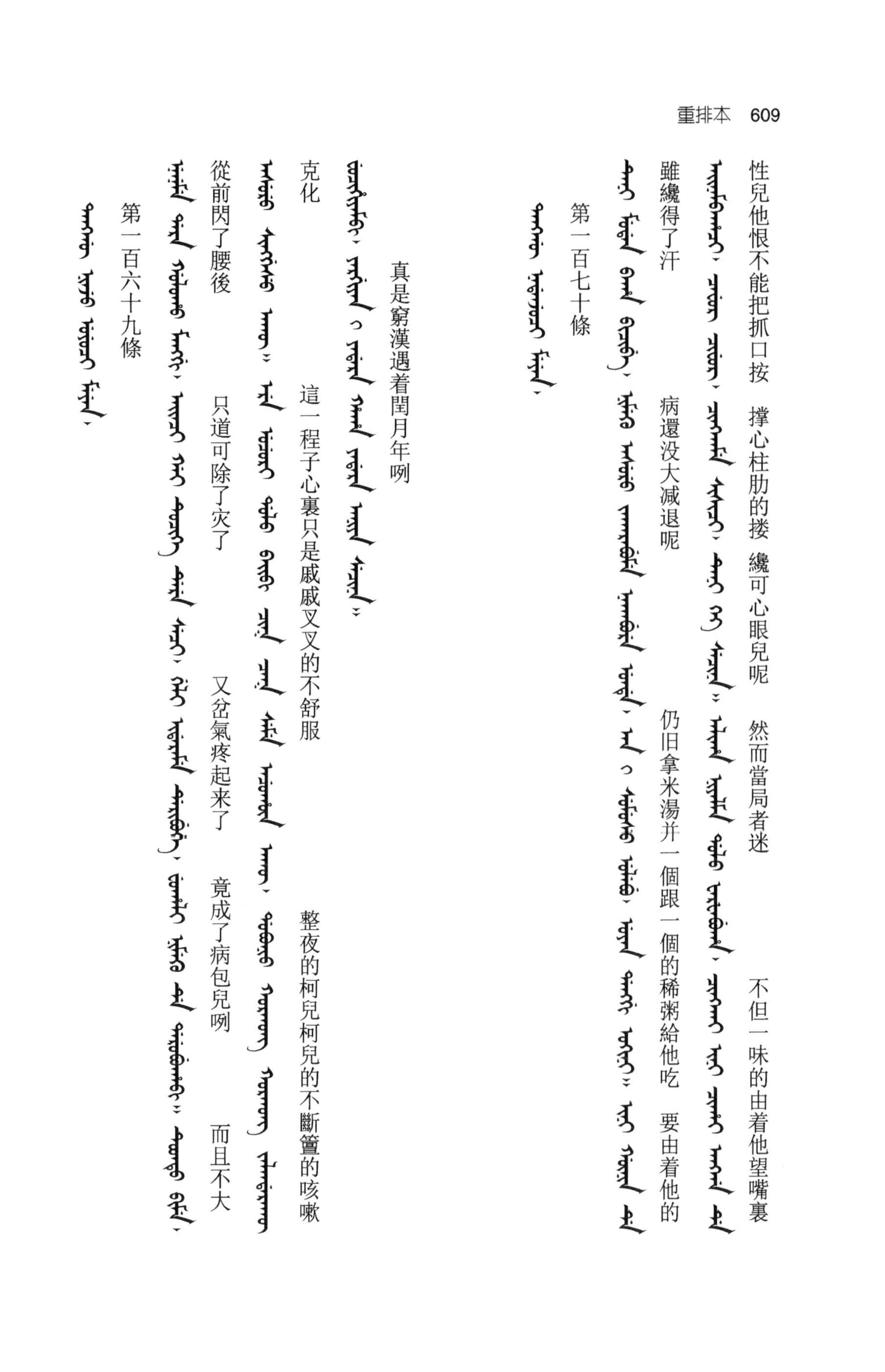

性兒他恨不能把抓口按　撐心柱肋的摟　纔可心眼兒呢　然而當局者迷　不但一味的由着他望嘴裏

雖纔得了汗　病還没大減退呢　仍旧拿米湯并一個跟一個的稀粥給他吃　要由着他的

第一百七十條

真是窮漢遇着閏月年咧

克化　這一程子心裏只是戚戚叉叉的不舒服　整夜的柯兒柯兒的不斷籄的咳嗽

從前閃了腰後　只道可除了灾了　又岔氣疼起來了　竟成了病包兒咧　而且不大

第一百六十九條

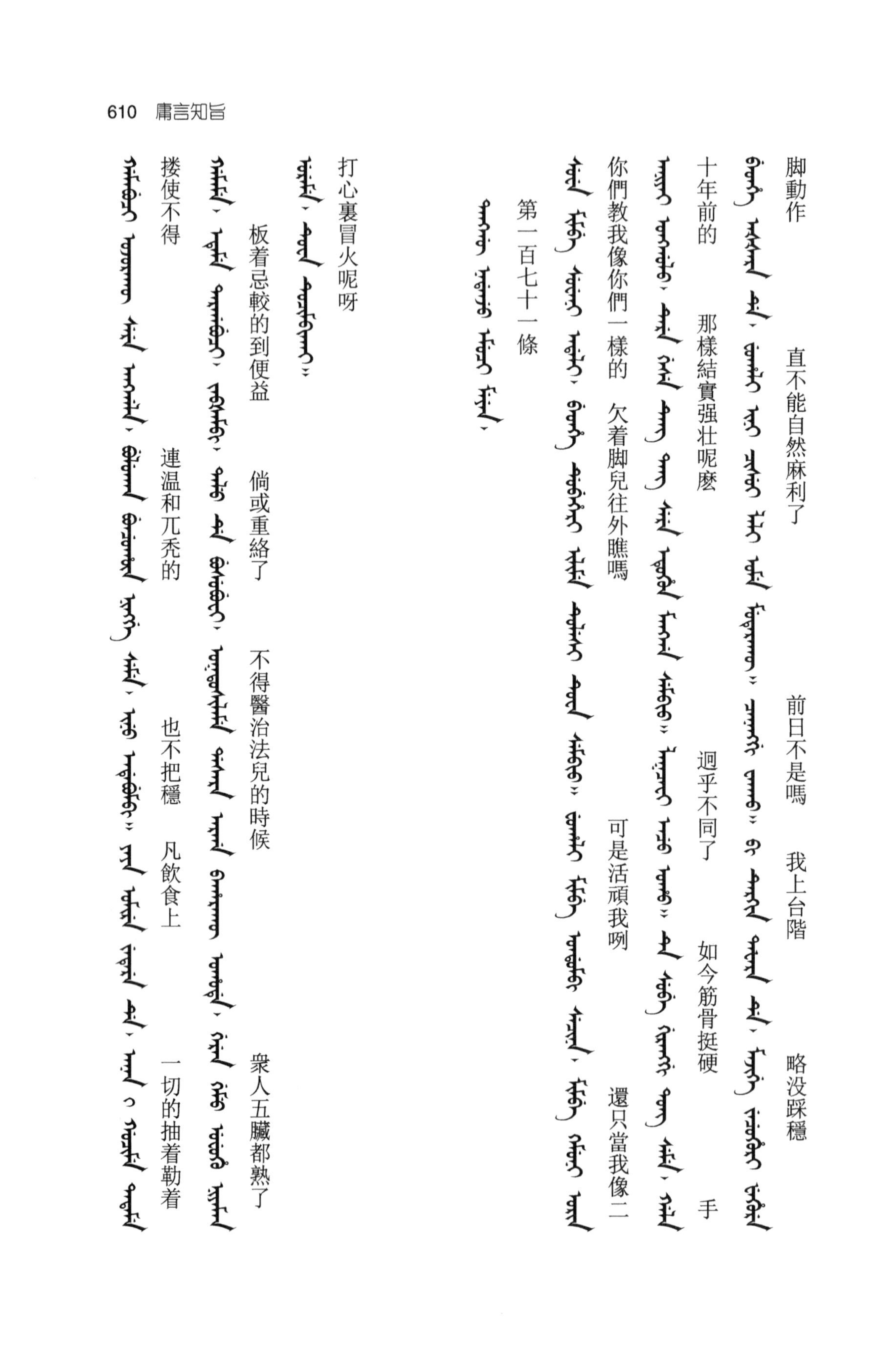

摟使不得 連温和兀秃的 也不把穩 凡飲食上 一切的抽着勒着

板着忌較的到便益 倘或重絡了 不得醫治法兒的時候 衆人五臟都熟了

打心裏冒火呢呀

第一百七十一條

你們教我像你們一樣的 欠着脚兒往外瞧嗎 可是活頑我咧 還只當我像二

十年前的 那樣結實强壯呢麼 迴乎不同了 如今筋骨挺硬 手

脚動作 直不能自然麻利了 前日不是嗎 我上台階 略没踩穩

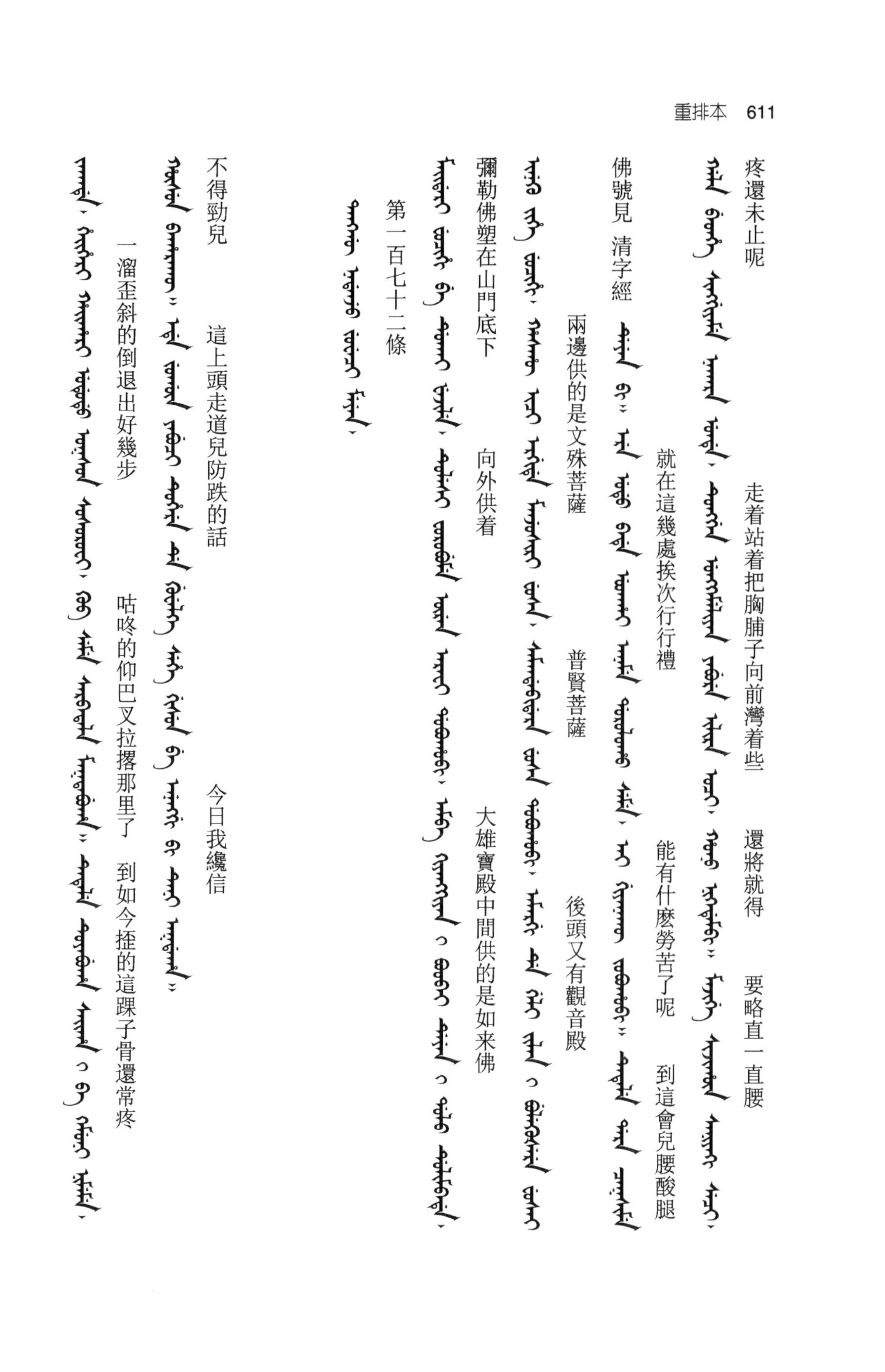

疼還未止呢　走着站着把胸脯子向前灣着些　還將就得　要略直一直腰

就在這幾處挨次行行禮　能有什麼勞苦了呢　到這會兒腰酸腿

佛號見　清字經

兩邊供的是文殊菩薩　普賢菩薩　後頭又有觀音殿

彌勒佛塑在山門底下　向外供着　大雄寶殿中間供的是如來佛

第一百七十二條

不得勁兒　這上頭走道兒防跌的話　今日我纔信

一溜歪斜的倒退出好幾步　咕咚的仰巴叉拉撂那里了　到如今摔的這踝子骨還常疼

ᠶᠠᠯᠠ ᡝᠮᡠ ᠪᠠᡨᡠᡵᡠ ᡥᠠᡥᠠ ᠰᡝᠴᡳᠨᠠ᠈ ᡤᡝᠪᡠ ᡨᡠᠴᡳᡴᡝ᠈ ᡥᠠᡳᡵᠠᡴᠠᠨ ᡥᡡᡨᡠᡵᡳ ᠪᡝ ᡤᡝᠮᡠ ᡳᠨᡳ ᠨᡝᠨᡝᡥᡝ ᠨᡳᠶᠠᠯᠮᠠ ᡤᠠᠮᠠᡥᠠ᠈ ᠵᠠᠯᠠᠨ ᠴᡳ ᠵᠠᠯᠠᠨ ᡝᠪᡝᡵᡳ ᠣᡥᠣ᠉

實是個豪杰 揚了名了 可嘆福分都是他先人帶了去了 一輩不及一輩了

ᠠᡳᠰᡝᠮᡝ᠉ ᡝᠮᡤᡝᡵᡳ ᡤᡳᠰᡠᠨ ᡳ ᡶᡠᠯᡥᡡ ᠪᡝ ᠨᡝᡳᡥᡝ ᠰᡝᡥᡝᡩᡝ᠈ ᠨᡳᠶᠠᠯᠮᠠ ᡳ ᡩᡠᡥᠠ ᡩᠣ ᠪᡝ ᡤᡝᠮᡠ ᡠᡵᡝᠪᡠᠮᠪᡳ᠉ ᠮᡠᠵᡳᠯᡝᠨ ᡩᡝ ᠵᠠᠴᡳ ᠵᠣᠪᠣᠮᠪᡳ᠉ ᡳᠨᡳ ᠠᠮᠠ ᠠᡳ ᡤᡝᠰᡝ ᡥᠠᡥᠠ ᠪᡳᡥᡝ᠉

甚麼呢 一開了話包兒 教人五臟都熟了 心裏難受 他父親是何様的漢子来着

ᠪᡝᠩᠰᡝᠨ ᡨᡝᡴᠰᡳᠨ ᠠᡴᡡ᠈ ᠪᡝᠶᡝ ᡨᠣᠪ ᠯᠠᡴ ᠪᡝ᠈ ᡴᠠᡵᠮᠠᠮᡝ ᠮᡠᡨᡝᠪᡠᡵᡝ ᠠᡴᡡ᠈ ᡶᡠᠯᡠ ᠪᠠᡳᡨᠠ ᠨᡳᠶᠠᠯᠮᠠ ᡳ ᡶᡠᠨᡩᡝ ᡶᠠᠴᡠᡥᡡᠨ ᡤᡳᠰᡠᡵᡝᡵᡝ ᠨᡳᠩᡤᡝ᠈ ᡴᠠᡳ

生性不着調 自己妥當不妥當 不知保的住保不住 多事替人家混批的 是

第一百七十三條

ᡝᠮᡠ ᡨᠠᠩᡤᡡ ᠨᠠᡩᠠᠨᠵᡠ ᡳᠯᠠᠴᡳ᠉

ᡩᠠᡵᠠ ᡳ ᡤᡳᡵᠠᠩᡤᡳ ᡠᡨᡥᠠᡳ ᠨᡳᠮᡝᠮᠪᡳ᠈ ᠸᠠᠵᡳᡥᠠ᠈ ᠵᡳᡶᡳ ᠵᡳᡩᡝᡵᠠᡴᡡ ᡠᡨᡥᠠᡳ ᡠᡨᡨᡠ ᡝᠪᡝᡵᡝᡴᡝᠪᡳ ᠨᡳ᠉

腰節骨就疼 完咧 来不来的就這們衰敗了呢

第一百七十四條

我們的事 這一程子 天天雖說的嘴都干了 也有向燈的 也有向火的 話亂道的上頭 事情支擱着来着 昨日拿着人情事理 說了個難 剛剛的擰秤執繆的勁兒消了 有個應口的模兒了 正待定不定之際 他猛然進来了 這個咧那個咧 一陣混攪的上頭 變了 又摇起頭来了

第一百七十五條

缸兒裏没他扠裏没他 算個什麼牌兒名 巴巴的来 要多管事 果然能公公道道的

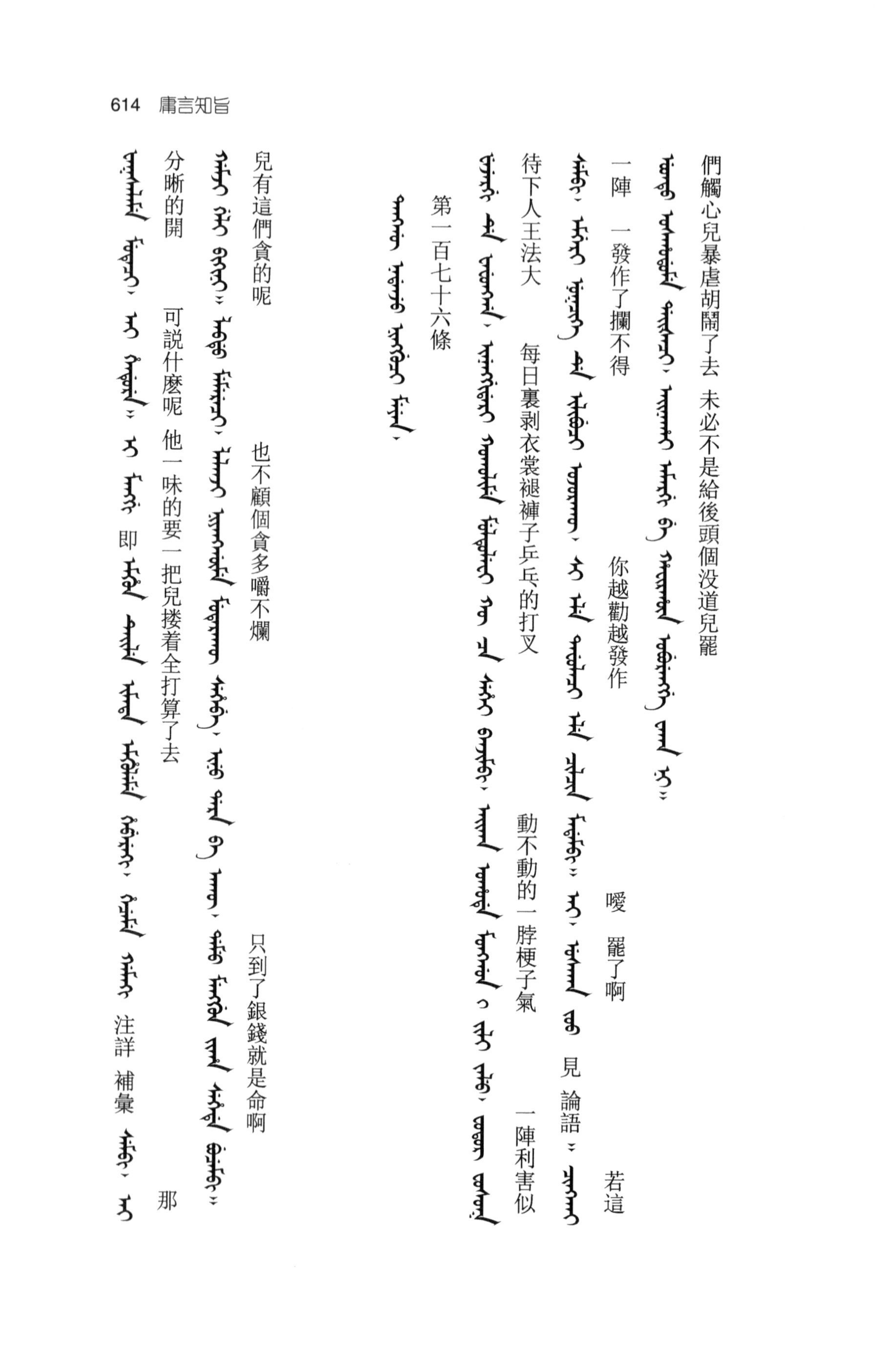

們觸心兒暴虐胡鬧了去 未必不是給後頭個没道兒罷

一陣 一發作了攔不得 你越勸越發作 嗳 罷了啊 若這

見 論語

待下人王法大 每日裏剥衣裳褪褲子乒乓的打叉 動不動的一脖梗子氣 一陣利害似

第一百七十六條

兒有這們貪的呢 也不顧個貪多嚼不爛 只到了銀錢就是命啊

分晰的開 可說什麼呢 他一味的要一把兒摟着全打算了去 那

即 注詳 補彙

熱樸樸的心　寒了個冷冰冰的　再還有個什麽来往頭兒呢

少少都何等樣親熱来着　原来人在人情在的話　是説這個呢呀　那上頭我去的

頭不着尾的撩話兒　活是捻人的一様　回想　我姐姐在的時候　一進他家　老老

是骨肉至親去瞧他去呢　怪事　好像少欠他什麽　没還他是的　一個個的着

我們那個親戚麽　如今改了常了　只是有名無實了　一日我想着

第一百七十七條

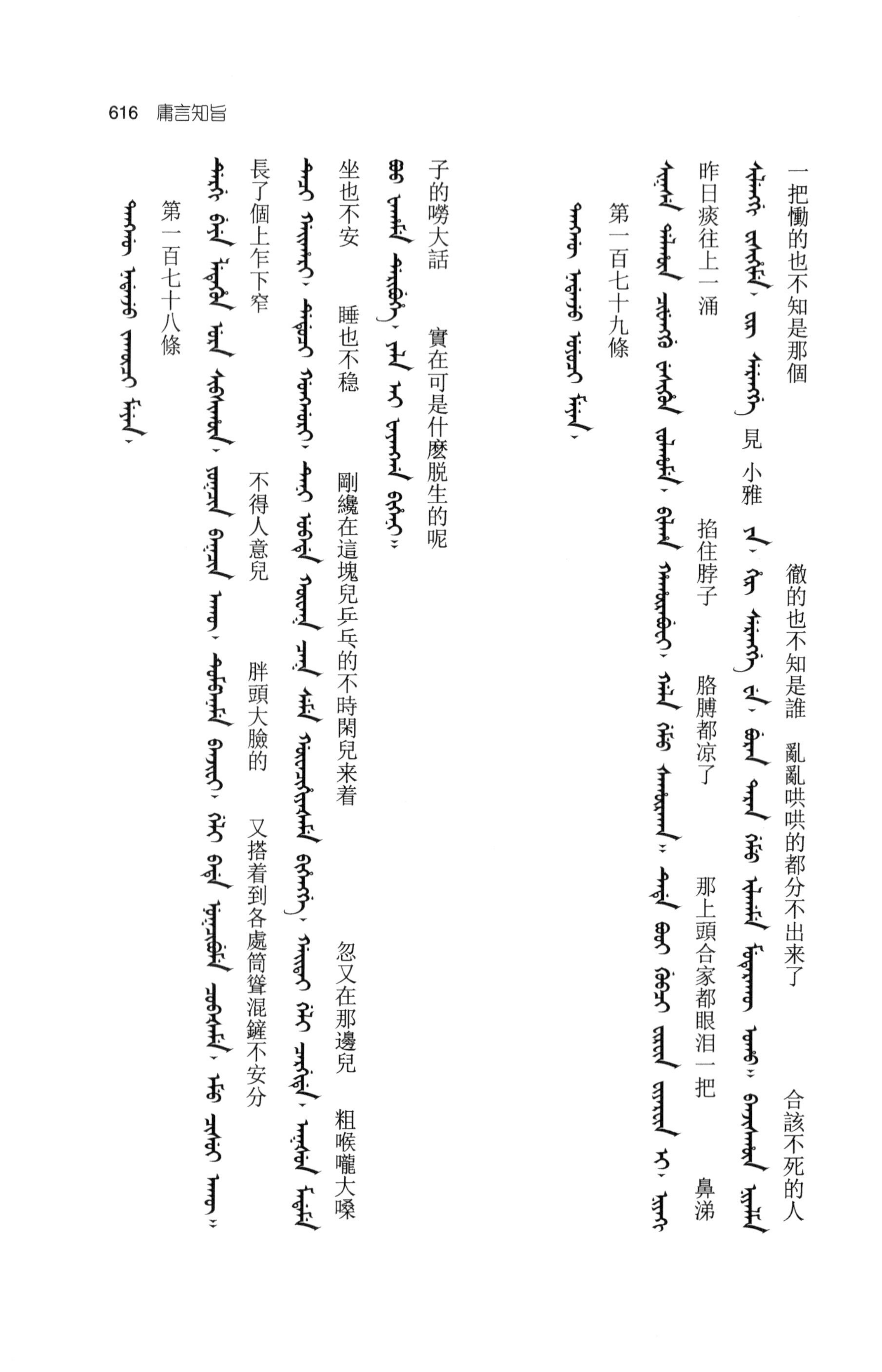

一把慟的也不知是那個 見小雅 徹的也不知是誰 亂亂哄哄的都分不出来了 合該不死的人

昨日痰往上一湧 掐住脖子 胳膊都涼了 那上頭合家都眼淚一把 鼻涕

第一百七十九條

子的嘮大話 實在可是什麼脫生的呢

坐也不安 睡也不稳 剛纔在這塊兒乒乒的不時閑兒来着 忽又在那邊兒 粗喉嚨大嗓

長了個上乍下窄 不得人意兒 胖頭大臉的 又搭着到各處筒聳混鐽不安分

第一百七十八條

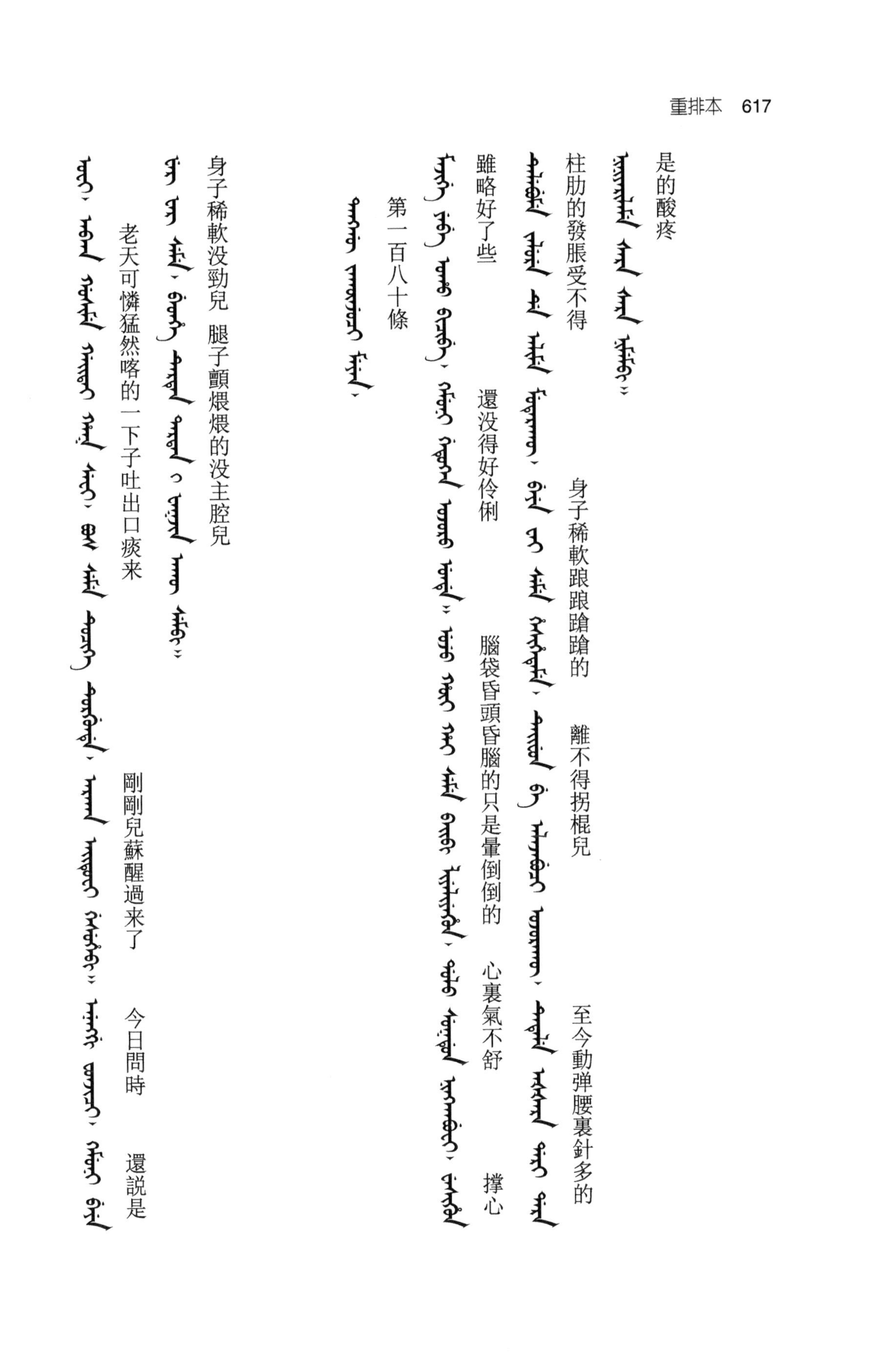

是的酸疼

柱肋的發脹受不得 身子稀軟跟跟蹌蹌的 離不得拐棍兒 至今動弹腰裏針多的

雖略好了些 還没得好伶俐 腦袋昏頭昏腦的只是暈倒倒的 心裏氣不舒 撐心

第一百八十條

身子稀軟没勁兒 腿子顫煨煨的没主腔兒

老天可憐猛然喀的一下子吐出口痰来 剛剛兒蘇醒過来了 今日問時 還說是

第一百八十一條

吃飯呢　狠像没煮到的是的　撒扎拉的　吃肉呢　木扎片似的發柴　一点滋味也没有　吃下

的東西不長精神　只覺的添乏　比尋常的刺撓疼痛難受　而且　臉燒耳

熱　不住的眼皮子跳　豈有此理　這們着也有個不出别外生枝的亂兒的嗎

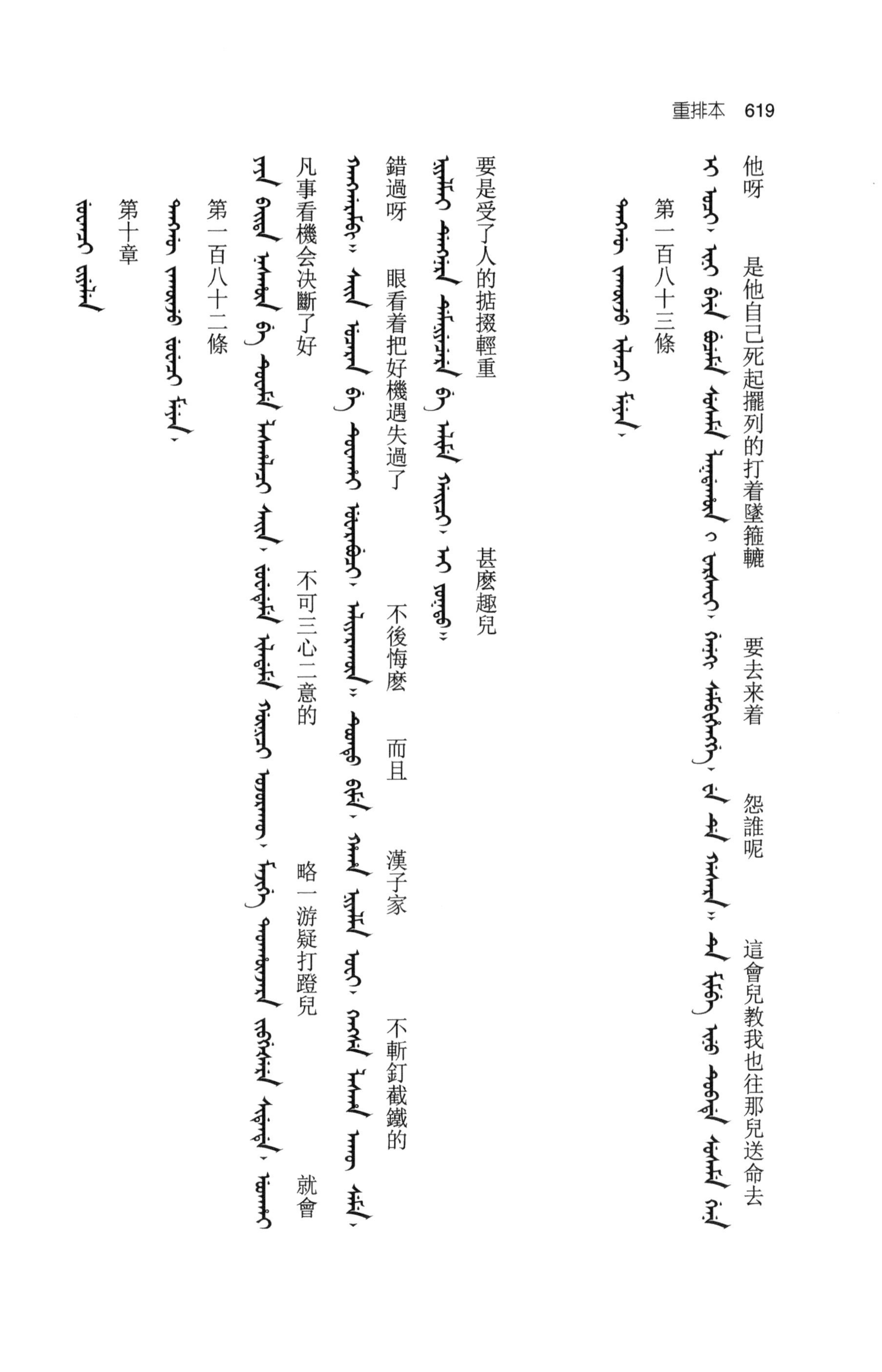

他呀　是他自己死起擺列的打着墜箍轆　要去来着　怨誰呢　這會兒教我也往那兒送命去

第一百八十三條

要是受了人的掂掇輕重　甚麽趣兒

錯過呀　眼看着把好機遇失過了　不後悔麽　而且　漢子家　不斬釘截鐵的

凡事看機会决斷了好　不可三心二意的　略一游疑打蹬兒　就會

第一百八十二條

第十章

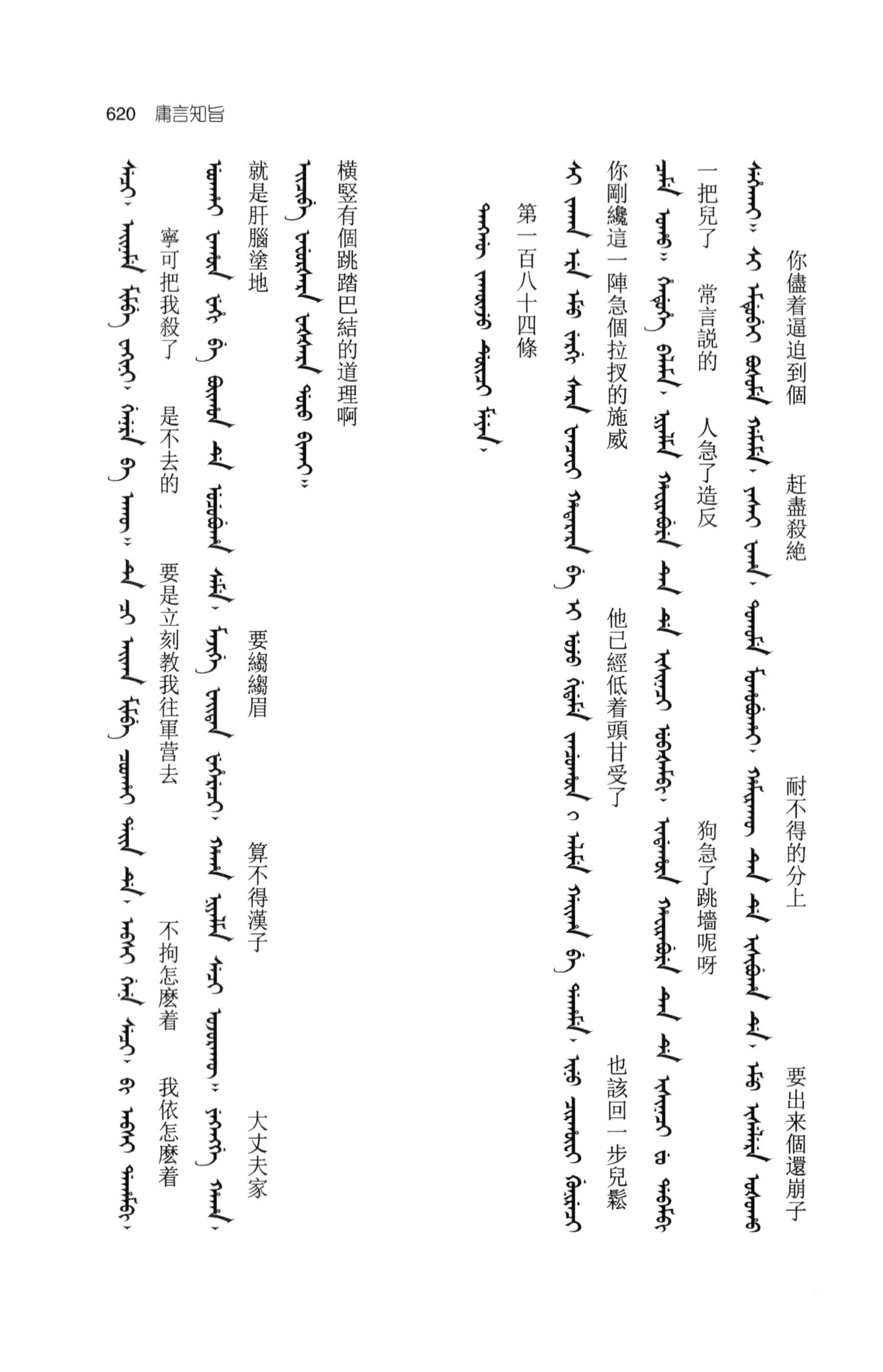

你儘着逼迫到個　赶盡殺絶　耐不得的分上　要出来個還崩子

一把兒了　常言説的　人急了造反　狗急了跳墻呢呀

你剛纔這一陣急個拉扱的施威　他已經低着頭甘受了　也該回一步兒鬆

第一百八十四條

横竪有個跳踏巴結的道理啊

就是肝腦塗地　要綹綹眉　算不得漢子　大丈夫家

寧可把我殺了　是不去的　要是立刻教我往軍營去　不拘怎麼着　我依怎麼着

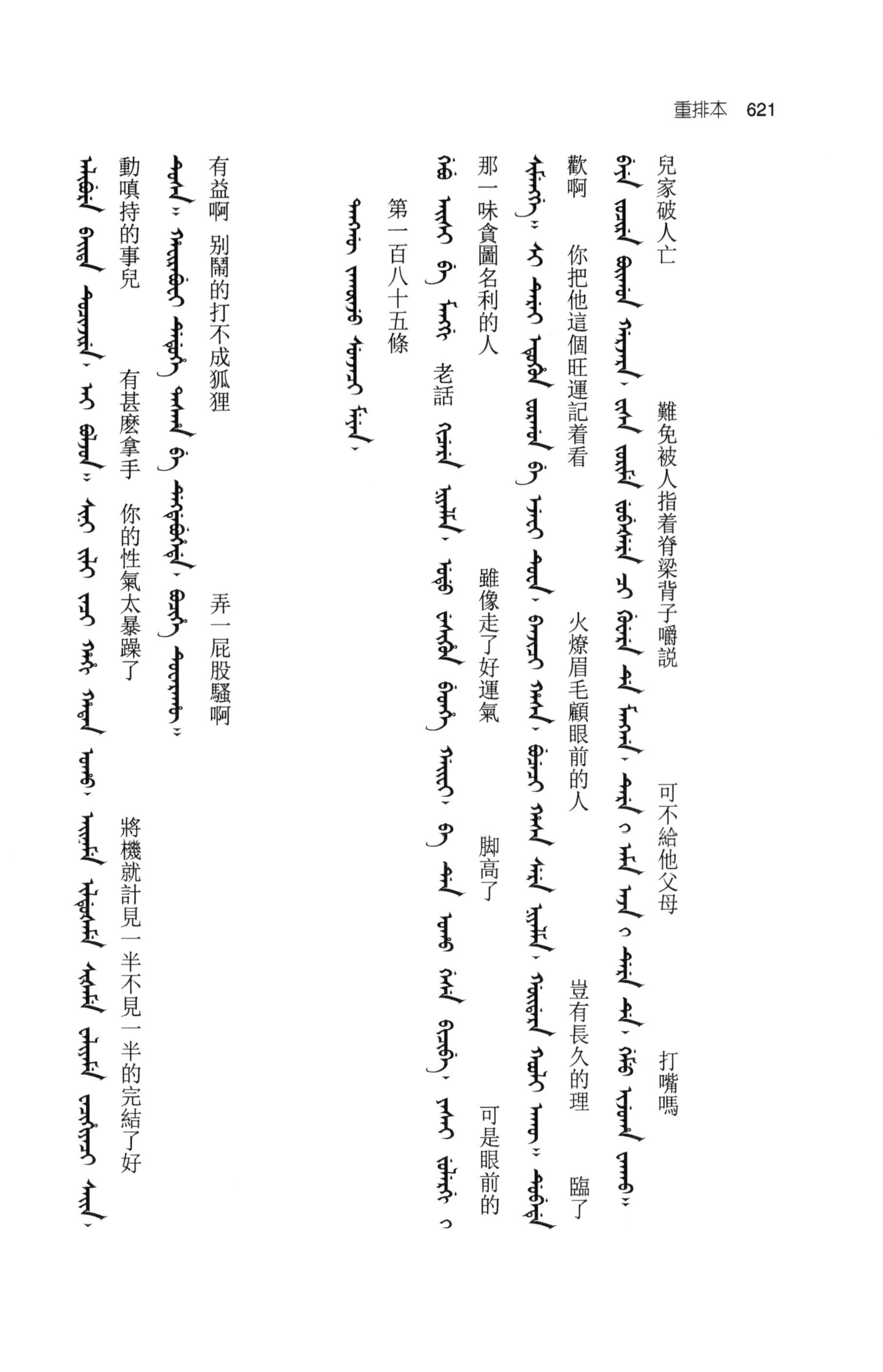

兒家破人亡 難免被人指着脊梁背子嚼說 可不給他父母 打嘴嗎

歡啊 你把他這個旺運記着看 火燎眉毛顧眼前的人 豈有長久的理 臨了

那一味貪圖名利的人 雖像走了好運氣 脚高了 可是眼前的

老話

第一百八十五條

有益啊 別鬧的打不成狐狸 弄一屁股騷啊

動嗔持的事兒 有甚麼拿手 你的性氣太暴躁了 將機就計見一半不見一半的完結了好

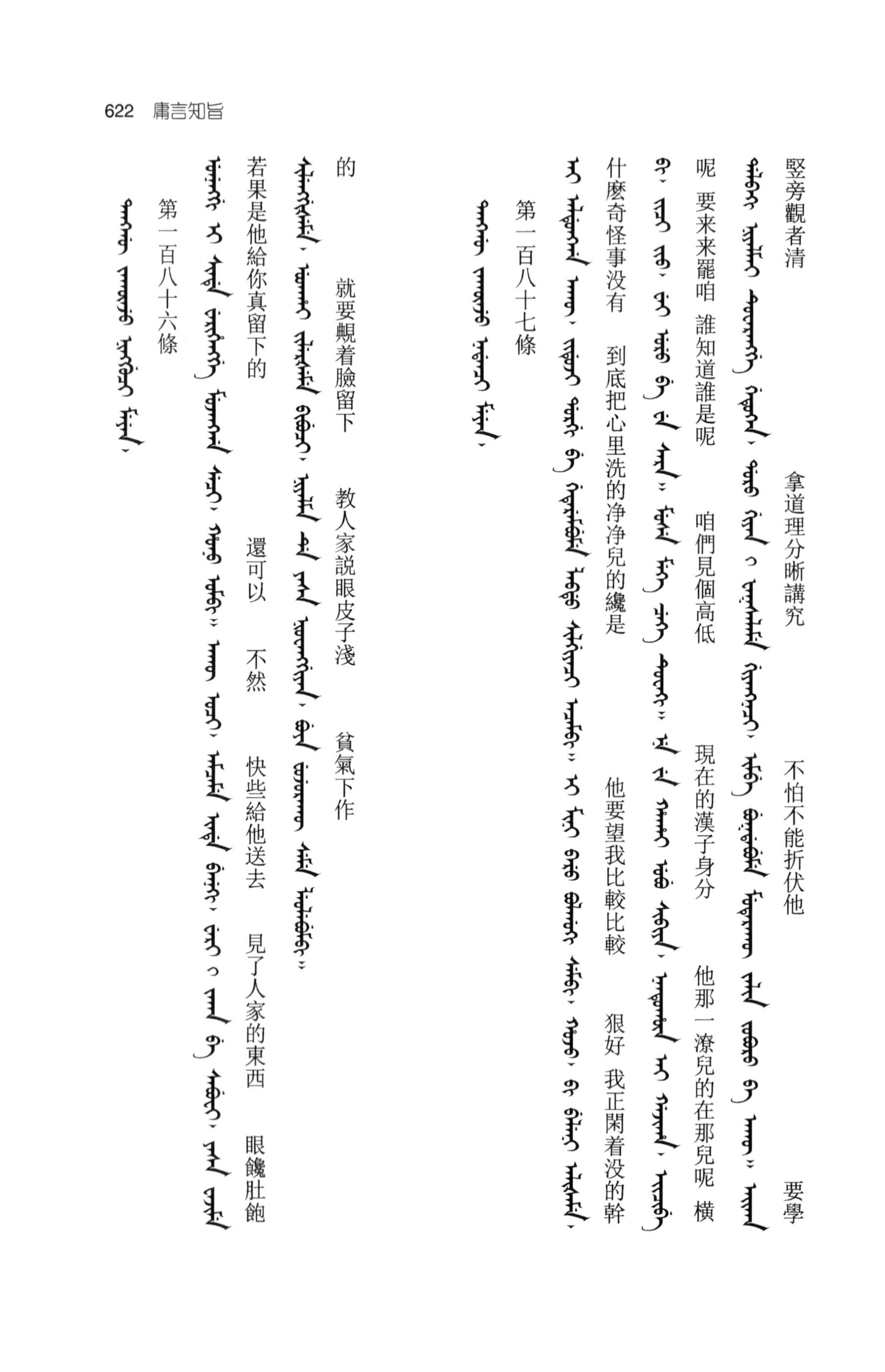

竪旁觀者清　拿道理分晰講究　不怕不能折伏他　要學

呢　要来来罷咱　誰知道誰是呢　咱們見個高低　現在的漢子身分　他那一潦兒的在那兒呢　横

什麼奇怪事没有　到底把心里洗的净净兒的纔是　他要望我比較比較　狠好　我正閑着没的幹

第一百八十七條

的　就要覥着臉留下　教人家説眼皮子淺　貧氣下作

若果是他給你真留下的　還可以　不然　快些給他送去　見了人家的東西　眼饞肚飽

第一百八十六條

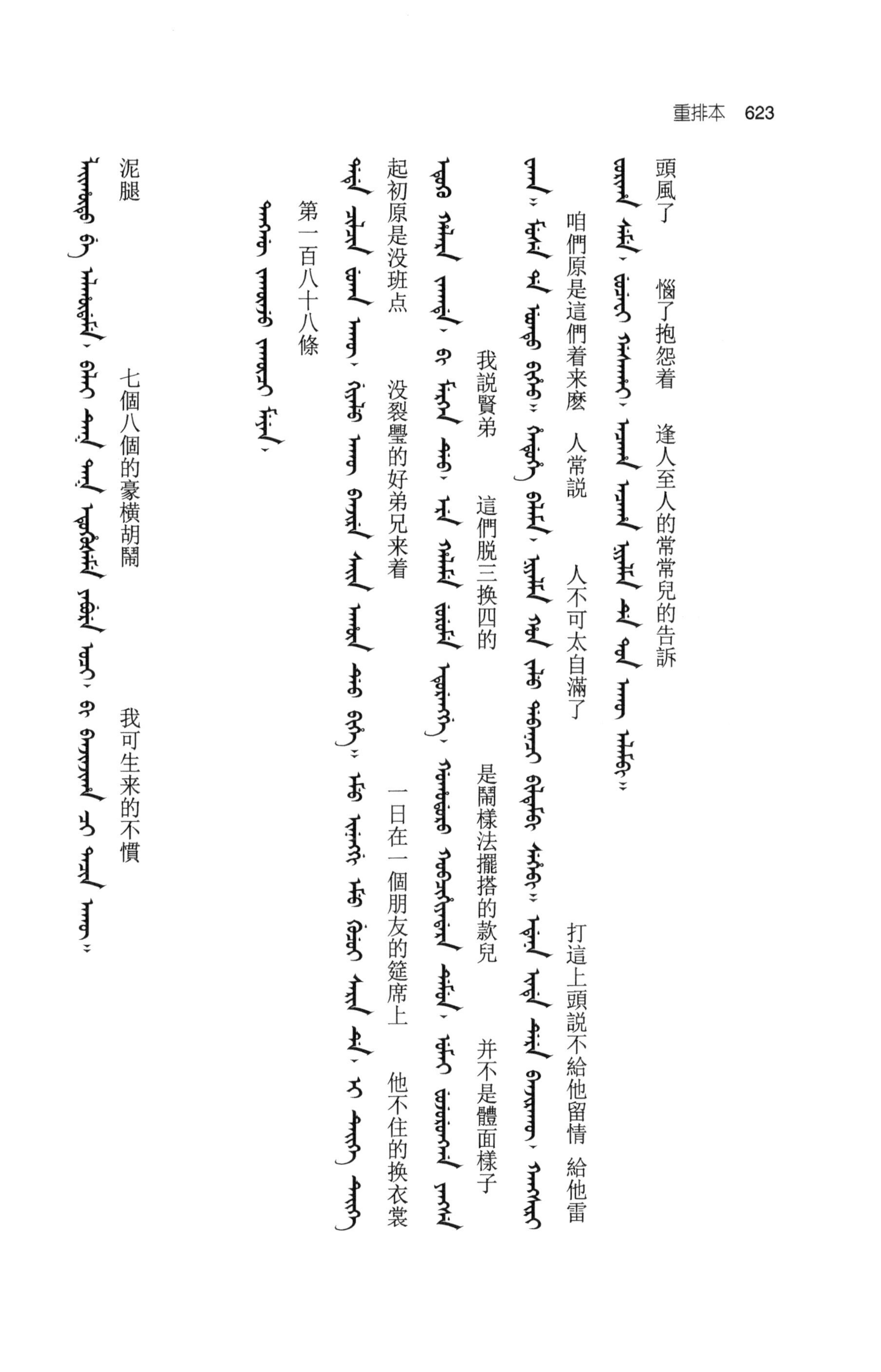

頭風了　惱了抱怨着　逢人至人的常常兒的告訴

咱們原是這們着來麽　人常說　人不可太自滿了　打這上頭說不給他留情　給他雷

我說賢弟　這們脫三換四的　是鬧樣法擺搭的款兒　并不是體面樣子

起初原是没班点　没裂璺的好弟兄來着　一日在一個朋友的筵席上　他不住的換衣裳

第一百八十八條

泥腿　七個八個的豪横胡鬧　我可生來的不慣

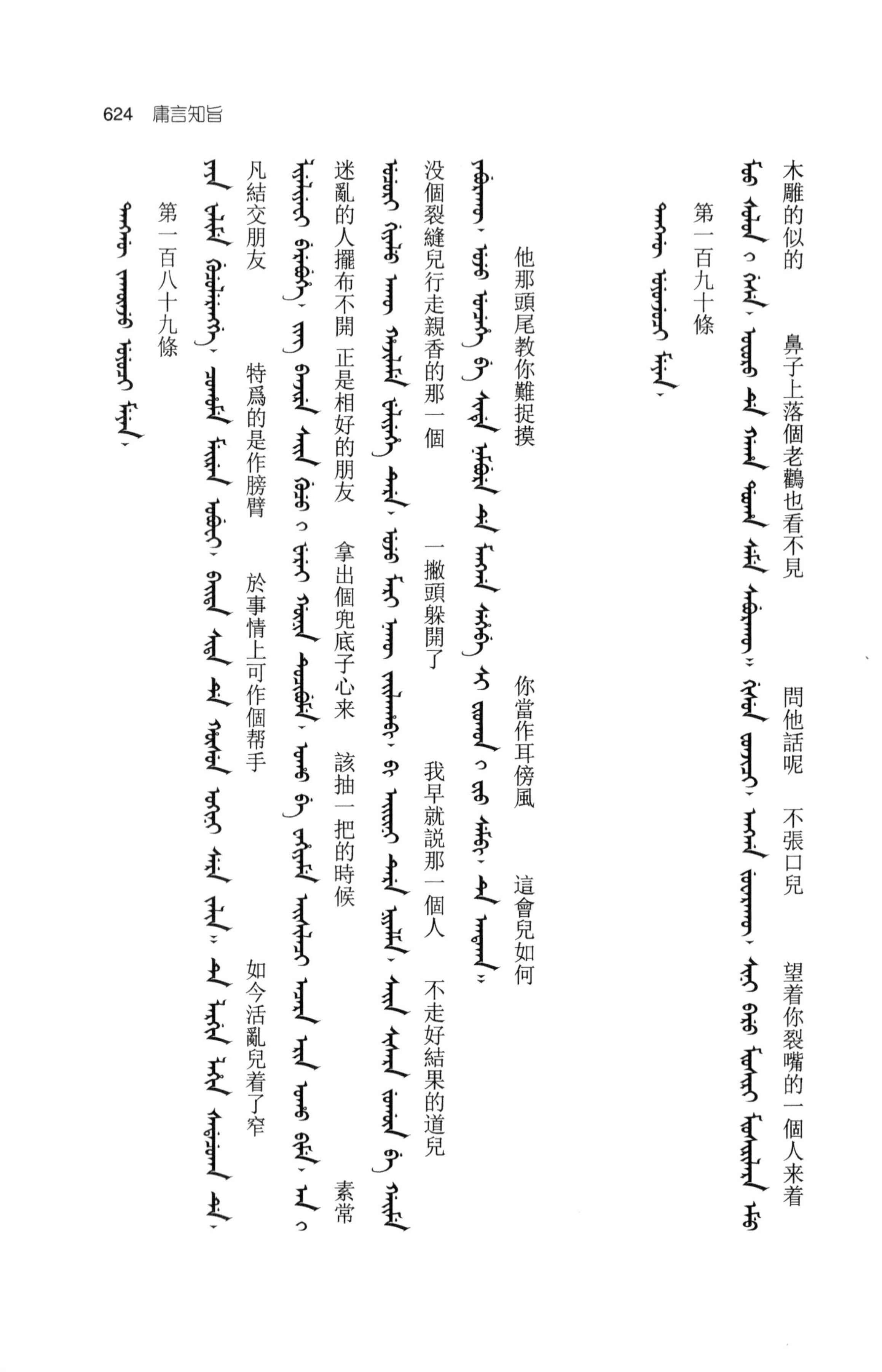

第一百八十九條

凡結交朋友 特爲的是作膀臂 於事情上可作個帮手 如今活亂兒着了窄

迷亂的人擺布不開 正是相好的朋友 拿出個兜底子心来 該抽一把的時候 素常

没個裂縫兒行走親香的那一個 一撤頭躲開了 我早就説那一個人 不走好結果的道兒

他那頭尾教你難捉摸 你當作耳傍風 這會兒如何

第一百九十條

木雕的似的 鼻子上落個老鸛也看不見 問他話呢 不張口兒 望着你裂嘴的一個人来着

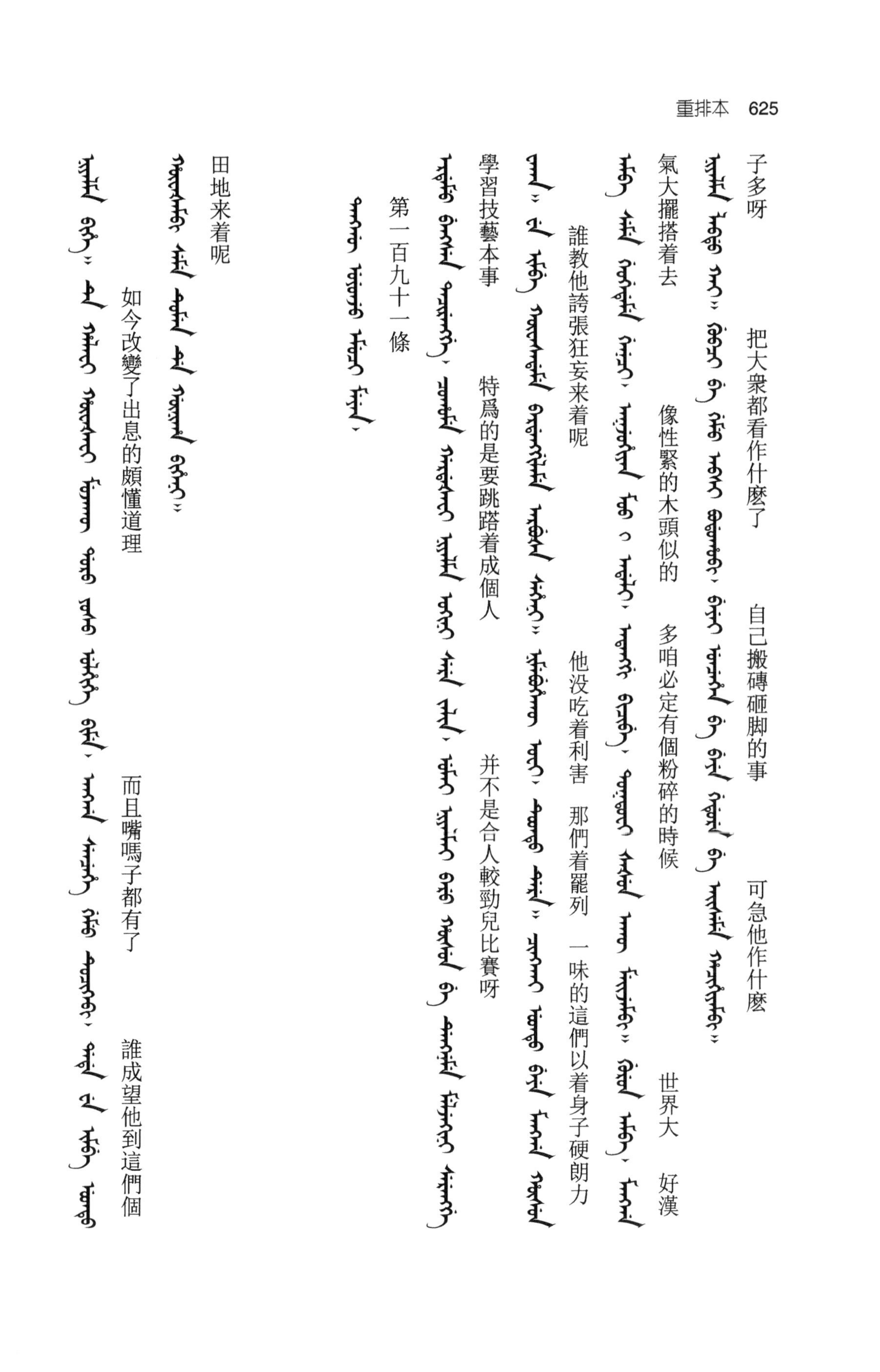

子多呀　把大衆都看作什麼了　自己搬磚砸脚的事　可急他作什麼

氣大擺搭着去　像性緊的木頭似的　多咱必定有個粉碎的時候　世界大　好漢

誰教他誇張狂妄来着呢　他没吃着利害　那們着罷列　一味的這們以着身子硬朗力

學習技藝本事　特爲的是要跳踏着成個人　并不是合人較勁兒比賽呀

第一百九十一條

田地来着呢

如今改變了出息的頗懂道理　而且嘴嗎子都有了　誰成望他到這們個

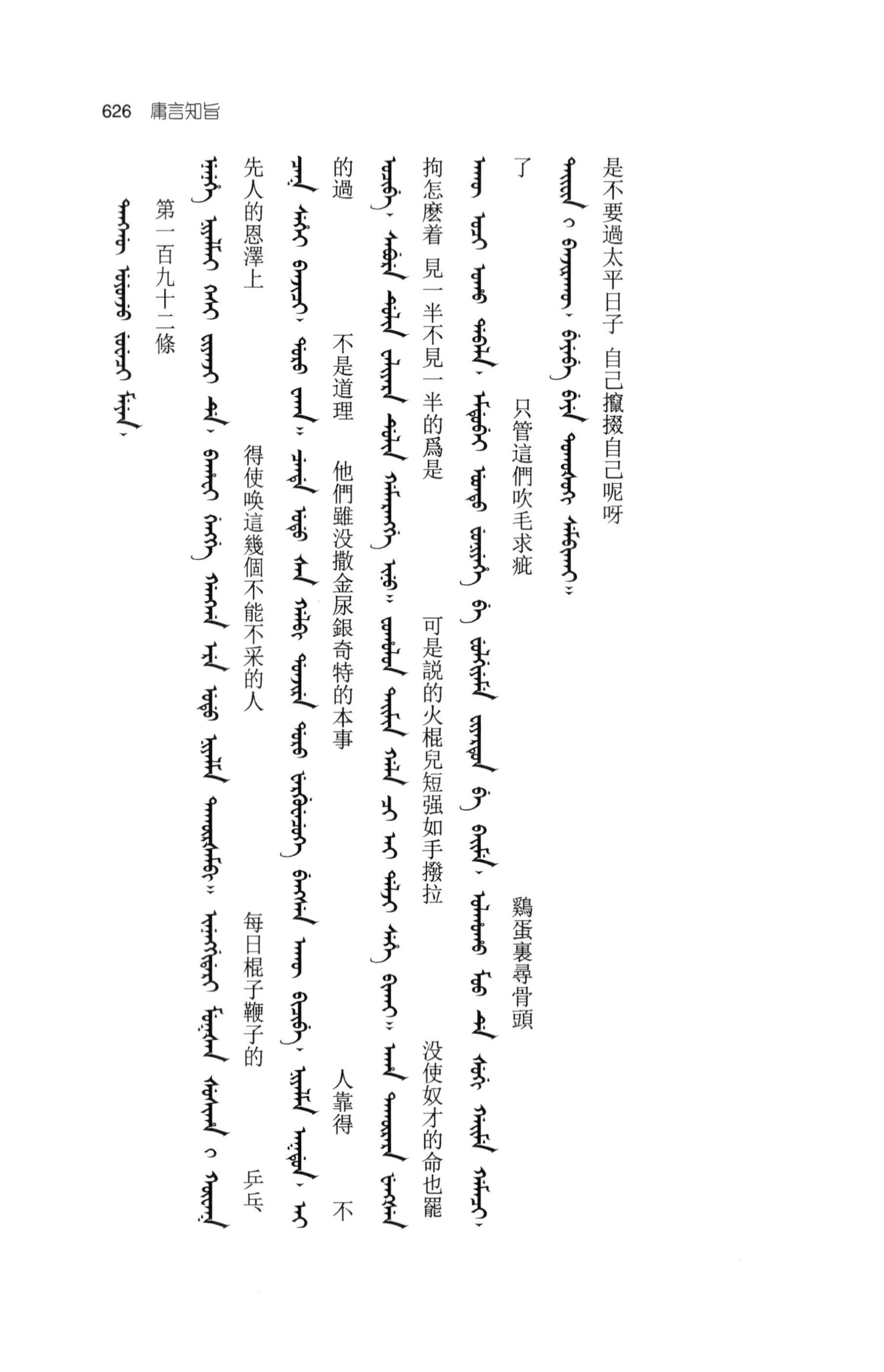

是不要過太平日子 自己攮掇自己呢呀

[illegible]

了 只管這們吹毛求疵 鷄蛋裏尋骨頭

[illegible]

拘怎麼着 見一半不見一半的爲是 可是説的火棍兒短强如手撥拉 没使奴才的命也罷

[illegible]

的過 不是道理 他們雖没撒金尿銀奇特的本事 人靠得 不

[illegible]

先人的恩澤上 得使喚這幾個不能不采的人 每日棍子鞭子的 乒乓

[illegible]

第一百九十二條

[illegible]

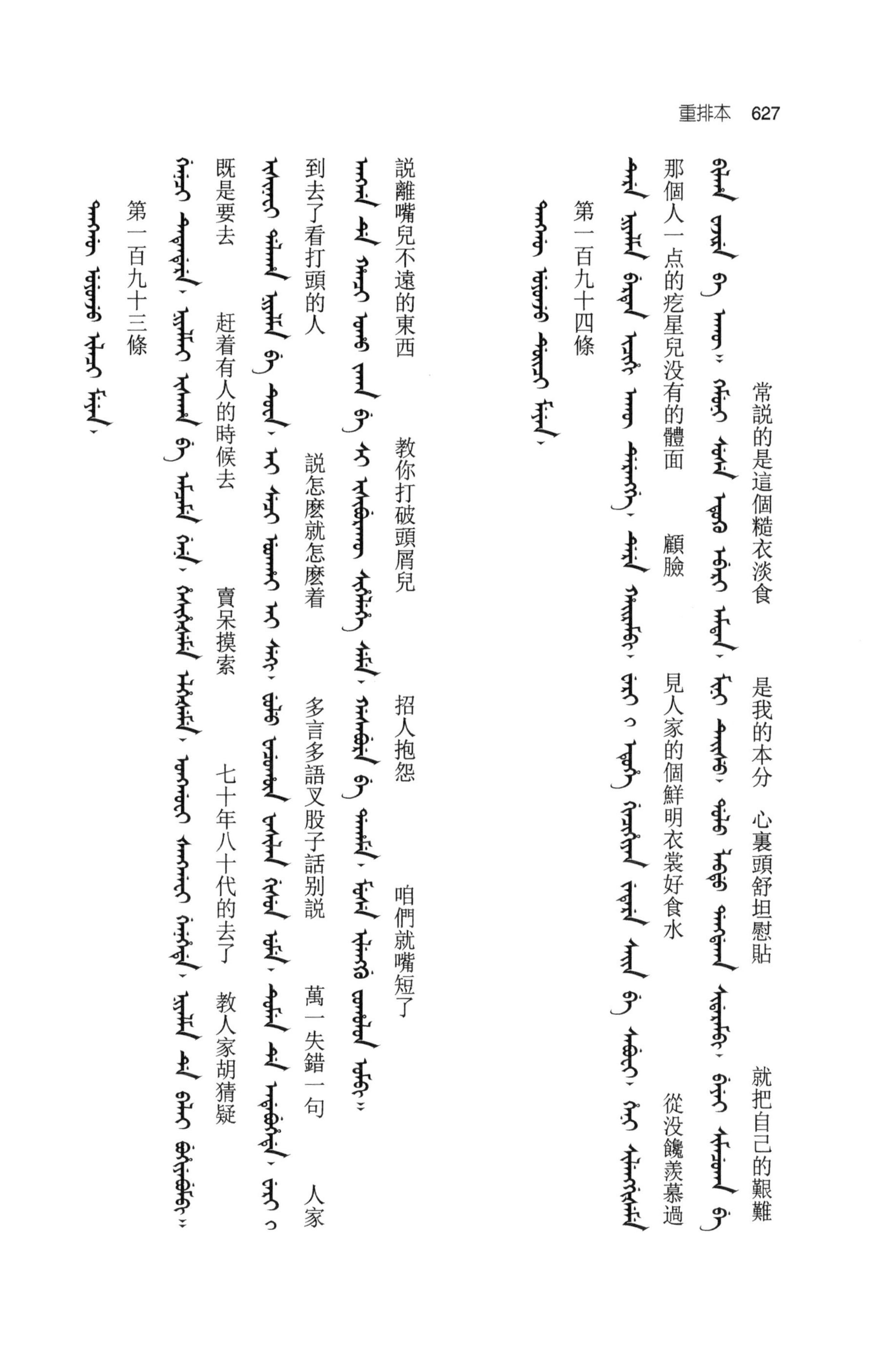

第一百九十三條

既是要去　赶着有人的時候去　賣呆摸索　七十年八十代的去了　教人家胡猜疑

到去了看打頭的人　説怎麼就怎麼着　多言多語叉股子話別説　萬一失錯一句　人家

説離嘴兒不遠的東西　教你打破頭屑兒　招人抱怨　咱們就嘴短了

第一百九十四條

那個人一点的疙星兒没有的體面　顧臉　見人家的個鮮明衣裳好食水　從没饞羨慕過

常説的是這個糙衣淡食　是我的本分　心裏頭舒坦慰貼　就把自己的艱難

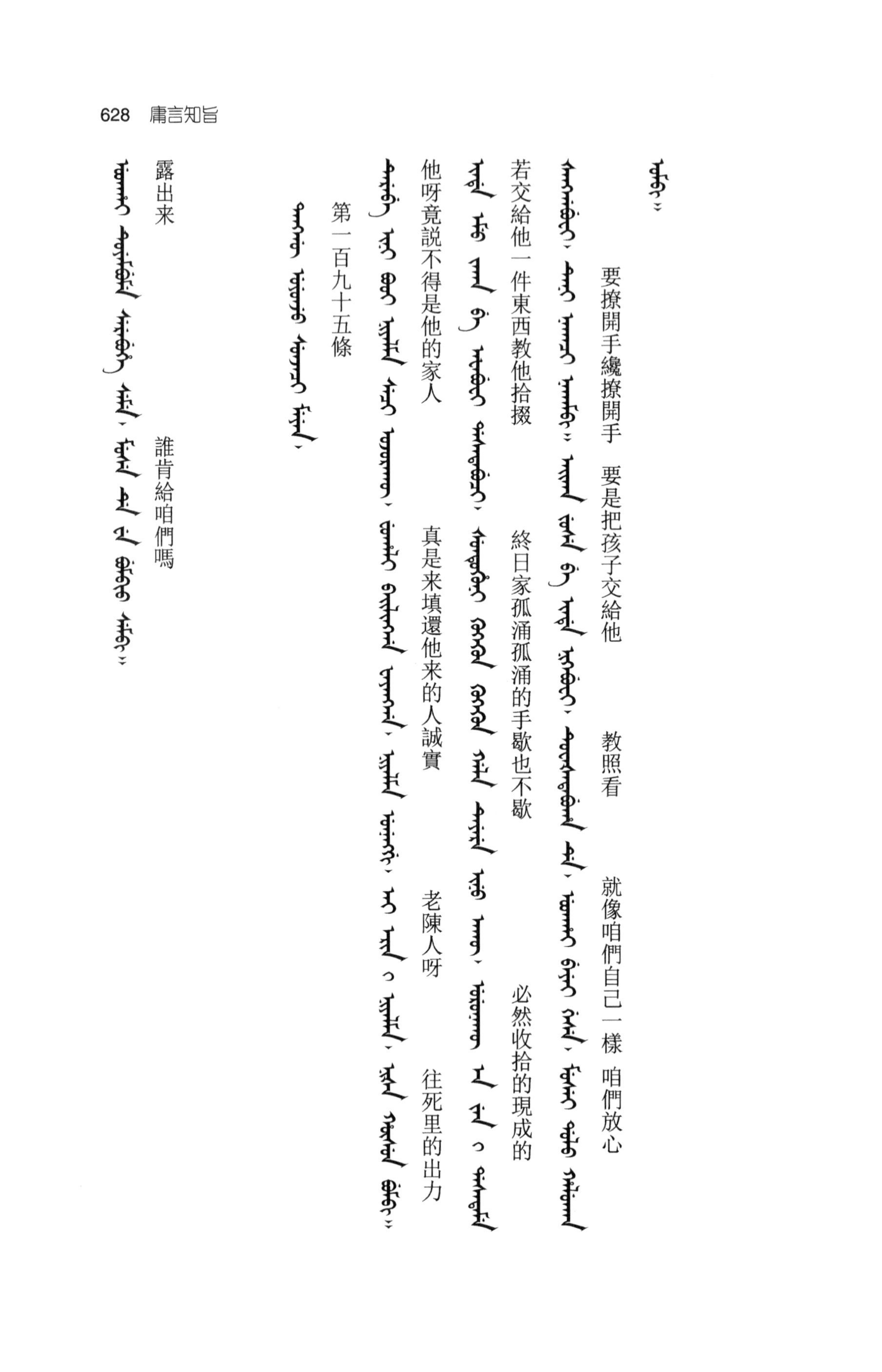

要撩開手纔撩開手 要是把孩子交給他 教照看 就像咱們自己一樣 咱們放心

若交給他一件東西教他拾掇 終日家孤涌孤涌的手歇也不歇 必然收拾的現成的

他呀竟説不得是他的家人 真是来填還他来的人誠實 老陳人呀 往死里的出力

第一百九十五條

露出来 誰肯給咱們嗎

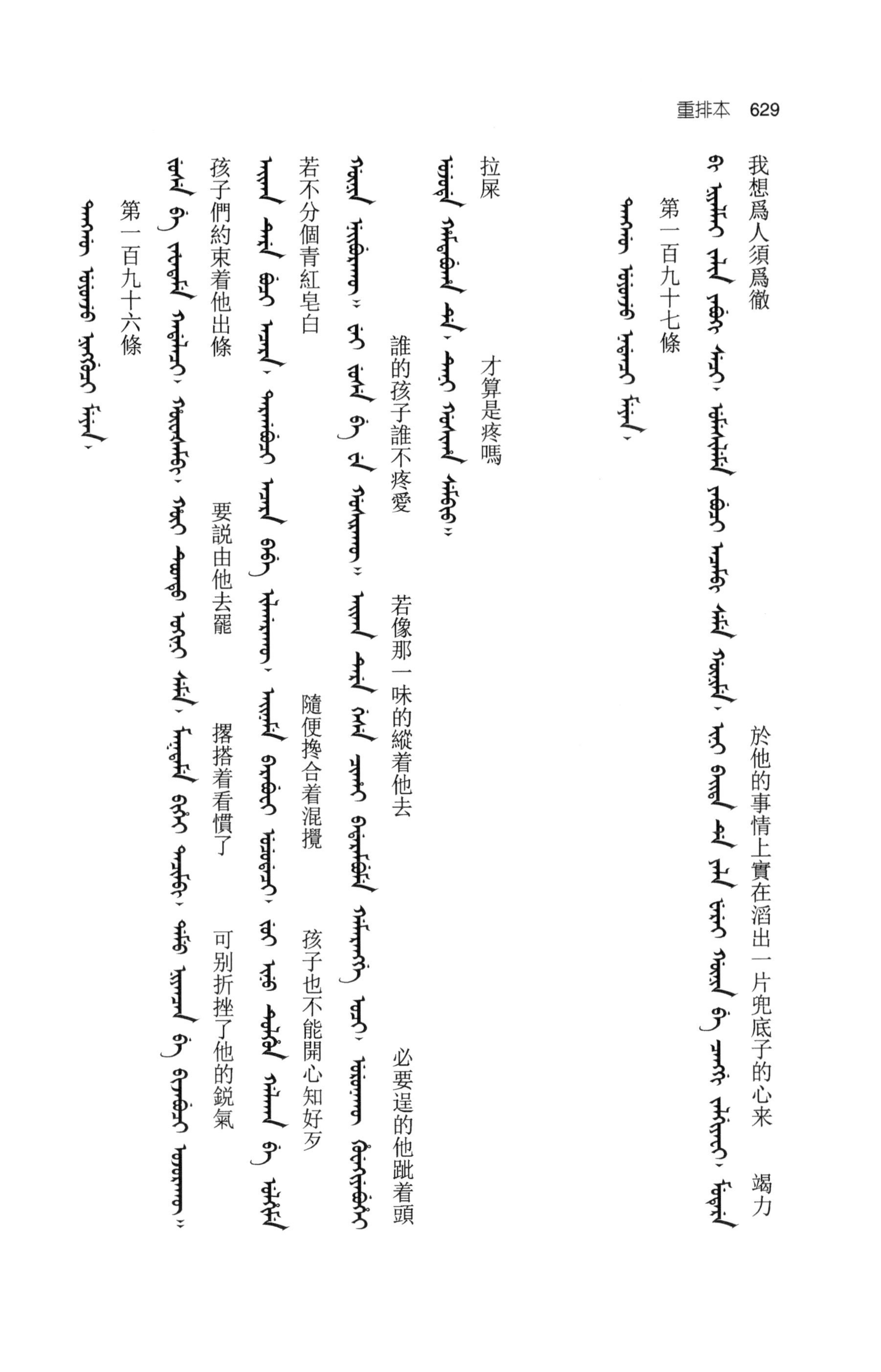

第一百九十六條

孩子們約束着他出條　要說由他去罷　撂搭着看慣了　可別折挫了他的銳氣

若不分個青紅皂白　隨便攙合着混攪　孩子也不能開心知好歹

誰的孩子誰不疼愛　若像那一味的縱着他去　必要逞的他跳着頭

拉屎　才算是疼嗎

第一百九十七條

我想爲人須爲徹　於他的事情上實在滔出一片兜底子的心來　竭力

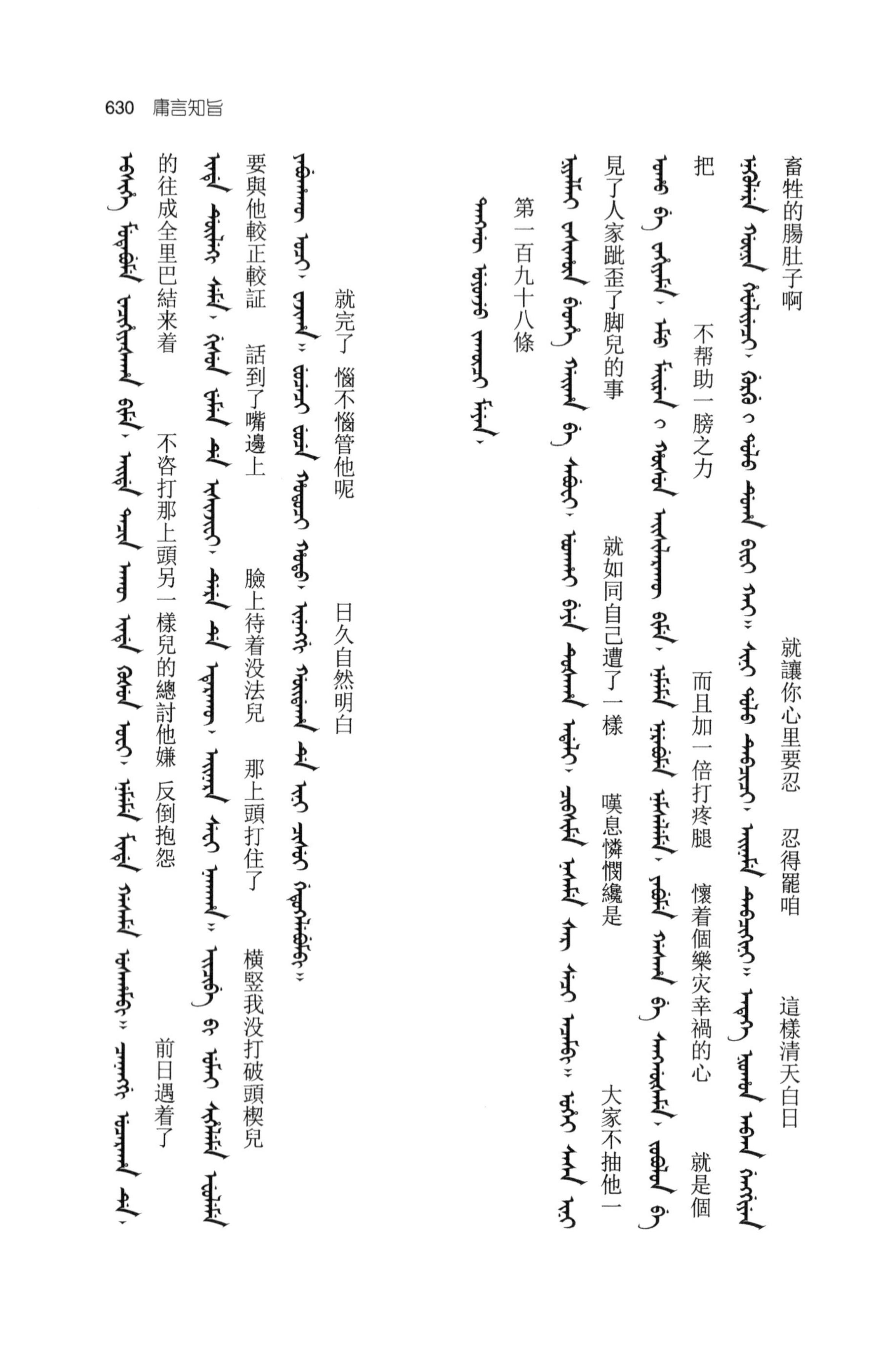

的往成全里巴結来着 不咨打那上頭另一樣兒的總討他嫌 反倒抱怨 前日遇着了

要與他較正較証 話到了嘴邊上 臉上待着没法兒 那上頭打住了 橫竪我没打破頭楔兒

就完了 惱不惱管他呢 日久自然明白

第一百九十八條

見了人家跐歪了脚兒的事 就如同自己遭了一樣 嘆息憐憫纔是 大家不抽他一

把 不帮助一膀之力 而且加一倍打疼腿 懷着個樂灾幸禍的心 就是個

畜牲的腸肚子啊 就讓你心里要忍 忍得罷咱 這樣清天白日

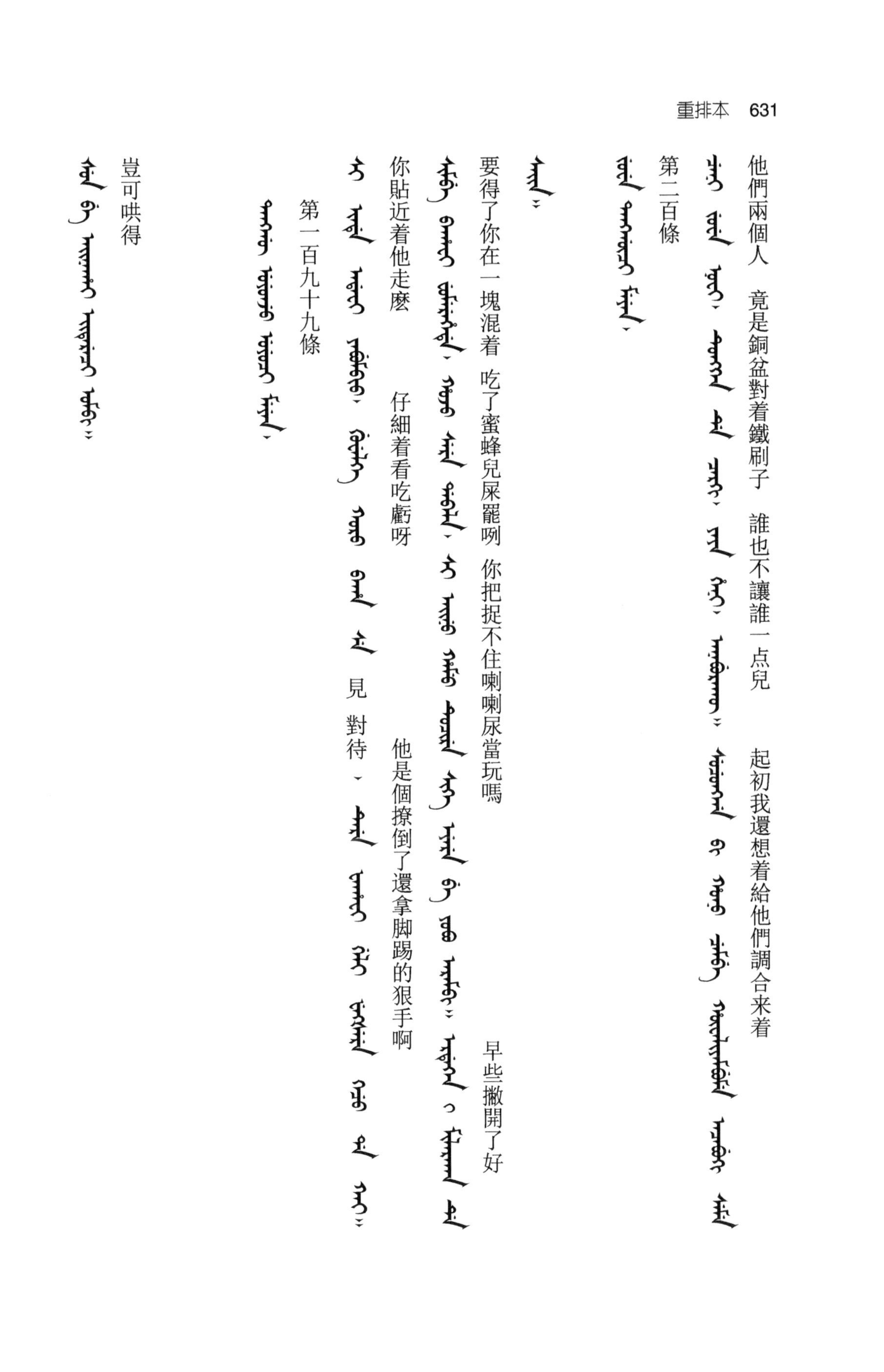

他們兩個人　竟是銅盆對着鐵刷子　誰也不讓誰一点兒　起初我還想着給他們調合来着

第二百條

要得了你在一塊混着　吃了蜜蜂兒屎罷咧　你把捉不住喇喇尿當玩嗎　早些撒開了好

你貼近着他走麽　仔細着看吃虧呀　他是個撩倒了還拿脚踢的狠手啊

見　對待

第一百九十九條

豈可哄得

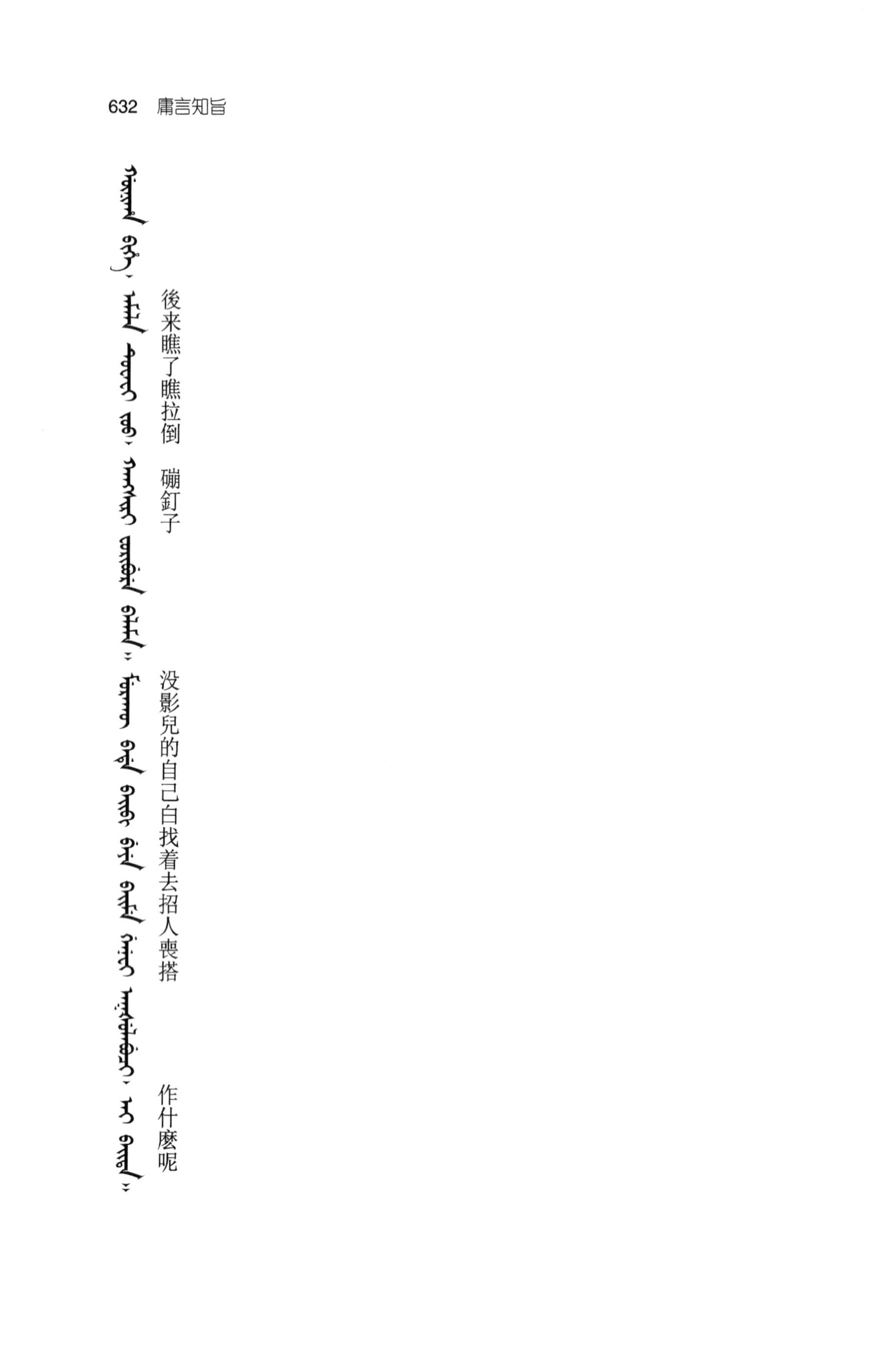

後来瞧了瞧拉倒 磞釘子

没影兒的自己白找着去招人喪搭

作什麼呢

胡謅 嘮裏嘮叨話不斷 果然是人情道理話 抱怨什麼呢 所謅的 總是他

第二百零二條

咕咕唧唧的 實在教人五臟都熟了 打心裏受不得

閉目合眼的 渾攪合是的央求 應呢 使不得 要躲呢 他死咕搭兒的纏着不放

要出門 纔到二門上 他從外來了 赶讓進來 并没別的事

第二百零一條

第十一章

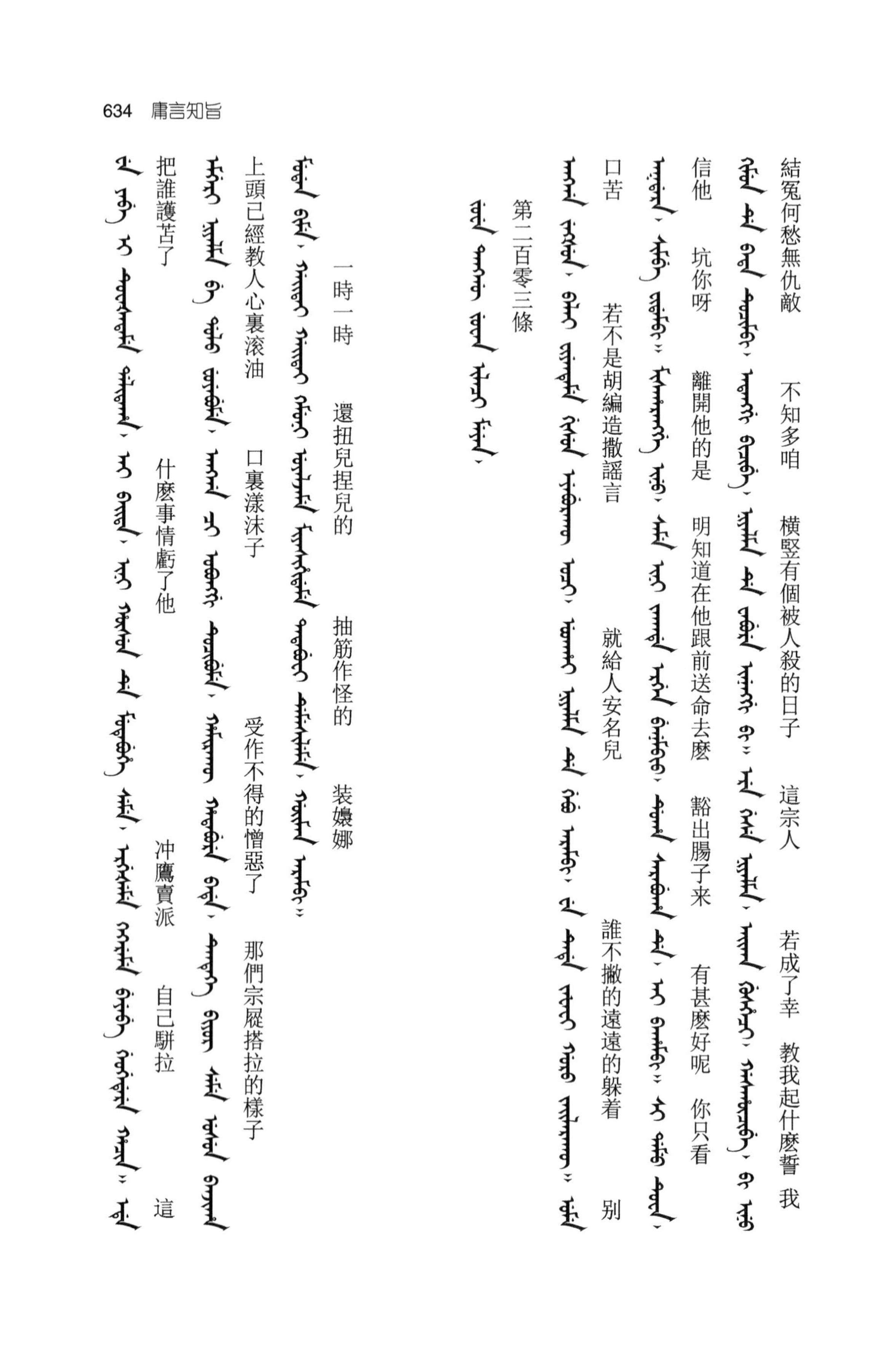

結冤何愁無仇敵　不知多咱　橫竪有個被人殺的日子　這宗人　若成了幸　教我起什麼誓　我

信他　坑你呀　離開他的是　明知道在他跟前送命去麼　豁出腸子来　有甚麼好呢　你只看

口苦　若不是胡編造撒謠言　就給人安名兒　誰不撤的遠遠的躲着　別

第二百零三條

一時一時　還扭兒捏兒的　抽筋作怪的　裝嬝娜

上頭已經教人心裏滚油　口裏漾沫子　受作不得的憎惡了　那們宗屣搭拉的樣子

把誰護苦了　什麼事情虧了他　冲鷹賣派　自己駢拉　這

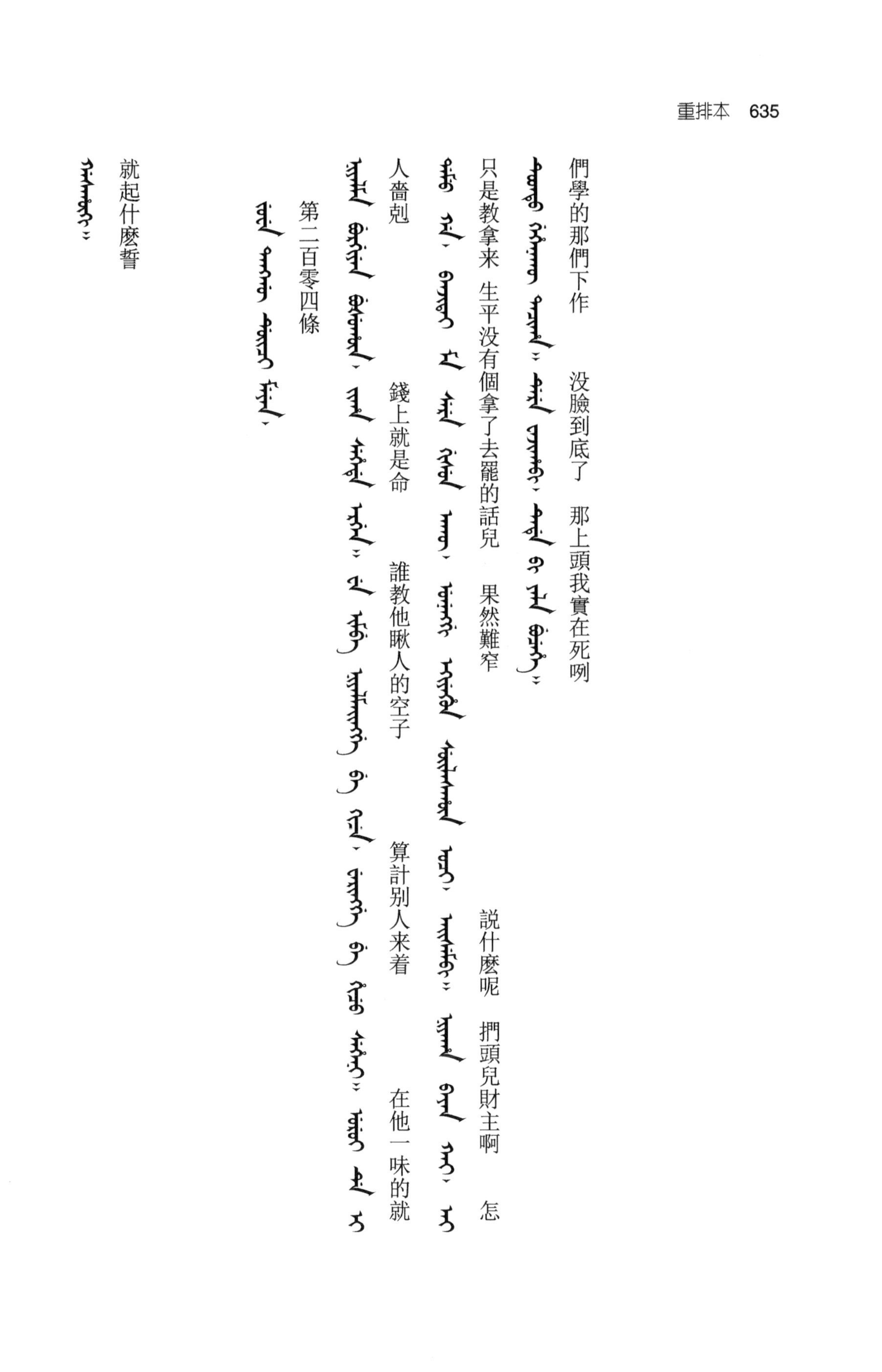

們學的那們下作　没臉到底了　那上頭我實在死咧

只是教拿来　生平没有個拿了去罷的話兒　果然難窄　説什麼呢　搯頭兒財主啊　怎

人嗇剋　錢上就是命　誰教他瞅人的空子　算計別人来着　在他一味的就

第二百零四條

就起什麼誓

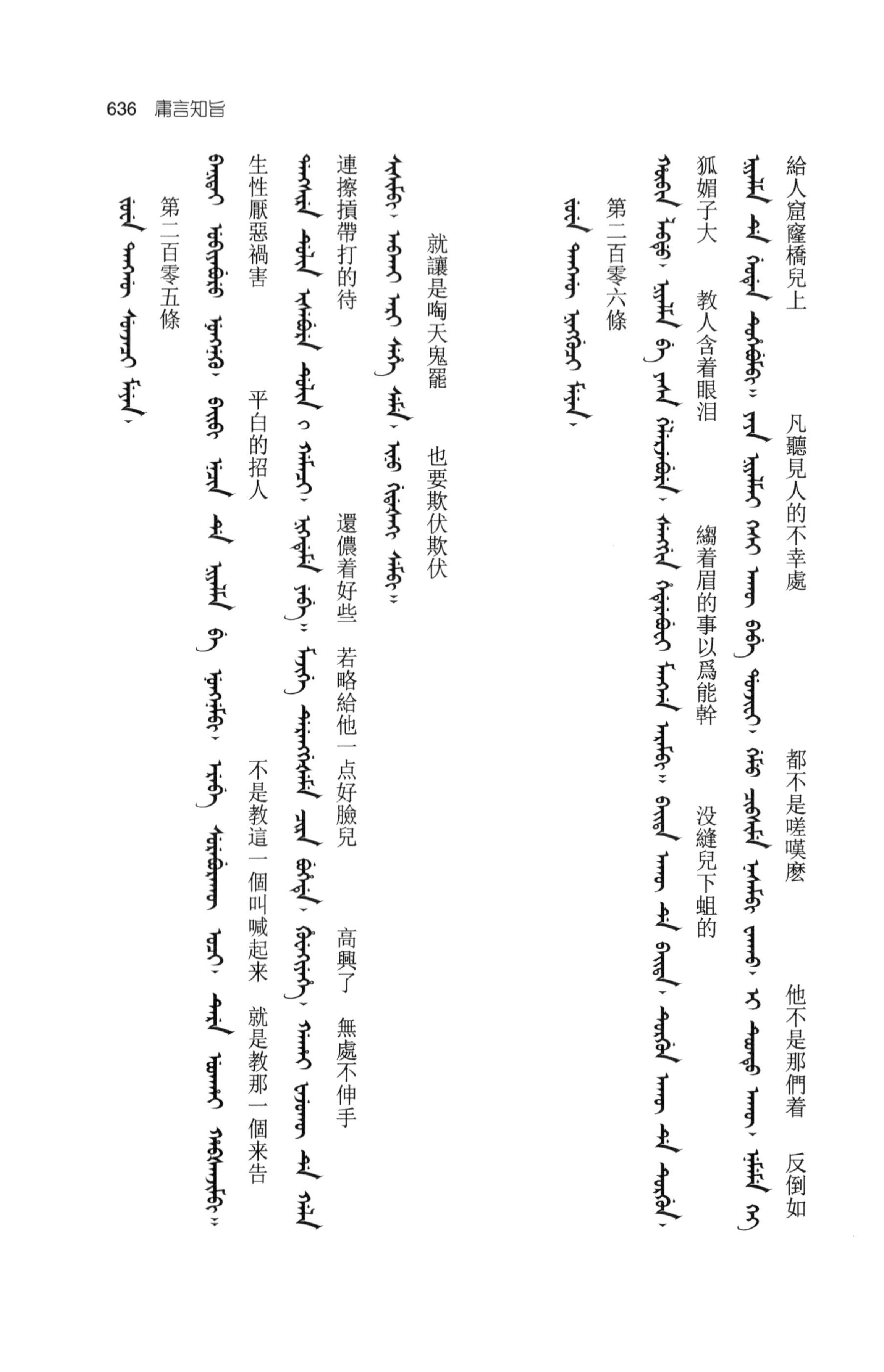

給人窟窿橋兒上　凡聽見人的不幸處　都不是嗟嘆麼　他不是那們着　反倒如

狐媚子大　教人含着眼泪　縐着眉的事以爲能幹　没縫兒下蛆的

第二百零六條

就讓是啕天鬼罷　也要欺伏欺伏

連擦搷帶打的待　還儂着好些　若略給他一点好臉兒　高興了　無處不伸手

生性厭惡禍害　平白的招人　不是教這一個叫喊起来　就是教那一個来告

第二百零五條

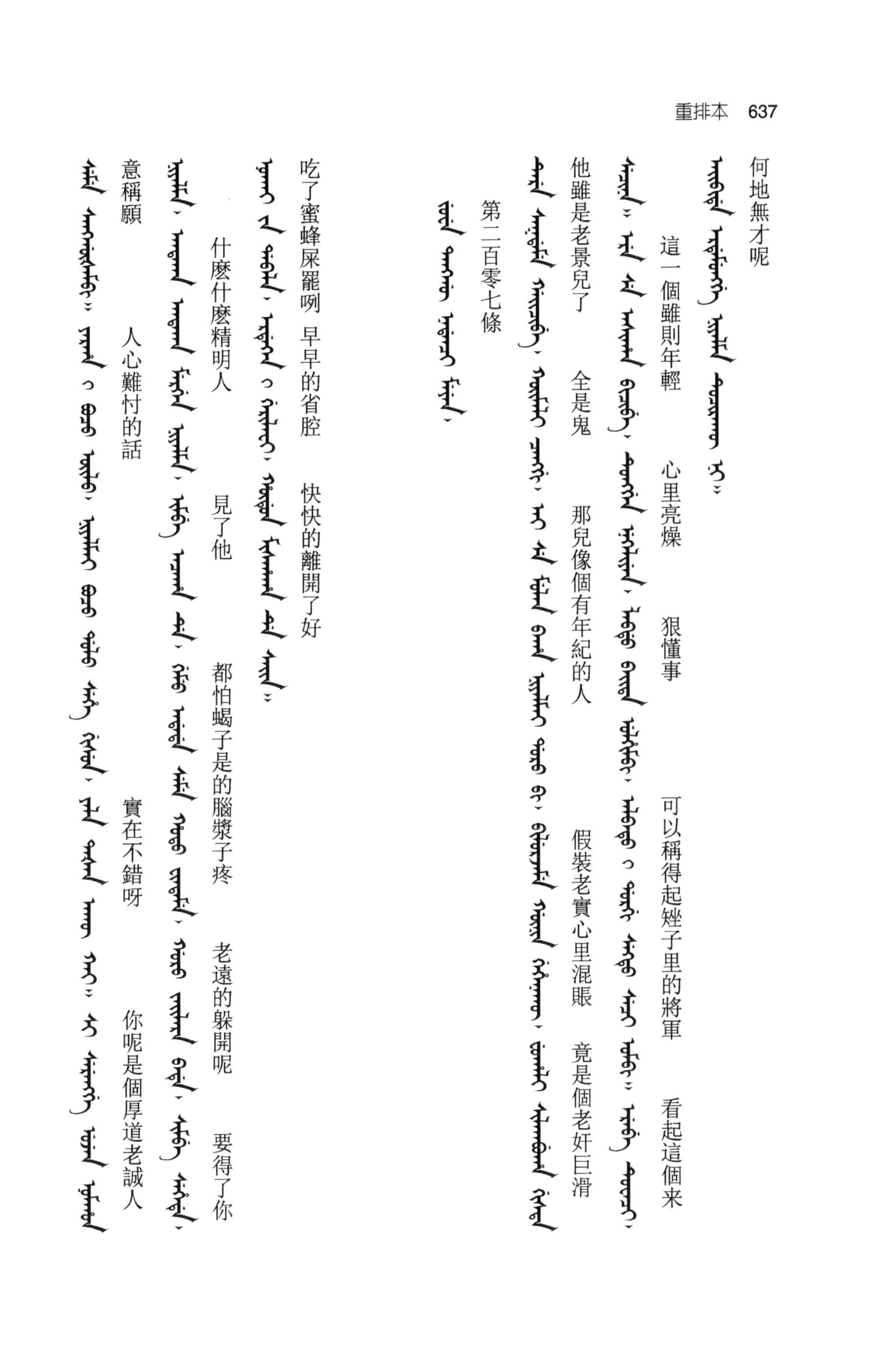

何地無才呢

這一個雖則年輕　心里亮燥　狠懂事　可以稱得起矬子里的將軍　看起這個來

他雖是老景兒了　全是鬼　那兒像個有年紀的人　假裝老實心里混賬　竟是個老奸巨滑

第二百零七條

吃了蜜蜂屎罷咧　早早的省腔　快快的離開了好

什麼什麼精明人　見了他　都怕蝎子是的腦漿子疼　老遠的躲開呢　要得了你

意稱願　人心難忖的話　實在不錯呀　你呢是個厚道老誠人

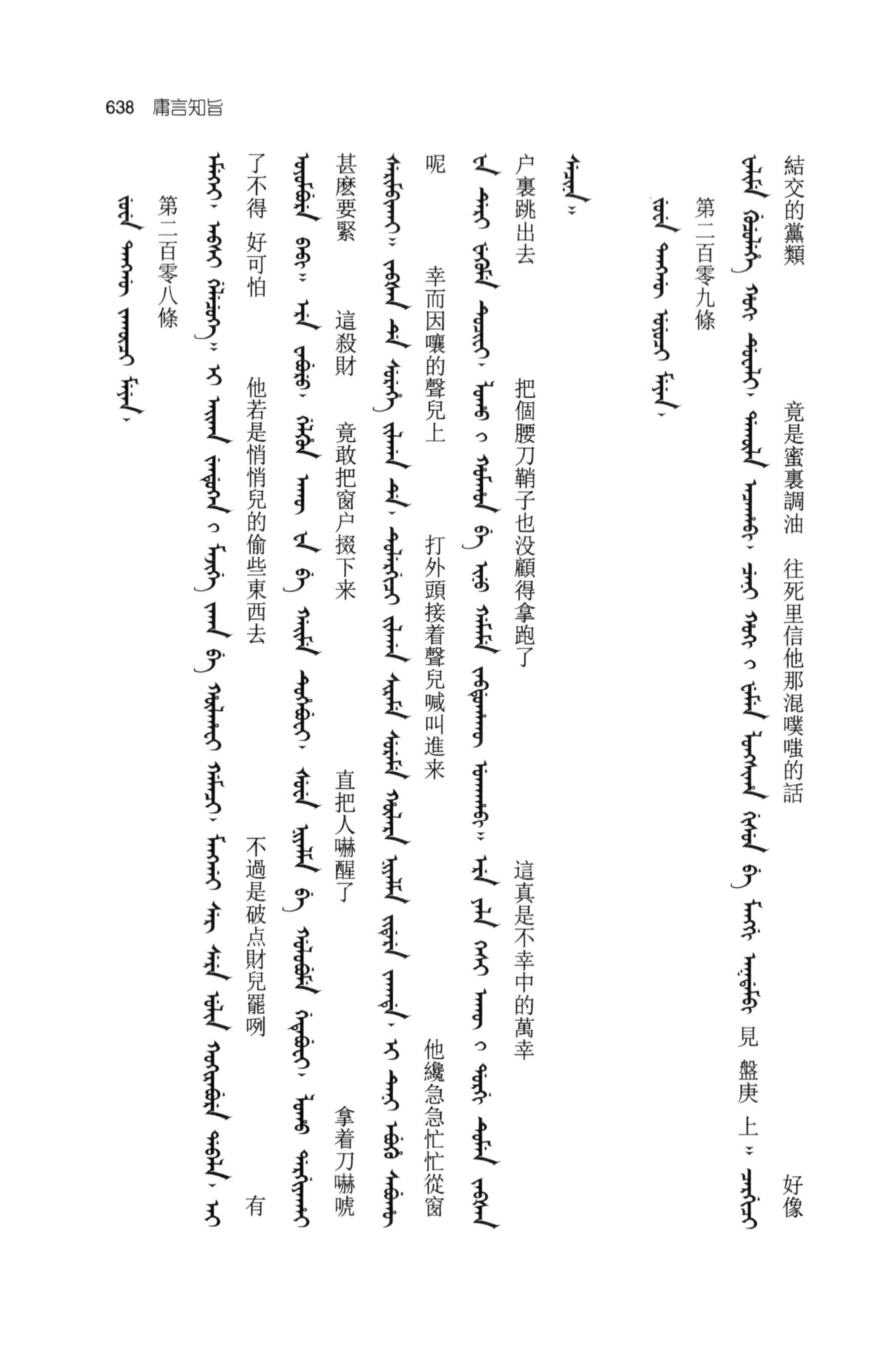

第二百零八條

了不得　好可怕　他若是悄悄兒的偷些東西去　不過是破点財兒罷咧　有甚麽要緊　這殺財　竟敢把窗户掇下來　直把人嚇醒了　拿着刀嚇唬呢　幸而因嚷的聲兒上　打外頭接着聲兒喊叫進來　他纔急急忙忙從窗户裏跳出去　把個腰刀鞘子也没顧得拿跑了　這真是不幸中的萬幸

第二百零九條

結交的黨類　竟是蜜裏調油　往死里信他那混噗嗤的話　好像

見 盤庚 上

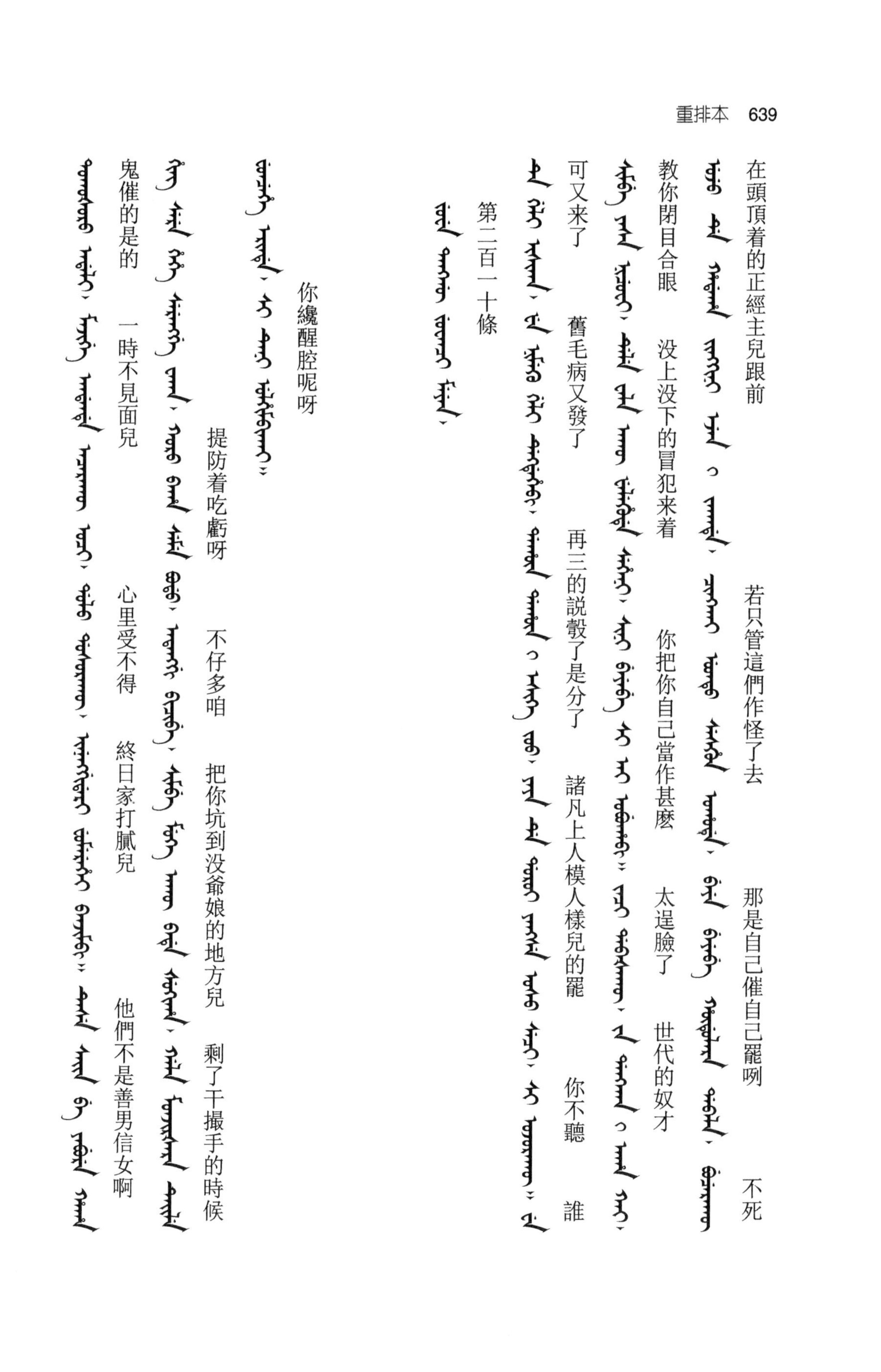

在頭頂着的正經主兒跟前　若只管這們作怪了去　那是自己催自己罷咧　不死

教你閉目合眼　没上没下的冒犯来着　你把你自己當作甚麽　太踶臉了　世代的奴才

可又来了　舊毛病又發了　再三的説骰了是分了　諸凡上人模人樣兒的罷　你不聽　誰

第二百一十條

你纔醒腔呢呀

提防着吃虧呀　不仔多咱　把你坑到没爺娘的地方兒　剩了干撮手的時候

鬼催的是的　一時不見面兒　心里受不得　終日家打膩兒　他們不是善男信女啊

由他去罷　除此再有甚麼救他的方法兒　教他得心醒悟呢

不認得　毛毛草草的一遭　生就骨頭長就的肉了　人打鼻子眼裏笑　他都裝没事人是的

若占了便益　滲着倒像不知道的是的不咨一聲兒　若是動着他傷着他一点兒　翻了　是誰他都

生性嗇吝　窩着撅着養活的　鷄零狗碎小氣慣了　眼皮子淺　什麼什麼都愛的舍不得

第二百一十一條

會飛麼

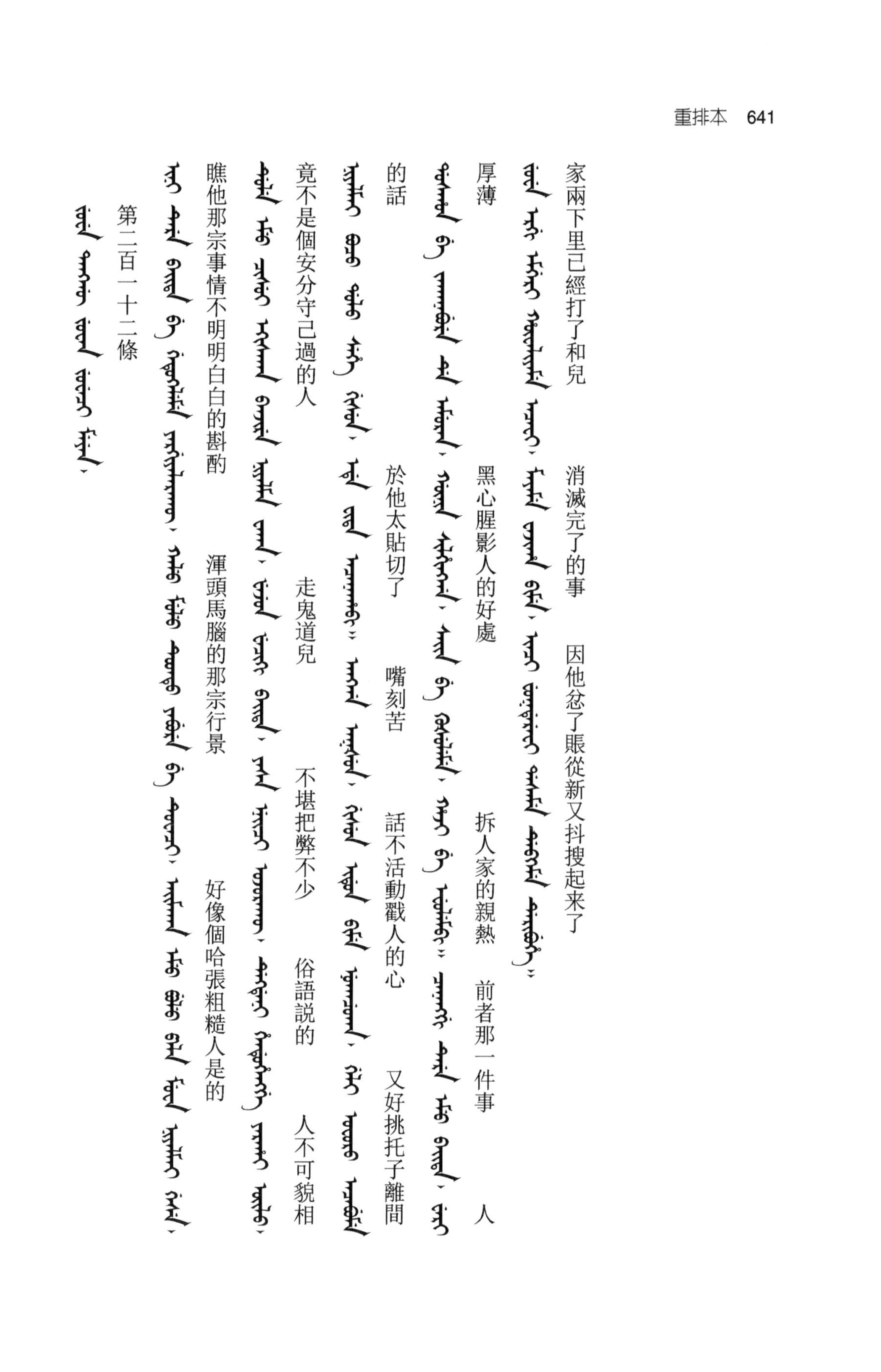

家兩下里已經打了和兒　消滅完了的事　因他忿了賬從新又抖搜起來了

厚薄　黑心腥影人的好處　拆人家的親熱　前者那一件事　人

的話　於他太貼切了　嘴刻苦　話不活動戳人的心　又好挑托子離間

竟不是個安分守己過的人　走鬼道兒　不堪把弊不少　俗語說的　人不可貌相

瞧他那宗事情不明明白白的斟酌　渾頭馬腦的那宗行景　好像個哈張粗糙人是的

第二百一十二條

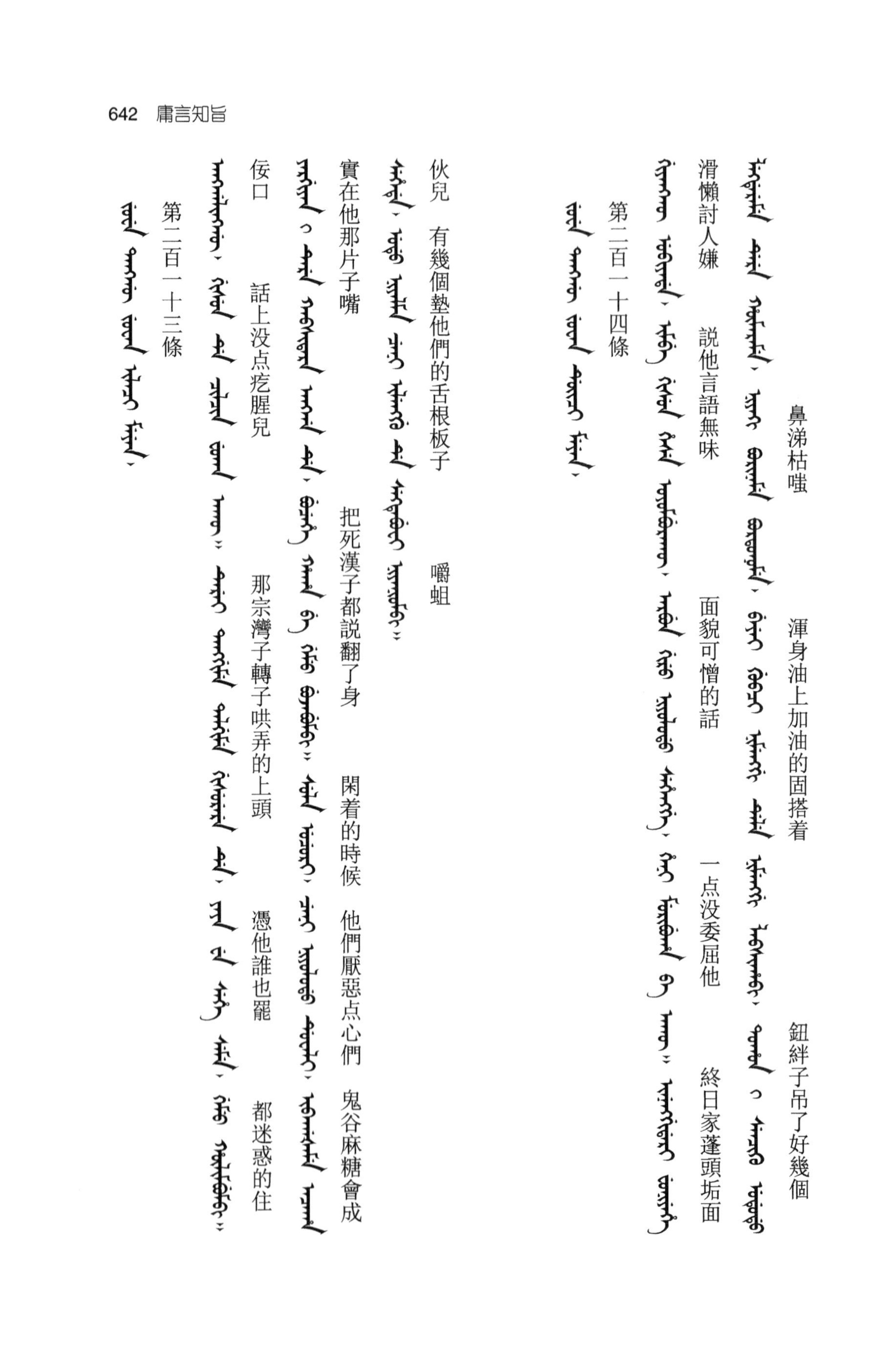

第二百一十三條

佞口　話上没点疙瘩兒　那宗灣子轉子哄弄的上頭　憑他誰也罷　都迷惑的住

實在他那片子嘴　把死漢子都説翻了身　閑着的時候　他們厭惡点心們　鬼谷麻糖會成

伙兒　有幾個塾他們的舌根板子　嚼蛆

第二百一十四條

滑懶討人嫌　説他言語無味　面貌可憎的話　一点没委屈他　終日家蓬頭垢面

鼻涕枯嗤　渾身油上加油的固搭着　鈕絆子吊了好幾個

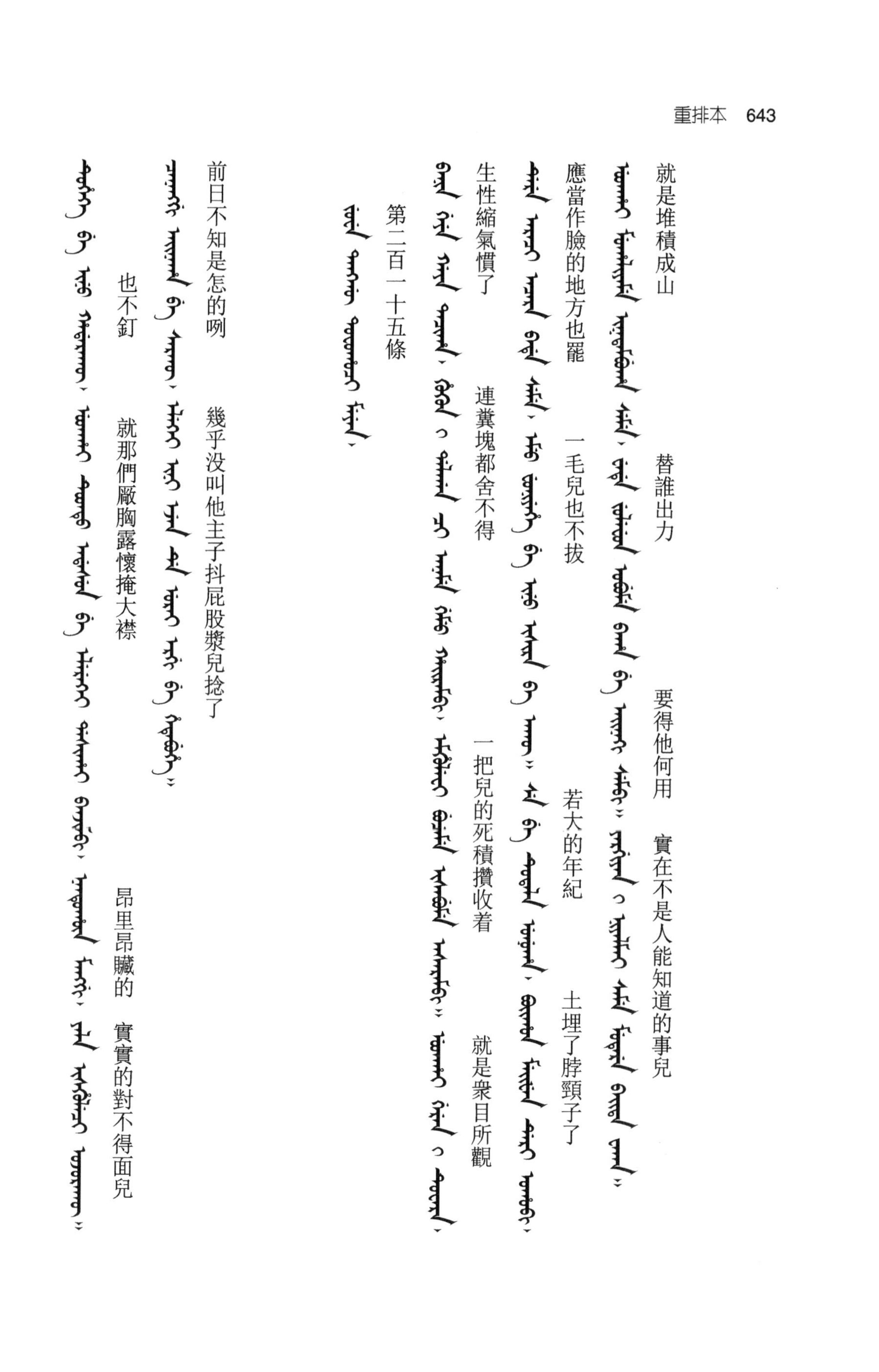

就是堆積成山　替誰出力　要得他何用　實在不是人能知道的事兒

應當作臉的地方也罷　一毛兒也不拔　若大的年紀　土埋了脖頸子了

生性縮氣慣了　連糞塊都舍不得　一把兒的死積攢收着　就是衆目所覩

第二百一十五條

前日不知是怎的咧　幾乎没叫他主子抖屁股漿兒捻了

也不釘　就那們廠胸露懷掩大襟　昂里昂臟的　實實的對不得面兒

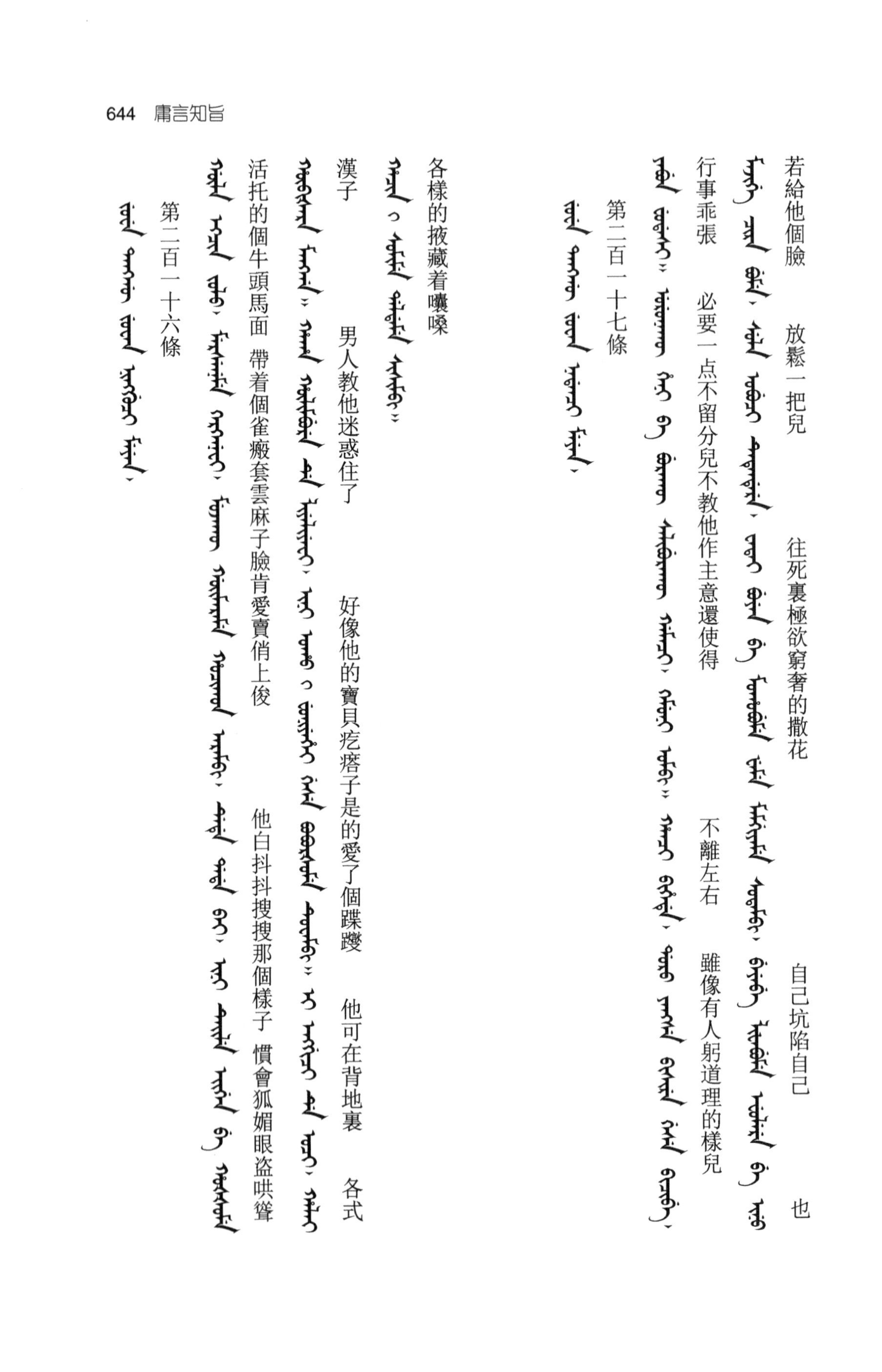

第二百一十六條

活托的個牛頭馬面　帶着個雀瘢套雲麻子臉肯愛賣俏上俊　他白抖抖搜搜那個樣子　慣會狐媚眼盜哄聳漢子　男人教他迷惑住了　好像他的寶貝疙瘩子是的愛了個蹀躞　他可在背地裏　各式各樣的掖藏着囔嗓

第二百一十七條

行事乖張　必要一点不留分兒不教他作主意還使得　不離左右　雖像有人躬道理的樣兒若給他個臉　放鬆一把兒　往死裏極欲窮奢的撒花　自己坑陷自己　也

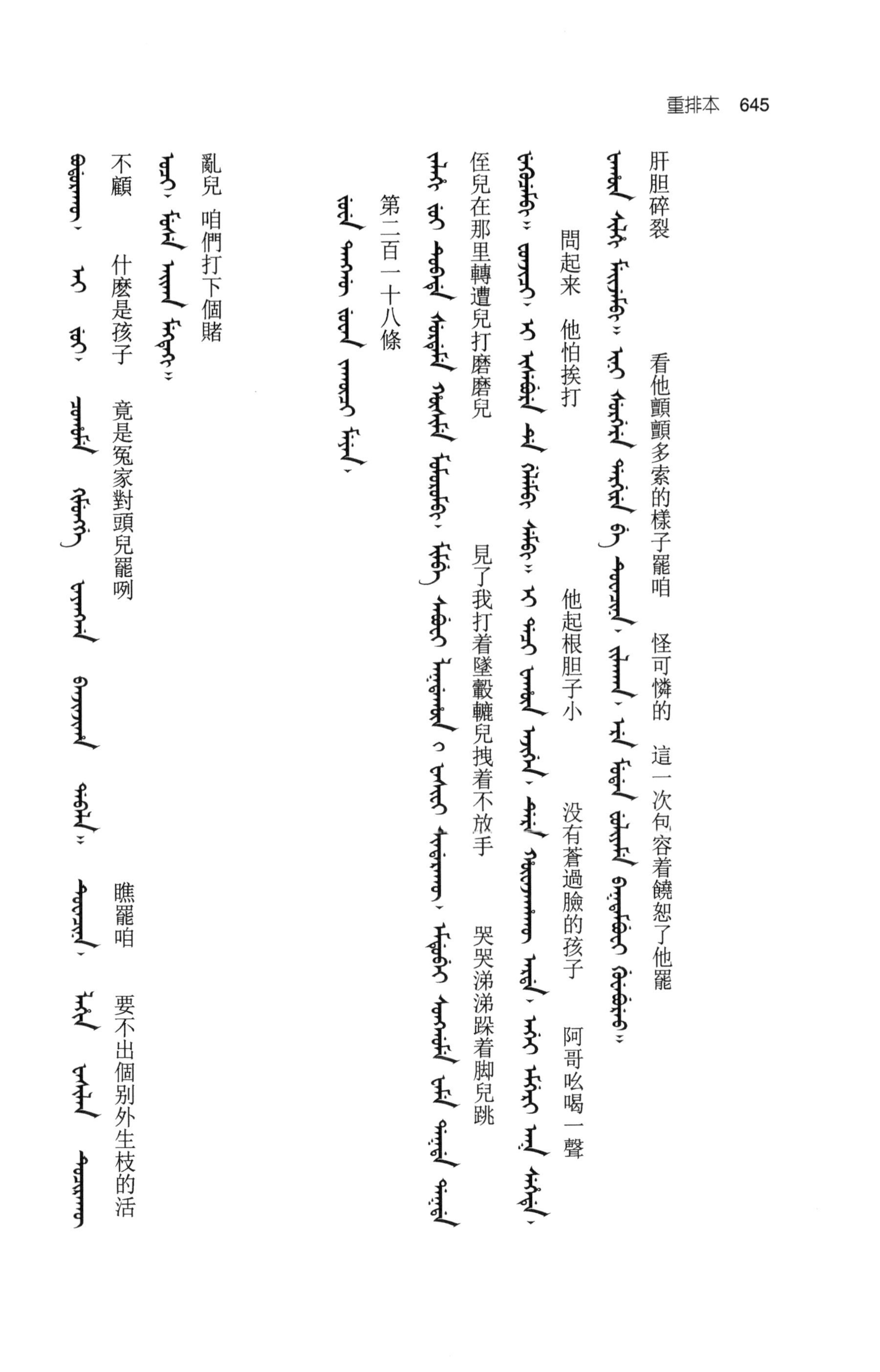

肝胆碎裂　看他顫顫多索的樣子罷咱　怪可憐的　這一次包容着饒恕了他罷

問起來　他怕挨打　他起根胆子小　没有蒼過臉的孩子　阿哥吆喝一聲

侄兒在那里轉遭兒打磨磨兒　見了我打着墜轂轆兒拽着不放手　哭哭涕涕跺着脚兒跳

第二百一十八條

亂兒　咱們打下個賭

不顧　什麼是孩子　竟是冤家對頭兒罷咧　瞧罷咱　要不出個別外生枝的活

第二百一十九條

他太疲呀 且別説咱們這一類不要緊的粗拉東西 連衙門裏交去做的傢什 若不是三

番五次的打發人守着催 他還搗搭摸賀的推托不麻利做呢

第二百二十條

膘不刺的净滂 霸住話 獨自個摟着嘮嘮叨叨的説 不給人留点開口兒的分兒 如果話有理

事情實在有什麼呢 他是信嘴兒 没頭没臉的夢着什麼説什麼 真是吃慣

了嘴兒跑慣了腿兒啊

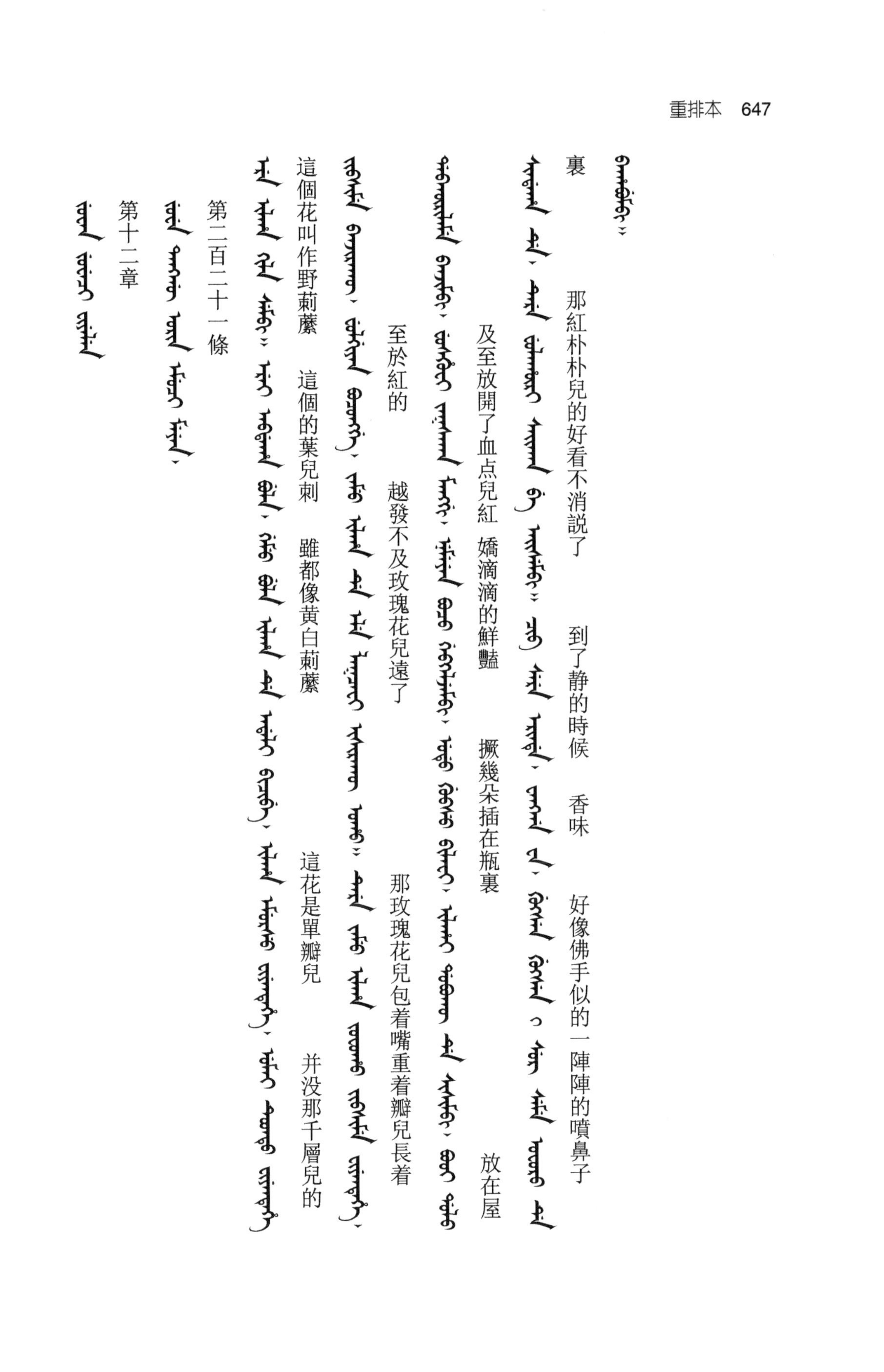

裏

那紅朴朴兒的好看不消說了　到了靜的時候　香味　好像佛手似的一陣陣的噴鼻子

及至放開了血点兒紅　嬌滴滴的鮮豔　撅幾朵插在瓶裏　放在屋

至於紅的　越發不及玫瑰花兒遠了　那玫瑰花兒包着嘴重着瓣兒長着

這個花叫作野薔薇　這個的葉兒刺　雖都像黃白薔薇　這花是單瓣兒　并沒那千層兒的

第二百二十一條

第十二章

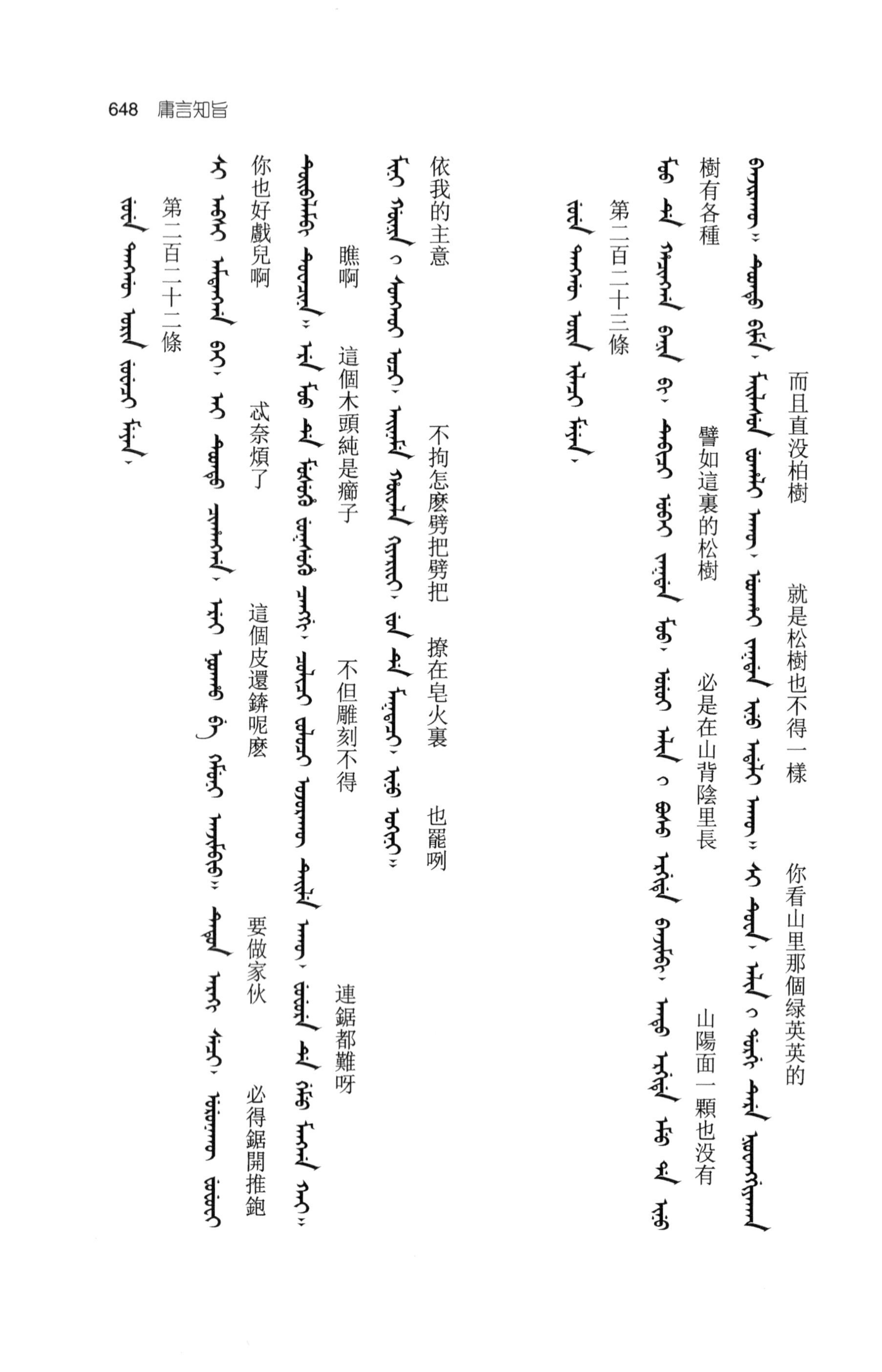

而且直没柏樹 就是松樹也不得一樣 你看山里那個綠英英的
樹有各種 譬如這裏的松樹 必是在山背陰里長 山陽面一顆也没有

第二百二十三條

依我的主意 不拘怎麼劈把劈把 撩在皂火裏 也罷咧
瞧啊 這個木頭純是瘤子 不但雕刻不得 連鋸都難呀
你也好戲兒啊 忒奈煩了 這個皮還鏇呢麼 要做家伙 必得鋸開推鉋

第二百二十二條

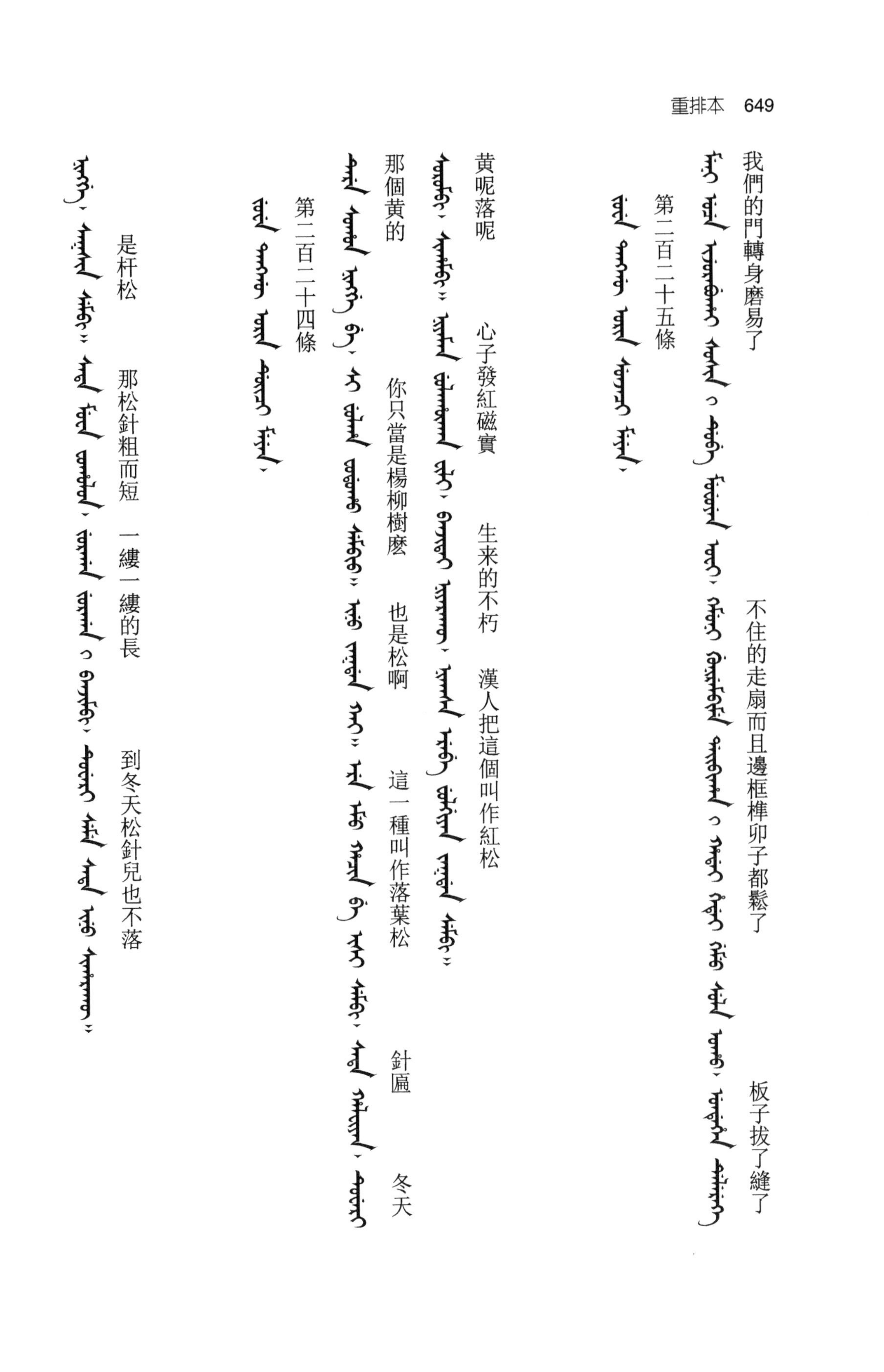

是杆松 那松針粗而短 一縷一縷的長 到冬天松針兒也不落

第二百二十四條

那個黃的 你只當是楊柳樹麽 也是松啊 這一種叫作落葉松 針扁 冬天

黃呢落呢 心子發紅磁實 生来的不朽 漢人把這個叫作紅松

第二百二十五條

我們的門轉身磨易了 不住的走扇而且邊框榫卯子都鬆了 板子拔了縫了

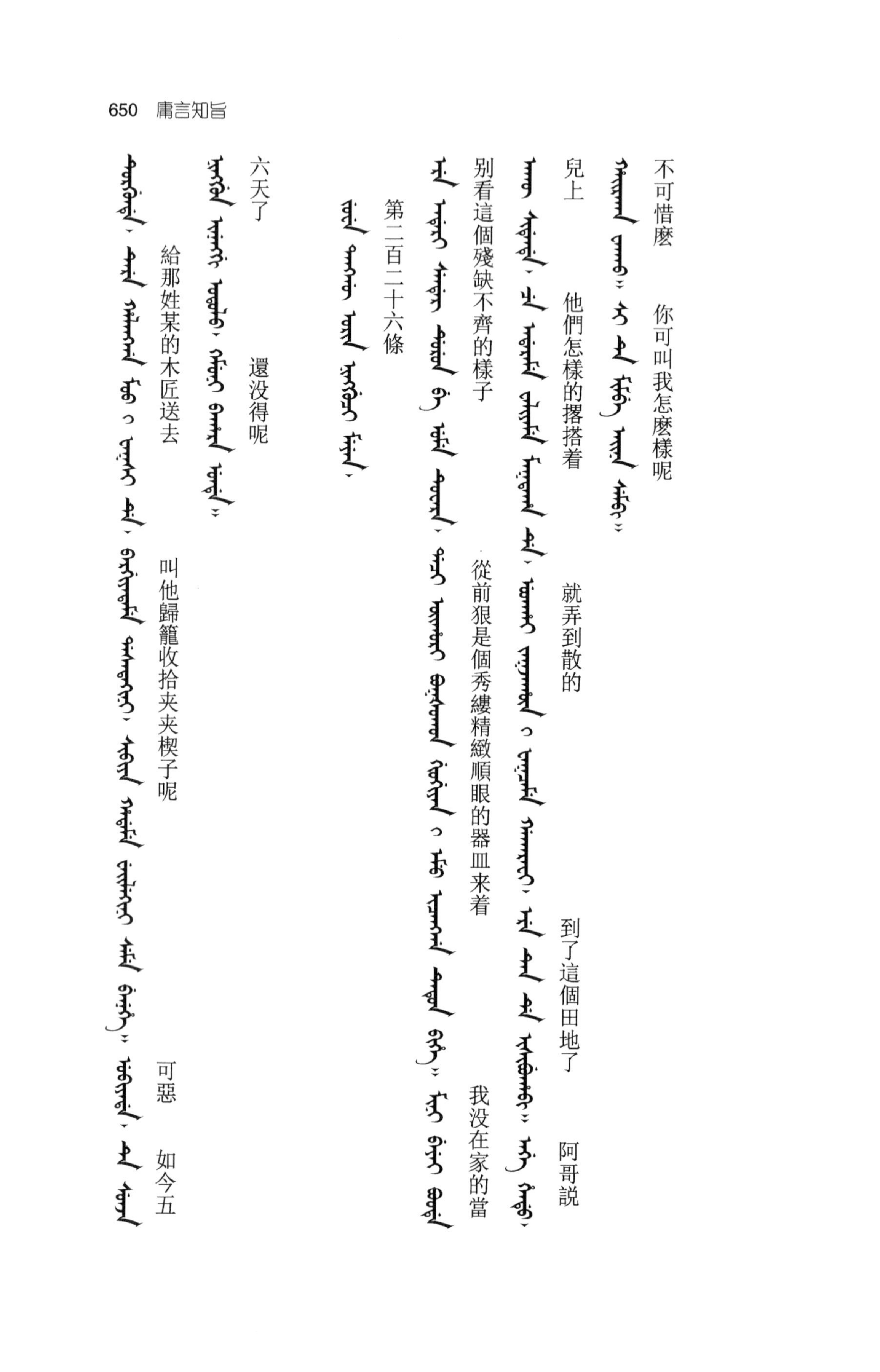

不可惜麼　你可叫我怎麼樣呢

兒上　他們怎樣的擺搭着　就弄到散的　到了這個田地了　阿哥説

別看這個殘缺不齊的樣子　從前狠是個秀縷精緻順眼的器皿来着　我没在家的當

第二百二十六條

六天了　還没得呢

給那姓某的木匠送去　叫他歸籠收拾夹夹楔子呢　可惡　如今五

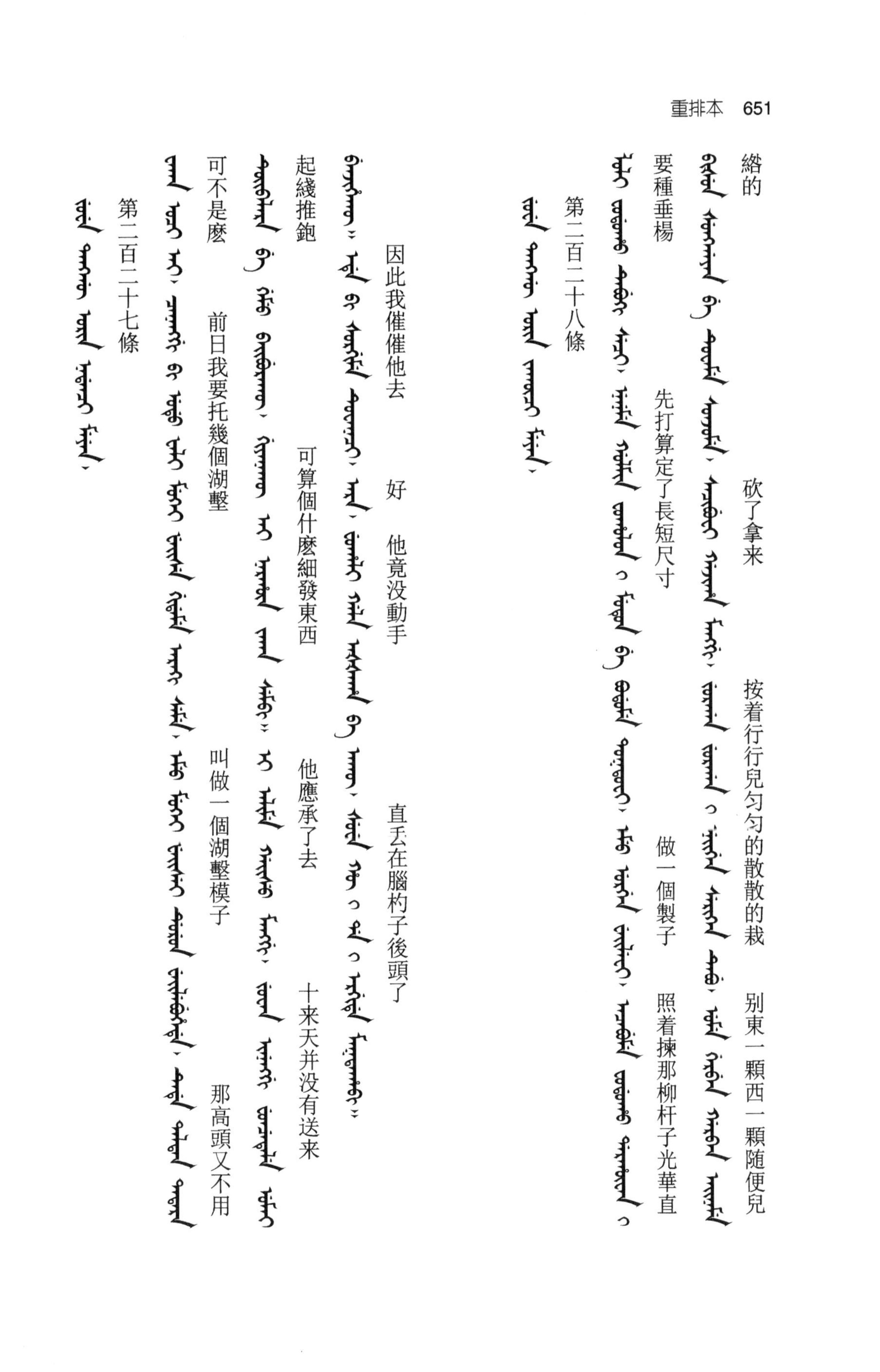

綹的　砍了拿来　按着行行兒匀匀的散散的栽　别東一顆西一顆随便兒

要種垂楊　先打算定了長短尺寸　做一個製子　照着揀那柳杆子光華直

第二百二十八條

因此我催催他去　好　他竟没動手　直丢在腦杓子後頭了

起綫推鉋　可算個什麼細發東西　他應承了去　十来天并没有送来

可不是麽　前日我要托幾個湖墼　叫做一個湖墼模子　那高頭又不用

第二百二十七條

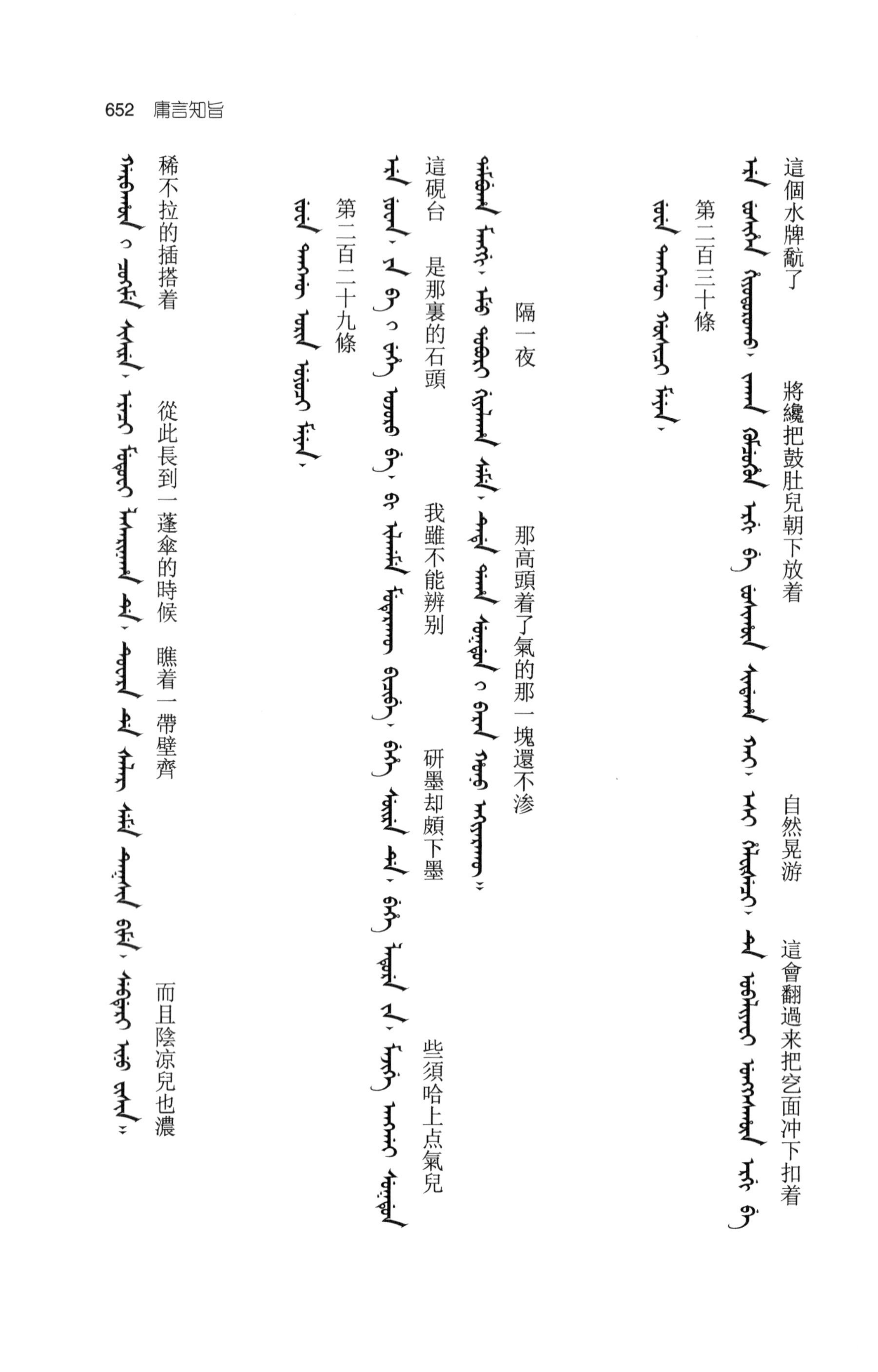

稀不拉的插搭着　從此長到一蓬傘的時候　瞧着一帶壁齊　而且陰涼兒也濃

第二百二十九條

這硯台　是那裏的石頭　我雖不能辨別　研墨却頗下墨　些須哈上点氣兒

隔一夜　那高頭着了氣的那一塊還不滲

第二百三十條

這個水牌𦨭了　將纔把鼓肚兒朝下放着　自然晃游　這會翻過來把空面冲下扣着

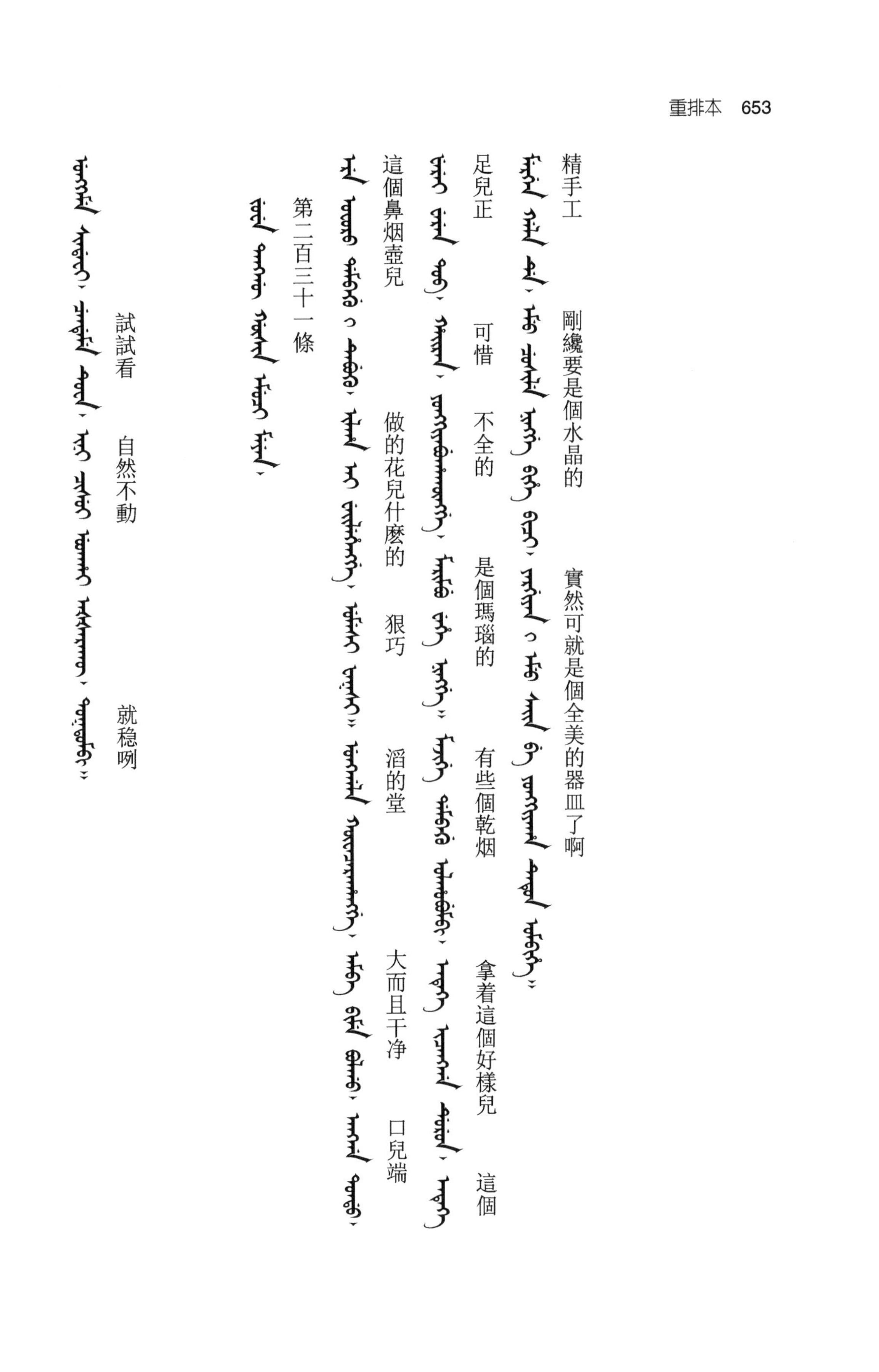

精手工　剛纔要是個水晶的　實然可就是個全美的器皿了啊

足兒正　可惜　不全的　是個瑪瑙的　有些個乾烟　拿着這個好樣兒　這個

這個鼻烟壺兒　做的花兒什麼的　狠巧　滔的堂　大而且干净　口兒端

第二百三十一條

試試看　自然不動　就稳咧

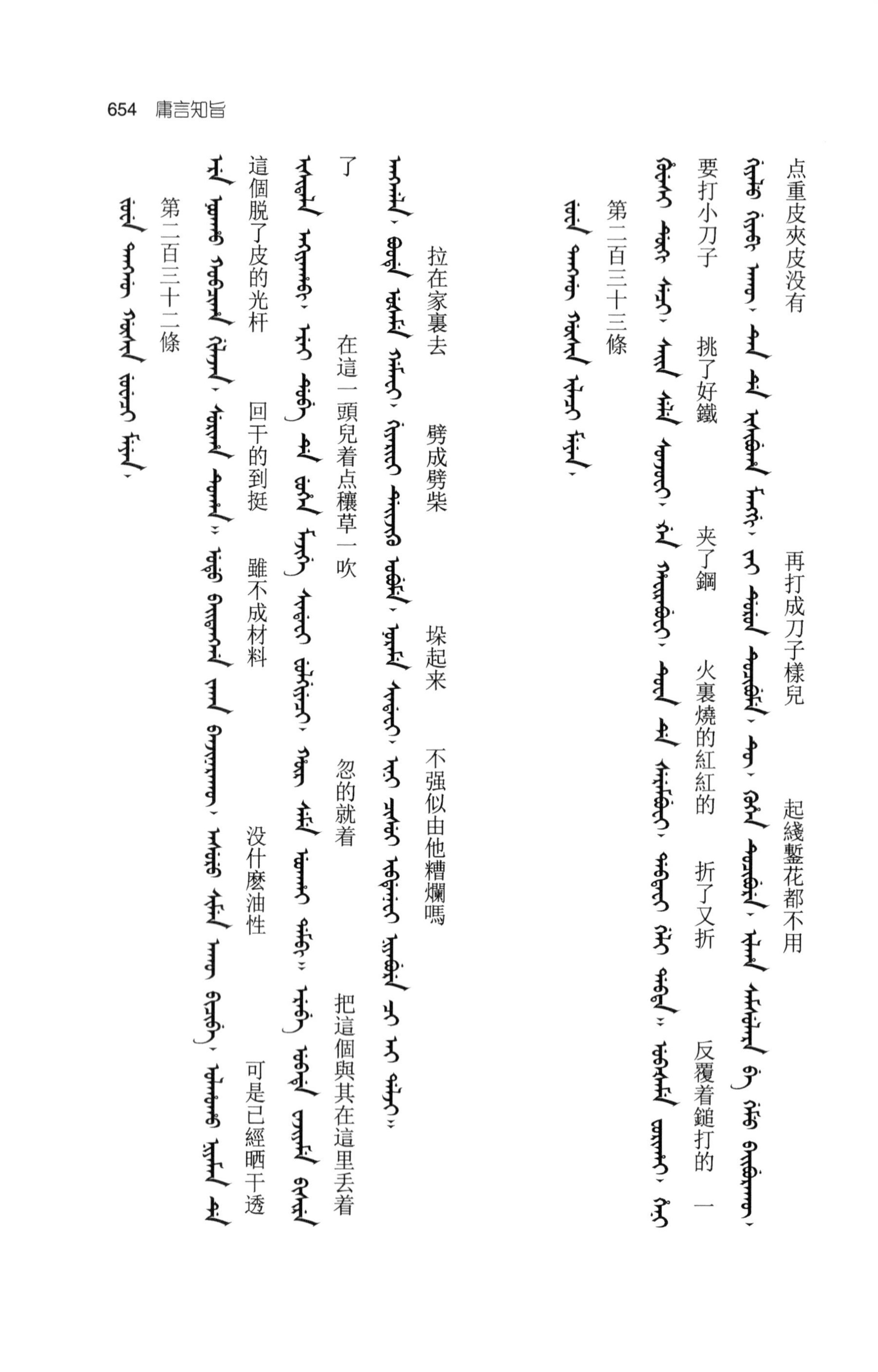

第二百三十二條

這個脫了皮的光杆 回干的到挺 雖不成材料 没什麼油性 可是已經晒干透

了 在這一頭兒着点穰草一吹 忽的就着 把這個與其在這里丟着

拉在家裏去 劈成劈柴 垛起来 不强似由他糟爛嗎

第二百三十三條

要打小刀子 挑了好鐵 夾了鋼 火裏燒的紅紅的 折了又折 反覆着鎚打的 一

点重皮夾皮没有 再打成刀子様兒 起綫鏨花都不用

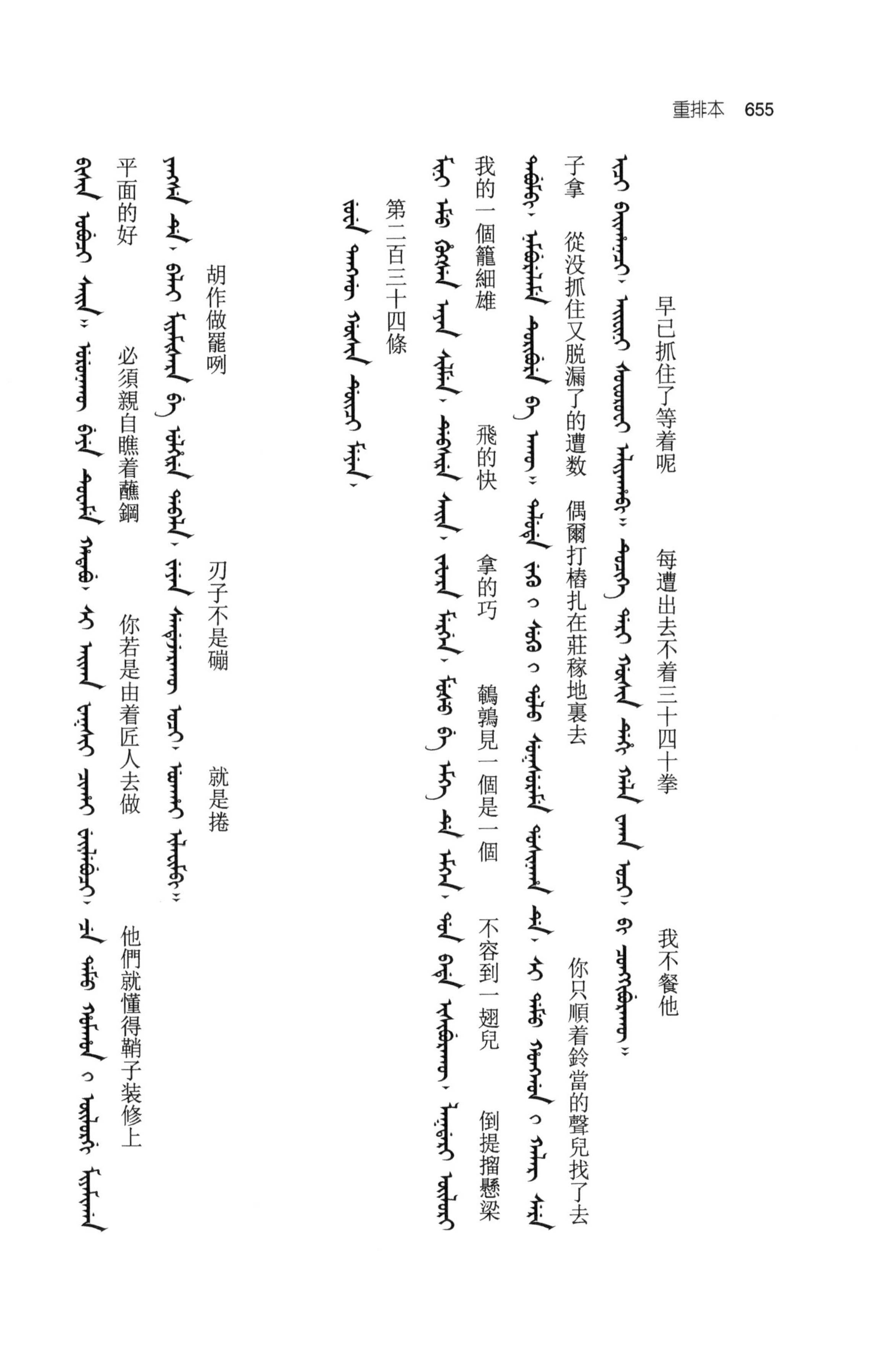

早已抓住了等着呢　每遭出去不着三十四拳　我不餐他

子拿　從没抓住又脱漏了的遭数　偶爾打樁扎在莊稼地裏去　你只順着鈴當的聲兒找了去

我的一個籠細雄　飛的快　拿的巧　鶻鵝見一個是一個　不容到一翅兒　倒提溜懸梁

第二百三十四條

胡作做罷咧　刃子不是磞　就是捲

平面的好　必須親自瞧着蘸鋼　你若是由着匠人去做　他們就懂得鞘子装修上

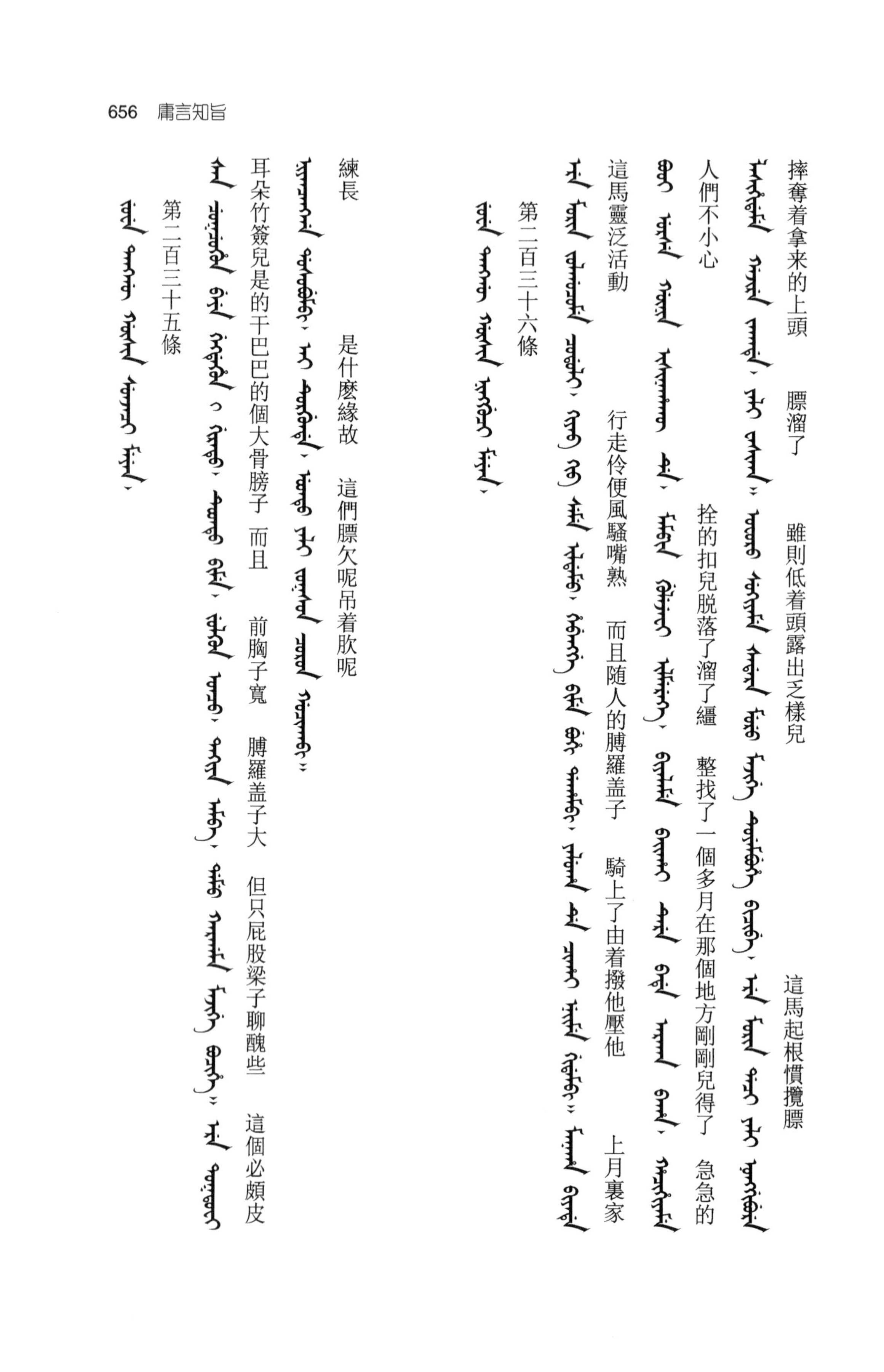

摔奪着拿來的上頭　膘溜了　雖則低着頭露出之樣兒　這馬起根慣攬膘

人們不小心　拴的扣兒脫落了溜了繮　整找了一個多月在那個地方剛剛兒得了　急急的

這馬靈泛活動　行走伶便風騷嘴熟　而且隨人的膊羅盖子　騎上了由着撥他壓他　上月裏家

第二百三十六條

練長　是什麼緣故　這們膘欠呢吊着肷呢

耳朵竹簽兒是的干巴巴的個大骨膀子　而且　前胸子寬　膊羅盖子大　但只屁股梁子聊醜些　這個必頗皮

第二百三十五條

好馬看仔細遭遢了

鞍子 教他打個滾兒抖抖毛 拿到好草的地方拴上個繩子放幾天青將養將養 別撂搭着不當事

這個乏上來了 瞧罷咱 腦袋布摔着腰彎着 只是要蹭癢癢 快把嚼子褪了 摘了

第二百三十七條

不過是調養幾天 膘就好了

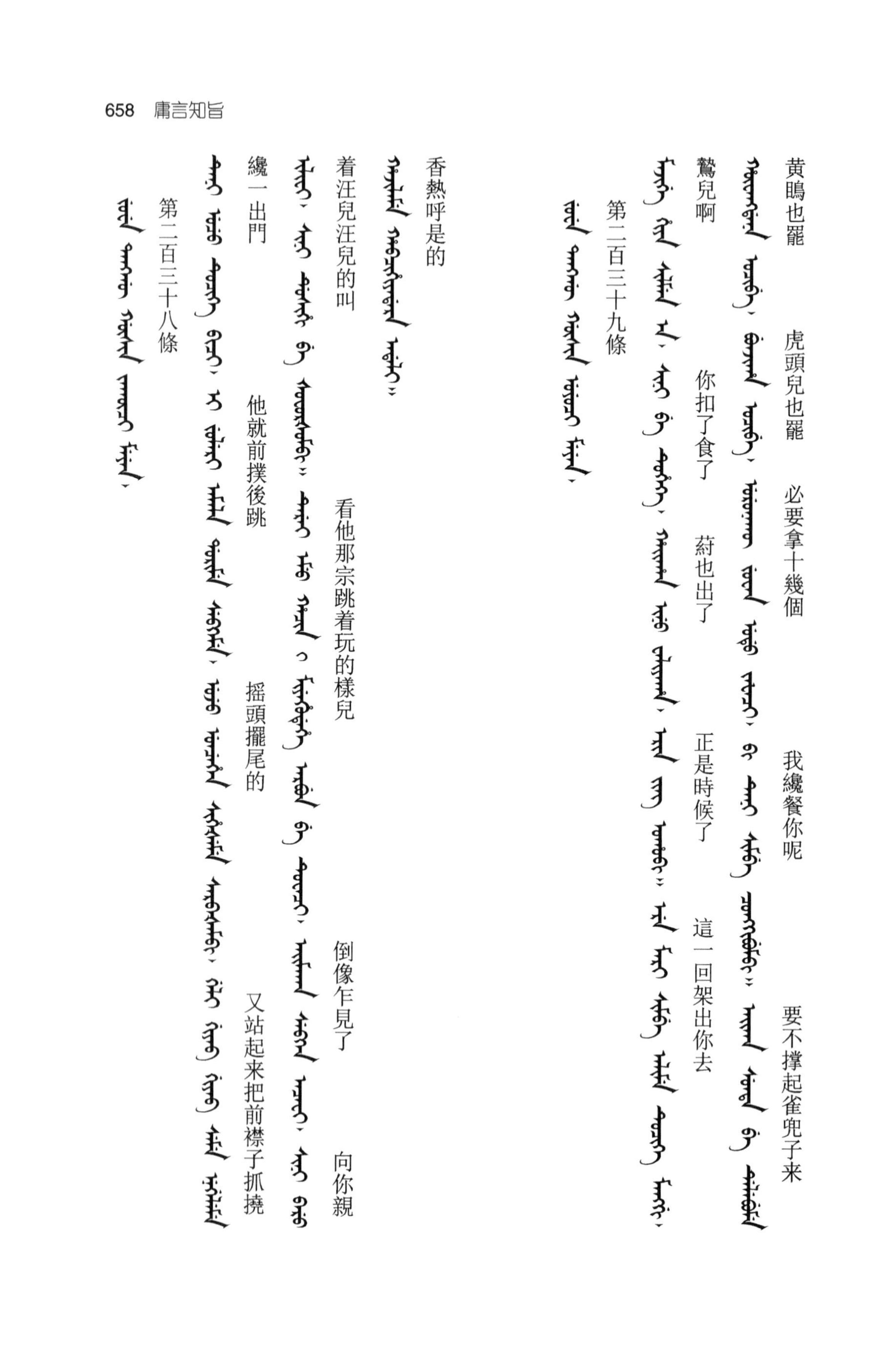

第二百三十八條

纔一出門　他就前撲後跳　搖頭擺尾的　又站起来把前襟子抓撓

着汪兒汪兒的叫　看他那宗跳着玩的樣兒　倒像乍見了　向你親

香熱呼是的

第二百三十九條

鷯兒啊　你扣了食了　葑也出了　正是時候了　這一回架出你去

黃鴠也罷　虎頭兒也罷　必要拿十幾個　我纔餐你呢　要不撐起雀兜子来

着我　從那們唬的我實實魂都冒了　嗳　誰不惜命呢

那上頭我嗳哟了一聲　忙轉身　一跳門檻子　就出來了　幸而鐵鎖子没斷　没彀

檻子根前　那狗就嗚嚕嗚嚕的哼哼　纔要進去　那個殺材　汪的一聲　撲了上來

咱們過日子的人家　親朋常來往　作什麽把一個大頭猱獅狗拴在門底下　我將到門

第二百四十條

且不教你歇着

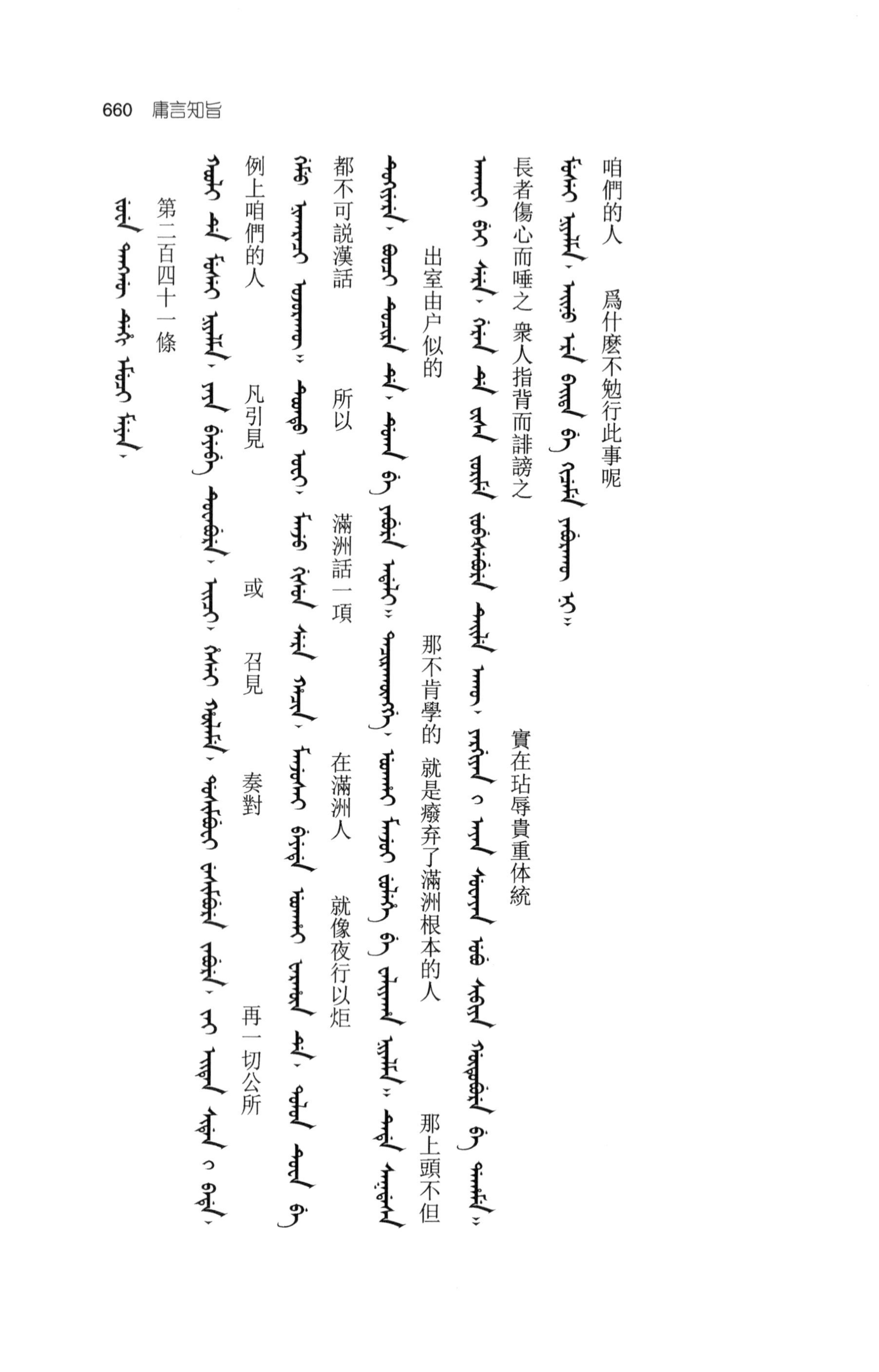

咱們的人 爲什麼不勉行此事呢

長者傷心而唾之 衆人指背而誹謗之 實在玷辱貴重体統

出室由户似的 那不肯學的 就是廢弃了滿洲根本的人 那上頭不但

都不可説漢話 所以 滿洲話一項 在滿洲人 就像夜行以炬

例上咱們的人 凡引見 或 召見 奏對 再一切公所

第二百四十一條

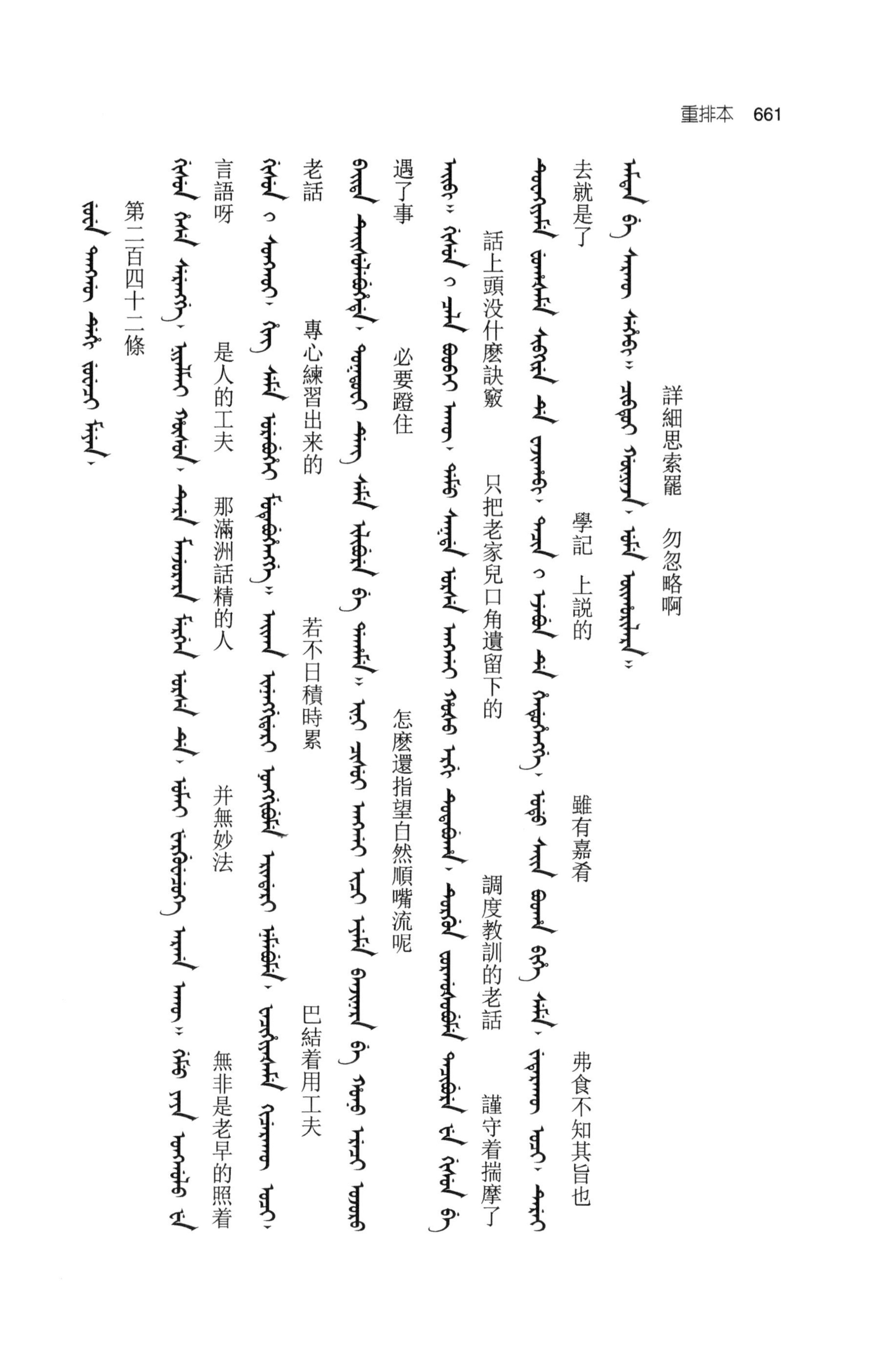

詳細思索罷　勿忽略啊

去就是了　學記　上説的　雖有嘉肴　弗食不知其旨也

話上頭没什麽訣竅　只把老家兒口角遺留下的　調度教訓的老話　謹守着揣摩了

遇了事　必要蹬住　怎麽還指望白然順嘴流呢

老話　專心練習出来的　若不日積時累　巴結着用工夫

言語呀　是人的工夫　那滿洲話精的人　并無妙法　無非是老早的照着

第二百四十二條

影印本

庸言知旨

謝國楨敬題

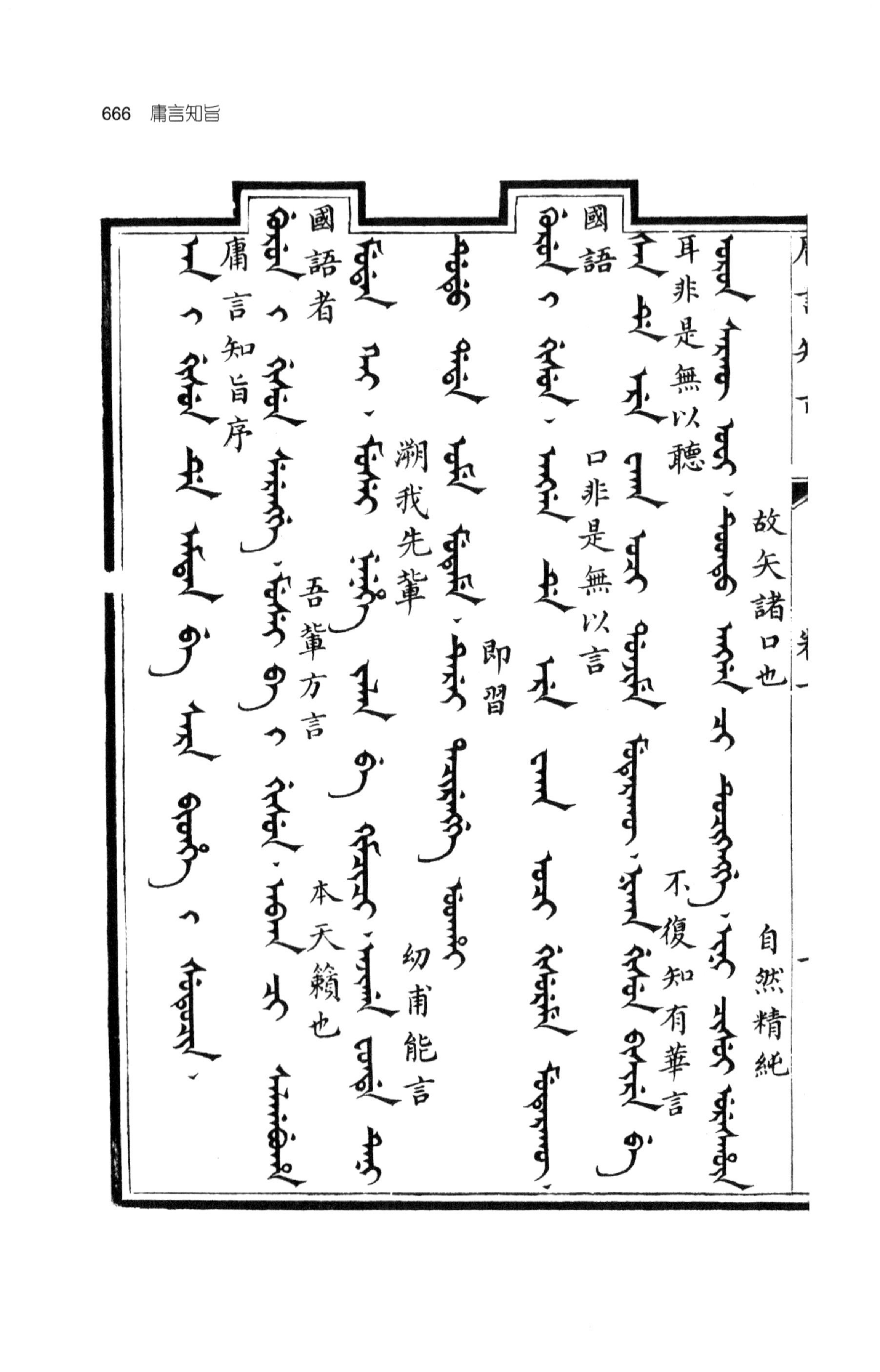

庸言知旨序

國語者 吾輩方言 本天籟也

溯我先輩 幼甫能言

即習

國語 口非是無以言

耳非是無以聽 不復知有華言

故矢諸口也 自然精純

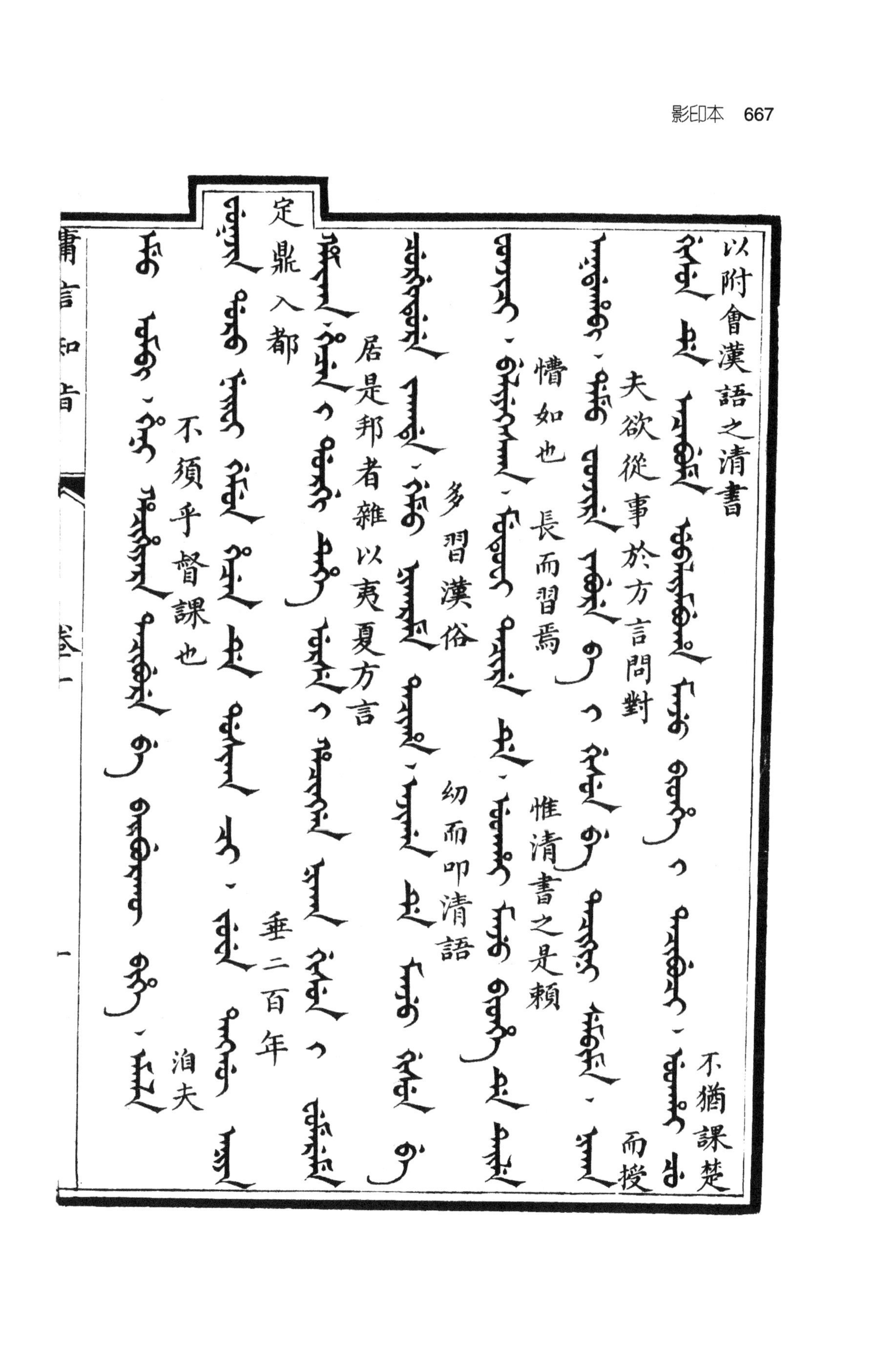

以附會漢語之清書
不循課楚
夫欲從事於方言問對
而授
憯如也 長而習焉
惟清書之是賴
多習漢俗
幼而叩清語
居是邦者雜以夷夏方言
定鼎入都
垂二百年
不須乎督課也
洎夫

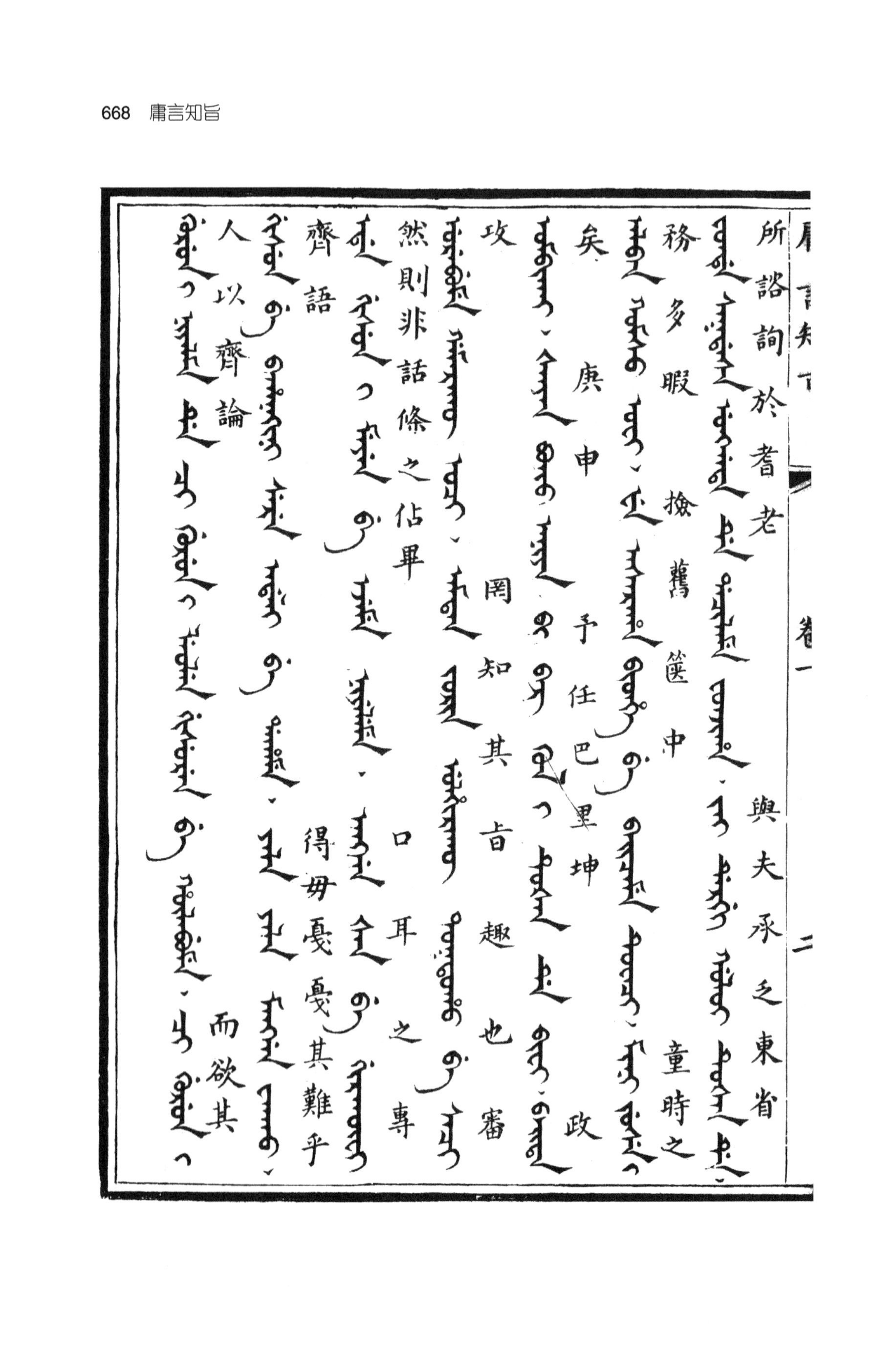

所諮詢於耆老　與夫承乏東省
務多暇撿篋中　童時之
矣　庚申予任巴里坤　政
攻　罔知其旨趣也審
然則非話條之佔畢　口耳之專
齊語　得毋憂憂其難乎
人以齊論　而欲其

美不勝収 不揣固陋

一帙 惟是當世話條

分次條縷 九三百餘則 編爲

酌 什摭其二三

恐貽鷄肋之惜 爰加考

若干 計此而任其凋零散佚

捄諸故鄉人之口類者 片楮之積

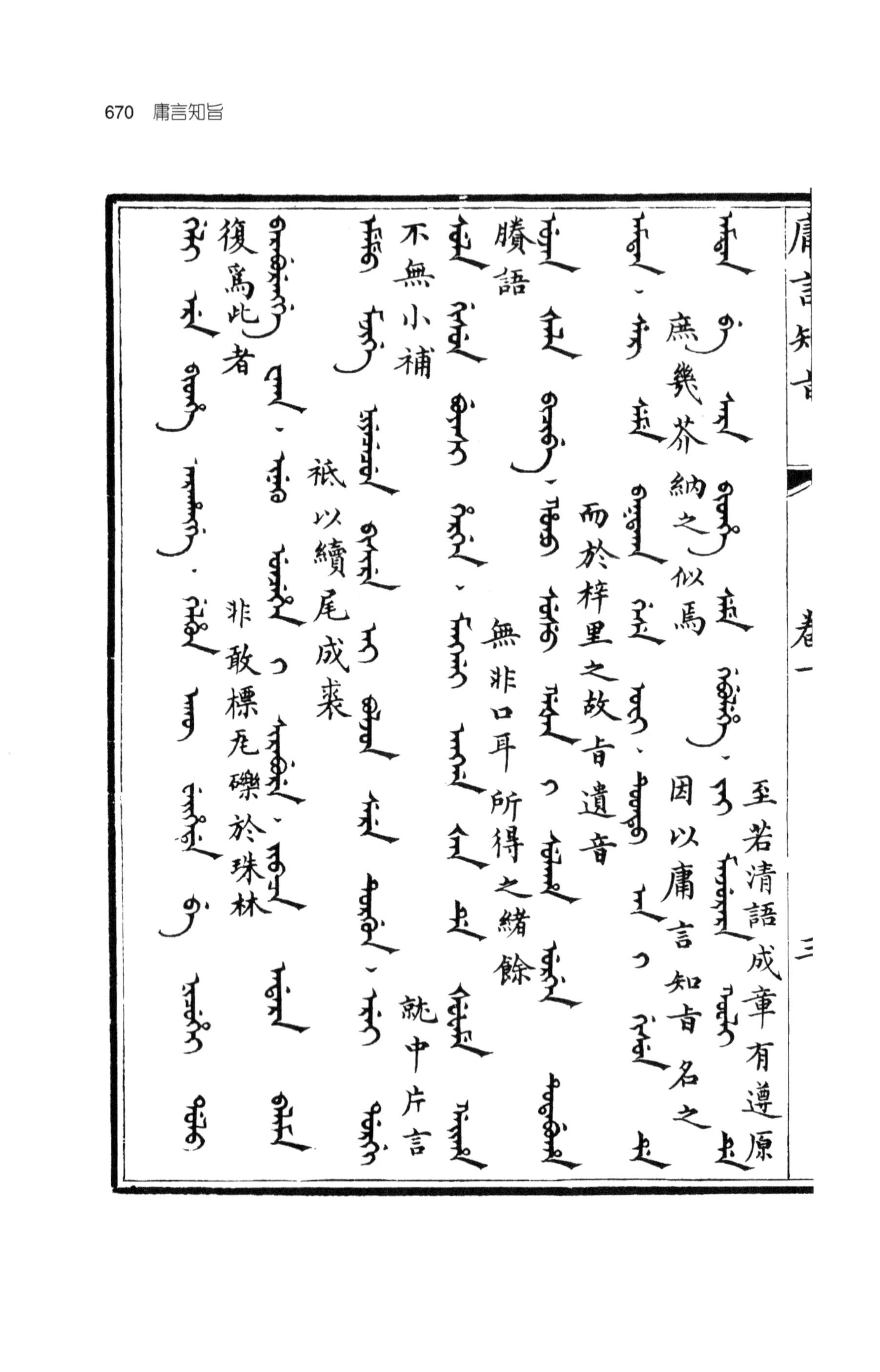

至若清語成章有遵原

因以庸言知旨名之

庶幾芥納之似焉

而於梓里之故旨遺音

賸語

無非口耳所得之緒餘

就中片言

不無小補

復寫此者

非敢標厖礫於珠林

祇以續尾成裘

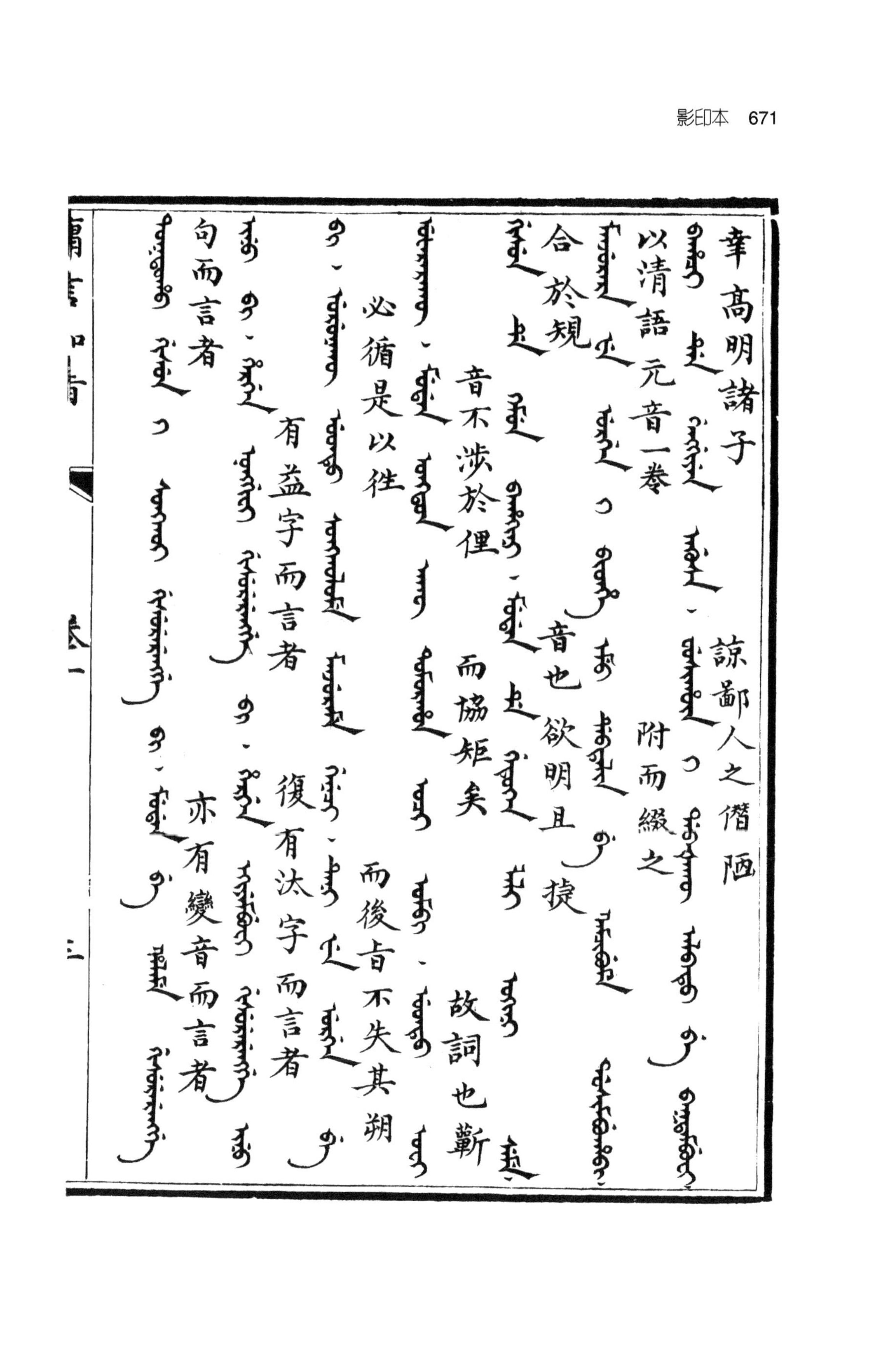

輩高明諸子 諒鄙人之僭陋
以清語元音一卷 附而綴之
合於規 音也欲明且捷
音不涉於俚 而協矩矣 故詞也斷
必循是以往 而後旨不失其朔
有益字而言者 復有汰字而言者
句而言者 亦有變音而言者

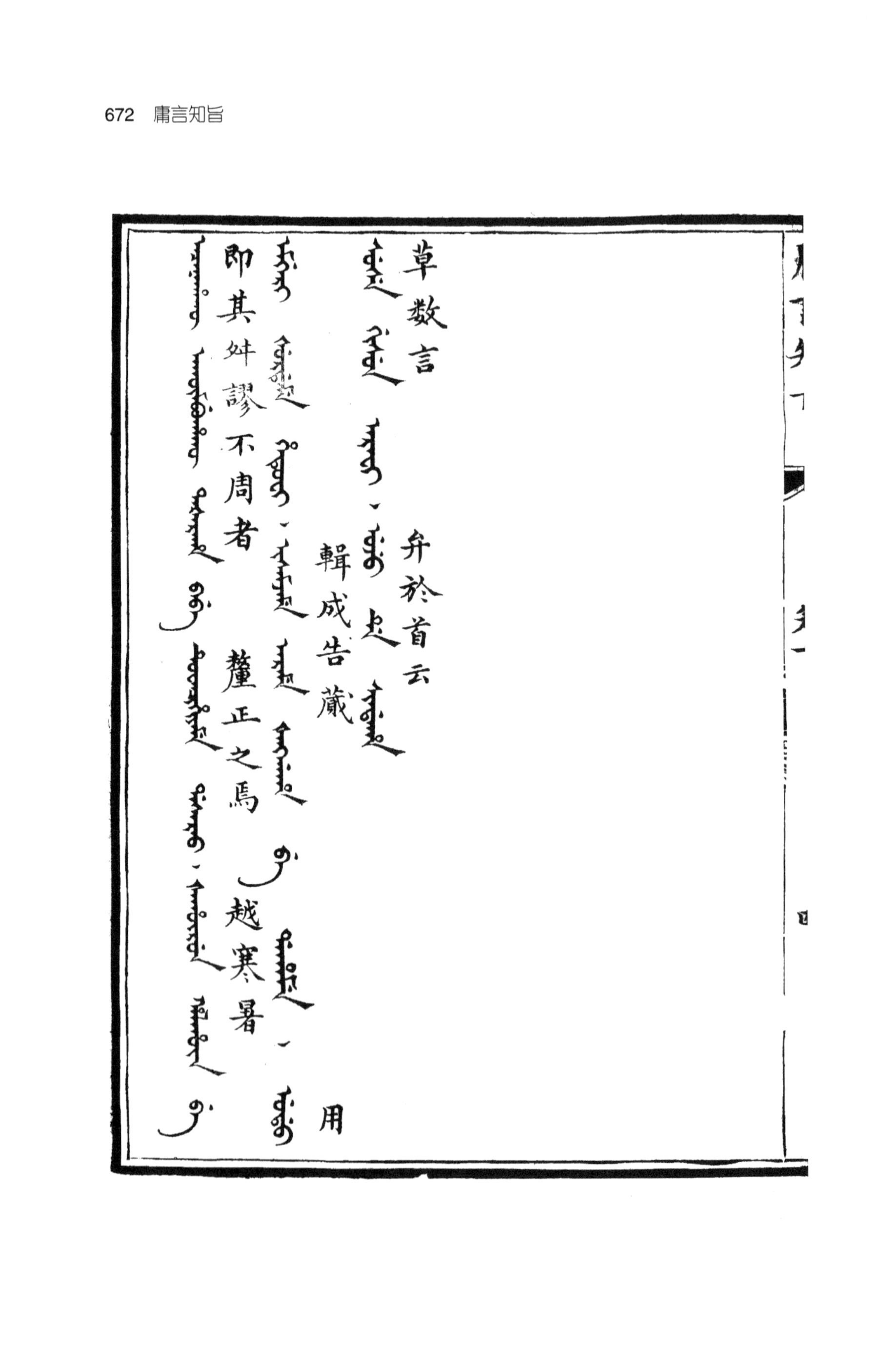

草数言

弁於首云

輯成告蕆

用

即其舛謬不周者

釐正之焉

越寒暑

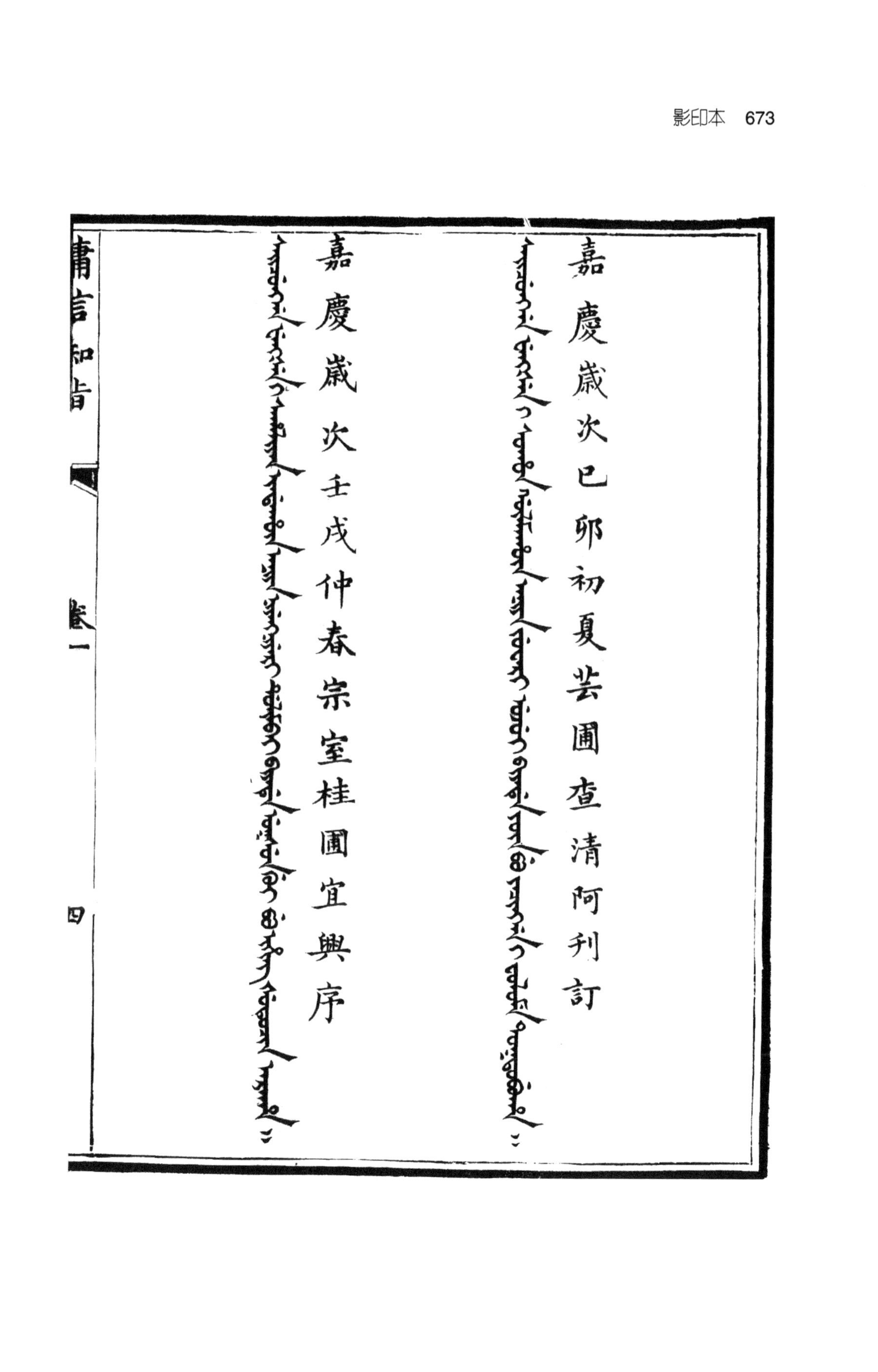

嘉慶歲次己卯初夏芸圃查清阿刊訂

嘉慶歲次壬戌仲春宗室桂圃宜興序

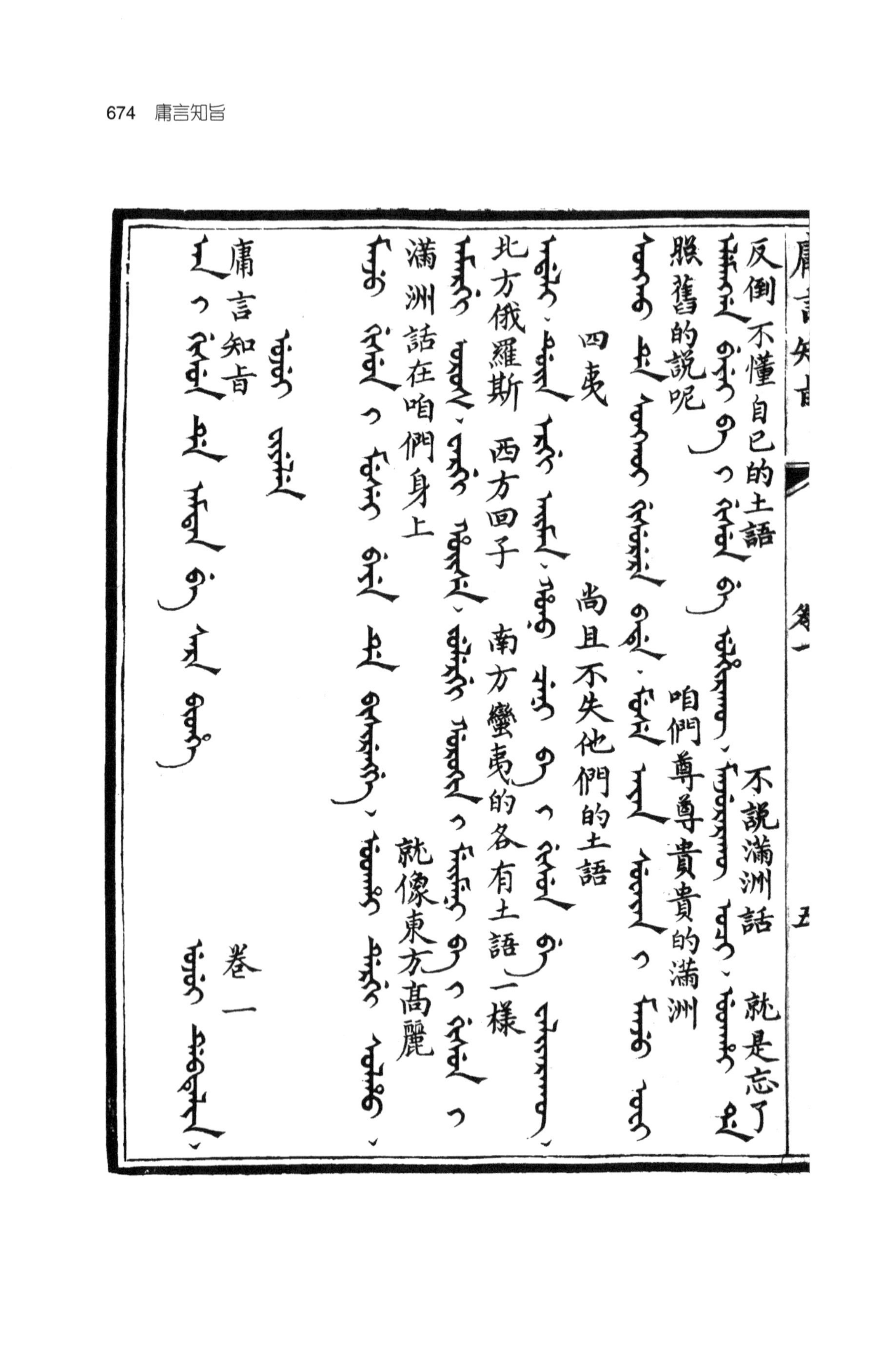

反倒不懂自已的土語　不說滿洲話　就是忘了

賍舊的說呢　咱們尊尊貴貴的滿洲

四夷　尚且不失他們的土語

北方俄羅斯　西方回回子　南方蠻夷的各有土語一樣

滿洲話在咱們身上　就像東方高麗

庸言知旨　卷一

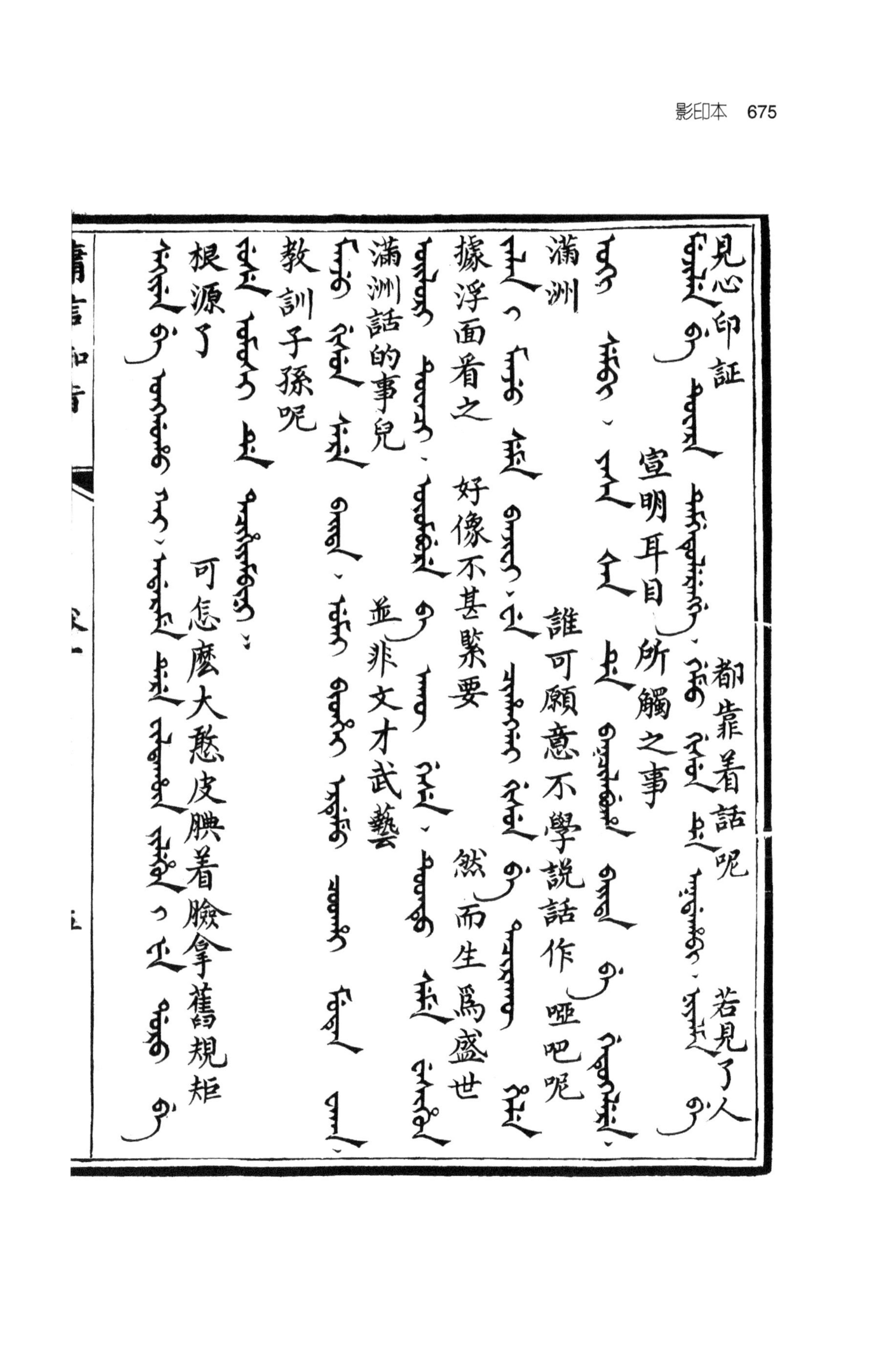

見心印証　都靠着話呢　若見了人

宣明耳目　所觸之事

滿洲　誰可願意不學說話作　啞吧呢

據浮面看之　好像不甚緊要　然而生爲盛世

滿洲話的事兒　並非文才武藝

教訓子孫呢

根源了　可怎麼大憨皮膞着臉拿舊規矩

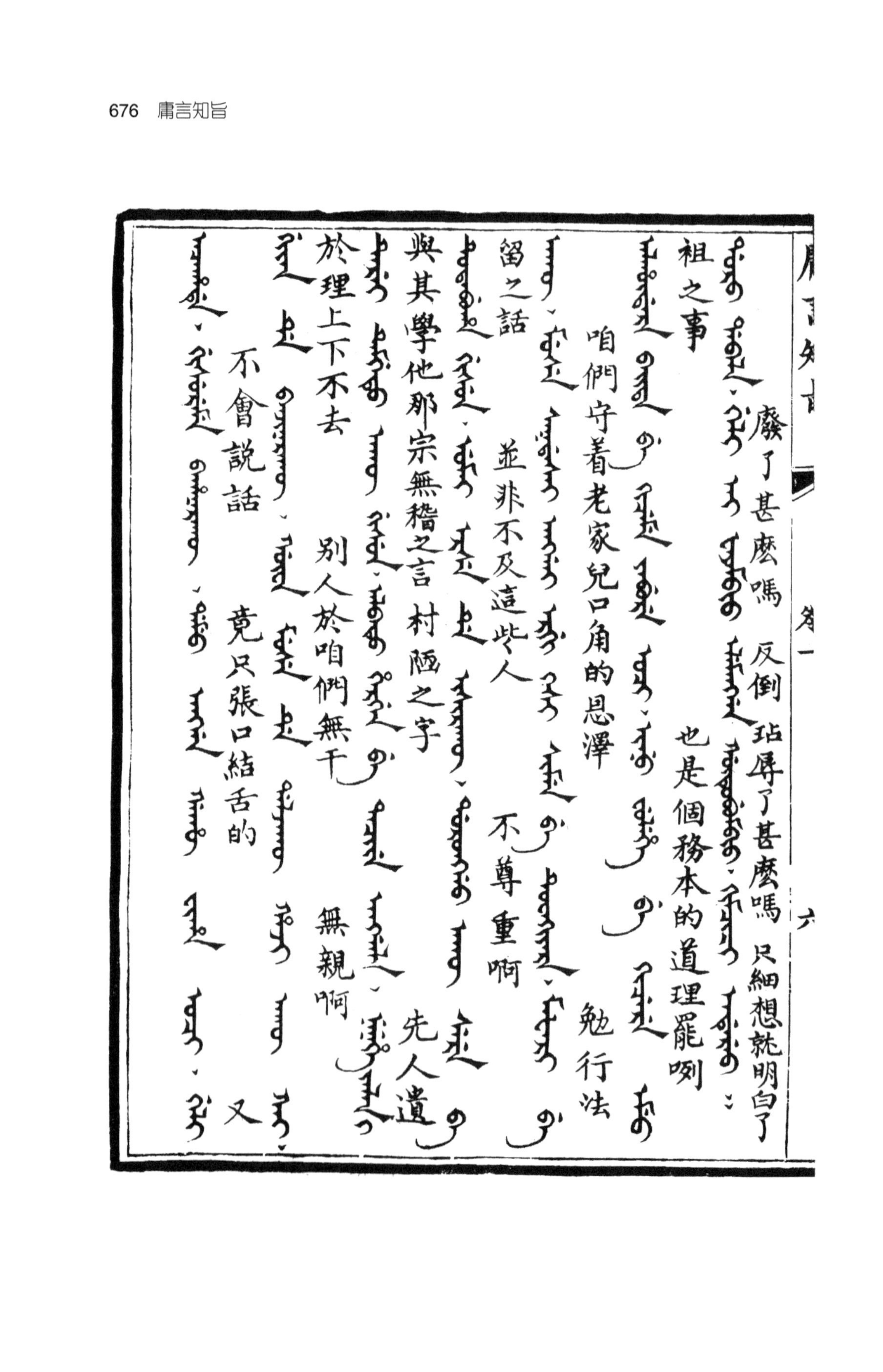

廢了甚麽嗎　反倒玷辱了甚麽嗎　只細想就明白了
祖之事　也是個務本的道理罷咧
咱們守着老家兒口角的恩澤　勉行法
留之話　並非不及這些人　不尊重啊
與其學他那宗無稽之言　村陋之字　先人遺
於理上下不去　別人於咱們無干　無親啊
不會說話　竟只張口結舌的　又

尤其支離了　至於宗室覺羅是
稱呼瓜爾嘉氏姓関　鈕枯祿氏姓郎的一樣
那是無知野人胡撰撰的　比起來就像
國朝之姓　乃愛新覺羅　或有稱爲姓趙的
各異　即如　咱們
各有部落鄉黨　族姓
咱們滿洲起初都在長白山東北一帶居住

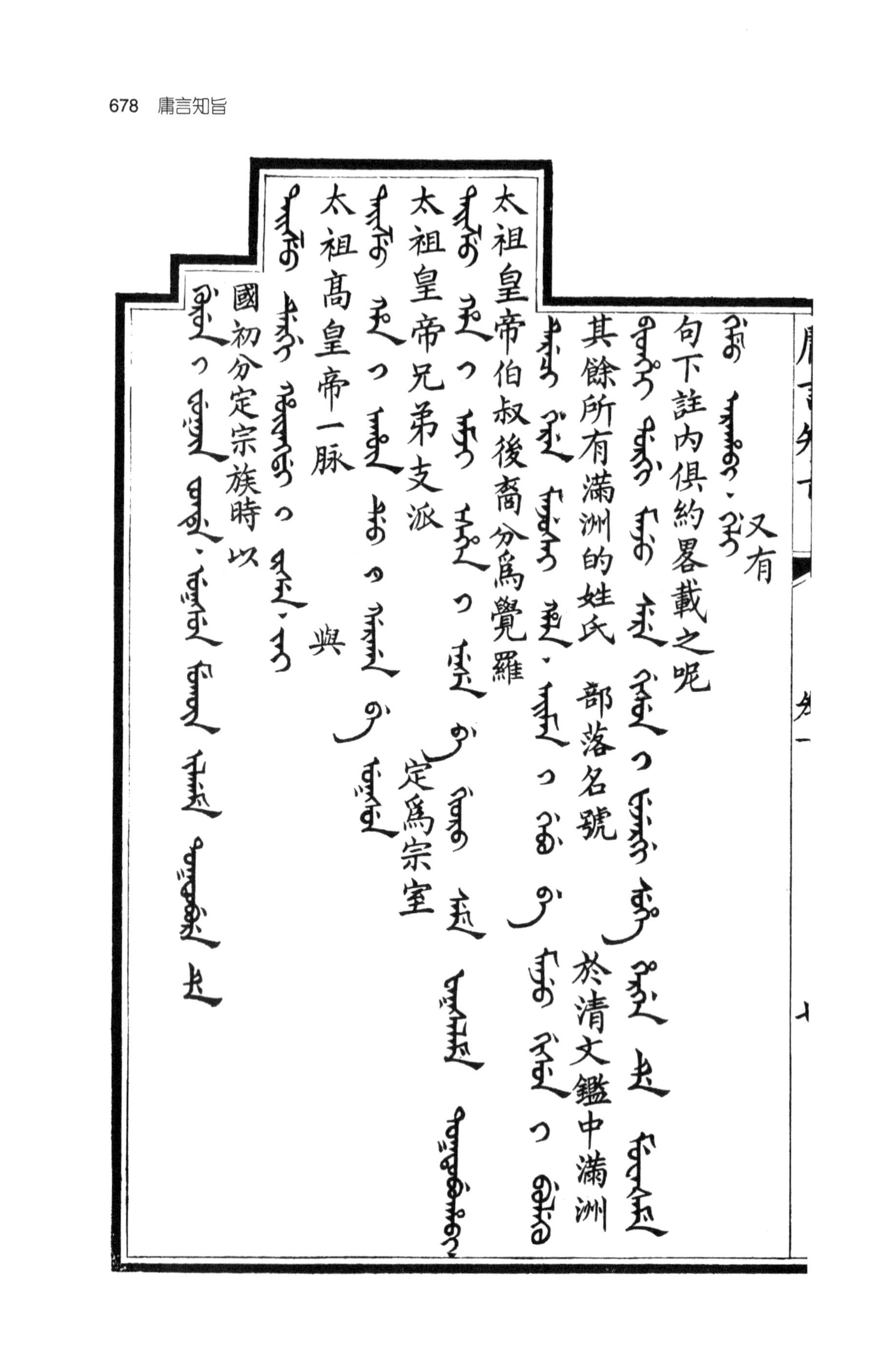

又有

句下註内俱約畧載之呢

其餘所有滿洲的姓氏 部落名號 於清文鑑中滿洲

太祖皇帝伯叔後裔分爲覺羅

太祖皇帝兄弟支派 定爲宗室

太祖高皇帝一脉 與

國初分定宗族時以

爲諱那一個字 當年奉有

咱們起名子不許用父親名上頭一字 非是

經上説二名不偏諱

子細下流了啊 見禮記

曉得 不可信那蠢民的村話

只請細細校查恭誦 自然可以挨次

御製滿洲源流考八旗通志氏族通譜等類好幾種書

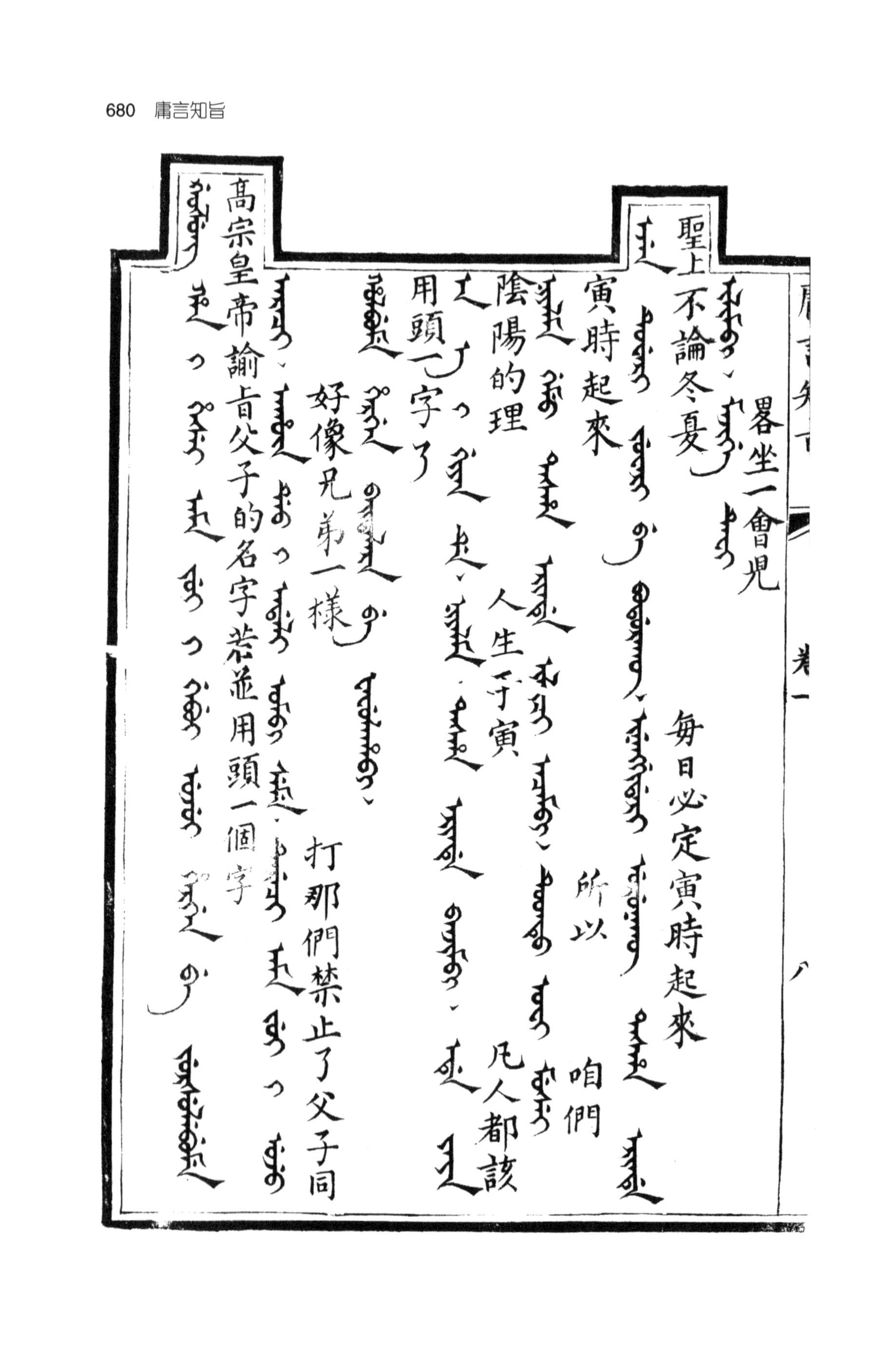

聖上不論冬夏

畧坐一會兒

每日必定寅時起來

寅時起來

所以

咱們

陰陽的理

人生于寅

凡人都該

用頭一字了

好像兄弟一樣

打那們禁止了父子同

高宗皇帝諭旨父子的名字若並用頭一個字

人與鳥獸都叫作動物

天各賦性一樣生成

聖君也

這總叫作天行健

真〻稱得起

旨意

天天一樣

經見易

没一點兒改變

召見大人們下

用了膳

趕辰初

就辦事

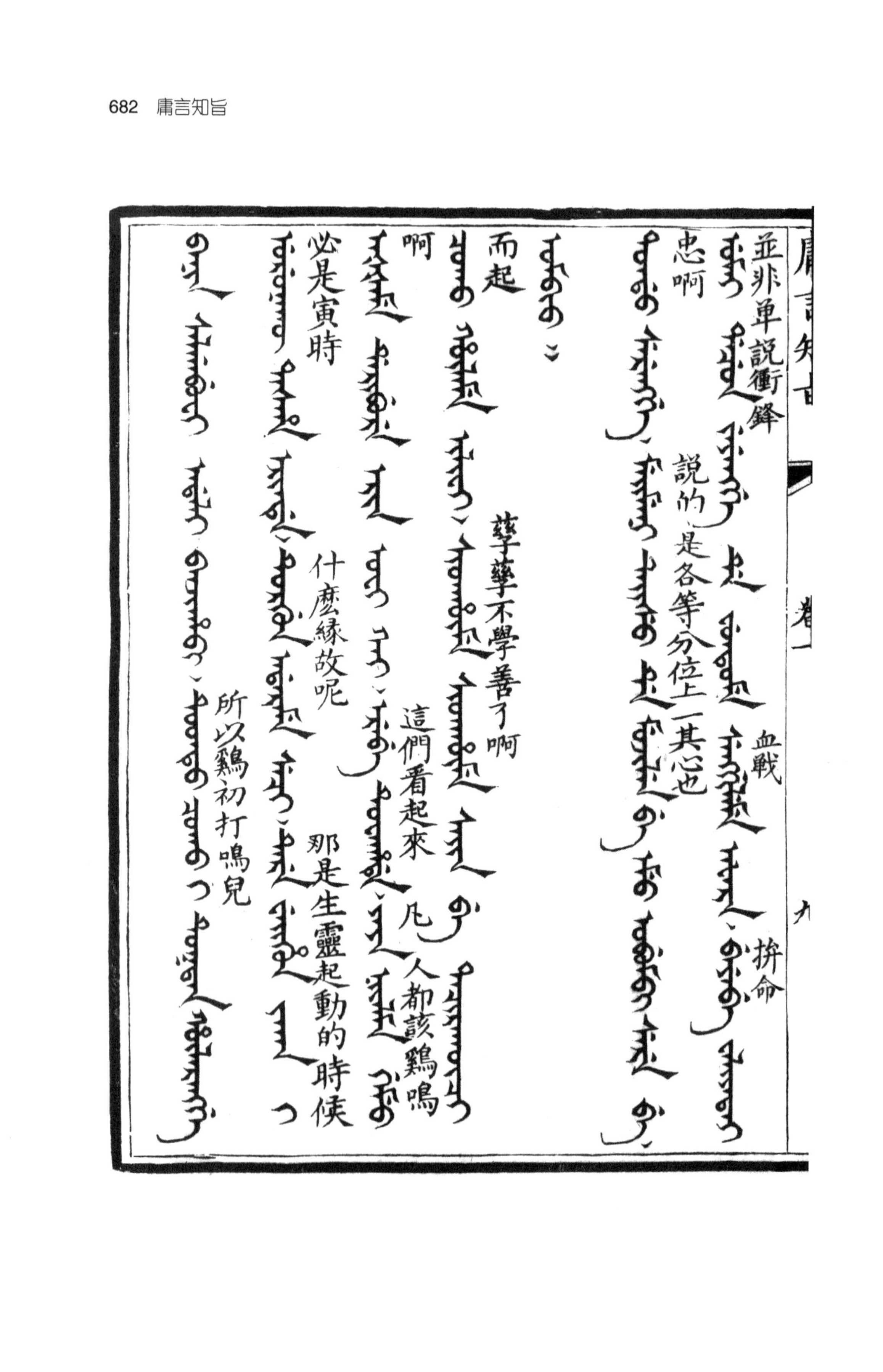

所以鷄初打鳴兒
必是寅時 什麽緣故呢 那是生靈起動的時候
啊 這們看起來 凡人都該鷄鳴
而起 孳孳不學善了啊
忠啊 說的是各等分位上一其心也
並非單說衝鋒 血戰 拚命

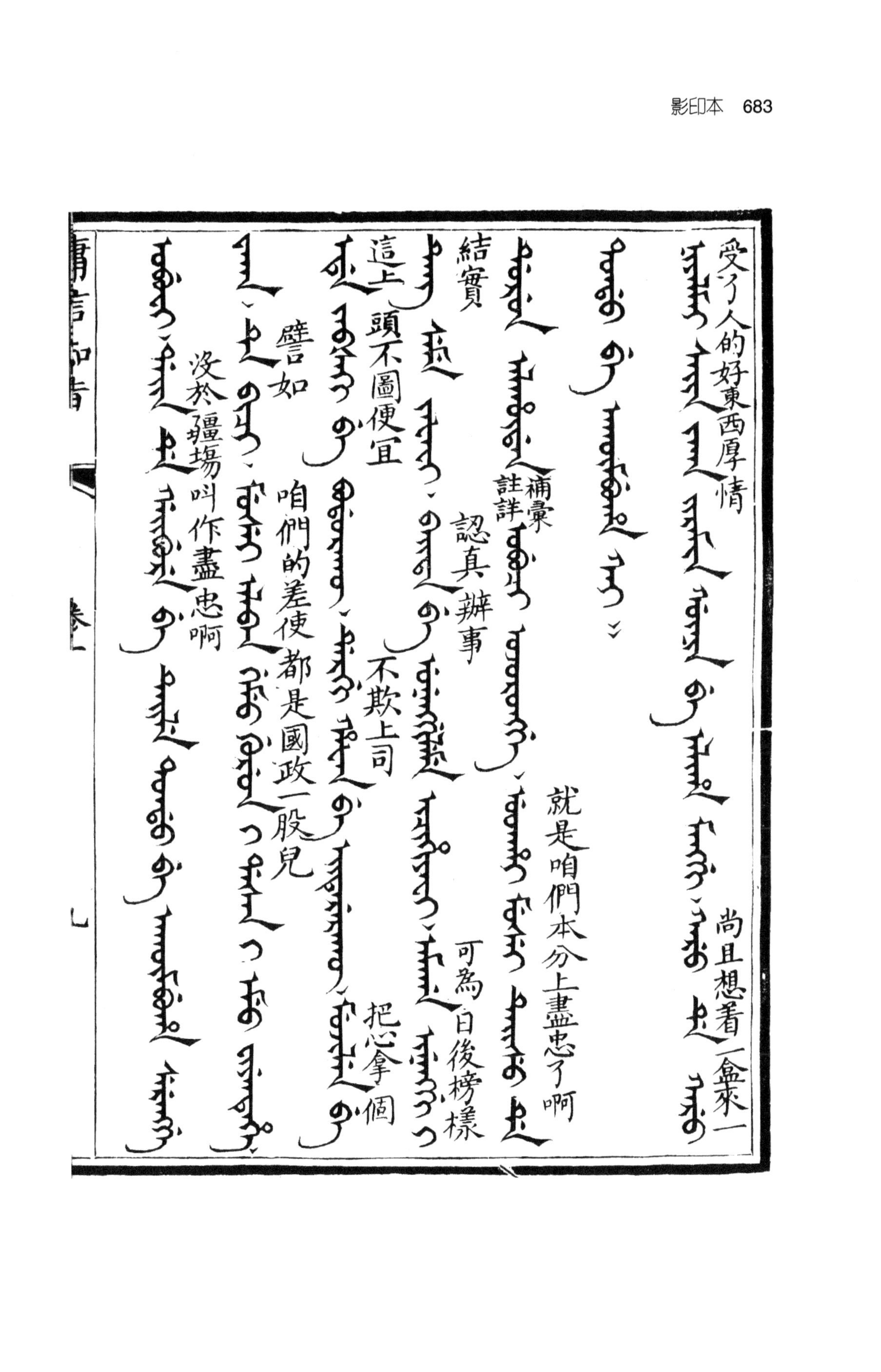

受了人的好東西厚情

尚且想着一盒來一

就是咱們本分上盡忠了啊

結實

補彙註詳

認真辦事

可為日後榜樣

這上頭不圖便宜

不欺上司

把心拿個

譬如

咱們的差使都是國政一股兒

没於疆場叫作盡忠啊

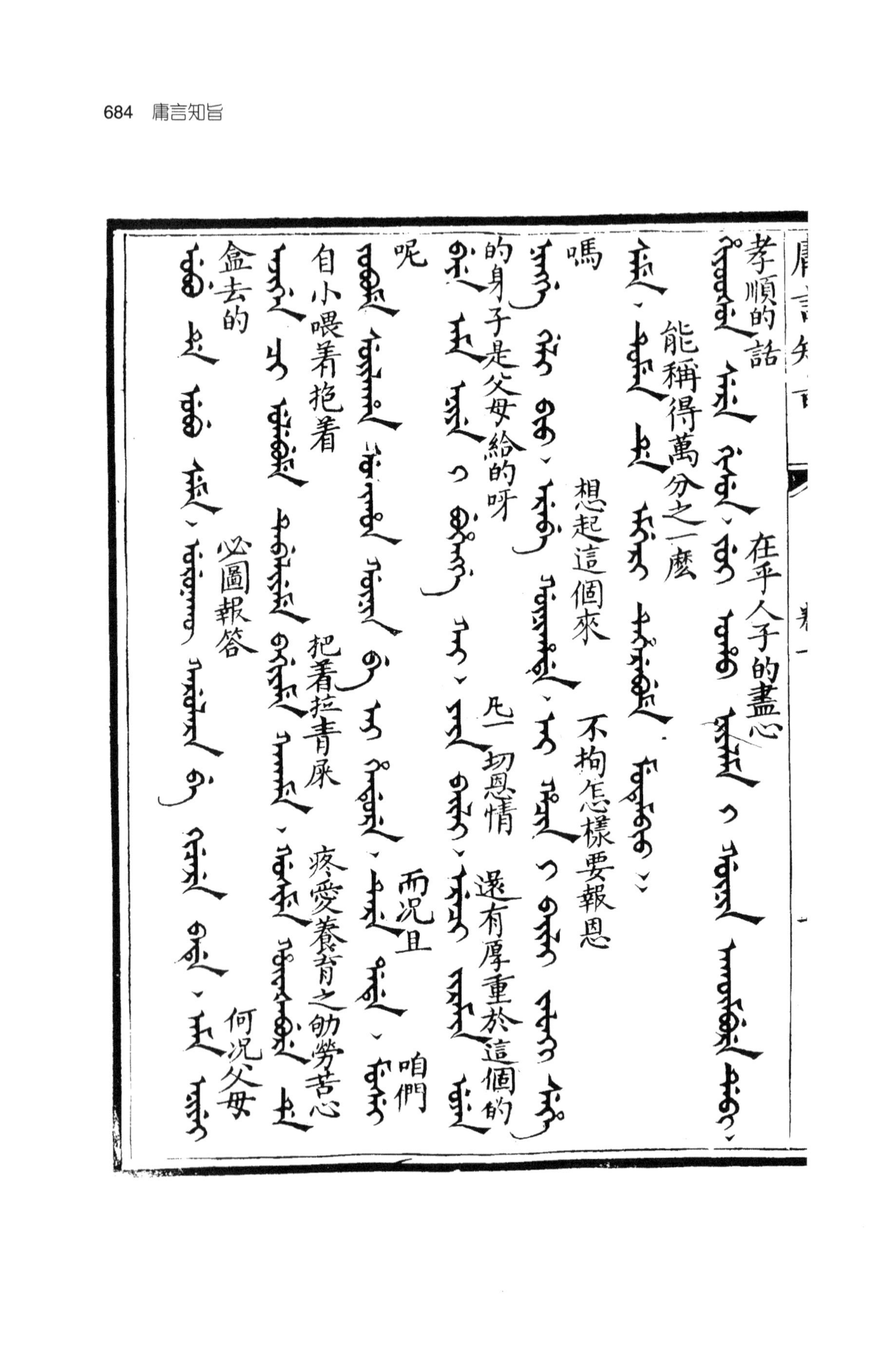

孝順的話 在乎人子的盡心

能稱得萬分之一麼

嗎 想起這個來 不拘怎樣要報恩

的身子是父母給的呀 凡一切恩情 還有厚重於這個的

呢 而況且 咱們

自小喂着抱着 把着拉青屎 疼愛養育之劬勞苦心

盒去的 必圖報答 何況父母

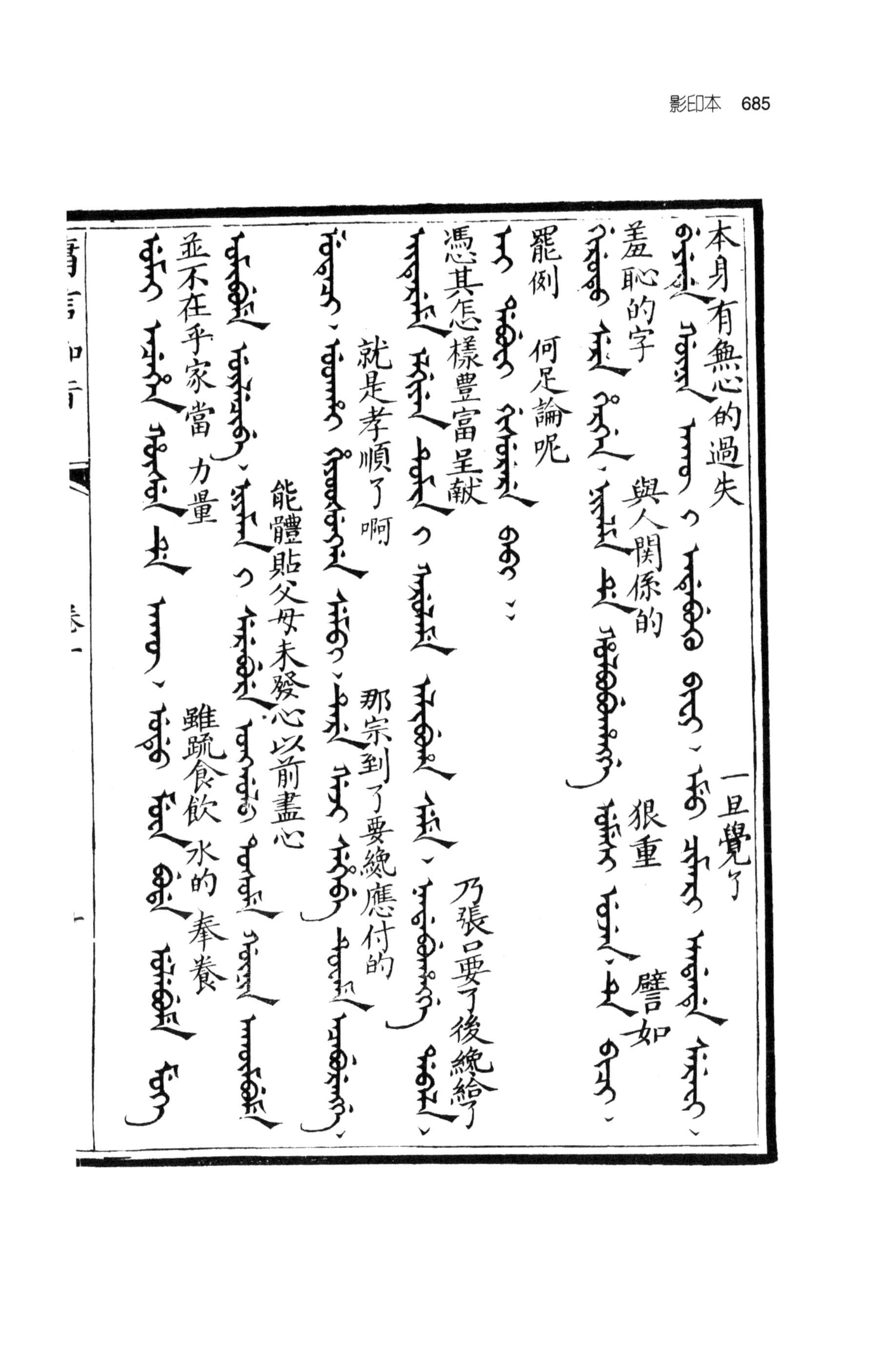

本身有無的過失 一旦覺了

羞恥的字 與人關係的 狠重 譬如

罷例 何足論呢

憑其怎樣豐富呈獻 乃張口要了後纔給了

就是孝順了啊 那宗到了要纔應付的

能體貼父母未發心以前盡心

並不在乎家當力量 雖疏食飲水的奉養

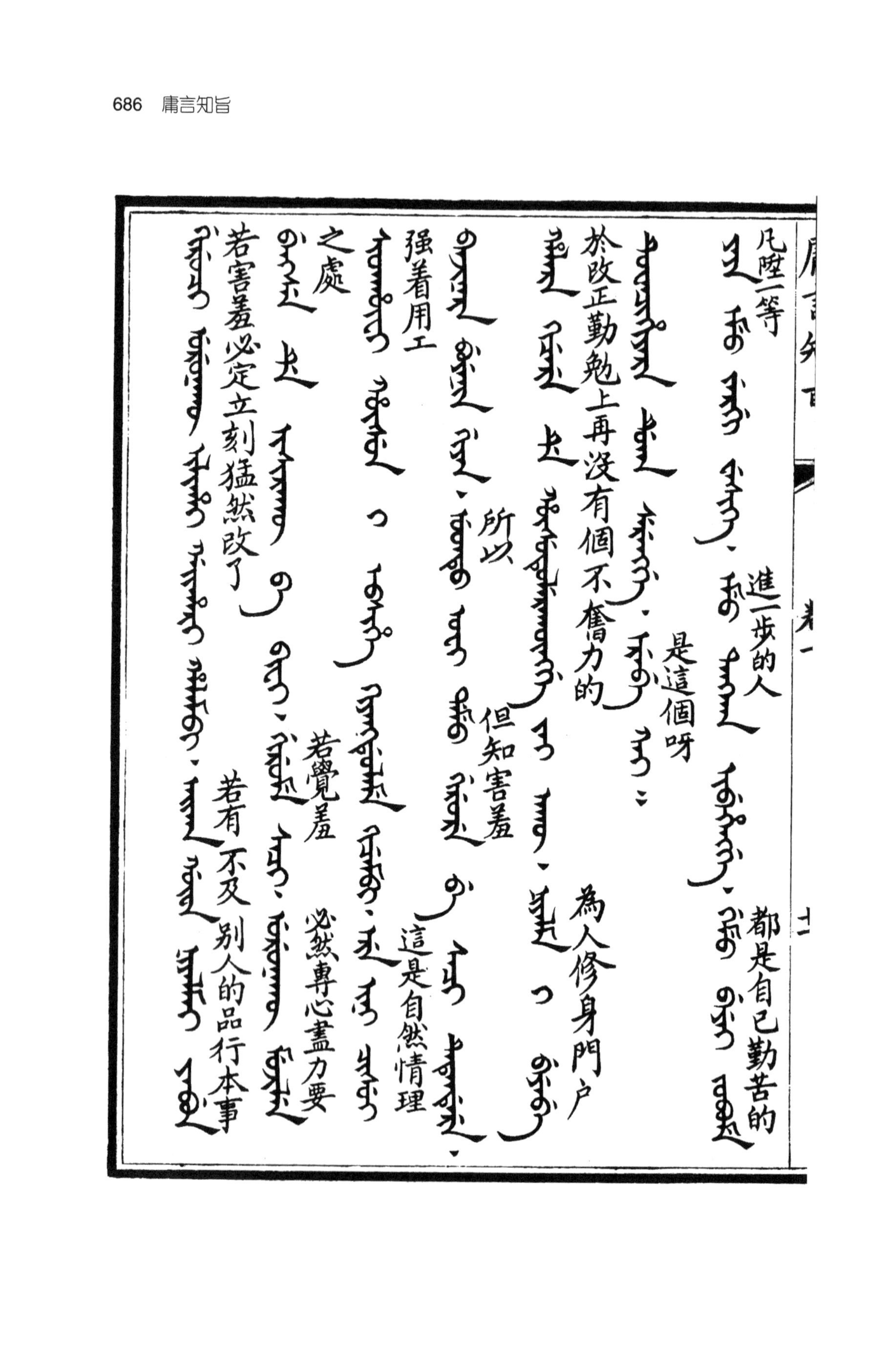

凡陞一等
進一步的人
都是自己勤苦的
於改正勤勉上再沒有個不奮力的
是這個呀
為人修身門戶
所以
但知害羞
這是自然情理
強着用工
之處
若覺羞
必然專心盡力要
若害羞必定立刻猛然改了
若有不及別人的品行本事

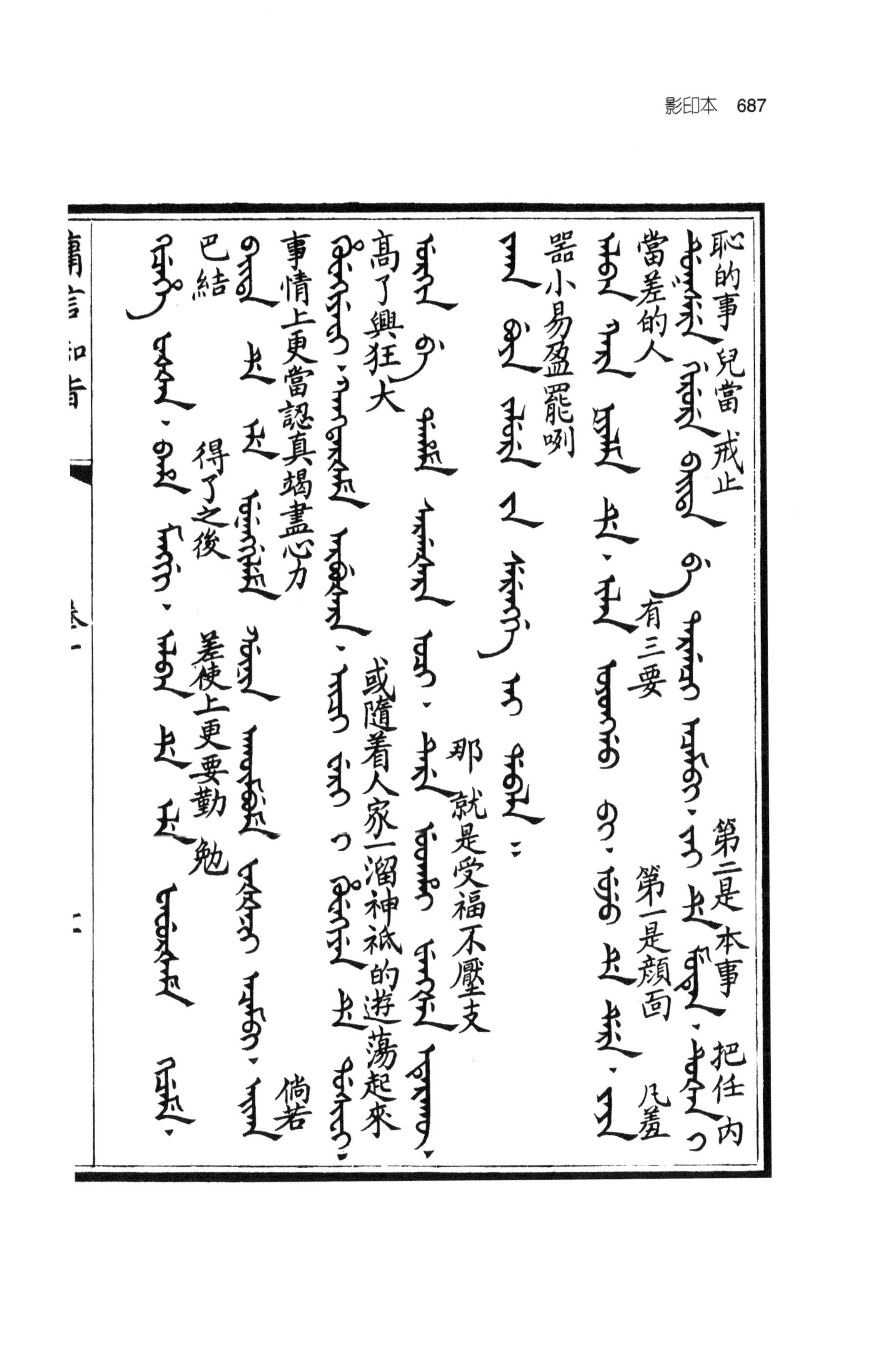

恥的事兒當戒止　第二是本事　把任内

當差的人　有三要　第一是顔面　凡差

器小易盈罷咧

那就是受福不壓支

高了興狂大

或隨着人家一溜神祇的遊蕩起來

事情上更當認真竭盡心力　倘若

巴結　得了之後　差使上更要勤勉

老家們從小兒撫養咱們的時候何等的費

兒的臉上發熱呀

鼻子眼睛在一塊兒混着 也一會兒一會

搭的 怎樣對衆人呢 就是衙門裡與同寅

實力巴結 若先把臉沒了 羞搭

不可摟便益 推辛苦 須得

的事 當專心習學 第三是勤勉

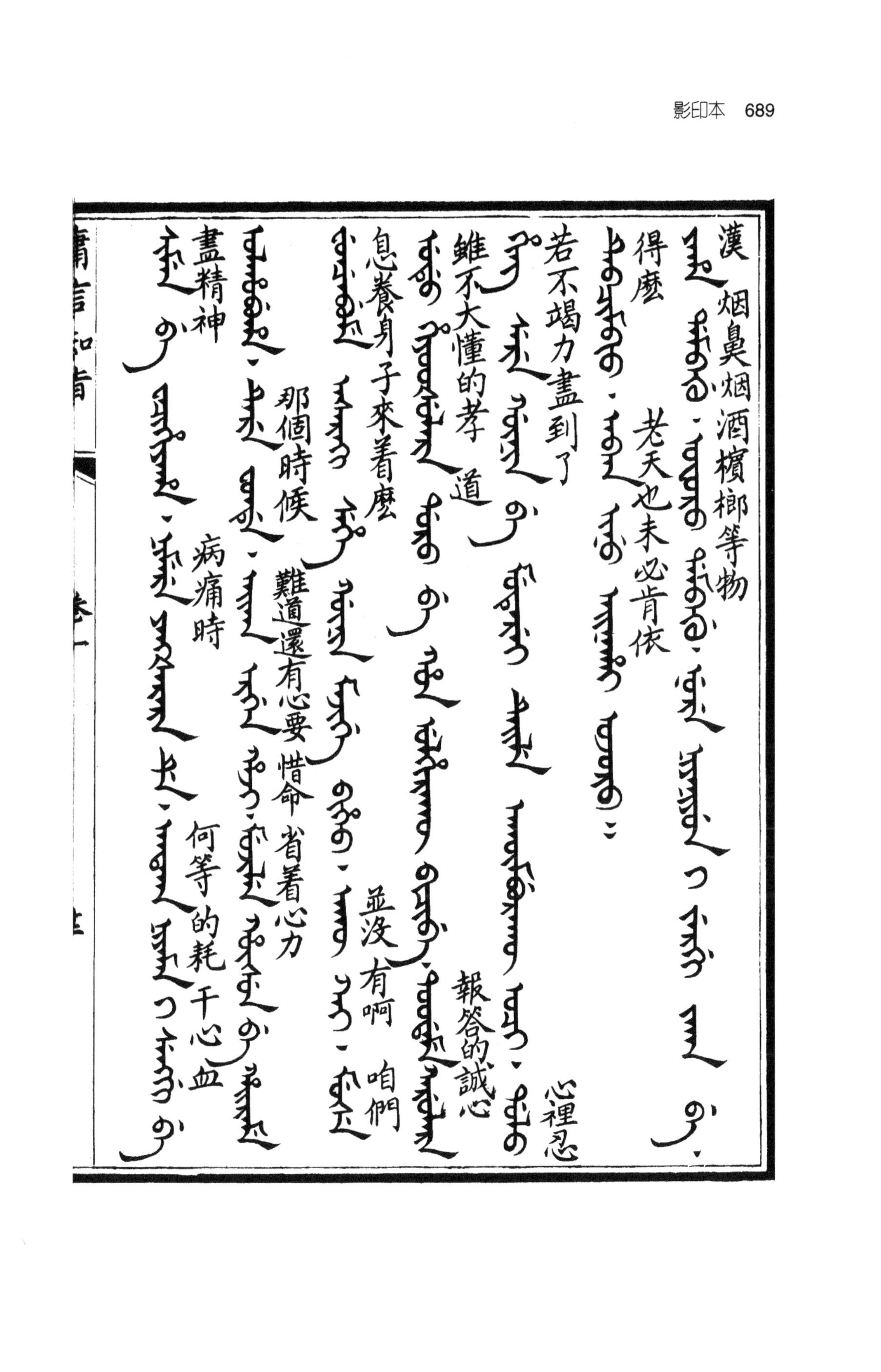

漢 烟臭烟酒檳榔等物

得麼 老天也未必肯依

若不竭力盡到了 心裡忍

雖不大懂的孝道 報答的誠心

息養身子來着麼 並沒有啊 咱們

那個時候 難道還有心要惜命省着心力

盡精神 病痛時 何等的耗干心血

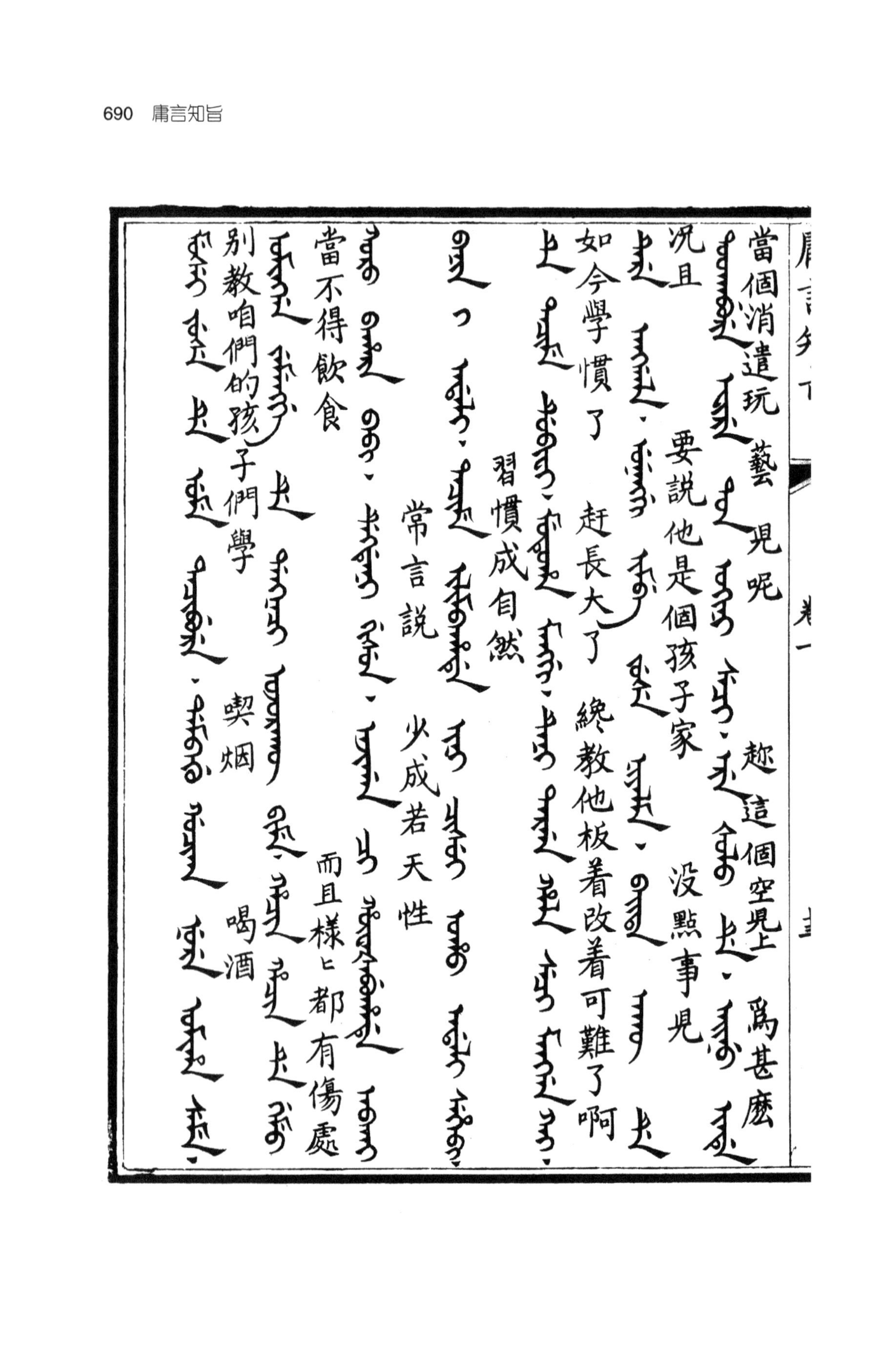

當個消遣玩藝兒呢 趂這個空兒上爲甚麼

況且 要說他是個孩子家 沒點事兒

如今學慣了 赶長大了 纔教他板着改着可難了啊

習慣成自然

常言說 少成若天性

當不得飲食 而且樣々都有傷處

別教咱們的孩子們學 喫烟 喝酒

一類的外務呢

見把作 孩子的道理稍帶着調教着去 強如教導他這

終日從早到晚 行之不足啊 打這會

大些的孩子們 把孝弟忠信的事情

不教他學灑掃應對進退孩子的道理呢

背不上來　可怎麼能懂文意呢

只嘴裡隨便的念　糊里馬兒的混過去　不但輕易

若是眼瞧着別的東西　心想着別的事情　就

不要信口兒數白文的是的

的字字句句　必要思想着往熟了念

讀書叫作念　念者　思念也　書上

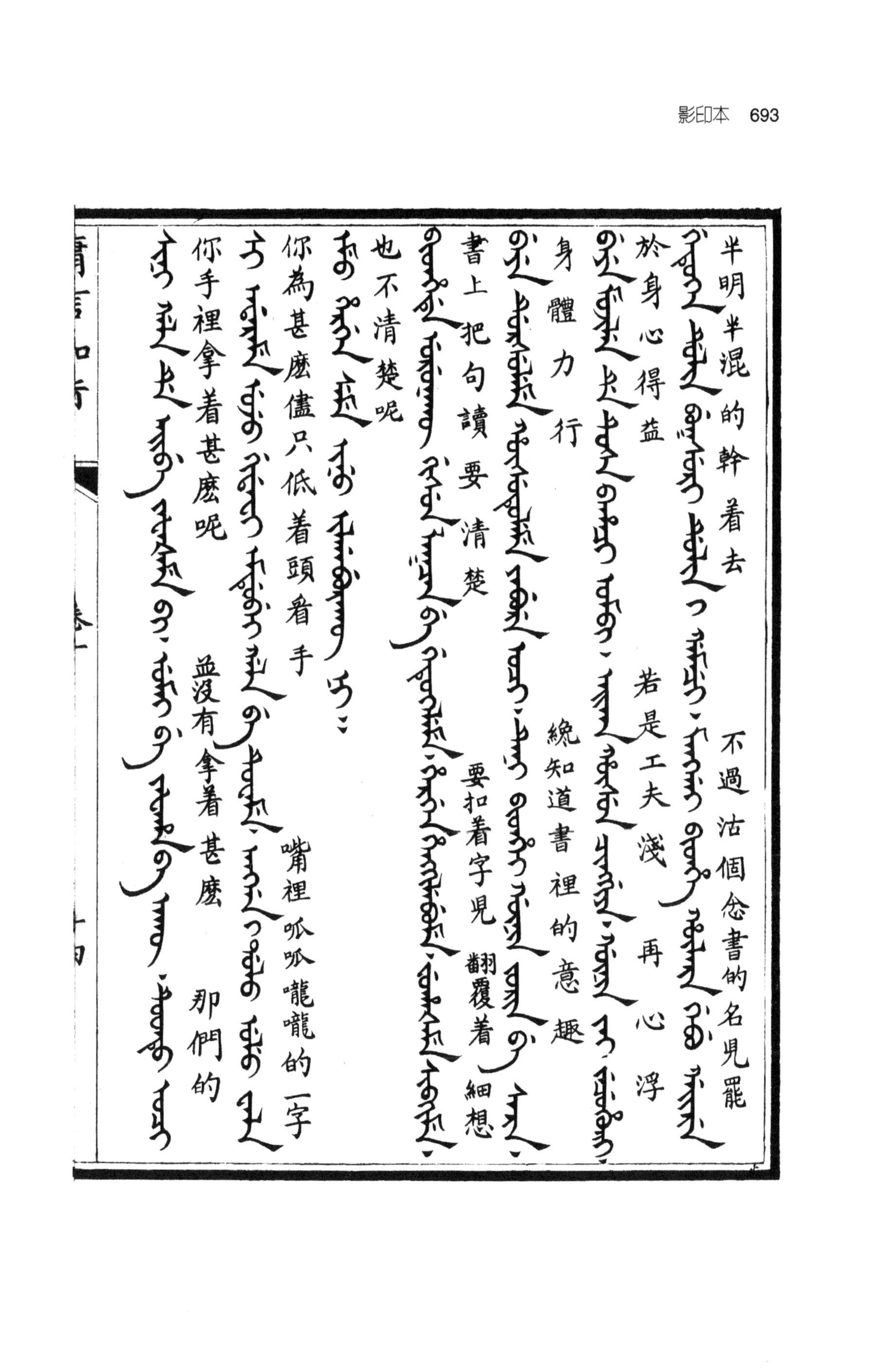

半明半混的幹着去 不過沽個念書的名兒罷
於身心得益 若是工夫淺 再心浮
身體力行 纔知道書裡的意趣
書上把句讀要清楚 要扣着字兒 翻覆着 細想
也不清楚呢
你為甚麽儘只低着頭看手 嘴裡呱呱嚨嚨的一字
你手裡拿着甚麽呢 並沒有拿着甚麽 那們的

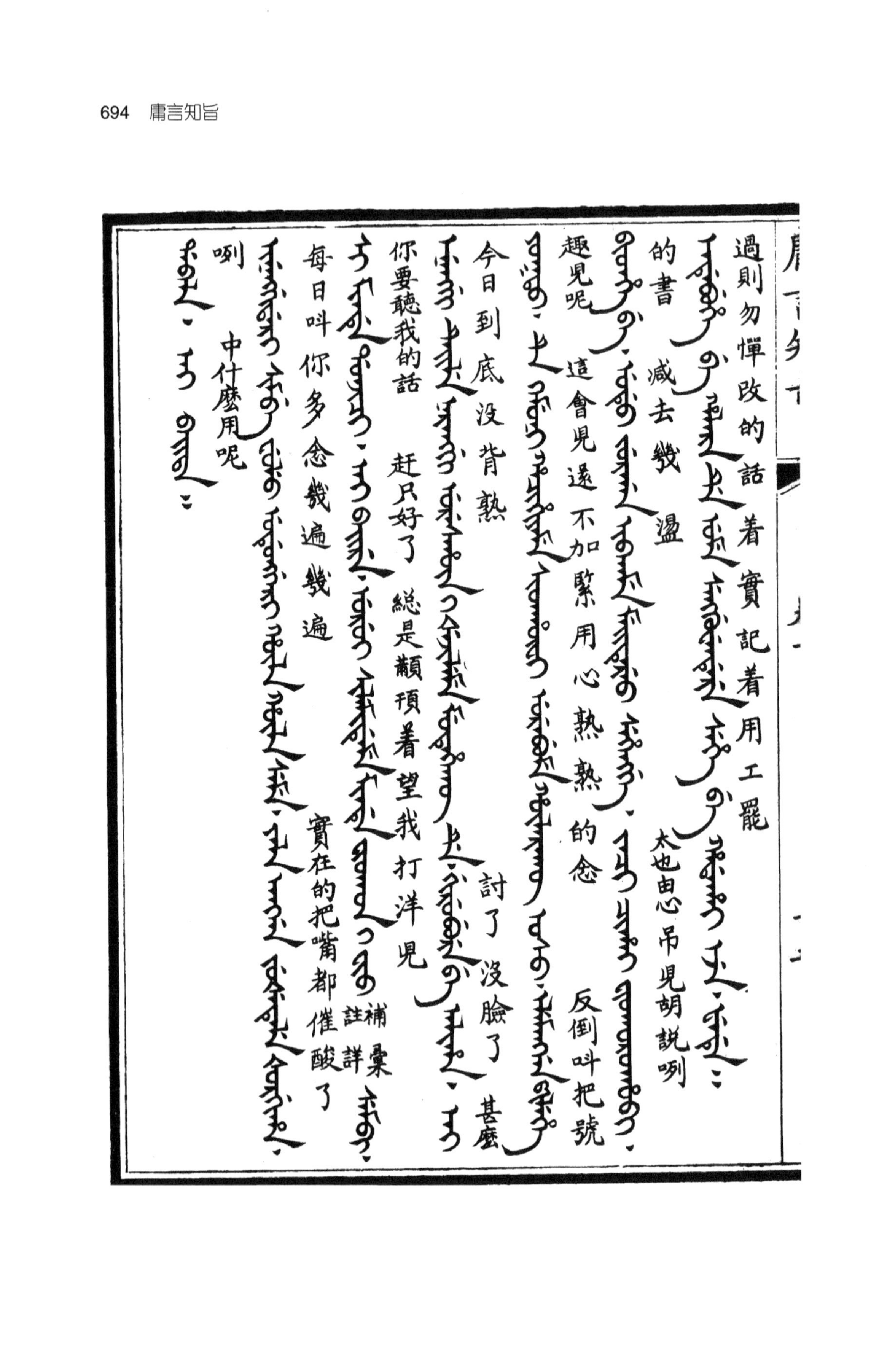

過則勿憚改的話着實記着用工罷

的書　減去幾溢　太也由心吊兒胡說咧

趣兒呢　這會兒還不加緊用心熟熟的念　反倒叫把號

今日到底沒背熟　討了沒臉了　甚麼

你要聽我的話　赶只好了　總是顢頇着望我打洋兒

每日叫你多念幾遍幾遍　實在的把嘴都僕酸了　補彙註詳

咧　中什麼用呢

別是抱怨我不准你們往快活地方兒玩兒去 不給倒脚的

替我用工啊 着你這個撅嘴膀腮的樣子

把你工課吃到肚兒裡 是你的正經本事 並非

嘴兒滚熟了 你再拿來

完來着 那兒呢 早着哩 你把這個書拿了去 必要順

我剛纔隔二片三的提着你 你還直背不

這們嗐結嗐結吧吧的背 你就算了麼 不是

他回講到那里 雖是粗糙兒的那文義之大意直道

冲口兒出滚熱 又試着提他那里

前者背背他的書看 溫熱一點蹬兒也沒有

的名聲 你提防着找沒臉罷

你要這們不當話 任意兒的幹 不但背個執迷不改

當面教導了你 實在是諄諄的拉着耳朵說了

文兒 拘板了罷

塞責的幹去 不但不能成就人 反把徒弟們

咱們但盡實心儘其所能教導就是了 要是

却不想被懂得的人笑話了

他只打量着要警人

只以穩準為上 有一宗好用冷字的人

繙譯的規矩 用熟 不用生

及的出來 真露大長了

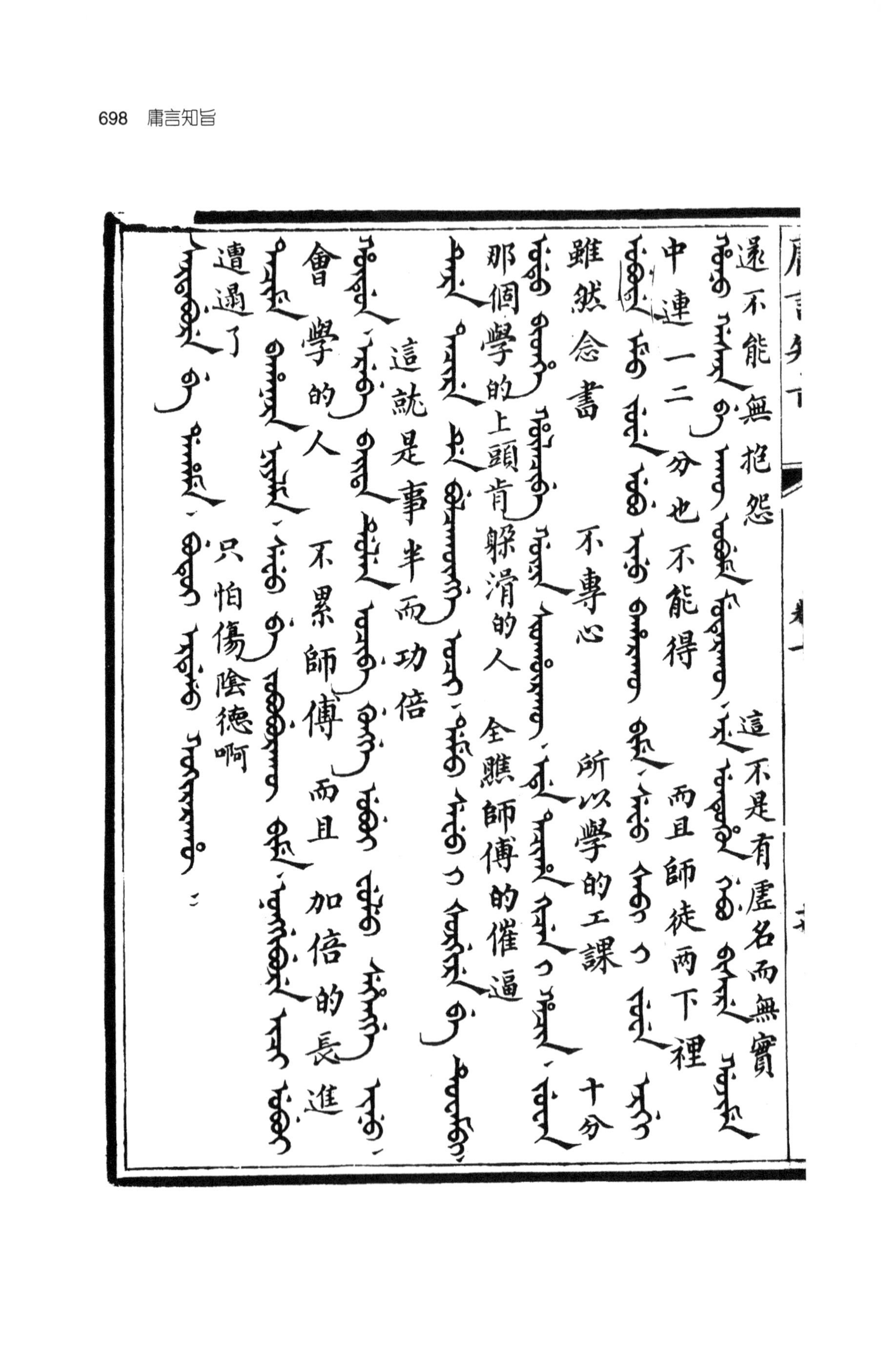

還不能無抱怨 這不是有虛名而無實

中連一二分也不能得 而且師徒兩下裡

雖然念書 不專心 所以學的工課十分

那個學的上頭肯躲滑的人 全瞧師傅的催逼

這就是事半而功倍

會學的人 不累師傅 而且加倍的長進

遭遏了 只怕傷陰德啊

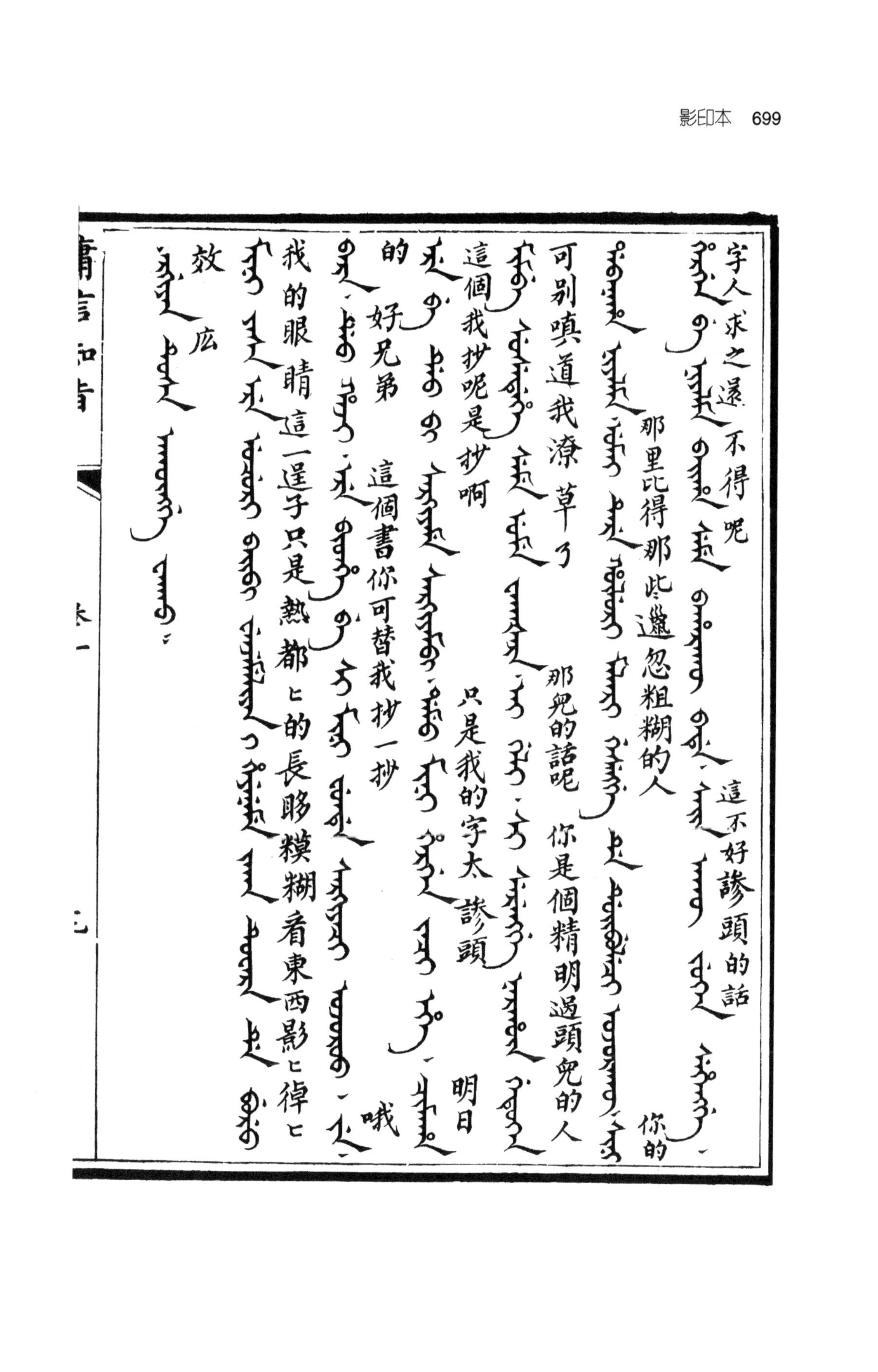

字人求之還不得呢　這不好諺頭的話

那里比得那些遝忽粗糊的人　你的

可別嗔道我潦草了　那兒的話呢　你是個精明過頭兒的人

這個我抄呢是抄啊　只是我的字太諺頭　明日

的　好兄弟　這個書你可替我抄一抄　哦

我的眼睛這一遑子只是熱都ㄝ的長眵糢糊看東西影ㄝ綽ㄝ

效　広

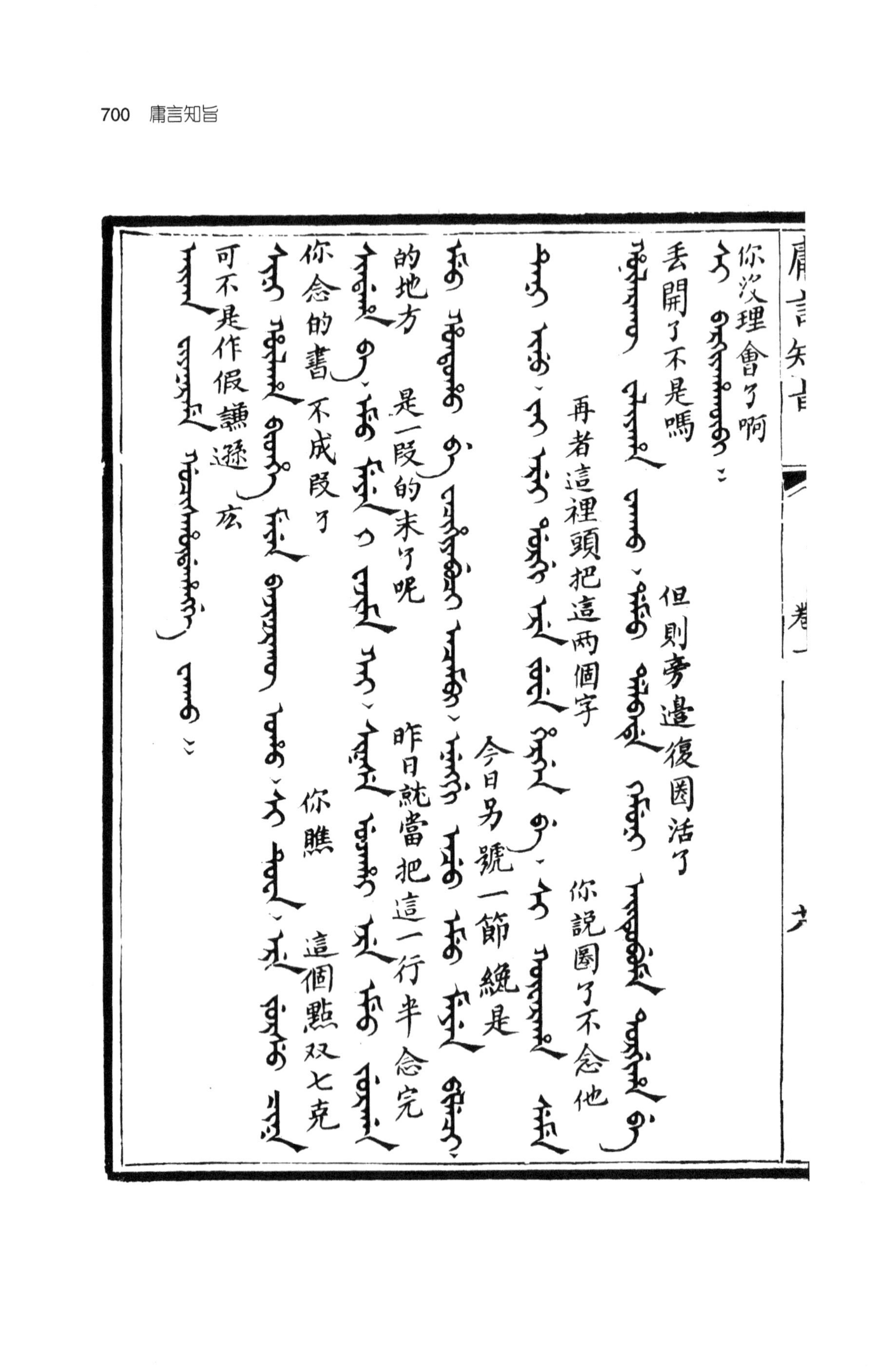

你沒理會了啊

丢開了不是嗎

但則旁邊復圈活了

再者這裡頭把這兩個字

你說圈了不念他

今日另號一節纔是

的地方

是一段的末了呢

昨日就當把這一行半念完

你念的書

不成段了

你瞧

這個點双七克

可不是作假謙遜

庅

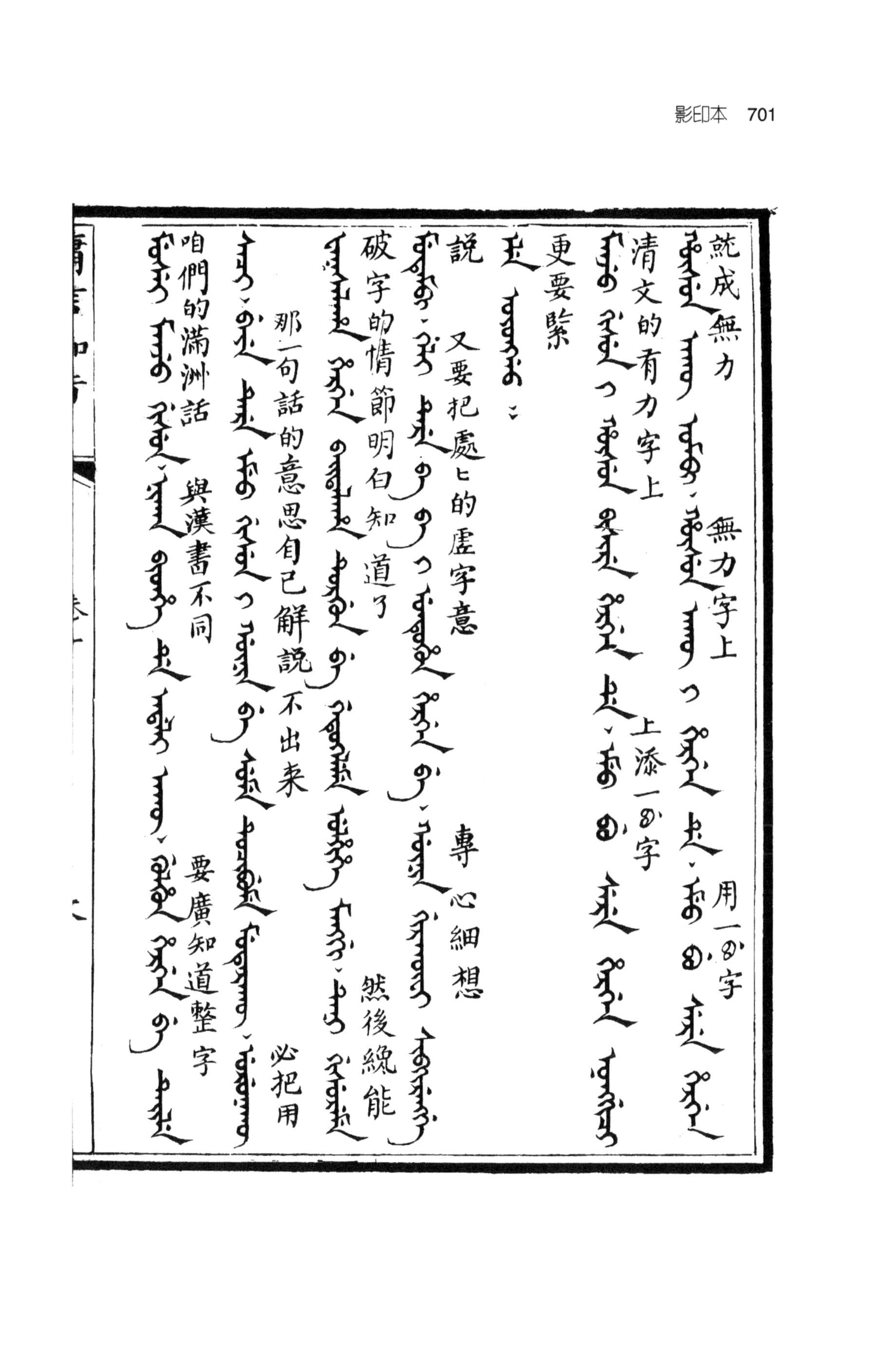

就成無力 無力字上 用一ᠣ字

清文的有力字上 上添一ᠣ字

更要緊

説 又要把處〻的虚字意 專心細想

破字的情節明白知道了 然後纔能

那一句話的意思自己解説不出来 必把用

咱們的滿洲話 與漢書不同 要廣知道整字

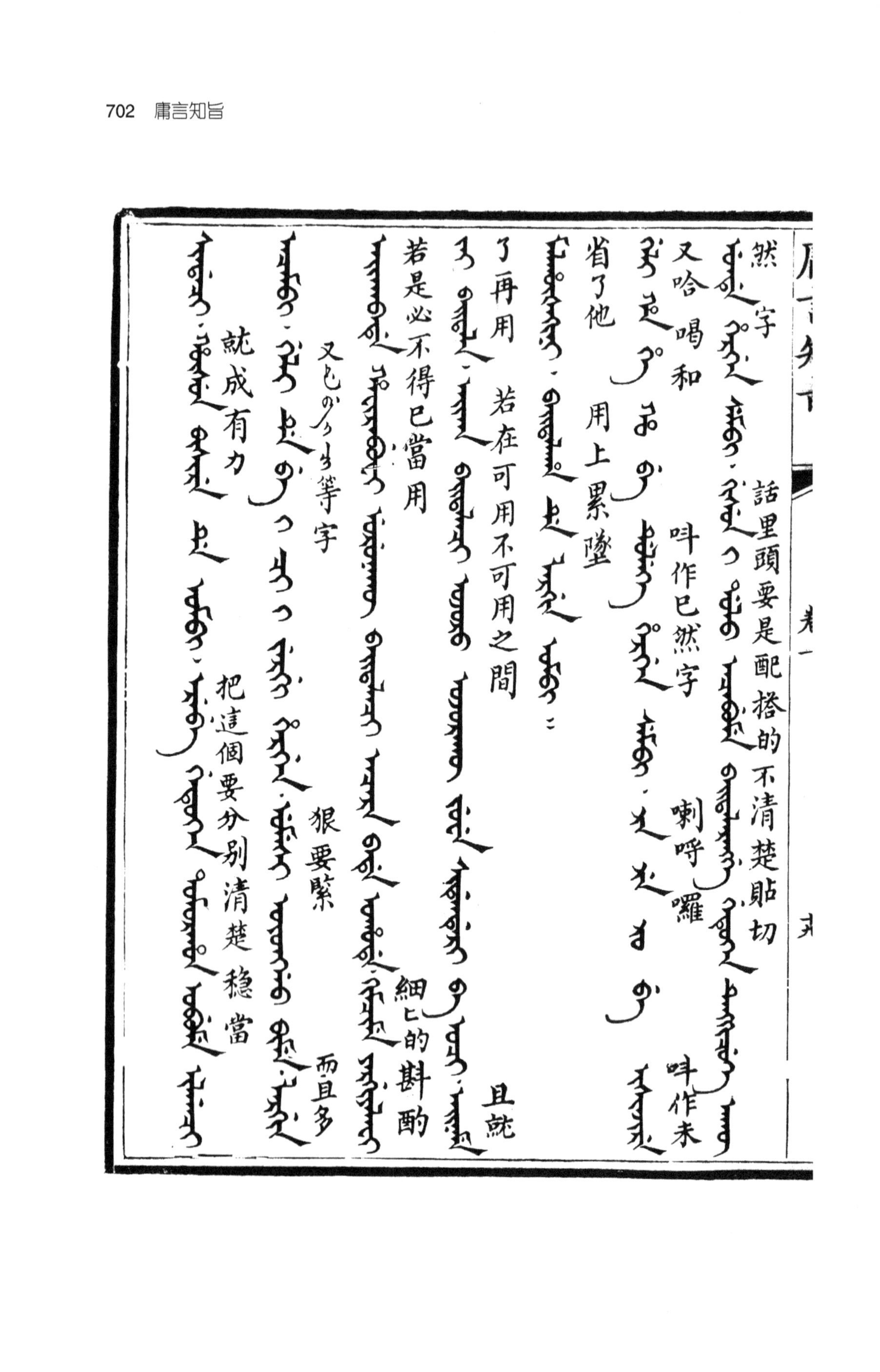

然字

話里頭要是配搭的不清楚貼切

叫作未

又哈 唱和

叫作巴然字

喇呼囉

省了他

用上累墜

了再用

若在可用不可用之間

且就

若是必不得已當用

細細的斟酌

又……等字

狠要緊

而且多

就成有力

把這個要分別清楚穩當

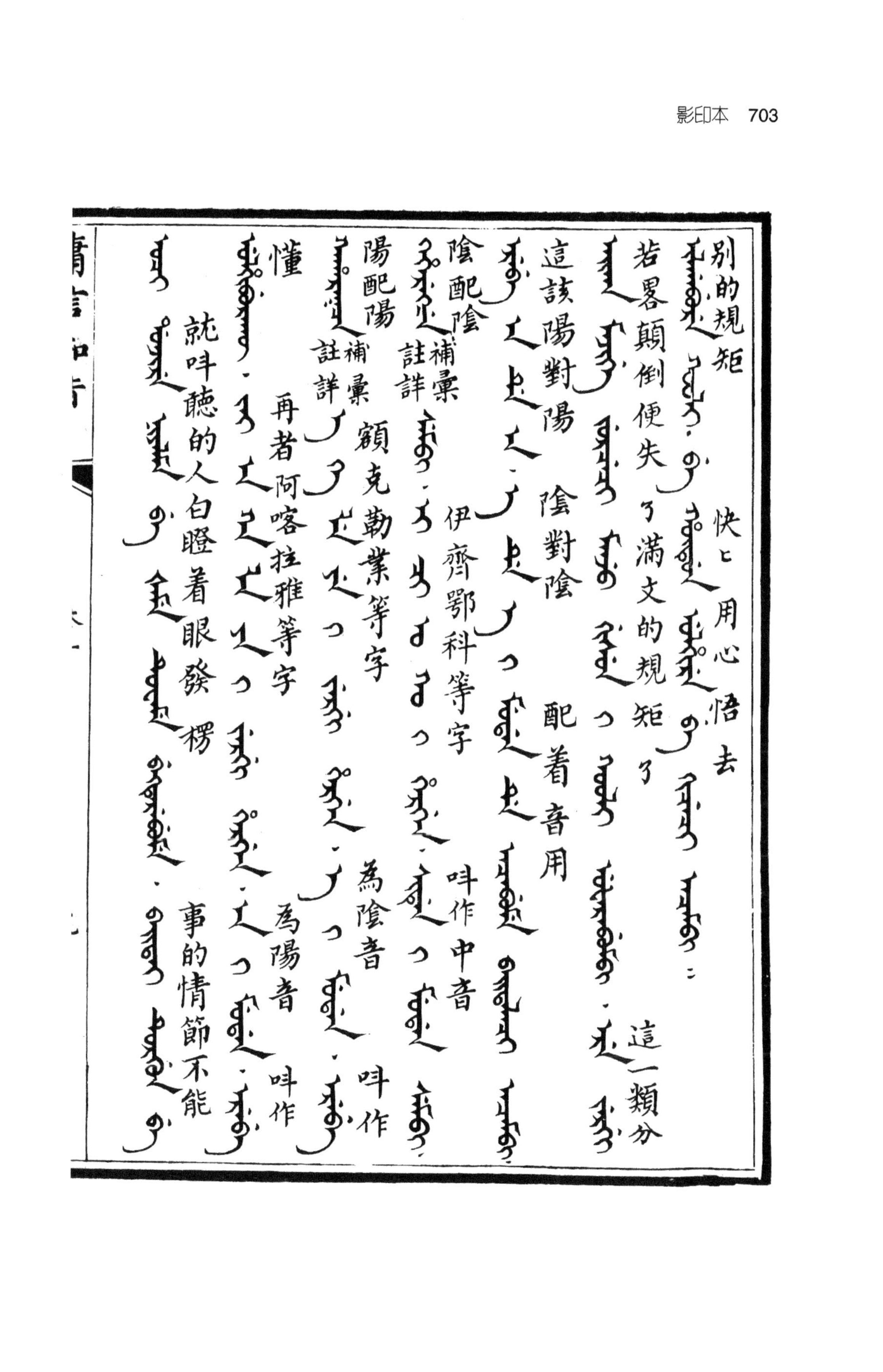

別的規矩
快ヒ用心悟去
若畧顛倒便失了滿文的規矩了
這一類分
這該陽對陽陰對陰配着音用
陰配陰
陽配陽
補彙註詳
伊齊鄂科等字吽作中音
補彙註詳
額克勒業等字為陰音
吽作
再者阿喀拉雅等字為陽音
吽作
懂
就吽聽的人白瞪着眼發楞
事的情節不能

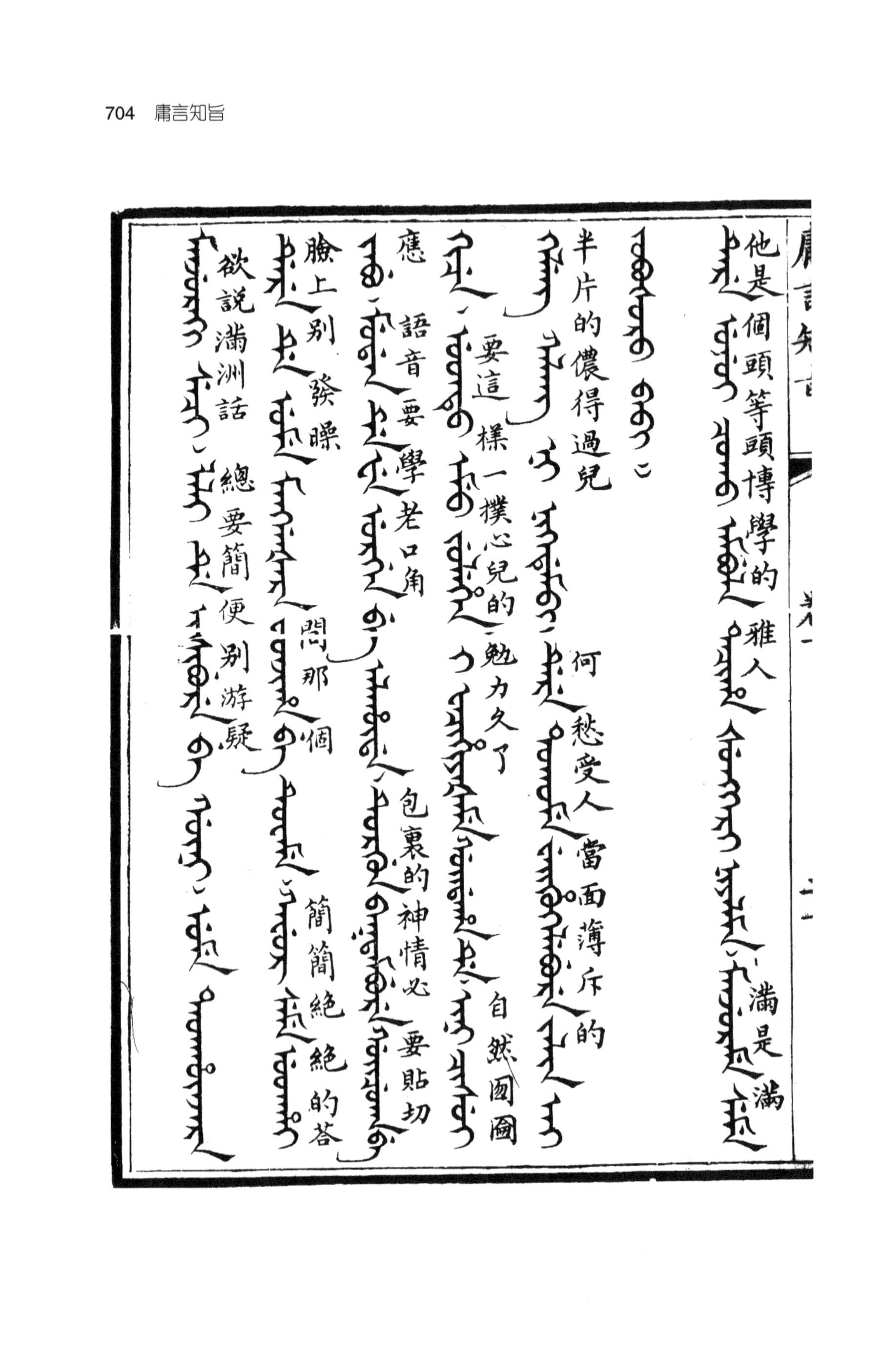

他是個頭等頭博學的雅人 滿是滿

半片的儂得過兒

何愁受人當面薄斥的

要這樣一撲心兒的勉力久了 自然囫圇

應

語音要學老口角 包裹的神情必要貼切

臉上別發躁 問那個 簡簡絕絕的答

欲說滿洲話 總要簡便別游疑

為教他學漢字的本式 我再三再四的揪着耳朵

開導于你 那個寔在稱得起個誨人不倦的啊

查出來把那個出處原委

次兒轍底的講着教給你 饒那麽着還把那章書

記了來 只問他 沒有不知道的 挨着

漢是漢 咱們別處見了 不懂得的話

自己不肯努力用一點兒工夫把咱們的話這個耳朶裡

干扎把仍是照舊的嘴巴骨些須用點兒功費着甚麽嗎

看他的馬步箭弓上呢抽筋也是的馬上呢

這們那們的搭赸再隔一程子看

後來會着了拿滿洲話問他拿漢話

背地裡把你的話撂在一邊子不在意

教導過當面他雖是啊者啊的應承了

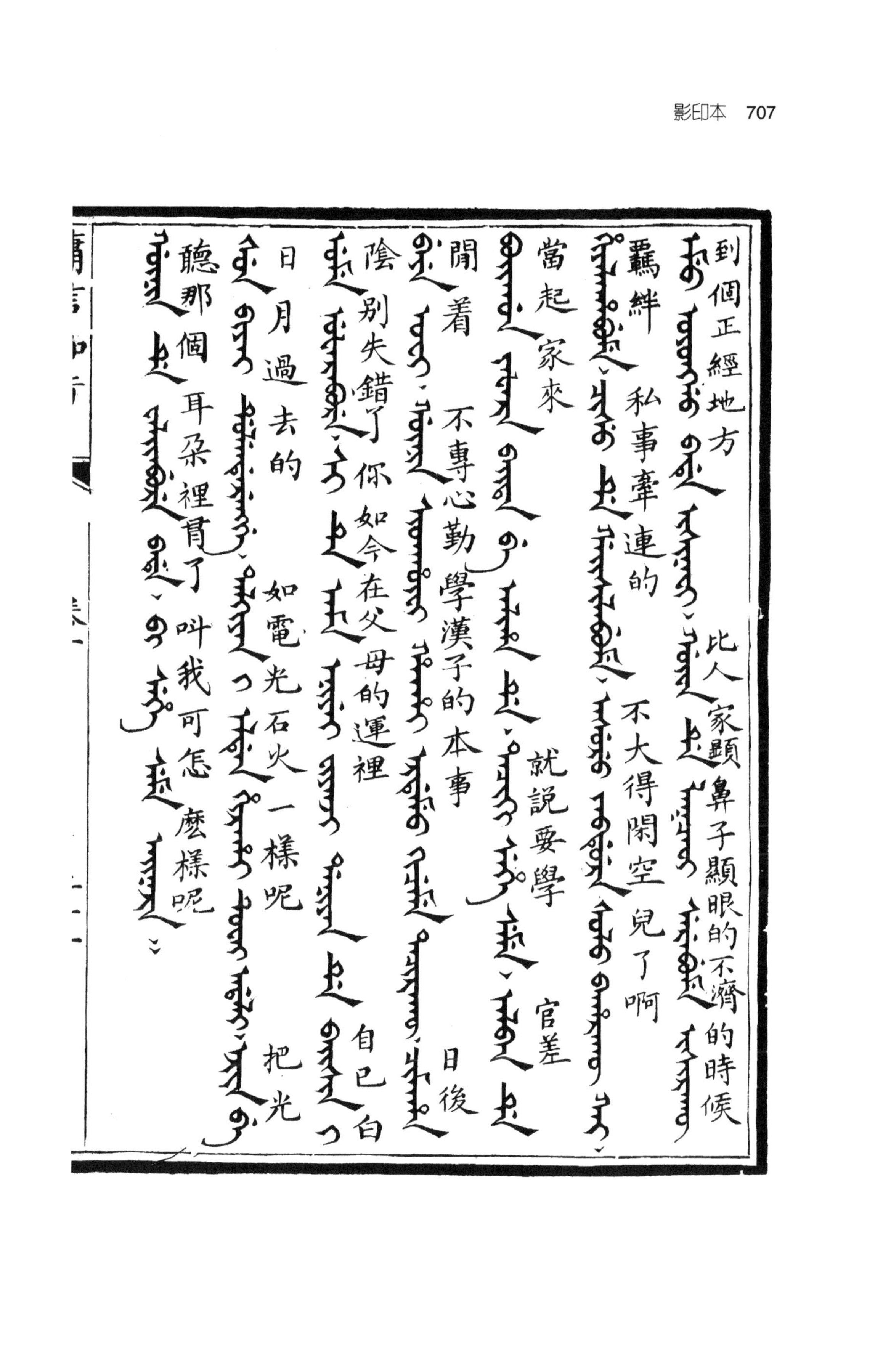

到個正經地方 比人家顯鼻子顯眼的不濟的時候

羈絆 私事牽連的 不大得閒空兒了啊

當起家來 就說要學 官差

閒着 不專心勤學漢子的本事 日後

陰 別失錯了你如今在父母的運裡 自己白

日月過去的 如電光石火一樣呢 把光

聽那個耳朵裡冒了 叫我可怎麼樣呢

慌手忙脚的了 自然不得主意 學問之事

子紅着臉 嚇兒呼兒的着急催逼他 更

催急了作的就不通順了 再要扯着脖

沒得心 心信沒開的 纔學的孩子 從容着他

何愁比人不高出頭的呢

的味兒嗎 從這會兒努力上緊用功罷 功到自然成

只好受人的捧 遞手本罷咧 可不丟漢子

教導着去

自然向上通達長進

不是一舉而成的

咱們只據個道理一步步的

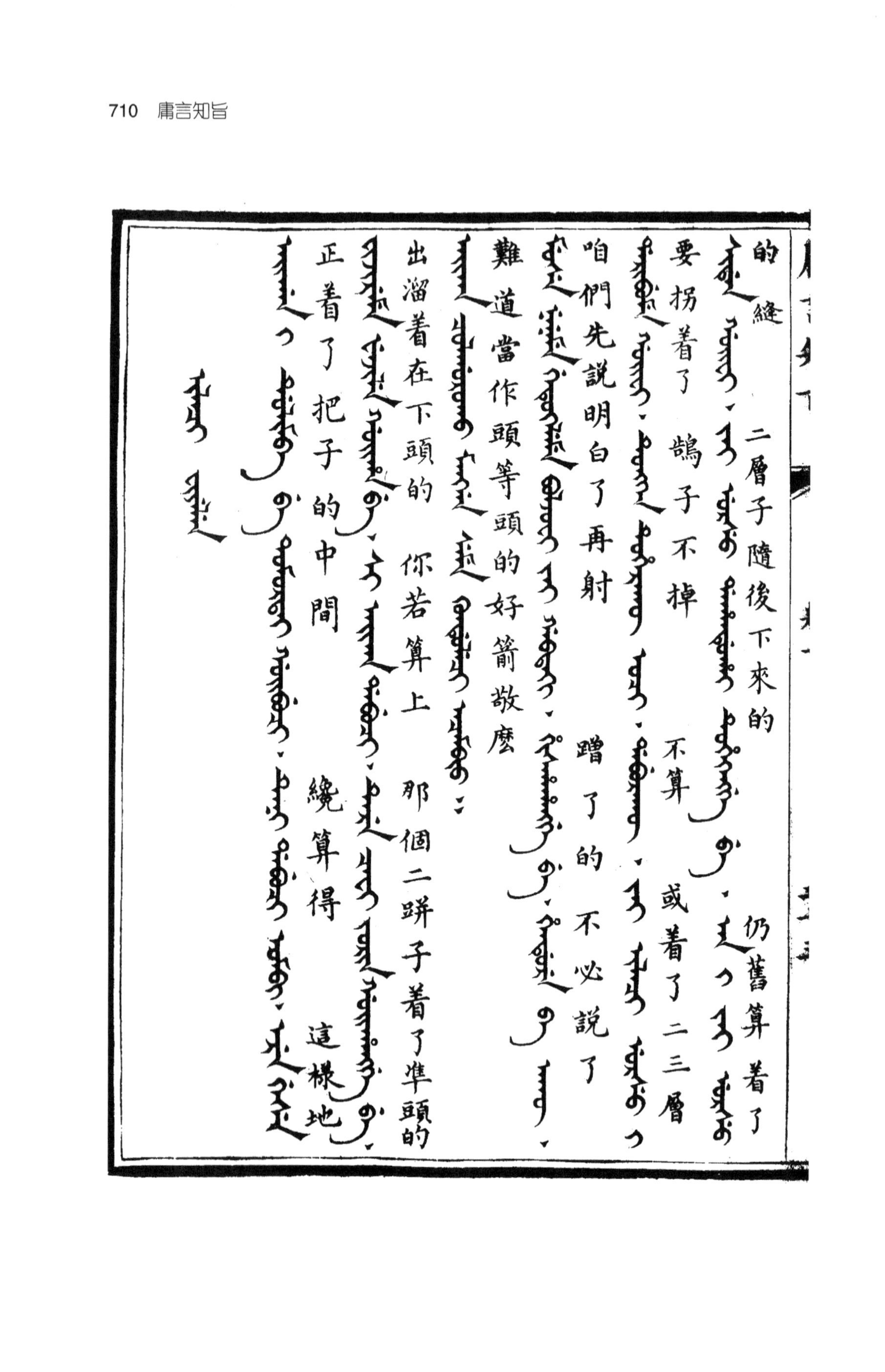

的縫 二層子隨後下來的 仍舊算着了

要拐着了 鵠子不掉 不算 或着了二三層

咱們先説明白了再射 蹭了的不必説了

難道當作頭等頭的好箭敬麽

出溜着在下頭的 你若算上 那個二跰子着了準頭的

正着了把子的中間 纔算得 這樣地

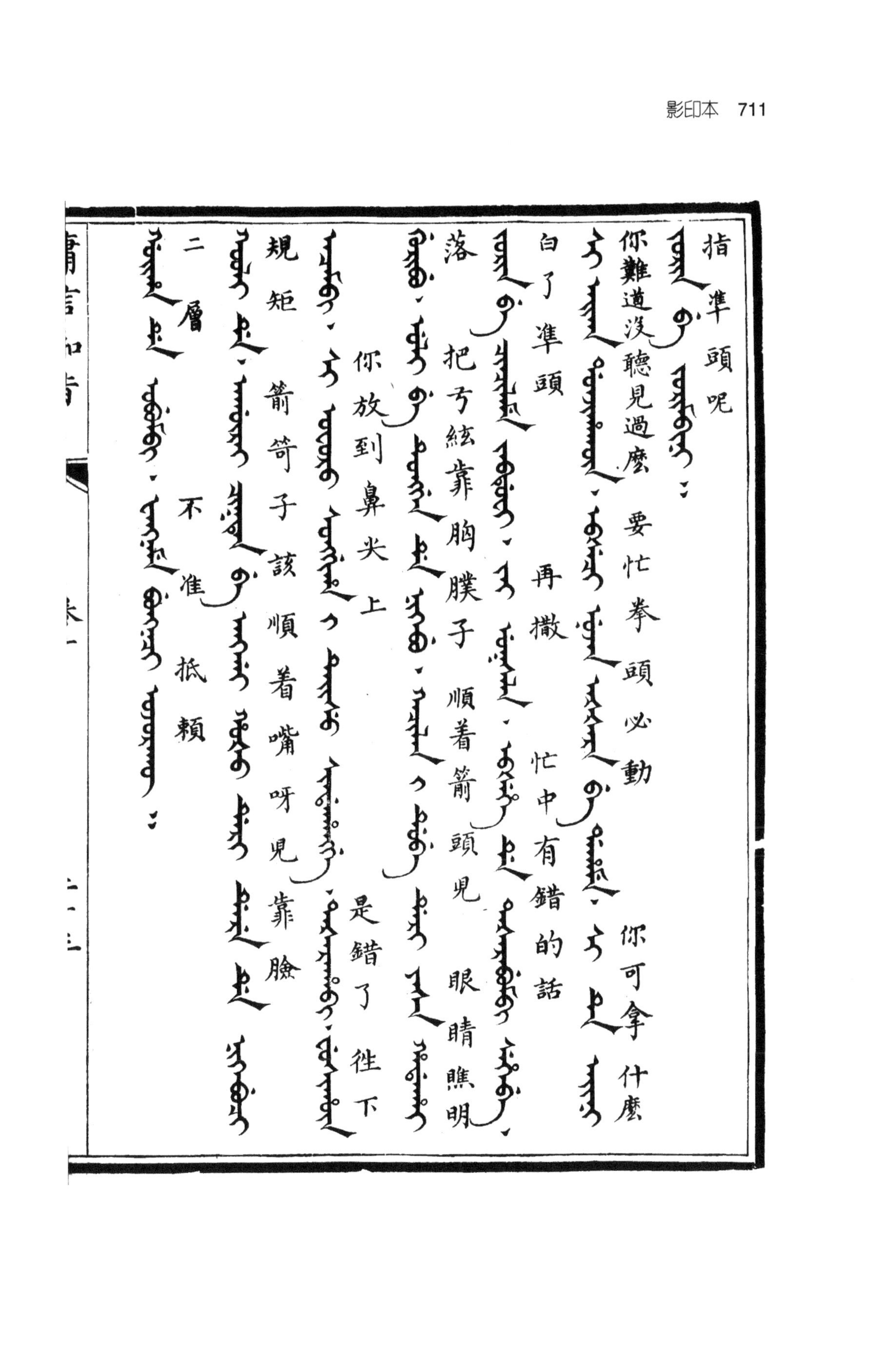

指準頭呢

你難道沒聽見過麼 要忙拳頭必動 你可拿什麼

白了準頭 再撒 忙中有錯的話

落 把弓絃靠胸膛子 順着箭頭兒 眼睛瞧明

你放到鼻尖上 是錯了 往下

規矩 箭笴子該順着嘴呀兒靠臉

二層 不準抵賴

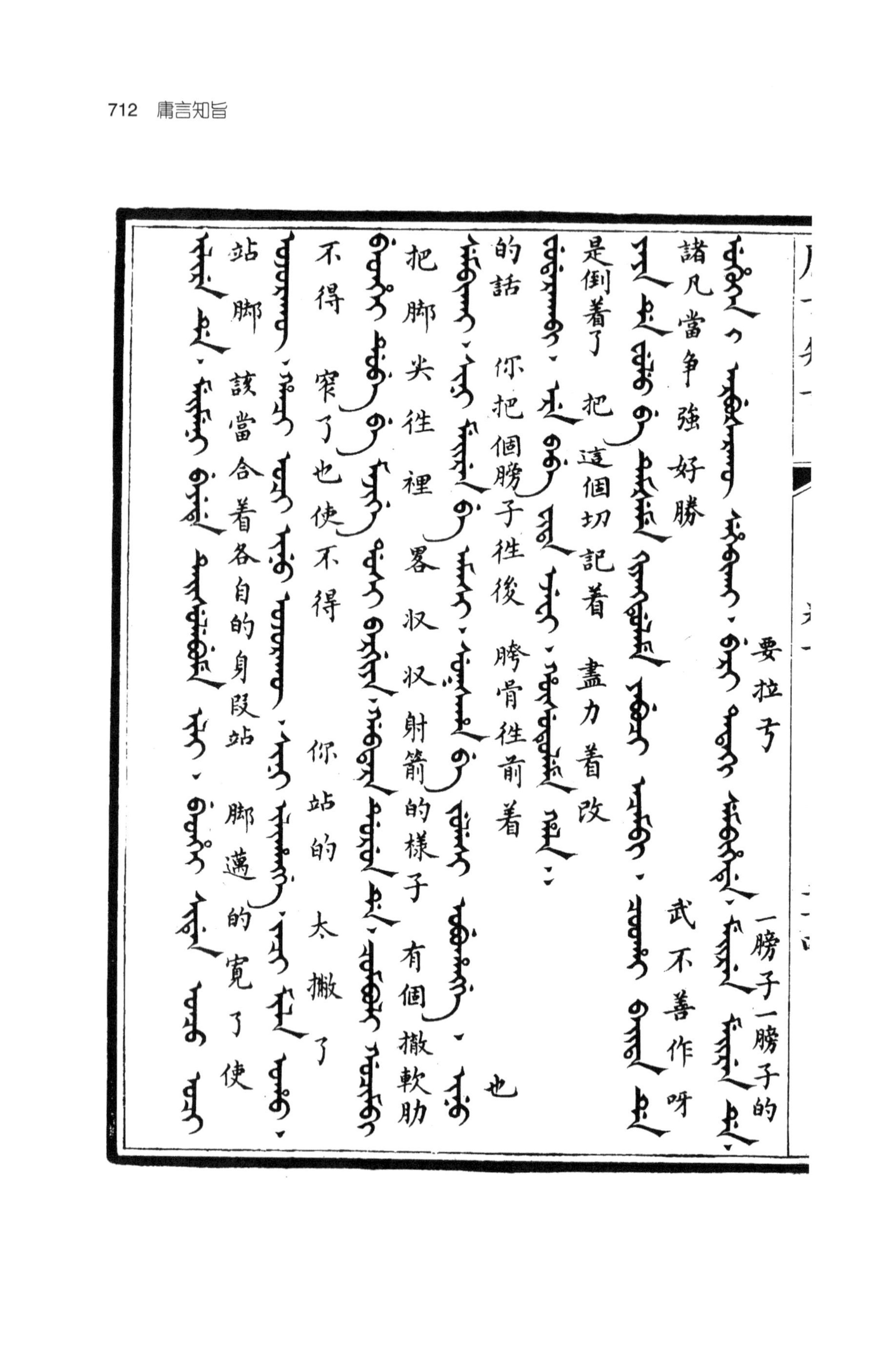

要拉弓　一膀子一膀子的

諸凡當争強好勝　武不善作呀

是倒着了　把這個切記着　盡力着改

的話　你把個膀子往後　胯骨往前着　也

把脚尖往裡　略扠扠射箭的樣子　有個撒軟肋

不得　窄了也使不得　你站的太撇了

站脚　該當合着各自的身段站　脚邁的寬了使

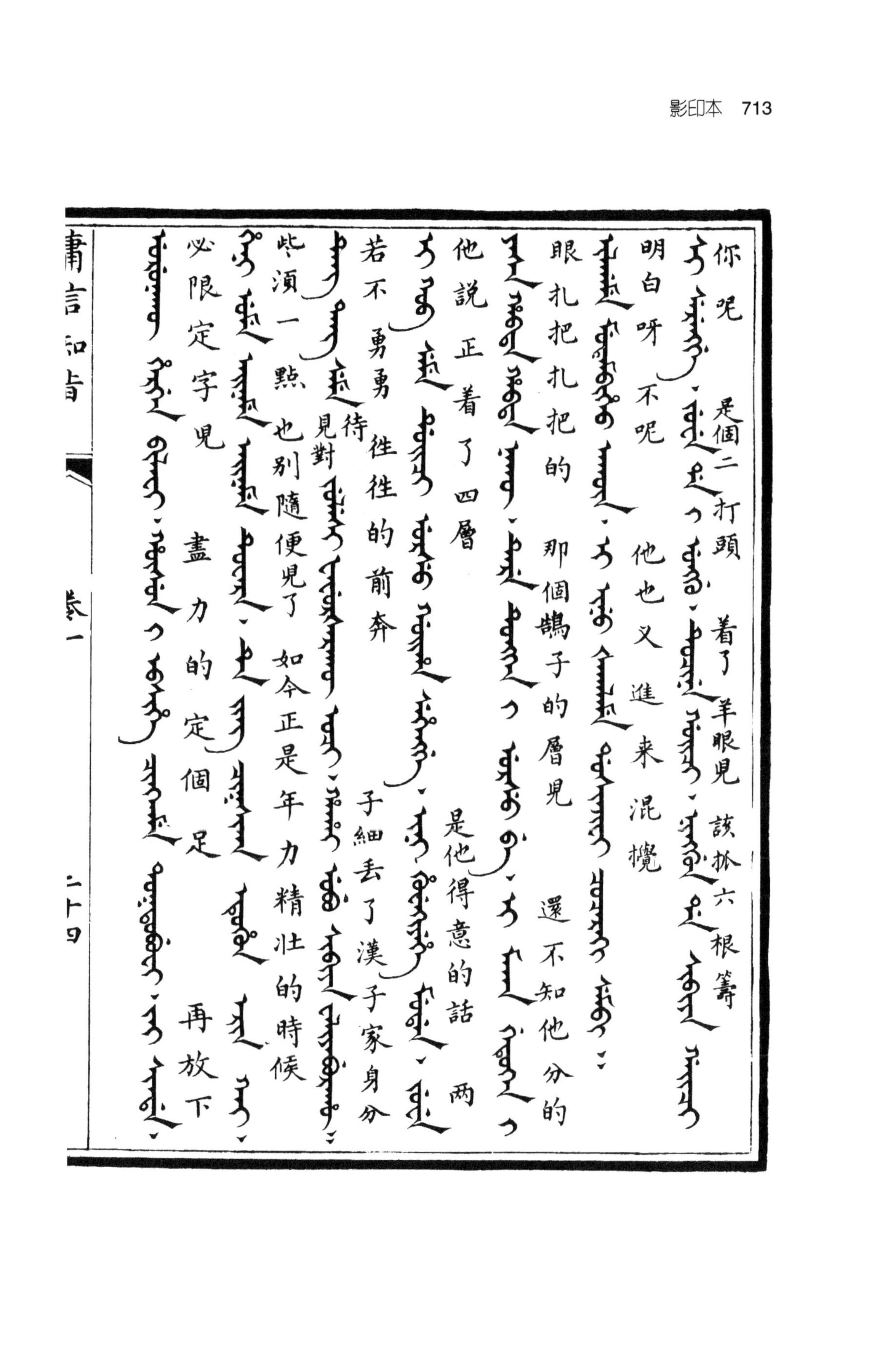

你呢 是個二打頭 着了 羊眼兒 該抓六根籌

明白呀 不呢 他也又進来混攪

眼扎把扎把的 那個鵪子的層兒 還不知他分的

他說正着了四層 是他得意的話 兩

若不勇勇待 往往的前奔 子細丟了漢子家身分

些須一點 見對 也別隨便兒了 如今正是年力精壯的時候

必限定字兒 盡力的定個足 再放下

今日一點風絲兒沒有 天氣晴明的狠 在家裡捫着頭兒

一塊兒 均均 勻勻的 分 賞打 箭掛鵠子的小子們罷

你罰的錢 餘外拿出來 把那個頭兒錢撓在

射了 三回 把輸贏的錢 算明白了

咱們人各佔的地兒 是 二百二十一個 共

把榜眼入筒罷

這會兒含混着 抓了七根 該罰 看那注多的

現的清賬 不許再赶

裡 每層作為兩個錢 輸贏賬 咱們現打

小器着了大鵠子 算保本兒 其餘二層以

咱們赶層兒頑頑罷 也別學賭錢的似的

咱們射骲頭罷 那個抓籌 也教人不高興

射把子罷 這個好天氣 別辜負了

憋着 沒意思 咱們幹個甚麼事呢 射鵠子罷

竄兒　再撂扯手　俟伸開了腰　手在這兒搭扣子

射馬箭　把馬拿看　對準了盪子等他撂過了

利害彩頭兒好罷

擺直注就清賬啊　試看試看誰的大拇指頭

這扇套　刮膘也算上　咱們現錢

射着賭一賭　你若說還敵不過來　這不是添頭兒把

你的那枝翎子　我的搬指　端在一塊兒　咱們

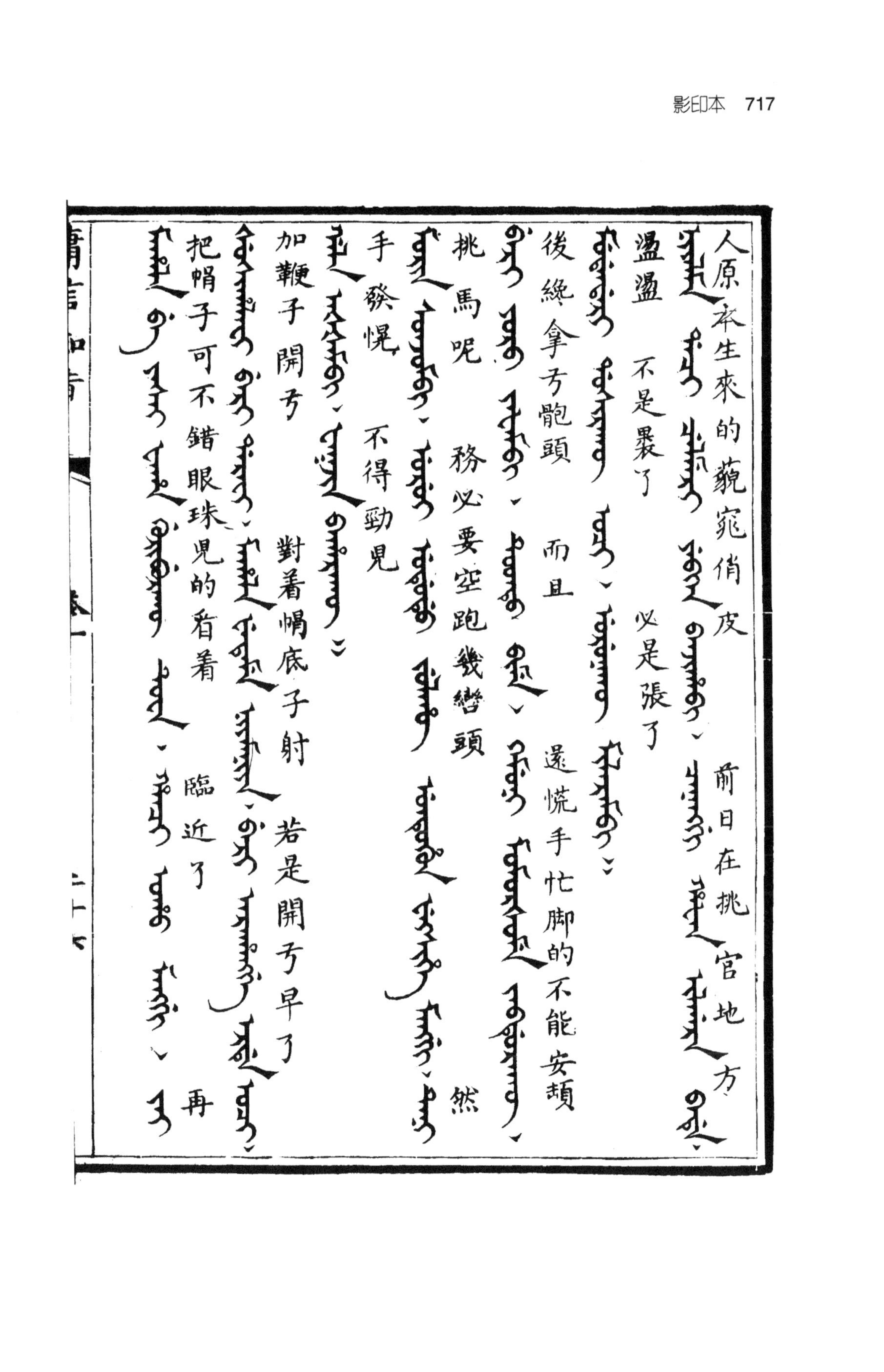

人原本生來的藐窕俏皮 前日在挑官地方

溫溫 不是暴了 必是張了

後纔拿歹骲頭 而且 還慌手忙脚的不能安頓

挑馬呢 務必要空跑幾轡頭 然

手發慌 不得勁兒

加鞭子開歹 對着帽底子射 若是開歹早了

把帽子可不錯眼珠兒的看着 臨近了 再

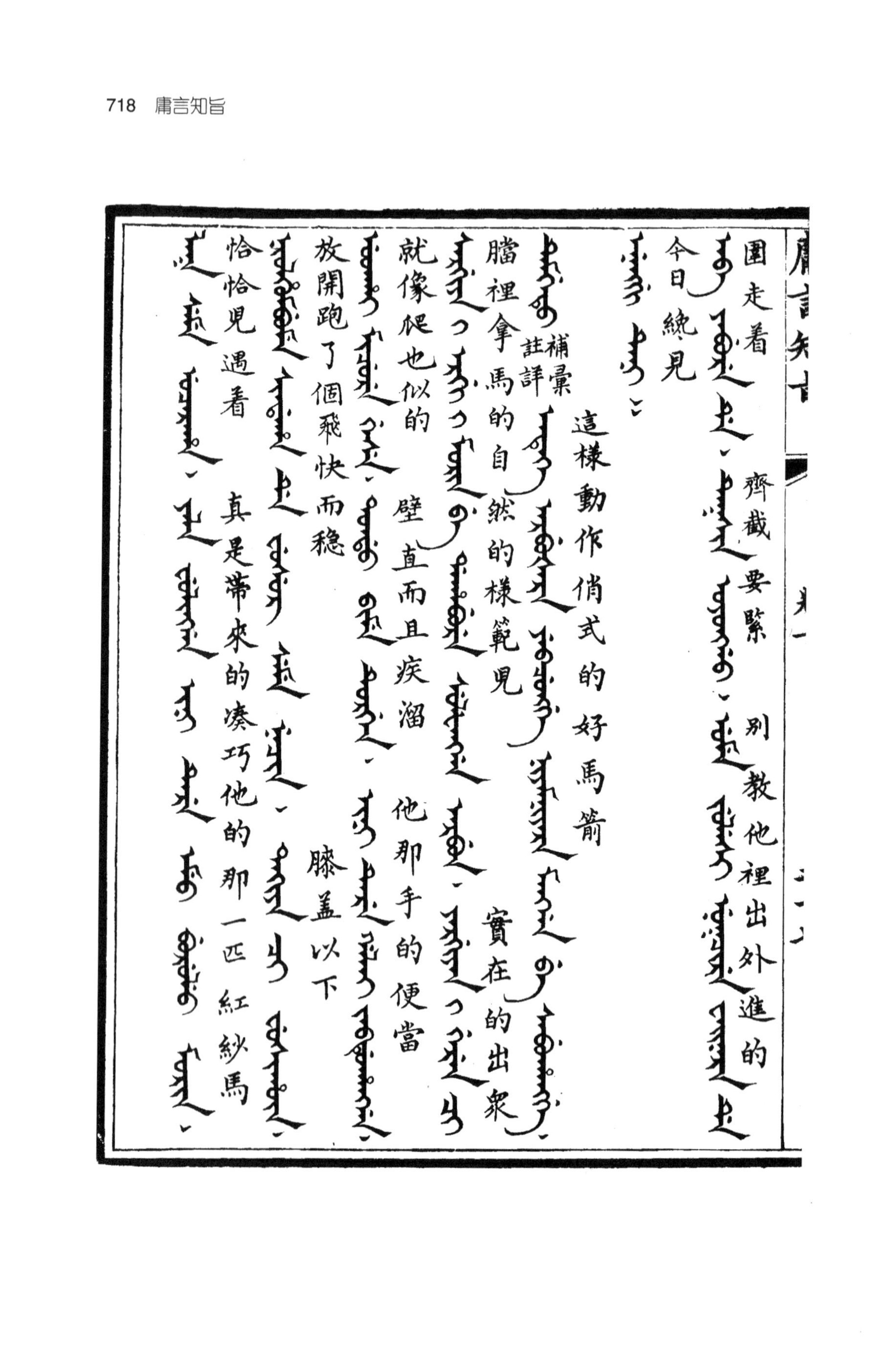

圍走着 齊截要緊 別教他裡出外進的

今日繞兒

這樣動作俏式的好馬箭

補彙詳註

膛裡拿馬的自然的樣範兒 實在的出衆

就像爬也似的 壁直而且疾溜 他那手的便當

放開跑了個飛快而穩 膝蓋以下

恰恰兒遇着 真是帶來的湊巧他的那一匹紅紗馬

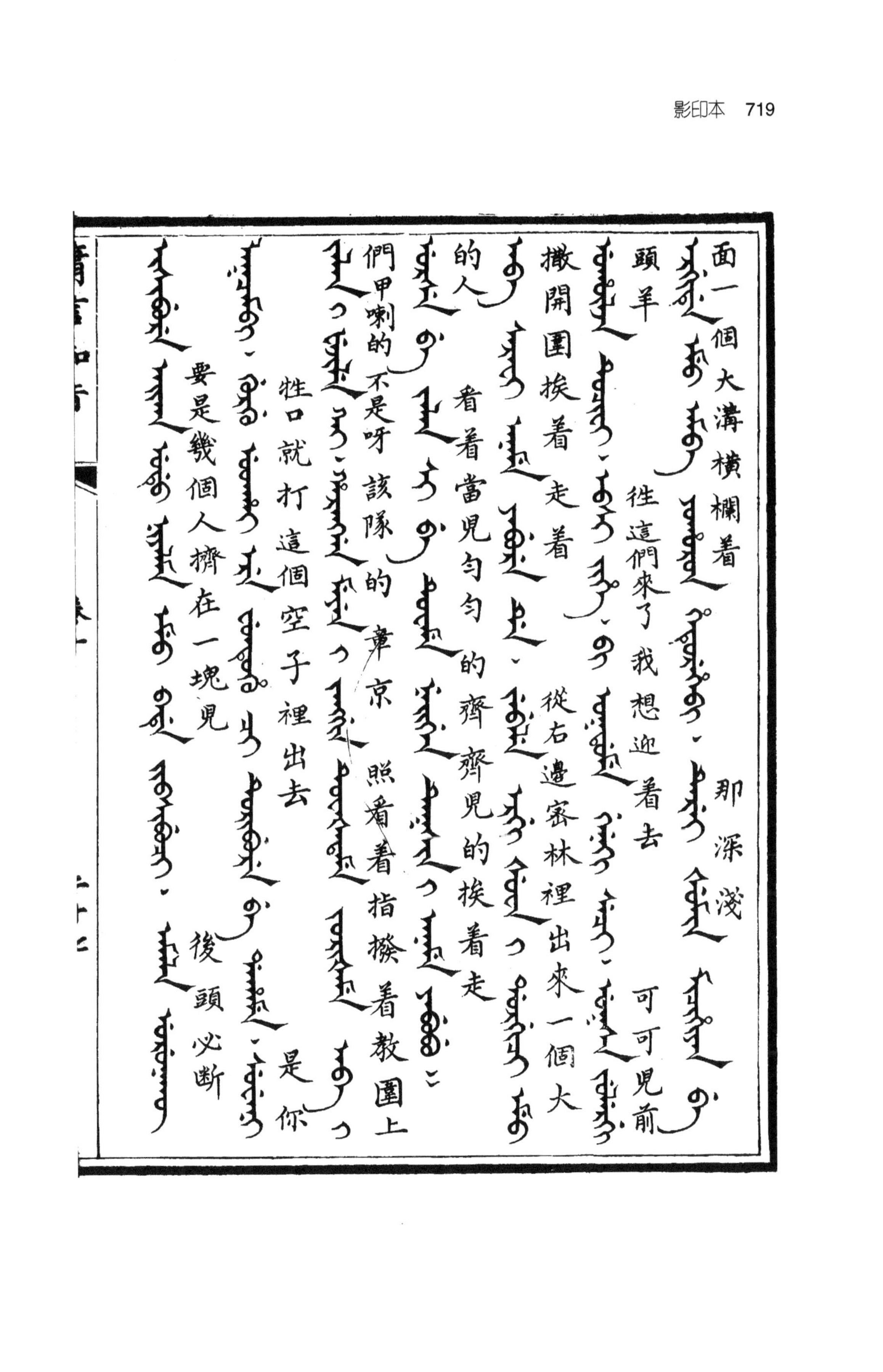

面一個大溝横攔着　那深淺

頭羊　往這們來了我想迎着去　可可兒前

撒開圍挨着走着　從右邊窖林裡出來一個大

的人　看着當兒匀匀的齊齊兒的挨着走

們甲喇的不是呀該隊的章京　照看着指撥着教圍上

牲口就打這個空子裡出去　是你

要是幾個人擠在一塊兒　後頭必斷

上 瑚哩阿瑪往這們來了 我喊叫着瑚

釘着後胯上了 他並沒有怎麼樣眼瞧着左邊山坡

我催開了赶上一箭 可惜沒得正經地方兒

拔箭 那大頭羊回頭 就向前跑

墁坡 把馬一拍上去 正正的遇着了 繞

溝 裡 溫着水往那們找道兒 見了一點

我也顧不來 把馬打了一鞭子 就下了

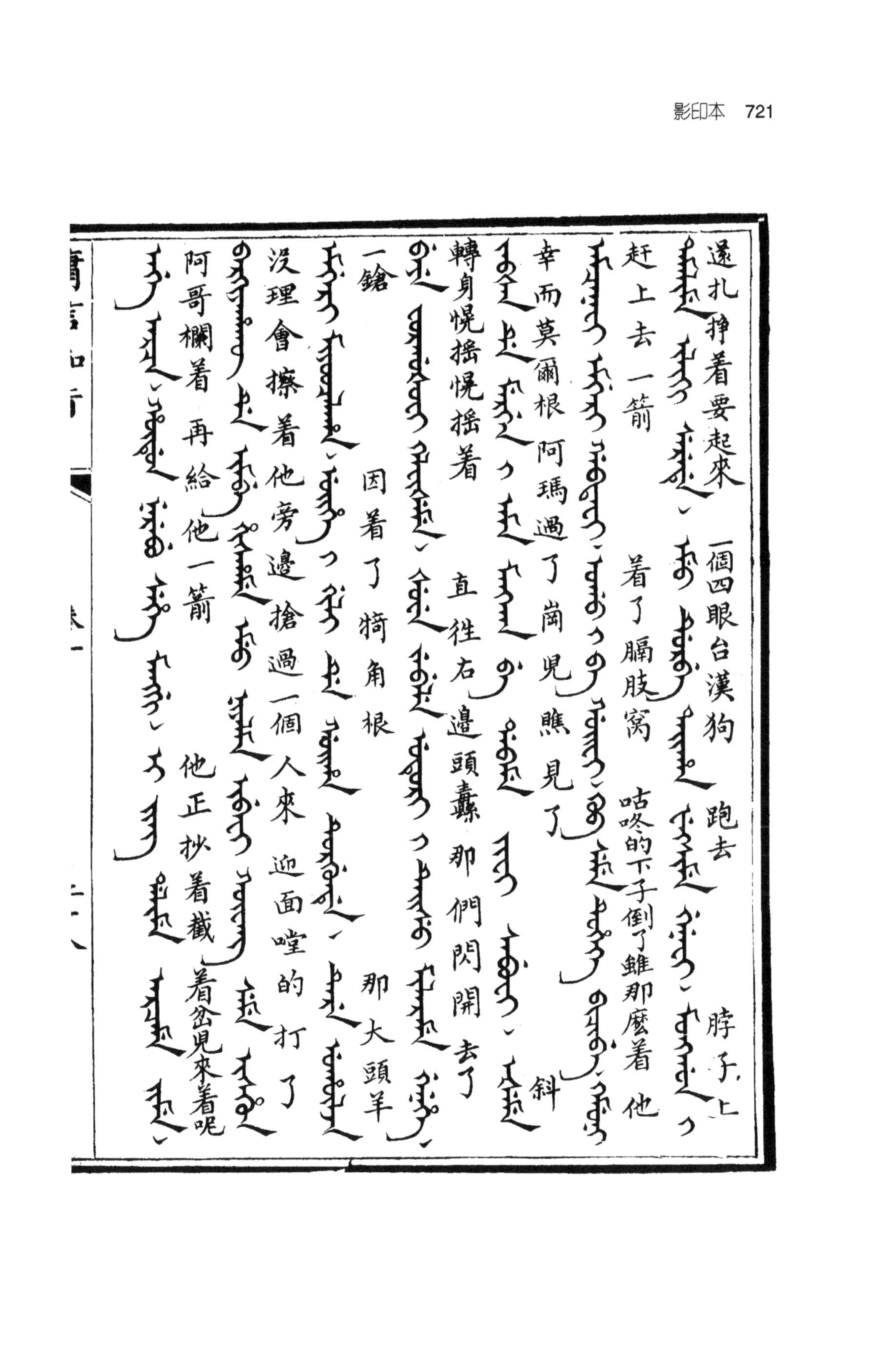

還扎挣着要起來 一個四眼台漢狗 跑去 脖子上

赶上去一箭 着了膈肢窝 咕咚的下子倒了雖那麽着他

幸而莫爾根阿瑪過了崗兒瞧見了 斜

轉身恍摇恍摇着 直往右邊頭轟那們閃開去了

一鎗 因着了犄角根 那大頭羊

没理會擦着他旁邊搶過一個人來 迎面噹的打了

阿哥欄着再給他一箭 他正抄着截着岔兒來着呢

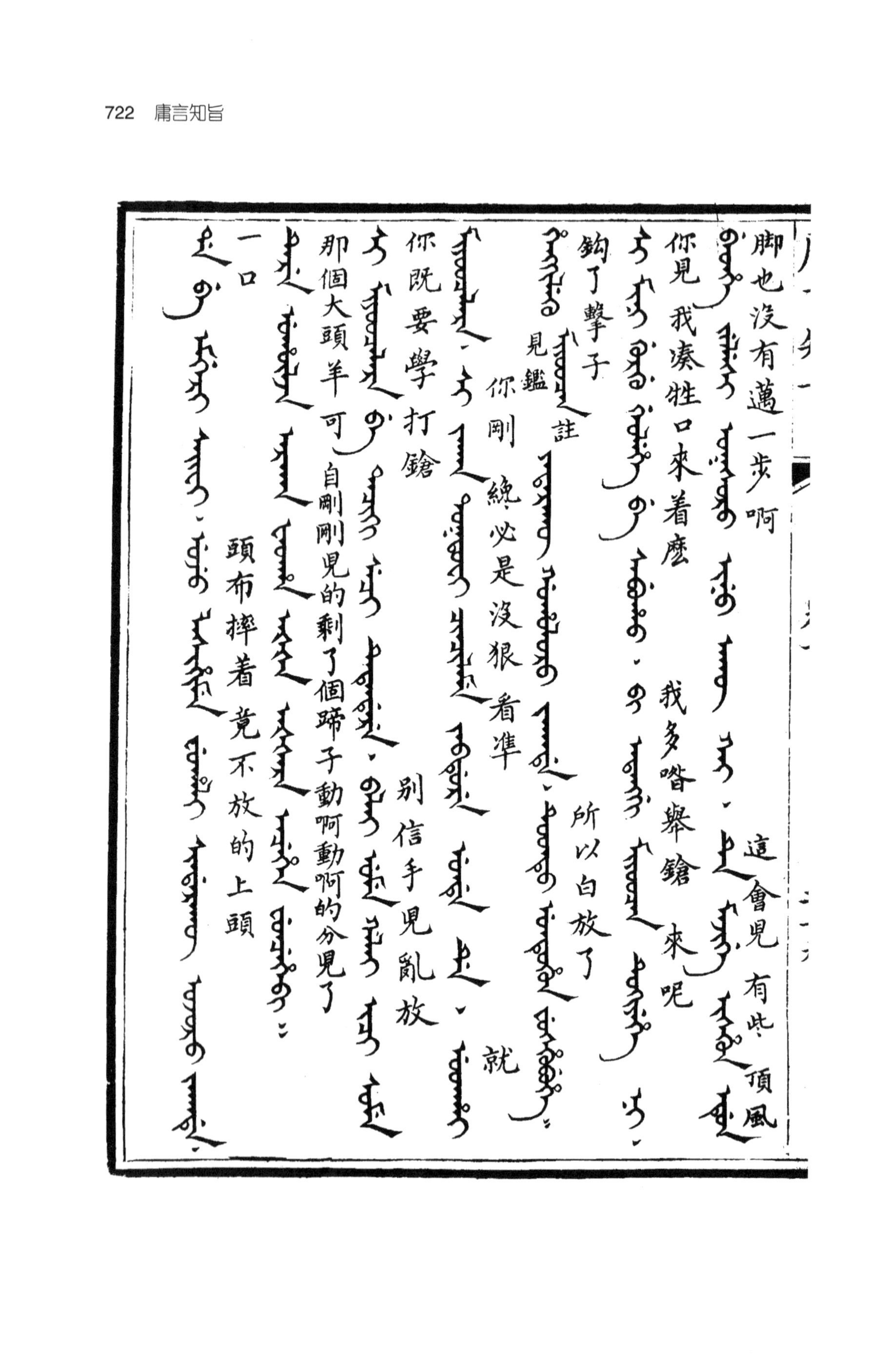

脚也沒有邁一步啊 這會兒有些頂風

你見我湊牲口來着麼 我多咱攛鎗來呢

鈎了擊子 見鑑註 所以白放了

你剛繞必是沒狠看準 就

你既要學打鎗 別信手兒亂放

那個大頭羊可 自剛剛兒的剩了個蹄子動啊動啊的分兒了

一口 頭布摔着竟不放的上頭

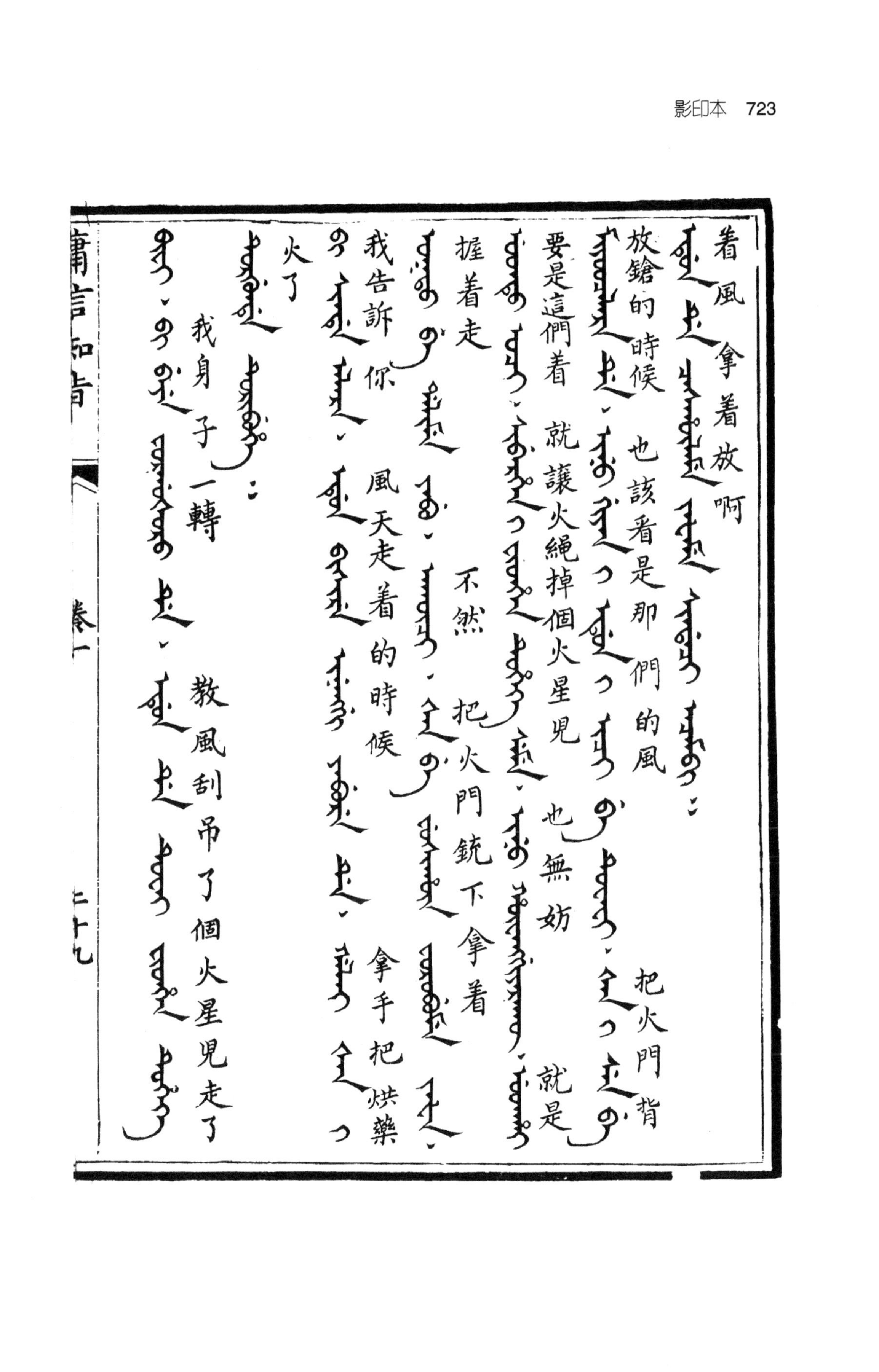

着風 拿着放 啊

放鎗的時候 也該看是那們的風 把火門背

要是這們着 就讓火繩掉個火星兒 也無妨 就是

握着走 不然 把火門銃下拿着

我告訴你 風天走着的時候 拿手把烘藥

火了

我身子一轉 教風刮吊了個火星兒走了

這一炮擦着地去的是前頭的桅木低了

而且炮又往後坐了的緣故這會兒把桅木加上楔子起一

起把後頭的頂木結結寔寔釘住了再者斗

既是活的你先在炮尾面上正正的畫一個記

號把斗端端的放在記號上再從斗眼

裡順着星瞧準得定了準頭罷咧

何愁不着呢

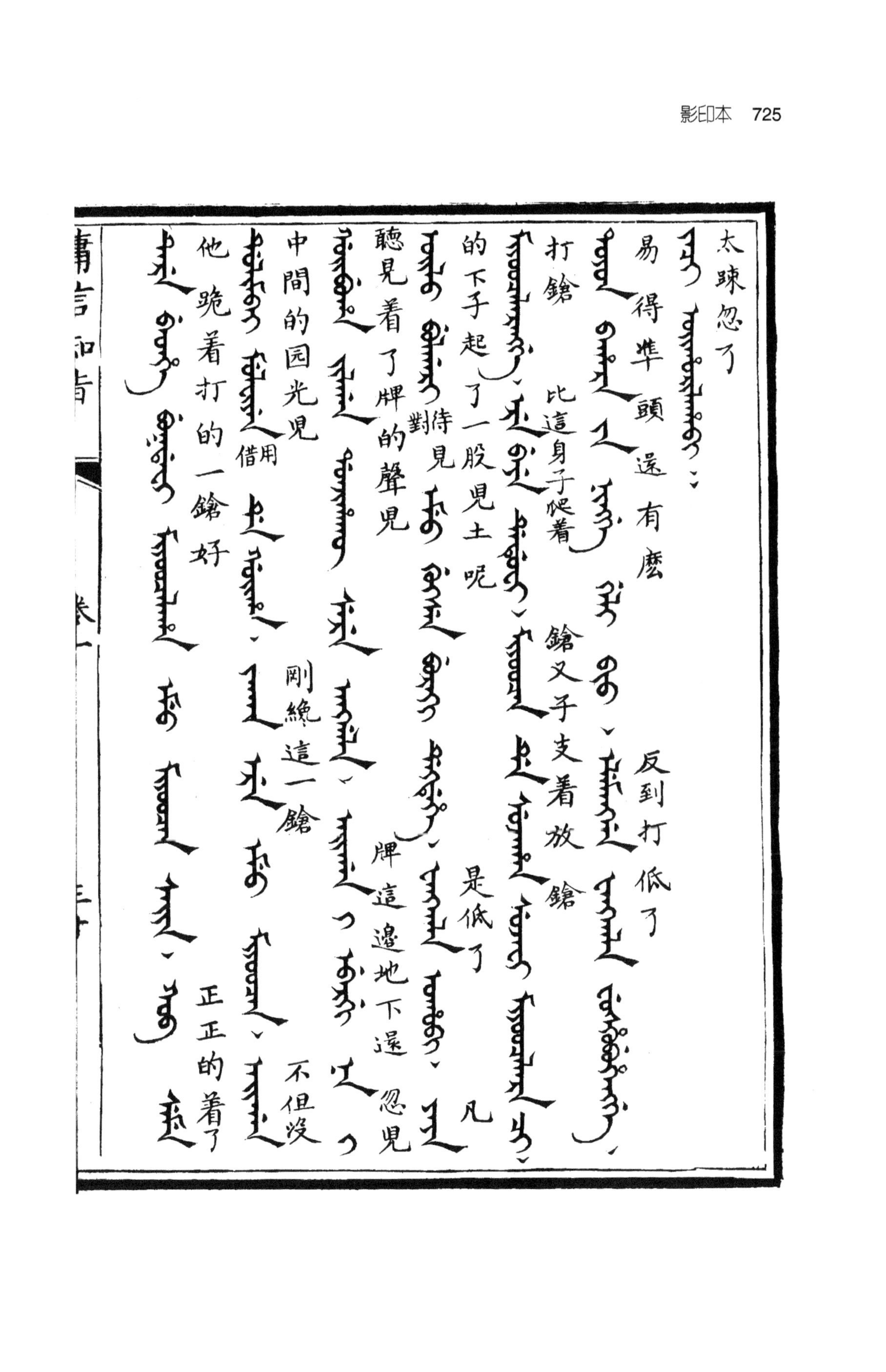

太踈忽了

易得準頭還有麽

反到打低了

打鎗

比這身子爬着

鎗叉子支着放鎗

的下手起了一股兒土呢

是低了

凡

對待見

聽見着了牌的聲兒

牌這邊地下還忽兒

中間的园光兒

剛纔這一鎗

不但沒

借用

他跪着打的一鎗好

正正的着了

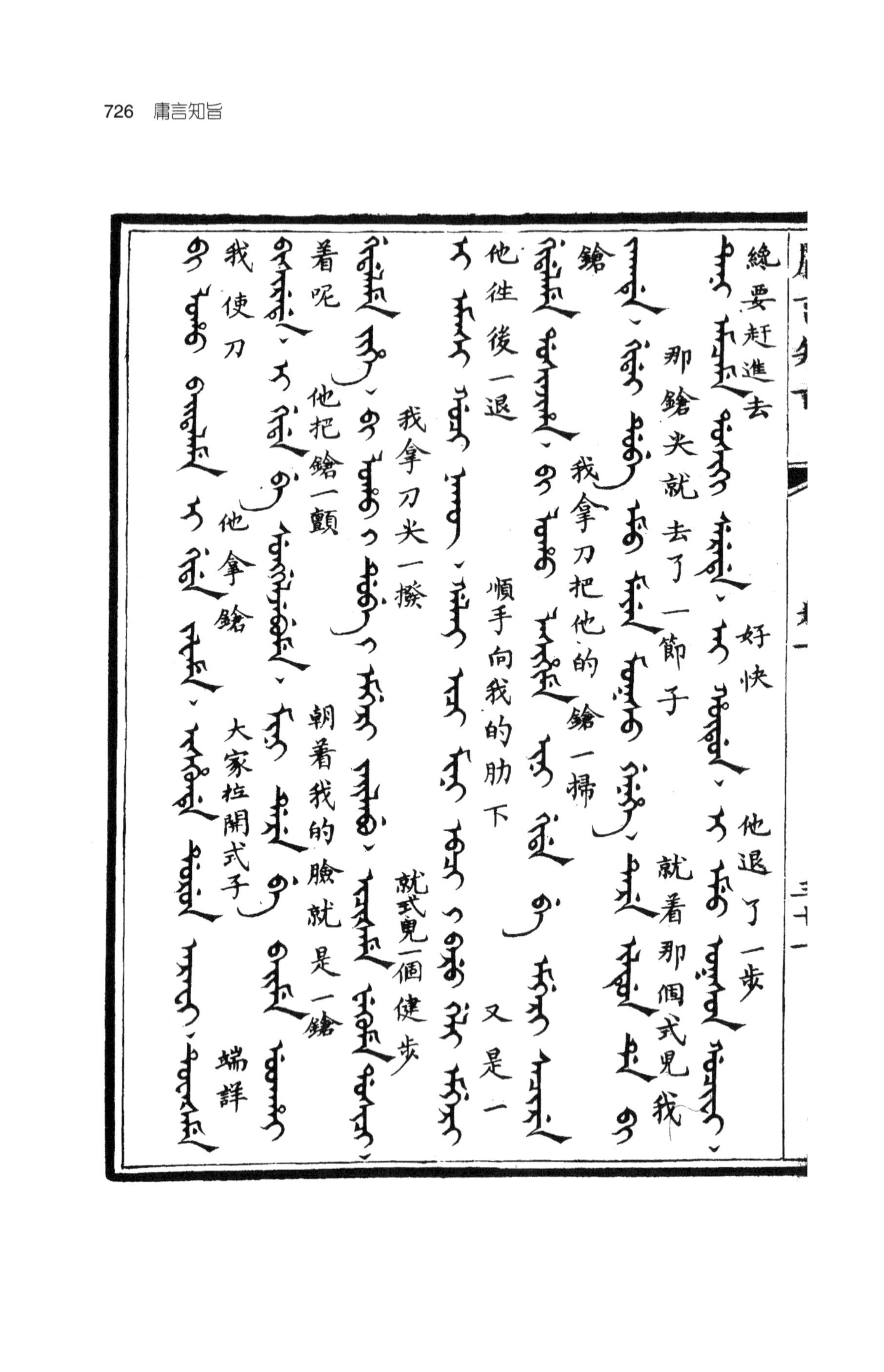

我使刀
他拿鎗
大家拉開式子
端詳着呢
他把鎗一顫
朝着我的臉就是一鎗
我拿刀尖一撥
就式兒一個健步
他往後一退
順手向我的肋下
又是一鎗
我拿刀把他的鎗一掃
那鎗尖就去了一節子
就着那個式兒我
纔要赶進去
好快
他退了一步

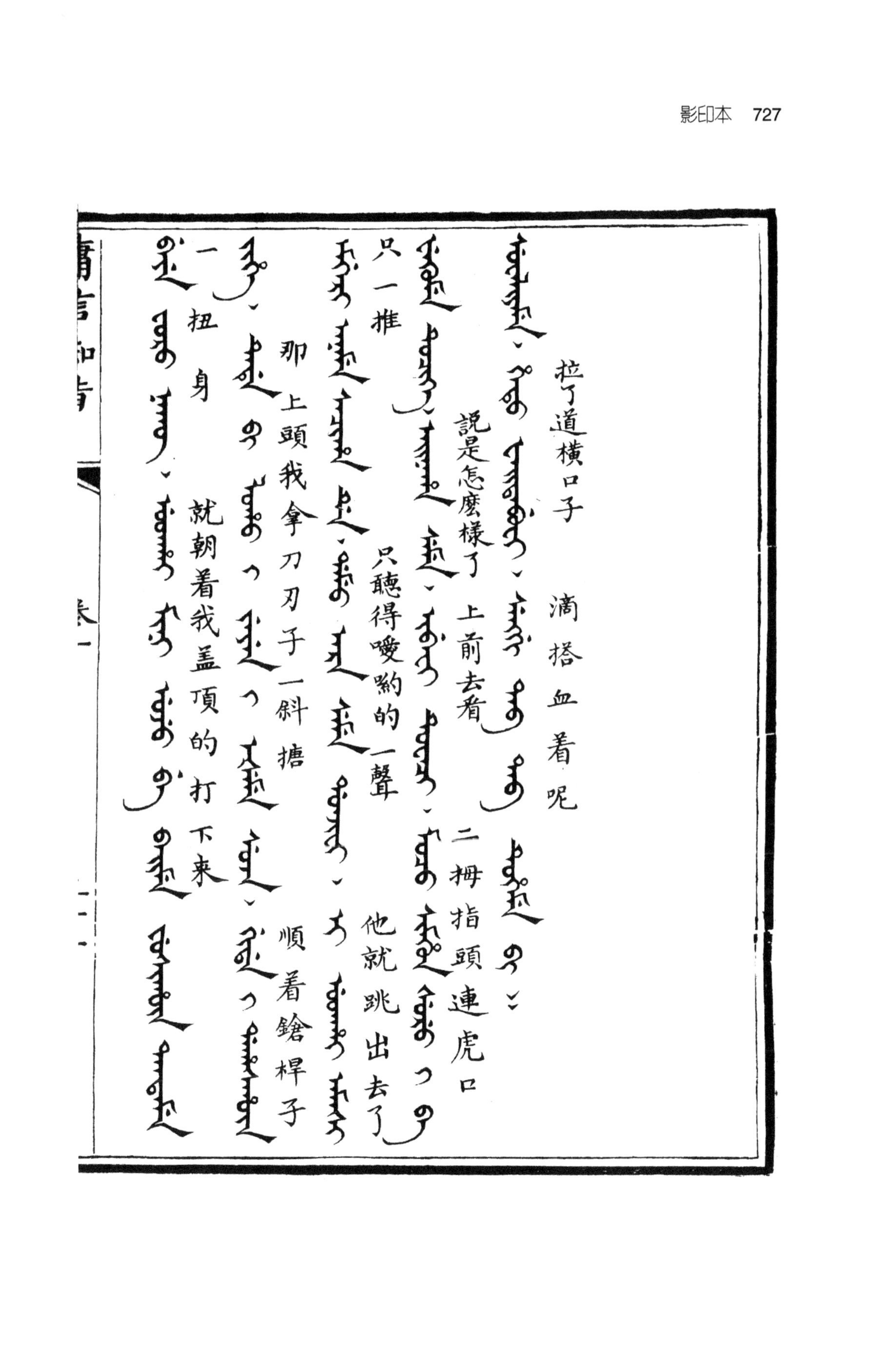

拉了道横口子 滴搭血着呢
說是怎麼樣了 上前去看
二拇指頭連虎口
只聽得嗳哟的一聲 他就跳出去了
只一推
那上頭我拿刀刃子一斜搪 順着鎗桿子
一扭身 就朝着我蓋頂的打下來

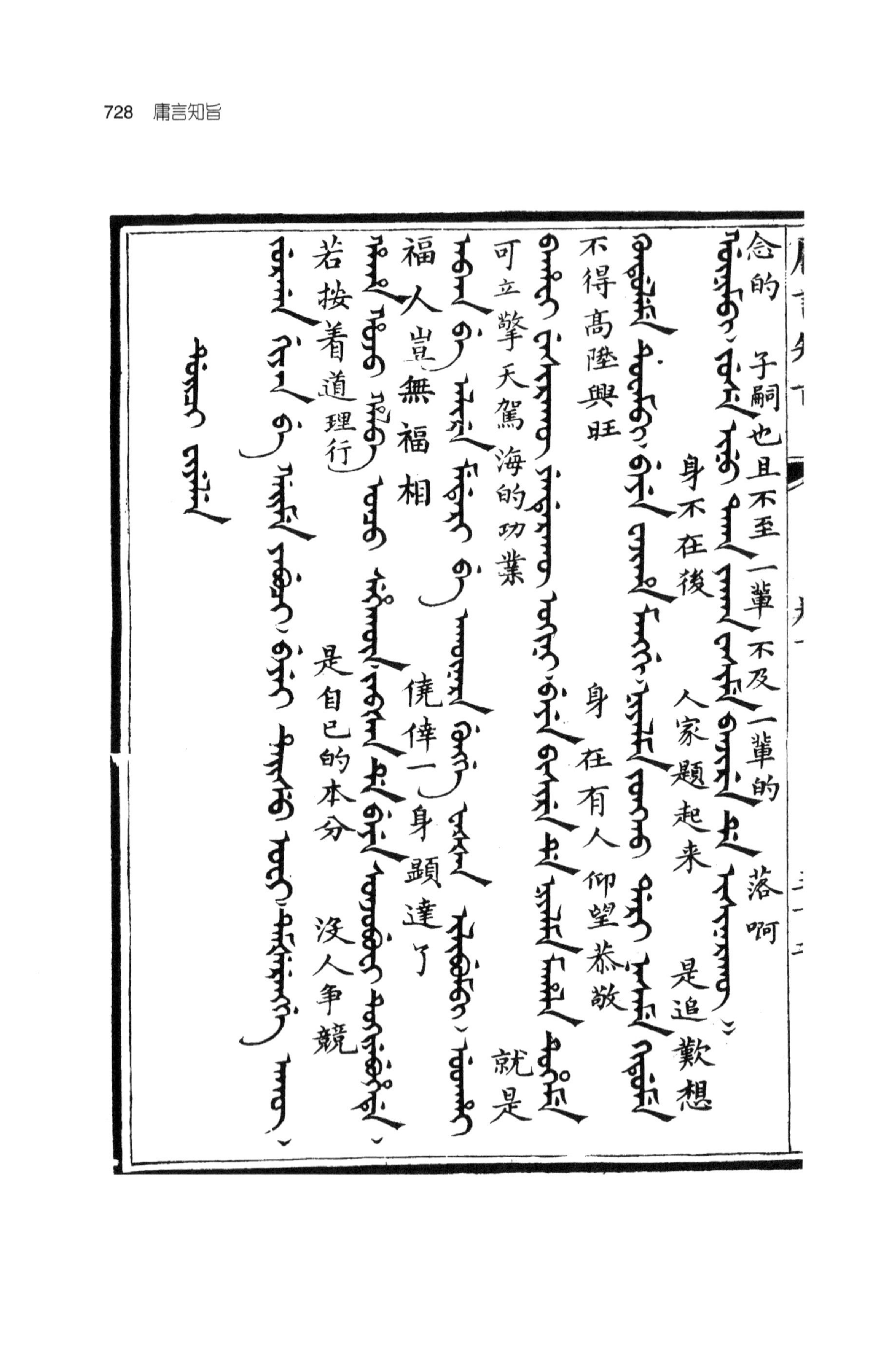

念的 子嗣也且不至一輩不及一輩的落啊

身不在後 人家題起来 是追歎想

不得高陞興旺

身 在有人仰望恭敬

可立擎天駕海的功業 就是

福人豈無福相 僥倖一身顯達了

若按着道理行 是自己的本分 沒人爭競

自若的 安慰着問問 他說坐官的人 但只守着現

因他的官壞了 我瞧去見他 臉面精彩滋潤談笑

堪的種類了啊 各自撒泡尿也沁煞

兒低下 低三下四的折着氣概活着 就成了作不

那裡 體面硬氣 氣槩也不虧 要扎在人家翅膀

不失道理 不玷辱祖父 不拘到

漢子家 在乎立志 窮難有甚麼虧心 若是

這上頭可見他的志氣 度量高了啊

磨的老人家 這就像觀於海者 難為水的話了啊

話上 實在可敬 到底是經過大事 受過折

丟漢子的身分 這幾句

揣個患失的心 必要掂掇打算利益的輕重

完了 不是有個慣騎馬慣跌跤的話嗎 這有什麼呢 若

在的分兒 把理拿的住住的 認真行去就

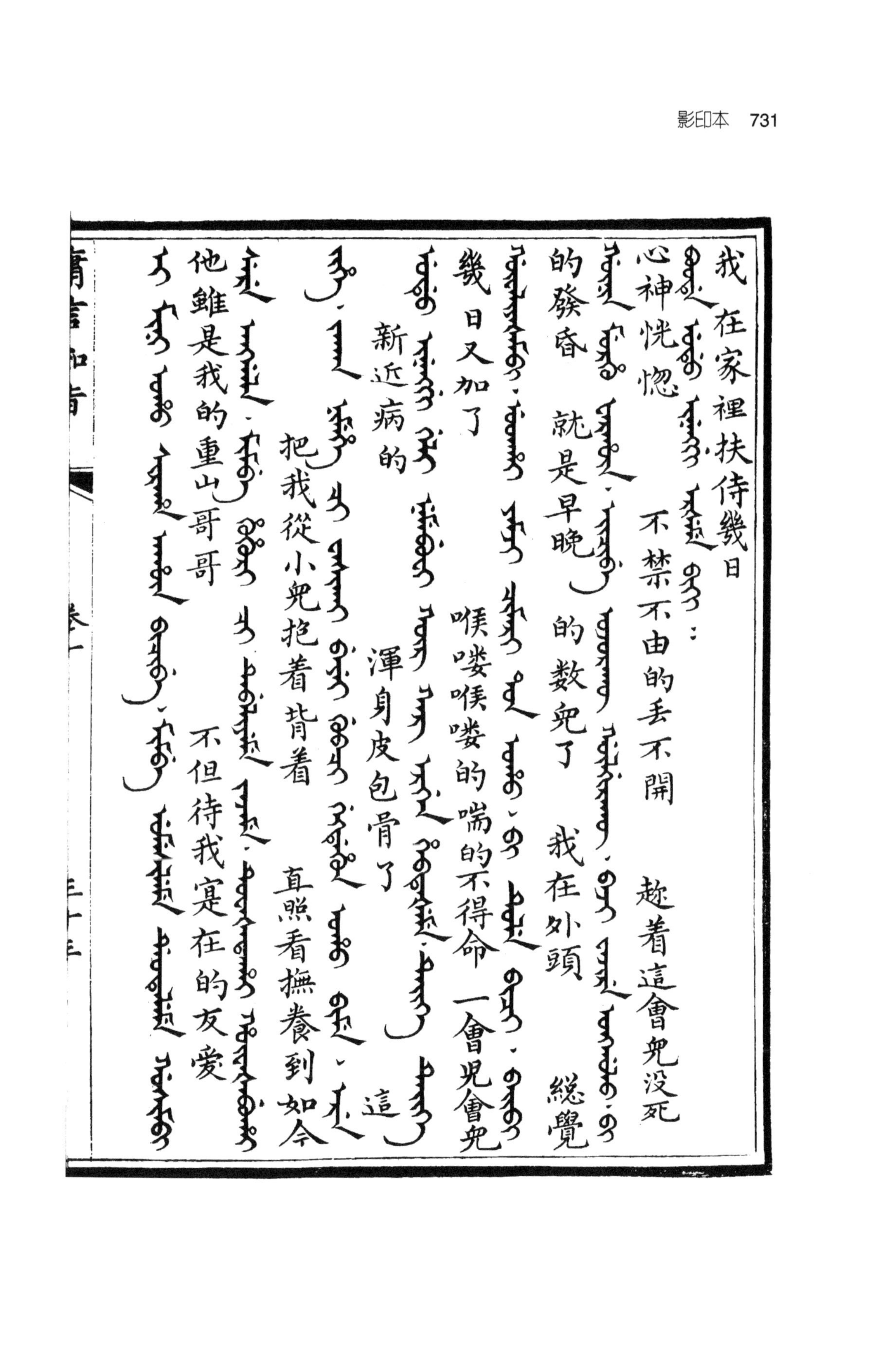

我在家裡扶侍幾日

心神恍惚　不禁不由的丟不開　趂着這會兒没死

的發昏　就是早晚的數兒了　我在外頭　總覺

幾日又加了　唉嘍唉嘍的喘的不得命　一會兒會兒

新近病的　渾身皮包骨了　這

把我從小兒抱着背着　直照看撫養到如今

他雖是我的重山哥哥　不但待我寔在的友愛

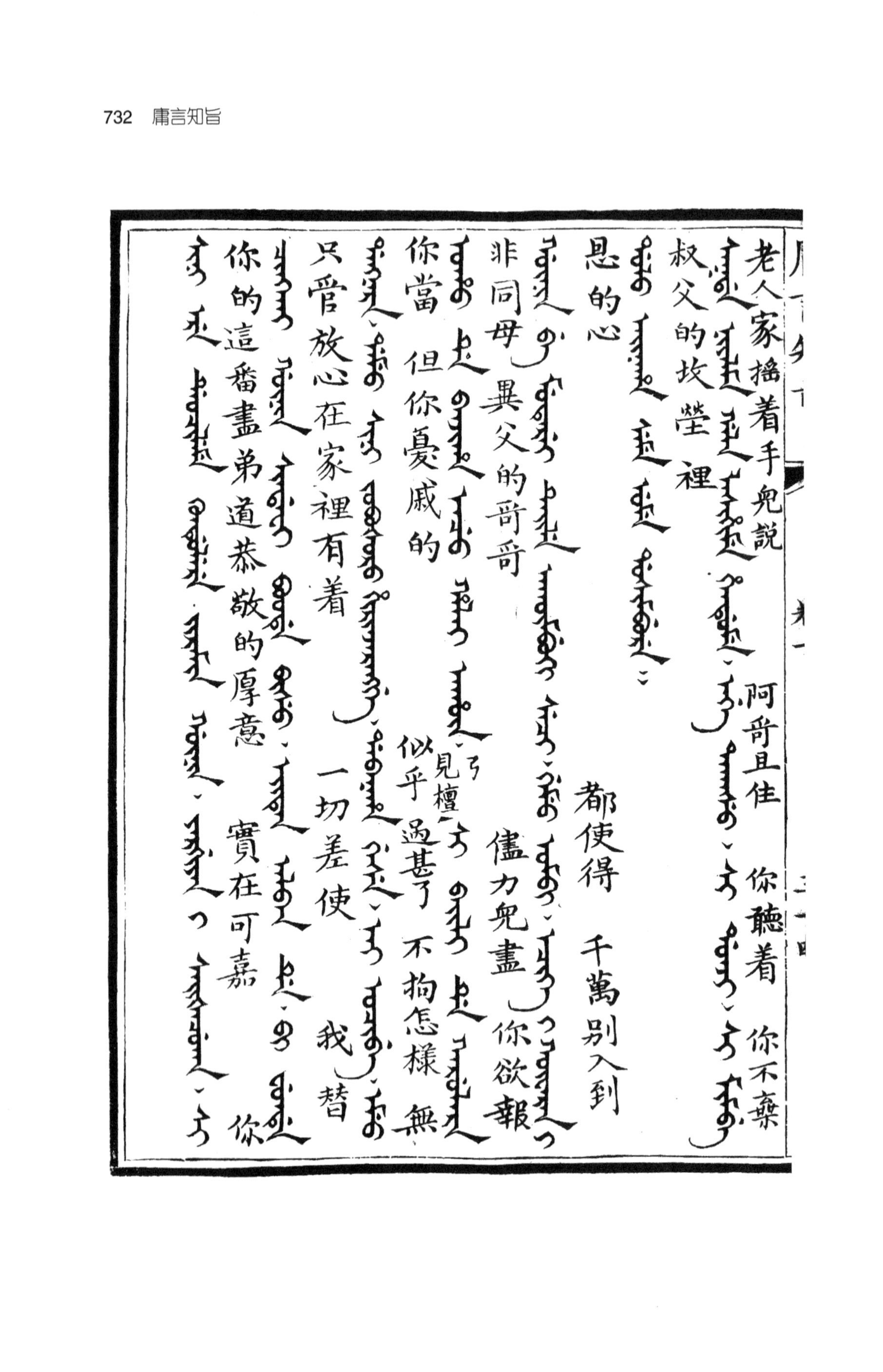

老人家搖着手兒說 阿哥且住 你聽着 你不棄

叔父的坆塋裡

恩的心 都使得 千萬別入到

非同母異父的哥哥 儘力兒盡 你欲報

你當 但你憂戚的 見檀弓 似乎過甚了 不拘怎樣無

只管放心在家裡有着 一切差使 我替

你的這番盡弟道恭敬的厚意 實在可嘉 你

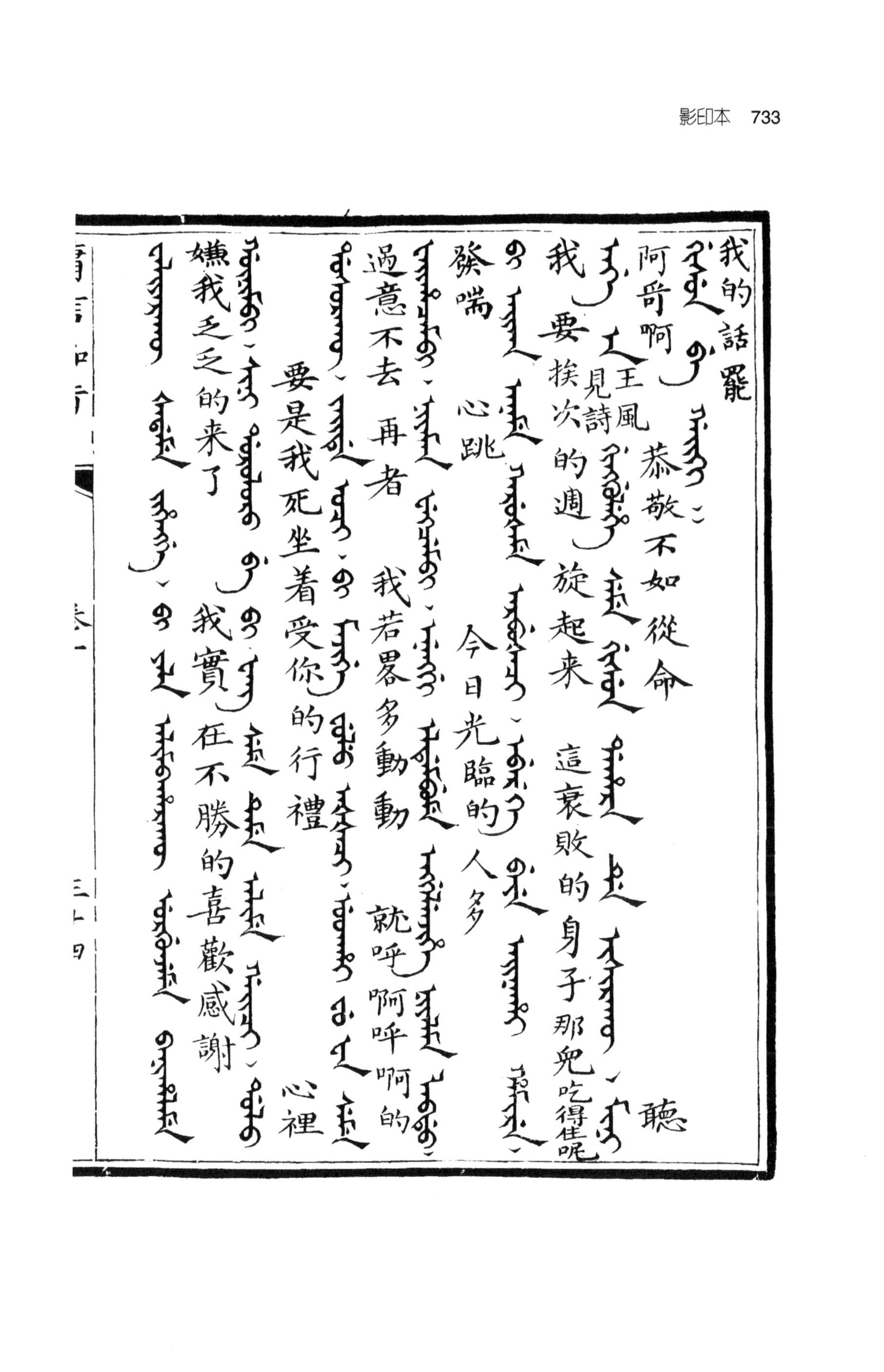

我的話罷 聽

阿哥啊 恭敬不如從命

（見詩王風）

我 要挨次的週旋起来 這衰敗的身子那兒吃得住呢

發喘 心跳 今日光臨的人多

過意不去 再者 我若畧多動動 就呼啊呼啊的 心裡

要是我死坐着受你的行禮

嫌我乏乏的来了 我實在不勝的喜歡感謝

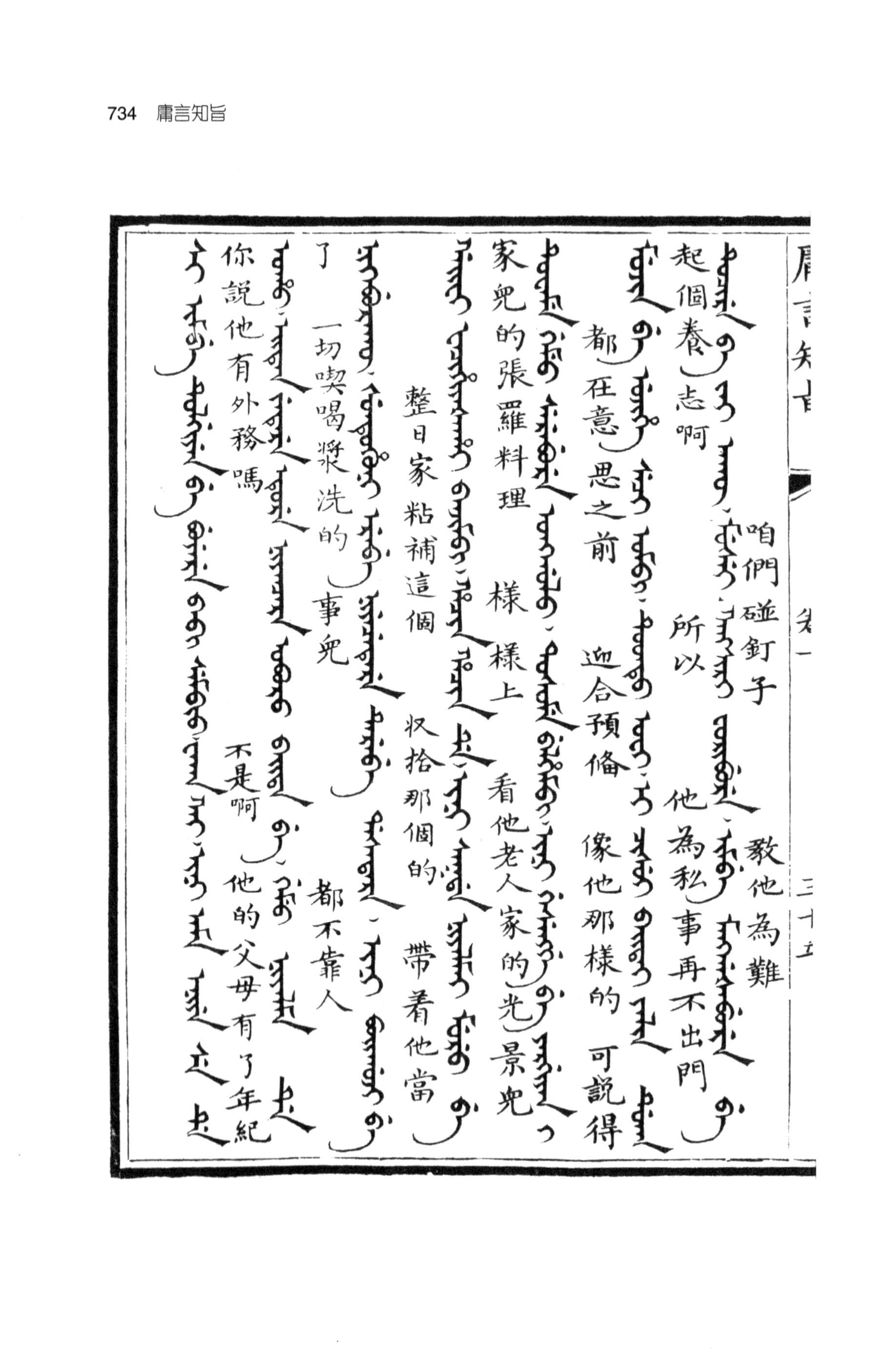

咱們碰釘子 教他為難

起個養志啊 所以 他為私事再不出門

都在意思之前 迎合預備 像他那樣的 可說得

家兒的張羅料理 樣樣上 看他老人家的光景兒

整日家粘補這個 收拾那個的 帶着他當

了 一切喫喝漿洗的事兒 都不靠人

你說他有外務嗎 不是啊 他的父母有了年紀

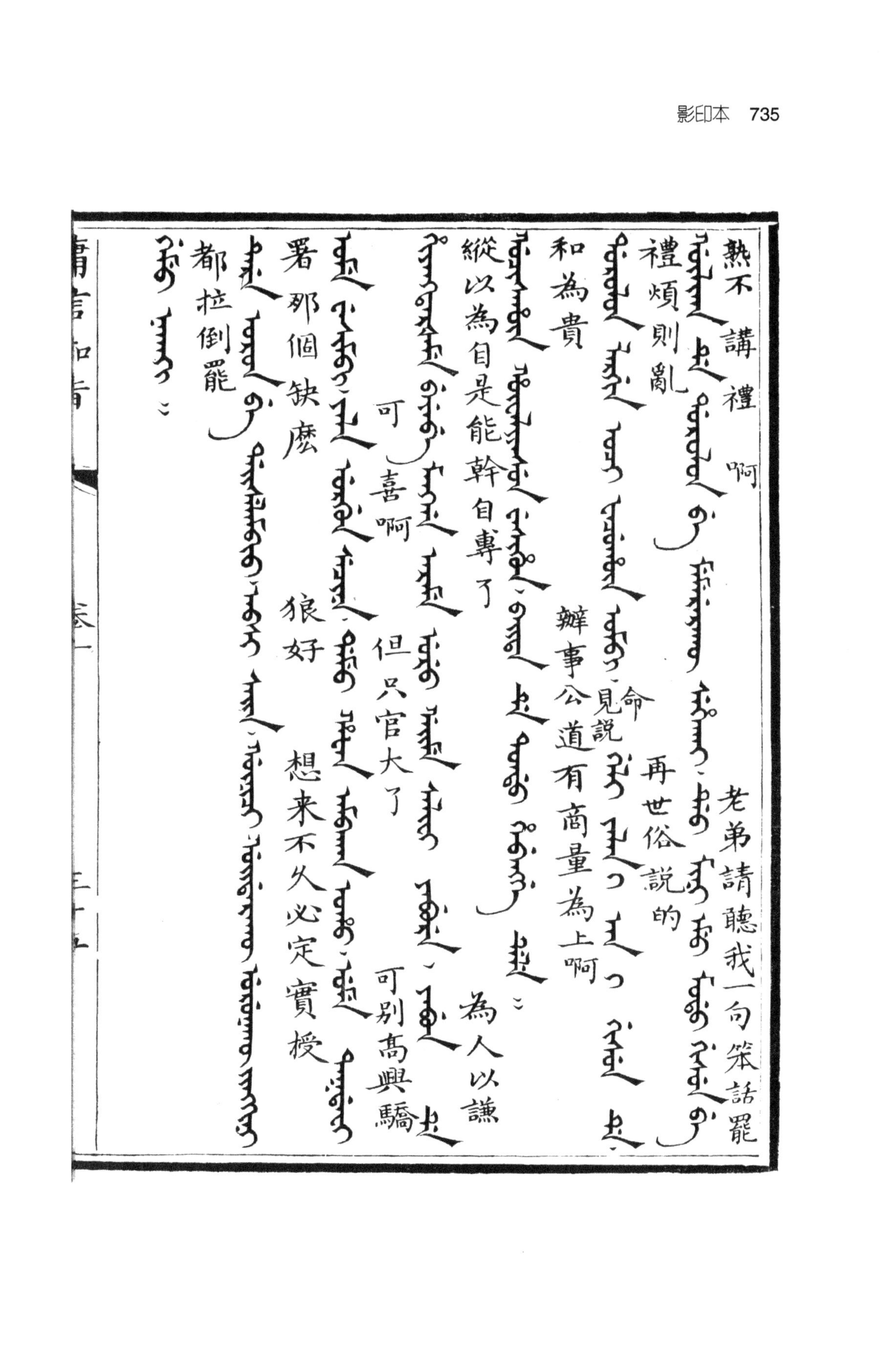

熟不講禮啊　老弟請聽我一句笨話罷

禮煩則亂　再世俗說的

和為貴　命見說　辦事公道有商量為上啊

縱以為自是能幹自專了　為人以謙

可喜啊　但只官大了　可別高興驕

署那個缺麼　狼好　想來不久必定實授

都拉倒罷

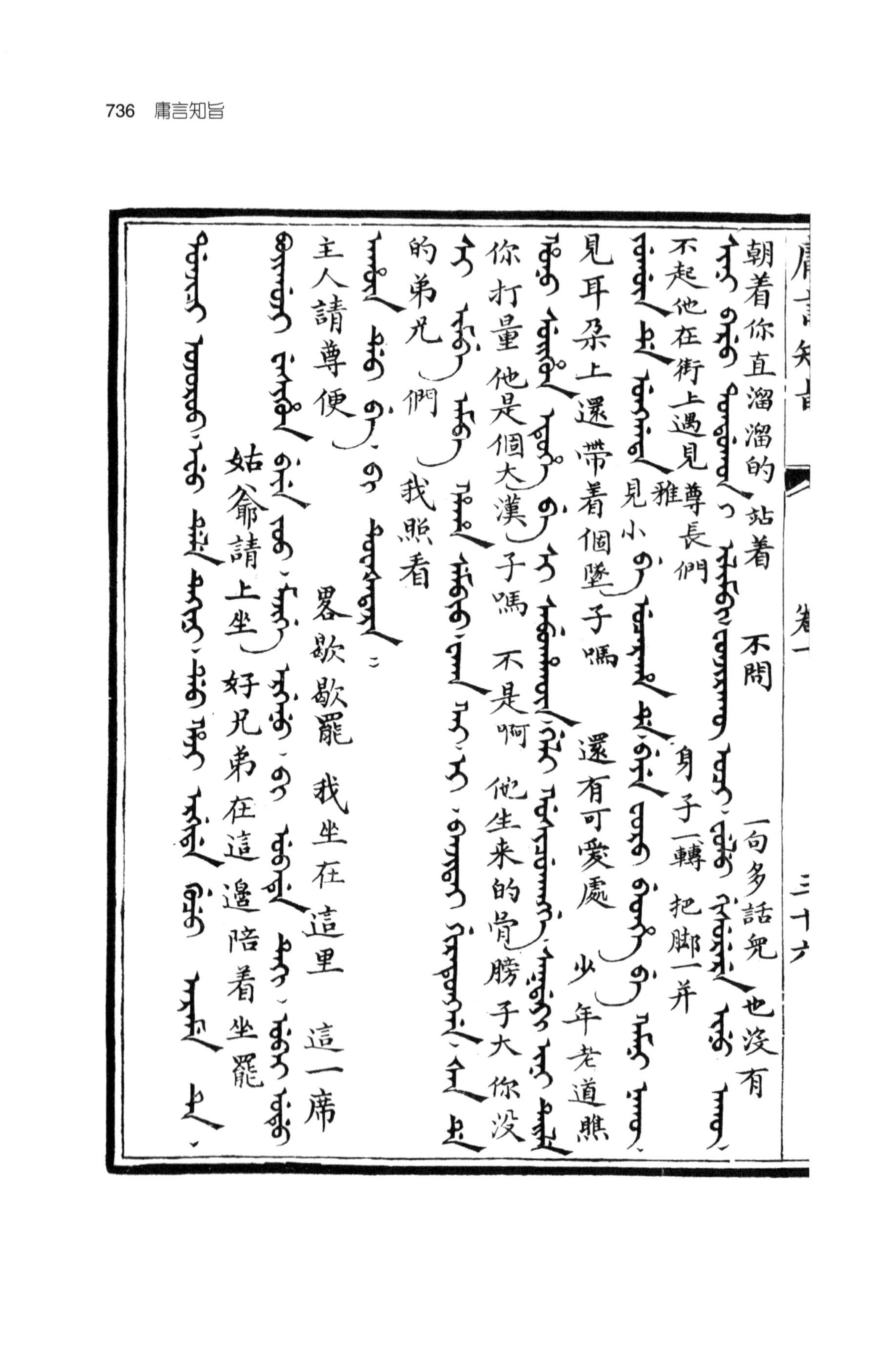

朝着你直溜溜的站着 不問一句多話兒也沒有

不起他在街上遇見尊長們 雅 身子一轉 把脚一并

見小

見耳朶上還帶着個墜子嗎 還有可愛處 少年老道瞧

你打量他是個大漢子嗎 不是啊 他生來的骨膀子大你沒

的弟兄們 我瞧看

主人請尊便 畧歇歇罷 我坐在這里 這一席

姑爺請上坐 好兄弟在這邊陪着坐罷

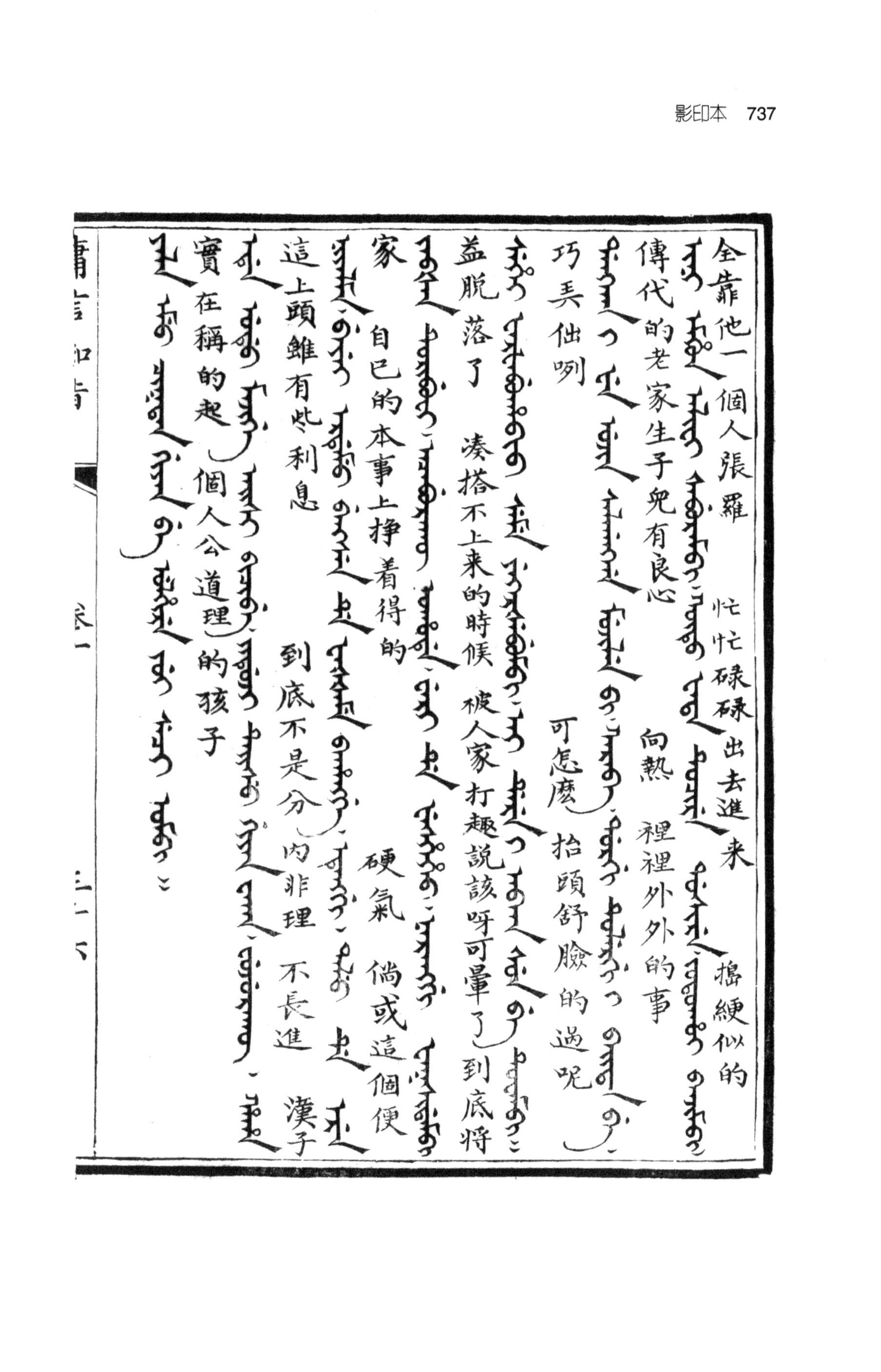

全靠他一個人張羅　忙忙碌碌出去進来　搗鬼似的
傳代的老家生子兒有良心　向熱　裡裡外外的事
巧兵仙咧　可怎麼　抬頭舒臉的過呢
益脫落了　湊搭不上来的時候　被人家打趣説該呀可暈了　到底將
家　自巳的本事上挣着得的　硬氣　倘或這個便
這上頭雖有些利息　到底不是分內非理　不長進　漢子
實在稱的起　個人公道理的孩子

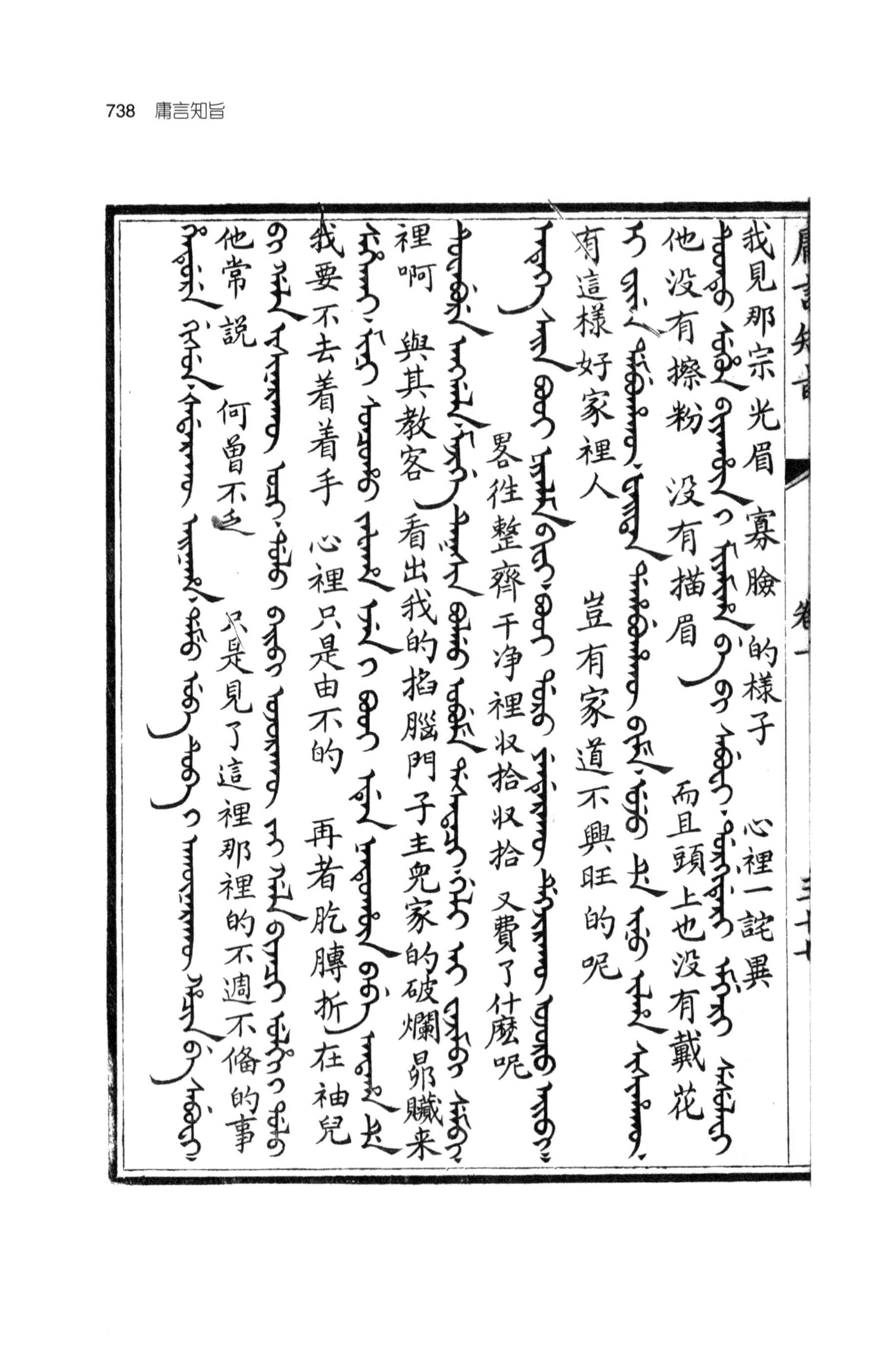

我見那宗光眉 寡臉 的樣子 心裡一詫異

他沒有擦粉 沒有描眉 而且頭上也沒有戴花

有這樣好家裡人 豈有家道不興旺的呢

畧徃整齊干净裡收拾收拾 又費了什麼呢

裡啊 與其教客 看出我的掐腦門子主兒家的破爛昴贜来

我要不去着着手 心裡只是由不的 再者肐膊折在袖兒

他常說 何曾不是 只是見了這裡那裡的不週不倫的事

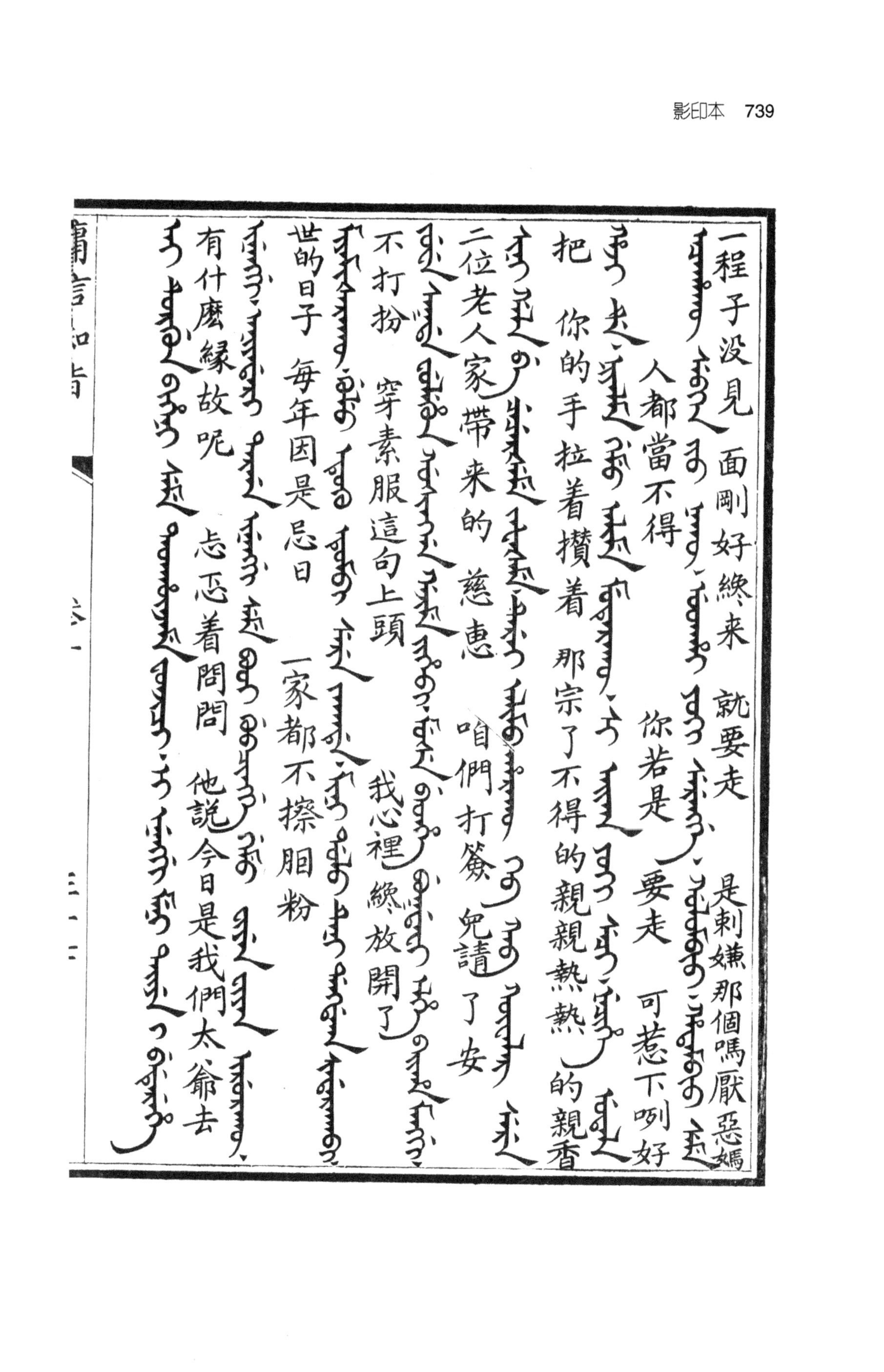

一程子没見 面剛好緣来 就要走 是刺嫌那個嗎厭惡嫣

人都當不得 你若是 要走 可惹下咧好

把 你的手拉着攢着 那宗了不得的親親熱熱的親香

二位老人家帶来的 慈惠 咱們打發 兜請了安

不打扮 穿素服這句上頭 我心裡緣放開了

世的日子 每年因是忌日 一家都不擦胭粉

有什麼緣故呢 忐忑着問問 他說今日是我們太爺去

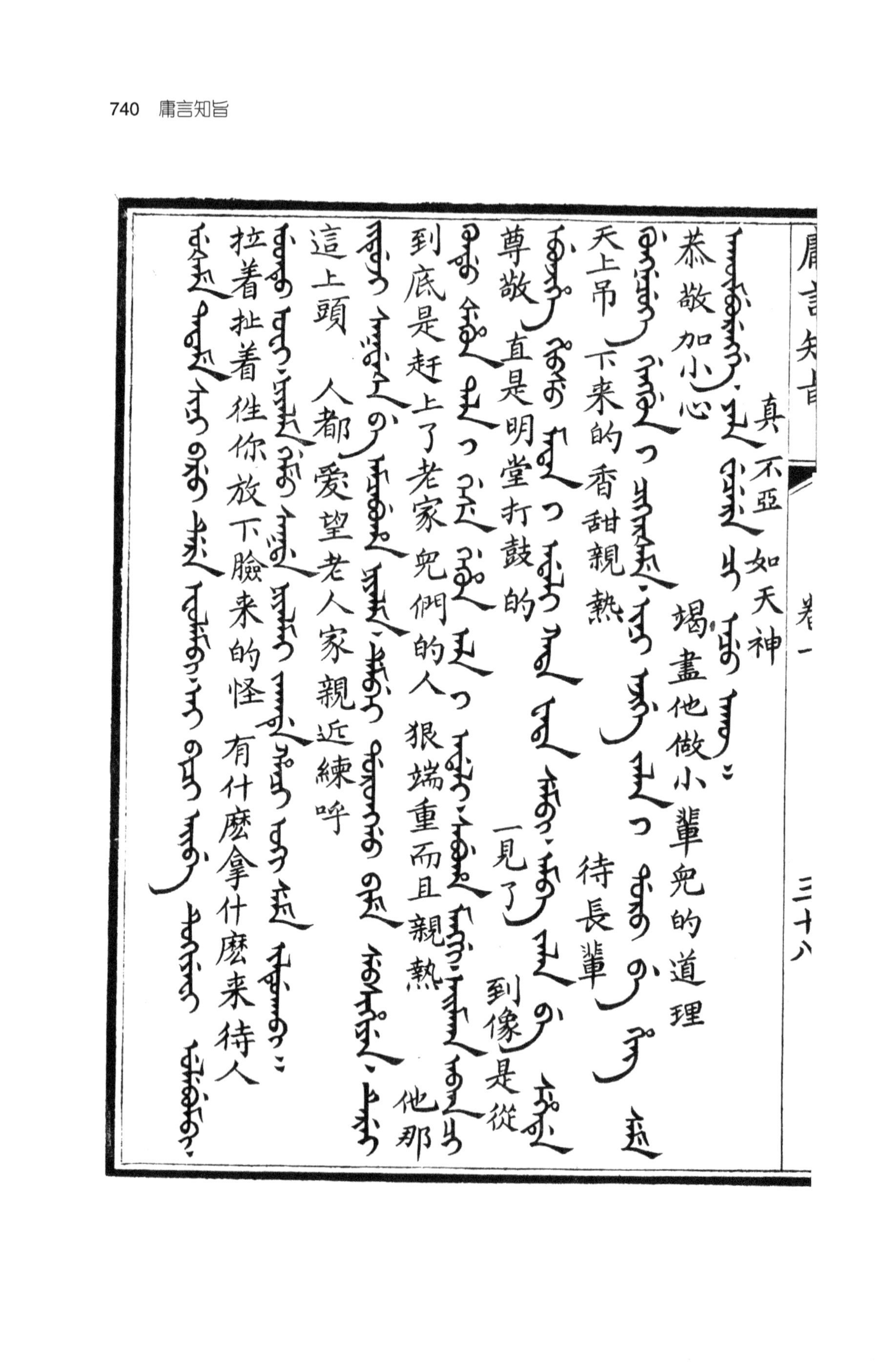

真不亞如天神

恭敬加小心 竭盡他做小輩兒的道理

天上吊下来的香甜親熱 待長輩

尊敬 直是明堂打鼓的 一見了 到像是從

到底是赶上了老家兒們的人 狠端重而且親熱 他那

這上頭 人都愛望老人家親近練呼

拉着扯着徃你放下臉来的怪 有什麽拿什麽来待人

孩子們上護犢子疼的些呼 摟着抱着一班樣的摸索嬌養

情的心 到如今刻骨不忘 滿心裡盡量子有

含容上 我心裡實在難受了 傾服感

歡 他就只密嘻密嘻的笑着 任什麽不説 那宗担待

見了 倒是數嘮責備我 那上頭我還好受喜

西頭一天送去来着 事情絆住了 一下子就忘了 後来

有恕道純原像一個有年紀的樣兒 前日我原説把那個東

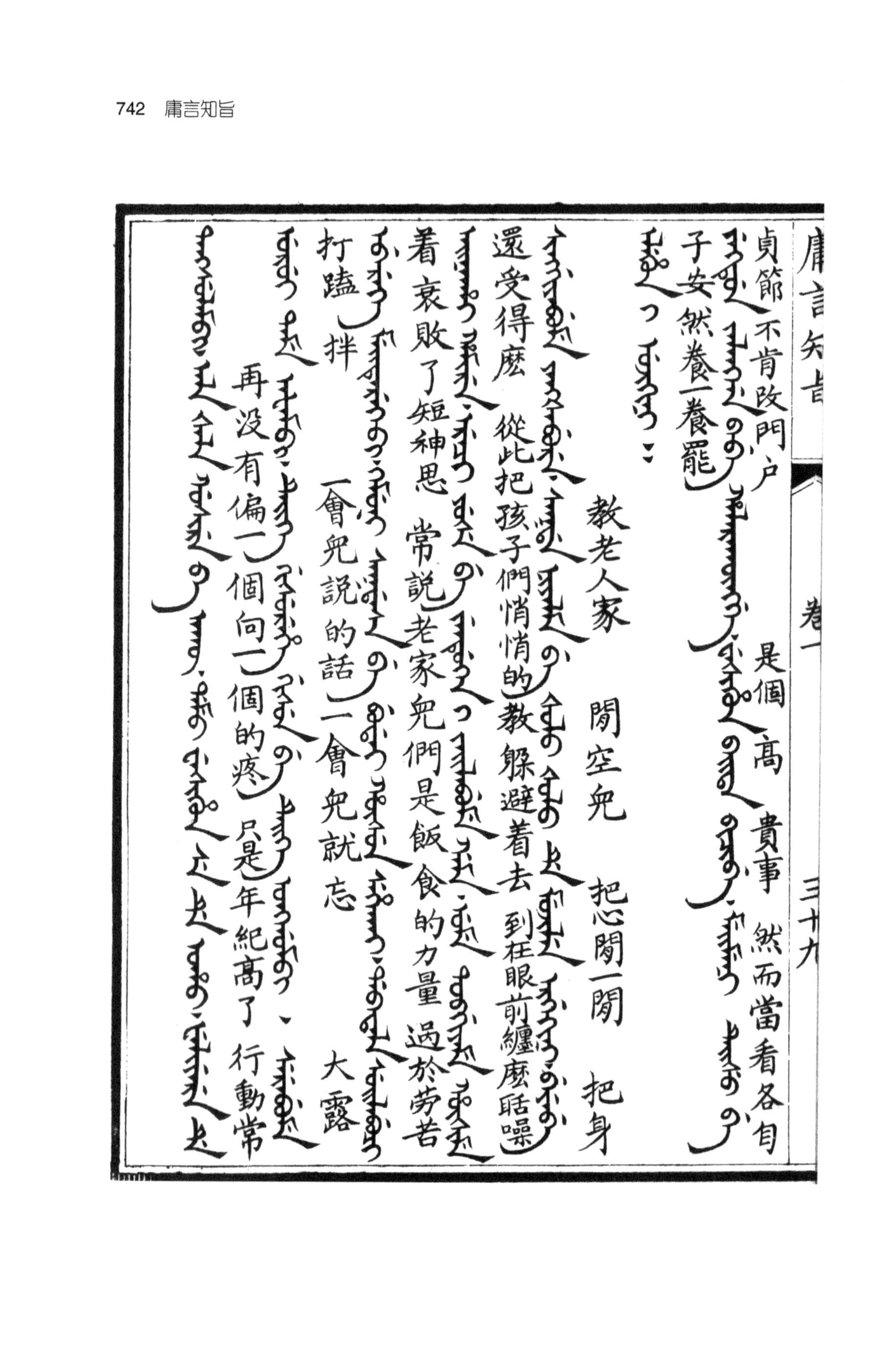

貞節不肯改門戶 是個高貴事 然而當看各自

子安然養一養罷

教老人家 閒空兒 把心閒一閒 把身

還受得麽 從此把孩子們悄悄的教 躲避着去 到在眼前纏麽聒噪

着衰敗了短神思 常說老家兒們是飯食的力量過於勞苦

打瞌 拌 一會兒說的話一會兒就忘 大露

再沒有偏一個向一個的疼 只是年紀高了 行動常

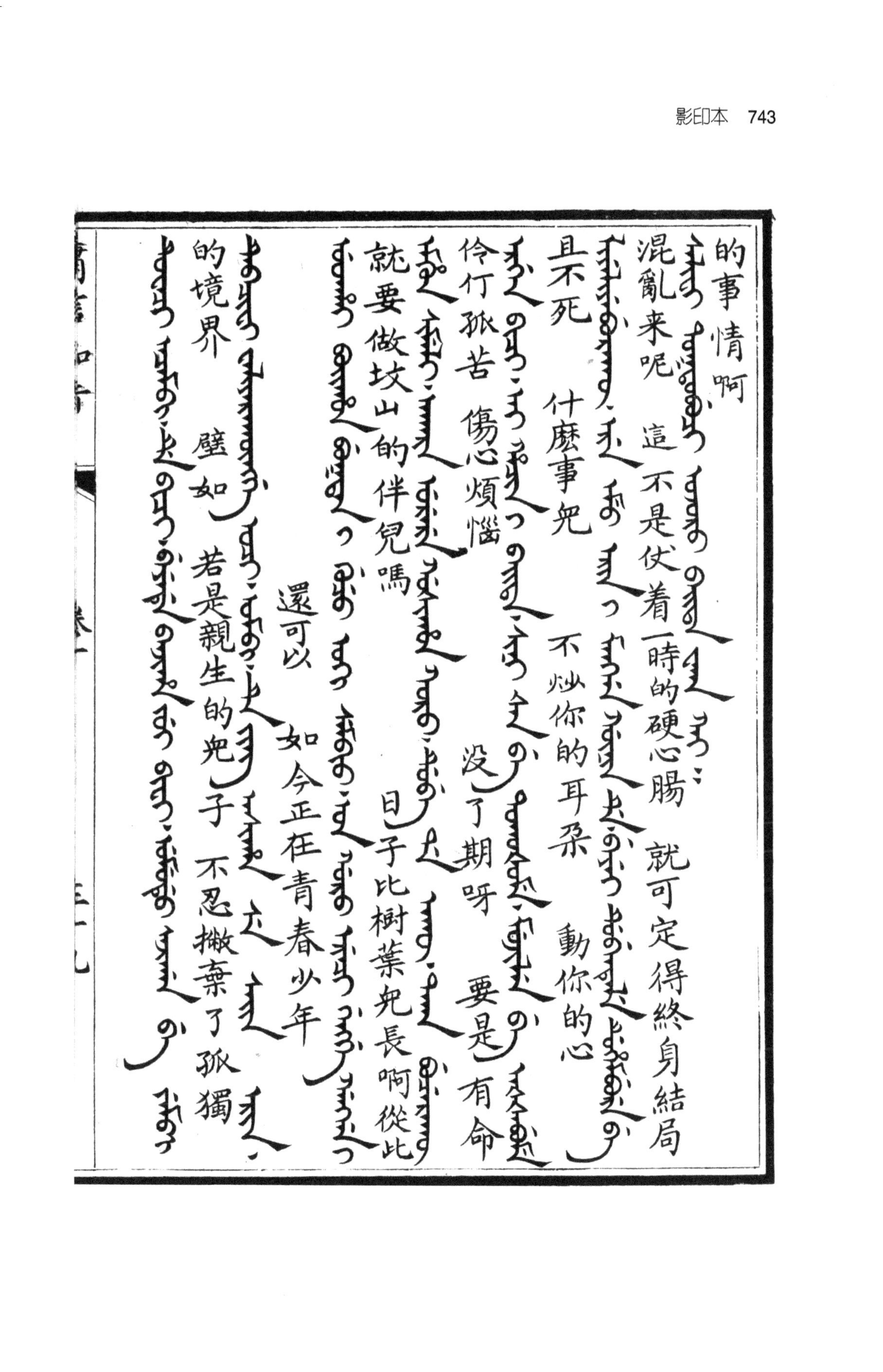

的事情啊

混亂來呢　這不是仗着一時的硬心腸　就可定得終身結局

且不死　什麽事兒　不炒你的耳朶　動你的心

伶仃孤苦　傷心煩惱　没了期呀　要是有命

就要做坟山的伴兒嗎　日子比樹葉兒長啊從此

還可以　如今正在青春少年

的境界　璧如　若是親生的兒子　不忍撇棄了孤獨

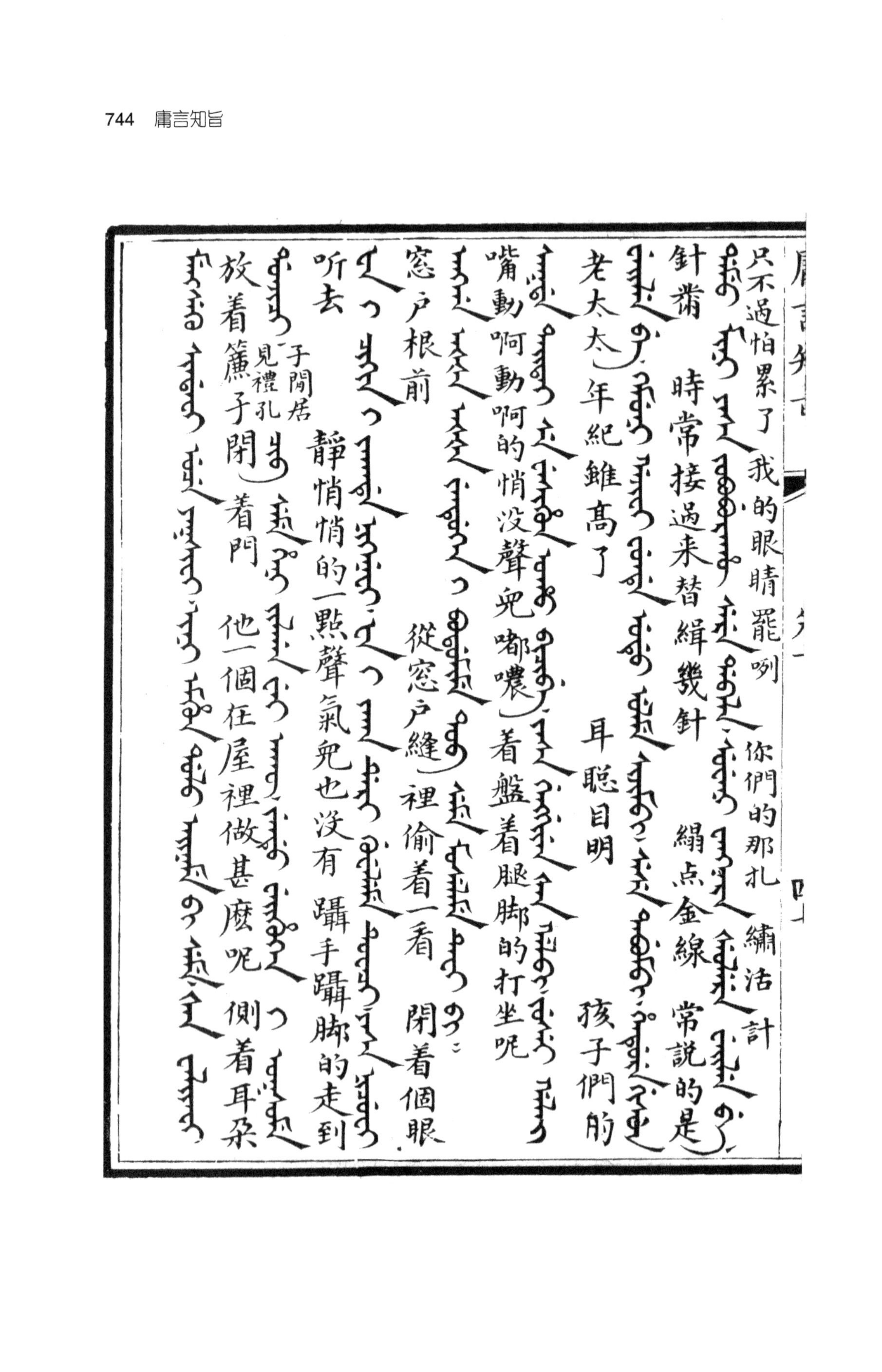

只不過怕累了我的眼睛罷咧 你們的那扎繡活計

針黹 時常接過来替緝幾針 緝点金線 常說的是

老太太年紀雖高了 耳聡目明 孩子們的

嘴動啊動啊的悄没聲兒嘟噥着盤着腿脚的打坐呢

窓户根前 從窓户縫裡偷着一看 閉着個眼

听去 靜悄悄的一點聲氣兒也没有 躡手躡脚的走到

見禮孔子閒居

放着簾子閉着門 他一個在屋裡做甚麽呢 側着耳朶

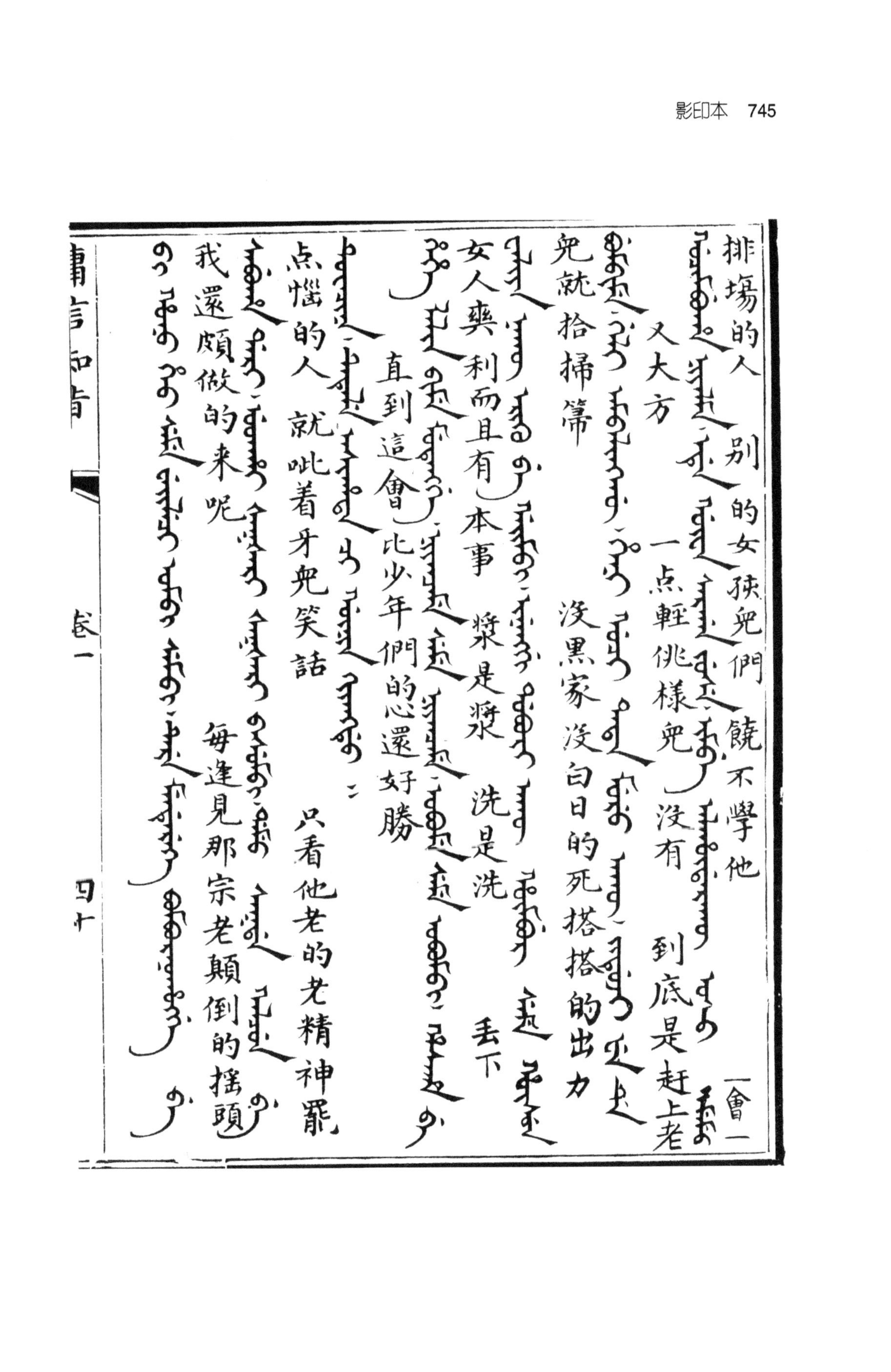

我還頗做的來呢
每逢見那宗老顛倒的搖頭
点惱的人 就呲着牙兒笑話
只看他老的老精神罷
直到這會兒比少年們的還好勝
女人兒爽利而且有本事 漿是漿 洗是洗 丟下
兒就拾掃箒 沒黑家沒白日的死搭搭的出力
又大方 一点輕佻樣兒沒有 到底是赶上老
排場的人 別的女孩兒們饒不學他
一會一

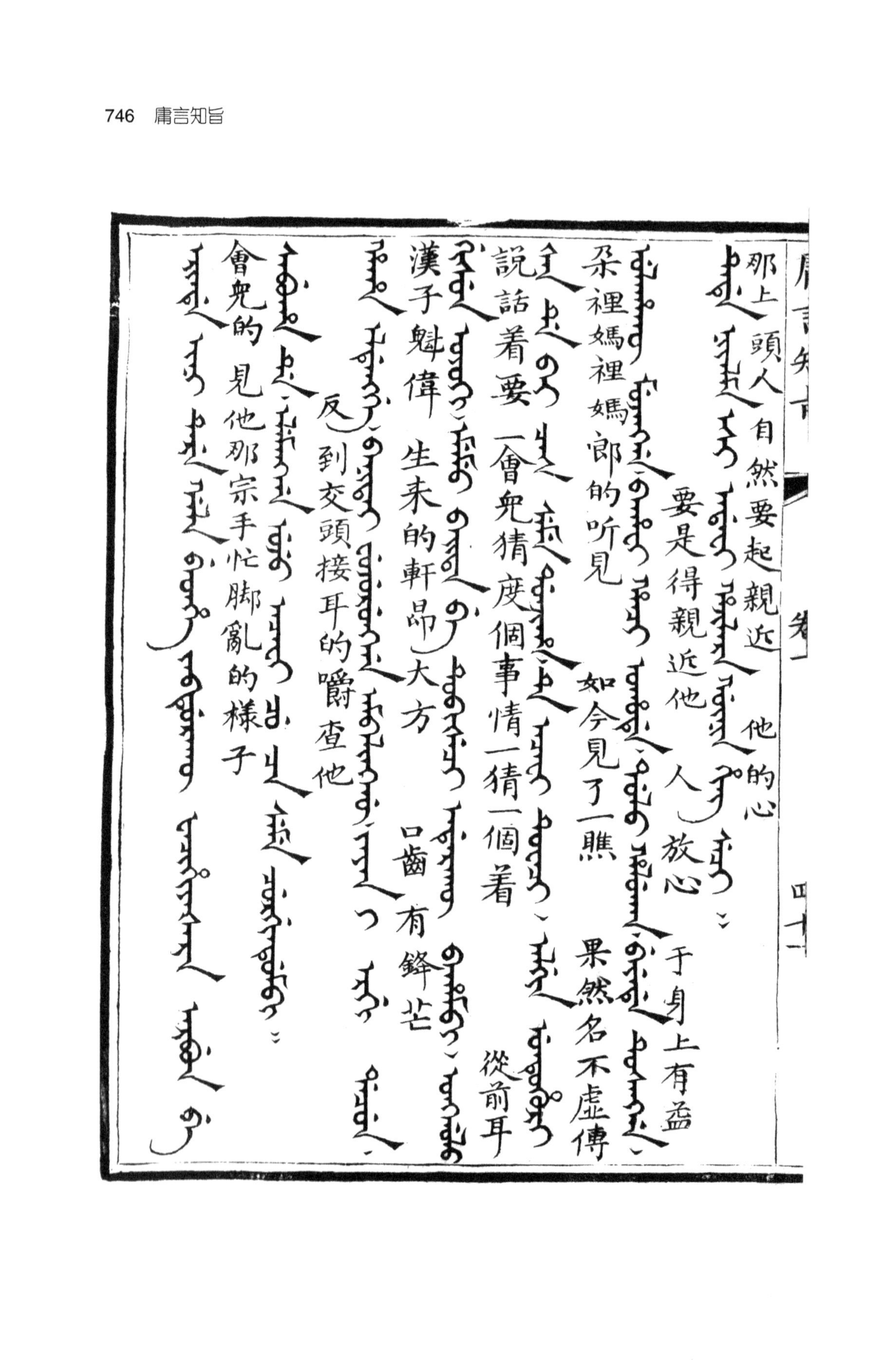

那上頭人自然要起親近 他的心

要是得親近他 人放心 于身上有益

朶裡媽裡媽郎的听見 如今見了一瞧 果然名不虛傳

說話着要一會兒猜度個事情一猜一個着 從前耳

漢子魁偉 生来的軒昂大方 口齒有鋒芒

反到交頭接耳的嚼查他

會兒的見他那宗手忙脚亂的樣子

的舌頭又折了 那上頭教小子緊赶着收拾去了

肚帶 諸事必是這們偏偏 遇着偏偏兒 參子

裉下籠頭來 帶上了嚼子 後來備上了鞦子 一勒

我一早起來 就把馬刷鉋了

因為咱們有約下的事 我說把馬早些備便當 預備着

庸言知旨

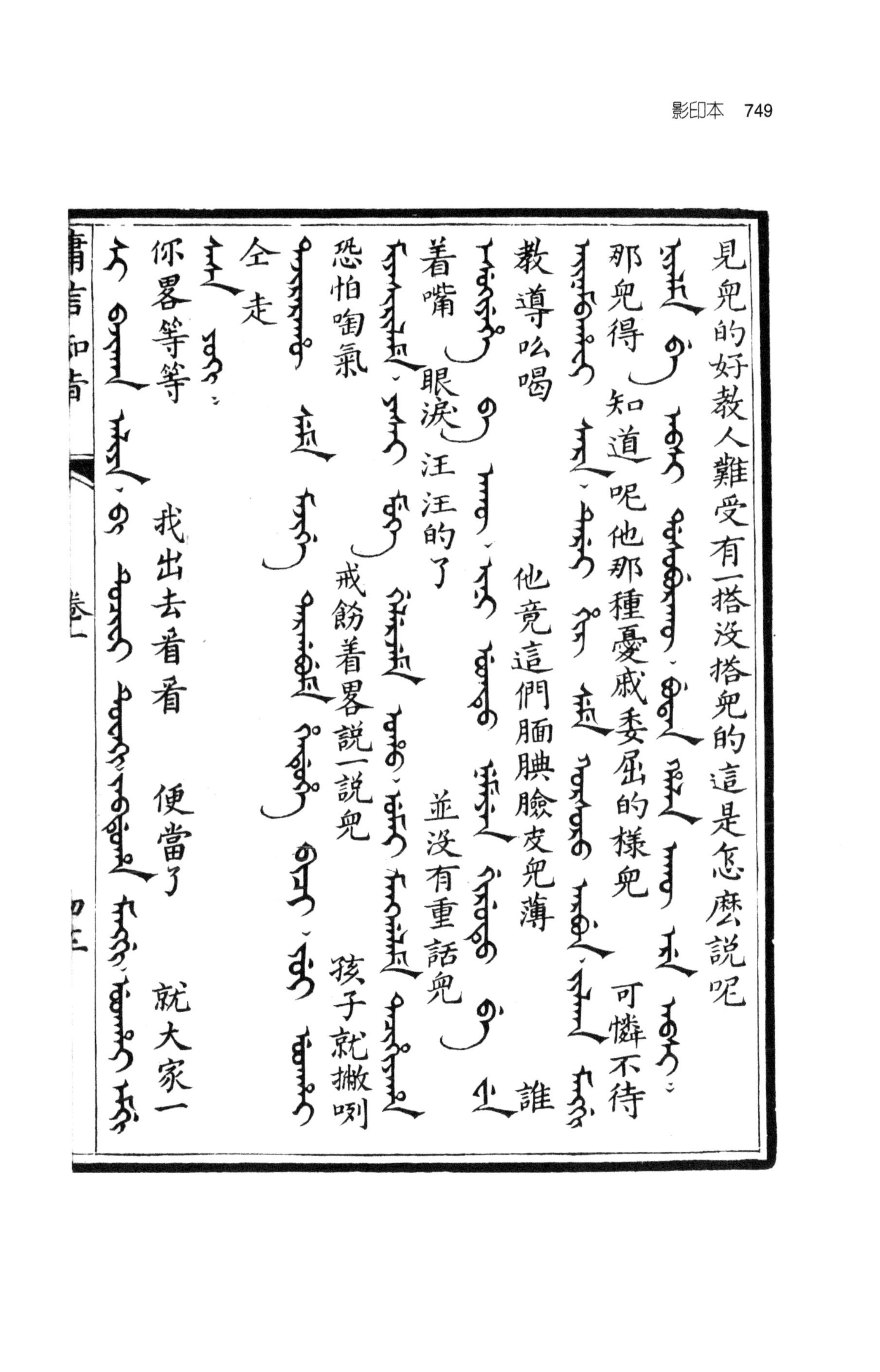

見兒的好教人難受有一搭沒搭兒的這是怎麽說呢
那兒得 知道呢他那種憂戚委屈的樣兒 可憐不待
教導吆喝 他竟這們腼腆臉皮兒薄 誰
着嘴 眼淚汪汪的了 並沒有重話兒
恐怕嗆氣 戒飭着畧說一說兒 孩子就撇咧
全走
你畧等等 我出去看看 便當了 就大家一

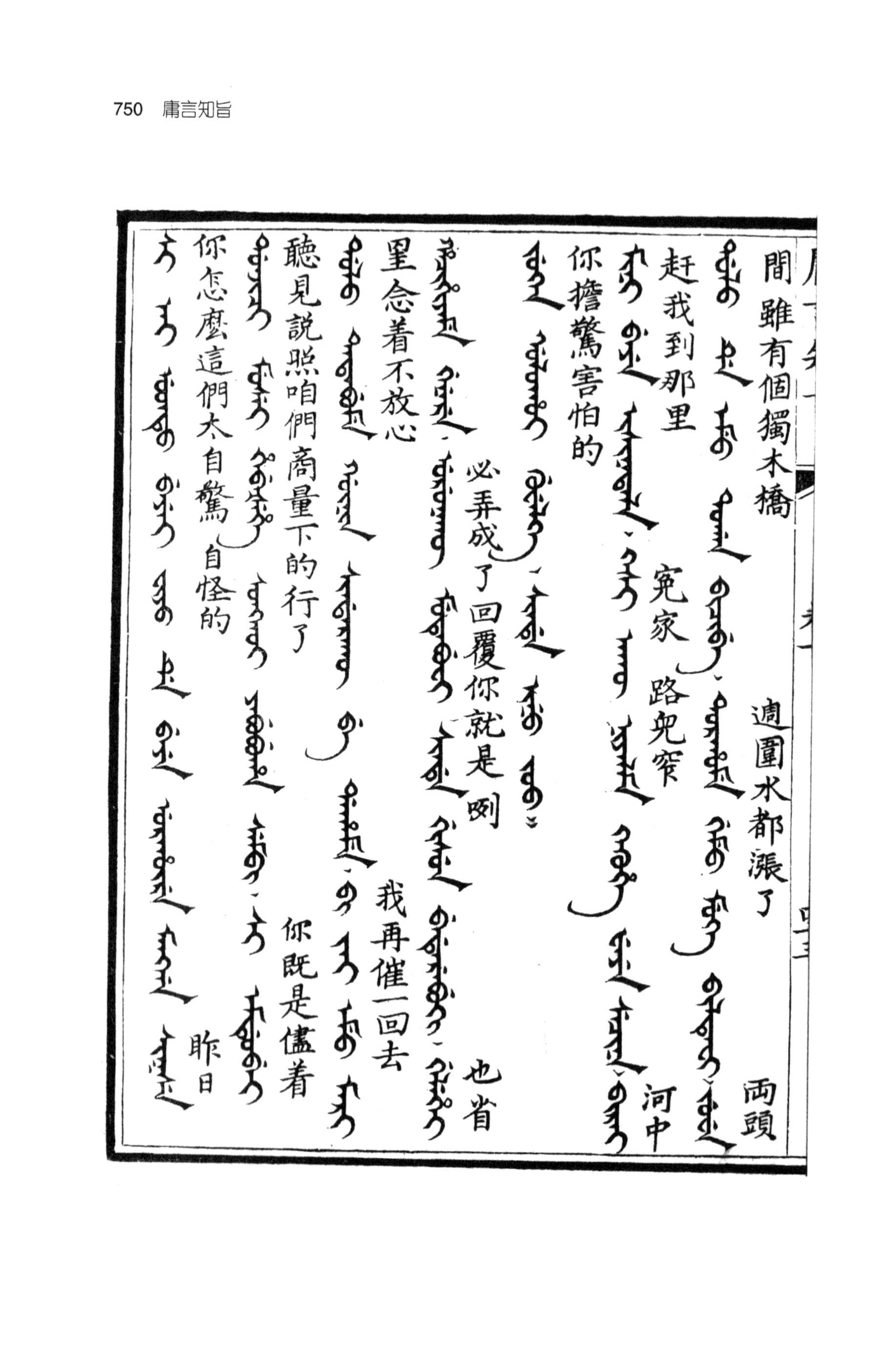

間雖有個獨木橋

週圍水都漲了

兩頭

赶我到那里

寃家路兒窄

河中

你擔驚害怕的

必弄成了回覆你就是咧

也省

罣念着不放心

我再催一回去

聽見說照咱們商量下的行了

你既是儘着

你怎麽這們太自驚自怪的

昨日

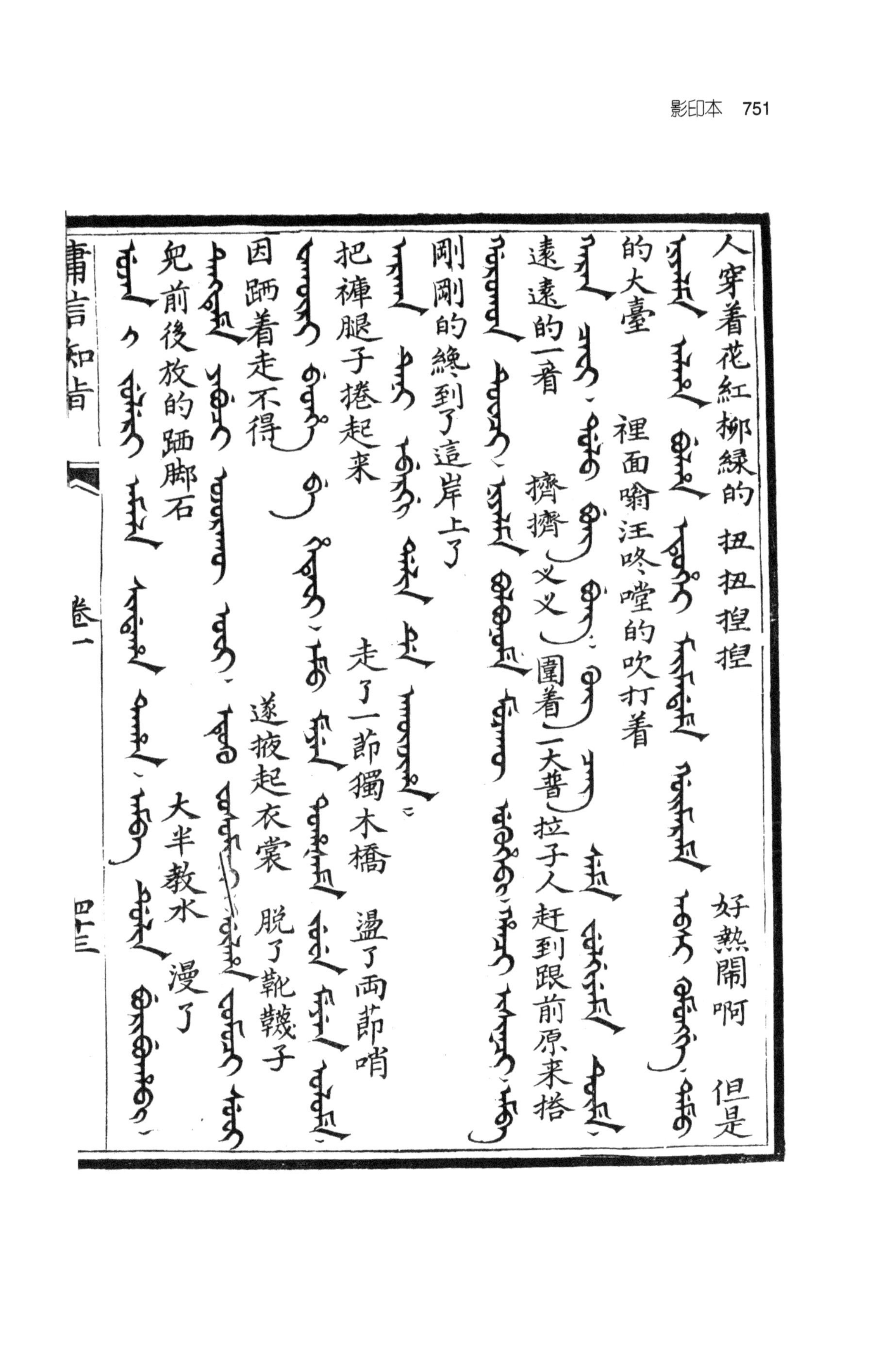

人穿着花紅柳綠的 扭扭揑揑 好熱鬧啊 但是
的大臺 裡面嗡汪咚噔的吹打着
遠遠的一看 擠擠义义圍着一大普拉子人赶到跟前原来搭
剛剛的纔到了這岸上了
把褲腿子捲起来 走了一節獨木橋 盪了兩節哨
因踹着走不得 遂掖起衣裳 脫了靴襪子
兒前後放的踹脚石 大半教水 漫了

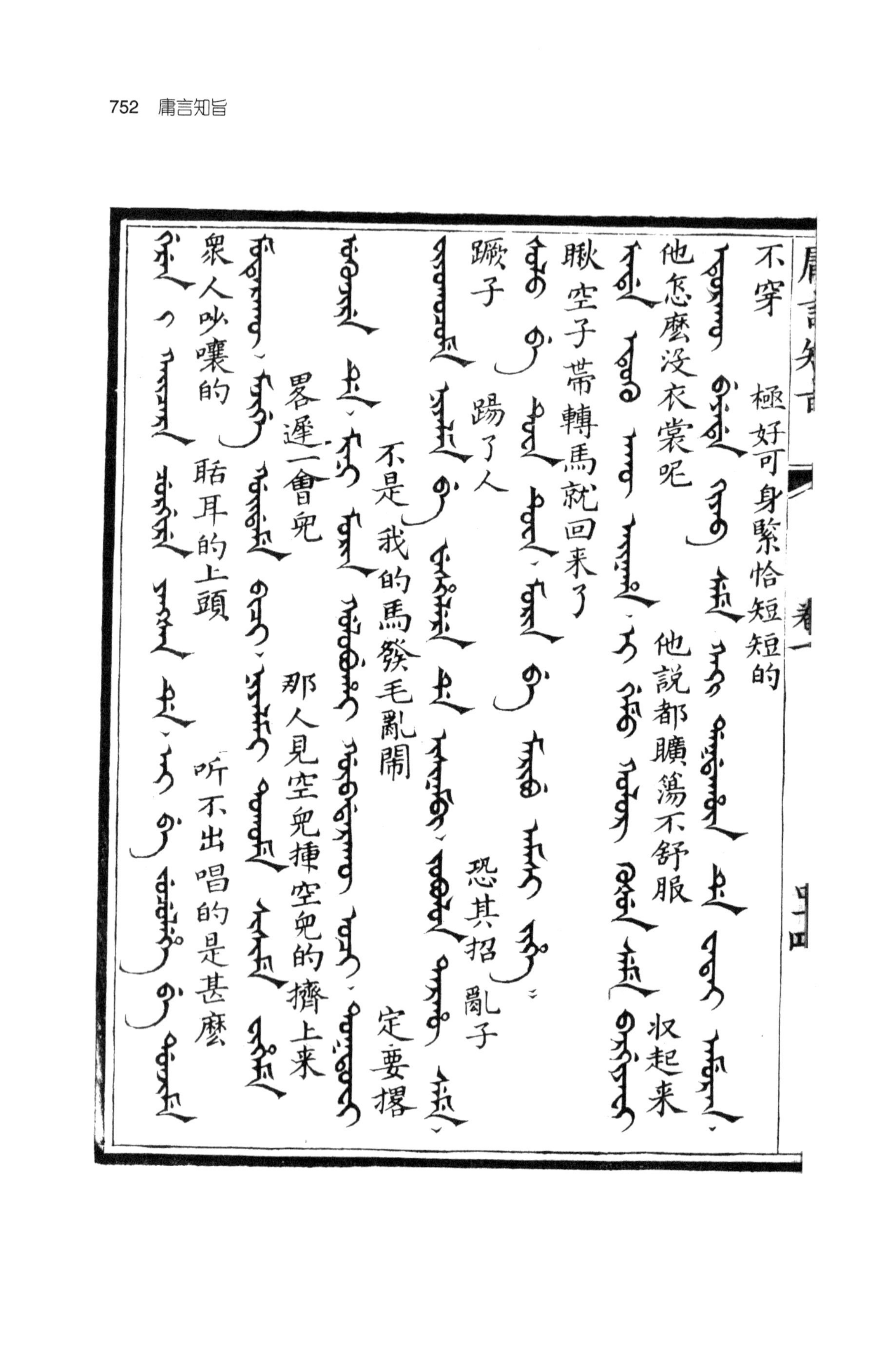

不穿 極好可身緊恰短短的
他怎麼沒衣裳呢 他說都臕𩥇不舒服 収起来
瞅空子帶轉馬就回来了 恐其招亂子
蹶子 踢了人 定要撂
不是我的馬發毛亂鬧
畧遲一會兒 那人見空兒揰空兒的擠上来
衆人吵嚷的 聒耳的上頭 听不出唱的是甚麼

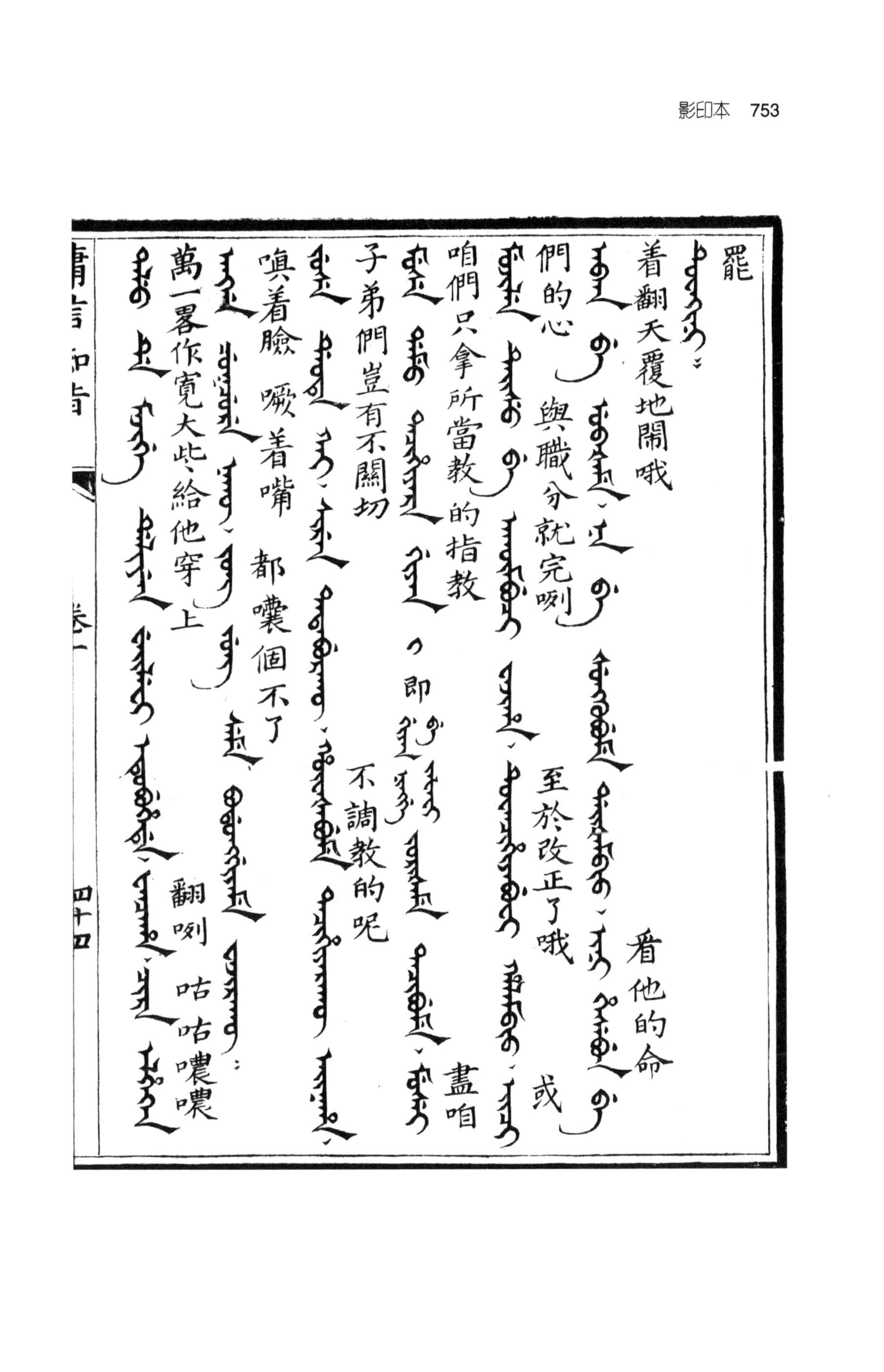

萬一畧作寬大些給他穿上 翻咧 咕咕嚷嚷

嗔着臉 噘着嘴 都嚷個不了

子弟們豈有不關切 不誨教的呢

咱們只拿所當教的指教 即 盡咱

們的心 與職分就完咧 至於改正了哦 或

着翻天覆地鬧哦 看他的命

罷

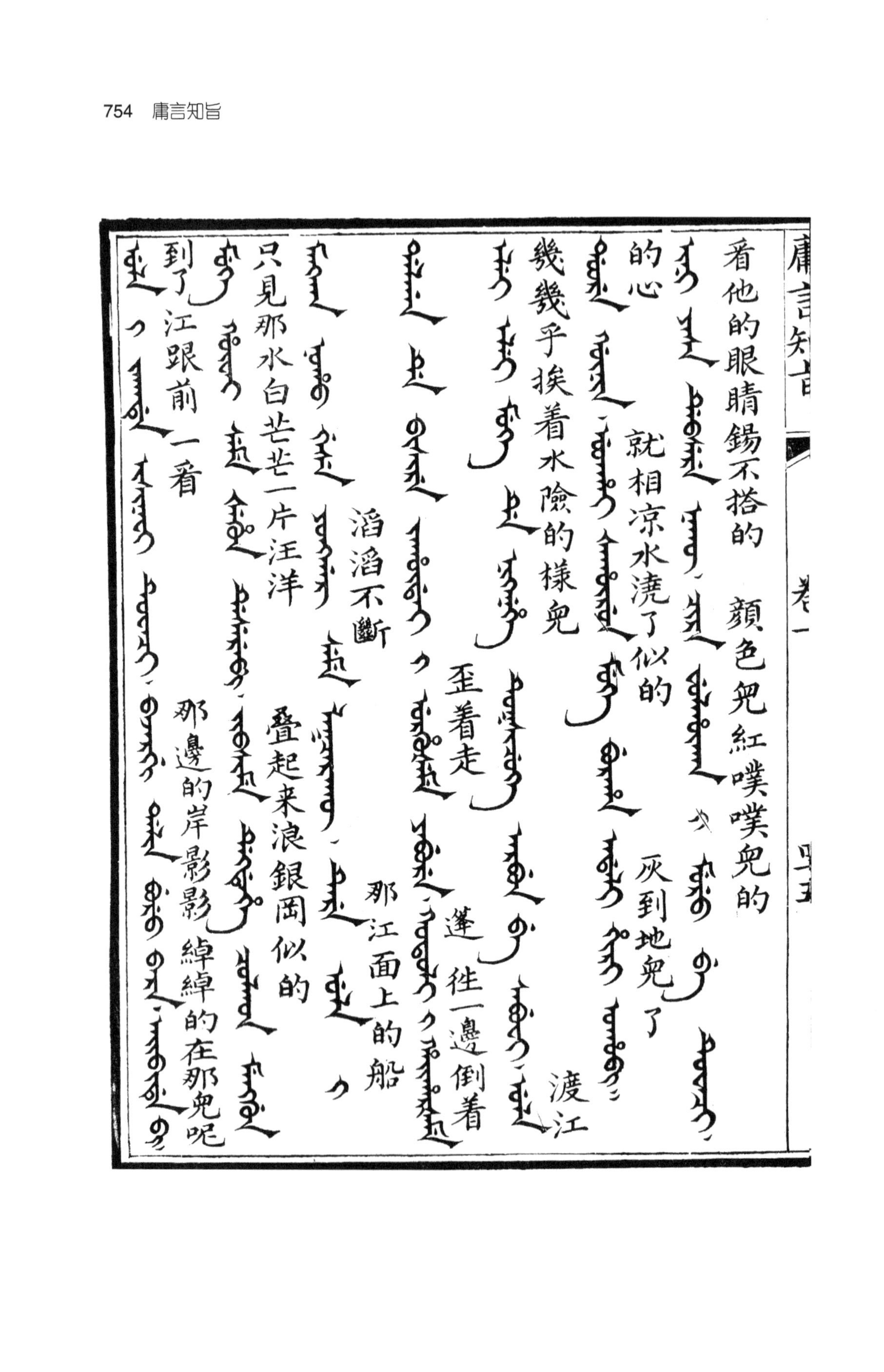

看他的眼睛錫不搭的　顏色兒紅噗噗兒的

的心　就相凉水澆了似的　灰到地兒了

幾幾乎捱着水險的樣兒　渡江

歪着走　逢往一邊倒着

滔滔不斷　那江面上的船

只見那水白茫茫一片汪洋　疊起来浪銀囲似的

到了江跟前一看　那邊的岸影影綽綽的在那兒呢

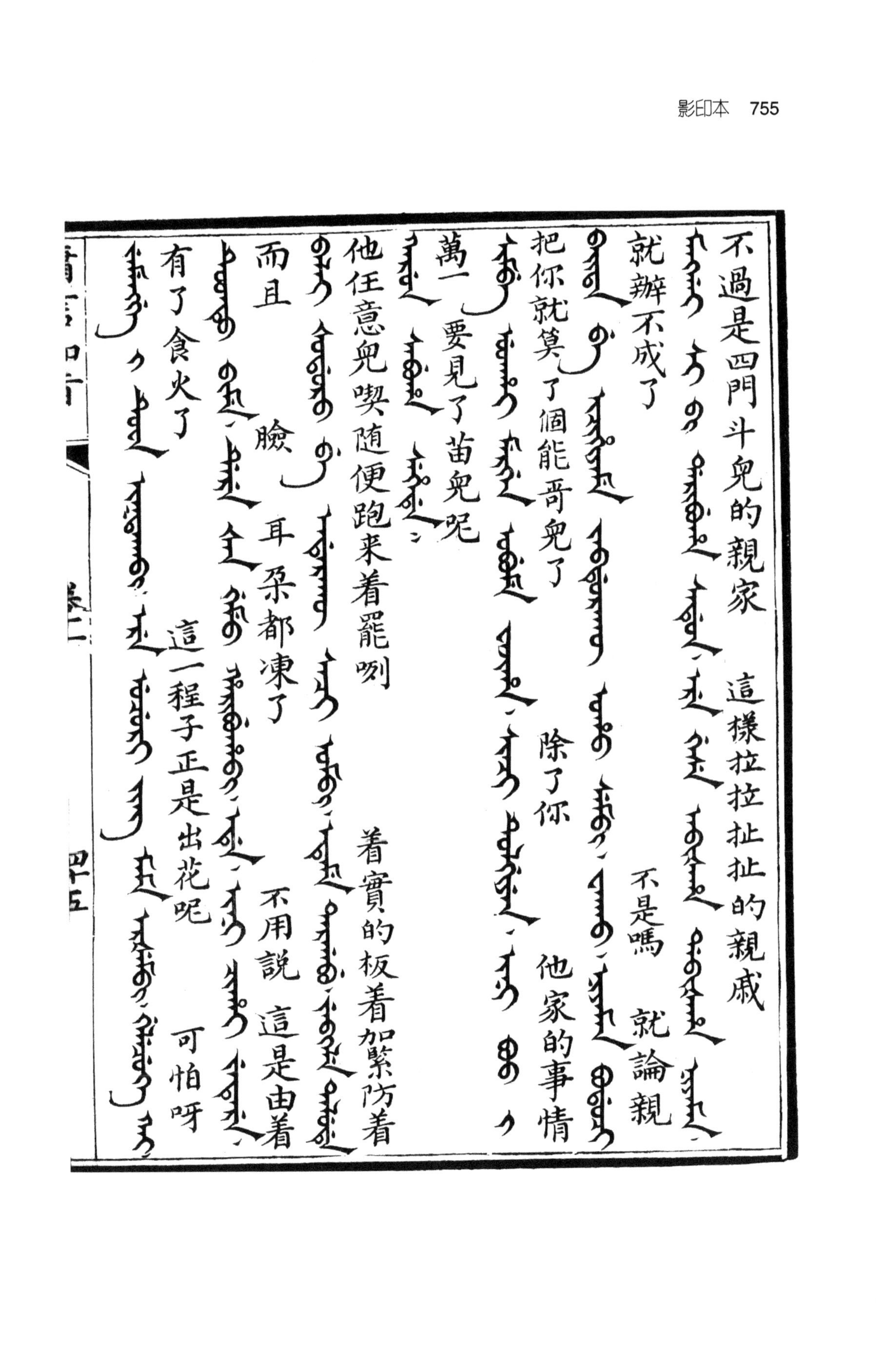

不過是四門斗兒的親家　這樣拉拉扯扯的親戚

就辦不成了　不是嗎　就論親

把你就筭了個能哥兒了　除了你　他家的事情

萬一　要見了苗兒呢

他任意兒喫　隨便跑来着罷咧　着實的板着加緊防着

而且　臉　耳朶都凍了　不用說　這是由着

有了食火了　這一程子正是出花呢　可怕呀

愛那有嚼頭兒的

不順口發粘

又說是煮過了的

飯上

狠愛的是豆腐倭瓜

嘴裡一点喫不得

咧

廚子做的熬的菜

要吃吃些罷

沒了牙了

炖的煑的爛肉

把自己的差使多把持些

委

屈了麼

誰沒幾家子

與其這們務外多事

有出息没出息

只看他的祖父罷

況且

看不得這小子好玩兒淘氣

能穀恰恰的得正理呢

趕辦正經大事

怎麼

内裡的糊塗陸續長起来

起来

而且又喫下些

各樣渾濁飲食

人若起晚了

清氣消着去

心裡混沌

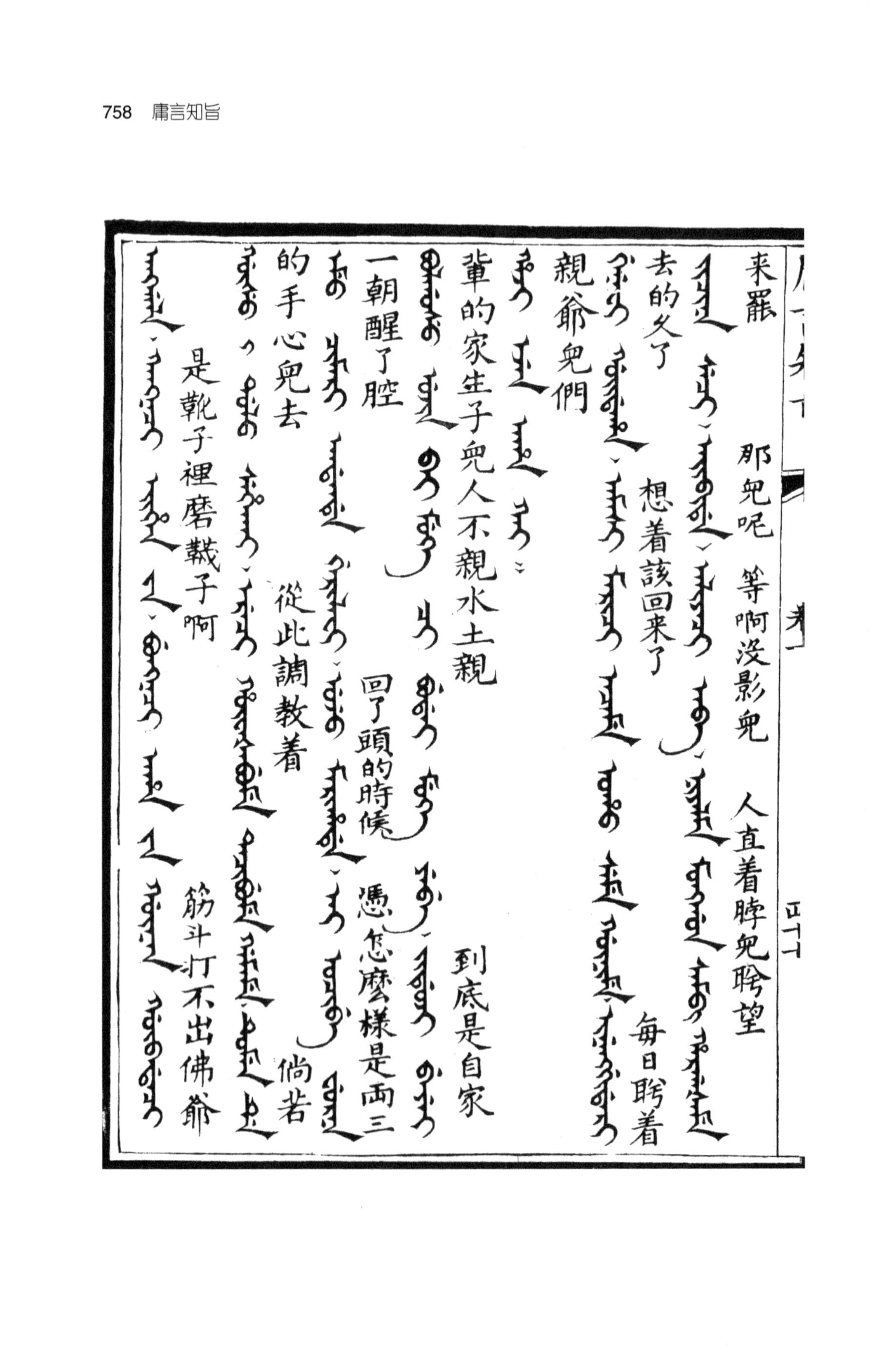

来罷
那兒呢
等啊沒影兒
人直着脖兒盼望

去的久了
想着該回來了
每日盼着

親爺兒們

輩的家生子兒人不親水土親
到底是自家

一朝醒了腔
回了頭的時候
憑怎麼樣是兩三

的手心兒去
從此調教着
倘若

是靴子裡磨戳子啊
觔斗打不出佛爺

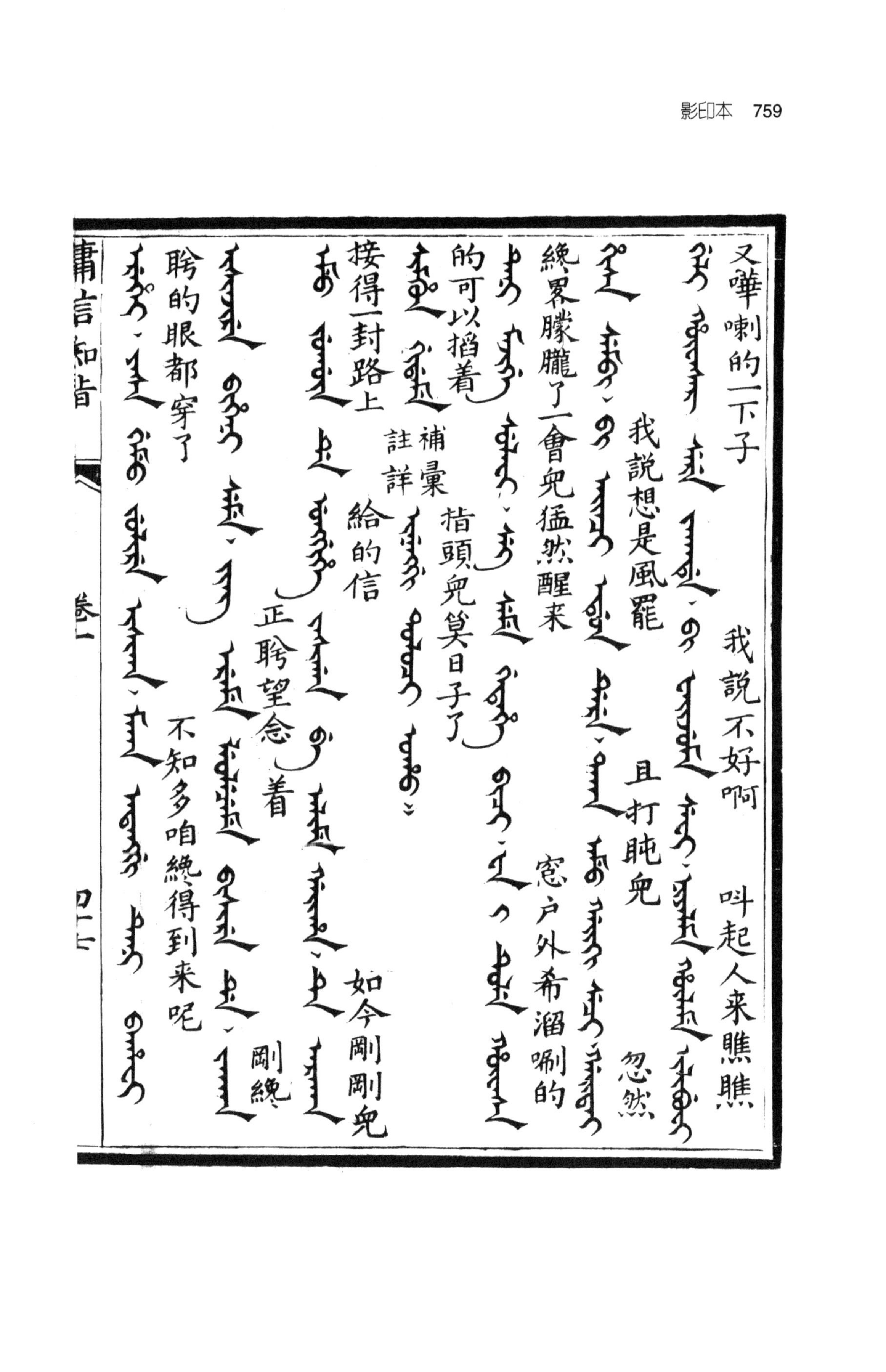

又嘩喇的一下子

我說不好啊

叫起人来瞧瞧

我說想是風罷

且打盹兒

忽然

纔累朦朧了一會兒猛然醒来

窓户外希溜唰的

的可以掐着

掐頭兒算日子了

補彙
註詳

接得一封路上

給的信

如今剛剛兒

正盼望念着

剛纔

盼的眼都穿了

不知多咱纔得到来呢

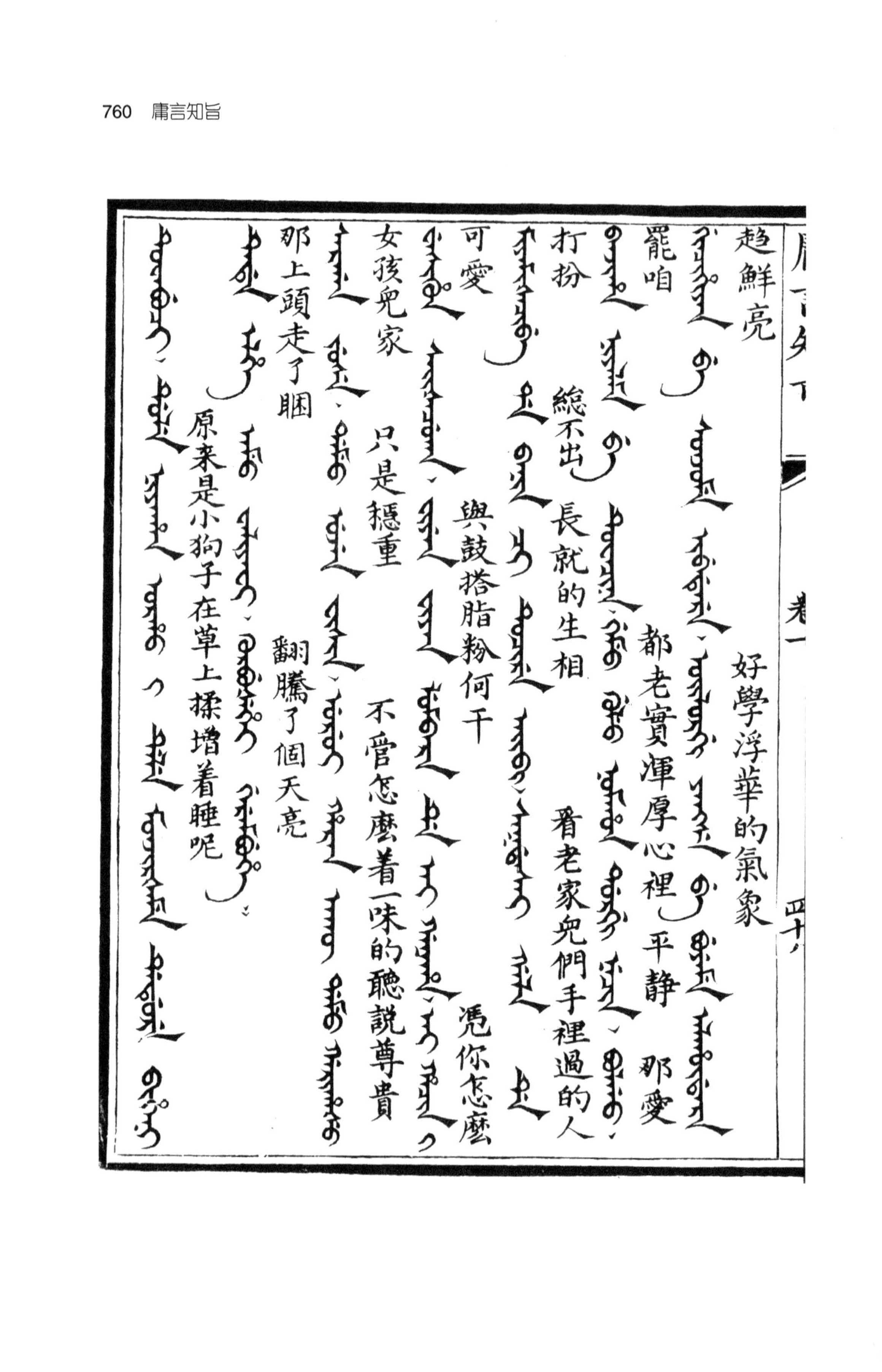

趨鮮亮 好學浮華的氣象

罷咱 都老實渾厚心裡平靜 那愛

打扮 總不出 長就的生相 看老家兒們手裡過的人

可愛 與鼓搭脂粉何干 憑你怎麼

女孩兒家 只是穩重 不管怎麼着一味的聽説尊貴

那上頭走了睏 翻騰了個天亮

原来是小狗子在草上揉增着睡呢

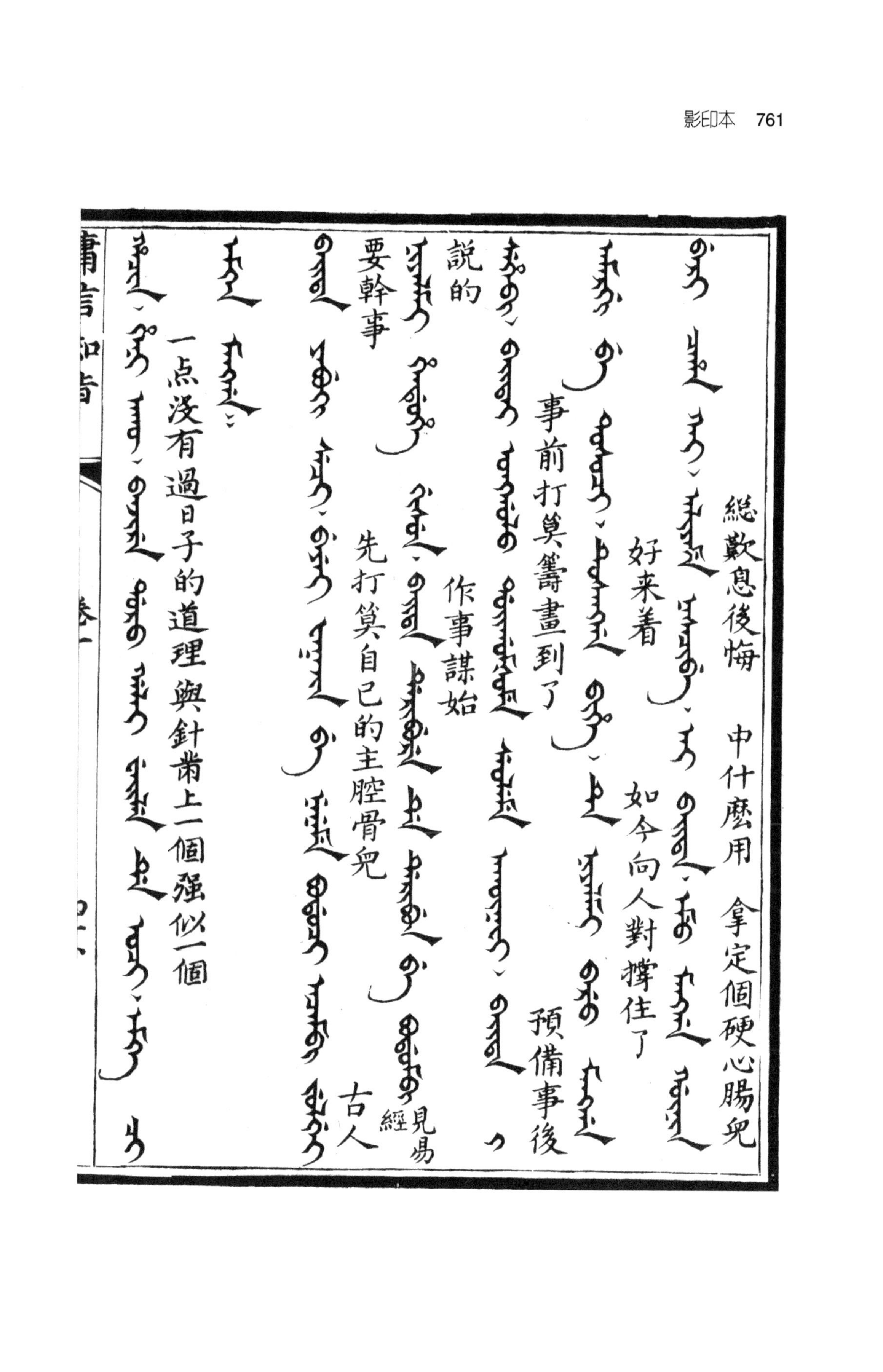

總歎息後悔 中什麽用 拿定個硬心腸兒

好來着 如今向人對撑住了

事前打筭籌畫到了 預備事後

說的 作事謀始

要幹事 先打筭自己的主腔骨兒 古人 見易經

一点没有過日子的道理與針黹上一個强似一個

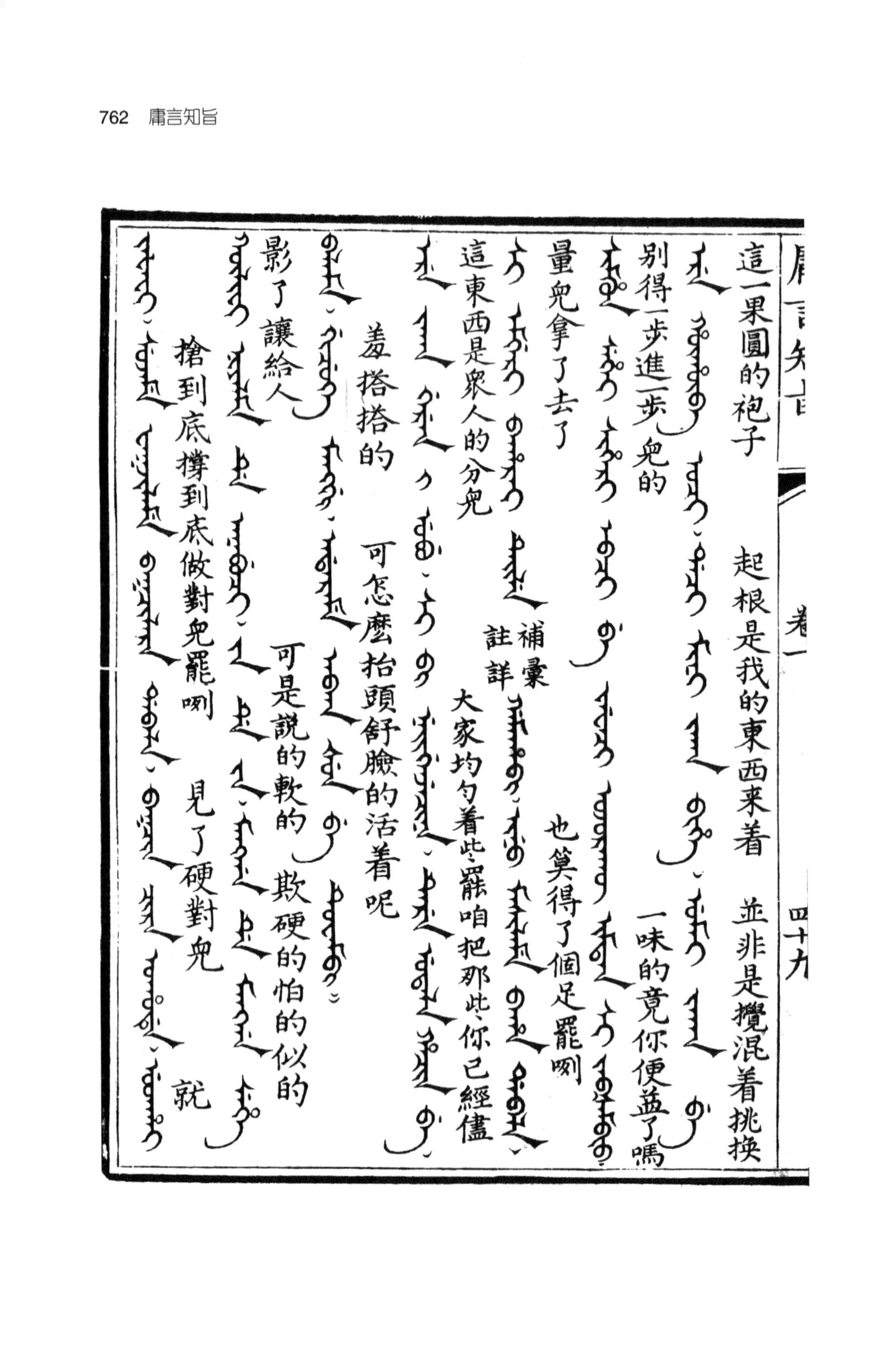

這一果圓的袍子 起根是我的東西來着 並非是攙混着挑換

別得一步進一步兒的 一味的竟你便益了嗎

量兒拿了去了 也莫得了個足罷咧

這東西是衆人的分兒 補彙 註詳 大家均匀着些罷咱把那些你已經儘

羞搭搭的 可怎麽抬頭舒臉的活着呢

影了讓給人 可是說的軟的 欺硬的怕的似的

搶到底撐到底做對兒罷咧 見了硬對兒 就

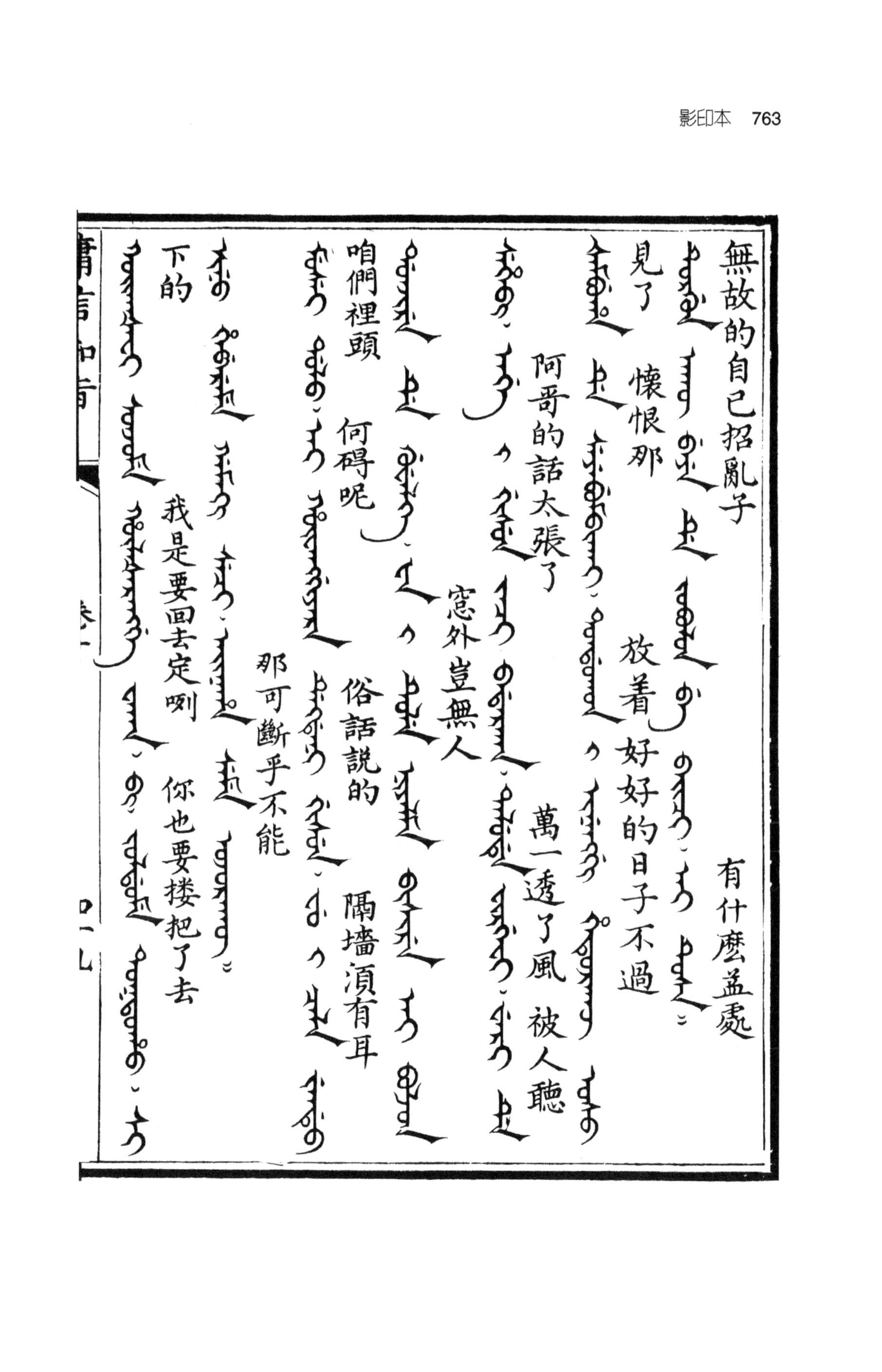

無故的自己招亂子

有什麼益處

見了

懷恨那

放着好好的日子不過

阿哥的話太張了

萬一透了風被人聽

窓外豈無人

咱們裡頭

何碍呢

俗話說的

隔墻須有耳

那可斷乎不能

下的

我是要回去定咧

你也要摟把了去

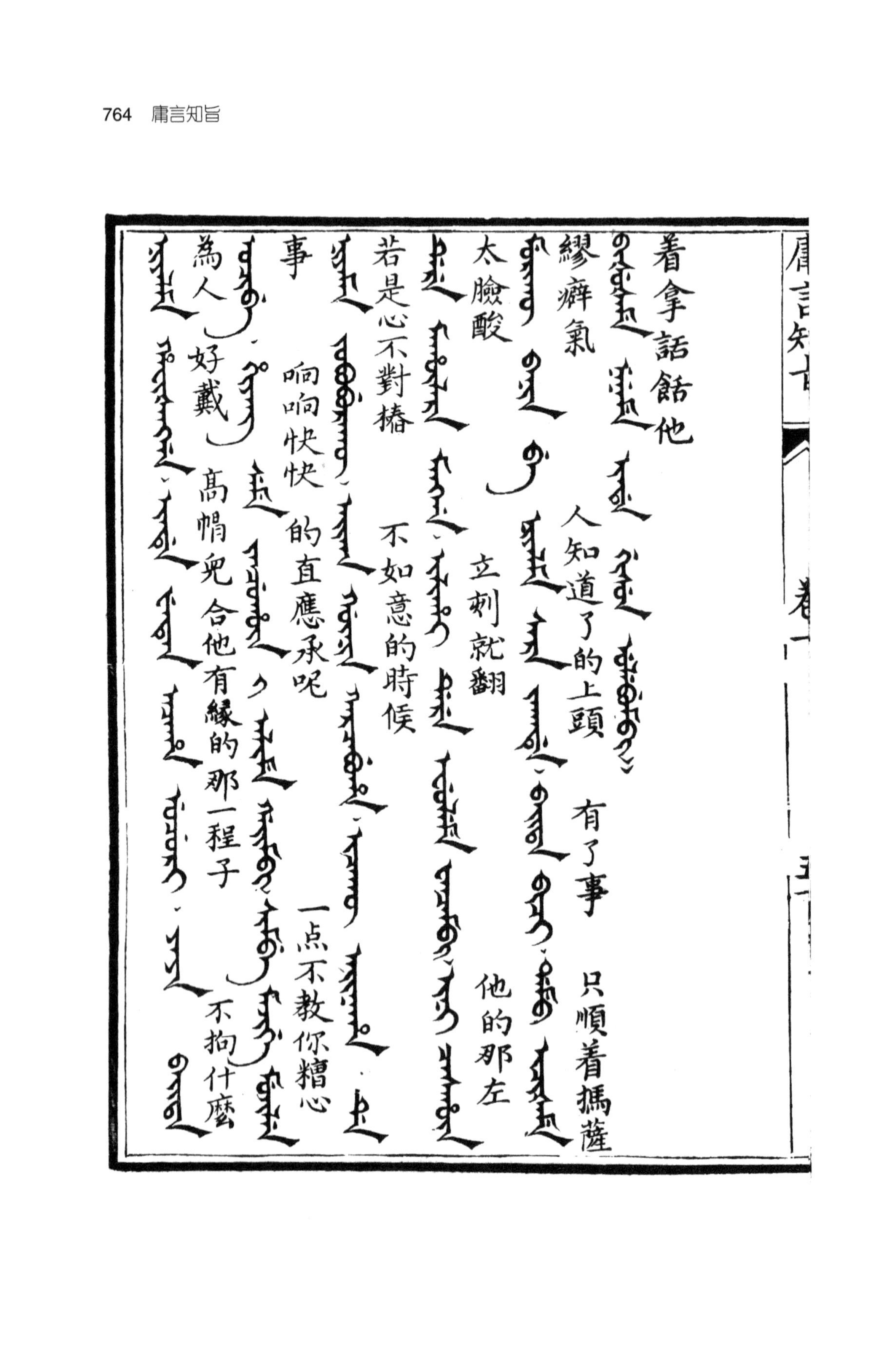

着拿話餂他

繆癖氣　人知道了的上頭　有了事　只順着[illegible]薩

太臉酸　立刻就翻　他的那左

若是心不對摏　不如意的時候

事　响响快快的直應承呢　一点不教你糟心

為人好戴高帽兜合他有緣的那一程子　不拘什麼

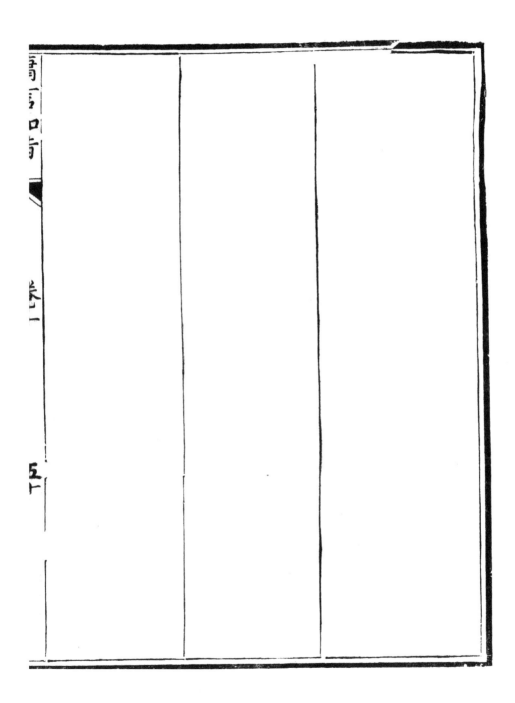

分兒 如今到底上了套兒 受了罪了 該啊

若 把別人提白的聽一点兒 也不至於跌在這個

可不是沒影兒自己找罪嗎

睡會兒 不舒服麼 這們早平白的要起来

受用舒服的時候 一点事兒沒有 畧多

雖交了亮鐘 天還沒亮呢 正可儘量兒

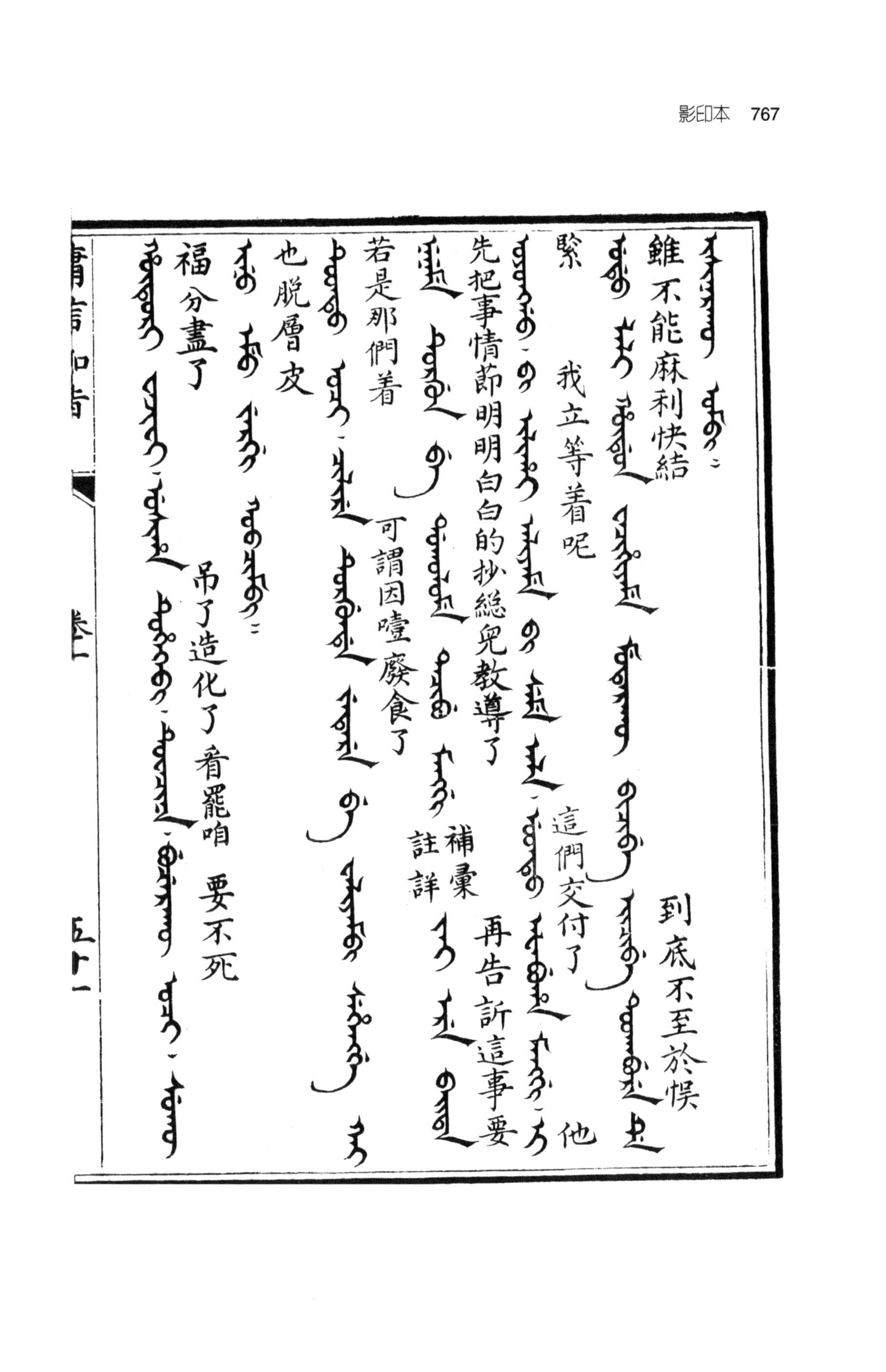

雖不能麻利快結　到底不至於悞

緊　我立等着呢　這個交付了　他

先把事情節明明白白的抄総兒教導了　再告訴這事要　補彙註詳

若是那們着　可謂因噎廢食了

也脫層皮

福分盡了　吊了造化了　看罷咱　要不死

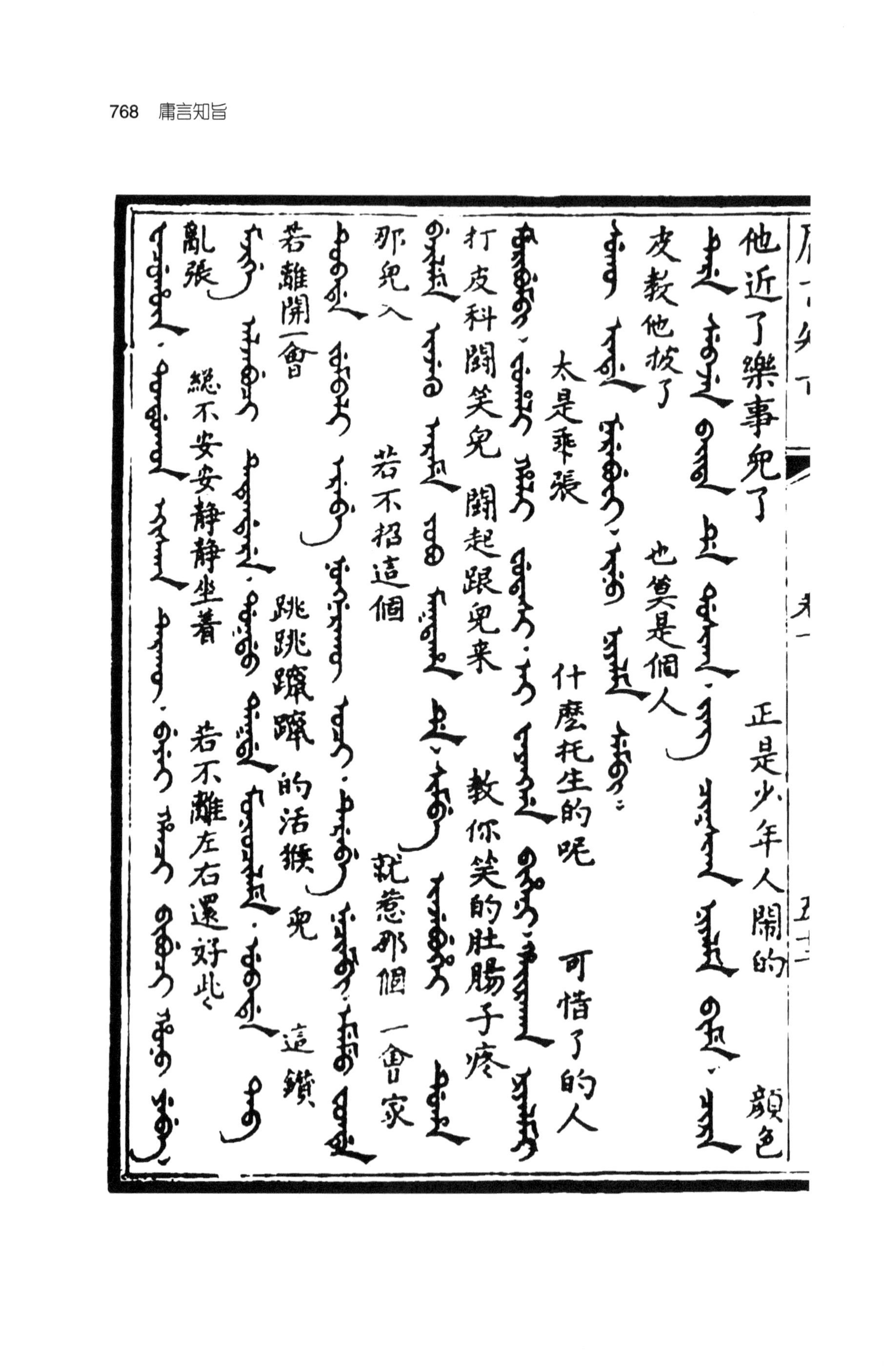

他近了樂事兒了 正是少年人鬧的 顏色

皮教他拔了 也算是個人

太是乖張 什麼托生的呢 可惜了的人

打皮科鬪笑兒 鬪起跟兒來 教你笑的肚腸子疼

那兒入 若不招這個 就惹那個 一會家

若離開一會 跳跳躦躦的活猴兒 這鑽

亂張 總不安安靜靜坐着 若不離左右還好些

套子套雀兒 就下夾子 打鷹不剌兒

心野 猴性 一會兒閑不住 不是下

該得個什麼罷兒

弄到斷了香烟 你白敠敠的就死

為兒子的人 不能光耀父母 罷咱的 若

父母生了兒子 原為繼續後嗣啊

煞白 嘴唇都沒血色 從什麼上受了傷沒個火力兒呢

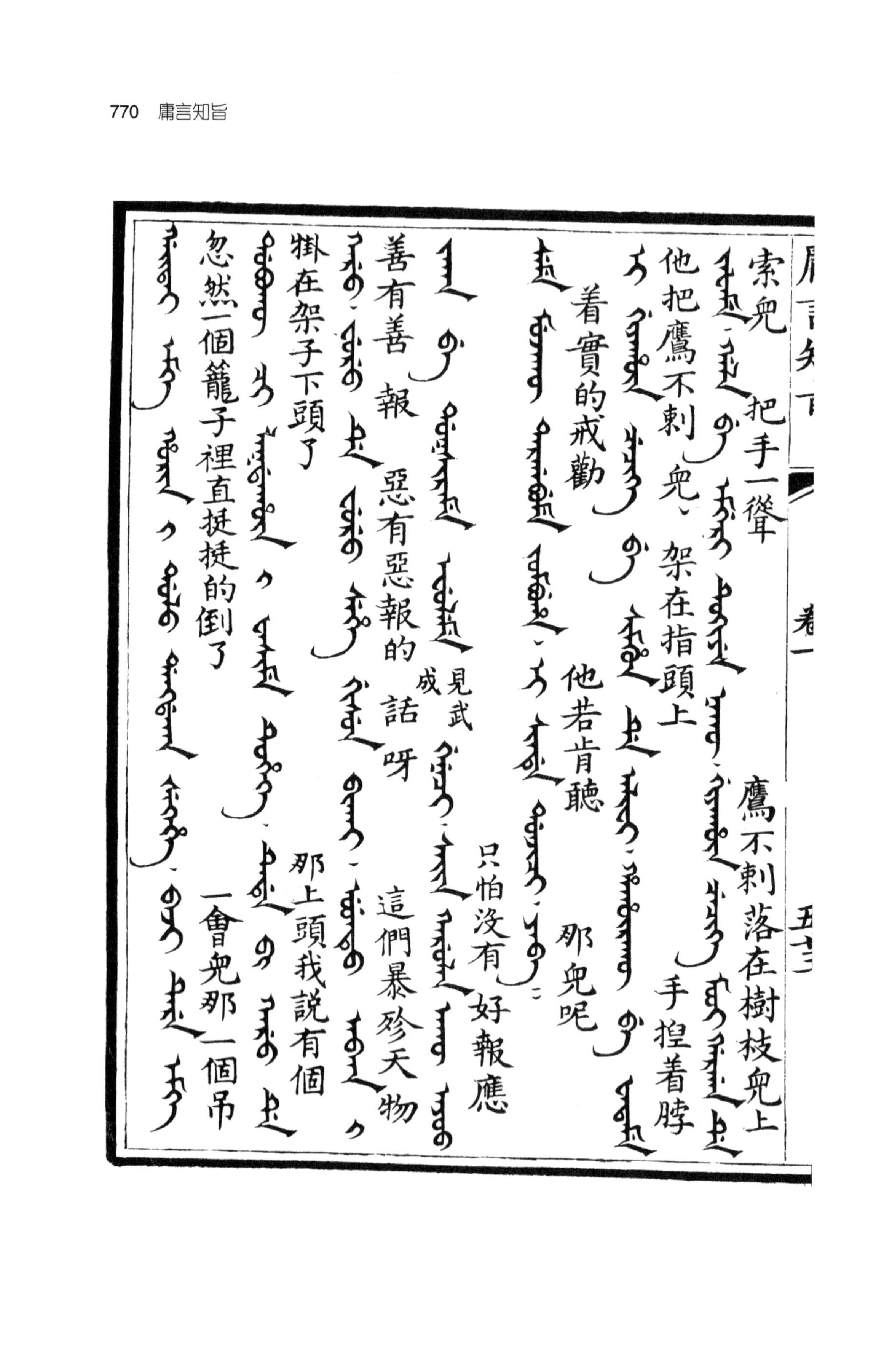

索兒 把手一聳 鷹不剌落在樹枝兒上

他把鷹不剌兒、架在指頭上 手揑着脖

着實的戒勸 他若肯聽 那兒呢

見武成 只怕沒有好報應

善有善報 惡有惡報的話呀 這們暴殄天物

掛在架子下頭了 那上頭我說有個

忽然一個籠子裡直挺挺的倒了 一會兒那一個吊

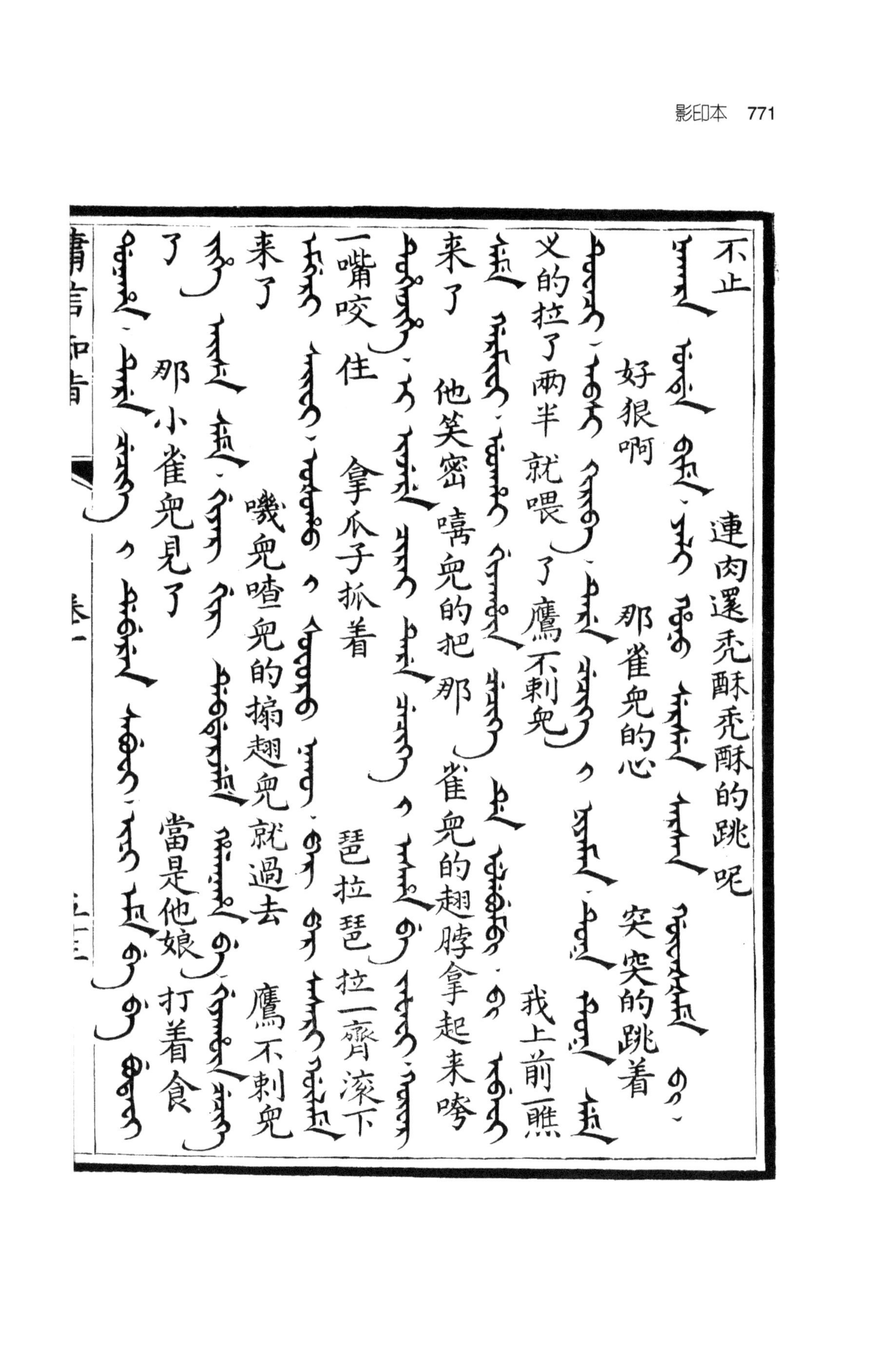

不止 連肉還禿酥禿酥的跳呢

好狠啊 那雀兒的心 突突的跳着

乂的拉了兩半就喂了鷹不剌兒 我上前一瞧

來了 他笑密嘻兒的把那雀兒的翅膀拿起來嗲

一嘴咬住 拿爪子抓着 琵拉琵拉一齊滾下

來了 嘰兒喳兒的搧翅兒就過去 鷹不剌兒

了 那小雀兒見了 當是他娘 打着食

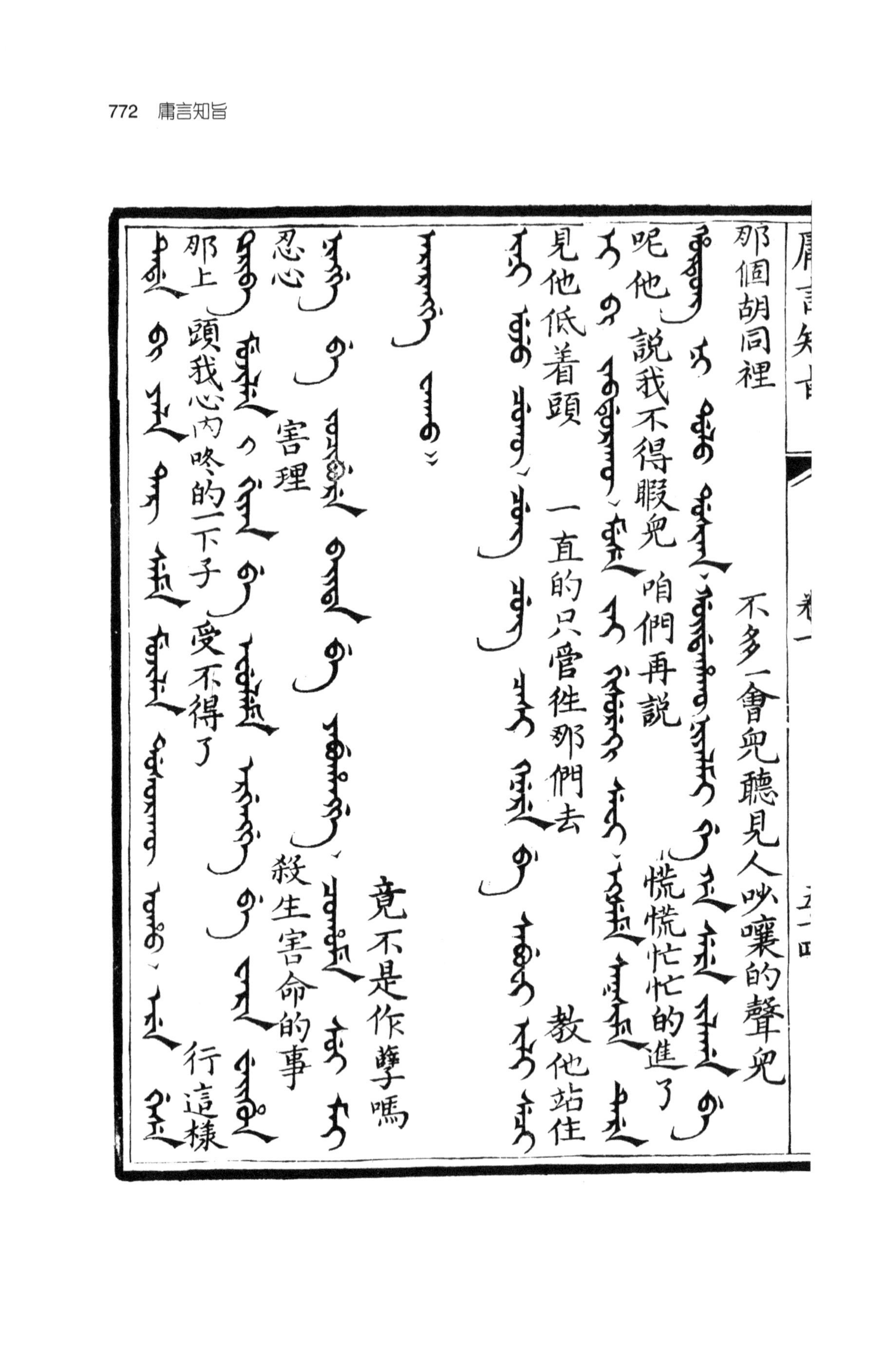

那個胡同裡　不多一會兒聽見人吵嚷的聲兒

吧他　說我不得暇兒　咱們再說　慌慌忙忙的進了

見他低着頭　一直的只管徃那們去　教他站住

忍心　竟不是作孽嗎

害理　殺生害命的事

那上頭我心內咚的一下子　受不得了　行這樣

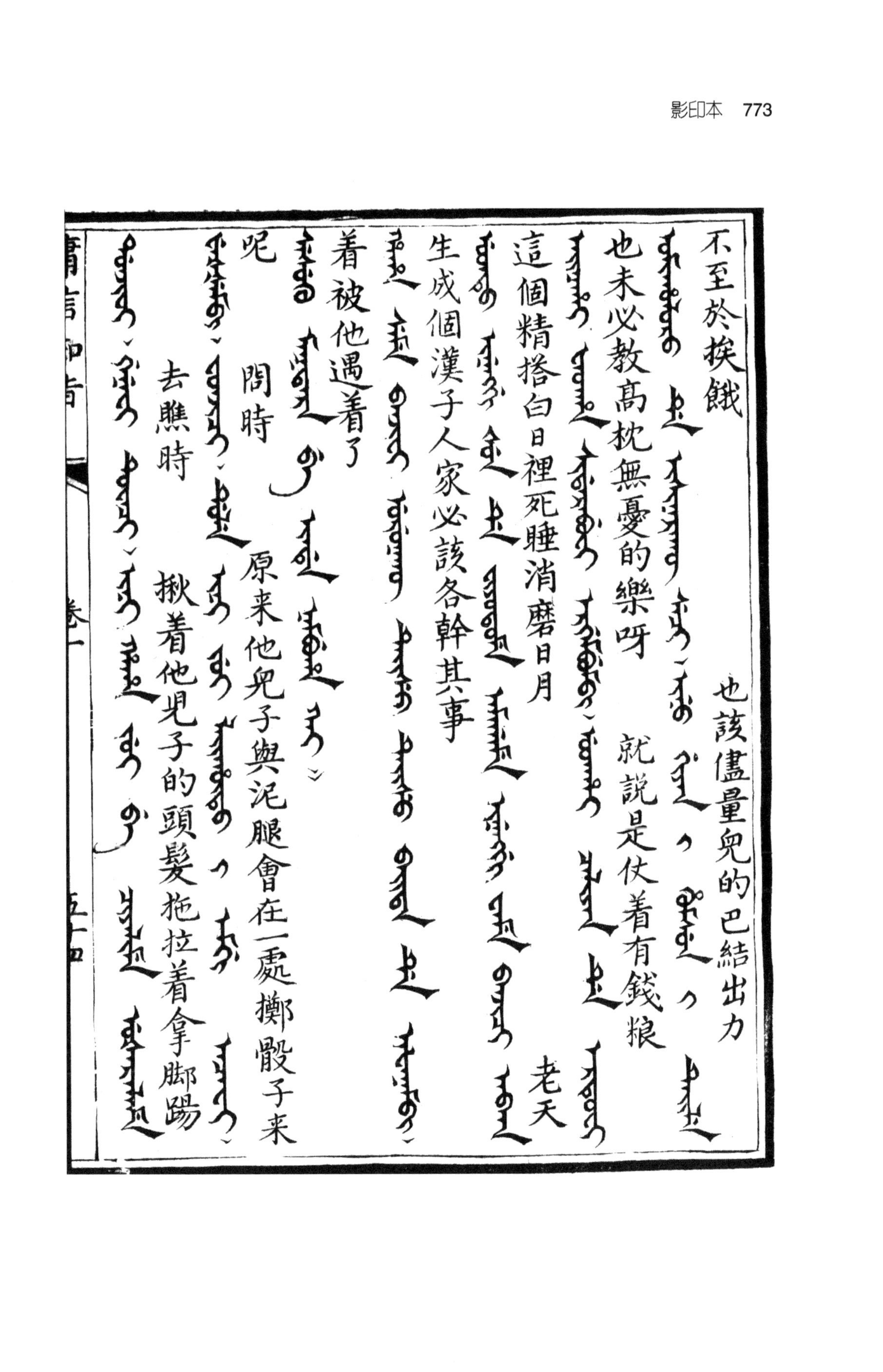

不至於挨餓
也該儘量兒的巴結出力

也未必教高枕無憂的樂呀
就說是仗着有錢粮

這個精搭白日裡死睡消磨日月
老天

生成個漢子人家必該各幹其事

着被他遇着了

呢
悶時
原来他兒子與泥腿會在一處擲骰子来

去瞧時
揪着他兒子的頭髮拖拉着拿腳踢

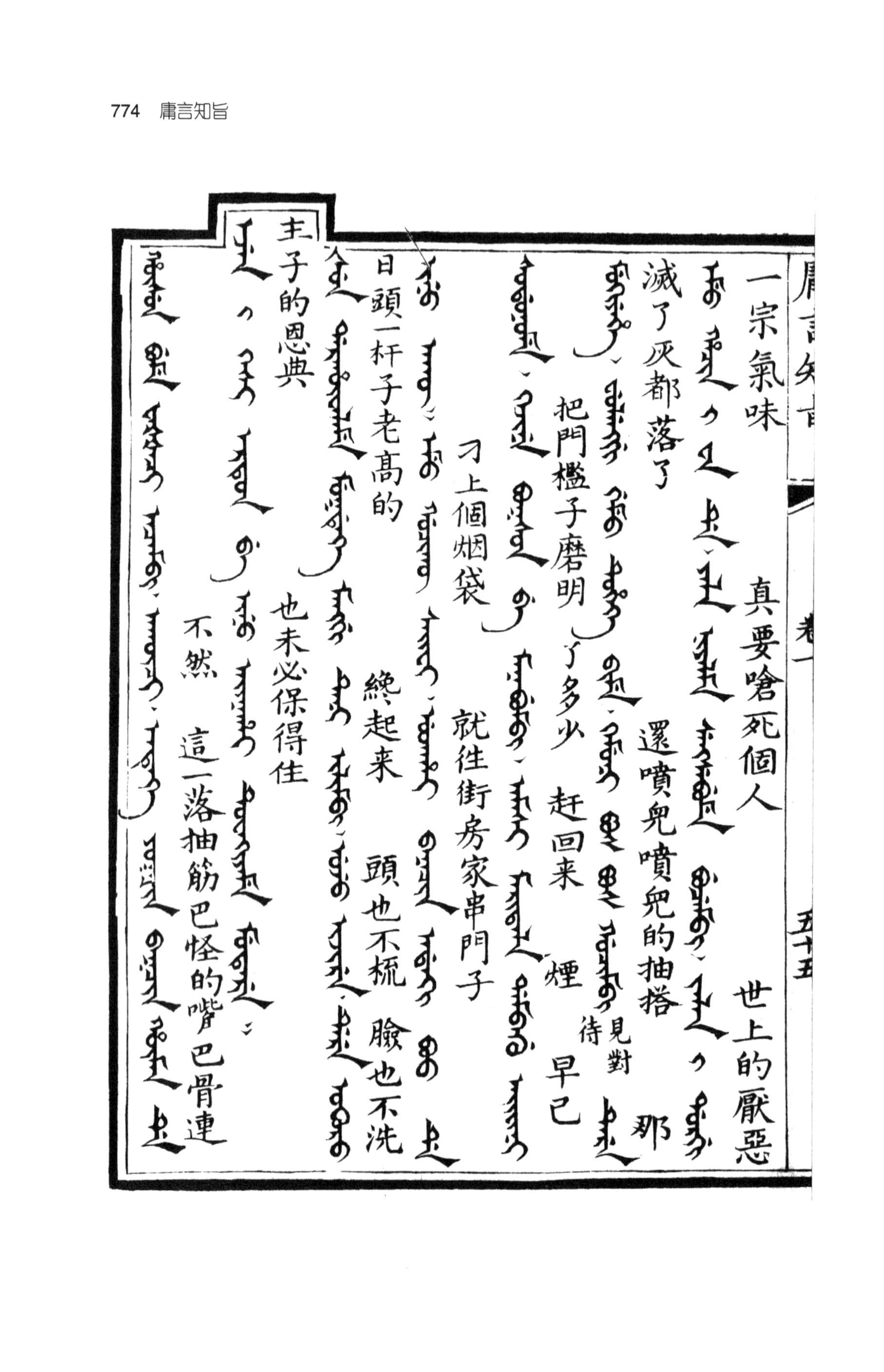

一宗氣味 真要啥死個人 世上的厭惡

滅了灰都落了 還噴兒噴兒的抽搭 那

把門檻子磨明了多少 赶回来 煙 早已

見對待

刁上個烟袋 就往街房家串門子

日頭一杆子老高的 纔起来 頭也不梳 臉也不洗

主子的恩典 也未必保得住

不然 這一落抽筋巴怪的嘴巴骨連

蹈着揉搓　不久就爛了罷咧　剩什麼呢

爪搭爪搭的腥影的人受不得　鞋後根終日家趿

隨脚利便而且省　若這們趿拉了去　不但

不扣鈕子　是什麼樣兒　鞋提上穿着

你這們歪　剻着個帽子　裂拉着個前襟子　〔見對待〕

人　有個禮貌兒　若隨便行去　不好看

行子　除了他再也没有了

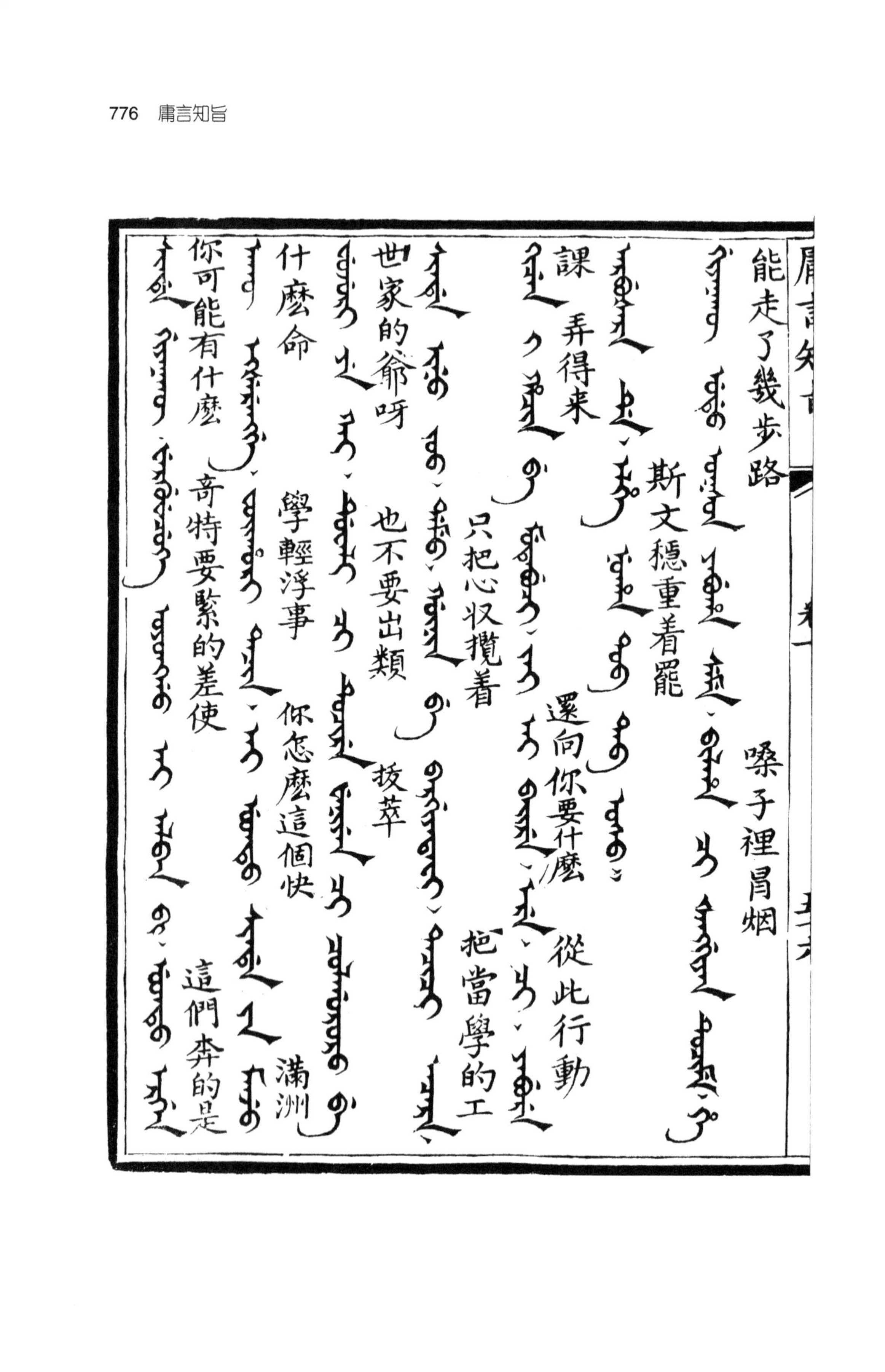

你可能有什麼奇特要緊的差使
這們奔的是什麼命
學輕浮事
你怎麼這個快
滿洲世家的爺呀
也不要出類拔萃
只把心収攬着
把當學的工課弄得来
還向你要什麼
從此行動
斯文穩重着罷
能走了幾步路
嗓子裡冐烟

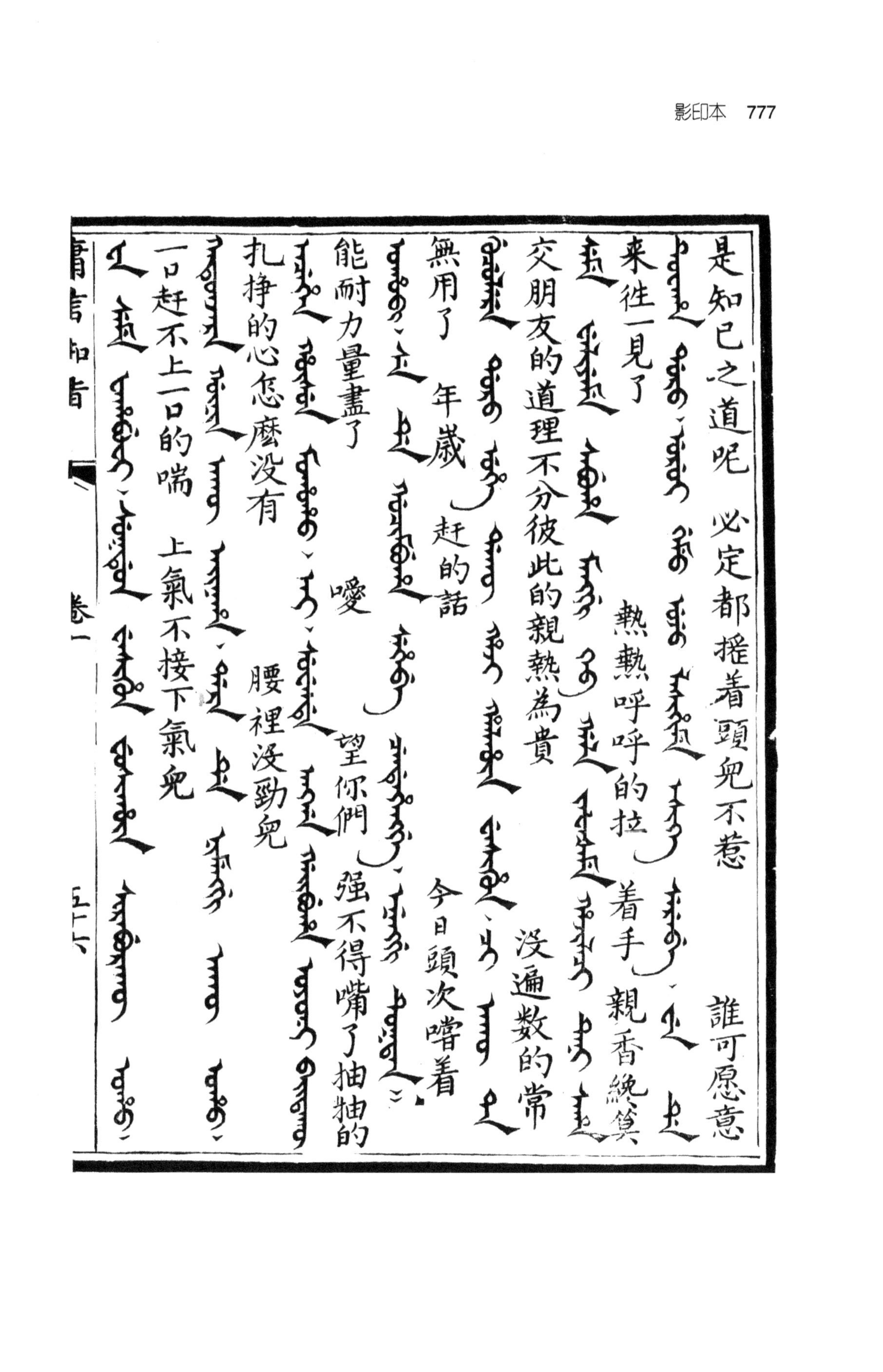

是知己之道呢 必定都搖着頭兒不惹 誰可愿意

来往一見了 熱熱呼呼的拉着手 親香纔筭

交朋友的道理不分彼此的親熱為貴 没遍数的常

無用了 年歲 赶的話 今日頭次嚐着

能耐力量盡了 噯 望你們 强不得嘴了抽抽的

扎挣的心怎麽没有 腰裡没勁兒

一口赶不上一口的喘 上氣不接下氣兒

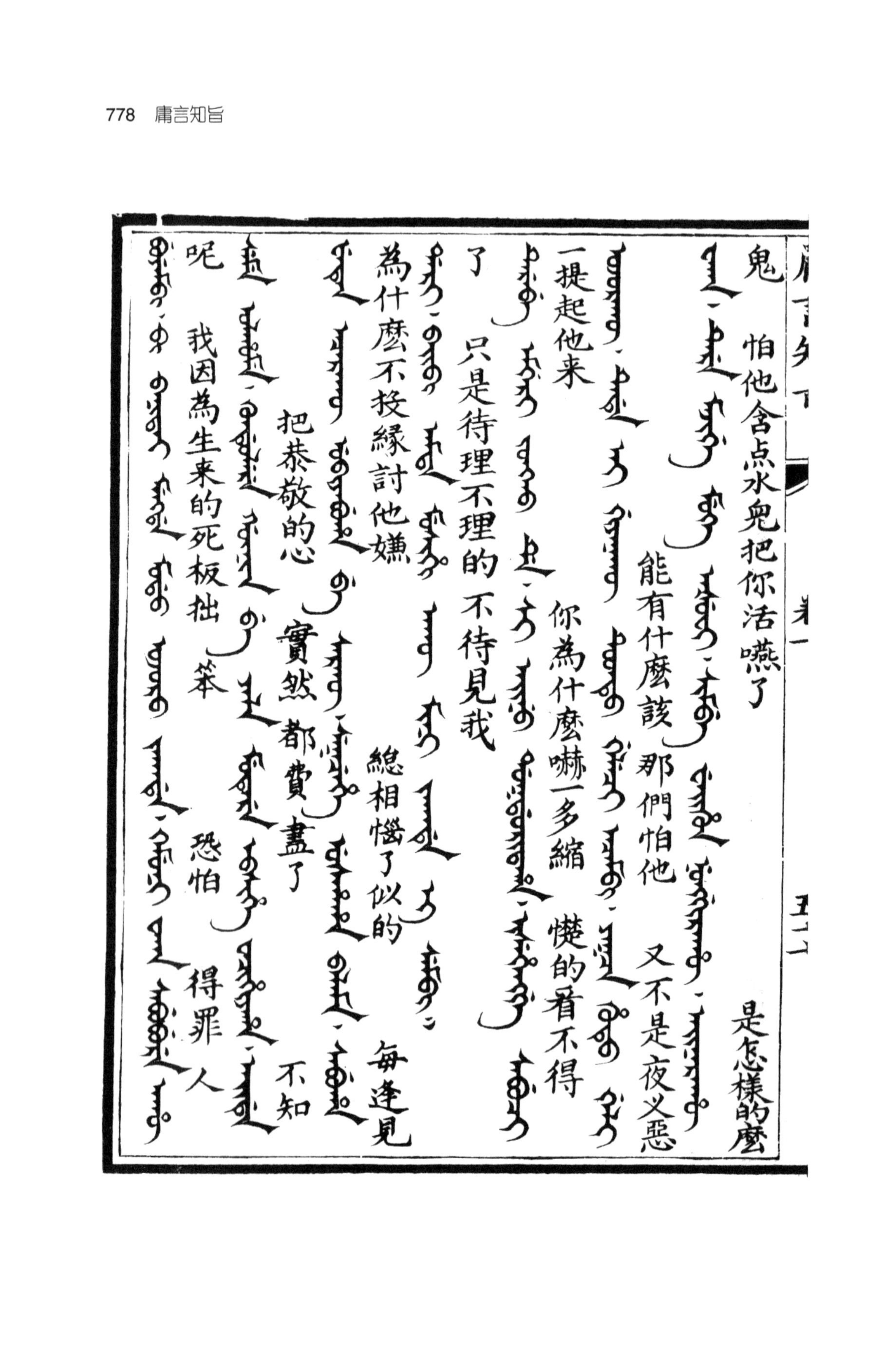

鬼 怕他含点水鬼把你活嚥了 是怎樣的麼

能有什麼該 那們怕他 又不是夜义惡

一提起他来 你為什麼嚇一多縮 㦬的看不得

了 只是待理不理的不待見我

為什麼不投緣討他嫌 總相惱了似的 每逢見

把恭敬的心 實然都費盡了 不知

呢 我因為生來的死板拙笨 恐怕 得罪人

到了晚上頭往枕頭上一擱 就挺屍咧 任

白日裡遊魂也似的 自己個遊搭

揉揉眼扒起来 張着口兒等飯喫

縮頭縮惱的 要到個四角台上可怎麼樣呢

這有要沒緊的地方 尚且這們脖子筋跳麻爪兒

還個繃子看 漢子家畧有個胆氣 也爭口氣呀

土 還有個土 性兒呢 稱着勢兒立起個志向来

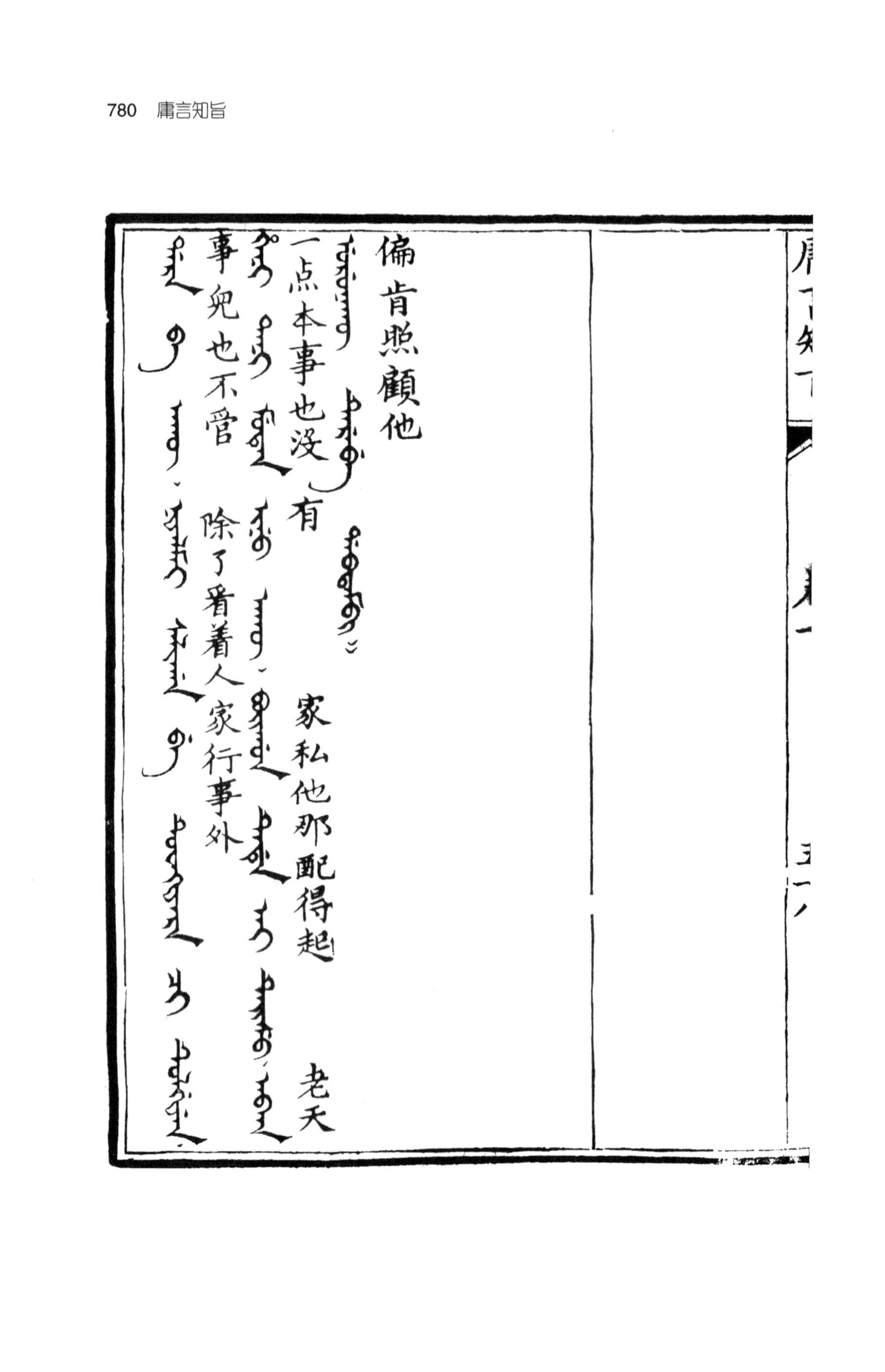

偏肯照顧他

一点本事也没有

家私他那配得起

老天

事兒也不管

除了看着人家行事外

庸言知旨 卷二 五十八

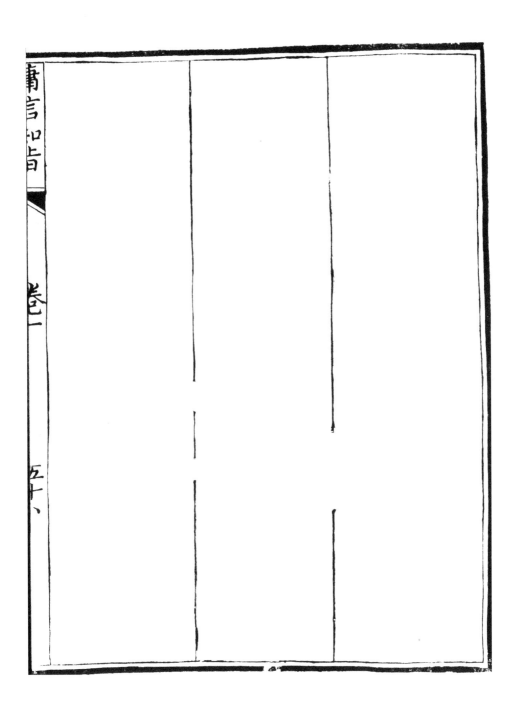

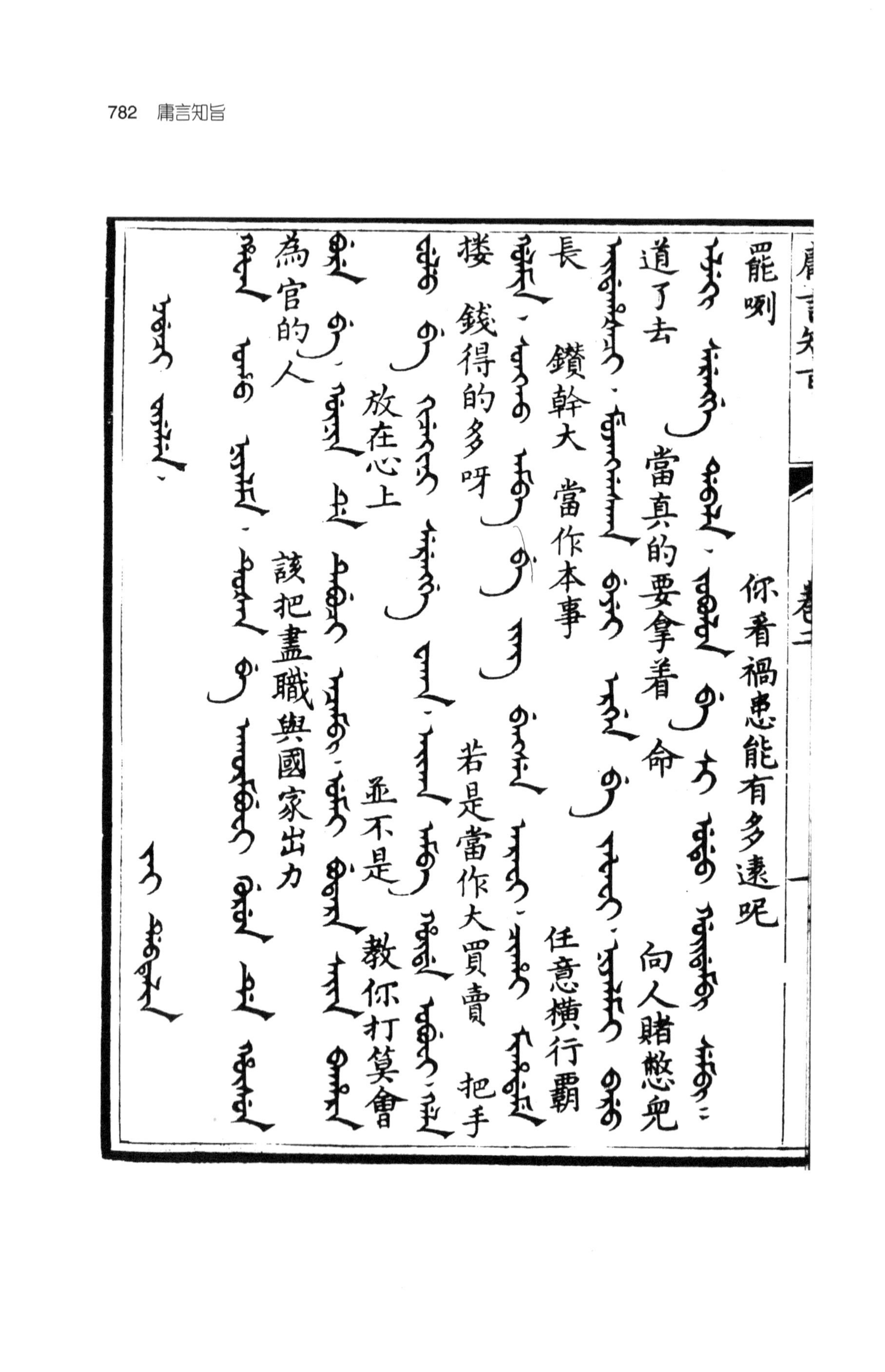

罷咧

你看禍患能有多遠呢

道了去

當真的要拿着命

向人賭憋兒

長

鑽幹大 當作本事

任意横行霸

摟

錢得的多呀

若是當作大買賣

把手

放在心上

並不是

教你打算會

為官的人

該把盡職與國家出力

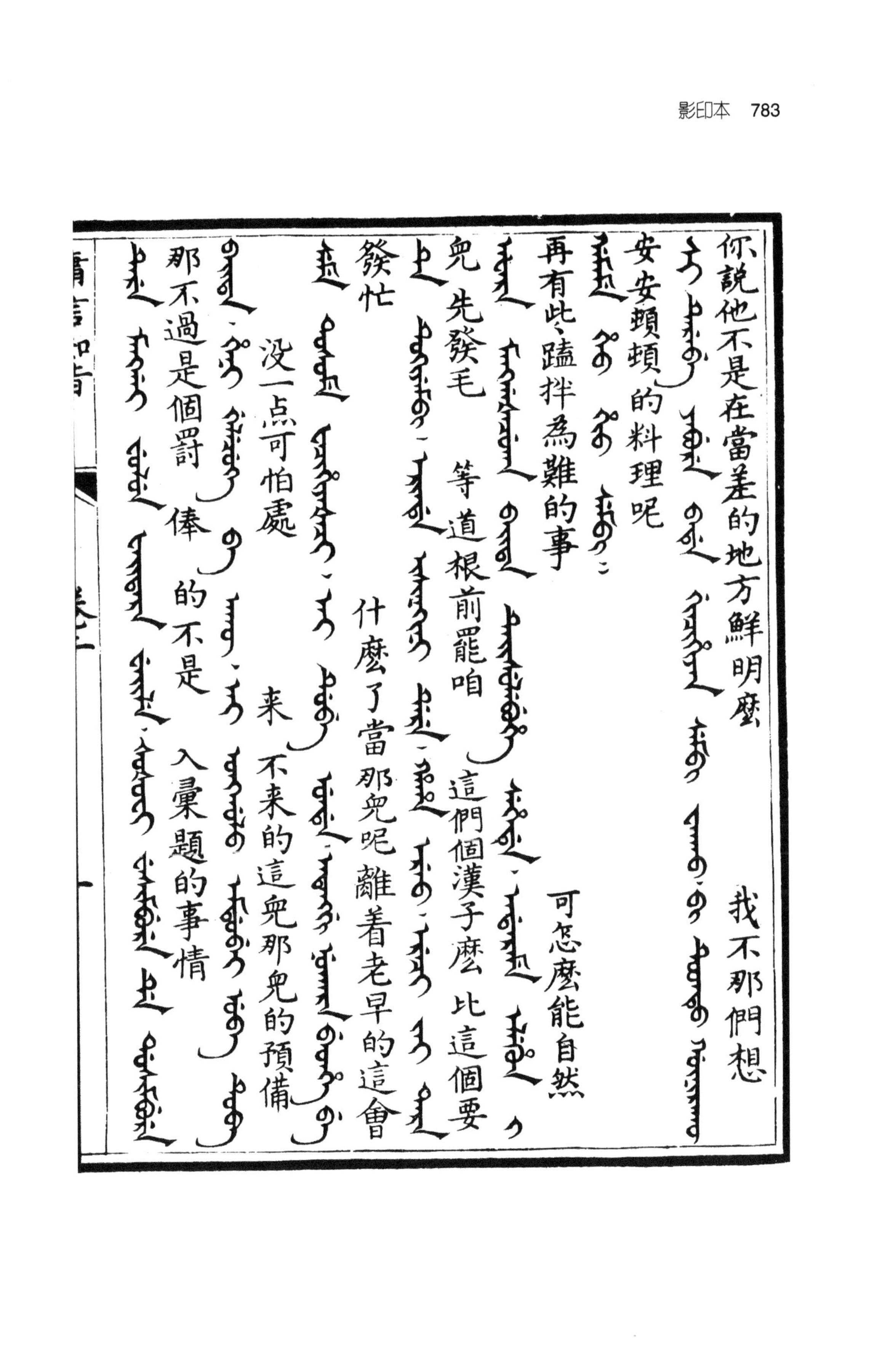

你說他不是在當差的地方鮮明麼 我不那們想

安安頓頓的料理呢 可怎麼能自然

再有此、磕拌為難的事

兒先發毛 等道根前罷咱 這們個漢子麼 比這個要

發忙 什麼了當那兒呢 離着老早的這會

没一点可怕處 来 不来的這兒那兒的預備

那不過是個罰詩 俸 的不是 入彙題的事情

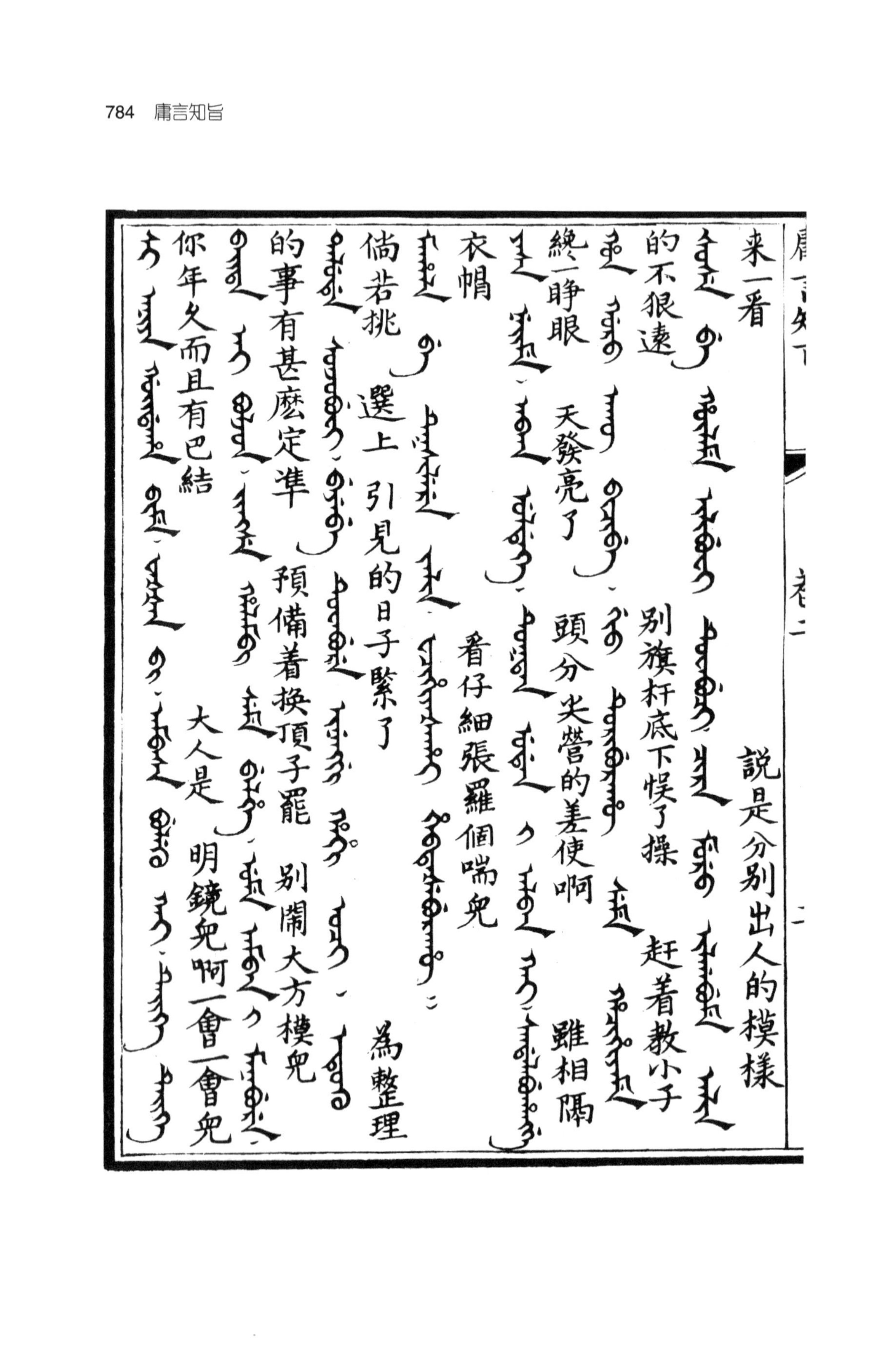

来一看 說是分别出人的模様

的不狠遠 别旗杆底下悮了操 赶着教小子

纔一睜眼 天發亮了 頭分尖營的差使啊 雖相隔

衣帽 看仔細張羅個喘兒

倘若挑 選上 引見的日子緊了 為整理

的事有甚麼定準 預備着换頂子罷 别鬧大方模兒

你年久而且有巴結 大人是 明鏡兒啊一會一會兒

拉扯不斷的粘抓
竟像雷震的鴨子是的
毛草
看他那做糖的是的
想着赶道兒
會倒他去呢
他倒說不担局
遢顛着
就先走了
累累墜墜的都擱在後頭了
騎上
唰的一鞭子
野鷄溜子
濛濛亮了
從那們赶着胡里摀的給馬擱上鞍子
捧出来

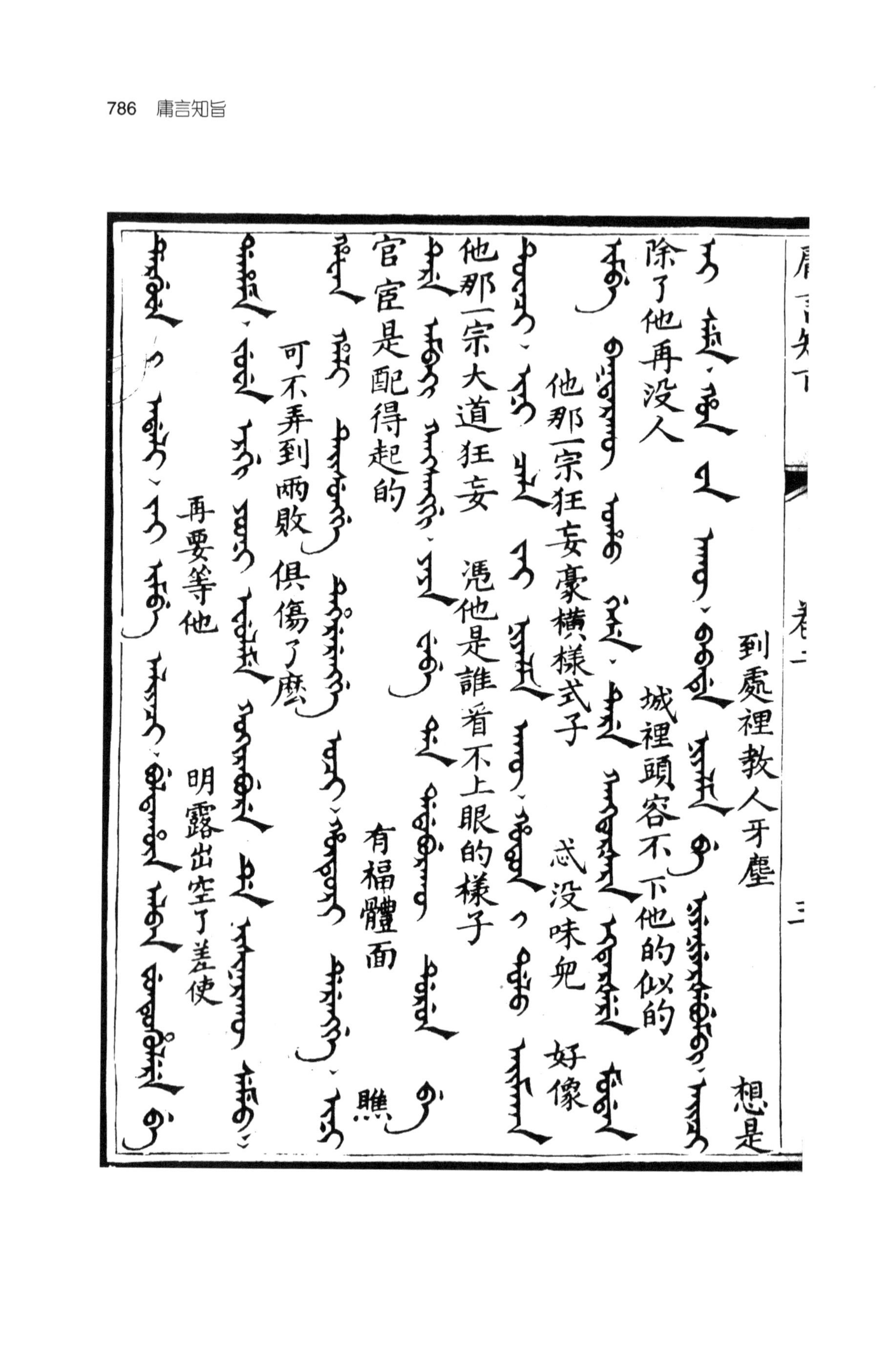

到處裡教人牙壓

想是

除了他再没人

城裡頭容不下他的似的

他那一宗狂妄豪橫樣子

忒没味兒

好像

他那一宗大道狂妄

憑他是誰看不上眼的樣子

官宦是配得起的

有福體面

瞧

可不弄到兩敗俱傷了麽

再要等他

明露出空了差使

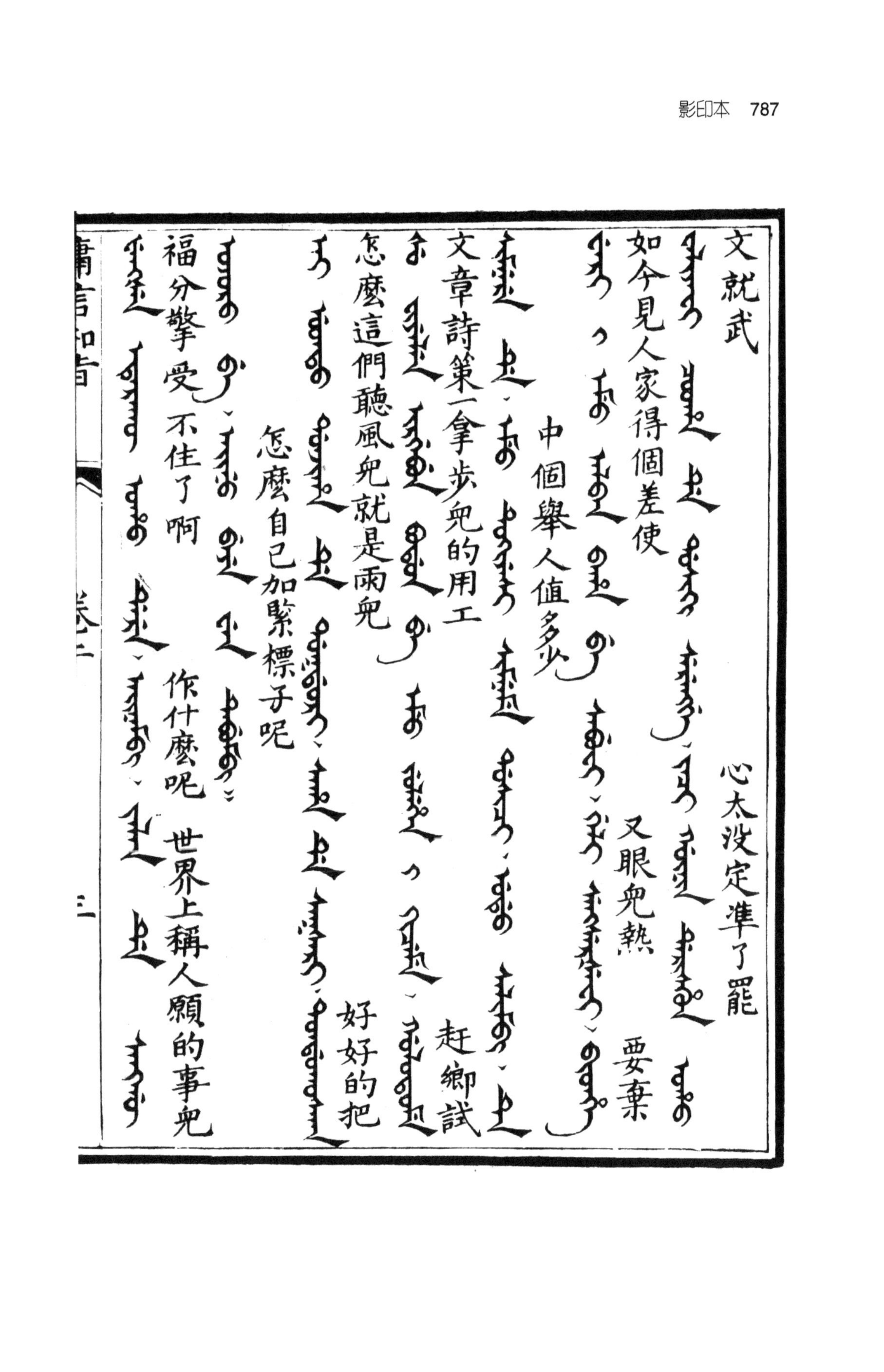

文就武 心太没定準了罷

如今見人家得個差使 又眼兒熱 要棄

中個舉人值多少

文章詩第一拿步兒的用工 赶鄉試

怎麼這們聽風兒就是雨兒 好好的把

怎麼自己加緊標子呢

福分擎受不住了啊 作什麼呢 世界上稱人願的事兒

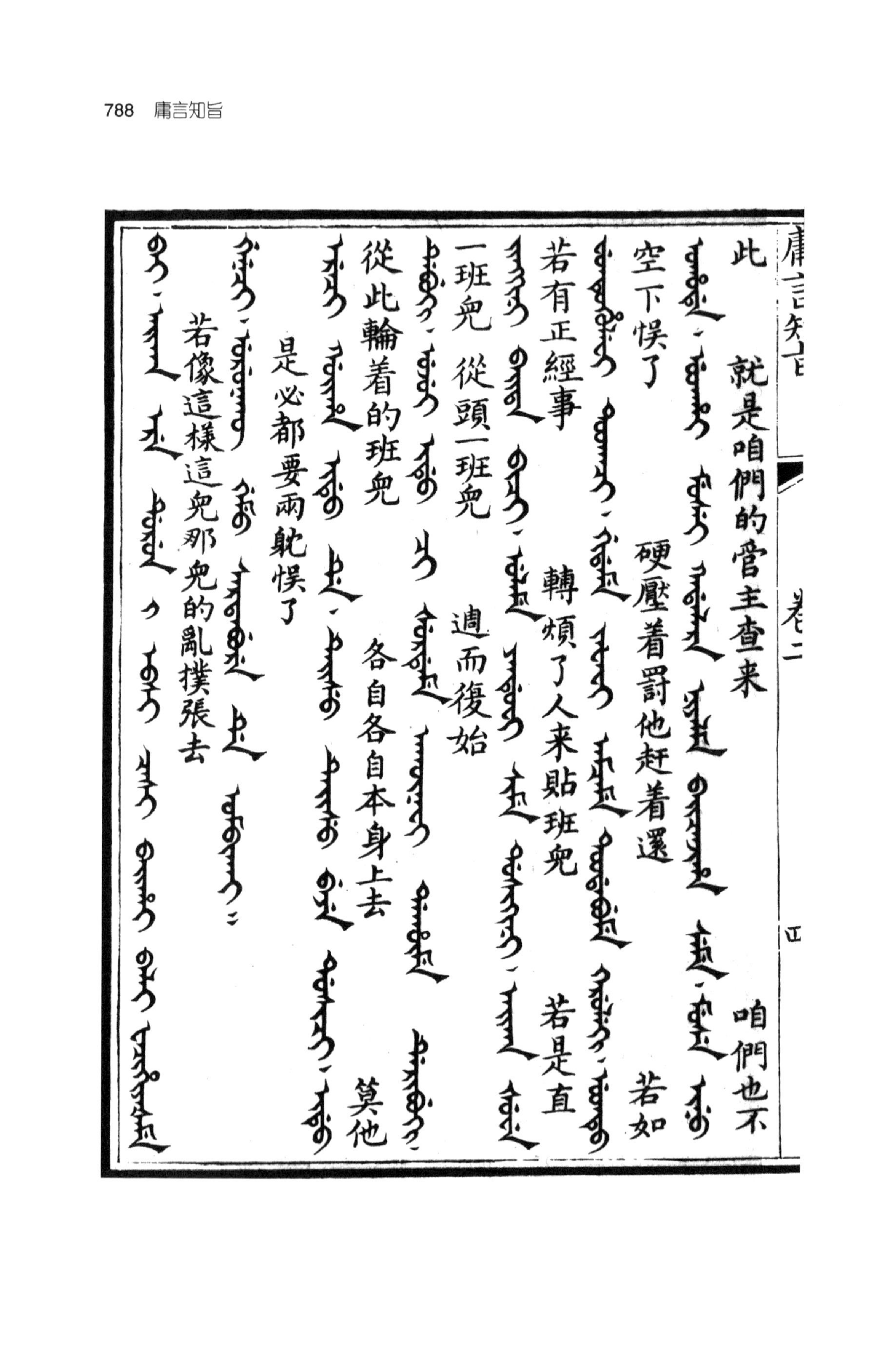

此 就是咱們的管主查来 咱們也不
空下悞了 硬壓着罰他赶着還 若如
若有正經事 轉煩了人来貼班兒 若是直
一班兒 從頭一班兒 週而復始
從此輪着的班兒 各自各自本身上去 莫他
是必都要兩躭悞了
若像這樣這兒那兒的亂撲張去

萬一要把事悞了　如何担的起呢

就只光背不是　甚麼要緊

通知呢　我實在沒有幹這個的本事

我這累暈了的情節　向老爺

擺布不開了　誰可把

事繁　而且都是我　沒經過的事　直纏擾的我

揪心　是與不是　求兄長們定奪

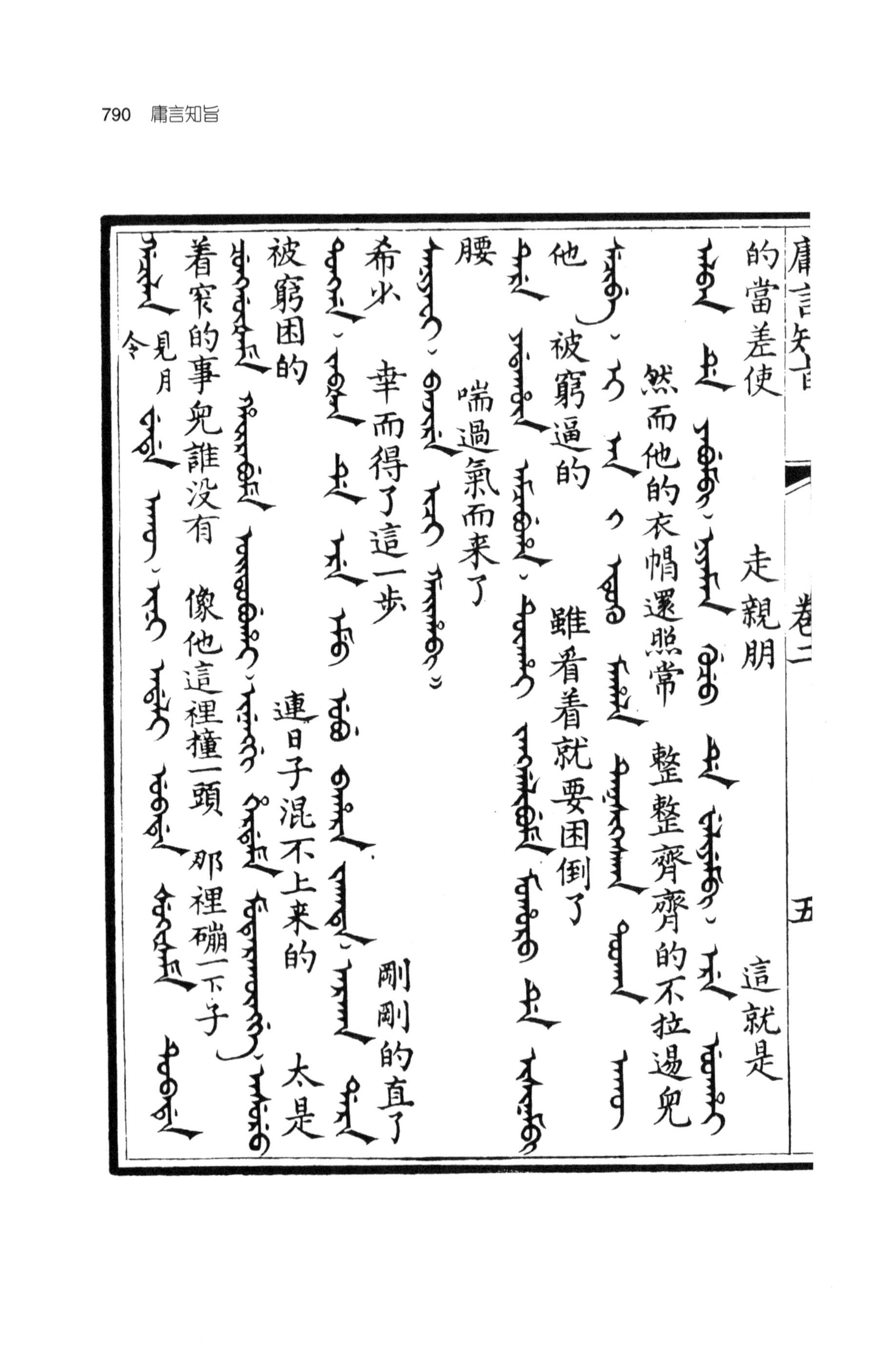

的當差使　走親朋　這就是

然而他的衣帽還照常　整整齊齊的不拉遢兒

他　被窮逼的　雖看着就要困倒了

腰　喘過氣而來了

希少　幸而得了這一步　剛剛的直了

被窮困的　連日子混不上来的　太是

着窘的事兒誰沒有　像他這裡撞一頭　那裡磞一下子

見月令

托阿哥的恩典　到了那里没一点磨牙

他們問咱們這里什麼来着麼

倒乏呀不呢　那里見的什磨時面　有新聞麼

遠行身子辛苦了啊　如今歇過乏来了麼還

如何得知道呢

他彼地裡摘東墻補西墻的苦累處　咱們

說鷄不撒尿　自有便處啊

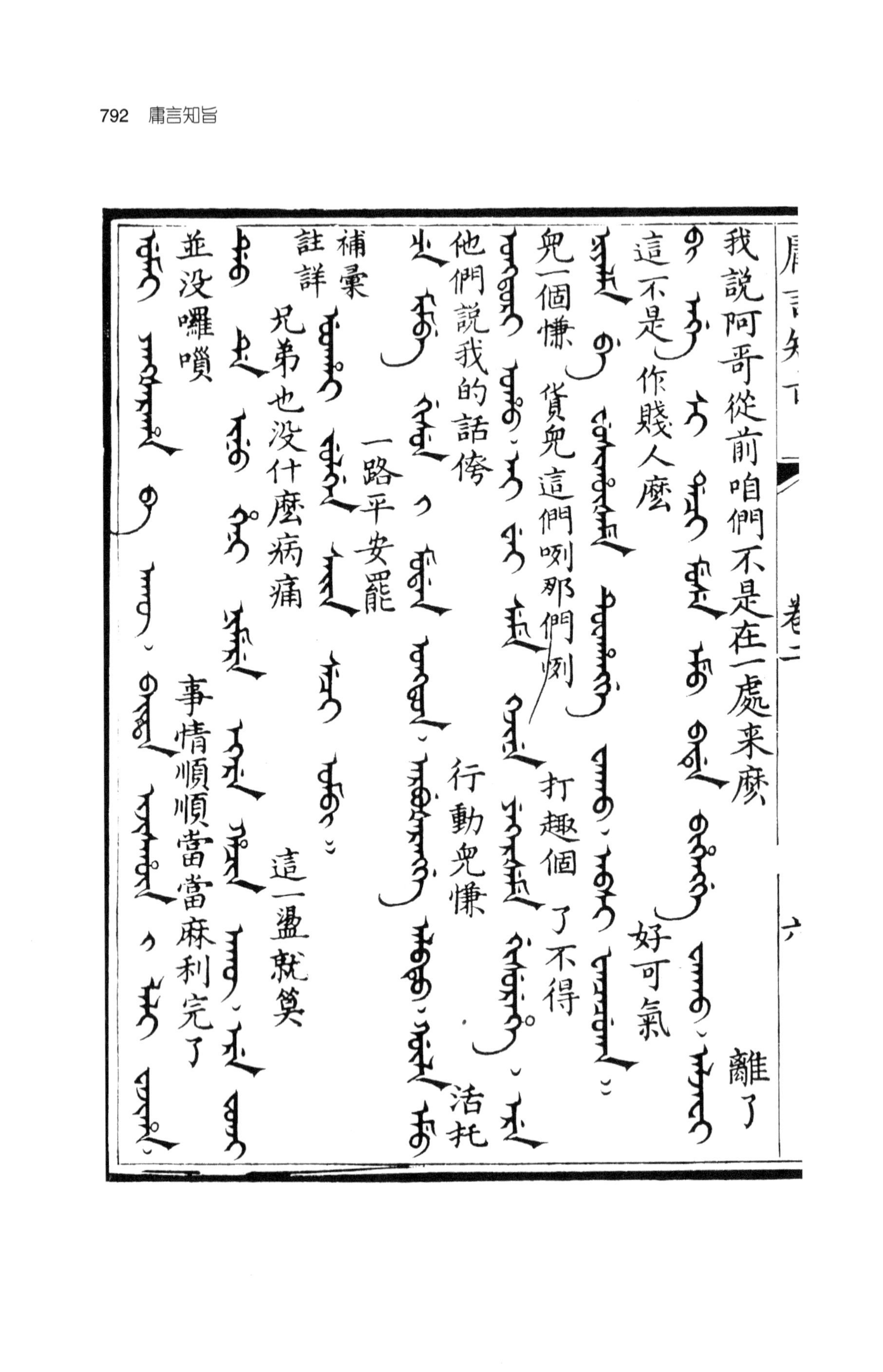

我說阿哥從前咱們不是在一處来麽 離了

這不是作賤人麽 好可氣

兒一個慊 貨兒這們咧那們咧 打趣個了不得

他們說我的話侉 行動兒慊 活托

補彙 一路平安罷

註詳 兄弟也没什麽病痛 這一盪就算

並没囉嗦 事情順順當當麻利完了

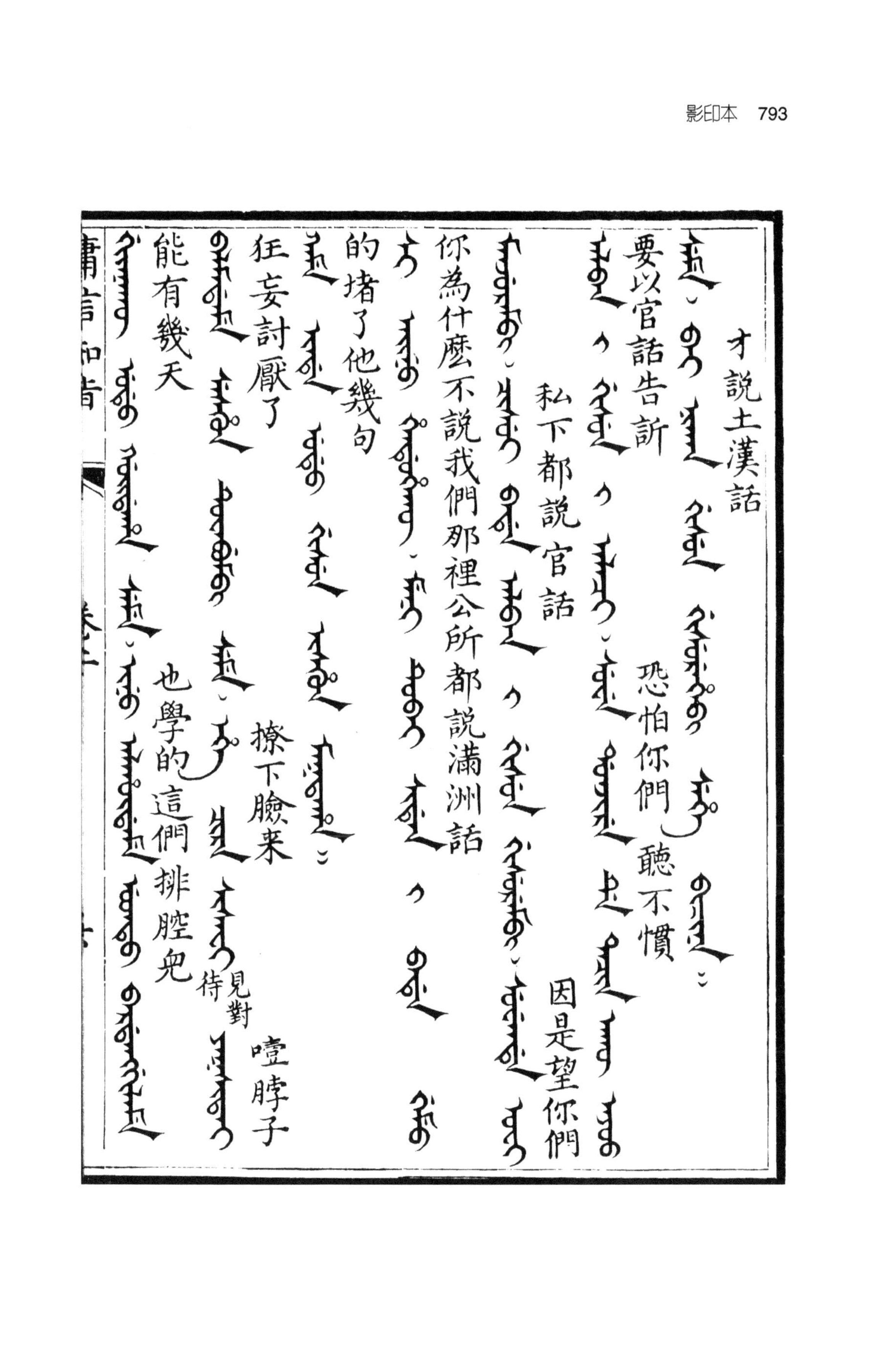

能有幾天

也學的這們排腔兒

狂妄討厭了

見對待

撩下臉来

噎脖子

的堵了他幾句

你為什麽不說我們那裡公所都說滿洲話

私下都說官話

因是望你們

要以官話告訴

恐怕你們聽不慣

才說土漢話

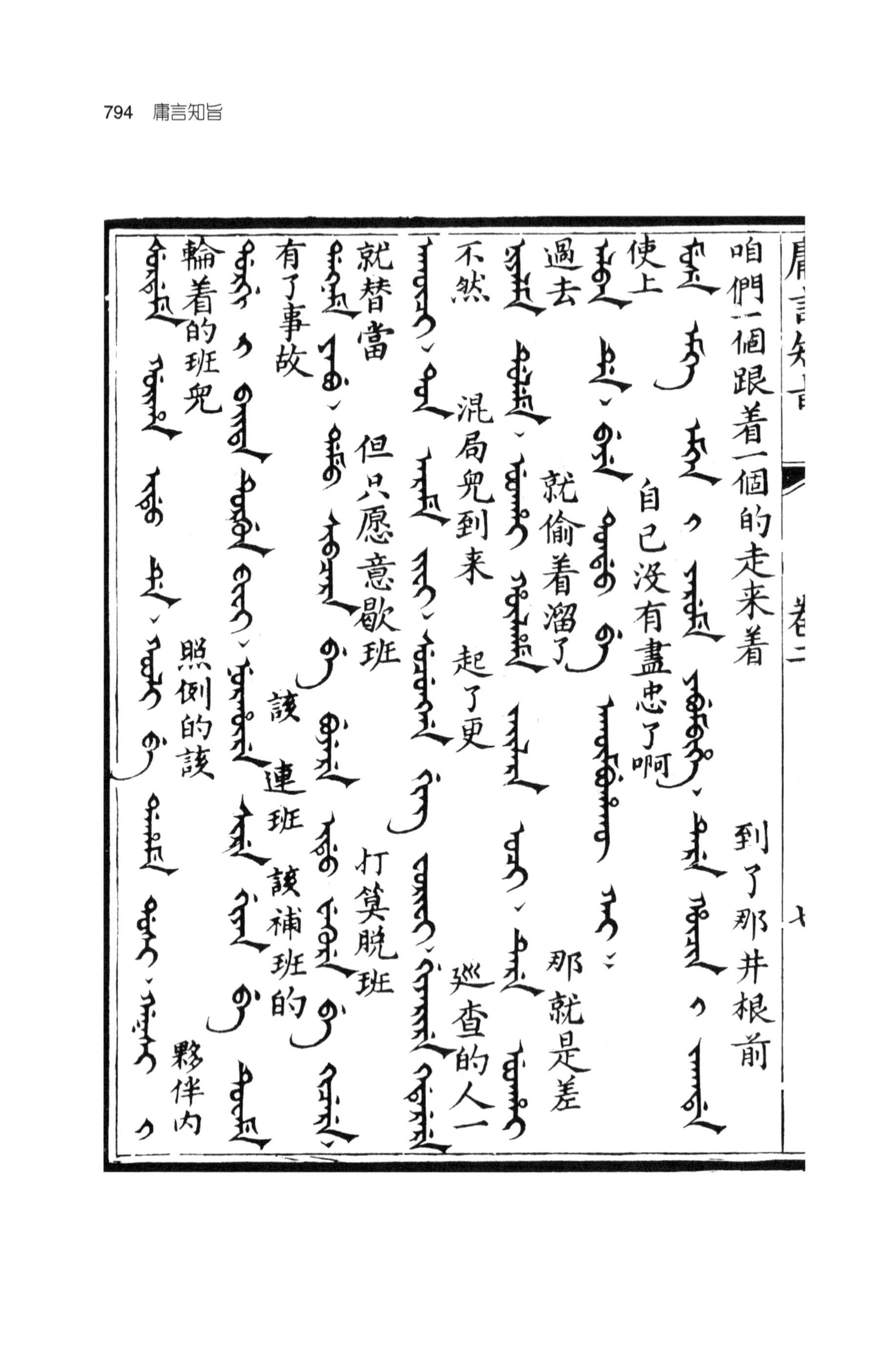

咱們一個跟着一個的走来着 到了那井根前
自己没有盡忠了啊
使上
過去 就偷着溜了 那就是差
不然 混局兒到来 起了更 巡查的人一
就替當 但只愿意歇班 打莫脫班
有了事故 該 連班 該補班的
輪着的班兒 照例的該 夥伴内

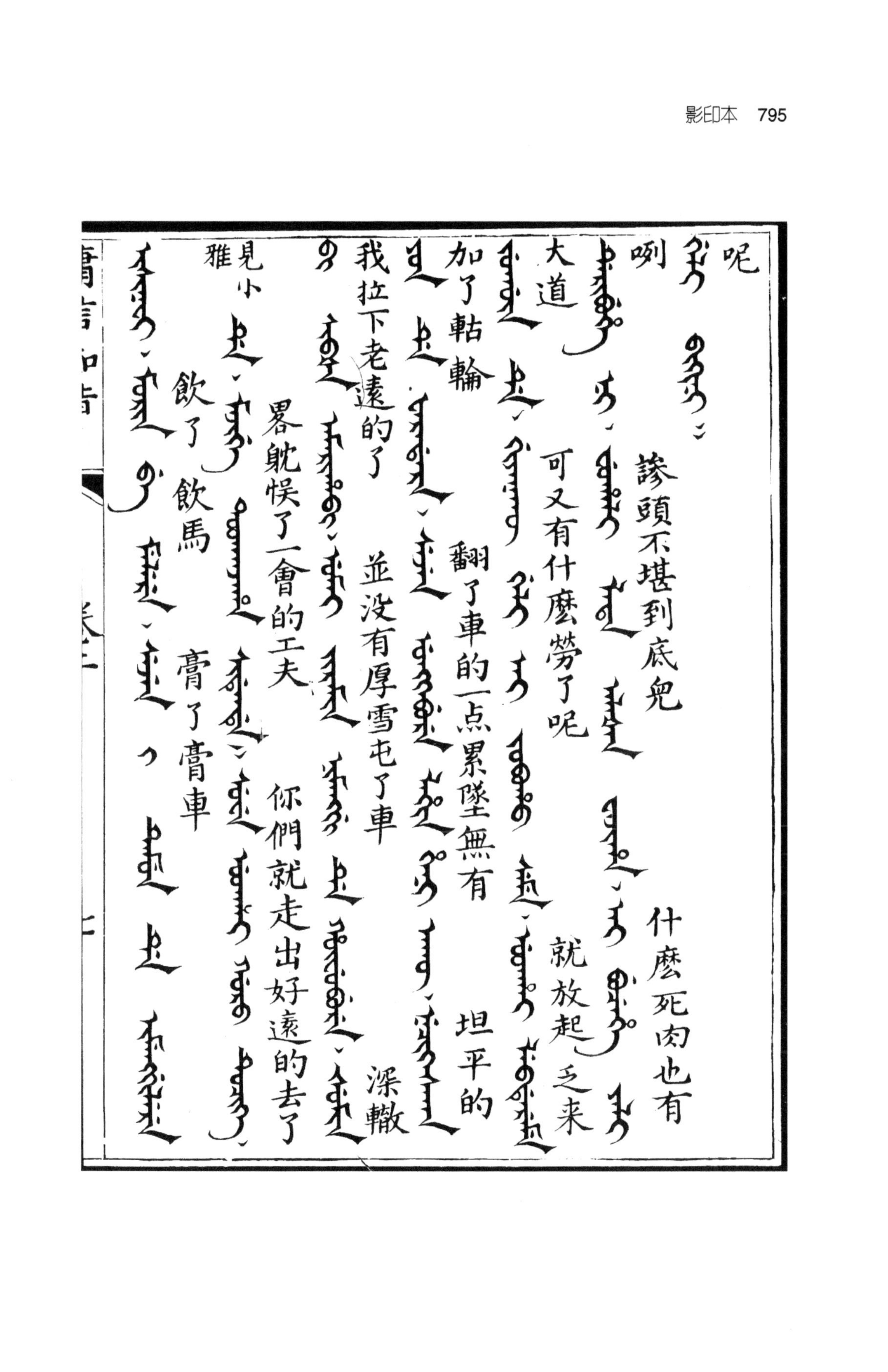

呢

咧

誇頭不堪到底兒

什麼死肉也有

大道

可又有什麼勞了呢

就放起乏来

加了軲轆

翻了車的一点累墜無有

坦平的

我拉下老遠的了

並没有厚雪屯了車

深轍

見小雅

暑就悞了一會的工夫

你們就走出好遠的去了

飲了

飲馬

膏了膏車

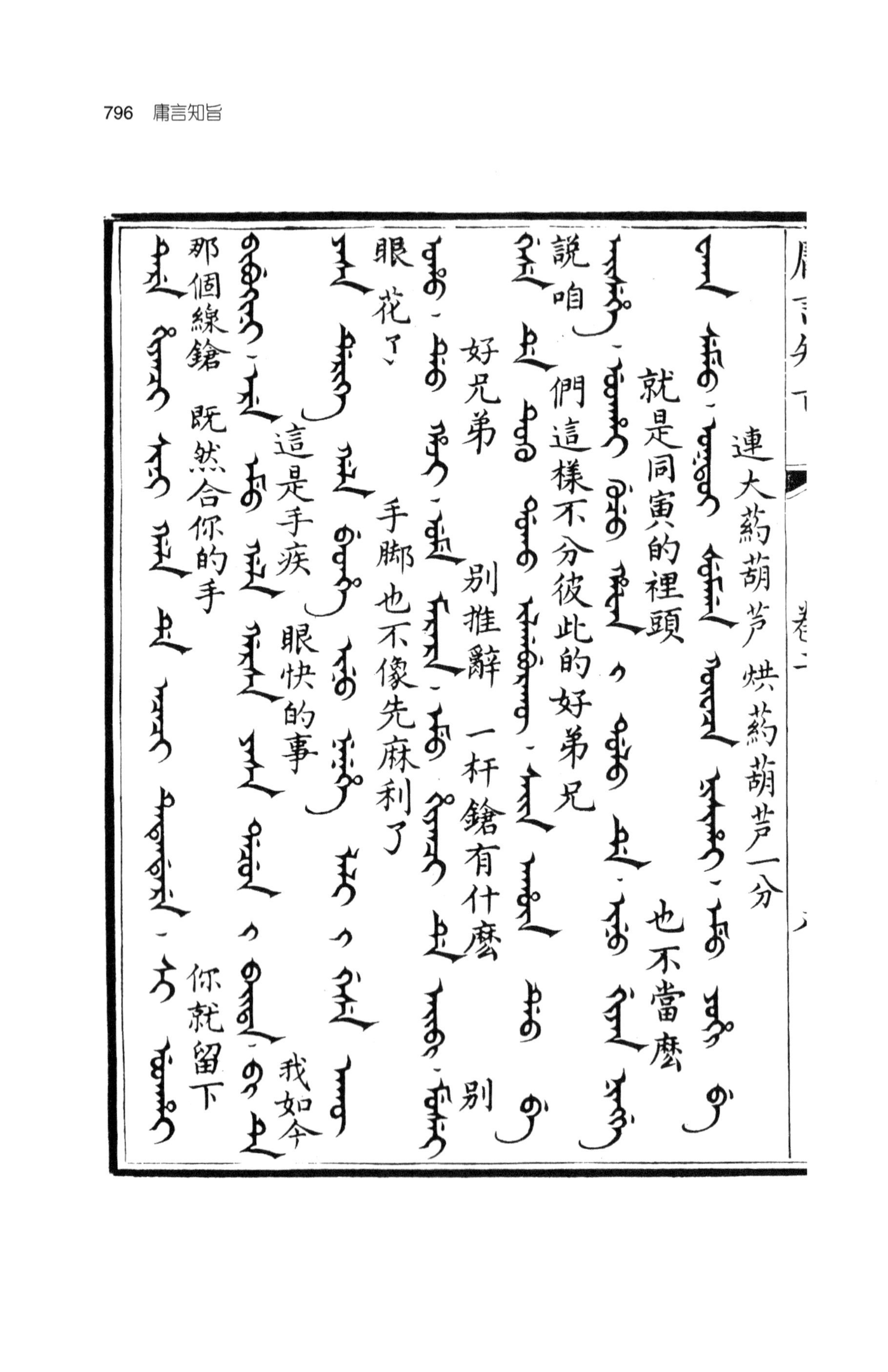

連大葯葫芦 烘葯葫芦一分

就是同寅的裡頭 也不當麼

說咱們這樣不分彼此的好弟兄

好兄弟 別推辭 一杆鎗有什麼 別

眼花了 手脚也不像先麻利了

這是手疾眼快的事 我如今

那個線鎗 既然合你的手 你就留下

熱鬧 只因呼呼的褁衣裳 風兜着吃不住

人馬 亂穰穰的 那摸的着影兒 實在的

一縷一行的 就撒沿道兒了

馬的 其餘搭憨搭憨着駱駝馱子走的

鞭子拍馬的 也有咕顛咕顛兒拿着腿嗑鞊催

跕在御路旁邊一着 有刷刷加着

打頓兒給到了你了

殘疾的換着派上幾個
還是有的事
無非是防守之責
就把年老
那雖有作卡
設付
會哨等事
辛苦差使
還比不得戍防去
你別信
打圍行營兒
是馬上的
打那兒誰屁股底下揀来拾来的謡言
我總丟開回來了

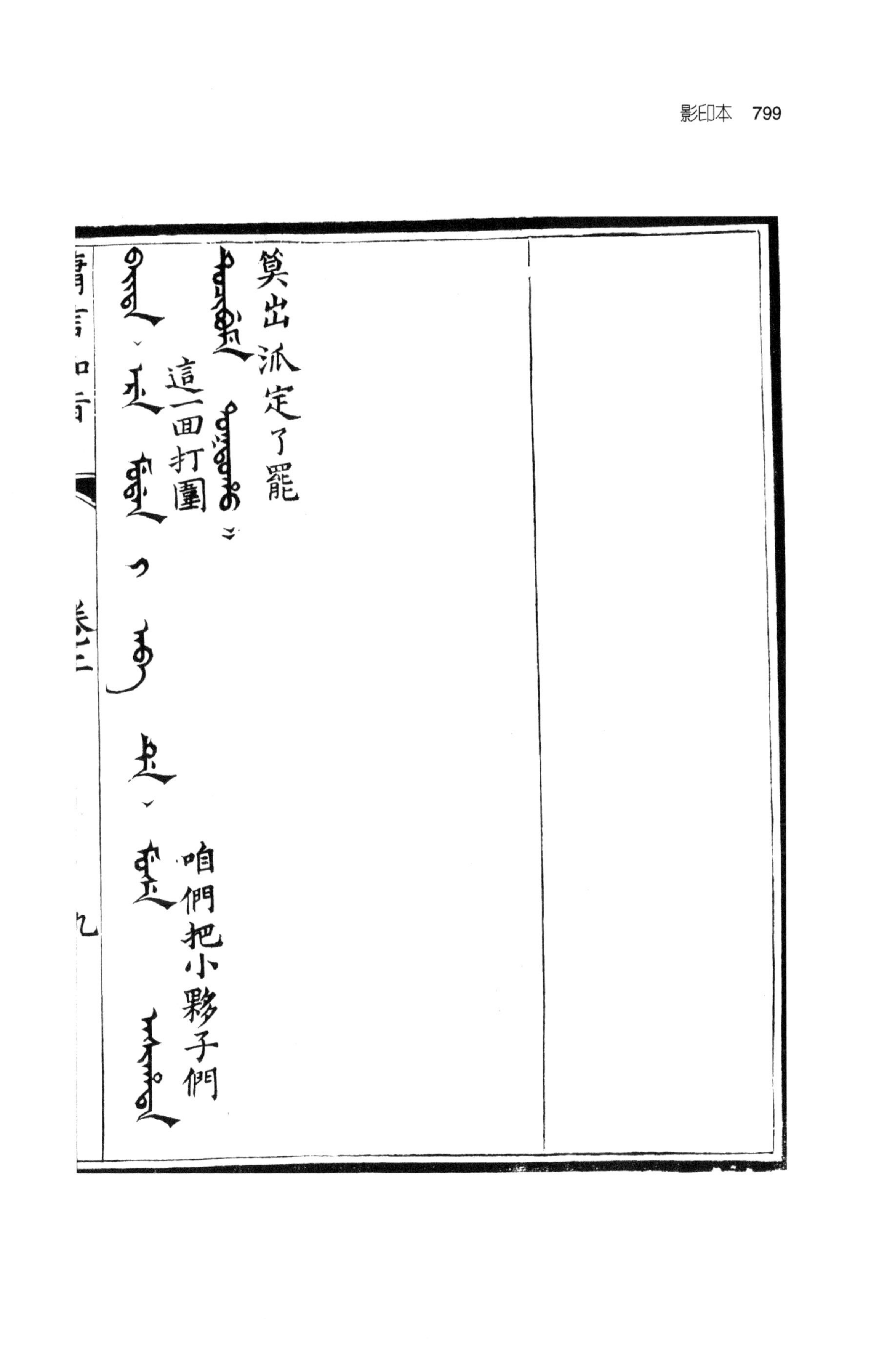

筭出派定了罷

這一回打圍

咱們把小夥子們

剪剪絶絶的就定了　與我臉上

你們也不用三心二意游疑

挑揀的意思

有緣的好婚姻不是容易　得的

想来都没有憎惡的心腸

實在的是漠逆　而且又門當户對

你們二位自認得以来

並没一点不對椿的遭数

教媳婦今日行禮呢是理當的　但我有一句話要奉聞

求給我　幾天假

把家裡的事兒辦辦　打發我来

那上頭不得工夫到　你略騰個空兒

親戚来的多　預備這個　打点那個

我毋親說　眼前是你嫂子的滿月到了

也有光彩

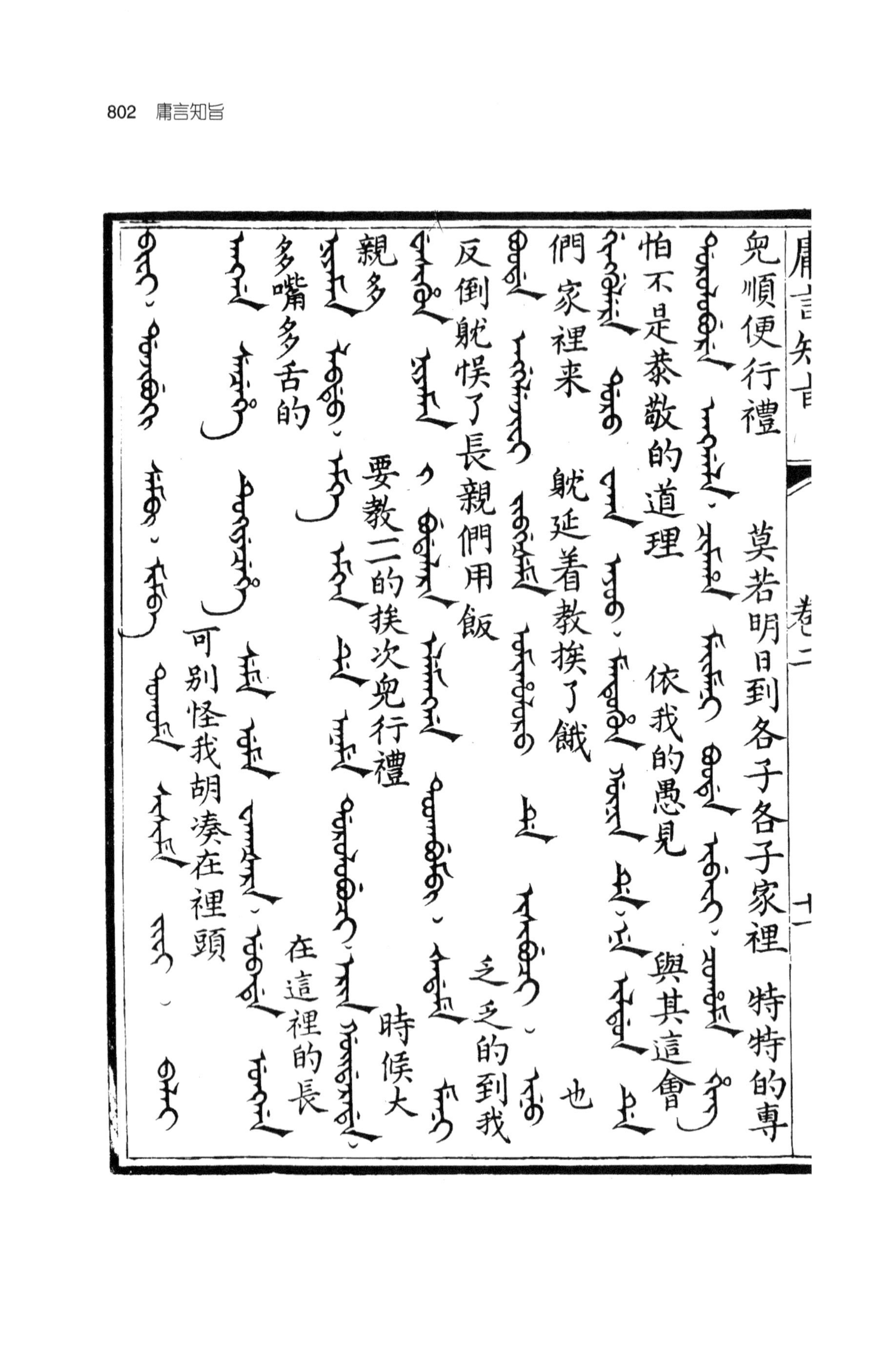

皃順便行禮 莫若明日到各子各子家裡 特特的專

怕不是恭敬的道理 依我的愚見 與其這會

們家裡来 躭延着教挨了餓 也

反倒躭悮了長親們用飯 乏乏的到我

親多 要教二的挨次皃行禮 時候大

多嘴多舌的 在這裡的長

可別怪我胡湊在裡頭

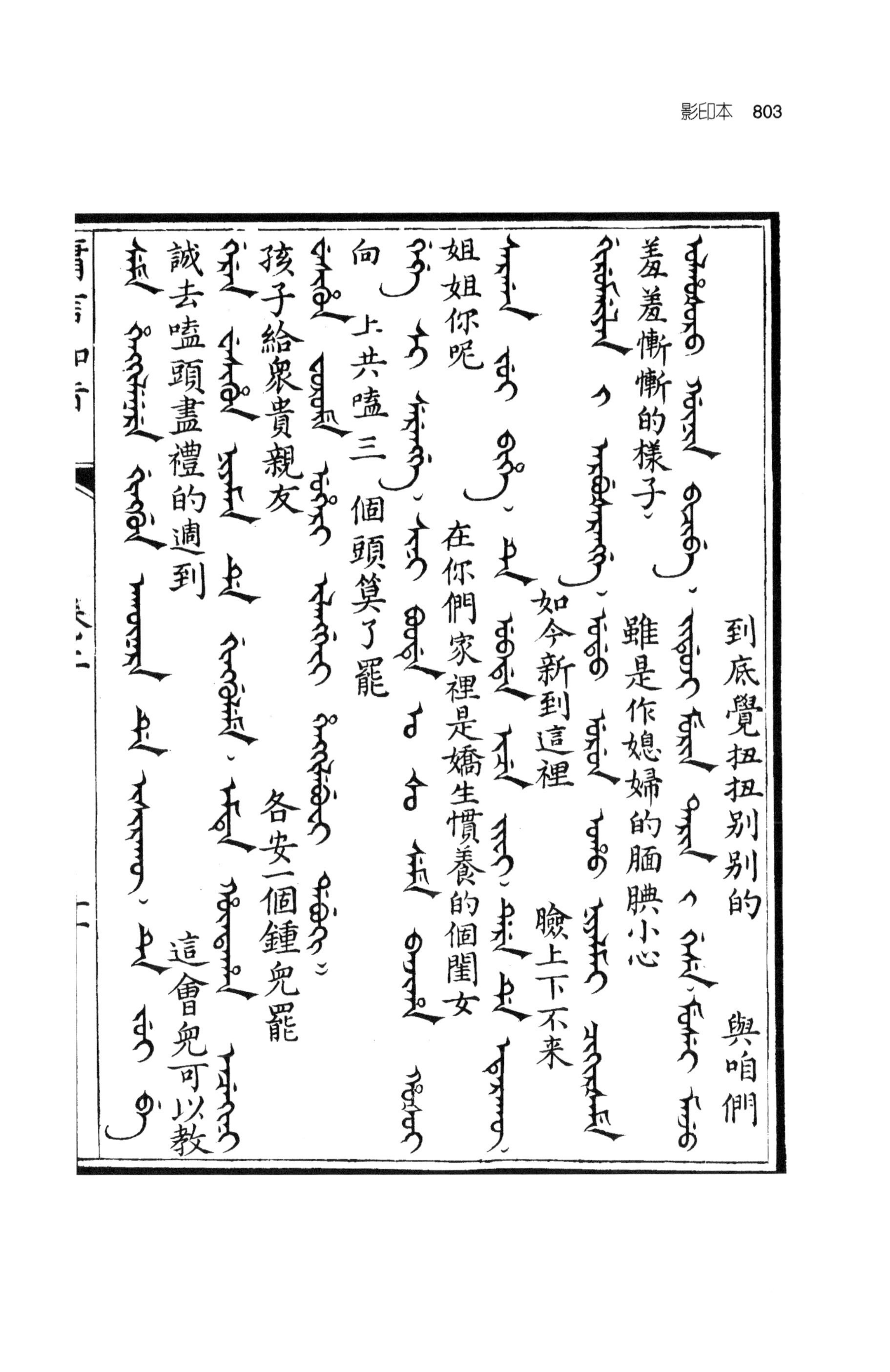

到底覺扭扭別別的 與咱們

雖是作媳婦的腼腆小心

羞羞慚慚的樣子

如今新到這裡 臉上下不来

在你們家裡是嬌生慣養的個閨女

姐姐你呢

向上共嗑三個頭算了罷

孩子給衆貴親友 各安一個鍾兒罷

誠去嗑頭盡禮的週到 這會兒可以教

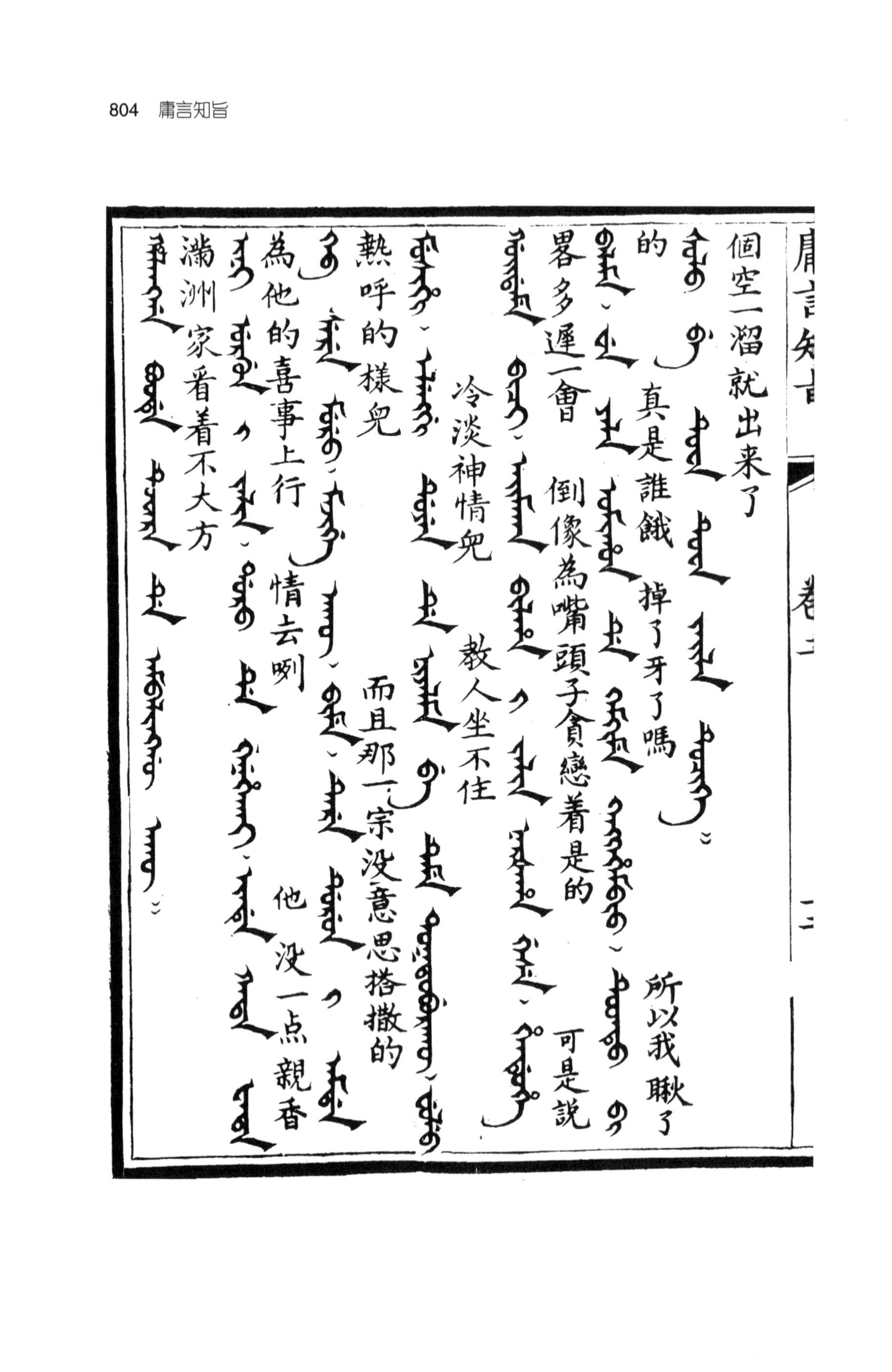

個空一溜就出來了 所以我瞅了
的 真是誰餓 掉了牙了嗎
罟多遲一會 倒像為嘴頭子貪戀着是的 可是說
冷淡神情兒 教人坐不住
熱呼的樣兒 而且那一宗沒意思搭撒的
為他的喜事上行 情去咧 他沒一点親香
滿洲家看着不大方

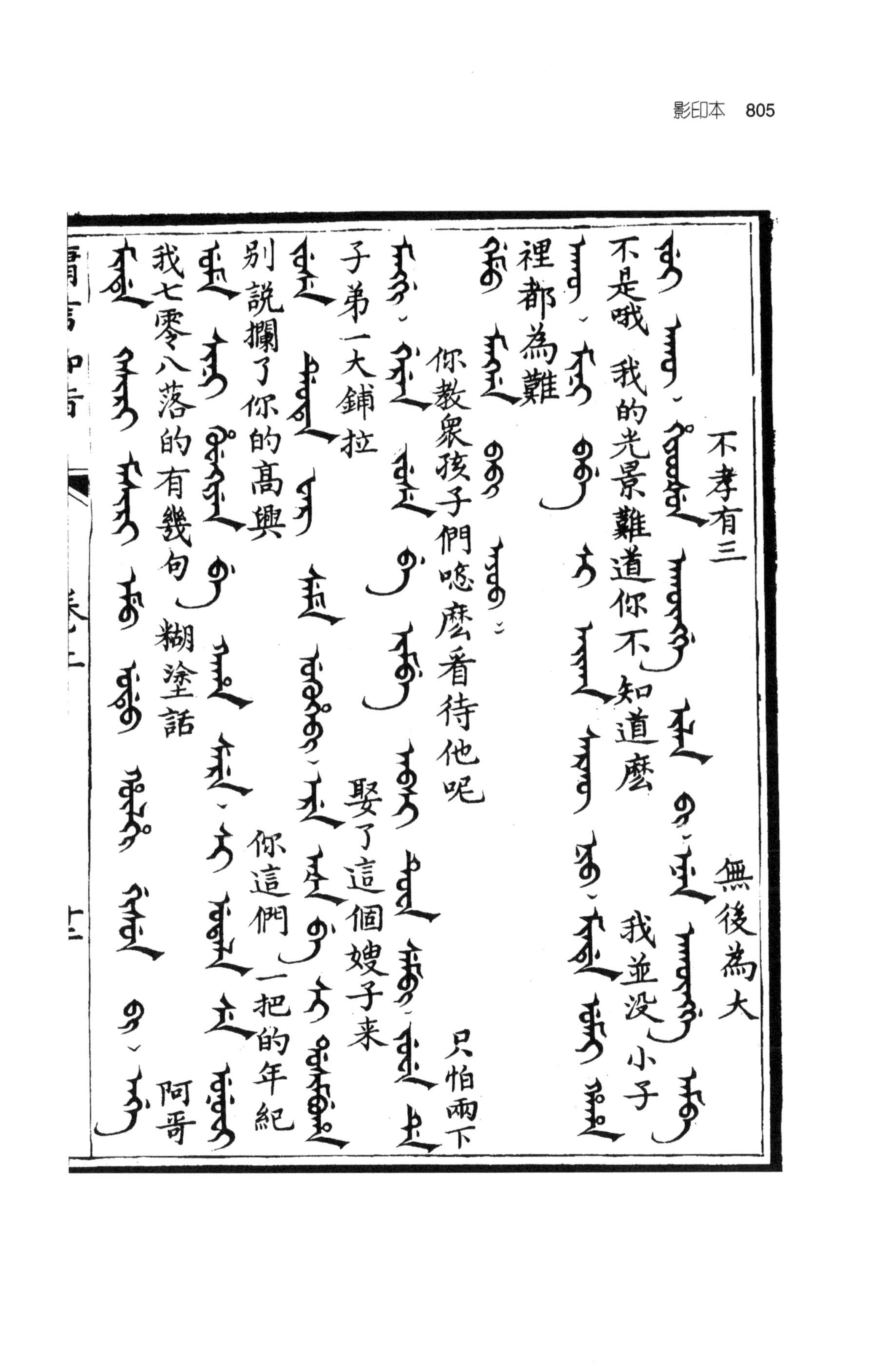

不孝有三 無後為大

不是哦 我的光景難道你不知道麼 我並沒小子

裡都為難

你教衆孩子們怎麼看待他呢 只怕兩下

子弟一大鋪拉 娶了這個嫂子来

別說攔了你的高興 你這們一把的年紀

我七零八落的有幾句 糊塗話 阿哥

那不是子嗣呢

有許多的姪兒 不拘挑了誰来撫養着

果說為子嗣 阿哥

阿哥的話很是 這個大關係着倫理

罷啊 什麼臉見祖先呢

若是祖父香烟斷了 我死有餘

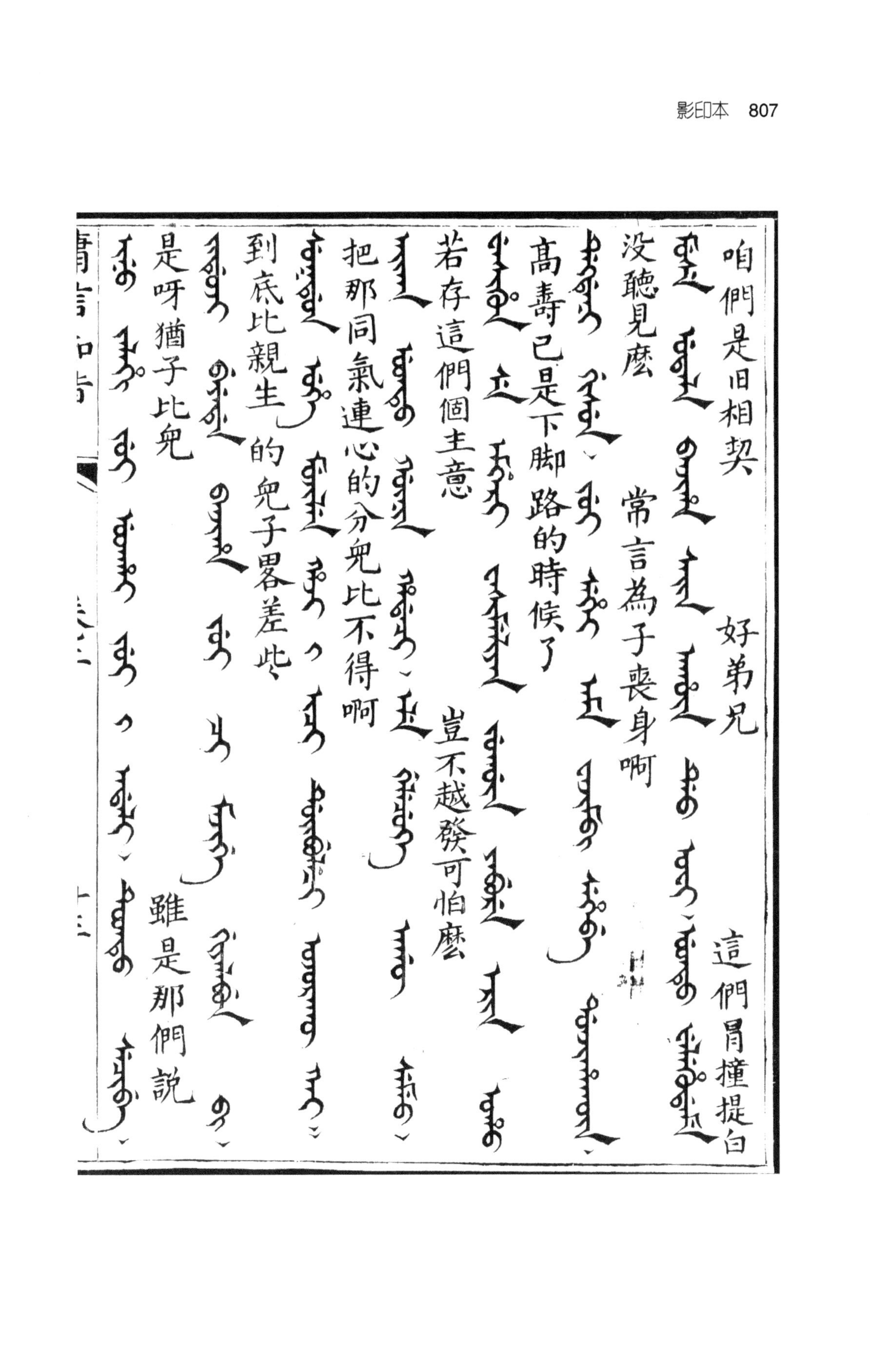

咱們是旧相契好弟兄這們冐撞提白

没聽見麼常言為子喪身啊

高壽已是下脚路的時候了

若存這們個主意豈不越發可怕麼

把那同氣連心的分兒比不得啊

到底比親生的兒子畧差些

是呀猶子比兒雖是那們說

我望那兒去一盪 暫去就回来

不去到那兒道喜去 教人家思想

如今下了班了 再要冷下了

正遇着我該班的上頭 沒得賀喜去

那阿哥前日娶兒媳婦那日

鑒 只求望深裡打筭罷

是我的本分 聽與不聽 在阿哥的

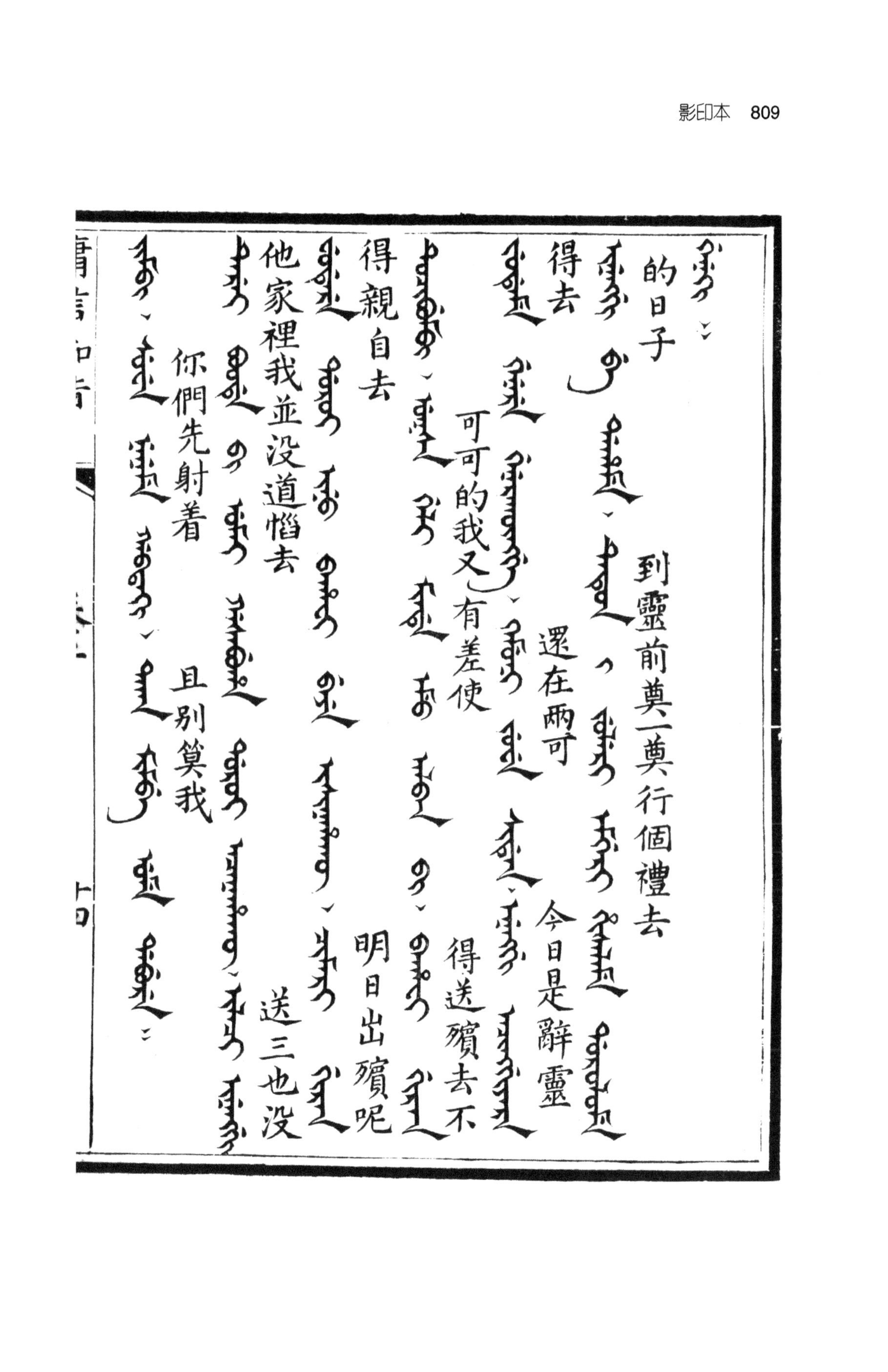

的日子

到靈前奠一奠行個禮去

得去

還在兩可

今日是辭靈

可可的我又有差使

得送殯去不

得親自去

明日出殯呢

他家裡我並沒道惱去

送三也沒

你們先射着

且別筭我

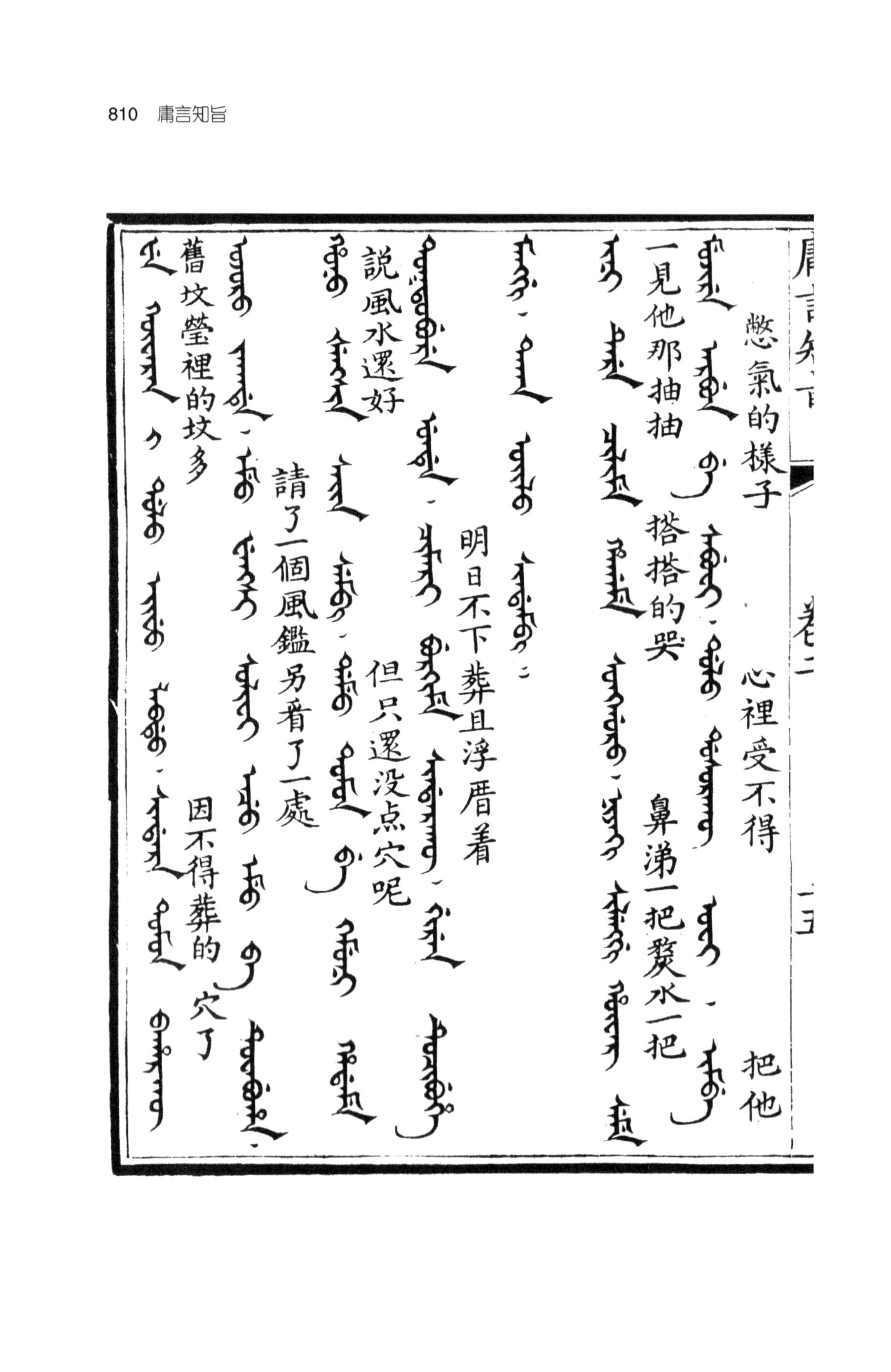

憋氣的樣子 心裡受不得 把他

一見他那抽抽 搭搭的哭 鼻涕一把癹水一把

明日不下葬且浮厝着

說風水還好 但只還没点穴呢

請了一個風鑑另看了一處

舊坟塋裡的坟多 因不得葬的穴了

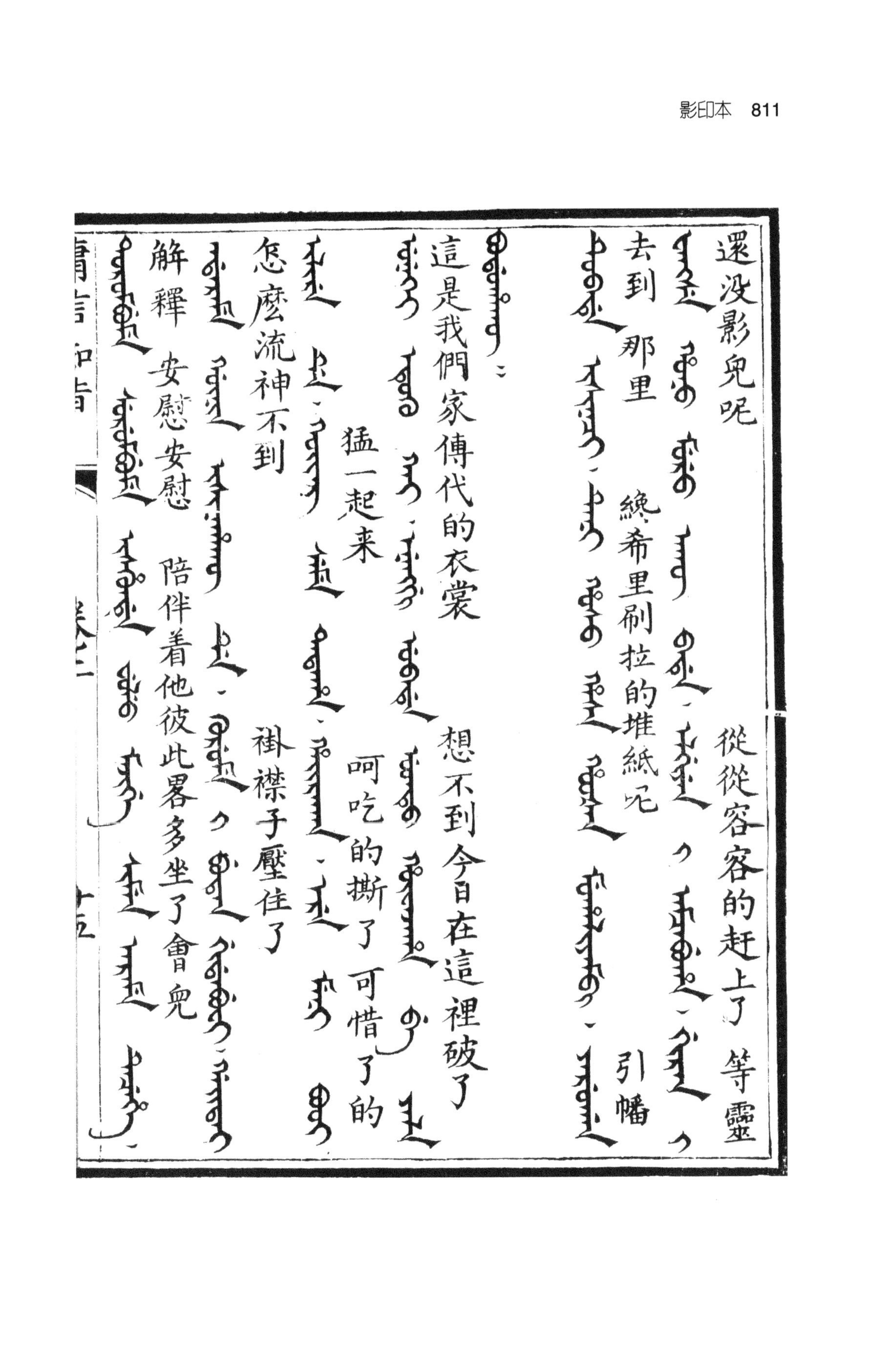

還没影兒呢

從從容容的赶上了 等靈

去到 那里

纔希里刷拉的堆紙呢

引幡

這是我們家傳代的衣裳

想不到今日在這裡破了

猛一起来

呵吃的撕了可惜了的

怎麼流神不到

掛襟子壓住了

解釋 安慰安慰

陪伴着他彼此畧多坐了會兒

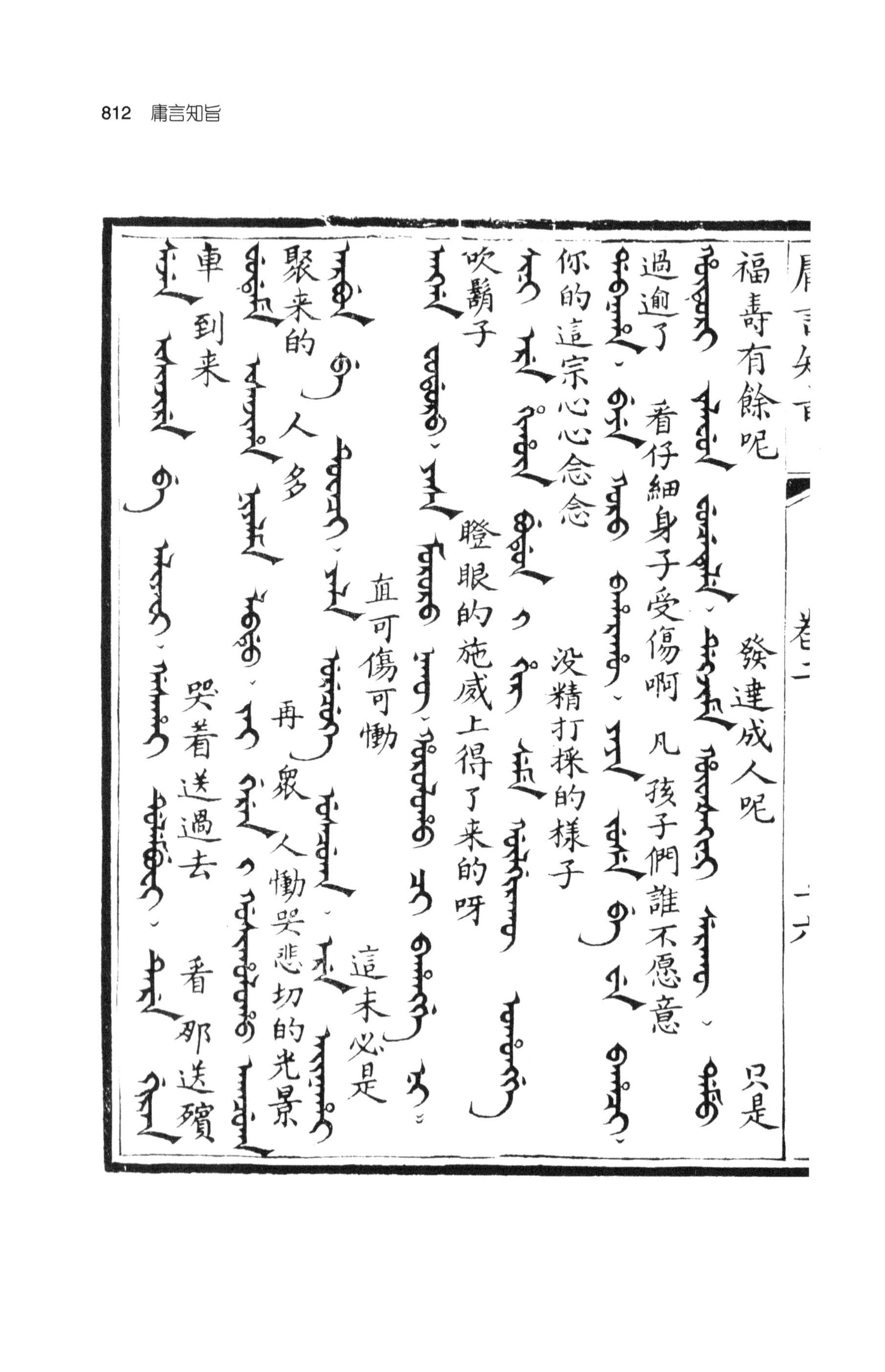

福壽有餘呢 發達成人呢 只是

過逾了 看仔細身子受傷啊 凡孩子們誰不愿意

你的這宗心心念念 没精打彩的樣子

吹鬍子 瞪眼的施威上得了來的呀

直可傷可慟 這末必是

聚來的人多 再衆人慟哭悲切的光景

車到來 哭着送過去 看那送殯

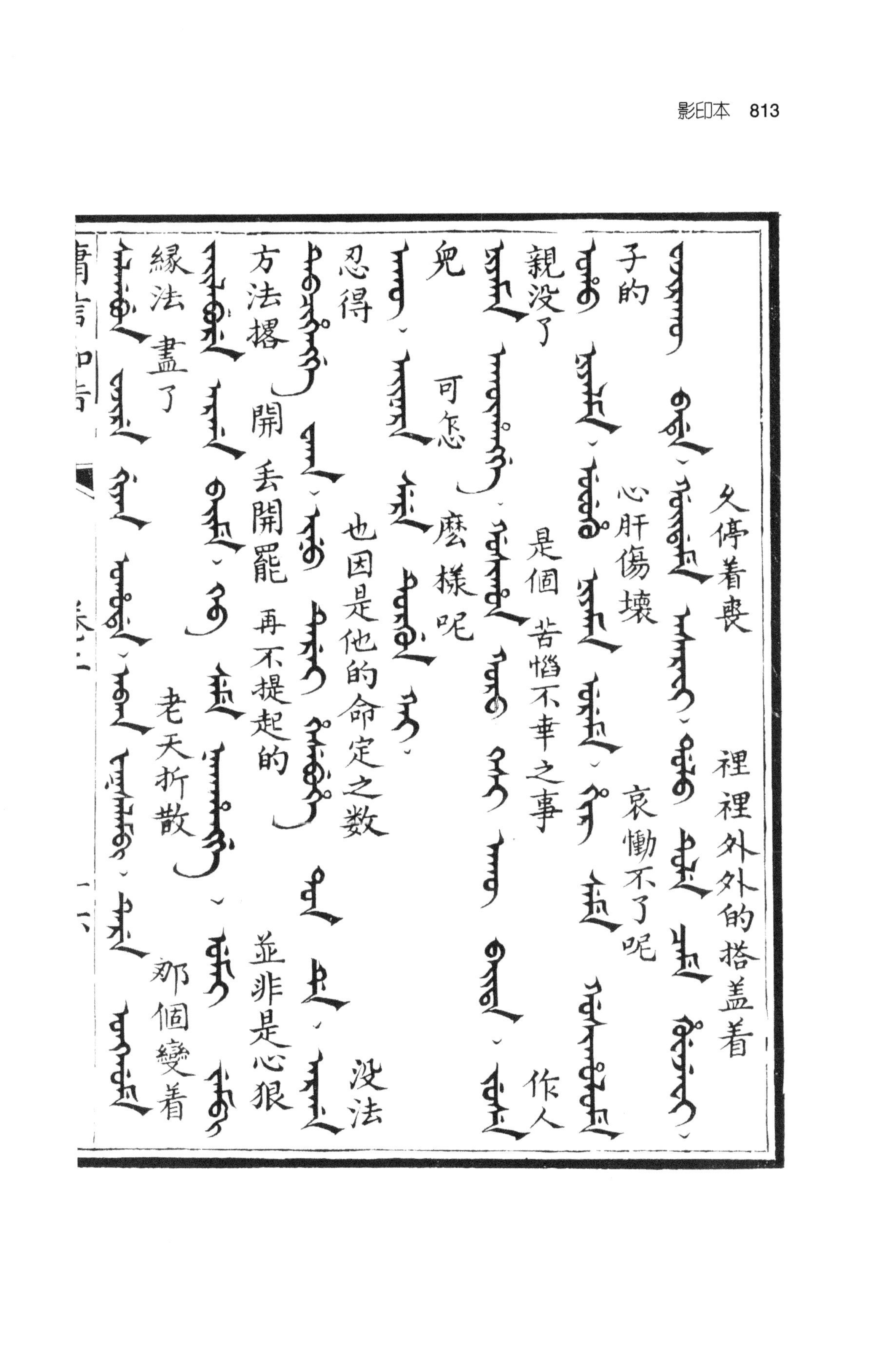

久停着喪 裡裡外外的搭盖着
子的 心肝傷壞 哀慟不了呢
親沒了 是個 苦惱不幸之事 作人
兒 可怎 麽樣呢
忍得 也因是他的命定之数 没法
方法摺 開 丟開罷 再不提起的 並非是心狠
緣法 盡了 老天折散 那個變着

熱鬧太過逾了

把那個屍首

好尚紛華靡麗

論富的事啊

看如今出殯的

安葬為要

並不是賣弄有錢

沒了的人

早早的送到園裡

入了墓

永遠

什麼心腸

擺列着每日的吹

吹打打的

逞豪賣富的奢花

跺脚搥胸的 嚎啕痛哭

兒 打聽入殮的時候呢

男男女女 出来進去擣纏是的 亂馬交搶的可在那

合家手忙脚亂的裁孝衣 疊孝帶子的

到去一瞧 緫装裹完了 還没停床呢

儘着掂搭 也受得麽

放在個大擯上 擡在各處里

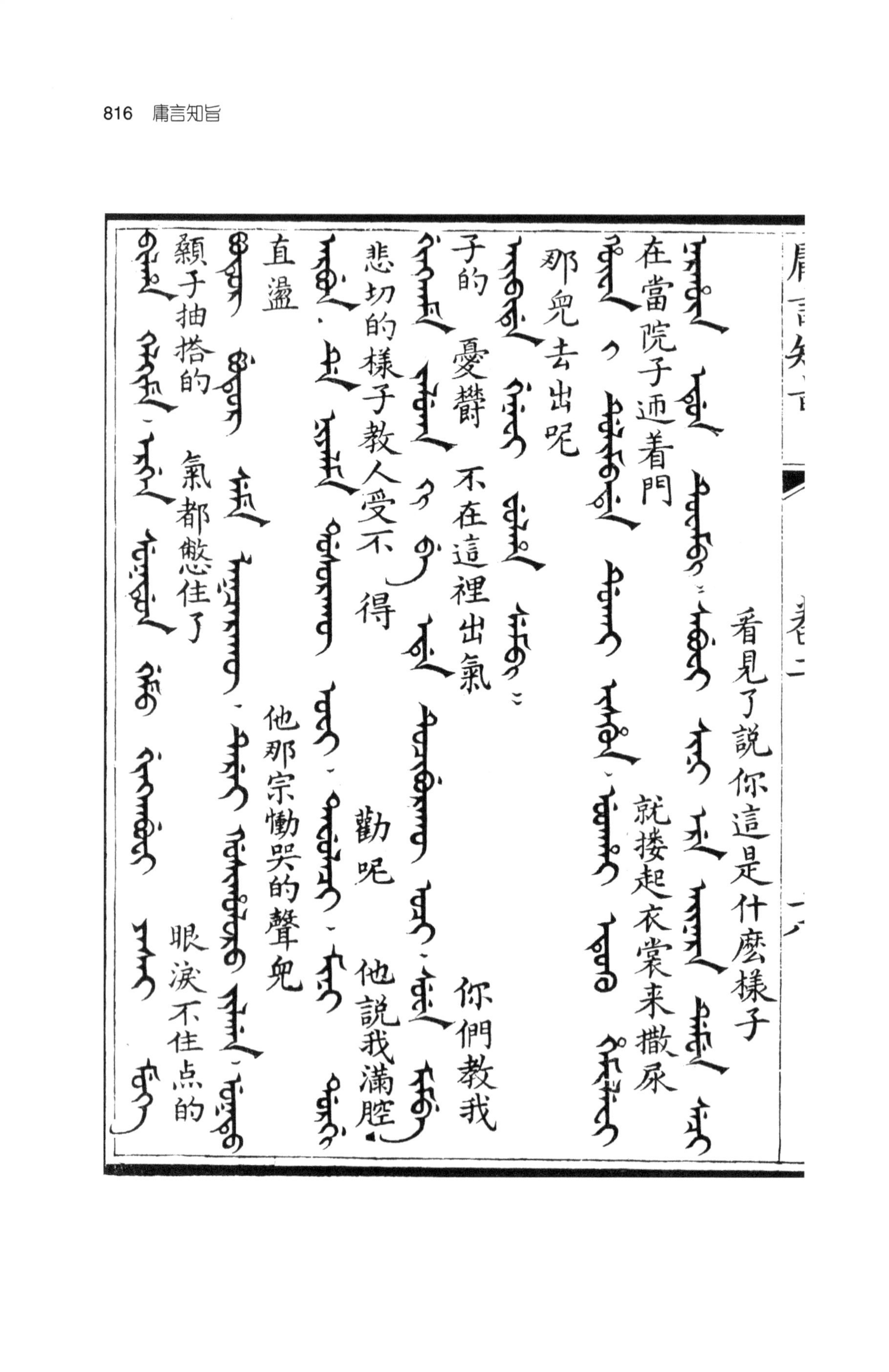

看見了說你這是什麼樣子

在當院子迺着門 就摟起衣裳来撒尿

那兒去出呢

子的 憂欝 不在這裡出氣 你們教我

悲切的樣子教人受不得 勸呢 他說我滿腔

直溢 他那宗慟哭的聲兒

顙子抽搭的 氣都憋住了 眼淚不住点的

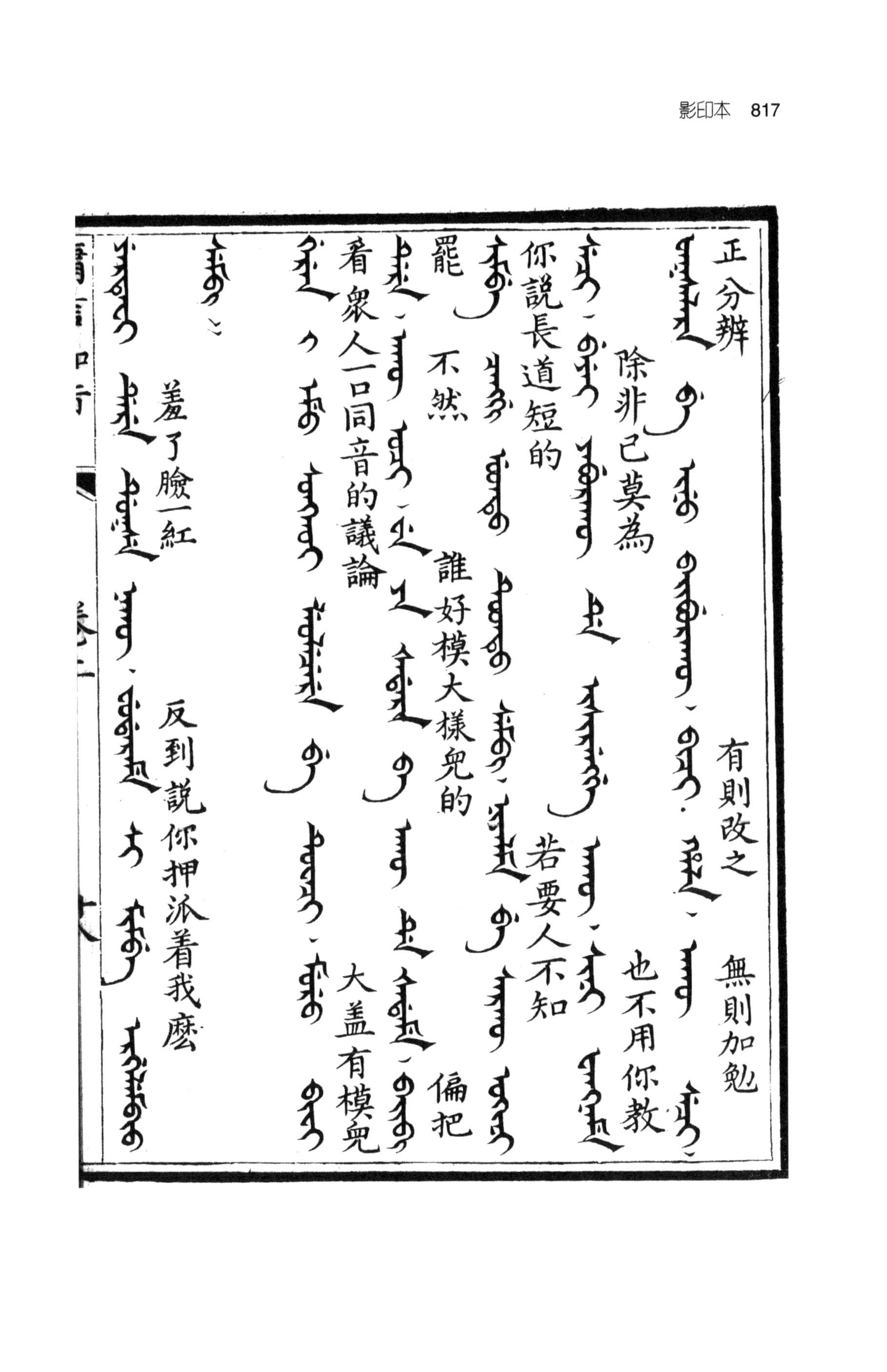

正分辨 有則改之 無則加勉

除非己莫為 也不用你教

你說長道短的 若要人不知

罷 不然 誰好模大樣兒的 偏把

看衆人一口同音的議論 大盖有模兒

羞了臉一紅 反到說你押派着我麼

耳朵告訴 他要肯聽 萬分也是沒有的事

吃下去的東西也消化 再三再四的揪着

的事兒 整整 手脚活動活動

不是道理 你出去 把那不週不備

喫的飽飽兒的 平白的在屋子裡捫着壓炕頭子

秉性懶包 而且遊手好閑的慣了

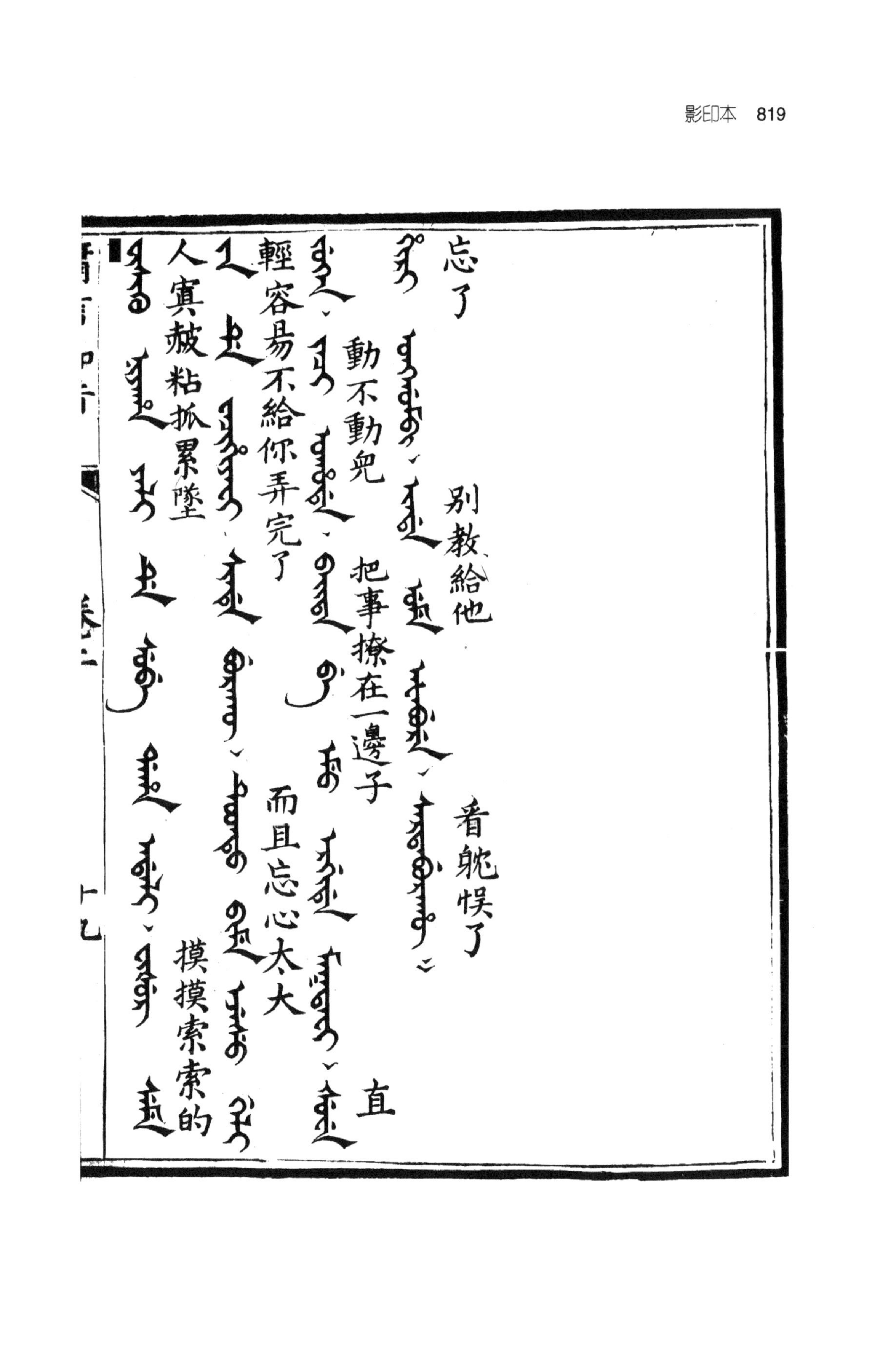

忘了

別教給他

看躭悞了

動不動兒

把事撩在一邊子

直

輕容易不給你弄完了

而且忘心太大

人寘[illegible]粘抓累墜

摸摸索索的

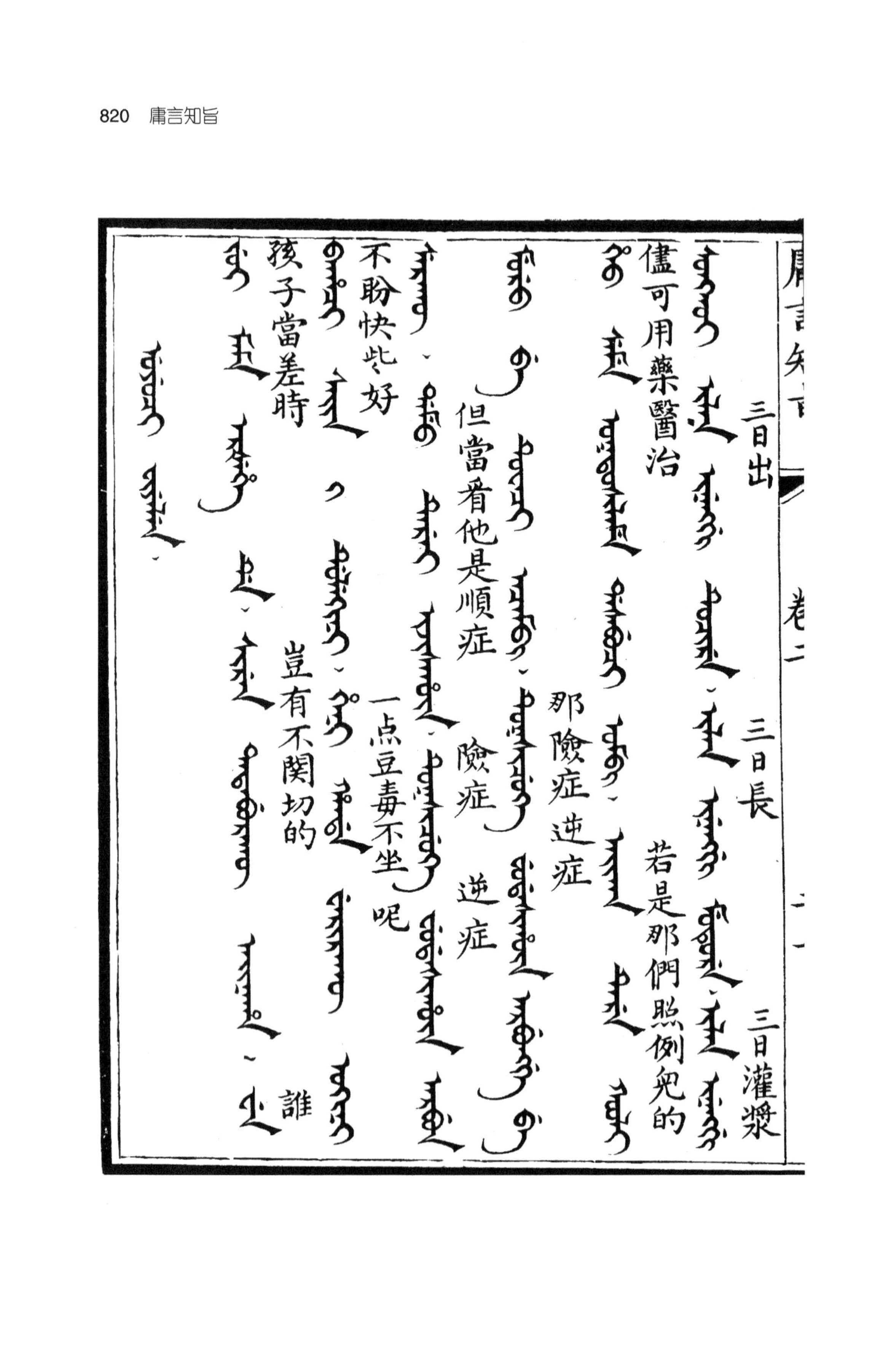

三日出

三日長

三日灌漿

儘可用藥醫治

若是那們照例兒的

那險症逆症

但當看他是順症

險症

逆症

不盼快些好

一点豆毒不坐呢

孩子當差時

豈有不関切的

誰

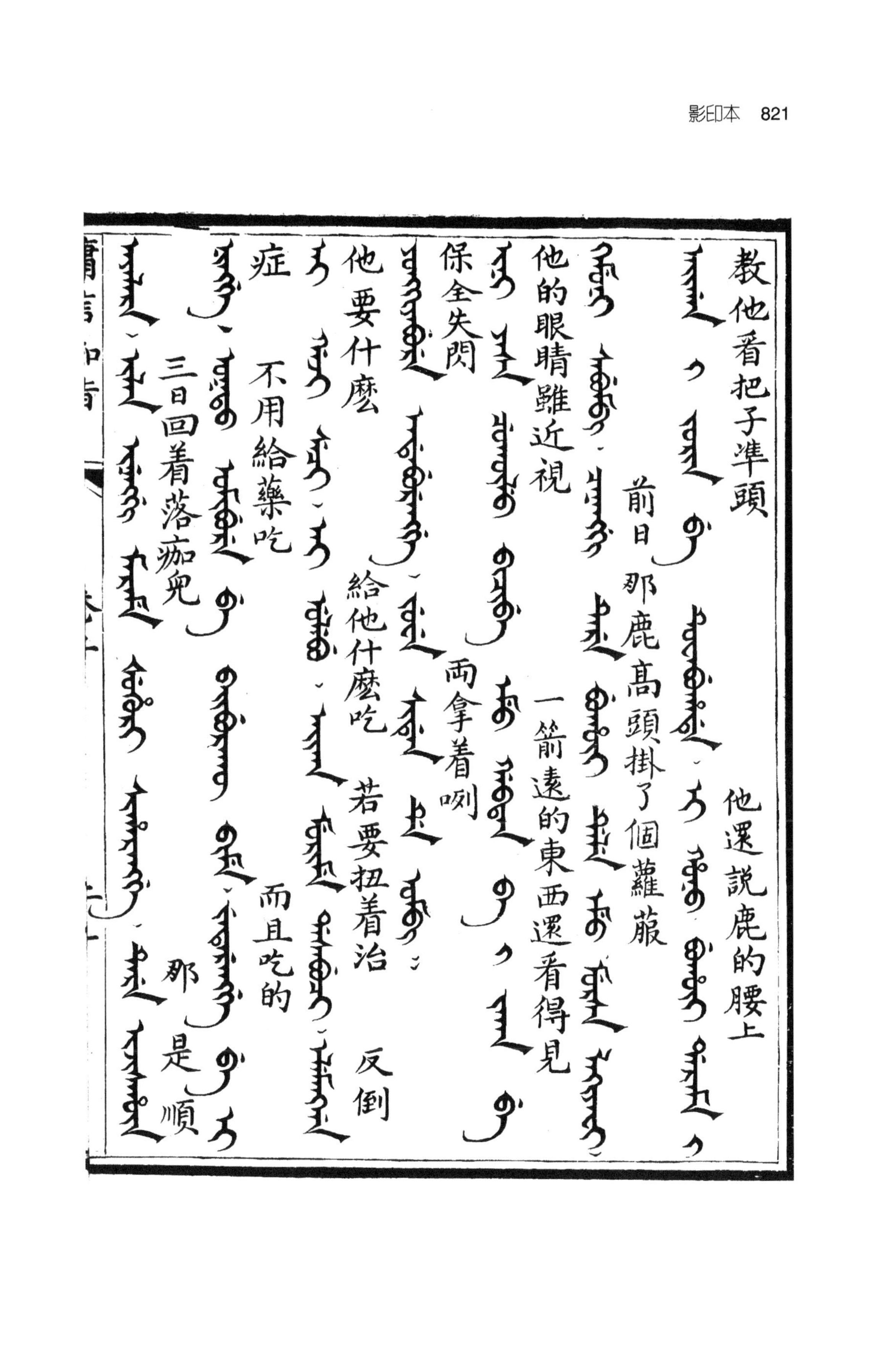

教他看把子準頭　他還說鹿的腰上

前日　那鹿高頭掛了個蘿菔

他的眼睛雖近視　一箭遠的東西還看得見

保全失閃　而拿着咧

他要什麽　給他什麽吃　若要扭着治　反倒

症　不用給藥吃　而且吃的

三日回着落痂兒　那是順

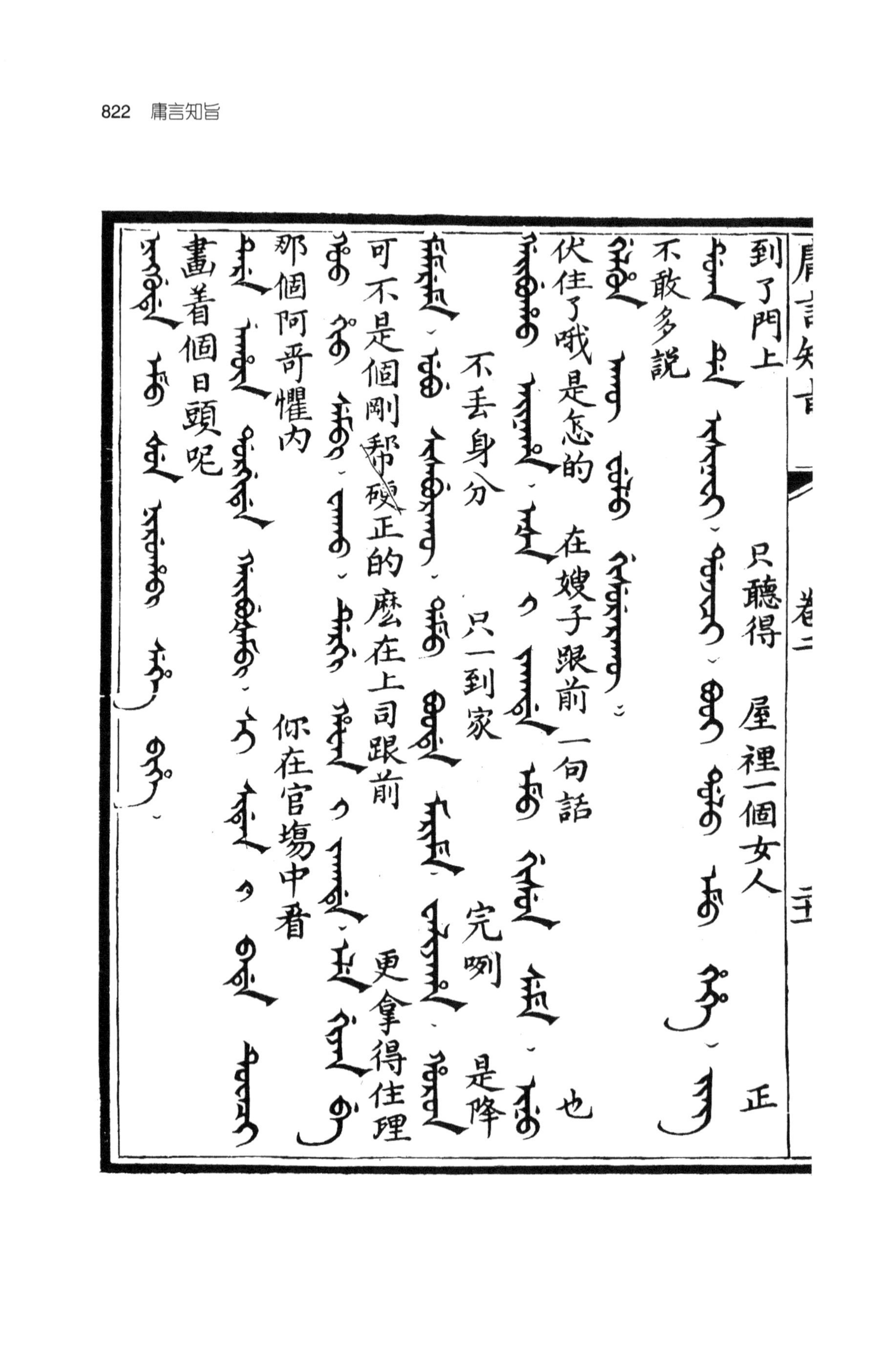

到了門上 只聽得 屋裡一個女人 正

不敢多說

伏住了哦是怎的 在嫂子跟前 一句話 也

不丟身分 只一到家 完咧 是降

可不是個剛帮硬正的麽在上司跟前 更拿得住理

那個阿哥懼內 你在官場中看

畫着個日頭呢

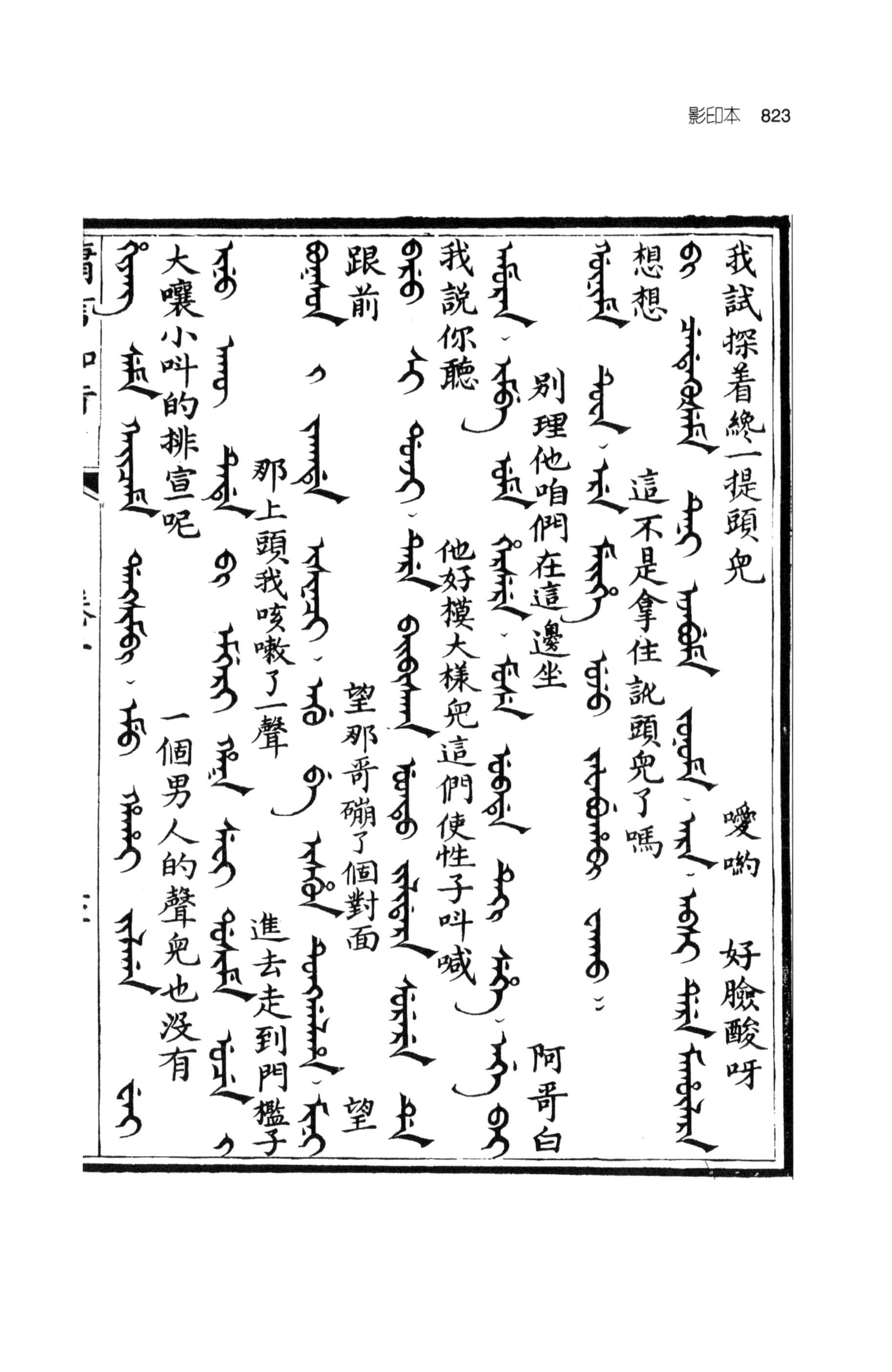

我試探着繞一提頭兒

噯喲 好臉酸呀

想想

這不是拿住訛頭兒了嗎

別理他咱們在這邊坐

阿哥白

我說你聽

他好模大樣兒這們使性子叫喊

跟前

望那哥蹦了個對面

望

那上頭我咳嗽了一聲

進去走到門檻子

大嚷小叫的排宣呢

一個男人的聲兒也没有

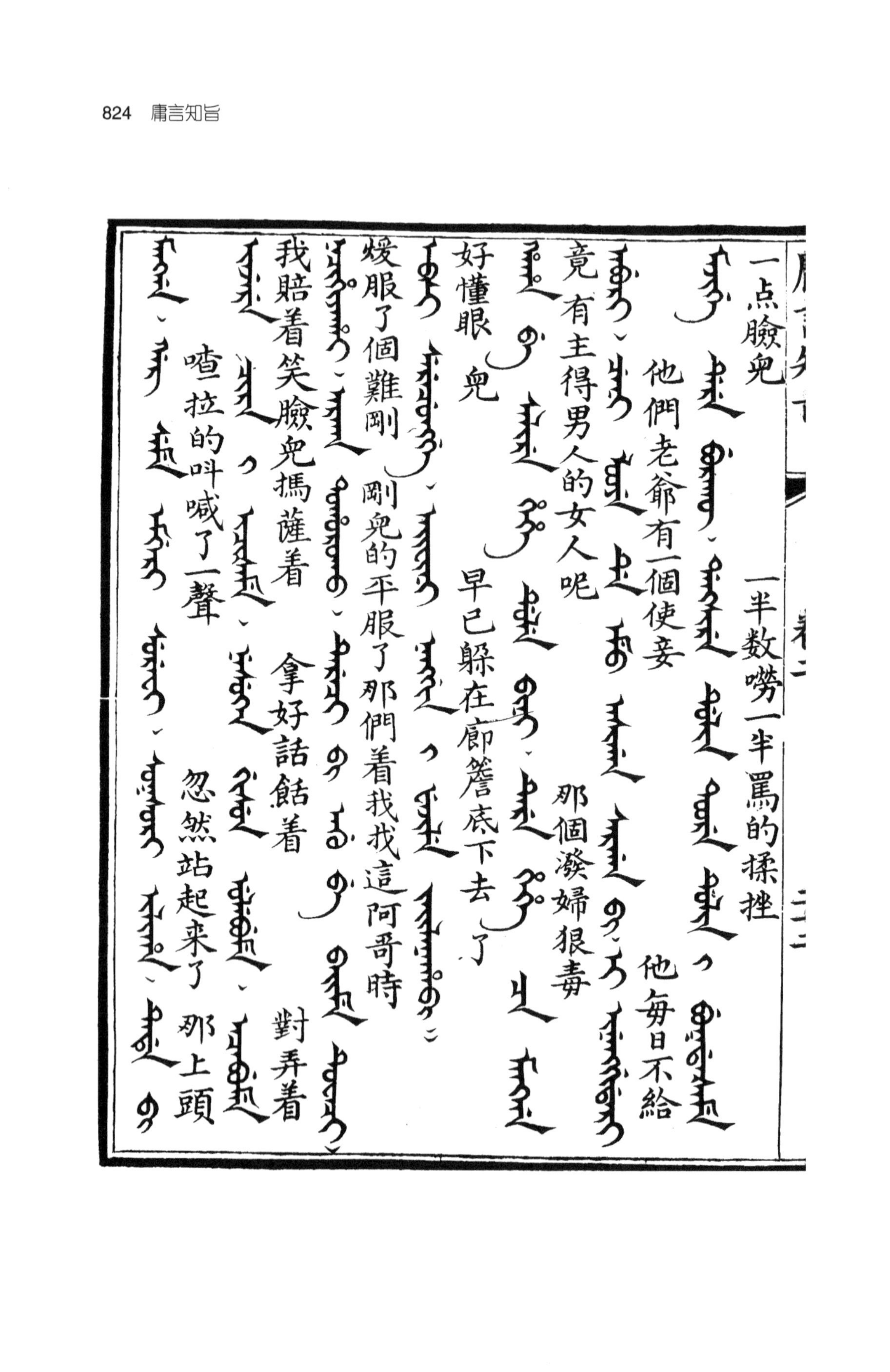

一点臉兒 一半数嘮一半駡的揉挫

他們老爺有一個使妾 他每日不給

竟有主得男人的女人呢 那個潑婦狠毒

好懂眼兒 早已躲在廊簷底下去了

煖服了個難剛 剛兒的平服了那們着我找這阿哥時

我賠着笑臉兒搗薩着 拿好話餂着 對弄着

喳拉的吽喊了一聲 忽然站起來了 那上頭

幸而有緣
吃了那個醫生両服藥
的
只剩了一点攸氣来着
以前可怕
嗓子裡呼嚕
呼嚕的鬧痰鼻翅兒一動一動
果然
頭我說要像這樣無情無理的鬧去
豈有不出個横禍的呢
就連抓代打的擺佈起来
因這上
還不止此
赶老爺一出門

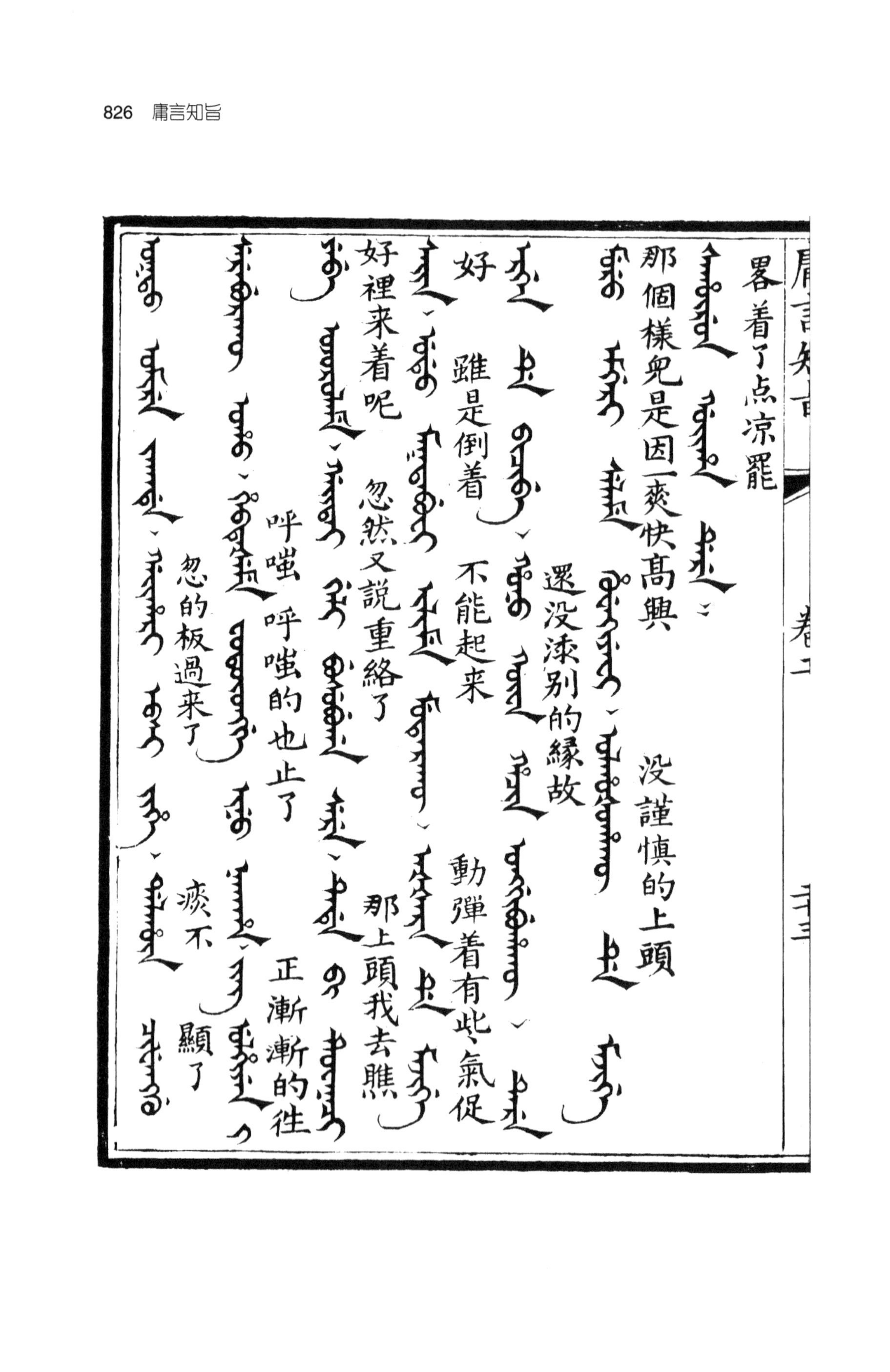

畧着了点凉罷

那個樣兒是因一爽快高興

没謹慎的上頭

還没淶別的縁故

好

雖是倒着

不能起来

動彈着有些氣促

好裡来着呢

忽然又說重絡了

那上頭我去瞧

呼嗤

呼嗤的也止了

正漸漸的往

忽的板過来了

淶不

顯了

雖纔得了漢

病還沒大减退呢

不斷釁的咳嗽

真是窮漢遇着閏月年咧

戚戚义义的不舒服

整亘的柯兜柯兜的

不大克化

這一程子心裡只是

又岔氣疼起来了

竟成了病包兒咧

而且

從前閃了腰後

只道可除了災了

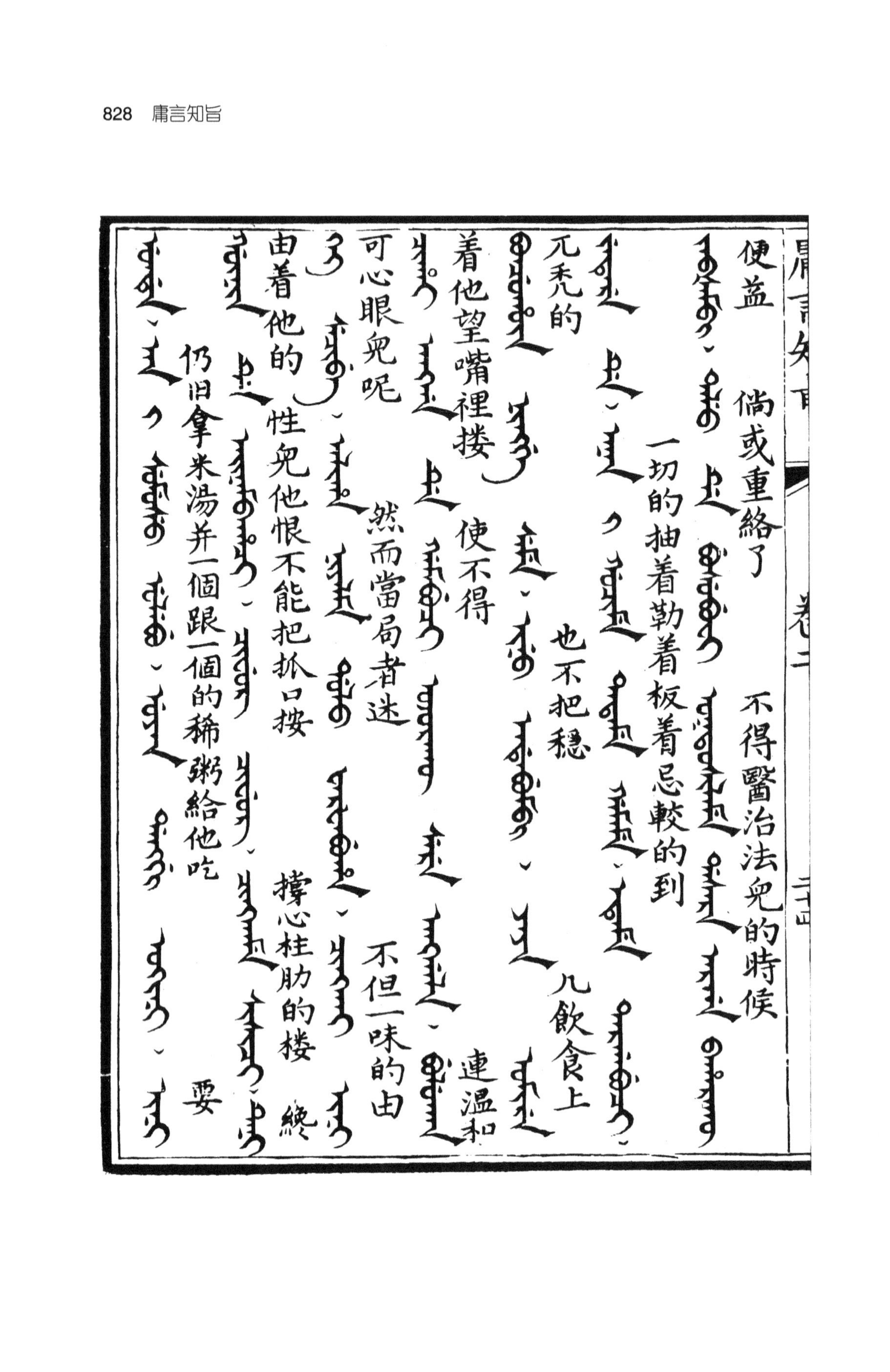

便益 倘或重絡了 不得醫治法兒的時候

一切的抽着勒着板着忌較的到

兀秃的 也不把穩 凡飲食上

着他望嘴裡摟 使不得 連温和

可心眼兒呢 然而當局者迷 不但一味的由

由着他的 性兒他恨不能把抓口摟 撑心柱肋的摟 纔

仍旧拿米湯并一個跟一個的稀粥給他吃 要

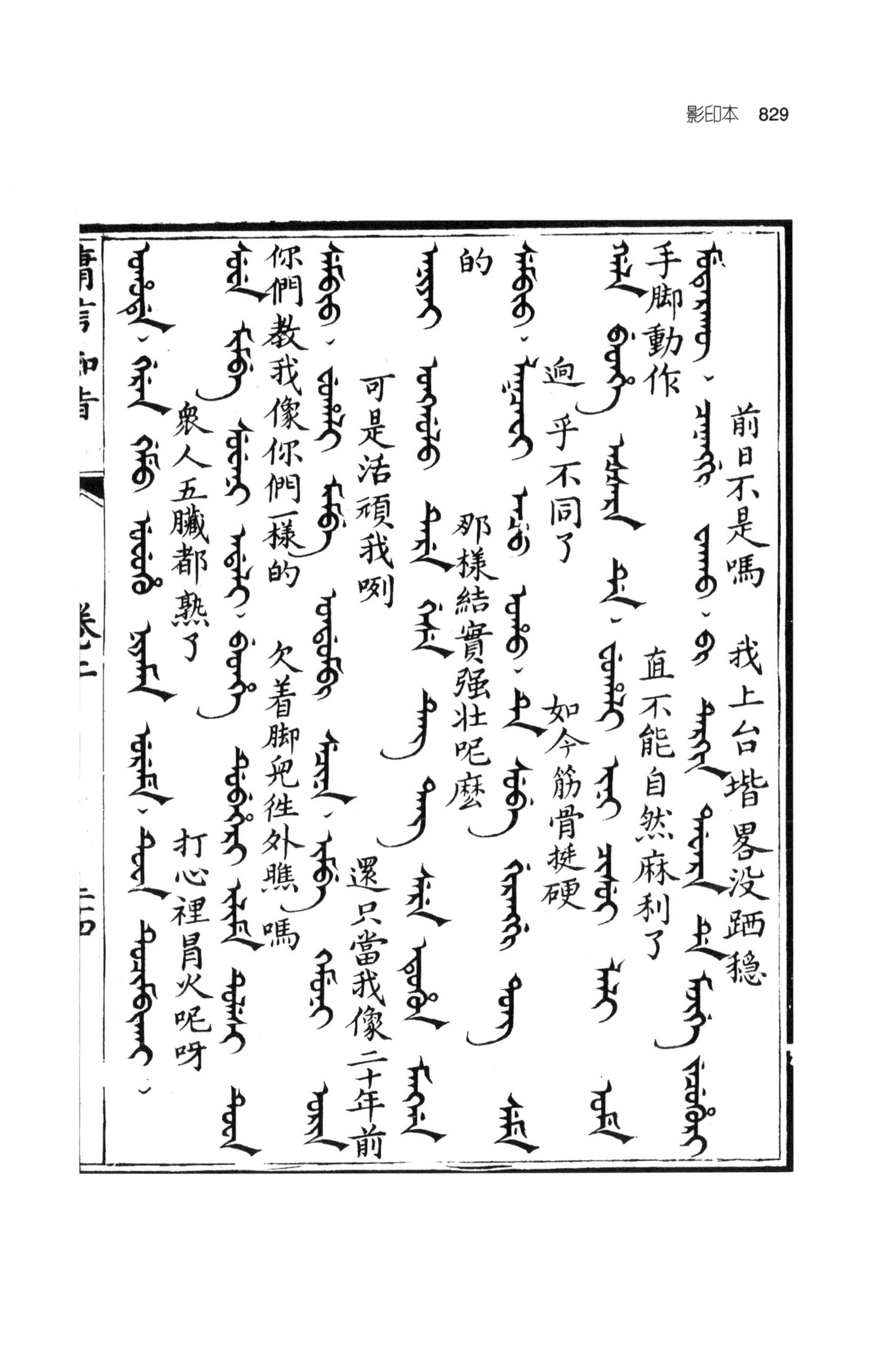

前日不是嗎　我上台堦畧沒跴穩

手脚動作　直不能自然麻利了

迴乎不同了　如今筋骨挺硬

的　那樣結實強壯呢麼

可是活頑我咧　還只當我像二十年前

你們教我像你們一樣的　欠着脚兒往外瞧嗎

衆人五臟都熟了　打心裡冒火呢呀

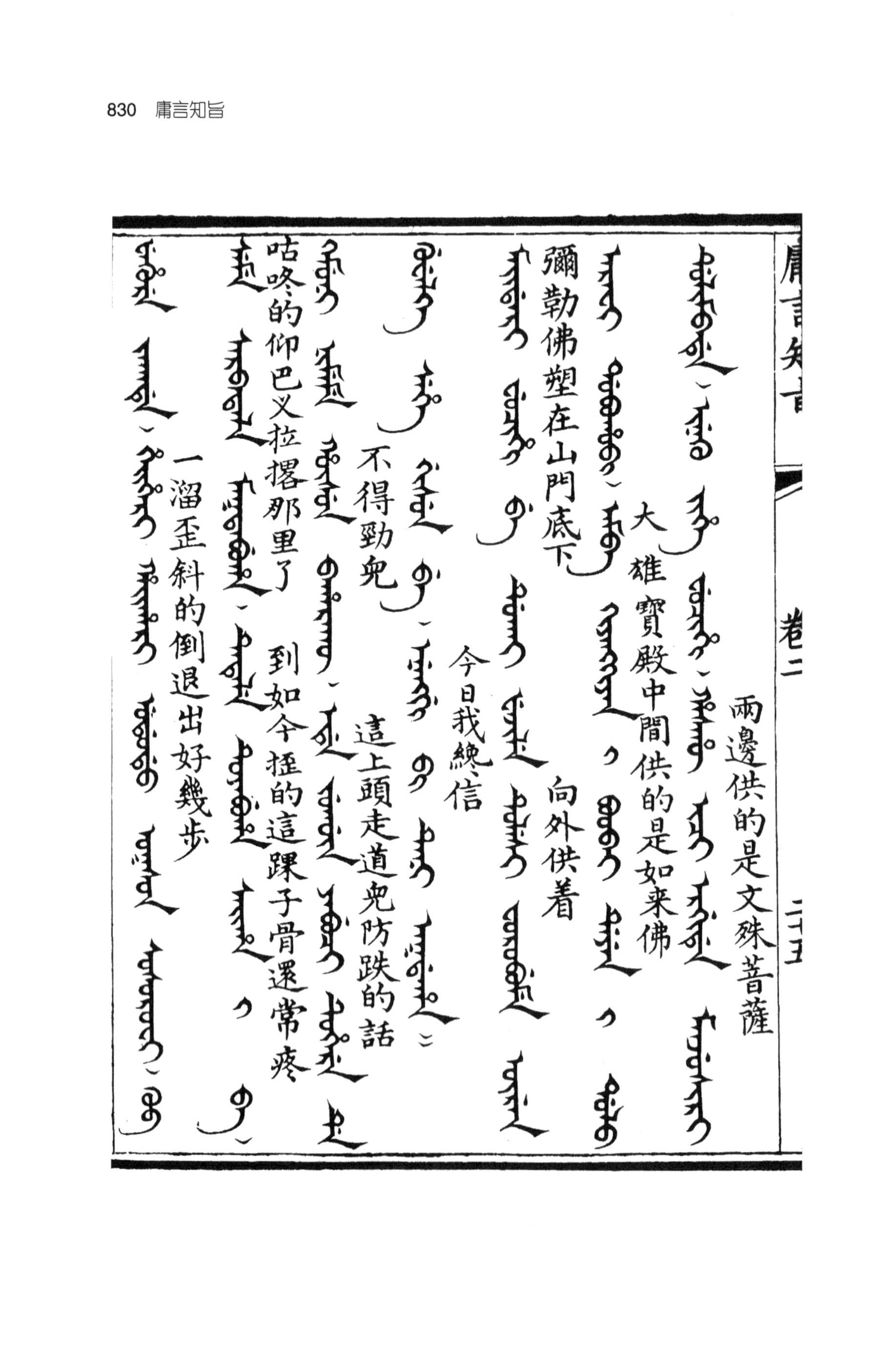

兩邊供的是文殊菩薩

大雄寶殿中間供的是如來佛

向外供着

彌勒佛塑在山門底下

今日我纔信

不得勁兒

這上頭走道兒防跌的話

咕咚的仰巴叉拉撂那里了

到如今搓的這踝子骨還常疼

一溜歪斜的倒退出好幾步

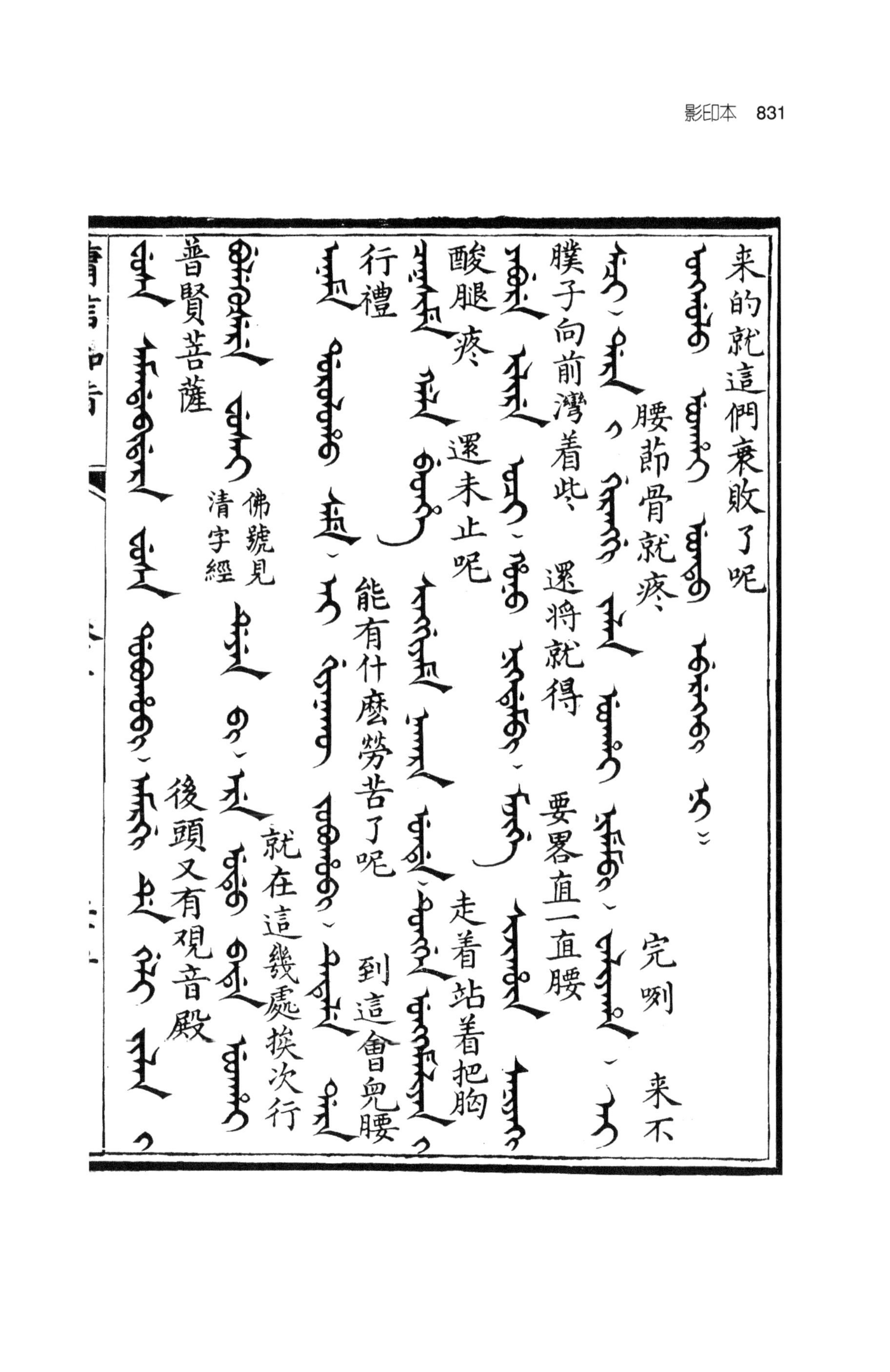

来的就這們衰敗了呢

腰節骨就疼、

完咧

来不

膫子向前彎着些、

還將就得

要畧直一直腰

酸腿疼

還未止呢

走着站着把胸

行禮

能有什麽勞苦了呢

到這會兒腰

就在這幾處挨次行

佛號見

清字經

普賢菩薩

後頭又有觀音殿

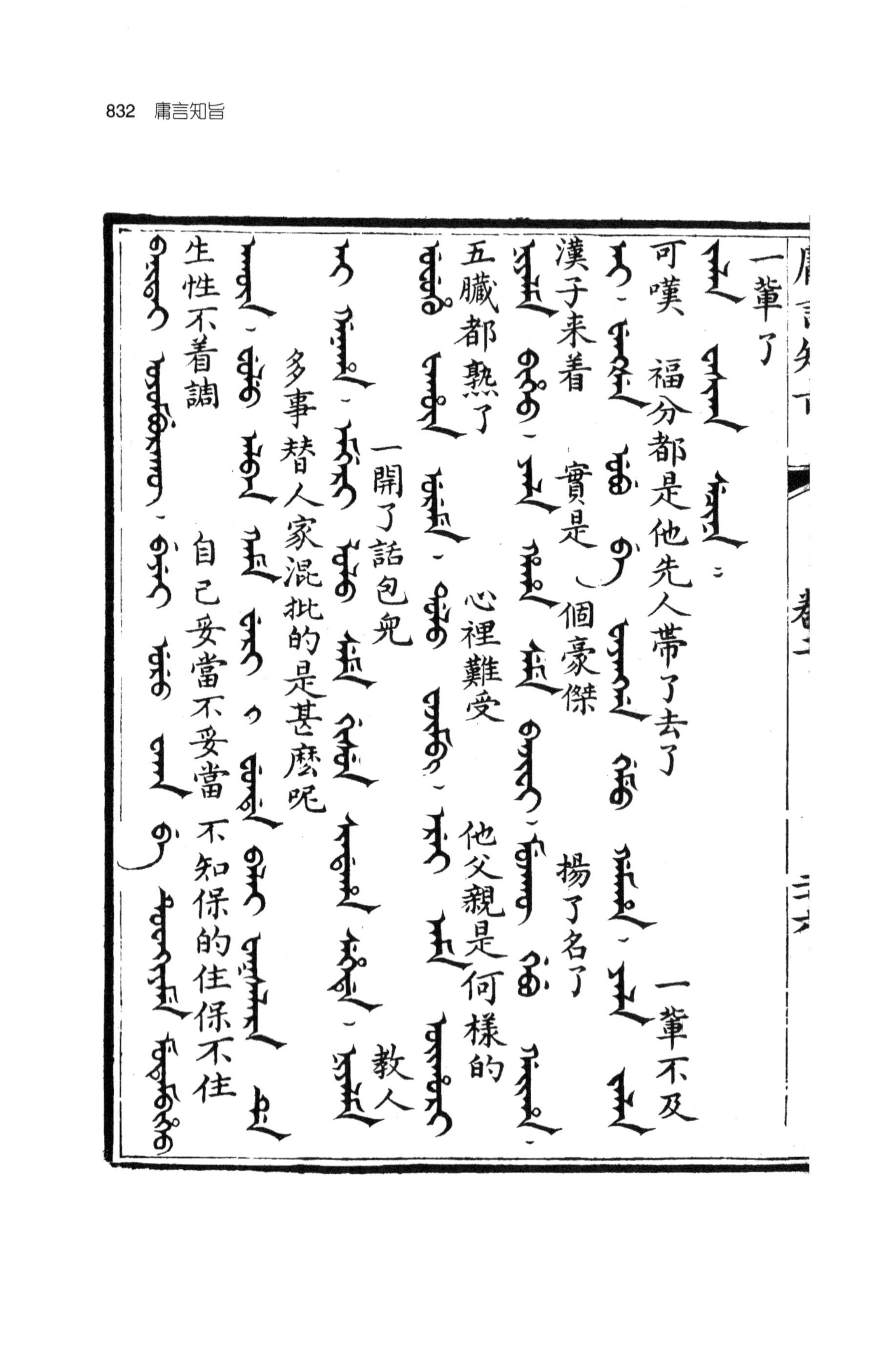

一輩子了 一輩不及

可嘆 福分都是他先人帶了去了

漢子来着 實是 個豪傑 揚了名了

五臟都熟了 心裡難受 他父親是何樣的

一開了話包兒 教人

多事替人家混批的是甚麼呢

生性不着調 自己要當不要當 不知保的住保不住

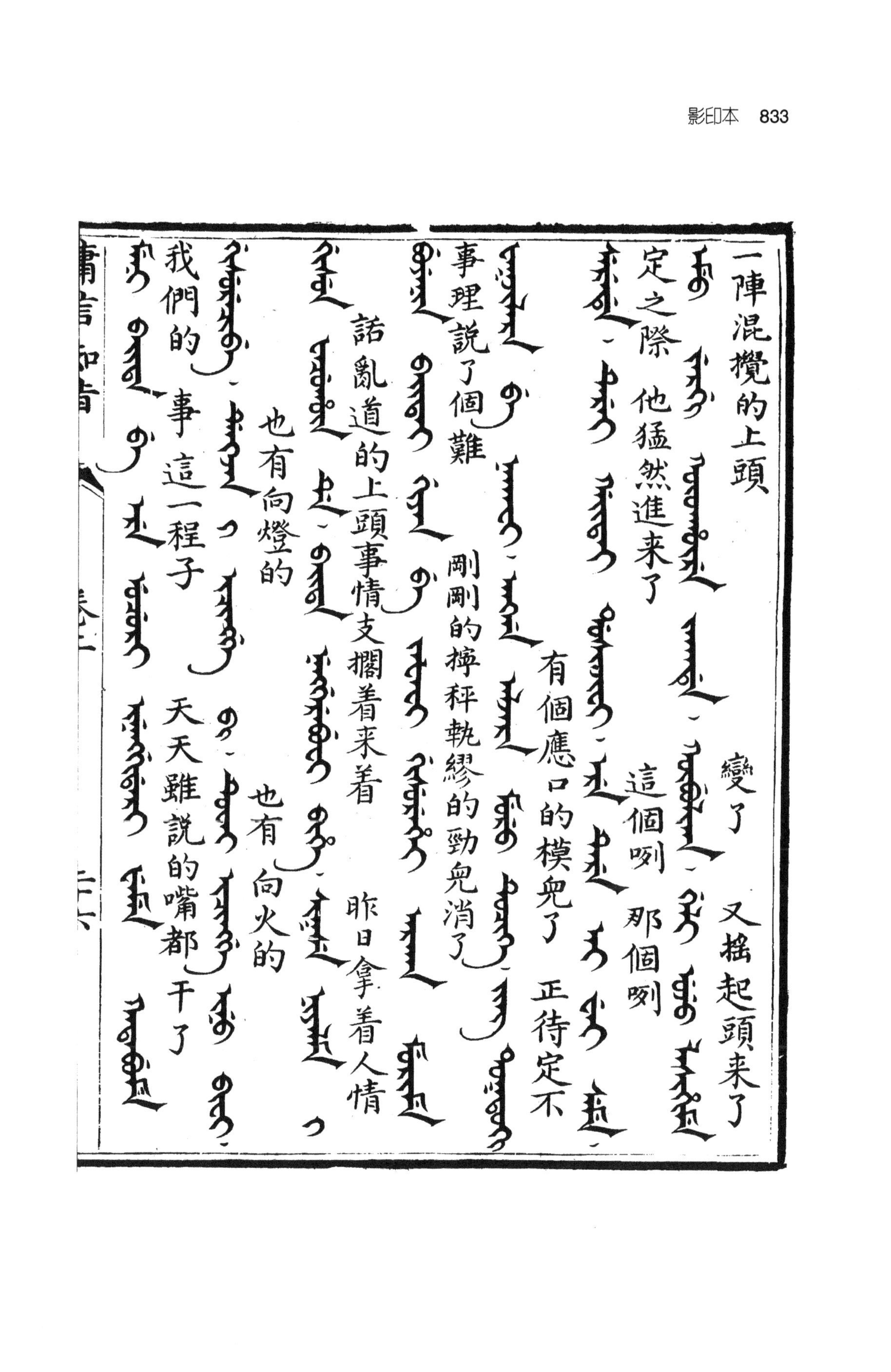

一陣混攪的上頭 變了 又搖起頭來了

定之際 他猛然進來了 這個咧 那個咧

有個應口的模兒了 正待定不

事理説了個難 剛剛的掙秤執繆的勁兒消了

話亂道的上頭事情支擱着来着 昨日拿着人情

也有向燈的 也有向火的

我們的事這一程子 天天雖説的嘴都干了

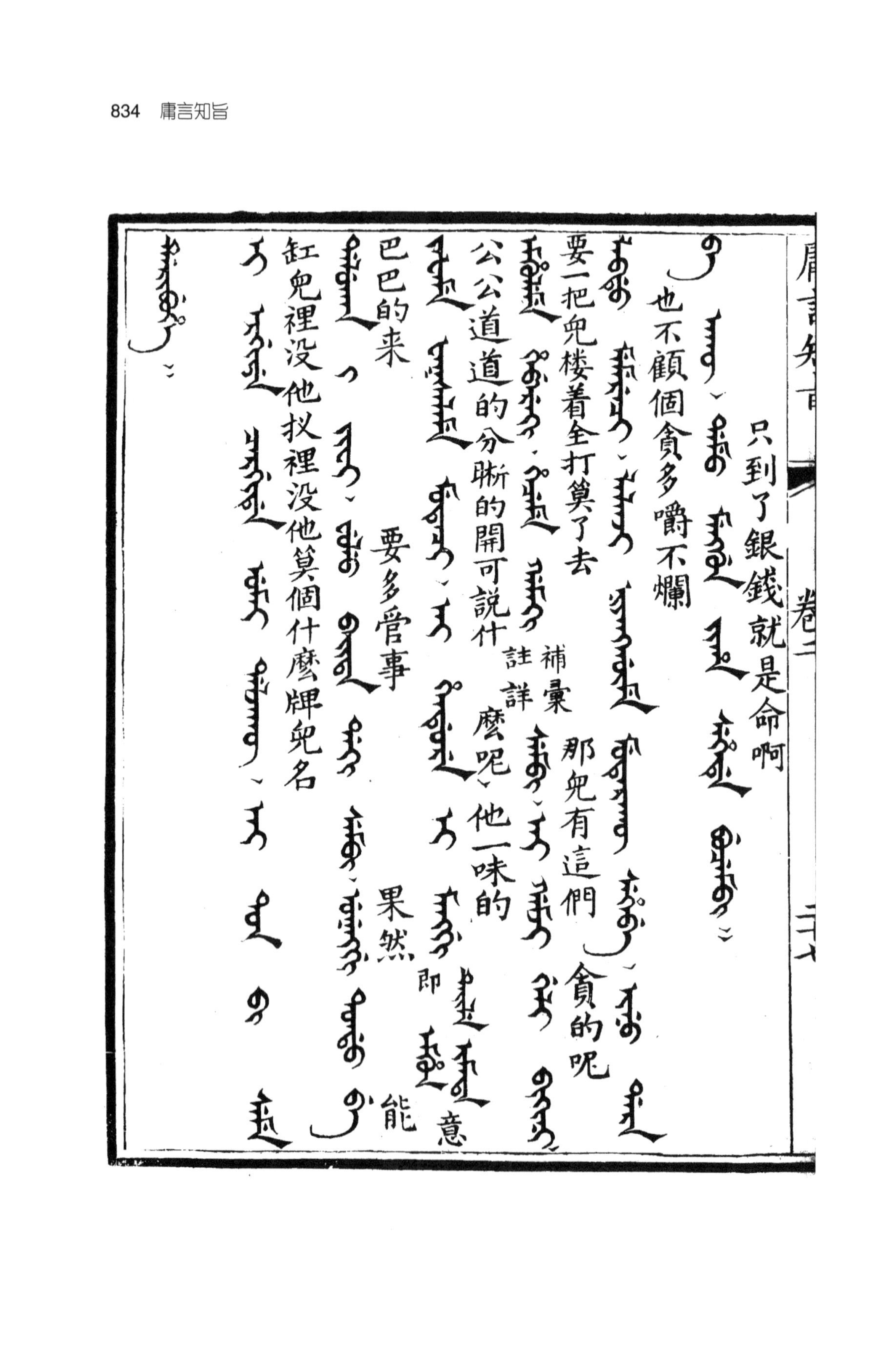

只到了銀錢就是命啊

也不顧個貪多嚼不爛

那兒有這們貪的呢

要一把兒楼着全打莫了去

公公道道的分晰的開可説什麼呢他一味的

補彙 註詳

即 意

巴巴的来要多管事果然能

缸兒裡没他扠裡没他莫個什麼牌兒名

我們那個親戚麽
沒道兒罷
若這們觸心兒暴虐胡鬧了去
越勸越發作
利害似一陣
動不動的一脖梗子氣
待下人王法大
如今改了常了
只是
未必不是給後頭個
嗳
罷了啊
見論語
你
一發作了攔不得
一陣
每日裡剥衣裳褪褲子乒乒的打乂

原来人在人情在的話

他家

老老少少都何等樣親熱来着

迴想我姐姐在的時候

一進

個個的着頭不着尾的撩話兒

活是撿人的一樣

怪事

好像少欠他什麽没還他是的

一

是骨肉至親

去瞧他去呢

有名無實了

一日我想着

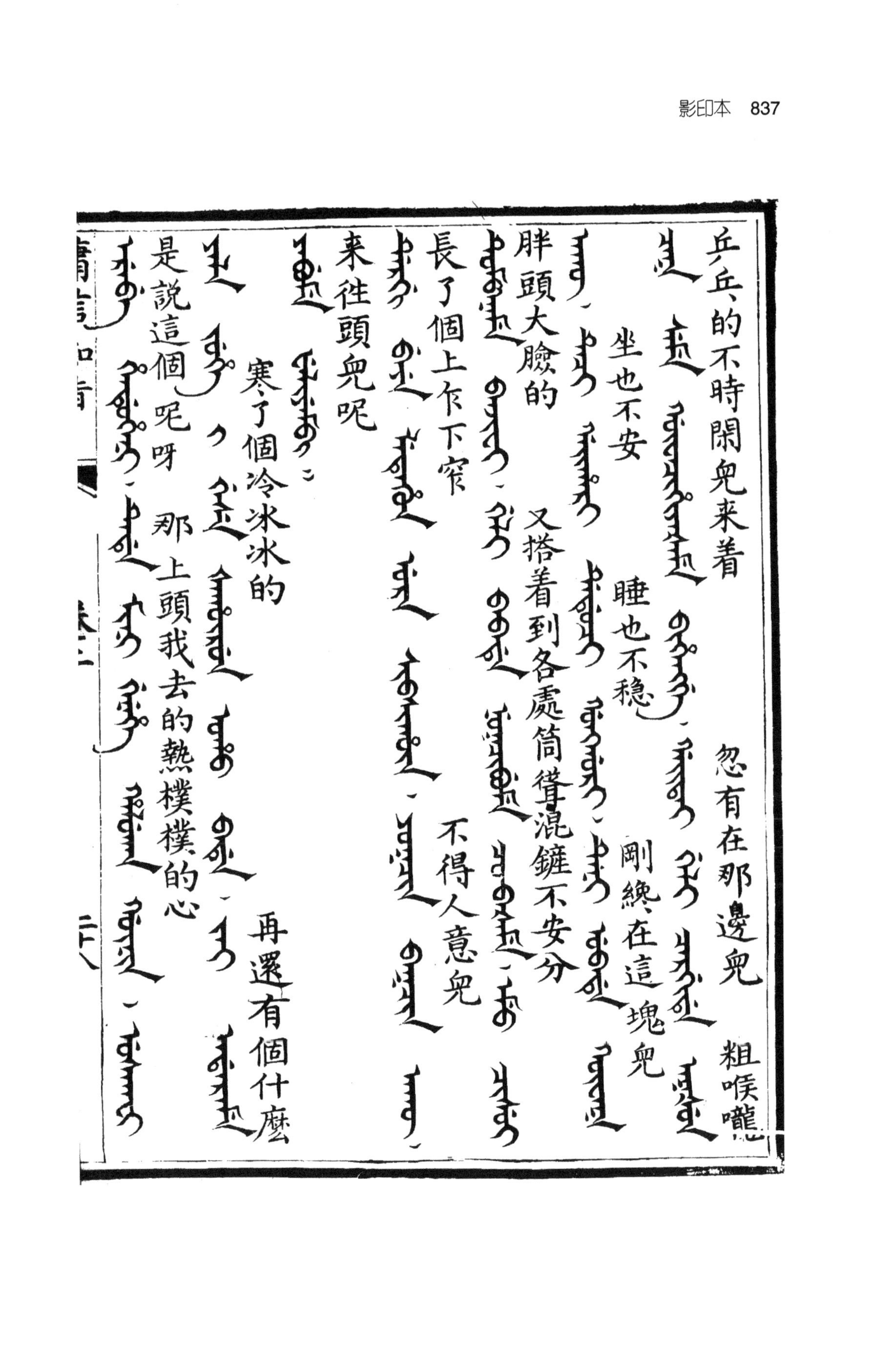

乒乒的不時閙兒来着　忽有在那邊兒　粗喉嚨

坐也不安　睡也不穩　剛纔在這塊兒

胖頭大臉的　又搭着到各處筒聳混鏟不安分

長了個上卞下窄　不得人意兒

来往頭兒呢

寒了個冷冰冰的　再還有個什麼

是說這個呢呀　那上頭我去的熱樸樸的心

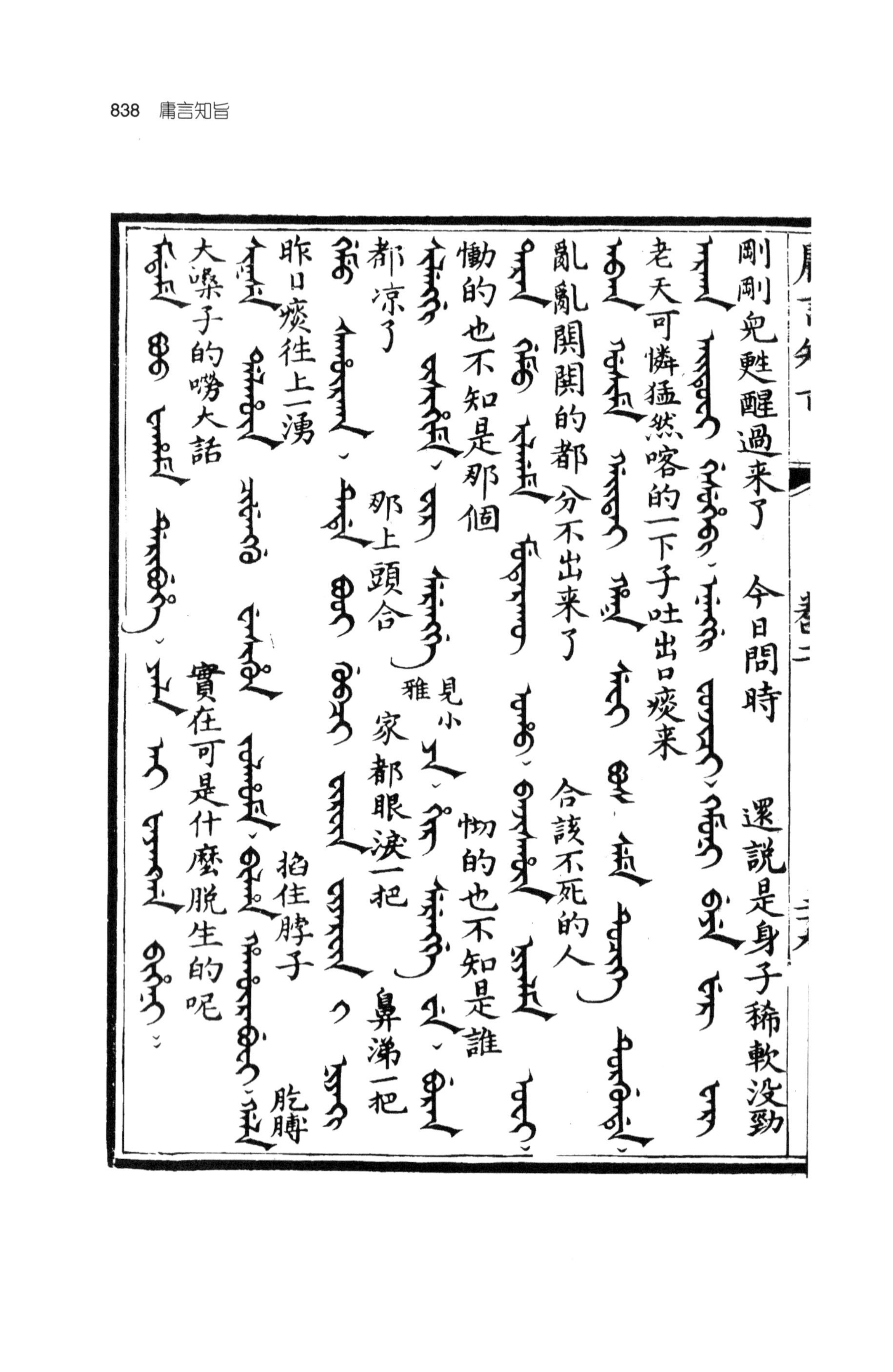

剛剛兒甦醒過來了　今日悶時　還說是身子稀軟沒勁

老天可憐猛然喀的一下子吐出口痰来

亂亂閧閧的都分不出来了　合該不死的人

慟的也不知是那個　惚的也不知是誰

都凉了　那上頭合　見小雅　家都眼淚一把　鼻涕一把

昨日痰往上一湧　掐住脖子　肐膊

大嗓子的嘮大話　實在可是什麼脫生的呢

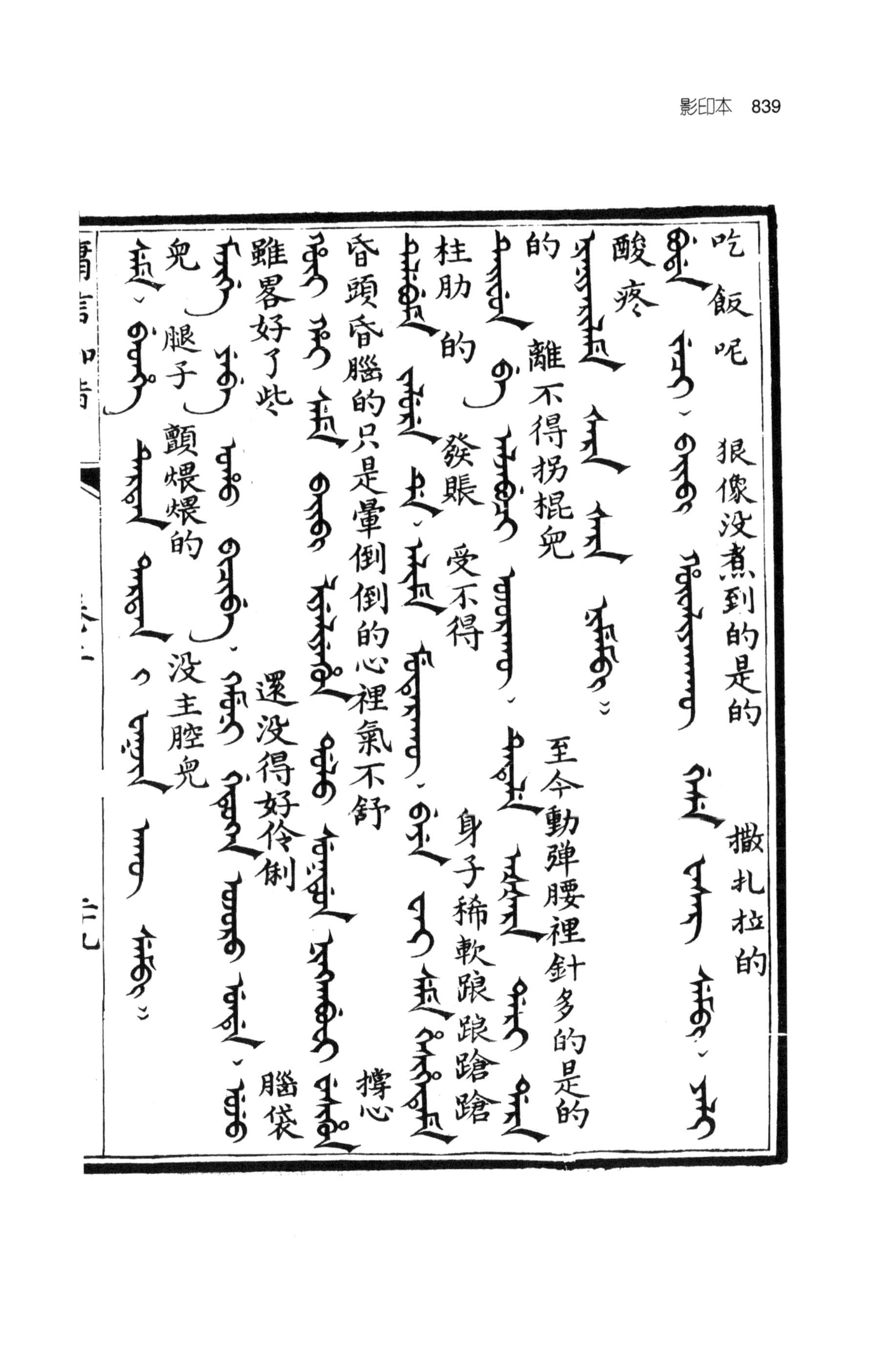

吃飯呢 狠像沒煮到的是的 撒扎拉的

酸疼的 離不得拐棍兒 至今動彈腰裡針多的是的

柱肋的 發脹 受不得 身子稀軟踉踉蹌蹌

昏頭昏腦的只是暈倒倒的心裡氣不舒 撐心

雖畧好了些 還沒得好伶俐 腦袋

兒 腿子 顫煨煨的 沒主腔兒

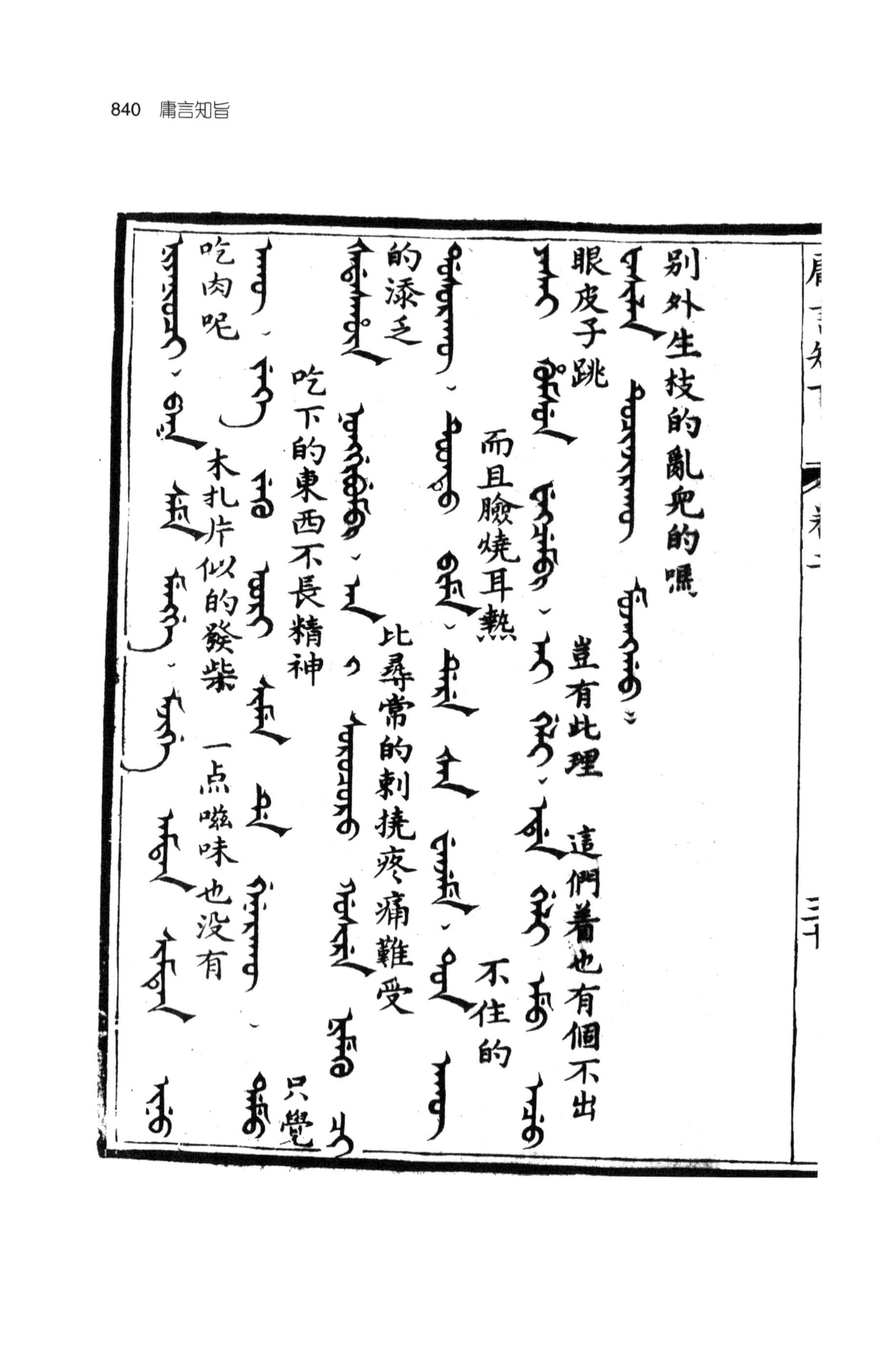

別外生枝的亂兜的嘿

眼皮子跳

豈有此理

這們着也有個不出

而且臉燒耳熱

不住的

的添乏

比尋常的刺撓疼痛難受

吃下的東西不長精神

只覺

吃肉呢

木扎片似的發柴

一点嗞味也沒有

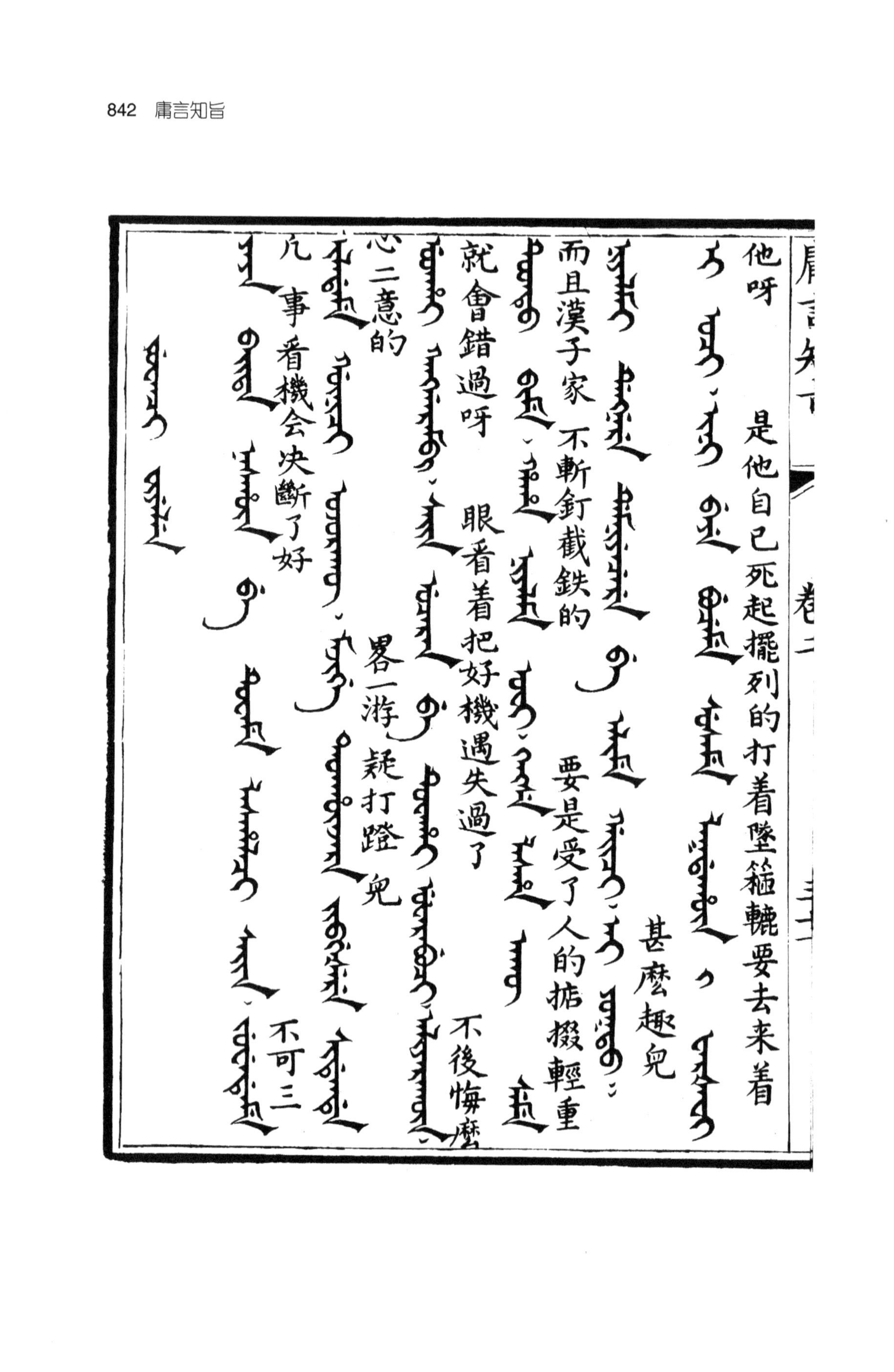

他呀　是他自己死起擺列的打着墜箍轆要去来着

甚麼趣兒

而且漢子家　不斷釘截鉄的　要是受了人的掂掇輕重

就會錯過呀　眼看着把好機遇失過了　不後悔麼

心二意的　畧一游疑打蹬兒

凡事看機会决斷了好　不可三

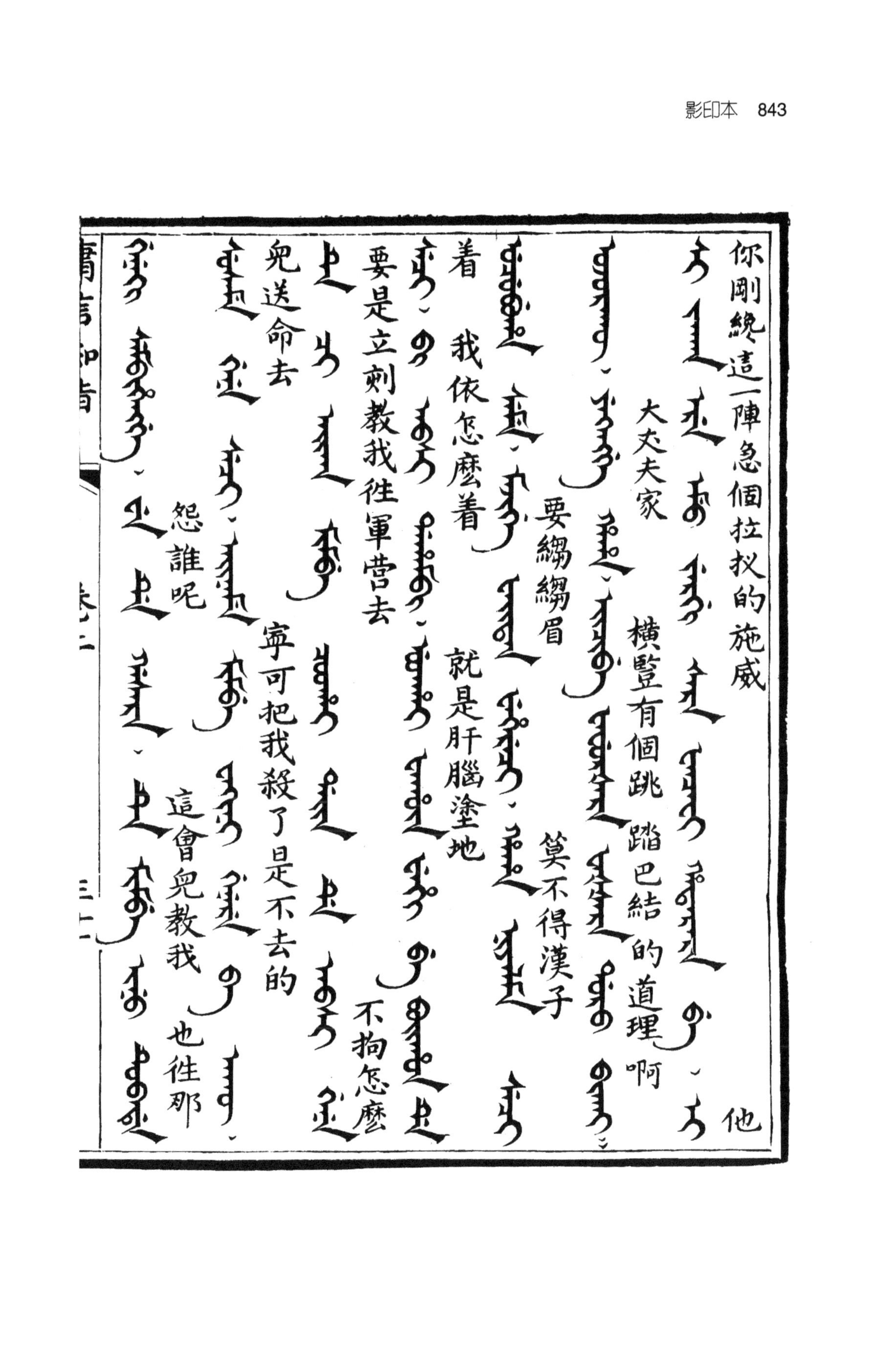

你剛纔這一陣急個拉扠的施威 他

大丈夫家 橫豎有個跳蹋巴結的道理啊

要緆緆眉 莫不得漢子

着 我依怎麼着 就是肝腦塗地

要是立剌教我往軍營去 不拘怎麼

兒送命去 寧可把我殺了是不去的

怨誰呢 這會兒教我 也往那

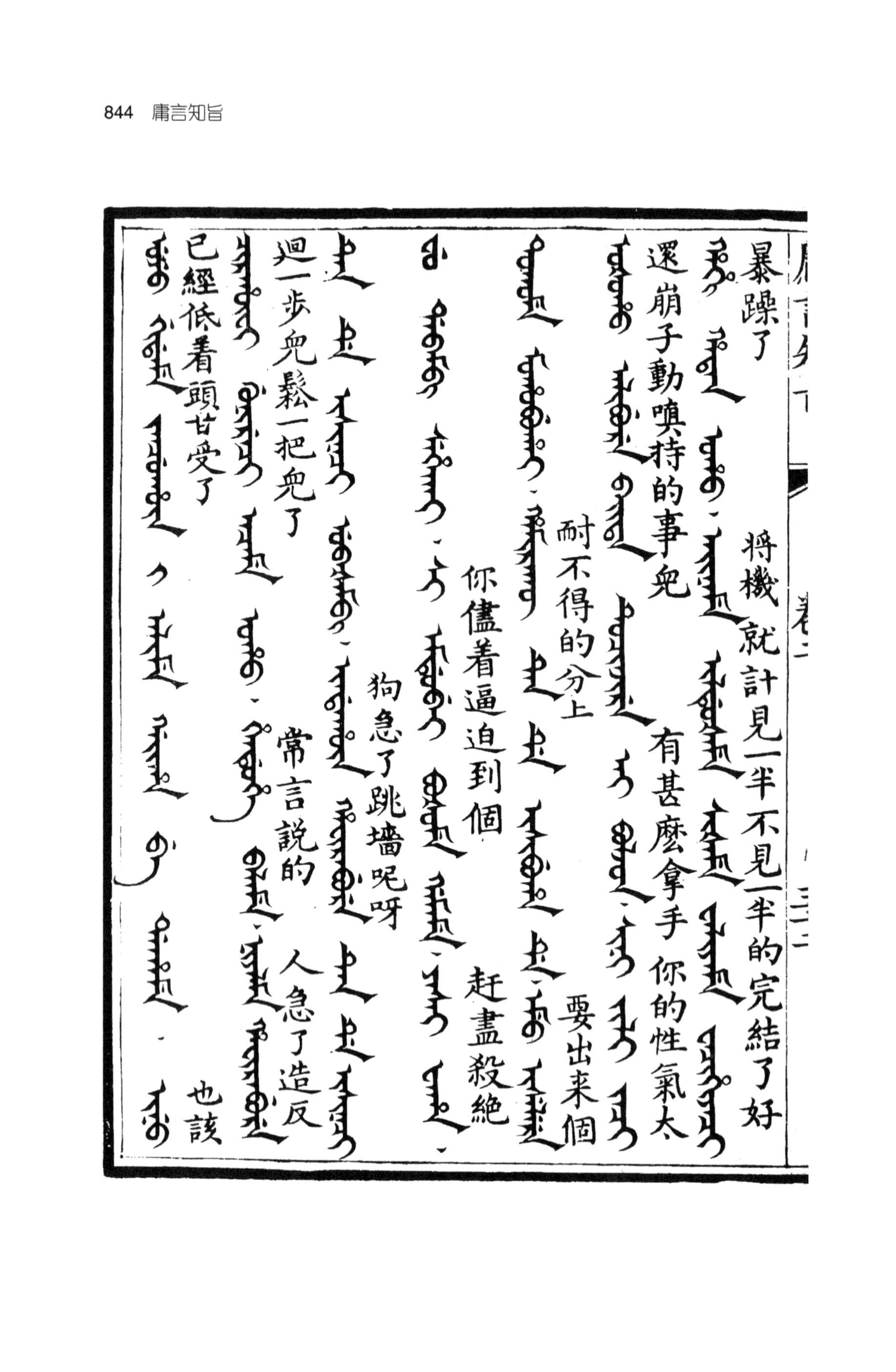

已經低着頭甘受了
也該
迴一步兒鬆一把兒了
常言說的
人急了造反
狗急了跳墻呢呀
你儘着逼迫到個
赶盡殺絶
耐不得的分上
要出来個
還崩子動嗔持的事兒
有甚麽拿手
你的性氣太
暴躁了
將機就計見一半不見一半的完結了好

家破人亡 難免被人指着脊梁背子

顧眼前的人 豈有長久的理 臨了兒

你把他這個旺運記着看 火燎眉毛

氣 脚高了 可是眼前的歡啊

那一味貪圖名利的人 雖像走了好運

老話

騷啊

二

有益啊 別鬧的打不成狐狸 弄一屁股

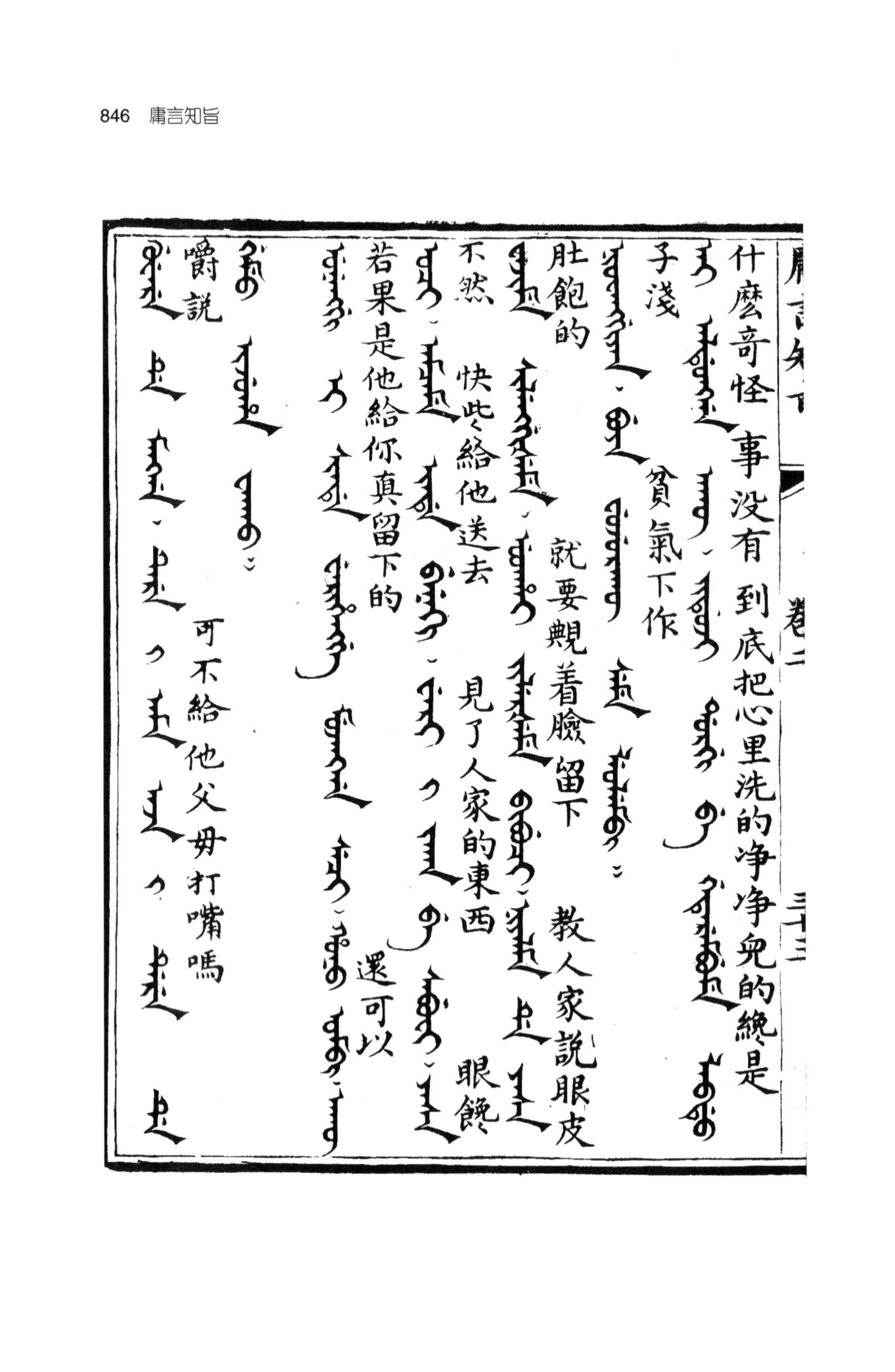

什麼奇怪事没有到底把心里洗的净净兒的纔是

子淺 貧氣下作

肚飽的 就要覥着臉留下 教人家說眼皮

不然 快些給他送去 見了人家的東西 眼饞

若果是他給你真留下的 還可以

嚼說 可不給他父母打嘴嗎

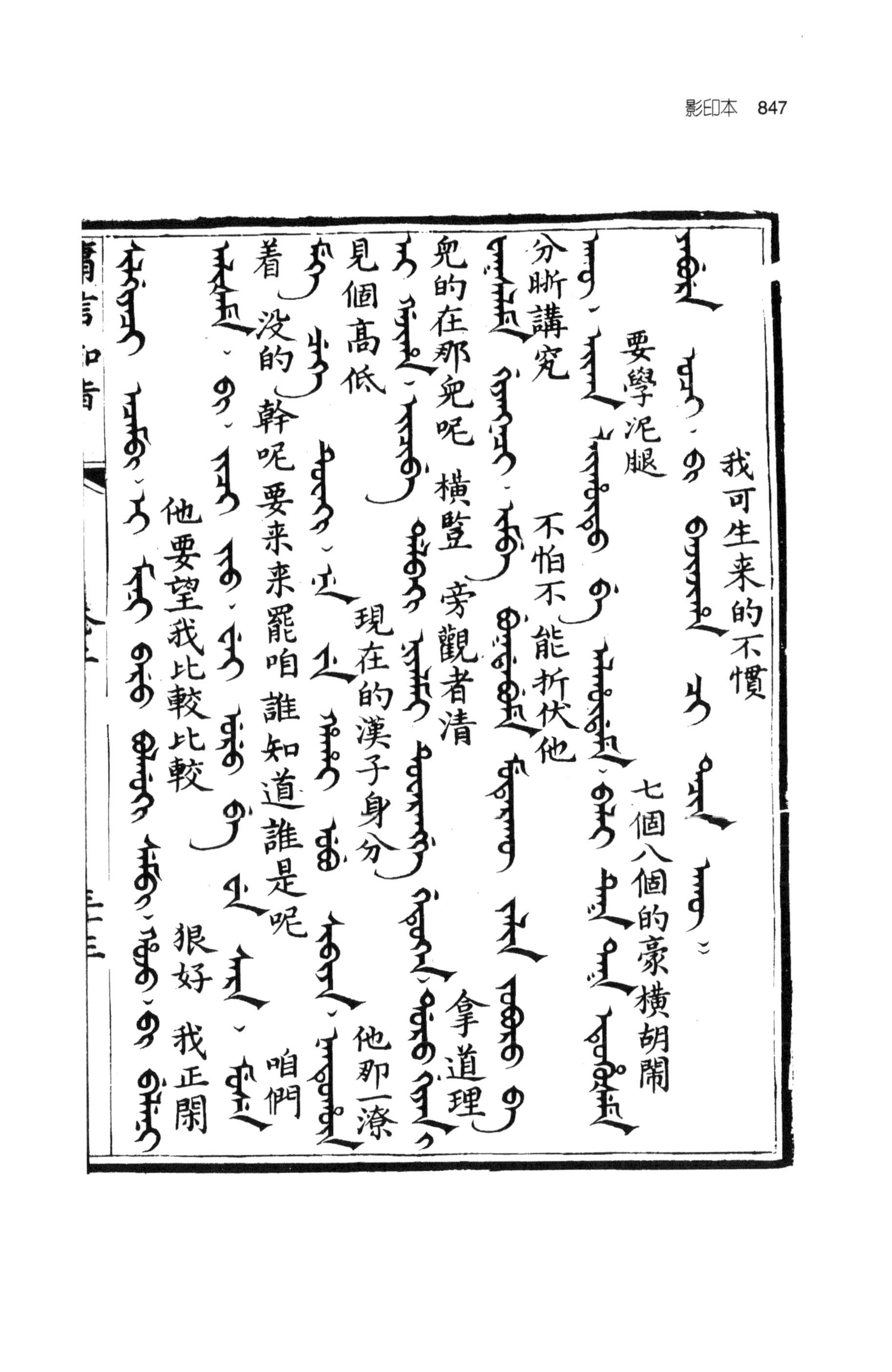

我可生来的不慣

要學泥腿　七個八個的豪横胡鬧

分晰講究　不怕不能折伏他

兜的在那兜呢　横豎　旁觀者清　拿道理

見個高低　現在的漢子身分　他那一潦

着　没的斡呢要来来罷咱　誰知道誰是呢　咱們

他要望我比較比較　狠好　我正閑

不給他留情
給他雷頭風了
惱了抱怨着逢人至人的
人不可太自滿了
打這上頭說
不是體面樣子
咱們原是這們着來麼
人常說
換四的
是鬧樣法擺搭的款兒
並
我說賢弟
這們脫三
一日在一個朋友的筵席上他不住的換衣裳
起初原是
沒班点
沒裂璺的好弟兄來着

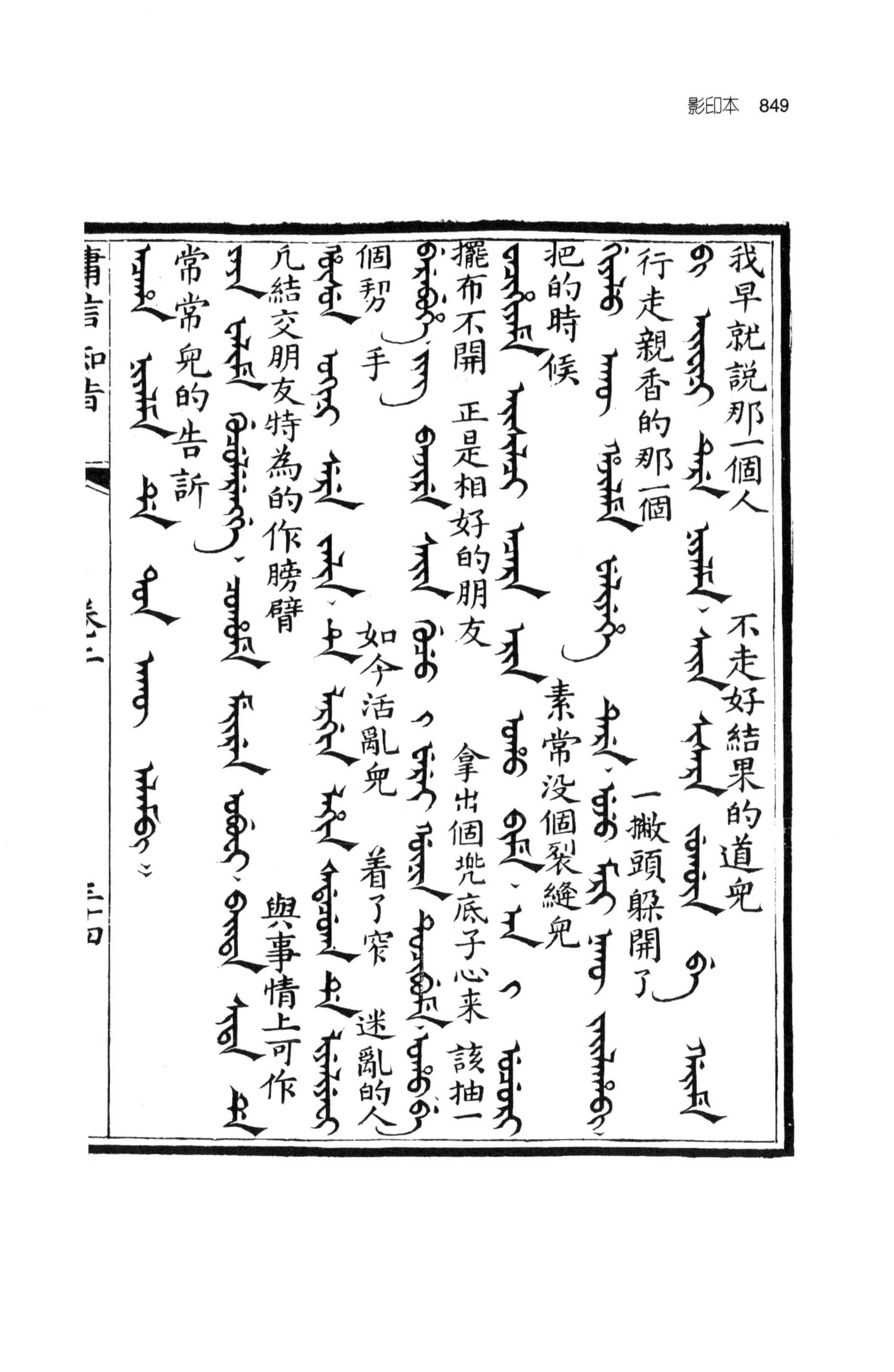

我早就説那一個人 不走好結果的道兒

行走親香的那一個 一撇頭躲開了

把的時候 素常没個裂縫兒

擺布不開 正是相好的朋友 拿出個兠底子心来 該抽一

個㨯手 如今活亂兒 着了窄 迷亂的人

凡結交朋友特為的作膀臂 與事情上可作

常常兒的告訴

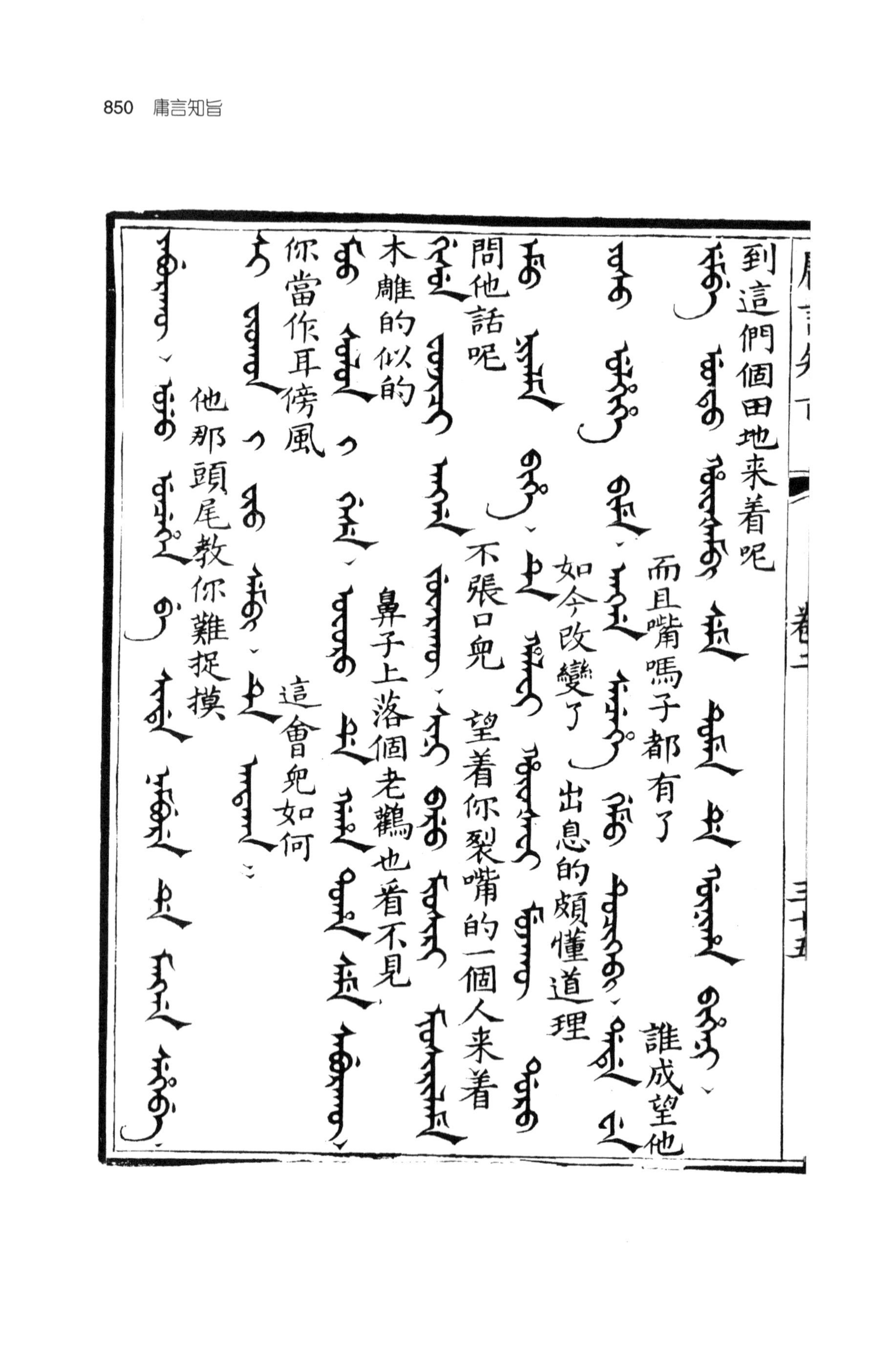

到這們個田地来着呢

而且嘴嗎子都有了

誰成望他

如今改變了

出息的頗懂道理

問他話呢

不張口兒

望着你裂嘴的一個人来着

木雕的似的

鼻子上落個老鸛也看不見

你當作耳傍風

這會兒如何

他那頭尾教你難捉摸

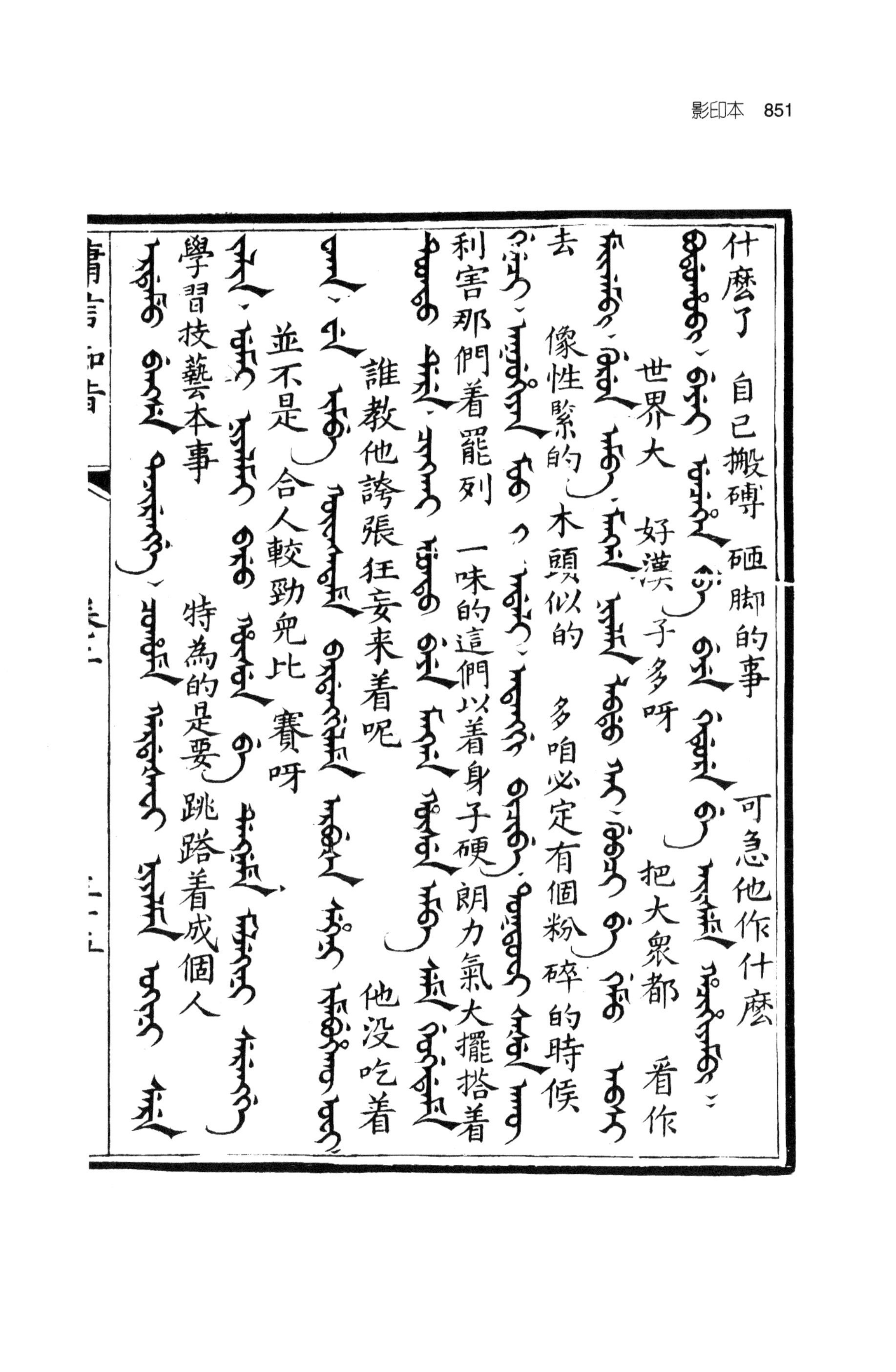

什麼了 自己搬磚砸脚的事 可急他作什麼

世界大 好漢子多呀 把大衆都 看作

去 像性緊的 木頭似的 多咱必定有個粉碎的時候

利害那們着罷列 一味的這們以着身子硬朗力氣大擺搭着

誰教他誇張狂妄来着呢 他没吃着

並不是 合人較勁兒比賽呀

學習技藝本事 特為的是要跳踏着成個人

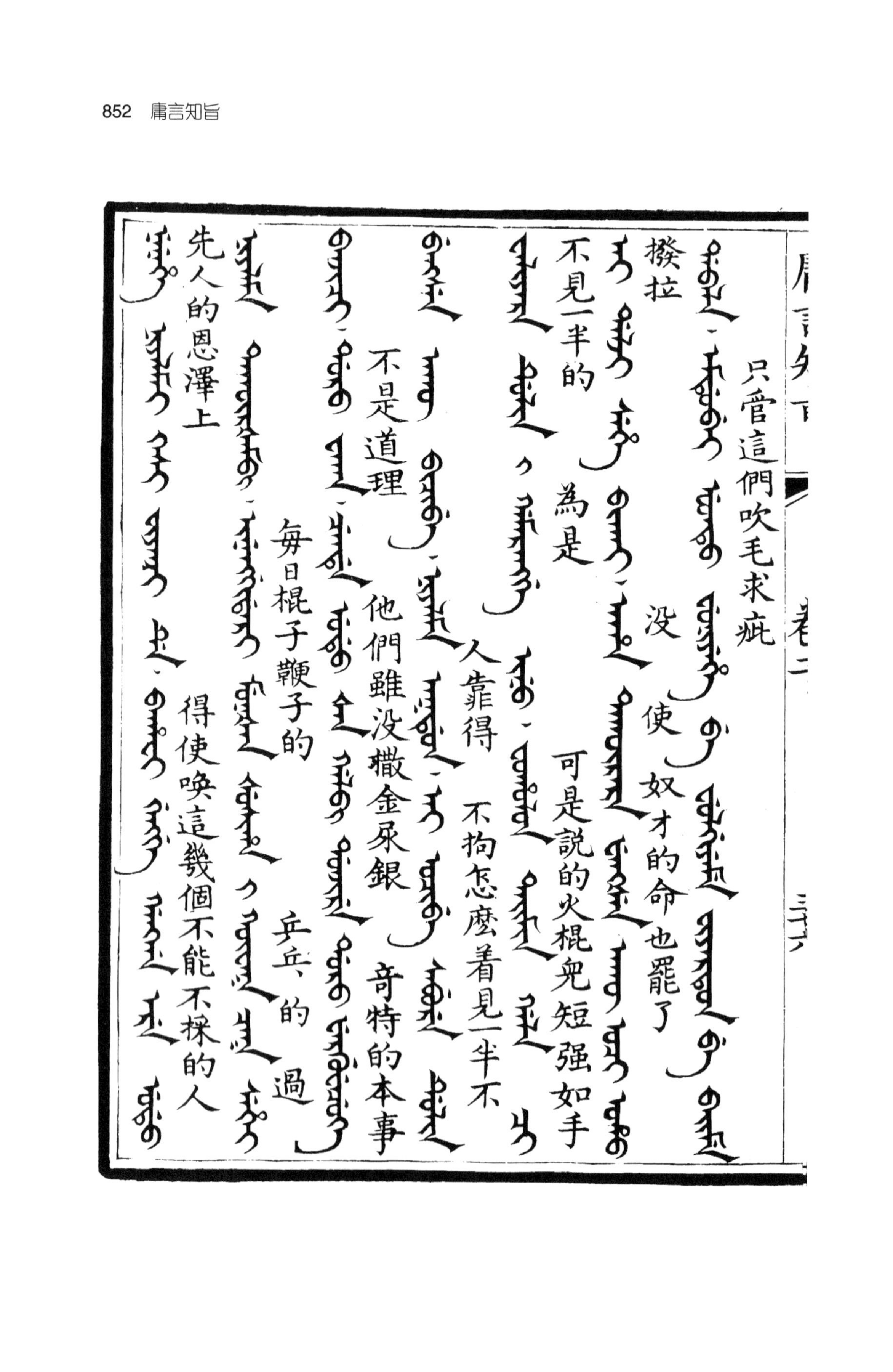

只管這們吹毛求疵

撥拉

沒 使 奴才的命也罷了

不見一半的

為是

可是說的火棍兒短強如手

人靠得

不拘怎麼着見一半不

不是道理

他們雖沒攢金屎銀

奇特的本事

每日棍子鞭子的

乒乓的過

先人的恩澤上

得使喚這幾個不能不採的人

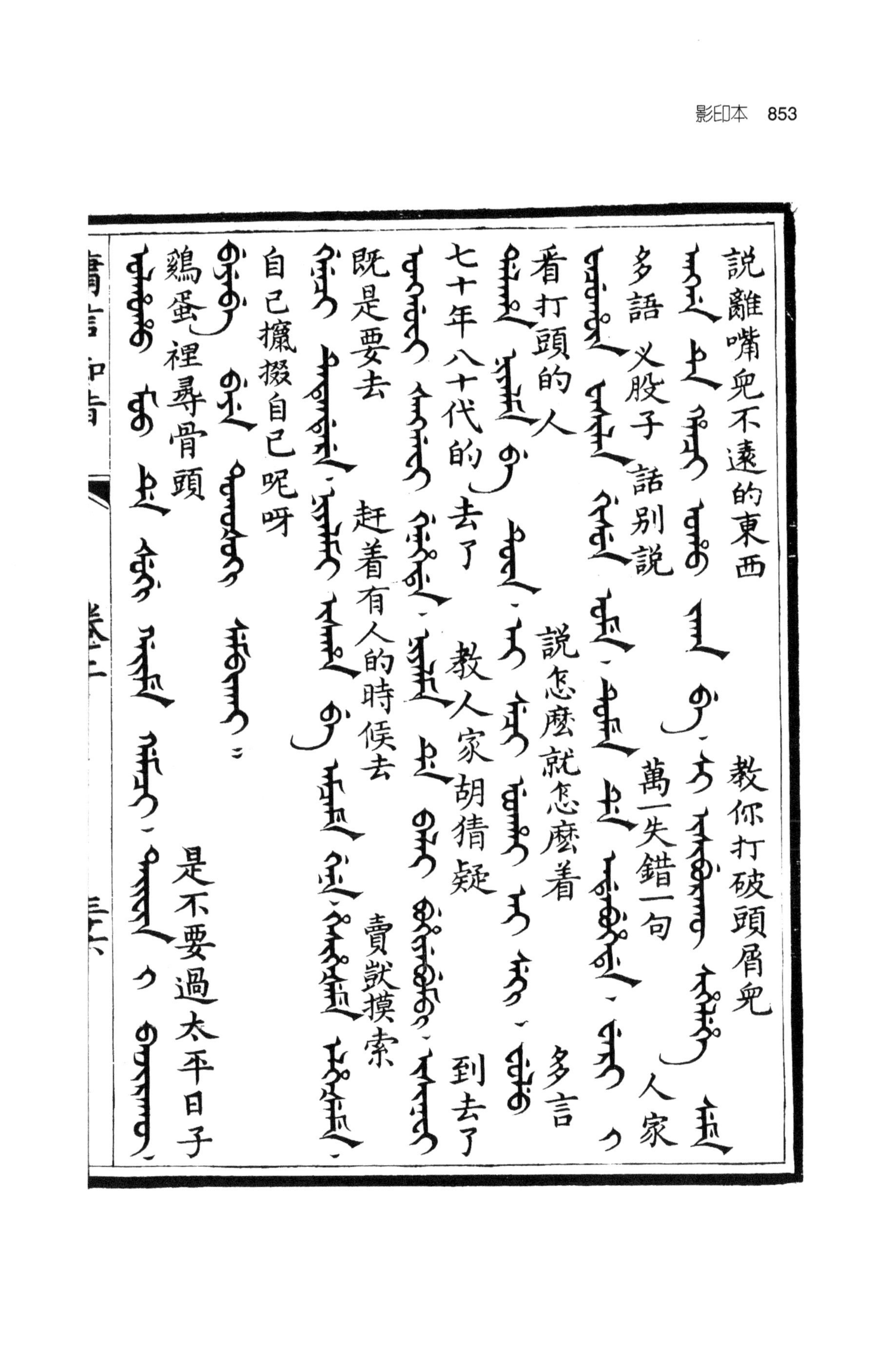

說離嘴兒不遠的東西　教你打破頭屑兒

多語 叉股子話別說　萬一失錯一句 人家

看打頭的人　說怎麼就怎麼着　多言

七十年八十代的去了　教人家胡猜疑　到去了

既是要去　趕着有人的時候去　賣獃摸索

自己擺掇自己呢呀

鷄蛋裡尋骨頭　是不要過太平日子

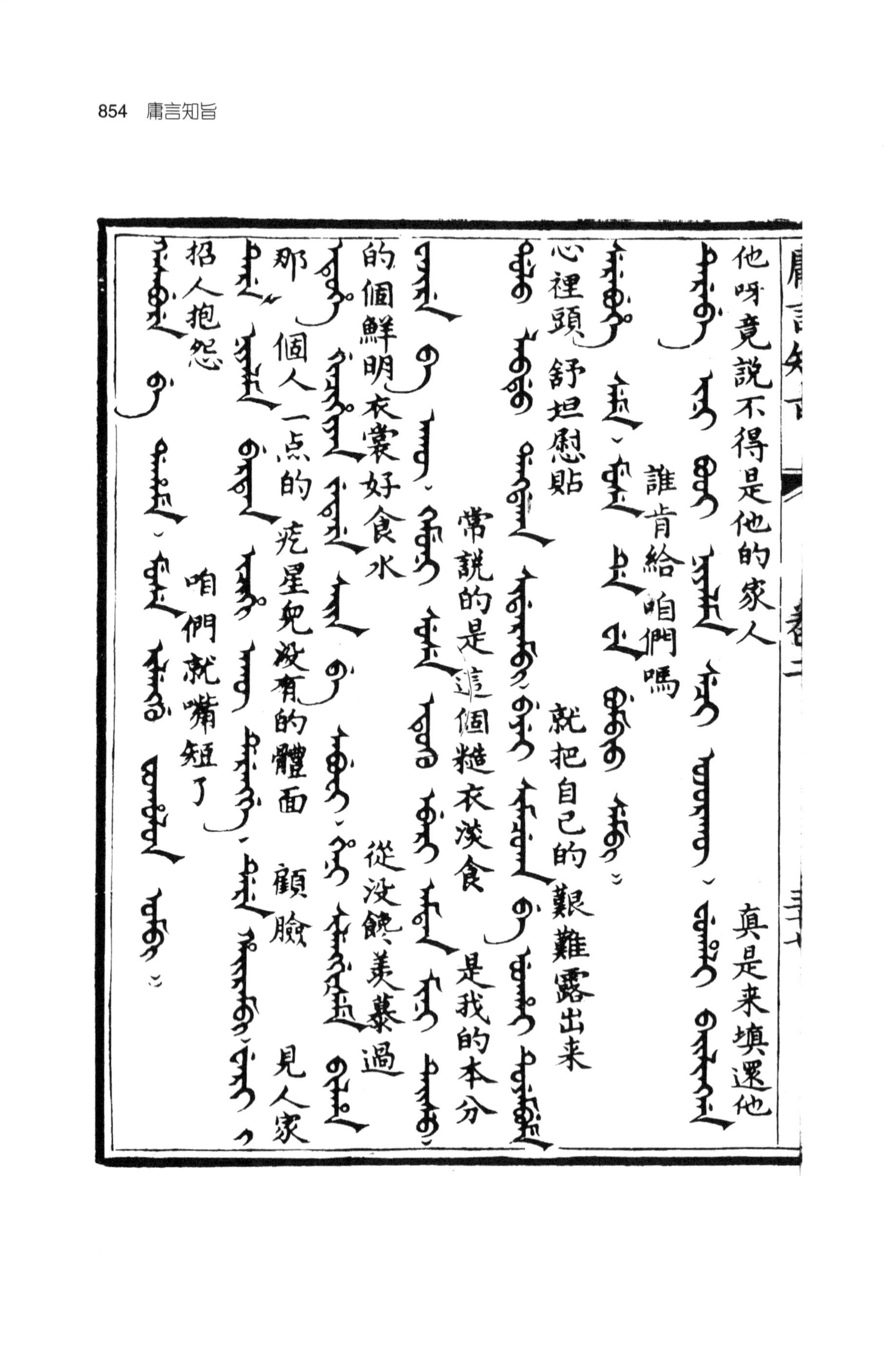

他呀竟說不得是他的家人
真是来填還他
誰肯給咱們嗎
心裡頭舒坦慰貼
就把自己的艱難露出来
常說的是這個粗衣淡食
是我的本分
的個鮮明衣裳好食水
從沒饞羨慕過
那個人一点的疙星兒沒有的體面
顧臉
見人家
招人抱怨
咱們就嘴短了

摞搭着看慣了

可別折挫了他的銳氣

孩子們約束着他出條

要說由他去罷

教照看

就像咱們自己一樣

咱們放心

要撩開手繞撩開手

要是把孩子交給他

手歇也不歇

必然収拾的現成的

若交給他一件東西教他拾掇

終日家孫湧孫湧的

來的

人誠實

老陳人呀

往死里夠的出力

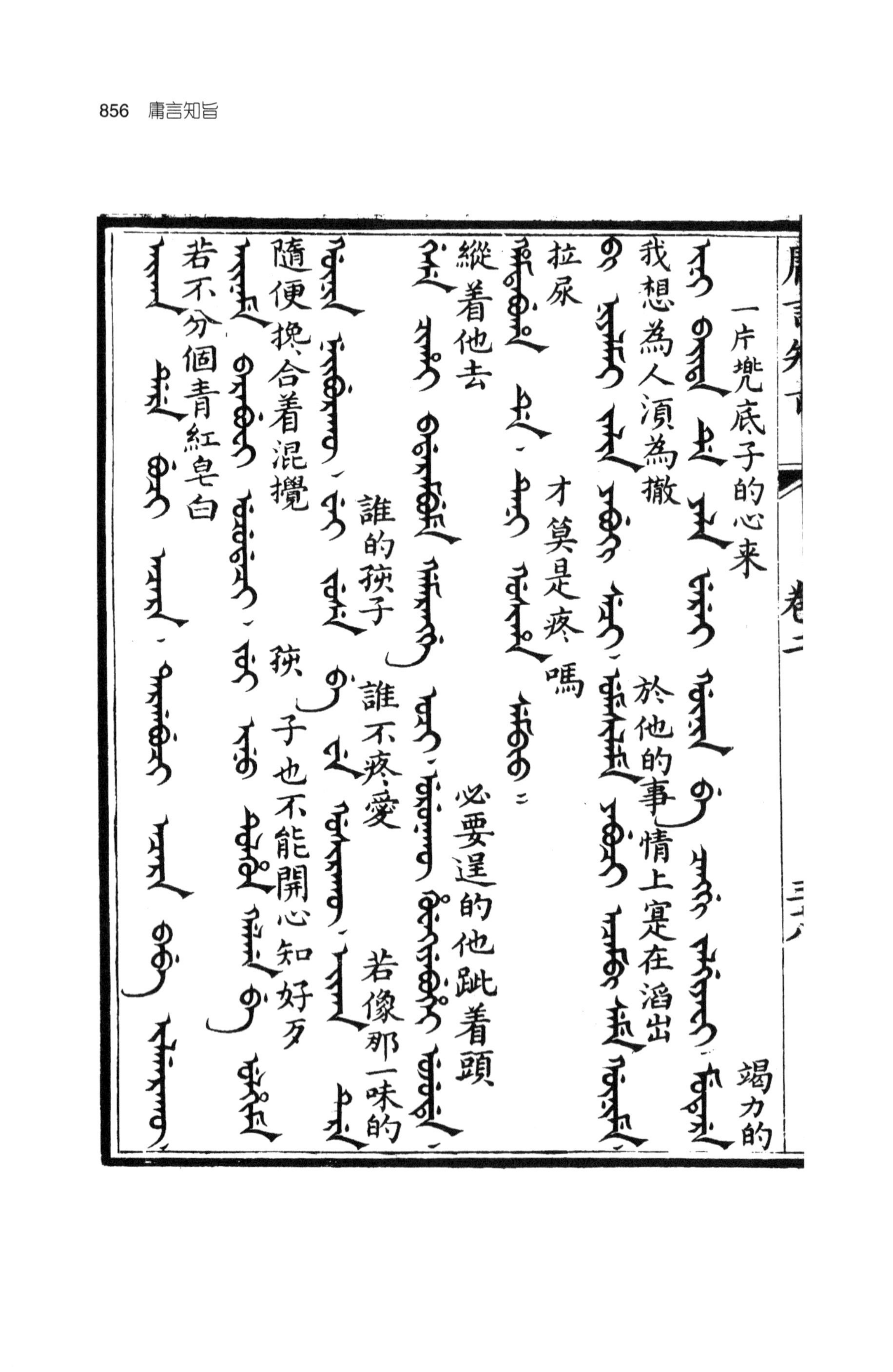

一片撓底子的心来

竭力的

我想為人須為撤

於他的事情上寔在滔出

拉尿

才莫是疼嗎

縱着他去

必要逞的他跐着頭

誰的孩子

誰不疼愛

若像那一味的

隨便換合着混攪

孩子也不能開心知好歹

若不分個青紅皂白

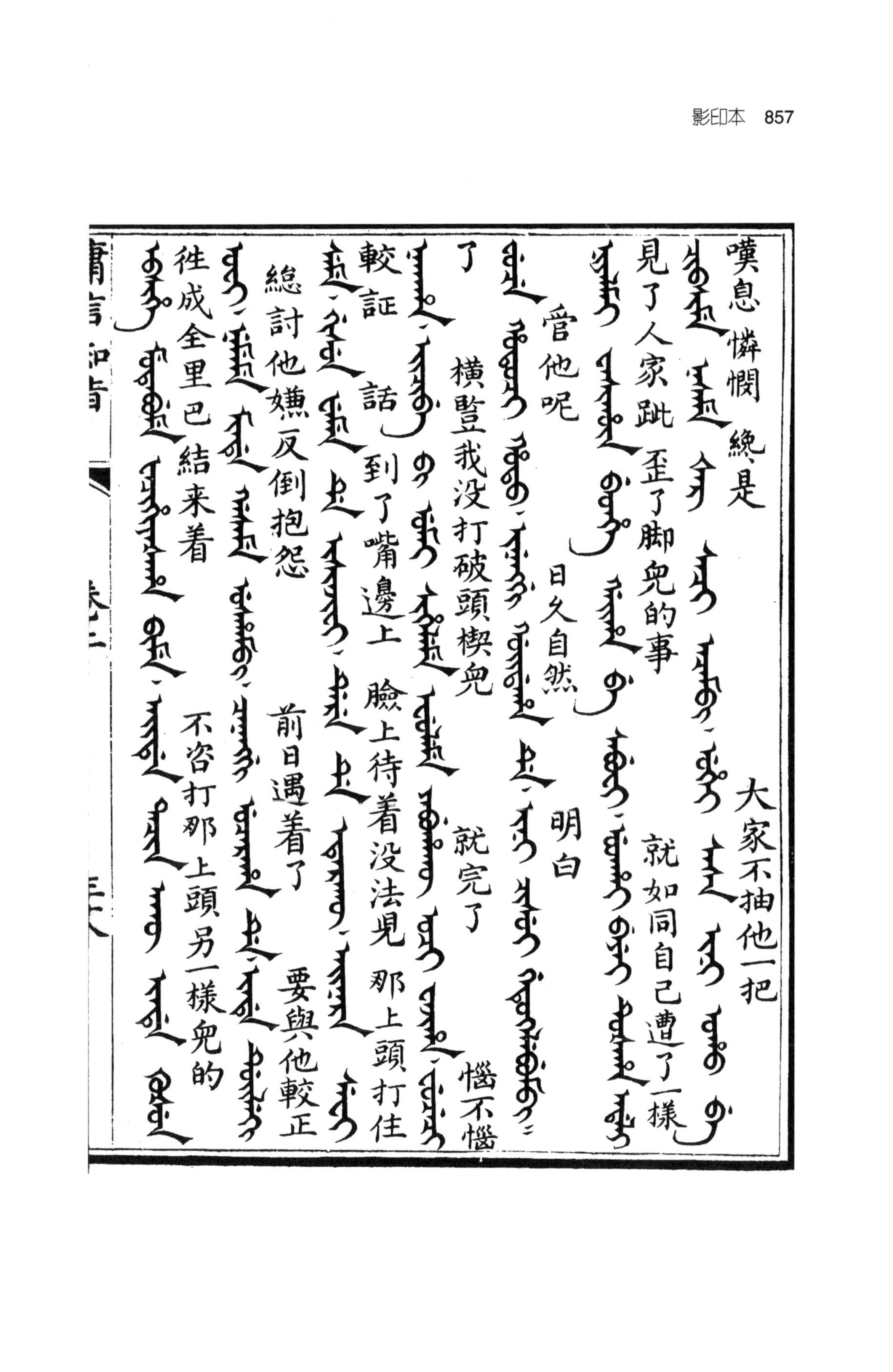

嘆息憐憫 纔是 大家不抽他一把

見了人家跐歪了脚兒的事 就如同自己遭了一様

管他呢 日久自然 明白

了 横竪我没打破頭楔兒 就完了 惱不惱

較証 話 到了嘴邊上 臉上待着没法見 那上頭打住

總討他嫌反倒抱怨 前日遇着了 要與他較正

徃成全里巴結来着 不容打那上頭另一様兒的

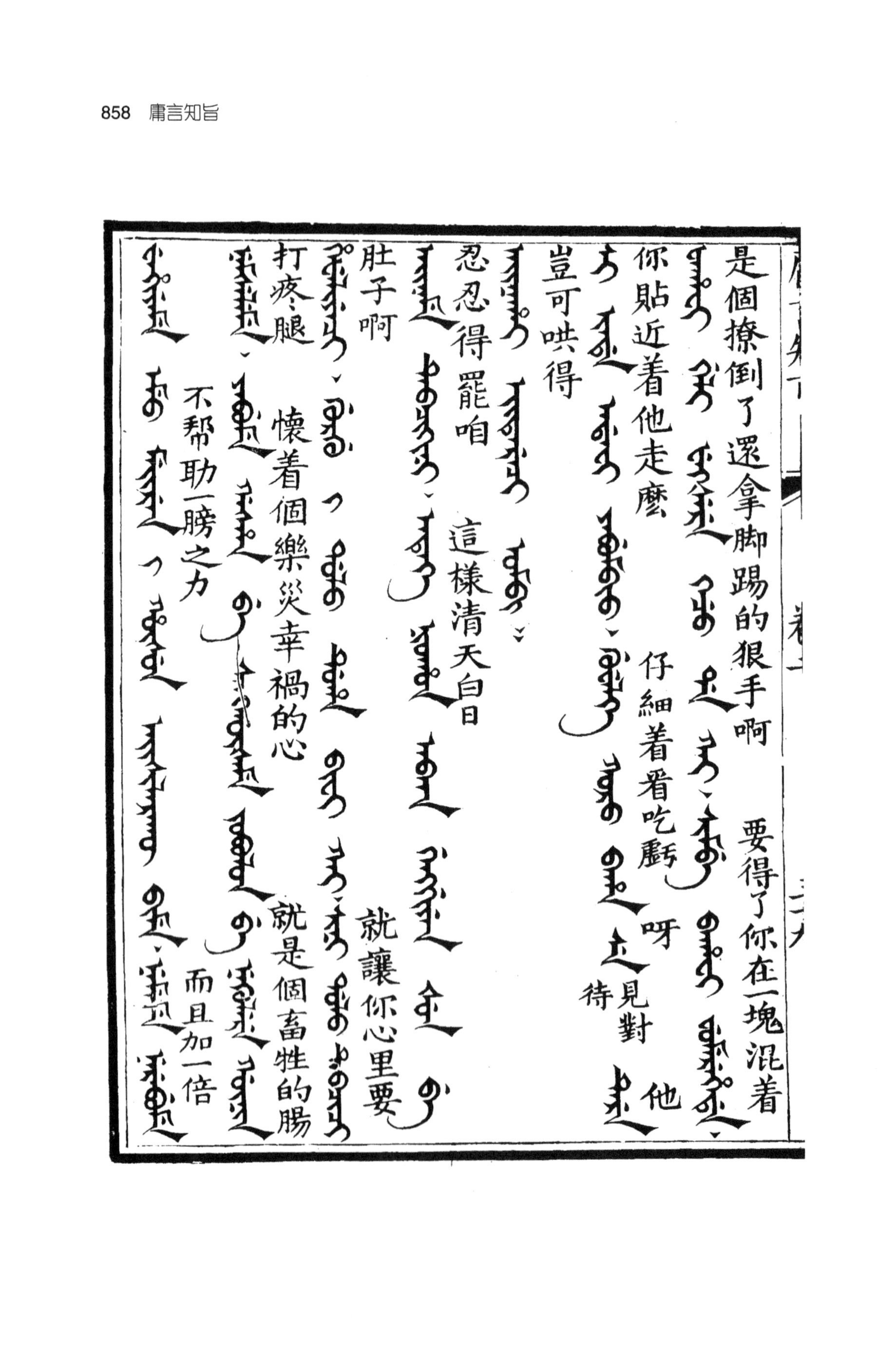

是個撩倒了還拿脚踢的狠手啊　要得了你在一塊混着

你貼近着他走麽　仔細着看吃虧呀　待見對他

豈可哄得

忍忍得罷咱　這樣清天白日

肚子啊　就讓你心里要

打疼腿　懷着個樂災幸禍的心　就是個畜牲的腸

不帮助一膀之力　而且加一倍

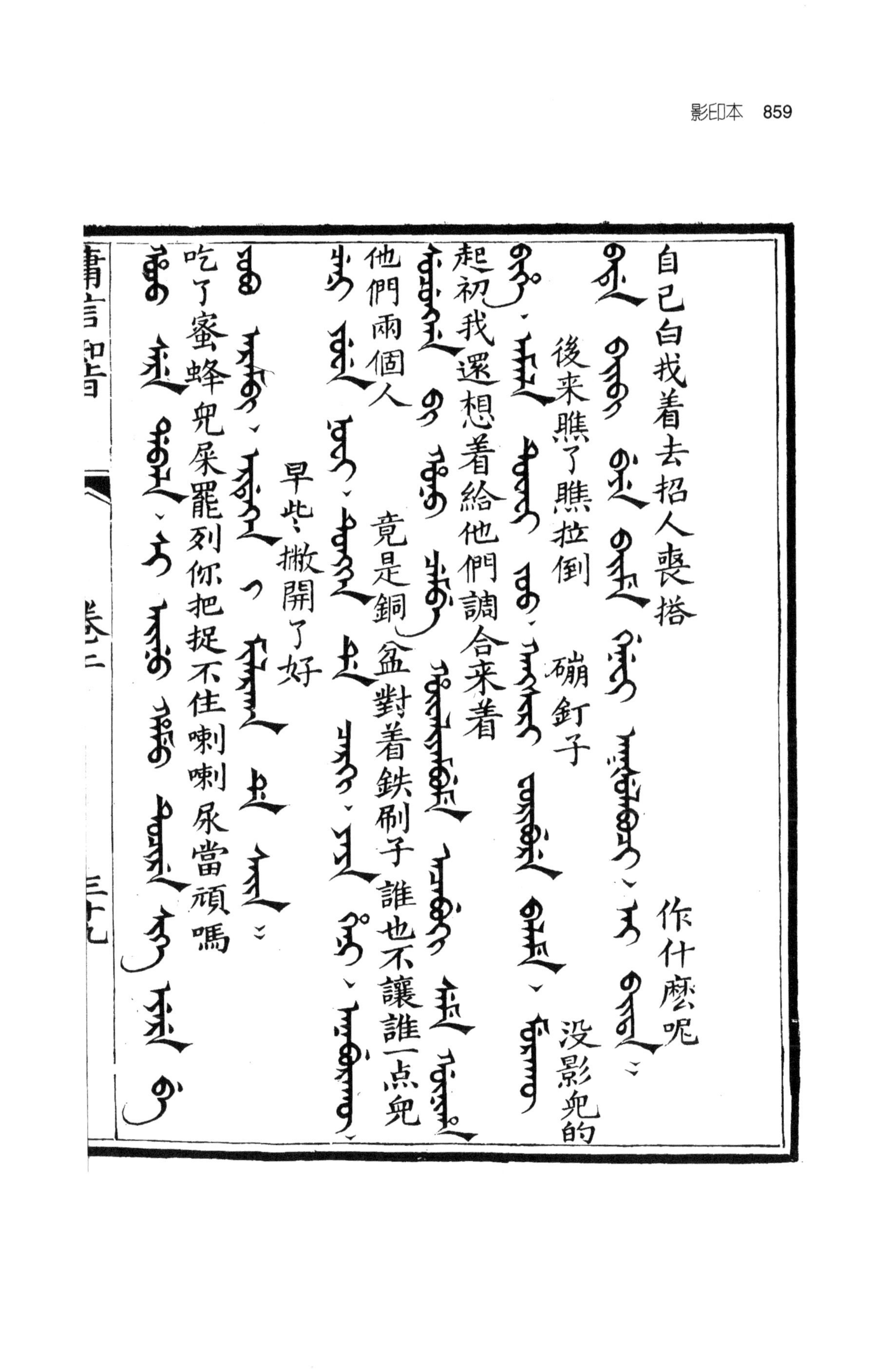

自己白找着去招人喪搭 作什麼呢

後来瞧了瞧拉倒 磞釘子 没影兒的

起初我還想着給他們調合来着

他們兩個人 竟是銅盔對着鉄刷子誰也不讓誰一点兒

早些撒開了好

吃了蜜蜂兒屎罷列你把捉不住喇喇屎當頑嗎

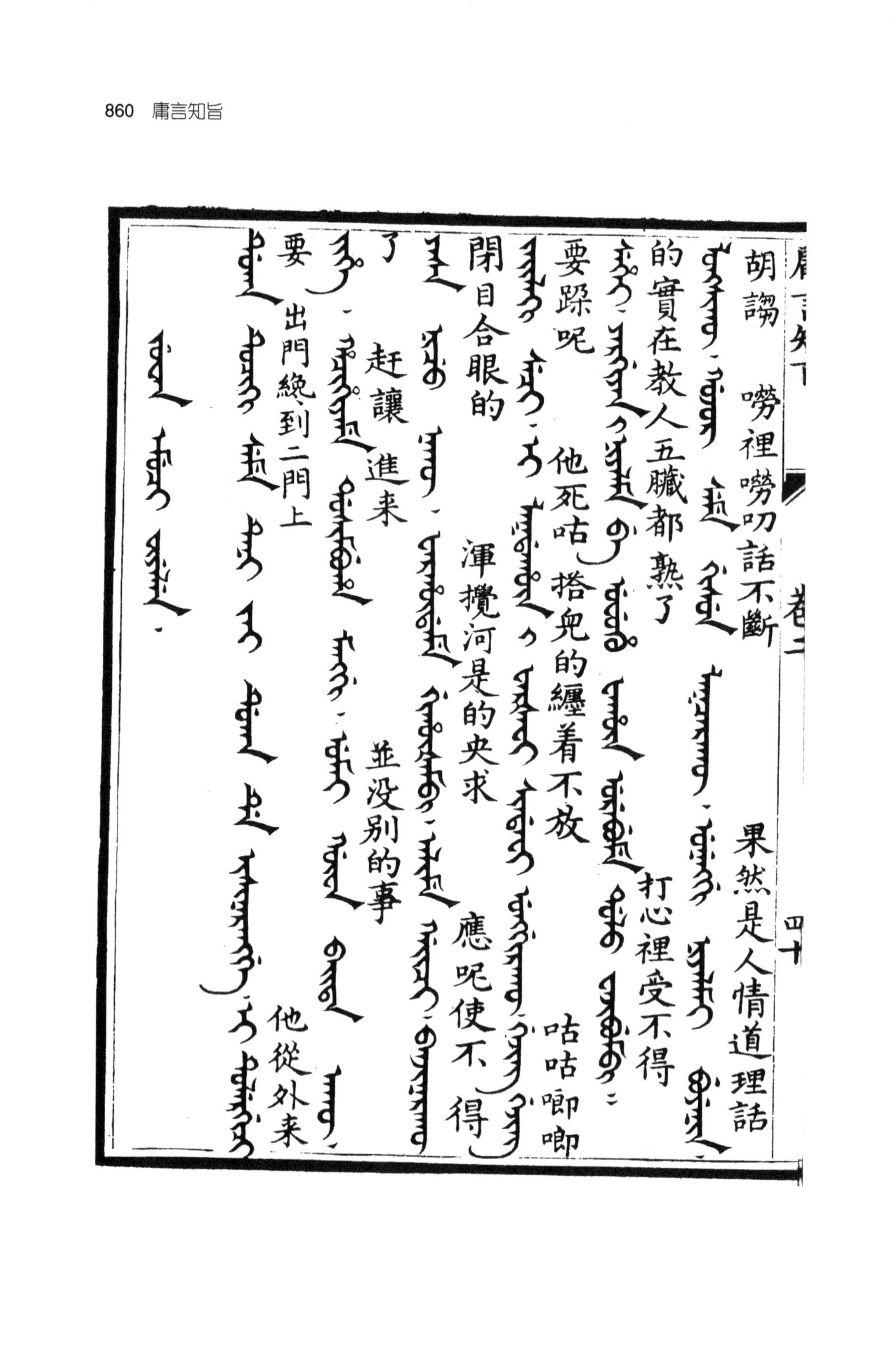

胡謅
嘮裡嘮叨話不斷
果然是人情道理話
的實在教人五臟都熟了
打心裡受不得
要躁呢
他死咕搭兜的纏着不放
咕咕唧唧
閉目合眼的
渾攪河是的央求
應呢使不得
了
赶讓進来
並没别的事
要
出門繞到二門上
他從外来

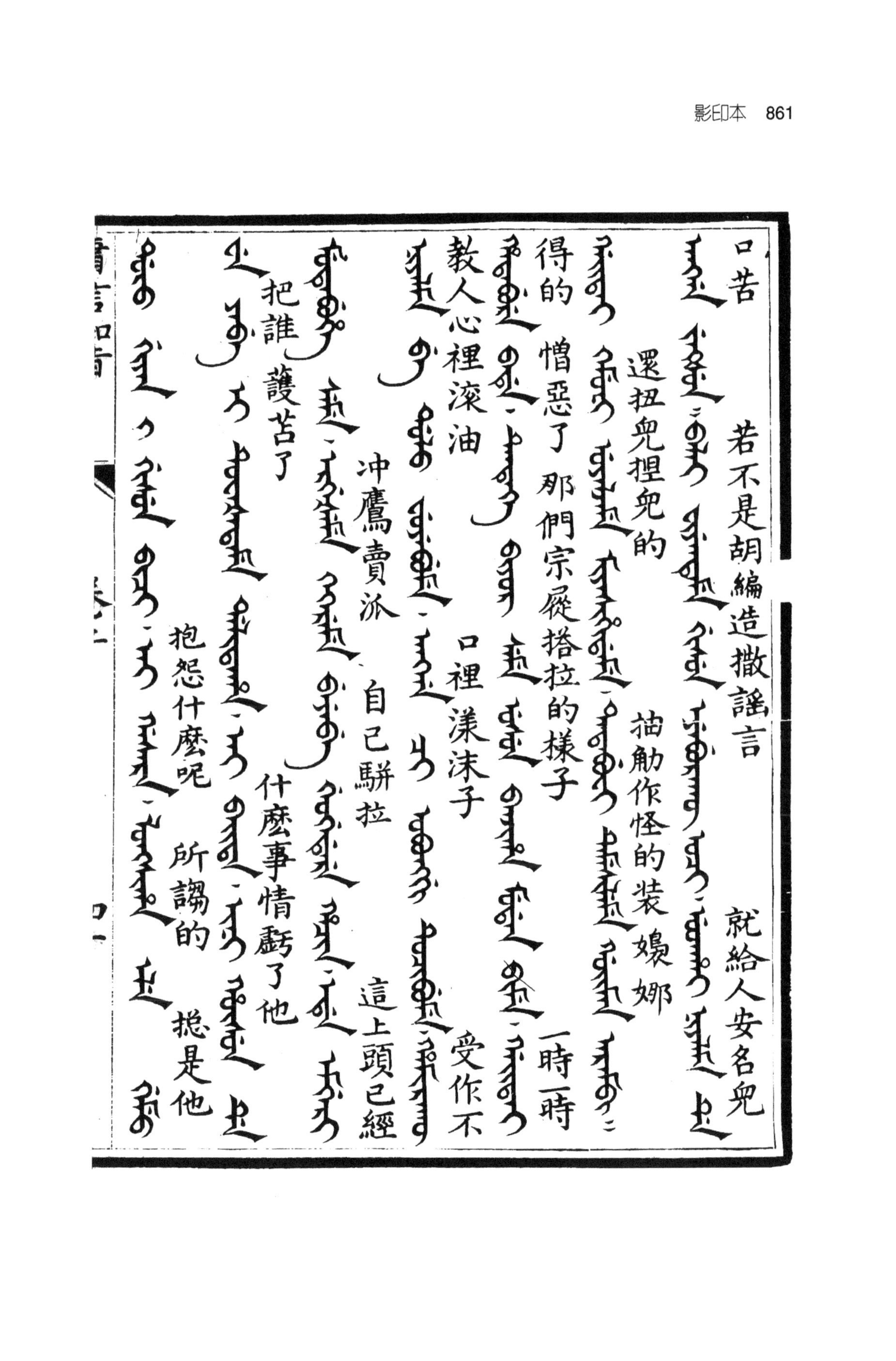

口苦 若不是胡編造撒謠言 就給人安名兒

還扭兒揑兒的 抽觔作怪的裝嬝娜

得的 憎惡了 那們宗㞎搭拉的樣子 一時一時

教人心裡滚油 口裡漾沫子 受作不

冲鷹賣派 自己駢拉 這上頭已經

把誰護苦了 什麽事情虧了他

抱怨什麽呢 所謅的 揔是他

聽人的空子　莫計別人来着　在他一味的

人　嗇剋　錢上就是命　誰教他

人若成了幸　教我起什麼誓我就起什麼誓

不知多咱　橫豎有個被人殺的日子　這宗

出腸子来　有甚麼好呢　你只看　結寃何愁無仇敵

呀　離開他的是　明知道在他跟前送命去麼　豁

誰不　撇的遠遠的躲着　別信他　坑你

高興了　無處不伸手　就讓是啕天

打的待　還儂着好些　若畧給他一点好臉兒

不是教這一個叫喊起来　就是教那一個来告　連擦損帶

生性　厭惡禍害　平白的招人

下作　沒臉到底了　那上頭我實在死咧

說什麼呢　搁頭兒財主啊　怎們學的那們

就只是教　拿手来　生平沒有個拿了去罷的話兒果然難窄

實在不錯呀

你呢是個厚道老

反倒如意趁願

人心難耐的話

都不是嗟嘆麼

他不是那們着

給人窟窿橋兒上

凡聽見人的不幸處

能幹

没縫兒下蛆的

狐媚子大

教人含着眼淚

綳着眉的事以為

鬼罷

也要欺伏欺伏

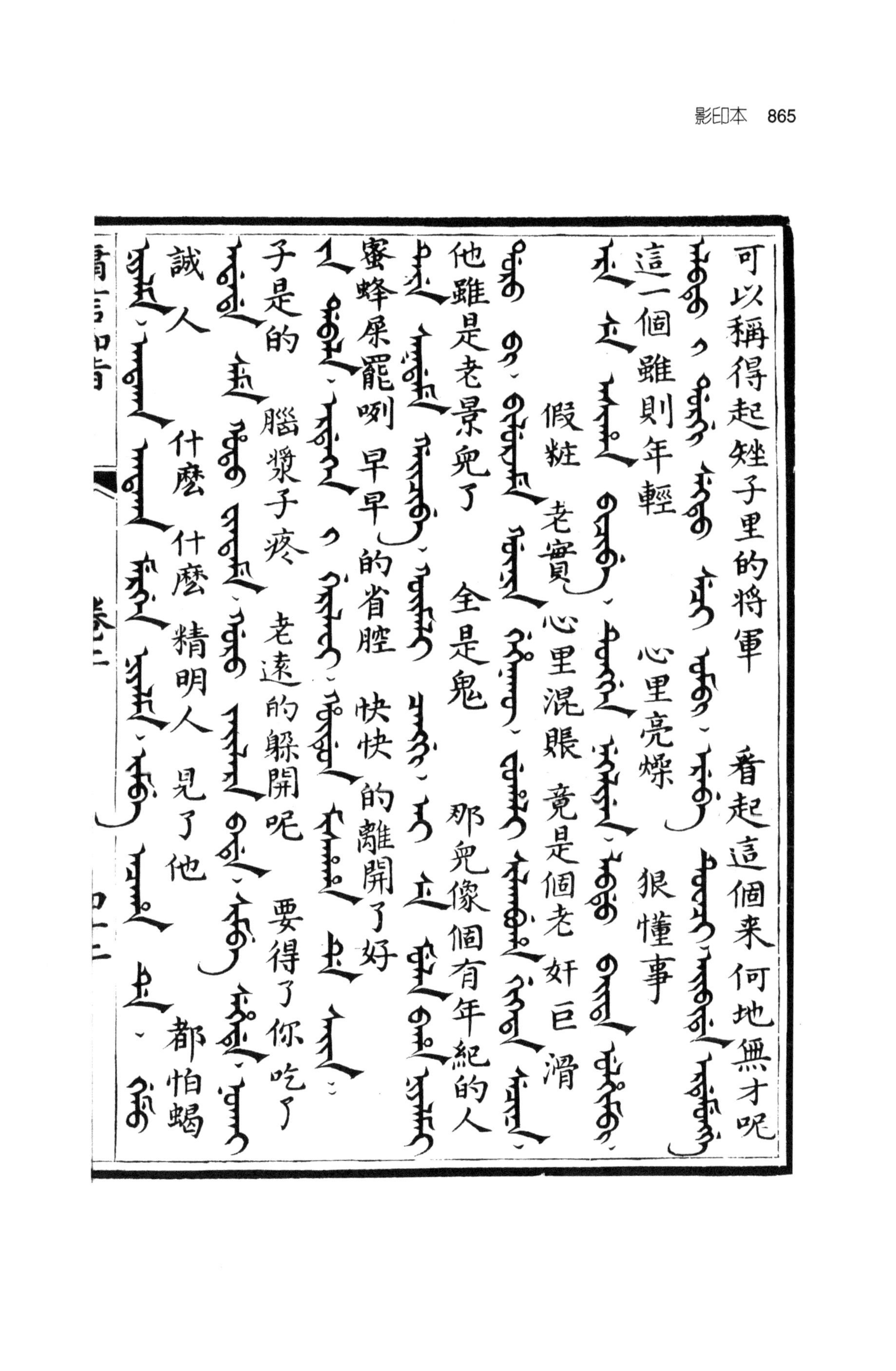

可以稱得起娃子里的將軍　看起這個來何地無才呢

這一個雖則年輕　心里亮燥　狠懂事

假粧　老實　心里混賬　竟是個老奸巨滑

他雖是老景兒了　全是鬼　那兒像個有年紀的人

蜜蜂屎罷咧　早早的省腔　快快的離開了好

子是的　腦漿子疼　老遠的躲開呢　要得了你吃了

誠人　什麼　什麼　精明人　見了他　都怕蝎

他纔急急忙忙從窗户裡跳出去

嚷的聲而上

打外頭接着聲兒喊叫進来

直把人嚇醒了

拿着刀嚇唬呢

幸而因

甚麼要緊

這殺財

竟敢把窗户撥下来

不過是破点財兒罷咧

有

了不得

好可怕

他若是悄悄兒的偷些東西去

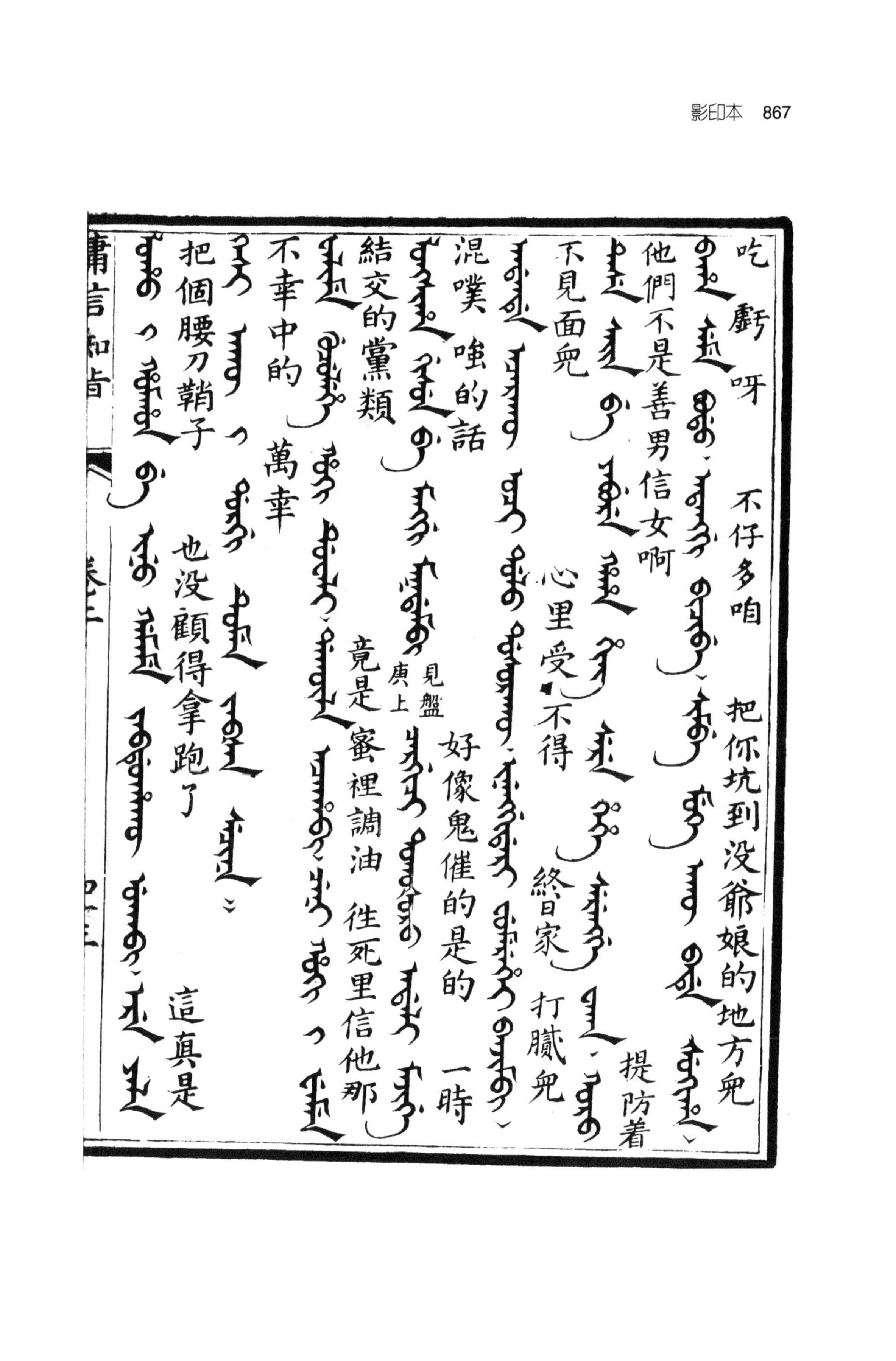

吃虧呀 不仔多咱 把你坑到没爺娘的地方兒

他們不是善男信女啊 提防着

不見面兒 心里受不得 終日家 打臟兒

混噗嗤的話 見盤庚上 好像鬼催的是的 一時

結交的黨類 竟是蜜裡調油 往死里信他那

不幸中的 萬幸

把個腰刀鞘子 也没顧得拿跑了 這真是

那是自己催自己罷咧　不死會飛麽

正經主兒　跟前　若只管這們作怪了去

當作甚麽　太逞臉了　世代的奴才　在頭頂着的

誰教你閉目合眼　没上没下的冐犯来着　你把你自己

分了　諸凡上人模人樣兒的罷　你不聽

可又来了　舊毛病又發了　再三的說數了是

剩了干撮手的時候　你纔醒腔呢呀

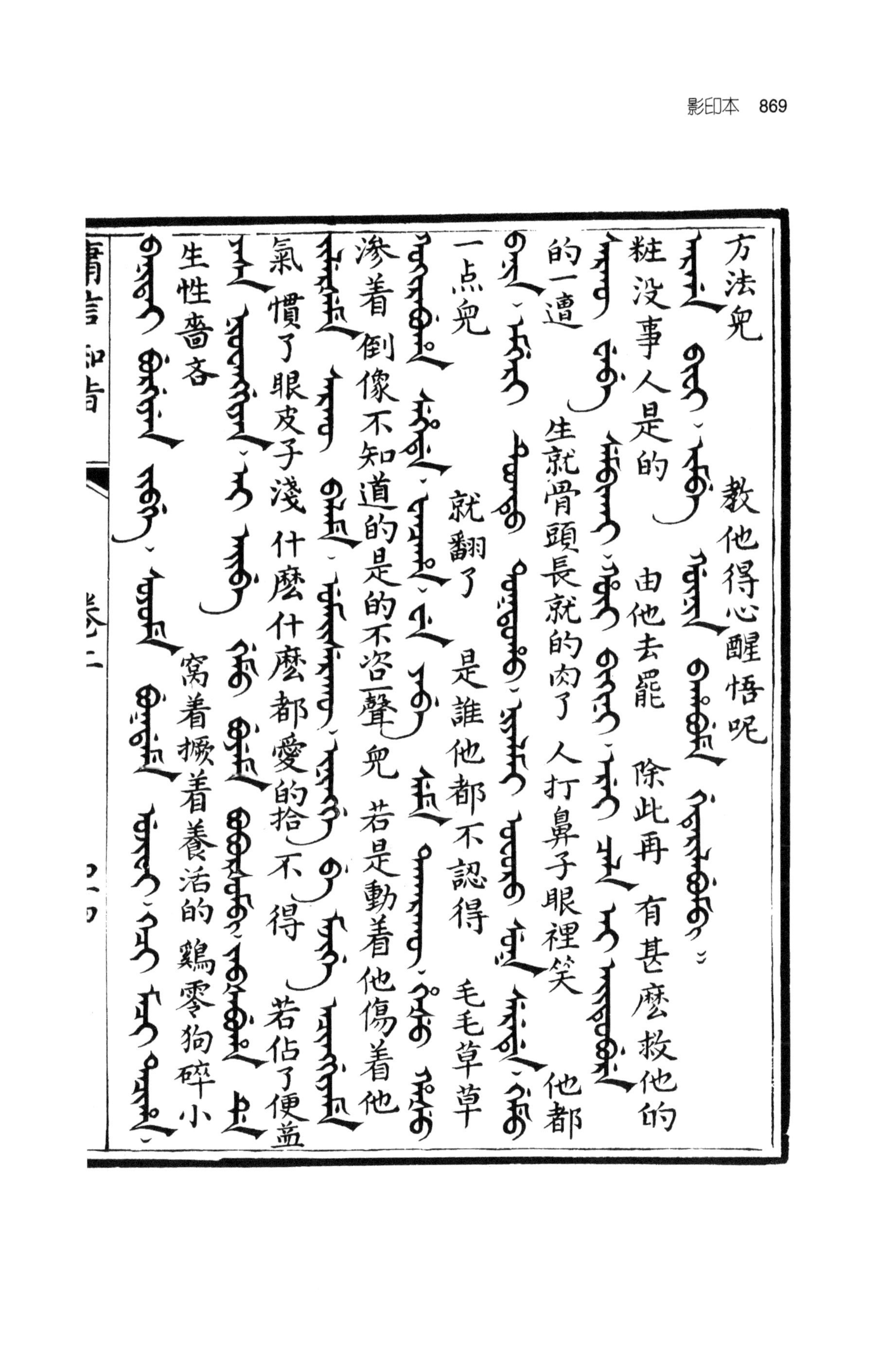

方法兒 教他得心醒悟呢

粧沒事人是的 由他去罷 除此再 有甚麼救他的

的一遭 生就骨頭長就的肉了 人打鼻子眼裡笑 他都

一点兒 就翻了 是誰他都不認得 毛毛草草

滲着倒像不知道的是的不容一聲兒 若是動着他傷着他

氣 慣了眼皮子淺 什麼什麼都愛的拾不得 若佔了便益

生性嗇吝 窩着撅着養活的 鷄零狗碎小

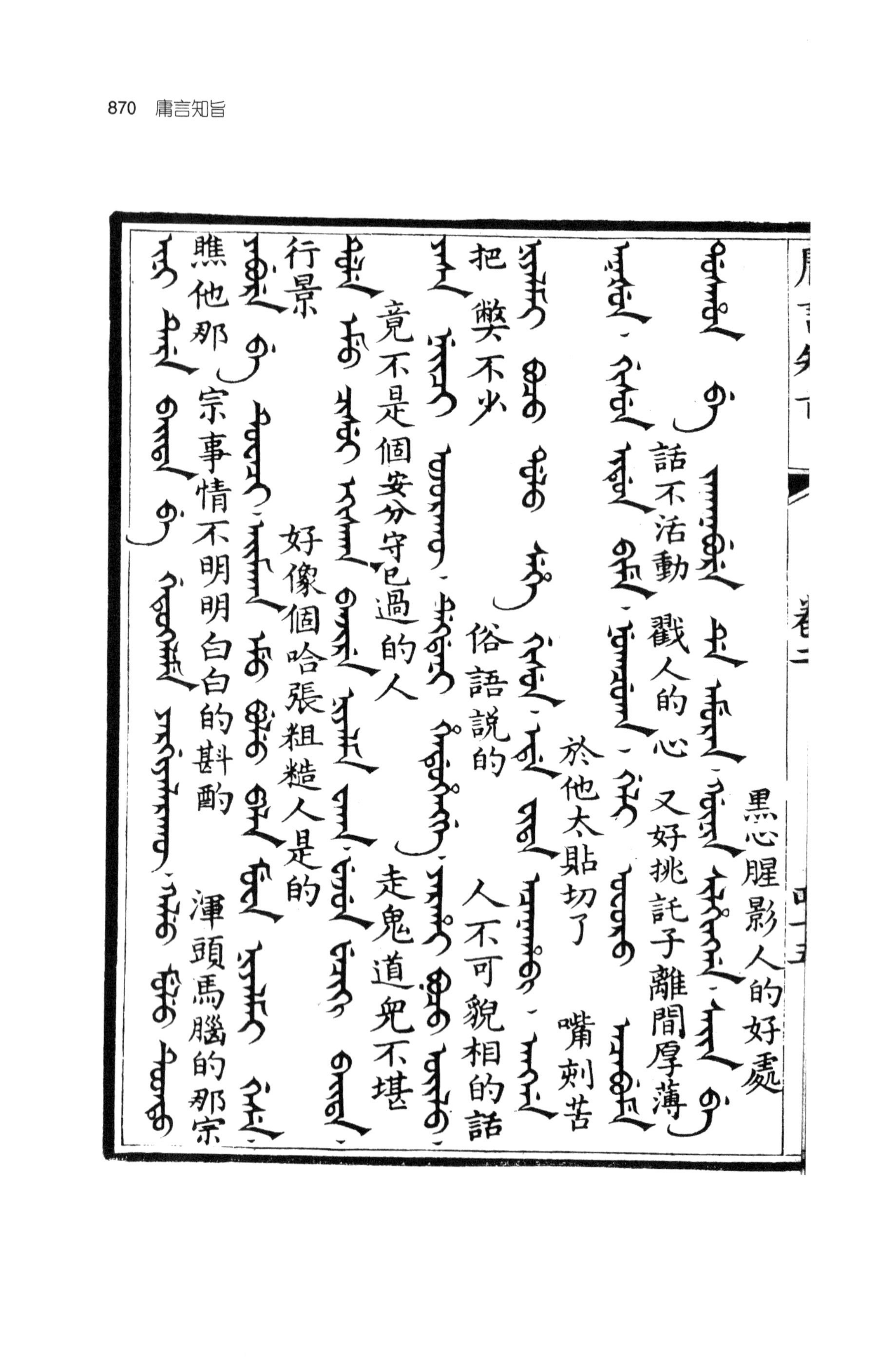

黑心腥影人的好處

話不活動 戳人的心 又好挑託子離間厚薄

於他太貼切了 嘴刺苦

把弊不必 俗語說的 人不可貌相的話

竟不是個安分守己過的人 走鬼道兒不堪

行景 好像個哈張粗糙人是的

瞧他那 宗事情不明明白白的斟酌 渾頭馬腦的那宗

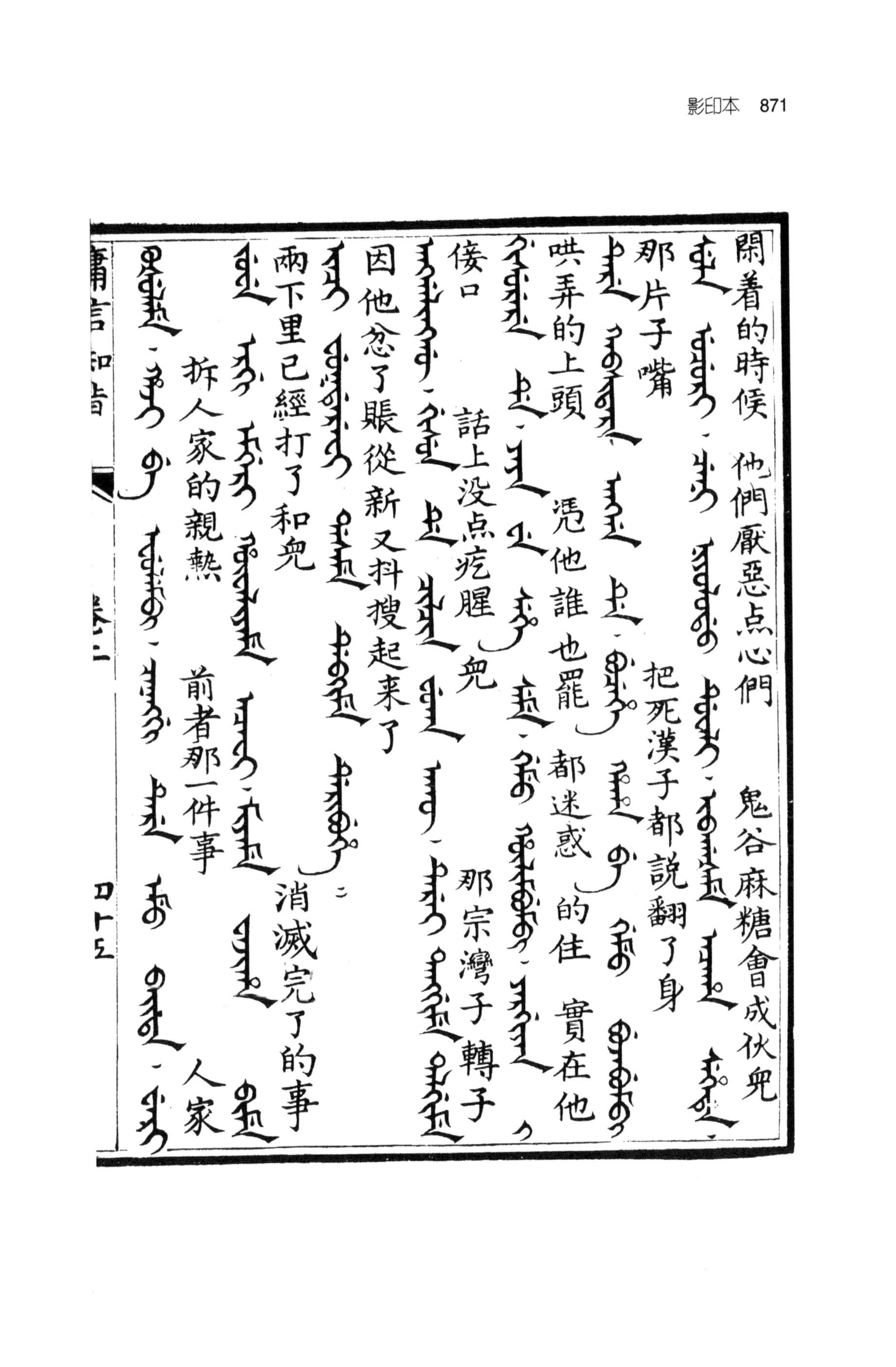

閒着的時候　他們厭惡点心們　鬼谷麻糖會成伙兒

那片子嘴　把死漢子都說翻了身

哄弄的上頭　憑他誰也罷　都迷惑　的住　實在他

倭口　話上没点疙瘩兒　那宗灣子轉子

因他忿了賬從新又抖搜起来了

兩下里已經打了和兒　消滅完了的事

拆人家的親熱　前者那一件事　人家

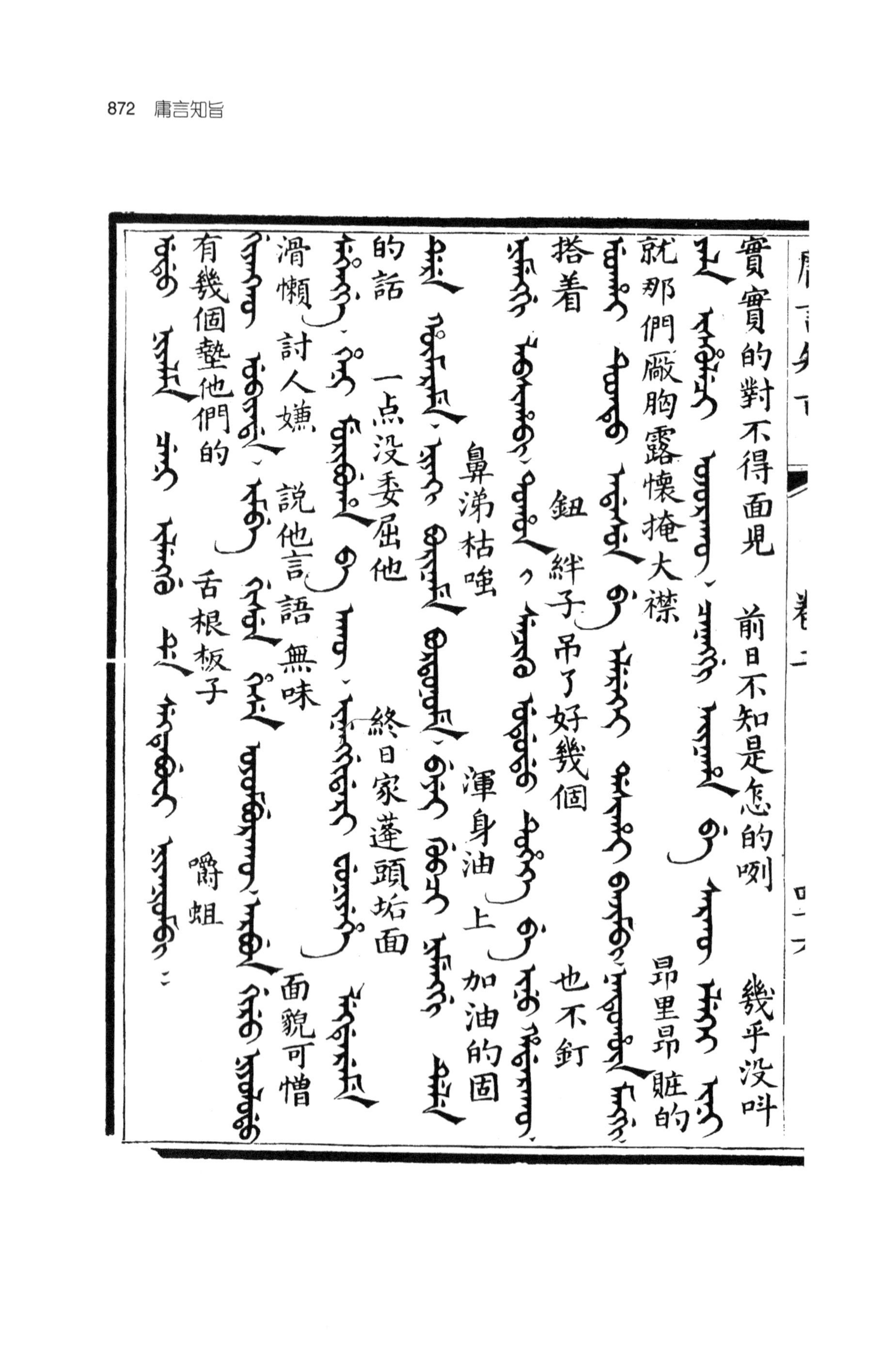

實實的對不得面兒　前日不知是怎的咧　幾乎沒吽

就那們敞胸露懷掩大襟　昂里昂贓的

搭着　鈕絆子吊了好幾個　也不釘

鼻涕枯嗤　渾身油上加油的固

的話　一点沒委屈他　終日家蓬頭垢面

滑懶　討人嫌　說他言語無味　面貌可憎

有幾個墊他們的　舌根板子　嚼蛆

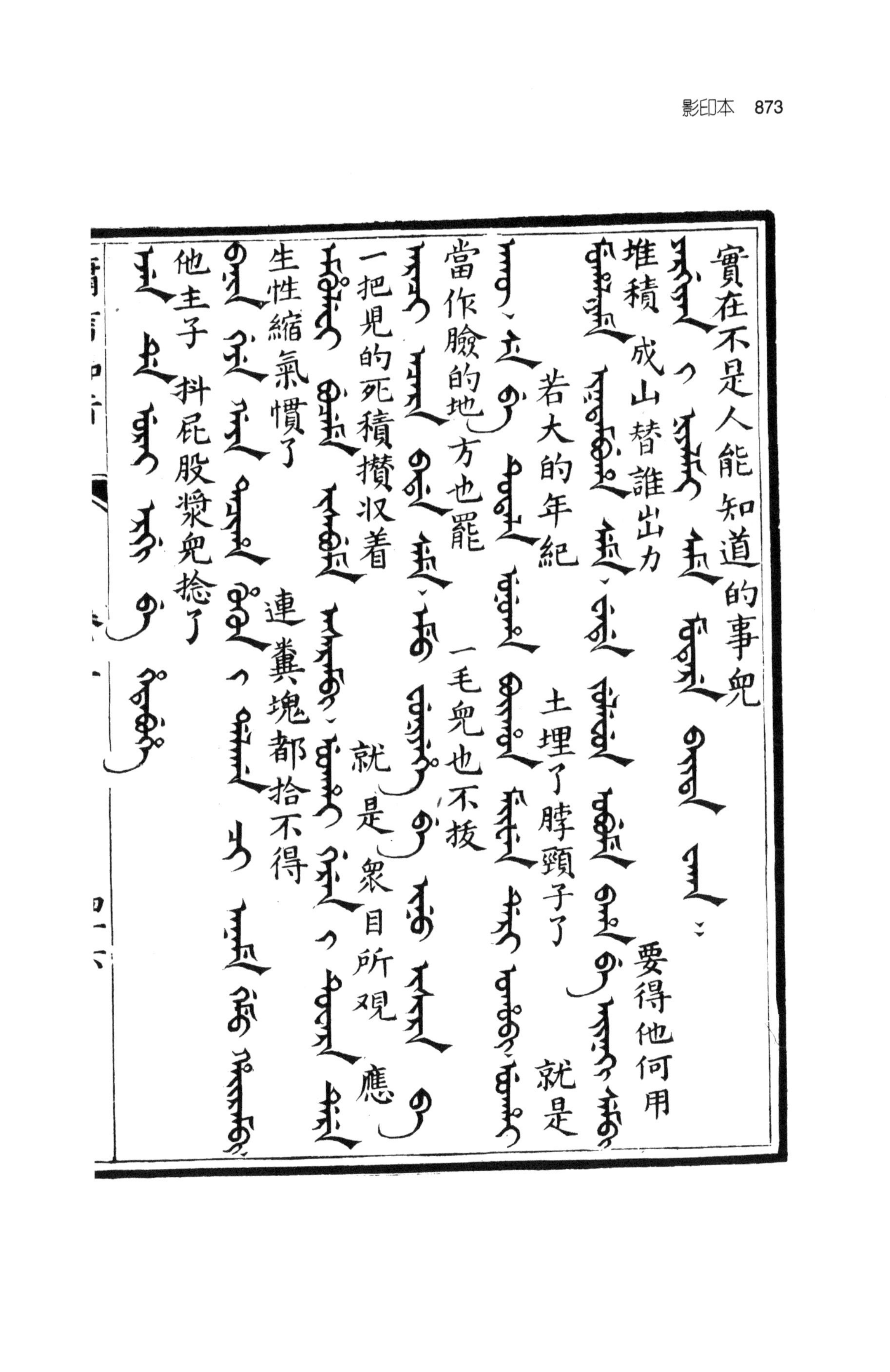

實在不是人能知道的事兒

要得他何用

堆積成山替誰出力

若大的年紀

土埋了脖頸子了

就是

當作臉的地方也罷

一毛兒也不拔

一把兒的死積攢收着

就是衆目所覩

應

生性縮氣慣了

連糞塊都捨不得

他主子抖屁股潑兒捻了

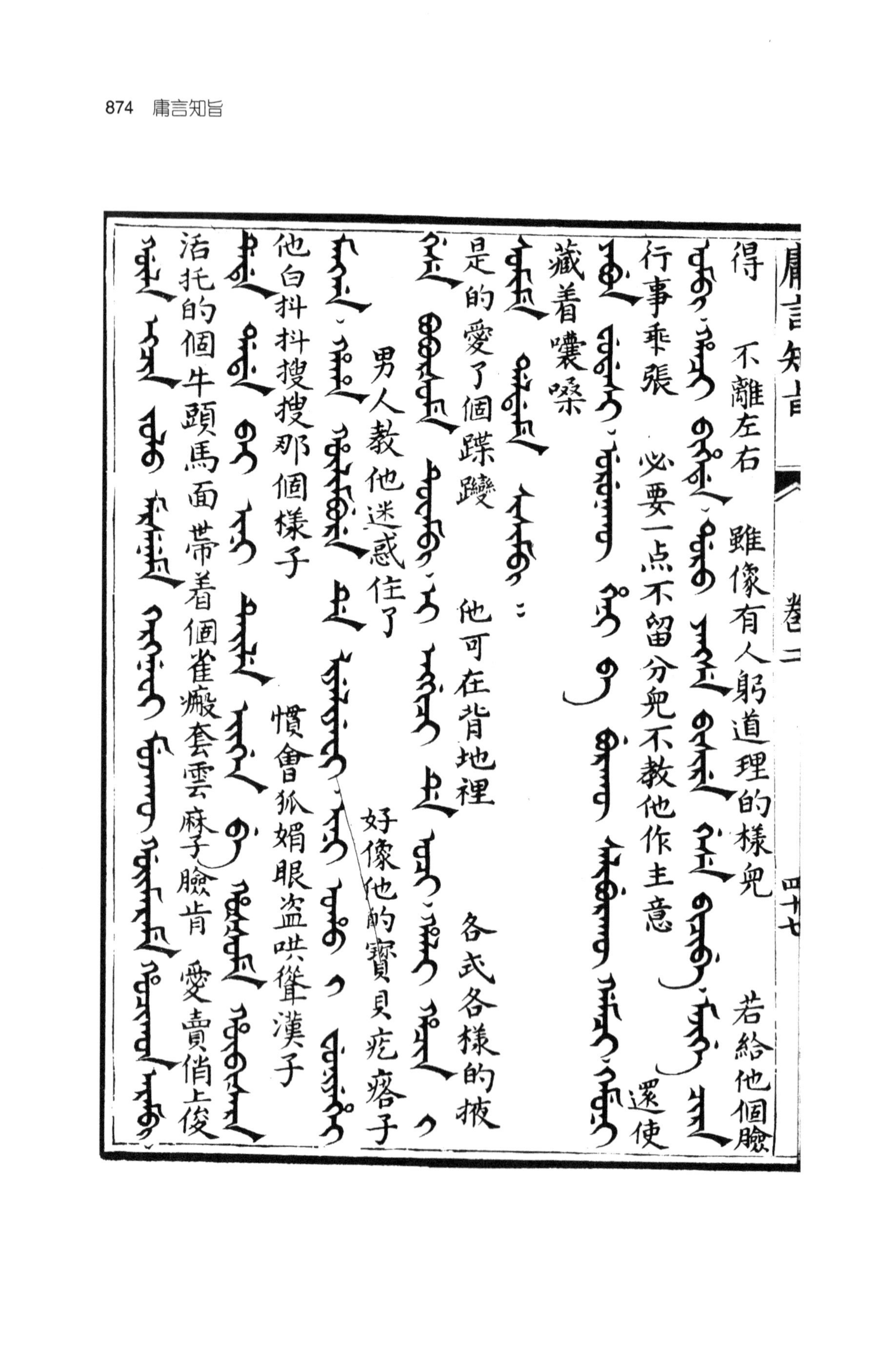

得

不離左右

雖像有人躬道理的樣兒

若給他個臉

行事乖張

必要一点不留分兒不教他作主意

還使

藏着嚷嗓

是的愛了個蹀躞

他可在背地裡

各式各樣的掖

男人教他迷惑住了

好像他的寶貝疙瘩子

他白抖抖搜搜那個樣子

慣會狐媚眼盜哄聳漢子

活托的個牛頭馬面帶着個雀瘢套雲麻子臉肯

愛賣俏上俊

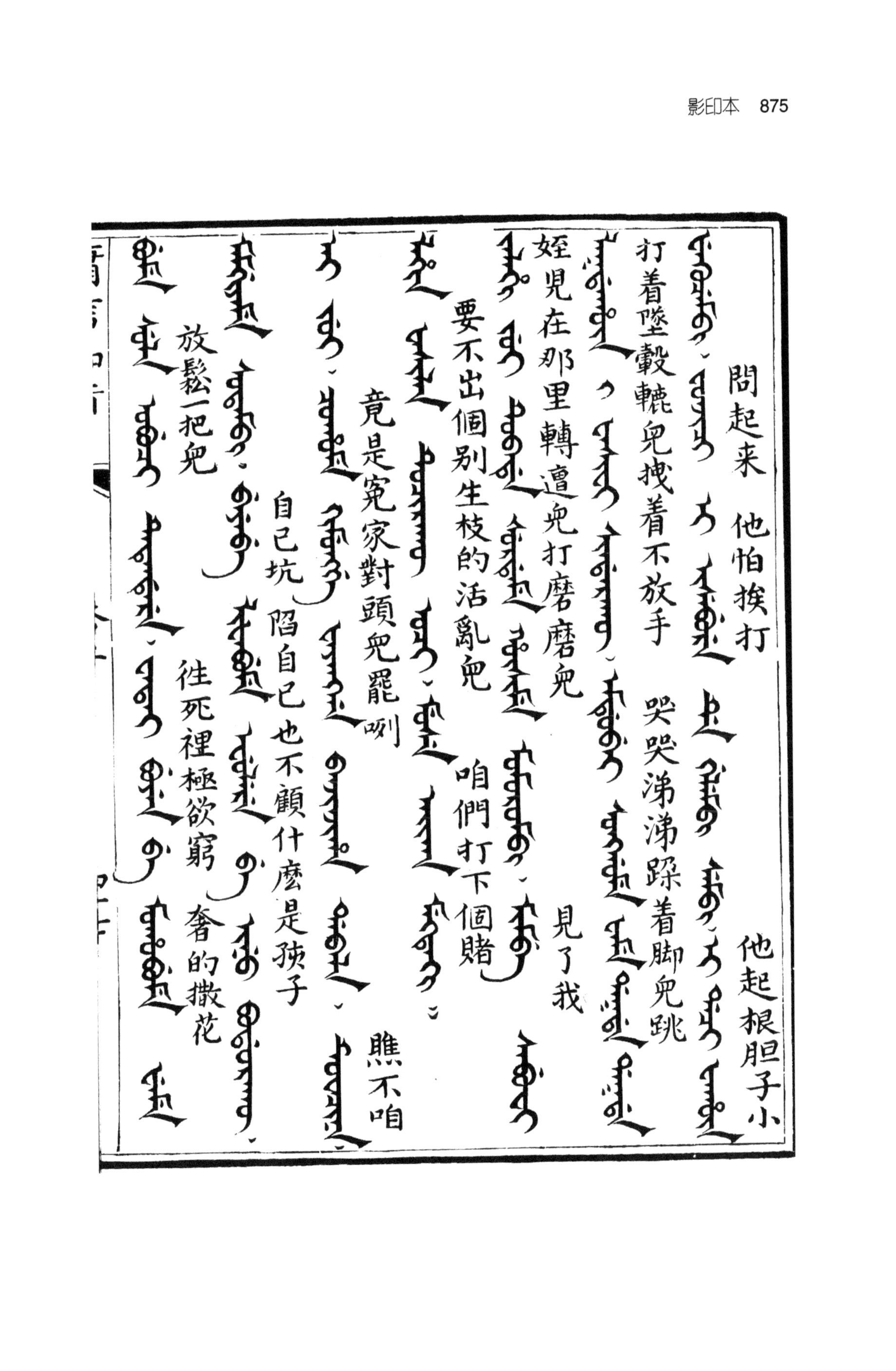

悶起来

他怕挨打

他起根胆子小

打着墜轂轆兒拽着不放手

哭哭涕涕踩着脚兒跳

姪兒在那里轉遭兒打磨磨兒

見了我

要不出個别生枝的活亂兒

咱們打下個賭

竟是寃家對頭兒罷咧

瞧不咱

自已坑

陷自已也不顧什麽是孩子

放鬆一把兒

往死裡極欲窮

奢的撒花

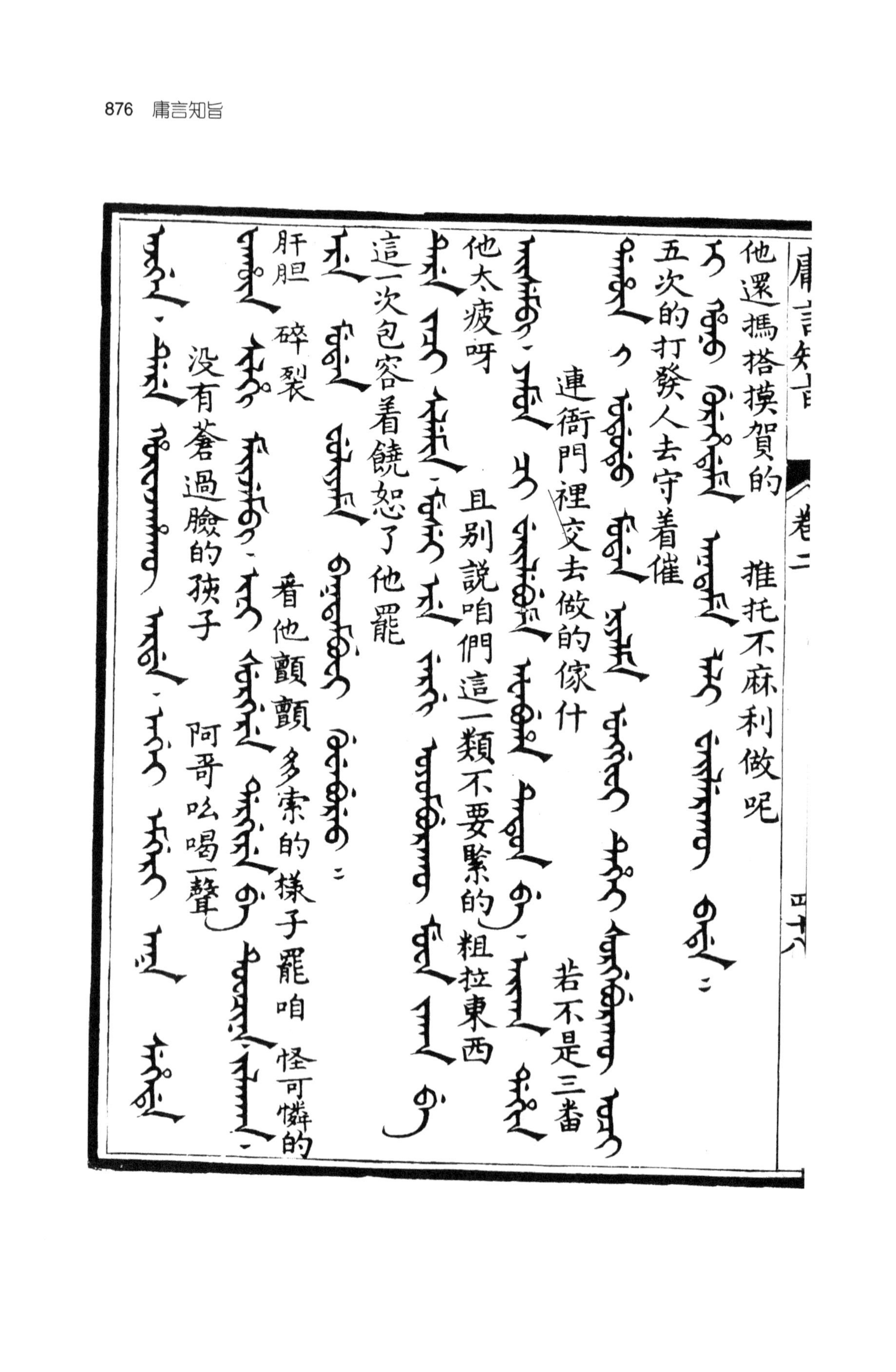

他還搗搭摸賀的 推托不麻利做呢

五次的打發人去守着催

連衙門裡交去做的傢什 若不是三番

他太疲呀 且別說咱們這一類不要緊的粗拉東西

這一次包容着饒恕了他罷

肝胆碎裂 看他顫顫多索的樣子罷咱 怪可憐的

没有蒼過臉的孩子 阿哥吆喝一聲

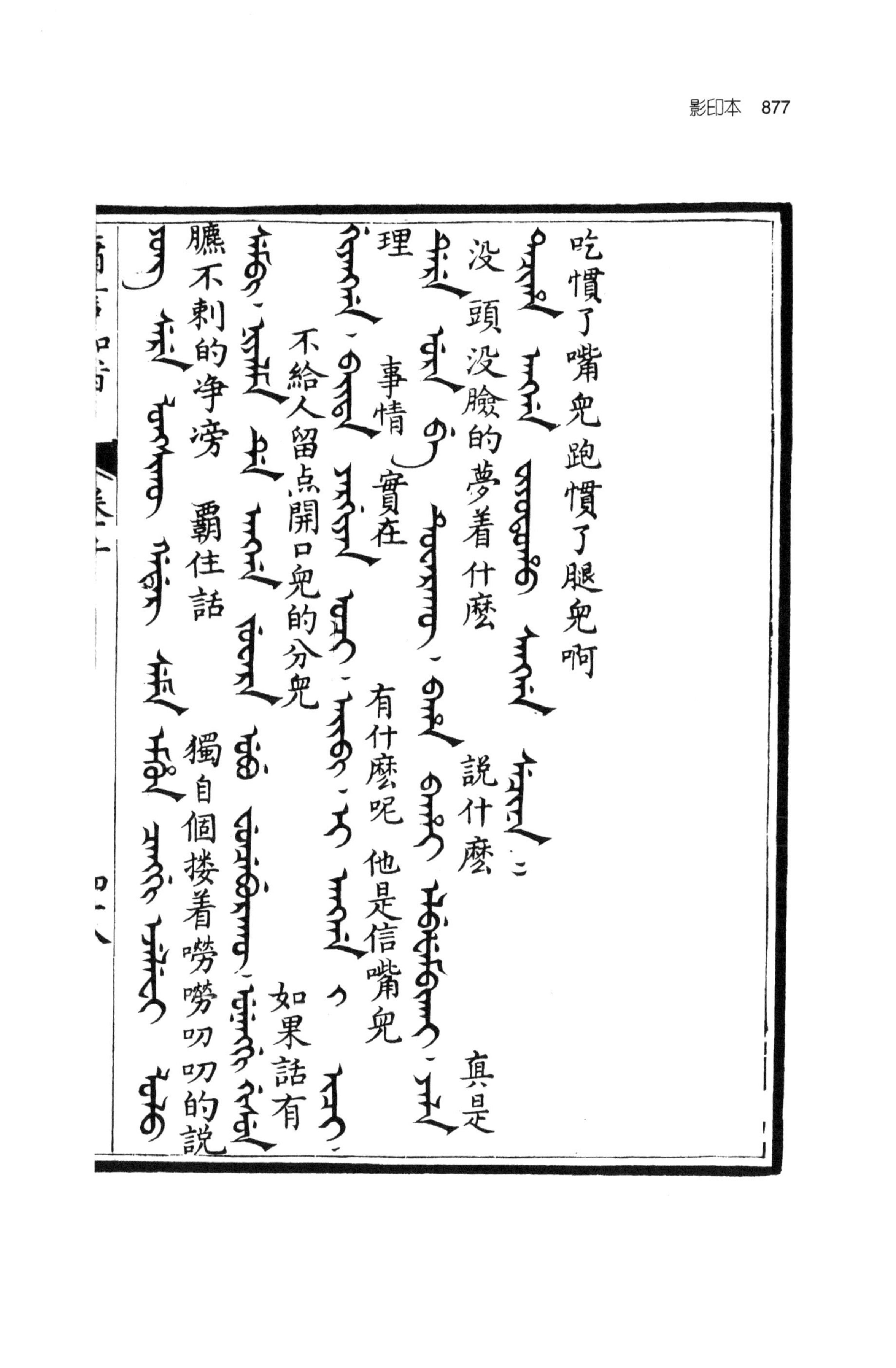

吃慣了嘴兒跑慣了腿兒啊

沒頭沒臉的夢着什麽 説什麽 真是

理 事情實在 有什麽呢 他是信嘴兒

不給人留点開口兒的分兒 如果話有

臟不刺的浄滂 霸住話 獨自個摟着嘮嘮叨叨的説

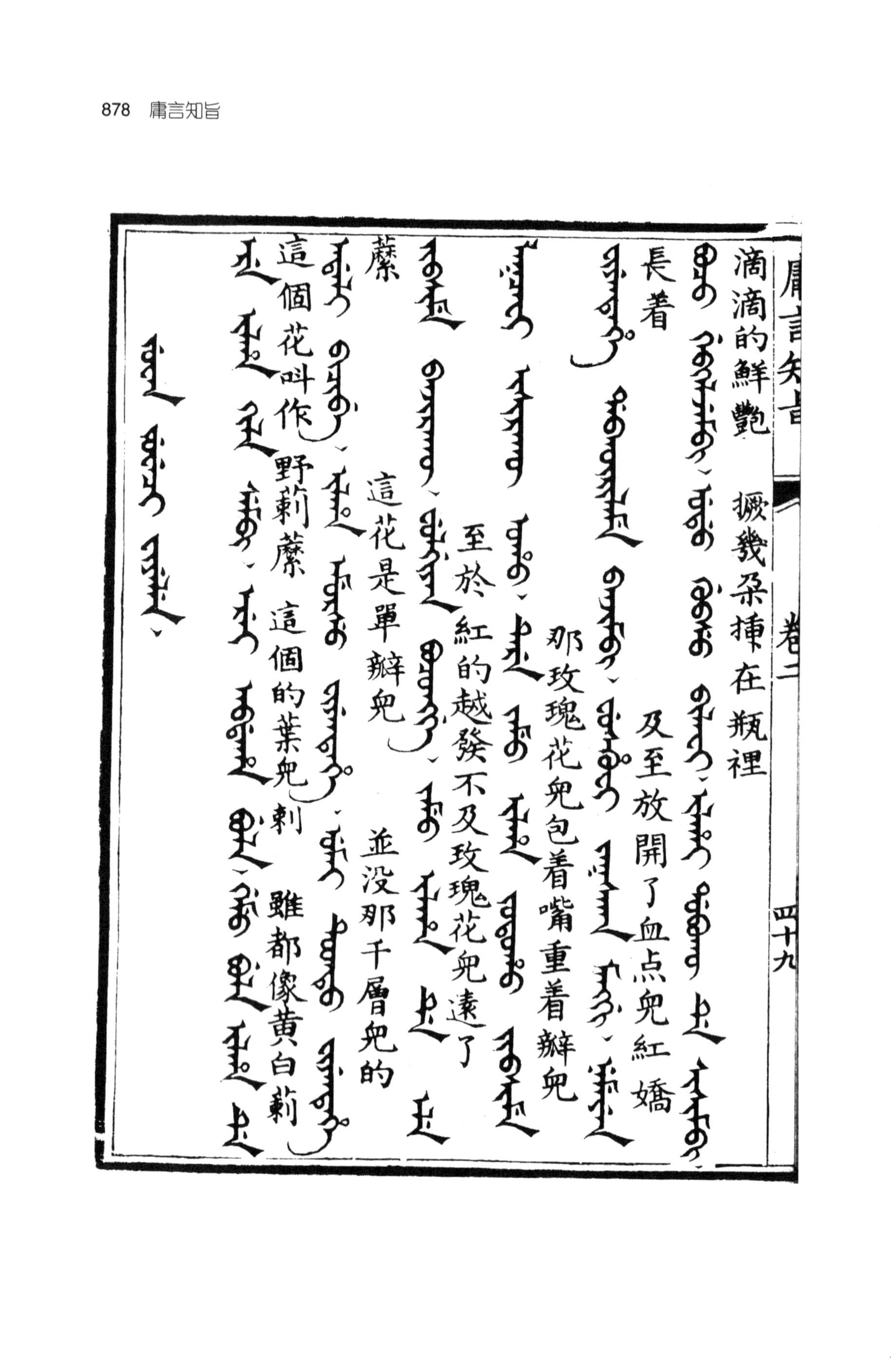

滴滴的鮮艶 撅幾朶揷在瓶裡

長着 及至放開了血点兒紅嬌

那玫瑰花兒包着嘴重着瓣兒

至於紅的越發不及玫瑰花兒遠了

蘗 這花是單瓣兒 並沒那千層兒的

這個花吽作 野莿蘗 這個的葉兒莿 雖都像黃白莿

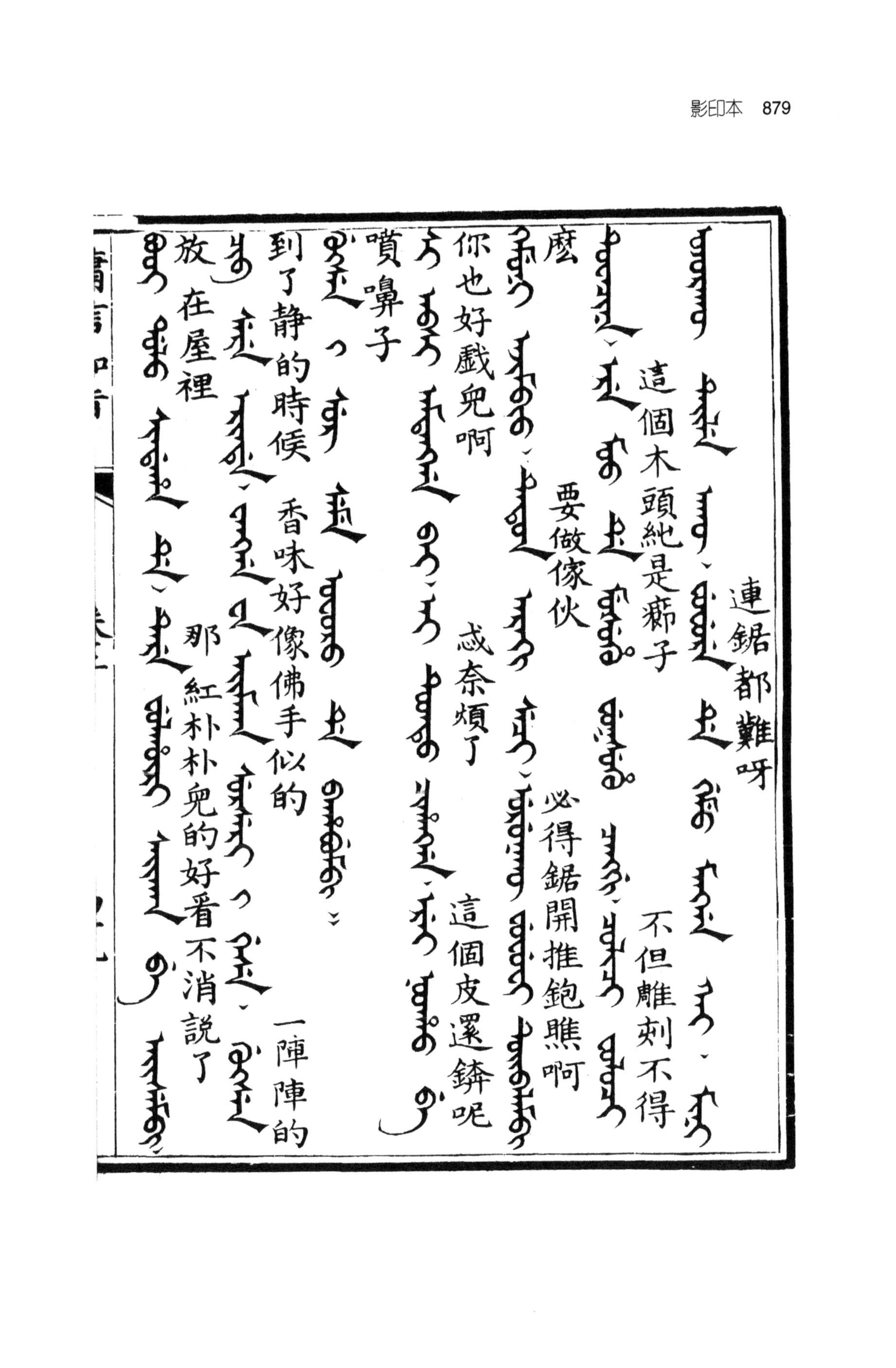

連鋸都難呀

這個木頭純是癤子

不但雕刻不得

麼

要做傢伙

必得鋸開推鉋瞧啊

你也好戲兒啊

忒奈煩了

這個皮還銹呢

噴鼻子

到了靜的時候

香味好像佛手似的

一陣陣的

放在屋裡

那紅朴朴兒的好看不消說了

是阡松那松針粗而短
一縷一縷的長
得一樣
你看山里那個綠英英的
而且直沒栢樹
就是松樹也不
在山背陰里長
山陽面一顆也沒有
樹有各種
譬如這裡的松樹
必是
火裡
也罷咧
依我的主意
不拘怎麼劈把劈把
撩在皂

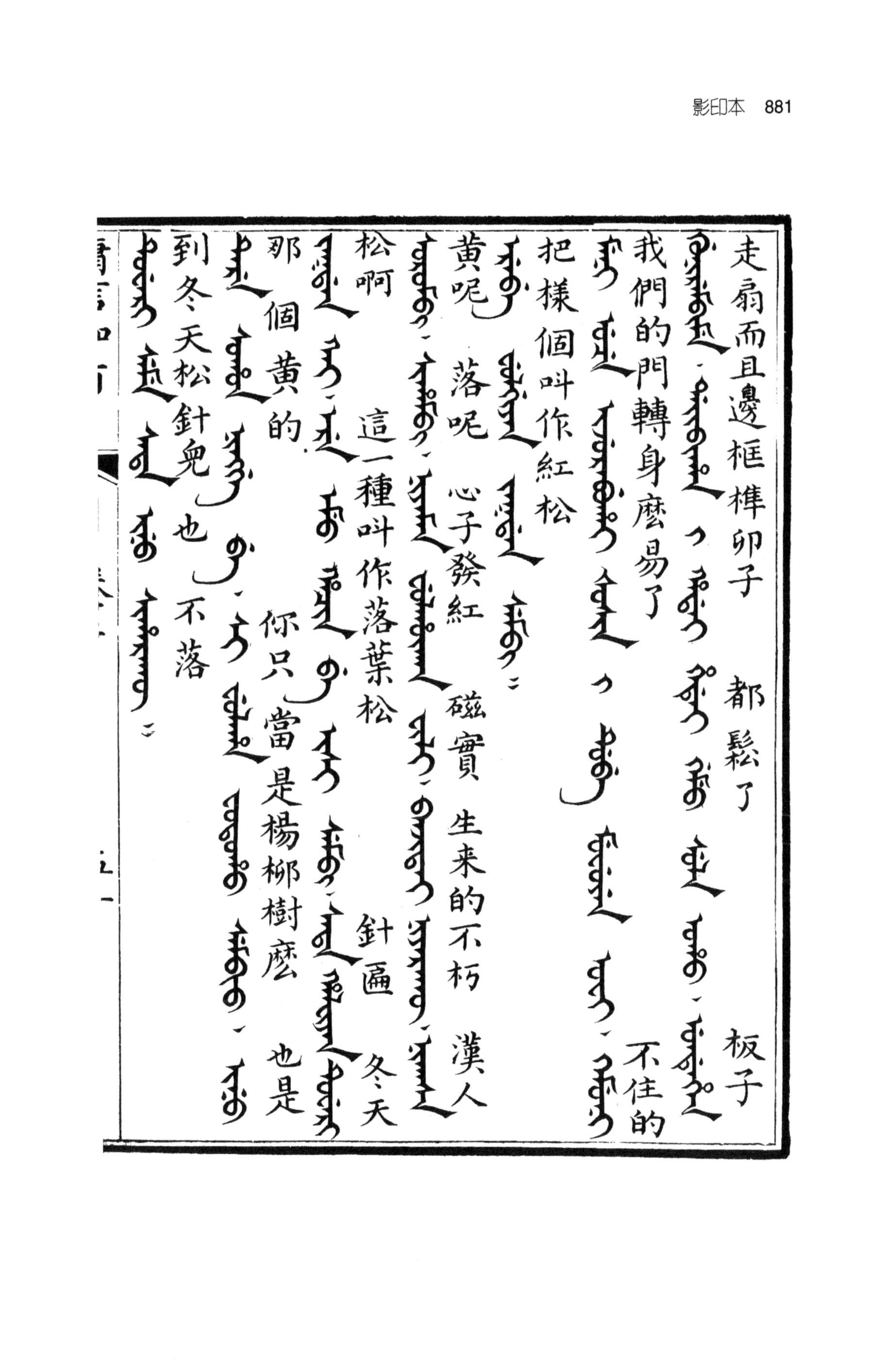

走扇而且邊框榫卯子　都鬆了　板子
我們的門轉身麼易了　不住的
把樣個呌作紅松
黃呢　落呢　心子發紅　磁實　生来的不朽　漢人
松啊　這一種呌作落葉松　針扁　冬天
那　個黃的　你只當是楊椰樹麼　也是
到冬天松針兒也　不落

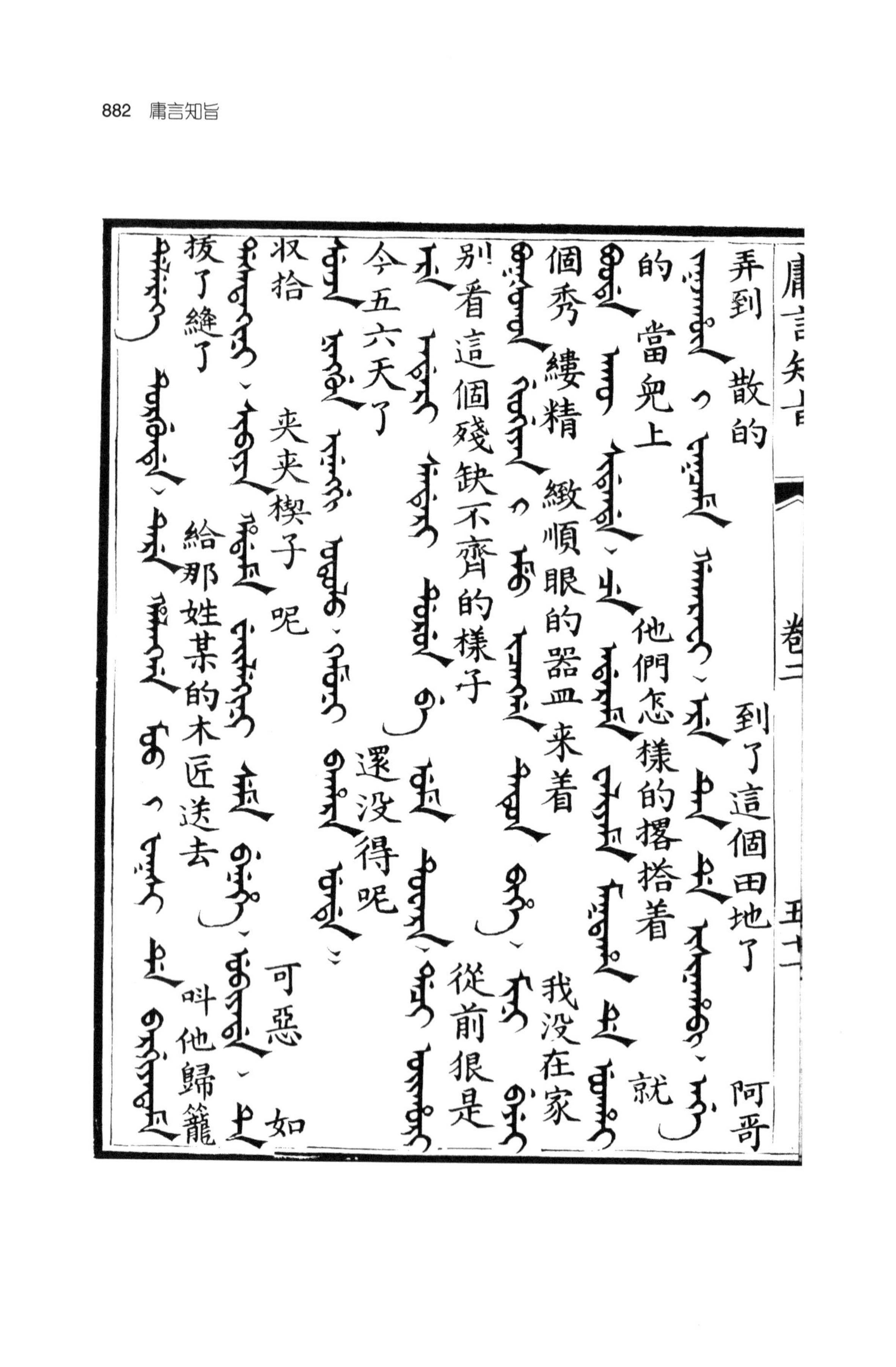

弄到 散的 到了這個田地了 阿哥

的 當兒上 他們怎樣的撂搭着 就

個秀 縷精 緻順眼的器皿来着 我没在家

別看這個殘缺不齊的様子 從前狠是

今五六天了 還没得呢

収拾 夾夾楔子呢 可惡 如

挨了縫了 給那姓某的木匠送去 叫他歸籠

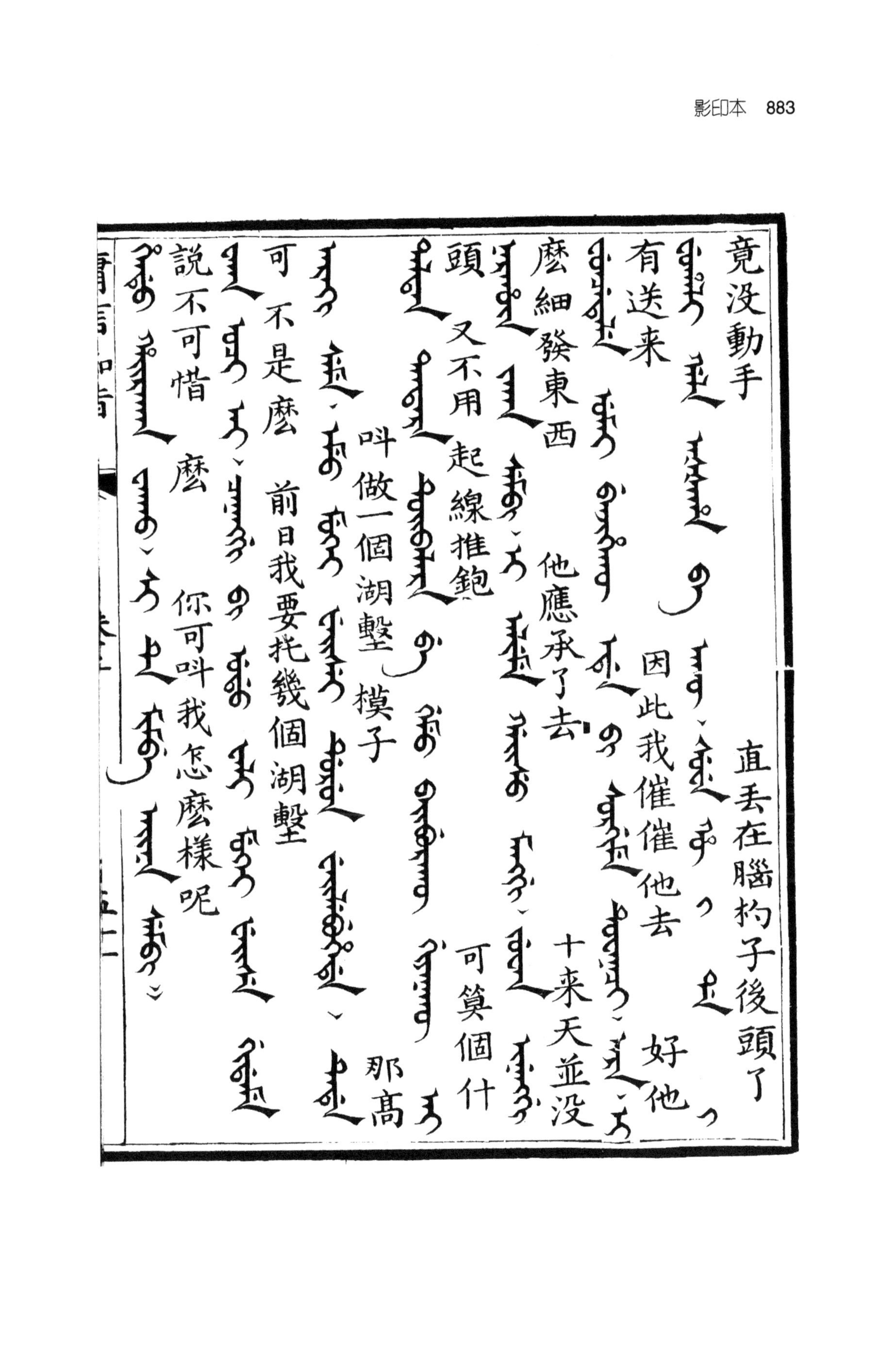

說不可惜麼 你可叫我怎麼樣呢

可不是麼 前日我要托幾個湖盤

叫做一個湖盤模子 那高

頭 又不用起線推鉋 可算個什

麼細發東西 他應承了去 十来天並没

有送来 因此我催催他去 好他

竟没動手 直丟在腦杓子後頭了

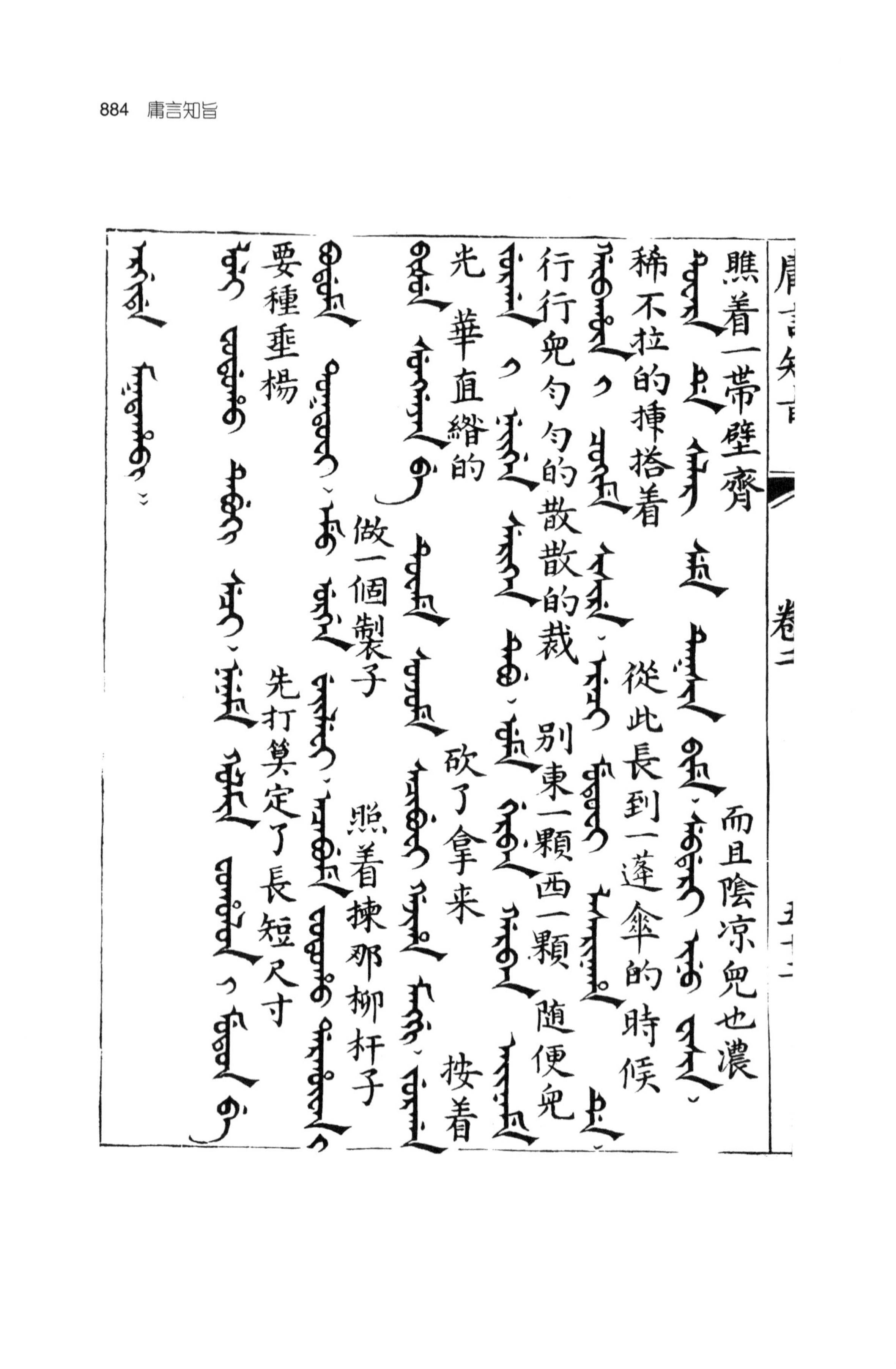

要種垂楊 先打算定了長短尺寸

做一個製子 照着揀那柳杆子

先華直縉的 砍了拿来 挨着

行行兒勻勻的散散的栽 別東一顆西一顆 隨便兒

稀不拉的揮搭着 從此長到一蓬傘的時候

瞧着一帶壁齊 而且陰凉兒也濃

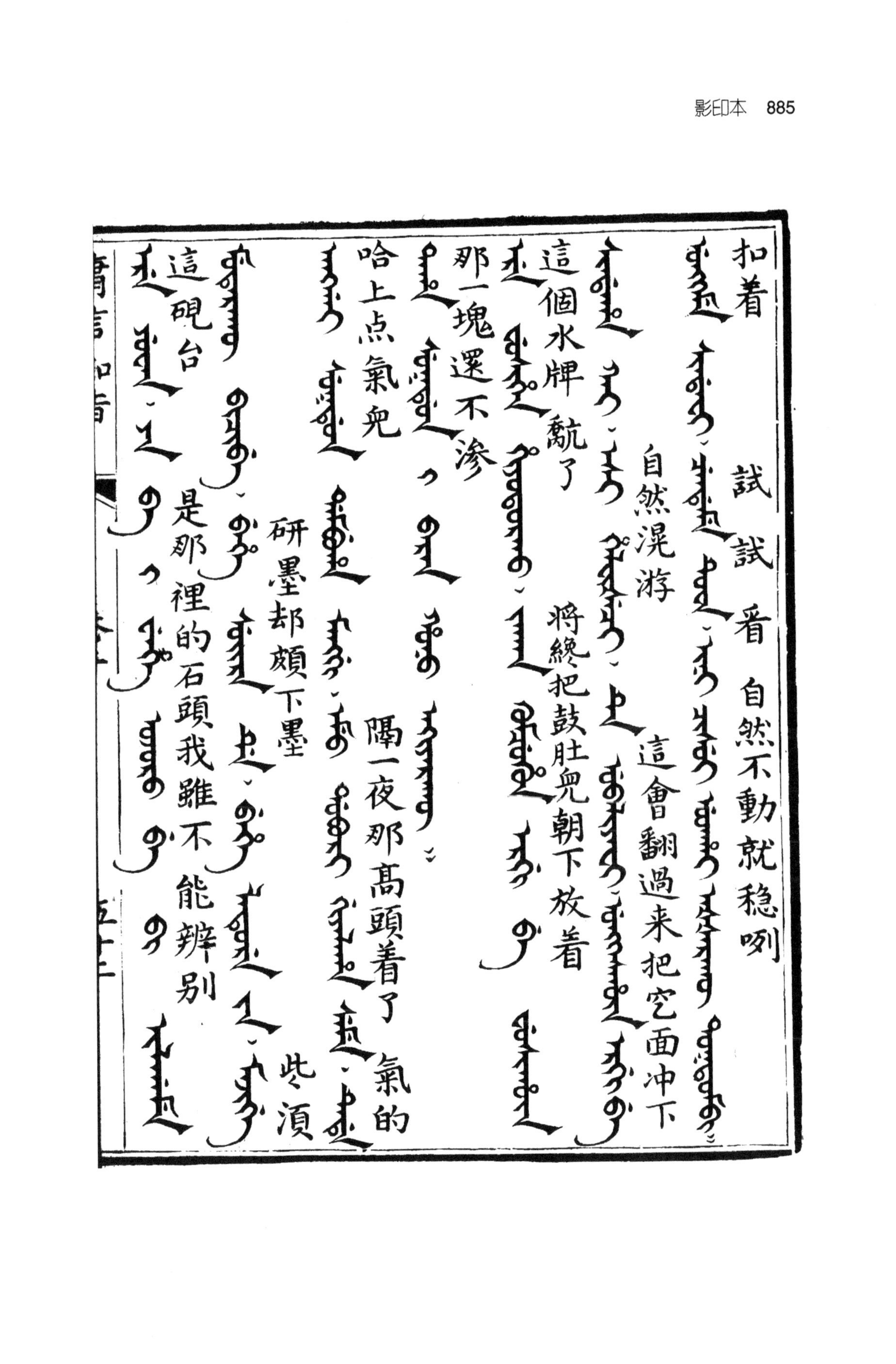

扣着

試試看

自然不動就穩咧

自然滉游

這會翻過来把它面冲下

這個水牌魧了

將纔把鼓肚兒朝下放着

那一塊還不滲

哈上点氣兒

隔一夜那高頭着了氣的

研墨却頗下墨

些須

這硯台

是那裡的石頭我雖不能辨别

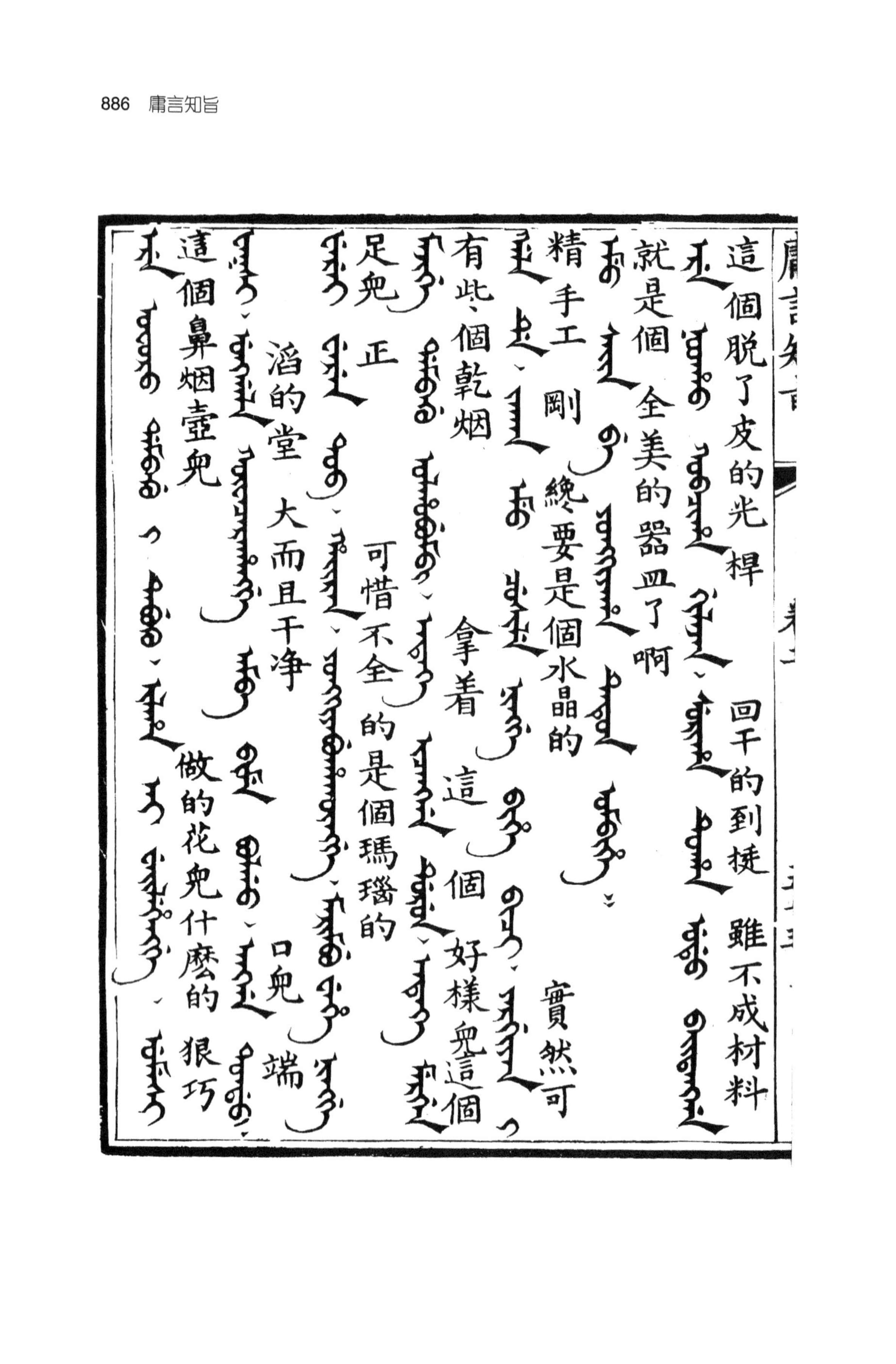

這個脫了皮的光桿　回干的到挺　雖不成材料
就是個　全美的器皿了啊
精手工　剛　緫要是個水晶的　實然可
有些個乾烟　拿着　這　個　好樣兒這個
足兒　正　可惜不全　的是個瑪瑙的
滔的堂　大而且干淨　口兒　端
這個鼻烟壺兒　做的花兒什麽的　狠巧

要打小刀子 挑了好鉄 夹了鋼 火裡

揉起来 不强似由他糟爛嗎

在這里丢着 拉在家裡去 劈成劈劈柴

着点穰草一吹 忽的就着 把這個與其

晒干透了 在這一頭兒

没什麽油性 可是已經

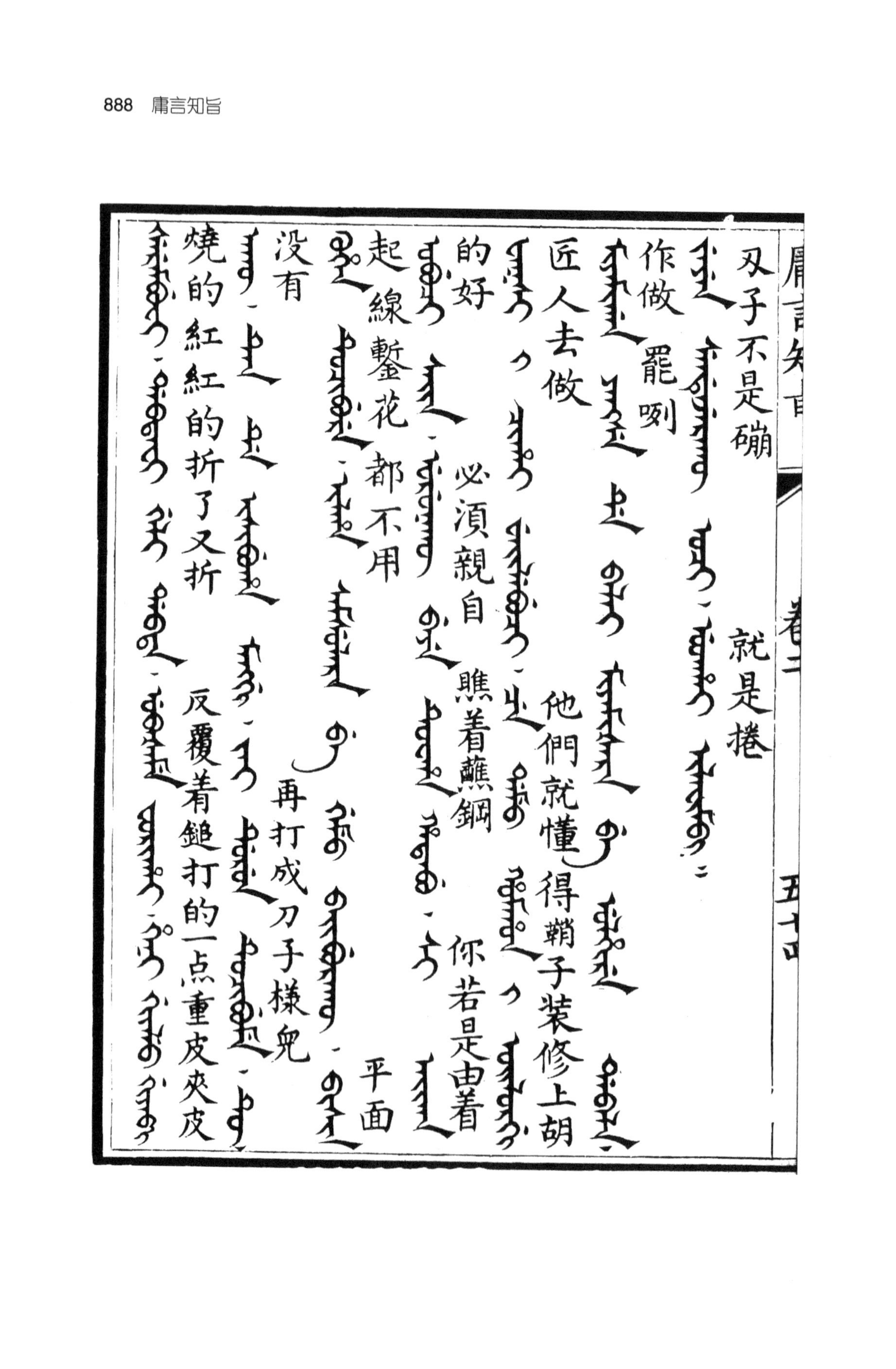

燒的紅紅的折了又折
反覆着鎚打的一点重皮夾皮
沒有
再打成刀子樣兒
起線鏨花都不用
平面
的好
必須親自瞧着蘸鋼
你若是由着
匠人去做
他們就懂得鞘子裝修上胡
作做
罷咧
叉子不是磞
就是搽

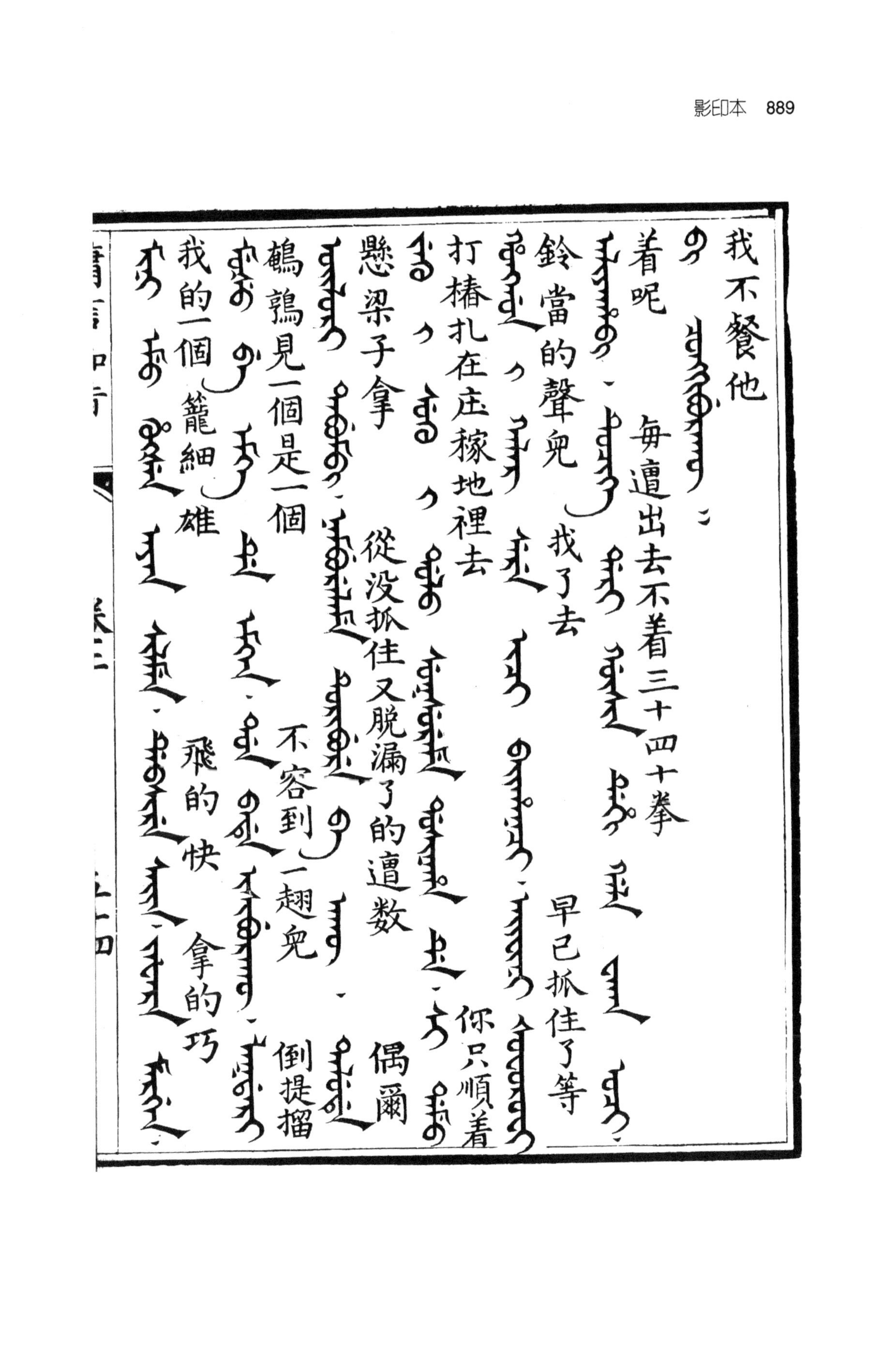

我不餐他

着呢　每遭出去不着三十四十拳

鈴當的聲兒　我了去　早已抓住了等

打樁扎在庄稼地裡去　你只順着

懸梁子拿　從沒抓住又脫漏了的遭數　偶爾

鵪鶉見一個是一個　不容到一翅兒　倒提溜

我的一個　籠細　雄　飛的快　拿的巧

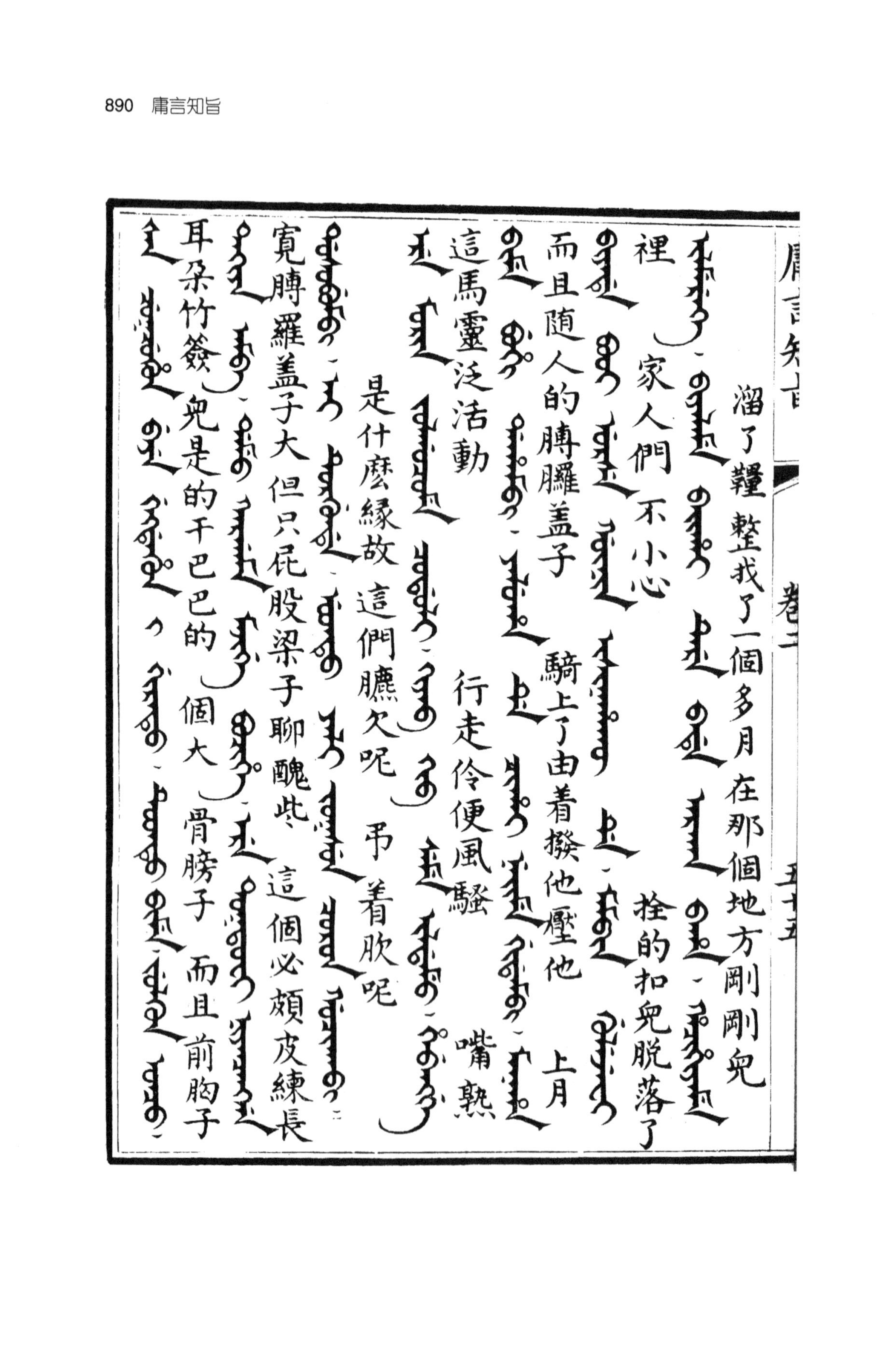

溜了韁 整我了一個多月在那個地方剛剛兒

裡 家人們不小心 拴的扣兒脫落了

而且隨人的膊臁盖子 騎上了由着撥他壓他 上月

這馬靈泛活動 行走伶便風騷 嘴熟

是什麼緣故 這們臁欠呢 弔着肷呢

寬膊羅盖子大 但只屁股梁子聊醜些 這個必頰皮練長

耳朵竹簽兒是的干巴巴的 個大 骨膀子 而且前胸子

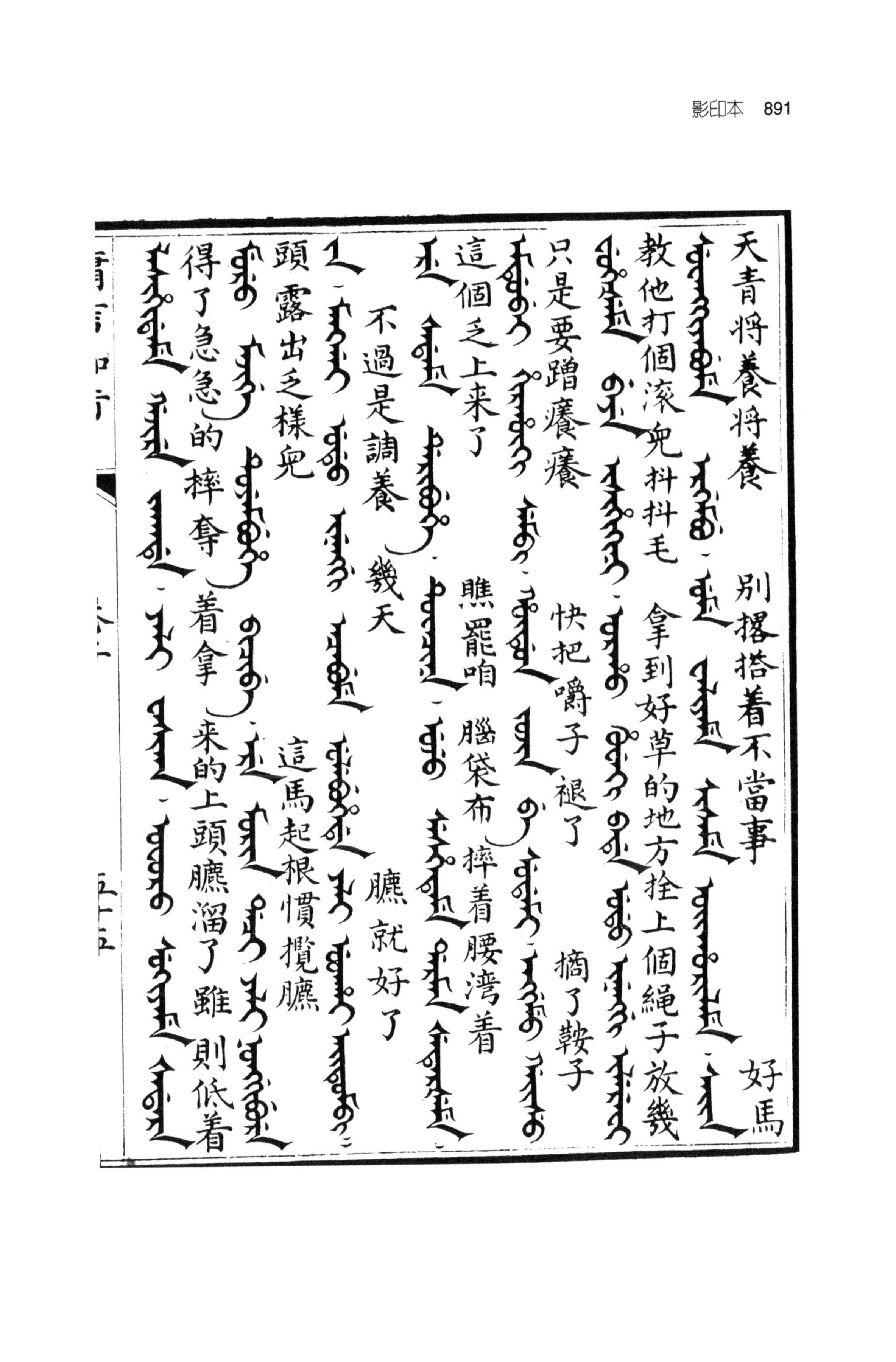

天青将養將養
別擱搭着不當事
好馬

教他打個滚兒抖抖毛
拿到好草的地方拴上個繩子放幾

只是要蹭癢癢
快把嚼子褪了
摘了鞦子

這個乏上来了
瞧罷咱
腦袋布
捽着腰灣着

不過是調養
幾天
臕就好了

頭露出乏様兒
這馬起根慣攬臕

得了急急的捽奪
着拿
来的上頭臕溜了雖則低着

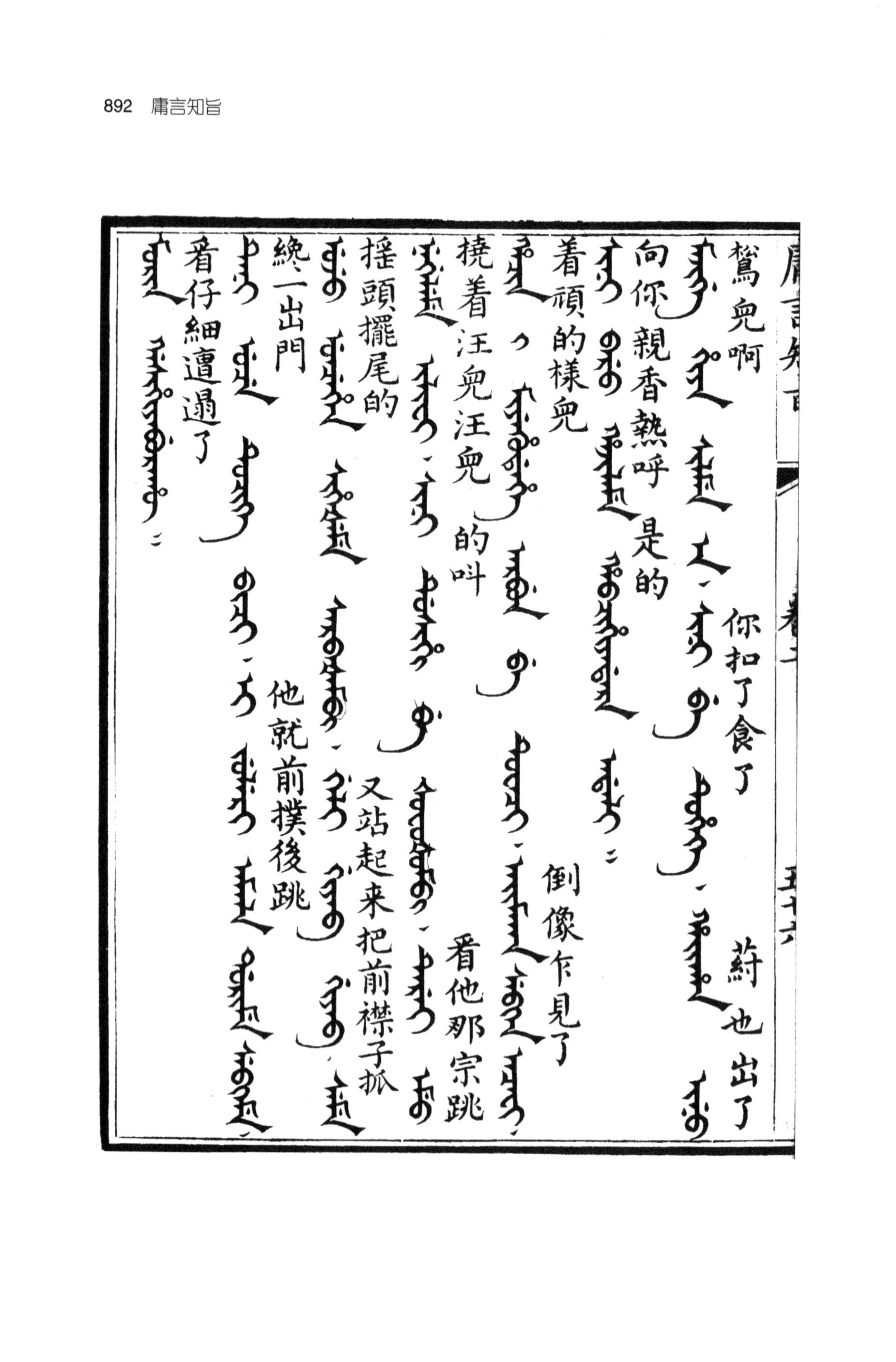

鵉兒啊
你扣了食了
葑也出了
向你親香熱呼是的
着頑的樣兒
倒像乍見了
撓着汪兒汪兒的叫
看他那宗跳
搖頭擺尾的
又站起来把前襟子抓
繞一出門
他就前撲後跳
看仔細遛遛了

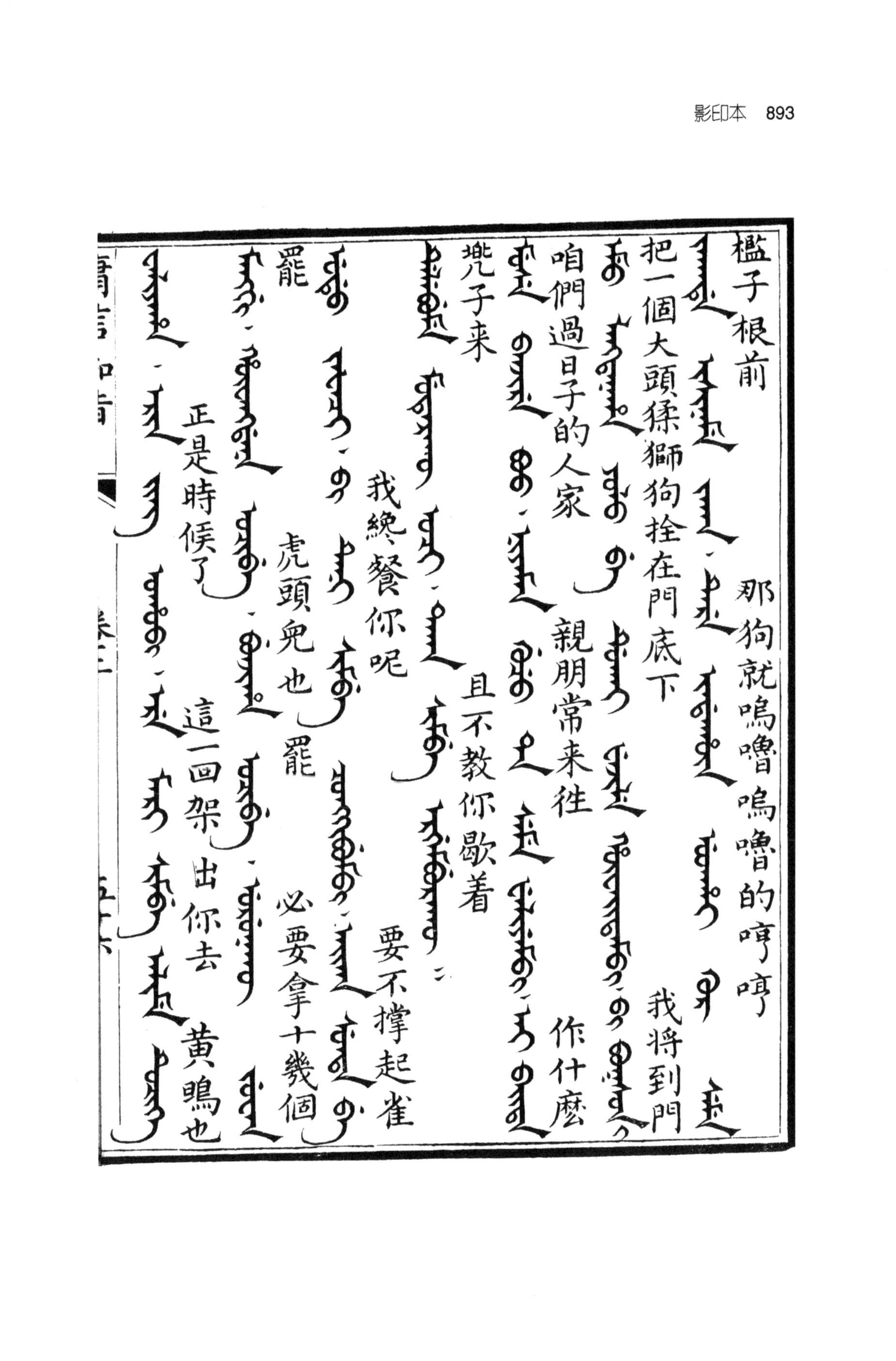

檻子根前　那狗就嗚嚕嗚嚕的哼哼

把一個大頭猱獅狗拴在門底下　我將到門

咱們過日子的人家　親朋常来往　作什麽

嵬子来　且不教你歇着

我纔餐你呢　要不撐起雀

罷　虎頭兎也罷　必要拿十幾個

正是時候了　這一回架出你去　黄鳴也

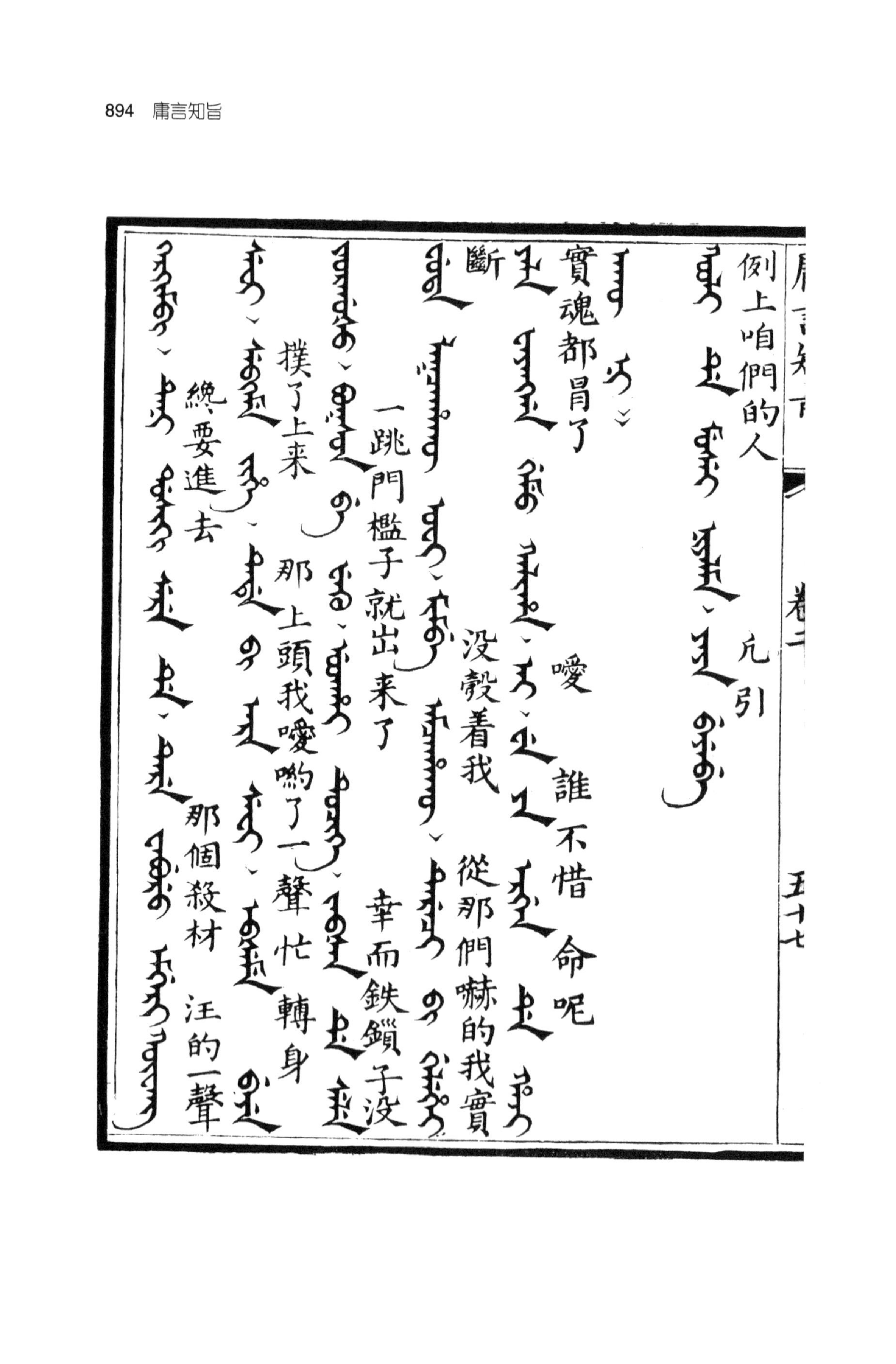

例上咱們的人

亢引

實魂都冒了

嗳

誰不惜命呢

斷

没彀着我

從那們嚇的我實

一跳門檻子就出来了

幸而鉄鎖子没

撲了上来

那上頭我嗳喲了一聲忙轉身

總要進去

那個殺材

汪的一聲

長者傷心而唾之　衆人指背而誹謗之

學的就是廢棄了滿洲根本的人　那上頭不但

出室由戶似的　那不肯

在滿洲人　就像夜行以炬

都不可說漢話　所以滿洲話一項

召見　奏對　再一切公所

見　或

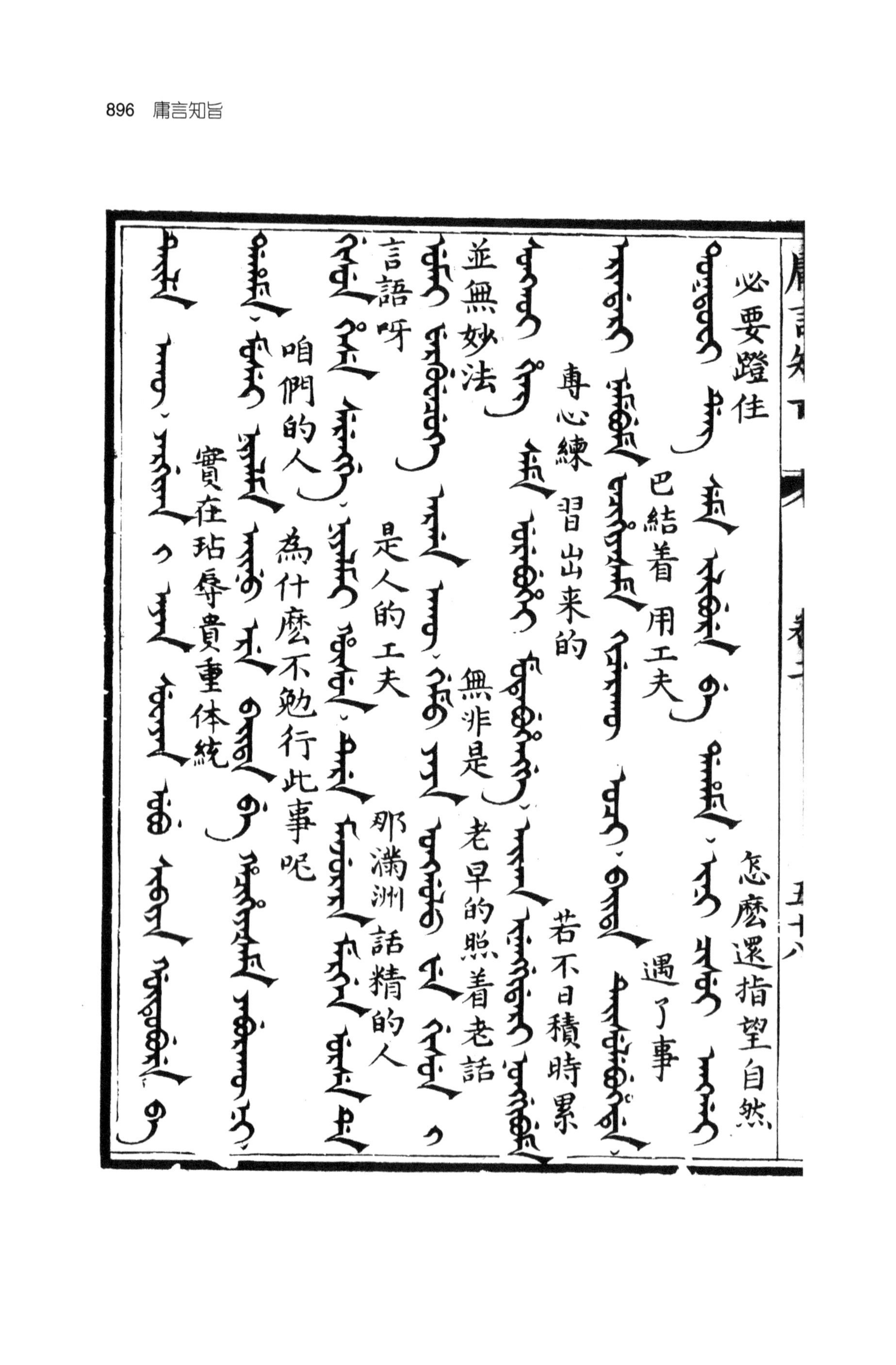

必要蹬住 怎麼還指望自然

巴結着 用工夫 遇了事

專心練 習出来的 若不日積時累

並無妙法 無非是 老早的照着老話

言語呀 是人的工夫 那滿洲話精的人

咱們的人 為什麼不勉行此事呢

實在玷辱貴重体統

順嘴流呢
話上頭
没什麼訣竅
只把老家兒口角遺留下的
謅度教訓的老話
謹守着揣摩了去
就是了
學記上說的
雖有嘉肴
弗食不知其
旨也
詳細思索罷
勿忽畧啊

“早期北京話珍本典籍校釋與研究”叢書總目録

早期北京話珍稀文獻集成

（一）日本北京話教科書匯編

《燕京婦語》等八種
華語跬步
亞細亞言語集
北京風土編·北京事情·北京風俗問答
伊蘇普喻言·今古奇觀·搜奇新編
四聲聯珠
官話指南·改訂官話指南
京華事略·北京紀聞

（二）朝鮮日據時期漢語會話書匯編

改正增補漢語獨學
高等官話華語精選
速修漢語自通
速修漢語大成
中語大全
修正獨習漢語指南
官話華語教範
無先生速修中國語自通
官話標準：短期速修中國語自通
“内鮮滿”最速成中國語自通

（三）西人北京話教科書匯編

尋津録
語言自邇集
官話類編
華語入門
漢英北京官話詞彙
漢語口語初級讀本·北京兒歌
北京話語音讀本
語言自邇集（第二版）
言語聲片
華英文義津逮
北京官話初階

（四）清代滿漢合璧文獻萃編

清文啓蒙
清話問答四十條
一百條·清語易言
清文指要
續編兼漢清文指要
庸言知旨
滿漢成語對待
清文接字·字法舉一歌
重刻清文虛字指南編

（五）清代官話正音文獻

正音撮要
正音咀華

（六）十全福

（七）清末民初京味兒小説書系

新鮮滋味
過新年
小額
北京
春阿氏
花鞋成老
評講聊齋
講演聊齋

（八）清末民初京味兒時評書系

益世餘譚——民國初年北京生活百態
益世餘墨——民國初年北京生活百態

早期北京話研究書系

早期北京話語法演變專題研究
早期北京話語氣詞研究
晚清民國時期南北官話語法差異研究
基於清後期至民國初期北京話文獻語料的個案研究
高本漢《北京話語音讀本》整理與研究
北京話語音演變研究
文化語言學視域下的北京地名研究
語言自邇集——19世紀中期的北京話（第二版）
清末民初北京話語詞彙釋